KOREANISCHES
KOMMUNALRECHT

新

제 5 판
[전면개정판]

지방자치법

홍정선 저

박영사

KOREAN ADMINISTRATIVE LAW II

BY

JEONG-SUN HONG, DR.JUR.

PROFESSOR OF PUBLIC LAW
LAW SCHOOL

YONSEI UNIVERSITY

2022

Parkyoung Publishing & Company
Seoul, Korea

제 5 판 머리말

[1] 지방자치법 전부 개정 법률이 2022. 1. 13. 시행에 들어갔다. 개정 내용 중 특기할 만한 것으로 지방자치단체의 기관구성 형태의 특례(제4조), 매립지등에 대한 관할구역 결정절차의 특례(제5조 제7항), 매립지조성 비용 및 관리 비용 부담 등에 관한 사항(제5조 제11항), 지방자치단체의 관할 구역 경계변경(제6조), 사무배분의 기본원칙(제11조), 규칙의 제정과 개정·폐지 의견 제출(제20조), 주민에 대한 정보공개(제26조), 조례로 정하도록 위임한 법령의 하위 법령에서 조례에 대한 제한의 금지(제28조 제2항), 조례와 규칙의 공포 방법 등(제33조), 윤리심사자문위원회(제66조), 본회의에서 표결방법(제74조), 지방자치단체의 장의 직 인수위원회(제105조), 국가와 지방자치단체의 협력 의무(제183조), 위법·부당한 명령·처분의 시정 제도의 상당한 보완(제188조), 특별지방자치단체(제199조에서 제211조)에 관한 규정 등을 볼 수 있다. 이러한 사항을 포함하여 개정 내용 전반을 반영하기 위하여 제5판을 출간한다. 그밖에도 이 책에서 활용되고 있는 법률인 주민조례발안에 관한 법률, 지방공무원법 등 지난 해 까지 제정·개정된 법률들의 개정 내용을 반영하였다.

[2] 대법원판례는 2021. 8. 15.일자 판례공보에 게재된 것까지, 헌법재판소결정례는 2021. 8. 30.에 선고된 결정례까지 반영하였다. 제5판에서도 많은 새로운 판례를 반영하였다. 같은 취지의 판례는 가능한 한 새로운 판례로 대체하려고 하였다. 사단법인 한국지방자치법학회가 출간하는 지방자치법연구는 통권 제70호(2021. 6.20)까지 반영하였다. 그리고 국내문헌도 가능한 한 많이 반영하려고 하였으나, 모든 문헌을 반영하기는 어려웠다.

[3] 제5판에서도 지방자치법 연구자에게 관련 부분의 문헌을 보다 폭넓게 소개하고자 각주에 [관련논문]이라는 표기 하에 문헌들을 소개하였다. 판을 거듭할수록 [관련논문]을 보다 충실하게 구성할 것을 다짐한다.

[4] 지난해에 행정기본법이 제정되었다. 행정기본법은 모든 행정법령(지방자치법 포함)에 적용되는 총칙에 해당하므로, 지방자치법에 관심이 있다면, 누구라도 행정기본법은 당연히 알아야 한다. 이와 관련하여 저자가 지난 해 출간한 「행정기본법 해설」의 머리말의 일부를 아래에 옮긴다. 독자들에게 일독을 권하고 싶다.

[행정기본법 제정] 평등원칙·비례원칙 등 법치행정에 필수적인 사항들을 규정하는 행정기본법이 2021. 3. 23. 제정·시행에 들어갔다. 국가와 지방자치단체의 모든 행정기관과 공무원은 행정기본법을 따라야 한다. 행정법령의 주춧돌인 행정기본법의 제정·시행으로 우리의 법치행정은 궤도에 오르게 되었다. 뿐만 아니라 행정기본법은 세계에서 가장 앞서가는 법률이다. 행정기본법과 유사한 법률을 가진 나라는 서구에서도 찾아보기 어렵다. 이러한 행정기본법의 제정·시행은 한국 행정법의 역사, 행정법학의 역사에 영원히 기록될 사건이다.

[출간의 배경] 행정기본법이 제대로 운용되기 위해서는 모든 공무원이 행정기본법을 숙지하여야 한다. 국민들도 행정기본법을 알아야 자신의 권익을 보호할 수 있다. 이러한 인식을 바탕으로 행정기본법(안) 마련에 중심적 역할을 하였던 「행정법제 혁신 자문위원회」에 관여하였던 저자로서는 행정기본법에 관심이 있는 이들의 길라잡이로 「행정기본법 해설」을 출간한다.

[5] 끝으로, 이 책의 발간에 도움을 준 고마운 분들에게 감사를 표하고자 한다. 원고를 처음부터 끝까지 읽고 도움을 준 김경주 변호사와 김희진 박사에게 감사를 표한다. 출간해주신 박영사 안종만 회장님, 편집과 교정을 맡아준 심성보 위원에게도 감사를 표한다.

2022년 1월 1일
우거에서
홍 정 선 씀

머 리 말

시방사치세의 선년적인 실시가 목전에 이르렀던 1991년 초, 저자의 지방자치법 강의를 듣는 학생들에게 편의를 제공하고자 황망히 「지방자치법론」을 출간하였다. 이 책은 수강생들을 위한 지방자치법 입문서에 불과하였으므로 늘 보완이 필요하다고 생각하였다. 다행히도 1999년 1년간 독일 Wuppertal 대학 법학부에서 지방자치법을 공부할 기회가 있었고, 그 기회를 이용하여 2000년 가을에 「지방자치법론」의 보완판인 「지방자치법학」을 출간한 바 있다.

한편, 2001년 6월 지방자치법을 연구하는 학자들이 모여 사단법인 한국지방자치법학회를 창립하였다. 한국지방자치법학회는 2001년 9월에 학회지인 「지방자치법연구」의 창간호를 발간한 이래 2009년 6월 현재 통권 제22호를 발간하였다. 지금까지 「지방자치법연구」에 게재된 논문의 수는 수백 편에 이르고 있다. 그리고 한국지방자치법학회는 2004년 9월에 58명의 회원들이 지방자치법의 전 조문을 해설한 「지방자치법주해」를 발간하기도 하였다. 뿐만 아니라 2007년 5월 11일에는 지방자치법이 전면적으로 개정되었고, 그동안 대법원과 헌법재판소에서 지방자치에 관련된 많은 수의 판례가 나오기도 하였다. 이러한 것들은 지방자치법의 연구환경에 엄청난 변화가 있었음을 의미한다. 이러한 변화를 충분히 반영하는 표준적인 지방자치법 이론서를 만들고자 종전의 「지방자치법학」을 쇄신하여 이제 「新 지방자치법」을 출간한다.

부언하자면, 이 책은 2007년 5월 11일에 전면 개정되고 이어서 몇 차례 개정된 현행 지방자치법을 주된 연구대상으로 하면서, 「지방자치법연구」에 게재된 주옥같은 논문을 모두 반영하려 하였고, 「지방자치법주해」의 내용도 거의 반영하려고 하였다. 대법원판례는 2009년 7월 15일자 판례공보(제326호)까지, 헌법재판소결정례는 2009년 6월 20일자 헌법재판소공보(제153호)까지 반영하려고 하였다. 비교법적으로는 특히 독일의 여러 란트의 지방자치법과 관련문헌들을 많이 활용하였다.

머 리 말

이 책을 펴내는 데에도 몇 분의 귀한 도움이 있었다. 우선 독일 기본법상 세수에 대한 게마인데의 지분문제에 관해 도움을 준 부산대학교 법학전문대학원 김남철 교수님께 감사한다. 박사학위논문을 완성하느라 바쁜 시기임에도 귀한 시간을 할애하여 교정본에 대한 비판적인 지적과 함께 보완에 도움을 준 진석원 강사와 김정환 강사에게 고마움을 표한다. 두 분 모두 학문하는 즐거움이 함께 하기를 기원한다. 그리고 지난 해 여름 Tübingen 대학에서 독일문헌에 대한 업데이트작업을 할 때 성심으로 도와준 홍강훈 군에게도 감사한다. Dissertation작업을 끝내고 한국에서 함께 학문하는 날이 빨리 오기를 기대한다. 본서를 기꺼이 출판해 주신 박영사 안종만 회장님께 감사하며, 편집과 교정을 맡아준 김선민 부장님께도 감사한다.

이제 걸음마 단계를 벗어나려고 하는 우리의 지방자치가 성숙한 지방자치로 뿌리내리는 데 이 책이 조금이나마 기여할 수 있다면, 저자에게 더 이상의 보람이 없을 것 같다. 미흡한 부분은 독자들의 질책을 받아가면서 부단히 보완할 것을 다짐하면서.

2009년 8월
우거에서
홍 정 선 씀

차   례

제1장 지방자치법 서설

제1절 지방자치의 관념

제2절 지방자치법의 관념

제3절   지방자치의 헌법적 보장·제한

제2장　지방자치단체의 관념

제1절　지방자치단체의 의의와 명칭

제2절　지방자치단체의 종류와 구역

제3절   지방자치단체의 주민

제3장　지방자치단체의 조직

제1절　일 반 론

제3절 집행기관

제4절 교육·학예에 관한 기관

제4장　지방자치단체의 사무

제1절　일 반 론

제2절　자치사무

제3절　단체위임사무 · 기관위임사무 등

제5장　지방자치단체의 재정·경제

제1절　재정의 기본원칙

제2절　예　　산

제5절　지방자치단체의 경제활동

제6장 지방자치단체의 통제

제1절 협력을 통한 통제

제7장　서울특별시 및 대도시 등과 세종특별자치시 및 제주특별자치도 등의 행정특례

제8장   특별지방자치단체

〔법령약어〕

공선법	공직선거법
공재법	공유재산 및 물품 관리법
공토법	공익사업을 위한 토지 등의 취득 및 보상에 관한 법률
국배법	국가배상법
사무정	사무관리규정
서특법	서울특별시 행정특례에 관한 법률
세종법	세종특별자치시 설치 등에 관한 특별법
임탁정	행정권한의 위임 및 위탁에 관한 규정
절차법	행정절차법
제국법	제주특별자치도 설치 및 국제자유도시 조성을 위한 특별법
주민법	주민등록법
주조법	주민조례발안에 관한 법률
주소법	주민소환법
주투법	주민투표법
지공법	지방공무원법
지교법	지방교육재정교부금법
지기법	지방세기본법
지당법	지방자치단체를 당사자로 하는 계약에 관한 법률
지부법	지방교부세법
지세법	지방세법
지업법	지방공기업법
지육법	지방교육자치에 관한 법률
지자법	지방자치법
지자령	지방자치법 시행령
지정법	지방재정법
지징법	지방세징수법
지회법	지방회계법
행기법	행정기본법
행소법	행정소송법
행심법	행정심판법

법령약어

헌재법	헌법재판소법
서울감사조	서울특별시 행정사무감사 및 조사에 관한 조례
서울교섭조	서울특별시의회 교섭단체 구성·운영 조례
서울기본조	서울특별시의회 기본조례
서울민간조	서울특별시 행정사무의 민간위탁에 관한 조례
서울상징조	서울특별시상징물조례
서울회의칙	서울특별시의회 회의규칙
행운정	행정업무의 효율적 운영에 관한 규정

[주요 참고문헌]

* 기타의 참고문헌(단행본·논문)은 본문에서 표기한다.

〈국내문헌〉

김철수	헌법학신론, 제20판, 박영사, 2010.
김철수	헌법학(하), 전면개정신판, 박영사, 2008.
권영성	헌법학원론, 개정판, 법문사, 2009.
김남진·김연태	행정법Ⅱ, 제13판, 법문사, 2014.
김남철	행정법강론, 박영사, 2014
김도창	일반행정법론(하), 청운사, 1993.
김동희	행정법Ⅱ, 박영사, 2012, 2014.
김병준	지방자치론, 법문사, 2009.
김성수	개별행정법, 제 2 판, 법문사, 2004.
김용찬·선정원·변성완	주민소송, 박영사, 2005.
김철용	행정법, 박영사, 2012.
김철용	행정법Ⅱ, 제 9 판, 박영사, 2009.
김향기	행정법개론, 제 8 판, 삼영사, 2008.
김홍대	지방자치입법론, 박영사, 1999.
류지태·박종수	행정법신론, 박영사, 2011.
박균성	행정법론(하), 박영사, 2012, 2014
박윤흔·정형근	최신 행정법강의(하), 제28판, 박영사, 2009.
서원우	현대행정법론(상), 박영사, 1980.
석종현·송동수	일반행정법(하), 제13판, 삼영사, 2013.
성낙인	헌법학, 제 9 판, 법문사, 2009.
유상현	행정법Ⅱ, 형설출판사, 2002.
윤세창·이호승	행정법(하), 박영사, 1994.
이기우	지방자치이론, 학현사, 1996.
이기우·하승수	지방자치법, 제 1 판, 대영문화사, 2007.
이상규	신행정법론(하), 법문사, 1995.
임승빈	지방자치론, 제 3 판 법문사, 2009.

장영수	헌법학, 제 4 판, 법문사, 2009.
장태주	행정법개론, 제 7 판, 법문사, 2009.
전광석	한국헌법론, 제 5 판, 법문사, 2009.
정종섭	헌법학원론, 박영사, 2009, 2014.
정하중	행정법개론, 제 3 판, 법문사, 2009, 2014
조연홍	한국행정법원론(하), 제 1 판, 형설출판사, 2005.
최봉기	지방지치론, 법문사, 2006.
최봉기	한국지방자치론, 법문사, 2009.
최우용	지방자치법강의, 제 3 판, 동아대학교출판부, 2008.
최정일	행정법의 정석[행정법Ⅱ], 박영사, 2009.
한견우	현대행정법강의, 제 3 판, 신영사, 2008.
한국지방자치법학회	지방자치법주해, 박영사, 2004.
한국지방자치법학회	지방자치법연구, 통권 제 1 호(2001. 9)-제21호(2009. 6).
함인선	주민소송, 전남대학교 출판부, 2008.
허영	한국헌법론, 박영사, 2012, 2014
홍정선	행정법원론(상), 제30판, 박영사, 2022.
홍정선	행정법원론(하), 제30판, 박영사, 2022.

〈외국문헌〉

Armin, Hans Herbert v.	Die Öffentlichkeit kommunaler Finanzkontrollberichte als Verfassungsgebot, 1981.
Burgi, Martin	Kommunalrecht, 3. Aufl., 2010.
Burgi, Martin	Kommunalrecht, 5. Aufl., 2015.
Burmeister, Joachim	Verfassungstheoretische Neukonzeption der kommunalen Selbstverwaltungsgarantie, 1977.
Detterbeck, Steffen	Allgemeines Verwaltungsrecht mit Verwaltungsprozessrecht, 15. Auflage, 2017.
Dols, Heinz/Plate, Klaus,	Kommunalrecht, 7. Aufl., 2009.
Erbguth/Guckelberger	Allgemeines Verwaltungsrecht, 9. Auflage, 2018.
Erichsen, Hans-Uwe	Kommuanlrecht des Landes Nordrhein-Westfalen, 1997.
Erichsen, Hans-Uwe	Gemeinde und Private im wirtschaftlichen Wettbewerb, 1987.
Erichsen(Hrsg.)	Allgemeines Verwaltungsrech, 12. Aufl., 2002.
Erichsen(Hrsg.)	Allgemeines Verwaltungsrech, 13. Aufl., 2006.
Fischedick, Hans-Jürgen	Die Wahl der Benutzungsform kommunaler Einrichtungen,

	1986.
Fleiner, Fritz	Institutionen des Verwaltungsrechts, 2. Neudruck der 8. Aufl., 1928, 1963.
Forsthoff, Ernst	Die Verwaltung als Leistungsträger, 1938.
Forsthoff, Ernst	Lehrbuch des Verwaltungsrechts, 10. Aufl., 1973.
Forsthoff, Ernst	Rechtsfragen der leistenden Verwaltung, 1959.
Fricke/Ott(Hrsg.)	Verwaltungsrecht, 2. Aufl., 2005.
Frowein, Jochen A.	Parteienproporz in der Gemeindespitze und Verfassung, 1976.
Geis, Max-Emanuel	Kommunalrecht, 3. Aufl., 2014.
Gern, Alfons	Sächsisches Kommunalrecht, 1994.
Gern, Alfons	Kommunalrecht Baden-Württemberg, 9. Aufl., 2005.
Gerrit Stadler	Die Beleihung in der neuern Bundesgesetzgebung, 2002.
Glaeser, Schmidt	Verwaltungsprozeßrecht, 14. Aufl., 1997
Grabbe, Jürgen	Verfassungsrechtliche Grenze der Privatisierung kommunaler Aufgaben, 1979.
Hegele/Ewert	Kommunalrecht im Freistaat Sachsen, 1997.
Hufen, Friedhelm	Verwaltungsprozeßrecht, 7. Aufl., 2008.
Ipsen, Jörn	Allgemeines Verwaltungsrecht, 9. Aufl., 2018.
Jellinek, Georg	System der subjektiven öffentlichen Rechte, 2. Neudruck der 2. Aufl., 1919, 1979.
Jünger, Heiko/Walter, Joachim	Finanzierungsformen bei kommunalen Investitionen, 1987.
Keller, Dieter	Die staatliche Genehmigung von Rechtsakten der Selbstverwaltungsträger, 1976.
Klaus Weisel	Das Verhältnis von Privatisierung ud Beleihung, 2003.
Kimmnich, Otto	Der Schutz kommunaler Unternehmen gegen konfiskatorische Eingriffe, 1982.
Kirchner Andreas Musil · Sören	Das Recht der Berliner Verwaltung, 2. Aufl, 2007.
Klüber, Hans	Das Gemeinderecht in den Ländern der Bundesrepublik, Deutschland, 1972.
Kluth, Winfried	Grenzen kommunaler Wettbewerbsteilnahme, 1988.
Knemeyer, Franz-Ludwig	Bayerisches Kommunalrecht, 1988.
Knemeyer, Franz-Ludwig(Hg.)	Die Europäische Charta der kommunalen Selbstverwaltung, 1989.
Knemeyer, Franz-Ludwig	Die öffentlichen Einrichtungen der Gemeinden, 1973.
Knemeyer, Franz-Ludwig	Die Aufsicht über die Gemeinde und Kreise, in:

	Mann/Püttner(Hrsg.), Handbuch, der Kommunalen Wissenschaft und Praxis.
Knies, Wilhelm/Wengert, Paul	Kommunale Haftung, 1980.
Krieger, Heinz-Jurgen	Schranken der Zulässigkeit der Privatisierung öffentlicher Einrichtungen der Daseinsvorsorge mit Anschluss- und Benut zungszwang, 1981.
Kühnlein, Gertrud	Verwaltungspersonal in den neuen Ländern, Fortbildung und Personalpolitik in ostdeutschen Kommunen, 1997.
Küppers, Joachim/Müller	Kommunale Rechtssetzung im Kulturbereich, 1994.
Lissack, Gernot	Bayerisches Kommunalrecht, 1997.
Lissack, Gernot	Bayerisches Kommunalrecht, 2. Aufl., 2001.
Mann, Thomas/Püttner, Günter(Hrsg.) [Mann/Püttner(Hrsg.)]	
	Handbuch der Kommunalen Wissenschaft und Praxis 1,(Handbuch) 3. Aufl., 2007.
Maurer, Hartmut	Allgemeines Verwaltungsrecht, 17. Aufl., 2009.
Maurer/Waldhoff,	Allgemeines Verwaltungsrecht, 19. Auflage, 2017.
Meyn, Karl-Ulrich	Gesetzesvorbehalt und Rechtsetzungsbefunis der Gemeinden, 1977.
Meyer, Hubert	Kommunalrecht(Landesrecht Mecklenburg-Vorpommern), 1998.
Pagenkopf, Hans	Kommunalrecht, Bd. 1(Verfassungsrecht, 1975).
Pagenkopf, Hans	Kommunalrecht, Bd. 2(Wirtschaftsrecht, 1976).
Püttner, Günter	Kommunalrecht Baden-Württemberg, 3. Aufl., 2004.
Reichert, Bernd/Röber, Klaus-Ulrich	Kommunalrecht, 1986.
Reichert, Bernd/Baumann, Roland	Kommunalrecht, 2. Aufl., 2000
Schefold, Dian/Neumann, Maya	Kommunal verfassungen in Deutschland: Demokratisierng und Dezentralisierung? 1966.
Schoch/Wieland	Finanzierungsverantwortung für gesetzgeberisch veranlaßte kommunale Aufgaben, 1995.
Schmidt, Thorsten Ingo	Kommunalrecht, 2011. 2. Aufl., 2014.
Schmidt-Aßmann, Eberhard	Kommunalrecht, in: derselbe(Hrsg.) BesonderesVerwaltungs-recht, 11. Aufl., 1999.
Schmidt-Aßmann, Eberhard	Die kommunale Rechtssetzung im Gefüge der administrativen Handlungsformenen und Rechtsquellen, 1981.
Schmidt-Aßmann/Röhl	Kommunalrecht(2008), in: E. Schlidt-Aßmann/F. Schoch(Hrsg.), Besonderes Verwaltungsrecht, 14. Aufl., 2008.
Schmidt-Jortzig, Edzard	Kommunalrecht, 1982.

Schoch/Wieland   Finanzierungsverantwortung für gesetzgeberisch veranlaßte kommunale Aufgaben, 1995.

Scholler, Heinlich/Broß, Siegfried   Grundzüge des Kommunalrechts in der Bundesrepublik Deutschland, 1984.

Schröder, Meinhard   in: Achterberg/Püttner/Würtenberger(Hg.), Besonderes Verwaltungsrecht, Bd. II, 2. Aufl., 2000.

Schrameyer, Marc   Das Verhältnis von Bürgermeister und Gemeindevertrtung, 2006.

Schwirzke, Werner/Sandfuchs, Klaus   Allgemeines Niedersächsisches Kommunalrecht, 16. Aufl., 1999.

Seeger, Richard/Wunsch, Hermann   Kommunalrecht in Baden-Württemberg, 1987.

Seewald, Otfried   Kommunalrecht, in: Udo Steiner(Hg.), Besonderes Verwaltungsrecht, 8. Aufl., 2006.

Stober, Rolf   Kommunalrecht in der Bundesrepublik Deutschland, 3. Auflage, 1996.

Tettinger/Erbguth/Mann   Besonderes Verwaltungsrecht, 9, Aufl., 2007.

Tremer, Gerhard/Heinrichs, Friedrich Wilhelm   Kommunalkredit, Bedeutung und Möglichkeiten, Kreditaufnahme im kommunalen Haushalt, 1980.

Viogt, Rüdiger   Kommunale Partizipation am staatlichen Entscheidungsprozess, 1976.

Waechter, Kay   Kommunalrecht, 1995.

Waibel, Gehard   Gemeindeverfassungsrecht Baden-Württemberg, 5. Aufl., 2007.

Werner, Hauser   Die Wahl der Organisationsform kommunaler Einrichtungen, 1987.

Widera, Bernd   Zur verfassungsrechtlichen Gewährleistung gemeindlicher Planungshoheit, 1985.

Wolff/Bachof/Stober/Kluth   Verwaltungsrecht I, 12. Aufl., 2007. 13.Auflage, 2017

Wolff/Bachof/Stober(5. Aufl.)   Verwaltungsrecht II, 5. Aufl., 1987.

Wolff/Bachof/Stober(6. Aufl.)   Verwaltungsrecht, Band 2, 6. Aufl., 2000.

Wolff/Bachof/Stober(5. Aufl.)   Verwaltungsrecht, Band 3, 5. Aufl., 2004.

Würtenberger, Thomas   Verwaltungsprozessrecht, 2. Aufl., 2006.

Wüstebecker, H.   Kommunalrecht, 1998.

Zimmermann, Franz   Das System der kommunalen Einnahmen und die Finanzierung der kommunalen Aufgaben in der Bundesrepublik Deutschland 1988.

제 1 장
———

지방자치법
서설

제 1 절　지방자치의 관념

제 1 항　자치행정의 의의

Ⅰ. 정치적 의미와 법적 의미

지방자치법은 지방자치와 법의 복합개념이며, 지방자치는 자치행정의 한 부분이므로, 지방자치법의 의미파악을 위해 자치행정의 의미부터 살피기로 한다. 강학상 자치행정은 이중의 의미, 즉 정치적 의미와 법적 의미를 갖는 것으로 이해되고 있다.[1]

1. 정치적 의미의 자치행정

(1) 의 의　정치적 의미의 자치행정은 정치적 원리로서 자치행정을 의미한다.[2] 이것은 직업공무원이 아닌 주민이 행정(공적 사무의 수행)에 참여함을 주된 특징으로 하는 자치행정을 말한다(시민의 자치행정). 행정에 참여하는 주민에게는 보수가 주어지지 않는 것을 특징으로 한다. 주민 참여의 목적은 행정관료주의의 우위를 완화시키고, 국가와 사회의 거리감을 줄이고, 국가권력과 국민의 일체성을 촉진하고,

---

1) 독일의 경우 자치행정은 19세기 초 이래 두 가지 의미, 즉 정치적 의미와 법적 의미를 갖는 것으로 이해되고 있다[G. Jellinek, System der subjecktiven öffentlichen Rechte, S. 291; Pagenkopf, Kommunalrecht, Bd. Ⅰ, S. 42ff.; Scholler/Broß, Grundzüge des Kommunalrechts in der Bundesrepublik Deutschland, S. 17ff.; Seeger/Wunsch, Kommunalrecht in Baden-Württemberg, S. 28; Wolff/Bachof/Stober, Verwaltungsrecht, Bd. Ⅱ(5. Aufl.), §84, Rn. 33ff.]. 이러한 태도는 1808년 11월 19일의 슈타인(Freiherrn von Stein)이 만든 도시법(都市法, Städteordnung)과 그나이스트(Rudolf von Gneist)가 논급한 자치행정의 관념을 바탕으로 전개된 역사적 발전과정에 따른 것이라 한다[Stober, Kommunalrecht, S. 59]. 슈타인의 도시법은 ① 도시는 자신의 작용영역 내의 사무에 대하여 (자신의) 지역법으로 규율한다(자치, Autonomie). ② 시민은 자신의 대표기관을 스스로 선출한다. ③ 도시는 조세고권을 갖는다. ④ 국가의 감독은 제한된다는 원칙을 실현하였다고 한다 (Dols/Plate, Kommunalrecht, Rn. 7; Schmidt, Kommunalrecht, §2, Rn. 21).
2) 파겐코프에 따르면(Pagenkopf, Kommunalrecht, Bd. Ⅰ, S. 42), 정치적 의미의 자치행정개념은 법이론상 영국의 지방자치제도와의 비교 하에 그나이스트(Gneist, Geschichte und heutige Gestalt, 제 3 부; Gern, Kommunalrecht, §24)에 의하여 근거된 것이라고 한다.

행정책임에 대한 인식을 강화하는데 있다. 지방자치단체에의 참여는 일반적으로 유권자인 주민의 참여를 의미한다.

(2) **주민자치**   지방자치행정사무의 복잡성과 복합성으로 인해 순수한 정치적 자치행정은 비현실적이고, 비이상적이다. 물론 주민이 지방자치행정에 협력한다는 것은 중요한 요청이다. 구 지방자치법이 지방의회의원을 명예직으로 명시하였던 것은 이러한 의미의 자치행정을 수용하였던 것이다(2003. 7. 18.자로 개정되기 전의 지자법 제32조 제 1 항). 정치적 의미의 자치행정은 주민자치(住民自治)라고도 한다.

2. 법적 의미의 자치행정

(1) **의 의**   법적 의미의 자치행정이란 국가로부터 독립된 공법상의 법인이 자신의 이름과 자신의 고유한 재정 및 기관으로써 그리고 국가의 감독하에 공적 임무를 수행하는 자치행정을 뜻한다.[1] 법적 의미의 자치행정은 ① 고유의 임무를 가지고, ② 고유책임으로 그 임무를 수행하고, ③ 공법적으로 구성되고, ④ 내용상 행정적 기능을 갖고, ⑤ 궁극적으로는 국가의 감독 하에 놓이는 단체에 의한 행정을 의미한다.[2]

(2) **단체자치**   법적 의미의 자치행정은 자치행정의 법적 개념을 의미한다.[3] 법적 의미의 자치행정은 단체자치라고도 한다. 정치적 의미의 자치행정과 법적 의미의 자치행정의 차이점을 도표로 살펴보기로 한다.

사 항	주민자치	단체자치
발달	영국, 미국	독일, 프랑스
내재하는 원리	민주주의	지방분권
자치권의 성질	자연권으로서의 주민의 권리(固有權)	실정권으로서의 단체의 권리(傳來權)
자치기관의 성격	국가의 지방행정청	독립기관으로서의 자치기관
자치의 중점	주민의 참여	국가로부터 독립
지방정부형태	기관통합주의	기관대립주의
국가의 감독형식	입법적·사법적 감독 중심	행정적 감독 중심

---

1) B. Widera, Zur verfassungsrechtlichen Gewährleistung gemeindlicher Planungshoheit, S. 20.
2) BverfGE 11, 266, 275.
3) 유럽지방자치헌장 제 2 조 제 1 항에 따르면, 지방자치행정은 법률의 범위 안에서 공적 사무의 본질적 부분을 주민의 복지를 위하여 자기책임으로 규율하고 형성할 수 있는 지방자치단체의 권리와 사실상의 능력을 의미한다.

3. 양 개념의 관계 · 결합

(1) 관 계   주민자치(영국의 지방자치를 모델로 한 개념)와 단체자치(독일의 지방자치를 모델로 한 개념)는 개념파악의 관심방향에 차이가 있고,[1] 포르슈토프(Forsthoff)의 지적 대로[2] 자치행정의 관념은 정치적 의미와 법적 의미를 동시에 갖는 것이기 때문에 우리의 자치행정(특히, 지방자치)을 정치적 의미의 자치인 주민자치와 법적 의미의 자치인 단체자치가 결합된 형태라 말할 수도 있다. 그러나 엄밀히 말한다면, 헌법 제117조 및 제118조에 비추어 대륙법계의 선통에 근거하여 단체자치에 입각하면서, 내용상 주민자치의 요소(예: 주민소환·주민투표)를 가미하고 있다고 하겠다.[3] 판례의 견해도 유사하다.[4]

(2) 결 합   지방자치에 대한 법적 문제를 규범적으로 연구하는 본서에서 지방사치의 의미는 법직 의미를 기본으로 하면서 정치적 의미를 하나의 내용으로 갖는 것으로 새기기로 한다. 요컨대 정치적 자치행정개념과 법적 자치행정개념은 전체로서 하나로 결합되어야 할 개념이다.

II. 법적 의미의 자치행정의 유형 · 법형식

1. 유 형

법적 의미의 자치행정은 지방자치에만 특유한 것은 아니다. 기타의 행정영역에서도 문제된다(예: 공법인인 상공회의소에 의한 경제상 자치). 그러나 지방자치행정과 기타의 자치행정을 비교하면, ① 지방자치행정은 헌법상 보장되지만 다른 자치행정은 법률로 보장된다는 점, ② 지방자치행정은 전권한성으로 표현되는 바와 같이 그 사무의 범위가 광범위하지만, 기타의 자치행정은 그 사무가 일정한 영역에 한정된다는 점에서 양자 간에 기본적으로 차이가 있다.[5]

---

1) 본문의 시각에서 볼 때, 「단체자치는 국가와의 관계 즉 지방자치단체의 대외적 관계에 관한 것이고, 주민자치는 지방자치단체 내부적 관계에 관한 것」이라는 견해(백종인, "지방분권강화를 위한 법적 과제," 지방자치법연구, 통권 제5호, 35쪽)가 보는 단체자치와 주민자치의 개념은 본서에서의 개념과 달라 보인다.

2) Forsthoff, Lehrbuch des Verwaltungsrechts S. 473f.

3) 김동건, "주민투표의 의미와 법적 문제점," 지방자치법연구, 통권 제11호, 104쪽.

4) 헌재 2009. 3. 26, 2007헌마843.

5) Stober, Kommunalrecht, S. 63.

2. 법 형 식

법적 의미의 자치행정의 주체에 관한 법형식은 공법상 사단의 형식을 취한다. 그렇다고 자치행정의 주체는 반드시 사단의 형식(예: 변호사회·상공회의소)을 취해야 하는 것은 아니다. 공법상 영조물(예: 한국방송공사·한국은행·한국조폐공사)이나[1] 공법상 재단(예: 한국연구재단·한국학중앙연구원)에 자치행정권이 부여되는 것도 가능하다. 다만, 문제는 독립적인 의사결정을 가능하게 하는 조직을 형성하고, 스스로의 책임으로 임무를 수행할 수 있는 지위가 주어지면 된다.

제 2 항 지방자치의 본질

I. 자치권의 성질

1. 고유권설

(1) 의 의 지방자치단체는 사회의 영역에서 국가 이전부터 존재하는 주민들의 자연적인 결합체라는 전제 하에 지방자치권은 지방의 고유한 권리라는 견해가 고유권설이다.[2] 이러한 권한은 국가의 성립 이후에도 자연적으로 지방자치단체에 귀속되고 있다는 것이다.[3]

고유권설은 프랑스혁명기의 마을자치권력 사상이나 자연적 창조물로 파악된 법인을 자연인과 대등하게 놓고서 법인은 고유한 인격성 내지 권리를 갖는다고 본 기이르케(Girke)의 조합법이론에 근거를 두고 있으며, 그 결과, 자연인이 천부·불가침의 기본적 인권을 갖는 것과 마찬가지로 공법인인 지방자치단체도 고유의 전국가적인 권리로서 지방자치권을 갖는다고 한다.[4] 말하자면 지방자치단체는 자생적 단체로서 고유의 인격과 지배권을 가진다는 견해이다.[5]

(2) 특 징 고유권설에 의하면, 지방자치단체는 국가보다 오래되었으며, 지역사단으로서의 지방자치단체의 성질은 국가에 의해 부여되는 것이 아니라 단지 국

---

1) 졸저, 행정법원론(하)(제29판), 옆번호 182 이하 참조.
2) R. Gierke, Souveränität, Staat, Gemeinde, Selbstverwaltung, S. 36ff.
3) 김부찬, "제주특별자치도의 의의 및 자치입법권에 대한 고찰," 지방자치법연구, 통권 제11호, 30쪽 참조.
4) 정준현, "지방자치단체의 조직 및 인사에 관한 자치권의 개선방향," 지방자치법연구, 통권 제 8 호, 237쪽 참조.
5) 김영천, "한국에 있어서의 지방자치의 헌법적 기초," 지방자치법연구, 통권 제 4 호, 10쪽 참조.

가에 의해 추인 내지 확인될 뿐이라는 것이다. 고유권설에 의하면, 국가는 고유권
인 자치권을 침해하거나 제한할 수 없게 되고,[1] 지방자치단체는 자신들을 위해 기
본권적인 자유를 주장할 수 있다고 한다. 고유권설에 따르면 지방자치단체는 입법
권·행정권뿐만 아니라 사법권까지도 독자적으로 보유·행사할 수 있게 되는 결과
자치입법에 의한 행정조직의 자주적인 형성과 인사고권을 당연히 보유하게 된다고
한다.[2] 고유권설에 서게 되면 국가법령으로 규율해야 할 영역과 지방자치단체가
규율해야 할 영역은 근본적으로 구분되는 것이고, 지역적 사무에 관해서는 지방자
치단체의 자치입법권이 우선한다고 주장하게 된다.[3]

2. 자치위임설

(1) 의 의   근대국가이론과 민주주의 국가관념에 따르면 지방자치단체와 국
가 간의 법관계는 헌법에 의하여 그 근거가 주어진다고 한다. 국가권력의 단일성은
오늘날 다툼이 없다.[4] 이것은 한 국가의 헌법영역, 국가영역 내에서 국가로부터
나오지 않는 고권은 있을 수 없음을 의미한다. 국가만이 배타적으로 권력을 독점함
을 뜻한다. 지방자치제도가 헌법에 의해 승인되고 보장되는 제도라면, 지방자치단
체가 행사하는 권력인 지방자치권은 국가로부터 나온다는 것이다.[5] 이러한 견해가
자치위임설이다. 자치위임설은 전래설 또는 전래권설이라고도 한다.[6] 우리의 지배
적인 견해이며,[7] 독일의 경우도 같다.[8]

---

1) 김영천, "한국에 있어서의 지방자치의 헌법적 기초," 지방자치법연구, 통권 제 4 호, 10쪽 참조.
2) 정준현, "지방자치단체의 조직 및 인사에 관한 자치권의 개선방향," 지방자치법연구, 통권 제 8 호, 237쪽 참조.
3) 김부찬, "제주특별자치도의 의의 및 자치입법권에 대한 고찰," 지방자치법연구, 통권 제11호, 30쪽 참조.
4) Zippelius, Allgemeine Staatslehre, 1980, S. 60.
5) W. Jellinek, Verwaltungsrecht, S. 292; BVerfG, DVBl. 1995, 286/287ff(지방자치단체(게마인데) 는 간접국가행정의 한 부분으로서 고권적인 권능을 란트로부터 가져온다). 한편, 독일의 경우에 이러 한 이원적인 입장은 도시의 역사적 기능 속에서 절대주의 종료 후에 형성되었다. 프로이센이 나폴레 옹전쟁에서 패배한 후, 경제적·정치적으로 치솟는 시민의식의 통합에 노력했고, 이러한 노력의 산물 이 v. Stein의 도시법(Städteordnung)이다. 이 법률은 지방자치행정의 근대적 모델을 핵심에 담고 있 었다. 이 법에서는 국가적으로 보장되는 자치행정의 부여를 중요하게 다루었다. 그 결과 시민들은 사회적 자유를 관철시키기 위하여, 그리고 실천하기 위하여 지방을 이용했다. 왜냐하면 시민들에게 는 국가차원의 정치참여가 광범위하게 부인되었기 때문이었다. 이를 통해 지방자치행정의 상(像)이 장기간 기본적으로 각인되었다. 바이마르헌법을 통한 충분한 민주적 참여를 도입한 이래 자치행정의 성격은 실천되는 사회적 자유로 되돌아 갔다. 또한 바이마르헌법은 기본권으로 배치했다. 물론 기본 법은 바꾸었다(Waechter, Kommunalrecht, Rn. 51).
6) 김남철, 행정법강론(2014), 905쪽.
7) 권영성, 헌법학원론, 237쪽; 김동희, 행정법 II(2014), 80쪽; 성낙인, 헌법학, 1090쪽. 한편, 일설은 전래설(자치위임설)을 승인설과 제도적보장설로 구분하면서, 전래설은 지방자치의 존부와 내용 모두 가 입법자에게 맡겨진 것이라는 견해이고, 제도적 보장설은 지방자치가 헌법에 의해 보호되고 입법

  (2) 특 징   자치위임설에 따르면, 지방자치단체는 국가에 의해 설립되고 그 권리는 국가에 의해 주어진 행정단일체라 하게 된다. 그 결과 지방자치단체는 자유가 아니라 다만 권한을 갖는다. 자치행정의 보장은 헌법상 조직의 한 부분에서 정당한 위치를 갖는다. 이 견해도 ① 지방자치단체는 국가 내부의 행정단일체라는 입장과 ② 지방자치단체는 국가와 동등지위, 즉 국가차원의 행정단일체라는 입장으로 구분되지만, 전자가 지배적인 견해이다. 전래설을 따르게 되면, 자치권은 국가에서 부여된 한도 내에서만 행사될 수 있다고 하게 된다.[1]

  (3) 고유권설과 자치위임설의 비교   고유권설과 자치위임설의 논쟁은 「지방자치단체(특히 기초지방자치단체)는 국가보다 이전에 존재하였는가, 지방자치단체의 권능은 국가적인 고권에서 나오는가, 그리고 그것은 법률로부터 처음 부여되는가」를 중심으로 한다. 이런 논의는 존재(Sein)에서 당위(Sollen)를 추론하는 오류를 범하고 있을지도 모른다. 고유권설과 자치위임설의 차이점은 다음과 같이 요약될 수 있다.

고유권설	자치위임설
지방자치단체는 자연적인 공동체	지방자치단체는 국가적인 조직
지방자치단체는 자유를 가짐	지방자치단체는 권한을 가짐
지방자치단체는 광범위한 자기권한 보유	지방자치단체는 위임된 사무 처리
지방자치단체는 일반정치적인 위임 수행	지방자치단체는 정치로부터 자유로운 행정 수행

3. 절 충 설

  (1) 의 의   1970년대 이래 고유권설과 자치위임설의 기본입장을 중재하려는 절충설이[2] 나타났다. 이 견해는, 지방자치단체(특히 기초지방자치단체)는 국가적으로 설치된 행정차원이지만, 이 차원에서 민주적 정당성의 강조를 통해 지방자치단체의 사회적 관련을 강조한다. 이 견해는 국가에 대한 이해(자치권은 전래된 고권이라는 이해)의 요소와 지방자치단체의 사회적 위치(지방자치행정의 정치성)의 결합을 특징으로 한다.

으로는 폐지할 수 없다는 견해라고 하면서, 현재 승인설을 취하는 입장은 없다고 한다(정준현, "지방자치단체의 조직 및 인사에 관한 자치권의 개선방향," 지방자치법연구, 통권 제 8 호, 237쪽). 그러나 본서는 자치위임설은 관심방향이 자치권의 연원에 관한 개념으로, 제도보장설은 관심방향이 국가로부터 유래된 자치권의 보장에 관한 개념으로 접근한다. 따라서 고유권설과 승인설을 대비시키는 것은 자치권의 연원에 관한 것인 점에서 동질적이지만, 고유권설과 승인설에 제도적 보장설을 대비시키는 것은 이질적인 것으로 본다.
8) Waechter, Kommunalrecht, Rn. 51.
1) 김영천, "한국에 있어서의 지방자치의 헌법적 기초," 지방자치법연구, 통권 제 4 호, 10쪽; 서원우, "지방자치의 헌법적보장," 고시연구(1993. 6), 16쪽.
2) Waechter, Kommunalrecht, Rn. 51.

(2) 특 징   이 견해에 따르면, 지방자치단체에 대한 기본권의 적용 또는 지방
자치단체의 의회의 성격에 대한 이론적인 문제를 일의적으로 답할 수 없다.

4. 신고유권설

(1) 의 의   신고유권설이란 개인이 자연권으로서 기본권을 향유하는 것과 유
사하게 지방자치단체도 기본권유사의 권리를 갖는다는 견해이다. 신고유권설을 지
지하는 견해에 따르면, 자치권을 실정 헌법의 해석상 자연권으로 이해한다.[1] 이
견해에 의하면 헌법상의 지방자치권은 국가의 통치권과 병립·공존하는 지방자치단
체 고유의 공권력으로서 헌법적 보장을 받고 있는 것이라 한다.[2]

(2) 특 징   신고유권설은 고유권설이 갖는 비논리성을 극복하면서 지방자치
단체에 폭넓은 자치권의 확보를 위한 논리이다. 신고유권설은 주민주권론까지 주
장되고 있는 일본의 지배적 견해이다. 주민주권론의 근거는 일본국헌법 제95조(하
나의 지방공공단체에만 적용되는 특별법은, … 그 지방공공단체의 주민투표에 있어서 그 과반수의 동의를
얻지 아니하면 국회는 이것을 제정할 수 없다)인 것으로 보인다.[3]

5. 사 견

① 고유권설은 민주주의 헌법국가의 논리로 부적합하다. ② 절충설에 따르면,
지방자치단체에 대한 기본권의 적용문제나 지방자치단체의 의회의 성격에 대한 이
론적 문제에 대하여 일의적으로 답할 수 없다. ③ 지방자치단체가 개인의 기본권에
유사한 자치권을 갖는다는 신고유권설은 하나의 가설에 불과하다. ④ 근대국가이론
과 민주주의 국가관념에 따라, 지방자치단체와 국가간의 법관계는 헌법에 의해 근
거가 주어진다고 이해되고, 헌법제정을 통해 국가를 건설하면서 지방자치를 국가
제도로 편입하였다고 이해되므로 자치위임설이 타당하다. Alexis de Tocqueville
은 "지방자치단체(공동체)는 신이 직접 준 유일한 공동체"라 말했다고 하나,[4] 헌법상
지방자치단체는 그와 달리 조직화된 국가의 한 부분으로 이해되어야 할 것이다.

---

1) 김철수, 헌법학신론, 1436쪽. 일본의 논의에 관해 최우용, 지방자치법강의, 132쪽 참조.
2) 정만희, "헌법적 관점에서 본 지방자치법제의 발전방향," 지방자치법연구, 통권 제 3 호, 11쪽.
3) 杉原 泰雄, "地方自治の憲法的基礎," 지방자치법연구, 한국지방자치법학회, 제 2 권 제 2 호(2002.
   12), 39쪽 이하 참조.
4) Joachim Suerbaum, in: Mann/Püttner(Hrsg.), Handbuch, § 22, Rn. 1.

Ⅱ. 지방자치행정과 국가행정의 관계

1. 지방자치행정의 독립성

지방자치단체는 민주적인 행정의 기초로서 중앙지향의 국가행정에 대한 반대축이라 할 수 있다. 지방자치단체는 국가와 마찬가지의 독립의 고권주체이다. 「헌법은 지방자치단체에 대하여 포괄적인 사무(자치사무)를 보장한다」고 새기는 것도[1) 지방자치행정이 독립성을 갖는다는 것을 뜻한다. 지방자치단체의 독립성·독자성으로 인해 자치사무에 대한 국가의 감독은 법규감독에 국한된다. 국가행정에 대한 지방자치행정의 독립성이 강조되어야 한다.

2. 간접국가행정과 지방자치행정

(1) 간접국가행정의 의의(법형식 기준)   국가는 「국가 내의 모든 공적 사무」를 반드시 자신의 기관만으로 수행하여야 하는 것은 아니다. 국가는 공법상 독립의 법인체로 하여금 사무를 수행하게 할 수도 있다. 법형식상 「독립의 법인체에 의해 수행되는 행정」을 간접국가행정이라 부른다. 지방자치단체는 공법상 사단법인이므로 지방자치단체에 의한 지방자치행정은 간접국가행정에 해당한다.[2)

(2) 간접국가행정으로서 지방자치행정(내용의 실질 기준)   지방자치행정을 국가행정과 대비시키는 것이 학설의 일반적인 입장이긴 하나[3) 양자가 반드시 대립개념인 것은 아니다.[4) 근대국가에서 국가권력은 불가분으로 이해되는데, 지방자치단체도 국가권력을 행사하는 것인바, 성질상 지방자치단체는 당연히 국가의 전체 행정 중에서 한 부분이 된다. 이러한 관점에서 본다면, 지방자치행정은 간접국가행정으로 분류될 수도 있다.[5) 지방자치행정사무도 궁극적으로는 모두 국가사무이기 때문이다.

(3) 보완관계   지방자치행정을 간접국가행정으로 분류할 것인가 아니면, 국가행정에 대비시킬 것인가는 동일한 대상을 보는 시각의 차이에 기인한다. 전자는 지

---

1) 본서, 47쪽 이하 참조.

2) Geis, Kommunalrecht(3. Aufl.), §5, Rn. 2; Burgi, Kommunalrecht, §2, Rn. 5.

3) 전통적인 입장이 취하는 국가행정과 지방자치행정을 대비시키는 이원주의는 그 이론적인 출발점을 국가와 사회를 대비시키는 19세기 自由主義思想에서, 즉 자치적인 지방자치단체의 작용영역의 승인을 통하여 국가의 고권행정으로부터 시민의 자유영역을 확보하려는 사고에서 갖는다(Burmeister, Verfassungstheoretische Neukonzeption der kommunalen Selbstverwaltungsgarantie, S. 4). 한편, 용례상 지방행정은 지방자치행정과 지방국가행정을 포함하는 의미로 이해되고 있다.

4) Knemeyer, Bayerisches Kommunalrecht, S. 29.

5) Knemeyer, Bayerisches Kommunalrecht, S. 29; Schmidt-Jortzig, Kommunalrecht, S. 22.

방자치단체의 국가에의 종속, 후자는 행정하는 주체의 고유한 존재의미를 강조한다. 국가행정과 지방자치행정의 관계는 양 영역의 엄격한 구분으로 특징지을 것이 아니라 상호 보완·통합의 관계로 특징지어야 한다.1) 지방자치단체는 행정권의 한 부분이므로,2) 지방자치단체는 국가 전체 행정조직의 한 부분을 차지한다.

(4) 분리와 협력　행정사무를 지방자치단체와 국가에 배분하는 것은 조직상 단일의 행정을 분리하는 것이다(분리). 그러나 지방자치행정은 국가와 국가행정으로부터 철저히 독립적으로 운영되는 것이 아니다(협력). 그것은 국가구조의 틀 안에서 민주주의원리와 수직적 권력분립을 통해 정당화되고, 분권적인 것으로서 국가의 부담을 완화시켜 주고 또한 자치를 매개로 하여 공적 사무를 자기책임으로 수행하는 행정형식이라는 지적을3) 상기할 필요가 있다.

제 3 항　지방자치의 기능

상부상조를 내실로 하는 전원적이고도 낭만적인 고전적 지방자치에 이어 19세기 시민사회의 자유주의적 지방자치를 거치고 난 오늘날에 있어서도 지방자치는 여전히 많은 의미를 갖는 것으로 이해되고 있다.4) 지방자치행정의 기능은 국가정책적·법정책적·사회정책적·행정정책적 의미 등으로 나누어 볼 수 있다.5) 헌법재판소의 입장도 유사하다.6)

---

1) 조인성, "독일 지방자치행정에 있어서 지방임무의 민영화에 대한 법적 한계," 지방자치법연구, 통권 제 9 호, 305쪽; Seewald, Kommunalrecht, in: Steiner(Hg.), Besonderes Verwaltungsrecht, Rn. 12.
2) Schmidt-Aßmann/Röhl, in: Schmidt-Aßmann(Hrsg.), Besonderes Verwaltungsrecht, Rn. 8.
3) BVerfGE 83, 37, 53ff.
4) 헌재 1991. 3. 11, 91헌마21 전원재판부.
5) Seeger/Wunsch, Kommunalrecht, S. 29f. 일설은 친근한 행정, 자유의 보장, 민주주의의 실현, 공공심의 함양 등을 들고 있다(김남진·김연태, 행정법 Ⅱ, 71쪽 이하). 한편, 사회학적으로는 불특정다수를 위한 적절한 생활조건을 창출하는 것을 자치행정의 기능이라 할 것이다. 경제적·사회심리적 관점에서 중요한 재생산조건(예: 일자리·재화·주거공간·문화공간)을 제공하는 것도 이에 속한다고 볼 것이다(K. Waechter, Kommunalrecht, Rn. 21).
6) 헌재 2009. 3. 26, 2007헌마843.

Ⅰ. 지방자치와 민주주의(국가정책적 의미)[1]

과거에는 지방자치와 민주주의는 아무런 상관관계를 갖지 아니한다는 주장도[2] 없지 아니하였으나,[3] 오늘날에는 양자 간에 밀접한 관계가 있다고 보는 것이[4] 일반적이다.[5] 후자의 입장에서 다음의 지적이 가능하다.

1. 민주국가의 구성원리

(1) **풀뿌리 민주주의**   헌법재판소가 지적하는 바와 같이[6] 지방자치는 국민자치를 지방적 범위에서 실현하는 것이므로, 지방 시정(施政)에 직접적인 관심과 이해관계가 있는 지방 주민으로 하여금 스스로 다스리게 한다면 자연히 민주주의가 육성·발전될 수 있다는 소위 "풀뿌리 민주주의"를 그 이념적 배경으로 한다.[7]

(2) **민주국가 구성의 기초**   지방자치는 민주국가의 구성원리이다. 지방자치제는 지역적인 민주주의의 표현이다. 법적 의미에서 자치행정은 개념상 민주적으로 정당화되고, 분권화된 행정형식을 뜻하는바, 지방자치행정은 아래에서부터 위로의 민주주의의 구조에 기여한다.[8] 그것은 민주적인 국가구성의 기초이자 부분이다. 지방자치단체가 민주국가의 구성부분이라는 것은 지방자치단체도 민주주의원리에 따라야 함을 의미하고, 동시에 국가로부터 고립된 존재가 아니라 공행정주체로서 국가의 통합적인 구성부분임을 의미한다.[9] 지방자치단체는 국가의 의사를 지방에

---

1) [관련논문] 이종수, "헌법적 의미에서의 지방자치와 민주주의," 지방자치법연구, 통권 제26호, 제 3 쪽 이하.

2) 지방자치는 민주주의에 반대되는 경향이 많다는 점, 지방자치는 유럽대륙의 민주정치발전과 역사적으로 우연히 일치할 뿐이라는 점, 현대사회는 민주적 지방분권보다 능률적 중앙집권화가 더 요구된다는 점(최봉기, 지방자치론, 18쪽 참조), 또는 낮은 참여(투표율)와 소수(少數)에 의한 전제의 가능성과 지역적 이익의 과도한 중시로 인한 배타주의의 가능성 등을 논거로 한다(김병준, 지방자치론, 23쪽 참조).

3) Forsthoff는 지방자치는 민주주의와 달리 선거권 또는 투표권의 행사에 관련되는 것이 아니고, 지방자치단체의 행정사무의 수행에 있어서 주민의 능동적인 참여를 포괄하며, 지방자치단체는 행정적인 구성체이며, 지방자치단체는 정치적 의사형성에 참여하지 아니하며, 이 때문에 특별한 국법상의 문제가 지방자치단체로 위임될 수는 없다는 이유로 민주주의와 지방자치행정은 뚜렷이 구분된다고 하였다(ders. Rn. 500, 501).

4) 헌재 2009. 3. 26, 2007헌마843. 한편, 이론상 지방자치는 민주주의 정신적 가치의 전제라는 점(최봉기, 지방자치론, 15쪽 참조), 또는 중앙집권에 따른 자유권 상실의 방지, 민주시민 교육 및 양성, 폭넓은 참여기회의 보장 등을 논거로 한다(김병준, 지방자치론, 21쪽 참조).

5) H. Meyer, Kommunalrecht, Rn. 35.

6) 헌재 1991. 3. 11, 91헌마21; 헌재 2019. 8. 29, 2018헌마129.

7) 성낙인, 헌법학, 1097쪽.

8) B. Widera, Kommunalrecht, S. 22.

9) Hegele/Ewert, Kommunalrecht, S. 42.

서 단순히 집행만 담당하는 기관은 결코 아니다. 헌법재판소도 "지방자치제도는 민주정치의 요체이며 현대의 다원적 복합사회가 요구하는 정치적 다원주의를 실현시키기 위한 제도적 장치로서 지방의 공동관심사를 자율적으로 처결함과 동시에 주민의 자치역량을 배양하여 국민주권주의와 자유민주주의 이념구현에 이바지함을 목적으로 하는 제도"라고 하고 있다.1)

(3) **민주적인 삶의 구성부분**　지방자치는 민주적인 삶의 구성부분이다. 지방자치행정은 민주적으로 조직된 국가제도에서 민주적 정당성을 갖는 자치행정주체가 통합적인 정치적 기능을 달성하는 것을 목표로 하는 관련자의 민주적 활동성을 뜻한다.2) 이를 위해 지방자치단체는 주민의 보통·직접·평등·비밀·자유선거로 구성되는 지방의회를 가져야 한다(헌법 제118조 제1항).3)

2. 단계화된 민주주의

「아래로부터 위로」의 민주주의의 구조는 주민이 지방자치단체의 사무에 실질적으로 참여하고, 주민이 책임을 부담함으로써 실현된다. 따라서 지방자치는 주민의 참여를 가능하게 하고, 주민이 책임을 부담하는 구조이어야 한다.4) 지방자치행정은 주민의 참여를 통해 국가권력행사에 있어서 정당성을 창출한다. 지역적인 차원에서 주민이 자신이 선출한 대표기관을 통해 행정에 참여·협력한다는 것은 바로 민주주의 원리의 한 내용이 된다. 지방자치행정을 통해 국가내부에서 국민의 의사를 위한 또 하나의 결정단계가 확보된다. 이를 단계화된 민주주의 원리라고 부르기도 한다.5) 지방자치행정이 신임을 가진 동료시민에 의해 수행된다는 것과 지역공동체의 특별한 필요에 부응한다는 것은 지방자치의 본질에 속하는 것이다.6)

3. 민주주의의 학교

「지방자치제도는 민주주의의 학교이자 민주주의의 훈련장이다」라는 것은 널리

---

1) 헌재 1991. 3. 11, 91헌마21; 헌재 2019. 8. 29, 2018헌마129.
2) Stober, Kommunalrecht, S. 61.
3) Hegele/Ewert, Kommunalrecht, S. 31. 한편, 독일기본법은 지방의회 대신에 주민총회를 둘 수도 있음을 규정한다(독일기본법 제28조 제1항 제4문, Sachsen헌법 제86조 제1항 제2문). 주민총회는 소규모의 자치단체를 의식한 것으로 이해된다. 주민총회제도가 직접민주주의의 실현임은 물론이다.
4) BVerfGE 79, 127, 150 참조.
5) Seewald, Kommunalrecht, in: Steiner(Hg.), Besonderes Verwaltungsrecht, Rn. 51.
6) BVerfGE 11, 351, 363.

언급되고 있다.1) 이것은 지방자치가 구성원인 국민에 대한 정치적 교육 내지 민주주의 교육의 장이자, 주민대표의 양성을 위한 장임을 뜻한다. 민주정치의 교육은 민주주의의 실현의 성패에 결정적인 요인이 된다. 서구에 비하여 민주주의의 역사가 비교적 일천하고 민주정치에 대한 훈련이 비교적 부족한 우리에게 지방자치가 갖는 의미는 중요하다. 민주정치의 교육과 관련하여서는 정치적 다원주의가 실현될 수 있는 지방자치제도가 마련되어야 한다.2)

4. 주민에 대한 정보공개

(1) **규정내용**   지방자치단체는 사무처리의 투명성을 높이기 위하여 「공공기관의 정보공개에 관한 법률」에서 정하는 바에 따라 지방의회의 의정활동, 집행기관의 조직, 재무 등 지방자치에 관한 정보(이하 "지방자치정보"라 한다)를 주민에게 공개하여야 한다(지자법 제26조 제 1 항).

(2) **규정취지**   민주주의원리는 지방자치행정이 투명할 것을 요구한다. 지방자치행정이 투명하면, 주민은 지방자치행정을 알 수 있다. 주민이 지방자치행정을 알면 지방자치행정에 협력할 수도 있고, 자치행정기관의 책임을 물을 수도 있다. 지방자치행정이 투명하기 위해서는 지방자치행정은 공개적이어야 한다. 이를 위해, 지방자치행정은 국민에게 각종의 정보를 적절한 시기에 제공해 주어야 한다. 지방자치법 제26조 제 1 항은 이러한 취지에 응하는 조문이다.

(3) **정보공개시스템 구축·운영**   행정안전부장관은 주민의 지방자치정보에 대한 접근성을 높이기 위하여 이 법 또는 다른 법령에 따라 공개된 지방자치정보를 체계적으로 수집하고 주민에게 제공하기 위한 정보공개시스템을 구축·운영할 수 있다(지자법 제26조 제 2 항).

Ⅱ. 지방자치와 권력분립(법정책적 의미)

1. 수직적 권력분립

지방자치단체의 자치권은 입법권·행정권·사법권과 병행하는 제 4 의 권력을 뜻하는 것[표 1]은 아니다.3) 몽테스키외(Montesquieu)가 말하는 권력분립은 입법권·

---

1) 김남진·김연태, 행정법 Ⅱ, 72쪽; 이기우·하승수, 지방자치법, 23쪽; 장영수, 헌법학, 326쪽; James Bryce, Modern Democracy, 1921.
2) 허영, 한국헌법론(2014), 830쪽.
3) 전훈, "지방분권을 위한 헌법개정." 지방자치법연구, 통권 제19호, 205쪽.

행정권·사법권 사이의 수평적인 권력분립을 말하지만, 지방자치에서 권력분립이란
행정권을 국가와 지방자치단체 사이에 분배하는 것[표 2], 즉 수직적인 권력분립을
의미한다.[1] 계층적인 국가조직의 외부에서 고유한 법인격을 가진 단체에 행정사무
를 배분하는 것은 권력분립기능을 갖는다. 행정권을 국가와 지방자치단체에 분배하
는 것은 권력의 분립, 권력의 남용방지에 기여한다. 그것은 견제와 균형의 원리를
내용으로 하는 수평적인 3권분립을 보완하는 것이기 때문에 실질적 법치국가의 구
성요소가 된다.[2] 이러한 점에서 지방자치행정은 국민의 자유를 지방의 차원에서 보
장하는 것이며, 행정의 분권을 가능하게 한다. 따라서 지방자치행정은 분권화된 행
정형식이라 말할 수 있다. 오늘날 입법권·행정권의 융화로 인해 수평적인 권력분립
의 의미가 약화되고 있음을 볼 때, 수직적 권력분립은 그 의미가 강조되어야 한다.

[표 1]

국가영역	지방영역
입법권(제 1 권력) 행정권(제 2 권력) 사법권(제 3 권력)	지방자치권(입법권·행정권)(제 4 권력)

[표 2]

입법권(제 1 권력)	행정권(제 2 권력)	사법권(제 3 권력)
	국가행정권(국가영역) 지방자치행정권(지방영역)	

2. 지방분권으로서 권력분립

(1) 의 의   지방분권은 계층적인 국가조직의 외부에서 고유한 법인격을 가진

---

1) 조성규, "참여정부의 행정분권법제에 대한 평가," 지방자치법연구, 통권 제 9 호, 12쪽; 방승주, "지방
자치법제의 헌법적 접근," 지방자치법연구, 통권 제12호, 53쪽; 이기우, 지방자치이론, 44쪽; 이기우·
하승수, 지방자치법, 23쪽; 장영수, 헌법학, 325쪽; 전광석, 한국헌법론, 617쪽; 이호용, "지방자치의 헌
법적 보장에 관한 담론," 지방자치법연구, 통권 제32호, 33쪽; Burgi, Kommunalrecht, §2, Rn. 13;
Geis, Kommunalrecht(3. Aufl.), §6, Rn. 10; Lissack, Bayerisches Kommunalrecht(2. Aufl.) §1, Rn.
14; Reinhard Hendler, Grundbegriffe der Selbstverwaltung, in: Mann/Püttner(Hrsg.), Handbuch,
§1, Rn. 25.
2) 신봉기, "지방분권특별법의 제정방향," 지방자치법연구, 통권 제 6 호, 55쪽; Maurer, Allgemeines
Verwaltungsrecht, §23, Rn. 5.

행정주체에게 행정사무를 배분하는 것,1) 지방분권을 중앙에 집중된 국가의 권한을 지방에 분산시키고자 하는 원리인 동시에 국가와 지방자치단체의 역할을 합리적이고도 적절하게 분담시켜 지방자치단체에게 역할의 중점을 부여하는 원리,2) 또는 중앙정부에 집중되어 있는 권한이나 재원을 지방에 이양하고 중앙의 관여를 최소화함으로써 지방의 자율성과 독립성을 보장하여 주는 정치형태 등으로 정의되고 있다.3) 지방분권은 사항에 적합하고, 지역에 적합하고, 시민에 근접하는 행정(주민근거리행정), 그리고 효과적인 행정수행에 기여한다.4)

  (2) 확 대   근년에 이르러 지나치게 집중된 국가의 행정권한을 지방자치단체에 보다 많이 이양하는 경향이 강하다.5) 이러한 분권화의 경향은 일설이6) 지적하는 바와 같이 국가와 사회 전체의 효율성을 신장시키고 민주주의의 발전에 기여하는 효과가 있을 뿐 아니라, 지방의 다양한 특성과 여건에 부합하는 자율행정을 통하여 지역사회의 질적 발전에 기여하고, 나아가 주민의 직접적인 수요에 부응하는 행정을 통하여 주민의 복리의 삶과 질을 향상시키는 효과를 기대할 수 있게 한다. 분권의 확대에는 반드시 재원의 배분이 수반되어야 한다.

  (3) 고려사항   지방분권의 취지가 「각 지방에 상응한 분권화를 통하여 실질적 지방자치를 실현시키고, 이를 통해 주민의 복지 및 경쟁력을 제고시키는 데 있다」는 전제 하에 지방분권화가 반드시 모든 지방자치단체에 대하여 획일적인 형태로 추진될 필요는 없다는 견해도 있다.7)

  (4) 지방자치분권 및 지방행정체제개편에 관한 특별법   지방자치분권과 지방행정체제 개편을 종합적·체계적·계획적으로 추진하기 위하여 기본원칙·추진과제·추진체제 등을 규정함으로써 성숙한 지방자치를 구현하고 지방의 발전과 국가의 경쟁력 향상을 도모하며 궁극적으로는 국민의 삶의 질을 제고하는 것을 목적으로 지방자치분권 및 지방행정체제개편에 관한 특별법이 제정되어 있다.

---

1) 최봉기, 지방자치론, 98쪽, 126쪽; 동인, 한국지방자치론, 43쪽 이하.
2) 신봉기, "지방분권특별법의 제정방향," 지방자치법연구, 통권 제 6 호, 53쪽.
3) 조성규, "참여정부의 행정분권법제에 대한 평가," 지방자치법연구, 통권 제 9 호, 13쪽.
4) B. Losch, "Dezentralisation und Kommunalrecht," 지방자치법연구, 통권 제 6 호, 49쪽.
5) 옥무석·최승원, "국가와 지방자치단체와의 관계," 지방자치법연구, 통권 제 4 호, 42쪽 이하; 백종인, "지방분권강화를 위한 법적 과제," 지방자치법연구, 통권 제 5 호, 27쪽 이하; 조성규, "참여정부의 행정분권법제에 대한 평가," 지방자치법연구, 통권 제 9 호, 14쪽 이하. [관련논문] 김남철, "중앙권한의 지방이양에 있어서 위임규정의 문제와 개선방안, 지방자치법연구, 통권 제43호, 548쪽 이하.
6) 문상덕, "지방자치행정에 있어서의 정책법무의 확립," 지방자치법연구, 창간호, 99쪽.
7) 조성규, "참여정부의 행정분권법제에 대한 평가," 지방자치법연구, 통권 제 9 호, 51쪽.

3. 지방의회와 행정권력

　권력분립(기능분립)을 법치국가적 관점에서 볼 때, 지방자치단체는 제 2 권력인 행정권(집행권)에 속한다. 이와 관련하여 지방자치단체의 중요기관으로서 지방의회는 행정기관이지 권력분립론의 의미에서 입법기관(의회)은 아니라고 하는 것이 정당하다.1) 지방의회가 입법기능을 행사하지만, 그럼에도 지방의회는 권력분립론의 의미에서 의회가 아니라 행정기관일 뿐이다. 지방자치행정제도는 권력분립적·지방분권적인 기능을 통하여 주민의 자유보장(기본권 보장)에 이바지한다. 연혁적으로 볼 때, 자유의 보장이 지방자치의 기원이기도 하다.2)

Ⅲ. 지방자치와 지역의 특수성(행정정책적 의미)

1. 의 의

　지방마다의 상황이 상이함에도 불구하고 동일한 기준에 의하여 행정이 이루어진다면, 그러한 행정은 비효율적일 뿐만 아니라 주민의 감정에도 적합하지 않다. 여기에 지역마다의 특수성을 고려하는 지방자치행정의 필요성이 나타난다. 지방자치행정은 경제적·사회적·문화적 수요의 충족을 위한 해당 지역주민에 의한 행정을 뜻하는바, 그것은 자신들의 사무를 기술적으로나 내용상으로 해당 지역에 가장 적합하고 신속하고 명료한 방식으로 수행하는 것을 가능하게 한다. 지방의 특성과 사정에 정통한 지역 주민에 의한 염원을 실현하는 자치행정을 지역주민에 근접한 행정, 친근한 행정으로 표현하기도 한다.3)

2. 의미의 변화

　오늘날 광역행정의 요구와 더불어 지역의 특수성에 따른 행정이라는 의미는 다소 감소되고 있다. 그렇지만 지역주민들에 의한 자기사무의 처리는 참여를 통하여 현대사회에서 나타나는 인간성 상실의 방지·회복에 의미를 갖는다고 말하기도 한다.4)

---

1) BVerfGE 78, 344, 348; BVerwG NVwz 1993, 375.
2) 김남진·김연태, 행정법 Ⅱ, 71쪽.
3) 김남진·김연태, 행정법 Ⅱ, 71쪽.
4) 이상규, 신행정법론(하), 121쪽.

Ⅳ. 지방자치와 통합(사회정책적 의미)

1. 의 의

지방자치단체와 지방자치행정은 해당 지역 주민들의 결속, 연대를 통하여 주민들의 통합에 기여한다. 지방자치는 행정형식일 뿐 아니라 조정과 통합이라는 공동사회적인 기능을 수행한다. 그것은 정치적인 제 세력 간의 대화의 장이 된다.

2. 의미의 변화

역사적·문화적 환경이 동일한 소규모 지역에서는 주민들의 결속과 연대의 의식은 강하다고 볼 수 있으나, 거대 도시의 경우는 사정이 다르다. 도시의 광역화는 지역주민들의 결속과 연대의 의식의 약화를 가져올 수 있다.

제 4 항   지방자치의 위기와 과제

Ⅰ. 지방자치의 제약요인

지방자치는 상기와 같은 긍정적인 의미를 갖기에, 역대 헌법에 한결같이 지방자치제가 규정되어 왔다. 그러나 지방자치는 다음의 제약요인을 갖기도 한다.[1]

1. 지방재정과 지방자치

지방자치의 성패는 지방재정에 결정적으로 의존된다. 왜냐하면 지방자치제의 핵심은 주민의 생활배려에 놓이며, 생활배려는 재정을 요구하기 때문이다. 현실에 있어서 생활배려 내지 복지의 요구는 증대되고, 그것은 동시에 재정의 증대를 요구하게 된다. 그러나 지방재정에는 한도가 있으므로, 지방자치단체는 재정상 국가의 존의 경향을 띠기 쉽다. 재정상 의존은 지방자치단체의 자치가 국가에 의하여 많이 제약될 수 있음을 의미한다. 지방자치단체의 재정확보의 중요성에 비추어 국가에

---

1) 일설은 현대 자치행정의 위기요인으로 ① 지방자치의 기반상실, ② 지방자치의 정당화, ③ 지방재정의 궁핍, ④ 실패된 실험실, ⑤ 대단위계획 집행의 필요, ⑥ 행정적·입법적 기능의 미약성을 들고 있다(김도창, 일반행정법론(하), 124쪽 이하).

따라서는 지방자치단체의 재정고권을 헌법에서 규정하기도 한다(독일 기본법 제28조 제
2 항 제 3 문).[1] 행정의 실제상 지방자치단체는 재정의 많은 부분을 국가나 광역지방
자치단체의 교부세·교부금·보조금 등에 의존하고 있는바, 자기 스스로 부과·징수
하는 자주재원으로 재정을 충당할 수 있는 제도의 확보가 중대한 과제이다.

2. 광역행정과 지방자치

　도시의 확산과 교통수단의 발전 등에 따라 주민의 지역적 생활단위가 확대되
고 있다. 이 때문에 동일하거나 유사한 지방자치사무는 전국적 또는 광역적으로 시
행하는 것이 효율적이고 합목적적인 것이 된다. 이것은 계획행정의 도입을 의미하
게 되는데, 계획행정은 지방자치단체의 개성의 상실을 가져올 수 있는바, 계획행정
은 지방자치제의 제약요인이 될 수 있다. 이 때문에 국가적인 계획에 지방자치단체
의 참여를 보장할 필요성이 나타난다. 말하자면 지방자지단체의 계획고권의 보장
이 중요한 문제가 된다.

3. 지방적 특성의 감소

　교통과 경제의 급속한 발전은 전국을 현대화로 이끌고, 현대화는 동시에 각
지방의 지방적 특성의 감소·상실을 가져온다. 지방적 특성의 감소는 그만큼 지방
자치제도의 의미의 감소를 초래하게 된다. 특히 인구감소에 따른 지방소멸의 위기
는 지방자치에 심각한 문제를 가져온다.[2]

4. 중앙집권화의 경향

　앞에서 말한 여러 요인들로 인해 지방자치제와 상충되는 중앙집권화가 초래될
수도 있다. 이를 신중앙집권화라 부르기도 한다.[3] 새로운 중앙집권화의 경향에 어
떻게 대처할 것인가는 지방자치법학의 주요 연구과제가 된다. 해결하여야 할 문제
의 핵심은 중앙집권화의 필요성을 충족하면서 지방분권을 도모하는 일일 것이다.

---

1) 독일 기본법 제28조 제 2 항 제 3 문(Die Gewährleistung der Selbstverwaltung umfaßt auch die
Grundlagen der finanziellen Eigenverwaltung: zu diesen Grudlagen gehört eine den Gemeinden
mit Hebesatzrecht zustehende wirtschaftskraftbezogene Steuerquelle. 자치행정의 보장은 재정(財
政)상 고유행정의 기초를 또한 포함한다. 게마인데가 세율을 결정할 수 있는 권한을 갖는 경제력관
련의 세원(稅源)까지 이러한 기초에 속한다).
2) [관련논문] 김원중, "인구감소에 따른 지방소멸위기지역 지원 특별법(안) 입법개선방안 검토," 지방
자치법연구, 통권 제69호, 147쪽 이하.
3) 신중앙집권의 의미에 관해 최봉기, 지방자치론, 115쪽; 동인, 한국지방자치론, 61쪽 참조.

II. 지방자치의 회복

전통적 의미의 자치행정은 확실히 그 의미가 퇴색되고 있다. 이것은 자치행정의 위기를 뜻하는 것일 수도 있다.1) 이러한 위기를 극복하고 지방자치제가 갖는 고유한 의미를 되살리는 것은 법학뿐만 아니라 행정학, 정치학 등 여러 학문분야의 공통의 임무가 된다. 자치행정의 의미를 되살리려는 방안으로 지방자치행정과정에 주민 참여의 확대,2) 지방재정의 강화, 국가(중앙정부) 권한의 대폭적인 지방자치단체에로의 이전 등을 언급할 수 있다.3)

III. 지방자치의 최근 경향4)

1. 신 공공관리(New Public Management)

오늘날 공행정작용은 종전에 비해 경제적 관점이 강하게 부각되고 있다.5) 효율성과 투명성의 제고, 비용절감이 강조되고 있고, 지방자치단체를 민간기업과 유사하게 보는 경향, 즉 서비스기업과 같은 자치행정, 지방자치단체와 주민의 관계를 기업과 고객관계로 보는 경향이 강하다.6) 법적 관점에서 볼 때, 이러한 점이 지나치게 강조된다면 법치행정의 원칙이 위태롭게 될 수도 있다. 지방자치단체는 경쟁과 이익추구가 아니라 공공의 복지의 실현을 존재 목적으로 한다. 따라서 새로운 경향도 헌법 정신에 맞게 이루어져야 한다.

2. 지역균형발전7)

(1) 문제상황   지방자치로 인해 지역 간에 생활상 심각한 격차가 생겨나고 갈등이 발생한다면, 그것은 주민복지의 증진이라는 지방자치의 취지에 반하는 것이

---

1) Burmeister, Kommunalrecht, S. 6.
2) 이에 관하여 자세한 것은 본서, 206쪽 이하 참조.
3) 일설은 지방자치행정의 강화방향으로 ① 지방자치의 본지에 따른 운영의욕, ② 지방자치단체의 종류, ③ 지방자치단체의 조직, ④ 자치권의 강화, ⑤ 자치재정권의 수립, ⑥ 주민참가 등의 문제를 열거하고 있다(김도창, 일반행정법론(하), 126쪽 이하).
4) 우리나라 지방자치발전에 관한 약료로 최봉기, 지방자치론, 43쪽 이하 참조.
5) E. Schmidt-Aßmann, Kommunalrecht, in: E. Schmidt-Aßmann/F. Schoch(Hrsg.), Besonderes Verwaltungsrecht, 1. Kap. Rn. 7b.
6) Geis, Kommunalrecht(3. Aufl.), §6, Rn. 35.
7) [관련논문] 문병호, "지방분권과 지방소멸 대응방안—이른바 '지방소멸'에 직면한 지방자치의 현실과 대응책을 중심으로—," 지방자치법연구, 통권 제71호, 243쪽.

된다. 그것은 지역민이 지역을 기초로 삶의 가치와 행복을 추구하고 지역 특유의
삶의 다양성을 추구하는 것을 그 내용으로 하는 지방자치의 의미를 침해하는 것이
기도 하다.1) 이 때문에 지방자치단체의 균형발전이 중요한 과제가 되고 있다.

(2) 헌법적 근거   헌법전문(안으로는 국민생활의 균등한 향상을 기하고), 헌법 제119조
제 2 항(국가는 균형있는 국민경제의 성장 및 안정과 적정한 소득의 분배를 유지하고), 제120조 제 2
항(국가는 그 균형있는 개발과 이용을 위하여 필요한 계획을 수립한다), 제123조 제 2 항(국가는 지
역간의 균형있는 발전을 위하여 지역경제를 육성할 의무를 진다) 등을 볼 때 지방의 균형발전은
헌법적 과제이므로, 지역균형발전은 헌법상 문제로서 논의될 필요가 있다는 견해
도 있다.2) 타당한 지적이다.

(3) 국가균형발전 특별법   지역 간의 불균형을 해소하고, 지역의 특성에 맞는
자립적 발전을 통하여 국민생활의 균등한 향상과 국가균형발전에 이바지함을 목적
으로 국가균형발전 특별법이 제정되어 있다. 이 법률은 국가균형발전을 "지역 간
발전의 기회균등을 촉진하고 지역의 자립적 발전역량을 증진함으로써 삶의 질을
향상하고 지속가능한 발전을 도모하여 전국이 개성있게 골고루 잘 사는 사회를 구
현하는 것을 말한다"라고 규정하고 있다. 이 법률은 국가균형발전 5개년계획 등을
규정하고 있다.

제 5 항   한국 지방자치의 발전과정3)4)

Ⅰ. 지방자치의 발아[제정 헌법(1948. 7.) ~ 제 4 차 개정 헌법(1960. 11.)]

1. 헌법과 지방자치법

지방자치는 제정 헌법에 규정된 이래 현행 헌법에도 계속 규정되고 있다.5) 제

---

1) 백종인, "지방분권강화를 위한 법적 과제," 지방자치법연구, 통권 제 5 호, 36쪽.
2) 정만희, "헌법적 관점에서 본 지방자치법제의 발전방향," 지방자치법연구, 통권 제 3 호, 19쪽.
3) 이 부분은 저자가 2016. 12. 2. 일본 큐슈대학대학원법학연구실 대회의실에서 "한일 지방자치법제
의 주요과제와 미래"라는 주제로 열린 한일 국제학술회의에서 발표한 기조발제문의 상당부분을 옮
겨온 것이다. 이 글은 일본학자들에게 우리의 것을 소개하는 데 중점을 두고 작성한 것이다.
4) [관련논문] 홍정선·방동희, "지방자치 70년, 회고와 과제─헌법과 지방자치법의 제정·개정을 중심
으로─," 지방자치법연구, 통권 제63호, 3쪽 이하.
5) • 제정 헌법(1948.7.) ~ 제 2 차 개정 헌법(1954. 11.)
제96조 지방자치단체는 법령의 범위내에서 그 자치에 관한 행정사무와 국가가 위임한 행정사무를

4차 개정 헌법까지는 지방자치를 실시하는 데 아무런 헌법상 제약이 없었다. 지방
자치를 시행하기 위한 법률인 지방자치법이 1949. 7. 4.에 제정되었다.

2. 지방자치단체의 종류

당시 지방자치법상 지방자치단체의 종류로 ① 광역지방자치단체인 도와 서울
특별시, ② 기초지방자치단체로 시, 읍, 면을 두었다(동법 제2조).

3. 지방자치단체의 기관

의결기관으로 지방의회, 집행기관으로 지방자치단체의 장이 있었다. 양자는
상호 독립적인 지위에서 견제와 균형을 유지하는 관계에 있었다.

(1) 지방의회   지방자치단체의 의회를 지방의회라 하였다(동법 제11조). 지방의
회의 의원은 직접선거로 선출하였다(동법 제52조).[1] 지방의회의 의원은 명예직이었고

처리하며 재산을 관리한다.

지방자치단체는 법령의 범위내에서 자치에 관한 규정을 제정할 수 있다.

제97조 지방자치단체의 조직과 운영에 관한 사항은 법률로써 정한다.

지방자치단체에는 각각 의회를 둔다.

지방의회의 조직, 권한과 의원의 선거는 법률로써 정한다.

- 제3차 개정 헌법(1960. 6.) ~ 제4차 개정 헌법(1960. 11.)

제96조 [제정 헌법 제96조와 동일]

제97조 ① 지방자치단체의 조직과 운영에 관한 사항은 법률로써 정한다.

② 지방자치단체의 장의 선임방법은 법률로써 정하되 적어도 시, 읍, 면의 장은 그 주민이 직접 이
를 선거한다. 〈신설 1960. 6. 15.〉

③ 지방자치단체에는 각각 의회를 둔다.

④ 지방의회의 조직, 권한과 의원의 선거는 법률로써 정한다.

- 제5차 개정 헌법(1963. 12.) ~ 제6차 개정 헌법(1969. 10.)

제109조 ① 지방자치단체는 주민의 복리에 관한 사무를 처리하고 재산을 관리하며, 법령의 범위 안
에서 자치에 관한 규정을 제정할 수 있다.

② 지방자치단체의 종류는 법률로 정한다.

제110조 ① 지방자치단체에는 의회를 둔다.

② 지방의회의 조직·권한·의원선거와 지방자치단체의 장의 선임방법 기타 지방자치단체의 조직과
운영에 관한 사항은 법률로 정한다.

- 제7차 개정 헌법(1972. 12.)

제114조 [제5차 개정 헌법 제109조와 동일]

제115조 [제5차 개정 헌법 제110조와 동일]

- 제8차 개정 헌법(1980. 10.)

제118조 [제5차 개정 헌법 제109조와 동일]

제119조 [제5차 개정 헌법 제110조와 동일]

- 제9차 개정 헌법(1988. 2.)(현행)

제117조 [제5차 개정 헌법 제109조와 동일]

제118조 [제5차 개정 헌법 제110조와 동일]

1) 당시 지방자치법에 따라 ① 제1차 시·읍·면의회의원선거가 1952. 4. 25, 제1차 도의회의원선거

(동법 제16조), 지방의회의 의원의 임기는 4년이었다(동법 제17조). 지방의회의 의원은 국회의원을 겸할 수 없었다(동법 제18조).

　(2) 지방자치단체의 장　　도지사와 서울특별시장은 대통령이 임명하였고,[1] 시·읍·면장은 각기 지방의회에서 무기명투표로써 선거하였다(동법 제98조). 시·읍·면장의 임기는 4년으로 하였다(동법 제99조). 지방자치단체의 장은 국회의원이나 지방의회의 의원을 겸할 수 없었다(동법 제100조). 국무총리 또는 도지사는 감독상 시·읍·면장을 부적당하다고 인정할 때에는 그 지방의회에 대하여 신임투표를 요구할 수 있었다(동법 제109조 제 1 항). 신임투표는 재적의원 3분의 2 이상의 출석과 출석의원 3분의 2 이상의 찬성이 있어야 했다(동법 제109조 제 2 항). 그리고 전항의 찬성투표를 얻지 못할 때에는 그 자치단체의 장은 당연 해직되었다(동법 제109조 제 3 항).

II. 지방자치의 중단[제 5 차 개정 헌법(1963. 12) ~ 제 8 차 개정 헌법(1980. 10)]

1. 헌법 상황

　제 5 차, 제 6 차, 제 7 차, 제 8 차 개정 헌법은 부칙에 지방의회의 구성시기에 관해 제약을 가하는 규정을 두었다.[2] 제 5 차 개정 헌법과 제 6 차 개정 헌법 하에서 국회는 지방의회의 구성시기에 관한 사항을 규정하는 지방자치법을 제정할 수 없었다. 왜냐하면 당시의 야당은 지방자치의 실시에 대하여 적극적이었지만 여당

가 1952. 5. 10.에 있었고, ② 제 2 차 시·읍·면의회의원선거와 제 1 차 시·읍·면장선거가 1956. 8. 8. 제 2 차 도의회의원선거가 1956. 8. 13.에 있었다. ③ 불행하게도 제 3 차 도의회의원선거(선거예정일: 1960. 12. 2), 제 3 차 시·읍·면의회의원선거(선거예정일: 1960. 12. 19), 제 2 차 시·읍·면장선거(선거예정일: 1960. 12. 26), 서울시장·도지사선거(선거예정일: 1960. 12. 29)는 1961. 5. 16. 군사쿠데타로 무산되었다.

1) 지방자치단체의 장과 의원의 선임방식의 변화

	도지사 · 서울특별시장	시장, 읍장 · 면장
1945. 8. 15. 제정 지방자치법	대통령 임명(제98조)	지방의회에서 무기명투표(제98조)
1956. 2. 13. 개정 지방자치법	대통령 임명(제98조)	선거권자가 선거(제98조)
1960.11.11. 개정 지방자치법	선거권자가 선거(제98조)	선거권자가 선거(제98조)

• 1960.11.11. 개정 법률이 모든 지방자치단체의 장을 주민선거로 선출하게 제도를 도입한 후 주민직선제는 오늘에 계속되고 있다.
• 지방의원선거는 1945. 8. 15. 제정 지방자치법 이래 줄곧 직선제가 유지되고 있다.
2) • 제 5 차 개정 헌법·제 6 차 개정 헌법 부칙 제 7 조 ③ 이 헌법에 의한 최초의 지방의회의 구성시기에 관하여는 법률로 정한다.
• 제 7 차 개정 헌법 부칙 제10조 이 헌법에 의한 지방의회는 조국통일이 이루어질 때까지 구성하지 아니한다.
• 제 8 차 개정 헌법 부칙 제10조 이 헌법에 의한 지방의회는 지방자치단체의 재정자립도를 감안하여 순차적으로 구성하되, 그 구성시기는 법률로 정한다.

은 소극적이었기 때문이었다. 제 7 차 개정 헌법은 지방의회의 구성을 원천적으로 봉쇄하였다. 제 8 차 개정 헌법 하에서도 국회는 지방의회의 구성시기에 관한 사항을 규정하는 지방자치법을 제정할 수 없었다. 그 이유는 제 5 차 개정 헌법과 제 6 차 개정 헌법 하의 경우와 동일하였다.

2. 지방자치법 상황

「지방자치법」은 있었으나, 1961.10. 제정된 「지방자치에관한임시조치법」에 의해 지방자치는 명목적인 것으로 변하였다. 즉 「지방자치법」에 근거하여 지방자치단체로 ① 광역지방자치단체인 도와 서울특별시, ② 기초지방자치단체인 시와 군이 있었다.[1] 그러나 「지방자치에관한임시조치법」에 따라 지방자치단체의 장은 모두 대통령에 의해 임명되었고,[2] 지방의회의 의결을 요하는 사항은 도와 서울특별시의 경우에는 내무부장관의, 시와 군에 있어서는 도지사의 승인을 얻어 시행하였다.[3] 이러한 시기에는 자치행정이 아니라 관치행정이 지배하였다.

Ⅲ. 지방자치의 재생[제 9 차 개정 헌법(1988. 2. ~ 현재)]

1. 새로운 시작 — 1995년 6월

주민에 의해 직접 선출된 자로 지방의회가 구성되어야 진정한 지방자치가 실시되는 것인데, 이러한 의미의 지방의회는 1987. 10. 29. 제 9 차 개정 헌법이 국민투표로 확정된 후, 1991년 초에 실시된 지방의회의원선거를 통해 비로소 구성되었다.[4] 그로부터 4년이 지난 1995. 6.에 기초지방자치단체와 광역지방자치단체의 장의 선거가 있었다. 1961년 5월 16일 군사쿠데타로 집권한 당시 군사정부에 의해 지방자치가 중단된 지 30년 만의 일이다. 뿌리도 내리지 못한 채 걸음마 단계에 머물던 한국의 지방자치가 부활하게 된 것이다. 이 시기의 주요 특징으로 지방자치 발전을 위한 여러 특별법의 제정과 주민참여의 확대 등을 볼 수 있다.

---

1) 지방자치에관한임시조치법(1961. 9. 1. 법률 제707호) 제 2 조 제 1 항. 현행 지방자치법상 지방자치단체로는 광역지방자치단체인 특별시, 광역시, 도, 특별자치도, 기초지방자치단체인 시, 군, 구가 있다(동법 제 2 조 제 1 항).
2) 지방자치에관한임시조치법(1962. 3. 21. 법률 제1037호) 제 9 조; 지방자치에관한임시조치법(1963. 12. 14. 법률 제1512호) 제 9 조.
3) 지방자치에관한임시조치법(1961. 9. 1. 법률 제707호) 제10조.
4) 1991. 3. 26.에 기초지방의회의원선거, 1991. 4. 15.에 기초지방의회개원, 1991. 6. 20.에 광역의회의원선거, 1991. 7. 8.에 광역의회개원이 이루어짐으로써 지방의회가 부활되었다.

2. 특별법의 제정

(1) 중앙행정권한의지방이양촉진등에관한법률[시행 1999. 7. 30.][1999. 1. 29. 제정]1)   이 법률은 중앙행정기관의 권한 중 주민의 복리증진과 지역의 발전에 이바지할 수 있는 권한을 지방자치단체에 최대한 이양함과2) 아울러 지방자치단체간에 사무를 합리적으로 배분하여 지방자치단체의 자율성을 제고하고 국민생활의 편익을 도모함을 목적으로 하였다(동법 제1조).

(2) 지방분권특별법[시행 2004. 1. 16.][2004. 1. 16. 제정]   이 법률은 국가 및 지방자치단체의 지방분권에 관한 책무를 명확히 하고 지방분권의 기본원칙·추진과제·추진체계 등을 규정함으로써 지방을 발전시키고 국가경쟁력을 높이는 것을 목적으로 하였다(동법 제1조).

(3) 지방분권촉진에 관한 특별법[시행 2008. 5. 30.][2008. 2. 29. 전부개정]3)   이 법률은 지방분권의 기본이념과 국가와 지방자치단체의 책무를 명확히 함과 동시에 지방분권의 추진에 관한 기본원칙·추진과제·추진체제 등을 규정함으로써 지방분권의 추진과제를 종합적·체계적·계획적으로 추진하여 지방분권을 촉진하고 지방의 발전과 국가의 경쟁력 향상을 도모하며 궁극적으로는 국민의 삶의 질을 제고하는 것을 목적으로 하였다(동법 제1조).

(4) 지방분권 및 지방행정체제개편에 관한 특별법[시행 2013. 5. 28.][2013. 5. 28. 제정]4)   이 법률은 지방자치분권과 지방행정체제 개편을 종합적·체계적·계획적으로 추진하기 위하여 기본원칙·추진과제·추진체제 등을 규정함으로써 성숙한 지방자치를 구현하고 지방의 발전과 국가의 경쟁력 향상을 도모하며 궁극적으로는 국민

---

1) 이 법률은 「지방분권촉진에 관한 특별법」[시행 2008. 5. 30.][법률 제8865호, 2008. 2. 29. 전부개정] 부칙 제3조에 의해 2008. 8. 30.자로 폐지되었다.
2) [관련논문] 이지은, "지방일괄이양법 제정과 관련된 공법과제," 지방자치법연구, 통권 제56호, 3쪽 이하; 최환용, "일본 지방분권일괄의 제정 경위와 추진 성과," 지방자치법연구, 통권 제56호, 313쪽 이하.
3) 이 법률은 지방분권특별법을 전부개정하는 형식을 취한 법률이다. 그리고 이 법률은 「지방분권 및 지방행정체제개편에 관한 특별법」[시행 2013. 5. 28.][2013. 5. 28. 제정] 부칙 제2조에 따라 2013. 5. 28.자로 폐지되었다.
4) 이 법률은 종전의 「지방분권촉진에 관한 특별법」과 「지방행정체제 개편에 관한 특별법」을 통합하여 제정된 법률이다. 본문에서는 지방분권에 관한 부분만 언급하고, 지방행정체제 개편에 관한 부분은 생략하였다. 「지방행정체제 개편에 관한 특별법」[시행 2010. 10. 1.][2010. 10. 1. 제정]은 "행정환경의 급속한 변화에 부응하여 현행 지방행정체제를 개편하기 위한 추진기구 및 절차, 기준과 범위, 국가의 지원 등을 규정함으로써 지방의 역량 강화, 국가경쟁력 제고, 주민의 편의와 복리 증진에 이바지함을 목적"으로 하였다(동법 제1조). 이 법률은 「지방분권 및 지방행정체제개편에 관한 특별법」 부칙 제2조에 따라 2013. 5. 28.자로 폐지되었다.

의 삶의 질을 제고하는 것을 목적으로 하였다(동법 제 1 조).

3. 주민참여의 확대

지방자치가 재생된 후 주민참여에 관한 여러 제도들이 지방자치법에 도입되었다. 이러한 것은 지방자치에 있어서 의미 있는 변화이고 동시에 지방자치의 발전을 의미한다. 그 내용을 표로 보기로 한다.

1994. 3. 16.   주민투표제 도입 (2004. 1. 29. 주민투표법 제정, 2004. 10. 1. 시행)

1999. 8. 31.   조례의 제정·개폐 청구제 도입 (2000. 3. 1. 시행), 제도보완(주민조례발안에 관한 법률 제정, 2022.1.13. 시행)

1999. 8. 31.   주민의 감사청구제 도입 (2000. 3. 1. 시행)

2005. 1. 27.   주민소송제 도입·시행 (2006. 1. 1. 시행)

2006. 5. 24.   주민소환제 도입 (2006. 5. 24. 주민소환에 관한 법률 제정. 2007. 5. 24. 시행)

2021. 1. 15.   주민의 참여권 명시(2022. 1. 13. 시행 지방자치법 전부 개정 법률)

2021. 1. 15.   규칙에 대한 의견제출권 도입(2022. 1. 13. 시행 지방자치법 전부 개정 법률)

---

4. 해결해야 할 과제

앞으로 해결해야 할 과제도 적지 않다.[1] 그러한 과제를 예시한다면, ① 누구라도 법령을 볼 때, 쉽게 어떠한 사무가 자치사무이고 어떠한 사무가 기관위임사무인지를 쉽게 구분할 수 있도록 법령을 전반적으로 개정하는 것, ② 지방자치단체의 자주재원을 확보·보장하는 것, ③ 조례제정권의 범위를 확대하는 것을 들 수 있다. 이러한 과제의 해결은 헌법 개정과 관련을 갖는다.[2] 뿐만 아니라 통일시대를 대비하여 남북의 지방자치단체 상호간 교류협력에 관한 연구도 있어야 할 것이다.[3]

---

1) [관련논문] 백종인, "지방자치제도 개혁 25년의 평가와 과제," 지방자치법연구, 통권 제51호, 75쪽 이하; 조성규, "지방자치법제의 발전 과정과 지방자치법 개정안의 평가," 지방자치법연구, 통권 제62호, 45쪽 이하.

2) 헌법 개정에 관해, 본서, 32쪽 이하 참조.

3) [관련논문] 황선훈, "통일시대에 대비한 남북지방자치단체간 교류협력을 위한 법이론적 고찰," 지방자치법연구, 통권 제62호, 116쪽 이하; 김원중, "지방자치단체의 남북교류 관계에서의 검토," 지방자치법연구, 통권 제65호, 103쪽 이하; 최우용, "통일한국에서의 북한지역 지방행정체제 개편 방안에 관한 연구," 지방자치법연구, 통권 제66호, 217쪽 이하; 최성환, "지방자치단체의 남북교류협력 활성화를 위한 입법론적 검토," 지방자치법연구, 통권 제68호, 235쪽 이하.

제 2 절 지방자치법의 관념

제 1 항 지방자치법의 의의

Ⅰ. 지방자치법의 개념

1. 실질적 의미의 지방자치법

(1) 의 의　실질적 의미의 지방자치법이란 지방자치단체의 법적 지위·조직·임무와 행위형식에 관한 법규의 총괄개념을 뜻한다.[1] 실질적 의미의 지방자치법에는 국가의 전체구조 내에서 지방자치단체가 갖는 법적 지위, 지방자치단체 자체의 조직과 사무영역에 관한 법, 지방자치단체가 지방자치법에 근거하여 주민이나 거주자에 대하여 행하는 임무에 관한 법으로 구성된다. 임무에 관한 법에는 지방자치단체의 재정과 경제적인 관계의 규율에 관한 법 등이 포함된다.[2][3] 실질적 의미의 지방자치법은 단일의 법전이 아니라 지방자치법·지방공무원법·지방재정법·지방세법·주민등록법 등 여러 개별 법률로 구성된다.

(2) 규율대상의 단일성　지방자치법이 규율하는 대상의 단일성과 관련하여 ① 지방자치단체의 작용영역을 규정하는 규범이라는 의미에서 지방자치법은 단일의 규율영역을 갖는다는 견해와 ② 지방자치법은 단일의 규율대상이 아니라 각 권한의 복합체라는 견해, 즉 지방자치법은 고유한 권한으로서 존재하지 않는다는 견해가 있다.[4] 후자는 많은 지방자치단체의 활동이 조례가 아닌 법률에서 규율되고

---

1) Erichsen, Kommunalrecht, S. 1; Pagenkopf, Kommunalrecht, Bd. 1, S. 12; Seewald, Kommunal-recht, in: Steiner(Hrsg.), Besonderes Verwaltungsrecht, Rn. 1; Tettinger/Erbguth/Mann, Besonderes Verwaltungsrecht, Rn. 5; Stober, Kommunalrecht, S. 12.

2) Stober, Kommunalrecht, S. 12.

3) 독일에서 Kommune은 Gemeinde(기초지방자치단체)와 Kreis(광역지방자치단체)의 상위개념으로 사용된다. 따라서 지방자치법으로 번역되는 독일어의 Kommunalrecht는 Gemeinde와 Kreise에 관한 법을 의미한다. 어원상 라틴어의 cum은 공동(zusammen)을, munus는 사무범위(Aufgabenkreis)를 뜻하는바, kommnnal은 공동의 부담극복(gemeinsame Lastenbewältigung)을 의미한다고 한다(G. Lissack, Bayerisches Kommunalrecht, S. 1).

있음을 설명하는 데 편리하나, 논리의 체계성에 비추어 문제가 있다. 전자가 보다
논리적이다. 학문상 지방자치법이란 일반적으로 실질적 의미의 지방자치법으로 이
해되고 있다. 본서에서 살피는 것도 실질적 의미의 지방자치법이다.

2. 형식적 의미의 지방자치법

(1) 의 의   형식적 의미의 지방자치법이란 '지방자치법'이란 명칭을 가진 하
나의 법률을 말한다. 이 법률은 '지방자치단체의 종류는 법률로 정한다'는 헌법 제
117조 제 2 항 및 '지방의회의 조직·권한·의원선거와 지방자치단체의 장의 선임방
법 기타 지방자치단체의 조직과 운영에 관한 사항은 법률로 정한다'는 헌법 제118
조 제 2 항에 의거하여 제정된 지방자치에 관한 기본적인 법률이다. 형식적 의미의
지방자치법은 실질적 의미의 지방자치법의 중심이다.

(2) 연 혁   형식적 의미의 지방자치법은 1949. 7. 4. 법률 제32호로 제정된
후 여러 차례의 개정을 거쳤다.[1] 그동안 전면개정도 3차례(1988. 4. 6. 법률 제4004호,
2007. 5. 11. 법률 8423호, 2022. 1. 13. 법률 17893호)나 있었다.[2] 지방자치법은 제정 이래
한결같이 광역지방자치단체와 기초지방자치단체를 규율의 대상으로 한다.[3] 입법례
에 따라서는 지방자치단체의 종류별로 법률을 달리하기도 한다.[4]

---

4) K. Waechter, Kommunalrecht(1995), Rn. 5, 6.

1) [관련논문] 김남철, "실질적인 자치권 확대 및 책임성 확보를 위한 지방자치법의 개정과 공법적 평
가," 지방자치법연구, 통권 제63호, 73쪽 이하; 조성규, "지방자치단체의 사무, 입법 및 재정에 대한
지방자치법의 개정과 공법적 평가," 지방자치법연구, 통권 제63호, 119쪽 이하; 문상덕, "지방자치단
체 연계·협력 강화를 위한 지방자치법의 개정과 공법적 평가," 지방자치법연구, 통권 제63호, 171쪽
이하.

2) 판례는 개정 법률이 전부 개정인 경우, 기존 법률을 폐지하고 새로운 법률을 제정하는 것과 마찬
가지여서 원칙적으로 종전 법률의 본문 규정은 물론 부칙 규정도 모두 효력이 소멸되는 것으로 보아
야 하므로 종전 법률 부칙의 경과규정도 실효되지만, 특별한 사정이 있는 경우에는 그 효력이 상실
되지 않는다고 보아야 한다. 여기에서 말하는 '특별한 사정'은 전부 개정된 법률에서 종전 법률 부칙
의 경과규정에 관하여 계속 적용한다는 별도의 규정을 둔 경우뿐만 아니라, 그러한 규정을 두지 않
았다고 하더라도 종전의 경과규정이 실효되지 않고 계속 적용된다고 보아야 할 만한 예외적인 사정
이 있는 경우도 포함한다. 이 경우 예외적인 '특별한 사정'이 있는지는 종전 경과규정의 입법경위·
취지, 전부 개정된 법령의 입법 취지 및 전반적 체계, 종전 경과규정이 실효된다고 볼 경우 법률상
공백상태가 발생하는지 여부, 기타 제반 사정 등을 종합적으로 고려하여 개별적·구체적으로 판단하
여야 한다는 견해를 취한다(대판 2019. 10. 31, 2017두74320).

3) [관련논문] 김성배, "행정입법통제를 위한 지방자치법제 개선방안," 지방자치법연구, 통권 제35호,
183쪽 이하; 조성규, "지방자치법제의 발전 과정과 지방자치법 개정안의 평가," 지방자치법연구, 통
권 제62호, 45쪽 이하.

4) 독일의 경우에 형식적 의미의 지방자치법은 일반적으로 게마인데법(Gemeindeordnung), 크라이
스법(Kreisordnung)으로 나누어 구성되며, 란트에 따라서는 우리의 자치구가 아닌 구에 비교할 수
도 있는 베찌르크(일종의 구)에 관한 법인 베찌르크법(Bezirksordnung)이 제정되기도 한다. 여기서
기초지방자치단체에 관한 법이라 할 게마인데법이 지방자치행정의 기초법(Basisrecht)이자 기본법

　(3) 발 전　급변하는 시대에 맞추어 적합한 지방자치법을 찾아가는 것과 통일시대에 적합한 지방자치법을 마련하는 일은 시대적 과제이다. 국제적 기준에 견줄 수 있는 지방자치법의 개정이 주장되기도 한다.[1]

Ⅱ. 지방자치법의 목표와 종류

1. 목 표

　지방자치법과 지방자치단체는 국가 목표의 실현에 그 방향을 설정하여야 한다. 최고근본규범인 헌법 제10조에 비추어 헌법은 중용의 인격주의에 입각하여 개인가치의 실현을 가장 기본적인 목표로 삼고 있는데, 이러한 목표의 실현을 위한 원리로서 민주국가원리·법치국가원리·사회복지국가원리를 도입하고 있다.[2] 이러한 원리의 석용 하에서 지방자치법은 "지방자치단체의 종류와 조직 및 운영, 주민의 지방자치행정 참여에 관한 사항과 국가와 지방자치단체 사이의 기본적인 관계를 정함으로써 지방자치행정을 민주적이고 능률적으로 수행하고, 지방을 균형 있게 발전시키며, 대한민국을 민주적으로 발전시키려는 것을 목적으로 한다"고 규정하고 있다(지자법 제1조).[3]

2. 종 류

　(1) 일반지방자치법과 특별지방자치법　① 일반지방자치법이란 모든 지방자치단체의 지방자치행정에 적용되는 일반원칙에 관련하고, ② 특별지방자치법이란 각 지방자치단체가 고유하게 형성하는 법원칙과 관련한다.[4]

　(2) 실체법상 지방자치법과 절차법상 지방자치법　① 실체법상 지방자치법이란 헌법과 지방자치조직법의 법적 기초에 관련하고, ② 절차법상 지방자치법은 실

(Grungrecht)이다. 한편, Saarland주는 게마인데법과 크라이스법 그리고 시연합법을 합하여 단일의 지방자치행정법(Selbstverwaltungsgesetz)을 가지고 있으며, Mecklenburg-Vorpommern주는 게마인데법, 크라이스법, 암트법(연합법, Amtsordnung) 그리고 지방자치단체의 공동작업에 관한 법률을 묶어 하나의 지방자치조직법(Kommunalverfassungsgesetz)으로 제정하였다. 한편, 도시국가(Stadtstaat)인 베를린·브레멘·함부르크는 형식적 의미의 지방자치법을 갖지 아니한다. 이들 란트는 전통적으로 자치행정기능을 갖는 지역사단을 갖지 아니한다. 란트헌법이 동시에 지방자치조직법이다.

1) 김수연, "국제적 기준에 비추어 본 지방자치법의 개정 방안," 지방자치법연구, 통권 제50호, 293쪽.
2) 졸저, 행정법원론(상)(제29판), 옆번호 119 이하 참조.
3) 일설은 지방자치법 제1조 목적조항에 '주민의 적극적 참여와 권익보호'의 의미가 담긴 문언을 명문화하는 법개정이 필요하고 한다(최승원, 지방자치법주해, 6쪽).
4) Stober, Kommunalrecht, S. 13.

체법상 지방자치법을 실현할 때에 준수하여야 하는 절차(예: 조례제정절차, 의회소집절차, 선거절차 등)와 관련한다. ③ 소송법상 지방자치법이란 지방자치단체의 구체적인 권한·권리의 실현에 관련한다(기관소송).[1]

Ⅲ. 지방자치법의 특성

1. 행정법과의 관계[2]

(1) 일반행정법과의 관계   지방자치법은 본질적으로 특별행정법의 한 부분이다. 왜냐하면 지방자치법은 지방자치단체의 행정작용을 규범화하고 있기 때문이다. 따라서 헌법의 구체화 법인 일반행정법의 원리는 특별행정법으로서의 지방자치법에도 당연히 적용된다.

(2) 특별행정법과의 관계   지방자치법은 경찰법·경제행정법·건축법·문화행정법·사회행정법 등과 같은 특별행정법과도 밀접한 관계에 놓인다. 왜냐하면 지방자치단체는 그러한 법영역에서도 많은 임무를 수행하여야 하기 때문이다. 따라서 지방자치법은 이러한 특별행정법을 고려하고 또한 존중하여야 한다.

2. 지방자치법관계

지방자치단체와 주민 사이에 존재하는 법관계(지방자치법관계)에는 수직적인 권력관계뿐만 아니라 협력적으로 형성되는 비권력 관계도 있다. 법적 관점에서 지방자치단체는 서비스제공기업, 주민은 고객으로 정의되기도 한다. 이러한 이해는 지방자치행정의 효율을 높이고, 지방자치행정에 대한 시민의 접근을 강화시킬 것이다. 그러나 기업으로서의 지방자체단체의 성격부여는 복지기능을 부인하게 된다. 지방자치단체의 사무는 서비스제공행정으로만 축소될 수는 없는 것이므로, 지방자치단체를 서비스제공주체로만 파악하는 것은 온당하지 않다.[3] 시청이나 군청은 백화점이 아니다.

---

1) Stober, Kommunalrecht, S. 13.
2) [관련논문] 진성만, "자치분권시대의 지방 행정법―지방과학기술 정책법무를 중심으로―," 지방자치법연구, 통권 제64호, 59쪽 이하.
3) Stober, Kommunalrecht, S. 4.

제 2 항 지방자치법의 헌법적 기초

Ⅰ. 지방자치법과 헌법의 관계

1. 지방자치법의 근거로서 헌법

헌법은 지방자치법의 개념과 독자성의 근거이다. 왜냐하면 지방자치법의 존재와 형성은 「지방자치단체의 개념, 국가·주민·사회의 지방자치단체에 대한 가치평가」에 관해 헌법적으로 구체화된 국가적인 이해의 반사이기 때문이다.[1] 헌법규정의 태도에 따라 지방자치단체는 국가에 대한 친화적인 단체일 수도 있고, 국가에 대한 비친화적인 단체일 수도 있다.

2. 지방자치법과 헌법의 유사점

지방자치법이나 국가의 헌법은 모두 기관의 설치, 임무영역 그리고 그 법적 지위를 규율의 중심 내용으로 한다. 그러나 헌법은 국가의 기본원칙, 구조를 정하고 한계지우면서 지방자치에 관한 사항도 규정하고 있으므로 지방자치법은 헌법의 한 부분이 된다.[2]

3. 지방자치법과 헌법의 상이점

지방자치법은 헌법을 전제로 하는바, 양자는 질적으로 상이하다. 지방자치법은 구체화된 헌법이다.[3] 지방자치법상 지방자치단체는 사법권을 가지지 못하는 점에서 국가와 기본적으로 다르다. 지방자치단체는 자치행정권만을 가질 뿐이다. 그렇지만 지방자치단체도 공행정조직의 한 부분이므로 공행정에 타당한 헌법원칙은 당연히 지방자치법에도 적용된다.

Ⅱ. 지방자치법에 대한 헌법상 기본원리

1. 기본원리와 지방자치의 헌법적 보장

지방자치법에 대한 헌법상 기본원리로 지방자치제의 보장 외에 민주국가원리·법

---

[1] Stober, Kommunalrecht, S. 1.
[2] Schmidt-Jortzig, Kommunalrecht, S. 21.
[3] Stober, Kommunalrecht, S. 14.

치국가원리·사회복지국가원리를 들 수 있다.[1] 지방자치제는 논리상 민주국가원리의
한 내용이기도 하다. 한편, 지방자치제의 헌법적 보장은 지방자치법 존립의 직접적인
전제가 되므로, 지방자치법의 영역에서 하나의 원리로 다루는 것도 방법론상 가능할
것이다. 이것은 이 책이 활용하고 있는 방법론이기도 하다(제1장 제3절 부분).

2. 기본원리에 따른 중요사항

민주국가원리, 법치국가원리, 사회복지국가원리가 상호 무관한 별개의 원리가
아니고 서로 다양하게 관련하는 개념임은 분명하다. 그러나 민주국가원리와 관련
하여서는 주민의 정보권·참여권 등 주민의 권리와 지방의회의원 및 지방자치단체
의 장의 선거 등이 중요한 문제이다. 법치국가원리와 관련하여서는 주민의 권리보
호와 지방자치단체에 대한 국가의 적법성 감독 등이 중요한 문제이다. 사회복지국
가원리와 관련하여서는 주민의 생활배려 내지 복지사무 등이 중요한 문제이다.

III. 헌법의 개정

1. 문제상황

헌법은 제117조와 제118조에서 지방자치에 관해 규정하고 있다. 지방자치에
관한 국민의 의식이 상당한 수준으로 계속 향상되고 있는 오늘날 헌법 제117조와
제118조는 지방자치에 관한 기본적인 사항을 제대로 규정하고 있다고 보기 어렵
다. 새로운 시대에는 새로운 헌법이 만들어져야 하는바, 헌법상 지방자치 관련조항
도 국민들의 의식에 적합한 것으로 바뀌어야 한다.

2. 개정방향

헌법 개정을 통해 지방자치의 이념뿐만 아니라 국가권력과 자치권의 상호관
계, 자치사무의 범위(권한의 배분), 지방재정의 보장, 자치입법권의 확대,[2] 국가감독
의 제한, 지방자치단체의 제소권의 보장 등에 관한 기본적인 사항을 규율하는 규정
을 마련할 필요가 있다. 지방자치법학자들도 지방자치제와 관련하여 헌법 개정의
필요성을 주장하고 있다.[3] 특히, 통일시대를 대비하여 연방국가의 지분방(예: 미국의

---

1) 졸저, 행정법원론(상)(제29판), 옆번호 119 이하 참조.
2) 이기우, "조례활성화를 위한 지방의회의 역할강화," 지방자치법연구, 통권 제20호, 134쪽.
3) [관련논문] 조성규, "지방자치의 헌법적 보장과 헌법개정," 공법연구, 제34집 제1호, 2005; 최우용,
"지방자치의 관점에서 본 헌법개정," 지방자치법연구, 통권 제19호; 최봉석, "실질적 자치권 보장을

State, 독일의 Land)에 유사한 지위를 갖는 특별한 지방자치단체를 설치할 수 있는 근거규정을 헌법에 두는 것도 필요하다. 제주특별자치도가 보다 넓은 입법권 등을 갖도록 하는 헌법적 근거를 두자는 견해도[1] 저자의 견해와 맥을 같이하는 것으로 보인다.

□ 참고 ‖   통일한국에서 지역정부(지방정부)의 유형[2]

• 통일 한국의 지방분권을 생각할 때, 남북으로 나뉘어 지내온 상당한 기간을 고려대상에서 배제할 수는 없다. '남쪽과 북쪽의 주민들의 사고에 차이가 있을 수 있다'는 것을 생각한다면, 통일 한국에서 남쪽과 북쪽의 지역정부(지방자치)의 형태가 반드시 동일하여야 할 이유는 없다. 상이한 형태의 지역정부(지방자치)의 가능성을 헌법에서 보장한다면, 그것은 평화로운 통일을 가능하게 하는 한 부분일 수도 있을 것이다.[3]
• 통일시대를 대비하여 「상이한·독자성 강한 지역정부(지방자치)」를 보장하는 방안으로 연방국가의 주(예: 독일의 란트)에 비견될 수 있는 지역정부(지방자치)를 헌법에서 보장하는 방법을 제안해본다.

위한 헌법개정의 방향," 지방자치법연구, 통권 제24호, 131쪽 이하; 김해룡, "분권형 국가를 지향하는 헌법의 개정방안," 지방자치법연구, 통권 제36호, 3쪽 이하; 조성규, "지방자치법제에 있어 분권개헌의 의의 및 과제," 지방자치법연구, 통권 제35호, 73쪽 이하; 오준근·정준현·김동건, "지방자치 활성화를 위한 법과 제도의 개선방향," 지방자치법연구, 통권 제42호, 35쪽 이하; 최우용, "지방분권형 헌법개정에 관한 연구." 지방자치법연구, 통권 제55호, 3쪽 이하; 김재광, "지방분권 개헌 관련 일반자치제와 특별자치제의 관계―제주특별자치제의 법적 한계를 중심으로," 지방자치법연구, 통권 제55호, 33쪽 이하; 정준현, "현행 지방자치개혁을 둘러싼 논의와 바람직한 법적 방향―지방분권 개헌논의를 중심으로―," 지방자치법연구, 통권 제55호, 125쪽 이하; 최용전, "연방제 수준의 개헌을 위한 과제―제주특별법의 사례를 중심으로―," 지방자치법연구, 통권 제55호, 151쪽 이하.
1) 권영호, "헌법개정에 관한 연구: 지방분권의 활성화를 중심으로," 지방자치법연구, 통권 제22호, 109쪽 이하.
2) 저자가 2017. 3. 14. 경기도의회·(사)한국지방자치법학회 주최로 개최된 지방분권형 헌법개정학술대회 기조발표문에서 "지방분권 강화를 위한 헌법 개정의 방향―통일 한국에 적합한 지방분권을 생각하면서"라는 제목 하에서 언급하였던 관련내용을 약간 옮겨본다. 동 학술대회 자료집 6쪽 이하 인용.
3) 통일 전·후의 독일 기본법상 통일 관련 조항으로 다음을 볼 수 있었다.
[헌법전문]
• 통일 전: … 전체 독일 인민은 자유로운 결단으로 독일의 통일과 자유를 완성하여야 한다.
• 통일 후: … 슐레스비히-홀슈타인과 튀링엔 주의 주민은 자유로운 결정으로 독일의 통일과 자유를 성취하였다. 이로써 이 기본법은 전 독일 국민에게 적용된다.
[제146조]
• 통일 전: 이 기본법은 독일인의 자유로운 결단으로 제정하는 헌법이 효력을 발생하는 날에 그 효력을 상실한다.
• 통일 후: (통일 전)과 동일
[제23조]
• 통일 전: 이 기본법은 우선 바덴, 바이에른, 브레멘, 서베를린, 함부르그, 헤센, 니더작센, 노르트라인-베스트팔렌, 라인란드팔쯔, 슐레스비히-홀스타인, 뷔어텐베르그-바덴, 뷔어텐베르-호헨쫄레른에 효력을 발생한다. 독일의 기타 지역에는 연방에의 가입에 의하여 효력을 발생한다.
• 통일 후: (유럽연합과 독일의 관계등을 규정하는 조문으로 전환)
* 독일통일은 통일 전 기본법 제23조에 따라 동독지역 주가 연방에 가입하는 방식을 통해 이루어졌다.

• 제안의 핵심은 「국가로서의 정부(최광의의 정부)」 외에 「지역정부」를 두고, 「국가로서의 정부(최광의의 정부)」와 「지역정부」 사이에 행정분권 외에 입법분권과 사법분권까지 규정하는 개정헌법을 마련하자는 것이다.[1][2][3] 지역정부로는 많은 인구와 넓은 구역을 바탕으로 하는 「광역성부로서 지역정부」와 생활공동체를 바탕으로 하는 「기초정부으로서 지역정부」의 두 종류가 예상된다. 인구 1,000만 명 내외의 지역정부를 상정할 수 있다. 국민적 합의가 가능하다고 전제할 때, 현재의 인구를 중심으로 한다면, 남쪽지역에 5개 내지 6개 정도의 광역정부를 구성할 수 있을 것이다. 기초정부는 현재의 기초지방자치단체가 될 것이다. 정리하면 표와 같다.

입법권 (제 1 권력)		행정권 (제 2 권력)		사법권 (제 3 권력)	
국가 입법권 (국회)	지역 입법권 (광역의회·기초의회) (지역의회)	국가 행정권 (국가 정부)	지역 행정권 (광역정부·기초정부) (지역정부)	국가 사법권	지역 사법권 (광역정부)

3. 국회 헌법 연구·개정 자문위원회 활동

(1) 2009년 8월 「헌법연구 자문위원회」 보고서　국회의장 자문기구였던 「헌법연구 자문위원회」가 2009년 8월 발간한 보고서는, 자치입법권, 자주재정권 외에, '지방자치단체 종류의 헌법상 명시에 대한 찬·반 양론 모두 검토 필요', '법률이 정하는 절차에 따라 주민투표·주민소환을 실시할 수 있도록 하는 헌법적 근거를 규정', '법률에 지방자치단체 간 재정적 불균형 등을 해소하기 위한 균형이나 조정에 관한 조항을 두도록 헌법적 근거 마련 필요', '행정구역 개편에 대한 찬·반 양론 모두 검토 필요' 등을 제시하였다.

(2) 2014년 5월 「헌법개정 자문위원회 헌법개정안」　국회의장 자문기구였던 「헌법연구 자문위원회」가 2009년 5월 마련한 「헌법개정 자문위원회 헌법개정안」은 아래의 조문 신설을 규정하고 있다.

제149조 ① 국가는 각 지방자치단체와 주민의 자치권을 최대한 보장하되, 동시에 지역 간의 균형 있는 발전을 위하여 노력하여야 한다.
② 국가는 법률이 정하는 바에 따라 지방재정의 건전성을 감독하고 필요한 조치를

---

[1] 지방분권 논의와 관련하여 "국가와 지방간의 행정분권뿐 아니라 입법분권·사법분권 및 직접민주적 주민참여 문제도 논해질 필요가 있다"는 주장도 있고 보면(최승원, "분권과 자치의 규범적 기초," 지방자치법연구, 통권 제31호, 355쪽, 한국지방자치법학회, 2011. 9.) 지방분권 논의와 관련하여 행정분권·입법분권·사법분권을 살피는 것은 새삼스러운 것이 아니다.
[2] [관련논문] 송인호, "통일 후 북한 지역에서의 지방자치제도 실시에 관한 고찰," 지방자치법연구, 통권 제49호, 215쪽 이하.
[3] 사법분권의 도입은 광역정부의 경우에 논의가 가능할 것이며, 기초정부와는 거리가 멀다고 볼 것이다.

취할 수 있으며, 지방자치단체 간의 재정격차를 해소하기 위하여 노력하여야 한다.

(3) 기대와 우려　　2009년 8월 「헌법연구 자문위원회」 보고서와 2014년 5월 「헌법개정 자문위원회 헌법개정안」에 담긴 내용들이 앞으로 있을 헌법 개정에 잘 고려되기를 기대한다. 또 한편으로는 우려사항도 없지 않다. 국회가 「헌법연구 자문위원회」를 구성하여 헌법개정안 연구를 하였을 때, 헌법학자의 참여는 들었으나, 지방자치법학자의 참여를 들은 바 없다. 국회와 정부가 헌법의 개정에 나선다면, 지방자치에 관한 조항의 연구와 관련하여 지방자치법학자의 참여를 보장하여야 한다. 또다시 지방자치법학자가 배제된다면, 그것은 참으로 안타까운 일이 아닐 수 없다.

제 3 항　지방자치법의 법원

Ⅰ. 법원의 관념

지방자치법의 법원(法源)이란 지방자치의 영역에서 행정권이 준수하여야 할 지방자치법의 인식근거를 말한다. 법의 인식근거로서 법원은 「준수되어야 할 사항이 추상적으로 형식화된 것」을 특징으로 하는 법규와 관련한다.[1] 지방자치법의 법원의 종류로 성문법·불문법·국제법 등이 있다.[2] 성문법은 국가입법권에 의한 법원 (헌법·법률·명령 등)과 자치입법권에 의한 법원(조례·규칙·교육규칙)으로 구분된다. 한편, 다른 특별행정법의 경우와 달리 「지방자치법은 자치법규(조례·규칙)라는 독자적인 법형식을 갖는다」는 점이 특징적이다.

Ⅱ. 국가입법

1. 헌 법

지방자치단체는 국가의 구성부분이므로, 국가의 최고법인 헌법은 지방자치법의 영역에서도 최상위의 법원이다. 지방자치법의 법원으로서 헌법은 추상적·공백적이다. 즉, 헌법은 지방자치제도의 보장을 규정하고, 그 형성을 법률로 정하도록

---

1) 졸저, 행정법원론(상)(제29판), 옆번호 195 이하 참조.
2) 졸저, 행정법원론(상)(제29판), 옆번호 202 이하 참조.

하고 있을 뿐(헌법 제117조, 제118조)[1] 지방자치제도가 입각하여야 할 원리에 관하여
자세히 언급하는 바가 없다. 지방자치단체의 조직형태에 관해서도 지방의회를 두
는 것 외에 특별히 정하는 바가 없다. 이 때문에 지방자치제도의 구체적인 형성은
입법자의 임무가 되는 동시에 헌법과 관련 법률의 해석문제가 된다. 지방자치에
관한 직접적인 규정인 헌법 제117조(자치권, 지방자치단체의 종류) 및 제118조(지방자치단
체의 조직·운영) 외에 헌법의 기본권에 관한 규정, 제 7 조(공무원) 그리고 제29조(손해배
상) 등도 입법자가 지방자치제를 형성할 때 반드시 준수하여야 하는 조항들이다.

2. 법 률

지방자치단체는 국가의 구성부분이므로, 지방자치단체는 당연히 법률을[2] 따
라야 한다. 법률 중에서도 형식적 의미의 지방자치법이 가장 기본적인 법률이다.
초중등교육과 관련하여서는 지방교육자치에 관한 법률이 기본적인 법률이다. 이
밖에도 주민등록법, 지방공무원법, 지방재정법, 공유재산 및 물품관리법, 지방공기
업법, 지방세법, 지방세기본법 등이 있다.

3. 행정입법

(1) 의의   행정권에 의하여 정립되는 법형식을 행정입법이라 한다. 행정입법
은 법규명령과 행정규칙으로 구분된다. 법규명령이란 지방자치법 시행령 등 법률
의 시행령(대통령령)과 시행규칙(부령)등을 말한다. 행정규칙이란 법규의 통일적인 집
행, 지방자치단체의 내부조직, 그리고 지방자치단체 공무원의 근무에 관한 기준 등
을 정하는 규범을 말한다. 일반적으로 행정규칙은 내부적 구속효만을 갖는다.[3]

---

1) 독일의 경우, 지방자치는 연방뿐만 아니라 란트에서도 헌법적으로 보장되고 있다. 기본법상으로는
   제28조 제 2 항이 원칙적인 규정이다. 동규정은 "게마인데에 지역공동체의 모든 사무를 법률의 범위
   안에서 자기 고유의 책임으로 규율하는 권리가 보장되어야 한다(Den Gemeinden muß das Recht
   gewährleistet sein, alle Angelegenheiten der örtlichen Gemeinschaft im Rahmen der Gesetze
   in eigener Verantwortung zu regeln)"고 규정하고 있다. 이 밖에 기본법상 지방자치단체의 지위보
   장에 관한 것으로 기본법 제28조 제 1 항 제 2 문 - 제 4 문, 제106조 제 5 항 - 제 8 항, 제115조 제 3
   항, 제93조 제 1 항 제4b호가 있고, 기본법 제28조 제 3 항은 연방에 의한 지방자치의 보장과 동일한
   란트에 의한 지방자치의 보장에 관해 규정하고 있다.
2) 연방국가인 독일의 경우, 지방자치법은 기본법 제30조 및 제70조에 근거하여 란트의 전속적인 입
   법권에 속한다. 기본적인 란트법률로 개별 란트마다 Gemeindeordnung·Kreisordnung 등이 있다.
   물론 지방자치단체에 의해 집행되는 연방법률도 지방자치법의 법원에 속한다고 본다(예: 건설법전·
   사회법전, 에너지경제법률).
3) 졸저, 행정법원론(상)(제29판), 옆번호 712 이하 참조.

(2) 입법의 위임과 법형식

(가) 지방자치단체에 대한 위임입법의 형식　　국가는 법령으로 지방자치단체나 그 장으로 하여금 일정한 사항에 관하여 법규범을 정립할 것을 명령(위임)할 수 있다. 이러한 경우, 국가의 법령은 「지방자치단체나 그 장이 어떠한 입법형식(조례·규칙 또는 제3의 법형식)으로 위임받은 사항을 규율할 것인가」에 관해서도 명시하여야 한다. 법률이 행정권에 법규범의 정립을 위임하는 경우, 헌법은 국회와 정부가 따라야 하는 위임입법형식으로 대통령령·총리령·부령을 규정하고 있다(헌법 제75조, 제95조). 그러나 헌법은 법령이 지방자치단체나 그 장에게 법규범의 정립을 위임하는 경우와 관련하여 입법형식에 관해 아무런 규정을 두고 있지 않다. 그렇다고 지방자치단체나 그 장이 조례나 규칙·교육규칙 이외의 법형식을 활용할 수도 없다. 왜냐하면 지방자치단체에 주어지는 자치행정의 헌법적 보장이 조례·규칙·교육규칙 이외의 법규명령을 발령할 수 있는 권한까지 보장하는 것은 아니기 때문이다.

(나) 자치사무에 대한 위임입법의 형식　　자치사무와 관련하여 국가가 지방자치단체나 그 장에게 입법을 위임하는 경우, 수임자가 조례나 규칙·교육규칙으로 규정하도록 하면 될 것이다. 왜냐하면 조례나 규칙·교육규칙은 원래 자치사무를 위한 입법형식이기 때문이다.

(다) 단체위임사무에 대한 위임입법의 형식　　지방자치단체에 위임된 사무인 단체위임사무에 관한 사항을 조례가 아니라 규칙으로 규정하도록 하는 법령이 있다면, 그러한 법령은 비체계적·비논리적이지만, 위헌·위법이라 보기는 어렵다.[1] 지방자치단체의 장이 독자적으로 단체위임사무에 관한 사항을 규칙으로 규정하였다면, 그것은 지방의회의 권한을 침해한 것으로서 위법을 면할 수 없다.

(라) 기관위임사무에 대한 위임입법의 형식　　지방자치단체의 장에 위임된 사무인 기관위임사무에 관한 사항을 조례로 규정하도록 하는 법령이 있다면, 그러한 법령은 비체계적·비논리적이지만, 위헌·위법이라 보기는 어렵다.[2] 물론 지방의회가 기관위임사무에 관한 사항을 조례로 규정하였다면, 그것은 지방자치단체의 장의 권한을 침해한 것으로서 위법을 면할 수 없다.

---

1) 조성규, "자치입법의 활성화를 위한 지방자치단체장의 역할," 지방자치법연구, 통권 제20호, 105쪽.
2) 조성규, "자치입법의 활성화를 위한 지방자치단체장의 역할," 지방자치법연구, 통권 제20호, 105쪽; 대판 2000. 5. 30, 99추85.

Ⅲ. 자치입법

1. 의 의

자치법규 또는 자치입법이란 국가에 의해 설립된 공법상 법인이 법률상 부여된 자치권에 근거하여 자치권의 범위 안에서 자신의 사무의 규율을 위하여 발하는 법규를 말한다.[1] 지방자치단체의 자치법규에는 조례와 규칙 및 교육규칙이 있다. 조례와 규칙은 헌법 제117조와 지방자치법 제28조, 그리고 지방교육자치에 관한 법률 제25조가 정하는 바에 따라 지방자치단체(지방의회·집행기관의 장)가 법령의 범위 안에서 제정하는 자치에 관한 법을 의미한다.

2. 특 징

조례와 규칙 및 교육규칙의 발령은 지방사정에 어두운 국가의 입법자의 입법부담을 들어준다. 조례와 규칙 및 교육규칙은 지역적 적용범위가 제한적인 점에서 국가의 법과 차이가 난다. 조례와 규칙 및 교육규칙은 국가의 법령(법률, 대통령령·총리령·부령 등) 아래에 놓인다. 지방자치단체들이 갖고 있는 조례와 규칙 및 교육규칙 등은 여기서 일일이 나열할 수 없을 정도로 무수히 많다.[2]

Ⅳ. 국 제 법

1. 의 의

헌법에 의하여 체결·공포된 조약과 일반적으로 승인된 국제법규는 국내법과 동일한 효력을 가지므로(헌법 제6조 제1항), 지방자치의 영역에 있어서도 국제법은 법원이 될 수 있다. 그 예로 한·미상호방위조약에 따른 시설구역 등에 관한 협정 등을 들 수 있다.

---

1) Gern, Kommunalrecht Baden-Württemberg, 9. Aufl., Rn. 111; Waibel, Gemeindeverfassungs- recht Baden-Württemberg, Rn. 73.

2) 독일의 경우, 개별 게마인데의 조직법의 중요한 법원으로 Hauptsatzung이 있다. 이것은 상위의 조례로서 기본조례로 번역될 수 있다. 모든 게마인데는 하나의 기본조례를 반드시 발령하여야 한다 (예: Nordrhein-Westfalen 게마인데법 제7조 제3항 제1문). 기본조례로 규정할 사항은 지방자치법에서 규정되고 있는데, 지방자치단체의 조직에 관한 사항이 중심적이다. 기본조례의 개정에는 의결정족수의 요건이 재적의원 과반수로 강화되기도 한다.

2. 지방자치법에 관한 국제적 노력

20세기 말경부터 지방자치의 국제화와 관련하여 국제기구에 의한 지방자치법과 국제기구의 출현을 볼 수 있다. 즉, 1985년 7월에는 유럽회의 관료위원회가 유럽지방자치헌장을 채택하였고(1988. 9. 1. 발효),[1] 1985년 9월에는 국제지방자치단체연합(IULA, International Union of Local Authorities)이 제27회 세계대회에서 세계지방자치선언을 채택하였고(1993. 6. 제31차 세계대회에서 새로운 선언이 채택되었다),[2] 2000년에는 유엔이 지방자치단체자문위원회(UN Advisory Committee of Local Authorities)를 설치하였으며, 2004년에는 그동안 핵심적 기구였던 IULA와 UTO(United Towns Organization)등 다른 여타의 지방정부국제기구들을 통합하여 새로운 "도시·지방정부연합(World Organization of United Cities and Local Government)"을 발족시켰다고 한다.[3] 현재로서 그것을 우리 지방자치법의 법원으로 보는 것은 어려운 일이지만, 그 의미는 간과될 수 없을 것이다.

V. 불 문 법

불문법원으로 관습법과 판례법을 살펴볼 필요가 있다. 관습법의 경우에는 지역적 관습법과 행정선례법이 중심이 되지만, 지방자치법과 관련하여서는 특히 지역적 관습법(Observanz)이 의미를 갖는다.[4] 관습법은 주민들의 장기간의 관행과 모든 주민의 법적 확신으로 성립된다. 그러나 그 예(도로이용권·입어권)는 흔하지 아니하다.[5] 판례법은 엄격한 의미에서는 법원이라고 하기 곤란하다. 그것이 법원으로

---

1) 유럽공동체설립을 위한 조약은 회원국의 지방자치단체에 대하여 권리를 부여하고 의무를 부과하는 규정이 많다. 이러한 조항이 직접 또는 보충법률을 통하여 회원국과 회원국의 지방자치단체에 적용된다. 보충법률로서의 중요한 규율수단은 준칙(Richtlinie)인데(유럽공동체설립을위한조약 제189조(신 249조) 제 3 항), 이 준칙은 회원국가의 법으로 전환되고, 회원국의 지방자치단체에 적용된다. 한편, 유럽지방자치헌장(Die Europäische Charter der kommunalen Selbstverwaltung)은 유럽에서 지방의 지역사단에 자치행정권을 인정하지만, 그것의 형성은 개별 국가에 맡기고 있다. 이 헌장은 유럽연합의 법은 아니다. 이것은 여태까지 18개국에 의해 서명된 국제법상 조약으로서 모든 유럽연합 회원국에 의해 비준된 것은 아니다. 동 조약의 내용은 NVwZ 1988, S. 1111 참조.
2) 유럽지방자치헌장과 세계지방자치선언의 요지에 관해 강재규, "지방외교의 법·이론적 근거," 지방자치법연구, 통권 제11호, 215쪽 참조.
3) 강재규, "지방외교의 법·이론적 근거," 지방자치법연구, 통권 제11호, 214쪽 이하.
4) 독일의 경우, 조례와 지방자치단체가 발하는 법규명령, 그리고 지역관습법을 합하여 지역법(Ortsrecht)이라 부른다(Dols/Plate, Kommunalrecht, Rn. 53).
5) 졸저, 행정법원론(상)(제29판), 옆번호 213 이하 참조.

서 사실상 기능하는 것은 부인할 수 없다.1)

VI. 협 정

　　지방자치단체 사이의 협정(협약)2) 또는 지방자치단체와 국가 사이의 협정도 지
방자치법의 법원일 수 있다. 이러한 협정은 지방자치단체의 경계를 넘어서는 문제
(예: 폐수처리, 하천보호 등)에 대하여 다른 지방자치단체 또는 국가와 공동으로 대응할
필요가 있을 때 의미를 갖는다. 외국의 지방자치단체와의 협정(예: 국경도시 사이의 하
천보호와 폐수처리를 위한 협정)도 여기서 말하는 협정에 포함될 수 있다.

---

1) 졸저, 행정법원론(상)(제29판), 옆번호 219 이하 참조.
2) Hofmann/Gerke, Allgemeines Verwaltungsrecht, 1998, S. 47.

제 3 절 지방자치의 헌법적 보장·제한

제 1 관 헌법적 보장의 관념

1. 헌법적 보장의 의의

헌법 제117조는 "지방자치단체는 주민의 복리에 관한 사무를 처리하고(자치사무처리권) 재산을 관리하며(재정고권), 법령의 범위 안에서 자치에 관한 규정을 제정할 수 있다(자치입법권)"고[1] 규정하고 있다. 이 규정과 관련하여 지방자치단체는 헌법 제117조와 제118조에 근거한 지방자치법에 의해 만들어진 단체이지만 동시에 헌법 제117조와 제118조는 지방자치단체에 일정의 권한 내지 기능을 보장하는 것으로 이해된다.[2] 헌법상 지방자치제의 보장은 독일의 경우와 같이,[3] ① 지방자치제도의 제도적 보장, ② 지방자치단체의 권리주체성의 보장, ③ 지방자치단체의 주관적 법적 지위의 보장의 세 가지를 내용으로 한다고 본다.[4]

---

1) 지방자치행정의 헌법적 보장 내지 그 표현형식에 관하여 몇 가지 보면, 바이마르헌법은 제127조에서 "게마인데와 게마인데연합은 법률의 제한 안에서 자치행정의 권리를 갖는다(Gemeinden und Gemeindeverbände haben das Recht der Selbstverwaltung innerhalb der Schranken der Gesetze)"고 규정하였고, 독일기본법은 제28조 제 2 항 제 1 문에서 "게마인데에는 지역공동체의 모든 사무를 법률의 범위 안에서 자기책임으로 규율하는 권리가 보장되어야 한다(Den Gemeinden muß das Recht gewährleistet sein, alle Angelegenheiten der örtlichen Gemeinschaft im Rahmen der Gesetze in eigener Verantwortung zu regeln)"고 규정하고, 지방자치행정에 관한 유럽헌장(die Europäische Chart der kommunalen Selbstverwaltung)은 제 3 조에서 "지방의 자치행정은, 법률의 범위 안에서 공적 사무의 본질적 부분을 자기의 책임으로 자기의 주민의 복지를 위해 규율하고 형성하는 지방의 지역사단(지방자치단체)의 권리와 사실상의 능력을 의미한다(Kommunale Selbstverwaltung bedeutet das Recht und die tatsächliche Fähigkeit der Kommunalen Gebietskörperschaften, im Rahmen der Gesetze einen wesentlichen Teil der öffentlichen Angelegenheiten in eigener Verantwortung zum Wohl ihrer Einwohner zu regeln und zu gestalten)"고 규정하고 있다. 그런데 유럽연합이 동헌장에 가입하지 않았으므로, 현재로서 동헌장에 의한 지방자치제의 보장은 나오지 아니한다.

2) Burmeister, Kommunalrecht, S. 95ff.

3) Schmidt-Aßmann/Röhl, Kommunalrecht, in: Schmidt-Aßmann(Hrsg.), Besonderes Verwaltungsrecht, Kommunalrecht, Rn. 9; Tettinger/Erbguth/Mann, Besonderes Verwaltungsrecht, Rn. 49; Stern, Staatsrecht, Bd. I, §12 II 4b.

2. 국가의 보호의무

헌법의 전체구조에서 볼 때, 헌법이 지방자치제도를 보장한다는 것은 「국가는 지방자치제도를 보호할 의무도 부담한다」는 것으로 해석된다. 불가피한 사유로 국가가 지방자치제를 침해하는 경우에도 국가는 언제나 비례원칙의 한계를 준수하여야 한다. 국가의 입법자는 헌법상 지방자치제도의 의미에 부응하여 지방자치단체가 기능성이 있고 또한 급부력이 있도록 지방자치단체를 조직하고 또한 지원하여야 한다. 그리하여 주민의 복지사무를 수행하는 지방자치단체가 위축되지 아니하도록 하여야 한다. 지방자치에 친화적인 태도가 중요하다.[1] 친화적 태도는 국가의 의무이며, 친화적 태도로부터 계획에의 참여 등 지방자치단체의 협력권이 나온다.[2]

3. 지방자치단체의 의무

지방자치제의 헌법적 보장은 지방자치단체에 대하여는 다음을 요구한다. 즉 ① 지방자치단체는 가능한 한 국가로부터 독립성을 갖도록 하여야 하고, ② 개별 지방자치단체 간에는 「경쟁력과 경쟁의 자유를 전제로 한 경쟁」이 이루어짐으로써 다원주의의 원칙이 적용되도록 하여야 하며, ③ 지방자치단체는 또한 자족(自足)의 이념을 기초로 하여야 한다. 그리하여 지방자치단체는 자신의 급부력의 한계 내에서 주민의 생활배려 및 자족력의 증대에 노력하여야 한다. 그리고 ④ 이러한 사항은 현세대뿐만 아니라 미래세대와 미래에 대비하는 것이어야 한다.

4. 목적론적 법해석

지방자치 내지 도시의 자치가 있어온 국가에서 지방자치의 헌법상 보장내용을

---

4) 조성규, "지방분권특별법안의 검토," 지방자치법연구, 통권 제 6 호, 232쪽 이하. ① 제도적인 법주체 보장(Die institutionelle Rechtssubjektsgarantie), 객관적인 법제도 보장(Die objektive Rechtsinstitutionsgarantie)과 주관적인 법지위 보장(Die subjektive Rechtsstellungsgarantie)으로 구성하는 견해도 있다(Kirchner, Das Recht der Berliner Verwaltung, Rn. 36). 한편, ② 일설은 헌법조문에서 직접 나온 것이 아니라 해석상 다른 행정주체의 게마인데 친화적 행위의 원칙과 국가계획에 대한 지방자치단체의 협력권을 지방자치의 헌법적 보장의 한 부분으로 추가하여 다루기도 한다(Tettinger/Erbguth/Mann, Besonderes Verwaltungsrecht, Rn. 25-26).

1) Geis Kommunalrecht(3. Aufl.), §5, Rn. 3; Schmidt-Aßmann/Röhl, Kommunalrecht, in: Schmidt Aßmann(Hrsg.), Besonderes Verwaltung (13. Aufl.), 1.25.

2) 김기진, "제주특별자치도의 위헌성," 지방자치법연구, 통권 제19호, 165쪽; Schmidt-Aßmann/Röhl, in: Schmidt-Aßmann(Hrsg.), Besonderes Verwaltung(13. Aufl.), 1.25. Gern, Kommunalrecht, §27.

규명함에 있어서는 목적론적 해석 외에 법사적 측면 내지 발생사적 측면이 중요하게 고려된다. "기본법 제28조 제 2 항 제 1 문의 지방자치단체(게마인데)의 자치행정권은 그것의 역사적인 형성을 고려하면서 보장되는 것"이라는 독일연방헌법재판소의 표현도 같은 취지이다.[1] 그러나 우리의 경우에는 제헌헌법 이전에 도시의 자치를 경험해본 바도 없고, 제헌헌법 이래의 지방자치의 역사도 일천하므로, 지방자치의 헌법적 보장내용의 규명에 법사적 측면 내지 발생사적 측면이 고려되어야 할 여지는 현재로서는 많지 않다. 따라서 우리의 경우에는 목적론적 해석이 보다 중요한 역할을 할 수밖에 없다.

제 2 관 헌법적 보장의 내용

제 1 항 제도적 보장

제 1 목 제도적 보장의 관념

Ⅰ. 근거규정으로서 헌법 제 8 장(제117조, 제118조)

1. 헌법 제 8 장의 성격

지역공동체가 자신의 사무를 자기의 책임으로 수행하기 위해서는 당연히 어떠한 기구 내지 제도를 필요로 한다. 이와 관련하여 헌법 제 8 장(제117조, 제118조)은 헌법은 지방자치를 제도로서 보장하고 있다. 헌법재판소는 "헌법은 제117조와 제118조에서 '지방자치단체의 자치'를 제도적으로 보장하고 있는바, 그 보장의 본질적 내용은 자치단체의 보장, 자치기능의 보장 및 자치사무의 보장이다"라고[2] 하고 있다.[3]

---

1) BVerfGE 7, 358, 364; 79, 127, 146; 86, 90, 107.
2) 헌재 2008. 5. 29, 2005헌라3 전원재판부; 헌재 1994. 12. 29, 94헌마201.
3) 독일연방헌법재판소는 게마인데(시·읍·면)의 자치행정권을 제도적 보장으로 본다[BVerfGE 1, 167, 173; 79, 127, 143; 86, 90, 107. 지방자치의 보장이 기본권이 아니라 제도보장이라는 것이 독일의 지배적 견해이기도 하다(Burgi, Kommunalrecht, §6, Rn. 4)]. 이러한 해석은 기본법 제28조 제 2 항과 다소간 비교할 만한 바이마르헌법 제127조[게마인데와 게마인데연합은 법률의 한계 내에서 자치행정의 권리를 갖는다(Die Gemeinde und Gemeindeverbände haben das Recht der Selbstverwaltung innerhalb der Schranken der Gesetze)]와 관련한다. 바이마르헌법 제127조는 기본권규정들과 나란히 규정되어 있었으므로 기본권목록에 규정되었던 것으로 이해되었다. 칼 슈미트

2. 제도로서 보장

헌법은 지방자치행정을 기본권으로서가 아니라 객관적인 제도로서 보장한다.1) 그 이유는 ① 헌법체계상 지방자치제도가 기본권 목록에서 규정되어 있지 않으며, ② 지방자치제도의 보장이 특정 개별의 지방자치구역의 존속보장을 목적으로 하는 것도 아니며,2) ③ 기본권은 국가로부터 시민을 보호하는 것이지, 행정기구를 국가로부터 보호하는 것은 아니며 지방자치제도의 보장이 국가로부터 개인의 보호를 목적으로 하는 것도 아니라는 데 있다.3) 한편, 제도보장의 수범자는 국가와 지방자치단체이다.4)

3. 제도보장론의 수정(보장범위의 확대)

종래부터 제도보장으로서 지방자치는 기본권과 달리 최소한의 보장으로 이해되고 있다.5) 그러나 지방의 경쟁력이 국가의 경쟁력이라는 구호가 일반적으로 받

가 정립한 제도적 보장(공법적으로 형성된 법적 복합체의 보장)과 제도보장(사법적으로 형성된 법적 복합체의 보장)의 이론[Carl Schmitt, Verfassungslehre, 1928, S. 170ff.; Burgi, Kommunalrecht, §6, Rn. 4; Lissack, Bayerisches Kommunalrecht(2. Aufl.) §1, Rn. 87]에 따라 지방자치단체의 자치행정권은 제도적 보장으로 간주된다. 따라서 자치행정은 입법자에 의해 배제될 수도 없고, 그 본질적인 구성부분이 입법자에 의해 박탈당할 수도 없다[라이히국가재판소는 법률의 유보에도 불구하고 지방자치행정을 공허하게 하는 것, 즉 생동력 있는 활동의 기회를 상실시키고 다만 지방자치행정을 외관상 겨우 연명시키는 정도로 지방자치행정을 제한하는 것은 허용되지 아니한다고 한 바 있다(RGZ Bd. 126, Anh., S. 22).]. 물론 칼 슈미트는 이미 제도적 보장은 법인체의 주관적인 권리를 포함할 수 있다는 것을 지적한 바 있다[Carl Schmitt, Verfassungslehre, 1928, S. 170, 172] 그리고 제도적 보장으로서 자치행정권의 해석은 헌법적 지위를 갖는 주관적 권리로서 분류하는 것을 배제하지 아니한다. 이러한 논리는 우리의 경우에도 적용될 수 있다.

1) 박정훈, "지방자치단체의 자치권을 보장하기 위한 행정소송," 지방자치법연구, 통권 제 2 호, 9쪽; 조성규, "지방자치단체의 공법상 지위에 관한 연구," 서울대학교 법학박사논문(2001. 2), 21쪽 이하. 한편, 독일에서 지방자치단체의 자치행정권의 성질과 관련하여 그것이 제도보장으로서 이해되기 시작한 것은 본문에서 언급한 Carl Schmitt 바이마르국법이론에서 비롯된다. 그 후 독일에서 지방자치행정의 보장은 바로 제도적 보장으로 이해되었고, 오늘날에 있어서는 이에 관하여 다툼이 없다. 더욱이 지방자치제도의 보장은 제도적 보장의 원형에 해당한다고 본다(Schmidt-Jortzig, Kommunalrecht, S. 176). 한때는 지방자치행정권을 기본권으로 본 적도 있다. 1849년의 독일 라이히 헌법초안(소위, Paulskirchenverfassung)은 자치행정권을 기본권으로 규정하였고(동법 제184조), 바이마르헌법은 자치행정권을 기본권 목록에서 규정하였다(동법 제127조). 이러한 흔적은 오늘날 바이에른헌법에서도 나타나고 있다(동법 제11조 제 1 항 제 2 호). 한편, 자치행정권보장의 성격을 객관적 가치질서의 구성부분으로 간주하지는 아니한다. 왜냐하면 국가조직규범은 자체목적적인 것이 아니라 도구적 규범으로서 정의와 밀접한 관련성을 갖는 것은 아니기 때문이다(Buri, Kommunalrecht, §6, Rn. 4).
2) Kirchner, Das Recht der Berliner Verwaltung, Rn. 37.
3) Tettinger/Erbguth/Mann, Besonderes Verwaltungsrecht, Rn. 50; K. Waechter, Kommunalrecht, Rn. 50.
4) Burgi, Kommunalrecht, §6, Rn. 9.
5) Burgi, Kommunalrecht, §6, Rn. 2.

아들여지고 있는 오늘날에는 최소한의 보장에 머물러서는 아니 되고,[1] 오히려 보다 많은 보장으로 나아가는 것이 필요하다.[2] 헌법은 자치행정권의 보장 공간을 넓게 열어두고 있는 것으로[3] 새겨야 한다.[4] 요컨대 지방자치제가 헌법상 제도적으로 보장된다고 할 때, 그 의미를 헌법이 단순히 핵심적인 내용을 보장하는 것으로 이해할 것이 아니라, 핵심적인 내용은 물론이고 그 밖에도 보장의 범위를 확대해 나아가는 접근을 헌법이 명령하고 있다고 새길 필요가 있다.[5]

II. 제도적 보장의 의의

1. 개 념

헌법상 제도적 보장이란 어떠한 제도가 법률에 의한 폐지나 실질적인 공동화(空洞化)로부터 헌법상 보호되는 것을 의미한다. 권한 있는 입법자는 그 제도를 법상 형성할 수는 있지만 내용상 공허하게 할 수는 없다는 것을 뜻한다. 제도의 형성 및 구체화와 실질적인 공동화의 구분은 해당 제도의 본질적 내용 또는 핵심영역의 개념에 따라 판단될 것이다.[6]

2. 개별 지방자치단체의 보호문제

지방자치가 헌법상 제도로서 보호된다는 것은 지방자치단체가 일반적인 제도로 보장됨을 뜻하는 것이지 개개의 지방자치단체가 개별적으로 해산 또는 경계변경으로부터 보호됨을 뜻하는 것은 아니다.[7] 예컨대 지방자치단체의 구역변경이나

---

1) 전통적 제도보장론에 대한 비판적 시각으로 김재호, "지방자치의 헌법적 보장과 조례제정," 지방자치법연구, 통권 제12호, 308쪽.
2) 김기진, "제주특별자치도의 위헌성," 지방자치법연구, 통권 제19호, 153쪽 이하; 정준현, "행정사무감사실효성 확보방안에 관한 연구," 지방자치법연구, 통권 제31호, 153쪽.
3) Gern, Kommunalrecht, Rn. 27.
4) 최승원, "조례의 본질," 지방자치법연구, 통권 제11호, 400쪽 참조.
5) 허영, 한국헌법론(2014), 833쪽.
6) 독일의 경우, 본질적 내용을 기능적 자치행정으로 설명하는 견해도 있다. 즉 게마인데는 지역적인 자기책임의 사무영역을 갖는 것이 아니라 다만 국가적인 결정과정에 참여만이 보장된다고 한다. 협력은 여기서 상황에 따라 자기책임으로 수행하고 동의하고 청문하는 것을 의미한다는 것이다 (Papperman, JuS, 1973, 689, 691.).
7) 헌재 2006. 3. 30. 2003헌라2(헌법 제117조, 제118조가 제도적으로 보장하고 있는 지방자치의 본질적 내용은 '자치단체의 보장, 자치기능의 보장 및 자치사무의 보장'이라고 할 것이나, 지방자치제도의 보장은 지방자치단체에 의한 자치행정을 일반적으로 보장한다는 것뿐이고 특정자치단체의 존속을 보장한다는 것은 아니다); 방승주, "지방자치법제의 헌법적 접근," 지방자치법연구, 통권 제12호, 35쪽; Erichsen, Kommunalrecht, S. 360; Gern, Kommunalrecht Baden-Württemberg, § 96; Hegele/Ewert, Kommunalrecht, S. 30; G. Lissack, Bayerisches Kommunalrecht, S. 16; H. Meyer,

지방자치단체의 합병은 지방자치제도의 보장에 대한 침해는 아니다. 그렇다고 입법자가 개별 지방자치단체를 임의적으로 폐지할 수는 없다. 폐지 등은 오로지 공익(주민의 복지)을 위해서만, 그리고 절차상 관계 지방자치단체의 의견의 청취를 거쳐야만 된다. 헌법은 지방자치제도를 보장하지만, 보장되는 지방자치단체의 종류는 명시하고 있지 않다.[1] 지방자치단체의 종류는 입법자에게 위임되고 있다(헌법 제117조 제 2 항). 지방자치제를 중층제로 할 것인지 또는 단층제로 할 것인지의 여부는 입법자가 정할 사항이다.[2]

3. 국가 등으로부터 보호

지방자치의 헌법상 제도보장은 국가(입법권·행정권)로부터의 보호뿐만이 아니라 다른 지방자치단체(기초지방자치단체·광역지방자치단체)로부터의 보호도 포함한다.[3] 그러나 개별 법률에서 예외적으로 허용되는 것이 아닌 한, 지방자치의 헌법상 제도보장은 생활배려의 영역에서 사인과의 경쟁으로부터 지방자치단체를 보호하는 것은 아니다.[4]

4. 제도적 보장의 내용

지방자치제의 제도적 보장은 ① 포괄적인 사무의 보장, ② 자기책임성의 보장, ③ 자치권의 보장을 그 내용으로 하는 것으로 이해된다.[5] 이에 관해 차례로 살펴보기로 한다.

Kommunalrecht, Rn. 44; Seewald, Kommunalrecht, in: Steiner(Hrsg.), Besonderes Verwaltungsrecht, Rn. 132; Stober, Kommunalrecht, S. 63; Tettinger/Erbguth/Mann, Besonderes Verwaltungsrecht, Rn. 50; Wolff/Bachof/Stober, Verwaltungsrecht, Bd. II(5. Aufl.), §86, Rn.159; BVerfGE 50, 50ff.; 86, 90, 107; E. Schmidt-Aßmann, Kommunalrecht, in: E. Schmidt-Aßmann/F. Schoch (Hrsg.), Besonderes Verwaltungsrecht, 1. Kap. Rn. 11.

1) 독일 기본법은 우리와 달리 헌법상 보장되는 지방자치단체로서 Gemeinde와 Landkreis를 명시하고 있다(기본법 제28조 제 2 항).

2) 헌재 2006. 4. 27, 2005헌마1190. 그리고 졸고, "지방자치단체 계층구조 개편의 공법적 과제," 지방자치법연구, 통권 제21호, 39쪽 이하 참조.

3) Erichsen, Kommunalrecht, S. 378.

4) Tettinger/Erbguth/Mann, Besonderes Verwaltungsrecht, Rn. 61.

5) 독일 바이에른헌법재판소는 지방자치단체(게마인데)의 자치행정권을 기본권 유사의 권리(grundrechtsähnliches Recht)로 본다(BayVerfGHE 29, 105ff.). 이러한 입장에 서면, 지방자치단체는 자기의 자치권이 침해될 때에 당연히 소송이나 헌법소원으로 다툴 수 있게 된다.

제 2 목   제도적 보장의 내용

Ⅰ. 포괄적인 사무의 보장

1. 전권한성의 원칙

(1) 전권한성의 원칙의 의의   헌법은 지방자치단체의 사무로 '주민의 복리에 관한 사무', '재산의 관리', '법령의 범위 안에서의 자치법규제정' 등을 보장하고 있다.[1] 헌법에서 규정되고 있는 지방자치단체의 사무는 포괄적이다. 개별 법령상 특별한 규정이 없어도 지방자치단체는 헌법 제117조 제 1 항에 의거하여 주민의 복리사무를 수행할 수 있다. 이것은 헌법이 지방자치단체의 사무와 관련하여 지방자치단체의 관할사무의 전권한성(全權限性)의 원칙을 채택하고 있음을[2] 의미한다. 전권한성의 원칙을 보편성의 원칙 또는 일반성의 원칙이라고도 한다.

관할사무의 보편성에 대립하는 개념은 특수성이다. 특수성은 특별한 권한규정이 있을 때에만 행정주체가 사무를 수행할 수 있음을 의미한다.[3] 전권한성은 지방자치행정사무의 단일성 내지 동일성을 설정하는 징표이다. 전권한성은 당연히 일정한 지역에 한정된다.

(2) 전권한성의 원칙과 권한의 추정   관할사무의 포괄성으로부터 권한의 추정이 나온다.[4] 법률로 다른 기관에 주어진 것이 아닌 한, 지방자치단체는 그 지역 내의 모든 복리사무에 권한을 갖는 것으로 추정된다. 따라서 사항적으로나 특징적으로 아무런 정함이 없이도 법률로 다른 행정주체에 맡겨진 사무가 아니라면, 주민의 복리사무는 해당 지방자치단체의 사무라는 것은 지방자치행정의 본질적 내용을 구성한다.[5] 지방자치단체의 관할사무의 전권한성으로 인해 지방자치단체는 그 지역공동체의 차원에서 새로이 나타나는 주민의 복리사무에 대해서도 처리할 권한을

---

1) 독일 기본법의 경우, 게마인데에 대해서는 지역공동체의 모든 사무를 법률의 범위 안에서 자기책임으로 처리하는 것을 보장하지만(동법 제28조 제 2 항 제 1 문), 게마인데연합에 대해서는 다만 법률상 정해진 사무의 범위 안에서 법률에 따라 처리하도록 규정하고 있다(동법 제28조 제 2 항 제 2 문). 따라서 게마인데는 고유한 사무를 갖지만, 게마인데연합은 그러하지 않다.

2) 대판 1973. 10. 23, 73다1212; Geis, Kommunalrecht(3. Aufl.), §5, Rn. 4; Wolff/Bachof/Stober, Verwaltungsrecht, Bd. Ⅱ(5. Aufl.), §86, Rn. 45; Reichert-Riiber, Kommunalrecht, S. 30; Waibel, Gemeindeverfassungsrecht Baden-Württemberg, Rn. 31. 한편, 독일의 경우 이러한 원칙은 1808년의 프로이센 도시법(Städteordnung) 이래 자치행정개념에 속하게 되었다고 한다(B. Widera, Kommunalrecht, S. 29).

3) 영국의 지방자치단체에는 특수성의 원칙이 적용된다(Dols/Plate, Kommunalrecht, Rn. 20).

4) Reichert/Röber, Kommunalrecht, S. 30.

5) 대판 1973. 10. 23, 73다1212.

갖는다.

(3) 전권한성의 원칙과 기초지방자치단체   헌법상 보장되는 사무의 범위가 모든 종류의 지방자치단체에서 동일해야 하는 것은 아니다. 예컨대, 광역지방자치단체와 기초지방자치단체의 사무가 동일할 수는 없다. 지방자치법은 제14조에서 지방자치단체의 종류에 따른 사무배분기준을 규정하고 있다. 그런데 지방자치단체의 관할사무의 전권한성은 기본적으로 기초지방자치단체와 관련된다. 왜냐하면 기초지방자치단체가 광역지방자치단체에 비해 주민과의 근거리에서 복지사무를 수행하는 주체이기 때문이다. 광역지방자치단체는 법령이 정한 사무에 한정된다.

(4) 전권한성의 원칙과 자치사무   지방자치단체의 관할사무의 전권한성은 자치사무와 관련된 것이지, 국가의 위임사무와 관련된 것은 아니다. 국가의 위임사무는 헌법 제117조 제 1 항의 보장대상이 아니다. 뿐만 아니라 지방자치단체는 지역단체인 까닭에 헌법상 보장되는 임무도 일정지역에 한정된다. 따라서 이러한 지방자치단체의 지역성은 지방자치단체의 사무보장의 기초이자 한계가 된다.[1]

2 사무의 복리성과 지역성

(1) 복리사무개념의 가변성   지방자치단체의 임무가 포괄적이라 하여도, 지방자치단체의 사무의 전권한성의 원칙은 주민에 대한 복리사무와 관련된다. 국가의 정치적인 사무는 포함되지 않는다. 주민의 복리사무는 고정적인 것이 아니다. 새로이 생겨나는 것도 있다. 관념이나 상황의 변화에 따라 지방자치단체의 사무는 국가적인 사무로 변할 수도 있다.[2] 국가와 지방자치단체의 공동사무라고 할 수 있는 것도 있다(예: 국토계획 등 공간계획).[3] 여기서 개별 법령상 명시적인 규정이 없는 경우와 관련하여 또는 기존의 지방자치단체의 사무를 상위의 단계(국가 또는 광역지방자치단체)로 변경하는 경우와 관련하여 복리사무의 해당여부에 관한 판단기준이 문제된다.

(2) 지역사무에 대한 관련성   지방자치단체의 사무로 독일기본법은 지역공동체의 사무라는 표현을 사용하고 있으나, 우리 헌법은 주민의 복리사무라는 표현을 사용하고 있다. 우리 헌법상 주민의 복리사무의 개념은 사무의 지역성과 복리성과 관련한다고 볼 것이다. 왜냐하면 지방자치제의 개념과 주민의 개념 그 자체가 지역

1) Burmeister, Kommunalrecht, S. 21.
2) 독일의 경우, 전기나 가스의 공급은 원래 지방자치단체의 사무로 이해되었으나, 증대하는 기술상의 사유로 범지역적인 사무로 이해되기도 하고, 국가적이었던 정보통신사무가 지역적인 활동으로 전환될 수도 있다고 한다(Schmidt-Aßmann/Röhl, Kommunalrecht, in: Schmidt-Aßmann(Hrsg.), Besonderes Verwaltungsrecht, Rn. 16 참조).
3) [관련논문] 우기택, "지방자치단체 인권 관련 정책의 과제," 지방자치법연구, 통권 제49호, 323쪽.

성을 전제로 하는 제도이기 때문이다. 우리 헌법은 지역성과 복리성 중 문면상으로
는 복리성이 강조되는 것으로 보이지만, 지방자치행정의 기능에 비추어 지역성을
경시할 수는 없다.

(3) **방향설정적 개념으로서 복리사무**   지방자치단체의 관할사무의 판단기준으
로서 복리의 개념은 일의적으로 정의하기 어렵다. 그것은 방향설정적 개념이다. 개
별구체적인 행정수단이 복리적이어야 한다는 것이 아니라 행정의 목적 내지 방향
이 복리적이어야 함을 의미한다. 예컨대 청소년의 보호·육성을 위해 청소년전용도
서관을 설립·운영한다는 것은 목적적인 관점에서는 복리적이지만, 청소년전용도서
관의 이용규칙을 위반한 청소년에게 이용규칙이 정하는 불이익을 부과하는 조치는
수단의 관점에서 보면 침익적이다. 그러나 이러한 침익적인 조치도 여기서 말하는
복리사무의 내용에 포함된다. 말하자면 복리의 개념은 넓게 새겨야 한다.[1]

(4) **지역성 개념의 효용성**   지방자치단체의 관할사무의 판단기준으로서 지역
성과 관련하여 개념도 문제이지만, 판단기준으로서의 효용성도 문제가 된다. 독일의
경우에 지역성이 지방자치단체의 사무의 해당여부에 관한 구분의 기준이 아니라는
견해도 있어 보인다. 성질상 지역공동체의 차원에서 극복(수행)될 수 있는 사무는 더
이상 거의 없다는 것이다(예: 에너지공급, 상하수, 학교 등). 그래서 지역성의 이해에 역사
적 발전을 고려하여야 한다는 지적이 가해진다.[2] 지방자치단체가 지역사단의 성질
을 갖는 한, 관할사무의 판단에 있어서 지역성을 전혀 도외시할 수는 없다.

[참고] 독일연방헌법재판소의 라스테데 판결로 본 지역사무의 의미

지역성과 관련하여 독일연방헌법재판소는 지역공동체의 사무를 "지역공동체에 뿌리
를 둔 사무 또는 지역공동체에 특별한 관련을 갖는 사무"로[3] 정의하였다가 라스테
데(Rastede) 판결에서[4] 주민적인 요소, 즉 "지방자치단체(게마인데)에서 인간의 공

---

1) 복리사무의 개념에 관해 자세한 것은 본서, 439쪽 참조.
2) Erichsen, Kommunalrecht, S. 365.
3) BVerfGE 8, 122, 134: 50, 195, 201: 52, 95, 120: 79, 127, 151.
4) BVerfGE 79, 127, 151(Rastede 판결) 이 판결은 기초지방자치단체인 게마인데의 폐기물처리에 관
한 사무권한을 광역지방자치단체인 란트크라이스로 이전하는 것이 기본법 제28조 제 2 항 제 1 문(게
마인데는 모든 지역공동체의 사무를 법률의 범위 안에서 자기책임으로 처리할 권리를 갖는다)에 합
치되는지의 여부를 쟁점으로 하여 니데작센의 2개의 게마인데가 제기한 헌법소원에서 이루어진 연
방헌법재판소의 판결을 말한다(BVerfGE 79, 128)(1988. 11. 23). 판결요지는 다음과 같다.
 1. 기본법 제28조 제 2 항 제 1 문의 법률의 유보는 지역공동체의 사무의 종류와 처리방법뿐만 아니
라 이러한 사무에 대한 게마인데의 권한에도 적용된다.
 2. 대상적으로 특정할 수 있거나 또는 확정할 수 있는 징표에 따라 정할 수 있는 사무의 목록이 게
마인데 자치행정의 본질적 내용(핵심영역)에 속하는 것이 아니라, 법률로써 다른 공행정주체에 부여

동생활과 관련되면서 주민에게 공통적인 필요 또는 이해"에 관련된 사무라는 부분을 추가하였다. 시간적인 절박성은 문제가 아니다(예: 미래지향의 계획을 생각하라). 부족한 행정력은 국가가 지원하면 되는 것이므로, 지역성의 판단에 행정력도 고려요소가 아니라는 것이 또한 동 재판소의 입장이다.[1] 또한 급부력도 고려요소가 아니라 한다. 과거에는 급부력이 자치사무 해당여부에 대한 판단의 또 하나의 기준이었으나, 지방자치단체가 공동으로 사무를 수행하는 것이 가능하므로, 연방헌법재판소는 급부력의 요건을 폐기하였다. 여기서 자기책임에 의한 사무수행과 독립의 급부력은 구분하여야 한다. 자기책임은 물적인 급부 개념이 아니고, 주민에 대한 책임 개념이다. 그러나 동 재판소는 게마인데의 크기와 구조, 그리고 그와 관련되는 문제, 즉 관련 게마인데가 질서에 적합한 사무수행을 할 수 있는 상태에 있는가의 여부는 철저히 고려의 대상으로 한다.[2] 또한 역사적 발전과정도 고려된다. 즉 전통적으로 게마인데의 자치행정의 내용으로 결정적으로 각인된 것은 사실상이나 법상 제거될 수 없다는 것이다.[3] 이러한 논리에 따르면, 결국 지방자치단체의 사무의 해당여부는 법률의 규정이 있으면 법률의 규정대로, 법률의 규정이 없으면, 상기의 요소 등을 고려하여 판단하여야 할 것이며, 그래도 판단이 불가능하면 권한의 추정을 적용하면 될 것이다.

(5) 한계적 문제   지역성과 관련하여 문제될 수 있는 몇 가지 사례를 보기로 한다.

(가) 자매결연   국내는 물론 국외의 지방자치단체와 자매결연을 맺는 것은 정부의 외교정책에 반하지 아니하는 한 헌법 제117조 제 1 항에 속하는 것으로 볼 것이다. 2022. 1. 13. 시행 지방자치법 전부개정법률은 지방자치단체의 국제교류와 협력에 관한 조항(지자법 제193조-제195조)을 신설함으로써 지역성 관련 한계문제를 해소하였다.

(나) 저개발국에 대한 원조   지방자치단체가 저개발국에 원조하는 것은 지역성

된 것이 아닌 지역공동체의 모든 사무에 대하여 특별한 권한배분이 없이도 수행할 수 있는 권능이 자치행정의 본질적 내용(핵심영역)에 속한다.
　3a) 기본법 제28조 제 2 항 제 1 문은, 보장의 핵심영역 밖에서 권한을 배분하는 입법자가 고려하여야 하는 「지역공동체의 사무는 게마인데가 처리한다」는 헌법상의 사무배분의 원칙을 내포한다.
　3b) 입법자는 지역적 성질을 갖는 게마인데의 사무를 오로지 공익, 특히 질서에 적합한 사무의 수행이 보장되지 아니하고, 사무이전의 근거가 기본법 제28조 제 2 항 제 1 문의 헌법적인 사무분배원칙을 능가하는 경우에 (게마인데로부터 크라이스에) 이전할 수 있다.
　4. 기본법 제28조 제 2 항 제 1 문에서 뜻하는 지역공동체의 사무는 게마인데에서 인간의 공동생활과 관련하면서 지역공동체에 뿌리를 두거나 그와 특별한 관계를 갖거나 주민에게 공통적인 필요와 이익을 말한다. 게마인데의 행정력은 중요한 것이 아니다.
　1) BVerfGE 79, 127, 152.
　2) BVerfGE 79, 127, 153f.
　3) BVerfG NVwZ 1992, 365, 366.

이 미약하다고 볼 것이다. 그러나 주민의 다수의사가 분명히 원조에 대해 긍정적이라면, 지역성을 인정할 수 있을 것이다.

(다) 정치적 입장표명   일반 정치적인 주제에 대한 지방자치단체의 입장표명은 문제이다.[1] 이와 관련하여서는 ① 정치적 협력으로서 그러한 지위표명이 지역공동체의 관점에서 수직적 권력분립의 현상인지의 여부, ② 그것이 특수한 지역적 관련성의 요구에 관련이 있는지의 여부가 문제이다. 독일연방헌법재판소는 지역적 관련이 분명하면, 일반 정치적 문제에 입장표명이 가능하지만,[2] 지역적 관련 없는 순수한 정치적 입장표명은 불가능하다는 입장이다.[3] 독일의 소수설은 모든 문제에 관한 관점을 수렴하여 공공의 여론형성을 하기 위해 지역공동체도 의견을 표명할 수 있어야 하는바, 포괄적인 정치적 관련권능이 지방자치단체에 있다고[4] 한다. 그러나 연방헌법재판소는 소수설의 입장을 거부한다.[5] 왜냐하면 그러한 포괄적 권리는 기본법 제28조 제 2 항에서 나오는 것이 아니라 사유권(제5조 제1항)에서 나오기 때문이라는 것이다.

3. 입법자의 형성의 한계

(1) 사무의 제한적 열거   지방자치단체의 사무내용은 입법자에 의하여 형성되지만 동시에 제한되기도 한다. 헌법상 지방자치단체 사무의 보편성의 원칙 내지 전권한성의 원칙으로 인해 입법자가 「지방자치단체의 사무를 법률로써 제한적으로 열거하는 것」은 헌법 위반이 된다.[6] 따라서 지방자치법 제13조 제 2 항에 규정된 지방자치단체의 자치사무도 예시적인 것이지 망라한 것으로 이해되어서는 아니 된다.

(2) 사무의 박탈   국가가 지역적인 사무를 지방자치단체에 배분하지 아니하거나 박탈하는 것은 정당화 사유가 없는 한 '포괄적인 사무의 보장'에 대한 침해가

---

1) 독일의 경우, 지방자치단체(게마인데)가 국가정치에 영향을 미치려는 기도는 지방자치단체 그 자체만큼이나 오래되었다. 19세기에 자치행정보장이 기본권성격을 가졌던 시기에, 게마인데의 의사표현의 자유가 기본권으로 간주되었을 때, 게마인데가 정치적이 되면 감독청과 많은 마찰을 가지게 되었다. 그리하여 지방자치단체의 입장표명은 청원권행사의 방식으로 이루어졌다. 한편, 근자에는 국방분야(원자무기 없는 지대), 정치적 망명자의 숙소제공, 정보상 자기결정권(국세조사), 실업자보조, 국토계획, 청소년교환프로그램과 관련하여 지역성의 관련이 특히 문제되었다.

2) BVerwGE 87, 228, 232f.

3) BVerfGE 79, 127, 150; BVerwGE 87, 228, 231.

4) Gröttrup, DÖV, 1987, 714.

5) BVerfGE 8, 122.

6) BVerfGE 79, 127, 146ff.; Hegele/Ewert, Kommunalrecht, S. 32; Wolff/Bachof/Stober, Verwaltungsrecht, Bd. 2, S. 54.

된다.[1] 왜냐하면 헌법 제117조는 '주민의 복리에 관한 사무'를 지방자치단체의 사무로 규정하고 있기 때문이다.

(3) **과도한 사무의 부과** 입법자가 지방자치단체의 사무를 형성함에 있어서 지방자치단체의 사무를 지나치게 박탈하는 것도 지방자치제의 헌법적 보장에 대한 침해이지만, 지방자치단체의 급부력에 비추어 지나치게 과도한 사무를 지방자치단체에 부과하는 것도 지방자치제의 헌법적 보장에 반한다.[2] 법률이 특정 지방자치단체에만 과도한 부담을 가하는 것도 마찬가지로 지방자치제의 헌법적 보장에 반한다.[3]

(4) **사무의 이전** 기초지방자치단체와 지역적으로 관련성을 갖는 사무를 광역지방자치단체 또는 국가로 이전하는 것은 공익상의 이유로 가능하다. 그러나 행정의 단순화는 사무의 이전의 근거가 되지 아니한다.[4] 공익판단에서 입법자는 평가의 특권과 판단의 여지를 갖는다.[5]

(5) **입법자의 평가특권** 사무가 지역공동체에 놓이는 것인가의 여부에 대한 심사는 불확정법개념의 추론을 의미한다. 독일연방헌법재판소는 입법자의 평가영역 내지 평가특권을 인정한다. 동 재판소는 입법자의 가치평가가 정당한가(받아들일 만한가)의 여부만을 심사한다.[6] 평가의 특권이 인정되는 영역에서 동 재판소의 판단은 ① 결정의 발견이 불완전하게 부당한 사실을 기초로 하였는지의 여부, ② 일반적인 사고방식과 사고원칙이 침해되었는지의 여부, ③ 사항과 거리가 먼 형량이 결정에 영향을 미쳤는지의 여부 등을 심사한다. 이에 해당하지 아니한다면, 그러한 결정은 정당한 것으로 본다. 이러한 논리는 우리의 경우에도 적용될 수 있을 것이다.

II. 자기책임성의 보장

1. 자기책임성의 관념

(1) **의 의** 자치행정은 자신의 사무를 자신의 책임(자기책임)으로 수행하여야 한다는 데 그 뜻이 있다.[7] 자기책임성 또는 고유책임성이란 자치사무의 수행여부

---

1) Burgi(5. Aufl.), Kommunalrecht, §6, Rn. 28.
2) Tettinger/Erbguth/Mann, Besonderes Verwaltungsrecht, Rn. 72; Burgi, Kommunalrecht, §6 Rn. 29f.
3) Tettinger/Erbguth/Mann, Besonderes Verwaltungsrecht, Rn. 72.
4) BVerfGE 79, 127, 153.
5) BVerfGE 83, 363, 382f.
6) BVerfGE 79, 127, 153; BVerf NVwZ 1992, 365, 367.
7) Wolff/Bachof/Stober, Verwaltungsrecht, Bd. II(5. Aufl.), §94, Rn. 61.

(Ob), 시기(Wann), 방법(Wie)의 선택이나 결정이 해당 지방자치단체의 자유의사에 놓임을 뜻한다. 자기책임의 보장은 활동영역의 보장 내지 다른 행정주체, 특히 국가에 의한 합목적성의 지시로부터 자유를 의미한다.[1] 자기책임성은 지방자치단체의 결정의 자유를 보장한다. 여기에 분권화된 행정의 장점이 나타난다.

(2) 범 위   ① 자기책임성은 법령의 범위 내에서 인정된다. 이것은 자치사무에 대한 국가의 감독은 적법성의 감독에 한정됨을 의미한다(지자법 제188조 제5항 참조). 입법자는 자치행정사무를 수행함에 있어서 지방자치단체가 국가의 지시에 따르도록 규율할 수 없다. ② 자기책임성의 원칙은 지방자치단체의 정치적 형성영역에도 적용된다. 지방자치단체에 정치적 형성영역이 없다면, 지방자치단체의 민주적 정당성은 의미가 없다.

2. 자기책임성의 성질

(1) 자기책임의 본질   형성의 자유와 지시로부터 자유를 내용으로 하는 자기책임성은[2] 지방자치행정에 국한된 문제만은 아니고, 자치행정 전반에 적용되는 문제이다. 자기책임이 따르지 아니하는 자치행정은 예상할 수 없다. 법률에서 특정 자치행정사무를 수행하는 종류와 방법을 규율하는 경우, 자기책임에 따르는 결정의 영역을 지방자치단체로부터 빼앗는 것으로 보기 어렵다.

(2) 자기책임의 최대한 보장   지방자치단체의 지역사무의 수행에 있어서 자기책임성은 최대한 보장되어야 한다. 자기책임성은 당연히 법령의 준수를 전제로 한다. 자기책임의 전제가 되는 활동의 자치와 형성의 자치는 제도적 보장의 필수적인 결과이다.[3] 어떠한 제도의 존재를 보장하는 자는 그 제도에 대하여 최소한의 행위영역을 보장하여야만 하기 때문이다.

3. 자기책임성의 구체화와 한계

(1) 자기책임성의 구체화   자기책임성은 재정적인 자기책임성의 보장을 통해 보완되고, 공법상 권한(고권) 부여를 통해 구체화된다. 자기책임을 실질적으로 보장하기 위한 하나의 방편으로 지방자치단체가 자기의 사무에 대하여 일반적으로 규율할 수 있는 권능(자치입법권)이 필요하다. 그러므로 자치입법권은 지방자치의 보장

---

1) Erichsen, Kommunalrecht, S. 67; Schmidt-Aßmann/Röhl, Kommunalrecht, in: Schmidt-Aßmann(Hrsg.), Besonderes Verwaltungsrecht, Rn. 19.
2) Gern, Kommunalrecht Baden-Württemberg, § 38.
3) Waibel, Gemeindeverfassungsrecht Baden-Württemberg, Rn. 34.

영역에 속한다고 보게 된다.

(2) 자기책임의 한계　　자기책임에 따른 사무수행의 권리가 주민의 권리를 침해할 수 있는 권능을 포함하는지의 여부와 사무보장이 동시에 권한규범으로 해석되는지의 여부는 문제이다. 행정기본법 제 8 조는 "행정작용은 법률에 위반되어서는 아니 되며, 국민의 권리를 제한하거나 의무를 부과하는 경우와 그 밖에 국민생활에 중요한 영향을 미치는 경우에는 법률에 근거하여야 한다"고 규정하고 있다. 행정기본법은 지방자치단체에도 적용된다. 따라서 지방자치단체가 자기책임에 따른 사무수행의 권리를 갖는다고 하여도 법률상 근거 없이 주민의 권리를 침해할 수는 없다.

III. 자치권의 보장

1. 자치권보장의 관념

(1) 의 의　　자치권(자치행정권, 자치고권)의 보장은 지방자치의 제도적 보장과 분리하여 생각될 수 없다. 자치권이 국가로부터 전래된 것이지만, 자치권은 자치사무를 효율적으로 수행하기 위한 전제가 되기 때문이다. 국가는 지방자치단체가 기능에 적합한 임무(사무)의 수행을 할 수 있도록 일련의 자치권(자치고권)을 보장한다.[1] 전권한성으로 표현되기도 하는 지방자치단체의 자치권은 국가의 주권과 마찬가지로 포괄적이며, 개별적인 고권의 단순한 집합체가 아니다. 고권을 일일이 열거할 수는 없다. 열거한다고 하여도, 개개의 고권의 내용이 명백하게 구분되는 것은 아니다. 지방자치단체가 갖는 모든 고권은 직접 헌법상 지방자치제도의 보장에서 나온다. 자치권의 보장은 헌법상 민주국가원리에 의해 보호된다.[2]

(2) 범 위　　자치권의 범위는 광역지방자치단체와 기초지방자치단체 사이에 차이가 있다. 자치구의 자치권의 범위는 법령으로 정하는 바에 따라 시·군과 다르게 할 수 있다(지자법 제 2 조 제 2 항 제 2 문).

(3) 특 징　　자치권의 특징으로 ① 자치권은 지방자치제도의 보장에서 포기할 수 없는 요소라는 점, 즉 지방자치에 본질적인 요소라는 점, ② 지방자치단체의

---

1) Dols/Plate, Kommunalrecht, Rn. 30: Geis, Kommunalrecht(3. Aufl.), §6, Rn. 12ff.; Pagenkopf, Kommunalrecht, Bd. 1, 67ff.; Schmidt-Aßmann/Röhl, in: Schmidt-Aßmann(Hrsg.), Besonderes Verwaltungsrecht, Rn. 23ff.; Seewald, Kommunalrecht, in: Steiner(Hrsg.), Besonderes Verwaltungsrecht, 60ff.; Stober, Kommunalrecht, S. 76ff.

2) T.I. Schmidt, Kommunalrecht(2. Aufl.), §3, Rn. 93.

고권은 고유권이 아니라 국가에 의하여 승인된 것이므로 법령의 범위 내에서만 인정되는 것이라는 점, ③ 자치권은 발동대상이 일반적이고(자치권의 일반성), 발동의 형식이나 과정이 국가로부터 독립적이라는 점, ④ 자치권은 주민이 갖는 개인적 공권의 집합이 아니라 지방자치단체가 갖는 권한이라는 점[1] 등을 언급할 수 있다.[2]

2. 지역고권

(1) **지역고권의 의의**   지역고권이란 지방자치단체가 해당 구역 안에 있는 사람과 물건에 대하여 권한의 범위 안에서 고권적(공법적)으로 행위할 수 있는 법적인 힘을 말한다. 지역고권이란 해당 지역에서 지방자치단체가 갖는 장소상 권한의 보장을 의미한다. 지방자치단체는 자기의 구역을 넘어서서 지역고권을 갖지 못한다. 그러나 다른 지방자치단체의 동의를 얻으면 자기 주민에 대하여 고권적인 이용질서를 발령할 수 있다.[3]

(2) **지역고권의 성질**   지방자치단체는 지역사단이기 때문에 지방자치단체에 지역고권의 부여는 지방자치행정의 본질적인 구조적 요소이다. 지역고권은 자치행정의 핵심영역에 속한다.[4] 그러나 지방자치단체의 구역의 불변성은 핵심영역의 보장에 속하지 아니한다. 지역고권이 특정 지방자치단체의 지역적인 범위의 보장으로 이해될 수는 없다. 구역변경은 법령이 정하는 바에 따라 가능하다.[5] 구역변경에 따라 지역고권의 범위도 변경된다.

(3) **지역고권의 적용 범위**   지방자치단체의 구역 안에 체류하거나, 영업을 하거나, 토지나 기업을 갖고 있는 모든 자연인이나 법인은 지역고권 하에 놓인다.[6] 해당 지방자치단체 구역과 그 구역에 있는 또는 영업을 통하여 그 지역과 관련을 갖는 모든 사람에 대하여 효력이 미친다는 점에서 다른 고권과 구분된다. 이러한 지역성으로 인하여 지방자치단체는 지역적 사단이라 불리기도 한다.[7] 지역고권은

---

1) 헌재 2006. 3. 30, 2003헌마837.
2) 일설은 자치권은 일종의 통치권의 성질을 갖는다고 한다(김남진·김연태, 행정법 II, 76쪽). 그러나 현행법상 지방자치단체를 통치권을 갖는 일종의 통치단체로 볼 수 있을는지는 의문이다.
3) Waibel, Gemeindeverfassungsrecht Baden-Württemberg, Rn. 39.
4) Gern, Kommunalrecht Baden-Württemberg, 9. Aufl., Rn. 86.
5) 헌재 2006. 3. 30, 2003헌라2.
6) BVerfGE 52, 95, 117f.; Hegele/Ewert, Kommunalrecht, S. 34; Waibel, Gemeindeverfassungsrecht Baden-Württemberg, Rn. 39.
7) Schmidt-Jortzig, Kommunalrecht, S. 10.

56   제 1 장 지방자치법 서설

내용상 사무의 전권한성의 원칙과1) 관련한다.2)

　3. 조직고권3)

　(1) 조직고권의 의의　조직고권이란 법령의 범위 안에서 지방자치단체 스스로 자신의 고유한 재량으로 내부조직을 형성·변경·폐지할 수 있는 권한을 의미한다.4) 조직고권은 지방자치단체의 사무를 돌보는 조직에 관한 것이다. 조직고권은 새로운 자치사무의 효율적인 수행과 관련하여 보다 큰 의미를 갖는다. 지방자치법상 조직고권은 제125조(행정기구와 공무원), 제126조(직속기관), 제127조(사업소), 제128조(출장소), 제129조(합의제행정기관) 등에서 표현되고 있다.

　(2) 조직고권의 성질　조직고권은 사무수행을 위한 보조기능이자 동시에 지방자치행정의 본질적 기능이다.5) 왜냐하면 조직고권은 자치사무를 동적으로 그리고 효율적으로 수행하기 위하여 국가로부터 조직상의 독립성을 구체화하는 것이기 때문이다. 한편 국가가 지방자치단체에 대하여 독자적으로 사무를 수행할 수 있도록 하였다면, 국가는 지방자치단체에 대하여 최소한의 조직상 자율적인 조종가능성을 보장하여야 한다.

　(3) 조직고권의 내용　지방자치단체는 주민의 복지를 증진하기 위하여 공공시설을 설치할 수 있다(지자법 제161조).6) 지방자치단체의 전권한성에 비추어 새로운 임무를 위한 새로운 관청의 설치권능도 조직고권의 내용이 된다. 명문의 규정이 없다고 하여도 소수자 또는 등한시되는 이익의 보호를 위한 기구설치도 가능하다. 조언적 기능을 갖는 자문기구를 설치하는 것도 조직고권의 대상이다. 지방자치단체가 고유한 명칭을 갖는 것과 일정 상황 하에서 명칭을 변경할 수 있는 것도 지방자치단체의 조직고권에 속한다.7) 도로의 명칭 결정이나 공공시설의 명칭 결정도 조직고권의 한 경우에 해당한다.8) 공공시설의 형식적 민영화(민간영역화)의 결정도 조직

1) 이에 관해 본서, 47쪽을 보라.
2) Geis, Kommunalrecht(3. Aufl.), §6, Rn. 13.
3) [관련논문] 김동건, "지방자치단체의 조직·인사권의 과제와 전망," 지방자치법연구, 통권 제17호, 제3쪽 이하; 김명룡, "지방자치단체의 조직고권과 지방산림청의 정비방향," 지방자치법연구, 통권 제8호, 249쪽.
4) BverfGE 8, 256, 258; 38, 258, 279; 91, 228, 238; Pagenkopf, Verwaltungsrecht, Bd. 1, 68ff.; Waibel, Gemeindeverfassungsrecht Baden-Württemberg, Rn. 41.
5) 헌재 2008. 6. 26, 2005헌라7 전원재판부.
6) [관련논문] 조성규, "지방재정과 자치조직권," 지방자치법연구, 통권 제44호, 65쪽 이하.
7) Waechter, Kommunalrecht, Rn. 93.
8) Waechter, Kommunalrecht, Rn. 94.

고권의 내용이다.[1] 조직고권은 위임사무의 수행을 위한 조직의 경우에도 적용된
다.[2] 말하자면 일정한 공공시설의 설립을 공법적으로 할 것인지 사법적으로 할 것
인지의 선택의 자유도 조직고권에 속한다.[3] 다른 지방자치단체와 공동으로 특정의
사무를 수행하기 위하여 다른 지방자치단체와 공동으로 새로운 조직을 구성하는
것도 조직고권의 내용에 포함된다.[4] 다만, 지방의회의 설치는 바로 헌법 제118조
에서 규정되고 있다.

　　(4) 조직고권의 한계   입법의 실제상 지방자치단체 조직의 기본사항은 법률에
의하여 규정되고 있는바, 지방자치단체의 조직고권은 절대적인 것이 아니다. 조직
고권은 법률의 유보 하에 놓이는바, 법률로 제한될 수 있다. 제한의 요인으로는 행
정구조의 단일화, 행정의 투명성, 행정의 단순화, 행정의 경제성과 절약 등을 들
수 있다. 입법자는 지방자치단체가 갖는 고유한 조직상의 형성능력을 침해하지 말
아야 하고, 가능한 범위 안에서 지방자치단체의 조직상의 형성영역을 최대한 보장
하여야 한다.[5] 특정기구(예: 성소수자 보호를 위한 기관)의 설치를 법률로 강제하는 것은
위헌이 아닐 것이다.[6]

　　(5) 조직고권의 행사방식   지방자치단체의 조직에 관한 기본적인 사항은 법률
에서 정해지고 있다. 지방자치단체는 법률로 정한 테두리 내에서 법령이 정한 바에
따라 자치조직을 정할 수 있다. 조직의 구체적인 것은 조례, 규칙 등에 의하여 이루
어진다[7](예: 지자법 제 7 조, 제 13 조 제 2 항 제 1 호, 제64조, 제102조 제 1 항, 제125조 제 1 항·제 2 항,
제134조). 요컨대 지방자치단체는 국가의 입법자가 정하지 않고 남겨놓은 사항에 대해
서만 조직고권을 갖는다고 볼 것이어서, 조직고권은 절대적인 것이 아니라 상대적인
것이다. 조직고권이 상대적인 것이라 하여도, 국가의 입법자는 지방자치단체의 조직
고권을 공동화하여서는 아니 되며, 구체적인 사무의 수행 시에 자기책임의 활동영역
을 보장하여야 한다.

4. 인적고권

　　(1) 인적고권의 의의   인적고권이란 지방자치단체가 질서에 합당한 자신의 임

---

1) Hegele/Ewert, Kommunalrecht, S. 35.
2) BVerfGE 83, 363, 382.
3) Waibel, Gemeindeverfassungsrecht Baden-Württemberg, Rn. 41.
4) BVerfGE 26, 228, 239ff.; 52, 95, 123ff.
5) BVerfGE 91, 228, 238ff.; Tettinger/Erbguth/Mann, Besonderes Verwaltungsrecht, Rn. 70.
6) BVerfGE 91, 228, 243f. 참조.
7) Pagenkopf, Kommunalrecht, Bd. I, S. 68.

무수행을 위하여 필요한 공무원을 국가로부터 독립적으로 선발·임용·해임할 수 있는 지방자치단체의 권한을 의미한다.[1] 인적고권은 공무종사자의 수와 보수 등을 정하고, 징계권을 행사하는 가능성을 포함한다. 지방자치단체의 임용능력은 인적고권의 한 표현이기도 하다.[2] 인적고권의 개념은 넓은 의미에서 「해당 지방자치단체의 인사제도 관련 일반적 문제에 대한 결정권능」과 「임용에 관한 구체적인 처분권능」을 포함한다.[3] 요컨대 인적고권은 인적 범위에 관련되는 지방자치단체의 행위 가능성에 대한 총괄개념이다. 지방자치법상 인적고권은 "지방자치단체의 장은 소속 직원(지방의회의 사무직원은 제외한다)을 지휘·감독하고 법령과 조례·규칙으로 정하는 바에 따라 그 임면·교육훈련·복무·징계 등에 관한 사항을 처리한다"는 지방자치법 제118조 등에 의해 표현되고 있다.

(2) **인적고권의 성질**   인적고권은 국가의 인사관리로부터 지방자치단체의 인적 독립성을 나타낸다. 지방자치단체가 자신의 사무를 수행함에 있어서 자신의 고유한 인사정책을 수립·집행할 수 있을 때에 비로소 자기책임에 따른 사무의 수행이 가능하다고 할 것인바, 인적고권은 지방자치제도의 핵심영역의 중요 내용일 수밖에 없다.[4]

(3) **인적고권의 대상**   인적고권은 공무원이 자치사무에 종사하는 자인가 아니면 위임사무에 종사하는 자인가를 불문하고 적용된다. 인적고권은 주직으로 근무하는 자의 임용뿐만 아니라 명예직으로 근무하는 자의 임용까지 포함한다.

(4) **인적고권의 한계**   인적고권 역시 상대적인 것이다. 공법상 법인으로서 지방자치단체는 법률에 따라 그의 인적 요소를 선임하고, 근무토록 하고, 승진시키고, 해임할 수 있다. 그러나 인적고권은 국가적인 공무원법(지방공무원법)의 제약을 받는다. 보수도 임의로 정하는 것이 아니고 법령(보수규정)에 따른다. 따라서 실제상 인적고권은 법령에 따라야 하는 공무원의 법관계 형성보다 자율적인 공무원제도의 운용에 중점이 놓인다.

---

1) Pagenkopf, Kommunalrecht, Bd. Ⅰ, S. 71; Waibel, Gemeindeverfassungsrecht Baden-Württemberg, Rn. 40; BVerfGE 7, 358, 368; 8, 332, 359; 9, 268, 289; 17, 172, 182.
2) Hegele/Ewert, Kommunalrecht, S. 35.
3) BVerfGE 91, 228, 25; Schmidt-Aßmann/Röhl, Kommunalrecht, in: Schmidt-Aßmann(Hrsg.), Besonderes Verwalungsrecht, Rn. 23.
4) [관련논문] 오준권, "지방자치단체의 인사자치권의 주요 쟁점에 관한 공법적 고찰," 지방자치법연구, 통권 제43호, 175쪽 이하.

5. 재정고권[1]

(1) 재정고권의 의의   재정고권이란 법정의 예산제도에 따라 자기의 책임으로 세입과 세출을 유지하는 지방자치단체의 권한을 말한다.[2] 지방자치단체가 법령의 범위 내에서 수입과 지출을 자신의 책임 하에 운영할 수 있는 권한으로서, 지방자치단체가 법령의 범위 내에서 국가의 지시를 받지 않고 자기책임 하에 재정에 관한 사무를 스스로 관장할 수 있는 권한으로 정의하기도 한다.[3] 자기책임으로 처분할 수 있는 재정수단 없이 자기의 사무를 자기책임으로 결정할 수는 없다는 점에 재정고권의 중요성이 있다. 재정상 자기책임과 자기책임에 따른 사무수행은 동전의 양면관계에 비유할 수 있다. 여기서 자기책임으로 세입을 유지한다는 것은 지방자치단체가 국가에 의하여 자신에게 부여된 수입원으로부터 수입을 확보할 수 있음을 뜻한다.[4] 지방자치단체의 수입으로서는 공과기 중요하며, 공과에는 지방세와[5] 수수료, 분담금 등이 있다. 용례상 지방세·수수료·분담금은 지방자치단체의 공과고권의 내용을 구성한다. 공과고권(公課高權)은 재정고권의 한 부분이다.[6] 공과고권은 공과관련조례를 발령하고, 공과를 징수·관리하는 권한을 포괄한다.[7] 지방자치단체의

---

1) [관련논문] 문병효, "국가와 지방자치단체 간 복지재정의 비용부담에 관한 해법의 모색" 지방자치법연구, 통권 제49호, 179쪽 이하; 이동식, "지방자치단체의 과세자주권 확보방안—최근의 취득세 감면사태를 중심으로—," 지방자치법연구, 통권 제30호, 제119쪽 이라; 이동식, "지방자치와 지방재정," 지방자치법연구, 통권 제6호, 293쪽 이하.

2) Waibel, Gemeindeverfassungsrecht Baden-Württemberg, Rn. 43; BVerfGE 6, 116; 23, 153, 169; 26, 228 244; 71, 25, 36. 1994년에 개정된 독일기본법 제28조 제2항 제3문은 "자치행정의 보장은 재정(財政)상 고유행정의 기초를 또한 포함한다. 게마인데가 세율을 결정할 수 있는 권한을 갖는 경제력관련의 세원(稅源)까지 이러한 기초에 속한다(Die Gewährleistung der Selbstverwaltung umfaßt auch die Grundlagen der finanziellen Eigenverwaltung: zu diesen Grudlagen gehört eine den Gemeinden mit Hebesatzrecht zustehende wirtschaftskraftbezogene Steuerquelle)"고 하여 재정고권을 명시적으로 보장하고 있다.

3) 헌재 2014. 3. 27, 2012헌라4; 헌재 2019. 4. 11, 2016헌라3.

4) 헌재 2021. 3. 25, 2018헌바348(자치재정권은 지방자치단체가 법령의 범위 내에서 국가의 지시를 받지 않고 자기 책임 하에 수입과 지출을 운영할 수 있는 권한이다. 자치재정권 중 자치수입권은 지방자치단체가 법령의 범위 내에서 자기 책임 하에 그에 허용된 수입원으로부터 수입정책을 결정할 수 있는 권한인데, 여기에는 지방세, 분담금 등을 부과·징수할 수 있는 권한이 포함된다).

5) [관련논문] 김태호, "지방정부의 과세자주권 강화를 위한 입법적 개선방안에 관한 연구," 지방자치법연구, 통권 제43호, 411쪽 이하; 김영순, "지방자치단체의 과세자주권 확보를 위한 지방세 경쟁에 관한 연구," 지방자치법연구, 통권 제43호, 609쪽 이하. 그리고 지방세에 관해 본서, 528쪽 참조.

6) Gern, Kommunalrecht Baden-Württemberg, §88. 한편, 공과고권(Abgabenhoheit)을 재정고권으로부터 분리하여 논급하는 경우도 있다(B. Widera S. 43).

7) 공과고권과 재정고권의 관계와 관련하여, 공과고권은 재정고권의 본질적 내용이 아니고 다만 가장자리의 내용이라는 견해(Gern, Deutsches Kommunalrecht, Baden-Baden, 1994, Rn. 162)와 본질적 내용이라는 견해(BayVerfGH, DÖV 1989, 307)가 있다.

재산에 대한 행정권이 재정고권에 포함되기도 한다. 한편, 지방자치법상 재정고권
은 제 7 장(제136조부터 제161조) 등에서 나타나고 있다.[1]

    (2) 재정고권의 성질　　재정고권 역시 지방자치행정의 본질적인 구성부분이다.
재정이 다른 법주체에 의해 정해진다면, 모든 자율적인 형성권은 별다른 실체권을
갖지 못하는 것이 된다. 헌법상 명문의 규정은 보이지 아니하지만,[2] 국가는 지방
자치단체에 충분한 재정수단을 지원해야 할 의무를 부담한다고 볼 것이다.

    (3) 재정고권의 한계　　재정고권은 다른 고권과 마찬가지로 상대적인 것이
다.[3] 이와 관련하여 몇 가지 문제가 있다.

    (가) 독자적 과세권　　지방자치단체가 독자적인 과세권을 갖는가의 문제가 있
다. 그러나 세금에 대한 보장과 규율은 전통적으로 그리고 기능적으로 배타적인 국
가의 사무이며, 이것이 헌법 제59조의 취지라 하겠다. 따라서 지방자치단체는 법률
이 정한 범위 안에서 새로운 세원을 발굴하고, 주민에게 세금을 부과·징수할 수
있을 뿐이다.

    (나) 재정지원요구권　　지방자치단체가 국가에 대하여 상당한 재정지원을 요구
할 수 있는가의 문제가 있다. 개념상 재정고권과 재정지원요구권은 구별되어야 한
다. 재정고권은 전통적으로 지방자치단체의 자치권의 내용의 하나이지만, 재정지원
요구권은 그러하지 않다.[4] 생각건대 지방자치단체가 자신의 사무의 수행에 필요한
재정적 상태를 확보하고 있지 않다면, 지방자치단체의 사무수행의 기능은 중대한
위협을 받는다고 할 것이다. 그러므로 지방자치단체는 자신의 사무수행에 소요되
는 최소한의 재정확보를 국가에 대하여 지원 요청할 수 있는 권리를 가지며, 이러
한 범위에서 국가는 지원의무를 진다고 본다.

    (다) 민간영역화(민영화)　　물·전기·위생·폐기물 등과 관련하여 생활배려에 대
한 새로운 요구는 증대하지만, 재정적인 수단은 충분하지 아니하다. 이러한 문제의

---

1) [관련논문] 최승필, "지방자치단체의 재정과 사무에 대한 법적 검토—지방자치단체의 복지사무를
　 중심으로—," 지방자치법연구, 통권 제35호, 127쪽 이하.
2) 헌법에서 충분한 재정지원을 국가의 의무로 규정하는 경우도 있다(독일 Sachsen헌법 제87조
　 제 1 항).
3) Pagenkopf, Kommunalrecht, Bd. I, S. 80.
4) 독일의 일반적인 견해는 기본법 제28조 제 2 항 제 3 문(Die Gewährleistung der Selbstverwaltung
　 umfaßt auch die Grundlagen der finanziellen Eigenverwaltung: zu diesen Grudlagen gehört
　 eine den Gemeinden mit Hebesatzrecht zustehende wirtschaftskraftbezogene Steuerquelle. 자치
　 행정의 보장은 재정상 고유행정의 기초를 또한 포함한다. 게마인데가 세율을 결정할 수 있는 권한을
　 갖는 경제력관련의 세원(稅源)까지 이러한 기초에 속한다)이 지방자치단체에 최소한의 재정확보를
　 보장하는 것으로 본다(Meyer, Kommunalrecht, Rn. 72; Stober, Kommunalrecht, S. 82).

해결을 위한 하나의 방편으로, 사인의 투자가 필요하게 되는바, 민영화는 중요한
문제가 된다.[1]

6. 자치입법권

　　(1) 자치입법권의 의의　자치입법권이란 지방자치단체가 자신의 임무에 관하
여 자치법규를 정립할 수 있는 권한을 의미한다. 헌법은 제117조 제 1 항 제 2 호에
서 '지방자치단체는 … 법령의 범위 안에서 자치에 관한 규정을 제정할 수 있다' 하
여 자치입법(고)권을 보장하고 있고, 지방자치법은 지방자치단체에 조례제정권(지자
법 제28조), 그 장에게 규칙제정권(지자법 제29조)을 규정하고 있고, 지방교육자치에 관
한 법률은 교육감에게 교육규칙제정권(지육법 제25조)을 부여하고 있다.[2] 이러한 법
규정들은 지방자치단체에게 자치입법권을 부여하는 것이 된다. 지방자치단체의 입
법권은 자주권(自主權)이라고도 하며, 자주권에 의한 법은 자주법(自主法)이라고도 한
다. 자주법에는 조례와 규칙의 두 가지가 있다. 자치입법권은 지방자치행정의 구조
적 요소이다. 이것은 지방자치제도보장의 핵심영역에 속한다.[3]

　　(2) 자치입법권의 의미　지방자치단체에 자치입법권을 부여한다는 것은 자신
의 문제를 스스로 정함으로써 간과할 수 있는 영역을 당사자로 하여금 전문적인
입장에서 판단하도록 하고 또한 자기책임(고유책임)으로 판단하게 하여, 이로써 규범
정립자와 규범수범자간의 간격을 줄임으로써 사회적인 힘을 활성화시키는 데 그
기본적인 의미가 있다.[4] 동시에 국가의 입법자는 그 인식이 쉽지 않은 지역과 사
항에 있어서의 상이성을 고려하여야 하는 부담으로부터 벗어나는 이점도 있다.[5]

　　(3) 자치입법권의 성질　자치입법권 역시 자치행정권의 본질적인 구성부분이
다.[6] 다만, 헌법은 자치입법권의 범위와 행사에 제한을 가하고 있다. 자치입법권은
법령이 정한 범위 안에서만 보장된다. 따라서 자치법규는 당연히 기본권에 합치되
어야 한다.[7]

---

1) 본서, 445쪽 이하 참조.
2) 조례에 관해 본서, 293쪽, 규칙에 관해 본서, 390쪽, 교육규칙에 관해 본서, 417쪽 참조.
3) [관련논문] 조성규, "지방자치 20년을 통한 자치입법권 보장의 평가와 과제," 지방자치법연구, 통
　권 제46호, 137쪽 이하; 김희곤, "헌법상 지방자치 보장과 자치입법권의 보장—2014. 12. 12. 서울고
　등법원 SSM 관련 판결을 중심으로—," 지방자치법연구, 통권 제49호, 31쪽 이하; 김희곤. "한국 지방
　자치제도의 현황과 발전과정—자치입법권을 중심으로—", 지방자치법연구, 통권 제62호), 3쪽 이하.
4) Stober, Kommunalrecht, S. 24.
5) BVerfGE 33, 125, 156.
6) Pagenkopf, Kommunalrecht, Bd. Ⅰ, S. 89.
7) 지방분권에 따른 자치법규기능이 변화되는 상황하에서 자치입법권의 보장과 관련하여 선정원, "자

(4) **자치입법권과 국가입법권의 갈등·조화**　자치입법권은 헌법 제117조 제 1
항 제 2 호에 비추어 법령의 범위 안에서 인정되는 것인바, 자치입법권의 범위는 국
가입법권이 정하는 법령(법률, 행정입법)에 좌우된다. 국가입법권은 법령을 정함에 있어
자치입법권의 의미를 퇴색시키지 않도록 하여야 한다. 말하자면 조례로 정할 사항
을 법률이나 대통령령·총리령·부령 등으로 정하게 하여서는 아니 된다. 따라서 국
가입법권과 자치입법권의 협력이 요구된다.[1]

7. 계획고권[2]

(1) **계획고권의 의의**　계획고권이란 지방자치단체가 자신의 영역 내에 들어오
는 지역적인 계획 관련 사무를 권한의 범위 안에서 자신의 책임으로 수행하는 권
리와 해당 지방자치단체와 관련을 갖는 상위계획과정에 참여하는 권리를 말한다.[3]
해당 지방자치단체와 관련을 갖는 상위계획과정에 참여하는 지방자치단체의 권리
도 계획고권의 핵심영역에 속하고, 따라서 헌법적으로 보호된다.[4] 계획고권은 토
지관련계획인가 여부, 총괄계획 또는 개별계획인가 여부는 묻지 않는다. 계획고권
은 넓게 모든 자치행정사무를 자기 책임으로 계획할 수 있는 권리를 포함하는 것
으로 이해된다. 계획이란 그 자체가 임무영역이 아니고 임무수행방식일 뿐이다.[5]

(2) **계획고권의 성질**　지방자치단체의 계획고권이 침해될 수 없는 지방자치행
정권에 속하는지 그리고 어느 범위까지 침해될 수 없는 것인지는 분명하지 않다.[6]

(3) **공간계획**　계획고권의 특별한 의미는 국토(토지)관련 계획에서 갖는다.
용례상 지방자치단체의 계획고권은 국가의 계획에 엄격하게 구속됨이 없이 고유
의 건물이나 토지에 대한 정치적·행정적 결정을 행할 수 있는 권리로 이해되기도

치법규기본조례와 자치입법의 보장," 지방자치법연구, 통권 제 8 호, 59쪽 이하 참조.
1) [관련논문] 김동건, "한국의 지방자치에서 법률과 조례의 갈등관계," 지방자치법연구, 통권 제43호,
　282쪽 이하; 강기홍, "생활안전을 위한 법령과 조례의 입법 거버넌스," 지방자치법연구, 통권 제42
　호, 95쪽 이하; 김희곤, "자치행정시대에 있어서 국가입법권행사의 원칙—유통산업발전법을 중심으
　로—," 지방자치법연구, 통권 제43호, 649쪽 이하.
2) [관련논문] 오준근, "지방자치단체의 계획자치권에 관한 독일과 한국의 비교법적 연구," 지방치법
　연구, 통권 제49호, 3쪽 이하.
3) Stober, Kommunalrecht, S. 85; Waibel, Gemeindeverfassungsrecht Baden-Württemberg, Rn. 42.
4) BVerfGE 56, 110, 136 참조.
5) 졸저, 헌법과 정치, 109쪽; Schmidt-Aßmann/Röhl, Kommunalrecht, in: Schmidt-Aßmann (Hrsg.),
　Besonderes Verwaltungsrecht, Rn. 23.
6) 독일의 지배적인 견해에 따르면, 충분히 구체적인 지역적 계획이 있고, 이것이 범지역적인 계획에
　의해 지속적으로 파괴되면, 계획고권에 침해가 있는 것으로 본다(BVerfGE 84, 209, 220; BVerwG
　DVBl. 1995, 914, 915).

한다. 이러한 입장에서 보면, 계획고권은 지방자치단체의 구역 내에서 공간관련 행
위의 전체질서를 능동적·형성적으로 발전시키고 구속적으로 행하는 지방자치단체
의 권한이라 하게 된다.[1] 공간계획고권은 일반적인 계획고권의 한 특별한 경우
에 해당한다. 공간계획의 경우, 국가의 계획권과 지방자치단체의 계획고권 사이
에 충돌이 발생하는 경우에는 지방자치단체의 계획고권의 본질적인 내용을 침해
할 수 없다고 할 것이다.[2]

8. 행정고권

행정고권이란 일반적이고 추상적인 자치입법고권을 보완·보충하는 고권이다.
행정고권은 법령의 범위 안에서 자치사무 또는 단체위임사무와 관련하여 법규의
시행을 위하여 필요한 개별적인 결정을 행하고 집행하는 권능을 의미한다. 행정
고권은 포괄적인 의미에서 행정책임으로 이해되기도 한다.[3] 지방자치법상 행정
고권은 제116조(사무의 관리 및 집행권) 등에서 표현되고 있다. 행정고권은 지방자치
법 제13조 제 1 항(지방자치단체는 관할 구역의 자치사무와 법령에 따라 지방자치단체에 속하는 사
무를 처리한다)에서 규정하는 사무에 미친다. 행정고권은 지방자치단체의 공과금에
도 미친다.

9. 협력고권

(1) 의 의   협력고권이란 지방자치단체가 개별적인 사무수행에 있어서 다른
기관들, 특히 다른 지방자치단체와 공동의 행정수단을 창설하거나, 공동으로 결정
하거나, 공동의 기구를 설치할 수 있거나 하는 등의 협력을 할 수 있는 권능을 의
미한다.[4] 지방자치단체의 협력고권은 지방자치단체의 사무가 언제나 다른 지방자
치단체, 국가 또는 외국의 지방자치단체와 무관하게 효과적으로 수행될 수 있는 것
은 아니라는 데에서 나온다. 협력고권은 조직고권의 한 부분으로 이해되기도 하
나,[5] 협력고권은 조직상 협력에만 한정된 개념은 아니다.

---

1) B. Widera, Kommunalrecht, S. 80.
2) 정태용, "지방자치와 도시계획," 지방자치법연구, 통권 제17호, 84쪽.
3) Stober, Kommunalrecht, S. 87.
4) Stober, Kommunalrecht, S. 87. 그리고 강기홍, "지방자치단체의 남부교류협력법제 발전방안,"
   지방자치법연구, 통권 제38호, 193쪽 이하 참조.
5) Schmidt, Kommunalrecht, §2, Rn. 71.

(2) **외국과의 협력**[1]

(가) **의 의**   협력고권은 외국의 지방자치단체와 협력할 수 있는 권능까지 포함한다. 외국의 지방자치단체와의 협력은 국제화·세계화의 경향과 더불어 증대한다. 우리의 지방자치단체가 외국의 지방자치단체와 체결하는 합의서와 국가 간에 체결되는 조약은 법적 성질을 달리하는 것인지, 우리의 지방자치단체가 합의서상의 의무를 이행하지 아니하는 경우 우리의 정부가 대신하여 책임을 부담하는지 등에 관한 법적 검토가 필요하다.[2]

(나) **법적 근거**   지방자치법은 제193조 이하에서 지방자치단체의 국제교류·협력을 규정하고 있고, 또한 외국 지방자치단체와의 교류협력에 관한 사항은 지방의회의 의결사항으로 규정되고 있다(지자법 제47조 제 1 항 제10호). 이러한 조항들은 2022. 1. 13. 시행 지방자치법 전부개정법률에 신설되었다.

(다) **협력의 내용**   지방자치단체는 국가의 외교·통상 정책과 배치되지 아니하는 범위에서 국제교류·협력, 통상·투자유치를 위하여 외국의 지방자치단체, 민간기관, 국제기구(국제연합과 그 산하기구·전문기구를 포함한 정부 간 기구, 지방자치단체 간 기구를 포함한 준정부 간 기구, 국제 비정부기구 등을 포함한다. 이하 같다)와 협력을 추진할 수 있다(지자법 제193조).

(라) **국제기구지원**   지방자치단체는 국제기구 설립·유치 또는 활동 지원을 위하여 국제기구에 공무원을 파견하거나 운영비용 등 필요한 비용을 보조할 수 있다(지자법 제194조).

(마) **해외사무소**   지방자치단체는 국제교류·협력 등의 업무를 원활히 수행하기 위하여 필요한 곳에 단독 또는 지방자치단체 간 협력을 통해 공동으로 해외사무소를 설치할 수 있다(지자법 제195조 제 1 항). 지방자치단체는 해외사무소가 효율적으로 운영될 수 있도록 노력해야 한다(지자법 제195조 제 2 항).

(바) **서울특별시의 경우**   서울특별시는 해외도시와의 교류협력지원 등을 위하여 해외 주요도시에 서울관을 설치·운영하고 있다(서울특별시 서울관 설치·운영에 관한 조례 제 1 조, 제 3 조).

(3) **협력고권의 한계**   헌법 제117조 제 1 항에 의해 지방자치단체에 협력고권이 보장된다고 하여도, 그것은 헌법 제117조 제 1 항에 따라 법령의 범위 안에서

---

1) [관련논문] 전훈, "지방자치단체의 국제협력," 지방자치법연구, 통권 제65호, 27쪽 이하.
2) 이와 관련하여 이재민, "지방자치단체가 체결하는 국제 합의서의 조약법적 고찰," 지방자치법연구, 통권 제11호, 345쪽 이하 참조.

보장된다. 입법자는 반드시 해당 지방자치단체가 직접 수행하여야 할 사무로 판단되는 경우에는 그 사무에 대하여 협력을 금지할 수도 있고(협력의 금지), 또한 다른 지방자치단체의 도움이 있어야만 되는 경우에는 협력을 강제할 수도 있다(협력의 강제).[1] 물론 이러한 제한은 지방자치제도보장의 본질적 내용을 침해하지 않는 한도 내에서만 가능하다.

10. 문화고권

(1) 의 의   문화고권이란 지방자치단체의 구역 내에서 문화에[2] 관한 각종 시설 등을 마련하고 관리하고 주민으로 하여금 향유하게 하는 지방자치단체의 권능을 말한다.[3] 박물관, 도서관, 각종 교육시설, 교향악단, 스포츠시설, 연극무대 등을 설치, 유지할 수 있는 문화고권 또한 지방자치단체가 갖는 고권 중의 하나이다(지자법 제13조 제 2 항 제 5 호 등). 이것은 문화공동체의 형성작용을 위한 것이다. 문화고권의 적용영역은 교육, 학교, 과학, 예술, 건강, 여가, 도시건축물, 도시의 전통 등에 미친다.[4]

(2) 특 징   지방자치단체의 문화고권은 다른 고권과 달리 국가적인 규율을 심하게 받는 것은 아니다. 지방자치단체는 문화의 영역에서 보다 많은 임무영역을 확충해 나아가야 할 것이다. 문화고권은 자신의 수단과 자신의 책임으로 문화적인 작용의 전개를 위한 권리를 내포한다. 문화고권은 생활배려를 위한 권리의 한 부분으로 파악될 수도 있다. 문화고권의 실현에는 많은 재원이 필요하다.[5]

11. 기 타

(1) 정보고권   지방자치단체는 다양한 자치행정사무의 형성과 처리를 위해 주민에 관한 필요한 정보를 가져야만 하는바, 지방자치단체는 지역사무처리에 필요한 자료를 수집·분석·평가·처리 등을 할 수 있는 권능인 정보고권을 자치권의 한

---

1) 김명연, "지방자치단체 상호간 협력체제의 강화를 위한 법제정비방향," 지방자치법연구, 통권 제 9 호, 225쪽.

2) 문화라는 용어는 다의적이다. 일설은 문화를 "인간이 일정한 목적이나 생활이상을 실현하려는 활동의 과정과 그 과정에서 이룩해 낸 모든 물질적·정신적 결과물을 총칭하는 것"으로 이해하기도 한다(박선영, "문화국가원리에서 본 지방자치단체의 역할과 책무," 지방자치법연구, 통권 제11호, 276쪽).

3) Gern, Kommunalrecht Baden-Württemberg, 9. Aufl., Rn. 93.

4) [관련논문] 장욱, "지방자치단체의 문화고권과 문화조례—안동시 문화조례를 중심으로—," 지방자치법연구, 통권 제35호, 105쪽 이하.

5) 강기홍, "지방자치단체의 문화고권의 보장—지방문화원의 재정확보 사례와 관련하여—," 지방자치법연구, 통권 제22호, 193쪽 이하 참조.

내용으로 가진다.1)

　　(2) 국가의사결정과정에 참여권　　개별 법률에서 정부로 하여금 관계 지방자치
단체의 의견을 듣도록 하는 경우(예: 국토의 계획 및 이용에 관한 법률 제10조 제 3 항, 주거기본
법 제 5 조 제 7 항, 수도법 제 4 조 제 2 항, 하수도법 제 4 조 제 3 항, 지하수법 제 6 조 제 5 항)에 보는
바와 같이 지방자치단체가 정부에 대하여 의견을 표명함으로써 국가의사결정과정
에 참여하는 권능인 참여권을 자치권의 내용으로 갖는다.2) 참여권은 협력고권의 한
특별한 형태로 볼 수도 있다.

　　(3) 환경고권　　환경의 보호도 여러 고권의 투입을 통해 실현되어야 할 중요한
부분이다. 주민의 건강의 보호도 또한 같다.

　　(4) 미래세대를 위한 고권행사　　지방자치단체의 자치고권 행사에 있어서 미래
에 대한 배려, 미래세대에 대한 지방자치단체의 책임이 또한 중요한 관심사로 부각
되어야 한다.

제 2 항   권리주체성의 보장

I. 권리주체성의 의의

1. 헌법상 보장

　　헌법 제117조는 행정조직의 한 부분으로서 지방자치단체가 권리주체일 것을
예정하고 있다. 왜냐하면 헌법 제117조에서 지방자치단체가 「주민의 복리에 관한
사무를 처리하고 재산을 관리하며, 법령의 범위 안에서 자치에 관한 규정을 제정할
수 있다」는 것은 자방자치단체가 독자적인 공법상 행위주체임을 전제로 한 것으로
이해되며,3) 독자적인 공법상의 행위주체라는 것은 법적 관점에서 지방자치단체가
권리능력을 가진다는 것(권리주체성)을 내포하기 때문이다. 헌법은 임의적인 행정단
일체를 보장하는 것이 아니라, 공간관련의 단일체로서 권리주체성 등을 갖는 일정
한 유형의 행정단일체를 보장한다.4)

---

　　1) Stober, Kommunalrecht, S. 88.
　　2) 최정일, 행정법 II, 115쪽.
　　3) 만약 지방자치단체를 독자적인 행위주체로 볼 수 없다면, 지방자치는 자치가 아닌 것이며, 헌법이
　　　 지방자치를 독립의 장(제 8 장)으로 규정한 이유를 설명할 수 없을 것이다.
　　4) 조성규, "지방분권특별법안의 검토," 지방자치법연구, 통권 제 6 호, 234쪽; Schmidt-Aßmann/Röhl,
　　　 in: Schmidt-Aßmann(Hrsg.), Besonderes Verwaltungsrecht, Rn. 10.

2. 지방자치법상 보장

지방자치법 제 3 조 제 1 항은 "지방자치단체는 법인으로 한다"고 규정하고 있다. 법인은 권리능력자이므로 지방자치법 제 3 조 제 1 항은 지방자치단체가 권리능력을 가진다는 것(권리주체성)을 명시적으로 인정하고 있다. 지방자치단체가 권리능력을 가짐으로 해서 법적 행위에서 활동능력을 갖게 되고 또한 국가와의 관계에서 법기술상 보장이 가능하게 된다.[1]

Ⅱ. 권리주체성의 상대성

1. 제한적 보장

지방자치단체가 권리주체로서 보장된다는 것은 자연인이 권리주체라는 점과 차이를 갖는다. 중대한 공익상의 요청이 있는 경우에는 지방자치단체가 해체 또는 합병될 수도 있고, 구역변경이 이루어질 수도 있다는 점에서, 지방자치단체의 권리주체성의 보장은 비교적 제한적이다.

2. 최소한 보장

지방자치단체의 전면적인 부인 내지 비독립적인 행정단일체로의 전환은 금지된다는 점에서 권리주체성의 최소한은 보장된다.[2] 논자에 따라서는 지방자치단체의 명칭권을 권리주체성의 보장의 한 내용으로 들기도 한다.[3]

---

1) Schmidt-Aßmann/Röhl, Kommunalrecht, in: Schmidt-Aßmann(Hrsg.), Besonderes Verwaltungsrecht, Rn. 10.
2) Schmidt-Aßmann/Röhl, Kommunalrecht, in: Schmidt-Aßmann(Hrsg.), Besonderes Verwaltungsrecht, Rn. 11.
3) Schmidt-Aßmann/Röhl, Kommunalrecht, in: Schmidt-Aßmann(Hrsg.), Besonderes Verwaltungsrecht, Rn. 12.

제 3 항 주관적 법적 지위의 보장

I. 주관적 법적 지위의 관념

1. 의 의

지방자치제의 제도적 보장이 의미를 갖기 위해서는 지방자치단체가 자신의 권리보호를 주장할 수 있어야 한다. 헌법은 지방자치제도를 기본권으로 보장하는 것은 아니다. 지방자치제의 제도적 보장이 단순히 객관적인 제도의 보장에 머무르는 것도 아니다. 제도적 보장으로서 지방자치제도의 보장은 순수한 주관적인 권리와 객관적인 법적 보장 사이에 위치한다.[1] 달리 말하면, 지방자치제도의 보장은 객관적인 제도로서의 보장과 아울러 지방자치단체에 주관적 법적 지위까지 보장하는 것을 내용으로 한다. 이러한 주관적 지위의 보장은 지방자치제를 규정하는 헌법 제117조에서 나온다. 지방자치단체의 주관적인 법적 지위의 보장은 헌법적 지위를 갖는다.

2. 보호규범

지방자치단체의 주관적인 지위는 기본권규정에 의해 보호받는다고 말하기 어렵다. 이 때문에 자치행정보장이 객관적 가치질서의 구성부분이라고 볼 수도 없다. 그럼에도 헌법 제117조 제 1 항을 지방자치제도의 보호규범으로서 새길 수 있다.

II. 주관적 법적 지위의 내용

1. 침해배제의 청구권

헌법상 지방자치제의 제도적 보장은, 객관적인 제도보장에 의거하여 정당한 지위에 있는 자에게 제도의 보장 영역 내에서의 침해에 대한 배제를 구할 수 있는 주관적인 법적 지위를 부여한다.[2] 제도적 보장은 단순히 객관적인 구성원칙만은

---

1) Pagenkopf, Kommunalrtecht, Bd. I, S. 61; Stober, Kommunalrecht, S. 66.
2) 조성규, "참여정부의 행정분권법제에 대한 평가," 지방자치법연구, 통권 제 9 호, 37쪽; Dols/Plate, Kommunalrecht, Rn. 39; Schmidt-Aßmann/Röhl, Kommunalrecht, in: Schmidt-Aßmann(Hrsg.), Besonderes Verwaltungsrecht, Rn. 11.

아니고 주관적인 법적 지위도 보장하는 것이므로, 개별 지방자치단체는 주관적인 법적 지위에 근거하여 제도적 보장의 의무자에게 보장내용의 준수를 요구할 수 있다.

2. 절차적 권리

(1) 청 문 권   자치행정권은 지방자치단체와 관련하는 모든 종류의 침해 앞에서 청문할 권리(청문권)를 포함한다는 것이 일반적인 인식이다.[1] 법치국가의 명령으로부터 나오는 침해 앞에서의 청문권이 자치행정권의 경우에 적용되지 아니할 특별한 이유는 없다. 청문권은 개별 실정법에서 빈번히 규정되기도 한다.

(2) 참 여 권   개별 법률상 지방자치단체의 참여가 고유한 독립의 가치를 갖고서 사법적으로 관철할 수 있는 절차적 지위를 창설하는 것이라면, 그러한 참여권은 수관적인 공권으로서 보호된다.

3. 실체적 권리

주관적 지위의 보장으로 인해 지방자치단체는 국가에 대하여 일정한 청구권(예: 부작위청구권, 급부청구권 등)을 가질 수 있다. 더욱이 일정한 전제 하에서 지방자치행정제도의 유지·안전을 위하여 국가는 재정지원 등을 통하여 지방자치단체를 보호할 의무를 지기도 한다(보호의무). 이러한 경우에 지방자치단체는 이에 상응하는 권리를 가질 수도 있다.

Ⅲ. 권리보호

1. 방 어 권

주관적 지위의 보장은 권리보호 가능성의 부여를 통해 의미를 갖는다. 지방자치단체의 권리보호 가능성은 자치임무영역 내지 지방자치단체에 부여된 고권이 축소 또는 박탈될 때 문제가 된다. 주관적 공권으로서 자치행정권의 보장은 무엇보다도 법원을 통해 국가의 침해에 대한 권리보호를 보장한다. 제도보장은 특히 주관적 공권인 방어권으로서 보호기능을 갖는다. 자치행정의 영역에서 위법한 침해에 대한 지방자치단체의 주관적 방어권은 모든 국가작용에 적용된다. 이것은 제도적 보장의 실질적 보호내용을 법원의 소송절차를 통해 다툴 수 있도록 함을 보장하는

---

1) 조성규, "참여정부의 행정분권법제에 대한 평가," 지방자치법연구, 통권 제 9 호, 39쪽.

것이다.

2. 재판청구권

"모든 국민은 헌법과 법률이 정한 법관에 의하여 법률에 의한 재판을 받을 권리를 가진다"고 규정하는 헌법 제27조 제 1 항에서 말하는 국민은 국가공동체 내의 모든 종류의 법적 주체를 의미한다고 볼 것이므로 지방자치단체도 포함된다고 새길 수 있다. 따라서 헌법 제27조 제 1 항은 국민의 기본권으로서 재판청구권뿐만 아니라 헌법상 제도로서 보장되는 지방자치단체의 재판청구권까지 보장하는 규정이다. 지방자치단체에 주관적 법적 지위를 보장하는 헌법 제117조 제 1 항과 헌법 제27조 제 1 항에 비추어 행정소송법상 항고소송의 원고적격의 주체에 지방자치단체도 당연히 포함된다.

3. 사법심사기준

자치행정권에 대한 침해가 있다면, 사법기관은 우선 침해된 영역이 자치행정권보장과 관련하는지의 여부를 심사하여야 한다(보호영역). 여기서는 지방자치단체의 사무의 개념이 문제된다. 자치사무와 관련한다면, 침해가 법적 근거를 갖는가의 여부를 심사하여야 한다. 법적 근거가 있다면, 그 제한이 법령의 범위 내인지를 검토하여야 한다. 제한은 헌법에 적합하여야 한다. 제한은 자치행정의 본질적 내용을 침해하지 말아야 한다.

제 3 관   지방자치제의 형성과 제한

Ⅰ. 지방자치제의 형성·제한의 원리[1]

1. 법률에 의한 형성

"지방자치제도의 보장은 법률로 형성되어야 하고 동시에 법률의 형식으로 이루어져야 한다. 입법자는 절대적으로 보호되는 핵심영역뿐만 아니라 그 밖의 영

---

[1] [관련논문] 김해원, "국회와 지방자치단체 상호간 입법권한 배분에 관한 헌법적 검토—국회의 입법권 수권행위에 대한 헌법적 통제를 중심으로," 지방자치법연구, 통권 제50호, 322쪽: 방동희, "지방자치의 헌법적 보장과 자치권 제한의 한계," 지방자치법연구, 통권 제51호, 105쪽 이하.

역(외곽영역)에서도 자치행정의 특수한 기능을 고려하여야 한다. 법률유보는 지역적인 사무의 수행의 종류와 방법뿐만 아니라, 사무를 위한 공동체의 권한에도 미친다."[1]

2. 자치권의 제한

지방자치단체의 자치권이 제한될 수 있다는 점에 대해서는 의문이 없다. 다만 제한에는 법률이 필요하다. 왜냐하면 지방자치제도의 내용은 헌법상 법률로 정하게 되어 있는바, 입법자인 국회는 자치행정권을 부여함과 동시에 제한할 수도 있기 때문이다. 입법자만이 지방자치단체에 대하여 권리와 책임을 부여할 수 있고, 제한할 수 있다. 헌법재판소의 견해이기도 하다.[2] 말하자면 법률의 유보는 지방자치영역에도 적용된다. 법률의 유보는 국가행정권에 의한 임의적인 침해로부터 지방자치단체를 보호한다. 법규명령도 헌법과 행정기본법 제 8 조(행정작용은 법률에 위반되어서는 아니 되며, 국민의 권리를 제한하거나 의무를 부과하는 경우와 그 밖에 국민생활에 중요한 영향을 미치는 경우에는 법률에 근거하여야 한다) 등이 정함에 따른 것인 한 자치행정권에 제한을 가할 수도 있다.[3]

3. 법률유보의 이중적 성격

지방자치는 법령의 범위 안에서 보장된다. 결국 법률의 유보는 이중의 의미를 갖는 셈이다. 그것은 입법자에게 한편으로는 보장내용을 형성하고, 내재적인 한계를 설정하도록 하며, 또 한편으로는 헌법이 직접 보장하는 영역에 대한 침해를 위한 권능을 부여하고 있다.[4] 말하자면 지방자치의 구체적인 형성에도 법률을 필요로 할 뿐만 아니라 자치권의 침해에도 법률을 필요로 한다. 자치권의 침해에 한계를 설정하지 아니하면, 법률유보는 지방자치의 보장에 있어서 아킬레스건이 될 수도 있다.[5]

---

1) BVerfGE 79, 127, 143; Tettinger/Erbguth/Mann, Besonderes Verwaltungsrecht, Rn. 62.

2) 헌재 2008. 5. 29, 2005헌라3.

3) Tettinger/Erbguth/Mann, Besonderes Verwaltungsrecht, Rn. 62; BverfGE 26, 228, 237; 56, 289, 309.

4) Schmidt-Aßmann/Röhl, Kommunalrecht, in: Schmidt-Aßmann(Hrsg.), Besonderes Verwaltungssrecht, Rn. 20.

5) Schmidt-Aßmann/Röhl, Kommunalrecht, in: Schmidt-Aßmann(Hrsg.), Besonderes Verwaltungsrecht, Rn. 20.

▣ 참고 ‖   일본 헌법 제95조(국회에 대한 입법형성권의 제한)

(1) 규정내용   일본 헌법 제95조는 "하나의 지방공공단체만에 적용되는 특별법은, … 그 지방공공단체의 주민투표에 있어서 과반수의 동의를 얻지 아니하면 국회는 이것을 제정할 수 없다"고 하여 하나의 지방공공단체에만 적용되는 특별법의 입법에 제한을 가하고 있다.

(2) 규정취지   일본 국회가 특별법을 제정하여 지방자치권을 부당하게 침해하는 것을 방지하고, 지방공공단체가 가지는 평등권을 보장하며, 지방공공단체의 개성을 존중하고 지방행정에 있어서 주민의 의사를 존중하기 위한 것이 이 규정의 취지라 한다.[1]

(3) 새로운 해석   근년에는 이 규정을 「입법자의 자의에 의한 자치권의 침해로부터 지방공공단체를 보호하기 위한 것」으로 소극적으로 해석하기보다 「자치를 확대하는 근거규정」으로 해석하여야 한다는 주장도 나타난다고 한다. 즉, 헌법 제95조를 근거로 하여 주민의 동의를 얻어서 특정한 지자체에 대하여 예외적인 권한을 부여하고 새로운 범주의 지방정부를 설립하는 것이 가능하다는 것이다.[2]

(4) 사 견   논자에 따라서는 이 규정을 주민주권론의 근거로 이해하는 것으로 보이기도 한다.[3] 일본 헌법 제95조가 「법률에 의한 지방자치제의 형성에 대한 제한규정」으로 기능한다는 것은 「국가의 주권이 언제나 주민의 주권에 우월한 것은 아니다」라는 것을 뜻하는 것으로 새기면, 그러한 주장은 이해될 수도 있을 것이다.

Ⅱ. 자치권의 제한의 기준

1. 주민의 복지

자치행정권의 제한은 법률로서만 가능하다. 헌법과 법률에 따른 법률의 위임이 있으면, 법규명령도 자치권의 제한수단이 될 수 있다. 경우에 따라서는 법령에서 침해방식이 명시될 수도 있다. 자치권을 제한하는 법령은 헌법에 적합한 것이어야 하는바,[4] 그것은 주민의 복지와 관련성을 가져야만 한다(공익요건).

2. 비례원칙

(1) 의 의   자치행정권을 제한하는 법규범은 법치국가원리에 근거하는 넓은 의미의 비례원칙(적합성의 원칙, 필요성의 원칙, 좁은 의미의 비례원칙) 내지 과잉금지의 원칙

---

1) 최환용, "일본 헌법의 지방자치특별법 규정에 대한 고찰," 지방자치법연구, 통권 제49호, 205쪽.
2) 최환용, "일본 헌법의 지방자치특별법 규정에 대한 고찰," 지방자치법연구, 통권 제49호, 210쪽.
3) 杉原 泰雄, "地方自治の 憲法的 基礎," 지방자치법연구, 통권 제 4 호, 30쪽 이하 참조.
4) Schmidt-Jortzig, Kommunalrecht, S. 177.

과1) 자의금지의 원칙을 또한 준수하여야 한다.2) 법규명령의 경우에는 행정기본법 제10조가 명시적으로 규정하는 비례원칙의 적용대상이다.3)

(2) 적합성의 원칙　도입하는 국가적 수단이 추구하는 목표에 적합한가의 여부는 처음부터 명백한 것이 아니다. 경제정책적 법률의 경우에는 더욱 그러하다. 이와 관련하여 입법자에게 판단여지 내지 예측여지가 주어진다.

(3) 필요성의 원칙과 상당성의 원칙　필요성의 원칙과 좁은 의미의 비례원칙의 적합여부의 판단에 있어서도 입법자에게 판단여지 내지 예측여지가 주어진다. 왜냐하면 수단의 목석석합성에 대한 판단이 여러 가지로 가능하므로, 따라서 그에 후속되는 필요성의 원칙과 좁은 의미의 비례원칙의 판단은 당연히 다양한 상황에 놓일 수밖에 없기 때문이다.

(4) 위 반　핵심영역에 대한 침해가 없다고 하여도, 비례원칙의 위반이 있으면, 그것만으로 입법자의 제한은 헌법위반이 된다. 참고로, 독일연방헌법재판소는 핵심영역이 아닌 영역에 있어서 자치행정권의 침해에 대한 평가의 척도로서 비례원칙을 활용하지 않고, 그 대신에 제도적 보장으로서 지방자치행정의 본질을 활용하는바, 이를 둘러싸고 헌법재판소가 비례원칙의 척도를 폐기한 것인가의 여부에 관해 논란이 있다.4)

3. 청문권의 보장

자치행정권에 대한 중대한 침해를 위해서는 관련 지방자치단체에 대한 절차법상 보장 내지 절차적인 권리로서 청문권의 보장이 필요하다(예: 지자법 제 5 조 제 3 항의 지방자치단체 구역변경 참조). 입법례에 따라서는 청문권을 일반적으로 인정하는 경우도

---

1) 용례상 과잉금지는 넓은 의미의 비례원칙과 동일한 개념으로 사용되기도 하지만, 좁은 의미의 비례원칙으로 사용하는 입장도 있다(Stober, Kommunalrecht(97), S. 102).
2) Tettinger/Erbguth/Mann, Besonderes Verwaltungsrecht, Rn. 66; Wolff/Bachof/Stober, Verwaltungsrecht II(5. Aufl.), §86, Rn. 165f.
3) 자세한 것은 졸저, 행정기본법 해설, 79쪽 이하 참조.
4) Lissack, Bayerisches Kommunalrecht, S. 34. 독일의 경우, 종래의 지배적인 견해는, 핵심영역이 아닌 침해의 경우에 비례원칙을 준수하여야 한다고 했다(BVerfG DVBl. 1982, 27, 28; BVerwG DVBl. 1983, 1152). 그러나 독일연방헌법재판소는 Rastede 판결(BVerfGE 79, 127)(본서, 49쪽 각주 4) 참조)에서 비례성의 원칙을 더 이상 명시적으로 제한의 원칙으로서 원용하지 않았고, 그 대신 공동체사무를 위한 우위로서 기본법 제28조 제 2 항에 뿌리를 둔 원칙과 예외의 원리(Regel-Ausnahme-Prinzip)를 고려하였다(BVerfGE 79, 127, 153f.; BVerfG NVwZ 1992, 365, 366). 더 나아가서 연방헌법재판소는 부분적으로 (조직고권의 영역에서) 명시적으로 비례원칙으로부터 결별하였다(BVerfG DVBl. 1995, 290). 그리하여 이로부터 부분적으로 「비례원칙은 기본법 제28조 제 2 항에 있어서의 침해에 일반적으로 심사척도가 아니다」라는 추론까지 언급되기도 한다.

있다.[1] 이것은 시민적 민주주의의 자기결정을 고려한 것이다. 뿐만 아니라 이것은 국가의 입법자에게 포괄적인 정보제공의 의미를 갖는다. 입법자가 중요한 이해관계를 모두 고려하면, 국민들은 그에 근거한 법률을 용이하게 수용하게 된다. 이것은 실체법상 보장으로서 지방자치권의 상실에 대한 보상이라고도 한다.

Ⅲ. 자치권의 제한의 단계

지방자치제의 헌법적 보장이라는 면과 관련하여 입법에 의한 자치행정권의 제한은 지엽적인 영역의 제한, 중간영역의 제한, 핵심영역의 제한의 3단계로 구분하여 살펴볼 수 있다.[2]

1. 지엽적 영역, 중간 영역

① 지엽적인 영역(가장자리영역)에서 입법자의 제한 내지 침해는 자유이다. ② 중간영역에서 입법자는 공익상 정당한 사유가 있고, 또한 시간적으로나 사항적으로 불가피한 경우에는 제한할 수 있다. 핵심영역 밖에서 권한을 배분하는 경우, 입법자는 헌법상의 사무배분의 원칙인 「지역공동체의 복리사무는 지방자치단체가 처리한다」는 관점을 고려하여야 한다.[3]

2. 핵심영역

(1) 의 의   입법자는 자치행정권의 핵심영역[4]을 침해할 수 없다(절대적 한계).[5] 핵심영역은 입법자에게 입법의 한계가 된다.[6] 핵심영역은 지방자치의 본질적인 징

---

1) 독일의 Sachsen헌법 제84조 제 2 항은 "지방자치단체(게마인데) 또는 지방자치단체연합과 관련하는 일반적인 문제를 법률 또는 법규명령으로 규율하기 전에 지방자치단체(게마인데) 또는 지방자치단체연합이나 이들의 결합체는 적절한 시기에 청문되어야 한다"고 규정하고 있다. 동조항은 입법영역뿐만 아니라 국가행정작용영역에까지 지방자치단체에 포괄적인 청문권을 보장하는 것으로 이해되고 있다.

2) Stober, Kommunalrecht, S. 101. 일설은 연방헌법재판소의 입장은 핵심영역(Kernbereich)과 가장자리영역(Randbereich)으로 구분한다고 하고, 핵심영역은 침해불가하나, 가장자리영역은 일정한 요건하에서 가능하다고 한다(Schmidt, Kommunalrecht, §3, Rn. 83).

3) Wolff/Bachof/Stober, Verwaltungsrecht, Band 3(5. Aufl.), §94, Rn. 65; 김남철, 행정법강론(2014), 912쪽.

4) 용례상 핵심영역은 기본적인 내용(Fundamentelsehalt), 본질적인 내용(Wesengehalt) 또는 최소내용(Mindestgehalt)이라고도 한다(B. Widera, Kommunalrecht, S. 50).

5) Schröder, in: Achterberg/Püttner/Würtenberger(Hrsg.), Besonderes Verwaltungsrecht, Bd. Ⅱ, Rn. 19.

6) Wolff/Bachof/Stober, Verwaltungsrecht, Band 3(5. Aufl.), §94, Rn. 63.

표로서 법적으로나 사실상으로도 제거될 수 없는 영역을 말한다. 판례는 지방자치
단체의 존재 자체를 부인하거나 각종 권한을 말살하는 것과 같이 그 제한이 불합
리하여 지방자치권의 본질을 훼손하는 정도에 이르는 경우로 이해한다.[1]

　　(2) 특정 지방자치단체의 보호　핵심영역의 보장이 특정 지방자치단체의 절대
적 보호를 의미하는 것은 아니다. 본질적인 내용을 침해하지 않는 한 특정 법률이
지방자치행정권을 일부 침해하여도 그것은 헌법위반이 아니라고 본다. 이것은 독
일의 일치된 견해이기도 하다.[2]

Ⅳ. 제한의 한계로서 핵심영역

1. 핵심영역 개념의 추상성

　　자치권 제한의 한계로서 추상적인 개념인 핵심영역의 의미를 정의하기는 어렵
다. 헌법재판소도 핵심영역이라는 개념을 사용하지만,[3] 구체적인 정의는 내리고
있지 않다. 기본권의 본질적 내용과 마찬가지로 자치행정권보장의 핵심영역의 범
위를 정확하게 정하는 것은 어렵다. 핵심영역을 어떠한 방식으로 규정하며, 그것을
다른 영역과 어떻게 구별할 것인가는 불분명하다. 지방자치권이 지방자치단체의
기본권을 뜻하는 것은 아니지만, 헌법 제37조 제 2 항의 본질적 내용의 법적 사고
의 방법은 여기에서도 적용될 수 있다.

2. 핵심영역 개념의 정의

　　(1) 판 례　독일의 종래의 판례는 자치행정을 공동화로 이끌고, 자치단체가 활
발한 활동을 할 수 없고 따라서 지방자치단체가 다만 외관상·형태상으로만 존재하
는 것으로 만드는 침해를 본질적 침해로 보았다.[4]

---

1) 헌재 2021 .3. 25, 2018헌바348.
2) Knemeyer, Bayerisches Kommunalrecht, S. 32; 헌재 2014. 6. 26, 2013헌바122(지방자치도 국
　가적 법질서의 테두리 안에서만 인정되는 것이고, 지방행정도 중앙행정과 마찬가지로 국가행정의 일
　부이므로, 지방자치단체가 어느 정도 국가적 감독, 통제를 받는 것은 불가피하다. 만일 그 제한이 불
　합리하여 자치권의 본질을 훼손하는 정도에 이른다면 헌법에 위반된다고 보아야 할 것이지만, 지방
　자치단체의 존재 자체를 부인하거나 각종 권한을 말살하는 것과 같이 그 본질적 내용을 침해하지 않
　는 한 법률에 의한 통제는 가능하다).
3) 헌재 2014. 6. 26, 2013헌바122.
4) BverfGE 38, 258, 279; 79, 127, 146; 91, 228; Scholler/Broß, Kommunalrecht, S. 12f.

(2) 학 설　　학설은 핵심영역을 그 구조나 유형을 변경함이 없이는 해당 제도로부터 제거될 수 없는 그 제도의 필수부분이라고 정의하기도 한다.[1] 이러한 견해에 의하면, 지방자치행정의 전형적인 현상형태 내지 필수적인 것으로 인정되는 전형적인 임무와 관련되는 침해가 본질적 내용, 핵심적 영역의 침해가 된다. 예컨대 포괄적인 임무, 고유책임, 자치고권의 전면적인 부인이 핵심영역의 침해임은 분명하다. 학설은 핵심영역으로서 사실상태를 확실하게 정의할 수는 없다는 점에 광범위하게 일치하고 있는 것으로 보인다.[2]

(3) 사 견　　핵심영역 탐구를 위해 여러 방식이 나오고 있으나, 그 어느 방식도 핵심영역을 정확하게 구획짓는 것은 아니다. 실제상으로는 개별 경우에 논거를 잘 제공해주는 방식을 활용할 수밖에 없을 것이다. 실제의 문제로서 핵심영역에 속하는 것을 구체적으로 나열하기는 곤란하다.

3. 핵심영역 여부의 판단방법

(1) 학 설

(가) 공 제 법

(a) 의 의　　공제법은 소극적·분량적 방법으로 핵심영역을 규명하는 방법이다. 공제법은 독일의 연방행정재판소[3]에 의하여 발전된 방법이다. 잔여론 또는 공제설이라고도 한다. 공제법은 자치행정의 의미에 관해 법률상 침해의 전과 후를 서로 비교한다. 입법에 의한 침해의 결과 지방자치단체에 남는 작용은 어떠한 것인가를 기준으로 하여 지방자치단체에 덜 중요한 임무영역이 박탈되면 자치행정의 핵심영역의 침해가 아니라고 하게 된다. 말하자면 침해 후 남는 부분이 의미 있는 것이고 또한 그것으로도 지방자치단체에 고유한 책임 있는 활동을 인정하는 것이 가능하다면 기본적인 임무영역의 침해도 핵심영역의 침해는 아니라는 것이다.[4] 지방자치단체의 사무의 한 유형(예: 인적고권·재정고권·계획고권 등)이 완전히 박탈되면 자치행정의 핵심내용이 침해된 것으로 보지만, 그 유형 중에서 일부만(예: 인적고권 중 일부)이 침해된다면 핵심내용의 침해로 보지 아니한다는 방식으로 공제설을 설명하기도 한다.[5]

---

1) Burmeister, Kommunalrecht, S. 28; Stern, Staatsrecht, Bd. Ⅰ, §12Ⅲ4b; Stober, Kommunalrecht, S. 101.
2) Seewald, Kommunalrecht, in: Steiner(Hrsg.), Besonderes Verwaltungsrecht, Rn. 10.
3) BVerwGE 6, 19, 25; 6, 342; BVerfGE 7, 358; 79, 127, 148.
4) Geis, Kommunalrecht(3. Aufl.), §6, Rn. 8; B. Widera, Kommunalrecht, S. 63.
5) Lissack, Bayerisches Kommunalrecht, 32.

(b) 비 판   공제법은 순수하게 양적이어서 자치행정의 핵심영역을 효과적으로 보호하는 것이 불가능하다는 지적이 있다.[1] 그러나 공제법은 침해될 자치행정의 기능의 두 가지가 전제되어 있고, 이 중 하나가 선택적으로 침해되어야 하는 경우에는 상대적이지만 의미를 갖는다.

(나) 역사적 방법

(a) 의 의   역사적 방법이란 지방자치행정의 사적 발전과 상이하게 생성된 현상형식의 유무를 탐구하는 방식이다. 역사적 방법은 독일의 연방헌법재판소[2]에 의하여 발전된 방법이다. 연방헌법재판소는 "입법자는 지방자치단체(게마인데)의 전통적인 일체성을 규정하는 특징(소위 본질적 내용)을 존중하여야 한다. 상이한 역사적·지역적 현상형식 속에서 영속적으로·결정적으로 각인된 전통적인 지방자치단체의 형상은 사실상으로나 법상으로 제거될 수 없다"는 입장이다.[3] 즉 지방자치행정의 역사적 발전에 대한 고려 하에 관련된 사항영역이 자치행정권에 어떠한 의미를 갖는가를 판단의 기준으로 삼는다. 사무영역이 역사적 변천 속에서도 여전히 지방자치단체(게마인데)의 자치행정의 내용이라면,[4] 그것은 핵심영역에 속한다는 강한 징표가 된다. 이 방법은 새로운 종류의 사무나 임무수행무대(국가 또는 지방자치단체)가 빈번하게 변경된 경우에는 좌초된다.

(b) 특 징   역사적 방법은 자치행정의 핵심영역은 소극적 분량으로 정해질 수 없고, 나열될 수도 없고, 일반적 형식으로 정해질 수도 없고, 입법상 권한의 한계설정은 개별경우에만 가능하다는 전제하에 자치행정의 전통적인 형상과 일치할 수 없는 침해는 핵심영역의 침해가 된다고 한다.[5] 따라서 모든 전통적인 제한은 적법하다고 본다.[6]

(c) 비 판   자치행정의 보장은 변화하는 현재의 요구를 새로이 발견하여야 하는데, 역사적 방법은 이 점을 충분히 고려하고 있지 않다는 지적이 있다. 자치행정 보장 내용의 영속적인 변화와 적응을 요구하는 시대의 동적인 발전은 역사적 관찰로서는 기대하기 곤란하다는 것이다.[7] 역사적 방법에 대해서는 오로지 통계적이고

---

1) B. Wider, Kommunalrecht, S. 64.
2) BVerfGE 17, 172, 182; 50, 95, 201; 79, 127, 146; 83, 363, 381; 91, 228, 238.
3) BVerfGE 79, 127, 153; 83, 361, 381.
4) 독일의 경우, 지방자치단체에 대한 국가의 감독과 일정한 조례의 발령시에 감독청의 승인이 요구되는 것이 예가 된다(Dols/Plate, Kommunalrecht, Rn. 42).
5) B. Widera, Kommunalrecht, S. 70ff.
6) Dols/Plate, Kommunalrecht, Rn. 42.
7) B. Widera, Kommunalrecht, S. 71.

역사적이라는 비판도 가해지기도 한다.

(다) 유형적 방법

(a) 의 의   유형적 방법은 법학방법론적 인식에 연결된 것이다. 유형설이라고도 한다. 이 견해는 관련사무의 공제 후에도 지방자치단체의 유형에 상응하는 자치행정사단이 존재하는지의 여부를 탐구하는 입장이다. 여기서는 무엇보다도 유형을 형성할 수 있는 일련의 특징이 제시되어야 한다. 그것은 지방자치단체의 크기에 따라 다를 것이다. 유형설은 존재사무와 목적사무의 구분을 갖는다. 존재사무란 조직상의 고유한 재생산을 위한 지방자치단체의 능력을 확보하는 사무를 말하고, 목적사무는 그에 반해 상이한 물적 행정분야에서의 사무를 말한다. 핵심영역은 존재사무를 보장한다.

(b) 특 징   이 견해에 따르면, 인적 고권의 박탈은 핵심영역의 침해이다. 왜냐하면 그것을 통해 지방자치단체의 자율적인 개혁은 배제되기 때문이다.

(라) 비례원칙 활용방법   독일 연방헌법재판소는 라스테데 판결에서[1] 헌법제정자가 입법자에게 광범위한 형성영역을 부여하였다는 전제하에 광역지방자치단체인 크라이스가 보다 큰 행정력을 가지고 수임사무를 보다 잘 수행할 상태에 있는지의 여부, 그리고 그 사무를 최상으로 수행할 수 있는지의 여부의 문제를 판단함에 있어서 개별 기초지방자치단체인 게마인데의 이익상태에 주목하지 않고, 비례원칙을 따랐다.[2] 라스테데 판결은 핵심영역의 해당여부에 대한 판단에 있어서 종전에 판례가 사용하였던 공제법이나 역사적 방법이 아니라 비례원칙을 주요 척도로 사용하였다. 라스테데 판결 이후 독일의 일반적 견해는 라스테데 판결에서 연방헌법재판소가 취한 핵심영역의 판단기준에 대하여 긍정적인 입장을 취하고 있다. 라스테데 판결에서 나타난 연방헌법재판소의 표현에 의하면, 대상적으로 특정할 수 있거나 또는 확정할 수 있는 징표에 따라 정할 수 있는 사무의 목록이 핵심영역(게마인데 자치행정의 본질적 내용)에 속하는 것이 아니라, 법률로써 다른 공행정주체에 부여된 것이 아닌 지역공동체의 모든 사무에 대하여 특별한 권한배분이 없이도 수행할 수 있는 권능이 핵심영역(자치행정의 본질적 내용)에 속한다.[3]

(2) 판 례   헌법재판소는 "법령에 의하여 지방자치단체의 지방자치권을 제한하는 것이 가능하다고 하더라도, 지방자치단체의 존재 자체를 부인하거나 각종 권

---

1) 본서, 49쪽 각주 4) 판례 참조.
2) Seewald, Kommunalrecht, in: Steiner(Hrsg.), Besonderes Verwaltungsrecht, Rn. 380.
3) BVerfGE 79, 128.

한을 말살하는 것과 같이 그 제한이 불합리하여 지방자치권의 본질적인 내용을 침해하여서는 아니 된다. 따라서 국회의 입법에 의하여 지방자치권이 침해되었는지 여부를 심사함에 있어서는 지방자치권의 본질적 내용이 침해되었는지 여부만을 심사하면 족하고, 기본권침해를 심사하는 데 적용되는 과잉금지원칙이나 평등원칙 등을 적용할 것은 아니다"라고 한다.1)

(3) 사 견

(가) 종래 견해 비판 지방자치는 「주민의 복지를 증진시키고 지역의 역사를 보존함을 목적으로 지역공동체의 주민의 힘으로 자기 고장의 고유한 공적 사무를 자기책임으로 수행하는 것」으로 이해되어 왔다. 그러나 오늘날에는 국가사무와 지방자치단체의 사무가 명백히 구분되는 것이 아니라 혼재하기도 한다는 것을 고려할 때, 지방자치에 대한 종래의 인식은 더 이상 오늘날의 현실에 어울리지 않는다. 핵심영역에 대한 것도 지방자치의 변화를 고려하여 성하여야 한다. 입법사에 의한 제한이 가능한 영역과 침해가 불가능한 지방자치행정보장의 핵심영역 사이의 정밀한 한계설정은 가능하지 않다.2) 개별 경우에 무엇이 핵심영역에 해당하는가를 일반 추상적으로 확정하는 것은 거의 불가능하다.3)

(나) 미래지향적 판단 그것은 미래에 의미 있는 지방자치제의 발전에 유익한 것인가 등을 고려하면서 판단되어야 한다. 말하자면 그것은 미래지향적으로 그리고 시대에 적합하게 해석·해결되어야 한다. 역사와 현실을 인식하면서 여러 관점을 고려하여 판단될 성질의 것이다.4) 이러한 시각에서 볼 때, 라스테데 판결에서 독일연방헌법재판소가 취한 핵심영역의 판단기준은 우리에게도 적용할 만하다. 우리의 헌법재판소가 "국회의 입법에 의하여 지방자치권이 침해되었는지 여부를 심사함에 있어서는 … 과잉금지원칙 … 등을 적용할 것은 아니다"라고 단언한 것은 문제가 있어 보인다.

핵심영역의 판단에 지역성의 요소가 배제될 수 없으나 종래와 같이 특별히 강조되어서도 아니 될 것이다. 입법자는 사무배분에 있어서 지방자치단체 우선의 원칙에 따르되, 그 지방자치단체에 의해 질서에 적합한 사무수행이 보장되지 아니할 때에는, 그 지역적인 성격의 사무를 박탈할 수 있을 것이다.5)

---

1) 헌재 2010. 10. 28, 2007헌라4.
2) Burmeister, Kommunalrecht, S. 29.
3) Seewald, Kommunalrecht, in: Steiner(Hrsg.), Besonderes Verwaltungsrecht, Rn. 10.
4) 허영, 한국헌법론, 832쪽.
5) Schröder, in: Achterberg/Püttner/Würtenberger(Hrsg.), Besonderes Verwaltungsrecht, Bd. Ⅱ, Rn. 19.

(다) 개 별 론   모든 지역적인 사무를 관장하는 것이 지방자치제보장의 핵심영역의 내용은 아니다. 특정 내용의 자치권이나 사무가 핵심영역에 속한다고 일반적으로 단언할 수는 없다. 지방자치단체의 조직상 고유한 형성능력을 억제하는 것은 핵심영역에 대한 침해가 된다.[1]

V. 핵심영역 외부에서의 침해

1. 침해의 유형

자치행정의 보장은 핵심영역의 보장에만 있는 것은 아니다. 핵심영역을 침해하는 것이 아니라고 하여도, 침해가 자치행정권의 보장과 관련되면, 그 침해가 자치행정권을 적법하게 침해하는 것인지의 여부가 정해져야 한다. 사항별로 검토하는 것이 필요하다. 의도된 침해와 사실상 침해를 구분하는 것도 필요하다. 헌법상 보장은 의도된 침해의 경우이다. 의도된 침해의 경우에도 사무에 대한 침해와 자기책임성에 대한 침해의 문제가 있다. 사실상 침해도 중요한 문제이다.

2. 의도된 침해

예컨대 ① 기초지방자치단체의 사무를 광역지방자치단체의 사무 내지 국가의 사무로 이전하는 것은 질서에 적합한 사무수행을 위해 필요한 경우에는 가능하다. 극단의 경우가 아닌 한, 행정단일화와 비용절감은 사무이전의 사유가 아니다. 자치행정을 위한 권한은 최대한 보장되어야 하기 때문이다. ② 해당 지방자치단체와 직접 관련이 없는 국가사무를 국가의 비용부담 없이 지방자치단체에게 수행의무를 부과하여서는 아니 된다. ③ 국가를 위해 지방자치단체에 공과금을 부과할 수는 없다. 다만, 지방자치단체 내에서 자의가 아니고 공공복지를 위해 재정수단을 나누는 것은 가능하다. ④ 지방자치단체의 해산·구역변경·신설의 경우에는 공익(과잉금지, 자의금지), 행정의 효율성, 청문절차 등이 고려되어야 한다.

3. 사실상 침해

핵심영역에 대한 국가의 침해문제에는 규범적 제한가능성 문제만 있는 것은 아니다. 중요한 것으로 자치행정권의 사실상 제한가능성의 문제가 있다.[2]

---

1) Gern, Kommunalrecht Baden-Württemberg, Rn. 42.
2) Knemeyer, Bayerisches Kommunalrecht, S. 35.

(1) **입법에 따른 사실상 침해**   지방자치행정에 대한 범위설정을 통해 침해가 이루어질 수 있다. 말하자면 헌법상 지방자치의 자치는 법률의 범위 안에서 보호되는 것인데, 모든 법률이 자기책임성을 제한하고, 범위를 정한다면, 그것은 자치행정권의 침해를 가져오게 된다. 여기서 지방자치단체가 자기책임으로 수행하기 위한 권한의 추정은 중요하고 필요한 원리이다.

(2) **국가의 권한행사에 따른 사실상 침해**   국가의 권한행사 시에 의도되지 아니한 부수적 효과로서 침해가 발생하기도 한다(예: 국가계획에 의한 지방자치단체의 계획고권의 침해). 그러나 지방자치단체의 사무에 대한 침해가 보다 높이 평가되는 공공의 복지의 사유로 정당화되면, 그러한 자치행정권의 침해는 정당하게 평가되어야 할 것이다.

(3) **국가 위임사무에 따른 사실상 침해**   지방자치단체에 국가로부터의 위임사무가 증대하면 할수록 그만큼 고유사무의 처리에 침해를 받는 것이고, 또한 지방재정의 상당 부분이 국가에 의존하면 할수록 지방자치단체의 복리사무는 많은 부분이 국가의 사실상의 영향 하에 놓이게 된다. 이러한 상황은 자치행정의 국가에 대한 종속을 가져온다. 이 때문에 국가에 의한 사실상의 침해로부터 지방자치행정의 자주성을 확보하는 것은 중요한 문제이다.

4. 침해의 배제

핵심영역 외부에서의 참해의 경우에도 지방자치단체는 일반적인 결과제거청구권을 갖는다.[1] 이론적인 기초를 기본권에서 구하지 아니하여도 법치국가원리에서 찾을 수 있다. 자치행정에 대한 침해의 법적 근거가 없이 위법한 결과가 계속 존재하거나 또는 위법한 침해의 결과가 문제된다면, 결과제거청구권을 주장·행사할 수 있다.

제 4 관   지방자치단체의 권리보호

Ⅰ. 위헌법률심사제(구체적 규범통제)

1. 사인에 의한 위헌법률심사청구

헌법 제111조 제 1 항과 헌법재판소법 제41조 제 1 항은 구체적 규범통제를 규

---

1) 졸저, 행정법원론(상)(제29판), 옆번호 646 이하 참조.

정하고 있다.[1] 따라서 자치행정권을 침해하는 위헌법률의 제정이 있고, 그러한 법률에 따른 처분으로 인하여 사인의 권리가 침해되면, 그 사인은 그러한 처분의 취소 또는 무효를 주장하면서 위헌법률심사를 신청할 수 있다. 그러나 이러한 구체적 규범통제는 사인의 신청에 의한 것이지, 지방자치단체에 의한 권리구제는 아니다. 헌법과 헌법재판소법은 추상적 규범통제는 규정하고 있지 않다.

> □ 헌법 제111조 ① 헌법재판소는 다음 사항을 관장한다.
> 1. 법원의 제청에 의한 법률의 위헌여부 심판
> □ 헌법재판소법 제41조(위헌 여부 심판의 제청) ① 법률이 헌법에 위반되는지 여부가 재판의 전제가 된 경우에는 당해 사건을 담당하는 법원(군사법원을 포함한다. 이하 같다)은 직권 또는 당사자의 신청에 의한 결정으로 헌법재판소에 위헌 여부 심판을 제청한다.

2. 지방자치단체에 의한 위헌법률심사청구

위헌법률에 근거한 국가의 처분이 행정소송법상 처분개념에[2] 해당하는 한, 지방자치단체도 항고소송의 제기를 통해 구체적 규범통제를 신청할 수 있다. 행정소송법은 지방자치단체라는 이유만으로 항고소송을 제기할 수 없다고 규정하고 있지는 아니하기 때문이다.[3]

II. 권한쟁의심판[4]

1. 의 의

국가기관 상호간, 국가기관과 지방자치단체간 및 지방자치단체 상호간에 권한의 존부 또는 범위에 관하여 다툼이 있을 때에는 해당 국가기관 또는 지방자치단체는 헌법재판소에 권한쟁의심판을 청구할 수 있다(헌재법 제61조 제 1 항). 심판청구는 피청구인의 처분 또는 부작위가 헌법 또는 법률에 의하여 부여받은 청구인의 권한을 침해하였거나 침해할 현저한 위험이 있는 때에 한하여 이를 할 수 있으므로(헌재

---

1) 김철수, 헌법학신론, 1622쪽; 허영, 한국헌법론(2014), 874쪽.
2) 행정소송법상 처분개념에 관해 자세한 것은 졸저, 행정법원론(상)(제29판), 옆번호 2240 이하 참조.
3) 독일 바이에른의 경우에는 자치행정권을 기본권유사의 권리로 보기 때문에 지방자치단체는 자치권을 침해하는 법률이나 명령을 경우에 따라 다툴 수 있다고 하며, 이를 민중소송이라 부르고 있다(Lissack, Bayerisches Kommunalrecht(2. Aufl.), §1, Rn. 89).
4) [관련논문] 조성규, "지방자치권의 보장과 권한쟁의심판, 지방자치법연구, 통권 제68호, 161쪽 이하.

법 제61조 제2항1)), 권한쟁의심판은 헌법적 문제 외에 비헌법적 문제까지 대상으로 하고 있는 점이 특징적이다.

2. 정부에 대한 권한쟁의

정부가 지방자치단체의 권한을 직접 침해하면, 그 지방자치단체는 정부를 상대(피청구인)로 하여 권한쟁의심판을 제기할 수 있다(헌법 제111조 제1항 제4호, 헌재법 제62조 제1항 제2호). 문제는 정부(국가기관)의 사무가 기관위임된 경우이다.

(1) 제1차 기관위임만 있는 경우   국가사무가 A지방자치단체의 장에게 기관위임되고, 그 지방자치단체의 장이 위임받은 사무를 집행함으로써 B지방자치단체의 권한을 침해하는 경우, B지방자치단체는 A지방자치단체의 장을 상대로 권한쟁의심판을 제기할 수 있다.2) 이러한 경우에 A지방자치단체의 장은 정부(국가기관)의 지위를 갖는다. 따라서 내용상 이러한 경우의 권한쟁의는 정부(국가기관)와 지방자치단체 사이의 권한쟁의의 성질을 갖는다.

(2) 재위임이 있는 경우   국가사무가 A지방자치단체의 장에게 기관위임되고, A지방자치단체의 장이 기관위임된 사무의 일부를 B지방자치단체의 장에게 재위임한 경우, ① A지방자치단체의 장과 B지방자치단체의 장 사이에는 권한쟁의가 가능하지 않다.3) 왜냐하면 A지방자치단체의 장과 B지방자치단체의 장은 모두 동일한 국가기관의 지위에 놓이기 때문이다. ② 그러나 B지방자치단체의 장이 재위임받은 사무를 집행함으로써 C지방자치단체의 권한을 침해하는 경우, C지방자치단체는 B지방자치단체의 장을 상대로 권한쟁의심판을 제기할 수 있다. 이러한 경우는 그 성격이 제1차 기관위임만 있는 경우와 같다.

3. 국회에 대한 권한쟁의

(1) 법률제정행위의 권한쟁의심판대상 여부

(가) 문제상황   국회가 지방자치와 관련된 특정 법률을 제정하는 경우, 지방자치단체가 국회를 상대로 국회에는 그러한 법률의 제정권한이 없다는 것을 권한쟁의심판의 형식으로 다툴 수 있는가의 문제가 있다.

(나) 학 설   ① 긍정설은 헌법재판소법이 국가기관 상호간의 권한쟁의를 규정

---

1) 헌재 2017. 12. 28, 2017헌라2.
2) 헌재 2006. 8. 31, 2003헌라1.
3) 헌재 1999. 7. 22, 98헌라4.

하면서 국가기관을 국회, 정부, 법원 및 중앙선거관리위원회라고 정하고 있는데, 국가와 지방자치단체 간의 권한쟁의에서 이를 달리보아야 할 이유가 없으므로 '정부'라고 하는 것을 예시적인 것으로 보고 국회, 법원 및 중앙선거관리위원회도 국가와 지방자치단체의 권한쟁의심판의 당사자가 될 수 있다는 견해이다.[1] ② 부정설은 헌법재판소법이 정부와 지방자치단체 사이의 권한쟁의심판은 명시적으로 규정하고 있지만(헌재법 제62조), 국회와 지방자치단체 사이의 권한쟁의심판은 명시적으로 규정하고 있지 않으며, 헌법재판소법은 제62조 제 1 항 제 1 호는 국가기관을 국회, 정부, 법원 및 중앙선거관리위원회를 포함하는 개념으로 사용하고 있는 반면 헌법재판소법 제62조 제 1 항 제 2 호는 국가기관 중 정부만을 규정한 것으로 보아야 하기 때문이라는 것이다.[2]

(다) 판 례   헌법재판소는 국회의 법률제정행위가 권한쟁의심판의 대상이 됨을 명시적으로 밝힌 바 있다.[3]

(라) 사 견   지방자치제의 의미가 강화되고 있음에 비추어 지방자치단체의 권리보호수단을 확대하는 노력이 필요하다. 이러한 시각에서 헌법재판소법 제62조 제 1 항 제 2 호의 정부를 예시적인 것으로 보는 긍정설의 견해가 타당하다.

(2) 헌법재판소의 결정의 정도

(가) 문제상황   법률제정행위를 다투는 권한쟁의심판에서 헌법재판소는 국회의 법률제정행위의 위헌 여부만을 확인할 수 있는 것인지(확인소송), 아니면 위헌상태를 제거하고 합헌적 상태로의 회복을 위해 법률제정행위의 무효 또는 취소를 결정할 수 있는지(형성소송) 여부가 문제된다.

(나) 학 설   ① 확인소송적 견해는 헌법재판소가 사법기능을 담당하는 국가기관으로서 스스로 정치적 형성행위를 하는 것은 정치적 헌법기관인 입법자의 형성권을 침해할 위험이 있고, 입법자에게 위헌적인 상태를 제거할 여러 가지 가능성이 존재한다면 헌법재판소는 그 정치적 형성권을 존중하여야 함을 논거로 하며, ② 형성소송적 견해는 헌법재판소법 제66조 제 2 항은 헌법재판소의 재량에 맡겨진 것이 아니라 피청구인의 처분으로 인한 위헌·위법상태가 남아 있는 경우 이를 제거하기 위한 것이 그 본래의 입법취지임을 논거로 한다.[4] ③ 원칙적으로 확인소송적 입장

---

1) 헌법재판소, 헌법재판실무제요, 329쪽 이하.
2) 본서, 제 1 판에서 취하였던 견해.
3) 헌재 2006. 5. 25, 2005헌라4 전원재판부.
4) 노희범, "지방자치관련 권한쟁의심판사건의 주요 쟁점," 지방자치법연구, 통권 제31호, 82쪽 이하 요약인용.

을 취하면서 법률제정행위로 인한 위헌·위법 상태가 중대하여 헌법적 관점에서 도
저히 묵과할 수 없고, 피청구인의 자발적인 시정이 불가능하거나 기대할 수 없는
경우에는 형성소송적 입장을 취하는 절충적 견해도 있다.[1]

(다) 판 례   이러한 문제를 직접 다룬 결정례는 아직까지 보이지 아니한다.

(라) 사 견   논리적으로 절충적 견해가 타당해 보이지만, 법률제정행위로 인한
위헌·위법 상태가 중대하여 헌법적 관점에서 도저히 묵과할 수 없고, 피청구인의
자발적인 시정이 불가능하거나 기대할 수 없는 경우를 예상하기란 용이하지 아니
할 것이다.

4. 법원·중앙선거관리위원회에 대한 권한쟁의

지방자치단체가 국회를 상대로 권한쟁의심판을 청구할 수 있는 근거와 동일한
근거로 지방자치단체는 법원·중앙선거관리위원회를 상대로 권한쟁의심판을 청구
할 수 있다고 본다.[2]

5. 지방자치단체에 대한 권한쟁의

(1) 지방자치단체 상호 간 권한쟁의   헌법재판소는 "지방자치단체의 지방자치
사무에 관해 단체장이 행한 처분은 지방자치단체의 대표이자 집행기관인 단체장이
지방자치법 제9조(현행법 제13조) 소정의 지방자치단체의 사무 처리의 일환으로 해
당 지방자치단체의 이름과 책임으로 행한 것이므로 지방자치단체를 피청구인으로
한 권한쟁의심판절차에서 단체장의 처분을 취소할 수 있다"[3]는 견해를 취한다.

(2) 지방의회의장과 의원 사이의 권한쟁의   헌법재판소는 지방자치단체의 의
결기관인 지방의회를 구성하는 지방의회 의원과 그 지방의회의 대표자인 지방의회
의장 간의 권한쟁의심판을 인정하지 아니한다.[4] 그러나 헌법재판소 소수의견은 긍
정적인 입장을 취하였다.[5]

---

1) 노희범, "지방자치관련 권한쟁의심판사건의 주요 쟁점," 지방자치법연구, 통권 제31호, 85쪽.
2) 헌법재판소, 헌법재판실무제요, 329쪽.
3) 헌재 2006. 8. 31, 2004헌라2(강서구와 진해시 간의 권한쟁의)
4) 헌재 2010. 4. 29, 2009헌라11 전원재판부 다수의견.
5) 헌재 2010. 4. 29, 2009헌라11 전원재판부 소수의견.

Ⅲ. 헌법소원[1]

1. 기본권주체성의 결여

헌법재판소법 제68조 제 1 항 본문(권력의 행사 또는 불행사(不行使)로 인하여 헌법상 보장된 기본권을 침해받은 자는 법원의 재판을 제외하고는 헌법재판소에 헌법소원심판을 청구할 수 있다)은 기본권이 침해된 자만이 헌법소원을 제기할 수 있음을 규정하고 있다. 따라서 기본권주체성이 부인되는 지방자치단체는 헌법소원을 제기할 수 없다(헌재 법 제68조). 그러나 입법정책의 변화에 따라서는 헌법소원의 문제가 될 수도 있을 것 이다.

2. 입법례(독일)

독일에서는 헌법상 보장되는 지방자치권이 법률에 의하여 침해되면, 지방자치 단체는 헌법재판소(연방법률에 대해서는 연방헌법재판소,[2] 란트법률에 대해서는 란트헌법재판소[3]) 에 헌법소원의 제기를 통하여 구제를 받을 수 있다. 이러한 권리보호제도도 일종의 규범통제로 불린다.[4]

Ⅳ. 행정소송[5]

1. 자치행정권의 침해와 행정소송

헌법 제117조 제 1 항이 「지방자치단체에 주관적 법적 지위를 보장한다」는 것 은 「지방자치단체가 행정소송절차로 나아갈 수 있는 주관적인 권리를 갖는다」는 것이므로 지방자치단체는 행정소송상 원고적격을 갖는다.[6] 이것은 행정소송법이 허용하는 범위 안에서 행정소송을 제기할 수 있음을 뜻한다.[7] 달리 말하면, 자치 행정보장에 대한 침해가 문제되는 경우, 개별 법률이 정하는 바에 따라 행정소송을

---

1) [관련논문] 김남철, "헌법상 지방자치권의 제도적 보장을 위한 수단으로서 '지방자치단체 헌법소 원' 지방자치법연구, 통권 제68호, 133쪽 이하.
2) 독일기본법 제93조 제 1 항 제4b호, 연방헌법재판소법 제91조.
3) 예컨대, 독일의 작센헌법 제90조.
4) Tettinger/Erbguth/Mann, Besonderes Verwaltungsrecht, Rn. 84.
5) [관련논문] 홍정선, "행정심판의 피청구인으로서 지방자치단체의 원고적격," 지방자치법연구, 통권 제13호, 3쪽.
6) 조성규, "지방분권특별법안의 검토," 지방자치법연구, 통권 제 6 호, 259쪽.
7) Stober, Kommunalrecht, S. 113.

제기할 수 있고(예: 지자법 제188조 제 6 항),[1] 개별 법률에 규정이 없다고 하여도 지방
자치단체는 행정소송법이 정하는 바에 따라 행정법원에 소송을 제기할 수 있다.[2]
이러한 소송은 자치행정권을 침해하는 감독청의 처분에 대한 권리보호에 특히 의
미를 갖는다.[3]

▣ 참고 ‖   지방자치단체의 재판청구권과 당사자적격

■ 헌법재판소의 입장(부정설)

헌법재판소는 한 헌법소원사건(이하에서 '인천남구청 개발부담금 사건'으로 부르기로 한다)
에서[4] 「기본권 보장규정인 헌법 제 2 장의 제목이 "국민의 권리와 의무"이고, 그 제
10조 내지 제39조에서 "모든 국민은…권리를 가진다"라고 규정하고 있으므로 국민
만이 기본권의 주체라 할 것이고, 공권력의 행사자인 국가, 지방자치단체나 그 기관
또는 국가조직의 일부나 공법인은 기본권의 주체가 아니라 단지 국민의 기본권을
보호 내지 실현해야 할 책임과 의무를 지는 지위에 있을 뿐이다(헌재 1997. 12. 24,
96헌마365; 헌재 2006. 2. 23, 2004헌바50; 헌재 2009. 5. 28, 2007헌바80등 참조). 그러므
로 지방자치단체의 장인 이 사건 청구인은 기본권의 주체가 될 수 없으므로 청구인
의 재판청구권 침해 주장은 더 나아가 살필 필요 없이 이유 없다」라고 판시하였다.

■ 독일의 입법례

독일에서는 지방자치단체가 기본법 제101조 제 1 항 제 2 문 및 제103조 제 1 항을 근
거로 재판청구권을 갖는다고 함에는 이론이 없다.[5]
• 독일기본법 Art 101   (1) Ausnahmegerichte sind unzulässig. Niemand darf
seinem gesetzlichen Richter entzogen werden(특별법원은 허용되지 아니한다. 모든
국민은 법률로 정한 법관에 의한 재판을 받을 권리를 박탈당하지 아니한다).
Art 103   (1) Vor Gericht hat jedermann Anspruch auf rechtliches Gehör(모
든 국민은 법정에서 법률이 정하는 청문의 권리(진술권)를 갖는다).

■ 헌법재판소 입장 비판

• 헌법재판소는 헌법 제27조가 규정하는 재판청구권이 국민의 권리와 의무를 규정
하는 헌법 제 2 장에 규정되어 있는바, 헌법 제27조의 재판청구권을 기본권의 주체

---

1) 박정훈, "지방자치단체의 자치권보장을 위한 행정소송," 지방자치법연구, 통권 제 2 호, 26-32쪽.
   그리고 본서, 638쪽(지방자치단체의 감독부분) 참조.
2) 실무상 인정한 예로, 서울특별시장을 피고로 하여 강남구가 제소한 정보공개거부처분 취소청구소
   송에서 서울행정법원은 강남구의 원고적격 등 소송요건을 인정하고 본안까지 판단한 경우(서울행정
   법원 2001. 11. 27, 2001구12764)를 볼 수 있다. 자세한 내용은 졸저, 신행정법연습, 종합사례 18 참조.
3) Burgi, Kommunalrecht, §9, Rn. 14.
4) 헌재 2014. 6. 26, 2013헌바122.
5) G. Lissack, Bayerisches Kommunalrecht, S. 8; Schmidt, Kommunalrecht, §3, Rn. 91.

만이 갖는 것으로 이해하고, 따라서 기본권의 주체가 아닌 지방자치단체의 경우에는 재판청구권의 침해가 문제되지 아니한다고 하였다.

• 생각건대 헌법 제27조는 기본권의 주체인 국민에게 재판청구권이라는 기본권이 보장됨을 규정하고 있는 것은 명백하다. 그렇다고 하여 헌법 제27조의 재판청구권이 기본권의 주체가 아닌 자에게 적용될 수 없다는 것까지 규정하는 것이라 단언할 수 없다.

• 재판은 법적 공동체 내에서 법적 주체간의 핵심적인 분쟁해결수단이다. 달리 말한다면 재판은 법적 공동체 내에서 필수불가결한 제도이다. 이러한 시각에서 보면 헌법 제27조는 기본권의 주체가 아닌 자 사이의 법적 분쟁이 있는 경우, 그러한 자의 재판청구권까지 함께 규정하는 「재판청구권에 관한 일반규정」으로 볼 수 있다. 오히려 이러한 접근이 오늘날의 시각에 합당할 것이다.

• 이러한 시각에서 접근하면, "모든 국민은 헌법과 법률이 정한 법관에 의하여 법률에 의한 재판을 받을 권리를 가진다"고 규정하는 헌법 제27조 제 1 항에서 말하는 국민은 국가공동체 내의 모든 종류의 법적 주체를 의미한다고 볼 것이다. 여기에는 자연인이나 법인이 모두 포함된다고 볼 것이므로 지방자치단체도 포함된다고 새길 수 있다. 따라서 헌법 제27조 제 1 항은 국민의 기본권으로서 재판청구권뿐만 아니라 헌법상 제도로서 보장되는 지방자치단체의 재판청구권까지 보장하는 규정이라 할 것이다.[1]

• 헌법 제27조의 재판청구권을 기본권의 주체만이 갖는 것으로 이해하는 헌법재판소의 입장은 지방자치가 활성화되고 있는 등 헌법상황이 급변하는 오늘날의 사고에 적합하지 않다. 헌법재판소의 태도에 변화가 있어야 할 것이다.

■ 자치(행정)권의 침해와 행정소송법상 당사자능력·당사자적격

• 지방자치단체에 주관적 법적 지위를 보장하는 헌법 제117조 제 1 항과 헌법 제27조 제 1 항으로부터 지방자치단체에 재판청구권이 인정된다는 것은 지방자치단체가 행정소송법상 당사자능력을 가질 수 있다는 것, 그리고 당사자적격을 가질 수 있다는 것을 뜻하게 된다. 달리 말하면, 행정소송법상 항고소송의 원고적격의 주체에 지방자치단체도 당연히 포함된다고 하게 된다.[2]

---

1) 2001년 서울특별시장은 한 연구소에 의뢰하여 서울특별시 구역 안의 25개 자치구의 반부패지수를 조사토록 하여 그 결과를 발표하였고, 최하위권에 속하는 것으로 발표된 강남구(원고)는 서울특별시장(피고)에게 대하여 반부패지수조사와 관련한 자료의 공개를 요청하였으나, 서울특별시장(피고)은 그 자료를 자신이 관리하고 있는 자료가 아니므로 공공기관의 정보공개에 관한 법률에서 정한 정보에 해당하지 않는다고 하여 거부하였다. 이에 강남구(원고)는 서울특별시장(피고)을 상대로 정보공개거부처분취소의 소를 제기하였다. 서울행정법원은 서울행정법원 2001년 11월 27일 선고, 2001구12764 판결에서 피고(서울특별시장)는 원고(강남구)가 공개청구한 정보를 보유·관리하고 있지 아니하므로 피고(서울특별시장)의 거부처분은 위법하지 않다는 이유로 원고청구를 기각하였다. 통상의 항고소송(취소소송)의 형태로 제기된 이 소송에서 강남구(원고)가 원고적격은 갖는가의 여부에 관해서는 판시한 바가 없었다. 이것은 서울행정법원이 「지방자치단체인 강남구는 당연히 재판청구권을 갖는다」고 보았기 때문일 것이다. 필자는 이 판결을 아주 긍정적으로 평가해오고 있다.
2) 조성규, "지방분권특별법안의 검토," 지방자치법연구, 통권 제 6 호, 259쪽.

• 지방자치단체가 당사자적격(특히 원고적격)을 갖는다는 것은 지방자치단체가 행정
소송법이 허용하는 범위 안에서 행정소송을 제기할 수 있음을 뜻한다.[1] 말하자면
자치행정보장에 대한 침해가 문제되는 경우, 개별 법률이 정하는 바에 따라 행정소
송을 제기할 수 있고(예: 지자법 제188조 제 6 항),[2] 개별 법률에 규정이 없다고 하여도
지방자치단체는 행정소송법이 정하는 바에 따라 행정법원에 소송을 제기할 수 있
다. 이러한 소송은 자치(행정)권을 침해하는 감독청의 처분에 대한 권리보호에 특히
의미를 갖는다.[3]

2. 행정소송과 권한쟁의심판의 관할의 중복가능성

예컨대 서대문구청장이 서울특별시장이 행한 A처분의 취소를 구하는 소송을
제기하였는데, 이 소송에서 서울특별시장이 A처분을 할 수 있는 권한행정청인지의
여부가 쟁점이 되자, 「서울특별시 마포구청장이 서울특별시장의 서대문구청장에
대한 처분은 마포구의 권한을 침해한 것」임을 이유로 권한쟁의심판을 제기하는 경
우, 두 사건에서 법원과 헌법재판소의 판단이 다르다면 혼란이 발생한다. 생각건대
이에 대한 입법적 보완이 있어야 한다.[4] 입법적 보완이 있기까지는 법원이 헌법재
판소의 결정을 보고 재판을 하는 것도 방법일 것이다. 만약 양자 간에 상이한 판단
이 난다면 헌법재판소법 제67조 제 1 항(헌법재판소의 권한쟁의심판의 결정은 모든 국가기관과
지방자치단체를 기속한다)에 따라 권한쟁의심판결정이 법원의 판결에 우선하게 될 것이
다.[5]

3. 주민의 권리침해와 행정소송

지방자치단체는 법률의 규정이 없는 한, 개별 주민의 권리침해를 이유로 다툴
수는 없다. 왜냐하면 지방자치단체가 자신을 위해 개별 주민의 실질적 권리를 처분
할 수 있는 것은 아니기 때문이다. 지방자치단체는 다만 지역공동체의 복지를 전체
로서 하나의 고유한 권리로 하여 다툴 수 있을 뿐이다.

---

1) Stober, Kommunalrecht, S. 113.
2) 박정훈, "지방자치단체의 자치권보장을 위한 행정소송," 지방자치법연구, 통권 제 2 호, 26-32쪽;
   본서, 653쪽(지방자치단체의 감독부분) 참조.
3) Burgi, Kommunalrecht, §9, Rn. 14.
4) 김남철, "국가와 지방자치단체간의 분쟁해결수단," 지방자치법연구, 통권 제 4 호, 79쪽.
5) 헌법재판소, 헌법재판실무제요, 336쪽 이하.

▫ 참고 ‖   행정심판법 제 6 조 제 3 항의 위헌 여부

행정심판법 제 6 조 제 3 항 본문에 의해 설치되는 시·도지사 소속의 행정심판위원회가 제 2 호에 따라 시·군·자치구의 자치사무에 대하여 심리·재결하는 것은 지방자치의 헌법적 보장에 비추어 시·군·자치구의 자치권을 침해하는 것으로서 위헌이라는 견해가 있다.[1] 타당한 지적이다. 행정심판법 제 6 조 제 3 항 본문의 개정이 필요하다.

---

[1] 김영천·최윤영, "지방자치단체의 자치권 강화를 위한 행정심판법 개정방향," 지방자치법연구, 통권 제56호, 265쪽 이하.

제 2 장

지방자치단체의
관념

제1절 지방자치단체의 의의와 명칭

제 1 항 지방자치단체의 의의

Ⅰ. 지방자치단체의 개념

1. 정 의

지방자치법은 지역공동체인 지방자치단체의 정의에 관련된 약간의 규정을 가지고 있을 뿐, 지방자치단체의 개념 자체를 정의하는 규정은 갖고 있지 않다. 지방자치단체는 주민의 복지를 실현하기 위하여 주민에 의해 선출된 기관으로 조직된 지역적인 공법상 법인으로서의(지자법 제3조 제1항) 사단으로 정의될 수 있다.[1] 지방자치단체는 권리와 의무의 주체라는 의미에서 권리능력자이고, 다수인으로 구성된다는 의미에서 사단이고, 공법에 근거하여 설립되고 고권적인 수단으로 공적 임무를 수행한다는 의미에서 공법상 사단이다.[2] 지방자치단체는 법률상 국가로부터 독립하여 활동하고 있는 지역적 통치단체라 불리기도 한다. 지방자치단체는 국가는 아니고, 국가의 한 부분일 뿐이다. 지방자치단체는 주민과 구역 그리고 자치권을 구성요소로 한다.

2. 지방정부라는 명칭

(1) 법적 근거   헌법은 전문에서 "대한민국임시정부"라는 용어를 사용하고 있고, 제4장에서 정부라는 제목 하에 대통령, 국무총리, 국무위원, 행정각부, 감사원을 정부의 구성부분으로 규정하고 있을 뿐, 지방자치단체를 정부로 부르는 경우는

---

1) 지역 사단(Gebietskörperschaft)이란 말은 1893년 Gierke가 "Genossenschaftsrecht"에서 처음 사용한 것이라 한다(Scholler/Broß, Grundzüge des Kommunalrechts in der Bundesrepublik Deutschland, S. 39 참조). 지역 사단에 대칭되는 개념은 구성원의 인적 특성이 중요한 인적 사단(Personalkörperschaft)이다.

2) Dols/Plate, Komunalrecht, Rn. 22.

없다. 헌법에 근거한 지방자치법에도 지방정부라는 명칭은 보이지 아니한다. 입법자(국회)가 헌법이 부여한 지방자치관련 입법형성권을 바탕으로 하여 「지방자치단체 또는 지방자치단체의 집행기관을 지방정부라는 명칭으로 변경하는 내용의 지방자치법 개정」도 생각할 수 없는 것은 아니다. 만약 그러한 개정이 이루어진다고 하여도 지방자치단체는 국가의 입법권으로부터 분리된 고유의 입법영역을 갖는 것도 아니고, 국가(법원)로부터 독립된 사법체계를 갖는 것도 아니므로 지방자치단체는 국가라는 의미에서의 지방정부에 해당하지 아니한다.[1]

(2) 공문서상 용어로써 '지방정부' 명칭 사용 문제   지방자치법은 지방의 자치를 위한 조직의 명칭을 지방자치단체로 규정하고 있다. 따라서 지방자치단체가 공문서에서 자신을 나타내는 명칭으로 지방자치단체라는 용어를 사용하는 것이 법령에서 정하는 바를 따르는 것이 되는바, '지방정부'라는 용어를 사용하는 것은 바람직하지 않다. 관련 학계나 언론에서 지방정부라는 용어를 사용하는 것은 별개의 문제이다.

3. 법인으로서 지방자치단체

지방자치단체는 법상 독립의 행정단일체, 즉 공법상 권리능력이 있는 법인이다(지자법 제3조 제1항). 「자치」행정주체는 개념필수적으로 법상 국가로부터 독립된 독자적인 의사주체로서 행정주체일 것을 요한다. 지방자치단체는 법인이므로 법적으로 독립성이 없는 국가의 행정구역과 구별된다. 지방자치단체는 법인이므로 사권과 사의무의 주체도 될 수 있다. 따라서 지방자치단체는 사법형식으로 공행정사무를 수행할 수도 있다(행정사법).

4. 사단으로서 지방자치단체

(1) 사 단   국가 외에 독립적인 행정주체의 법형식으로는 사단(구성원), 재단(재산), 영조물(이용자)[2] 등이 있으나, 지방자치단체는 주민이라는 구성원을 갖는바, 지방자치단체는 사단의 형식을 취할 수밖에 없다. 재단이나 영조물에는 구성원이 없다. 지방자치

---

1) 자세한 것은 졸고, "지방자치단체 계층구조 개편의 공법적 과제," 지방자치법연구, 통권 제21호, 45쪽 이하. 그리고 Werner, Thieme, Die Gliederung der deurschen Verwaltung, in: Mann/Püttner (Hrsg.), Handbuch, §9, Rn. 53. 참조

2) 영조물(öffentliche Anstalt)은 Otto Mayer 이래 "특정한 공적 목적을 계속적으로 실현하기 위하여 행정주체에 의해 구성된 인적 행정수단과 물적 행정수단의 결합체"로 정의되고 있다(O. Mayer, Deutsches Verwaltungsrecht, Bd. 2, S. 331). 영조물에게 법인격이 부여되면, 법상 독립의 행정주체가 된다.

단체는 그 구성원의 변화에 관계없이 법상 단일성을 유지한다.1)

(2) **강제사단**   지방자치단체는 가입이 강제되는 사단이다. 관할 구역에 주소를 갖는 자는 본인의 선택과 무관하게 당연히 그 지방자치단체의 구성원이 된다.

(3) **지역사단**   지방자치단체는 일정한 구역의 주민들로 구성되는 지역적 사단이므로2) 일정한 구역에서 공적인 사무를 수행한다. 의사회나 변호사회 같은 인적 사단이 구성원의 인적 특성에 따라 사무를 수행하는 것과 다르다. 지방자치단체는 법령이 허용하는 범위 안에서 구역을 능가하는 운수사업이나 상하수도사업 등 일정 사업을 수행할 수 있다. 한편, 지방자치단체는 지역고권이 주어진 사단이므로 그 지역에 체류하는 모든 자는 그 고권 하에 놓인다. 사단이라는 개념은 기관들로 구성되는 조직원리를 갖는다. 주민들은 직접선거로 해당 지역사단의 대표기관에 정당성을 부여한다.

5. 공법상 법인으로서 지방자치단체

(1) **의 의**   지방자치단체는 공적 목적을 위하여 공법에 의해 설립된 공공단체 중의 한 종류인바, 공법상 법인이다. 지방자치단체가 공법상 법인이라는 것은 지방자치단체가 공공사무를 처리하기 위하여 설립된 공법규범의 귀속주체임을 뜻한다.3) 지방자치단체는 공법인이므로 국가의 행정구역과 구별되며, 설립·해산·사무 등이 법률로 정해지고, 일정한 국가적 공권(예: 공과금징수권)이 부여되며 동시에 국가의 감독 하에 놓이기도 한다.

(2) **행위형식**   공법상 법인인 지방자치단체는 사적자치가 아니라 법률에 근거한 고권행위(高權行爲)를 주된 행위형식으로 하는바,4) 지방자치단체는 일종의 통치단체라 할 수도 있다. 지방자치단체의 주요 행위형식으로는 자치입법(예: 조례·규칙)·행정행위·공법상 계약·사실행위 등이 있다. 국가행정권에 의한 행위와 비교할 때 행정행위·공법상 계약·사실행위 등이 법률, 국가행정권에 의한 행정입법(예: 대통령

1) Erichsen, Kommunalrecht, S. 41; G. Lissack, Bayerisches Kommunalrecht, S. 3; Wolff/Bachof/Stober, Verwaltungsrecht II(5. Aufl.), §84, Rn. 10.
2) Burgi Kommunalrecht(5. Aufl.), §5, Rn. 1; Wolff/Bachof/Stober, Verwaltungsrecht II(5. Aufl.), §94, Rn. 51. 한편, 사단은 지역적 사단(Gebietskörperschaft)·인적 사단(Personalkörperschaft)·물적 사단(Realkörperschaft)·연합사단(Verbandskörperschaft)으로 구분된다. 지역적 사단이란 구성원의 자격기준이 주소인 사단(예: 지방자치단체)을 말하고, 인적 사단이란 구성원의 자격기준이 인적 특성인 사단(예: 변호사회·의사회)을 말하고, 물적 사단이란 구성원의 자격기준이 재산인 사단(예: 산림조합), 연합사단이란 구성원이 공법상 법인인 조합을 말한다(예: 지방자치단체조합).
3) T. I. Schmidt(2. Aufl.), Kommunalrecht, §6, Rn. 193.
4) Wolff/Bachof/Stober, Verwaltungsrecht II(5. Aufl.), §84, Rn. 13.

령·부령) 외에 자치입법에 근거하여서도 이루어진다는 점이 특징적이다.[1]

Ⅱ. 지방자치단체의 성격

1. 민주국가의 기초

지방자치단체는 국가의 기초이자 한 부분이다. 지방자치단체 그 자체가 국가는 아니다. 그것은 단계적으로 실현되는 민주적인 구조의 한 요소이다.[2] 이 때문에 지방정책은 국가의 정책, 정치의 한 구성부분이 된다. 지방자치단체는 헌법 제 1 조 제 2 항에 따라 국민으로부터 나오는 국가권력을 행사하는 기관이기도 하다. 지방자치단체는 행정권의 한 주체로서 궁극적으로는 3권(입법권·집행권·사법권)의 하나인 집행권에 귀속되는 것이다.[3] 지방자치단체는 결코 그 자체가 국가성을 갖는 것이 아니다.

2. 국가의 협력자

지방자치제도의 헌법적 보장에서 살펴본 대로, 지방자치단체는 고유한 임무영역을 갖는 지역적인 단체로서, 법적으로는 기본적으로 국가와 대등한 관계에 놓인다.[4] 여기서 대등하다는 의미는 법인으로서 고유한 법적 지위를 갖는다는 것을 의미한다. 달리 말하면, 지방자치단체는 주어진 임무수행과 관련하는 한, 국가로부터 자주성과 독립성을 갖는다. 이러한 의미에서 국가는 원칙적으로 지방자치단체의 감독자일 수 없다. 지방자치단체는 법상 자신의 사무로 주어진 것을 자신의 판단에 따라 수행하는 것이다. 그러나 지방자치단체도 국가의 한 부분인 이상 국가의 이념과 목표에 봉사하여야 한다. 이 때문에 국가가 지방자치단체에 협력과 통제로서 개입(관여)할 수 있는 가능성이 생겨난다. 그렇지만 지방자치단체는 독립의 법인격을 가지므로 국가의 관여는 법에 의하여 근거가 마련되어야 한다.

---

1) 조례에 관해 본서, 293쪽 이하, 규칙에 관해 본서, 391쪽 이하 참조.
2) Seewald, Kommunalrecht, in: Steiner(Hrsg.), Besonderes Verwaltungsrecht, Rn. 51.
3) Schmidt-Aßmann/Röhl, Kommunalrecht, in: Schmidt-Aßmann(Hrsg.), Besonderes Verwaltungs-recht, Rn. 59.
4) 일설은 국가와 지방자치단체가 대등한 관계에 있다고 하고, 그 근거로 ① 지방자치단체의 자주성과 자율성, ② 지방자치단체의 전권한성과 자기책임, ③ 지방자치단체의 고유사무의 존재, ④ 헌법재판소에 의한 권한쟁의심판제도 등을 들고 있다(김철용, "지방자치단체에 대한 국가의 관여," 공법연구, 1990, 82-83쪽).

Ⅲ. 지방자치단체의 능력

1. 권리능력

(1) 의 의   지방자치단체는 공법상 사단이자 법인이기에(지자법 제 3 조 제 1 항) 권리·의무의 주체로서의 능력을 갖는다(권리능력). 따라서 지방자치단체는 고유의 공권과 공의무를 가진다. 지방자치단체는 사법의 귀속 주체도 될 수 있다.1) 말하자면, 지방자치단체는 국가, 타지방자치단체 그리고 사인과 공·사법상 법률관계를 맺을 수 있다.2) 그러나 지방자치단체의 권리능력은 무제한이 아니라, 지방자치단체가 수행하는 사무의 범위 내에 제한된다.

(2) 행 사   지방자치단체는 단일의 권리주체로서 법인인 까닭에 법인의 조직상 구성부분인 행정기관과 구별된다. 외부에 대하여 행정행위는 대표기관인 지방자치단체의 장에 의해 발해진다.

2. 행위능력

지방자치단체는 자신의 권한의 범위 내에서 자신의 기관(지방자치단체의 장 또는 그 대리인)을 통하여 의사를 주고받을 수 있는 능력, 즉 법률행위를 할 수 있는 능력을 갖는다(행위능력).3) 행위능력은 공·사법의 두 영역 모두에서 인정된다. 그러나 그 작용범위에는 제한이 가해진다. 지방자치단체는 법률이나 조례에 의하여 정해진 사무의 범위 내에서, 그리고 예산과 지방자치단체의 경제가 허용하는 범위 내에서만 법적 행위를 할 수 있다.4) 지방자치단체의 법적 행위는 자신의 기관을 통하여 이루어진다. 법인의 기관의 행위는 바로 법인의 행위로써 효과를 갖는다. 이 때문에 지방자치단체는 자신의 법적 대표자의 행위에 책임을 지는 것이다.

---

1) Burgi, Kommunalrecht(5. Aufl.), §5, Rn. 6; Schmidt-Jortzig, Kommunalrecht, S. 33; Erichsen, Kommunalrecht, S. 41; Waechter, Kommunalrecht, Rn. 22; Burgi, Kommunalrecht, §40, Rn. 6; Wolff/Bachof/Stober, Verwaltungsrecht 3(5. Aufl.), §94, Rn. 50.

2) 대판 2018. 2. 13, 2014두11328(지방자치단체가 일방 당사자가 되는 이른바 '공공계약'이 사경제의 주체로서 상대방과 대등한 위치에서 체결하는 사법상 계약에 해당하는 경우 그에 관한 법령에 특별한 정함이 있는 경우를 제외하고는 사적 자치와 계약자유의 원칙 등 사법의 원리가 그대로 적용된다).

3) Burgi, Kommunalrecht, §5, Rn. 9.

4) Pagenkopf. Kommunalrecht, Bd. Ⅰ, S. 34.

3. 당사자능력 · 소송능력

지방자치단체는 권리능력이 있으므로 소송상 일방 당사자가 될 수 있는 능력, 즉 당사자능력을 갖는다.[1] 지방자치단체는 민사소송의 원고가 될 수 있고, 피고도 될 수 있다. 다른 행정주체에 의하여 자신의 실질적인 법적 지위 내지 자치권이 침해되면, 침해받은 지방자치단체는 행정소송을 제기할 수도 있다.[2] 또 한편으로 행위능력에 상응하여 지방자치단체는 스스로 또는 대리인을 통하여 소송상 행위를 할 수도 있고 받을 수도 있는 능력, 즉 소송능력도 갖는다.

4. 책임능력

(1) 의 의   지방자치단체가 법률행위 내지 법적 행위를 한다는 것은 자신의 법률행위 내지 법적 행위에 대하여 책임을 져야 함을 의미한다.[3] 지방자치단체의 법률행위 내지 법적 행위는 현실적으로 공무원에 의해 이루어지므로, 지방자치단체는 직무와 관련된 소속공무원의 공·사법상의 불법행위에 대하여도 책임을 진다. 이러한 의미의 책임능력은 불법행위능력이라고도 한다. 지방자치단체의 불법행위에 대한 책임을 규정하는 단일의 법률은 없다. 그것은 국가배상법 및 일반행정법의 원리에 따른다.

(2) 손해배상책임   ① 공무원의 직무상 불법행위로 인한 지방자치단체의 손해배상책임은 국가배상법에 의한다(국배법 제 2 조). 지방자치단체는 조례로써 지방자치단체의 책임을 제한할 수 있는가의 문제가 있다. 이를 긍정한다면, 공무원 개인의 책임은 강화될 것이다. 이와 관련하여 ⓐ 국회도 이를 할 수 없다는 입장, ⓑ 국회만이 법률로써 할 수 있다는 입장, ⓒ 법률의 근거가 있으면 조례로도 가능하다는 입장이 있을 수 있다. 생각건대 중요사항유보설 및 의회유보의 적용하에 책임의 제한에 관한 중요한 사항은 법률로 정하고, 세부적인 사항만을 조례로 정하도록 하는 것은 가능할 것이다. ② 공물의 이용관계에 따른 손해배상책임도 국가배상법에 의한다(국배법 제 5 조).

(3) 손실보상책임   지방자치단체가 공공의 필요를 위해 사인의 재산에 특별

---

1) Burgi, Kommunalrecht, §5, Rn. 9; Waibel, Gemeindeverfassungsrecht Baden-Württemberg, Rn. 64.
2) 박균성, 행정법론(하)(2014), 68쪽.
3) Gern, Kommunalrecht Baden-Württemberg, Rn. 76ff.; Waibel, Gemeindeverfassungsrecht Baden-Württemberg, Rn. 65.

한 희생을 야기하였다면, 지방자치단체는 손실보상책임을 진다. 손실보상책임에 관한 일반법은 없다. 지방자치단체의 손실보상책임에는 전통적인 손실보상제도 외에 확장된 손실보상책임[1]이 포함되어야 한다.

(4) 비재산적 피해에 대한 보상책임　지방자치단체가 공공의 필요를 위해 사인에게 생명·신체·건강상 특별한 희생을 야기하였다면, 지방자치단체는 비재산적 피해에 대한 보상책임을 져야 한다.[2] 비재산적 피해에 대한 보상책임을 규율하는 일반법은 없다.

(5) 기타 책임　① 지방자치단체는 사인의 결과제거청구권에 응할 의무도 부담한다.[3] 또한 ② 지방자치단체는 민사법에 근거한 계약상의 책임 등을 민사법이 정하는 바에 따라 부담한다.

5. 범죄능력

지방자치단체는 형법에 따른 범죄능력은 갖지 아니하나, 형사법상 책임능력은 갖는다고 한다.[4] 판례[5]는 '양벌규정이 있는 경우, 자치사무처리의 경우에는 처벌할 수 있으나, 기관위임사무처리의 경우에는 처벌할 수 없다'고 한다.

6. 임용능력

지방자치단체는 공무원을 임용·보유할 수 있는 능력, 즉 임용능력을 갖는다.[6] 지방자치단체는 단체위임사무 또는 기관위임사무를 수행하기도 하지만, 지방자치단체가 수행하는 핵심적인 사무는 자치사무이다. 따라서 지방자치단체가 자치사무의 수행과 관련하여 임용능력을 갖는 것은 필수적이다. 지방자치단체의 임용능력은 지방자치단체의 인적 고권과 관련을 맺는다.

7. 파산능력

지방자치단체가 지급을 할 수 없거나 지방자치단체의 부채의 총액이 자산의 총액을 초과하는 때, 그 지방자치단체도 파산선고를 받을 수 있는가의 여부가 문제

---

1) 졸저, 행정법원론(상)(제29판), 옆번호 2122 이하 참조.
2) 졸저, 행정법원론(상)(제29판), 옆번호 2151 이하 참조.
3) 졸저, 행정법원론(상)(제29판), 옆번호 2164 이하 참조.
4) 이재상, 형법총론, 제 5 판(보정판), 97쪽; Gern, Kommunalrecht Baden-Württemberg, Rn. 83.
5) 대판 2009. 6. 11, 2008도6530.
6) Burgi, Kommunalrecht, § 5, Rn. 9.

된다.1) 이에 관해 명시적으로 규정하는 법률은 없다. ① 해석상 「채무자 회생 및 파산에 관한 법률」이 지방자치단체에도 적용되기는 어려울 것이다. ② 입법론상 관련 법률의 제정이 필요하다. 법률에서 규정할만한 사항으로 ⓐ 지방의회, 지방자치단체의 장의 기능을 유지하되 회생계획 하에 지방자치단체의 지출에 대하여 상당한 제한을 가하는 사항, ⓑ 지방의회, 지방자치단체의 장의 기능을 일시 정지시키면서 국가나 광역지방자치단체가 파견하는 자가 그 기능을 대신 수행하게 하는 사항, ⓒ 해당 지방자치단체를 다른 지방자치단체에 합병시키는 사항 등을 생각할 수 있다. ⓐ를 원칙으로 하면서, 절박한 경우에는 ⓑ를 도입하는 절충형의 법률의 마련이 비교적 용이할 것이다. 관련 지방자치단체의 주민이 동의하는 경우에는 ⓒ를 도입하는 것도 가능할 것이다.

Ⅳ. 지방자치단체와 기본권

1. 지방자치단체의 기본권 주체성

(1) 행정의 주체   법인으로서 지방자치단체는 기본권의 주체인가? 이것은 헌법체계적인 문제이자 실체적이고 내용적인 문제이다. 자치사무인가 위임사무인가를 불문하고, 공법적인 것인가 사법적인 것인가를 불문하고 공적 사무를 수행하는 한, 지방자치단체의 기본권주체성은 부인되어야 한다.2) 이러한 영역에서 지방자치단체에 기본권 또는 기본권 유사의 권리가 침해될 여지는 없다.3) 왜냐하면 지방자치단체는 행정주체로서 기본권실현에 의무를 지는 것, 즉 기본권에 구속되는 것이기 때문이다. 요컨대 지방자치단체에는 자치행정권이 보장되는 것이지 기본권이 보장되는 것은 아니다.4) 지방자치단체는 국가의 고권적인 행위로 인하여 사인과

---

1) 지방자치단체의 파산에 관한 연구로, 이지은, "지방재정파탄에 대한 공법적 연구," 경희대학교 박사학위청구논문, 2015. 8. 참조.

2) 김남철, 행정법강론(2014), 915쪽; 류지태·박종수, 행정법신론, 865쪽. 기본권주체성을 부인하는 것은 독일의 지배적인 견해이기도 하다(Burgi, Kommunalrecht, §2, Rn. 13; Dols/Plate, Kommunalrecht, Rn. 24; Erichsen, Kommunalrecht, S. 43; Schmidt-Aßmann/Röhl, in: Schmidt-Aßmann(Hrsg.), Besonderes Verwaltungsrecht, Rn. 29; Seewald, Kommunalrecht, in: Steiner(Hg.), Besonderes Verwaltungsrecht, Rn. 92; BVerfGE 45, 78; 61, 82; 68, 193; 70, 1; 75, 192); Geis, Kommunal recht(3. Aufl.), §5, Rn. 17; T.I. Schmidt, Kommunalrecht(2. Aufl.), §3, Rn. 89c.

3) BVerfGE 21, 362, 372(지방자치단체는 기본권유형의 위험상태를 갖지 아니한다. 기본권은 그 본질상(기본법 제19조 제 3 항) 이런 공법상 법인에는 적용되지 아니한다); 39, 302, 312. 한편, 독일의 대학·교회·방송국은 부분적으로 기본권성을 가진다고 한다. 이들 사무는 전권한성을 갖는 지방자치단체(게마인데)와 달리 개별 영역이다.

4) 다만, 독일 Bayern 헌법재판소의 입장은 다르다. 동 재판소는 연방헌법재판소에 비해 기본권으로

동일한 형태로 침해받을 수 있는 지위에 있지 아니하며, 따라서 기본권보호의 필요
도 없다. 기본권주체성을 긍정하는 견해도 있다.[1] 우리의 헌법재판소도 지방자치
단체의 기본권주체성을 부인한다.[2]

　(2) 제도보장　　공법상 법인으로서 지방자치단체의 특수성을 강조하고 일정영
역(예: 재산권)에서는 기본권이 인정된다는 긍정적 견해도 있다.[3] 그러나 지방자치단
체가 재산권을 가질 수 있지만, 그것은 헌법과 법률에서 특별히 제도보장의 한 내
용으로 인정한 것이지, 기본권으로 보장하는 것은 아니다. 재산권이 기본권으로 보
호되는 것은 아니라고 하여도, 지방자치단체는 개별 법질서가 부여하는 모든 재산
권을 법적으로 다툴 수 있다.[4]

　(3) 국고행정　　지방자치단체가 사법상 주체의 지위에서 행하는 순수 영리적
인 활동의 경우에는 다툼이 있을 수 있다. 즉 국고적·수익적 활동에서 기본권(특히
직업의 자유 및 재산권)의 주체일 수 있다는 견해가 있다.[5] 그러나 이 경우에도 역시
부정적으로 보아야 한다.[6] 지방자치단체가 사법적인 재산권을 가질 수 있는 가능
성을 법질서가 승인하였다고 하여도, 이것이 기본권으로 보호받아야 한다는 것은
아니다. 지방자치단체가 국고로서 부동산을 처분한다고 하여도, 지방자치단체는 공
권력의 한 부분이다.[7] 독일의 판례도 기본권 주체성을 부인한다.[8]

　(4) 재판청구권　　지방자치단체는 헌법 제27조 제 1 항과 제117조 제 1 항에

　　보호받는 범위를 넓히고 있다. 동 재판소는 지방자치단체가 기본권으로 보호받아야 하는 상황에 있
　　다면, 지방자치단체(게마인데)의 기본권주체성은 인정되어야 한다는 입장이다. 현실적으로 기본권이
　　인정된 것은 재산권보장의 영역이라 한다(G. Lissack, Bayerisches Kommunalrecht, S. 8).
　1) 일설은 "공법상 법인인 지방자치단체도 일반 국민과 마찬가지로 국가 권력으로부터 침해받을 수
　　있고, 그 성질상 누리기에 적합한 기본권(예: 평등권·재산권·청구권적 기본권)에 대해서는 헌법상
　　보장된 기본권의 주체가 될 수 있다"고 한다(이기우·하승수, 지방자치법, 57쪽; 정하중, 행정법개론,
　　875쪽).
　2) 헌재 2014. 6. 26, 2013헌바122; 헌재 1997. 12. 24, 96헌마365; 헌재 2006. 2. 23, 2004헌바50; 헌
　　재 2009. 5. 28, 2007헌바80등 참조.
　3) Kimminich, Der Schutz kommunaler Unternehmen gegen konfiskatorische Eingriffe, S. 72ff.;
　　Pagenkopf, Kommunalrecht, Bd. 1, S. 32.
　4) Dols/Plate, Kommunalrecht, Rn. 24.
　5) Bethge, AöR 104 (1079) 265, 297ff. 참조. 독일의 이론은 직업선택의 자유, 재산권의 보장과
　　관련하여 긍정적인 것으로 보인다(Erichsen, Kommumalrecht, S. 43; Schmidt-Aßmann/Röhl,
　　Kommunalrecht, in: Schmidt-Aßmann(Hrsg.), Besonderes Verwaltungsrecht, Rn. 30 참조).
　6) 독일 연방헌법재판소는 비고권영역에서도 지방자치단체는 기본권보호의 대상이 아니라 한다. 왜
　　냐하면 이러한 영역에서도 지방자치단체는 사인과 같은 방식으로 위험에 직면하는 것은 아니기 때
　　문이라 한다(BVerfGE 61, 82, 105ff.).
　7) BVerwGE 100, 388, 392.
　8) BVerfGE 61, 82, 105f.; 68, 193, 205; 89, 132, 141.; Geis, Kommunalrecht(3. Aufl.), §5, Rn. 19.

의해 재판청구권을 갖는다고 볼 것이다.1)

　(5) 공공시설　　지방자치단체의 소속기관(공공시설)이 법령으로 부과된 공적 사무를 수행하는 한, 사법적으로 조직된 것이라도 기본권주체가 되지 아니한다.2) 사인이 참여하고 있는 공사혼합기업이 기본권주체인지의 여부는 불분명하다. 어떠한 경우에도 지방자치단체의 공적 기업에 참여한 사인의 기본권은 침해되어서는 아니된다.

2. 지방자치단체의 기본권에 구속

　(1) 기본권보장의무　　지방자치단체는 사법적(私法的)으로 행위하여도 기본권에 구속된다. 헌법 제10조에서 규정하는 국가의 기본권보장의무는 지방자치단체의 모든 작용에 적용되며, 행정주체의 행위의 근거가 되는 법의 형식을 가리지 아니한다. 만약 행정주체의 사법작용에 기본권이 적용되지 아니한다면, 행정주체의「사법에로의 도피(Flucht ins Privatrecht)」가 가능해질 것이다.

　(2) 행정사법작용　　사법을 통해 공적 목적을 직접적으로 수행하는 경우에 나타나는 행정사법의 작용영역에서도 기본권이 당연히 적용된다.3)

　(3) 조달작용　　조달작용의 경우에는 다소 문제가 있다. 조달작용은 공적 목적을 직접적으로 수행하는 것은 아니다. 그것은 간접적으로 공적 목적에 기여한다. 그렇지만 대량의 조달작용(예: 군수품)은 경제지도의 기능을 갖기 때문에 순수히 사법만 적용된다고 할 수 없다. 조달작용에 당연히 행정기본법 제 9 조가 정하는 평등의 원칙이 적용된다.

　(4) 영리작용　　영리작용에도 행정기본법 제 9 조가 정하는 평등의 원칙이 적용된다. 지방자치단체의 경제활동은 사인의 경제활동과 경쟁관계에 놓인다는 점, 그리고 지방자치단체의 사법상 경제활동의 경우에도 모든 주민에 대한 관계에서는 평등권·평등원칙의 적용이 배제되어야 할 이유가 없다는 점에서, 지방자치단체의 순수한 영리작용에 평등권·평등원칙은 적용된다고 볼 것이다.4)

---

　1) 독일의 경우, 지방자치단체는 기본법 제101조 제 1 항 제 2 문 및 제103조 제 1 항을 근거로 재판청구권을 갖는다고 함에는 이론이 없어 보인다(G. Lissack, Bayerisches Kommunalrecht, S. 8; Schmidt, Kommunalrecht, § 3, Rn. 91).
　2) BVerfGE 45, 63, 79f.; BVerfG NJW 1990, 1783; Erichsen, Kommunalrecht, S. 43; Seewald, Kommunalrecht, in: Steiner(Hg.), Besonderes Verwaltungsrecht, Rn. 94.
　3) Erichsen, Kommunalrecht, S. 42.
　4) 독일의 경우, 지배적 견해는 지방자치단체의 순수한 영리작용에는 기본권이 적용되지 아니한다고 한다(Erichsen, Kommunalrecht, S. 42; Stober, Kommunalrecht, S. 283).

제 2 항   지방자치단체의 명칭과 상징물, 관인

Ⅰ. 명칭의 관념

1. 명칭의 의의

권리·의무의 주체로서, 단일의 기능주체로서 지방자치단체는 자신의 동일성을 나타내는 이름을 필요로 한다. 지방사치단체는 각각 고유한 명칭(이름)을 갖는다. 지방자치단체의 명칭은 종전과 같이 한다(지자법 제5조 제1항).[1] 종전과 같다는 것은 지방자치법이 제정될 때까지 역사적으로 사용되어 온 명칭을 해당 지방자치단체의 명칭으로 한다는 것을 의미한다.

2. 명칭의 의미

지방자치단체의 명칭은 다른 지방자치단체 등에 대한 외부관계에서 특정 지방자치단체의 인격성 내지 동일성을 나타내는 의미와 지방자치단체의 실체적·정신적인 가치, 주민을 통합하는 의미를 갖는다.[2]

Ⅱ. 명 칭 권

1. 성 질(인격권)

지방자치단체가 자신의 이름을 갖고 사용하는 것은 공법상의 인격권에 속한다.[3] 지방자치단체의 명칭권은 사인에 대해서뿐만 아니라 다른 공행정주체에 대해

---

1) 독일 게마인데법상 지방자치단체의 명칭에 관한 규정도 우리와 유사하다. 예컨대 Nordrhein-Westfalen의 게마인데법 제13조 제1항 제1문은 "게마인데는 그들의 종래의 명칭을 사용한다(Die Gemeinde führen ihren bisherigen Namen)"고 규정하고 있다. 또한 Sachsen 게마인데법 제5조 제1항도 동일하게 규정하고 있다. 한편, 지방자치단체(게마인데)에 대하여 자신의 이름을 사용하는 권리인 명칭사용권(Namensführungsrecht)이 인정된 것은 1935년 1월 30일에 제정되었던 독일 게마인데법(die deutsche Gemeindeordnung)부터라 한다(G. Lissack, Bayerisches Kommunalrecht, S. 10).

2) BVerfGE 19, 216, 226; BVerfGE 44, 351, 354; Wolff/Bachof/Stober, Verwaltungsrecht, Band 3(5. Aufl.), §94, Rn. 55.

3) 이경운, 지방자치법주해, 30쪽; Püttner, Kommunalrecht, Baden-Württemberg, Rn. 116; Schwirzke/Sandfuchs, Allgemeines Niedersächsisches Kommunalrecht, S. 35. 한편, 독일에서는 자신의 이름을 사용하는 지방자치단체의 권리(이른바 명칭사용권)를 역사적으로 전해온 지방자치단체의 자치권의 한 부분으로 이해하기도 한다(G. Lissack, Bayerisches Kommunalrecht, S. 10).

서도 갖는 절대권이다.1) 그러나 명칭권은 국가로부터 절대적으로 보호받는 권리는
아니다. 명칭권은 지방자치보장의 구성부분이지만,2) 헌법적으로 보호되는 지방자
치의 핵심영역은 아니다.3) 명칭권은 사법의 영역에서도 적용된다.

2. 내 용

명칭권에는 개별적인 이름뿐만 아니라 도시의 특징을 표기(표현)하는 권리도 포
함된다(예: 대학의 시, 역사의 시, 인삼의 시, 도청소재지). 지방자치단체의 명칭권은 지방자치
단체의 명칭에 관한 권리이지, 지방자치단체 내부의 행정구역의 명칭에 관한 권리
는 아니다.4) 지방자치단체 내부의 행정구역의 명칭은 지방자치단체를 달리하는 경
우에는 동급의 행정구역의 명칭으로 중복적으로 사용될 수도 있다. 판례의 입장이
기도 하다.5) 한편, 지방자치법 제198조 제 2 항 제 1 호가 규정하는 특례시는 시의
한 종류일 뿐이며, 지방자치단체의 명칭의 구성부분과 거리가 멀다.

Ⅲ. 명칭의 변경

1. 변경가능성

지방자치단체의 명칭에 대한 권리는 자치행정보장의 핵심영역에 속하는 것은
아니므로, 입법자에 의한 명칭변경은 가능하다. 명칭의 사용은 법적 안정성의 관점
에서 범지역적인 의미를 갖는다. 해당 지방자치단체 스스로 자신의 이름을 임의로
바꿀 수 있는 것인가는 문제이다.6)

---

1) Burgi, Kommunalrecht(5. Aufl.), §5, Rn. 10; Geis, Kommunalrecht(3. Aufl.), §5, Rn. 6; Gern,
 Kommunalrecht Baden-Württemberg, Rn. 64; Stober, Kommunalrecht, S. 145.
2) Geis, Kommunalrecht(3. Aufl.), §5, Rn. 6.
3) 김수진, "지방자치단체의 명칭권에 관한 연구," 지방자치법연구, 통권 제24호, 173쪽; Erichsen,
 Kommunalrecht, S. 45; T. I. Schmidt, Kommunalrecht(2. Aufl.), §6, Rn. 195.
4) 김수진, "지방자치단체의 명칭권에 관한 연구," 지방자치법연구, 통권 제24호, 171쪽 참조.
5) 헌재 2009. 11. 26, 2008헌라4 전원재판부; 헌재 2009. 11. 26, 2008헌라3 전원재판부.
6) 독일의 경우 이것은 란트의 승인을 요구하는 사항이다(예컨대, Nordrhein-Westfalen 게마인데법
 제13조 제 1 항 제 3 문(게마인데명칭의 변경은 내무부의 승인을 필요로 한다. Die Änderung des
 Gemeindennamens bedarf der Genehmigung des Innenministeriums)). 신설의 경우, 란트법률로
 정한다. 그것은 국가의 형성적인 조직행위(gestaltender Organisationsakt des Staates)로 이해된다
 (BVerfGE 50, 195; 59, 216; Stober, Kommunalrecht, S. 280). 즉, 명칭제정권은 지방자치단체의
 참여하에 이루어지는 형성적인 국가의 고권작용에 속한다. 한편, 특정 지방자치단체구역 내에 있는
 구나 동의 이름은 해당 지방자치단체(Gemeinde)가 정할 사항이다(Dols/Plate, Kommunalrecht,
 Rn. 102).

2. 법률에 의한 변경

지방자치단체의 명칭은 지적제도, 도로교통, 우편배달 등 공익과 직접적인 관련을 갖는다. 국가적인 관련성을 갖는 지방자치단체의 명칭변경은 공공복지의 이유에서만 바꿀 수 있는 것으로 보아야 한다. 지방자치단체의 명칭변경은 신중하게 이루어져야 한다. 이 때문에 현행법상 지방자치단체의 명칭변경은 입법사항이다. 즉 지방자치단체의 명칭을 바꿀 때에는 법률로 정한다(지자법 제 5 조 제 1 항 본문)(예: 남구를 미추홀구로 변경한 2018.7.1. 시행 인천광역시 남구 명칭 변경에 관한 법률). 지방자치난체의 한자 명칭의 변경은 대통령령으로 정한다(지자법 제 5 조 제 2 항 본문).

3. 지방의회의 관여

지방자치단체의 명칭을 변경할 내(한자 명칭을 변경할 내를 포함한다)에는 관계 지방의회의 의견을 들어야 한다(지자법 제 5 조 제 3 항 제 3 호).[1] 명칭은 관계 지방자치단체의 인격과 직결된 것이기 때문이다. 그리고 여기서 "관계 지방자치단체의 의회"란 해당 지방자치단체의 의회와 그 상급 지방자치단체의 의회를 말한다(지자령 제 2 조). 한편, 광역지방자치단체의 명칭을 변경하는 경우에는 하급 지방자치단체의 의회도 "관계 지방자치단체의 의회"에 해당한다고 볼 것이다.

4. 손해배상책임

명칭변경으로 인해 제 3 자에게 피해가 발생하여도 관련 지방자치단체는 손해배상책임을 부담하지 아니하며 부당이득의 반환의무도 부담하지 아니한다. 왜냐하면 명칭변경은 국가의 행위로서 국가배상법의 배상요건을 충족시키지 아니하며, 또한 명칭변경으로 지방자치단체에 어떠한 부당이득도 발생하지 아니하기 때문이다.

IV. 명칭권의 보장

1. 보장의 내용

지방자치단체가 자신의 이름을 갖고 사용할 수 있는 권리는 자치권보장의 범

---

1) 헌재 2009. 11. 26, 2008헌라3.

위 내에 들어온다. 명칭권은 지방자치의 헌법적 보장으로서 권리주체성의 보장의 한 내용이 된다.1) 명칭권은 공법적으로나 사법적으로 모두 보호된다.2) 명칭보호가 공법상 문제될 때에는 민법이 보충적으로 유추적용된다.3) 명칭권에는 명칭의 정당한 사용의 청구와 그릇된 명칭 사용의 배제를 청구할 수 있음을 내포한다. 해당 지방자치단체의 승인이 있거나, 기업의 소재지를 표현하거나, 생산지·출신지를 표기하는 경우에는 누구나 지방자치단체의 명칭을 사용할 수 있다.

2. 사법적 보호

다른 행정주체가 고권을 행사함에 있어서 특정 지방자치단체의 명칭권을 침해하면, 행정소송의 제기가 가능할 것이다. 지방자치단체의 명칭이 사법의 영역에서 침해되면(예: 허가없이 광고에 특정 지방자치단체의 명칭을 사용하는 경우), 지방자치단체는 민법상 인격권의 보호규정을 통하여 명예침해의 중지와 침해에 대한 보상을 청구할 수 있다. 소송방식은 그릇된 사용이 공법적인가(예: 고속도로 출구명칭으로 사용), 아니면 사법적인가(예: 경제상 경쟁에서 명칭사용)에 따른다. 지방자치단체의 명칭권은 형법상 명예훼손죄의 보호법익의 대상도 된다. 그러나 판례의 견해는 부정적이다.4)

V. 자치구가 아닌 구와 읍·면·동·리의 명칭

1. 의 의

① 자치구가 아닌 구와 읍·면·동의 명칭과 구역은 종전과 같이 한다(지자법 제7조 제1항 본문). ② 리의 명칭과 구역은 종전과 같이 한다(지자법 제7조 제2항). 종전과

---

1) Wolff/Bachof/Stober, Verwaltungsrecht, Band 3(5. Aufl.), §94, Rn. 55; E. Schmidt-Aßmann, Kommunalrecht, in: E. Schmidt-Aßmann/F. Schoch(Hrsg.), Besonderes Verwaltungsrecht, 1. Kap. Rn. 12.
2) Gern, Kommunalrecht Baden-Württemberg, Rn. 64; Hegele/Ewert, Kommunalrecht, S. 45; Wolff/Bachof/Stober, Verwaltungsrecht, Band 3(5. Aufl.), §94, Rn. 55; Waibel, Gemeindeverfassungsrecht Baden-Württemberg, Rn. 64.
3) Tettinger/Erbguth/Mann, Besonderes Verwaltungsrecht, Rn. 16.
4) 대판 2016. 12. 27, 2014도15290(형법이 명예훼손죄 또는 모욕죄를 처벌함으로써 보호하고자 하는 사람의 가치에 대한 평가인 외부적 명예는 개인적 법익으로서, 국민의 기본권을 보호 내지 실현해야 할 책임과 의무를 지고 있는 공권력의 행사자인 국가나 지방자치단체는 기본권의 수범자일 뿐 기본권의 주체가 아니고, 정책결정이나 업무수행과 관련된 사항은 항상 국민의 광범위한 감시와 비판의 대상이 되어야 하며 이러한 감시와 비판은 그에 대한 표현의 자유가 충분히 보장될 때에 비로소 정상적으로 수행될 수 있으므로, 국가나 지방자치단체는 국민에 대한 관계에서 형벌의 수단을 통해 보호되는 외부적 명예의 주체가 될 수는 없고, 따라서 명예훼손죄나 모욕죄의 피해자가 될 수 없다).

같다는 것은 지방자치법이 제정될 때까지 역사적으로 사용되어 온 명칭을 해당 자치구가 아닌 구와 읍·면·동의의 명칭으로 한다는 것을 의미한다.

2. 변 경

① 자치구가 아닌 구와 읍·면·동의 명칭의 변경은 그 지방자치단체의 조례로 정하고, 그 결과를 특별시장·광역시장·도지사에게 보고하여야 한다(지자법 제 7 조 제 1 항). ② 리의 명칭을 변경할 때에는 그 지방자치단체의 조례로 정한다(지자법 제 7 조 제 2 항).

3. 보 호

자치구가 아닌 구와 읍·면·동 및 리의 명칭은 지방자치단체의 명칭이 아니기 때문에 명칭권의 보호대상이 아니다.[1]

VI. 상 징 물

1. 의 의

지방자치단체는 명칭 외에도 자신을 상징하는 고유한 기(旗)나 문장(紋章), 나무, 꽃, 새 등을 갖기도 한다.[2] 서울특별시는 서울특별시를 상징하는 상징물로 휘장·

---

[1] 헌재 2009. 11. 26, 2008헌라3; Meyer, Kommunalrecht, Rn. 23.

[2] 광역지방자치단체가 갖는 기타의 상징물로 다음을 볼 수 있다.

지방자치단체	나무	꽃	새	노래
서울특별시	은행나무	개나리	까치	서울의 빛
부산광역시	동백나무	동백꽃	갈매기	시민의 노래
대구광역시	전나무	목련	독수리	대구시민의 노래
인천광역시	목백합	장미	두루미	인천시민의 노래
광주광역시	은행나무	철쭉	비둘기	시민의 노래
대전광역시	백합나무	백목련	까치	대전시민의 노래
울산광역시	은행나무	배꽃	백로	울산시가
강원도	잣나무	철쭉	뻐꾹새	강원도의 노래
경기도	은행나무	개나리	비둘기	경기도노래
경상남도	느티나무	장미	백로	도민의 노래
경상북도	느티나무	백일홍(목백일홍)	왜가리	경상북도도민의 노래
전라남도	은행나무	동백꽃	산비둘기(묏비둘기)	전남도민의노래
전라북도	은행나무	백일홍(목백일홍)	까치	전북의 노래
충청남도	능수버들	국화	원앙새(♂)	충청도민의 노래
충청북도	느티나무	백목련	까치	충북도민의 노래
제주특별자치도	녹나무	영산홍	큰오색딱따구리	제주도의노래

브랜드·심벌(해치)·꽃(개나리)·나무(은행나무)·새(까치)를 정하고 있다(서울상징조 제 2 조·제 3 조). 이러한 상징물은 주민으로 하여금 소속 지방자치단체에 대한 관심, 애정, 소속감을 갖게 하고, 따라서 주민전체의 일체감을 조성하는 의미를 갖는다. 이러한 상징물도 지방자치단체의 인격권의 한 부분을 구성한다.[1]

2. 입법의 미비

지방자치법은 지방자치단체의 상징과 관련하여 명칭에 관해서만 규정할 뿐, 그 밖의 것에 관해서는 언급하는 바가 없다. 그러나 명칭 이외의 상징물의 의미가 명칭의 의미와 반드시 동일한 것은 아닐지라도 중요한 것이므로, 기타의 상징물의 결정·변경·보호(예: 지방자치단체의 기의 무단사용으로부터의 보호) 등에 관한 기본적인 사항을 지방자치법에 규정할 필요가 있다.

3. 경제적 활용

요즈음에는 많은 지방자치단체들이 상징물을 활용하여 각종 사업(예: ① 응용상품의 개발 또는 제작, ② 주요사업이나 행사 등에의 활용, ③ 상징물을 활용한 수익사업 등)을 하기도 한다(서울상징조 제 6 조 제 1 항 참조). 그것은 지방자치단체의 재정확보에 기여함을 기본적인 목적으로 하고 있는 것으로 보인다.

Ⅶ. 관 인(공인)

1. 관인의 의의

지방자치단체의 관인의 날인은 법상 중요성을 갖는 직무상 문서에서 진정성을 입증하는 의미를 갖는다. 관인의 중요성에 비추어 지방자치법에서 관인에 관한 규정을 둘 필요가 있다. 그러나 지방자치법은 관인에 관해 규정하는 바가 없다. 대통령령인 「행정 효율과 협업 촉진에 관한 규정」은 "지방자치단체의 기관에서 사용하는 공인(公印)에 관하여는 이 절의 규정에도 불구하고 그 지방자치단체의 조례로 정하는 바에 따른다"고 규정하고 있다(동 규정 제40조).

---

1) Schwirzke/Sandfuchs, Allgemeines Niedersächsisches Kommunalrecht, S. 38.

2. 서울특별시의 경우

서울특별시 공인 조례는 공인을 ① 행정기관의 명의로 발송 또는 교부하는 문서에 사용하는 청인과 ② 행정기관의 장 또는 보조기관의 명의로 발송 또는 교부하는 문서에 사용하는 직인으로 구분한다(서울특별시 공인조례 제 2 조 제 1 항).

제 2 절   지방자치단체의 종류와 구역

제 1 항   지방자치단체의 종류

지방자치법은 제 2 조 제 1 항에서 지방자치단체의 종류를 규정하고, 제 2 조 제 3 항에서는 제 1 항의 지방자치단체가 아닌 지방자치단체를 특별지방자치단체라 부르고 있다. 이 책에서는 제 2 조 제 3 항의 특별지방자치단체라는 용어에 대비하여 제 2 조 제 1 항에서 정하는 지방자치단체를 보통지방자치단체라 부르기로 한다.

I. 보통지방자치단체

1. 의 의

보통지방자치단체란 조직과 수행사무가 일반적이고 보편적인 지방자치단체를 말한다. 지방자치법은 기본적으로 보통지방자치단체를 규율의 대상으로 하고 있다.

(1) 단층구조와 중층구조   헌법 제117조 제 2 항은 "지방자치단체의 종류는 법률로 정한다"고 규정하고 있을 뿐, 보통지방자치단체의 구조를 단층구조로 할 것인지, 중층구조로 할 것인지 아니면 3층구조 등으로 할 것인지에 관해 언급하는 바가 없다. 따라서 보통지방자치단체의 구조의 선택은 입법자의 몫이다.[1] 입법자는 지방자치제의 본질적 내용을 침해하지 아니하는 범위 안에서 단층구조를 선택할 수도 있고, 중층구조를 선택할 수도 있고, 그 밖의 형태(예: 일부 지역은 중층제, 일부 지역은 단층제 등)도 선택할 수 있다.[2] 그 선택에는 행정의 효율성, 국민생활의 편익 외에 국민의 정서 등도 고려되어야 할 것이다.[3]

---

1) 오준근, "제주특별자치도 관련 각종 특별법의 법적 쟁점에 관한 약간의 고찰," 지방자치법연구, 통권 제11호, 53쪽.
2) 단층구조론과 중층구조론의 논리에 관해 졸고, "지방자치단체 계층구조 개편의 공법적 과제," 지방자치법연구, 통권 제21호, 47쪽 이하 및 최봉기, 지방자치론, 195쪽 참조. 그리고 외국의 계층구조에 관한 약술로 김병준, 지방자치론, 178쪽 이하 및 임승빈, 지방자치론, 67쪽 이하 참조.
3) 하승수, "제주특별자치도의 경험으로 본 지방행정체제 개편논의의 문제점," 지방자치법연구, 통권

(2) 현행법의 태도　　지방자치법은 지방자치단체를 특별시, 광역시, 특별자치시, 도, 특별자치도와 시,[1] 군, 구의 두 종류로 구분하여(지자법 제 2 조 제 1 항) 중층구조를 택하고 있다. 다만, 제주특별자치도의 경우에는 "제주자치도는 「지방자치법」 제 2 조 제 1 항 및 제 3 조 제 2 항에도 불구하고 그 관할구역에 지방자치단체인 시와 군을 두지 아니한다"는 제주특별자치도 설치 및 국제자유도시 조성을 위한 특별법 제10조 제 1 항에 의거하여 기초지방자치단체를 두지 아니한다. 따라서 제주특별자치도에는 단층구조가 채택되고 있다. 보충성의 원칙에 비추어 제주특별자치도를 단층구조로 한 것은 헌법위반이라는 주장이 있다.[2]

2. 종 류

보통지방자치단체는 광역지방자치단체(상급지방자치단체, 2차적 지방자치단체)와 기초지방자치단체(하급지방자치단체, 1차적 지방자치단체)로 구분되고 있다.

(1) 광역지방자치단체　　광역지방자치단체로 특별시, 광역시, 특별자치시, 도, 특별자치도가[3] 있고(지자법 제 2 조 제 1 항 제 1 호), 특별시, 광역시, 특별자치시, 도, 특별자치도(이하 "시·도"라 한다)는 정부의 직할로 둔다(지자법 제 3 조 제 2 항). '직할로 둔다'는 것은 통제를 받는다는 의미가 아니고, 그 구역 내에 위치한다는 것을 뜻한다.

제22호, 136쪽 참조.

1) 지방자치단체로서 시와 구별되어야 하는 개념으로 기업도시·혁신도시·국제자유도시의 개념이 있다. ① 기업도시란 「기업도시개발 특별법」상 개념이다. 동법에 의하면, 기업도시는 산업입지와 경제활동을 위하여 민간기업(법인에 한하며, 제48조 제 2 항의 규정에 의하여 대체지정된 시행자를 포함한다)이 산업·연구·관광·레저·업무 등의 주된 기능과 주거·교육·의료·문화 등의 자족적 복합기능을 고루 갖추도록 개발하는 도시를 말하며, 다음과 같이 구분한다(가. 산업교역형 기업도시: 제조업과 교역 위주의 기업도시, 나. 지식기반형 기업도시: 연구개발 위주의 기업도시, 다. 관광레저형 기업도시: 관광·레저·문화 위주의 기업도시, 라. 혁신거점형 기업도시: 지방이전 공공기관(국가균형발전특별법 제18조의 규정에 해당하는 경우 및 이와 유사한 경우에 한한다)을 수용하여 지역혁신의 거점이 되는 기업도시)(동법 제 2 조 제 1 호). ② 혁신도시란 「공공기관 지방이전에 따른 혁신도시 건설 및 지원에 관한 특별법」상 개념이다. 동법에 의하면, 혁신도시는 이전공공기관을 수용하여 기업·대학·연구소·공공기관 등의 기관이 서로 긴밀하게 협력할 수 있는 혁신여건과 수준 높은 주거·교육·문화 등의 정주(定住)환경을 갖추도록 이 법에 따라 개발하는 미래형도시를 말한다(동법 제 2 조 제 3 호). ③ 국제자유도시란 「제주특별자치도 설치 및 국제자유도시 조성을 위한 특별법」상 개념이다. 동법에 의하면, 국제자유도시는 사람·상품·자본의 국제적 이동과 기업활동의 편의가 최대한 보장되도록 규제의 완화 및 국제적 기준이 적용되는 지역적 단위를 말하며(동법 제 2 조), 동법은 제주특별자치도를 국제자유도시로 실현함을 목적으로 하고 있다(동법 제 4 조 제 1 항).

2) 김기진, "제주특별자치도의 위헌성," 지방자치법연구, 통권 제19호, 165쪽.

3) 제주특별자치도 설치 및 국제자유도시 조성을 위한 특별법에 따른 제주특별자치도는 그 명칭상 특별지방자치단체로 오인될 수 있다. 지방자치법 제 2 조 제 1 항 제 1 호는 특별자치도를 광역지방자치단체의 하나로 규정하고 있고, 지방자치법 제 2 조 제 3 항은 제 1 항의 지방자치단체 외에 특정한 목적을 수행하기 위하여 설치되는 지방자치단체를 특별지방자치단체로 규정하고 있음에 비추어 제주특별자치도는 보통지방자치단체의 하나이다.

(2) 기초지방자치단체

(가) 의 의   기초지방자치단체로 시·군[1] 및 구가 있다(지자법 제 2 조 제 1 항 제 2 호).[2] 지방자치단체인 구(이하 "자치구"라 한다)는 특별시와 광역시의 관할 구역의 구만을 말하고,[3] 자치구의 자치권의 범위는 법령으로 정하는 바에 따라 시·군과 다르게 할 수 있다(지자법 제 2 조 제 2 항). 시는 도의 관할 구역 안에, 군은 광역시, 특별자치시나 도의 관할 구역 안에 두며, 자치구는 특별시와 광역시의 관할 구역 안에 둔다(지자법 제 3 조 제 2 항). '관할 구역 안에 둔다'라는 것은 통제를 받는다는 의미가 아니고, 그 구역 내에 위치한다는 것을 뜻한다.

(나) 시의 설치기준   시는 그 대부분이 도시의 형태를 갖추고 인구 5만 이상이 되어야 한다(지자법 제10조 제 1 항).

(다) 도농복합형태의 시   ① 제10조 제 1 항에 따라 설치된 시와 군을 통합한 지역, ② 인구 5만 이상의 도시 형태를 갖춘 지역이 있는 군, ③ 인구 2만 이상의 도시 형태를 갖춘 2개 이상의 지역 인구가 5만 이상인 군. 이 경우 군의 인구는 15만 이상으로서 대통령령으로 정하는 요건을 갖추어야 한다.④ 국가의 정책으로 인하여 도시가 형성되고, 제128조에 따라 도의 출장소가 설치된 지역으로서 그 지역의 인구가 3만 이상이며, 인구 15만 이상의 도농 복합형태의 시의 일부인 지역은 도농(都農) 복합형태의 시로 할 수 있다(지자법 제10조 제 2 항).

(3) 양자의 관계   광역지방자치단체와 기초지방자치단체는 모두 독립의 법인인 까닭에 이들 사이에는 법률에 정함이 없는 한, 원칙적으로 상하관계·감독관계가 존재하지 아니한다. 현행 지방자치법상 이들 상호관계에 관한 규정으로, 직무대행자 지정권(제110조), 분쟁조정권(제165조 제 1 항)·사무위탁권(제168조)·지방자치단체조합설립승인권(제176조)·위임사무처리감독권(제185조)·자치사무감사권(제190조)·지방의회의결재의요구권(제192조 제 1 항) 등이 있다.

---

1) 지방자치법이 농촌지역에서 기초자치단체를 읍·면이 아닌 군으로 한 것은 실제적인 생활권을 무시한 것이고, 서울 등 대도시에 구의회를 둔 것은 대도시가 갖는 통합생활권적 생리를 외면한 것이라는 지적이 있다(허영, 한국헌법론, 844쪽).

2) 2020년 12월 31일 현재, 17개의 광역지방자치단체(1개의 특별시, 6개의 광역시, 1개의 특별자치시, 8개의 도, 1개의 특별자치도)와 226개의 기초지방자치단체(75개의 시, 82개의 군, 69개의 구)가 있다(지방자치단체 행정구역 및 인구현황, 2020.12.31. 현재, 행정안전부, 4쪽).

3) 지방자치단체로서의 구는 1988년 지방자치법 제 7 차 개정으로 도입되었다. 그 이전에는 특별시와 광역시의 행정구에 불과하였다. 자치구의 도입은 도시의 거대화에 따른 행정기능의 제어, 도시민의 행정참여기회확대, 도시행정기능의 분산 등을 이유로 하였다고 한다(홍강훈, 지방자치법주해, 16쪽).

3. 사무소의 소재지

(1) **결정방법** 지방자치단체의 사무소 소재지는 종전과 같이 하고, 이를 변경하거나 새로 설정하려면 지방자치단체의 조례로 정한다(지자법 제 9 조 제 1 항). 종전이란 「역사적으로 있어온 그대로」라는 의미이다. 제 1 항의 사항을 조례로 정할 때에는 그 지방의회의 재적의원 과반수의 찬성이 있어야 한다(지자법 제 9 조 제 2 항). 지방자치단체의 주된 사무소의 소재지를 정하는 권리는 헌법적으로 보호되는 자치행정의 핵심영역으로 보기 어렵다.[1]

(2) **의 미** 지방자치단체의 사무소의 소재지는 지역주민의 편익, 편리한 행정서비스 제공 등과 관련하여 교통·거리·지형 등을 고려하여 결정되어야 한다. 빈번한 변경은 민원을 야기하고 행정능률의 저하를 가져오고 재정상 낭비를 초래할 가능성을 갖는다.

4. 지방행정체제 개편[2]

지방자치분권과 지방행정체제 개편을 종합적·체계적·계획적으로 추진하기 위하여 기본원칙·추진과제·추진체제 등을 규정함으로써 성숙한 지방자치를 구현하고 지방의 발전과 국가의 경쟁력 향상을 도모하며 궁극적으로는 국민의 삶의 질을 제고하는 것을 목적으로 지방자치분권 및 지방행정체제개편에 관한 특별법이 제정되어 있다. 그 요지를 보기로 한다.

(1) **지방행정체제의 의의** 이 법률은 지방행정체제를 "지방자치 및 지방행정의 계층구조, 지방자치단체의 관할구역, 특별시·광역시·도와 시·군·구 간의 기능배분 등과 관련한 일련의 체제(동법 제 2 조 제 2 호)"로 정의하고 있다.

(2) **지방행정체제 개편의 기본방향** 이 법률상 지방행정체제 개편은 주민의 편익증진, 국가 및 지방의 경쟁력 강화를 위하여 다음 각 호(1. 지방자치 및 지방행정계층의 적정화, 2. 주민생활 편익증진을 위한 자치구역의 조정, 3. 지방자치단체의 규모와 자치역량에 부합하는 역할과 기능의 부여, 4. 주거단위의 근린자치 활성화)의 사항이 반영되도록 추진하여야 한다(동법 제18조).

---

1) Meyer, Kommunalrecht, S. 125.
2) [관련논문] 조성규, "지방행정체제 개편의 규범적 한계," 지방자치법연구, 통권 제27호, 제147쪽 이하; 강기홍, "지방행정체제 개편과 읍·면·동의 자치성 강화," 지방자치법연구, 통권 제30호, 제89쪽 이하; 강기홍, "시·군 통합에 따른 갈등과 법제도적 관리방안," 지방자치법연구, 통권 제32호, 제155쪽; 김명용, "시·군 통합의 기준과 대상지역 분석—서부경남을 중심으로—," 지방자치법연구, 통권 제32호, 제105쪽.

(3) 지방행정체제 개편의 내용   이 법률은 지방행정체제 개편의 내용으로 과
소 구의 통합(동법 제19조), 특별시 및 광역시 관할구역 안에 두고 있는 구와 군의 지
위 등(동법 제20조), 도의 지위 및 기능 재정립(동법 제21조), 시·군·구의 개편(동법 제22
조), 통합 지방자치단체의 설치(동법 제23조), 시·군·구의 통합절차(동법 제24조), 통합
추진공동위원회(동법 제25조), 통합 지방자치단체의 명칭 등(동법 제26조), 주민자치회의
설치(동법 제27조), 주민자치회의 기능(동법 제28조), 주민자치회의 구성 등(동법 제29조)을
규정하고 있다. "통합 지방자치단체"란 「지방자치법」 제 2 조 제 1 항 제 2 호에서
정한 지방자치단체 중에서 2개 이상의 지방자치단체가 통합하여 설치된 지방자치
단체를 말한다(동법 제 2 조 제 4 호).

Ⅱ. 특별지방자치단체

1. 의 의

특별지방자치단체란 지방자치의 영역에서 특정한 목적을 수행하기 위하여 필
요한 경우에 설치되는 특별한 조직의 지방자치단체를 말한다. 특별지방자치단체는
자치권의 범위가 특별한 목적에 한정된 지방자치단체이다. 특별지방자치단체는
「조직과 수행사무가 일반적이고 보편적인 보통지방자치단체」와 대비된다. 근거법
을 기준으로 할 때 특별지방자치단체에는 지방자치법에 의한 특별지방자치단체와
특별법에 의한 특별지방자치단체로 구분할 수 있다.

2. 지방자치법상 특별지방자치단체

(1) 지방자치법 제12장의 특별지방자치단체   지방자치법 제 2 조 제 3 항은
"제 1 항의 지방자치단체(특별시, 광역시, 특별자치시, 도, 특별자치도와 시, 군, 구) 외에 특정한
목적을 수행하기 위하여 필요하면 따로 특별지방자치단체를 설치할 수 있다. 이 경
우 특별지방자치단체의 설치 등에 관하여는 제12장에서 정하는 바에 따른다"고 하
는바, 지방자치법 제12장에 따른 지방자치단체는 지방자치법이 명시적으로 규정하
는 특별지방자치단체에 속한다.

(2) 지방자치법 제 8 장 제 3 절의 지방자치단체조합
(가) 견해의 대립   지방자치법 제176조 이하에서 규정되고 있는 지방자치단체
조합은 주민이 아니라 보통지방자치단체를 구성요소로 하는바, 특별지방자치단체
에 해당하는지에 관해 논란이 있다. 특별지방자치단체는 주민을 구성요소로 하는

경우와 보통지방자치단체를 구성요소로 하는 경우가 있다는 견해와[1] 특별지방자
치단체도 주민을 구성요소로 한다는 견해가 있다.[2]

(나) 사 견　　특별지방자치단체는 특정한 목적을 위한 특별한 조직이라는 점,
특별지방자치단체도 반드시 주민을 구성요소로 하여야 한다는 원칙은 없다는 점,
지방자치법 제12장이 규정하는 특별지방자치단체도 주민이 아니라 지방자치단체를
구성요소로 한다는 점 등에 비추어 지방자치법 제176조 이하에서 규정되고 있는
지방자치단체조합은 지방자치법에서 특별지방자치단체로 명시적으로 규정된 것은
아니지만, 해석상 특별지방자치단체의 한 종류로 볼 것이다.[3]

(다) 실정법상 예　　지방교부세법은 「"지방자치단체"란 「지방자치법」 제 2 조 제
1 항 및 제 2 항에 따른 특별시·광역시·특별자치시·도·특별자치도 및 시·군·자
치구와 같은 법 제176조 제 1 항에 따른 지방자치단체조합을 말한다」 하여 지방자
치단체조합을 지방자치단체의 한 종류로 규정하고 있다(동법 제 2 조 제 2 호).

3. 특별법상 특별지방자치단체

입법자는 주민의 복지증진을 위해 정한 목적을 수행하기 위하여 개별 법률에
서 특별지방자치단체의 설립을 규정할 수도 있다. 개별 법률을 통하여 특별지방자
치단체를 설립할 것인지 여부는 입법자의 형성의 자유의 영역에 속한다.

제 2 항　지방자치단체의 구역

Ⅰ. 구역의 관념

1. 구역의 의의

구역이란 지방자치단체 구성요소의 하나로서 자치권이 미치는 지역적 범위를
말한다. 구역은 단순한 행정상의 구획이 아니다. 구역이란 지방자치단체가 자치권

---

1) 김동희, 행정법 Ⅱ(2014), 56쪽.
2) 김철용, 행정법 Ⅱ, 74쪽; 이기우·하승수, 지방자치법, 64쪽.
3) 권영성, 헌법학원론, 242쪽; 김남철, 행정법강론(2014), 916쪽; 김성수, 개별행정법, 344쪽; 류지
　태·박종수, 행정법신론, 867쪽; 박균성, 행정법론(하)(2014), 67쪽; 박윤흔·정형근, 최신행정법강의
　(하), 85쪽; 석종현·송동수, 일반행정법(하), 93쪽; 정하중, 행정법개론(2014), 960쪽; 조연홍, 한국행
　정법원론(하), 123쪽; 한견우, 현대행정법강의, 671쪽.

한을 행사할 수 있는 장소적 범위'를 뜻한다.[1] 지역사단인 지방자치단체는 공간적으로 구획된 국토의 일부분을 구성요소로 한다. 어느 지방자치단체에도 속하지 아니하는 토지는 없다.[2] 구역설정에는 주민의 단합·결속력과 급부력 등이 고려되어야 한다.[3] 구역은 토지에 대한 소유권자가 누구인가의 문제와는 무관하다.

2. 구역의 범위

(1) 원 칙   지방자치단체의 구역은 종전과[4] 같이 한다(지자법 제 5 조 제 1 항). 종전이란 지역의 자연적인 발전을 기초로 하여 역사적으로 정해져온 구획을 의미한다.[5] 종전과 같다는 것은 지방자치법이 제정될 때까지 역사적으로 인정되고 있는 구역을 해당 지방자치단체의 구역으로 한다는 것을 의미한다. 구역의 경계는 지적부 등으로 파악될 수 있다.[6] 지방자치법 제 5 조 제 1 항을 비롯한 관할구역에 관한 규정들은 대한민국 법률이 제정되기 이전부터 있어온 지방자치단체의 관할구역 경계에 대하여 법적 효력을 부여하고 있다.[7] 헌법 제118조 제 2 항은 '지방자치단체의 조직과 운영에 관한 사항'을 법률로 정하도록 하고 있는바, 이에는 지방자치단체의 관할구역이 포함된다.[8] 입법례에 따라서는 구역에 관한 기준을 두기도 한다.[9]

(2) 공유수면

(가) 바다가 지방자치단체의 구역에 속하는지의 여부

(a) 학 설   ① 긍정설은 지방자치단체가 바다에서도 행정권한을 행사하고 있음을 논거로 한다. 예컨대 지방자치법 제13조 제 2 항(제 1 항에 따른 지방자치단체의 사무

---

1) 헌재 2020. 7. 16, 2015헌라3.

2) 독일의 경우, 국토는 게마인데나 크라이스로 나누어지고, 크라이스구역은 통상 여러 개의 게마인데 구역으로 나누어진다. 다만 크라이스에 속하지 아니하는 시 때문에 예외가 생긴다. 또한 공공복지를 이유로 게마인데에 속하지 아니하는 지역(예: 군사훈련장)을 둘 수도 있으며, 이러한 지역에 대한 행정권한에 관해서는 란트법률에서 규율된다(K. Waechter, Kommunalrecht, Rn. 25). 독일 Niedersachsen의 경우에는 내무부가 명령으로 정한다(동 게마인데법 제16조 제 3 항 제 3 문).

3) Dols/Plate, Kommunalrecht, Rn. 110.

4) 헌재 2008. 12. 26, 2005헌라11 전원재판부; 헌재 2006. 8. 31, 2003헌라1.

5) 헌재 2015. 7. 30, 2014헌라2.

6) 헌재 2008. 12. 26, 2005헌라11 전원재판부.

7) 헌재 2019. 4. 11, 2015헌라2.

8) 헌재 2020. 7. 16, 2015헌라3.

9) 예컨대 독일 Niedersachsen 게마인데법 제16조 제 1 항에 의하면, 기초지방자치단체인 게마인데의 구역은 주민의 연대감이 지켜지고, 자신의 사무를 수행하는 게마인데의 급부력이 확보되도록 책정되어야 한다. 따라서 주민의 지역적인 연대감의 요건으로 인해 게마인데의 구역이 지나치게 넓을 수 없고, 급부력의 요건으로 인해 게마인데의 구역이 지나치게 좁을 수도 없다고 하게 된다(Schwirzke/ Sandfuchs, Allgemeines Niedersächsisches Kommunalrecht, S. 33).

를 예시하면 다음 각 호와 같다. …) 제 3 호(3. 농림·수산·상공업 등 산업 진흥에 관한 사무) 나목
(농산물·임산물·축산물·수산물의 생산 및 유통 지원)과, 수산업법 제 8 조, 제41조 제 2 항,
공유수면관리 및 매립에 관한 법률 제 4 조 제 2 항(다음 각 호의 어느 하나에 해당하는 공
유수면은 해양수산부장관이 관리하고, 그 밖의 공유수면은 대통령령으로 정하는 바에 따라 특별시장·광
역시장·특별자치시장·도지사·특별자치도지사 또는 시장·군수·구청장(구청장은 자치구의 구청장을 말한
다. 이하 같다)이 관리한다. 1. 「배타적 경제수역 및 대륙붕에 관한 법률」 제 2 조에 따른 배타적 경제수
역, 2. 그 밖에 대통령령으로 정하는 공유수면), 골재채취법 제22조 제 1 항[골재를 채취하려는 자
는 대통령령으로 정하는 바에 따라 관할 시장·군수 또는 구청장(…)의 허가를 받아야 한다(단서 생략)]
등이 해양에 관한 관리·감독권한을 시장·군수에게 부여하고 있음을 논거로 한다.
② 부정설은 지방자치단체의 장이 어업 등에 관한 행정권한을 행사하는 것은 국가
의 지방행정기관으로서 권한을 행사하는 것이지 지방자치단체의 집행기관으로서
권한을 행사하는 것은 아니라는 것을 논거로 한다. 긍정설이 다수설이다.[1]

　(b) 판 례   헌법재판소는 긍정설을 취한다.[2] 대법원은 긍정설을 취하는 것으
로 보인다.[3]

　(c) 사 견   지방자치단체는 국가의 구성부분으로서 지방자치단체의 총체가 국
가를 구성한다는 시각에서 볼 때, 특별법으로 예외를 설정하지 않는 한 지방자치단
체의 구역에 속하지 않는 공유수면을 인정한다는 것은 곤란하다. 헌법재판소의 다
수견해가 제시하는 논거가 보다 타당하다. 긍정설이 타당하다.

　(나) 해상경계선의 획정기준   헌법재판소는 획정기준으로 국립지리원이 간행한
지형도상의 해상경계선을 제시하다가 형평의 원칙(등거리 중간선 원칙 포함)으로 변경하
였다.

　1) 국립지리원 간행 지형도상 해상경계선   헌법재판소는 당진군과 평택시 간의
권한쟁의에서[4] "공유수면의 행정구역 경계에 대하여 법률상의 규정이 존재하지 않
는다. … 국립지리원이 간행한 지형도상의 해상경계선은 불문법상의 해상경계로 인
정된다고 할 것이므로, 공유수면인 해상에서의 경계는 지형도상의 해상경계선을
기준으로 확인되어야 할 것이다"고 하였다. 헌법재판소의 종전의 견해이다.

　2) 형평의 원칙(등거리 중간선 원칙)   헌법재판소는 홍성군과 태안군 등 간의 권한

---

1) 최우용, "지방자치단체의 구역 및 경계에 관한 법적 과제," 지방자치법연구, 통권 제31호, 99쪽;
　박균성, 행정법론(하), 77쪽.
2) 헌재 2021. 2. 25, 2015헌라7(자치권이 미치는 관할구역의 범위에는 육지는 물론 바다도 포함되므
　로, 공유수면에 대해서도 지방자치단체의 자치권한이 존재한다고 보아야 한다).
3) 대판 1978. 4. 25, 78누42; 대판 2007. 5. 10, 2007다8211.
4) 헌재 2004. 9. 23, 2000헌라2.

쟁의에서1) "국가기본도상의 해상경계선에 어떠한 규범적 효력을 인정할 수는 없다. … 해상경계에 관한 불문법도 존재하지 않으면, … 헌법재판소로서는 그 지리상의 자연적 조건, 관련 법령의 현황, 연혁적인 상황, 행정권한 행사 내용, 사무 처리의 실상, 주민의 사회·경제적 편익 등을 종합하여 형평의 원칙에 따라 합리적이고 공평하게 이 사건 쟁송해역에서의 해상경계선을 획정할 수밖에 없다 할 것이다. 형평의 원칙에 따라 이 사건 쟁송해역에서의 해상경계선을 획정함에 있어 고려해야 할 구체적인 요소들에 대해서 살펴본다. 첫째, 등거리 중간선 원칙이 고려되어야 한다. …. 둘째, 이 사건 공유수면의 지리적 특성상 일정한 도서들의 존재를 고려해야 한다. …. 셋째, 관련 행정구역의 관할 변경도 고려되어야 한다. …. 넷째, 이 사건 쟁송해역에 대한 행정권한의 행사 연혁이나 사무 처리의 실상, 주민들의 편익도 함께 살펴보아야 한다"고 하였다. 변경된 견해는 그대로 유지되고 있다.2)

(3) 구역의 한계   해안을 접하고 있는 경우에는 국토(영토)의 한계가 바로 지방자치단체의 구역의 한계가 된다.3) 그리고 지방자치단체의 구역에 지하와 대기도 포함된다.4)

3. 매립지외 등록누락지의 특례5)

지방자치법은 「공유수면 관리 및 매립에 관한 법률」에 따른 매립지와 「공간정보의 구축 및 관리 등에 관한 법률」 제 2 조 제19호의 지적공부(이하 "지적공부"라 한다)에 등록이 누락되어 있는 토지의 귀속 지방자치단체의 결정에 관한 특례를 규정하고 있다(지자법 제5조 제4항). 헌법재판소는 특례를 합헌이라 하였다.6) 헌법재판소는

---

1) 헌재 2015. 7. 30, 2010헌라2.
2) 헌재 2021. 2. 25, 2015헌라7.
3) 헌재 2006. 8. 31, 2003헌라1.
4) 구판에서는 항공관리, 전파관리 등과 관련하여 대기는 국가권력의 지배영역임을 이유로 대기는 지방자치단체의 구역에 포함되지 않는 것으로 보았으나, 제 2 판부터 대기도 지방자치단체의 구역에 포함되는 것으로 견해를 바꾼다. 입법 여하에 따라 일정 영역에서 대기관련 사무를 지방자치단체의 자치사무로 규정할 수 있음은 당연하기 때문이다.
5) [관련논문] 정남철, "헌법재판소의 공유수면 해상경계 확정에 따른 어업면허처분의 법적 효력," 지방자치법연구, 통권 제71호, 423쪽.
6) (평택·당진항 매립지에 관한 지방자치단체 관할 귀속 결정 사건에서) 지방자치법 제 4 조 제 3 항부터 제 7 항이 행정안전부장관 및 그 소속 지방자치단체 중앙분쟁조정위원회(이하 '위원회'라 한다)의 매립지 관할 귀속에 관한 의결·결정의 실체적 결정기준이나 고려요소를 구체적으로 규정하지 않았다고 하더라도 지방자치제도의 본질을 침해하였다거나 명확성 원칙, 법률유보원칙에 반한다고 볼 수 없다(대판 2021. 2. 4, 2015추528); 헌재 2020. 7. 16, 2015헌라3.
   [참고] 헌법재판소도 충청남도, 당진시, 아산시가 피고, 평택시, 국토교통부장관을 상대로 제기한 권한쟁의심판 사건에 관한 2020. 7. 16. 선고 2015헌라3 결정에서 2009. 4. 1. 개정된 지방자치법 제 4 조가 합헌임을 전제로, 개정된 지방자치법 제 4 조가 시행된 이후로는 공유수면 매립지의 관할 귀

"신생 매립지는 개정 지방자치법 제 4 조 제 3 항(현행법 제 5 조 제 4 항)에 따라 같은 조 제 1 항이 처음부터 배제되어 종전의 관할구역과의 연관성이 단절되고, 행정안전부장관의 결정이 확정됨으로써 비로소 관할 지방자치단체가 정해지며, 그 전까지 해당 매립지는 어느 지방자치단체에도 속하지 않는다 할 것이다"는 견해를 취한다.[1] 따라서 국가가 매립지가 속할 지방자치단체를 결정하지 않은 상태에서, 토지소유자 또는 매립면허취득자가 임의로 특정 지방자치단체의 장에게 토지 신규등록을 신청하여 지적공부 등록을 마쳤더라도 이는 권한 없는 행정청에 의한 처분으로서 당연무효이다.[2]

[특례절차 흐름도]

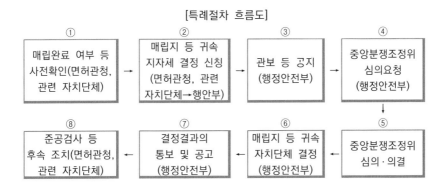

(1) 결정권자

(가) 의 의   지방자치법 제 5 조 제 1 항 및 제 2 항에도 불구하고 다음 각 호(1. 「공유수면 관리 및 매립에 관한 법률」에 따른 매립지, 2. 「공간정보의 구축 및 관리 등에 관한 법률」 제 2 조 제19호의 지적공부(이하 "지적공부"라 한다)에 등록이 누락된 토지)의 지역이 속할 지방자치단체는 제 5 항부터 제 8 항까지의 규정에 따라 행정안전부장관이 결정한다(지자법 제 5 조 제 4 항).[3]

(나) 제도의 변화   매립지 등의 특례조항은 2009. 4. 1. 개정 지방자치법에 신설되었다. 그 이전에는 공유수면의 매립지 등의 귀속에 관한 규정이 없었고, 특히 바다인 공유수면의 매립지의 귀속을 둘러싸고 여러 차례 분쟁이 발생하였다. 이러한 분쟁은 헌법재판소의 권한쟁의심판을 통해 해결되었다. 그러나 매립지 등의 특

속 문제는 헌법재판소가 관장하는 권한쟁의심판의 대상에 속하지 않는다고 판단하였다. 따라서 개정된 지방자치법 제 4 조가 헌법재판소의 권한쟁의심판 권한을 침해한다고 볼 수 없다.

1) 헌재 2020. 7. 16. 2015헌라3; 헌재 2020. 9. 24. 2016헌라1; 헌재 2020. 9. 24. 2016헌라4.
2) 대판 2021. 2. 4. 2015추528.
3) 대판 2013. 11. 14. 2010추73.

례조항이 도입됨으로써 매립지 등의 귀속주체의 결정방식이 변경되었다.

(2) 신청주의

(가) 의 의   지방자치법은 매립지와 등록누락지의 귀속 지방자치단체의 결정절차를 관련 행정청의 신청에 따라 개시하도록 규정하고 있다. 즉 신청주의를 취하고 있다.

(나) 신청권자   제 4 항 제 1 호의 경우(매립지)는 「공유수면 관리 및 매립에 관한 법률」 제28조에 따른 매립면허관청(이하 이 조에서 "면허관청"이라 한다) 또는 관련 지방자치단체의 장,[1] 제 4 항 제 2 호의 경우(등록누락지)에는 「공간정보의 구축 및 관리 등에 관한 법률」 제 2 조 제18호에 따른 지적소관청(이하 이 조에서 "지적소관청"이라 한다)이 그 지역이 속할 지방자치단체의 결정을 신청하여야 한다(지자법 제 5 조 제 5 항). 제 4 항 제 1 호에 따른 매립지의 매립면허를 받은 자는 면허관청에 해당 매립지가 속할 지방자치단체의 결정 신청을 요구할 수 있을 뿐이다(지자법 제 5 조 제 5 항).

(다) 신청시기   면허관청 또는 관련 지방자치단체의 장은 「공유수면 관리 및 매립에 관한 법률」 제45조에 따른 준공검사를 하기 전에, 지적소관청은 지적공부에 등록하기 전에 해당 매립지가 속할 지방자치단체의 결정을 신청하여야 한다(지자법 제 5 조 제 5 항).

  ▣ 참고 ‖   지방자치법 제 5 조 제 5 항의 「준공검사 전」의 의의

공유수면매립은 「제방축조 → 준설토 매립 → 연약지반 처리」의 순으로 이루어지고, 준공검사 신청은 매립완료 후, 즉 연약지반 처리 완료 후에 이루어짐을 전제로 「준공검사 전」의 의의를 검토한다.

(1) 제도의 취지   지방자치법 제 5 조 제 4 항에서 매립지 관할 구역 결정 신청을 준공검사 전에 하라고 한 것은 준공과 더불어 개별 법령(각종 인허가 관련 법률 등)이 적용될 수 있도록 하여 매립지를 바로 활용할 수 있도록 하기 위한 것으로 판단된다.

---

1) 대판 2021. 2. 4, 2015추528[① 2009. 4. 1. 지방자치법 제 4 조 개정 전에는 공유수면 매립지의 관할 귀속이 주로 '기초 지방자치단체들 상호간'의 권한쟁의심판 절차를 통해 결정되었고(헌재 2004. 9. 23, 2000헌라2 참조), 그에 따른 문제점을 해소하기 위하여 2009. 4. 1. 지방자치법 제 4 조가 개정되어 행정안전부장관의 매립지 관할 귀속 결정 절차가 신설된 점, ② 우리나라에서는 지방자치단체를 두 가지 종류로 구분하여 특별시, 광역시, 특별자치시, 도, 특별자치도(통틀어 '시·도'라고 한다)와 같은 광역 지방자치단체 안에 시·군·구와 같은 기초 지방자치단체를 두고 있으므로(구 지방자치법 제 2 조 제 1 항, 제 3 조 제 2 항), 어떤 매립지가 특정 기초 지방자치단체의 관할구역으로 결정되면 그와 동시에 그 기초 지방자치단체가 속한 광역 지방자치단체의 관할구역에도 포함되는 것으로 보아야 하는 점 등을 고려하면, 지방자치법 제 4 조 제 4 항에서 매립지 관할 귀속 결정의 신청권자로 규정한 '관련 지방자치단체의 장'에는 해당 매립지와 인접해 있어 그 매립지를 관할하는 지방자치단체로 결정될 가능성이 있는 '기초 및 광역 지방자치단체의 장'을 모두 포함한다고 보아야 한다].

(2) 「준공검사 전」의 의미   앞에서 언급한 규정의 취지를 고려할 때, 지방자치단체 중앙분쟁조정위원회의 심의에 소요되는 기간, 장관의 통지처분에 소요되는 기간 등을 고려하여 「준공검사 전」의 의미를 새겨야 할 것이다.

(3) 결 론   연약지반 처리기간이 앞의 (2)에서 언급한 기간을 합산한 것보다 짧다면, 준설토 매립시에 신청할 수도 있을 것이고, 길다면, 연약지반 처리 기간에 하는 것이 바람직할 것이다.

(라) 신청방법   면허관청 또는 관련 지방자치단체의 장이나 지적소관청은 해당 지역의 위치, 귀속희망 지방자치단체(복수인 경우를 포함한다) 등을 명시하여 행정안전부 장관에게 그 지역이 속할 지방자치단체의 결정을 신청하여야 한다(지자법 제 5 조 제 5 항).

(마) 신청의 공고   행정안전부장관은 제 5 항에 따른 신청을 받은 후 지체 없이 제 5 항에 따른 신청내용을 20일 이상 관보나 인터넷 홈페이지에 게재하는 등의 방법으로 널리 알려야 한다. 이 경우 알리는 방법, 의견 제출 능에 관하여는 「행정절차법」 제42조·제44조 및 제45조를 준용한다(지자법 제 5 조 제 6 항).

(바) 결 정

1) 의의   행정안전부장관은 제 6 항에 따른 기간이 끝나면 다음 각 호에서 정하는 바에 따라 결정하고, 그 결과를 면허관청이나 지적소관청, 관계 지방자치단체의 장 등에게 통보하고 공고하여야 한다(지자법 제 5 조 제 7 항).

2) 결정방식   ① 제 6 항에 따른 기간 내에 신청내용에 대하여 이의가 제기된 경우에는 제166조에 따른 지방자치단체중앙분쟁조정위원회(이하 이 조 및 제 6 조에서 "위원회"라 한다)의 심의·의결에 따라 제 4 항 각 호의 지역이 속할 지방자치단체를 결정한다(지자법 제 5 조 제 7 항 제 1 호). ② 제 6 항에 따른 기간 내에 신청내용에 대하여 이의가 제기되지 아니한 경우에는 위원회의 심의·의결을 거치지 아니하고 신청내용에 따라 제 4 항 각 호의 지역이 속할 지방자치단체를 결정한다(지자법 제 5 조 제 7 항 제 2 호).

(3) 지방자치단체중앙분쟁조정위원회의 심의·의결

(가) 관계기관 의견청취

1) 의견제출 기회의 부여   지방자치단체중앙분쟁조정위원회의 위원장은 제 7 항 제 1 호에 따른 심의과정에서 필요하다고 인정되면 관계 중앙행정기관 및 지방자치단체의 공무원 또는 관련 전문가를 출석시켜 의견을 듣거나 관계 기관이나 단체에 자료 및 의견 제출 등을 요구할 수 있다(지자법 제 5 조 제 8 항 제 1 문). 이 경우 관계 지방자치단체의 장에게는 의견을 진술할 기회를 주어야 한다(지자법 제 5 조 제 8 항 제 2

문). 관계 지방자치단체의 장에게 의견진술의 기회를 주는 것은 의무적이다. 분쟁당사자에게 의견진술의 기회를 주지 아니한 채 이루어진 분쟁조정위원회의 의결(議決)은 위법한 것이 된다.[1] 지방의회의 의견청취절차는 요하지 아니한다.[2]

2) 제출자료의 범위　관계 기관으로부터 의견을 청취하는 경우, 위원회의 위원장이 제출을 요구하는 자료나 의견에 관해 지방자치법이 명시하는 것은 없다. 그럼에도 위원장은 합리적인 결정을 위하여 필요하다고 판단되는 자료의 제출을 요구하여야 한다. 뿐만 아니라 관계 기관이 임의로 제출하는 자료나 의견일지라도 합리적인 결정에 필요하다면 반영하여야 한다.[3]

3) 의견표명의 방법　지방자치법 제 5 조 제 8 항은 "위원회의 위원장은 … 관계 중앙행정기관 및 지방자치단체의 공무원 또는 관련 전문가를 출석시켜 의견을 듣거나 관계 기관이나 단체에 자료 및 의견 제출 등을 요구할 수 있다…"고 규정하고 있다. 따라서 지방자치법 제 5 조 제 8 항에 따라 관계 기관 등이 의견을 표명하는 방법에는 구술로 하는 방법과 서면으로 하는 방법이 있다. 특정의 방법이 강제되는 것은 아니다.

4) 의견표명의 대상기관　지방자치법 제 5 조 제 8 항은 "위원회의 위원장은 제 7 항 제 1 호에 따른 심의과정에서 … 공무원 또는 관련 전문가를 출석시켜 의견을 듣거나 관계 기관이나 단체에 자료 및 의견 제출 등을 요구할 수 있다…"고 규정하고 있다. 위원회는 전원위원회에서 심의를 하지만, 전원위원회에서 일정 수(소위원회제) 또는 특정 위원(주심제)에게 일정사항에 대하여 심의 내지 검토를 위탁하기도 한다. 지방자치법 제 5 조 제 9 항에서 말하는 "심의과정"이란 전원위원회에서의 심의만을 의미한다고 볼 필요는 없다. 소위원회나 주심에 의한 심의 내지 의견청취도 지방자치법 제 5 조 제 9 항에서 말하는 "심의과정"에 해당한다고 볼 것이다.[4]

(나) 심의 · 의결의 대상[5]

1) 매립지가 속할 지방자치단체의 결정　위원회가 심의 · 의결하여야 할 사항은 매립지가 속할 지방자치단체의 결정이다(지자법 제 5 조 제 7 항 제 1 호).

2) 매립지 조성 비용 및 관리 비용 부담

(a) 의 의　행정안전부장관은 제 4 항 각 호의 지역이 속할 지방자치단체 결정

---

1) 홍정선 · 최윤영, "한국의 지방자치단체 분쟁조정위원회," 지방자치법연구, 통권 제43호, 69쪽.
2) 대판 2013. 11. 14, 2010추73.
3) 홍정선 · 최윤영, "한국의 지방자치단체 분쟁조정위원회," 지방자치법연구, 통권 제43호, 69쪽.
4) 홍정선 · 최윤영, "한국의 지방자치단체 분쟁조정위원회," 지방자치법연구, 통권 제43호, 70쪽.
5) 이하 홍정선 · 최윤영, "한국의 지방자치단체 분쟁조정위원회," 지방자치법연구, 통권 제43호, 70쪽 이하에서 인용.

과 관련하여 제 7 항 제 1 호에 따라 위원회의 심의를 할 때, 매립지 조성 비용 및
관리 비용 부담 등에 관한 조정(調整)이 필요한 경우에 위원회의 심의·의결에 따라
조정할 수 있다(지자법 제5 조 제11항).

(b) 취 지   중앙분쟁조정위원회가 매립지가 속할 지방자치단체를 결정할 때,
매립지 조성과 관련된 비용을 부담한 지방자치단체를 관할지방자치단체로 결정하
지 아니하고, 그 대신 비용을 부담하지 아니하거나 조금 부담한 지방자치단체를 관
할 지방자치단체로 결정하게 되면, 공평의 견지에서 비용을 부담한 지방자치단체
와 관할 지방자치단체로 지정된 지방자지단제 사이에 이해의 조질은 불가피하다.
이 조항은 이러한 필요에 따른 것이다. 이 조항은 2022. 1. 13. 시행 지방자치법 전
부개정법률에서 신설된 것이다. 저자는 이 조항이 신설되기 전에 매립지 조성과 관
련하여 비용 부담의 문제가 있는 경우, 위원회는 비용부담에 관한 사항을 직권으로
심의·의질할 수 있다는 견해를 취하였다.[1] 판례의 견해는 달라 보였다.[2]

(c) 심의·의결절차   매립지 조성 비용 및 관리 비용 부담 문제는 지방자치단체
상호 간의 분쟁의 성질을 갖는바 지방자치단체 상호 간의 분쟁조정을 규정하는 지
방자치법 제165조 제 1 항부터 제 3 항이 정하는 심의·의결 절차의 적용대상일 수
있다. 그러나 지방자치법은 이러한 비용 부담 문제에 대한 심의·의결을 매립지가
속할 지방자치단체의 결정의 한 부분으로 보아 "매립지 조성 비용 및 관리 비용 부
담의 심의·의결은 당사자의 신청 또는 직권으로 개시된다(지자법 제5 조 제11항)"고 규
정하고 있다. 지방자치법 제 5 조 제11항의 심의·의결 부분은 지방자치법 제165조
제 1 항부터 제 3 항에 대한 특칙조항이다.

(d) 적용대상인 시·군 및 자치구   지방자치법 제 5 조 제11항은 「같은 시·도 안
에 있는 관계 시·군 및 자치구 상호 간 매립지 조성 비용 및 관리 비용 부담 등에
관한 조정이 필요한 경우」에 적용된다. 시·도를 달리하는 관계 시·군 및 자치구
상호 간 매립지 조성 비용 및 관리 비용 부담 문제는 적용대상이 아니다.

(e) 조정 결과의 통보 및 조정결정사항의 이행   조정 결과의 통보 및 조정결정사
항의 이행은 지방자치법 제165조 제 4 항부터 제 7 항까지의 규정에 따른다(지자법
제 5 조 제11항).

(다) 결정기준

1) 종전의 헌법재판소에 의한 결정기준   종전에 헌법재판소는 "지방자치단체가

1) 졸저, 신지방자치법 제4판, 132쪽 이하.
2) 대판 2015. 9. 24, 2014추613.

관할하는 공유수면에 매립된 토지에 대한 관할권한은 당연히 당해 공유수면을 관할하는 지방자치단체에 귀속된다"고 하면서[1] 종래 특정한 지방자치단체의 관할구역에 속하던 공유수면이 매립되는 경우에 1918년에 제작된 지형도상의 해상경계선이 그 기준이 된다고 하였다.[2] 지형도가 존재하지 않거나 지형도상에 해상경계선이 제대로 표시되어 있지 아니한 경우에는 국토지리정보원이 발행한 국가기본도 중 1948. 8. 15.에 가장 근접한 것을 기준으로 판단하였다.[3] 그러나 헌법재판소는 2014헌라2 결정에서 국가기본도상의 해상경계선을 불문법상의 해상경계선으로 인정해 온 종래의 입장을 폐기하였다.[4] 이러한 견해도 계속 유지되고 있다.[5]

  2) 현행법상 결정기준

  (a) 학 설   현행법상 정부와 대법원에 의한 결정의 기준을 제시하는 규정은 보이지 아니한다. 해석상 ① 종전의 헌법재판소가 취했던 결정과 마찬가지로 해상경계선을 기준으로 하여야 한다는 견해(해상경계선 기준설), ② 종전의 헌법재판소가 취했던 결정과 달리 해상경계선과 무관하게 공공복지적합성을 기준으로 하여야 한다는 견해(공공복지적합설),[6] ③ 해상경계선과 공공복지적합성을 모두 고려하여야 한다는 견해(절충설)가 있을 수 있다.[7] 생각건대 헌법재판소에 의한 결정방식이 확립되어 가는 상황 하에서 매립지 등의 특례조항이 2009. 4. 1. 개정 지방자치법에 신설되었음을 고려한다면 ①의 견해를 취하기는 어렵다. 한편, 일설이 지적하는 바와 같이[8] 지형도상의 해상경계선을 행정구역 경계선으로 인정해온 행정관행이 존재

---

  1) 헌재 2004. 9. 23, 2000헌라2 전원재판부.
  2) 헌재 2006. 8. 31, 2003헌라1 전원재판부.
  3) 헌재 2011. 9. 29, 2009헌라3.
  4) 헌재 2015. 7. 30, 2014헌라2.
  5) (평택. 당진항 매립지에 관한 지방자치단체 관할 귀속 결정 사건에서) 해상의 공유수면의 밑바닥 (海底, sea bed)은 물권의 객체인 '토지'로 보지 않으므로 여기에 매립공사를 시행하여 매립지를 조성하면 종전에 존재하지 않았던 토지가 새로 생겨난 경우에 해당하며, 새로 생겨난 토지는 종전에 어느 지방자치단체에도 속하지 않았으므로 국가가 지방자치법 제 4 조 제 1 항(현행법 제 5 조 제 1 항) 본문에 의하여 법률의 형식으로 또는 지방자치법 제 4 조 제 3 항(현행법 제 5 조 제 4 항)에 의하여 행정안전부장관의 결정의 형식으로 관할 지방자치단체를 정하여야 하며, 그 전까지는 어느 지방자치단체에도 속하지 않는다. 따라서 '해상 공유수면'과 그 '매립지'는 법적 성질을 전혀 달리하는 것이며, 공유수면의 이용과 매립지의 이용은 그 방법과 내용을 달리하므로, 공유수면의 해상경계기준을 매립지의 관할 귀속 결정에까지 그대로 적용할 수는 없다(대판 2021. 2. 4, 2015추528); 헌재 2020. 7. 16, 2015헌라3.
  6) 공공복지적합성의 의미는 본서, 132쪽 (4) (가) 참조.
  7) 최우용 교수는 ①을 해상경계선 기준긍정설, ②를 해상경계선 기준 반대설, ③을 절충설이라 부르고 있다(동교수, "지방자치단체의 구역 및 경계에 관한 법적 과제," 지방자치법연구, 통권 제31호, 101쪽 이하 참조).
  8) 최우용, "지방자치단체의 구역 및 경계에 관한 법적 과제," 지방자치법연구, 통권 제31호, 103쪽 이하 참조.

하고, 또한 행정판례법상으로도 인정된 바 있음을 부인할 수도 없다. 따라서 절충설이 바람직하다고 본다. 다만 절충설을 취한다고 하여도 해상경계선과 공공복지 적합성 중 어느 것에 중점을 둘 것인지는 결정권자의 재량에 놓인다고 볼 것이다.

(b) 판 례   대법원은 새만금 제 3 호·제 4 호 방조제 관할구역 사건에서 "매립지가 속할 지방자치단체를 정할 때 ⓐ 효율적인 신규 토지의 이용이 가능하도록 해야 하고, ⓑ 해상경계선만을 기준으로 관할 결정을 할 것은 아니고, ⓒ 행정의 효율성이 현저히 저해되지 않아야 하고, ⓓ 매립지 거주 주민들의 입장에서 어느 지방자치단체의 관할구역에 편입되는 것이 주거생활 및 생업에 편리할 깃인지를 고려해야 하고, ⓔ 매립으로 인근 지방자치단체들 및 그 주민들은 그 인접 공유수면을 상실하게 되므로 이로 말미암아 잃게 되는 지방자치단체들의 해양 접근성에 대한 연혁적·현실적 이익 및 그 주민들의 생활기반 내지 경제적 이익을 감안해야 한다"고 하여 절충설을 취하였다.[1]

(다) 의 결   ① 충분한 심의가 이루어지면, 중앙분쟁조정위원회는 의결을 하게 된다.[2] 의결 그 자체는 행정처분이 아니다. ② 중앙분쟁조정위원회는 상정된 안건에 대해 당사자 간 이견이 없는 경우 등 위원장이 필요하다고 인정하는 경우에는 안건을 서면으로 의결할 수 있다(중앙분쟁조정위원회 운영세칙 제 5 조의1). 조문상으로는 당사자 간 이견이 없는 경우 등으로 규정되고 있으나, 저자의 실무경험상 이견이 있는 경우에 서면결의를 한 예는 찾아볼 수 없다. 분쟁조정위원회는 위원장을 포함한 위원 7명 이상의 출석으로 개의하고, 출석위원 3분의 2 이상의 찬성으로 의결한다(지자법 제167조 제 1 항).

(4) 조정결의 통보   행정안전부장관은 제169조에 따른 지방자치단체중앙분쟁조정위원회의 심의·의결에 따라 제 4 항 각 호의 지역이 속할 지방자치단체를 결정

---

1) 대판 2013. 11. 14, 2010추73. 한편, 일설은 이 판결에서 대법원이 매립지 관할 결정의 방향기준을 제시한 것은 사법부가 구체적인 형량기준을 제시한 것으로써 매립지 관할 결정에 관한 행정자치부의 형성의 자유를 과도하게 제한하는 것으로 볼 수 있다고 한다(윤수정, "공유수면 매립지의 경계획정에 관한 공법적 고찰—대법원 2013. 11. 14. 선고 2010추73 판결에 대한 비판적 검토를 중심으로—," 지방자치법연구, 통권 제52호, 339쪽). 그러나 이 판결에서 대법원이 매립지 관할 결정의 방향기준으로 제시한 내용은 그 전 단계에서 지방자치단체 중앙분쟁조정위원회가 결정문에서 결정이유로 적시한 사항이므로, 사법부가 매립지 관할 결정에 관한 행정자치부의 형성의 자유를 과도하게 제한하는 것이 아니라 행정자치부(엄밀히는 지방자치단체 중앙분쟁조정위원회)의 형성의 자유를 존중한 것으로 볼 것이다. 국가나 사회의 환경 변화에 따라 지방자치단체 중앙분쟁조정위원회는 새로운 기준을 추가할 수도 있을 것이다: 김희곤, "당진·평택 공유수면 매립지 관련 2015헌라3 결정과 지방자치법적 과제," 지방자치법연구, 통권 제67호, 69쪽 이하.
2) 저자가 중앙분쟁조정위원회에 관여할 당시 주민의 편의, 국토의 효율적 이용, 행정의 효율성, 역사적 측면, 그 밖에 국가의 미래발전에 대한 방향 등을 종합적으로 고려하여 의결하였다.

하고, 그 결과를 면허관청이나 지적소관청, 관계 지방자치단체의 장 등에게 통보하고 공고하여야 한다(지자법 제 5 조 제 7 항). 행정안전부장관이나 시·도지사가 분쟁조정위원회의 심의·의결에 따르도록 한 것은 매립지결정에 준사법적 기능을 부여함으로써 분쟁을 종국적으로 해결하기 위한 것으로 볼 수 있다. 당사자에게 통지된 결정은 행정처분의 성질을 갖는다.

(5) 불복과 재처분

(가) 불 복   관계 지방자치단체의 장은 제 4 항부터 제 7 항까지의 규정에 따른 행정안전부장관의 결정에 이의가 있으면 그 결과를 통보받은 날부터 15일 이내에 대법원에 소송을 제기할 수 있다(지자법 제 5 조 제 9 항).[1] 본 조항에 따라 제기하는 소송은 기관소송이 아니라 특수한 소송으로서 항고소송의 일종으로 볼 것이다.[2]

(나) 재 처 분   행정안전부장관은 제 9 항에 따라 대법원의 인용결정이 있으면 그 취지에 따라 다시 결정하여야 한다(지자법 제 5 조 제10항). 대법원의 인용결정의 취지에 따른 행정안전부장관의 결정은 지체 없이 이루어져야 한다. 승소한 당사자의 신청은 요하지 아니한다.

Ⅱ. 구역의 분할과 분할된 구역의 지위

1. 구역의 분할

지방자치단체의 구역은 여러 개의 행정구역으로 분할된다. 분할의 목적은 행정의 분산, 행정의 효율적인 시행, 행정에 주민의 능동적인 참여를 위한 것이다.[3]

(1) 인구 50만 이상의 시의 자치구가 아닌 구

(가) 설치기준   특별시·광역시 또는 특별자치시가 아닌 인구 50만 이상의 시

---

1) 지방자치법 제 4 조 제 3 항(현행법 제 5 조 제 4 항)에 불복하여 다투는 경우, 그 다툼은 전형적인 국가기관과 지방자치단체 간의 권한에 대한 다툼이므로 그 다툼의 관할기관을 대법원으로 규정한 것은 헌법재판소법 제111조에 규정된 헌법재판소의 권한규범에 위반된다는 견해도 있다(윤수정, "공유수면 매립지의 경계획정에 관한 공법적 고찰─대법원 2013. 11. 14. 선고 2010추73 판결에 대한 비판적 검토를 중심으로─," 지방자치법연구, 통권 제52호, 338쪽). 그러나 헌법 제111조 제 1 항 제 4 호에서 말하는 권한쟁의 의미는 입법과 학설에 의해 형성·구체화되어야 한다는 점, 지방자치법 제 4 조 제 3 항(현행법 제 5 조 제 4 항) 이하에 따른 절차는 특정 지방자치단체의 관할권을 부여하는 창설적인 절차로 해석하는 한 특정 지방자치단체의 기존의 권한을 침해하는 것으로 단정하기 어렵다는 점 등을 고려하면, 지방자치법 제 4 조 제 8 항(현행법 제 5 조 제 4 항)이 대법원을 관할기관으로 규정한 것을 헌법 제111조에 규정된 헌법재판소의 권한규범에 상반된다고 하여 위헌적이라고 판단하는 것은 성급한 것이라 하겠다.
2) 문상덕, "지방자치쟁송과 민주주의," 지방자치법연구, 통권 제26호, 34쪽.
3) Wolff/Bachof/Stober, Verwaltungsrecht, Bd. 3(5. Aufl.), §95, Rn. 151.

에는 자치구가 아닌 구를 둘 수 있다(지자법 제3조 제3항 제1문). 자치구가 아닌 구에
는 동을 둔다(지자법 제3조 제3항 제3문). 자치국가 아닌 구는 행정구로서 지방자치단
체가 아니다.

(나) 취 지   도시의 규모가 커지면서 대도시의 시청에서 지역의 모든 일을 직접
처리하기 어려울 때, 행정구는 주민과 가까운 위치에서 주민이 요구하는 다양한 공
공서비스를 제공한다. 이는 행정에 대한 주민의 접근성과 주민참여를 강화하고, 주
민에 대한 지방자치단체의 적절한 대응과 행정의 효율성을 높이기 위한 것이다.[1]

(2) 시의 동, 도농 복합형태의 시의 동과 읍·면

(가) 설치기준   시는 그 대부분이 도시의 형태를 갖추고 인구 5만 이상이 되어
야 한다(지자법 제10조 제1항). 다음 각 호의 어느 하나에 해당하는 지역은 도농(都農)
복합형태의 시로 할 수 있다(지자법 제10조 제2항).

1. 제1항에 따라 설치된 시와 군을 통합한 지역
2. 인구 5만 이상의 도시 형태를 갖춘 지역이 있는 군
3. 인구 2만 이상의 도시 형태를 갖춘 2개 이상의 지역 인구가 5만 이상인
   군. 이 경우 군의 인구는 15만 이상으로서 대통령령으로 정하는 요건을 갖
   추어야 한다.
4. 국가의 정책으로 인하여 도시가 형성되고, 제128조에 따라 도의 출장소가
   설치된 지역으로서 그 지역의 인구가 3만 이상이며, 인구 15만 이상의 도
   농 복합형태의 시의 일부인 지역

(나) 분 할   시에는 동을 둔다(지자법 제3조 제3항 제3문). 제10조 제2항에 따라
설치된 시(도농 복합형태의 시)에는 도시의 형태를 갖춘 지역에는 동을, 그 밖의 지역에
는 읍·면을 둔다(지자법 제3조 제4항 제1문). 제10조 제2항에 따라 설치된 시(도농 복
합형태의 시)에 자치구가 아닌 구를 둘 경우에는 그 구에 읍·면·동을 둘 수 있다(지자
법 제3조 제4항 제2문).[2]

(3) 자치구의 동, 군의 읍·면   자치구에는 동을 둔다(지자법 제3조 제3항 제3문).
군에는 읍·면을 둔다(지자법 제3조 제3항 제2문).

(가) 읍·리의 설치기준   ① 읍은 그 대부분이 도시의 형태를 갖추고 인구 2만
이상이 되어야 한다. 다만, 다음 각 호(1. 군사무소 소재지의 면, 2. 읍이 없는 도농 복합형태의

---

1) 헌재 2019. 8. 29, 2018헌마129.
2) 2014년 7월 1일 현재, 2개의 행정시, 35개의 일반구, 3,488개의 읍(216개)·면(1,196개)·동(2,076
   개)이 있다(2014. 10, 국정감사 업무보고자료(2014. 12. 8)).

시에서 그 시에 있는 면 중 1개 면)의 어느 하나에 해당하면 인구 2만 미만인 경우에도 읍으로 할 수 있다(지자법 제10조 제 3 항). 시·읍의 설치에 관한 세부기준은 대통령령으로 정한다(지자법 제10조 제 4 항). ② 리의 구역은 자연 촌락을 기준으로 한다(지자법 제 7 조 제 2 항 제 1 문).[1]

(나) 행 정 면   인구 감소 등 행정여건 변화로 인하여 필요한 경우 그 지방자치단체의 조례로 정하는 바에 따라 2개 이상의 면을 하나의 면으로 운영하는 등 행정 운영상 면[이하 "행정면"(行政面)이라 한다]을 따로 둘 수 있다(지자법 제 7 조 제 3 항).

(다) 행정동·행정리   동·리에서는 행정 능률과 주민의 편의를 위하여 그 지방자치단체의 조례로 정하는 바에 따라 하나의 동·리를 2개 이상의 동·리로 운영하거나 2개 이상의 동·리를 하나의 동·리로 운영하는 등 행정 운영상 동(이하 "행정동"이라 한다)·리(이하 "행정리"라 한다)를 따로 둘 수 있다(지자법 제 7 조 제 4 항). 행정동에 그 지방자치단체의 조례로 정하는 바에 따라 통 등 하부 조직을 둘 수 있다(지자법 제 7 조 제 5 항). 행정리에 그 지방자치단체의 조례로 정하는 바에 따라 하부 조직을 둘 수 있다(지자법 제 7 조 제 6 항).

[참고] 법정동과 행정동

(1) 법정동   지방자치법 제 3 조 제 3 항과 제 4 항, 제 7 조 제 1 항은 동의 설치, 명칭, 구역을 규정하고 있는데, 여기서 동이란 지방자치단체 구역의 한 부분을 의미하는데, 이를 법정동이라 부른다. 법정동은 지번, 지적, 부동산업무 등과 관련을 갖는다. 중심적인 관련 국가기관은 국토교통부이다.

(2) 행정동   지방자치법 제 7 조 제 4 항은 행정동을 규정하고 있다. 현행 지방자치법상 지방자치단체의 사무는 행정동을 단위로 하여 이루어진다(예: 주민센터). 중심적인 관련 국가기관은 행정안전부이다.

(3) 관 련   ① 하나의 행정동은 하나의 법정동으로 운영되는 것이 기본적인 형태로 보이지만, 해당 지방자치단체의 조례로 정하는 바에 따라서는 ② 하나의 법정동이 2개 이상의 행정동으로 나누어서 운영될 수도 있고, ③ 2개 이상의 법정동이 하나의 행정동으로 운영될 수도 있다.

(예) 서울특별시 강남구의 경우

법 정 동	행 정 동	비 고
청담동	청담동	①의 예
역삼동	역삼1동 + 역삼2동	②의 예
세곡동+자곡동+율현동	세곡동	③의 예

---

1) 헌재 2009. 10. 29, 2009헌마127.

(4) 법정면·행정면, 법정리·행정리　　법정면·행정면, 법정리·행정리의 관계는 법정동·행정동의 관계와 유사한 관계이다.

2. 자치구가 아닌 구와 읍·면·동, 리의 명칭 등

(1) **명칭·변경**　　① 자치구가 아닌 구와 읍·면·동의 명칭은 종전과 같이 한다(지자법 제7조 제1항 본문 전단). 명칭의 변경은 그 지방자치단체의 조례로 정하고, 그 결과를 특별시장·광역시장·도지사에게 보고하여야 한다(지자법 제7조 제1항 단서). ② 리의 명칭은 종전과 같이 하고, 명칭을 변경할 때에는 그 지방자치단체의 조례로 정한다 한다(지자법 제7조 제2항 후단).

(2) **구역의 범위·변경**　　① 자치구가 아닌 구와 읍·면·동의 구역은 종전과 같이 한다(지자법 제7조 제1항 본문 전단). 자치구가 아닌 구와 읍·면·동의 구역의 변경은 그 지방자치단체의 조례로 정하고, 그 결과를 특별시장·광역시장·도지사에게 보고하여야 한다(지자법 제7조 제1항 단서). ② 리의 구역은 종전과 같이 한다(지자법 제7조 제2항 전단). 리의 구역을 변경할 때에는 그 지방자치단체의 조례로 정한다(지자법 제7조 제2항 후단).

(3) **폐치분합**　　① 자치구가 아닌 구와 읍·면·동을 폐지하거나 설치하거나 나누거나 합칠 때에는 행정안전부장관의 승인을 받아 그 지방자치단체의 조례로 정한다(지자법 제7조 제1항 후단). ② 리의 구역을 변경하거나 리를 폐지하거나 설치하거나 나누거나 합칠 때에는 그 지방자치단체의 조례로 정한다(지자법 제7조 제2항 후단).

(4) **사무소 소재지**　　자치구가 아닌 구 및 읍·면·동의 사무소 소재지는 종전과 같이 하고, 이를 변경하거나 새로 설정하려면 지방자치단체의 조례로 정한다(지자법 제9조 제1항 본문). 이 경우 면·동은 행정면·행정동(行政洞)을 말한다(지자법 제9조 제1항 단서). 제1항의 사항을 조례로 정할 때에는 그 지방의회의 재적의원 과반수의 찬성이 있어야 한다(지자법 제9조 제2항).

(5) **법적 지위**　　자치구가 아닌 구와 읍·면·동은 법상 독립성을 갖지 못한다. 다만 경우에 따라서는 이들 기관에 특정임무와 관련하여 일정 예산수단의 자율적 사용과 결정권이 부여되기도 한다. 구와 읍·면은 행정효율의 증대만을 목적으로 할 것이 아니라, 분산과 주민의 참여 그리고 지역공동체의 일체성(단일성)을 제고하는 가운데 행정효율에도 기여하도록 구획되어야 한다. 그것은 주민의 거주상황, 도시발전을 고려하면서 구획되어야 한다. 한편, 1949. 8. 15.에 발효된 제정 지방자치

법상 읍과 면은 법인격을 가진 지방자치단체였다(동법 제 2 조 제 2 호).[1]

(6) 대표기관   진정한 지방자치를 하겠다면, 구와 읍·면의 이익을 대변하는 대표기관의 구성이 필요하다고 본다. 구와 읍·면에 법인격이 없다고 하여도, 시와 군에서 자기들의 이익의 대변은 필요한 것이기 때문이다.[2]

Ⅲ. 구역변경과 관할 구역 경계변경

1. 구역변경

(1) 구역변경의 관념   ① 지방자치단체의 구역변경이란 지방자치단체의 구성 요소의 하나인 공간, 즉 구역의 범위를 변경하는 것을 말한다. ② 교통·통신의 발달, 광역행정의 필요(예: 광역적 하수처리·교통·도로의 필요) 등에 응하기 위해 지방자치 단체 구역의 변경이 필요하게 된다.[3] 자치행정의 효율성의 제고와 행정력의 증대 등과 관련하여 지방자치단체의 구역의 변경은 중요한 문제가 된다. ③ 구역변경은 관련 지방자치단체나 그 단체의 주민의 이해와도 직결되는 문제이고, 자칫하면 관 련 주민의 저항을 가져오기 쉽다. 따라서 관할구역의 변경에는 공공복지의 관점에 서 사항의 정당성과 민주적인 절차에 따른 신중한 방식이 요구된다.

(2) 구역변경의 법형식   ① 구역변경은 법률로 할 것인지, 법규명령으로 할 것인지, 아니면 감독청의 승인을 전제로 관련 지방자치단체간의 합의로 할 것인지 의 문제가 있다. 지방자치단체의 구역은 자치권이 미치는 지방자치단체의 지역적 인 범위를 정하는 것이므로 구역변경은 법률로 하는 것이 바람직하다(법정주의). 구 역변경을 법률로 정하는 것은 강제적 구역변경의 성질을 가지며, 공법상 합의로 정 하는 것은 임의적 구역변경의 성질을 갖게 된다.[4] 현행법은 공법상 합의(예: 관련 지 방자치단체의 합의)에 의한 구역변경에 관해 규정하는 바가 없으므로, 이를 인정하기 는 어렵다. ② 지방자치법은 지방자치단체의 구역을 바꿀 때에는 법률로 정한다(지

---

1) 대판 1966. 5. 10, 66다176; 대판 1964. 12. 15, 64다568.
2) 독일의 경우, 구의 조직과 권한이 란트마다 상이하지만, 대부분의 지방자치법은 구의회(Der Orts-schaftsrat, Der Stadtbezirksbeirat 등)를 규정하고 있다. 구가 독립의 법인체는 아니지만, 주민들의 선거로 구성되는 게마인데의 구회의는 독립기관이다. 구의회는 구에 특별한 의미를 갖는 중요사항에 관하여 시장으로부터 듣고, 의회에 입장을 표명할 수 있고(청문권), 구와 관련 모든 사무에 제안을 할 수 있고(제안권), 처분이 허락된 예산의 범위 안에서 자율적인 결정을 할 수 있는 권한(결정권)을 가진다.
3) 지방자치단체의 구역변경에 관한 한국·독일의 비교연구로, 김수진, "지방자치단체의 구역변경에 관한 소고," 지방자치법연구, 통권 제28호, 255쪽 이하 참조.
4) Klüber, Das Gemeinderecht, S. 67.

자법 제5조 제1항)고 하여 구역변경법률주의를 택하고 있다.

(3) 구역변경의 절차(지방의회의 의견의 청취)

(가) 지방의회의 의견의 청취의 필요　지방자치단체의 구역을 변경할 때에는 관계 지방의회의 의견을 들어야 한다(지자법 제54조 제3항 제2호).[1] 지방자치법 제5조 제3항에서 말하는 "관계 지방자치단체의 의회"란 해당 지방자치단체의 의회와 그 상급 지방자치단체의 의회를 말한다(지자령 제2조). 광역지방자치단체의 구역변경 시, 직접 관련있는 기초지방자치단체의 의회도 "관계 지방자치단체의 의회"에 해당한다고 볼 것이다.

(나) 지방의회의 의견의 청취의 의미　의견청취는 보호기능과 정보기능을 갖는다. 청문은 입법자에게 정보를 제공하고, 입법자의 결정을 준비하는 데 기여한다. 청문에서 지방의회는 구역변경의 의도의 본질적인 내용과 결정적인 사유를 들어야한다.[2] 그런데 여기서 의견청취절차는 의회의 청문절차이지 주민의 청문절차는 아니다.[3] 지방자치단체가 주민의 연대감을 전제로 하여야 한다는 점에서 보면, 주민의 청문절차를 원칙으로 하지 아니한 것은 문제가 있어 보인다. 청문요건은 지방자치의 헌법적 보장에 뿌리를 둔 것으로서 헌법적 지위를 갖는 것으로 이해되고 있다.[4] 충분한 청문이 이루어지지 아니하면, 경계변경은 무효라고 본다.[5]

(다) 지방의회의 의견청취의 생략　「주민투표법」 제8조(국가정책에 관한 주민투표)에 따라 주민투표를 한 경우에는 관계 지방의회의 의견청취를 요하지 아니한다(지자법 제5조 제3항 단서). 지방자치법 제5조 제3항 단서는 「주민투표법」 제8조에 따른 주민투표의 경우만 규정하고 있다. 따라서 「주민투표법」 제9조(주민투표의 실시요건)에 따른 주민투표를 거친 후 지방자치단체의 관할 구역 경계변경을 정할 수 있는가의 여부에 관해서는 견해가 나뉠 수 있다. 한편, 「주민투표법」 제8조에 따라 주민투표를 한 경우, 정부가 주민투표의 결과를 존중하여야 하겠지만, 그렇다고 반드시 그 결과에 따라야 하는 것인지는 의문이다.

---

1) 입법례에 따라서는 시민청문(Bürgeranhörung)을 거치게 하는 경우도 있다(Baden-Württemberg 지방자치법 제20b조). 시민청문을 통해 시민의사를 개진하지만, 지방의회는 시민청문의 결과에 구속되지 아니한다(Waibel, Gemeindeverfassungsrecht Baden-Württemberg, Rn. 208).
2) BVerfGE 50, 50, 51.
3) 독일 Niedersachsen의 경우, 지방자치단체의 구역변경(합병 등 포함)이 지방자치단체 사이의 합의에 의한 경우에는 주민의 청문이 요구되고, 법률에 의한 경우에는 관련 지방자치단체의 청문 외에 그 지방자치단체의 주민의 청문도 요구된다(동 게마인데법 제18조 제4항).
4) BVerfGE 50, 50f.; Erichsen, Kommunalrecht, S. 53.
5) 최우용, "지방자치단체의 구역 및 경계에 관한 법적 과제," 지방자치법연구, 통권 제31호, 97쪽; Erichsen, Kommunalrecht, S. 53.

(4) 구역변경의 내용요건

(가) 공공복지적합성   지방자치법은 내용요건에 관해 특별한 제한을 가하고 있지 아니하다. 그러나 민주주의원칙으로부터 나오는 행정법의 일반원칙으로서 공공복지적합성은 경계변경에도 당연히 요구된다고 보아야 한다.[1] 공공복지의 사유로는 ① 지방자치단체의 급부력의 강화 또는 행정력의 강화, ② 생활과 환경의 일치, ③ 인구밀접지역과 인구희소지역 사이의 공공시설과 급부의 상당한 차이의 완화, ④ 행정의 경제와 절약, ⑤ 주민의 결속력, ⑥ 사무수행의 효율성 등을 들 수 있을 것이다.[2]

(나) 형성영역   공공복지적합성의 요건과 관련하여 관할구역의 변경에 관한 의사결정과정에서 청문의무·형량명령·과잉금지의 고려는 헌법상 요구되는 내용이다. 따라서 구역변경여부를 결정할 때에 결정권자는 ① 충분한 문제점 위에서 구역변경 문제를 제기하고, ② 관련 지방자치단체에게 적기의 그리고 충분한 청문의 기회를 주어야 하고, ③ 형량이나 평가에 있어 흠이 없어야 하고, ④ 새로운 지방자치단체에도 기존의 지방자치단체에 비하여 불이익이나 부담이 없어야 한다.[3] 또한 공간적 의미와 기능적 의미에서 주민의 지역적인 연대감을 고려하고, 또한 관련 지방자치단체의 급부력의 한계를 고려하여야 할 것이다.[4] 공공복지개념은 불확정법개념으로서 판단여지가 인정된다.[5] 입법자는 민주주의원리와 권력분립원리에 근거하여 구역변경에서 형성영역을 갖는다.[6]

(5) 구역변경의 효과(사무와 재산의 승계)

(가) 의 의   지방자치단체의 구역을 변경할 때에는 새로 그 지역을 관할하게 된 지방자치단체가 그 사무와 재산을 승계한다(지자법 제 8 조 제 1 항). 판례는 재산에 채무가 포함되지 않는다고 한다.[7] 그리고 기관위임사무는 승계되는 지방자치단체의 사무에 해당하지 아니한다.[8]

---

1) 입법례(예: Nordrhein-Westfalen 게마인데법 제17조 제 1 항)에 따라서는 공공복지의 요건을 명문으로 규정하기도 한다.
2) 최우용, "지방자치단체의 구역 및 경계에 관한 법적 과제," 지방자치법연구, 통권 제31호, 97쪽; Hegele/Ewert, Kommunalrecht, S. 47; Gern, Kommunalrecht Baden-Württemberg, Rn. 98.
3) Tettinger/Erbguth/Mann, Besonderes Verwaltungsrecht, Rn. 50.
4) 최우용, "지방자치단체의 구역 및 경계에 관한 법적 과제," 지방자치법연구, 통권 제31호, 97쪽; Hegele/Ewert, Kommunalrecht, S. 47.
5) Gern, Kommunalrecht Baden-Württemberg, Rn. 99.
6) Erichsen, Kommunalrecht, S. 53.
7) 대판 2008. 2. 1, 2007다8914; 대판 1993. 2. 26, 92다45292.
8) 대판 1991. 10. 22, 91다5594.

(나) **구분이 곤란한 경우**   제 1 항의 경우에 지역으로 지방자치단체의 사무와 재산을 구분하기 곤란하면 시·도에서는 행정안전부장관이, 시·군 및 자치구에서는 특별시장·광역시장·특별자치시장·도지사·특별자치도지사(이하 "시·도지사"라 한다)가 그 사무와 재산의 한계 및 승계할 지방자치단체를 지정한다(지자법 제8조 제2항).1) 이것은 행정의 혼란·혼동·무질서의 방지를 위한 것이다. 승계에 따르는 사무와 재산을 인계하지 아니하는 부작위는 자치권의 침해의 문제를 가져올 수 있다.2)

(6) **구역변경의 하자**   지방자치단체의 구역변경에 있어서 ① 관계 지방의회에 대하여 적시에 충분한 청문이 부여되지 아니한 경우, ② 사실관계의 판단에 본질적인 점이 간과된 경우, ③ 결정이 명백한 하자가 있는 형량이나 평가 또는 예측에 근거한 경우, ④ 새로운 구역으로 인한 부담과 침해가 이익이나 장점에 대해 비례관계에 놓이지 아니할 경우, 그리고 ⑤ 결론석으로 충분한 근거 없이 구역변경에 관한 기본원리가 포기되는 경우에는 하자가 있는 것이 된다.3) 한편, 하자 있는 구역변경에 대한 적절한 사법적 통제방식, 즉 이의제기방법 내지 권리보호방법이 현행법 하에서 인정될 수 있을지는 의문이다.

(7) **주민의 구역선택권**   구역변경 시, 관련 구역주민들은 원칙적으로 소속 지방자치단체의 선택권을 갖지 못한다고 볼 것이다. 왜냐하면 구역변경은 고전적·일방적인 행정권의 작용이기 때문이다.

2. 관할 구역 경계변경

(1) 관할 구역 경계변경 일반론

(가) **지방자치법상 관련 규정**   지방자치법은 지방자치단체의 구역의 변경은 법률로 정한다(지자법 제5조 제1항 본문)고 하고, 지방자치단체의 관할 구역의 경계변경은 대통령령으로 정한다(지자법 제5조 제2항 본문)고 하고 있는바, 「구역의 변경」과 「관할 구역의 경계변경」은 구분되고 있다.

(나) **관할 구역 경계변경의 의의**   지방자치법은 "관할 구역과 생활권과의 불일치 등으로 인하여 주민생활에 불편이 큰 경우 등"을 관할 구역 경계변경의 사유로 규정하고 있는바(지자법 제6조 제1항 본문), 관할 구역의 경계변경은 관할구역의

---

1) 대판 1999. 5. 14, 98다8486.
2) 헌재 2006. 8. 31, 2004헌라2.
3) Tettinger/Erbguth/Mann, Besonderes Verwaltungsrecht, Rn. 31.

경계와 관련하여 발생한 문제해결을 위한 수단으로 이해된다. 따라서 관할 구역의 경계변경은 공간상 극히 제한적으로 이루어지는 구역변경으로 이해된다.[1) 지방자치법에 "지방자치단체의 구역변경 중 관할 구역 경계변경"이라는 표현이 있는바(지자법 제 5 조 제 2 항 본문), 관할 구역의 경계변경도 관할구역 변경의 한 종류에 해당한다. 그러나 양자를 분명히 구분하는 것은 용이한 일이 아니다.

(다) 관할 구역 경계변경의 필요성   관할 구역의 경계가 불합리하게 설정되어 있는 경우가 적지 아니하다.[2)] 관할 구역 경계변경의 필요성으로 ① 구역의 경계와 생활권의 불일치로 인한 주민의 불편의 해소와 ② 행정능률의 향상이 언급된다.[3)]

(라) 관할 구역 경계변경의 법형식   관할 구역 경계변경은 대통령령으로 정한다(지자법 제 5 조 제 2 항 본문).[4)] 생각건대 '관할 구역 경계변경'은 ① 법률로 정하도

---

1) 경계조정을 거쳐 관할 구역 경계변경이 이루어진다는 시각에서 양자는 시간적으로 선후관계에 놓이는 것으로 보면서도, 경계변경의 법형식이 법규이므로 경계변경은 강제적 경계조정의 성질을 가지기도 하는바 양자의 엄밀한 구분은 어렵다는 지적도 있다(김재광, "자치단체 경계조정에 관한 고찰," 지방자치법연구, 통권 제51호, 133쪽).
2) 예컨대, 서울특별시 종로구와 중구의 경계 위에 있는 광화문빌딩의 경우, 지하 5층 ~ 지상 12층은 종로구 관할구역, 13층 ~ 20층은 중구 관할구역으로 되어 있고, 서울 중구·성동구 한진그랑빌아파트, 관악구·동작구 현대아파트, 동대문구·성북구 샹그레빌 아파트, 서대문·은평구 경남아파트 등 7개 아파트 단지의 경우 일부 동의 주소가 다르다고 한다(오마이뉴스 2016.1.15.). 주소가 다르면, 쓰레기수거일도 다르고 자녀들이 다니는 학교도 다를 것이다.
3) 김재광, "자치단체 경계조정에 관한 고찰," 지방자치법연구, 통권 제51호, 131쪽.
4) (입법례) 경기도 수원시와 용인시의 관할구역 변경에 관한 규정[시행 2019.9.13] [대통령령 제30036호, 2019.8.13, 제정]
   제 1 조(경기도 용인시의 관할구역에 편입되는 지역) 경기도 수원시 영통구 원천동 182의 1번지, … 603의 11번지까지를 경기도 수원시의 관할구역에서 제외하고, 경기도 용인시의 관할구역에 편입한다.
   제 2 조(경기도 수원시의 관할구역에 편입되는 지역) 경기도 용인시 기흥구 영덕동 450번지, … 산 147의 1번지를 경기도 용인시의 관할구역에서 제외하고, 경기도 수원시의 관할구역에 편입한다.

   부칙 〈제30036호, 2019.8.13.〉
   제 1 조(시행일) 이 영은 공포 후 30일이 경과한 날부터 시행한다.
   제 2 조(행정처분 등에 관한 경과조치) 이 영에 따라 다른 지방자치단체에 편입되는 지역과 관련되어 이 영 시행 전에 종전의 지방자치단체의 장이나 그 소속 기관의 장이 한 고시·처분 또는 그 밖의 행위는 이 영에 따라 그 지역을 관할하게 되는 지방자치단체의 장이나 그 소속 기관의 장이 한 고시·처분 또는 그 밖의 행위로 보고, 종전의 지방자치단체의 장이나 그 소속 기관의 장에게 한 신청·신고 또는 그 밖의 행위는 이 영에 따라 그 지역을 관할하게 되는 지방자치단체의 장이나 그 소속 기관의 장에게 한 신청·신고 또는 그 밖의 행위로 본다.
   제 3 조(다른 법령과의 관계) 이 영 시행 당시의 개별 법령 중 이 영에 따라 변경되는 시(市) 지역의 일부 또는 전부를 구역 또는 관할구역으로 정하고 있는 법령의 경우에 이 영 시행 이후 그 법령이 개정될 때까지는 이 영에 따라 변경되는 시 지역은 변경되기 전 시 지역의 구역 또는 관할구역에 속하는 것으로 보아 해당 법령을 적용한다.

   [평설] 수원시 원천동·영통동에 'U'자형으로 둘러싸인 용인시 청명센트레빌 아파트가 생활권은 수원인데도 행정구역상 용인에 포함돼 여러 가지 불편을 겪을 수밖에 없었으며, 특히 아파트에 사는 초등학생들은 행정구역이 다르다는 이유로 걸어서 4분 거리(246m)의 수원 황곡초교를 두고 사고위

록 할 수도 있고, ②「법률로 정하는 지방자치단체의 설립 또는 폐치분합」에 비추어 중요성이 좀 약하다고 보아 대통령령으로 정하도록 할 수도 있고, ③ 새만금매립지가 속할 지방자치단체를 결정했을 때의 절차('중분위'의 심의·의결 + 행정안전부장관의 결정)를 볼 때, 행정안전부장관의 결정·고시의 법형식으로 정하도록 할 수도 있을 것이다. 왜냐하면 새만금매립지가 속할 지방자치단체를 결정하는 절차가 '관할 구역 경계변경'을 정하는 절차보다 엄중함이 떨어진다고 결코 말하기 어려울 것이기 때문이다. 이 중에서 '관할 구역 경계변경' 제도의 취지, '관할 구역 경계변경'의 신속한 결정 등을 고려하여 그 절차의 법형식을 매립지가 속할 시방자치단체를 결정하는 법형식과 동일하게 하는 것, 즉 ③을 도입하는 것이 바람직하다고 본다.

　　(마) 입법적 보완　　구 지방자치법 제 4 조 제 1 항 단서는 "관할 구역 경계변경은 대통령령으로 정한다"고 규정하였을 뿐 경계변경의 원칙에 관한 사항은 규정하는 바가 없었다. 관련 지방자치단체가 관할 구역 경계변경에 소극적이면, 대통령령의 제정도 용이하지 않았다. 이러한 사정으로 인해 실무상 관할 구역의 경계변경은 잘 이루어지고 있지 않았다. 이 때문에 관할 구역의 경계변경이 잘 이루어질 수 있도록 하는 입법적 보완의 필요성이 제기되기도 하였다.[1] 2022. 1. 13. 시행 지방자치법 전부개정법률은 경계변경의 절차에 관한 여러 규정을 두고 있다.

　　(2) 관할 구역 경계변경의 절차　　경계변경의 절차는 제 6 조에서 정한 절차에 따른다(지자법 제 5 조 제 2 항 단서). 관할 구역의 경계변경은 관련 지방자치단체나 그 단체의 주민의 이해와 직결되는 문제이고, 자칫하면 관련 주민의 저항을 가져오기 쉽다. 따라서 관할구역의 변경에는 공공복지의 관점에서 사항상의 정당성과 민주적인 절차에 따른 신중한 방식이 요구된다.

　　(가) 조정신청주의　　관할 구역 경계 변경은 신청사유가 있는 지방자치단체의 장이 행정안전부장관에게 경계변경에 대한 조정을 신청함으로써 개시된다(지자법 제 6 조 제 1 항 제 1 문).

　　1) 조정신청사유　　관할 구역과 생활권과의 불일치 등으로 인하여 주민생활에

험에 노출된 채 왕복 8차선 도로를 건너 1.19㎞나 떨어진 용인 흥덕초교로 통학해야 했다. 수원시와 용인시의 합의를 바탕으로 한 이 규정의 발효로 민원은 정리되었고, 이 규정은 주민이 거주하는 시 (市) 지역 행정구역을 조정하는 최초의 대통령령이다(연합뉴스 2019.9.15. 입력).

1) 입법적 보완과 관련하여 "기존의 법체계인「지방자치법」을 통해 해결할 수 있음에도 불구하고 새로이 입법하는 것, 즉「관할 구역 경계변경을 위한 특별법」의 제정은 바람직한 입법태도라 할 수 없다"는 지적(김재광, "자치단체 경계조정에 관한 고찰," 지방자치법연구, 통권 제51호, 149-150쪽)을 유념할 필요가 있을 것이다.

불편이 큰 경우 등 대통령령으로 정하는 사유가 있는 경우에 관할 구역 변경 신청을 할 수 있다(지자법 제 6 조 제 1 항 제 1 문).

　　2) 조정신청방식　　관할 구역 경계 변경에 대한 조정신청에는 경계변경이 필요한 지역 등을 명시하여야 한다(지자법 제 6 조 제 1 항 제 1 문).

　　3) 지방의회의 동의　　지방자치단체의 장이 관할 구역 경계 변경을 신청하기 위해서는 지방의회 재적의원 과반수의 출석과 출석의원 3분의 2 이상의 동의를 받아야 한다(지자법 제 6 조 제 1 항 제 2 문).

　　4) 조정신청의 요구　　관계 중앙행정기관의 장 또는 둘 이상의 지방자치단체에 걸친 개발사업 등의 시행자는 대통령령으로 정하는 바에 따라 관계 지방자치단체의 장에게 제 1 항에 따른 경계변경에 대한 조정을 신청하여 줄 것을 요구할 수 있다(지자법 제 6 조 제 2 항).

　　(나) 통지·예고　　행정안전부장관은 제 1 항에 따른 경계변경에 대한 조정 신청을 받으면 지체 없이 그 신청 내용을 관계 지방자치단체의 장에게 통지하고, 20일 이상 관보나 인터넷 홈페이지에 게재하는 등의 방법으로 널리 알려야 한다. 이 경우 알리는 방법, 의견의 제출 등에 관하여는 「행정절차법」 제42조(행정상 입법예고의 방법)·제44조(행정상 입법예고에 따른 의견제출 및 처리) 및 제45조(예고된 행정상 입법에 관한 공청회)를 준용한다(지자법 제 6 조 제 3 항).

　　(다) 변경자율협의체

　　1) 행정안전부장관의 협의체 구성·운영 요청　　행정안전부장관은 제 3 항에 따른 기간이 끝난 후 지체 없이 대통령령으로 정하는 바에 따라 관계 지방자치단체 등 당사자 간 경계변경에 관한 사항을 효율적으로 협의할 수 있도록 경계변경자율협의체(이하 이 조에서 "협의체"라 한다)를 구성·운영할 것을 관계 지방자치단체의 장에게 요청하여야 한다(지자법 제 6 조 제 4 항).

　　2) 관계 지방자치단체의 협의체 구성과 협의　　관계 지방자치단체는 제 4 항에 따른 협의체 구성·운영 요청을 받은 후 지체 없이 협의체를 구성하고, 경계변경 여부 및 대상 등에 대하여 같은 항에 따른 행정안전부장관의 요청을 받은 날부터 120일 이내에 협의를 하여야 한다. 다만, 대통령령으로 정하는 부득이한 사유가 있는 경우에는 30일의 범위에서 그 기간을 연장할 수 있다(지자법 제 6 조 제 5 항).

　　3) 협의 결과의 통지　　제 5 항에 따라 협의체를 구성한 지방자치단체의 장은 같은 항에 따른 협의 기간 이내에 협의체의 협의 결과를 행정안전부장관에게 알려야

한다(지자법 제 6 조 제 6 항).

(라) 행정안전부장관의 조정과 대통령령 입안 등

1) 조정사유   행정안전부장관은 다음 각 호(1. 관계 지방자치단체가 제 4 항에 따른 행정안전부장관의 요청을 받은 날부터 120일 이내에 협의체를 구성하지 못한 경우, 2. 관계 지방자치단체가 제 5 항에 따른 협의 기간 이내에 경계변경 여부 및 대상 등에 대하여 합의를 하지 못한 경우)의 어느 하나에 해당하는 경우에는 지방자치단체중앙분쟁조정위원회의 심의·의결을 거쳐 경계변경에 대하여 조정할 수 있다(지자법 제 6 조 제 7 항).

2) 관계 지방의회의 의견청취   지방자치단체중앙분쟁조정위원회는 제 7 항에 따라 경계변경에 대한 사항을 심의할 때에는 관계 지방의회의 의견을 들어야 하며, 관련 전문가 및 지방자치단체의 장의 의견 청취 등에 관하여는 제 5 조 제 8 항을 준용한다(지자법 제 6 조 제 8 항). 관계 지방의회의 의견청취는 지방자치단체중앙분쟁조정위원회에게 심의에 필요한 충분한 정보·사료를 제공하여, 올바른 결정을 하는데 기여한다. 관계지방의회란 기초 지방자치단체의 구역 경계변경의 경우에는 해당 기초 지방자치단체 지방의회와 광역 지방자치단체 지방의회를 말하고, 광역 지방자치단체의 구역 경계변경의 경우에는 해당 광역 지방자치단체 지방의회와 관계 있는 기초 지방자치단체 지방의회를 말한다.

3) 대통령령의 입안   행정안전부장관은 다음 각 호(1. 제 5 항에 따른 협의체의 협의 결과 관계 지방자치단체 간 경계변경에 합의를 하고, 관계 지방자치단체의 장이 제 6 항에 따라 그 내용을 각각 알린 경우, 2. 위원회가 제 7 항에 따른 심의 결과 경계변경이 필요하다고 의결한 경우)의 어느 하나에 해당하는 경우 지체 없이 그 내용을 검토한 후 이를 반영하여 경계변경에 관한 대통령령안을 입안하여야 한다(지자법 제 6 조 제 9 항). 관할 구역 '경계변경'을 규정하는 대통령령안은 '중분위'가 심의·의결한대로 규정하여야 하여야 하는지, 아니면 수정을 가할 수도 있는지 문제된다. 수정을 가할 수 있다면, '중분위'의 심의·의결제도는 의미를 잃게 된다. 따라서 수정을 가할 수 없다고 볼 것인데, 이렇게 되면, 대통령령은 '중분위'의 심의·의결 사항의 시행을 지체시키는 효과를 갖게 된다.

4) 비용부담 등의 조정   행정안전부장관은 경계변경의 조정과 관련하여 제 7 항에 따라 위원회의 심의를 할 때 같은 시·도 안에 있는 관계 시·군 및 자치구 상호 간 경계변경에 관련된 비용 부담, 행정적·재정적 사항 등에 관하여 조정이 필요한 경우 제165조 제 1 항부터 제 3 항까지의 규정에도 불구하고 당사자의 신청 또는 직권으로 위원회의 심의·의결에 따라 조정할 수 있다. 이 경우 그 조정 결과의 통

보 및 조정 결정 사항의 이행은 제165조 제 4 항부터 제 7 항까지의 규정에 따른다
(지자법 제 6 조 제10항).

IV. 지방자치단체의 폐치분합

1. 폐치분합의 관념

(1) 의 의   지방자치단체의 폐치(廢置)·분합(分合)이란 하나의 지방자치단체(A)를
폐지하면서 인접한 다른 지방자치단체(B)에 편입시키는 것(廢. B의 입장에서는 흡수합병이
된다), 하나의 지방자치단체의 구역의 일부를 새로운 지방자치단체로 구성하는 것
(置), 기존의 지방자치단체를 폐지하면서 수 개의 새로운 지방자치단체를 설치하는
것(分), 둘 이상의 지방자치단체를 합하여 하나의 새로운 지방자치단체를 설치하는
것(合. 신설합병에 해당한다)을 말한다.[1] 폐치분합은 지역개발의 촉진, 주민편의의 제고,
행정능률의 향상을 기본적인 목적으로 한다.[2]

(2) 합 병   합병에는 흡수합병과 신설합병이 있다. 흡수합병이란 하나의 지
방자치단체가 다른 지방자치단체를 흡수하는 형식을 말하고, 신설합병이란 여러
지방자치단체를 합하여 하나의 새로운 지방자치단체를 설립하는 형식을 말한다.
흡수합병은 편입, 신설합병은 합체라고도 한다.[3] 흡수합병이나 신설합병은 헌법상
지방자치제도의 보장에 반하는 것이 아니다. 지방자치제도의 보장은 지방자치단체
에 의한 자치행정을 일반적으로 보장하는 것이지 특정 지방자치단체의 존속을 보
장하는 것은 아니기 때문이다.[4] 그러나 관계 지방자치단체의 의회의 의견청취절차
를 거쳐야 한다는 점(지자법 제 5 조 제 3 항 본문)에서 개별 지방자치단체에 어느 정도의
상대적인 존속보장은 이루어진다고 말할 수도 있다.

2. 폐치분합의 법형식

폐치·분합의 형식을 법률로 할 것인가, 법규명령으로 할 것인가, 아니면 감독

---

1) [관련논문] 문상덕, "시·군·구 통합과정과 관련 법제에 관한 고찰." 지방자치법연구. 통권 제49호,
  87쪽 이하; 김수진, "21C 독일 지방자치단체 구역개편 재논의현황과 법적 쟁점에 관한 소고," 지방
  자치법연구, 통권 제49호, 118쪽 이하; 선정원, "기초지방자치단체의 통폐합과 관련된 법해석상의
  쟁점들의 검토," 지방자치법연구, 통권 제24호, 제89쪽; 강기홍, "시·군 통합에 따른 갈등과 법제도
  적 관리방안," 지방자치법연구, 통권 제32호, 제155쪽.
2) 최창호, 지방자치학, 191쪽 참조.
3) 박윤흔·정형근, 최신행정법강의, 87쪽; 이상규, 신행정법론(하), 141쪽.
4) 본서, 45쪽 3. 참조. BVerfGE 50, 50; Seewald, Kommunalrecht, in: Steiner(Hg.), Besonderes
  Verwaltungsrecht, Rn. 132.

청의 승인을 전제로 관련 지방자치단체 간의 합의로 할 것인가의 문제가 있다. 폐치 분합은 법인격을 갖는 지방자치단체를 설치하거나 폐지하는 것이므로 법률로 정하는 것이 바람직하다. 현행 지방자치법도 "지방자치단체를 폐지하거나 설치하거나 나누거나 합칠 때에는 법률로 정한다(지자법 제 5 조 제 1 항)"고 규정하고 있다.

3. 관계 지방의회의 의견청취

지방자치단체를 폐지하거나 설치하거나 나누거나 합칠 때에는 관계 지방자치단체의 의회(이하 "지방의회"라 한다)의 의견을 들어야 한다(지자법 제 5 조 제 3 항 본문). 다만, 「주민투표법」 제 8 조(국가정책에 관한 주민투표)에 따라 주민투표를 한 경우에는 그러하지 아니하다(지자법 제 5 조 제 3 항 단서).[1] 지방자치법 제 5 조 제 3 항에서 말하는 "관계 지방자치단체의 의회"란 폐치분합의 당사자가 기초 지방자치단체의 경우에는 해당 기초 지방자치단체 지방의회와 광역 지방자치단체 지방의회를 말하고, 광역 지방자치단체의 경우에는 해당 광역 지방자치단체 지방의회와 직접 관계 있는 기초 지방자치단체 지방의회를 말한다.

4. 폐치 분합의 내용요건

지방자치법은 폐치 분합의 내용요건에 관해 특별한 제한을 가하고 있지 아니하다. 그러나 행정법의 일반원칙으로서 공공복지적합성이 폐치 분합에도 당연히 요구된다고 보아야 한다. 공공복지의 사유는 구역변경의 내용요건에서 언급한 바와 같다. 공공복지적합성의 요건과 관련하여 구역변경에 관한 의사결정과정에서 청문의무·형량명령·과잉금지의 고려가 헌법상 요구되는 내용인 것도 내용요건에서 언급한 바와 같다.

5. 관련문제

(1) 사무와 재산의 승계   지방자치단체를 폐지하거나 설치하거나 나누거나 합칠 때에는 새로 그 지역을 관할하게 된 지방자치단체가 그 사무와 재산을 승계한다(지자법 제 8 조 제 1 항). 제 1 항의 경우에 지역으로 지방자치단체의 사무와 재산을 구분하기 곤란하면 시·도에서는 행정안전부장관이, 시·군 및 자치구에서는 특별

---

[1] 기초지방자치단체의 통·폐합의 경우에는 기초자치단체가 헌법상 존속보장을 침해당하지 않기 위해 주민총의라는 주민투표가 필연적으로 요구되는 것이라는 견해도 있다(신봉기, "지방자치단체통합 「법안」 및 「의결」의 문제점," 지방자치법연구, 통권 제25호, 113쪽).

시장·광역시장·특별자치시장·도지사·특별자치도지사(이하 "시·도지사"라 한다)가 그 사무와 재산의 한계 및 승계할 지방자치단체를 지정한다(지자법 제 8 조 제 2 항).[1] 이것은 행정의 혼란·혼동·무질서의 방지를 위한 것이다. 판례는 재산에 채무가 포함되지 않는다고 한다.[2] 그러나 흡수합병의 경우에는 채무가 승계된다.[3] 한편, 기관위임사무는 승계되는 지방자치단체의 사무에 해당하지 아니한다.

(2) **적용할 조례**　　지방자치단체를 나누거나 합하여 새로운 지방자치단체가 설치되면 그 지방자치단체의 장은 필요한 사항에 관하여 새로운 조례나 규칙이 제정·시행될 때까지 종래 그 지역에 시행되던 조례나 규칙을 계속 시행할 수 있다(지자법 제31조).

(3) **지방자치단체를 신설할 때의 예산**　　① 지방자치단체를 폐지하거나 설치하거나 나누거나 합쳐 새로운 지방자치단체가 설치된 경우에는 지체 없이 그 지방자치단체의 예산을 편성하여야 한다(지자법 제147조 제 1 항). 제 1 항의 경우에 해당 지방자치단체의 장은 예산이 성립될 때까지 필요한 경상적 수입과 지출을 할 수 있다. 이 경우 수입과 지출은 새로 성립될 예산에 포함시켜야 한다(지자법 제147조 제 2 항).

(4) **지방자치단체의 장의 직을 대행할 사람**　　지방자치단체를 폐지하거나 설치하거나 나누거나 합쳐 새로 지방자치단체의 장을 선출하여야 하는 경우에는 그 지방자치단체의 장이 선출될 때까지 시·도지사는 행정안전부장관이, 시장·군수 및 자치구의 구청장은 시·도지사가 각각 그 직무를 대행할 사람을 지정하여야 한다. 다만, 둘 이상의 동격의 지방자치단체를 통폐합하여 새로운 지방자치단체를 설치하는 경우에는 종전의 지방자치단체의 장 중에서 해당 지방자치단체의 장의 직무를 대행할 사람을 지정한다(지자법 제110조).

(5) **폐치분합의 하자**　　지방자치단체의 폐치분합에 있어서 ① 관계 지방의회에 대하여 적시에 의견청취절차가 부여되지 아니한 경우, ② 사실관계의 판단에 본질적인 점이 간과된 경우, ③ 결정이 명백한 하자가 있는 형량이나 평가 또는 예측에 근거한 경우, ④ 폐치분합으로 인한 부담과 침해가 이익이나 장점에 대해 비례관계에 놓이지 아니할 경우, 그리고 ⑤ 결론적으로 충분한 근거 없이 폐치분합에 관한 기본원리가 포기된 경우에는 하자가 있는 것이 된다.[4] 한편, 하자 있는 폐치분합

---

1) 대판 1999. 5. 14, 98다8486.
2) 대판 1993. 2. 26, 92다45292.
3) 대판 1995. 12. 8, 95다36053.
4) Tettinger/Erbguth/Mann, Besonderes Verwaltungsrecht, Rn. 31.

에 대한 적절한 사법적 통제방식, 즉 이의제기방법 내지 권리보호방법이 현행법 하에서 인정될 수 있을지는 의문이다.

(6) 주민의 구역선택권   폐치분합 시 관련 구역주민들은 원칙적으로 소속 지방자치단체의 선택권을 갖지 못한다고 볼 것이다. 왜냐하면 구역변경은 고전적·일방적인 행정권의 작용이기 때문이다.

(7) 헌법소원   지방자치단체의 폐치·분합은 지방자치단체의 자치권의 침해문제와 더불어 그 주민의 헌법상 보장된 기본권의 침해문제도 발생시킬 수 있다.[1] 따라서 주민에 의한 헌법소원의 대상일 수 있다.[2]

V. 전면적 재구획

1. 의 의

전면적 재구획이란 여태까지의 지방자치단체의 구역을 전면적으로 다시 구획하는 것을 말한다. 전면적 재구획에 의한 지방자치단체는 종전의 지방자치단체와는 완전히 상이한 것이 된다. 규모재편(規模再編)이라고도 한다. 현행 지방자치법은 이에 관하여 아무런 규정을 두고 있지 아니한다.

2. 남북통일과 재구획

남북이 통일되는 경우에는 통일시대에 적합하게 지방자치가 구성되어야 한다. 말하자면 남북의 모든 지방자치단체가 각각 지역공동체의식을 가진 적정한 주민수를 갖고, 적정한 면적을 갖고, 아울러 적정한 행정력과 재정력을 확보할 수 있도록 하여야 한다. 이를 위해서는 지방자치단체의 구역의 재구획 외에 지방자치단체의 통·폐합도 고려되어야 할 것이다.

3. 고려사항

지방자치단체의 구역의 재구획이나 지방자치단체의 통·폐합에는 ① 효율적인 사무수행, ② 시민근접의 사무수행, ③ 비용절약의 사무수행, ④ 급부력 있는 사무수행, ⑤ 전문적 사무수행, ⑥ 주민의 연대감 등이 고려되어야 할 것이다. 구역의 재구획 또는 지방자치단체의 통·폐합이 관련 주민의 극심한 반대에 봉착한다면,

---

1) 헌재 1995. 3. 23, 94헌마175.
2) 헌재 1994. 12. 29, 94헌마201.

잠정적으로 행정공동체의 구성도 고려할 만하다.1) 입법자는 지방자치단체의 구역의 재구획이나 지방자치단체의 통·폐합에 평가의 특권을 갖는다고 볼 것이다.

---

1) 구 동독지역에 소재하는 Mecklenburg-Vorpommern 란트의 경우, 영세한 지방자치단체(Ge-
   meinde)의 통·폐합이 난관에 봉착하자, 동서독통합 2년째인 1991년에 구역개혁 대신 행정공동체
   (Verwaltungsgemeinschaft)의 형식을 선택하였다. 행정공동체에서 각각의 지방자치단체는 법적 독
   립성을 유지한다. 하나의 지방자치단체가 다른 지방자치단체의 사무를 수행한다. 여기서 사무수행의
   권한이 이전되는 것은 아니고, 다만 행정기술상의 집행만이 이전된다(H. Meyer, Kommunalrecht,
   Rn. 635, 689).

제 3 절   지방자치단체의 주민

제 1 항   주민의 관념

Ⅰ. 주민의 의의

1. 주민의 개념

(1) 정 의

(가) 지방자치단체의 구성요소로서 주민   주민이란 지방자치단체의 구역에 주소를 가진 자를 말한다(지자법 제16조). 주민등록법은 "다른 법률에 특별한 규정이 없으면 주민등록법에 따른 주민등록지를 공법 관계에서의 주소로 한다(주민법 제23조 제 1 항)"고 규정하고 있다. 지방자치단체의 주민이 되는 문제는 공법상 문제이므로, 지방자치법상 주민이란 특정 지방자치단체의 구역에 주민등록법에 의한 주민등록지를 가진 자를 말한다. 시는 도의 관할 구역 안에 있으므로(지자법 제 3 조 제 2 항) 시의 주민은 동시에 시를 관할하는 도의 주민이 되고, 군은 광역시나 도의 관할 구역 안에 있으므로(지자법 제 3 조 제 2 항) 군의 주민은 동시에 군을 관할하는 광역시나 도의 주민이 되고, 자치구는 특별시와 광역시의 관할 구역 안에 있으므로(지자법 제 3 조 제 2 항) 자치구의 주민은 동시에 자치구를 관할하는 특별시와 광역시의 주민이 된다.

(나) 지방자치법상 주민 개념의 다의성   "지방자치법은 여러 조항에서 권리·의무의 주체이자 법적 규율의 상대방으로서 '주민'이라는 용어를 사용하고 있다. 지방자치법에 '주민'의 개념을 구체적으로 정의하는 규정이 없는데, 그 입법목적, 요건과 효과를 달리하는 다양한 제도들이 포함되어 있는 점을 고려하면, 지방자치법이 단일한 주민 개념을 전제하고 있는 것으로 보기 어렵다. 자연인이든 법인이든 누군가가 지방자치법상 주민에 해당하는지 여부는 개별 제도별로 제도의 목적과 특성, 지방자치법뿐만 아니라 관계 법령에 산재해 있는 관련 규정들의 문언, 내용과 체계

등을 고려하여 개별적으로 판단할 수밖에 없다."[1] 예를 들어 지방자치법 제18조(주
민투표)의 주민은 자연인만을 말하지만, 지방자치법 제17조 제 2 항(공공시설이용권)의
주민은 자연인뿐만 아니라 법인, 그리고 해당 지방자치단체의 구역 내에 토지나 영
업소를 가지고 있는 사람은 그 토지나 영업소와 관련되는 범위 안에서 주민이 된
다. 이하에서는 지방자치단체의 구성요소로서의 주민을 중심으로 하여 살펴보기로
한다.

  (2) 등 록   주민등록을 하면 무국적자나 외국인도[2] 주민이 될 수 있다(주민법
제10조 제 1 항 제 9 호 참조).[3] 주민등록을 하지 않는 한, 외국인이나 내국인 모두 단순
한 거주자일 뿐이다. 주민의 지위는 국적과 무관하다. 주민자격은 또한 인종, 성별,
연령과도 무관하다.[4] 지방자치단체의 주민개념에는 거주와 주민등록이 결정적인
요소이다.

  (3) 법 인   주민등록법은 자연인의 주민등록에 관해서만 규정할 뿐(주민법 제10
조 제 1 항), 법인에 관해서는 규정하는 바가 없다. 따라서 법인의 주소지는 민법에
따라 주된 사무소의 소재지이다(민법 제36조). 특별법에 의한 법인의 주소는 그 특별
법이 정하는 바에 의한다(예: 한국은행법 제 7 조).

2. 주민등록

  (1) 신고주의   주민의 등록 또는 그 등록사항의 정정 또는 말소는 주민의 신
고에 따라 한다. 다만, 이 법에 특별한 규정이 있으면 예외로 한다(주민법 제 8 조). 제
10조(신고사항)에 따른 신고는 세대주가 신고사유가 발생한 날부터 14일 이내에 하
여야 한다. 다만, 세대주가 신고할 수 없으면 그를 대신하여 다음 각 호[1. 세대를 관
리하는 자, 2. 본인, 3. 세대주의 위임을 받은 자로서 다음 각 목(가. 세대주의 배우자, 나. 세대주의 직계
혈족, 다. 세대주의 배우자의 직계혈족, 라. 세대주의 직계혈족의 배우자)의 어느 하나에 해당하는 자]의

---

  1) 대판 2021. 4. 29, 2016두45240.
  2) 2016년 1월 1일 기준으로 우리나라에 거주하는 외국인주민은 171만 명이며 이 중 한국국적을 가
     지지 않은 사람이 136만 명(80%), 한국국적을 가지고 있는 사람이 36만 명(20%)이었다. 국적별로는
     한국계 중국인을 포함한 중국 국적자가 86만8천 명(52.8%)으로 가장 많았고, 이어서 베트남 20만7
     천 명(12.6%), 남부아시아 9만4천 명(5.7%), 태국 8만 명(4.9%), 필리핀 7만8천 명(4.8%), 미국 6만3
     천 명(3.9%) 순이라 한다(행정자치부, 2016 행정자치백서, 2017. 6. 7, 304쪽).
  3) 김명연, "「지방자치와 외국인」에 대한 토론," 지방자치법연구, 통권 제14호, 110쪽. 한편, 정부(당
     시 행정자치부)는 2007년 5월에 지방자치법 제12조의 규정의 '구역 안에 주소를 가진 자'에 국내에
     거주하는 외국인도 포함된다고 볼 수 있다는 유권해석을 내렸다고 한다(김수진, "지방자치와 외국
     인," 지방자치법연구, 통권 제14호, 96쪽).
  4) 함인선, "주민소송의 당사자에 관한 연구," 지방자치법연구, 통권 제11호, 87쪽.

어느 하나에 해당하는 자가 할 수 있다(주민법 제11조 제 1 항). 주민등록법에 따른 신고
는 구술이나 서면으로 한다(주민법 제18조 제 1 항).

(2) 등록의 성질   ① 주민등록이 되어야만 주민으로서의 모든 권리와 의무를
향유할 수 있으므로, 등록은 주민의 권리행사의 요건이 된다. 주민등록부는 권리의
무의 득실변경등의 증명을 목적으로 하는 공부가 아니라는 것이 판례의 입장이
다.[1] 그리고 ② 종전의 판례는 주민등록을 수리를 요하는 신고로 보았다.[2]

> ▫ 참고 ∥   **주민등록신고의 이중적 성격**
>
> **1. 주민등록의 신고와 등록의 관계**
> 본서는 주민등록을 위한 신고(주민법 제16조)와 주민의 신고에 따라(주민법 제 8 조) 주민등
> 록표를 작성함으로써(주민법 제 7 조) 이루어지는 주민등록은 각각 독립된 별개의 행
> 위로 본다. 말하자면 주민등록법상 주민등록의 신고는 ① 주민 지위의 발생을 가져
> 오는 행위의 면(전입신고를 생각하라)과 ② 발생된 주민의 지위에서 주민의 권리행사
> (지방선거참여를 생각하라)를 위한 요건인 주민등록의 한 부분 절차로서의 면도 갖는
> 다. ①의 면에서 신고는 수리를 요하지 않는 사인의 공법행위이지만, ②면에서 신고
> 는 수리를 요하는 사인의 공법행위에 해당한다. 아래에서 ①은 독자적인 행위로서
> 신고, ②는 등록절차의 구성부분으로서 신고로서 살핀다.
>
> **2. 독자적인 행위로서 신고**
> (1) 주민등록법은 제10조와 제16조에서 신고의무를 부과하고 있고, 제40조 제 4 항에서 신
> 고의무를 불이행한 자에게 과태료부과를 예정하고 있다. 특히 제40조 제 4 항의 규
> 정취지상 신고 기간 내에 신고만 하면 권한행정청의 수리 여부를 불문하고, 과태료
> 부과대상자가 되지 아니한다고 해석된다. 말하자면 과태료부과와 관련하여 주민등
> 록의 신고는 수리를 요하지 않는 사인의 공법행위라 말할 수 있다.
> (2) 지방자치법상 지방자치단체의 구역 안에 주소를 가진 자는 그 지방자치단체의
> 주민이 된다(지자법 제16조). 그리고 다른 법률에 특별한 규정이 없으면 주민등록법
> 에 따른 주민등록지를 공법관계에서의 주소로 한다(주민법 제23조 제 1 항). 그런데 어
> 느 지방자치단체의 주민이 되는지의 여부는 공법상 문제이므로 지방자치법 제16조
> 의 주소지는 주민등록법에 따른 주민등록지이다. 어느 지방자치단체의 주민이 되는
> 지의 여부는 주민이 자신의 자유의사에 따라 스스로 결정하는 것이며 행정청의 의
> 사에 영향을 받아서는 아니 된다. 헌법상 보장되는 거주이전의 자유에 비추어 볼
> 때, 주민의 신고가 주민등록법상 요건을 갖춘 것이면, 당연히 주민등록의 효력은 발
> 생하는 것으로 볼 것이며, 주민등록의 효력발생여부가 행정청의 수리여부에 의존한
> 다고 볼 수는 없다. 이러한 시각에서 보면, 주민등록의 신고는 수리를 요하지 않는

---

1) 대판 1968. 11. 19, 68도1231.
2) 대판 2009. 1. 30, 2006다17850.

사인의 공법행위라 말할 수 있다. 뿐만 아니라 만약 주민등록의 신고를 「수리를 요
하는 신고」로 본다면, 주민등록의 신고가 도달하였다고 하여도 공무원이 수리행위
를 게을리하면 신고인은 신고의 도달일에 신거주지의 주민이 되지 못한다는 결론이
나오게 된다. 이러한 결론은 명백히 불합리하다.

(3) 주민등록법 제23조 제 2 항이 "제 1 항에 따라 주민등록지를 공법 관계에서의 주
소로 하는 경우에 신고의무자가 신거주지에 전입신고를 하면 신거주지에서의 주민
등록이 전입신고일에 된 것으로 본다"고 규정하고 있다. 주민등록법 제23조 제 2 항
은 거주지 이전의 경우에 이루어지는 주민등록의 신고는 수리를 요하지 않는 사인
의 공법행위라는 것을 명시적으로 규정하는 것이라 하겠다.

(4) 주민등록표의 작성은 주민의 적법한 신고를 관리하고, 위법한 신고를 가려내고,
주민신고를 공적으로 증명하는 것 등을 목적으로 하는 공적 장부의 작성행위로서
독립의 행정처분이다. 이러한 시각에서 보면, "시장·군수 또는 구청장으로부터 제20
조 제 5 항·제 6 항 또는 제20조의2 제 2 항 제 1 호·제 2 호에 따른 주민등록 또는 등
록사항의 정정이나 말소 또는 거주불명 등록의 처분을 받은 자가 그 처분에 대하여
이의가 있으면 그 처분일이나 제20조 제 7 항 또는 제20조의2 제 3 항에 따른 통지를
받거나 공고된 날부터 30일 이내에 서면으로 해당 시장·군수 또는 구청장에게 이의
를 신청할 수 있다"는 주민등록법 제21조가 주민등록의 신고를 「수리를 요하는 신고」
로 보아야 하는 논거는 아니라고 말할 수 있다.

(5) 앞에서의 논의는 적법한 신고를 전제로 한 것이다. 거주의 의사 없이 이루어지는
전입신고와 같은 위법한 신고는 관할관청에 도달한다고 하여도 효과가 발생하지 아
니한다고 볼 것이다.

3. 등록절차의 구성부분으로서 신고

(1) 주민등록표의 작성을 통해 주민등록이 되어 있어야 현실적으로 주민으로서의 권
리와 의무를 향유할 수 있으므로, 등록은 주민의 권리행사의 요건이 된다고 말할 수
있다. 이러한 관점에서 보면, 주민등록법은 주민지위의 발생과 주민의 권리행사의
요건을 구분하고 있다고 말할 수 있다.

(2) 주민의 권리행사의 요건으로서 주민등록은 주민등록의 신고와 수리로 이루어진
다. 이러한 절차에서 주민등록의 신고는 행정청에 도달하기만 하면 신고로서의 효력
이 발생하는 것이 아니라 행정청이 수리한 경우에 비로소 신고의 효력이 발생한다
고 말할 수 있다.

4. 판례 비판

판례가 "주민등록의 신고는 행정청에 도달하기만 하면 신고로서의 효력이 발생하는
것이 아니라 행정청이 수리한 경우에 비로소 신고의 효력이 발생한다(대판 2009. 1.
30, 2006다17850)"라고 한 것이 주민등록법상 주민등록의 신고의 이중적 성격을 부
인하는 입장에서 나온 것이라면 동의하기 어렵다.

5. 비판론에 대한 검토

(1) 비판론의 지적   "주민등록신고가 수리를 요하지 않는 신고이므로 아무런 심사를 하지 않는다는 것은 위에서 언급한 주민등록법상 "사실조사(법 제20조 제 1 항 제 2, 3 호), 정정신고사항의 기관조회(시행령 제20조), 신고자 본인 확인과 신거주지 전입세대 확인(시행령 제23조 제 3 항), 주민등록표와 전입신고서의 대조·확인(법 제16조 제 2 항-제 4 항) 등 신고절차를 규정하고 있는 주민등록법에 반하는 견해이다"라 하고[1] 아울러 "전입신고를 수리를 요하는 신고로 보면, 공무원의 수리 지체 시 신고도달일에 주민이 되지 못한다는 비판은, 이를 이미 예상한 입법자가 주민등록법 제23조를 통해 주민등록지를 공법관계에서의 주소로 하는 경우, 전입신고를 하면 신거주지에서의 주민등록이 '전입신고일'에 된 것으로 간주하도록 하여 이러한 억울한 상황을 미연에 방지하고 있으므로 이를 따를 수 없다"라는[2] 견해가 있다.

(2) 비판론 검토   생각건대 ① 주민등록법 제20조 제 1 항 제 2 호·제 3 호, 주민등록법 시행령 제20조, 제23조 제 3 항, 주민등록법 제16조 제 2 항-제 4 항은 단순히 행정내부적인 사무처리절차를 정하는 규정이라는 점, ② 주민등록법 제23조 제 2 항이 "… 신거주지에 전입신고를 하면 신거주지에서의 주민등록이 전입신고일에 된 것으로 본다"는 것은 「전입신고일(전입신고도달일)에 도달로써 전입신고가 있음」을 전제로 하여 전입신고일에 (실제 등록 여하를 불문하고) 주민등록이 된 것으로 본다는 것을 뜻한다. 따라서 주민등록법 제23조는 주민등록에 관한 규정이지만, 「전입신고가 수리를 요하지 않는 신고」임을 간접적으로 나타내는 조문으로 볼 수 있다는 점, ③ 법령을 해석함에 있어 법령 그 자체로서 의미와 내용이 명백히 드러나지 않는다면, 헌법 제10조의 의미(기본권의 최대한 보장, 기본권 제한의 최소화)에 비추어 국민(주민)에게 침해가 보다 적은 쪽(전입신고의 경우, 수리를 요하지 아니하는 신고)으로 새겨야 할 것이라는 점에서 본서의 견해에 대한 비판론은 한계를 갖는다. ④ 그런데 2021. 3. 23. 시행에 들어간 행정기본법 제34조는 "법령등으로 정하는 바에 따라 행정청에 일정한 사항을 통지하여야 하는 신고로서 법률에 신고의 수리가 필요하다고 명시되어 있는 경우(행정기관의 내부 업무 처리 절차로서 수리를 규정한 경우는 제외한다)에는 행정청이 수리하여야 효력이 발생한다"고 규정하고 있는데, 주민등록법에는 수리에 관한 명시적 규정이 없다. 행정기본법 제34조로 인해 주민등록의 신고를 「수리를 요하지 않는 신고」로 볼 수밖에 없는 법률상 근거가 마련되었다.

(3) **적법한 신고**   주민등록신고가 수리를 요하지 아니하는 자체완성적 신고라는 것은 주민등록신고가 신고요건을 구비하고 관할 행정청에 도달하였을 때였을 때, 그 신고의 효과가 발생한다는 의미에서의 신고이다. 신고요건에 미비가 있다

---

1) 홍강훈, 「주민등록법」의 '공법상 신고의무' 관련 법령과 판례에 대한 「신고제의 행정법 Dogmatik을 통한 해결론」의 실증적 연구, 공법연구, 제47집 제 4 호, 415쪽.
2) 홍강훈, 앞의 논문, 416쪽.

면, 그러한 신고에는 당연히 신고의 효과가 발생하지 않는다. 물론 주민등록법 제
20조 제 1 항 제 2 호·제 3 호 등은 실제상 주민등록신고의 적법 여부를 가리는데도
의미를 갖는다. 참고로, 혼인신고도 가족관계의 등록 등에 관한 법률의 규정 여하
를 불문하고 수리를 요하는 신고로 볼 수는 없을 것이다.

(3) 등록대상자   시장·군수 또는 구청장은 30일 이상 거주할 목적으로 그 관
할 구역에 주소나 거소(이하 "거주지"라 한다)를 가진 다음 각 호[1. 거주자: 거주지가 분명한
사람(제 3 호의 재외국민은 제외한다), 2. 거주불명자: 제20조 제 6 항에 따라 거주불명으로 등록된 사람,
3. 재외국민:「재외동포의 출입국과 법적 지위에 관한 법률」 제 2 조 제 1 호에 따른 국민으로서「해외이주
법」 제12조에 따른 영주귀국의 신고를 하지 아니한 사람 중 다음 각 목(가. 주민등록이 말소되었던 사람
이 귀국 후 재등록 신고를 하는 경우, 나. 주민등록이 없었던 사람이 귀국 후 최초로 주민등록 신고를 하
는 경우)의 어느 하나의 경우)]의 사람(이하 "주민"이라 한다)을 이 법의 규정에 따라 등록하여
야 한다. 다만, 외국인은 예외로 한다(주민법 제 6 조 제 1 항). 제 1 항의 등록에서 영내
(營內)에 기거하는 군인은 그가 속한 세대의 거주지에서 본인이나 세대주의 신고에
따라 등록하여야 한다(주민법 제 6 조 제 2 항). 30일 이상 거주할 목적이란 생활의 근거
로서 거주할 목적으로 거주지를 실질적으로 옮기는 것을 말한다.[1]

(4) 신고사항

(가) 주 민   주민(재외국민은 제외한다)은 다음 각 호(1. 성명, 2. 성별, 3. 생년월일, 4. 세
대주와의 관계, 5. 합숙하는 곳은 관리책임자, 6.「가족관계의 등록 등에 관한 법률」 제10조 제 1 항에 따
른 등록기준지(이하 "등록기준지"라 한다), 7. 주소, 8. 가족관계등록이 되어 있지 아니한 자 또는 가족관
계등록의 여부가 분명하지 아니한 자는 그 사유, 9. 대한민국의 국적을 가지지 아니한 자는 그 국적명이
나 국적의 유무, 10. 거주지를 이동하는 경우에는 전입 전의 주소 또는 전입지와 해당 연월일)의 사항
을 해당 거주지를 관할하는 시장·군수 또는 구청장에게 신고하여야 한다(주민법 제
10조 제 1 항).

(나) 재외국민   재외국민이 국내에 30일 이상 거주할 목적으로 입국하는 때에
는 다음 각 호(1. 제10조 제 1 항 각 호의 사항, 2. 영주 또는 거주하는 국가나 지역의 명칭과 체류자
격의 종류)의 사항을 해당 거주지를 관할하는 시장·군수 또는 구청장에게 신고하여
야 한다(주민법 제10조의2 제 1 항).

(5) 전입신고   하나의 세대에 속하는 자의 전원 또는 그 일부가 거주지를 이
동하면 제11조나 제12조에 따른 신고의무자가 신거주지에 전입한 날부터 14일 이
내에 신거주지의 시장·군수 또는 구청장에게 전입신고를 하여야 한다(주민법 제16조

---

1) 대판 2005. 3. 25, 2004두11329.

제 1 항).

(6) **사무의 관장·감독**   주민등록에 관한 사무는 특별자치시장·특별자치도지사·시장·군수 또는 자치구의 구청장(이하 "시장·군수 또는 구청장"이라 한다)이 관장한다(주민법 제 2 조 제 1 항). 시장·군수 또는 구청장은 제 1 항에 따른 해당 권한의 일부를 그 지방자치단체의 조례로 정하는 바에 따라 「제주특별자치도 설치 및 국제자유도시 조성을 위한 특별법」 제11조에 따른 행정시장이나 그 관할구역 내의 자치구가 아닌 구의 구청장·읍·면·동장 또는 출장소장에게 위임할 수 있다(주민법 제 2 조 제 2 항). 읍·면·동장 또는 출장소장에게 위임할 수 있다(주민법 제 2 조 제 2 항). 주민등록에 관한 사무의 지도·감독은 행정안전부장관이 한다(주민법 제 3 조 제 1 항).

(7) **경비와 수수료**   주민등록에 관한 사무에 필요한 경비는 해당 특별자치시·특별자치도·시·군·자치구의 부담으로 한다(주민법 제 5 조 제 1 항). 주민등록법의 규정에 따라 수납하는 수수료·사용료 및 과태료는 특별시·광역시·특별자치시·도·특별자치도 또는 시·군·구의 수입으로 한다(주민법 제 4 조).

(8) **주민등록증의 발급**

(가) **발급대상자**   시장·군수 또는 구청장은 관할 구역에 주민등록이 된 자 중 17세 이상인 자에 대하여 주민등록증을 발급한다(주민법 제24조 제 1 항 본문). 다만, 「장애인복지법」 제 2 조 제 2 항에 따른 장애인 중 시각장애인이 신청하는 경우 시각장애인용 점자 주민등록증을 발급할 수 있다(주민법 제24조 제 1 항 단서).

(나) **수록사항**   주민등록증에는 성명, 사진, 주민등록번호, 주소, 지문, 발행일, 주민등록기관을 수록한다(주민법 제24조 제 2 항). 시장·군수 또는 구청장은 재외국민에게 발급하는 주민등록증에는 재외국민임을 추가로 표시하여야 한다(주민법 제24조 제 3 항).

(다) **발급신청**   제 1 항에 따라 주민등록증을 발급받을 나이가 된 사람(재외국민 및 해외체류자는 제외한다)은 대통령령으로 정하는 바에 따라 시장·군수 또는 구청장에게 주민등록증의 발급을 신청하여야 한다. 이 경우 시장·군수 또는 구청장은 대통령령으로 정하는 기간 내에 발급신청을 하지 아니한 사람(재외국민 및 해외체류자는 제외한다)에게 발급신청을 할 것을 최고할 수 있다(주민법 제24조 제 4 항).

(9) **주민등록증의 제시요구**   사법경찰관리가 범인을 체포하는 등 그 직무를 수행할 때에 17세 이상인 주민의 신원이나 거주 관계를 확인할 필요가 있으면 주민등록증의 제시를 요구할 수 있다. 이 경우 사법경찰관리는 주민등록증을 제시하지 아니하는 자로서 신원을 증명하는 증표나 그 밖의 방법에 따라 신원이나 거주

관계가 확인되지 아니하는 자에게는 범죄의 혐의가 있다고 인정되는 상당한 이유
가 있을 때에 한정하여 인근 관계 관서에서 신원이나 거주 관계를 밝힐 것을 요구
할 수 있다(주민법 제26조 제 1 항). 사법경찰관리는 제 1 항에 따라 신원 등을 확인할
때 친절과 예의를 지켜야 하며, 정복근무중인 경우 외에는 미리 신원을 표시하는
증표를 지니고 이를 관계인에게 내보여야 한다(주민법 제26조 제 2 항).

(10) 열람 또는 등·초본의 교부

(가) 신청기관   주민등록표를 열람하거나 그 등본 또는 초본의 교부를 받으려
는 자는 행정안전부령으로 정하는 수수료를 내고 시장·군수 또는 구청장(자치구가 아
닌 구의 구청장을 포함한다)이나 읍·면·동장 또는 출장소장(이하 "열람 또는 등·초본교부기관의
장"이라 한다)에게 신청할 수 있다(주민법 제29조 제 1 항).

(나) 신청을 할 수 있는 사람   제 1 항에 따른 주민등록표의 열람이나 등·초본
의 교부신청은 본인이나 세대원이 할 수 있다. 다만, 본인이나 세대원의 위임이
있거나 다음 각 호(1. 국가나 지방자치단체가 공무상 필요로 하는 경우, 2. 관계 법령에 따른 소송
·비송사건·경매목적 수행상 필요한 경우, 3. 다른 법령에 주민등록자료를 요청할 수 있는 근거가 있는
경우, 4. 다른 법령에서 본인이나 세대원이 아닌 자에게 등·초본의 제출을 의무화하고 있는 경우, 5. 다
음 각 목(가. 세대주의 배우자, 나. 세대주의 직계혈족, 다. 세대주의 배우자의 직계혈족, 라. 세대주의 직
계혈족의 배우자, 마. 세대원의 배우자(주민등록표 초본에 한정한다), 바. 세대원의 직계혈족(주민등록표
초본에 한정한다)]의 어느 하나에 해당하는 자가 신청하는 경우, 6. 채권·채무관계 등 대통령령으로 정하
는 정당한 이해관계가 있는 사람이 신청하는 경우(주민등록표 초본에 한정한다), 7. 그 밖에 공익상 필요
하여 대통령령으로 정하는 경우)의 어느 하나에 해당하면 그러하지 아니하다(주민법 제29조
제 2 항).

3. 시 민

입법례에 따라서는 지방자치단체의 선거에서 선거권을 가진 주민, 즉 유권자
인 주민을 시민이라 부르기도 한다.[1] 유권자 주민은 참정권의 주체로서의 주민 또

---

1) 독일의 모든 지방자치법은 지방자치단체 내에 주소를 갖거나 영속적으로 체류하는 자를 주민
(Einwohner)이라 부르고, 주민 중에서 선거권이 있는 자(유권자 주민)를 시민(Bürger)이라 부른다
(예: Nordrhein-Westfalen 게마인데법 제21조 제 1 항). 이러한 의미의 시민개념에는 국적·성년·
거주 등이 요구되기도 한다. 다만, Nordrhein-Westfalen의 경우에는 거주요건과 관련하여 일정
거주기간은 요구되지 아니한다. 한편, 시민으로 옮겨지는 Bürger라는 용어는 종래에 2가지의 뜻으
로, 즉 ① 귀족 성직자계급과 대비되고 동시에 노동자 농민에 대비되는 제 3 신분(der dritte Stand)
과 ② 국가의 구성원, 즉 국민을 의미하는 것으로 이해되어 왔다(Klüber, Das Gemeinderecht, S.
79).

는 공민이라고도 하며[1] 공민된 자격을 공민권이라 부르기도 하였다.[2] 한편, 유럽연합의 회원국가에서는 연합시민이라는 개념도 있다.[3]

II. 명예시민

1. 명예시민의 의의

일반적으로 명예시민권은 해당 지방자치단체에 공로가 있는 자에게 주어진다. 그것은 특별한 공로에 대한 지방자치단체의 감사의 표시이다.[4] 명예시민권이 주어진 자가 명예시민이다. 명예시민은 일반적으로 해당 지방자치단체에서 참정권 등 주민으로서의 개인적 공권을 갖지 아니한다. 따라서 외국인이나 미성년자도 명예시민이 될 수 있다.[5] 명예시민권은 재산상의 가치가 있는 권리가 아니고, 상속대상도 아니다. 인격권으로서 명예시민권은 사망으로 소멸한다. 시방자치단체가 폐지되거나 구역변경이 있거나 하는 경우에 명예시민이 자동적으로 새 구역의 명예시민이 된다고 볼 수도 없다.[6] 명예시민선정행위는 수익적 재량행위의 성질을 갖는다.[7]

2. 서울특별시의 경우

(1) 수여대상자   서울특별시 명예시민증(이하 "명예시민증"이라 한다) 수여대상자는 다음[1. 서울특별시에 계속하여 3년 이상 거주하고 있거나 총 거주기간이 5년 이상인 외국인 중 서울특별시정(이하 "시정"이라 한다)에 공로가 현저하고 서울특별시민과 거주 외국인에게 귀감이 되는 자, 2. 서울특별시를 방문하는 외빈 또는 현지외국인]과 같다(서울특별시 명예시민증 수여 조례 제 2 조 제 1 항). 서울특별시장(이하 "시장"이라 한다)은 제 1 항의 규정에도 불구하고 필요하다고 인정하

---

1) 김남진·김연태, 행정법 II, 83쪽; 박윤흔·정형근, 최신행정법강의(하), 91쪽.
2) 윤세창, 행정법(하), 1983, 55쪽.
3) 예컨대, 독일 Sachsen의 경우에 게마인데에 거주하는 자로서 경찰상 신고를 한 자가 주민(Einwohner)이며, 비독일인인 주민도 독일인인 주민과 동일한 권리를 갖는다. 한편, 기본법 제116조의 의미의 모든 독일인으로서 18세 이상이며, 3개월 이상 게마인데 내에 주된 주소지(Hauptwohnung)를 가진 자가 시민(Bürger)이다. 연합시민(Unionsbürger)의 개념은 마스트리히트조약에 따라 개정된 독일기본법 제28조 제 1 항 제 3 문에 반영된 것으로서 유럽연합회원국의 국적을 가진 자인 시민을 말한다. 연합시민(18세 이상이고, 3개월 이상 거주)은 지방선거에서 선거권 및 피선거권을 가진다. 현재로서 시장은 독일인만이 될 수 있다(Hegele/Ewert, Kommunalrecht im Freistaat Sachsen, S. 79f.).
4) Pagenkopf, Kommunalrecht, Bd. I, S. 154; Nordrhein-Westfalen 게마인데법 제34조 제 1 항.
5) Waechter, Kommunalrecht, Rn. 30.
6) Waibel, Gemeindeverfassungsrecht, Baden-Württemberg, Rn. 177.
7) Gern, Kommunalrecht Baden-Württemberg, Rn. 327.

는 경우에는 제 1 호의 거주요건 등을 완화하여 명예시민증을 수여할 수 있다(서울특별시 명예시민증 수여 조례 제 2 조 제 2 항).

   (2) 혜 택   명예시민증을 수여받은 자에 대하여는 서울특별시민에 준하여 행정상 혜택을 부여할 수 있다(동 조례 제 6 조 제 1 항). 명예시민증을 수여받은 자에 대하여는 시정관련 위원회의 위원으로 위촉하거나 시 주관 행사에 참여하게 하는 등 시정 참여기회를 부여할 수 있다(동 조례 제 6 조 제 2 항). 명예시민증을 수여받은 자에 대하여는 서울시립미술관과 서울역사박물관, 서울특별시 도시공원의 입장료를 면제할 수 있다(동 조례 제 6 조 제 3 항).

   (3) 취 소   시장은 명예시민증을 수여받은 자가 수여취지에 반한다고 인정되는 행위를 하는 경우에는 명예시민증수여심사위원회의 심의를 거쳐 명예시민증 수여를 취소할 수 있다(동 조례 제 7 조 제 1 항). 제 1 항의 규정에 따라서 명예시민증이 취소된 자는 취소된 때부터 제 6 조의 규정에 따른 행정상 혜택 및 시정참여의 기회 부여도 취소된다(동 조례 제 7 조 제 2 항).

3. 명예시민제도의 문제점

   현행 지방자치법에는 명예시민에 관한 규정이 없다. 그것은 개별 지방자치단체의 조례에서 규정되고 있을 뿐이다. 그러나 비록 명예직이라 할지라도, 시민(주민) 개념은 지방자치단체의 기본개념에 해당하는 중요한 사항이므로, 지방자치법에서 명예시민의 법적 근거를 두는 것이 바람직하다.[1] 명예시민권의 부여에 대하여는 국가적인 기준을 마련할 필요가 있다.

제 2 항   주민의 권리

Ⅰ. 정책 결정·집행 과정 참여권

1. 참여권의 의의

주민은 법령으로 정하는 바에 따라 주민생활에 영향을 미치는 지방자치단체의

---

[1] Nordrhein-Westfalen의 지방자치법은 해당 지방자치단체에 공로가 있는 자에게 명예시민권을 부여할 수 있다는 것과 아울러 명예시민권을 부여하거나 박탈할 때에는 특별정족수(법정 지방의회 정원의 3분의 2 이상의 찬성)가 필요하다는 것을 규정하고 있다(Nordrhein-Westfalen 게마인데법 제34조 제 1 항·제 2 항).

정책의 결정 및 집행 과정에 참여할 권리를 가진다(지자법 제17조 제1항). 이 조항은 2022. 1. 13. 시행 지방자치법 전부개정법률에서 신설되었다. 이 조항으로 인해 지방자치행정에 대한 주민의 직접 참여의 폭은 확대되었다.

2. 참여권의 내용

주민의 참여권은 주민생활에 영향을 미치는 지방자치단체의 정책을 대상으로 한다. 주민의 참여권은 정책의 결정뿐만 아니라 정책의 집행에의 참여도 내용으로 한다. 참여권의 구체적인 내용은 법령으로 정해진다. 참여권은 주민이 소속 지방자치단체에 대하여 갖는 개인적 공권의 성질을 갖는다.

II. 공공재산·공공시설의 이용권

1. 이용권의 의의

주민은 법령으로 정하는 바에 따라 소속 지방자치단체의 재산과 공공시설을 이용할 권리(예: 공립도서관·공회당 등의 이용권)를 가진다(지자법 제17조 제2항). 이러한 권리를 「공공재산·공공시설의 이용권」이라 부른다.

2. 이용권의 성질

공공재산·공공시설의 이용이 정당한 이유 없이 거부되면 이의 시정을 구할 수 있으므로 공공시설이용권은 개인적 공권의 성질을 갖는다. 여태까지 사용해온 공공시설을 앞으로도 계속하여 유지해 달라는 공공시설의 유지청구권이나 새로운 시설을 설치해달라는 공공시설의 신설청구권은 이용권의 내용이 아니다.[1] 다만, 극단의 경우에는 그러한 권리를 갖는 경우도 있을 수 있다.

3. 이용권의 대상

(1) 재산과 공공시설　지방자치법상 "재산"이란 현금 외의 모든 재산적 가치가 있는 물건 및 권리를 말하고(지자법 제159조 제1항), 공공시설이란 지방자치단체가 주민의 복지를 증진하기 위하여 설치하는 시설을 말한다(지자법 제161조 제1항).

(2) 개념상 특징　재산은 주민의 이용을 전제로 하는 것이므로 그 자체 공공

---

1) Seewald, Kommunalrecht, in: Steiner(Hg.), Besonderes Verwaltungsrecht, Rn. 155.

시설의 성격을 가진다.[1] 따라서 재산과 공공시설을 동의어로 보아도 무방하다.[2] 이 때문에 주민의 이용에 제공되는 것이라면 공물, 영조물과 공기업의 물적 요소는 모두 공공시설에 해당한다. 공공시설이란 주민이 이용할 수 있는 대상으로서의 물건 또는 물건의 복합체를 뜻한다. 공공시설은 단순한 물적 개념이 아니라 기능적 개념으로 이해된다. 시설의 조직형태는 문제되지 아니한다. 공공시설의 소유권자가 누구인가의 여부도 문제되지 아니한다.

4. 이용권의 주체

(1) 주 민   공공시설이용권은 모든 주민의 권리이다.[3] 주민에는 자연인뿐만 아니라 법인도 포함된다.[4]

(2) 이해관계 있는 사람   지방자치단체의 주민은 아니지만, 그 지방자치단체의 구역 내에 토지나 영업소를 가지고 있는 사람은 그 토지나 영업소와 관련되는 범위 안에서 해당 지방자치단체의 주민에 유사한 공공시설이용권을 갖는다.[5]

(3) 비 주 민   비주민에게는 해당 지방자치단체의 재산이나 공공시설의 이용(예: 학교시설·유치원·양로원의 이용)이 제한될 수도 있다.[6] 해당 지방자치단체의 주민이 아닌 자가 해당 지방자치단체의 행사에 참가하게 되면, 참가를 초청받은 것으로 이해되는 범위 안에서는 해당 지방자치단체의 주민과 동일한 권리를 갖는다.

5. 이용권의 내용

이용권의 내용과 범위는 법령(예: 법률·명령·조례·규칙·관습법)이나 공용지정행위에 의해 정해진다. 이용관계의 한 내용으로서 공공재산·공공시설이용에 이용수수료의 납부가 반드시 요구되는 것은 아니나(예: 지방도의 무료이용), 요구되는 경우도 있다(예: 터널통행료). 이용관계의 법적 성질은 한마디로 단언할 수 없다.

6. 이용권의 한계

① 이용권의 한계는 법령(예: 법률·명령·조례·규칙·관습법)에 의해 정해진다. 따라서

---

1) 김남진·김연태, 행정법 II, 84쪽; 박윤흔·정형근, 최신행정법강의(하), 92쪽.
2) 양자를 상이한 개념으로 보는 견해(류지태·박종수, 행정법신론, 887쪽)도 있다.
3) Püttner, Kommunalrecht, Baden-Württemberg, Rn. 83.
4) Püttner, Kommunalrecht, Baden-Württemberg, Rn. 84; Seewald, Kommunalrecht, in: Steiner(Hg.), Besonderes Verwaltungsrecht, Rn. 151.
5) Seewald, Kommunalrecht, in: Steiner(Hg.), Besonderes Verwaltungsrecht, Rn. 149.
6) 류지태·박종수, 행정법신론, 888쪽.

법령에서 정한 범위를 벗어나는 이용은 제한된다. 행정규칙으로 주민의 공공시설 이용권을 제한할 수는 없다. ② 이용권의 한계는 법령에 근거한 공용지정행위에서 정해진 목적으로 제한된다. 당연히 공용지정행위에서 정한 범위를 벗어나는 이용은 제한된다. ③ 공공시설의 수용능력에 의해 공공시설이용권은 사실상 제한도 받는다. 이용자가 많은 경우에는 추첨이나 신청 순에 따라 정해질 수 있다. 그리고 ④ 경찰상 위험의 방지를 위해 이용이 제한될 수도 있다.[1]

7. 이용자의 보호

공공재산·공공시설의 이용과 관련하여 관리주체가 이용자에게 위법한 처분을 발하게 되면(예: 운동장사용허가신청에 대한 위법한 허가거부처분), 경우에 따라 행정소송으로 다툴 수 있다. 뿐만 아니라 공공재산·공공시설의 설치·관리상의 하자로 인해 이용자에게 손해가 발생하면 이용지는 국가 또는 지방자치단체에 대하여 손해배상을 청구할 수도 있다. 만약 그 이용관계가 사법관계라면, 국가나 지방자치단체는 민사상 손해배상책임을 부담한다.

III. 균등하게 행정의 혜택을 받을 권리

1. 의 의

(1) 개 념   주민은 법령으로 정하는 바에 따라 소속 지방자치단체로부터 균등하게 행정의 혜택을 받을 권리를 가진다(지자법 제17조 제 2 항). 이러한 권리를 「균등하게 행정의 혜택을 받을 권리」라 부른다. 균등하게 행정의 혜택을 받을 권리에는 「행정의 혜택」을 받을 권리와 「균등한 혜택」을 받을 권리가 포함된다.

(2) 성 질   판례는 "지방자치법 제13조 제 1 항(현행법 제17조 제 2 항)은 주민이 지방자치단체로부터 행정적 혜택을 균등하게 받을 수 있다는 권리를 추상적이고 선언적으로 규정한 것으로서, 위 규정에 의하여 주민이 지방자치단체에 대하여 구체적이고 특정한 권리가 발생하는 것이 아닐 뿐만 아니라, 지방자치단체가 주민에 대하여 균등한 행정적 혜택을 부여할 구체적인 법적 의무가 발생하는 것도 아니다"라 한다.[2] 그러나 지방자치단체가 행정적 혜택을 내용으로 하는 조례를 제정하는 경우, 그 내용이 평등의 원칙에 반한다면, 그 조례는 지방자치법 제17조 제

---

1) 김남진·김연태, 행정법 II, 86쪽.
2) 대판 2008. 6. 12, 2007추42.

2 항의 위반이 될 것이다.

2. 「행정의」 혜택을 받을 권리

(1) 의 의   행정의 혜택을 받을 권리란 공공재산, 공공시설이용을 제외한 그 밖의 일체의 행정서비스의 혜택을 받을 수 있는 권리를 의미한다. 일체의 행정서비스란 내용에 관계없이 지방자치단체에 의해 이루어지는 모든 종류의 행정에 있어서의 서비스를 말한다.

(2) 편의제공   행정의 혜택을 주기 위해 지방자치단체는 행정력의 범위 안에서 행정절차를 도입할 때에 주민들에게 각종의 편의를 제공하여야 한다. 지방자치단체는 각종 신청서·신고서 등의 서식도 비치하여야 한다. 뿐만 아니라 시민들의 각종 신청·신고가 잘못 접수된 경우, 접수한 지방자치단체는 권한 있는 지방자치단체·기관에 송부하여야 한다. 자세한 사항은 민원 처리에 관한 법률에서 규정되고 있다.

3. 「균등한」 혜택을 받을 권리

(1) 의 의   행정의 혜택은 균등한 것이어야 한다. 균등의 원칙(평등원칙)은 실정법상 법원칙이다(헌법 제11조, 행정기본법 제 9 조). 행정의 균등은 교육·보건·환경·위생·산업·문화·건축 등 자치행정이 미치는 지방자치행정의 전 분야에서 이루어져야 한다. 행정의 균등은 재산·직업·혈통·신분·출신학교 등의 사유에 관계없이 행정이 이루어져야 함을 뜻한다.

(2) 남녀평등   행정의 혜택에 남녀의 차별이 없어야 한다. 오히려 남녀간의 균등이 강조되어야 한다. 명문의 규정이 없다고 하여도 행정상 남녀간의 평등의 실현은 지방자치단체의 임무이다.[1]

4. 입법적 개선

지방자치법 제17조 제 2 항은 주민에게 과도한 권리를 허용하는 근거가 될 수 있으므로 본조에서 '법령으로 정하는 바'를 '이행할 수 있는 한도 안에서 법령이 정하는 바'로 개정할 필요가 있고, 아울러 '주민은 지방자치단체로부터 법적 자문

---

1) 독일 Nordrhein-Westfalen의 경우, 남녀간 평등실현을 지방자치단체의 임무로 규정하고 있고 (Nordrhein-Westfalen 게마인데법 제 5 조 제 1 항 제 1 문), 이러한 임무의 수행을 위해 Gleichstellungsbeauftragte(평등관)라는 직이 설치되고 있다(동법 제 5 조 제 1 항 제 2 문).

을 받을 권리를 가지지 아니한다'라는 것을 제 1 항 단서로 삽입할 필요가 있다는 지적이 있다.[1)

Ⅳ. 선거권과 피선거권

1. 의 의

주민은 법령으로 정하는 바에 따라 그 지방자치단체에서 실시하는 지방의회의원과 지방자치단체의 장의 선거(이하 "지방선거"라 한다)에 참여할 권리를 가신다(지자법 제17조 제 3 항). 주민의 선거참여는 주민이 지방자치행정에 참여하는 가장 기본적인 형식이다.

2. 선거권의 성질

지방의회의 구성에 관한 주민의 권리는 헌법상의 권리이지만, 지방자치단체장의 선출에 관한 권리는 법률상의 권리라는 견해가 있다.[2) "헌법은 지방자치단체장에 대한 선거권을 직접 규정하지 않고 그 선임 방법을 법률에 위임하여(제118조 제 2 항) 지방자치법이 이를 정하고 있으므로, 지방자치단체장에 대한 선거권이 헌법상의 권리인지 법률상의 권리인지 분명하지 아니하다"는 헌법재판소의 입장[3)이 설득력이 있어 보인다.

3. 공직선거법

지방선거에 관한 사항은 공직선거법에서 규정되고 있다. 공직선거법은 주민의 선거권과 피선거권을 보장하기 위하여 "공무원·학생 또는 다른 사람에게 고용된 자가 선거인명부를 열람하거나 투표하기 위하여 필요한 시간은 보장되어야 하며, 이를 휴무 또는 휴업으로 보지 아니한다(공선법 제 6 조 제 3 항)"고 규정하고 있다.

---

1) 신봉기, 지방자치법주해, 76쪽.
2) 정종섭, 헌법학원론(2014), 985쪽.
3) 헌재 2009. 3. 26, 2007헌마843.

V. 주민투표권[1]

1. 주민투표권의 관념

(1) **주민투표권의 의의**   지방자치단체의 장은 주민에게 과도한 부담을 주거나 중대한 영향을 미치는 지방자치단체의 주요 결정사항 등에 대하여 주민투표에 부칠 수 있다(지자법 제18조 제1항). 이에 따라 주민은 주민투표에 참여할 수 있는 권리를 갖는바, 이를 주민투표권이라 한다.

(2) **주민투표제의 의미**   주민투표제는 주민이 지방자치단체의 사무에 관하여 투표로써 직접 결정하는 제도를 말한다. 주민투표제는 직접민주주의의 실현을 위한 간접민주주의의 보완수단으로 이해된다.[2] 주민투표제도는 주민의 정치적 참여와 책임의식의 제고, 지역간 갈등의 조정 및 통합, 지방의회와 지방자치단체의 장의 정치적 부담을 경감해주는 장점을 갖지만, 또 한편으로는 지역분열, 정치적 이용가능성, 지방의회와 지방자치단체의 장의 책임회피수단으로 악용될 소지와 지방의회의 기능위축을 가져올 가능성이 있다는 단점을 갖는다.[3]

(3) **주민투표제의 성질**   국민투표제는 헌법상 명시되고 있지만(헌법 제72조 대통령은 필요하다고 인정할 때에는 외교·국방·통일 기타 국가안위에 관한 중요정책을 국민투표에 붙일 수 있다), 주민투표제는 헌법상 명시되고 있지 않다. 이 때문에 주민투표제가 헌법상 보장되는 제도인지 아니면 입법에 의하여 채택되는 제도인지의 여부가 문제된다. 헌법재판소는 입법에 의하여 채택되는 제도로 본다.[4]

(4) **주민투표권의 성질**   헌법재판소는 주민투표권을 헌법이 아니라 법률이 보장하는 참정권으로 본다.[5]

---

1) [관련논문] 최승필, "주민투표제에 대한 법적검토와 쟁점," 지방자치법연구, 통권 제69호, 37쪽 이하.
2) 김동건, "주민투표의 의미와 법적 문제점," 지방자치법연구, 통권 제11호, 103쪽; 김희곤, "주민투표의 의미와 법적 문제점에 대한 토론," 지방자치법연구, 통권 제11호, 142쪽.
3) 일설은 주민투표가 필요한 근거로 의회제 민주주의의 기능상 불완전성, 유권자에 의한 표결제도의 확립, 민주적 결정 및 행정에 대한 민주적 통제의 확보를 들고, 문제점으로 의회제 민주주의의 부정, 단체장이나 의회의 책임회피 가능성, 합리적 의사결정 가능성에 대한 의구, 주민간의 감정적 대립, 남용에 의한 혼란, 소수파에 대한 억압수단으로서의 사용가능성, 기능으로 정당성 부여기능, 견제기능 및 불만해소와 소수자 이익보호 기능 등을 들기도 한다(신봉기, 지방자치법주해, 한국지방자치법학회, 79쪽); 김병기, "주민소송·주민투표·주민소환을 중심으로 한 주민참여법제 소고," 지방자치법연구, 통권 제31호, 43쪽.
4) 헌재 2005. 12. 22, 2004헌마530; 헌재 2001. 6. 28, 2000헌마735; 헌재 1994. 12. 29, 94헌마201.
5) 헌재 2014. 4. 24, 2012헌마287.

(5) 주민투표법 주민투표의 대상·발의자·발의요건, 그 밖에 투표절차 등에 관한 사항은 따로 법률로 정한다(지자법 제18조 제 2 항). 이에 따라 주민투표법이 제정되었다. 주민투표법이 제정되기 전에 헌법재판소는 국회에 주민투표법의 입법의무가 있는 것은 아니라고 하였다.[1]

2. 주민투표권자

19세 이상의 주민 중 제 6 조 제 1 항에 따른 투표인명부 작성기준일 현재 다음 각 호(1. 그 지방자치단체의 관할 구역에 주민등록이 되어 있는 사람, 2. 출입국관리 관계 법령에 따라 대한민국에 계속 거주할 수 있는 자격(체류자격변경허가 또는 체류기간연장허가를 통하여 계속 거주할 수 있는 경우를 포함한다)을 갖춘 외국인으로서 지방자치단체의 조례로 정한 사람)의 어느 하나에 해당하는 사람에게는 주민투표권이 있다. 다만, 「공직선거법」 제18조에 따라 선거권이 없는 사람에게는 주민투표권이 없다(주투법 제 5 조 제 1 항). 주민투표권자의 연령은 투표일 현재를 기준으로 산정한다(주투법 제 5 조 제 2 항).

3. 주민투표의 유형

(1) 지방정책 주민투표

(가) 의 의 지방정책 주민투표란 주민에게 과도한 부담을 주거나 중대한 영향을 미치는 지방자치단체의 주요결정사항으로서 그 지방자치단체의 조례로 정하는 사항에 대하여 이루어지는 주민투표를 말한다(주투법 제 7 조 제 1 항).

(나) 주민투표대상 ① 주민에게 과도한 부담을 주거나 중대한 영향을 미치는 지방자치단체의 주요결정사항으로서 그 지방자치단체의 조례로 정하는 사항은 주민투표에 부칠 수 있다(주투법 제 7 조 제 1 항). 주민투표사항은 한정적이다.[2] ② 제 1 항의 규정에 불구하고 다음 각 호(1. 법령에 위반되거나 재판중인 사항, 2. 국가 또는 다른 지방자치단체의 권한 또는 사무에 속하는 사항, 3. 지방자치단체의 예산·회계·계약 및 재산관리에 관한 사항과 지방세·사용료·수수료·분담금 등 각종 공과금의 부과 또는 감면에 관한 사항, 4. 행정기구의 설치·변경에 관한 사항과 공무원의 인사·정원 등 신분과 보수에 관한 사항, 5. 다른 법률에 의하여 주민대표가 직접 의사결정주체로서 참여할 수 있는 공공시설의 설치에 관한 사항. 다만, 제 9 조 제 5 항의 규정에 의하여 지방의회가 주민투표의 실시를 청구하는 경우에는 그러하지 아니하다. 6. 동일한 사항(그 사항과 취지가 동일한 경우를 포함한다)에 대하여 주민투표가 실시된 후 2년이 경과되지 아니한 사항)의 사항은

---

1) 헌재 2001. 6. 28, 2000헌마735; 김철수, 헌법학신론, 1451쪽.
2) 대판 2002. 4. 26, 2002추23.

이를 주민투표에 부칠 수 없다(주투법 제 7 조 제 2 항).

　　(다) 주민투표실시구역   지방정책 주민투표는 그 지방자치단체의 관할구역 전체를 대상으로 실시한다. 다만, 특정한 지역 또는 주민에게만 이해관계가 있는 사항인 경우 지방자치단체의 장이 지방의회의 동의를 얻은 때에는 관계 시·군·구 또는 읍·면·동을 대상으로 주민투표를 실시할 수 있다(주투법 제16조).

　　(라) 문 제 점   ① 판결이 확정되면 그 시점부터 주민투표 사항이 될 수 있다는 점에서 재판중인 사항을 주민투표 배제사항으로 규정한 것은 이해될 수 있지만, 「법령에 위반되는 사항」을 주민투표 배제사항으로 규정한 것은 이해하기 어렵다. 왜냐하면 판결로서 위법이 확인되기 전까지 지방자치단체장을 포함하여 누구도 법령에 위반된다고 유권적으로 판단할 수는 없기 때문이다. 따라서 주민투표 배제사항 중 「법령에 위반되는 사항」은 삭제할 필요가 있다. ② 지방자치단체의 예산·회계·계약 및 재산관리에 관한 사항 등을 주민투표 배제사항으로 한 것은 지방자치단체의 주요사항에 대하여 주민투표의 접근가능성을 배제함으로써 주민투표 자체의 유명무실을 초래할 위험이 있다고 하면서 주민투표 배제사항을 축소할 필요가 있다는 지적도 있다.1)

　　(2) 국가정책 주민투표

　　(가) 의 의   국가정책 주민투표는 지방자치단체의 폐치·분합 또는 구역변경, 주요시설의 설치 등 국가정책의 수립에 관하여 주민의 의견을 듣기 위하여 중앙행정기관의 장의 요구에 의해 실시되는 주민투표를 말한다(주투법 제 8 조 제 1 항).

　　(가) 비 판 론   국가정책 주민투표의 경우, 관계 중앙행정기관의 장에게만 배타적 발의권을 주는 것은 지나친 행정편의주의적 발상에 근거한 것으로 바람직하지 않다고 하면서 주민이나 지방자치단체의 장 등에게도 주어져야 한다는 주장도 있고,2) 이에 대하여 국가정책 주민투표는 전형적인 주민투표인 지방정책 주민투표와는 별개의 이질적인 것으로 이해하여야 하며,3) 국가정책 주민투표에 주민이나 지방자치단체의 장 등에게 발의권을 부여하는 것은 논리필연적이 아니라는 견해도 있다.4) 후자의 견해가 타당하다. 한편, 국가정책 주민투표는 법적 구속력이 인정되지 않고 순수한 자문적 주민의결절차 내지 주민질의의 성격을 갖는다.5) 한편, 국

---

　　1) 김동건, “주민투표의 의미와 법적 문제점,” 지방자치법연구, 통권 제11호, 124쪽; 이기우·하승수, 지방자치법, 103쪽.
　　2) 최우용, “국가사무 결정의 주민투표활용과 법적 문제점,” 지방행정, 2004. 8, 41쪽.
　　3) 최봉석, “주민참여법제의 현황과 개선방안,” 지방자치법연구, 통권 제12호, 88쪽.
　　4) 김동건, “주민투표의 의미와 법적 문제점,” 지방자치법연구, 통권 제11호, 125쪽.
　　5) 김철수, 헌법학(하), 1826쪽; 김남진·김연태, 행정법 Ⅱ, 90쪽.

가정책 주민투표의 실시구역은 주민투표의 실시를 요구하는 중앙행정기관의 장이
정한다(주투법 제8조 제1항).

4. 주민투표의 실시요건

(1) **지방정책 주민투표**   지방자치단체의 장은 주민 또는 지방의회의 청구에
의하거나 직권에 의하여 주민투표를 실시할 수 있다(주투법 제9조 제1항). ① 19세
이상 주민 중 제5조 제1항 각 호의 어느 하나에 해당하는 사람(같은 항 각 호 외의 부
분 단서에 따라 주민투표권이 없는 자는 제외한다. 이하 "주민투표청구권자"라 한다)은 주민투표청구
권자 총수의 20분의 1 이상 5분의 1 이하의 범위 안에서 지방자치단체의 조례로
정하는 수 이상의 서명으로 그 지방자치단체의 장에게 주민투표의 실시를 청구할
수 있다(주투법 제9조 제2항).1) ② 지방의회는 재적의원 과반수의 출석과 출석의원 3
분의 2 이상의 찬성으로 그 지방자치단체의 장에게 주민투표의 실시를 청구할 수
있다(주투법 제9조 제5항). 지방의회에 의한 청구요건은 엄격한바, 전체 의원수의
30% 정도로 완화할 필요가 있다는 지적이 있다.2) ③ 지방자치단체의 장은 직권에
의하여 주민투표를 실시하고자 하는 때에는 그 지방의회 재적의원 과반수의 출석
과 출석의원 과반수의 동의를 얻어야 한다(주투법 제9조 제6항).

(2) **국가정책 주민투표**   중앙행정기관의 장이 주민투표의 실시를 요구하기
위해서는 미리 행정안전부장관과 협의하여야 한다(주투법 제8조 제1항). 지방자치단
체의 장은 제1항의 규정에 의하여 주민투표의 실시를 요구받은 때에는 지체없이
이를 공표하여야 하며, 공표일부터 30일 이내에 그 지방의회의 의견을 들어야 한
다(주투법 제8조 제2항). 제2항의 규정에 의하여 지방의회의 의견을 들은 지방자치
단체의 장은 그 결과를 관계 중앙행정기관의 장에게 통지하여야 한다(주투법 제8조
제3항).

5. 주민투표의 발의

(1) **의무적 발의**   지방자치단체의 장은 다음 각 호(1. 제8조(국가정책에 관한 주민
투표) 제3항의 규정에 의하여 관계 중앙행정기관의 장에게 주민투표를 발의하겠다고 통지한 경우, 2. 제
9조(주민투표의 실시요건) 제2항 또는 제5항의 규정에 의한 주민투표청구가 적법하다고 인정되는 경
우, 3. 제9조(주민투표의 실시요건) 제6항의 규정에 의한 동의를 얻은 경우)의 어느 하나에 해당

---

1) 유권자의 수가 과도하다는 주장도 있다(이기우·하승수, 지방자치법, 103쪽).
2) 김희곤, "주민투표의 의미와 법적 문제점에 대한 토론," 지방자치법연구, 통권 제11호, 146쪽.

하는 경우에는 지체없이 그 요지를 공표하고 관할선거관리위원회에 통지하여야 한다(주투법 제13조 제 1 항). 지방자치단체의 장의 주민투표의 발의는 본조가 정하는 경우에 해당하는 한, 의무적이다.

(2) 발의의 기한   지방자치단체의 장은 주민투표를 발의하고자 하는 때에는 제 1 항의 규정에 의한 공표일부터 7일 이내(제 3 항의 규정에 의하여 주민투표의 발의가 금지되는 기간은 이를 산입하지 아니한다)에 투표일과 주민투표안을 공고하여야 한다(주투법 제13조 제 2 항 본문).

(3) 발의의 제한   ① 지방자치단체의 장 또는 지방의회가 주민투표청구의 목적을 수용하는 결정을 한 때에는 주민투표를 발의하지 아니한다(주투법 제13조 제 2 항 단서). ② 지방자치단체의 관할구역의 전부 또는 일부에 대하여 공직선거법의 규정에 의한 선거가 실시되는 때에는 그 선거의 선거일 전 60일부터 선거일까지의 기간동안에는 주민투표를 발의할 수 없다(주투법 제13조 제 3 항).

(4) 집행정지   입법례에 따라서는 "시민발안(주민투표의 발의)이 확정되면, 게마인데에게 법적 의무가 있는 경우가 아닌 한, 시민결정(주민투표)을 실시할 때까지 시민발안을 한 자에 대하여 게마인데(기초 지방자치단체)의 기관은 시민발안에 대응하는 결정을 할 수도 없고, 그러한 결정을 집행할 수도 없다"고[1] 하여 투표기간 중에는 주민투표가 제기된 사항에 반하는 행위의 금지, 즉 집행정지효를 인정하는 경우도 있다. 이러한 제도의 도입을 적극적으로 검토할 필요가 있다.

6. 투표운동의 자유와 제한

(1) 자 유   이 법 또는 다른 법률의 규정에 의하여 금지 또는 제한되는 경우를 제외하고는 누구든지 자유롭게 투표운동을 할 수 있다(주투법 제20조 제 2 항). 주민투표법에서 "투표운동"이라 함은 주민투표에 부쳐진 사항에 관하여 찬성 또는 반대하게 하거나 주민투표에 부쳐진 두 가지 사항 중 하나를 지지하게 하는 행위를 말한다. 다만, 주민투표에 부쳐진 사항에 관한 단순한 의견개진 및 의사표시는 투표운동으로 보지 아니한다(주투법 제20조 제 1 항).

(2) 제 한   누구든지 다음 각 호(1. 야간호별방문 및 야간옥외집회, 2. 투표운동을 목적으로 서명 또는 날인을 받는 행위, 3. 공직선거법 제80조의 규정에 의한 연설금지장소에서의 연설행위, 4. 공직선거법 제91조에서 정하는 확성장치 및 자동차의 사용제한에 관한 규정을 위반하는 행위)의 어느 하나에 해당하는 방법으로 투표운동을 하여서는 아니 된다(주투법 제22조 제 1 항).

---

1) 독일 Bayern 게마인데법 제30조 제 9 항.

7. 주민투표결과의 확정

(1) 정 족 수   주민투표에 부쳐진 사항은 주민투표권자 총수의 3분의 1 이상의 투표와 유효투표수 과반수의 득표로 확정된다. 다만, 다음 각 호(1. 전체 투표수가 주민투표권자 총수의 3분의 1에 미달되는 경우, 2. 주민투표에 부쳐진 사항에 관한 유효득표수가 동수인 경우)의 어느 하나에 해당하는 경우에는 찬성과 반대 양자를 모두 수용하지 아니하거나, 양자택일의 대상이 되는 사항 모두를 선택하지 아니하기로 확정된 것으로 본다(주투법 제24조 제 1 항). 정족수를 주민투표권자 총수의 3분의 1 이상의 투표와 유효투표수 과반수로 한 것은 전체 주민투표권자의 6분의 1의 득표로 확정될 수 있다는 것을 의미하는바, 투표결과의 대표정당성에 문제될 수 있다는 지적이 있다.[1] 이러한 이유로 정족수로서 최소득표율을 총유권자의 4분의 1 내지 30% 이상으로 하사는 견해도 있다.[2]

(2) 개표의 제한   전체 투표수가 주민투표권자 총수의 3분의 1에 미달되는 때에는 개표를 하지 아니한다(주투법 제24조 제 2 항).

8. 주민투표의 효과

(1) 지방정책 주민투표   지방자치단체의 장 및 지방의회는 주민투표결과 확정된 내용대로 행정·재정상의 필요한 조치를 하여야 한다(주투법 제24조 제 5 항). 행정·재정상의 필요한 조치만 규정하고, 입법상의 조치를 빠뜨리고 있다는 지적이 있으나,[3] 행정상 조치에는 조례제정을 위한 조치까지 포함되는 것으로 볼 것이다. 한편, 지방자치단체의 장 및 지방의회는 주민투표결과 확정된 사항에 대하여 2년 이내에는 이를 변경하거나 새로운 결정을 할 수 없다. 다만, 제 1 항 단서의 규정에 의하여 찬성과 반대 양자를 모두 수용하지 아니하거나 양자택일의 대상이 되는 사항 모두를 선택하지 아니하기로 확정된 때에는 그러하지 아니하다(주투법 제24조 제 6 항).

(2) 국가정책 주민투표   주민투표법 제 8 조의 규정에 의한 국가정책에 관한 주민투표인 때에는 관계 중앙행정기관의 장에게 주민투표결과를 통지하여야 한다(주투법 제24조 제 4 항 제 2 문). 국가정책 주민투표에는 주민투표법 제24조 제 5 항과 제 6 항의 적용이 없다. 따라서 국가정책 주민투표에는 지방정책 주민투표와 달리 주

---

1) 김동건, "주민투표의 의미와 법적 문제점," 지방자치법연구, 통권 제11호, 130쪽.
2) 김희곤, "주민투표의 의미와 법적 문제점에 대한 토론," 지방자치법연구, 통권 제11호, 146쪽.
3) 최봉석, "주민참여법제의 현황과 개선방안," 지방자치법연구, 통권 제12호, 90쪽.

민투표결과 확정된 내용에 구속력이 따르지 아니한다.

9. 주민투표쟁송

(1) 소 청   주민투표의 효력에 관하여 이의가 있는 주민투표권자는 주민투표권자 총수의 100분의 1 이상의 서명으로 제24조 제3항의 규정에 의하여 주민투표결과가 공표된 날부터 14일 이내에 관할선거관리위원회 위원장을 피소청인으로 하여 시·군 및 자치구에 있어서는 특별시·광역시·도 선거관리위원회에, 특별시·광역시 및 도에 있어서는 중앙선거관리위원회에 소청할 수 있다(주투법 제25조 제1항). 주민투표에 관한 소청절차에 관하여는 이 법에 규정된 사항을 제외하고는 공직선거법 제219조 내지 제229조의 규정 중 지방자치단체의 장 및 의원에 관한 규정을 준용한다(주투법 제25조 제3항).

(2) 행정소송   주민투표법 제25조 제1항의 소청에 대한 결정에 관하여 불복이 있는 소청인은 관할선거관리위원회 위원장을 피고로 하여 그 결정서를 받은 날(결정서를 받지 못한 때에는 결정기간이 종료된 날을 말한다)부터 10일 이내에 특별시·광역시 및 도에 있어서는 대법원에, 시·군 및 자치구에 있어서는 관할 고등법원에 소를 제기할 수 있다(주투법 제25조 제2항). 주민투표에 관한 소송의 절차에 관하여는 이 법에 규정된 사항을 제외하고는 공직선거법 제219조 내지 제229조의 규정 중 지방자치단체의 장 및 의원에 관한 규정을 준용한다(주투법 제25조 제3항). 국가정책 주민투표에는 제25조(주민투표소송 등)를 적용하지 아니한다(주투법 제8조 제4항). 헌법재판소는 국가정책 주민투표에 대한 주민투표소송을 배제한 것을 합헌으로 본다.[1]

VI. 조례제정·개정·폐지청구권

1. 관 념

(1) 의 의   주민은 지방자치단체의 조례를 제정하거나 개정하거나 폐지할

---

[1] 헌재 2009. 3. 26, 2006헌마99 전원재판부(① 주민투표법은 국가정책에 관한 주민투표의 경우에 지방자치단체의 결정사항에 관한 주민투표와 동일하게 주민투표운동의 원칙 내지 금지사항을 규정하고 그에 위반한 행위에 대하여 관할 선거관리위원회에 의한 행정제재처분이나 사법기관에 의한 형사처벌을 가하도록 규정하는 등 공정성과 절차적 정당성을 확보하도록 하는 한편, 지방자치단체의 주요결정사항에 관한 주민투표와 국가정책사항에 관한 주민투표 사이의 본질적인 차이를 감안하여, 이 사건 법률조항에 의하여 지방자치단체의 주요결정사항에 관한 주민투표와는 달리 주민투표소송의 적용을 배제하고 있는 것이므로, 이 사건 법률조항이 현저히 불합리하게 입법재량의 범위를 벗어나 청구인들의 주민투표소송 등 재판청구권을 침해하였다고 보기는 어렵다).

것을 청구할 수 있다(지자법 제19조 제1항). 이에 따라 주민은 조례제정·개폐를 청구할 수 있는 권리를 갖는바, 이를 조례제정·개정·폐지청구권이라 한다. 조례제정·개정·폐지청구권은 조례를 제정하거나 개정하거나 폐지할 것을 청구할 수 있는 권리일 뿐, 주민이 직접 조례를 제정하거나 개정하거나 폐지할 수 있는 권리가 아니다.[1] 따라서 직접적인 주민참여제도로 보기 어려운 면도 있다.

   (2) 성 질   헌법재판소는 조례제정·개정·폐지청구권을 헌법상 보장되는 기본권이라거나 헌법 제37조 제1항의 '헌법에 열거되지 아니한 권리'로 보지 아니하고 법률에 의하여 보장되는 권리로 본다.[2]

   (3) 주민조례발안에 관한 법률   조례의 제정·개정 또는 폐지 청구의 청구권자·청구대상·청구요건 및 절차 등에 관한 사항은 따로 법률로 정한다(지자법 제19조 제2항). 지방자치법」 제19조에 따른 주민의 조례 제정과 개정·폐지 청구에 필요한 사항을 규정함으로써 주민의 직접참여를 보장하고 지방자치행정의 민주성과 책임성을 제고함을 목적으로 주민조례발안에 과한 법률이 제정되었다.

2. 청구의 대상

   (1) 범 위   지방의회의 조례제정권이 미치는 모든 조례규정사항이 조례제정·개정·폐지의 청구대상이 된다. 조례규정사항이란 자치사무와 단체위임사무에 속하는 사항을 말한다. 다만, ① 법령을 위반하는 사항, ② 지방세·사용료·수수료·부담금의 부과·징수 또는 감면에 관한 사항, ③ 행정기구를 설치하거나 변경하는 것에 관한 사항이나 공공시설의 설치를 반대하는 사항은 청구대상에서 제외한다(주조법 제4조). 주민조례발안에 관한 법률 제4조 제1호(구 지방자치법 제15조 제2항 제1호)에서 정하는 「법령을 위반하는 사항」을 제외한 것이 헌법위반인지의 여부에 관해 견해는 나뉜다. 헌법재판소의 다수견해는 합헌이라 하였으나,[3] 당시 소수의견은 위헌이라 하였다.[4] 지방자치의 제도적 보장이 「최소한의 보장」이 아니라 「보다 많은 보장」이라는 방향으로 변하고 있는 학문(지방자치법학)의 성과에 비추어 소수의견이 오늘날의 사고에 적합한 견해로서 합리적이다. 다수의견은 과거에 이해되었던 지방자치의 제도적 보장론에 따른 것으로 보인다.

---

1) 조례제정개폐청구제도는 청원과 주민투표의 중간 정도의 구속력을 가지는 것으로 이해하는 견해도 있다(김수진, "독일과 한국의 지방의사결정과정에의 주민참여제도," 공법연구, 제30집 제3호, 316쪽).
2) 헌재 2014. 4. 24, 2012헌마287.
3) 헌재 2009. 7. 30, 2007헌바75 전원재판부 다수의견.
4) 헌재 2009. 7. 30, 2007헌바75 전원재판부 이동흡 재판관 의견.

(2) 문 제 점   ①「법령을 위반하는 사항」을 청구대상에서 제외한 것은 문제가 있다. 왜냐하면 판결로서 위법이 확인되기 전까지 지방자치단체장을 포함하여 누구도 법령을 위반한다고 유권적으로 판단할 수는 없기 때문이다. 따라서 청구대상 중「법령을 위반하는 사항」은 삭제할 필요가 있다. 그 대신 지방자치단체의 장이 조례안을 지방의회에 제출할 때에「법률을 위반하는 사항」이라는 의견을 제출할 수 있도록 하는 것이 바람직하다. ② 지방세 등의 감면 등이나 행정기구 설치 등을 청구대상에서 제외한 것은 재정의 확보, 행정기구의 설치·변경의 신중성, 혐오시설의 확보 등을 고려한 것으로 보인다. 그러나 주민의 생활과 직결된 여러 사항을 일률적으로 조례제정·개폐청구의 대상에서 제외한 것은 문제가 있어 보인다.[1]

3. 청구의 주체와 상대방

(1) 청구의 주체

(가) 청구권을 갖는 사람   18세 이상의 주민으로서 다음 각 호(1. 해당 지방자치단체의 관할 구역에 주민등록이 되어 있는 사람, 2.「출입국관리법」제10조에 따른 영주할 수 있는 체류자격 취득일 후 3년이 지난 외국인으로서 같은 법 제34조에 따라 해당 지방자치단체의 외국인등록대장에 올라 있는 사람)의 어느 하나에 해당하는 사람(「공직선거법」제18조에 따른 선거권이 없는 사람은 제외한다. 이하 "청구권자"라 한다)은 해당 지방자치단체의 의회(이하 "지방의회"라 한다)에 조례를 제정하거나 개정 또는 폐지할 것을 청구(이하 "주민조례청구"라 한다)할 수 있다(주조법 제 2 조).

(나) 청구권자의 수   ① 청구권자가 주민조례청구를 하려는 경우에는 다음 각 호(1. 특별시 및 인구 800만 이상의 광역시나 도: 청구권자 총수의 200분의 1, 2. 인구 800만 미만의 광역시·도, 특별자치시, 특별자치도 및 인구 100만 이상의 시: 청구권자 총수의 150분의 1, 3. 인구 50만 이상 100만 미만의 시·군 및 자치구: 청구권자 총수의 100분의 1, 4. 인구 10만 이상 50만 미만의 시·군 및 자치구: 청구권자 총수의 70분의 1, 5. 인구 5만 이상 10만 미만의 시·군 및 자치구: 청구권자 총수의 50분의 1, 6. 인구 5만 미만의 시·군 및 자치구: 청구권자 총수의 20분의 1)의 구분에 따른 기준 이내에서 해당 지방자치단체의 조례로 정하는 청구권자 수 이상이 연대 서명하여야 한다(주조법 제 5 조 제 1 항). ② 청구권자 총수는 전년도 12월 31일 현재의 주민등록표 및 외국인등록표에 따라 산정한다(주조법 제 5 조 제 2 항). ③ 지방자치단체의 장은 매년 1월 10일까지 제 2 항에 따라 산정한 청구권자 총수를 공표하여야 한다

---

[1] 임현, "자치입법의 활성화를 위한 주민의 역할," 지방자치법연구, 통권 제20호, 157쪽.

(주조법 제5조 제3항).

(다) 청구권의 보장 ① 국가 및 지방자치단체는 청구권자가 지방의회에 주민 조례청구를 할 수 있도록 필요한 조치를 하여야 한다(주조법 제3조 제1항). ② 지방자치단체는 청구권자가 전자적 방식을 통하여 주민조례청구를 할 수 있도록 행정안전부장관이 정하는 바에 따라 정보시스템을 구축·운영하여야 한다. 이 경우 행정안전부장관은 정보시스템을 구축·운영하는 데 필요한 지원을 할 수 있다(주조법 제3조 제2항).

(2) 청구의 상대방 조례제정·개폐청구의 상대방은 해당 지방자치단체의 의회이다(주조법 제2조). 2022년 시행 전부개정법률 전의 구법 하에서는 해당 지방자치단체의 장이 주민조례청구의 상대방이었다(구 지자법 제15조 제1항). 지방의회의 지위에 비추어 볼 때, 합당한 개정이다.

4. 청구의 절차

(1) 대표자 선정, 증명서 신청과 발급 ① 청구권자가 주민조례청구를 하려는 경우에는 청구인의 대표자(이하 "대표자"라 한다)를 선정하여야 한다(주조법 제6조 제1항 제1문).

(2) 청구서 등 제출 선정된 대표자는 다음 각 호[1. 주민조례청구 취지·이유 등을 내용으로 하는 조례의 제정·개정·폐지 청구서(이하 "청구서"라 한다), 2. 조례의 제정·개정·폐지안(이하 "주민청구조례안"이라 한다)]의 서류를 첨부하여 지방의회의 의장에게 대표자 증명서 발급을 신청하여야 한다(주조법 제6조 제1항 제2문). 이 경우 대표자는 그 발급을 신청할 때 제7조 제4항에 따른 전자서명의 요청에 필요한 제3조 제2항에 따른 정보시스템(이하 "정보시스템"이라 한다)의 이용을 함께 신청할 수 있다(주조법 제6조 제1항). 대표자가 조례안을 작성할 때에 도움을 줄 수 있는 제도를 도입할 필요가 있다는 지적이 있다.[1] 청구인이 법률전문가가 아닐 수도 있으므로 이러한 지적은 의미가 있다.

(3) 대표자 증명서 발급 등 지방의회의 의장은 제1항에 따른 신청을 받으면 대표자가 청구권자인지를 확인하여 대표자 증명서를 발급하고 그 사실을 공표하여야 한다. 이 경우 제1항 각 호 외의 부분 후단에 따라 정보시스템의 이용 신청을

---

[1] 김수진, "독일과 한국의 지방의사결정과정에의 주민참여제도," 공법연구, 제30집 제3호, 315쪽. 그리고 입법례로 독일의 Nordrhein-Westfalen Gemeindeordnung 제25조 제2항 제2문, 제26조 제2항 제2문 참조.

받은 지방의회의 의장은 다음 각 호(1. 전자서명을 할 수 있는 정보시스템의 인터넷 주소, 2. 전자서명 방법 및 제 9 조 제 3 항에 따른 전자서명 취소 방법)의 사항을 함께 공표하고, 정보시스템에 제 7 조 제 3 항 각 호의 서류를 게시하여야 한다(주조법 제 6 조 제 2 항).

(4) 청구인명부 서명

(가) 대표자의 서명요청　　대표자(제 2 항에 따라 서명요청권을 위임한 경우에는 같은 항에 따른 수임자를 포함한다)는 청구권자에게 청구인명부에 서명할 것을 요청할 수 있다(주조법 제 7 조 제 1 항).

(나) 대표자의 서명요청권의 위임　　대표자는 청구권자에게 제 1 항에 따른 서명요청권을 위임할 수 있으며, 이를 위임한 경우에는 수임자의 성명 및 위임 연월일을 해당 지방의회의 의장에게 신고하여야 한다. 이 경우 지방의회의 의장은 즉시 위임신고증을 발급하여야 한다(주조법 제 7 조 제 2 항).

(다) 서명요청 시 청구인명부 첨부서류　　대표자 또는 제 2 항에 따른 수임자(이하 "수임자"라 한다)는 제 1 항에 따라 서명을 요청하는 경우에는 청구인명부에 다음 각 호[1. 청구서나 그 사본, 2. 주민청구조례안 또는 그 사본, 3. 제 6 조 제 2 항에 따른 대표자 증명서(수임자의 경우 제 2 항 후단에 따른 위임신고증을 포함한다)나 그 사본]의 서류를 첨부하여야 한다(주조법 제 7 조 제 3 항).

(라) 전자서명　　대표자는 청구권자에게 제1 항에 따른 서명을 갈음하여 전자적 방식으로 생성된 청구인서명부에 정보시스템을 이용하여 「전자서명법」 제 2 조 제 2 호에 따른 전자서명(이하 "전자서명"이라 한다)을 할 것을 요청할 수 있다(주조법 제 7 조 제 4 항). 대표자 또는 수임자는 제 6 조 제 2 항 각 호의 사항을 청구권자에게 알릴 수 있다(주조법 제 7 조 제 5 항).

(마) 사명요청 기간 등　　① 대표자 또는 수임자는 제 6 조 제 2 항에 따라 공표한 날부터 특별시·광역시·특별자치시·도 및 특별자치도(이하 "시·도"라 한다)의 경우에는 6개월 이내에, 시·군 및 자치구의 경우에는 3개월 이내에 제 7 조 제 1 항에 따른 서명과 전자서명을 요청하여야 한다. 다만, 제 7 조 제 1 항에 따른 서명과 전자서명의 요청 기간을 계산할 때 「공직선거법」 제33조에 따른 선거기간은 산입하지 아니한다(주조법 제 8 조 제 1 항). ② 대표자 또는 수임자는 「공직선거법」 제33조에 따른 선거기간에는 제 7 조 제 1 항에 따른 서명과 전자서명을 요청할 수 없다(주조법 제 8 조 제 2 항). ③ 대표자 또는 수임자가 아닌 자는 제 7 조 제 1 항에 따른 서명과 전자서명을 요청할 수 없다(주조법 제 8 조 제 3 항).

(5) 청구인명부의 작성

(가) 청구인명부기재사항 등 ① 청구인명부에 서명하려는 청구권자는 청구인명부에 다음 각 호의 사항을 적고, 서명하거나 도장을 찍어야 한다. 다만, 청구권자가 전자서명을 하는 경우에는 전자문서로 생성된 청구인명부에 다음 각 호(1. 성명, 2. 생년월일, 3. 주소 또는 체류지, 4. 서명 연월일)의 사항을 적은 것으로 본다(주조법 제9조 제1항). ② 제1항 각 호 외의 부분 본문에 따른 청구인명부는 시·군 및 자치구의 경우에는 읍·면·동별로 작성하고, 시·도의 경우에는 시·군·자치구별로 읍·면·동으로 구분하여 작성하여야 한다(주조법 제9조 제4항).

(나) 서명의 취소 서명을 한 청구권자가 그 서명을 취소하려면 제10조 제1항 본문에 따라 대표자가 지방의회의 의장에게 청구인명부를 제출하기 전에 대표자에게 서명 취소를 요청하여야 한다. 이 경우 요청을 받은 대표자는 즉시 청구인명부에서 그 서명을 삭제하여야 한다(주조법 제9조 제2항). 전자서명을 한 청구권자가 그 전자서명을 취소하려는 경우에는 제10조 제1항 단서에 따라 대표자가 해당 지방의회에 청구인명부 활용을 요청하기 전에 정보시스템을 통하여 직접 취소하여야 한다(주조법 제9조 제3항).

(다) 기타 사항 제1항부터 제4항까지에서 규정한 사항 외에 청구인명부 작성 등에 필요한 사항은 지방자치단체의 조례로 정한다(주조법 제9조 제5항).

(6) 청구인명부의 제출

(가) 제출기한 대표자는 청구인명부에 서명(전자서명을 포함한다. 이하 같다)한 청구권자의 수가 제5조 제1항에 따른 해당 지방자치단체의 조례로 정하는 청구권자 수 이상이 되면 제8조 제1항에 따른 서명요청 기간이 지난 날부터 시·도의 경우에는 10일 이내에, 시·군 및 자치구의 경우에는 5일 이내에 지방의회의 의장에게 청구인명부를 제출하여야 한다. 다만, 전자서명의 경우에는 대표자가 지방의회의 의장에게 정보시스템에 생성된 청구인명부를 직접 활용하도록 요청하여야 한다(주조법 제10조 제1항).

(나) 공표·열람 지방의회의 의장은 제1항에 따라 청구인명부를 제출받거나 청구인명부의 활용을 요청받은 날부터 5일 이내에 청구인명부의 내용을 공표하여야 하며, 공표한 날부터 10일간 청구인명부나 그 사본을 공개된 장소에 갖추어 두어 열람할 수 있도록 하여야 한다(주조법 제10조 제2항).

(다) 기타 사항 제1항 및 제2항에서 규정한 사항 외에 청구인명부의 제출 등에 필요한 사항은 지방자치단체의 조례로 정한다(주조법 제10조 제3항).

(7) **무효인 서명**   지방의회의 의장은 청구인명부의 서명이 다음 각 호(1. 청구권자가 아닌 사람의 서명, 2. 누구의 서명인지 확인하기 어려운 서명, 3. 제 7 조 제 1 항에 따른 서명요청권이 없는 사람이 받은 서명, 4. 한 사람이 동일한 사안에 대하여 2개 이상의 유효한 서명을 한 경우 그 중 하나의 서명을 제외한 나머지 서명, 5. 제 8 조 제 1 항에 따른 서명요청 기간 외의 기간 또는 같은 조 제 2 항에 따른 서명요청 제한 기간에 받은 서명, 6. 제 9 조 제 2 항에 따라 청구권자가 서명 취소를 요청한 서명, 7. 강요·속임수나 그 밖의 부정한 방법으로 받은 서명)의 어느 하나에 해당하는 서명인 경우 해당 서명을 무효로 결정하고 청구인명부를 수정한 후 그 사실을 즉시 대표자에게 알려야 한다(주조법 제11조 제 1 항).

(8) **이의신청과 심사·결정**   청구인명부의 서명에 이의가 있는 사람은 제10조 제 2 항에 따른 열람기간에 지방의회의 의장에게 이의를 신청할 수 있다(주조법 제11조 제 2 항). 지방의회의 의장은 제 2 항에 따른 이의신청을 받으면 제10조 제 2 항에 따른 열람기간이 끝난 날부터 14일 이내에 심사·결정을 하여야 한다. 이 경우 이의신청이 이유 있다고 결정하는 경우에는 청구인명부를 수정하고, 그 사실을 이의신청을 한 사람과 대표자에게 알려야 하며, 이의신청이 이유 없다고 결정하는 경우에는 그 뜻을 즉시 이의신청을 한 사람에게 알려야 한다(주조법 제11조 제 3 항).

(9) **보정기간**   지방의회의 의장은 제 1 항 및 제 3 항에 따른 결정으로 청구인명부에 서명한 청구권자의 수가 제 5 조 제 1 항에 따른 청구요건에 미치지 못할 때에는 대표자로 하여금 다음 각 호(1. 시·도: 15일 이상,   2. 시·군 및 자치구: 10일 이상)의 구분에 따른 기간의 범위에서 해당 지방자치단체의 조례로 정하는 기간 내에 보정하게 할 수 있다(주조법 제11조 제 4 항). 제 4 항에 따라 보정된 청구인명부의 제출, 공표 및 이의신청 등에 관하여는 제10조 및 이 조 제 1 항부터 제 3 항까지의 규정을 준용한다. 이 경우 제10조 제 1 항 본문 중 "제 8 조 제 1 항에 따른 서명요청 기간"은 "제11조 제 4 항에 따른 보정 기간"으로 본다(주조법 제11조 제 5 항).

(10) **기타 사항**   제 1 항부터 제 5 항까지에서 규정한 사항 외에 이의신청에 필요한 사항은 지방자치단체의 조례로 정한다(주조법 제11조 제 6 항).

(11) **사무 협조**   지방의회의 의장은 제11조에 따른 청구인명부의 서명 확인 사무의 원활한 수행을 위하여 필요한 경우 해당 지방자치단체의 장에게 협조를 요청할 수 있다. 이 경우 요청을 받은 지방자치단체의 장은 특별한 사유가 없으면 요청에 따라야 한다(주조법 제14조).

(12) **고유식별정보의 처리**   지방자치단체는 제11조에 따른 청구인명부의 서명 확인 사무를 수행하기 위하여 불가피한 경우 당사자의 동의를 받아 「개인정보

보호법」제24조에 따른 고유식별정보가 포함된 자료를 처리할 수 있다(주조법 제15조 제 1 항). 지방자치단체는 제 1 항에 따른 정보가 포함된 자료를 처리할 때에는 해당 정보를 「개인정보 보호법」에 따라 보호하여야 한다(주조법 제15조 제 2 항).

5. 청구의 수리 및 각하

(1) 사 유   지방의회의 의장은 다음 각 호[1. 제11조 제 2 항(같은 조 제 5 항에 따라 준용되는 경우를 포함하며, 이하 같다)에 따른 이의신청이 없는 경우, 2. 제11조 제 2 항에 따라 제기된 모든 이의신청에 대하여 같은 조 제 3 항(같은 조 제 5 항에 따라 준용되는 경우를 포함한다)에 따른 결정이 끝난 경우]의 어느 하나에 해당하는 경우로서 제 4 조, 제 5 조 및 제10조 제 1 항(제11조 제 5 항에서 준용하는 경우를 포함한다)에 따른 요건에 적합한 경우에는 주민조례청구를 수리(受理)하고, 요건에 적합하지 아니한 경우에는 주민조례청구를 각하(却下)하여야 한다. 이 경우 수리 또는 각하 사실을 대표자에게 알려야 한다(주조법 제12조 제 1 항). 제 1 항 및 제 2 항에서 규정한 사항 외에 주민조례청구의 수리 절차에 관하여 필요한 사항은 지방의회의 회의규칙으로 정한다(주조법 제12조 제 4 항).

(2) 각하 시 의견제출 기회 부여   지방의회의 의장은 제 1 항에 따라 주민조례청구를 각하하려면 대표자에게 의견을 제출할 기회를 주어야 한다(주조법 제12조 제 2 항). 제 1 항 및 제 2 항에서 규정한 사항 외에 주민조례청구의 수리 절차에 관하여 필요한 사항은 지방의회의 회의규칙으로 정한다(주조법 제12조 제 4 항).

6. 조례안의 발의와 심사

(1) 조례안의 발의   지방의회의 의장은 「지방자치법」제76조 제 1 항에도 불구하고 제 1 항에 따라 주민조례청구를 수리한 날부터 30일 이내에 지방의회의 의장 명의로 주민청구조례안을 발의하여야 한다(주조법 제12조 제 3 항).

(2) 조례안의 심사 절차

(가) 의결기한   지방의회는 제12조 제 1 항에 따라 주민청구조례안이 수리된 날부터 1년 이내에 주민청구조례안을 의결하여야 한다. 다만, 필요한 경우에는 본회의 의결로 1년 이내의 범위에서 한 차례만 그 기간을 연장할 수 있다(주조법 제13조 제 1 항).

(나) 대표자의 의견청취   지방의회는 심사 안건으로 부쳐진 주민청구조례안을 의결하기 전에 대표자를 회의에 참석시켜 그 청구취지(대표자와의 질의·답변을 포함한다)를 들을 수 있다(주조법 제13조 제 2 항).

(다) 폐기의 제한   「지방자치법」제79조 단서에도 불구하고 주민청구조례안은 제12조 제 1 항에 따라 주민청구조례안을 수리한 당시의 지방의회의 의원의 임기가 끝나더라도 다음 지방의회의 의원의 임기까지는 의결되지 못한 것 때문에 폐기되지 아니한다(주조법 제13조 제 3 항).

(라) 기타 사항   제 1 항부터 제 3 항까지에서 규정한 사항 외에 주민청구조례안의 심사 절차에 관하여 필요한 사항은 지방의회의 회의규칙으로 정한다(주조법 제13조 제 4 항).

7. 기 타

(1) 주민에 의한 결정 문제   지방의회의 결정이 주민의 의사에 반하여 이루어질 수 있으므로 지방의회의 결정이 주민의 의사에 반할 때는 최종적 결정권한을 주민에게 주도록 하는 것이 주민에 의한 직접참정의 의의에 보다 합치된다는 견해가 있다.1) 생각건대 주민의 직접참정이 대표제의 원리를 와해시키는 것이어서는 아니 되므로, 일정한 제약을 가하면서 주민투표로 결정할 수 있도록 하는 제도는 검토할 만하다.

(2) 청구권행사의 보호   조례의 제정·개폐청구를 위한 서명운동을 부당하게 방해하는 행위에 대한 벌칙규정은 보이지 아니한다. 조례의 제정·개폐청구권의 보호를 위해 벌칙규정을 둘 필요가 있어 보인다.2) 입법례에 따라서는 벌칙규정을 두기도 한다.3)

VII. 규칙 제정·개정·폐지 의견제출권

1. 의 의

주민은 제29조에 따른 규칙(권리·의무와 직접 관련되는 사항으로 한정한다)의 제정, 개정 또는 폐지와 관련된 의견을 해당 지방자치단체의 장에게 제출할 수 있다(지자법

---

1) 백종인, "지방분권강화를 위한 법적 과제," 지방자치법연구, 통권 제 5 호, 52쪽.
2) 임현, "자치입법의 활성화를 위한 주민의 역할," 지방자치법연구, 통권 제20호, 157쪽.
3) 일본 지방자치법 제74조의4(위법서명운동의 벌칙) ① 조례의 제정 또는 개폐청구자의 서명에 관하여 다음 각 호에 게재하는 행위를 한 자는 4년 이하의 징역, 금고 또는 백만엔 이하의 벌금에 처한다.
  1. 서명권자 또는 서명운동원에 대하여 폭행 또는 위력을 가하거나 이에 가담한 때
  2. 교통 또는 집회의 편의를 방해 또는 연설을 방해하거나 그 외 위계사술 등 부정한 방법으로 서명의 자유를 방해한 때
  3. 서명권자 혹은 서명운동원 또는 그와 관계가 있는 사찰, 학교, 회사, 조합, 시정촌 등에 대한 용수, 소작, 채권, 기부 그 외 특수한 이해관계를 이용하여 서명권자 또는 서명운동원을 협박한 때

제20조 제 1 항). 이에 따라 주민은 규칙의 제정·개정·폐지에 관련된 의견을 지방자치단체의 장에게 제출할 수 있는 권리를 갖는바, 이를 규칙의 제정·개정·폐지 의견제출권이라 한다.

2. 의견제출대상

주민이 규칙의 제정·개정·폐지와 관련하여 제출할 수 있는 의견은 주민의 권리·의무와 직접 관련되는 사항에 한한다(지자법 제20조 제 1 항). 또한 법령이나 조례를 위반하거나 법령이나 조례에서 위임한 범위를 벗어나는 사항은 제 1 항에 따른 의견 제출 대상에서 제외한다(지자법 제20조 제 2 항).

3. 지방자치단체장의 조치

지방자치단체의 장은 제 1 항에 따라 제출된 의견에 대하여 의견이 제출된 날부터 30일 이내에 검토 결과를 그 의견을 제출한 주민에게 통보하여야 한다(지자법 제20조 제 3 항). 지방자치단체의 장은 주민이 제출한 의견에 구속되는 것은 아니다.

4. 세부적 사항

제 1 항에 따른 의견 제출, 제 3 항에 따른 의견의 검토와 결과 통보의 방법 및 절차는 해당 지방자치단체의 조례로 정한다(지자법 제20조 제 4 항).

Ⅷ. 감사청구권

1. 의 의

주민의 감사청구권이란 주민이 그 지방자치단체와 그 장의 권한에 속하는 사무의 처리가 법령에 위반되거나 공익을 현저히 해친다고 하여 해당 지방자치단체의 감독청에 대하여 감사를 청구할 수 있는 권리를 말한다(지자법 제21조 제 1 항).[1] 주민감사청구제도는 주민에 의한 자치행정의 감시기능과 주민의 참여를 통한 주민의 권익보호기능을 갖는다.[2] 다만 현행 감사청구제도는 감독청에 의한 감사인바 지방자치단체 스스로에 의한 자율적 통제가 아니라 타율적 통제라고 하는 점에 한계를

---

1) 일본은 우리의 주민감사청구제도와 유사한 사무감사청구제도(일본 지방자치법 제75조) 외에 지방자치단체의 재무회계상의 위법·부당을 시정·예방하기 위한 주민감사청구제도(일본 지방자치법 제242조)도 갖고 있다. 일본의 주민감사청구는 1인의 주민에 의해서도 제기될 수 있다.
2) 강기홍, "현행 주민감사청구제도의 기능과 한계," 지방자치법연구, 통권 제18호, 102쪽.

갖는다. 이를 문제점으로 지적하기도 한다.[1]

2. 청구의 대상

주민의 감사청구의 대상은 해당 지방자치단체와 그 장의 권한에 속하는 사무이다(지자법 제21조 제 1 항). 이러한 사무에는 자치사무는 물론이고 단체위임사무와 기관위임사무가 모두 포함된다.[2]. 다음 각 호(1. 수사나 재판에 관여하게 되는 사항, 2. 개인의 사생활을 침해할 우려가 있는 사항, 3. 다른 기관에서 감사하였거나 감사중인 사항. 다만, 다른 기관에서 감사한 사항이라도 새로운 사항이 발견되거나 중요 사항이 감사에서 누락된 경우와 제22조 제 1 항에 따라 주민소송의 대상이 되는 경우에는 그러하지 아니하다. 4. 동일한 사항에 대하여 제22조 제 2 항 각 호의 어느 하나에 해당하는 소송이 진행 중이거나 그 판결이 확정된 사항)의 사항은 감사청구의 대상에서 제외한다(지자법 제21조 제 2 항). 여기서 말하는 지방자치단체에는 지방자치단체조합 등 특별지방자치단체도 포함된다는 견해가 있다.[3] 한편, 지방자치단체의 건전재정 유지를 위해 지방공기업의 재정사항까지 감사청구와 주민소송의 대상으로 하여야 한다는 주장도 있다.[4]

3. 청구의 사유

(1) 의 의   주민은 그 지방자치단체와 그 장의 권한에 속하는 사무의 처리가 법령에 위반되거나 공익을 현저히 해친다고 인정되면 감사를 청구할 수 있다(지자법 제21조 제 1 항). 사무의 처리가 법령을 위반하거나 공익을 현저히 해하는 것이면 족하고, 그것이 동시에 감사청구인의 권리를 직접적으로 침해하는 것일 필요는 없다.[5]

(2) 공익을 현저히 해하는 것   「공익을 현저히 해하는 것」을 위법의 한 유형이 아니라 위법에 이르지 아니한 부당한 것으로 새기면, 그리고 자치사무에 대한 감독은 적법성감독에 한정되어야 한다는 지방자치제의 기본원칙을 고려한다면, 「공익을 현저히 해하는 것」을 청구사유로 한 것은 문제가 있다.[6]

---

1) 조성규, "지방자치단체의 책임성 제고수단으로서 주민소송제도의 의의와 한계," 지방자치법연구, 통권 제16호, 277쪽.
2) 김해룡, 지방자치법주해, 116쪽; 강기홍, "현행 주민감사청구제도의 기능과 한계," 지방자치법연구, 통권, 제18호, 108쪽.
3) 함인선, 주민소송, 42쪽.
4) 허전·송석록, "지방자치단체의 재정 건전화 방안," 지방자치법연구, 통권 제17호, 190쪽.
5) 김해룡, 지방자치법주해, 116쪽.
6) 김유환, "지방자치단체의 행정사무에 대한 감사체계," 지방자치법연구, 통권 제 2 호, 63쪽.

(3) '인정되면'의 의미   "그 지방자치단체와 그 장의 권한에 속하는 사무의 처리가 법령에 위반되거나 공익을 현저히 해친다고 '인정되면'이란 감사기관이 감사를 실시한 결과 피감기관에 대하여 시정요구 등의 조치를 하기 위한 요건 및 주민소송에서 법원이 본안에서 청구를 인용하기 위한 요건일 뿐이고, 주민들이 주민감사를 청구하거나 주민소송을 제기하는 단계에서는 '해당 사무의 처리가 법령에 반하거나 공익을 현저히 해친다고 인정될 가능성'을 주장하는 것으로 족하며, '해당 사무의 처리가 법령에 반하거나 공익을 현저히 해친다고 인정될 것'이 주민감사청구 또는 주민소송의 적법요건이라고 볼 수는 없다. 왜냐하면 '해당 사무의 처리가 법령에 위반되거나 공익을 현저히 해친다고 인정되는지 여부'는 감사기관이나 주민소송의 법원이 구체적인 사실관계를 조사·심리해 보아야지 비로소 판단할 수 있는 사항이기 때문이다."[1]

4. 청구기간

감사청구는 사무처리가 있었던 날(예: 계약체결일)이나 끝난 날(예: 대부기간 만료일)부터 3년이 지나면 제기할 수 없다(지자법 제21조 제3항). 지방자치단체의 사무가 광범위한 점에 비추어 3년의 기간은 단기간으로 보인다. 특히 재무사무는 주민소송의 대상이 되는데, 3년의 제소기간은 주민소송의 제기에 상당한 제약으로 작용할 수도 있다. 이 때문에 5년으로 연장하자는 견해도 있다.[2] 5년은 행정의 안정성과 계속성을 고려할 때 너무 길다는 주장도 있다.[3]

5. 청구의 주체와 상대방

(1) 청구의 주체

(가) 의 의   감사청구의 주체는 주민이다. 여기서 주민이란 ① 해당 지방자치단체의 관할 구역에 주민등록이 되어 있는 사람과 ②「출입국관리법」제10조에 따른 영주(永住)할 수 있는 체류자격 취득일 후 3년이 경과한 외국인으로서 같은 법 제34조에 따라 해당 지방자치단체의 외국인등록대장에 올라 있는 사람을 말한다(지자법 제21조 제1항).

---

1) 대판 2020. 6. 25, 2018두67251.
2) 조성규, "지방자치단체의 책임성 제고수단으로서 주민소송제도의 의의와 한계," 지방자치법연구, 통권 제16호, 278쪽; 이기우·하승수, 지방자치법, 103쪽; 김재호, "지방자치제도상 주민참여법제," 지방자치법연구, 통권 제32호, 233쪽.
3) 강기홍, "현행 주민감사청구제도의 기능과 한계," 지방자치법연구, 통권 제18호, 109쪽.

(나) 청구인의 수   감사청구는 지방자치단체의 18세 이상의 주민이 공동으로 행한다(지자법 제21조 제 1 항). 주민 1인이 감사청구를 할 수는 없다. 즉 시·도는 300명, 제198조에 따른 인구 50만 이상 대도시는 200명, 그 밖의 시·군 및 자치구는 150명 이내에서 그 지방자치단체의 조례로 정하는 수 이상의 18세 이상의 주민이 연대 서명하여 감사를 청구할 수 있다(지자법 제21조 제 1 항). 주민인 외국인도 청구의 주체가 될 수 있다. 현행법상 청구인의 수를 하향 조정하는 요건완화와 청구사안에 따라 청구인수를 구분하는 것이 필요하며, 아울러 18세 이상의 자연인 외에 지역의 과제와 관련성을 가지는 주민단체에게도 청구인적격을 인정할 필요가 있다는 견해도 있다.[1]

(2) 청구의 상대방   감사청구의 상대방은 시·도의 경우에는 주무부장관이고, 시·군 및 자치구의 경우에는 시·도지사이다(지자법 제21조 제 1 항). 해당 지방자치단체의 장이나 의회가 감사청구의 상대방이 아니다. 청구의 상대방을 감독기관으로 한 것은 타율적·후견적 주민감사청구를 제도화한 것이며, 엄격히는 자치주의의 본질을 벗어난 것으로서 현행제도는 단지 주민의 참여의 방식일 뿐이고, 자치적 주민참여는 아니라는 비판이 가해진다.[2] 지방자치의 관점에서 지방자치단체에 옴부즈맨적인 상설의 독립적 감사기관(감사위원회)을 설치하거나 혹은 지방의회를 주민감사청구기관으로 하여 지방의회가 집행기관의 업무를 실질적으로 통제할 수 있도록 하는 것이 바람직하다는 주장도 있고,[3] 광역지방자치단체 내부에 독립적·상설기구의 설치를 주장하는 견해도 있다.[4] 긍정적으로 검토할 만하다.

6. 청구의 절차

(1) 청구인명부·감사청구서의 작성·제출   지방자치단체의 18세 이상의 주민이 제 1 항에 따라 감사를 청구하려면 청구인의 대표자를 선정하여 청구인명부에 적어야 하며, 청구인의 대표자는 감사청구서를 작성하여 주무부장관 또는 시·도지사에게 제출하여야 한다(지자법 제21조 제 4 항).

(2) 공표와 공람   주무부장관이나 시·도지사는 제 1 항에 따른 청구를 받으면 청구를 받은 날부터 5일 이내에 그 내용을 공표하여야 하며, 청구를 공표한 날부터

---

1) 김재호, "지방자치제도상 주민참여법제," 지방자치법연구, 통권 제32호, 233쪽.
2) 최봉석, "주민발안의 법리와 법제," 지방자치법연구, 통권 제11호, 199쪽.
3) 김해룡, 지방자치법주해, 123쪽; 김명연, 주민직접참여의 활성화를 위한 법제정비방향, 한국법제연구원, 1999, 85쪽; 강기홍, "현행 주민감사청구제도의 기능과 한계," 지방자치법연구, 통권 제18호, 132쪽; 이기우·하승수, 지방자치법, 103쪽.
4) 김재호, "지방자치제도상 주민참여법제," 지방자치법연구, 통권 제32호, 232쪽.

10일간 청구인명부나 그 사본을 공개된 장소에 갖추어 두어 열람할 수 있도록 하여야 한다(지자법 제21조 제 5 항).

(3) 이의신청과 조치

(가) 이의신청   청구인명부의 서명에 관하여 이의가 있는 사람은 제 5 항에 따른 열람기간에 해당 주무부장관이나 시·도지사에게 이의를 신청할 수 있다(지자법 제21조 제 6 항).

(나) 이의신청에 대한 조치   주무부장관이나 시·도지사는 제 6 항에 따른 이의신청을 받으면 제 5 항에 따른 열람기간이 끝난 날부터 14일 이내에 심사·결정하되, 그 신청이 이유 있다고 결정한 경우에는 청구인명부를 수정하고, 그 사실을 이의신청을 한 사람과 제 4 항에 따른 청구인의 대표자에게 알려야 하며, 그 이의신청이 이유 없다고 결정한 경우에는 그 사실을 즉시 이의신청을 한 사람에게 알려야 한다(지자법 제21조 제 7 항).

(4) 청구에 대한 조치   주무부장관이나 시·도지사는 제 6 항에 따른 이의신청이 없는 경우 또는 제 6 항에 따라 제기된 모든 이의신청에 대하여 제 7 항에 따른 결정이 끝난 경우로서 제 1 항부터 제 3 항까지의 규정에 따른 요건을 갖춘 경우에는 청구를 수리하고, 그러하지 아니한 경우에는 청구를 각하하되, 수리 또는 각하 사실을 청구인의 대표자에게 알려야 한다(지자법 제21조 제 8 항).

7. 감사의 실시와 후속절차

(1) 감사기간과 감사결과 통지·공표   주무부장관이나 시·도지사는 감사 청구를 수리한 날부터 60일 이내에 감사 청구된 사항에 대하여 감사를 끝내야 하며, 감사 결과를 청구인의 대표자와 해당 지방자치단체의 장에게 서면으로 알리고, 공표하여야 한다. 다만, 그 기간에 감사를 끝내기가 어려운 정당한 사유가 있으면 그 기간을 연장할 수 있으며, 기간을 연장할 때에는 미리 청구인의 대표자와 해당 지방자치단체의 장에게 알리고, 공표하여야 한다(지자법 제21조 제 9 항).

(2) 감사 중인 사항 등의 경우   주무부장관이나 시·도지사는 주민이 감사를 청구한 사항이 다른 기관에서 이미 감사한 사항이거나 감사 중인 사항이면 그 기관에서 한 감사 결과 또는 감사 중인 사실과 감사가 끝난 후 그 결과를 알리겠다는 사실을 청구인의 대표자와 해당 기관에 지체 없이 알려야 한다(지자법 제21조 제10항).

(3) 의견진술의 기회 보장   주무부장관이나 시·도지사는 주민 감사 청구를 처리(각하를 포함한다)할 때 청구인의 대표자에게 반드시 증거 제출 및 의견 진술의 기

회를 주어야 한다(지자법 제21조 제11항).

(4) **감독청의 필요한 조치 요구**   주무부장관이나 시·도지사는 제 9 항에 따른 감사 결과에 따라 기간을 정하여 해당 지방자치단체의 장에게 필요한 조치를 요구할 수 있다(지자법 제21조 제12항 제1문).

(5) **지방자치단체의 장의 조치**

(가) **이행과 보고**   기술한 감독청의 요구가 있는 경우, 그 지방자치단체의 장은 이를 성실히 이행하여야 하고, 그 조치 결과를 지방의회와 주무부장관 또는 시·도지사에게 보고하여야 한다(지자법 제21조 제12항 제 2 문).

(나) **통지와 공표**   주무부장관이나 시·도지사는 제12항에 따른 조치 요구 내용과 지방자치단체의 장의 조치 결과를 청구인의 대표자에게 서면으로 알리고, 공표하여야 한다(지자법 제21조 제13항).

8. 시 행 령

제 1 항부터 제13항까지에서 규정한 사항 외에 18세 이상의 주민의 감사 청구에 필요한 사항은 대통령령으로 정한다(지자법 제21조 제14항).

Ⅸ. 주민소송권[1]

1. 관 념

(1) **의 의**   주민소송권이란 지방자치법 제21조 제 1 항에 따라 공금(지방자치단체가 관리하는 현금과 유가증권)의 지출에 관한 사항, 재산의 취득(예: 부동산매매계약의 체결)·관리(예: 초등학교 건물의 임대)·처분(예: 공유지의 무상양여)에 관한 사항, 해당 지방자치단체를 당사자로 하는 매매·임차·도급 계약이나 그 밖의 계약의 체결·이행에 관한 사항 또는 지방세·사용료·수수료·과태료 등 공금의 부과·징수를 게을리한 사항을 감사 청구한 주민이 그 감사 청구한 사항과 관련이 있는 위법한 행위나 업무를 게을리한 사실에 대하여 해당 지방자치단체의 장(해당 사항의 사무처리에 관한 권한을 소속 기관의 장에게 위임한 경우에는 그 소속 기관의 장을 말한다)을 상대방으로 하여 소송을 제기할 수 있는 권리를 말한다(지자법 제17조, 제22조 제 1 항).[2]

---

1) [관련논문] 신봉기·황헌순, "항고소송 대상 확대 대안으로서 주민소송," 지방자치법연구, 통권 제68호, 195쪽 이하.
2) 주민소송의 이론적 근거로 신탁이론설(납세자를 수익자, 지방자치단체의 공무원을 수탁자, 지방자치단체의 재산을 신탁재산으로 보고 원고 납세자의 역할을 행정에 대한 신탁수익자로서의 감시라고

(2) 취 지

(가) 재무행정의 적법성 확보 등　　"주민소송 제도는 지방자치단체 주민이 지방자치단체의 위법한 재무회계행위의 방지 또는 시정을 구하거나 그로 인한 손해의 회복 청구를 요구할 수 있도록 함으로써 지방자치단체의 재무행정의 적법성과 지방재정의 건전하고 적정한 운영을 확보하려는 데 그 목적이 있다."[1]

(나) 감사결과의 당부와 관련성　　"주민소송은 주민들이 해당 지방자치단체의 장을 상대방으로 하여 감사청구한 사항과 관련이 있는 해당 지방자치단체의 조치나 부작위의 당부를 다투어 위법한 조치나 부작위를 시정하거나 또는 이와 관련하여 해당 지방자치단체에 손해를 야기한 행위자들을 상대로 손해배상청구 등을 할 것을 요구하는 소송이지, 감사기관이 한 감사결과의 당부를 다투는 소송이 아니다."[2]

(3) 기 능

주민소송제도는[3] 주민의 직접참여에 의한 지방행정의 공정성과 투명성 강화의 기능을 갖는다.[4] 주민소송제도는 지방자치단체의 행정에 대한 통제기능을 갖는다. 주민소송제도는 완화된 주민참여제도의 일종이다.[5] 주민소송제도는 주민의 지위강화를 가져온다. 물론 주민소송은 지방재정의 건전성을 확보하는 기능을 갖는다.

보는 견해), 주주대표소송유사설(납세자의 지방자치단체에 대한 관계와 주주의 회사에 대한 관계의 유사성에 주목하여 지방자치단체를 회사, 소속 공무원을 회사직원 또는 이사, 납세자를 주주로 의제하여 주주대표소송의 법리에 기초한 소송으로 이해하는 견해), 조세부담증가설(위법한 공금지출이 있게 되면 그만큼 장래 조세부담이 증가하여 납세자는 부담하지 않아도 될 조세를 납부하게 되는바, 장래 조세부담의 증가를 회피 내지 방지할 목적으로 납세자소송이 인정된다는 견해), 사적 법무장관설(주 또는 지방자치단체의 기관이나 공무원이 직무상 법적 규제를 위한 행위를 함으로써 발생하는 공익침해를 시민·주민·선거민 등의 공적 권리의 침해로 구성하여 이들로 하여금 사적 법무장관의 역할을 수행하도록 하는 것이라는 견해) 등이 있다(김용찬·선정원·변성완, 주민소송, 23쪽).

1) 대판 2020. 7. 29, 2017두63467; 대판 2016. 5. 27, 2014두849.

2) 대판 2020. 6. 25, 2018두67251.

3) 주민소송은 미국의 납세자소송을 모델로 한 일본 제도를 도입한 것으로 이해되고 있다(최승원·양승미, "주민소송의 법적 성격에 대한 소고," 지방자치법연구, 통권 제18호, 268쪽).

4) 일설은 주민소송제도의 이념과 제도적 기능으로 (1) 주민의 직접참여 수단, (2) 지방공공의 이익의 보호, (3) 법적 구속력을 통한 통제의 실효성 담보, (4) 분쟁의 일회적 해결, (5) 경제적 효율성을 들기도 한다(조성규, "지방자치단체의 책임성 제고수단으로서 주민소송제도의 의의와 한계," 지방자치법연구, 통권 제16호, 261쪽 이하).

5) 주민소송제도는 주민의 주도적 참여하에 위법한 재무행위를 방지하고 손해를 배상시켜 지방자치단체의 재정건전성을 확보하기 위하여 2005년 1월의 개정 지방자치법에 도입되었으며, 미국에서는 19세기 중반부터 납세자소송이라는 형태로 도입되어 있고, 일본에서도 미국의 납세자소송을 모델로 하여 주민소송을 도입하였다고 한다(선정원, "주민소송과 변상명령," 지방자치법연구, 통권 제9호, 280쪽); 김병기, "주민소송·주민투표·주민소환을 중심으로 한 주민참여법제 소고," 지방자치법연구, 통권 제31호, 35쪽.

  (4) 성 질   주민소송은 주민 자신의 법률상 이익의 침해를 전제로 하지 않고
지방자치단체의 위법한 재무회계행위를 소송대상으로 하는 객관소송으로서 공익소
송에 속한다.[1] 주민소송은 행정소송법 제 3 조 제 3 호가 규정하는 민중소송(국가 또
는 공공단체의 기관이 법률에 위반되는 행위를 한 때에 직접 자기의 법률상 이익과 관계없이 그 시정을
구하기 위하여 제기하는 소송)에 해당한다.

  (5) 입 법 례   주민소송의 입법례로 미국의 납세자소송과 일본의 주민소송을
볼 수 있다. ① 미국의 납세자소송은 "납세자가 자신을 위하여 또는 동일한 과세구
역에 거주하는 납세자 집단의 대표로서 해당 집단의 모든 구성원에 공통된 이유에
기초하여 납세자의 공통이익을 침해하는 공공단체 또는 공무원의 위법행위와 권한
유월행위 등에 대한 구제를 청구하는 것을 목적으로 제기하는 소송 또는 납세자의
집단을 대표하는 1인 또는 복수의 자가 공금 및 공공재산의 오용·남용·횡령으로
납세자의 이익을 침해하는 위법한 행위에 대하여 납세자로서 구제를 구하는 소송"
이라 한다.[2] 그리고 ② 일본의 주민소송이란 "보통지방자치단체의 주민이 지방자
치단체의 기관 및 직원에 의한 위법한 공금의 지출, 재산의 취득·관리·처분, 계약
의 체결·이행 기타 의무의 부담 또는 위법한 공금의 부과·징수 혹은 위법하게 재
산의 관리를 태만한 사실이 있는 경우 해당 행위의 금지, 행정처분인 행위의 취소
또는 무효확인, 해당 태만사실의 위법확인, 손해배상 또는 부당이득반환의 요구 등
을 구하는 소송"이라 한다.[3]

2. 주민감사청구의 전치

  (1) 주민감사청구 전치의 의의—전치주의(주민소송과 주민감사청구의 관계)   주민감사
청구와 주민소송은 별개의 제도로서 양자가 반드시 결부되어야 할 이유는 없다.[4]
그러나 지방자치법상 주민소송은 감사청구를 한 주민만이 제기할 수 있도록 하여
(지자법 제22조 제 1 항) 주민소송에 주민감사청구 전치주의를 도입하고 있다.

  (2) 주민감사청구 전치의 취지   주민감사를 청구한 주민에 한하여 주민소송
을 제기할 수 있도록 '주민감사청구 전치 요건'을 규정한 것은 감사기관에게 스스
로 전문지식을 활용하여 간이·신속하게 문제를 1차적으로 시정할 수 있는 기회를

---

1) 선정원, "주민소송과 변상명령," 지방자치법연구, 통권 제 9 호, 280쪽; 대판 2020. 6. 25, 2018두
   67251.
2) 김용찬·선정원·변성완, 주민소송, 32쪽.
3) 김용찬·선정원·변성완, 주민소송, 59쪽; 함인선, 주민소송, 29쪽 이하.
4) 조성규, "지방자치단체의 책임성 제고수단으로서 주민소송제도의 의의와 한계," 지방자치법연구,
   통권 제16호, 265쪽.

부여하고 이를 통해 법원의 부담도 경감하려는 데에 그 입법 취지가 있다는 것이 판례의 견해이다.[1] 주민감사청구 전치주의가 바람직한 것인가에 관해서는 의문이 제기되기도 한다.[2]

(3) 전치요건 구비여부　① 적법한 감사청구가 있었으나 기각되면, 전치요건을 구비한 것이 된다. ② 적법한 감사청구가 있었으나 요건미비를 이유로 각하되면, 역시 전치요건을 구비한 것으로 볼 것이다.[3] ③ 감사청구가 요건미비를 이유로 부적법각하되면 전치요건을 구비한 것이 아니다. 한편, 주민감사청구전치의 요건은 사실심변론종결시까지 구비되어야 한다.

(4) 감사기관의 위법한 결정의 경우　"주민감사청구를 통해 행정내부적으로 1차적으로 시정할 수 있는 기회가 부여되었음에도, 감사기관이 사실관계를 오인하거나 또는 법리를 오해하여 주민감사청구를 기각하거나 각하한 경우 또는 주민감사청구를 인용하면서도 피감기관에 대하여 충분하지 않은 시정조치를 요구한 경우에는, 주민감사를 청구한 주민들로 하여금 감사기관의 위법한 결정을 별도의 항고소송의 대상으로 삼아 다투도록 할 것이 아니라, 지방자치법이 규정한 다음 단계의 권리구제절차인 주민소송을 제기할 수 있도록 하는 것이 분쟁의 1회적이고 효율적인 해결 요청과 주민감사청구 전치를 규정한 지방자치법의 입법 취지에 부합한다"는 것이 판례의 견해이다.[4]

3. 주민소송의 대상

(1) 의 의　주민이 감사청구한 모든 사항이 주민소송의 대상이 되는 것은 아니다. 말하자면 제21조 제 1 항에 따라 감사가 청구된 사항 중 ① 공금의 지출(예: 급여, 수당 보상금, 보조금의 지급 등과 같이 지방자치단체의 사무의 수행과 관련하여 이루어지는 현금의 지급)에 관한 사항, ② 재산(현금 외의 모든 재산적 가치가 있는 물건과 권리, 지방자치법 제159조 제 1 항)의 취득·관리·처분에 관한 사항,[5] ③ 해당 지방자치단체를 당사자로 하는 매매·임차·도급 계약이나 그 밖의 계약의 체결·이행에 관한 사항(재무회계상의 목적을 가진 계약에 한정) 또는 ④ 지방세·사용료·수수료·과태료 등 공금의 부과·징수를

1) 대판 2020. 6. 25, 2018두67251.
2) 조성규, "지방자치단체의 책임성 제고수단으로서 주민소송제도의 의의와 한계," 지방자치법연구, 통권 제16호, 276쪽; 김병기, "주민소송·주민투표·주민소환을 중심으로 한 주민참여법제 소고," 지방자치법연구, 통권 제31호, 35쪽.
3) 김용찬·선정원·변성완, 주민소송, 130쪽.
4) 대판 2020. 6. 25, 2018두67251.
5) 대판 2016. 5. 27, 2014두8490; 대판 2015. 9. 10, 2013두16746; 대판 2015. 9. 10, 2013두16746.

게을리한[1] 사항을 제소대상으로 한다(지자법 제22조 제 1 항). 주민소송의 대상을 일정한 재무회계 관련 사항으로 한정할 것인지 아니면 감사청구한 모든 사항으로 할 것인지의 여부는 입법정책적으로 정할 사항이다. 지방자치법은 전자를 채택하고 있다.

   (2) 대상여부 판단기준   주민소송은 원칙적으로 지방자치단체의 재무회계에 관한 사항의 처리를 직접 목적으로 하는 행위에 대하여 제기할 수 있고, 지방자치법 제21조 제 1 항에서 주민소송의 대상으로 규정한 '재산의 취득·관리·처분에 관한 사항', '해당 지방자치단체를 당사자로 하는 계약의 체결·이행에 관한 사항' 등에 해당하는지 여부도 그 기준에 의하여 판단하여야 한다.[2]

   (3) 주민소송의 대상과 주민의 감사청구대상의 관계   ① 주민의 감사청구의 대상으로 하지 아니한 사항은 주민소송의 대상이 되지 아니한다. ② 주민이 감사청구한 사항과 주민소송의 대상이 동일하면 주민소송의 제기에 문제가 없다. ③ 주민이 감사청구한 사항과 주민소송의 대상이 동일하지 아니하여도 관련이 있으면(예: 보조금의 지급의 중지를 구하는 감사청구를 하였으나, 이미 지급되었으므로 담당 직원이 손해배상을 할 것을 요구하는 소송) 역시 주민소송의 제기에 문제가 없다.[3] 주민감사를 청구한 사항과 관련성이 있는지 여부는 주민감사청구사항의 기초인 사회적 사실관계와 기본적인 점에서 동일한지 여부에 따라 결정되는 것이며 그로부터 파생되거나 후속하여 발생하는 행위나 사실은 주민감사청구사항과 관련이 있다고 보아야 한다.[4]

   (4) 제외대상   다음 각 호(1. 수사나 재판에 관여하게 되는 사항, 2. 개인의 사생활을 침해할 우려가 있는 사항, 3. 다른 기관에서 감사하였거나 감사중인 사항. 다만, 다른 기관에서 감사한 사항이라도 새로운 사항이 발견되거나 중요 사항이 감사에서 누락된 경우와 제22조 제 1 항에 따라 주민소송의 대상이 되는 경우에는 그러하지 아니하다. 4. 동일한 사항에 대하여 제22조 제 2 항 각 호의 어느 하나에 해당하는 소송이 진행중이거나 그 판결이 확정된 사항)의 어느 하나에 해당하는 사항은 감사청구의 대상에서 제외되는바(지자법 제21조 제 2 항), 주민소송의 대상이 되지 아니한다.

   (5) 선행행위의 위법성 승계론   선행행위의 위법성 승계론을 통해 소송대상을 확대하는 것도 의미가 있다는 지적이 있다.[5] 일본에서 발전된 선행행위의 위법성 승계론이란 비재무회계행위가 위법하게 이루어지고, 그 비재무회계행위에 기하여

---

   1) 대판 2015. 9. 10, 2013두16746.
   2) 대판 2020. 7. 29, 2017두63467.
   3) 대판 2020. 7. 29, 2017두63467.
   4) 대판 2020. 7. 29, 2017두63467.
   5) 송인호, "현행 주민소송제도의 개선방안에 관한 연구," 연세대학교 법학석사학위청구논문, 2008. 12, 83쪽.

재무회계행위가 이루어진 경우, 재무회계행위 그 자체에는 하자가 없을지라도 선행행위(원인행위)인 비재무회계 행위의 위법성은 후행의 재무회계행위에 승계되어 재무회계의 위법성을 다툴 수 있다는 것을 말한다. 예컨대 위법한 행위를 한 공무원에게 징계면직처분을 하여야 함에도 의원면직처분을 함으로써 그 공무원에게 감액 없이 퇴직금을 지급한 경우, 의원면직처분이 위법하다면 감액 없는 퇴직금 지급 역시 위법하게 되기 때문에 소속 지방자치단체의 장 개인의 손해배상책임을 묻는 것이 가능하다는 주장이 그것이다.

4. 주민소송의 당사자

(1) 원고적격

(가) 원고적격의 취득   제21조 제 1 항에 따라 제소대상을 감사청구한 주민이 원고가 된다(지자법 제22조 제 1 항). 제소대상을 감사청구한 주민이라면 누구나 제소할 수 있다. 1인에 의한 제소도 가능하다. 지방자치단체조합은 지방자치단체를 구성원으로 하는바, 구성원인 지방자치단체에 주소를 둔 주민은 원고적격을 갖는다고 보기 어렵다. 원고적격을 갖는다는 견해도 있다.[1] 감사청구한 외국인인 주민도 원고가 될 수 있다.[2] 감사청구는 18세 이상의 주민만이 가능하므로, 법인은 원고적격을 갖지 아니한다.[3] 법인격 없는 주민단체도 원고적격을 갖지 아니한다.[4] 주민감사청구가 요건불비로 각하된 자는 감사청구절차를 거치지 아니한 것이 되어 원고적격을 갖지 아니한다. 그러나 적법한 주민감사청구를 각하한 경우에는 원고적격을 갖는다. 한편, 입법론상 주민감사청구를 거친 사항에 대하여는 감사청구를 하지 아니한 자도 주민소송을 제기할 수 있도록 하는 것이 바람직하다는 지적도 있다.[5] 주민감사절차를 거

---

1) 함인선, "주민소송의 당사자에 관한 법적 검토," 지방자치법연구, 통권 제11호, 85쪽.
2) 최우용 교수는 긍정설을 취하면서 동시에 법률에서 외국인에게도 주민감사청구권과 주민소송의 원고적격을 인정한다는 큰 틀의 규정만 두고, 세부적인 자격요건에 대해서는 각 지방자치단체의 조례에 맡기는 것이 옳다는 지적을 하고 있다(최우용, "주민소송제도의 한·일 비교," 지방자치법연구, 통권 제28호, 79쪽).
3) 함인선, "주민소송의 당사자에 관한 법적 검토," 지방자치법연구, 통권 제11호, 88쪽; 조성규, "지방자치단체의 책임성 제고수단으로서 주민소송제도의 의의와 한계," 지방자치법연구, 통권 제16호, 271쪽. 한편, 주민소송의 성격상 전문적인 지식을 요하고 지방행정의 견제능력을 필요로 하며 현실적으로도 전국의 각 지역에서 시민단체 등을 중심으로 활동이 이루어지고 있는 점을 감안한다면 일정한 요건 하에 주민단체의 주민감사청구를 인정하고, 이 경우 주민소송에 전치하자는 주장도 있다(최우용, "주민소송제도의 한·일 비교," 지방자치법연구, 통권 제28호, 79쪽).
4) 함인선, "주민소송의 당사자에 관한 법적 검토," 지방자치법연구, 통권 제11호, 88쪽.
5) 조성규, "지방자치단체의 책임성 제고수단으로서 주민소송제도의 의의와 한계," 지방자치법연구, 통권 제16호, 267쪽.

치지 아니한 자는 주민감사청구절차를 거친 자와 공동소송인도 될 수 없다.1)

(나) 원고적격의 상실   소송의 계속 중에 소송을 제기한 주민이 사망하거나 제16조에 따른 주민의 자격을 잃으면 소송절차는 중단된다. 소송대리인이 있는 경우에도 또한 같다(지자법 제22조 제6항). 감사 청구에 연대 서명한 다른 주민은 제6항에 따른 사유가 발생한 사실을 안 날부터 6개월 이내에 소송절차를 수계할 수 있다. 이 기간에 수계절차가 이루어지지 아니할 경우 그 소송절차는 종료된다(지자법 제22조 제7항). 법원은 제6항에 따라 소송이 중단되면 감사 청구에 연대 서명한 다른 주민에게 소송절차를 중단한 사유와 소송절차 수계방법을 지체 없이 알려야 한다. 이 경우 법원은 감사 청구에 적힌 주소로 통지서를 우편으로 보낼 수 있고, 우편물이 통상 도달할 수 있을 때에 감사 청구에 연대 서명한 다른 주민은 제6항의 사유가 발생한 사실을 안 것으로 본다(지자법 제22조 제8항). 한편, 소송 계속 중에 주민자격을 상실한 자가 사실심변론 종결 전에 다시 주민의 지위를 회복한 경우에는 문제가 있다. 법령에 의한 관할구역의 변경과 같이 자격상실이 상실한 자의 의사와 무관한 경우에는 원고적격이 회복될 수 있다고 볼 것이고, 자격상실이 상실한 자의 임의적인 의사에 의한 경우에는 회복될 수 없다고 볼 것이다.

(다) 별소의 금지   제22조 제2항 각 호의 소송이 진행 중이면 다른 주민은 같은 사항에 대하여 별도의 소송을 제기할 수 없다(지자법 제22조 제5항). 이것은 판결 사이의 모순을 방지하고 소송경제를 도모하기 위한 것이다.

(2) 피고적격

(가) 원 칙   ① 해당 지방자치단체의 장이 피고가 된다(지자법 제22조 제1항). 집행기관 또는 직원을 피고로 하는 일본의 경우와 다르다. 한편, 제4호 소송의 경우, 제1단계 소송에서는 지방자치단체의 장이나 소속기관의 장이 피고로 되지만, 원고가 승소한 경우에 이어지는 제2단계 소송에서는 부당이득을 얻거나 손해를 끼친 직원 등의 상대방이 피고가 된다(지자법 제23조 제2항). 만약 제2단계 소송의 결과에 직원 등이 불복하면, 지방자치단체의 장을 피고로 소송을 제기할 수 있다. ② 지방의회가 위법한 재무회계를 하는 경우(예: 법령에 반하는 경비를 의원에게 지급하기로 의결하는 경우)에도 해당 지방자치단체의 장이 피고가 된다. ③ 지방자치단체조합의 경우에는 조합의 장이 피고가 된다.

(나) 위임·대리의 경우   ① 해당 사항의 사무처리에 관한 권한을 소속 기관의 장에게 위임한 경우에는 그 소속 기관의 장이 피고가 된다(지자법 제22조 제1항). 소속

---

1) 김용찬·선정원·변성완, 주민소송, 130쪽.

기관이란 장의 소속하에 놓이는 직속기관(지자법 제126조)·사업소(지자법 제127조)·출장소(지자법 제128조)·합의제행정기관(지자법 제129조)·자문기관(지자법 제130조), 하부행정기관(지자법 제131조) 등을 의미한다. 위임이란 조례나 규칙에 따른 위임을 말하고, 내부위임은 이에 해당하지 아니한다. ② 장의 권한의 대리가 있는 경우에는 장을 피고로 하여야 할 것이다.

　　(다) 교육사무의 경우　　민중소송 및 기관소송은 법률이 정한 경우에 법률에 정한 자에 한하여 제기할 수 있다(행소법 제45조). 주민소송은 민중소송인데, 개별 법률인 지방교육자치에 관한 법률에 주민소송에 관한 규정이 없으므로 교육감의 재무행위에 대해서는 주민소송을 인정하기 어렵다.[1] 반대견해도 있다.[2] 그러나 지방자치단체의 일반회계로부터 전입된 교육재정부분(전입금)에 대한 사무처리는 주민소송의 대상이 된다. 이러한 경우에도 지방자치단체의 장을 피고로 하여야 한다.[3] 그것은 지방자치단체의 문제이지, 교육감의 문제는 아니기 때문이다.

5. 주민소송의 제소사유

　　주민은 ① 주무부장관이나 시·도지사가 감사 청구를 수리한 날부터 60일(제21조 제 9 항 단서에 따라 감사기간이 연장된 경우에는 연장된 기간이 끝난 날을 말한다)이 지나도 감사를 끝내지 아니한 경우, ② 제21조 제 9 항 및 제10항에 따른 감사 결과 또는 같은 조 제12항에 따른 조치 요구에 불복하는 경우, ③ 제21조 제12항에 따른 주무부장관이나 시·도지사의 조치 요구를 지방자치단체의 장이 이행하지 아니한 경우, ④ 제21조 제12항에 따른 지방자치단체의 장의 이행 조치에 불복하는 경우에 그 감사 청구한 사항과 관련이 있는 위법한 행위나 업무를 게을리 한 사실에 대하여 제소할 수 있다(지자법 제22조 제 1 항).

6. 주민소송의 유형

　　지방자치법은 주민소송의 유형을 다음의 4가지로 규정하고 있다(지자법 제22조 제 2 항).

　　(1) 제 1 호 소송　　지방자치법 제22조 제 2 항 제 1 호는 "해당 행위를 계속하면 회복하기 어려운 손해를 발생시킬 우려가 있는 경우에는(예: 지방재정법 등을 위반하여

---

1) 김용찬·선정원·변성완, 주민소송, 144쪽.
2) 함인선, 주민소송, 88쪽; 동인 "주민소송의 당사자에 관한 법적 검토," 지방자치법연구, 통권 제11호, 97쪽.
3) 김용찬·선정원·변성완, 주민소송, 145쪽.

공공시설을 설치하고자 조례를 제정하고 예산을 책정한 경우, 건축업자와의 계약체결이 분명하고 예산지출이 확실한 경우) 그 행위의 전부나 일부를 중지할 것을 요구하는 소송"을 규정하고 있다. 이를 제 1 호 소송이라 한다. 제 1 호 소송은 중지를 구하는 재무회계행위의 위법성을 소송물로[1] 한다. 제 1 호 소송은 손해발생행위의 중지를 구하는 중지청구소송이다. 제 1 호의 중지청구소송은 해당 행위를 중지할 경우 생명이나 신체에 중대한 위해가 생길 우려가 있거나 그 밖에 공공복리를 현저하게 해칠 우려가 있으면 제기할 수 없다(지자법 제22조 제 3 항). 물론 중지청구소송으로 적극적 행위를 청구할 수도 없다. 중지소송이 제기되었다고 하여도 집행정지의 신청 등이 없는 한 소송의 대상이 되는 행위에 대하여 자동적으로 집행정지의 효력이 발생하는 것은 아니다.[2]

(2) 제 2 호 소송

(가) 의 의   지방자치법 제22조 제 2 항 제 2 호는 "행정처분인 해당 행위의 취소 또는 변경을 요구하거나 그 행위의 효력 유무 또는 존재 여부의 확인을 요구하는 소송"을 규정하고 있다. 이를 제 2 호 소송이라 한다. 제 2 호 소송은 처분의 위법 또는 존부를 소송물로 한다.

(나) 성 질   제 2 호 소송은 행정처분의 취소 등(예: 지방자치단체의 민간에 대한 부당한 보조금교부처분의 취소 또는 민간에 대한 부당한 점용료면제처분의 취소)을 구하는 처분소송이다.

(다) 처분개념   제 2 호 소송에서 처분의 개념은 행정소송법상 처분개념과 같다.[3] 주민소송을 활성화시킬 필요가 있다는 점, 주민소송의 통제대상인 재무회계상의 행위는 통상 엄격한 처분성을 갖추지 못한 경우가 많다는 점을 고려하여 항고소송에서의 처분개념과 같이 엄격하게 해석할 필요는 없다는 견해도 있다.[4]

---

1) 개념상 소송의 대상은 소송상 청구로서 구성되기 이전의 행위를 말하고(예: 감사청구된 재무회계행위), 소송물이란 원고가 판결을 통해 구하는 대상을 말한다(재무회계행위의 위법성).
2) 최봉석, "주민참여법제의 현황과 개선과제," 지방자치법연구, 통권 제12호, 99쪽. 한편, 지방자치법 제17조 제 7 항(제 1 항에 따른 소송에 관하여는 이 법에 규정된 것 외에는 「행정소송법」에 따른다), 행정소송법 제46조 제 3 항(민중소송 또는 기관소송으로서 제 1 항 및 제 2 항에 규정된 소송외의 소송에는 그 성질에 반하지 아니하는 한 당사자소송에 관한 규정을 준용한다), 제44조(당사자소송 준용규정. 취소소송에서의 집행정지에 관한 준용규정은 없다)에 비추어 주민소송에서 가구제는 민사집행법상의 가처분절차의 적용 여부의 문제가 되며, 이것이 통설이라 하는 견해도 있다(김병기, "주민소송·주민투표·주민소환을 중심으로 한 주민참여법제 소고," 지방자치법연구, 통권 제31호, 40쪽). 그러나 중지의 의미를 넓게 새겨서 행정소송법 제46조 제 1 항(민중소송 또는 기관소송으로써 처분등의 취소를 구하는 소송에는 그 성질에 반하지 아니하는 한 취소소송에 관한 규정을 준용한다)이 주민소송에는 적용될 수 없을 것인지 검토할 필요가 있을 것이다.
3) 김용찬·선정원·변성완, 주민소송, 188쪽; 김병기, "주민소송·주민투표·주민소환을 중심으로 한 주민참여법제 소고," 지방자치법연구, 통권 제31호, 41쪽.
4) 조성규, "지방자치단체의 책임성 제고수단으로서 주민소송제도의 의의와 한계," 지방자치법연구, 통권 제16호, 273쪽.

(라) 위 법 성　"주민소송에서 다툼의 대상이 된 처분의 위법성은 행정소송법상 항고소송에서와 마찬가지로 헌법, 법률, 그 하위의 법규명령, 법의 일반원칙 등 객관적 법질서를 구성하는 모든 법규범에 위반되는지 여부를 기준으로 판단하여야 하는 것이지, 해당 처분으로 인하여 지방자치단체의 재정에 손실이 발생하였는지 만을 기준으로 판단할 것은 아니다"라는 것이 판례의 견해이다.[1]

(마) 제소기간　제 2 호 소송은 제소기간에 제한이 있는바, 행정소송법상 무효확인소송의 경우와 달리 주민소송으로서 무효확인을 구하는 경우에는 제소기간에 제한이 따른다.

(바) 취소판결의 효과　서울특별시 서초구청장의 도로점용허가처분에 대하여 서초구 주민들이 주민소송을 제기한 사건에서 판례는 "주민소송상 취소판결의 직접적인 효과로 이 사건 건축허가가 취소되거나 그 효력이 소멸되는 것은 아니지만, 이 사건 도로점용허가가 유효하게 존재함을 전제로 이루어진 이사건 건축허가는 그 법적·사실적 기초를 일부 상실하게 되므로, 피고는 수익적 행정행위의 직권취소 제한에 관한 법리를 준수하는 범위 내에서 일정한 요건 하에 직권으로 그 일부를 취소하거나 변경하는 등의 조치를 할 의무가 있다. 따라서 이 사건 주민소송에서 원고들이 이 사건 건축허가의 효력을 직접 다툴 수 없다고 하더라도, 원고들이 이 사건 도로점용허가의 취소를 구할 소의 이익을 부정하는 근거는 될 수 없다"고 하였다.[2]

(3) 제 3 호 소송　지방자치법 제22조 제 2 항 제 3 호는 "게을리한 사실의 위법 확인을 요구하는 소송"을 규정하고 있다. 이를 제 3 호 소송이라 한다.[3] 제 3 호 소송은 게을리한 사실의 위법을 소송물로 한다. 즉 제 3 호 소송은 해태사실의 위법확인을 구하는 위법확인소송이다. 제 3 호 소송은 지방자치단체가 게을리하는 재무사무(예: 공과금의 부과·징수를 게을리하는 경우)의 이행을 촉구하여 재무사무의 적정한 수행을 도모하기 위한 것이다. 제 3 호 소송은 행정처분을 매개로 하지 않으므로 그

---

1) 대판 2019. 10. 17, 2018두104.
2) 대판 2019. 10. 17, 2018두104.
3) 최우용 교수는 제 3 호 소송(전자)과 행정소송법상 부작위위법확인소송(후자)의 차이점으로 ① 성격(목적)상 전자는 객관적 소송이나 후자는 주관적 소송이고, ② 원고적격에 있어 전자는 주민감사를 청구한 19세 이상의 주민에 있고, 후자는 법령에 근거한 신청권을 가진 자에 있으며, ③ 소송의 대상에 있어 전자는 공금의 부과, 징수가 대상이고, 후자는 행정처분으로 한정되고 있고, ④ 위법의 내용에 있어 전자는 실체법상 작위의무가 발생하였음에도 이를 행사하지 않는 것이고, 후자는 응답의 무의 위반이며, ⑤ 법원의 심사범위에 있어 전자는 위법성을 실체적으로 판단하는 것이고, 후자는 중간적·절차적 성격을 갖는다는 점을 지적하고 있다(최우용, "주민소송제도의 한·일 비교," 지방자치법연구, 통권 제28호, 89쪽).

대상이 사법상의 행위나 사실행위 등 부작위위법확인소송보다 포괄적이며, 그러한 해태가 반드시 '상당한 기간' 계속될 필요도 없다는 지적이 가해지기도 한다.[1]

　　(4) 제 4 호 소송

　　(가) 의의　　지방자치법 제22조 제 2 항 제 4 호는 "해당 지방자치단체의 장 및 직원, 지방의회의원, 해당 행위와 관련이 있는 상대방에게 손해배상청구 또는 부당이득반환청구를 할 것을 요구하는 소송. 다만, 그 지방자치단체의 직원이 「회계관계직원 등의 책임에 관한 법률」 제 4 조에 따른 변상책임을 져야 하는 경우에는 변상명령을 할 것을 요구하는 소송을 말한다"[2]고 규정하고 있다. 이를 제 4 호 소송이라 한다. 제 4 호 소송은 손해배상청구권의 존부를 소송물로 한다. 제 4 호 소송은 피고에게 직접 손해배상을 청구하는 소송이 아니라 피고가 관계자에게 손해배상을 청구할 것을 요구하는 소송이다.

　　(나) 상대방 등의 특정　　"지방자치법 제22조 제 2 항 제 1 호부터 제 3 호까지의 주민소송은 해당 지방자치단체의 장을 상대방으로 하여 위법한 재무회계행위의 방지, 시정 또는 확인 등을 직접적으로 구하는 것인 데 반하여, 제 4 호 주민소송은 감사청구한 사항과 관련이 있는 위법한 행위나 업무를 게을리한 사실에 대하여 지방자치단체의 장 및 직원, 지방의회의원, 해당 행위와 관련이 있는 상대방(이하 '상대방'이라고 통칭한다)에게 손해배상청구, 부당이득반환청구, 변상명령등을 할 것을 요구하는 소송이다. 따라서 제 4 호 주민소송 판결이 확정되면 지방자치단체의 장인 피고는 상대방에 대하여 그 판결에 따라 결정된 손해배상금이나 부당이득반환금의 지불 등을 청구 의무가 있으므로, 제 4 호 주민소송을 제기하는 자는 상대방, 재무회계행위의 내용, 감사청구와의 관련성, 상대방에게 요구할 손해배상금 내지 부당이득금 등을 특정하여야 한다."[3]

7. 주민소송의 제소기간

　　① 제 1 호 소송은 해당 60일이 끝난 날(제21조 제 9 항 단서에 따라 감사기간이 연장된 경우에는 연장기간이 끝난 날을 말한다)부터(지자법 제22조 제 4 항 제 1 호), ② 제 2 호 소송은 해당 감사 결과나 조치 요구 내용에 대한 통지를 받은 날부터(지자법 제22조 제 4 항 제 2

---

1) 김병기, "주민소송·주민투표·주민소환을 중심으로 한 주민참여법제 소고," 지방자치법연구, 통권 제31호, 41쪽.
2) 강현호, "주민소송으로서 손해배상청구소송에 대한 법적 고찰—탄천변 도로공사 판례를 중심으로—," 지방자치법연구, 통권 제51호, 159쪽 이하.
3) 대판 2020. 7. 29, 2017두63467.

호), ③ 제 3 호 소송은 해당 조치를 요구할 때에 지정한 처리기간이 끝난 날부터(지
자법 제22조 제 4 항 제 3 호), ④ 제 4 호 소송은 해당 이행조치결과에 대한 통지를 받은
날부터(지자법 제22조 제 4 항 제 4 호) 각각 90일 이내에 제기하여야 한다(지자법 제22조 제
4 항). 지방자치법에 제소기간을 불변기간으로 한다는 규정은 없다. 생각건대 지방
자치행정의 안정성의 확보를 위해 법적 분쟁은 조속히 정리될 필요가 있으므로 주
민소송의 제소기간을 불변기간으로 볼 것이다.

8. 주민소송의 관할 법원

제22조 제 2 항에 따른 소송은 해당 지방자치단체의 사무소 소재지를 관할하
는 행정법원(행정법원이 설치되지 아니한 지역에서는 행정법원의 권한에 속하는 사건을 관할하는 지방
법원 본원을 말한다)의 관할로 한다(지자법 제22조 제 9 항).

9. 소송고지

(1) 소송고지의 신청　해당 지방자치단체의 장은 제22조 제 2 항 제 1 호부터
제 3 호까지의 규정에 따른 소송이 제기된 경우 그 소송 결과에 따라 권리나 이익
의 침해를 받을 제 3 자가 있으면 그 제 3 자에 대하여, 제22조 제 2 항 제 4 호에 따
른 소송이 제기된 경우 그 직원, 지방의회의원 또는 상대방에 대하여 소송고지를
해 줄 것을 법원에 신청하여야 한다(지자법 제22조 제10항).

(2) 소송참가　국가, 상급 지방자치단체 및 감사 청구에 연대 서명한 다른 주
민과 제10항에 따라 소송고지를 받은 자는 법원에서 계속 중인 소송에 참가할 수
있다(지자법 제22조 제13항).

(3) 소송고지에 따른 시효중단　제22조 제 2 항 제 4 호에 따른 소송이 제기된
경우에 지방자치단체의 장이 한 소송고지신청은 그 소송에 관한 손해배상청구권
또는 부당이득반환청구권의 시효중단에 관하여 「민법」 제168조 제 1 호에 따른 청
구로 본다(지자법 제22조 제11항). 제22조 제11항에 따른 시효중단의 효력은 그 소송이
끝난 날부터 6개월 이내에 재판상 청구, 파산절차참가, 압류 또는 가압류, 가처분
을 하지 아니하면 효력이 생기지 아니한다(지자법 제22조 제12항).

10. 소의 취하

제22조 제 2 항에 따른 소송에서 당사자는 법원의 허가를 받지 아니하고는 소
의 취하, 소송의 화해 또는 청구의 포기를 할 수 없다(지자법 제22조 제14항). 법원은

제14항에 따른 허가를 하기 전에 감사 청구에 연대 서명한 다른 주민에게 그 사실을 알려야 하며, 알린 때부터 1개월 이내에 허가 여부를 결정하여야 한다. 이 경우 통지방법 등에 관하여는 제22조 제 8 항 후단을 준용한다(지자법 제22조 제15항).

11. 승소판결에 따른 조치

(1) 제 4 호 본문 소송

(가) 지급청구   지방자치단체의 장(해당 사항의 사무처리에 관한 권한을 소속 기관의 장에게 위임한 경우에는 그 소속 기관의 장을 말한다. 이하 이 조에서 같다)은 제22조 제 2 항 제 4 호 본문에 따른 소송에 대하여 손해배상청구나 부당이득반환청구를 명하는 판결이 확정되면 판결이 확정된 날부터 60일 이내를 기한으로 하여 당사자에게 그 판결에 따라 결정된 손해배상금이나 부당이득반환금의 지급을 청구하여야 한다. 다만, 손해배상금이나 부당이득반환금을 지급하여야 할 당사자가 지방자치단체의 장이면 지방의회의 의장이 지급을 청구하여야 한다(지자법 제23조 제 1 항).

(나) 부당이득반환청구소송

(a) 의 의   지방자치단체는 제23조 제 1 항에 따라 지급청구를 받은 자가 같은 항의 기한까지 손해배상금이나 부당이득반환금을 지급하지 아니하면 손해배상·부당이득반환의 청구를 목적으로 하는 소송을 제기하여야 한다. 이 경우 그 소송의 상대방이 지방자치단체의 장이면 그 지방의회의 의장이 그 지방자치단체를 대표한다(지자법 제23조 제 2 항).

(b) 취 지   주민소송에서 손해배상청구권이나 부당이득반환청구권의 존재가 확인된 상태에서 원인행위자(지방자치단체장, 일반직원인 공무원, 사업자 등)가 지불하지 아니하는 경우에 원인행위자를 상대로 다시 소송을 제기하도록 하는 것은 원인행위자에 대한 책임추궁을 너무 어렵게 하여 결과적으로 그들을 지나치게 보호하는 것이 되어 부적절하다고 하면서, 주민소송에서 확정된 배상금액을 원인행위자에게 행정행위 형식(예: 변상명령)을 통해 지불하도록 명하는 것이 효율적이고 합리적이라는 지적이 있다.[1] 이러한 견해는 집행절차의 경제에 유익한바, 타당한 지적이라 하겠다.

(c) 상대방의 고의, 중대한 과실 요부   상대방인 지방자치단체의 장이나 공무원은 국가배상법 제 2 조 제 2 항, 회계직원책임법 제 4 조 제 1 항의 각 규정 내용 및 취지 등에 비추어 볼 때, 그 위법행위에 대하여 고의 또는 중대한 과실이 있는 경

---

1) 선정원, "주민소송과 변상명령," 지방자치법연구, 통권 제 9 호, 286쪽.

우에 제 4 호 주민소송의 손해배상책임을 부담하는 것으로 보아야 한다.[1]

(2) 제 4 호 단서 소송

(가) 변상명령 지방자치단체의 장은 제22조 제 2 항 제 4 호 단서에 따른 소송에 대하여 변상할 것을 명하는 판결이 확정되면 판결이 확정된 날부터 60일 이내를 기한으로 하여 당사자(회계관계직원)에게 그 판결에 따라 결정된 금액을 변상할 것을 명령하여야 한다(지자법 제24조 제 1 항).

(나) 체납처분 제24조 제 1 항에 따라 변상할 것을 명령받은 자가 같은 항의 기한 내에 변상금을 지급하지 아니하면 지방세 체납처분의 예에 따라 징수할 수 있다(지자법 제24조 제 2 항).

(다) 불 복 제24조 제 1 항에 따라 변상할 것을 명령받은 자는 그 명령에 불복하는 경우 행정소송을 제기할 수 있다. 다만, 「행정심판법」에 따른 행정심판청구는 제기할 수 없다(지자법 제24조 제 3 항).

12. 기 타

(1) 소 가 제22조 제 2 항에 따른 소송은 「민사소송 등 인지법」 제 2 조 제 4 항(재산권상의 소로서 그 소가를 산출할 수 없는 것과 비재산권을 목적으로 하는 소송의 소가는 대법원 규칙으로 정한다)에 따른 비재산권을 목적으로 하는 소송으로 본다(지자법 제22조 제16항).

(2) 실비보상 소송을 제기한 주민은 승소(일부 승소를 포함한다)한 경우 그 지방자치단체에 대하여 변호사 보수 등의 소송비용, 감사 청구절차의 진행 등을 위하여 사용된 여비, 그 밖에 실제로 든 비용을 보상할 것을 청구할 수 있다. 이 경우 지방자치단체는 청구된 금액의 범위에서 그 소송을 진행하는 데 객관적으로 사용된 것으로 인정되는 금액을 지급하여야 한다(지자법 제22조 제17항).

(3) 행정소송법의 적용 제22조 제 1 항에 따른 소송에 관하여는 이 법에 규정된 것 외에는 「행정소송법」에 따른다(지자법 제22조 제18항).

X. 주민소환권

1. 관 념

(1) 의 의 일반적으로 주민소환이란 유권자인 주민이 공직자를 공직으로부

---

[1] 대판 2020. 7. 29, 2017두63467.

터 해임하는 절차를 말한다.[1] 달리 말하면, 주민소환은 주민이 스스로 선출한 공
직자를 그 공직자의 임기가 끝나기 전에 공직으로부터 해임하는 절차를 말한다. 주
민소환에 관한 법률상 주민소환권은 주민이 해당 지방자치단체의 장(교육감 포함) 및
지방의회의원(비례대표 지방의회의원을 제외한다)을 소환할 수 있는 권리로 정의될 수 있
다(지자법 제25조 제 1 항).[2]

  (2) 기 능   헌법재판소는 "주민소환은 주민의 의사에 의하여 공직자를 공직
에서 해임시키는 것으로서 직접민주제 원리에 충실한 제도이다. 이러한 주민소환
은 주민이 지방의원·지방자치단체장 기타 지방자치단체의 공무원을 임기중에 주민
의 청원과 투표로써 해임하는 제도이고, 이는 주민에 의한 지방행정 통제의 가장
강력한 수단으로서 주민의 참정기회를 확대하고 주민대표의 정책이나 행정처리가
주민의사에 반하지 않도록 주민대표자기관이나 행정기관을 통제하여 주민에 대한
책임성을 확보하는 데 그 목적이 있다"고 한다.[3]

  (3) 본 질

  (가) 입법정책적 문제   주민소환제도의 본질과 관련하여 주민소환제도는 공직자
의 정치적 책임을 묻는 제도라는 견해와 위법행위에 대한 법적 책임을 묻는 제도
라는 견해가 있다.[4] 헌법재판소도 주민소환제를 규범적인 차원에서 정치적인 절차
로 설계할 것인지, 아니면 사법적인 절차로 할 것인지는 현실적인 차원에서 입법자
가 여러 가지 사정을 고려하여 정책적으로 결정할 사항이라 본다.[5]

  (나) 사 견   우리의 경우에는 주민소환투표의 사유에 관해 명시하는 바가 없는
바, 해석의 문제가 된다. 주민소환제도는 지방자치에 관한 주민의 직접참여의 확대

---

1) [관련논문] 이동훈, "주민소환제의 헌법적 의미―헌재 2009. 3. 26. 선고, 2007헌마843 결정을 중
   심으로―," 지방자치법연구, 통권 제36호, 3쪽 이하; 김재호, "한국의 주민소환제도," 지방자치법연
   구, 통권 제19호, 73쪽: 이관행, "현행 주민소환제도의 운용에 대한 평가와 개선과제," 지방자치법
   연구, 통권 제66호, 39쪽 이하.
2) 외국(미국·독일)의 입법례에 관한 간략한 소개로, 김상현, "주민소환투표 대상자의 권한행사 정지
   에 관한 연구," 지방자치법연구, 통권 제46호, 221쪽 이하 참조. 한편, 외국, 특히 연방국가의 입법례
   를 살피는 경우에는 연방도 국가이지만 지분방(예, 미국의 State, 독일의 Land)도 국가라는 점을 유
   념할 필요가 있고, 이 때문에 지분방의 선출직 공직자의 소환을 지방자치법상 주민소환으로 소개하
   는 것은 문제가 있다. 지분방 소속의 지방자치단체의 선출직 공직자의 소환이 우리 지방자치법상 주
   민소환에 비교될 수 있을 것이다.
3) 헌재 2009. 3. 26, 2007헌마843.
4) 미국의 캘리포니아, 콜로라도, 미시간, 알라스카, 아칸소, 네바다 등 여러 주는 주민소환이 사법심
   사의 대상이 아니고, 미국의 조지아, 캔사스, 몬태나 등의 여러 주에서는 법률이 규정한 불법행위를
   저질렀을 경우에만 주민소환이 가능하다고 한다(고문현, "주민소환제의 바람직한 방향," 지방자치법
   연구, 통권 제11호, 166쪽).
5) 헌재 2009. 3. 26, 2007헌마843.

와 지방행정의 민주성과 책임성의 제고를 목적으로 한다(주소법 제 1 조)는 점, 주민소
환제도는 공직자에 대한 책임성을 확보하기 위한 직접민주제적 주민통제수단으로
이해된다는 점1) 등에 비추어 공직자의 정치적 책임을 묻는 제도에 중점이 놓인다
고 본다. 헌법재판소도 같은 입장을 취한다.2)

　　(4) 대의제와의 관계　　"주민이 대표자를 수시에 임의로 소환한다면 이는 곧
명령적 위임을 인정하는 결과가 될 것이나, 대표자에게 원칙적으로 자유위임에 기
초한 독자성을 보장하되 극히 예외적이고 엄격한 요건을 갖춘 경우에 한하여 주민
소환을 인정한다면 이는 대의제의 원리를 보장하는 범위 내에서 적절한 수단이 될
수 있을 것이다. 주민소환제는 주민의 참여를 적극 보장하고, 이로써 주민자치를
실현하여 지방자치에도 부합하므로, 이 점에서는 위헌의 문제가 발생할 소지가 없
고, 제도적인 형성에 있어서도 입법자에게 광범위한 입법재량이 인정된다 할 것이
나, 지방자치단체장도 선거에 의하여 신출되므로 주민소환제라 하더라도 이들의
공무담임권을 과잉으로 제한하여서는 아니 되고, 앞서 본 바와 같이 제도적인 측면
에 있어 예외로서의 주민소환제는 원칙으로서의 대의제의 본질적인 부분을 침해하
여서도 아니 된다는 점이 그 입법형성권의 한계로 작용한다 할 것이다."3)

　　(5) 관장기관　　주민소환투표사무는 「공직선거법」 제13조 제 1 항의 규정에 의
하여 해당 지방자치단체의 장선거 및 지방의회의원선거의 선거구선거사무를 행하는
선거관리위원회(이하 "관할선거관리위원회"라 한다)가 관리한다(주소법 제 2 조 제 1 항). 관장기
관을 선거관리위원회로 한 것은 소환투표사무의 공정성을 확보하기 위한 것이다.

2. 법적 근거

　　주민소환의 투표 청구권자·청구요건·절차 및 효력 등에 관하여는 따로 법률
로 정한다(지자법 제25조. 제 2 항). 이에 따라 주민소환에 관한 법률이 제정되어 있다.
주민소환에 관하여 「제주특별자치도 설치 및 국제자유도시 조성을 위한 특별법」
등 다른 법률에 특별한 규정이 있는 경우를 제외하고는 이 법이 정하는 바에 따른
다(주소법 제 6 조). 주민소환투표에 관한 소청 및 소송의 절차에 관하여는 이 법에 규
정된 사항을 제외하고는 「공직선거법」 제219조 내지 제229조의 규정 중 지방자치
단체의 장 및 지방의회의원에 관한 규정을 준용한다(주소법 제24조 제 3 항). 주민소환

---

1) 고문현, "주민소환제의 바람직한 방향." 지방자치법연구, 통권 제11호, 155쪽.
2) 헌재 2009. 3. 26, 2007헌마843.
3) 헌재 2009. 3. 26, 2007헌마843.

투표와 관련하여 주민소환에 관한 법률에 정한 사항을 제외하고는 「주민투표법」의
일부 규정을 준용한다(주소법 제27조 제 1 항).

3. 주민소환투표의 대상자

지방자치법상 주민소환의 대상자는 지방자치단체의 장 및 지방의회의원(비례대표
지방의회의원은 제외한다)이고(지자법 제25조 제 1 항), 지방교육자치에 관한 법률상 주민소환
의 대상자는 교육감이다(지육법 제24조의2 제 1 항). 비례대표 지방의회의원의 선출방식이
지역구의원의 경우와 다를 뿐 그 권한과 의무 측면에서는 마찬가지임을 이유로 소
환대상에서 비례대표 지방의회의원을 제외하는 것에 대하여 비판적인 시각도 있
다.[1] 선출직 이외의 공직자에 대해서는 지방공무원법 등에 책임을 물을 수 있는 장
치가 있기 때문에 주민소환의 대상자는 선출직 공무원으로 한정하고 있다.[2]

4. 주민소환의 투표권자

제 4 조 제 1 항의 규정에 의한 주민소환투표인명부 작성기준일 현재 다음 각
호(1. 19세 이상의 주민으로서 당해 지방자치단체 관할구역에 주민등록이 되어 있는 자(「공직선거법」 제
18조의 규정에 의하여 선거권이 없는 자를 제외한다), 2. 19세 이상의 외국인으로서 「출입국관리법」 제
10조의 규정에 따른 영주의 체류자격 취득일 후 3년이 경과한 자 중 같은 법 제34조의 규정에 따라 당해
지방자치단체 관할 구역의 외국인등록대장에 등재된 자)의 어느 하나에 해당하는 자는 주민소
환투표권이 있다(주소법 제 3 조 제 1 항).

5. 주민소환투표의 청구

(1) 청구권자의 총수   전년도 12월 31일 현재 주민등록표 및 외국인등록표에
등록된 제 3 조 제 1 항 제 1 호 및 제 2 호에 해당하는 자(이하 "주민소환투표청구권자"라
한다)는 해당 지방자치단체의 장 및 지방의회의원에 대하여 다음 각 호(1. 특별시장·광
역시장·도지사(이하 "시·도지사"라 한다): 당해 지방자치단체의 주민소환투표청구권자 총수의 100분의
10 이상, 2. 시장·군수·자치구의 구청장: 당해 지방자치단체의 주민소환투표청구권자 총수의 100분의
15 이상, 3. 지역선거구시·도의회의원(이하 "지역구시·도의원"이라 한다) 및 지역선거구자치구·시·군의
회의원(이하 "지역구자치구·시·군의원"이라 한다): 당해 지방의회의원의 선거구 안의 주민소환투표청구권

---

1) 김병기, "주민소송·주민투표·주민소환을 중심으로 한 주민참여법제 소고," 지방자치법연구, 통권
제31호, 57쪽; 김재호, "지방자치제도상 주민참여법제," 지방자치법연구, 통권 제32호, 227쪽; 김상
현, "주민소환투표 청구의 대상과 사유에 관한 연구," 지방자치법연구, 통권 제52호, 251쪽.
2) 고문현, "주민소환제의 바람직한 방향," 지방자치법연구, 통권 제11호, 155쪽; 한귀현, "주민참여
법제의 개선방안 연구," 한국법제연구원, 2003, 142쪽.

자 총수의 100분의 20 이상)에 해당하는 주민의 서명으로 그 소환사유를 서면에 구체적으로 명시하여 관할선거관리위원회에 주민소환투표의 실시를 청구할 수 있다(주소법 제 7 조 제 1 항). 청구권자의 수가 과도하므로 조정할 필요가 있다는 견해도 있다.[1] 헌법재판소는 하남시장주민소환사건에서 청구인이 주민소환투표 청구에 유권자의 100분의 15 이상의 서명을 요구하여 그 요건을 지나치게 가볍게 함으로써 청구인의 공무담임권을 침해한다는 주장에 대하여 "주민소환투표의 구체적인 요건을 설정하는 데 있어 입법자의 재량이 매우 크다 할 수 있고, 이 청구요건이 너무 낮아 남용될 위험이 크다는 의미에서 현저하게 자의적이라고 볼 수 없으며, 외국의 입법례에 비하여 낮은 수준이라고 단정하기도 어렵다"고 하였다.[2]

(2) 구역·지역별 청구권자의 수

(가) 시·도지사에 대한 주민소환투표　제 7 조 제 1 항의 규정에 의하여 시·도지사에 대한 주민소환투표를 청구함에 있어서 당해 지방자치단체 관할구역 안의 시·군·자치구 전체의 수가 3개 이상인 경우에는 3분의 1 이상의 시·군·자치구에서 각각 주민소환투표청구권자 총수의 1만분의 5 이상 1천분의 10 이하의 범위 안에서 대통령령이 정하는 수 이상의 서명을 받아야 한다. 다만, 당해 지방자치단체 관할 구역 안의 시·군·자치구 전체의 수가 2개인 경우에는 각각 주민소환투표청구권자 총수의 100분의 1 이상의 서명을 받아야 한다(주소법 제 7 조 제 2 항).

(나) 시장·군수·자치구의 구청장 및 지역구지방의회의원　제 1 항의 규정에 의하여 시장·군수·자치구의 구청장 및 지역구지방의회의원(지역구시·도의원과 지역구자치구·시·군의원을 말한다)에 대한 주민소환투표를 청구함에 있어서 당해 시장·군수·자치구의 구청장 및 당해 지역구지방의회의원 선거구 안의 읍·면·동 전체의 수가 3개 이상인 경우에는 3분의 1 이상의 읍·면·동에서 각각 주민소환투표청구권자 총수의 1만분의 5 이상 1천분의 10 이하의 범위 안에서 대통령령이 정하는 수 이상의 서명을 받아야 한다. 다만, 당해 시장·군수·자치구의 구청장 및 당해 지역구지방의회의원 선거구 안의 읍·면·동 전체의 수가 2개인 경우에는 각각 주민소환투표청구권자 총수의 100분의 1 이상의 서명을 받아야 한다(주소법 제 7 조 제 3 항).

(3) 청구의 방법과 상대방　주민소환투표의 청구는 제 7 조 제 2 항과 제 3 항

이 정하는 수의 주민의 서명으로 그 소환사유를 서면에 구체적으로 명시하여 관할선거관리위원회에 한다(주소법 제 7 조 제 1 항).

---

1) 이기우·하승수. 지방자치법. 129쪽.
2) 헌재 2009. 3. 26. 2007헌마843.

(4) 청구기간상 제한   제 7 조 제 1 항 내지 제 3 항의 규정에 불구하고, 다음
각 호(1. 선출직 지방공직자의 임기개시일부터 1년이 경과하지 아니한 때, 2. 선출직 지방공직자의 임기
만료일부터 1년 미만일 때, 3. 해당선출직 지방공직자에 대하 주민소환투표를 실시한 날부터 1년 이내인
때)의 어느 하나에 해당하는 때에는 주민소환투표의 실시를 청구할 수 없다(주소법 제
8조). 소환청구의 기간상 제한을 둔 것은 소환청구의 남용을 방지하여 지방자치행
정의 안정성을 확보하기 위한 것이다. 헌법재판소는 이러한 기간상의 제한을 합헌
으로 보고 있다.[1] 대상자의 임기가 4년임을 고려할 때, 1년의 제한기간은 장기이
므로 6월 정도로 줄일 필요가 있다는 견해가 있다.[2]

(5) 서명요청 활동   주민소환투표청구인대표자(이하 "소환청구인대표자"라 한다)와
서면에 의하여 소환청구인대표자로부터 서명요청권을 위임받은 자는 대통령령이
정하는 서명요청 활동기간 동안 주민소환투표의 청구사유가 기재되고 관할선거관
리위원회가 검인하여 교부한 주민소환투표청구인서명부(이하 "소환청구인서명부"라 한다)
를 사용하여 주민소환투표청구권자에게 서명할 것을 요청할 수 있다. 이 경우 제
10조의 규정에 따라 서명이 제한되는 기간은 서명요청 활동기간에 산입하지 아니
한다(주소법 제 9 조 제 1 항).

(6) 청구에 대한 처리

(가) 요건미비와 청구의 각하   관할선거관리위원회는 제27조 제 1 항의 규정에
의하여 준용되는 「주민투표법」 제12조 제 1 항의 규정에 의하여 소환청구인대표자
가 제출한 주민소환투표청구가 다음 각 호(1. 유효한 서명의 총수[제27조 제 1 항의 규정에 의
하여 준용되는 「주민투표법」 제12조 제 7 항의 규정에 의하여 보정을 요구한 때에는 그 보정된 서명을 포
함한다]가 제 7 조 제 1 항 내지 제 3 항의 규정에 의한 요건에 미달되는 경우, 2. 제 8 조의 규정에 의한
주민소환투표의 청구제한기간 이내에 청구한 경우, 3. 주민소환투표청구서(이하 "소환청구서"라 한다)와
소환청구인서명부가 제27조 제 1 항의 규정에 의하여 준용되는 「주민투표법」 제12조 제 1 항의 규정에 의
한 기간을 경과하여 제출된 경우, 4. 제27조 제 1 항의 규정에 의하여 준용되는 「주민투표법」 제12조 제
7 항의 규정에 의한 보정기간 이내에 보정하지 아니한 경우)의 어느 하나에 해당하는 경우에는
이를 각하하여야 한다. 이 경우 관할선거관리위원회는 소환청구인대표자에게 그
사유를 통지하고 이를 공표하여야 한다(주소법 제11조).

(나) 요건구비와 주민소환투표의 발의   ① 관할선거관리위원회는 제 7 조 제 1 항

---

1) 헌재 2009. 3. 26, 2007헌마843.
2) 고문현, "주민소환제의 바람직한 방향," 지방자치법연구, 통권 제11호, 167쪽; 이기우·하승수, 지
   방자치법, 129쪽.

내지 제 3 항의 규정에 의한 주민소환투표청구가 적법하다고 인정하는 경우에는 지체 없이 그 요지를 공표하고, 소환청구인대표자 및 해당선출직 지방공직자에게 그 사실을 통지하여야 한다(주소법 제12조 제 1 항). ② 관할선거관리위원회는 제 1 항의 규정에 따른 통지를 받은 선출직 지방공직자(이하 "주민소환투표대상자"라 한다)에 대한 주민소환투표를 발의하고자 하는 때에는 제14조 제 2 항의 규정에 의한 주민소환투표대상자의 소명요지 또는 소명서 제출기간이 경과한 날부터 7일 이내에 주민소환투표일과 주민소환투표안(소환청구서 요지를 포함한다)을 공고하여 주민소환투표를 발의하여야 한다(주소법 제12조 제 2 항).[1]

(다) **주민소환투표공보**   ① 관할선거관리위원회는 주민소환투표안의 내용, 주민소환투표에 부쳐진 사항에 관한 의견과 그 이유, 투표절차 및 그 밖에 필요한 사항을 게재한 책자형 주민소환투표공보를 1회 이상 발행하여야 한다(주소법 제12조의2 제 1 항).

(7) **청구사유**   주민소환에 관한 법률에서는 주민소환투표의 청구사유에 관해 언급하는 바가 없다. 주민소환사유가 법정화되어 있지 않은 것은 입법미비라는 견해가 있다.[2] 그러나 우리의 주민소환제도를 공직자의 정치적 책임을 묻는 제도라고 이해할 때,[3] 주민소환투표의 청구사유에 제한을 두고 있지 아니한 것은 타당하다고 본다.[4] 헌법재판소의 입장도 같다.[5] 한편, 정치적 절차로서 판단되지 않도록 적어도 중대한 직무위반, 범죄관련 사항을 명시하고 구체적 경우 위반 정도에 대한 한계를 엄격하게 인정하도록 하여 법적 절차로서의 성격을 인정할 필요가 있다는 견해도 있다.[6]

---

1) 일설은 주민투표의 발의(주민발안)와 주민투표의 관계는 ① 주민발안과 별도로 주민투표실시권한이 배타적으로 의회에 귀속되는 형(스웨덴, 포르투갈 등), ② 주민발안을 전제로 하되 주민투표실시여부에 관한 결정권한이 의회에 귀속되는 형(핀란드, 스페인, 프랑스), ③ 요건을 갖춘 주민발안이 있으면 자동적·의무적으로 주민투표를 실시하는 형, ④ 주민발안과 별도로 혹은 병행·복합적으로 주민투표가 의무적으로 실시되는 조건이나 사항을 법률로 규정하고 있는 형(이탈리아, 독일, 스위스의 일부 칸톤, 우리나라 등)으로 구분하기도 한다(최봉석, "주민발안의 법리와 법제," 지방자치법연구, 통권 제11호, 185쪽).
2) 이 견해는 그 이유로 헌법 제65조가 대통령탄핵의 탄핵사유로 "그 직무집행에 있어서 헌법이나 법률을 위배한 때"라고 규정하고 있는데, 그보다 덜 중요한 직책이라고 볼 수 있는 지방자치단체장 등의 경우에 그 소환사유를 법정화할 수 없다고 볼 수는 없기 때문이라 한다(최정일, 행정법 II, 107쪽). 그러나 주민소환은 의사결정의 주체가 주민이지만, 탄핵의 경우에는 국민이 아니라 국회와 헌법재판소가 의사결정의 주체이므로 양자를 동일선상에서 비교하는 것은 문제가 있다.
3) 최봉석, "주민참여법제의 현황과 개선과제," 지방자치법연구, 통권 제12호, 105쪽.
4) 김상현, "주민소환투표 청구의 대상과 사유에 관한 연구," 지방자치법연구, 통권 제52호, 265쪽; 이기우·하승수, 지방자치법, 120쪽.
5) 헌재 2009. 3. 26, 2007헌마843.
6) 김재호, "지방자치제도상 주민참여법제," 지방자치법연구, 통권 제32호, 226쪽.

6. 주민소환투표의 실시

(1) 실시기한   주민소환투표일은 제12조 제 2 항의 규정에 의한 공고일부터 20일 이상 30일 이하의 범위 안에서 관할선거관리위원회가 정한다. 다만, 주민소환투표대상자가 자진사퇴, 피선거권 상실 또는 사망 등으로 궐위된 때에는 주민소환투표를 실시하지 아니한다(주소법 제13조 제 1 항).

(2) 병합실시·동시실시   제12조 제 2 항의 규정에 의한 주민소환투표 공고일 이후 90일 이내에 다음 각 호(1. 「주민투표법」에 의한 주민투표, 2. 「공직선거법」에 의한 선거·재선거 및 보궐선거(대통령 및 국회의원 선거를 제외한다), 3. 동일 또는 다른 선출직 지방공직자에 대한 주민소환투표)의 어느 하나에 해당하는 투표 또는 선거가 있을 때에는 제 1 항의 규정에 불구하고 주민소환투표를 그에 병합하거나 동시에 실시할 수 있다(주소법 제13조 제 2 항).

(3) 소명기회의 보장   관할선거관리위원회는 제 7 조 제 1 항 내지 제 3 항의 규정에 의한 주민소환투표청구가 적법하다고 인정하는 때에는 지체 없이 주민소환투표대상자에게 서면으로 소명할 것을 요청하여야 한다(주소법 제14조 제 1 항). 제 1 항의 규정에 의하여 소명요청을 받은 주민소환투표대상자는 그 요청을 받은 날부터 20일 이내에 500자 이내의 소명요지와 소명서(필요한 자료를 기재한 소명자료를 포함한다)를 관할선거관리위원회에 제출하여야 한다. 이 경우 소명서 또는 소명요지를 제출하지 아니한 때에는 소명이 없는 것으로 본다(주소법 제14조 제 2 항). 제12조 제 2 항의 규정에 의하여 주민소환투표일과 주민소환투표안을 공고하는 때에는 제 2 항의 규정에 의한 소명요지를 함께 공고하여야 한다(주소법 제14조 제 3 항).

(4) 주민소환투표의 형식   주민소환투표는 찬성 또는 반대를 선택하는 형식으로 실시한다(주소법 제15조 제 1 항). 지방자치단체의 동일 관할 구역에 2인 이상의 주민소환투표대상자가 있을 때에는 관할선거관리위원회는 하나의 투표용지에 그 대상자별로 제 1 항의 규정에 의한 형식으로 주민소환투표를 실시할 수 있다(주소법 제15조 제 2 항).

7. 주민소환투표운동

(1) 의 의   이 법에서 "주민소환투표운동"이라 함은 주민소환투표에 부쳐지거나 부쳐질 사항에 관하여 찬성 또는 반대하는 행위를 말한다. 다만, 다음 각 호(1. 주민소환투표에 부쳐지거나 부쳐질 사항에 관한 단순한 의견개진 및 의사표시, 2. 주민소환투표운동에

관한 준비행위)의 어느 하나에 해당하는 행위는 주민소환투표운동으로 보지 아니한다 (주소법 제17조).

(2) **주민소환투표운동의 기간**   주민소환투표운동은 제12조 제 2 항의 규정에 의한 주민소환투표 공고일의 다음 날부터 투표일 전일까지(이하 "주민소환투표운동기간" 이라 한다) 할 수 있다(주소법 제18조 제 1 항). 제 1 항의 규정에 불구하고, 제13조 제 2 항 의 규정에 의하여 주민소환투표가 실시될 경우의 주민소환투표운동기간은 주민소 환투표일 전 25일부터 투표일 전일까지로 한다(주소법 제18조 제 2 항).

(3) **주민소환투표운동을 할 수 없는 자**   「공직선거법」 제60조 제 1 항 각 호 의 어느 하나에 해당하는 자는 주민소환투표운동을 할 수 없다. 다만, 당해 주민소 환투표대상자는 그러하지 아니하다(주소법 제18조 제 3 항).

(4) **주민소환투표운동의 방법**   주민소환에 관한 법률 제19조와 제20조가 주 민소환투표운동의 방법을 규정하고 있다. 동 조항은 공직선거법상 선거운동에 관 한 여러 규정의 준용을 규정하고 있다.

8. 주민소환투표의 효력

(1) **주민소환투표안의 공고와 권한행사의 정지 · 대행**   ① 주민소환투표대상자 는 관할선거관리위원회가 제12조 제 2 항의 규정에 의하여 주민소환투표안을 공고 한 때부터 제22조 제 3 항의 규정에 의하여 주민소환투표결과를 공표할 때까지 그 권한행사가 정지된다(주소법 제21조 제 1 항). 이러한 권한정지는 다수의 의사로 결정하 기 전에 소수의 서명만으로 행정의 공백을 초래할 수 있어 바람직하지 않다는 견 해도 있다.[1] 그러나 사유에 따라서는 바람직하지 않다고 보기 어려운 경우도 있을 것이다.[2] ② 제 1 항의 규정에 의하여 지방자치단체의 장의 권한이 정지된 경우에 는 부지사 · 부시장 · 부군수 · 부구청장(이하 "부단체장"이라 한다)이 「지방자치법」 제124 조 제 4 항의 규정을 준용하여 그 권한을 대행하고, 부단체장이 권한을 대행할 수 없는 경우에는 「지방자치법」 제124조 제 5 항의 규정을 준용하여 그 권한을 대행 한다(주소법 제21조 제 2 항). 헌법재판소는 이러한 권한행사의 정지 및 권한대행의 제

---

[1] 이기우 · 하승수, 지방자치법, 130쪽.

[2] 일설은 소수(100분의 10 내지 20)의 유권자의 발의로, 대부분 이보다 많은 득표율로 선출된 공직 자의 권한을 정지시키는 것은 문제가 있는바, 이의 해소를 위해 ① 권한정지에 관한 규정을 삭제하 는 방법, ② 청구사유를 법정화하고 청구사유별로 실질적 심사에 의해 권한정지의 가부를 정하는 방 법, ③ 지방의회가 소환투표 대상자의 권한정지 가부를 정하는 방법을 생각할 수 있는데, 이 중에서 ③의 방법이 보다 타당하다는 견해를 제시한다(김상현, "주민소환투표 대상자의 권한행사 정지에 관 한 연구," 지방자치법연구, 통권 제46호, 235-236쪽).

도를 합헌으로 보고 있다.[1]

　(2) 의정활동보고의 금지　제21조 제 1 항의 규정에 따라 권한행사가 정지된 지방의회의원은 그 정지기간 동안 「공직선거법」 제111조의 규정에 의한 의정활동보고를 할 수 없다. 다만, 인터넷에 의정활동보고서를 게재할 수는 있다(주소법 제21조 제 3 항).

　(3) 주민소환투표결과의 확정　주민소환은 제 3 조의 규정에 의한 주민소환투표권자(이하 "주민소환투표권자"라 한다) 총수의 3분의 1 이상의 투표와 유효투표 총수 과반수의 찬성으로 확정된다(주소법 제22조 제 1 항). 주민소환투표 결과의 확정요건과 관련하여 헌법재판소는 "객관적으로 볼 때 그 요건이 너무 낮아 주민소환의 확정이 아주 형식적으로 쉽게 이루어질 수 있는 정도라고 보기 어렵고, 외국의 입법례에 비하여도 이를 지나치게 낮은 수준이라고 보기도 어렵다"고 한다.[2] 한편, 전체 주민소환투표자의 수가 주민소환투표권자 총수의 3분의 1에 미달하는 때에는 개표를 하지 아니한다(주소법 제22조 제 2 항).

　(4) 주민소환투표결과의 통지　관할선거관리위원회는 개표가 끝난 때에는 지체 없이 그 결과를 공표한 후 소환청구인대표자, 주민소환투표대상자, 관계중앙행정기관의 장, 당해 지방자치단체의 장(지방자치단체의 장이 주민소환투표대상자인 경우에는 제21조 제 2 항의 규정에 의하여 권한을 대행하는 당해 지방자치단체의 부단체장 등을 말한다) 및 당해 지방의회의 의장(지방의회의원이 주민소환투표대상자인 경우에 한하며, 지방의회의 의장이 주민소환투표대상자인 경우에는 당해 지방의회의 부의장을 말한다)에게 통지하여야 한다. 제 2 항의 규정에 의하여 개표를 하지 아니한 때에도 또한 같다(주소법 제22조 제 3 항).

　(5) 주민소환투표의 효력　제22조 제 1 항의 규정에 의하여 주민소환이 확정된 때에는 주민소환투표대상자는 그 결과가 공표된 시점부터 그 직을 상실한다(주소법 제23조 제 1 항). 제1 항의 규정에 의하여 그 직을 상실한 자는 그로 인하여 실시하는 이 법 또는 「공직선거법」에 의한 해당보궐선거에 후보자로 등록할 수 없다(주소법 제23조 제 2 항).

9. 주민소환투표쟁송

　(1) 소 청　주민소환투표의 효력에 관하여 이의가 있는 해당 주민소환투표대상자 또는 주민소환투표권자(주민소환투표권자 총수의 100분의 1 이상의 서명을 받아야 한다)는

---

1) 헌재 2009. 3. 26, 2007헌마843.
2) 헌재 2009. 3. 26, 2007헌마843.

제22조 제 3 항의 규정에 의하여 주민소환투표결과가 공표된 날부터 14일 이내에 관할선거관리위원회 위원장을 피소청인으로 하여 지역구시·도의원, 지역구자치구·시·군의원 또는 시장·군수·자치구의 구청장을 대상으로 한 주민소환투표에 있어서는 특별시·광역시·도선거관리위원회에, 시·도지사를 대상으로 한 주민소환투표에 있어서는 중앙선거관리위원회에 소청할 수 있다(주소법 제24조 제 1 항).

  (2) 행정소송   제24조 제 1 항의 규정에 따른 소청에 대한 결정에 관하여 불복이 있는 소청인은 관할선거관리위원회 위원장을 피고로 하여 그 결정서를 받은 날(결정서를 받지 못한 때에는 「공직선거법」 제220조 제 1 항의 규정에 의한 결정기간이 종료된 날을 말한다)부터 10일 이내에 지역구시·도의원, 지역구자치구·시·군의원 또는 시장·군수·자치구의 구청장을 대상으로 한 주민소환투표에 있어서는 그 선거구를 관할하는 고등법원에, 시·도지사를 대상으로 한 주민소환투표에 있어서는 대법원에 소를 제기할 수 있다(주소법 제24조 제 2 항).

  (3) 준용규정   주민소환투표에 관한 소청 및 소송의 절차에 관하여는 이 법에 규정된 사항을 제외하고는 「공직선거법」 제219조 내지 제229조의 규정 중 지방자치단체의 장 및 지방의회의원에 관한 규정을 준용한다(주소법 제24조 제 3 항).

10. 주민소환투표의 관리경비

  주민소환투표사무의 관리에 필요한 다음 각 호(1. 주민소환투표의 준비·관리 및 실시에 필요한 비용, 2. 주민소환투표공보의 발행, 토론회 등의 개최 및 불법 주민소환투표운동의 단속에 필요한 경비, 3. 주민소환투표에 관한 소청 및 소송과 관련된 경비, 4. 주민소환투표결과에 대한 자료의 정리, 그 밖에 주민소환투표사무의 관리를 위한 관할선거관리위원회의 운영 및 사무처리에 필요한 경비)의 비용은 당해 지방자치단체가 부담하되, 소환청구인대표자 및 주민소환투표대상자가 주민소환투표운동을 위하여 지출한 비용은 각자 부담한다(주소법 제26조 제 1 항). 지방자치단체는 제 1 항의 규정에 의한 경비를 주민소환투표 발의일부터 5일 이내에 관할선거관리위원회에 납부하여야 한다(주소법 제26조 제 2 항).

XI. 청 원 권

1. 의 미

  주민이 지방의회에 청원을 할 수 있는 권리를 청원권이라 한다. 주민은 지방의

회에 청원할 수 있다(지자법 제85조). 이에 따라 주민은 지방의회에 청원을 할 수 있는
권리인 청원권을 갖는다. 주민의 청원권은 헌법상 보장되는 기본권의 하나이다(헌법
제26조). 청원권은 개인의 주관적인 이익이나 객관적인 공익을 위해서도 행사될 수
있는 권리이다. 다만 후자의 경우와 관련하여 볼 때, 청원권의 행사가 주민공동결
정제도에 비하여 그 효과가 미약한 것은 사실이다. 그러나 다수 주민의 공동의 청
원은 주민공동결정제도에 접근하는 효과를 가져올 수도 있다. 여기의 주민에는 외
국인도 포함된다.

2. 관련법령

청원에 관한 현행의 법체계는 헌법 제26조를 기본법으로 하고, 일반법으로서
청원법, 특별법으로서 국회법(제123조부터 제126조)과 지방자치법(제85조부터 제88조)으로
구성되어 있다. 지방자치단체의 집행기관을 포함하여 일반 행정기관에 대한 청원
은 청원법에 의하고, 지방의회에 관한 청원은 지방자치법에 의한다. 청원법은 일반
법의 성격을 가지는바, 지방자치법에 규정이 없는 사항은 성질이 허용하는 범위에
서 청원법이 보충 적용된다.

3. 청원방법

지방의회에 청원을 하려는 자는 지방의회의원의 소개를 받아 청원서를 제출하
여야 한다(지자법 제85조 제 1 항). 지방자치법은 지방의회에 청원을 하고자 할 때에 반드
시 지방의회 의원의 소개를 얻도록 하고 있으나,[1] 헌법재판소는 이를 헌법위반으로
보지 아니한다.[2] 생각건대 무분별한 청원 내지 청원의 남용을 방지하는 장치를 마련
하는 전제하에 지방의회의원의 소개를 얻도록 한 현재의 제도를 개선할 필요는 있
다. 하여간 여기서 지방의회의원의 소개라 함은 소개의원이 찬성의 의사를 표하는
것은 아니고 청원사항의 처리절차상 필요한 과정으로서 청원내용에 반대하는 의원
도 소개할 수 있다는 견해도 있다.[3] 실제상 청원내용에 반대하는 의원이 소개하
는 경우는 기대하기 어려울 것이다. 한편, 청원서에는 청원자의 성명(법인인 경우에는
그 명칭과 대표자의 성명) 및 주소를 적고 서명·날인하여야 한다(지자법 제85조 제 2 항).

---

1) 백종인, "지방분권강화를 위한 법적 과제," 지방자치법연구, 통권 제 5 호, 55쪽.
2) 헌재 1999. 11. 25, 97헌마54.
3) 김종보, 지방자치법주해, 338쪽.

4. 청원사항

지방의회에 대한 청원사항에는 제한이 없다. 재판에 간섭하거나 법령에 위배되는 내용의 청원은 수리하지 아니한다(지자법 제86조). 일반법인 청원법 제 6 조(청원 처리의 예외)가 정하는 사항도 청원대상이 아니다. 과거에 지방의회의 권한에 속하는 법령의 개폐를 청구하는 청원은 현행 법령에 어긋나는 내용일지라도 수리하여야 한다는 견해가 있었으나,1) 현행법상으로는 지방자치법 제19조(조례의 제정과 개정·폐지 청구)와 제20조(규칙의 제정과 개정·폐지 의견 제출)로 인해 이러한 견해의 의미는 약화되었다.

5. 청원의 심사기관

(1) 관할기관   지방의회의 의장은 청원서를 접수하면 소관 위원회나 본회의에 회부히여 심사를 하게 한다(지자법 제87조 제 1 항). 청원을 소개한 지방의회의원은 소관 위원회나 본회의가 요구하면 청원의 취지를 설명하여야 한다(지자법 제87조 제 2 항).

(2) 제척제도의 적용   지방의회의 청원심사에도 제척제도가 적용되어야 할 것이다. 즉 청원과 직접 이해관계가 있거나 공정을 기할 수 없는 현저한 사유가 있는 의원은 그 청원의 심사와 의결에 참여할 수 없어야 한다(서울특별시의회 청원 운영규칙 제 8 조 참조).

6. 심사의 결과

(1) 통지와 이송   ① 위원회가 청원을 심사하여 본회의에 부칠 필요가 없다고 결정하면 그 처리 결과를 지방의회의 의장에게 보고하고, 지방의회의 의장은 청원한 자에게 알려야 한다(지자법 제87조 제 3 항). ② 지방의회가 채택한 청원으로서 그 지방자치단체의 장이 처리하는 것이 타당하다고 인정되는 청원은 의견서를 첨부하여 지방자치단체의 장에게 이송한다(지자법 제88조 제 1 항). 지방자치단체의 장은 제 1 항의 청원을 처리하고 그 처리결과를 지체 없이 지방의회에 보고하여야 한다(지자법 제88조 제 2 항).

(2) 심사결과통지의 성질   헌법재판소는 청원의 통지는 헌법소원의 대상인 공권력의 행사가 아니라고 하였다.2)

---

1) 김종보, 지방자치법주해, 340쪽.
2) 헌재 2000. 10. 25, 99헌마458.

7. 이의제도

청원이 접수되지 아니하는 경우에는 이의제도가 필요하다. 지방자치법에는 이에 관한 규정이 없다. 시행령으로 지방자치단체의 의회가 이의신청절차를 정하도록 규정하는 것도 의미가 있을 것이다.

XII. 기 타

1. 지방자치법상 권리

주민은 지방의회 방청권(지자법 제69조 제 1 항)과 지방의회 회의록의 열람권(지자법 제84조 제 4 항)도 갖는다. 그러나 판례는 주민이 지방의회 본회의 또는 위원회의 안건심의 중 참고인 등의 자격이 아닌 방청인으로서 안건에 관하여 발언하는 것은 허용되지 아니하는 것으로 보았다.[1] 한편, 1988년 5월에 전부 개정되기 전의 지방자치법에서 규정되었던 소청과 소송제도를[2] 오늘날에 적합하게 재도입하는 것도 검토할 필요가 있다.

2. 다른 법률상 권리

위에서 살펴본 것 이외에도, 주민은 지방자치단체의 부당·위법한 처분에 대하여 행정심판법에 따른 행정심판청구권을 가지며(행심법 제3 조 제 1 항),[3] 지방자치단체에 소속된 공무원의 위법한 직무집행 등으로 인하여 손해를 입은 주민은 국가배상법에 따라 손해배상청구권을 가지고(국배법 제 2 조, 제 5 조),[4] 지방자치단체의 토지수용에 대해서는 공익사업을 위한 토지 등의 취득 및 보상에 관한 법률에 따른 손실보상청구권(공토법 제 9 조 제 4 항, 제12조 제 4 항, 제40조 제 1 항) 등을 가진다.[5]

---

1) 대판 1993. 2. 26, 92추109. 그러나 ① 참고인·증인·청원인의 자격으로서 발언하는 것과 방청인으로서 발언하는 것이 반드시 동일한 것이라고는 할 수 없고, ② 특히 시·군·구는 주민의 복지단체·행정단체이어서 그 구성부분인 시·군·구의회에 국회의 경우와 달리 의회대표제원리를 강조할 필요는 없고, ③ 지방자치의 영역에서는 주민의 자발적인 참여가 특히 중요한 문제인바, 주민참여의 폭과 질을 제고시킨다는 의미에서 방청인의 발언제도를 새로운 형태로 이해하고 발전시켜 나아갈 필요가 있다고 본다(졸고, 판례평석, "주민발언권을 허용하는 지방의회회의규칙의 정당여부," 법률신문, 1993. 5. 24).

2) 구법의 내용에 관해 본서, 348쪽 각주 2) 참조.

3) 대판 1997. 3. 28, 96추60. 그리고 최승원, "지방자치와 온라인 행정심판," 지방자치법연구, 통권 제40호, 201쪽 이하 및 졸저, 행정법원론(상)(제29판), 옆번호 2039 이하 참조.

4) 졸저, 행정법원론(상)(제29판), 옆번호 1494 이하 참조.

5) 졸저, 행정법원론(상)(제29판), 옆번호 1548 이하 참조.

3. 행정사무지원청구권

입법례에 따라서는 주민에게 지방자치단체에 대한 행정사무지원청구권을 규정하기도 한다. 말하자면, 행정절차의 도입시에 행정력의 범위 안에서 주민을 도울 것을 규정하기도 하고,[1] 다른 행정청에서 사용되는 각종 신청서나 신고서 등의 서식도 마련할 것을 명시적으로 규정하기도 한다.[2]

제 3 항 주민의 의무

1. 비용분담의무

주민은 법령으로 정하는 바에 따라 소속 지방자치단체의 비용을 분담하여야 하는 의무를 진다(지자법 제27조). 비용분담의무는 공과금납부의무를 의미한다. 공과금에는 지방세, 분담금, 수수료, 사용료 등이 있다. 이러한 의무들은 통상 그에 대립되는 권리를 갖는 것은 아닌바, 이를 특징적으로 표현하기 위하여 부담(Lasten)이라 부르기도 한다.[3]

납부의무 유형		
종 류	근거 법령	비 고
지방세 납부의무	지방자치법 제152조, 지방세법 등	세금
사용료 납부의무	지방자치법 제153조, 조례 등	공공시설 이용대가
수수료 납부의무	지방자치법 제154조, 조례 등	행정서비스 대가
분담금 납부의무	지방자치법 제155조, 조례 등	수익의 분담

2. 노력·물품제공의무

주민은 노력제공의무·물품제공의무 등을 진다. 이러한 의무의 예로 명예직활동(예: 선거사무지원) 또는 경찰상 긴급처분(예: 농어업재해대책법 제 7 조(응급조치) ① 지방자치단체의 장은 재해가 발생하거나 발생할 우려가 있어 응급조치가 필요할 경우에는 당해 지역의 주민을 응급

---

1) Niedersachsen 게마인데법 제22e조 제 1 항.
2) Niedersachsen 게마인데법 제22e조 제 2 항.
3) Seewald, Kommunalrecht, in: Steiner(Hg.), Besonderes Verwaltungsrecht, Rn. 165.

조치에 종사하게 할 수 있으며, 그 지역의 토지·가옥·시설 또는 물자를 사용 또는 수용하거나 이를 제거할 수 있다)을 볼 수 있다.

3. 자치법규준수의무

주민이 자치법규를 준수하여야 함은 주민의 당연한 의무이다. 자치법규준수의무의 위반이나 불이행이 있게 되면, 행정벌이나 행정상의 강제 등이 따르게 된다(지자법 제34조 참조).

제 4 항   주민참여

Ⅰ. 주민참여의 관념

1. 주민참여의 개념

주민참여의 개념을 정의하는 규정은 찾아볼 수 없고, 학자들은 다양하게 정의하고 있다.[1] 주민참여의 개념은 넓게는 지방자치단체의 의사의 결정과 집행에 직접적 또는 간접적으로 영향을 미치는 주민의 활동이라 정의할 수 있고, 좁게는 지방자치단체의 의사의 결정(예: 주민투표)과 통제(예: 주민소송)에 직접적으로 참가하는 것이라 정의할 수도 있다. 이 책에서는 주민참여를 넓은 의미로 사용하기로 한다.

2. 주민참여의 필요성

주민의 참여문제는 자치행정의 위기문제와 관련하여 논의되고 있다. 주민의 참여는 지방자치행정의 민주화, 사권의 보장, 행정의 합리화의 기능을 갖는다고 설명되기도 한다.[2] 주민의 참여를 위한 제도들은 직접민주주의를 위한 것이다.[3] 그것은 대표민주주의의 보완을 위한 발전책이다. 만약 지방자치단체의 모든 문제를 주민의 직접적인 공동결정에 의존하게 한다면, 그것은 바로 직접민주주의를 뜻할 것이다. 그러나 "지방자치단체에는 의회를 둔다"는 헌법 제118조 제 1 항에 비추어 지방자치 행정영역에서 이러한 의미의 완전한 직접민주주의의 실현은 현실적으로

---

1) 이헌석, "주민참여와 조례의 과제," 지방자치법연구, 통권 제16호, 235쪽; 이관행, "주민참여예산 제도에 관한 연구," 지방자치법연구, 통권 제19호, 237쪽; 최봉기, 지방자치론, 498쪽.
2) 이상규, 신행정법론(하), 124쪽.
3) 이기우·하승수, 지방자치법, 90쪽.

불가능하다. 지방자치행정은 지방자치단체의 사무에 대한 주민의 효과적인 참여를 가능하게 하는 것이어야 한다.[1] 따라서 주민의 협력가능성의 보장은 지방자치법의 중요한 연구대상이다.[2]

3. 주민참여의 기능

주민참여의 의미는 ① 공동체의 운명에 대하여 주민이 책임을 부담하고, ② 지방자치단체에 대한 주민의 관심을 제고시키고, ③ 행정의 관료적인 경직성과 독립성의 경향에 예방적으로 작용하고, ④ 지방자치단체의 정치적 의사형성의 연원으로서 기능하는 데에 있다.[3] 지방자치단체의 의사형성에 주민이 참여한다는 것은 자치행정의 결정적인 요소이다.[4]

4. 주민참여의 전제로서 정보공개

주민참여가 인정된다고 하여도, 주민이 효과적으로 소속 지방자치단체의 행정에 참여하기 위해서는 무엇보다도 사전의 정보제공이 중요하다.[5] 이와 관련하여 지방자치단체는 사무처리의 투명성을 높이기 위하여 「공공기관의 정보공개에 관한 법률」에서 정하는 바에 따라 지방의회의 의정활동, 집행기관의 조직, 재무 등 지방자치에 관한 정보(이하 "지방자치정보"라 한다)를 주민에게 공개하여야 한다(지자법 제26조 제 1 항). 행정안전부장관은 주민의 지방자치정보에 대한 접근성을 높이기 위하여 이 법 또는 다른 법령에 따라 공개된 지방자치정보를 체계적으로 수집하고 주민에게 제공하기 위한 정보공개시스템을 구축·운영할 수 있다(지자법 제26조 제 2 항).

II. 헌법적 보장

1. 헌법적 근거

지방자치영역에서 주민의 직접적인 참여는 지방자치의 차원에서 직접민주주의의 도입을 의미한다. 즉 그것은 의회에 놓이는 결정권능을 주민에 이전하는 것을

---

1) BVerfGE 79, 127, 150.
2) [관련논문] 신옥주, "지방자치이념의 실현을 위하여 중요한 영향을 미치는 원전사업에 대한 주민참여보장의 필요성," 지방자치법연구, 통권 제51호, 192쪽 이하; 박인수, 지방자치와 주민참여법제 강화방안," 지방자치법연구, 통권 제 3 호, 87쪽 이하.
3) Kühne/Meissner, Züge unmittelbarer Demokratie in der Gemeindeverfassung, S. 165ff.
4) T.I.Schmidt, Kommunalrecht(2. Aufl.), §16, Rn. 557.
5) 손진상, "지방자치와 주민참여법제에 대한 토론," 지방자치법연구, 통권 제12호, 153쪽.

의미한다. 우리 헌법상으로는 주민의 직접참여에 관한 명시적인 규정이 없다.1) 그
러나 헌법상 국민주권주의·민주주의, 그리고 기본권보장의 원리에 비추어 입법자
의 결단에 따라 도입할 수 있음은 물론이다.2) 지방자치권의 실현정도나 보장수준
을 입법자가 결정하도록 하는 현행 헌법은 문제가 있다는 전제 하에 직접적 기속
적인 주민참여를 위한 주민투표, 주민소환 및 주민발안의 헌법적 근거 마련이 필요
하다는 견해도 있다.3)

2. 대표제와의 관계

(1) 인정가능성   헌법 제118조 제 1 항은 "지방자치단체에 의회를 둔다"고 규
정하고 있다. 지방자치단체에 의회를 두는 것은 지방자치단체의 의사결정은 지방
의회가 한다는 것을 의미한다. 여기서 지방자치단체의 의사를 주민이 직접 결정하
는 방식의 주민참여가 헌법 제118조 제 1 항과의 관계에서 허용될 것인가의 문제
가 발생한다. 생각건대 지방자치단체에 지방의회를 두는 취지에 본질적인 침해를
가하지 않는 범위 내에서 직접적 주민참여는 가능하다고 볼 것이다.

(2) 대표제와의 조화   기술한 바와 같이 주민의 지방자치행정에의 직접적인
참여는 직접민주주의 형식으로서 지방자치제도의 전통적인 형태인 대표민주주의
와 충돌할 가능성을 갖는다. 여기에 양자의 조화가 중요한 문제로 나타난다. 이
와 관련하여 "종전과 마찬가지로 지방자치단체의 조직의 특징적인 요소인 대표
민주주의와 직접민주주의의 요소의 결합은 지방자치단체의 활동가능성을 보장하
는 방식으로 이루어져야 한다"는 독일의 Bayern 헌법재판소의 지적을 유념할 필
요가 있다.4)

---

1) 독일 기본법 제28조 제 1 항 제 4 문[In Gemeinden kann an die Stelle einer gewählten Kör-
   perschaft die Gemeindeversammlung treten(게마인데에는 주민에 의해 선출된 기관 대신에 주민
   총회를 둘 수 있다)]은 직접적인 주민참여를 예정하고 있다. 독일의 경우, 대략 1970년대부터 란트입
   법자들은 직접 민주주의의 요소를 지방자치법에 규정하기 시작하였다. 지방자치법에 직접민주주의
   요소를 규정한다는 것은 이중의 기능을 갖는다. 하나는, 규정 그 자체의 존재로 대표기관을 강제하
   는 예방적 효과를 갖는다는 점이고, 또 하나는, 예방적 효과만으로 불충분한 경우에 주민이 직접 결
   정을 한다는 점이다.
2) 조성규, "지방자치단체의 책임성 제고수단으로서 주민소송제도의 의의와 한계," 지방자치법연구,
   통권 제16호, 260쪽.
3) [관련논문] 신옥주, "지방자치이념의 실현을 위하여 중요한 영향을 미치는 원전사업에 대한 주민참
   여보장의 필요성," 지방자치법연구, 통권 제51호, 208쪽.
4) BayVerfGH, DVBl. 1998, 136(137), Meyer, Kommunalrecht, Rn. 219(S. 142) 참조.

Ⅲ. 주민참여의 유형1)

1. 지방자치법상 유형

이미 본 바와 같이 현행 지방자치법은 직접적인 참여방법으로 지방자치단체 정책의 결정·집행 과정에 참여할 권리(지자법 제17조 제 1 항), 지방선거에 참여(지자법 제17조 제 3 항), 주민투표참여(지자법 제18조 제 1 항), 주민소송(지자법 제22조 제 1 항), 주민소환(지자법 제25조), 간접적인 참여방법으로 조례의 제정과 개폐청구(지자법 제19조 제 1 항), 규칙의 제정·개정·폐지 관련 의견제출(지자법 제20조 제 1 항), 주민의 감사청구(지자법 제21조 제 1 항) 등을 규정하고 있다.2)

각종 주민참여제도 시행 연도		
제 도 명	시행연도(근거법률)	참 고
조례의 제정 및 개폐청구제도	2000년(지방자치법)	1999년(지방자치법에 신설)
주민감사청구제도	2000년(지방자치법)	1999년(지방자치법에 신설)
주민투표제도	2004년(주민투표법)	1994년(지방자치법에 주민투표법 제정근거 신설)
주민소송제도	2005년(지방자치법)	2005년(지방자치법에 신설)
주민소환제도	2007년(주민소환에 관한 법률)	2006년(주민소환에 관한 법률 제정) 2006년(지방자치법에 주민소환에 관한 법률 제정근거 신설)

1) 일설은 주민참여의 형태를 다음과 같이 구분한다(이기우, 지방자치이론, 77쪽).

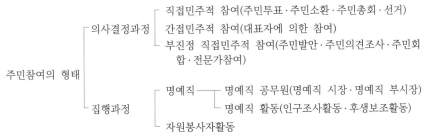

2) [관련논문] 백종인, "한국의 지방자치제도 개혁과 주민직접참여제도," 지방자치법연구, 통권 제43호, 307쪽 이하 참조; 김태호, "지방자치 주민직접참여와 더 많은 민주주의―법제도 개선의 쟁점과 방향성―," 지방자치법연구, 통권 제56호, 31쪽 이하; 최우용, "주민참여의 방법과 인권―일본의 주민참여제도와 시민자치론을 중심으로―," 지방자치법연구, 통권 제56호, 61쪽 이하.

정책결정집행과정 참여	2022(지방자치법)	2022년(지방자치법에 신설)
규칙의 제정·개정·폐지 의견 제출제도	2022(지방자치법)	2022년(지방자치법에 신설)

2. 지방재정법상 주민참여예산제도

(1) 의 의   지방재정법은 "지방자치단체의 장은 대통령령으로 정하는 바에 따라 지방예산 편성 등 예산과정(「지방자치법」 제47조에 따른 지방의회의 의결사항은 제외한다. 이하 이 조에서 같다)에 주민이 참여할 수 있는 제도(이하 이 조에서 "주민참여예산제도"라 한다)를 마련하여 시행하여야 한다(지정법 제39조 제1항)"고 규정하여 지방예산 편성 과정에 주민참여를 규정하고 있다. 이것을 주민참여예산제라 부르기도 한다. 주민참여예산제의 목적으로 주민자치의 구현, 재정민주주의의 구현, 참여를 통한 부패의 방지, 세원확보 및 납세의사의 향상 등이 언급된다.[1]

(2) 성 격   주민참여예산제를 간접민주주의인 대의제를 보완하기 위한 법제도로 보는 견해도 있고,[2] 직접민주주의제도의 구체화로 보는 견해도 있으나,[3] 대의제의 보완이 직접민주제의 보완임을 고려한다면, 양자의 시각에 근본적인 차이가 있다고 볼 것은 아니다.

(3) 의무적 시행   2005년 지방재정법에 주민참여예산제가 도입될 때에는 주민참여예산제가 임의적인 제도였으나, 2011년 9월 개정 지방재정법에서 의무적인 것으로 바뀌었다. 따라서 모든 지방자치단체는 대통령령으로 정하는 바에 따라 지방예산 편성 과정에 주민이 참여할 수 있는 절차를 반드시 마련하여 시행하여야 한다.

(4) 주민참여예산기구   지방예산 편성 등 예산과정의 주민 참여와 관련되는 다음 각 호(1. 주민참여예산제도의 운영에 관한 사항, 2. 제3항에 따라 지방의회에 제출하는 예산안에 첨부하여야 하는 의견서의 내용에 관한 사항, 3. 그 밖에 지방자치단체의 장이 주민참여예산제도의 운영에 필요하다고 인정하는 사항)의 사항을 심의하기 위하여 지방자치단체의 장 소속으로 주민참여예산위원회 등 주민참여예산기구(이하 "주민참여예산기구"라 한다)를 둘 수 있다(지

---

1) 주민참여예산제도에 관해 이순택, "참여정부에서의 주민참여예산법제에 대한 평가와 과제," 지방자치법연구, 통권 제16호 및 이관행, "주민참여예산제도에 관한 연구," 지방자치법연구, 통권 제19호; 김명룡, "주민참여예산제도의 도입현황과 법적 문제—경상남도를 중심으로—," 지방자치법연구, 통권 제30호 등 참조.
2) 길준규·강주영, 주민참여를 통한 재정투명성 확보방안, 한국법제연구원, 2007, 65쪽.
3) 김명길, "지방자치에 있어서의 직접민주제도," 자치연구, 제17권 제1·2 합병호, 19쪽.

정법 제39조 제 2 항).

(5) **주민의견수렴**   지방자치단체의 장은 제 1 항에 따라 예산 편성 과정에 참여한 주민의 의견을 수렴하여 그 의견서를 지방의회에 제출하는 예산안에 첨부하여야 한다(지정법 제39조 제 3 항). 이러한 현행법의 규정상 주민참여예산제는 주민이 예산편성과정에 절차상 참여할 수 있는 데 그치는 것이지, 한걸음 더 나아가서 예산편성을 결정하는 데 참여하는 것을 보장하는 것은 아니다. 여기에 제도의 한계가 있다.1)

3. 주민자치회2)

(1) **의 의**   풀뿌리자치의 활성화와 민주적 참여의식 고양을 위하여 읍·면·동에 해당 행정구역의 주민으로 구성되는 주민자치회를 둘 수 있다(지방자치분권 및 지방행정체제개편에 관한 특별법 제27조). 주민자치회는 지방자치분권 및 지방행정체제개편에 관한 특별법 제28조가 정하는 기능에 비추어 주민자치기관(같은 법 제28조 제 2 항·제 1 호)의 성격 외에 행정기관(같은 법 제28조 제 1 항, 제 2 항 제 2 호·제 3 호)의 성격도 갖는다.3)

(2) **기 능**   ① 제27조에 따라 주민자치회가 설치되는 경우 관계 법령, 조례 또는 규칙으로 정하는 바에 따라 지방자치단체 사무의 일부를 주민자치회에 위임 또는 위탁할 수 있다(같은 법 제28조 제 1 항). ② 주민자치회는 다음 각 호(1. 주민자치회 구역 내의 주민화합 및 발전을 위한 사항, 2. 지방자치단체가 위임 또는 위탁하는 사무의 처리에 관한 사항, 3. 그 밖에 관계 법령, 조례 또는 규칙으로 위임 또는 위탁한 사항)의 업무를 수행한다(같은 법 제28조 제 2 항).

(3) **구 성**   ① 주민자치회의 위원은 조례로 정하는 바에 따라 지방자치단체의 장이 위촉한다(같은 법 제29조 제 1 항). ② 제 1 항에 따라 위촉된 위원은 그 직무를 수행할 때에는 지역사회에 대한 봉사자로서 정치적 중립을 지켜야하며 권한을 남용

---

1) 주민참여예산제도의 유형으로 정부주도적 예산참여형, 민·관협의적 예산참여형, 국(주)민주도적 예산참여형으로 구분하기도 한다(강재규·김상희, "주민참여예산제도의 비교법적 연구," 지방자치법연구, 통권 제32호, 280쪽 이하).

2) [관련논문] 신용인, "추첨 방식의 주민자치위원회 구성에 관한 고찰," 지방자치법연구, 통권 제51회, 229쪽 이하; 김수연, "주민자치회에 관한 입법의 주요 쟁점," 지방자치법연구, 통권 제61호, 3쪽 이하; 김남욱, "주민자치회법의 합리적 제정 방안," 지방자치법연구, 통권 제70호, 35쪽 이하; 신용인, "주민자치 법제화에 관한 연구―6개 주민자치법안 비교·분석을 중심으로―," 지방자치법연구, 통권 제71호, 139쪽.

3) 주민자치회는 2010.10.1. 제정·시행된 지방행정체제 개편에 관한 특별법(제20조 - 제22조)에 처음 도입되었다.

하여서는 아니 된다(같은 법 제29조 제 2 항). ③ 주민자치회의 설치 시기, 구성, 재정 등 주민자치회의 설치 및 운영에 필요한 사항은 따로 법률로 정한다(같은 법 제29조 제 3 항).1)

　　(4) 시범적 설치 · 운영　　행정안전부장관은 주민자치회의 설치 및 운영에 참고하기 위하여 주민자치회를 시범적으로 설치 · 운영할 수 있으며, 이를 위한 행정적 · 재정적 지원을 할 수 있다(같은 법 제29조 제 4 항).

　　(5) 제주특별자치도의 주민자치위원회　　제주특별자치도의 읍 · 면 · 동에는 다음 각 호의 사항(1. 주민의 편의와 복지 증진에 관한 사항, 2. 주민자치의 강화에 관한 사항, 3. 지역공동체의 형성에 관한 사항)을 처리하기 위하여 주민자치센터를 설치한다(제국법 제45조 제 1 항). 주민자치센터의 운영에 관한 사항을 심의하기 위하여 주민자치센터 관할 구역별로 주민자치위원회를 두되, 각계각층의 주민대표가 고르게 참여하여야 한다(제국법 제45조 제 2 항). 제주특별자치도 설치 및 국제자유도시 조성을 위한 특별법의 규정내용에 비추어 제주특별자치도의 주민자치위원회는 심의기관의 성격을 갖는 바, 지방분권 및 지방행정체제개편에 관한 특별법 제28조가 정하는 주민자치회와 성격을 다소 달리한다.

4. 시민단체운동

　　법령에 근거를 갖지 아니한 주민참여유형의 하나로 NPO(Non-Profit Organization)로 불리는 시민단체가 지방자치단체의 사무수행에 대하여 감시활동 등을 하는 경우를 볼 수 있다.2) 우리나라에서는 NGO(Non-Governmental Organization)로 불리기도 한다. 미국 등에서는 NGO가 국제원조에 참여하는 민간조직을 뜻하는 것으로 사용되고 있다.

5. 참여의 확대

　　지방자치의 강화라는 관점에서 주민참여의 확대화가 요구되고 있다. 일본에서 보는 바와 같이 지방의회의 해산청구권(일본 지방자치법 제76조)의 도입도 검토해 볼 일이다.

---

1) 법률로 정하는 경우, 주민자치회를 ① 행정기관으로 할 것인지 아니면 비행정기관으로 할 것인지, ② 비행정기관으로 하는 경우 읍 · 면 · 동의 모든 주민을 회원으로 할 것인지, 읍 · 면 · 동의 일부 주민을 회원으로 할 것인지, ③ 법인으로 하는 경우 공법인으로 할 것인지, 사법인으로 할 것인지를 명확히 하여야 할 것이다.

2) Choi, Bong-Seok, "Participation and Cooperation of NGOs in Local Administration," Local Government Law Journal, Vol. 8-3(19), pp. 100-117.

제 3 장

지방자치단체의
조직

제 1 절 일 반 론

제 1 항 조직형태의 유형

Ⅰ. 개 관

1. 조직형태의 다양성

지방자치단체의 조직형태는 다양하다. 최고의사결정기관과 관련하여 직접민주주의형태와 간접민주주의형태의 구분이 가능하다. 주민총회형이 전자에 속한다. 후자의 경우는 다시 의결기능과 집행기능이 하나의 기관에 집중되는가의 여부에 따라 기관통합과 기관대립형의 구분이 가능하다. 그리고 지방자치단체의 집행기관이 독임제인 경우와 합의제인 경우의 구분이 가능하고, 또한 전자의 경우에는 선임방법과 관련하여 내각제형과 대통령제형의 구분이 가능하다. 그 어떠한 형태라도 전체로서 지방자치단체는 권력분립원칙상 행정권에 귀속하는 것이지 입법권이나 사법권에 귀속하는 것은 아니다.

2. 주민총회형

주민총회형이란 유권자인 주민 전체로 구성되는 주민총회(민회)가 해당 지방자치단체의 최고의사결정기관인 제도를 말한다. 이것은 직접민주주의원리에 충실한 형태이다. 인구가 증가하는 오늘날에 있어서는 그 의미가 줄어들고 있다. 독일기본법 제28조 제 1 항 제 4 문은[1] 선거로 구성되는 대표기관 대신에 주민총회를 둘 수도 있도록 규정하고 있다. 그러나 실제상으로 활용되는 예는 찾아보기 어렵다.[2]

---

1) 본서, 13쪽 각주 3) 참조.
2) 주민총회(민회)형은 독일의 경우에는 Brandenburg주에서만 작은 지방자치단체(게마인데)에서 발견된다. 스위스에서도 발견된다.

3. 기관통합형과 기관대립형

(1) 기관통합형   기관통합형이란 의결기능과 집행기능이 하나의 기관(의회 또는 위원회)에 집중되어 있는 경우를 말한다. 기관통합형의 구체적인 내용은 이를 채택하는 나라마다 상이하다. 기관통합형에서는 지방자치단체의 장이 별도로 존재하지 아니하는 경우도 있다. 이 경우에는 지방의회의 의장이 그 지방자치단체의 대표기관이 된다. 기관통합형은 신중하고 공정한 행정의 장점을 가지는 반면, 통제가 없는 권한행사 또는 권한남용의 우려와 책임소재의 불분명이 문제될 수 있다.

(2) 기관대립형   기관대립형이란 의결기능과 집행기능을 상호 독립된 별개의 기관에 부여하는 형태를 말한다. 독립된 별개의 기관을 두는 것은 상호 견제와 균형을 통한 임무수행을 도모하기 위한 것이다. 기관대립형의 구체적인 내용은 나라마다 상이하다. 기관대립형은 명백한 책임소재, 행정의 전문화, 권력남용의 방지 등의 장점을 가지나, 집행기관이 독주를 행하는 경우에는 신중하고 공정한 행정에 다소 거리가 생길 수 있다. 기관분립형이라고도 한다.

4. 집행기관의 독임제와 합의제

집행기관 내지 최고행정청은 독임제나 또는 합의제로 구성될 수 있다. 독임제로 하는 경우에는 그것을 ① 민선시장으로 하는 방법(대통령제형), ② 지방의회선출 시장으로 하는 방법(의원내각제형), ③ 시장이 아닌 지방의회선출의 전문인으로 하는 방법 등이 있다. 합의제로 하는 경우에는 지방의회에서 선출되는 시장이 합의제기관의 구성원을 지명하거나, 기관구성원 전원이 의회에서 선출되는 방식이 될 것이지만, 기관구성원은 각자 자신의 고유한 임무영역을 갖게 될 것이다.

Ⅱ. 조직형태의 변천과 선택

1. 조직형태의 변천

그동안 우리의 지방자치법은 지방자치단체의 조직형태로 간접민주주의형태의 하나인 기관대립형을 규정하여 왔다. 지방자치단체의 장의 선임방법은 직선제·간선제 또는 임명제의 선택 등 변화가 많았다. 이해의 편의상 이하에서 그간의 경험을 도표로 살펴보기로 한다.

공화국	선거일	지방의회의원	지방자치단체의 장		
			직선제	간선제	임명제
제 1 공화국	1952. 4. 25. 1952. 5. 10.	시·읍·면(91%) 도(81%)		시·읍·면의 장	서울특별시장
	1956. 8. 8. 1956. 8. 13. 1956. 8. 8.	시·읍·면(79.5%) 특별시·도(86%)	시·읍·면의 장(86.6%) (1958. 12. 26. 지방자치 법 개정 전까지)		도지사 시·읍·면의 장 (1958. 12. 26. 지방자치법 개 정 후)
제 2 공화국	1960. 12. 12. 1960. 12. 19. 1960. 12. 26. 1960. 12. 29.	특별시·도(76.4%) 시·읍·면(78.9%)	시·읍·면의 장(75.4%) 도지사(38.8%)		
제 3 공화국		미구성			임명제
제 4 공화국		미구성			임명제
제 5 공화국		미구성			임명제
제 6 공화국	1991. 3. 26. 1991. 6. 20. 1995. 6. 27. 1995. 6. 27.	시·군·구 특별시·광역시· 도	시·군·구의 장 시·도지사		

2. 현행 제도

현행 지방자치법은 지방자치단체의 조직형태로 기관대립주의(기관분립주의)를 채택하고 있다. 판례의 견해도 같다.[1] 입법자들이 기관대립주의를 채택한 것은 기관 상호간의 견제와 균형[2] 하에 행정의 능률성과 책임성을 확보하려는 것에 중점을 두었기 때문일 것이다.[3] 앞에서 본 기관대립형이 갖는 문제점을 고려할 때, 지방

---

1) 대판 1992. 7. 28, 92추31; 대판 2011. 4. 28, 2011추18; 대판 2011. 2. 10, 2010추11; 대판 2009. 4. 9, 2007추103; 대판 2003. 9. 23, 2003추13.

2) 대판 2005. 8. 19, 2005추48.

3) 경기도는 협치와 분권을 바탕으로 경기도민의 민생과 경기도의 미래에 대한 책임을 공유하고자 하는 취지에서 경기도의회와 경기도지사 간에 경기도 민생연합정치에 관한 합의서를 작성하였고 (2016. 9. 9.)(2017. 5. 11.자 경기도 홈페이지), 경기도는 이의 실천을 담보하기 위해 경기도 민생연 합정치 기본조례를 제정하였다(2017. 3. 13). 이 조례는 "경기도 민생연합정치"(이하 "경기연정"이라 한다)를 경기도의 연정정당과 집행기관이 연합하여 대결과 갈등이 아닌 상생과 협력을 이루는 지방

의회의 자율성과 권한을 확대하고, 의원의 전문성과 책임성을 제고하여 집행부에 대한 통제력을 강화하는 것이 중요한 과제이다.[1]

3. 주민에 의한 조직형태의 선택(입법정책론)

(1) 헌법의 태도   헌법은 "지방자치단체에 의회를 둔다(헌법 제118조 제 1 항)"고 규정하고 또한 "지방의회의 조직·권한·의원선거와 지방자치단체의 장의 선임방법 기타 지방자치단체의 조직과 운영에 관한 사항은 법률로 정한다(헌법 제118조 제 2 항)"고 규정할 뿐, 구체적인 조직형태를 규정하고 있지는 않다.[2] 말하자면 지방자치단체에 의회를 두는 한, 입법자의 결단에 따라서는 다양한 조직형태를 둘 수 있다.[3]

(2) 기관구성 형태의 특례

(가) 관련규정   2022. 1. 13. 시행 지방자치법 전부개정법률 제 4 조는 "지방자치단체의 의회(이하 "지방의회"라 한다)와 집행기관에 관한 이 법의 규정에도 불구하고 따로 법률로 정하는 바에 따라 지방자치단체의 장의 선임방법을 포함한 지방자치단체의 기관구성 형태를 달리 할 수 있다"는 지방자치단체의 기관구성 형태의 특례규정을 신설하였다.[4]

(나) 특례의 내용   헌법 제118조 제 2 항을 전제할 때, 입법자는 특례를 정하는 법률을 제정함에 있어서 의결기관으로서 지방의회와 집행기관을 두어야 한다는 점 외에는 선택의 자유를 갖는다. 특례의 내용으로, ① 크게는 지방자치단체의 조직형태로 의원내각제(내각책임제)형 조직형태, 이사회형 조직형태, 전문가형 조직형태를 특례로 도입하는 것을 생각할 수 있다. ② 좁게는 현행 대통령제형 조직형태를 유

자치의 정치혁신으로 정의하고 있다(동 조례 제 2 조 제 1 호). 연정합의문에서 정하지 않은 갈등과 대립 등 예상하지 못한 사유로 의회가 파행될 경우 토론을 통한 중재방안을 마련하기 위해 의회에 연정중재위원회(이하 "중재위"라 한다)를 두는 것(동 조례 제16조 이하)이 눈에 띈다. 기관대립형의 구조 하에서 연정을 지향하는 경기도의 노력이 계속 진화할 것을 기대한다. [관련논문] 이지은, "기관구성 측면에서 경기연정(연합정치)이 갖는 법적 문제에 관한 소고―경기도 연합정치에 대한 평가에 겸하여―," 지방자치법연구, 통권 제55호, 183쪽 이하.
1) 연구자에 따라서는 이러한 시각에서 단체장의 비리·불법행위의 증가, 위법한 행정작용·법 집행 부전(不全)현상의 증가, 선심성·인기성 사업의 남발과 방만한 재정 운영 등을 이유로 집행기관 조직구조의 개선을 주장하기도 한다. 개선방안으로 집행기관 다원주의원칙의 강화, 인사위원회의 권한 강화, 자체감사위원회제도의 신설, 회계담당관제도의 신설, 법무담당관제도의 신설·보완, 부단체장 임명시 의회의 사전동의제, 주민참여예산제의 도입, 시민감사관제도 등을 주장하기도 한다(문상덕, "단체장 중심 구조의 자치행정시스템의 개선," 지방자치법연구, 통권 제10호, 66쪽).
2) 헌법에서 지방자치단체의 종류를 제한적으로 규정하는 것은 바람직하지 않다. 유사한 의견으로 방승주, "지방자치제도의 발전을 위한 헌법개정의 방향," 지방자치법연구, 통권 제22호, 6쪽.
3) 이기우·하승수, 지방자치법, 230쪽; 최정일, 행정법 Ⅱ, 111쪽.
4) 진성만·박현준, "지방자치법상 지방행정체제의 변화와 향후 과제," 지방자치법연구, 통권 제67호, 139 이하.

지하면서 지방의회의 조직상 특례(예: 위원회에 지방의회가 주민인 관련 전문가 중에서 선출하는 위원을 두고, 이러한 위원은 해당 위원회의 활동에만 관여토록 하되, 의결권은 배제하고, 그 밖의 권한은 주민이 선출한 위원과 동일하게 하는 방안)와 집행기관의 조직상 특례(예: 지방자치단체의 장을 지방의회가 선출하고 지방의회가 그 장을 불신임할 수 있는 방안과 지방자치단체의 장을 지방의회가 선출하되 지방의회가 그 장을 불신임할 수 없는 방안) 등을 생각할 수 있다. 어느 쪽을 택할 것인가는 입법자가 선택하여야 할 몫이다.

(다) 주민의 선택권   지방자치법 제 4 조 제 2 항은 "제 1 항에 따라 지방의회와 집행기관의 구성을 달리하려는 경우에는 「주민투표법」에 따른 주민투표를 거쳐야 한다"고 규정하고 있는바, 이것은 지방자치단체의 기관구성 형태의 선택과 관련하여 주민에게 선택권을 부여한 것을 의미한다.

(라) 단체장 주민직선제에 대한 헌법재판소의 견해와 비판

1) 헌법재판소 견해   헌법재판소는 2014헌마797에서 "지방자치단체의 대표인 단체장은 지방의회의원과 마찬가지로 주민의 자발적 지지에 기초를 둔 선거를 통해 선출되어야 한다는 것은 지방자치제도의 본질에서 당연히 도출되는 원리이다."[1] "주민직선제 이외의 다른 선출방법을 허용할 수 없다는 관행과 이에 대한 국민적 인식이 광범위하게 존재한다."[2] "주민자치제를 본질로 하는 민주적 지방자치제도가 안정적으로 뿌리내린 현 시점에서 …지방자치단체의 장 선거권 역시 다른 선거권과 마찬가지로 헌법 제24조에 의해 보호되는 헌법상의 권리로 인정하여야 할 것이다"라[3] 하

---

1) 만약 지방자치법이 지방자치단체 장을 지방의회가 선출하는 방식으로 규정하였다고 하면, 헌법재판소가 동일하게 판단하였다고 볼 수 있을 것인가는 별개의 문제일 것이다. 1952. 4. 25. 선거에서 시·읍·면장은 지방의회에서 선출되었다.

2) 만약 지방자치법이 지방자치단체 장을 지방의회가 선출하는 방식으로 규정하였다고 하면, 헌법재판소가 2014헌마797의 결정이유와 동일한 논리로 판단하였다고 볼 수 있을 것인가는 별개의 문제일 것이다. 대통령선거의 경우에는 민주화운동 등과 관련하여 "주민직선제 이외의 다른 선출방법을 허용할 수 없다는 관행과 이에 대한 국민적 인식이 광범위하게 존재한다"고 볼 수도 있다. 지방자치단체장 경우에 "주민직선제 이외의 다른 선출방법을 허용할 수 없다는 관행과 이에 대한 국민적 인식이 광범위하게 존재한다"는 헌법재판소의 판단은 자의적인 것으로 볼 여지가 있는 것 아닌가. 지방자치단체장 선거방법과 관련하여 범국민적인의 열띤 논쟁 등이 있었던가? 지방자치단체장의 간선을 규정하였던 1951년 지방자치법은 우리의 지방자치법이 아니었던가?

3) 만약 지방자치법이 지방자치단체 장을 지방의회가 선출하는 방식으로 규정하였다고 하면, 헌법재판소가 2014헌마797의 결정이유와 동일한 논리로 판단하였다고 볼 수 있을 것인가는 별개의 문제일 것이다. 만약 주민이 직선으로 선출한 지방의회의원으로 구성되는 지방의회가 지방자치단체장을 선출한다면, 주민의 선거권행사가 지방의회를 통해 간접적으로 발동되었다고 볼 여지는 없는가. 만약 주민이 직선으로 선출한 지방의회의원으로 구성되는 지방의회가 지방자치단체장을 선출하도록 규정한다면, 지방의회의 단체장 선출은 주민의 선거권행사가 지방의회를 통해 간접적으로 발동되었다고 볼 수도 있고, 민주적으로 정당화될 수도 있는 것 아닌가? 주민의 선거권행사가 지방의회를 통한 간접적인 것이라 하여 주민의 선거권이 기본권이 아니라고 단정할 수는 없는 것 아닌가?

였다. 이 결정례로 인해 지방자치단체의 장을 지방의회에서 선출하는 제도의 도입이 불가한 것이 아닌가의 논란이 있을 수 있다.

　　2) 사 견　　헌법재판소 2014헌마797의 결정은 지방자치단체의 장을 주민의 직접선거로 선출하는 현행법을 전제로 하여 주민의 선거권을 기본권으로서 보장하겠다는 의지를 내보인 것으로 이해하면 족하다고 판단된다. 따라서 2014헌마797 결정은 지방자치단체의 장을 지방의회에서 선출하는 제도의 도입을 방해하는 것은 아니라고 본다. 생각건대 ① 헌법 제118조 제 2 항이 단체장 선임방법을 법률로 정한다고 규정하고 있다는 점, ②「지방자치단체의 종류는 법률로 정한다」고 규정하는 헌법 제117조 제 2 항은 지방자치단체의 종류별로 지방자치단체의 조직형태에 관해 아무런 제한도 가하고 있지 않다는 점, ③「지방마다 그 지방에 적합한 조직형태를 가질 수 있어야 한다」는 것이 지방자치의 본질에 부합한다는 점, ④ 남북이 평화롭게 합의하여 통일이 이루어지는 날, 북쪽의 각 지방도 자신에 적합한 조직형태를 가질 수 있도록 하는 것이 필요하다는 점 등을 고려할 때, 지방자치단체의 장을 지방의회에서 선출하는 제도의 도입이 헌법에 배치되는 것은 아니다.

제 2 항　 조직의 구성원리

Ⅰ. 기관과 기관구성자

　　법적 기술의 결과인 법인은 그 자체로서 의사를 형성할 수도 없고, 행위를 할 수도 없다. 법인을 위해 필요한 의사를 형성하고 이를 법인의 행위로 전환하는 기구가 필요하다. 이러한 기구가 법질서에서는 기관으로 불리고 있다. 말하자면 법인으로서 고권주체(행정주체)인 지방자치단체는 여러 개의 기능적인 단일체로 구성하고, 각각의 단일체로 하여금 분업적으로 임무와 권한을 행사하게 할 필요가 있다. 이러한 기능적인 단일체를 기관이라 부른다.[1] 기관은 행정주체에 주어진 고유권한의 일부를 관장하게 된다. 그런데 기관의 임무는 그 기관을 위하여 활동하는 자연인에 의하여 수행되며, 이 자연인을 기관구성자라 부른다. 이 기관구성자의 객관적인 행위는 직접 기관의 행위로서 효력을 가지며, 이 기관의 행위는 바로 행정주체의 임무실현으로 간주된다. 기관은 기관구성자의 변화(교체)에 관계없이 조직상 독

---

[1] 졸저, 행정법원론(상)(제29판), 옆번호 1714 이하 참조.

립적인 기구이다. 헌법은 지방자치단체의 기본적인 기관으로 지방의회와 지방자치
단체의 장에 관해 규정하고 있다(헌법 제118조 제 2 항). 구체적인 것은 입법자가 형성
하여야 한다.

Ⅱ. 조직권력

기관의 전체를 조직이라 부르고, 그러한 조직을 설치·변경할 수 있는 법적인
힘을 조직권력이라 부른다.[1] 지방자치단체의 조직권력은 기본적으로 국가가 갖는
다. 그것이 국가 내에서 구체적으로 국회에 놓이는가, 아니면 행정부에 놓이는가는
법학의 계속적인 연구과제이다. 지방자치단체를 조직하는 권력이 국가에 놓인다고
하여도 지방자치단체 스스로는 어느 범위에서 자신을 조직하는 힘(조직고권)을 갖는
가의 문제 역시 연구과제이다.

Ⅲ. 법률의 유보

헌법은 지방자치단체의 종류·조직·권한 등을 법률로 정하도록 규정하고 있
다. 말하자면 지방자치단체의 형성은 법률의 유보하에 놓인다. 이에 따라 제정된
것이 지방자치법이다. 헌법과 지방자치법은 그 기관과 관련하여 ① 중심적인 의결
기관으로서 지방의회, ② 집행기관으로서 독임제 행정청인 특별시장·광역시 장·특
별자치시장·도지사·특별자치도지사, 자치구의 구청장·시장·군수 등을 규정하고
있다. 한편 ③ 지방교육자치에 관한 법률은 시·도의 교육·학예에 관한 사항의 집행
기관으로 교육감을 두고 있다. 그 밖에 개별 법률은 인사위원회(지공법 제 7 조 제 1 항)
와 소청심사위원회(지공법 제13조), 행정심판위원회(행심법 제 6 조), 토지수용위원회(토상법
제49조) 등을 규정하고 있다.

---

1) 졸저, 행정법원론(상)(제29판), 옆번호 1700 이하 참조.

제 2 절   지방의회

제 1 항   지방의회의 관념

Ⅰ. 지방의회의 의의

지방자치단체에 주민의 대의기관인 의회를 둔다(지자법 제37조). 구성원을 갖는 모든 조직체는 자신의 의사를 형성하는 기관을 필요로 한다. 헌법은 지방자치단체에서 이러한 기관을 '지방의회'라 한다(헌법 제118조 제1항). 지방의회는 헌법에서 직접 규정되고 있다는 의미에서 헌법기관의 성질을 갖는다.[1] 지방의회의 종류로 현재 특별시의회·광역시의회·특별자치시의회·도의회·특별자치도의회, 시의회·군의회·자치구의회가 있다. 한편, 지방의회는 스스로 권리능력을 갖는 것이 아니다. 권리능력은 지방자치단체가 갖는 것이고, 지방의회는 지방자치단체의 한 구성부분일 뿐이다. 그러나 지방자치단체 내부에서 타 기관과의 관계에서는 지방의회는 조직법상의 권리를 가질 수 있다.[2]

Ⅱ. 지방의회의 지위

1. 주민대표기관

(1) 대표기관의 의미   지방의회는 주민에 의하여 선출된 의원으로 구성되는바(지자법 제38조), 민주적 정당성을 갖는 기관으로서 간접민주주의의 실현을 위한 기관이면서, 해당 지방자치단체의 대표기관의 하나이다. 대표기관이란 지방의회가 주민의 정치적 대표기관임을 의미하는 동시에 지방의회의 행위는 법적으로 모든 주민의 행위와 동일시된다는 의미에서 법적 대표기관을 의미한다. 정주 외국인이 증대하는 상황에 비추어 외국인의 의사를 수렴할 수 있는 기구를 설치하는 것은 검토

---

1) 강재규, "행정사무감사실효성 확보방안에 관한 연구," 지방자치법연구, 통권 제31호, 157쪽.
2) [관련논문] 양승미·최승원, "지방의회 활성화를 위한 지방자치법 개정," 지방자치법연구, 통권 제48호, 161쪽 이하.

할 만하다. 이와 관련하여 독일에서 나타나고 있는 외국인자문회의(Ausländerbeiräte) 도 참고가 될 수 있을 것이다.[1)

(2) 개별 공·사법상 법적 행위   지방의회가 주민의 대표기관이라는 것이 개별·구체적인 공·사법상의 법률관계에서 해당 지방자치단체를 위하여 법적 행위를 할 수 있다는 의미에서 대표를 뜻하는 것은 아니다. 비록 지방의회가 주민의 대표기관으로 표현되고, 또한 지방자치단체의 다른 기관과의 관계에서 조직상의 권리를 갖고, 그 권리가 사법적으로 실현될 수 있다고 하여도, 지방의회는 고유한 권리능력을 갖지 아니한다. 개별·구체적인 공·사법상의 법률관계에서 해당 지방자치단체를 위하여 법적 행위를 하는 것은 법령에서 달리 정함이 없는 한 지방자치단체의 집행기관의 장의 권한이다(지자법 제114조).

(3) 지방이익의 대표   국회가 국가정책적인 견지에서 국가이익의 전체를 위한 국민의 대표기관이라면, 지방의회는 지방이익의 전체를 위한 주민의 대표기관인 것이다. 그 밖에 지방의회는 내부적인 관계(대집행기관과의 관계)에서도 주민의 대표기관으로서 대집행기관 통제권을 갖는다.

2. 의결기관

(1) 의결기관의 의의   지방의회는 해당 구역 내의 최상위의 의결기관으로서, 기본적으로 모든 자치사무에 관한 의사결정권한을 가진다. 이러한 지위로부터 지방의회는 지방자치단체의 정책을 주도하고, 이를 위하여 모든 행정사무에 대한 자료와 정보를 제공받을 가능성을 갖는다. 지방최상위의 의결기관이란 지방의회가 지방자치단체의 의사형성기관임을 의미한다.

(2) 의결권한에 속하는 사항   지방의회는 의사형성기관으로서 다음 사항을 의결한다(지자법 제47조 제 1 항).

---

1) Nordrhein-Westfalen 게마인데법 제27조(외국인자문회의) ① 외국인인 주민이 최소 5,000명 이상인 게마인데에는 외국인자문회의를 두어야 한다. 외국인인 주민이 최소 2,000명 이상인 게마인데에는 제 3 항에 따른 선거권자 200명 이상이 신청하면, 외국인자문회의를 두어야 한다. 그 밖의 게마인데에는 외국인자문회의를 둘 수 있다. 외국인자문회의는 최소 5인의 위원 최고 29인의 위원으로 구성된다. 세부적인 사항은 기본조례(Hauptsatzung)로 정한다.

⑧ 외국인자문회의는 게마인데의 모든 사무를 다룰 수 있다. 외국인자문회의는 외국인자문회의의 제안이나 입장표명을 의회, 구대표 또는 위원회에 제의할 수 있다. 외국인자문회의의 의장이나 외국인자문회의에 의해 지명된 자는 이러한 제안을 제의할 때에 (의회의) 회의에 참석할 수 있고, 신청에 따라 그 제안에 관해 발언을 할 수 있다.

⑨ 외국인자문회의는 의회, 위원회, 구의 대표 또는 시장이 제기하는 질문에 대하여 입장을 표명하여야 한다.

1. 조례의 제정·개정 및 폐지

2. 예산의 심의·확정[1]

3. 결산의 승인

4. 법령에 규정된 것을 제외한 사용료·수수료·분담금·지방세 또는 가입금의 부과와 징수

5. 기금의 설치·운용

6. 대통령령으로 정하는 중요 재산의 취득·처분[2]

7. 대통령령으로 정하는 공공시설의 설치·처분

8. 법령과 조례에 규정된 것을 제외한 예산 외의 의무부담이나 권리의 포기

9. 청원의 수리와 처리

10. 외국 지방자치단체와의 교류협력

11. 그 밖에 법령에 따라 그 권한에 속하는 사항[3]

지방자치단체는 제 1 항 각호의 사항 외에 조례로 정하는 바에 따라 지방의회에서 의결되어야 할 사항을 따로 정할 수 있다(지자법 제47조 제 2 항).

(3) 의결사항의 확대   논자에 따라서는 지방자치단체의 의사결정은 원칙적으로 지방의회의 의결에 의하도록 하여 주민의 대표기관으로서의 지방의회의 포괄적 의결권을 인정하는 것이 바람직하다고 지적하면서 지방의회의 의결사항을 '법령에 다른 규정이 없는 한 해당 지방자치단체의 업무에 속하는 모든 사항'으로 하는 것이 타당하다고 하고, 아울러 '조례로 정한 계약의 체결', '지방자치단체가 당사자가 되는 소의 제기, 화해, 알선, 조정, 중재', '손해배상액의 결정', '관할 구역 내 공공단체의 활동에 대한 종합조정' 등의 사항을 필요적 의결사항으로 할 것을 제의하기도 한다.[4]

3. 통제기관

(1) 의 의   지방의회는 지방자치단체 내부에서 집행기관의 행정을 통제하는 기관으로서의 지위를 갖는다. 대집행기관의 통제를 통하여 지방의회는 자신의 의

---

1) 일설은 지방의회의 예산의 심의·확정권한은 재정민주주의의 실현을 위한 제도적 장치라고 하면서, 지방의회의 예산심의의 기능으로 정당성의 부여, 정책형성과 결정기능, 주민이익의 반영기능, 지방자치단체의 행정에 대한 감독기능을 언급한다(장선희, "지방예산과정상 의회의 역할과 개선방향," 지방자치법연구, 통권 제10호, 135쪽 이하).

2) 대판 2000. 11. 24, 2000추29; 대판 1978. 10. 10, 78다1024.

3) 대결 1997. 7. 9, 97마1110.

4) 김병기, 지방자치법주해, 214쪽.

결사항이 집행기관에 의하여 잘 집행되고 있는가를 확인하고 보장할 수 있는 것이고, 주민의 대표기관으로서의 책임을 다할 수 있는 것이다.

(2) 정 보 권   통제권능을 효율적으로 잘 수행하기 위하여 지방의회에 대하여 정보권으로서 서류제출요구권(지자법 제48조)·행정사무 감사권 및 조사권(지자법 제49조)·행정사무처리상황의 보고와 질문응답의 권한(지자법 제51조) 등의 보장이 중요하다.

4. 행정기관

(1) 의 의   지방의회가 국회와 유사한 방법으로 구성된다고 하여도 지방의회는 국회와 같은 헌법상 의미의 의회(국회)는 아니다. 그것은 행정기관의 성질을 갖는다.[1] 왜냐하면 ① 전체로서 지방자치단체는 집행부의 한 구성부분인데, 지방의회는 이러한 지방사치단체의 한 구성부분인 것이고, 바꾸어 말하면, 체계상 지방자치단체는 합의제 의결기관으로서 지방행정권에 귀속되는 것이며, ② 지방의회에 주어지는 실질적인 입법권능은 시원적인 입법권이 아니라 명시적으로 법령에 의한 자치권의 승인에 근거하여 나오는 것이기 때문이다. 이와 달리 ① 지방의회가 주민의 직접선거에 의하여 선출·구성되는 기관이라는 점, 즉 민주적 정당성을 갖는 주민대표기관이라는 점, ② 그 기능이 국회에 유사하다는 점을 들어 지방의회를 입법기관으로 보는 견해도 있다.[2] 지방의회는 지방행정에 관하여 포괄적인 조례제정권을 위임받고 있는 등 헌법상 보장된 의결기관이라는 점에서 지방의회가 행정기관이라는 설명은 설득력이 없다는 견해도 있다.[3] 지방의회를 행정기관으로 본다고 하여, 일종의 입법기관, 즉, 자치입법기관으로서의 지방의회의 지위를 부인할 이유는 없다.

(2) 권력분립원리   지방의회를 행정관청으로 이해하면, 지방의회와 집행기관 사이에 헌법상의 권력분립원리가 반드시 적용되어야 하는 것은 아니다. 그럼에도

1) Burgi, Kommunalrecht, §2, Rn. 13; Erichsen, Kommunalrecht, S. 97; H. Meyer, Kommunal-recht, Rn. 306; Schmidt-Aßmann/ Röhl, in: Schmidt-Aßmann(Hrsg.), Besonderes Verwaltungsrecht, Rn. 59; Schmidt-Jortzig, Kommunalrecht, S. 42; Seewald, Kommunalrecht, in: Steiner(Hg.), Besonderes Verwaltungsrecht, Rn. 190; Tettinger/Erbguth/Mann, Besonderes Verwaltungsrecht, Rn. 79; K. Waechter, Kommunalrecht, Rn. 282; Waibel, Gemeindeverfassungsrecht Baden-Württemberg, Rn. 231; VerfGE 65, 283, 289; 78, 344, 348; BVerwGE 97, 223, 225; 김동희, 행정법 II(2014), 101쪽; 김성수, 개별행정법, 379쪽; 류지태·박종수, 행정법신론, 908쪽; 박균성, 행정법론(하)(2014), 112쪽; 석종현·송동수, 일반행정법(하), 121쪽; 정하중, 행정법개론(2014), 1015쪽; 조연홍, 한국행정법원론(하), 173쪽.
2) Meyer, Kommunalrecht, S. 39ff.; 김남진·김연태, 행정법 II, 114쪽.
3) 정만희, 지방자치법주해, 166쪽.

기본적인 결정은 지방의회가 하여야 할 것이다. 한편 지방의회가 조례를 제정한다고 하여도 그것은 권력분립원칙상의 입법권의 행사가 아니다. 지방의회는 지방정책적인 기능을 수행하는 것이지, 일반 정치적인 기능을 수행하는 것은 아니다.

5. 자치입법기관

지방의회는 자치입법인 조례의 제정 및 개폐에 대한 의결권을 갖는바, 지방의회는 자치입법기관으로서의 지위를 갖는다.[1] 지방의회가 자치입법기관이라고 하여 지방의회가 국회와 동일한 성격을 갖는 입법기관이라 할 수는 없다.[2] 한편, 지방의회를 행정기관으로 보면서 동시에 자치입법기관이라고 하는 것은 모순이 아니다. 왜냐하면 지방의회가 행정기관이라고 한 것은 권력분립원리와 국가조직체계의 관점에서 지방의회는 궁극적으로 입법권이 아니라 행정권에 귀속한다는 것을 뜻하는 것이고, 지방의회가 자치입법기관이라고 하는 것은 기능적 관점에서 지방의회가 자치입법인 조례의 제정 및 개폐에 대한 의결권을 갖는다는 것을 뜻하는 것인바, 양자는 보는 관점이 다르기 때문이다.[3] 입법기관으로서의 지위는 기술한 의결기관으로서의 지위에 포섭될 수도 있다.

III. 지방의회와 정당의 참여[4]

1. 의 의

지방의회의원이나 지방자치단체의 장은 선출직이므로, 이들의 선거와 관련하

1) 이기우·하승수, 지방자치법, 233쪽.
2) 강재규, "행정사무감사실효성 확보방안에 관한 연구," 지방자치법연구, 통권 제31호, 156쪽.
3) 일설은 "종래 자치입법권을 행정으로 분류한 것은 지방자치단체를 국가권력의 삼권분립체계에 맞추려고 한 것에 연유한다. 헌법 제117조 제1항은 지방자치단체를 단순한 행정주체로서만 보장한 것이 아니라 국가와 같은 지역사단으로서 지방자치단체를 설정하고 국가와 지방자치단체 간의 수직적인 권력분립을 규정하고 있다고 할 것이다. 지방자치는 국가기능의 일부인 행정권에 대한 수직적인 권력분립에 그치는 것이 아니라 입법권을 포함한 포괄적인 권력주체로서 국가와 수직적인 권력분립관계를 이루고 있다. 따라서 지방자치단체는 독자적인 행정주체일 뿐만 아니라 독자적인 입법주체로서 지위도 가진다고 본다. 이에 지방의회는 단순한 행정기관이 아니라 고유한 입법기관으로서 위상을 가진다고 볼 수 있다"고 한다(이기우, "조례활성화를 위한 지방의회의 역할강화," 지방자치법연구, 통권 제20호, 125쪽). 이러한 지적이 자치입법권의 범위를 확대하기 위한 노력이라는 점에서는 긍정적으로 평가할 만하다. 그러나 이러한 지적은 헌법 제117조 제1항(등)을 국가의 근본조직을 정하는 헌법 제3장(국회), 제4장(정부), 제5장(법원), 제6장(헌법재판소) 등과의 유기적인 관계에서 새긴 것이 아니어서 동의하기 어렵다.
4) [관련논문] 권경선, "지방선거에서의 정당공천제에 관한 법적 과제에 관한 연구," 지방자치법연구, 통권 제69호, 3쪽 이하.

여 정당은 지방선거의 후보자추천, 선거운동, 공약개발 등에 관련을 가질 수 있는데, 이를 넓은 의미의 정당의 참여라 할 것이다. 광의의 정당의 참여 중 가장 핵심적인 것은 후보자추천인바, 이를 좁은 의미의 정당의 참여라 부를 수 있다. 이하에서는 정당의 참여의 의미를 협의로 사용하기로 한다.

2. 유 형

(1) **정당참여형**   정당참여형도 지방의회의원 입후보에 정당공천이 필수적인 경우(정당참여 강제형)와 정당공천이 강제되지는 않으나 허용되는 경우(정당참여 방임형)로 나눌 수 있다. 후자의 경우는 무소속 입후보와 정당공천 입후보 모두가 허용되는 경우이다. 전자의 예는 찾아보기 어렵다. 정당참여형은 ① 정당을 통한 주민의사의 조직화가 용이하다는 점, ② 집행부 독주를 견제하기가 용이하다는 점, ③ 정당정치발전과 육성의 기초를 확보할 수 있다는 점, ④ 입후보 파악이 용이하나는 점 등을 논거로 삼는다.[1]

(2) **정당참여배제형**   정당참여배제형에도 정당공천을 금지하는 경우와 당선 후에도 당적의 보유를 금지하는 경우가 있다. 정당참여배제형은 ① 정당의 참여는 지방의 중앙정치에의 종속(지방분권의 상실)을 가져온다는 점, ② 정당의 참여는 지방의회의원의 정당지도자에 대한 맹종을 가져온다는 점, ③ 현실의 정당제도는 취약하다는 점 등을 논거로 삼는다.[2]

3. 헌법의 태도

지방의회의원선거 등 지방선거에 정당이 후보자를 공천하게 할 것인가의 여부에 관하여 헌법에는 아무런 규정도 없다. 따라서 지방선거에 있어서 정당공천제의 도입 여부는 입법자의 형성의 자유에 맡겨진 것이라 하겠다.[3] 지방의회의원의 선거에 정당을 참여시킬 것인가의 여부는 입법자의 입법재량에 속한다.[4]

---

1) 보다 자세한 논거에 관해 강재규, "지방자치구현과 지역정당," 지방자치법연구, 통권 제30호, 219쪽 이하 및 이기우, "기초지방선거와 정당공천," 지방자치법연구, 통권 제24호, 63쪽 이하 그리고 이기우, "독일 지역정당의 법적 지위와 정책적 함의," 지방자치법연구, 통권 제35호, 159쪽 이하 참조.
2) 보다 자세한 논거에 관해 강재규, "지방자치구현과 지역정당," 지방자치법연구, 통권 제30호, 215쪽 이하 및 이기우, "기초지방선거와 정당공천," 지방자치법연구, 통권 제24호, 61쪽 이하 참조.
3) 방승주, "지방자치법제의 헌법적 접근," 지방자치법연구, 통권 제12호, 51쪽.
4) 헌재 1999. 11. 25, 99헌바28. 한편, 외국의 입법례에 관해 강재규, "지방자치구현과 지역정당," 지방자치법연구, 통권 제30호, 211쪽 이하; 이기우, "기초지방선거와 정당공천," 지방자치법연구, 통권 제24호, 65쪽 이하 참조.

4. 입법의 변천[1]

(1) 광역선거 허용·기초선거 배제   1988년 지방의회의원선거법의 제정으로 약 30년 만에 지방선거가 부활되었다. 그러나 1990년 지방의회의원선거에 즈음하여 지방선거에 정당의 참여를 허용할 것인가를 놓고 여·야가 찬반양론으로 갈렸다. 당시 여당은 정당의 참여는 지방정치의 중앙정치 예속화, 정쟁(政爭)으로 인한 지방행정의 혼란, 지역사회의 분열과 반목 심화 등의 폐해로 말미암아 결과적으로 지방의 자율적 성장을 저해할 것이라며 정당배제를 주장하였다. 이에 반하여 야당은 지방자치가 실질적으로 정착되기 위해서는 지방선거에 정당의 참여가 당연히 허용되어야 하고, 그 적합성 여부는 선거과정에서 주민들의 선택에 맡겨야 한다는 논리로 반대하였다. 결국 논란 끝에 시·도의 선거에서만 정당공천을 허용하고 시·군·자치구의 선거에서는 정당의 공천과 선거운동을 금지하는 선에서 타협이 이루어져, 지방의회의원선거법(법률 제4311호)과 지방자치단체의장선거법(법률 제4312호)이 각각 개정 및 제정되었다.

(2) 전반적 허용   1994.3.16. 기존에 별개의 선거법 체계로 되어 있던 대통령선거법·국회의원선거법·지방의회의원선거법·지방자치단체의장선거법을 단일법으로 통합한 공직선거및선거부정방지법(법률 제4739호)(2005.8.4. 명칭이 공직선거법으로 개정됨)이 제정되었으며, 동법은 광역자치단체선거에서뿐만 아니라 기초자치단체선거에서도 정당의 참여를 허용하였다.

(3) 기초의회의원선거만 배제   1995.6.27. 지방선거 직전 여당은 다시 지방행정의 탈정치화를 내세우며 기초지방선거에서의 정당배제를 주장하였고, 이에 반대하던 야당과 절충 끝에, 기초자치단체장선거에서는 정당의 참여를 허용하되 기초의회의원선거에서는 정당의 관여를 불허하는 선에서 관련법령을 개정하기로 합의하였다. 이에 따라 공직선거및선거부정방지법 제47조 제 1 항 및 제84조의 개정이 이루어졌다. 헌법재판소는 2001헌가4 사건에서 기초의회의원선거의 경우에만 정당추천제를 배제하는 것은 헌법에 위반된다고 하였다.[2]

(4) 현행법(전반적 허용)   2005. 8. 4. 개정된 현행 공직선거법 제47조(정당의 후보자 추천) 제 1 항은 "정당은 선거에 있어 선거구별로 선거할 정수범위 안에서 그 소속당원을 후보자(이하 "정당추천후보자"라 한다)로 추천할 수 있다. 다만, 비례대표자치구·시·

---

1) 헌재 2003. 1. 30, 2001헌가4.
2) 헌재 2003. 1. 30, 2001헌가4; 헌재 2003. 5. 15, 2003헌가9.

군의원의 경우에는 그 정수 범위를 초과하여 추천할 수 있다"고 규정하고 있다. 말하자면 현행법은 모든 지방선거에 정당참여를 허용하고 있는 셈이다.

> ▣ 참고 ▮ 여성 후보의 추천
>
> [1] 비례대표의원선거 정당이 비례대표국회의원선거 및 비례대표지방의회의원선거에 후보자를 추천하는 때에는 그 후보자 중 100분의 50 이상을 여성으로 추천하되, 그 후보자명부의 순위의 매 홀수에는 여성을 추천하여야 한다(공선법 제47조 제 3 항).
>
> [2] 지역구의원선거 정당이 임기만료에 따른 지역구국회의원선거 및 지역구지방의회의원선거에 후보자를 추천하는 때에는 각각 전국지역구총수의 100분의 30 이상을 여성으로 추천하도록 노력하여야 한다(공선법 제47조 제 4 항). 정당이 임기만료에 따른 지역구지방의회의원선거에 후보자를 추천하는 때에는 지역구시·도의원선거 또는 지역구자치구·시·군의원선거 중 어느 하나의 선거에 국회의원지역구(군지역을 제외하며, 자치구의 일부지역이 다른 자치구 또는 군지역과 합하여 하나의 국회의원지역구로 된 경우에는 그 자치구의 일부지역도 제외한다)마다 1명 이상을 여성으로 추천하여야 한다(공선법 제47조 제 5 항).

5. 사 견

(1) 선택의 문제 지방의회의원의 선거에 정당을 참여시킬 것인가의 여부는 논리의 문제 외에 역사와 현실에 대한 이해문제와 관련된다. 정파간의 대립이 극심하였고, 세력확장에만 몰두하고 정책개발이나 민의수렴을 태만히 하였고, 중앙의 불안이 그대로 지방에 이전되었던 과거의 역사를 반성한다면 정당참여를 배제하는 것이 바람직할 것이고, 민주화의 의식이 높은 상황에서 건전한 정당정치를 지향하여야 한다는 당위에 중점을 둔다면, 정당의 참여를 허용하여야 할 것이다. 기초지방자치단체의 장과 의원선거에는 정당공천을 배제하자는 견해도 있으나,1) 현실적으로 보아 정당참여를 배제한다고 하여 정당참여가 완전히 배제되는 것이 아니라는 점(사실상의 공천이 이루어짐을 상기하라)을 고려할 때, 지방자치단체의 각종 선거에 정당참여를 전반적으로 허용하는 것이 불가피하다고 본다.2)

(2) 지 방 당 만약 지방의회에 정당의 참여를 허용한다면, 조직상 국회에 참여하는 정당과 지방의회에 참여하는 정당은 별개의 것으로, 말하자면 국회의원을

---

1) 류지태, "지방자치단체장의 선임방법," 지방자치법연구, 통권 제 2 호, 48쪽; 최우용, "참여정부에서의 지방선거와 정당공천제확대의 문제점," 지방자치법연구, 통권 제16호, 123쪽.

2) 지방선거의 경우, 미국은 정당참여가 금지되는 주가 전체의 70%에 해당하며, 일본은 정당공천제를 채택하고 있고, 영국도 정당관여를 인정하고 있다고 한다(최우용, "참여정부에서의 지방선거와 정당공천제확대의 문제점," 지방자치법연구, 통권 제16호, 125쪽).

갖는 정당은 지방의회에서 후보를 낼 수 없도록 할 수도 있고, 국회에 참여하는 정당을 지방의회 구성에 참여하게 할 수도 있다. 여기서 전자의 입장을 따르게 되면, 지방의회에만 참여하게 되는 지방당이 존재하게 된다.[1] 지방의 정치참여만을 목적으로 하는 지방정당의 출현을 바람직한 것으로 보는 견해도 있다.[2] 그러나 지방당을 두는 경우, 국회에 참여하는 당과 지방의회에 참여하는 지방정당 사이에 밀접한 관계가 형성될 수 있으므로 우리의 정치풍토에 비추어 지방당을 두는 것이 반드시 바람직하다고 말하기는 어렵다.

제 2 항   지방의회의 구성

Ⅰ. 지방의회의 구성방법

1. 유 형

선거는 대표제 민주주의의 본질적인 징표이므로, 지방의회의원을 선거에 의해 선출하는 것은 기본적인 요청이다. 그러나 선거 이외의 방식이 가미되기도 한다. 지방의회의 구성방식으로는 ① 지방의회의원 전원을 주민의 직접선거에 의해 선출하는 방법, ② 일부 의원은 주민의 직접선거로 선출하고 일부 의원은 간접선거로 선출하는 방법, ③ 일부 의원은 주민의 직접선거로 선출하고 일부 의원은 임명하는 방법, ④ 일부 의원은 주민의 직접선거로 선출하고 일부 의원은 직능대표로 선출하는 방법 등이 있다.

2. 현 행 법

(1) 관련법률   지방자치법은 지방의회의원의 선거에 관하여 다음의 조문을 두고 있다. 지방의회의원은 주민이 보통·평등·직접·비밀선거에 따라 선출한다(지자법 제38조). 지방선거에 관하여 지방자치법에서 정한 것 외에 필요한 사항은 따로 법률로 정한다(지자법 제36조). 따로 정하는 법률이 공직선거법이다. 아래에서 공직선거법의 내용을 보기로 한다.

---

1) 지역정당에 관한 글로 강재규, "지방자치구현과 지역정당," 지방자치법연구, 통권 제30호, 223쪽 이하 참조.
2) 정만희, "헌법적 관점에서 본 지방자치법제의 발전방향." 통권 제 3 호, 21쪽.

(2) 비례대표지방의회의원과 지역구지방의회의원　　지방의회의원에는 비례대표
지방의회의원과 지역구지방의회의원이 있다.[1] 모두 주민에 의해 직접 선출된다.
비례대표시·도의원은 당해 시·도를 단위로 선거하며, 비례대표자치구·시·군의원
은 당해 자치구·시·군을 단위로 선거한다(공선법 제20조 제2항).[2] 지역구지방의회의
원(지역구시·도의원 및 지역구자치구·시·군의원을 말한다)은 당해 의원의 선거구를 단위로 하
여 선거한다(공선법 제20조 제3항). 헌법재판소는 지역선거구 획정에 있어서 50%의
인구편차를 적절한 것으로 보았다.[3]

II. 선거의 원칙

1. 보통선거

(1) 의 의　　18세 이상의 국민은 선거권을 가진다(공선법 제15조). 선거권은 개
인적 공권이다. 모든 주민은 지방선거에 참여할 수 있어야 한다. 이것은 선거의
보편성을 의미한다. 정치적·경제적·사회적 사유로 선거권 행사를 제약하거나, 선
거권을 재산상태·교육수준·납세정도에 결부시키는 것은 보통선거 원칙에 반한다.
보통선거에 대립되는 개념은 제한선거이다. 서구의 역사를 볼 때, 선거권은 재산
과 교육을 구비한 남자에게만 부여되던 시기를 거쳐 재산을 가진 남자에게 확대되
었다가 20세기 초에는 여자에게 확대되었다. 오늘날에는 선거권의 부여에 재산·
교육·성별은 문제되지 아니한다. 보통선거는 평등원칙을 적용한 하나의 선거원칙
의 성질도 갖는다.[4]

(2) 제 한　　선거권과 피선거권에 일정 거주기간이나 주민등록을 요구하거나
또는 연령에 제한을 가하거나(공선법 제15조) 겸직을 금지하는 것은 합리적인 제한으
로서 헌법위반이 아니다. 그것은 지방의회제도의 내실화를 위한 것이기 때문이다.

2. 평등선거

(1) 의 의　　평등선거는 선거에 있어서 헌법상 평등원칙의 적용을 뜻한다.[5]

---

1) 헌재 2015. 1. 29, 2014헌마144.
2) 광역의회 의원은 전면적인 비례대표제를 선택하는 것이 바람직하다는 견해도 있다. 기초의원과 대
　비하여 광역의원은 또 다른 선택 즉 정당의 정책적 대응이 강화되어야 하기 때문이라는 것이다(성낙
　인, "지방자치제도 발전을 위한 헌법재판의 과제," 지방자치법연구, 통권 제31호, 129쪽).
3) 헌재 2018. 6. 28, 2014헌마189.
4) Gern, Kommunalrecht Baden-Württemberg, Rn. 168.
5) Gern, Kommunalrecht Baden-Württemberg, Rn. 169.

평등선거의 반대개념은 차등선거이다. 선거에 있어서 주민을 균등하게 대우하는
것은 우리 헌법상의 민주적 기본질서의 본질적인 부분을 구성하며, 동시에 특권계
급의 부인을 의미한다. 선거의 평등성은 선거권과 피선거권에 공통하는 원칙이다.
평등의 보장을 위해 평등선거가 법률에서 명시되고 있다. 모든 선거권자는 동일한
수의 투표권(1인 1표)을 가진다(공선법 제146조 제2항). 주어진 투표권은 동일하게 계산
되어야 한다(계산가치의 평등). 그리고 행하여진 투표는 선거결과에 동일한 효과를 미
쳐야 한다(결과가치의 평등). 따라서 원리상으로는 비례대표제가 보다 바람직하다. 비
례대표지방의회의원의 선거에는 비례선거가 도입되어 있고, 또한 폐쇄조항도[1] 도
입되어 있다(공선법 제190조의2). 비례선거제의 모델을 독일에서 볼 수 있다. 독일의
경우에 지방의회의원의 선거에 있어서는 비례선거가 압도적으로 많이 활용되고 있
다.[2]

　　(2) 적용범위　　평등선거는 선거권뿐만 아니라 피선거권에도 적용된다. 피선거
권과 관련하여 평등선거는 모든 입후보자의 기회균등을 보장한다. 또한 평등선거
의 원칙은 후보자추천에도 적용되는 원칙이다. 후보자의 추천이 정당에 의해 독점
되어서는 아니 된다. 정당이 아닌 사인에 의한 후보자추천도 평등선거의 원칙에 들
어온다(공선법 제48조). 독일의 경우, 비례선거에서 선거권자그룹에 의한 후보자추천
도 가능하다.[3]

　　(3) 공직선거법상 의석배분방식

　　(가) 득표비율에 따른 배분　　비례대표지방의회의원선거에 있어서는 당해 선거구
선거관리위원회가 유효투표총수의 100분의 5 이상을 득표한 각 정당(이하 이 조에서

---

1) 독일 연방헌법재판소는 5%폐쇄조항을 연방하원선거뿐만 아니라 지방선거에도 헌법상 허용된다고
　하였다. 왜냐하면 많은 정당의 난립은 지방의회의 기능성을 침해하고, 이로써 지역공동체의 사무를
　질서에 적합하게 수행하는 것이 보장되지 않기 때문이라는 것이다(BVerfGE 1, 208, 256; 6, 104,
　114ff.; 47, 253, 277; 82, 322, 337ff.); Burgi, Kommunalrecht, Rn. 29.
2) 비례선거제의 유형은 구속명부식(Starre Liste)을 기본으로 하여 여러 가지의 변용이 이루어지고
　있고, 또한 일부 란트에는 유권자가 다수표를 가지며(예: Sachsen의 경우는 3표, Bayern 등 일부 란
　트에 따라서는 선출하는 의원의 수만큼 표를 가지기도 한다), 그 행사는 누적식(Kumulieren) 또는
　연기식(Panaschieren) 모두가 가능하다. 누적식이란 지방의원선거에서 동일인에게 3표까지 줄 수 있
　는 것을 말하고, 연기식이란 지방의원선거에서 소속정당을 불문하고 자기의 표를 분산하여 행사할
　수 있는 것을 말한다.
3) 독일연방헌법재판소는 후보자추천권을 정당에만 제한하는 것은 선거의 보편성(일반성)의 원칙과
　평등성의 원칙을 침해하는 것이고, 헌법상의 자치행정의 보장과 일치하지 아니한다는 입장을 취한다
　(BVerfGE 11, 266ff.). 한편, 독일의 경우에 입후보는 정당추천에 의한 입후보와 개인적인 입후보 외
　에 선거권자그룹에 의한 입후보의 경우가 있다. 선거권자그룹(Wählergruppe)으로는 선거권자조합
　(Wählervereinigungen), 선거권자공동체(Wählergemeinschaften), 지방의회정당(Rathausparteien)이
　있고, 또한 이들은 연합하여 단일후보자리스트를 작성하여 추천할 수도 있다.

"의석할당정당"이라 한다)에 대하여 당해 선거에서 얻은 득표비율에 비례대표지방의회의
원정수를 곱하여 산출된 수의 정수의 의석을 그 정당에 먼저 배분하고 잔여의석은
단수가 큰 순으로 각 의석할당정당에 1석씩 배분하되, 같은 단수가 있는 때에는 그
득표수가 많은 정당에 배분하고 그 득표수가 같은 때에는 당해 정당 사이의 추첨
에 의한다. 이 경우 득표비율은 각 의석할당정당의 득표수를 모든 의석할당정당의
득표수의 합계로 나누고 소수점 이하 제 5 위를 반올림하여 산출한다(공선법 제190조
의2 제 1 항).

(나) 3분의 2 이상 배분시의 특례   비례대표시·도의원선거에 있어서 하나의 정
당에 의석정수의 3분의 2 이상의 의석이 배분될 때에는 그 정당에 3분의 2에 해당
하는 수의 정수의 의석을 먼저 배분하고, 잔여의석은 나머지 의석할당정당간의 득
표비율에 잔여의석을 곱하여 산출된 수의 정수의 의석을 각 나머지 의석할당정당
에 배분한 다음 잔여의석이 있는 때에는 그 단수가 큰 순위에 따라 각 나머지 의석
할당정당에 1석씩 배분한다. 다만, 의석정수의 3분의 2에 해당하는 수의 정수에 해
당하는 의석을 배분받는 정당 외에 의석할당정당이 없는 경우에는 의석할당정당이
아닌 정당간의 득표비율에 잔여의석을 곱하여 산출된 수의 정수의 의석을 먼저 그
정당에 배분하고 잔여의석이 있을 경우 단수가 큰 순으로 각 정당에 1석씩 배분한
다. 이 경우 득표비율의 산출 및 같은 단수가 있는 경우의 의석배분은 제 1 항의 규
정을 준용한다(공선법 제190조의2 제 2 항).

(다) 재투표의 경우   관할선거구선거관리위원회는 비례대표지방의회의원선거에
있어서 제198조(천재·지변 등으로 인한 재투표)의 규정에 의한 재투표 사유가 발생한 때
에는 그 투표구의 선거인수를 당해 선거구의 선거인수로 나눈 수에 비례대표지방
의회의원의석정수를 곱하여 얻은 수의 정수(1 미만의 단수는 1로 본다)를 비례대표지방
의회의원의석정수에서 뺀 다음 제 1 항 및 제 2 항의 규정에 따라 비례대표지방의회
의원의석을 배분하고 당선인을 결정한다. 다만, 비례대표지방의회의원의석배분이
배제된 정당 중 재투표결과에 따라 의석할당정당이 추가될 것으로 예상되는 때에
는 추가가 예상되는 정당마다 비례대표지방의회의원정수의 100분의 5에 해당하는
정수(1 미만의 단수는 1로 본다)의 의석을 별도로 빼야 한다(공선법 제190조의2 제 3 항).

3. 직접선거

선거의 결과는 선거권자 스스로에 의해 결정되어야 한다. 이것은 선거의 직접
성을 의미한다. 자의가 개입할 수 있는 여지가 없이 투표가 바로 특정 또는 특정할

수 있는 입후보자에게 귀속될 수 있는 경우에 직접성은 존재한다. 말하자면 지방의
회의원은 주민의 투표에 의해 바로 정해져야 한다. 직접성은 지방의회의원의 선거
에 대한 것이며, 정당의 선거에 대한 것이 아니다. 이러한 의미에서 본다면, 주민
이 직접 투표하여야 한다(공선법 제146조 제 1 항·제 2 항). 따라서 선거결과의 발견에 있
어서는 오로지 산술적인 과정만이 있을 뿐이다. 비례선거의 경우 구속명부식인 때
에 선거의 직접성에 반하는 것이 아니다.[1] 비구속명부식인 경우에는 직접성에 반
한다고 본다.[2] 직접선거에 대립되는 개념은 간접선거이다.

4. 비밀선거

비밀선거는 특정의 투표자가 투표한 내용은 비밀로 보장되어야 함을 의미한다
(공선법 제146조 제 3 항, 제167조). 비밀선거는 후술하는 자유선거의 전제가 된다. 투표
함선거와 달리 우편투표는 원칙적으로 금지되어야 한다. 왜냐하면 투표권자의 투
표권의 행사가 감시권자의 감시 없이 이루어졌으므로, 그것이 자유롭게 행사되었
는지를 알 수 없기 때문이다. 다만 건강상의 이유 등 불가피한 사유가 있는 경우에
는 필요한 보완조치를 전제로 우편선거를 허용하는 것은 가능할 것이다. 선거비밀
의 유지가 보장되어야 한다. 선거의 준비과정과 선거과정은 투표참가자가 선거내
용(선거결과)을 인식하는 것이 불가능하도록 마련되어야 하는 것도 선거의 비밀성의
내용이다. 투표결과의 집계에서도 투표자의 비밀은 보장되어야 하고, 우편투표가
이루어진 경우에도 투표자의 비밀은 보장되어야 한다. 물론 유권자 자신은 선거비
밀을 준수하여야 할 의무를 원칙적으로 부담하지 아니한다. 유권자는 선거 전후에
자신의 투표행위에 대하여 공개할 수 있다.[3] 사회주의국가에서 행해진 공개투표
또는 집단선거는 비밀선거에 반한다. 비밀선거에 대립되는 공개선거, 집단선거는
부인된다(공선법 제167조).

5. 자유선거

선거 전·후를 불문하고 공적인 면이나 사적인 면에서 선거권자에게 강압이나
그 밖의 위법한 영향 내지 강제가 가해져서는 아니 된다(공선법 제237조, 제238조 등).
자유선거는 원칙적으로 선거권자의 선거운동의 자유, 자유로운 후보자추천을 포함

---

1) BVerfGE 7, 63, 69.
2) Erichsen, Kommunalrecht, S. 94.
3) Erichsen, Kommunalrecht, S. 94.

한다. 자유선거는 비밀선거의 준수를 필수적인 전제로 한다.[1] 정당의 추천으로 입후보자가 정해지는 경우라면, 자유선거는 당원의 참여하에 이루어지는 정당의 자유로운 후보자지명을 전제로 한다. 그리고 후보자의 선택이 법적으로나 사실상으로 정당지도부의 일방적인 결정에 위임되어서는 아니 된다. 그리고 선거에 참여하는 모든 자에게 기회균등의 원칙이 적용되어야 한다. 선거에 참여하는 자에게 기회의 균등이 유지되지 아니한다면(예: 집권당의 입후보자의 선거운동만이 이루어지는 경우), 유권자의 자유로운 의사형성과 판단은 불가능할 것이다. 여기서 다수당의 통상적인 정당활동과 선거운동의 구분이 문제된다.

Ⅲ. 선거권과 피선거권

1. 선 거 권

(1) 적극적 요건　18세 이상으로서 공직선거법 제37조 제 1 항에 따른 선거인명부작성기준일 현재 다음 각 호(1. 「주민등록법」제 6 조 제 1 항 제 1 호 또는 제 2 호에 해당하는 사람으로서 해당 지방자치단체의 관할 구역에 주민등록이 되어 있는 사람, 2. 「주민등록법」제 6 조 제 1 항 제 3 호에 해당하는 사람으로서 주민등록표에 3개월 이상 계속하여 올라 있고 해당 지방자치단체의 관할구역에 주민등록이 되어 있는 사람, 3. 「출입국관리법」제10조에 따른 영주의 체류자격 취득일 후 3년이 경과한 외국인으로서 같은 법 제34조에 따라 해당 지방자치단체의 외국인등록대장에 올라 있는 사람)의 어느 하나에 해당하는 사람은 그 구역에서 선거하는 지방자치단체의 의회의원 및 장의 선거권이 있다(공선법 제15조 제 2 항). 이를 분설한다. ① 선거권은 18세 이상인 자가 갖는다.[2] 선거권자의 연령을 몇 세로 할 것인가는 입법적 결단의 문제

---

1) Erichsen, Kommunalrecht, S. 94.

2) 독일연방공화국 기본법 제38조(선거) ② 만 18세 이상인 자는 (연방하원의원) 선거권을 갖는다. 성년이 되는 연령에 달한 자는 피선거권이 있다.

　노르트라인-베스트팔렌 헌법 제31조(선거원칙, 선거권) ② 만 18세 이상인 자는 (란트의회의원)선거권을 갖는다. 성년이 되는 연령에 달한 자는 피선거권을 갖는다.

　노르트라인-베스트팔렌 지방선거법 제 7 조(선거권) 선거일에 기본법 제116조 제 1 항의 의미에서 독일인이거나 또는 유럽연합의 회원국의 국적을 갖는 자로서 만 16세 이상이고 또한 3개월 이상 선거구에 주소(다수의 주거지가 있는 경우에는 주된 주소)를 가진 자는 (지방의회의원) 선거권을 갖는다.

　제12조(피선거권) ① 선거권이 있는 자는 모두 피선거권이 있다.

　한편, 독일의 경우 선거권을 갖게 되는 연령이 1차대전 전까지는 24세, 1차대전 후에는 20세, 그 후는 18세이다. 18세로 바뀐 이유는 ① 과거보다 청년의 성숙과정이 빠르고, ② 조국을 위하여 병사로서 자신의 삶을 영위하는데 충분한 연령 및 공무를 담당할 수 있는 최소 연령과 맞출 필요가 있다는 데 있었다고 한다(Kluber, Kommunalrecht, S. 85). 그런데 최근의 노르트라인-베스트팔렌의 지방선거법(1998. 6. 30 개정. 1999년 발효)은 선거권의 연령을 만 16세로 낮추었다. Niedersachsen, Sachsen-Anhalt, Schleswig-Holstein의 경우에도 16세이다. 물론 이것도 청년의 성숙과정이 더 빨

이다.1) ② 선거권을 갖기 위해서는 주민등록이 되어 있거나 외국인등록대장에 올라 있어야 한다.2) ③ 공직선거법 제15조 제 2 항 제 3 호는 일정한 외국인에게도3) 선거권을 부여하고 있다.4)

(2) 소극적 요건   선거일 현재 다음 각 호(1. 금치산선고를 받은 자, 2. 1년 이상의 징역 또는 금고의 형의 선고를 받고 그 집행이 종료되지 아니하거나 그 집행을 받지 아니하기로 확정되지 아니한 사람. 다만, 그 형의 집행유예를 선고받고 유예기간 중에 있는 사람은 제외한다. 3. 선거범, 「정치자금법」 제45조(정치자금부정수수죄) 및 제49조(선거비용관련 위반행위에 관한 벌칙)에 규정된 죄를 범한 자 또는 대통령·국회의원·지방의회의원·지방자치단체의 장으로서 그 재임중의 직무와 관련하여 「형법」 (「특정범죄가중처벌 등에 관한 법률」 제 2 조에 의하여 가중처벌되는 경우를 포함한다) 제129조(수뢰, 사전수뢰) 내지 제132조(알선수뢰)·「특정범죄가중처벌 등에 관한 법률」 제 3 조(알선수재)에 규정된 죄를 범한 자로서, 100만원 이상의 벌금형의 선고를 받고 그 형이 확정된 후 5년 또는 형의 집행유예의 선고를 받고 그 형이 확정된 후 10년을 경과하지 아니하거나 징역형의 선고를 받고 그 집행을 받지 아니하기로 확정된 후 또는 그 형의 집행이 종료되거나 면제된 후 10년을 경과하지 아니한 자(형이 실효된 자도 포함

라지고 있음을 반영한 것이라 하겠다. 하여간 선거권자의 연령을 낮추는 것은 지방자치단체에 젊은 이의 의견을 보다 강하게 반영하기 위한 것이라 한다.

1) 헌재 2001. 6. 28, 2000헌마111; 헌재 1997. 6. 26, 96헌마89.

2) 독일의 경우에는 란트에 따라 3개월 내지 6개월의 거주요건이 요구된다.

3) Nordrhein-Westfalen의 경우, 유럽연합회원국의 국민도 지방선거에서 선거권을 갖는다. 이것은 구주공동체조약 제8b조(유럽연합조약에 따라 제19조로 개정)와 기본법 제28조 제 1 항 제 3 문에 따른 것이며, 기본법 제 3 조(법률 앞에 평등)와 제38조(연방하원의원선거권)와는 무관한 것으로 보인다. 한편, 독일의 지배적인 견해는 기본법 제28조 제 1 항 제 3 문의 해석상 비유럽연합회원국의 국민에게 지방선거에서 선거권을 부여하기 위해서는 헌법개정이 필요하다고 본다(Erichsen, Kommunalrecht, S. 92; Tettinger/Erbguth/Mann, Besonderes Verwaltungsrecht, Rn. 101). 종전에는 개별 법률로 외국인에게 지방선거에서 선거권을 부여할 수 있는가의 논쟁이 있었다. 연방헌법재판소도 외국인에게 지방선거에서 일반적인 선거권을 부여하는 것을 부인하였다. 연방헌법재판소는 그 근거로 기본법 제28조 제 1 항 제 2 문의 국민(Volk)의 개념을 기본법 제20조 제 2 항과 달리 새길 수 없다고 하였다. 말하자면 국가권력의 행사는 독일국민들에게 유보되어 있다는 것이다(BVerfG 83, 37, 53). 지배적인 견해도 판례의 입장을 지지한다(Seewald, in: Steiner(Hrsg.), Besonderes Verwaltungsrecht, Rn. 182).

- 구주공동체조약 제8b조(유럽연합조약에 따라 제19조로 개정) ① 회원국 내에 주소를 가진 모든 연합시민은 그 (주소를 가진) 국가의 국적을 갖지 아니하여도 그 국가에 주소를 가짐으로써 지방선거의 선거권과 피선거권을 갖는다. … .

- 기본법 제28조(란트헌법에 대한 연방의 보장) ① 란트의 헌법질서는 기본법상 의미의 공화적·민주적·사회적 법치국가의 원칙에 부합하여야 한다. 란트·크라이스 그리고 게마인데에서 국민(Volk)은 보통·직접·자유·평등·비밀선거로 구성되는 의회(대표기관)를 가져야 한다. 크라이스와 게마인데의 선거에서 유럽공동체회원국의 국적을 가진 자는 유럽공동체법에 따라 선거권과 피선거권을 갖는다. 게마인데에는 선출된 사단으로 게마인데의회를 둔다.

- 기본법 제20조(헌법원칙 등) ② 모든 국가권력은 국민으로부터 나온다. 모든 국가권력은 국민(Volke)에 의해 선거와 투표로 행사되고, 또한 입법·집행·사법의 특별한 기관을 통해 행사된다.

4) 독일 Niedersachsen주의 경우, 독일국민이나 유럽연합회원국의 국민은 피선거권을 가지지만, 적어도 국적보유기간이 1년 이상일 것을 요구한다(Niedersachsen 게마인데법 제35조 제 1 항 제 3 문). 그러나 선거권에는 국적보유기간이 요구되지 아니한다.

한다), 4. 법원의 판결 또는 다른 법률에 의하여 선거권이 정지 또는 상실된 자)의 어느 하나에 해당하는 자는 선거권이 없다(공선법 제18조 제 1 항). 제 1 항 제 3 호에서 "선거범"이라 함은 제16장 벌칙에 규정된 죄와 「국민투표법」 위반의 죄를 범한 자를 말한다(공선법 제18조 제 2 항).

2. 피선거권

(1) **적극적 요건**　선거일 현재 계속하여 60일 이상(공무로 외국에 파견되어 선거일전 60일 후에 귀국한 자는 선거인명부작성기준일부터 계속하여 선거일까지) 해당 지방자치단체의 관할구역에 주민등록이 되어 있는 주민으로서 18세 이상의 국민은 그 지방의회의원 및 지방자치단체의 장의 피선거권이 있다. 이 경우 60일의 기간은 그 지방자치단체의 설치·폐지·분할·합병 또는 구역변경(제28조 각 호의 어느 하나에 따른 구역변경을 포함한다)에 의하여 중단되지 아니한나(공선법 제16조 제 3 항).

(가) **연령요건**　피선거권은 18세 이상의 국민이 갖는다(공선법 제16조 제 3 항).[1] 피선거권자의 연령을 몇 세로 할 것인가는 입법적 결단의 문제이다. 공직선거법은 연령의 하한선에 대해서는 18세 이상으로 규정하고 있으나, 상한선에 관해서는 규정하는 바가 없다. 연령요건에 상한선을 두는 것도 검토할 필요가 있다.

(나) **거주요건**　피선거권을 갖기 위해서는 선거일 현재 계속하여 60일 이상(공무로 외국에 파견되어 선거일 전 60일 후에 귀국한 자는 선거인명부작성기준일부터 계속하여 선거일까지) 해당 지방자치단체의 관할 구역 안에 주민등록이 되어 있어야 한다. 이 경우 60일의 기간은 그 지방자치단체의 설치·폐지·분할·합병 또는 구역변경(제28조 각 호의 어느 하나에 따른 구역변경을 포함한다)에 의하여 중단되지 아니한다(공선법 제16조 제 3 항). 제 3 항 전단의 경우에 지방자치단체의 사무소 소재지가 다른 지방자치단체의 관할 구역에 있어 해당 지방자치단체의 장의 주민등록이 다른 지방자치단체의 관할 구역에 있게 된 때에는 해당 지방자치단체의 관할 구역에 주민등록이 되어 있는 것으로 본다(공선법 제16조 제 4 항). 애향심과 관련하여 60일의 요건을 6개월이나 1년으로 연장하는 것도 검토할 일이다.[2]

(다) **국적요건**　선거권과 달리 피선거권은 국민만이 가질 수 있다. 말하자면 피선거권에는 국적요건이 요구된다(공선법 제16조 제 3 항).

---

1) Nordrhein-Westfalen 크라이스선거법상 피선거권자의 연령은 선거권의 경우와 달리 종전과 마찬가지로 18세이다(동법 제12조 제 1 항).
2) 독일 Bayern이나 Niedersachsen의 경우에는 6개월의 거주기간이 요구된다.

(2) **소극적 요건**   선거일 현재 다음 각 호(1. 제18조(선거권이 없는 자) 제 1 항 제 1 호·제 3 호 또는 제 4 호에 해당하는 자, 2. 금고 이상의 형의 선고를 받고 그 형이 실효되지 아니한 자, 3. 법원의 판결 또는 다른 법률에 의하여 피선거권이 정지되거나 상실된 자, 4.「국회법」제166조 (국회 회의 방해죄)의 죄를 범한 자로서 다음 각 목[가. 500만 원 이상의 벌금형의 선고를 받고 그 형이 확정된 후 5년이 경과되지 아니한 자, 나. 형의 집행유예의 선고를 받고 그 형이 확정된 후 10년이 경과되지 아니한 자, 다. 징역형의 선고를 받고 그 집행을 받지 아니하기로 확정된 후 또는 그 형의 집행이 종료되거나 면제된 후 10년이 경과되지 아니한 자]의 어느 하나에 해당하는 자(형이 실효된 자를 포함한다), 5. 제230조 제 6 항의 죄를 범한 자로서 벌금형의 선고를 받고 그 형이 확정된 후 10년을 경과하지 아니한 자(형이 실효된 자도 포함한다))의 어느 하나에 해당하는 자는 피선거권이 없다 (공선법 제19조).

Ⅳ. 선거에 관한 쟁송

1. 선거쟁송

(1) **선거소청**   지방의회의원 및 지방자치단체의 장의 선거에 있어서 선거의 효력에 관하여 이의가 있는 선거인·정당(후보자를 추천한 정당에 한한다. 이하 이 조에서 같다) 또는 후보자는 선거일부터 14일 이내에 당해 선거구선거관리위원회위원장을 피소청인으로 하여 지역구시·도의원선거(지역구세종특별자치시의회의원선거는 제외한다), 자치구·시·군의원선거 및 자치구·시·군의 장 선거에 있어서는 시·도선거관리위원회에, 비례대표시·도의원선거, 지역구세종특별자치시의회의원선거 및 시·도지사선거에 있어서는 중앙선거관리위원회에 소청할 수 있다(공선법 제219조 제 1 항).

(2) **선거소송**   지방의회의원 및 지방자치단체의 장의 선거에 있어서 선거의 효력에 관한 제220조의 결정에 불복이 있는 소청인(당선인을 포함한다)은 해당 소청에 대하여 기각 또는 각하 결정이 있는 경우(제220조 제 1 항의 기간 내에 결정하지 아니한 때를 포함한다)에는 해당 선거구선거관리위원회 위원장을, 인용결정이 있는 경우에는 그 인용결정을 한 선거관리위원회 위원장을 피고로 하여 그 결정서를 받은 날(제220조 제 1 항의 기간 내에 결정하지 아니한 때에는 그 기간이 종료된 날)부터 10일 이내에 비례대표시·도의원선거 및 시·도지사선거에 있어서는 대법원에, 지역구시·도의원선거, 자치구·시·군의원선거 및 자치구·시·군의 장 선거에 있어서는 그 선거구를 관할하는 고등법원에 소를 제기할 수 있다(공선법 제222조 제 2 항).

2. 당선쟁송

(1) **당선소청**   지방의회의원 및 지방자치단체의 장의 선거에 있어서 당선의 효력에 관하여 이의가 있는 정당 또는 후보자는 당선인결정일부터 14일 이내에 제52조 제 1 항부터 제 3 항까지 또는 제192조 제 1 항부터 제 3 항까지의 사유에 해당함을 이유로 하는 때에는 당선인을, 제190조(지역구지방의회의원당선인의 결정·공고·통지) 내지 제191조(지방자치단체의 장의 당선인의 결정·공고·통지)의 규정에 의한 결정의 위법을 이유로 하는 때에는 당해 선거구선거관리위원회위원장을 각각 피소청인으로 하여 지역구시·도의원선거(지역구세종특별자치시의회의원선거는 제외한다), 자치구·시·군의 원선거 및 자치구·시·군의 장 선거에 있어서는 시·도선거관리위원회에, 비례대표 시·도의원선거, 지역구세종특별자치시의회의원선거 및 시·도지사선거에 있어서는 중앙선거관리위원회에 소청할 수 있다(공선법 제219조 제 2 항).

(2) **당선소송**   지방의회의원 및 지방자치단체의 장의 선거에 있어서 당선의 효력에 관한 제220조의 결정에 불복이 있는 소청인 또는 당선인인 피소청인(제219조 제 2 항 후단에 따라 선거구선거관리위원회 위원장이 피소청인인 경우에는 당선인을 포함한다)은 해당 소청에 대하여 기각 또는 각하 결정이 있는 경우(제220조 제 1 항의 기간 내에 결정하지 아니한 때를 포함한다)에는 당선인(제219조 제 2 항 후단을 이유로 하는 때에는 관할선거구선거관리위원회 위원장을 말한다)을, 인용결정이 있는 경우에는 그 인용결정을 한 선거관리위원회 위원장을 피고로 하여 그 결정서를 받은 날(제220조 제 1 항의 기간 내에 결정하지 아니한 때에는 그 기간이 종료된 날)부터 10일 이내에 비례대표시·도의원선거 및 시·도지사선거에 있어서는 대법원에, 지역구시·도의원선거, 자치구·시·군의원선거 및 자치구·시·군의 장 선거에 있어서는 그 선거구를 관할하는 고등법원에 소를 제기할 수 있다(공선법 제223조 제 2 항).

제 3 항   지방의회의 조직

I. 의장과 부의장

1. 의장의 직무상 지위

(1) **지방의회의 대표자로서 의장**   지방의회의 의장은 지방의회의 외부에 대하

여 지방의회를 대표한다(지자법 제58조). 이러한 지위에서 의장은 지방자치단체 내부적으로는 지방의회의 의결을 집행기관의 장에게 송부하고, 지방자치단체 외부적으로는 주민의 의견이나 청원을 의장 명의로 접수·수리한다.

(2) 회의의 주재자로서 의장

(가) 의사의 정리   지방의회의 의장은 의사를 정리한다(지자법 제58조). 의장이 의사를 정리한다는 것은 의장이 개의일시의 결정, 의사일정 작성, 의안의 상임위원회 회부와 개회, 발언허가, 질의, 토론, 표결 등 의사의 전 과정을 책임지고 운영한다는 것을 말한다.

(나) 회의 주재의 자세   회의의 주재자로서 의장은 상이한 견해 앞에서 중립성을 유지하여야 한다. 의장의 회의주재권의 행사기준은 지방자치법에서 규정되고 있다. 법률에 근거가 없는 한, 의장은 위법한 의안임을 이유로 심의를 배척할 권한을 갖지 아니한다.

(다) 회의장 질서유지   지방의회의 의장은 회의장 내의 질서를 유지한다(지자법 제58조). 이를 위하여 「지방자치법」은 의장에게 회의질서 유지권(지자법 제94조)과 방청인에 대한 단속권(지자법 제94조)을 부여하고 있다.

(3) 행정청으로서 의장

의장은 소속지방의회의 일반사무에 대한 책임을 진다. 따라서 의장은 의회의 사무를 감독한다(지자법 제58조). 동시에 의장은 지방의회 소속의 공무원에 대하여 지휘감독권을 갖는다. 이러한 사무를 수행하는 범위 안에서 의장은 행정청의 성격을 갖는다. 따라서 의장의 처분이 행정절차법상 처분에 해당하는 한, 그것은 행정쟁송의 대상이 될 수 있다.

2. 의장·부의장의 선출·임기, 불신임

(1) 의장의 선출[1]

(가) 선출인원과 방법   지방의회는 지방의회의원 중에서 시·도의 경우 의장 1명을, 시·군 및 자치구의 경우 의장 1명을 무기명투표로 선출하여야 한다(지자법 제57조 제 1 항).[2] 의장선임행위는 행정처분에 해당한다.[3] 의장·부의장 선거는 무기명투표로 표결한다(지자법 제74조 제 1 호).

---

1) [참고논문] 간옥총, "(대만) 지방의회 의장 부정선거 근절을 위한 민주적 감독제도," 지방자치법연구, 통권 제62호, 191쪽 이하.
2) 독일의 경우, 의회의장을 의원 중에서 선출하는 란트도 있고, 주민이 선출하는 시장이 의회의장을 겸하는 경우도 있다. 이에 관해 본서 제 4 판, 242쪽 참조.
3) 대판 1995. 1. 12, 94누2602.

(나) **의결정족수**   ① 의장과 부의장의 선거에는 지방자치법 제73조(의결정족수) 제 1 항이 적용되는바, 재적의원 과반수의 출석과 출석의원 과반수의 찬성을 얻은 자가 당선자로 된다. 그러나 지방의회의 대표성의 강화라는 측면에서 재적의원 과반수의 찬성을 얻은 자를 의장과 부의장으로 하는 것이 바람직하다는 지적이 있다.[1] ② 제 1 차 투표에서 당선자가 나오지 아니하면, 당선자가 나올 때까지 투표를 계속할 수밖에 없다.[2]

(다) **선거의 시기**   ① 지방의회의원 총선거 후 처음으로 선출하는 의장·부의장 선거는 최초집회일에 실시한다(지자법 제57조 제 2 항). ② 처음 선출된 의장 또는 부의장의 임기가 만료되는 때의 새로운 의장 또는 부의장의 선출시기에 관한 규정은 보이지 아니한다. 그 선출시기를 규정하는 것은 자치사무인바, 해당 지방자치단체가 조례로 정할 수 있을 것이다. 국회법 제15조 제 2 항(제1항의 선거는 국회의원총선거 후 최초집회일에 실시하며, 처음 선출된 의장 또는 부의장의 임기가 만료되는 때에는 그 임기만료일전 5일에 실시한다. 그러나 그 날이 공휴일인 때에는 그 다음 날에 실시한다)을 참조하여 지방자치법에서 보완할 필요가 있다는 주장도 있다.[3] ③지방의회의 의장이 궐위된 경우에는 보궐선거를 실시한다(지자법 제61조 제 1 항). 보궐선거의 방식은 통상의 경우와 같다고 볼 것이다.

(라) **임시의장**   지방의회의 의장과 부의장이 모두 부득이한 사유로 직무를 수행할 수 없을 때에는 임시의장을 선출하여 의장의 직무를 대행하게 한다(지자법 제60조). 임시의장의 선거는 무기명투표로 표결한다(지자법 제74조 제 2 호).

(마) **의장 등을 선거할 때의 의장 직무 대행**   제57조 제 1 항, 제60조 또는 제61조 제 1 항에 따른 선거(이하 이 조에서 "의장등의 선거"라 한다)를 실시할 때 의장의 직무를 수행할 사람이 없으면 출석의원 중 최다선의원이, 최다선의원이 2명 이상이면 그 중 연장자가 그 직무를 대행한다. 이 경우 직무를 대행하는 지방의회의원이 정당한 사유 없이 의장등의 선거를 실시할 직무를 이행하지 아니할 때에는 다음 순위의 지방의회의원이 그 직무를 대행한다(지자법 제63조).

---

1) 이일세, 지방자치법주해, 252쪽.
2) 한편, 과반수 득표자가 없는 경우에 당선자를 결정하는 방법에 관한 규정이 지방자치법에 없으므로 국회법 제15조 제 3 항(제1항의 득표자가 없을 때에는 2차투표를 하고, 2차투표에도 제1항의 득표자가 없을 때에는 최고득표자가 1인이면 최고득표자와 차점자에 대하여, 최고득표자가 2인 이상이면 최고득표자에 대하여 결선투표를 하되, 재적의원 과반수의 출석과 출석의원 다수득표자를 당선자로 한다)을 참조하여 지방자치법을 보완하여야 한다는 지적도 있다(이일세, 지방자치법주해, 252쪽).
3) 이일세, 지방자치법주해, 252쪽.

(2) **의장의 임기** 의장의 임기는 2년으로 한다(지자법 제57조 제3항).1) 임기를 의원임기와 같이 4년으로 하지 않고 2년으로 한 것은 의장단에 대한 신임을 묻고 지방의회의 민주적 운영을 확보하기 위한 것이라 볼 수도 있다. 그러나 이러한 취지는 아래에서 보는 의장이나 부의장에 대한 불신임제도에 의해서도 달성될 수 있으므로, 의장과 부의장의 임기를 2년으로 하는 것은 지방의회의 조직에 활기를 불어넣기 위한 것으로 볼 것이다. 한편, 보궐선거로 당선된 의장이나 부의장의 임기는 전임자의 남은 임기로 한다(지자법 제61조 제2항).

(3) **의장의 불신임** 지방의회의 의장이 법령을 위반하거나 정당한 사유 없이 직무를 수행하지 아니하면 지방의회는 불신임을 의결할 수 있다(지자법 제62조 제1항). 불신임제도는 의장단의 위법행위와 직무태만을 견제하기 위한 제도이다. 그 요건은 엄격하게 해석되어야 한다. 불신임의 사유는 법령위반과 직무해태에 한정된다.2) 제1항의 불신임의결은 재적의원 4분의 1 이상의 발의와 재적의원 과반수의 찬성으로 한다(지자법 제62조 제2항). 불신임의결에는 특별정족수가 요구된다.3) 제2항의 불신임의결이 있으면 의장은 그 직에서 해임된다(지자법 제62조 제3항). 여기서 해임은 자동해임을 뜻한다. 특별한 해임행위를 요하지 아니한다. 의장의 불신임은 행정처분으로 소송의 대상이 된다.4) 의장불신임을 다투는 소송에도 권리보호의 필요가 요구된다.5) 의장·부의장의 불신임의결은 무기명투표로 표결한다(지자법 제74조 제3호).

3. 의장의 권한과 직무대행

(1) 권 한

(가) **의장으로서 갖는 권한** 지방의회의장은 의결된 조례안의 지방자치단체의 장에게 이송권(지자법 제32조 제1항), 확정된 조례의 예외적인 공포권(지자법 제32조 제6항), 임시회소집공고권(지자법 제54조 제3항), 지방의회 대표권(지자법 제58조), 회의장 내

---

1) 입법례에 따라서는 의장과 부의장의 임기가 의원의 임기와 동일한 경우도 볼 수 있다(예: Niedersachsen 게마인데법 제43조 제1항).
2) 입법례에 따라서는 불신임사유를 제한하지 아니하는 경우도 있다(예: 독일 Niedersachsen 게마인데법 제43조 제3항).
3) 입법례에 따라서는 특별정족수가 아니라, 불신임에 대한 반대의 의사표시보다 찬성의 의사표시가 많으면(즉 단순 다수의 찬성으로) 불신임의 의결이 이루어지는 것으로 규정하는 경우도 있다(예: 독일 Niedersachsen 게마인데법 제47조 제1항 제1문). 이러한 입법례는 "지방의회의장의 지위는 중요한 것이 아니다"라는 입법자의 의사에 기인한 것으로 이해된다. 한편, 독일 Schleswig-Holstein에서는 불신임의결에 재적의원 3분의 2 이상의 찬성을 요한다.
4) 대판 1994. 10. 11, 94두23.
5) 대판 1995. 6. 30, 95누955.

질서유지권(지자법 제58조), 의회사무감독권(지자법 제58조), 폐회중 의원의 사직허가권(지자법 제89조 단서) 등을 갖는다. 회의소집의 구체적인 일시와 장소 및 토의사항에 관해 특별한 규정이 없으면, 의장의 재량에 놓인다. 토의사항을 의사일정에 분명하게 반영하여 모든 의원이 논의사항과 의결사항을 사전에 준비할 수 있도록 하여야 한다.

(나) 행정청으로서 갖는 권한   지방의회의 의장은 지방의회 사무직원을 지휘·감독하고 법령과 조례·의회규칙으로 정하는 바에 따라 그 임면·교육·훈련·복무·징계 등에 관한 사항을 처리한다(지자법 제103조 제 2 항). 이 조항에 따라 의장이 사무직원에 대한 인사권을 행사하는 경우, 의장은 행정청으로서의 지위를 갖는다. 사무직원은 의장의 인사권행사로 법률상 이익의 침해를 받는 경우, 행정상 쟁의를 통해 다툴 수 있다.

(2) 직무대리와 대행   지방의회의 의상이 부득이한 사유로 식무를 수행할 수 없을 때에는 부의장이 그 직무를 대리한다(지자법 제59조). 부득이한 사유란 사유의 내용을 불문하고 의장이 직무를 수행할 수 없는 경우를 말한다. 부의장이 2명인 경우에 대리할 부의장에 관한 규정은 보이지 아니한다. 이를 보완할 필요가 있다.[1]

4. 부 의 장

(1) 선거와 임기   ① 지방의회는 지방의회의원 중에서 시·도의 경우 부의장 2명을, 시·군 및 자치구의 경우 부의장 1명을 무기명투표로 선출하여야 한다(지자법 제57조 제 1 항). ② 지방의회의원 총선거 후 처음으로 선출하는 부의장 선거는 최초집회일에 실시한다(지자법 제57조 제 2 항). ③ 부의장의 임기는 2년으로 한다(지자법 제57조 제 3 항).

(2) 보궐선거   의장의 경우와 같다(지자법 제61조).

(3) 불 신 임   의장의 경우와 같다(지자법 제62조).

---

[1] 일설은 '부의장이 2인인 경우에는 의장이 그 직무를 대리할 부의장을 지정하며, 의장이 심신상실 등 부득이한 사유로 지정할 수 없는 경우에는 부의장 중 다선의원이, 다선의 정도가 같은 경우에는 그 중 연장자가 의장의 직무를 대리한다'는 규정을 신설할 것을 제안한다(이일세, 지방자치법, 259쪽).

Ⅱ. 위 원 회

1. 위원회의 의의[1]

(1) **위원회의 설치**   위원회는 전문적이고 세부적인 사전심의를 위한 기구이다. 지방의회는 조례로 정하는 바에 따라 위원회를 둘 수 있다(지자법 제64조 제1항). 위원회의 위원은 본회의에서 선임한다(지자법 제64조 제3항). 법률에서 위원회에 관하여 정함이 없는 경우에도 지방의회는 자치조직고권에 기하여 위원회를 설치할 수 있다. 그런데 지방자치법은 조례가 정하는 바에 따라 위원회를 둘 수 있다고 규정하는바, 위원회의 설치여부는 지방자치법에서 명시적으로 자치조직고권의 내용으로 규정되고 있는 셈이다.

(2) **제도의 취지**   위원회제도는 지방의회의 부담의 완화에 기여하고, 의사운영의 능률성과 전문성의 제고에 기여한다. 안건의 심도 있는 심사를 가능하게 한다. 지방자치법은 위원회를 임의적인 기관으로 규정하고 있다. 의사운영의 능률성·전문성을 고려할 때, 의원의 수가 많은 지방의회일수록 위원회제도의 의미는 크다. 그러나 위원회제도는 본회의의 결정능력을 약화시키는 문제점도 갖는다.

(3) **법적 성격**   위원회는 의회로부터 분리·독립된 기관이 아니라 지방의회의 내부기관으로서 부분기관이다. 위원회는 고유한 내부법적 지위를 갖는다. 따라서 위원회의 권리가 침해되면, 경우에 따라 이를 다툴 수 있는 기관소송을 마련하는 것이 필요하다. 행정소송법은 개별 법률에 규정이 있는 경우에만 기관소송을 인정하고 있다(행소법 제45조). 그러나 현재로서 위원회가 기관소송을 제기할 수 있음을 규정하는 개별 규정을 찾아볼 수는 없다.

(4) **세부사항의 규율**   위원회에 관하여 이 법에서 정한 것 외에 필요한 사항은 조례로 정한다(지자법 제71조). 이에 근거한 조례는 위원장과 부위원장, 제척제도, 회의의 공개, 회의의 소집 등을 내용으로 규정하게 될 것이다.

---

[1] [관련논문] 이혜영 "지방의회의 특별위원회제도에 관한 연구—서울특별시의회를 중심으로—," 지방자치법연구, 통권 제26호, 제167쪽 이하.

2. 위원회의 종류[1]

(1) 상임위원회와 특별위원회

(가) 의 의   위원회의 종류는 소관 의안과 청원 등을 심사·처리하는 상임위원회와 특정한 안건을 심사·처리하는 특별위원회가 있다(지자법 제64조 제 2 항). 상임위원회는 상설로 설치하여 의안의 입안과 입법 자료를 수집한다. 특별위원회는 일시적으로 특정한 안건을 심사·처리한다. 지방자치법은 상임위원회와 특별위원회의 설치만을 규정할 뿐이고, 상임위원회의 종류에 대해서는 언급하는 바가 없다. 따라서 그것은 조례로 정하여야 할 사항이다(지자법 제71조).[2] 현재로서 ① 기초지방자치단체의 경우, 시·군·자치구의회에 상임위원회를 두는 것이 일반적이지만, 상임위원회를 두지 아니하는 시·군·자치구의회도 있다. ② 광역지방자치단체의 경우, 상임위원회를 두지 아니하는 시·도의회는 없다.

(나) 윤리특별위원회·윤리심사자문위원회   ① 지방의회의원의 윤리강령과 윤리실천규범 준수 여부 및 징계에 관한 사항을 심사하기 위하여 윤리특별위원회를 둔다(지자법 제65조 제 1 항). ② 지방의회의원의 겸직 및 영리행위 등에 관한 지방의회의 의장의 자문과 지방의회의원의 윤리강령과 윤리실천규범 준수 여부 및 징계에 관한 윤리특별위원회의 자문에 응하기 위하여 윤리특별위원회에 윤리심사자문위원회를 둔다(지자법 제66조 제 1 항). 윤리심사자문위원회의 위원은 민간전문가 중에서 지방의회의 의장이 위촉한다(지자법 제66조 제 2 항). 제 1 항 및 제 2 항에서 규정한 사항 외에 윤리심사자문위원회의 구성 및 운영에 필요한 사항은 회의규칙으로 정한다(지자법 제66조 제 3 항).

(2) 법률상 위원회와 조례상 위원회

특정 위원회의 설치근거와 관련하여 ① 법률에 근거를 둔 위원회와 ② 조례에 근거를 둔 위원회로 구분할 수 있다. ①도 법률에서 설치가 강제되는 위원회(예: 법률에서 "지방의회에 (가칭) 청소년위원회를 둔다" 또는 "지방자치단체는 지방의회에 (가칭) 청소년위원회를 두어야 한다"고 규정하는 경우)와 법률에서 설치

---

[1] [관련논문] 강인채, "지방의회에서의 법제사법위원회 구성논의의 문제점에 대한 법적 고찰—지방자치단체 조례의 법체계 정합성 및 완결성 강화를 위한 논의를 중심으로," 지방자치법연구, 통권 제66호, 103쪽 이하.

[2] 서울특별시의 경우, 특별위원회는 특정한 안건을 심사처리하기 위하여 필요하다고 인정되는 경우에 의회의 의결로써 설치된다(서울기본조 제37조 제 1 항). 예산결산특별위원회는 예산안·결산·기금운영계획안 및 기금결산을 심사하기 위해 둔다(서울기본조 제38조). 한편, 상임위원회로 운영위원회·행정자치위원회·기획경제위원회·환경수자원위원회·문화체육관광위원회·보건복지위원회·도시안전건설위원회·도시계획관리위원회·교통위원회·교육위원회가 있다(서울기본조 제32조).

가능성만 규정되는 위원회로 구분할 수 있다. 한편, ②는 지방자치단체가 조직고권에 근거하여 조례로 임의적으로 설치하는 위원회의 성질을 갖는다.[1)]

　(3) 심의위원회와 의결위원회　　입법례에 따라서는 지방의회의 위원회를 심의위원회와 의결위원회로 구분하기도 한다.[2)] 심의위원회는 본회의가 의결할 사항을 분석하고 준비하는 위원회를 말한다. 심의위원회는 본회의가 최상으로 의결을 할 수 있도록 하기 위하여 안건에 대한 세부적·전문적 준비를 한다.[3)] 의결위원회란 본회의에 갈음하여 사무에 대하여 의결을 한다. 의결위원회는 본회의가 중요한 결정에 집중할 수 있도록 하여 본회의의 부담을 덜어준다. 지방의회의 성질상 지방자치단체의 중요한 사무는 위임이 곤란할 것이다. 지방의회의 효율적인 운영을 위해 심의위원회의 설치는 비교적 긍정적으로 이해될 필요가 있다. 우리의 경우, 지방자치법상 의결위원회에 관한 일반적인 규정은 없다. 다만 법률 제10046호(2010. 2. 26) 부칙 제 2 조 제 1 항의 규정에 의하여 2014년 6월 30일까지 유효하였던 지방교육자치에 관한 법률상 시·도의회의 교육위원회의 의결은 본회의의 의결로 보았다(예: 당시 지육법 제11조 제 2 항). 이러한 경우에는 의결위원회의 성질도 갖는다. 개별 법률에서 규정하지 아니하는 한, 의결위원회가 인정된다고 보기는 어렵다.

3. 위원회의 권한

　(1) 의 의　　위원회는 그 소관에 속하는 의안과 청원 등 또는 지방의회가 위임한 특정한 안건을 심사한다(지자법 제67조). 상임위원회는 소관 의안과 청원 등을 심사·처리하고, 특별위원회는 특정한 안건을 심사·처리한다(지자법 제64조 제 2 항). 이 때문에 위원회제도는 의안의 신속한 처리에 장애를 가져온다는 지적도 가능하다. 한편, 명시적인 규정은 없지만, 제한적인 범위 안에서 본회의는 위원회에 의결권한을 위임할 수도 있을 것이다. 다만 위임할 수 있는 범위는 분명하지 않다.

　(2) 윤리특별위원회　　윤리특별위원회는 지방의회의원의 윤리강령과 윤리실천규범 준수 여부 및 징계에 관한 사항을 심사한다(지자법 제65조 제 1 항). 제 1 항에 따른 윤리특별위원회(이하 "윤리특별위원회"라 한다)는 지방의회의원의 윤리강령과 윤리실천규범 준수 여부 및 지방의회의원의 징계에 관한 사항을 심사하기 전에 제66조에

---

　1) Burgi, Kommunalrecht(5. Aufl.), §12, Rn. 8. 참조.
　2) 예컨대, Bayern 게마인데법 제32조 제 1 항·제 2 항; Nordrhein-Westfalen 게마인데법 제57조 제 4 항; Sachsen 게마인데법 제41조 제 1 항. 그리고 Burgi, Kommunalrecht(5. Aufl.), §12, Rn. 10. 참조.
　3) 입법례에 따라서는 심의위원회에는 전문가인 민간인이 위원으로 참여하게도 한다(예: Sachsen 게마인데법 제42조; Nordrhein-Westfalen 게마인데법 제58조 제 3 항 등 참조).

따른 윤리심사자문위원회의 의견을 들어야 하며 그 의견을 존중하여야 한다(지자법 제65조 제 2 항).

4. 위원회의 구성

(1) **비례원칙에 따른 구성**   국민주권원리는 국정에 모든 국민의 의사의 반영을 요구한다. 그것은 지방자치행정에도 적용되어야 하는 기본적인 원리이다. 따라서 지방의회에 교섭단체를 둔다면, 각 위원회의 구성도 비례원칙에 따라야 한다. 즉 위원회의 구성에 있어서는 지방의회 내의 정당분포 내지 교섭단체의 규모에 비례하여 위원회의 의석배분이 이루어져야 한다.[1]

(2) **교섭단체의 위원회구성에 관한 권한**   ① 모든 교섭단체가 위원회에서 대표될 수 있도록 위원회가 구성되어야 하는 것은 아니다. 명시적인 규정이 없는 한, 동일 교섭단체의 소속원이 아닌 위원이 적어도 하나의 위원회의 위원이 되어야 한다는 보장은 없다. 교섭단체가 모든 위원회에 위원을 보낼 수 있는 권리는 인정되지 아니한다.[2] ② 비례에 따른 위원수의 배분의 원리에 비추어 볼 때, 명시적인 규정이 없다고 하여도 위원이 소속 교섭단체를 떠나면, 그 교섭단체가 그 위원을 위원회에서 축출하는 것은 가능하다고 볼 것이다.

(3) **위원회의 재구성**   원내교섭단체의 합의에 의해 언제든지 위원회를 새로이 구성할 수 있을 것이다. 문제는 원내교섭단체의 구성원의 수의 변화로 인해 위원회가 더 이상 원내교섭단체의 세력분포에 상응하지 아니하게 되면, 반드시 위원회를 새로이 구성하여야 하는가의 여부이다. 입법례에 따라서는 이를 긍정하는 경우도 있다.[3]

(4) **위 원 장**   지방자치법상 명시적인 규정은 없으나, 위원장을 위원 중에서 선출한다는 것은 자명하다. 위원장의 선출에 관한 사항은 조례로 정한다(지자법 제71

---

1) Niedersachsen의 경우, 위원회에 있어서 교섭단체별 위원수의 배분에는 국회의원이나 지방의원의 선거에 적용되는 비례대표제원리(벨기에의 수학자 d'Hondt가 고안한 방식인 d'Hondt방식(이에 관해 자세한 것은 본서 제 4 판, 260쪽 참조))가 적용된다(Niedersachsen 게마인데법 제51조 제 2 항). 한편, 위원회에 의석을 갖지 못하는 원내교섭단체는 1인의 의원을 위원회에 파견할 수 있다. 그러나 이러한 위원은 다른 위원과 동일한 권리를 갖지만(예: 신청권·심의권), 표결권은 갖지 못한다(Niedersachsen 게마인데법 제51조 제 3 항 제 1 문). 그리고 원내교섭단체에 속하지 아니하는 의원도 자기의 선택에 따라 하나의 위원회에 소속될 수 있다. 그러나 이러한 위원도 다른 위원과 동일한 권리를 갖지만(예: 신청권·심의권), 표결권은 갖지 못한다(Niedersachsen 게마인데법 제51조 제 3 항 제 2 문).

2) Seewald, Kommunalrecht, in: Steiner(Hg.), Besonderes Verwaltungsrecht, Rn. 194.

3) Niedersachsen 게마인데법 제51조 제 8 항 제 2 문.

조). 입법례에 따라서는 교섭단체의 규모에 비례하여 위원장의 수를 교섭단체에 할당하고, 할당받은 위원회의 위원장의 지명은 그 교섭단체가 하는 경우도 있다.[1] 이것이 대표민주주의에 고유한 것인지의 여부는 불분명하다. 지방의회가 위원장의 소환권(해임권)을 갖지는 아니한다.

5. 위원회의 개회

(1) 개　회　위원회는 본회의의 의결이 있거나 지방의회의 의장 또는 위원장이 필요하다고 인정할 때, 재적위원 3분의 1 이상이 요구할 때에 개회한다(지자법 제70조 제1항). 재적위원 3분의 1 이상의 요구로도 위원회를 개회할 수 있도록 한 것은 소수파를 위한 것이지만, 그 수를 완화하여(예: 4분의 1 이상) 소수파(소수당)의 지위를 강화하는 것이 다양한 의견수렴, 민주화의 확대, 그리고 위원회제도의 활성화 등에 비추어 필요하다. 폐회 중에는 지방자치단체의 장도 지방의회의 의장 또는 위원장에게 이유서를 붙여 위원회 개회를 요구할 수 있다(지자법 제70조 제2항). 한편, 본회의 중에는 위원회가 개회할 수 없을 것이며, 위원회의 개회중에 본회의가 열리게 되면, 위원회는 휴회되어야 할 것이다.[2]

(2) 비공개와 방청　위원회에서 해당 지방의회의원이 아닌 사람은 위원회의 위원장(이하 이 장에서 "위원장"이라 한다)의 허가를 받아 방청할 수 있다(지자법 제69조 제1항). 이것은 위원회의 회의는 비공개를 원칙으로 하는 것을 뜻한다.[3] 위원회의 비

---

1) Niedersachsen의 경우, 원내교섭단체 사이에 합의가 이루어지지 아니하면, d'Hondt방식이 적용된다(Niedersachsen 게마인데법 제51조 제7항 제1문). 물론 최대치가 동일하면, 추첨에 의한다(Niedersachsen 게마인데법 제51조 제7항 제2문). d'Hondt방식에 의한 위원장의 배분을 예시하면 다음과 같다. 의원정수는 40명이고, 위원회는 7개 있는 것으로 한다.

나누는 수(분모)	A원내교섭단체 의원의 수 18명	B원내교섭단체 의원의 수 11명	C원내교섭단체 의원의 수 8명	D원내교섭단체 의원의 수 3명
÷1	18(1)	11(2)	8(4)	3
÷2	9(3)	5.5(6)	4	1.5
÷3	6(5)	3.66	2.66	1
÷4	4.5(7)	2.75	2	0.75
위원장의 수	4	2	1	

구체적인 위원회의 지정은 의원수의 다수의 순으로 행한다. 먼저 A원내교섭단체가 4개의 위원회를 지정하고, 다음으로 B원내교섭단체가 2개의 위원회를 지정하고, C원내교섭단체가 1개의 위원회를 지정하는 순으로 이루어지며, 다음으로 원내교섭단체는 당해 위원회에 소속하는 의원 중에서 위원장을 지명한다(Niedersachsen 게마인데법 제51조 제7항 제3문). 표결권이 없는 위원도 위원장이 될 수 있다.

2) 이동수, 지방자치법주해, 285쪽.

3) 김영천, 지방자치법주해, 282쪽.

공개원칙은 지방의회의 본회의의 공개원칙(지자법 제75조)과 상충되는 것이지만, 위원회의 회의의 원활을 도모하기 위한 것으로 이해된다. 독일의 경우에도 위원회의 회의는 비공개가 다수인 것으로 보인다.[1] 또한 주민의 방청허가제는 제한적인 것이지만 주민의 비판기능·감시기능 및 주민참여를 유도하기 위한 것이다. 물론 당해 지방의회의원은 위원장의 허가 없이도 방청할 수 있다. 이러한 경우에 방청하는 당해 지방의회의원이 발언할 수 있는가의 문제가 있다.[2] 입법론상 위원회심사단계에서부터 주민들의 참여를 통한 통제와 감시가 필요하다는 전제하에 본회의의 경우와 마찬가지로 위원회도 공개를 원칙으로 운영되어야 한다는 주장도 있다.[3]

(3) 질서유지   위원장은 질서를 유지하기 위하여 필요할 때에는 방청인의 퇴장을 명할 수 있다(지자법 제69조 제 2 항).

6. 전문위원[4]

(1) 의 의   위원회에는 위원장과 위원의 자치입법활동을 지원하기 위하여 지방의회의원이 아닌 전문지식을 가진 위원(이하 "전문위원"이라 한다)을 둔다(지자법 제68조 제 1 항).[5] 전문위원은 특정 분야의 전문지식을 가진 자로서 위원회의 입법활동을 전문가적 입장에서 돕는 자이다. 전문위원제도는 의회의 기능강화를 위한 것으로 이해된다. 위원회에 두는 전문위원의 직급과 수 등에 관하여 필요한 사항은 대통령령으로 정한다(지자법 제68조 제 3 항).

(2) 직 무   전문위원은 위원회에서 의안과 청원 등의 심사, 행정사무감사 및 조사, 그 밖의 소관 사항과 관련하여 검토보고 및 관련 자료의 수집·조사·연구를

---

1) Meyer, Kommunalrecht, Rn. 372. 한편, Niedersachsen에서는 회의규칙에서 공개여부를 규정한다(Niedersachsen 게마인데법 제52조 제 1 항). 물론 이 경우에 공개여부는 위원회마다 정할 수 있다(Schwirzke/Sandfuchs, Allgemeines Niedersächsisches Kommunalrecht, S. 106).

2) Niedersachsen의 경우, 모든 의원은 모든 위원회의 심의에 방청할 수 있을 뿐만 아니라(Niedersachsen 게마인데법 제52조 제 2 항 제 1 문), 자기가 소속하는 위원회(A)가 아닌 위원회(B)의 소관사항에 관하여 안건을 신청한 의원은 다른 위원회(B)의 안건의 심의에 참여할 수 있다(Niedersachsen 게마인데법 제52조 제 2 항 제 2 문). 또한 위원장은 당해 위원회의 소속의원이 아닌 의원에게 발언을 허가할 수도 있다(Niedersachsen 게마인데법 제52조 제 2 항 제 3 문).

3) 김영천, 지방자치법주해, 283쪽.

4) 전문위원제의 의의와 문제점에 관해, 이관행, "지방의회 정책보좌인력에 대한 편가와 개선방안," 지방자치법연구, 통권 제61호, 85쪽 이하 참조.

5) 논자에 따라서는 "지방의회 전문위원의 임용자격은 자치단체마다 다른 기준을 적용하고 있으며 그 법형식도 조례 또는 규칙에서 개괄적으로 정하고 있으므로 이를 지방공무원임용령으로 엄격히 규정하는 것이 필요하다"는 의견을 제시하기도 한다(문재태, "지방의회 기능의 전문성 제고를 위한 공법적 연구," 지방자치법연구, 통권 제46호, 283쪽). 그러나 지방자치의 의미, 그동안의 지방자치의 성숙 등에 비추어보면, 국가가 획일적으로 강제하기보다 지방자치단체가 상당한 범위 안에서 자율적으로 정하도록 하는 것이 바람직할 것이다.

한다(지자법 제68조 제2항). 전문위원은 소속 위원회의 사무를 처리할 때에는 소속 위원장의 지휘를 받지만, 일반적인 사무에 대해서는 의회사무처장의 지휘와 감독을 받는다.

⊡ 참고 ∥ 민간인 위원

1. 의 의

입법례에 따라서는 지방의회의원이 아닌 시민 중에서 전문가인 시민을 위원회의 구성원으로 참여시키기도 한다.[1] 이것은 시민근접의 지방자치의 실현에 기여할 뿐만 아니라, 위원회의 전문성의 제고에 기여한다. 이렇게 되면, 전문가인 외국인도 지방의 의사결정과정에 참여시킬 수 있는 길도 열리게 된다. 이러한 제도는 위원회의 전문성강화에 유익하고, 특히 소규모의 지방의회와 소규모의 교섭단체에 의미가 크다고 하겠다.

2. 내 용

구체적인 내용은 입법례에 따라 상이하지만, 다음과 같은 공통점을 갖는다.
• 민간인위원은 의원으로서 위원이 아니라 민간인으로서 위원이다.
• 민간인위원은 단순한 청문의 상대방이 아니라 위원으로서 참여한다.
• 민간인위원은 심의에만 참여할 뿐, 의결에 참여하지 아니한다.
• 민간인위원은 의회의 추천에 따라 선출된다.
• 민간인위원은 교섭단체의 위원수에 비례하여 추천된다.
• 민간인위원의 수는 일정수(예: 의원인 위원의 수 또는 위원정수의 3분의 1)를 능가할 수 없다.

3. 비 판 론

민간인위원제도에 대해서는 비판도 가해진다. 즉 헌법은 보통선거에 의한 주민대표가 지방의회의 구성원일 것을 요구하는데, 주민이 선출하지 아니한 자가 위원회의 위원인 것은 문제라는 것이다. 그러나 민간인위원에게 의결권(표결권)을 부여하지 아니하는 한, 즉 민간인위원이 최종적인 의사결정과정에 참여하지 아니하는 한, 민간인위원제도가 반드시 헌법위반이라고 보기는 어려울 것이다.

---

1) 예컨대, Nordrhein-Westfalen 게마인데법 제58조 제3항·제4항, 제50조 제3항·제4항; Niedersachsen 게마인데법 제51조 제6항 등.

III. 사무처와[1] 정책지원 전문인력

1. 사 무 처

(1) 사무처 등의 설치   시·도의회에는 사무를 처리하기 위하여 조례로 정하는 바에 따라 사무처를 둘 수 있으며, 사무처에는 사무처장과 직원을 둔다(지자법 제102조 제1항). 시·군 및 자치구의회에는 사무를 처리하기 위하여 조례로 정하는 바에 따라 사무국이나 사무과를 둘 수 있으며, 사무국·사무과에는 사무국상 또는 사무과장과 직원을 둘 수 있다(지자법 제102조 제2항).

(2) 사무처장 등의 보임   제1항과 제2항에 따른 사무처장·사무국장·사무과장 및 직원(이하 제103조, 제104조 및 제118조에서 "사무직원"이라 한다)은 지방공무원으로 보한다(지자법 제102조 제3항). 사무처장·사무국장 또는 사무과장은 의장의 명을 받아 의회의 사무를 처리한다(지자법 제104조 제1항).

(3) 사무직원   ① 지방의회에 두는 사무직원의 수는 인건비 등 대통령령으로 정하는 기준에 따라 조례로 정한다(지자법 제103조 제1항). ② 사무처장·사무국장 또는 사무과장은 지방의회의 의장의 명을 받아 의회의 사무를 처리한다(지자법 제104조 제1항). ③지방의회의 의장은 지방의회 사무직원을 지휘·감독하고 법령과 조례·의회규칙으로 정하는 바에 따라 그 임면·교육·훈련·복무·징계 등에 관한 사항을 처리한다(지자법 제103조 제2항). 사무직원의 임용·보수·복무·신분보장·징계 등에 관하여는 이 법에서 정한 것 외에는 「지방공무원법」을 적용한다(지자법 제104조 제2항).[2]

2. 정책지원 전문인력

지방의회의원의 의정활동을 지원하기 위하여 지방의회의원 정수의 2분의 1 범위에서 해당 지방자치단체의 조례로 정하는 바에 따라 지방의회에 정책지원 전

---

[1] [관련논문] 이관행, "지방의회 사무기구의 자치조직권 강화방안," 지방자치법연구, 통권 제67호, 175쪽 이하.

[2] 2022. 1. 13. 시행 지방자치법 전부개정법률 이전의 구법은 「사무직원은 지방의회의 의장의 추천에 따라 그 지방자치단체의 장이 임명한다. 다만, 지방자치단체의 장은 사무직원 중 다음 각 호(1. 별정직공무원, 2. 「지방공무원법」 제25조의5에 따른 임기제공무원, 3. 대통령령으로 정하는 일반직공무원)의 어느 하나에 해당하는 공무원에 대한 임용권은 지방의회 사무처장·사무국장·사무과장에게 위임하여야 한다(지자법 제91조 제2항). 그리고 시·도지사는 정무직 또는 일반직 국가공무원으로 보하는 부시장·부지사의 임명제청권을 갖는다(지자법 제110조 제3항)」고 규정하였다.

문인력을 둘 수 있다(지자법 제41조 제 1 항). 정책지원 전문인력은 지방공무원으로 보하며, 직급·직무 및 임용절차 등 운영에 필요한 사항은 대통령령으로 정한다(지자법 제41조 제 2 항). 2022. 1. 13. 시행 지방자치법 전부개정법률에 신설된 조항이다. 과거에 판례는 지방의회의원에 대하여 유급 보좌 인력을 두는 것은 지방의회의원의 신분·지위 및 그 처우에 관한 현행 법령상의 제도에 중대한 변경을 초래하는 것으로서 국회의 법률로 규정하여야 할 입법사항이라 하였다.[1] 본 조항은 이러한 판례의 입장을 반영한 것으로 보인다.

Ⅳ. 교섭단체(원내교섭단체)

1. 의 의

　　지방자치단체의 원내교섭단체는 지방자치단체의 의사형성의 사전준비를 위한 기구이다.[2] 지방의회의 원내교섭단체는 지방의회 내부에서 정치적·규범적으로 의견을 같이하는 지방의회의원들이 자기들의 사무를 분업적으로, 효과적으로 처리하기 위한 지방의회의원들의 조직체이다.[3] 원내교섭단체는 지방의회에서 정당 또는 정치적 그룹을 대표하는 기구이다. 원내교섭단체는 같은 정당이나 정치적 그룹에 소속하는 의원이 공동의 정치적 기본견해 때문에 결합된 조직이다.[4] 원내교섭단체는 자기들의 조직목적에 비추어 지방의회에서 심의하고 의결할 사항에 대하여 논의하고 자기들의 의견을 정한다.

2. 법적 근거

　　지방자치법에서는 교섭단체에 관한 규정을 찾아볼 수 없으나,[5] 지방자치단체

---

1) 대판 2017. 3. 30, 2016추5087.
2) Burgi, Kommunalrecht, §12, Rn. 12ff.
3) Geis, Kommunalrecht(3. Aufl.), §11, Rn. 90; Wolff/Bachof/Stober, Verwaltungsrecht, Band 3(5. Aufl.), §94, Rn. 98.
4) BVerfGE 90, 104.
5) 과거와 달리 오늘날의 독일의 대다수의 지방자치법은 명시적으로 원내교섭단체의 기능을 인정하고 있다(Brandenburg 게마인데법 제40조; Hessen 게마인데법 제36a조; Mecklenburg-Vorpommern 지방자치법 제23조 제 5 항 Niedersachsen 게마인데법 제39b조; Nordrhein-Westfalen 게마인데법 제56조; Rheinland-Pfalz 게마인데법 제30a조; Sachsen-Anhalt 게마인데법 제43조; Schleswig-Holstein 게마인데법 제32a조). 한편, Baden-Württemberg·Bayern·Sachsen의 경우에는 명문의 규정이 없다. 그 어느 경우이든 세부적인 사항은 회의규칙에서 정하고 있다. 지방자치법에 규정을 갖지 아니하는 란트에서는 기본법상 결사의 자유(기본법 제 9 조)를 원내교섭단체의 근거로도 삼는다. 하여간 원내교섭단체는 독일의 모든 지방의회에 구성되어 있다. 그것은 무엇보다도 의원의

의 조례에서는 찾아볼 수 있다(예: 서울특별시의회 기본조례 제29조).[1]

3. 인정여부

(1) 지방의회의원의 직무상 권리와 위원회   지방의회의원은 발의권·질문권·토론권·표결권 등의 직무상 권리를 갖는데, 이러한 권리의 효율적인 행사와 위원회제도는 불가분의 관계를 갖는바, 지방의회의원들의 직무상 권리가 위원회제도의 근거가 된다고 볼 것이다.

(2) 지방의회의 대표기관성과 위원회   ① 지방의회가 행정기관의 성격을 갖는다고 하여도, 그것 때문에 지방의회는 교섭단체를 가질 수 없다고 할 수는 없다. 왜냐하면 지방의회도 역시 국회에 비교할 수 있는 선거로 구성되는 주민의 대표기관이기 때문이다.[2] 원내교섭단체는 지방정책에서 핵심적 역할을 수행하고, 지방의회의 구소석 요소에 속하기 때문이다. ② 하나의 정당이 두 개의 원내교섭단체를 구성하는 것은 불가하다고 볼 것이다.[3] 동일정당에 의한 복수의 원내교섭단체는 원내교섭단체의 기능에 비추어 의회기능에 장해를 가져온다.

4. 기 능

원내교섭단체제도는 지방의회의 의사의 효과적인 형성과 결정에 기여한다. 원내교섭단체제도의 주된 기능은 정당정책을 의회에서 심의할 수 있도록 하고, 아울러 이를 채택하게 하는 것이다. 따라서 그것은 지방의회·위원회·집행기관의 연결기능을 행사하며, 의회활동을 조종하고 경감시킨다. 그것은 지방의회의 사무를 경제적으로 처리할 수 있게 한다.[4] 또한 원내교섭단체의 다른 의원의 도움을 받아 의원 개인의 정보와 전문지식의 확보에도 유익하다. 실제상 원내교섭단체는 지방정책결정에 있어서 힘의 중심이 된다. 다만 원내교섭단체는 소규모 지방자치단체에서는 의미가 적다. 큰 지방자치단체에서는 안건이 많아서 전체회의에서 심도 있는 논의가 불가하므로 교섭단체에 의한 사전의사형성은 보다 중요하다.[5] 원내교섭단체는 지방의회에서 의

직접선거, 강화된 시민의 직접참여, 새로운 조정메커니즘을 갖는 행정내부의 현대화에 기인하는 것으로 보인다(Meyer, Kommunalrecht, Rn. 386).
1) 서울특별시의회 기본조례 제29조(교섭단체의 구성) ① 의회에 소속 정당 또는 단체의 원활하고 능률적인 원내활동을 수행하는 교섭단체를 구성할 수 있다.
② 교섭단체의 구성과 운영 등 필요한 사항은 조례로 따로 정한다.
2) Reichert/Röber, Kommunalrecht, S. 156.
3) Meyer, Kommunalrecht, Rn. 389.
4) Gern, Kommunalrecht Baden-Württemberg, Rn. 219.
5) Lissack, Bayerisches Kommunalrecht(2. Aufl.), §4, Rn. 87.

사형성을 준비하는 것이 목적이며, 동시에 그것을 실현하는 것을 목적으로 한다.

5. 법적 성질

원내교섭단체의 지위는 교섭단체 조직 그 자체의 성질(내부적 성질)과 교섭단체와 지방의회의 관계(외부적 성질)로 나누어서 살펴볼 필요가 있다.

(1) 내부적 성질 원내교섭단체는 지방의회의원들이 자유의사에 따라 사무처리를 협력하기 위하여 구성한 협력체이다.[1] 원내교섭단체는 권리능력 없는 사단이다.[2] 그것이 사법상 결사인지 아니면, 공법상 결사인지는 분명하지 않다. 교섭단체는 공법상 사단도 아니고, 간접국가행정을 행사하는 것도 아니고, 국가적인 고권행위에 근거하여 설립된 것도 아니기 때문에 사법관계에 놓인다는 견해도 있고, 교섭단체는 모든 구성원의 동의하에 나타나는 계약에 근거하며, 계약의 내용은 의원으로서의 지위에서 나오는 의원의 권리와 관련한다고 하여, 그것을 공법상 계약으로 이해하는 견해도 있다.[3] 교섭단체를 형성하는 권리는 공법적 지위를 갖는 지방의회의 구성원으로부터 나오는 것이므로 교섭단체는 공법적 성질을 갖는다고 볼 수 있고, 또한 지방의회의 한 부분기관의 성질을 갖는다고 할 수도 있을 것이다.[4]

(2) 외부적 성질 원내교섭단체는 조례에 의해 예산지원 등을 청구할 수도 있을 것이다. 이러한 범위에서 원내교섭단체는 지방의회의 한 부분기관으로서 공법상 부분권리능력 있는 사단의 성격을 갖는다.[5]

6. 구 성

(1) 가입자격과 구성단위 ① 구성원은 지방의회의원에 한한다. 민간인은 자문위원으로 참여할 수 있다. 원내교섭단체의 최소인원수는 지방의회의 전체의원의 수에 따라 상이할 것이다.[6] ② 원내교섭단체는 정당을 중심으로 구성할 수도 있고, 정당을 능가하여 구성할 수도 있으나, 실제상은 전자의 방법에 의하고 있다.

(2) 임의적 가입 원내교섭단체의 구성여부는 의원 개인의 자유이다. 일반적

---

1) Wolff/Bachof/Stober, Verwaltungsrecht, Bd. 3(5. Aufl.), §95, Rn. 99.
2) Lissack, Bayerisches Kommunalrecht(2. Aufl.), §4, Rn. 88.
3) BayVBl. 1988, 432ff.; Erichsen, Kommunalrecht, S. 100; Wolff/Bachof/Stober, Verwaltungs-
   recht, Bd. 3(5. Aufl.), §95, Rn. 101.
4) Joachim Suerbaum, in: Mann/Püttner(Hrsg.), Handbuch, §22, Rn. 8.
5) Wolff/Bachof/Stober, Verwaltungsrecht, Bd. 3(5. Aufl.), §95, Rn. 99.
6) 독일 Niedersachsen의 경우에는 최소 2인의 의원으로 원내교섭단체를 구성할 수 있다(동 게마인
   데법 제39b조 제1항).

으로는 동일한 정당의 소속원으로 구성되지만, 그것이 강제되는 것은 아니다.[1] 정당은 모든 소속의원을 자신의 원내교섭단체에 소속하도록 하는 권리가 없다. 왜냐하면 원내교섭단체의 구성가능성은 지방의회의원의 자유위임의 표현이므로, 헌법상 근거가 없이는 자유위임을 제한할 수 없기 때문이다.[2] 요컨대 원내교섭단체의 구성의 권리는 위임에서 나오는 개개 수임자의 권리의 한 부분으로 이해될 필요가 있다. 따라서 "의회에 10명 이상의 소속의원을 가진 정당은 하나의 교섭단체가 된다(서울교섭조 제3조 제1항 본문)"는 조항도 교섭단체가입의 강제를 규정하는 것으로 이해될 필요는 없다.

(3) 탈퇴 · 제명 · 해산   원내교섭단체는 기본적인 점에서 공동의 정치적 견해를 가진 지방의회의원으로 구성되는 조직이므로, 견해를 달리하는 구성원의 탈퇴와 제명이 가능하다. 달리 말한다면 지방의회의원은 자유로이 원내교섭단체를 결성하는 것 이외에도 기존의 원내교섭단체에 자유로이 가입할 수도 있고, 그로부터 자유로이 탈퇴할 수도 있다. 탈퇴하여도 지방의회의원의 신분에는 영향이 없다. 제명은 법치국가의 원칙, 특히 비례원칙이 준수되어야 한다. 제명을 위한 논의는 모든 소속원에게 알려야 한다. 그리고 당사자에게 진술의 기회를 부여하여야 한다.[3] 또 한편으로 원내교섭단체는 자진하여 해산할 수도 있다.[4]

(4) 서울시의 예   서울특별시의 경우, 의회에 10명 이상의 소속의원을 가진 정당은 하나의 교섭단체가 된다(서울교섭조 제3조 제1항 본문). 그러나 다른 교섭단체에 속하지 아니하는 10명 이상의 의원으로 따로 교섭단체를 구성할 수 있다(서울교섭조 제3조 제1항 단서). 교섭단체의 대표의원은 그 단체의 소속 의원의 연서 · 날인한 명부를 서울특별시의회의장(이하 "의장"이라 한다)에게 제출해야 하며, 소속 의원의 이동이 있거나 소속 정당의 변경이 있을 경우에는 그 사실을 지체 없이 의장에게 보고해야 한다(서울교섭조 제3조 제3항 본문). 다만, 특별한 사유가 있을 경우에는 해당 의원이 관계서류를 첨부하여 이를 보고할 수 있다(서울교섭조 제3조 제3항 단서). 어느 교섭단체에도 속하지 아니하는 의원이 당적을 취득하거나 소속 정당을 변경하였을 때에는 그 사실을 즉시 의장에게 보고해야 한다(서울교섭조 제3조 제4항).

---

1) Meyer, Kommunalrecht, Rn. 388.

2) Meyer, Kommunalrecht, Rn. 388.

3) Joachim Suerbaum, in: Mann/Püttner(Hrsg.), Handbuch, §22, Rn. 20.

4) Schwirzke/Sandfuchs, Allgemeines Niedersächsisches Kommunalrecht, S. 87; Joachim Suerbaum, in: Mann/Püttner(Hrsg.), Handbuch, §22, Rn. 23.

7. 내부관계

원내교섭단체가 사법상 결사인지 아니면, 공법상 결사인지의 여부를 불문하고, 그것의 공공적 목적에 비추어 법치국가원리와 민주국가원리하에 놓이는 것은 분명하다.[1] 따라서 원내교섭단체의 내부질서는 민주국가의 기본원칙과 법치국가의 기본원칙에 따라야 한다. 구체적인 내부질서는 원내교섭단체 스스로가 마련하여야 한다. 개별 의원에게는 자유위임이 적용되는바, 의원은 원내교섭단체의 의결에 구속되지 아니한다.[2] 교섭단체는 투표권 행사시에 의원에게 강제할 수 없다. 만약 지방의회의원이 소속 교섭단체의 규율을 위반한다면, 소속 교섭단체로부터의 제명을 한도로 하여 징계할 수 있다.[3]

8. 외부관계

(1) 지방의회와의 관계   교섭단체와 지방의회 사이의 관계는 공법관계에 놓인다. 교섭단체 가입 여부는 의원 개인의 자유이다. 법령에 규정이 없다면, 1인 원내교섭단체도 가능한가의 문제가 있다. 이것은 한편으로는 정당의 기회균등의 원칙과 소수파의 보호를, 다른 한편으로는 지방의회의 기능적합성과 효율을 고려하여 판단할 성질의 문제로 이해되고 있다. 소수파보호·반대파보호를 위해 군소 원내교섭단체에 위원회위원 배정요구권이 인정되는 것은 아닐 것이다. 그러나 의사당 내에 공간은 마련해 주어야 할 것이다. 입법례에 따라서는 원내교섭단체는 의사일정에 의제포함을 위한 신청권·정보권·문서열람권·발언권 등을 갖기도 하며,[4] 또한 원내교섭단체는 직원을 갖기도 한다. 한편, 입법례에 따라서는 자신의 권리가 침해되면, 원내교섭단체는 기관소송을 제기할 수도 있으나,[5] 기관소송법정주의를 택하는 우리의 행정소송법하에서는 명문의 규정이 없으므로 기관소송을 제기하기 어렵다.

(2) 사인과의 관계   예컨대 교섭단체가 사인으로부터 문방구류를 구입하는 경우에 보는 바와 같이 교섭단체와 사인의 관계는 사법관계이다.

---

[1] Gern, Kommunalrecht Baden-Württemberg, Rn. 222.
[2] BVerfGE 90, 104.
[3] 독일의 경우, 이러한 징계는 공법적 성질을 갖는바, 징계를 받은 의원은 행정법원에 제소할 수 있다고 한다(Erichsen, Kommunalrecht, S. 101).
[4] Schwirzke/Sandfuchs, Allgemeines Niedersächsisches Kommunalrecht, S. 89.
[5] Schwirzke/Sandfuchs, Allgemeines Niedersächsisches Kommunalrecht, S. 90; Joachim Suerbaum, in: Mann/Püttner(Hrsg.), Handbuch, §22, Rn. 25.

9. 자 금

원내교섭단체의 유지에 인적 요소(예: 조직상의 사무를 돌볼 사무원) 외에 물적 요소로서 자금이 필요하다. 자금은 정당 또는 의회예산으로 충당된다. 그러나 원내교섭단체의 자금지원청구권은 지방자치법상 인정되지 아니한다. 입법례에 따라서는 자금에 관해 명문의 규정을 두는 경우도 있다.[1] 후자의 경우에는 정당의 기회균등이 고려되어야 하고, 경제와 절약이 준수되어야 한다. 지원예산의 오용을 막기 위하여 비용통제가 필요하다.

제 4 항 지방의회의 회의

I. 지방의회의 회기

1. 관 념

(1) 의 의   지방의회가 의사를 형성하고 결정하기 위하여 현실적으로 활동할 수 있는 일정한 기간을 회기라 하며, 회기에는 정례회와 임시회가 있다. 지방의회의 개회·휴회·폐회와 회기는 지방의회가 의결로 정한다(지자법 제56조 제1항). 개회란 특정한 회기에서 지방의회가 회의를 시작하는 것을 말하고, 휴회란 회기중 본회의를 열지 않는 것을 말하며, 폐회란 그 회기를 종료하여 회의를 마치는 것을 말한다.

(2) 총일수   연간 회의 총일수와 정례회 및 임시회의 회기는 해당 지방자치단체의 조례로 정한다(지자법 제56조 제2항). 한편, 과거 한 때 연간 회의총일수를 광역지방자치단체의 지방의회는 120일, 기초지방자치단체의 지방의회는 80일을 초과할 수 없도록 규정하였던 적도 있다. 당시에 회의일수를 제한하였던 것은 지방의회의 상설기관화를 막고, 이로 인한 지방의회의 능률·지방행정의 능률과 지방재정상의 경제(의회운영비용의 절약)를 확보하기 위한 것이었다. 그러나 회의일수의 무조건적인 제한은 지방의회의 자율성 내지 지방자치제의 보장에 대한 중대한 침해라는 비판이 가해지기도 하였다.

---

1) 예: Nordrhein-Westfalen 계마인데법 제56조 제3항, Niedersachsen 계마인데법 제39b조 제3항.

2. 정례회의 소집

(1) 개 최　　지방의회는 매년 2회 정례회를 개최한다(지자법 제53조 제1항).[1] 정 례회의 집회일, 그 밖에 정례회 운영에 필요한 사항은 해당 지방자치단체의 조례로 정한다(지자법 제53조 제2항). 종래에는 대통령령으로 정하는 바에 따라 해당 지방자 치단체의 조례로 정한다고 하였다(2022. 1. 13. 시행 지방자치법 전부개정법률 발효 이전의 지자 법 제44조 제2항).

(2) 집회일 고정의 문제　　현행 제도는 지방의회의 자율권의 확대에 기여한다. 한편, 정례회의의 집회일은 지방의회의 기능에 관한 주요한 사항이기 때문에 집회 일은 지방자치법에서 직접 규정하는 것(예: 제1차 정례회는 매년 6월·7월중에, 제2차 정례 회는 11월·12월중에 집회하여야 한다)이 법치주의에 합치된다는 주장이 있다.[2] 의미 있는 지적으로 보인다.

3. 임시회의 소집

(1) 총선거 후 최초의 임시회　　지방의회의원 총선거 후 최초로 집회되는 임 시회는 지방의회 사무처장·사무국장·사무과장이 지방의회의원 임기 개시일부터 25일 이내에 소집한다(지자법 제54조 제1항).

(2) 폐치분합 시 최초의 임시회　　지방자치단체를 폐지하거나 설치하거나 나누 거나 합쳐 새로운 지방자치단체가 설치된 경우에 최초의 임시회는 지방의회 사무 처장·사무국장·사무과장이 해당 지방자치단체가 설치되는 날에 소집한다(지자법 제 54조 제2항).

(3) 통상의 임시회　　지방의회의 의장은 지방자치단체의 장이나 조례로 정하 는 수 이상의 지방의회의원이 요구하면 15일 이내에 임시회를 소집하여야 한다. 다만, 지방의회의 의장과 부의장이 부득이한 사유로 임시회를 소집할 수 없을 때에 는 지방의회의원 중 최다선의원이, 최다선의원이 2명 이상인 경우에는 그중 연장 자의 순으로 소집할 수 있다(지자법 제54조 제3항).

(4) 소집 공고일　　임시회 소집은 집회일 3일 전에 공고하여야 한다. 다만, 긴 급할 때에는 그러하지 아니하다(지자법 제54조 제4항).

---

1) 입법례에 따라서는 최소 3개월에 한번은 지방의회가 소집되어야 한다고 규정하는 경우도 있다 (Niedersachsen 게마인데법 제41조 제2항 제2문).
2) 이종영, 지방자치법주해, 236쪽.

(5) **입법적 보완** 지방자치법에는 총선 후에 최초로 집회되는 임시회가 천재·
지변·전쟁·사변 그 밖에 불가항력으로 인하여 적기에 소집될 수 없는 경우에 관
하여 규정하는 바가 없는데, 이를 보완하는 것(예: 다만 천재·지변·전쟁·사변 그 밖에 불가
항력으로 인하여 임시회의 소집을 할 수 없었을 때에는 그 사유가 소멸한 날로부터 20일 이내에 임시회
를 소집하여야 한다)이 필요하다는 지적이 있다.[1] 타당한 지적이다.

4. 문 제 점

현행 지방자치법상 임시회의 소집은 의원 개개인에 대한 통지가 아니라 공고
의 방식으로 이루어지고 있다. 그러나 임시회의 소집을 모든 의원에게 확실히 주지
시키기 위해, 임시회소집을 모든 의원 개인(제척 여부 불문)에게 서면으로 통지하는 방
안과 전자문서로 알리는 방안이 확보될 필요가 있다. 그리고 의원 개개인에게 임시
회소집을 통지하는 시점에 토의에 필요한 사료도 송부하여야 한다. 임시회의가 공
개회의로 진행된다면, 토의자료는 언론이나 주민에 제공하는 것도 의미가 있을 것
이다. 회의소집의 절차규정을 위반하면서 소집된 회의에서는 의결을 할 수 없다.
그러한 의결은 중요한 절차를 위반한 의결이 되고 위법한 것이 된다. 그러한 회의
에서 의결된 조례는 무효이다.[2] 단체장이나 감독청은 재의를 요구하여야 한다(지자
법 제32조 제 3 항, 제192조).

Ⅱ. 지방의회의 정족수

1. 의사정족수

(1) **의 의** 의사정족수란 지방의회가 의사를 여는데 필요한 의원수를 말한
다. 지방의회는 재적의원 3분의 1 이상의 출석으로 개의한다(지자법 제72조 제 1 항).
재적의원이란 현재에 실제로 재직하는 의원의 총수를 말한다.[3] 달리 말하면, 법률
에서 규정된 의원의 정수에서 결원(예: 사망, 사직)을 뺀 수를 말한다.

(2) **정족수의 미달** 회의 참석인원이 제 1 항의 정족수에 미치지 못할 때
에는 의장은 회의를 중지하거나 산회를 선포한다(지자법 제72조 제 2 항). 의장의 회의
의 중지 또는 산회의 선포는 의무적이다. 의장은 항상 출석의원의 수를 확인하여야

---

1) 이종영, 지방자치법주해, 240쪽.
2) Waibel, Gemeindeverfassungsrecht Baden-Württemberg, Rn. 276.
3) 이종영, 지방자치법주해, 238쪽.

한다.[1] 의원은 의사정족수의 확인을 의장에게 신청할 수 있다.

2. 의결정족수

의결정족수란 의결을 하는 데 필요한 의원의 수를 말한다. 의결정족수에는 일
반의결정족수와 특별의결정족수의 두 가지가 있다.

(1) 일반의결정족수   일반의결정족수란 재적의원 과반수의 출석과 출석의원
과반수의 찬성으로 의결하는 경우를 말한다.[2] 회의는 이 법에 특별히 규정된 경우
외에는 재적의원 과반수의 출석과 출석의원 과반수의 찬성으로 의결한다(지자법 제73
조 제 1 항). 여기서 출석의원이란 표결 시에 회의장에 있는 의원으로서 당해 의결에
참여하여 표결할 수 있는 자를 말한다. 기권이나 반대한 의원의 수는 출석의원의
수에 포함되지만, 찬성의원 수의 계산에 포함되지 아니한다.[3] 지방의회의 의장은
의결에서 표결권을 가지며, 찬성과 반대가 같으면 부결된 것으로 본다(지자법 제73조
제 2 항). 입법론상 의장에게는 표결권을 인정하지 않되, 가부동수인 경우에는 의장
에게 결정권을 부여하는 것도 가능할 것이다.[4]

(2) 특별의결정족수   특별의결정족수는 의결에 필요한 수가 강화된 경우를 말
한다. 특별정족수는 특별규정이 있는 경우에만 적용된다(지자법 제73조 제 1 항). 지방자
치법상 특별정족수가 요구되는 경우로 다음을 볼 수 있다.

의결정족수	사 안	관계조문
재적의원 과반수 찬성	사무소 소재지의 변경·신설에 관한 조례 의장단의 불신임의결(재적의원 4분의 1 이상 동의에 의한 발의)	제 9 조 제 2 항 제62조 제 2 항
출석의원 3분의 2 이상 찬성	조례안의 재의결(재적의원 과반수 출석) 재의요구에 대한 재의결(재적의원 과반수 출석) 예산상 집행 불가능한 의결의 재의결(재적의원 과반수 출석) 회의의 비공개의결(의원 3인 이상 발의)	제32조 제 4 항 제120조 제 2 항 제192조 제 3 항 제121조 제 3 항 제75조 제 1 항

---

1) 김희곤, 지방자치법주해, 290쪽.
2) 입법례에 따라서는 일반의결정족수의 경우, 재적의원 과반수의 출석을 전제로, 단순 다수결의 방식
에 따라 의결이 이루어진다(Niedersachsen 게마인데법 제47조 제 1 항). 여기서는 기권과 무효의 수는
고려되지 아니하고, 다만 찬성과 반대 중에서 많은 쪽으로 의결이 이루어진다(Schwirzke-Sandfuchs,
Allgemeines Niedersächsisches Kommunalrecht, S. 99). 따라서 출석의원의 과반수의 미만으로도
적극적인 의결이 이루어질 수 있다.
3) 김희곤, 지방자치법주해, 297쪽.
4) 김희곤, 지방자치법주해, 304쪽.

| 재적의원 3분의 2 이상 찬성 | 의원의 자격상실 의결(재적의원 4분의 1 이상 연서로 청구) | 제92조 |
| | 의원의 제명 의결 | 제100조 제 2 항 |

3. 문 제 점

(1) 의결정족수가 미달인 경우   의결에 필요한 출석의원의 수가 부족하면, 당연히 의결할 수 없고, 의결은 다음 회의로 연기될 수밖에 없다. 왜냐하면 출석의원 수가 법상 요구되는 수에 미달함에도 불구하고 이루어진 의결은 무효로[1] 볼 것이기 때문이다. 그리고 만약 두 번째 회의에서도 출석의원의 수가 부족하면, 역시 다음 회의로 연기될 수밖에 없다. 그러나 이러한 것은 효율적이지 못하다. 이에 대한 보완책이 필요하다.[2]

(2) 제척사유 있는 의원이 과반수인 경우   현행 지방자치법상 제척사유 있는 자가 과반수에 달하는 경우에 있어서 의결정족수에 관한 규정이 없다. 이러한 경우를 선결처분으로 해결하기에는 어려움이 있다. 왜냐하면 선결처분은 지방의회의 승인을 받아야 하는 것이기 때문이다. 따라서 이러한 경우에 관하여 입법적인 보완이 요구된다.[3] 만약 선결처분이 가능하도록 한다면, 선결처분의 승인을 지방의회가 아니라 감독청이 하도록 하는 것도 방법일 것이다.

Ⅲ. 지방의회의 회의원칙

1. 공개원칙

(1) 의 의   지방의회의 회의는 공개한다(지자법 제75조 제 1 항 본문). 공개원칙은 민주국가원리의 결과이다.[4] 공개원칙은 의회활동의 투명성을 위한 것이고, 공정한

---

1) 김희곤, 지방자치법주해, 296쪽.
2) 입법례에 따라서는 첫 번째의 회의에서 의결능력의 미달로 인하여 그 의결이 두 번째의 회의로 연기되는 경우, 두 번째의 회의를 위한 소집공고에서 두 번째의 회의에서는 의결능력을 문제삼지 아니한다고 밝히면, 출석의원의 수에 관계없이 의결할 수 있음을 규정하기도 한다(Niedersachsen 게마인데법 제46조 제 2 항).
3) 독일의 Mecklenburg-Vorpommern주에서는 제척사유 없는 의원의 수가 3분의 1 이상이면 의결능력이 있다는 규정을 두고 있다(동 지방자치법 제30조 제 2 항). Sachsen주에서는 법정정수의 4분의 1 이상이 제척사유가 없으면, 이들로 의결이 가능하다(동 게마인데법 제39조 제 2 항 제 2 문). 한편, Niedersachsen주에서는 의결정족수에 제한은 없다. 그 대신 의결은 감독청의 승인을 필요로 한다(동 게마인데법 제46조 제 3 항); 김희곤, 지방자치법주해, 298쪽.
4) Geis, Kommunalrecht(3. Aufl.), §11, Rn. 125; Waibel, Gemeindeverfassungsrecht Baden- Württemberg,

의사처리를 위한 것이다.[1] 공개원칙은 지방의회의원으로 하여금 주민의 이익에 대한 관심을 고취시키는 데 기여한다.[2]

회의의 공개로 인해 주민이 의회활동을 알 수 있고, 이로써 의회활동·의원활동에 대한 판단과 통제를 가능하도록 해준다. 지방자치법 제75조에 따른 회의의 공개는 단순한 법적 보장이 아니라 의원 개인의 주관적인 권리에 속한다고 볼 것이며, 주민의 개인적 공권으로 보기는 어렵다.

(2) 예외(비공개가 가능한 경우)

(가) 의원이 발의하는 경우　지방의회의원 3명 이상이 발의하고 출석의원 3분의 2 이상이 찬성한 경우에는 공개하지 아니할 수 있다(지자법 제75조 제1항 단서). 의원의 발의에 의하여 회의를 공개하지 아니하기로 하는 의결에 지방자치법상 정족수 이외의 사항에 대해서는 특별한 제한이 없다. 이것은 공개원칙의 취지에 비추어 문제다. 의장에 의한 비공개결정의 경우와 유사한 제약이 필요하다고 본다.

(나) 의장이 인정하는 경우　지방의회의 의장이 사회의 안녕질서 유지를 위하여 필요하다고 인정하는 경우에는 공개하지 아니할 수 있다(지자법 제75조 제1항 단서). 의장에 의한 비공개의 결정은 민주주의원칙에 근거를 둔 공개원칙의 성질에 비추어, 공개논의로 인해 공공이익에 중대한 침해가 예상되는 경우에만 비공개를 할 수 있다고 볼 것이다.

(다) 개인의 이익보호를 위한 비공개　공개원칙의 예외로서, 입법례에 따라서는 사회의 안녕질서 외에 개인의 정당한 이익의 보호를 위해서도 비공개로 할 수 있는 경우가 있다.[3] 특정의 개인에게 정당한 청구권이 있고, 개인이 이를 행사한다면, 비공개로 하여야 한다는 것이다. 즉 개인의 사항에 대하여 공공의 정당한 이익이 존재하지 아니하고, 그것을 공개하는 것이 개인에게 불이익한 경우에는 비공개로 한다는 것이다. 여기서 개인의 이익이란 법으로 보호되는 이익을 의미하며 반사적 이익은 해당하지 아니하는 것으로 새긴다.[4] 또한, 현행 지방자치법상 지방의회의 경우에는 국회의 경우와는 달리 국가의 안전보장을 이유로 비공개를 결의할 수는 없다. 지방의회의 사무는 국가의 안전보장과 직접적인 관련성이 없기 때문이다. 그러나 이에 대해서는 의문이 있다. 한편, 무제한의 비공개는 정당하지 않다. 비공

Rn. 277.

1) Gern, Kommunalrecht Baden-Württemberg, Rn. 253.
2) Geis, Kommunalrecht(3. Aufl.), §11, Rn. 125.
3) 독일 Baden-Württemberg주의 Gemeindeordnung 제35조.
4) Gern, Kommunalrecht Baden-Württemberg, Rn. 257.

개의 기간을 설정하는 것이 바람직하고, 아울러 가능한 한 빨리 공개되는 것이 바람직하다. 조례가 비공개회의에서 의결된다는 것은 예상하기 어렵다.

(3) 내 용

(가) 일반적 내용 회의의 공개원칙은 주민과 신문·라디오방송·TV 등 언론의 지방의회의 회의에 대한 접근의 보장을 의미한다. 여기에는 방청의 자유, 보도의 자유, 회의록의 공개를 포함한다. 정보의 자유는 법적으로나 사실상으로도 침해되어서는 아니 된다. 동일한 원칙에 따라 모든 이해관계자에게 방청의 가능성이 허용되면 방청의 자유는 보장되는 것이다. 다만, 공간의 협소에 기인한 일반적인 제한은 허용된다. 이와 관련하여 주민등록증 등 신분증명서의 제출을 요구하는 것은 방청의 자유의 침해가 아니다. 그러나 공개원칙으로 인해 지방자치단체는 지방의회의 회의실에 상당수의 주민이 참관할 수 있는 공간을 확보하여야 하는 의무를 진다.[1] 상당수란 불확정개념이며, 모든 주민을 뜻하는 것은 아니다. 이를 위해 회의의 일시와 장소, 그리고 의사일정의 내용이 사전에 공개되어야 한다. 주민이 특별한 어려움 없이 회의의 일시와 장소를 알 수 있어야 한다.

(나) 언론사의 경우 언론사는 자유로운 정보공급의 권리를 가진다고 할 것이므로, 언론사대표에게는 특별한 장소(공간)가 보장되어야 한다. 그리고 회의록의 공개는 회의록의 열람의 자유를 뜻한다. 회의록 열람의 자유에 회의록의 복사본의 청구권이 포함되는 것은 아니다. 그러나 지방의회는 자유로운 열람을 위하여 필요한 시설을 설치하여야 한다. 촬영권과 녹음권은 포함되지 아니한다고 본다.[2] 왜냐하면 촬영이나 녹음은 민주적으로 솔직하고 강제되지 아니하는 토의라는 자산을 위험에 빠지게 할 수 있기 때문이다. 이러한 공개원칙은 심의과정의 공개가 핵심이며, 표결과정 그 자체의 공개는 중요한 것이 아니다.

(다) 장애인에 편의제공 지방의회의 의장은 공개된 회의의 방청 허가를 받은 장애인에게 정당한 편의를 제공하여야 한다(지자법 제75조 제2항).

(4) 의원의 의무 지방의회의원은 비공개회의에서 논의한 내용에 대해서는 비밀을 유지하여야 한다.[3] 비밀유지의무는 비밀유지가 의미 없다는 것이 객관적으로 명료해질 때까지 존속한다고 볼 것이다.

---

1) Meyer, Kommunalrecht, Rn. 412; Seewald, Kommunalrecht, in: Steiner(Hg.), Besonderes Verwaltungsrecht, Rn. 212.
2) Hegele/Ewert, Kommunalrecht, S. 120.
3) 김희곤, 지방자치법주해, 311쪽.

(5) 위반의 효과

(가) 행정처분   공개원칙위반에 대하여 지방자치법은 아무런 규정을 두고 있지 않다. 공개원칙위반의 효과를 한마디로 단언하기는 어렵다. 만약 그 의결이 행정처분의 성질을 갖는다면, 행정절차법에 따라 판단되어야 한다. 일반적으로 공개원칙위반은 외관상 명백한 흠의 원인이 된다고 볼 것이다.

(나) 기타 의결   기타의 경우에 있어서 공개원칙의 위반은 의결을 무효로 만든다고 볼 것이다. 왜냐하면 공개원칙은 민주국가에서 기본적인 원칙이고, 이러한 원칙의 위반의 경우에는 강력한 제재가 가해져야만 이러한 원칙이 유지될 것이기 때문이다. 만약 제재가 가해지지 아니한다면, 공개원칙은 별다른 의미를 갖지 못할 것이다. 한편, 공개원칙의 위반의 하자는 절차의 반복을 통해 치유될 수 있다. 지방자치단체의 장은 공개원칙위반을 이유로 지방의회의 의결에 대하여 재의를 요구할 수도 있다(지자법 제120조 제 1 항).

(다) 의원의 이의제기   위법한 비공개의결의 경우에 의원은 이를 다툴 수 있는가의 여부도 문제이다. 의원은 의원으로서의 지위에서 갖는 권리(공개회의에서의 권리)의 침해를 이유로 기관소송을 제기할 수 있어야 하지만, 이에 관한 명시적인 규정은 없다. 현행 행정소송법상 기관소송은 명문의 규정이 있는 경우에만 인정되는바(행소법 제45조), 현재로서 그러한 기관소송의 제기는 불가능하다. 입법적 보완이 필요하다.

2. 회기계속의 원칙

(1) 의 의   지방의회에 제출된 의안은 회기 중에 의결되지 못한 것 때문에 폐기되지 아니한다(지자법 제79조 본문). 이를 회기계속의 원칙이라 한다. 회기계속의 원칙은 의회기(임기)중에는 의회의 동일성과 일체성이 유지된다는 것을 논거로 한다. 회기계속의 원칙은 의사처리의 경제에 기여한다. 다만 지방의회의원의 임기가 끝나는 경우에는 그러하지 아니하다(지자법 제79조 단서). 즉 의안이 폐기된다. 의결되지 못하고 소멸되는 이유는 의회의 구성 자체가 변경되기 때문이다.

(2) 회기불계속의 원칙   입법례에1) 따라서는 회기불계속의 원칙을 채택하기도 한다. 회기불계속의 원칙이란 회기 중에 의결되지 아니하면 의안이 폐기되는 것을 말한다. 회기불계속의 원칙은 의회는 회기 중에만 활동능력을 가지고, 또한 매 회기마다 독립된 의사를 가지는바, 앞 회기의 의사가 뒤 회기의 의사를 구속하지

---

1) 일본 지방자치법 제119조 회기중에 의결에 이르지 아니한 사건은 후회에 계속되지 아니한다.

못한다는 논리에 바탕을 두고 있는 것으로 이해된다.[1]

3. 일사부재의의 원칙

(1) 의 의   지방의회에서 부결된 의안은 같은 회기 중에 다시 발의하거나 제출할 수 없다(지자법 제80조). 이를 일사부재의의 원칙이라 한다. 일사부재의의 원칙은 의사진행의 지연을 방지함으로써 의사진행의 원활을 도모하기 위한 것이다.

(2) 한 계   제출된 의안이 철회된 경우, 철회는 부결이 아니므로 다시 발의하거나 제출할 수 있고, 전 회기에 부결된 의안은 다음 회기에 다시 발의하거나 제출할 수 있다. 새로운 사정이 발생하면 의결된 의안을 다시 심의할 수도 있을 것이다.[2]

(3) 동일 안건 여부   회기 중에 다시 발의하거나 제출할 수 없는 안건은 부결된 의안과 동일한 안건을 말한다. 동일 안건 여부의 판단은 안건의 제목의 동일성 여부가 아니라 내용의 동일성 여부를 기준으로 판단하여야 한다. 내용의 동일성 여부를 판단함에는 발의 또는 제출하는 안건의 이유와 목적 등도 고려하여야 한다.

Ⅳ. 지방의회의 회의운영

1. 의안의 발의

(1) 의안의 의의

의안이란 지방의회가 논의·의결할 안건을 말한다. 의안에는 조례안, 예산안, 의회규칙안, 동의안, 승인안, 결의안 등 다양하다. 의안은 성질상 지방의회의원만이 발의할 수 있는 사항(예: 의장의 불신임, 의원의 징계), 지방자치단체의 장만이 제출할 수 있는 의안(예: 예산안, 선결처분 승인 발의), 지방의회의원과 지방자치단체의 장 모두 제출할 수 있는 의안(예: 조례안)으로 구분할 수 있다.

(2) 의안 발의의 주체

(가) 지방의회의원

1) 정 수   지방의회에서 의결할 의안은 조례로 정하는 수 이상의 지방의회의원의 찬성으로 발의한다(지자법 제76조 제1항). 2022. 1. 13. 시행 지방자치법 전부개정법률 시행전의 구법은 조례로 정하는 수 이상의 지방의회의원이 아니라「재적의

---

1) 김민배, 지방자치법주해, 321쪽.
2) 김민배, 지방자치법주해, 324쪽.

원 5분의 1 이상 또는 의원 10명 이상」으로 규정하였다(구 지자법 제66조 제 1 항). 지방
자치법 제76조 제 1 항은 지방의회의원이 의안을 내는 것을 발의라 부르고 있다.

    2) 명 단   제 1 항에 따라 지방의회의원이 조례안을 발의하는 경우에는 발의
의원과 찬성 의원을 구분하되, 해당 조례안의 제명의 부제로 발의 의원의 성명을
기재하여야 한다. 다만, 발의 의원이 2명 이상인 경우에는 대표발의 의원 1명을 명
시하여야 한다(지자법 제76조 제 4 항). 이러한 조례안 실명제는 의원의 입법 활동을 활
성화하고 책임성을 제고시키기 위한 것으로 이해된다.

    (나) 위 원 회   위원회는 그 직무에 속하는 사항에 관하여 의안을 제출할 수
있다(지자법 제76조 제 2 항). 위원회의 의안제출은 위원회의 직무에 속하는 사항에 한
정된다. 조례로 정하는 수 이상의 지방의회의원의 찬성으로 발의하는 의안에는 제
한이 없다는 점에서 양자간에 차이가 난다. 지방자치법 제76조 제 2 항은 위원회가
의안을 내는 것을 제출이라 부르고 있다.

    (다) 지방자치단체의 장   지방자치단체의 장은 지방의회에서 의결할 의안을 발
의한다(지자법 제76조 제 1 항). 그러나 성질상 지방의회의원만이 발의할 수 있는 사항
(예: 의장의 불신임, 의원의 징계)에 관한 의안을 제출할 수는 없다. 지방자치법 제76조 제
1 항은 지방자치단체의 장이 의안을 내는 것을 발의라 부르고 있다.

    (3) 의안 발의의 내용   제 1 항 및 제 2 항의 의안은 그 안을 갖추어 지방의회
의 의장에게 제출하여야 한다(지자법 제76조 제 3 항). 그 안을 갖춘다는 것은 의안명,
의안 내용, 제안 연월일, 제안자, 제안이유 등을 분명히 하여야 함을 의미한다.

    (4) 예산 관련 의안 발의의 특칙

    (가) 예산안제출   지방자치단체의 장은 회계연도마다 예산안을 편성하여 시·도
는 회계연도 시작 50일 전까지, 시·군 및 자치구는 회계연도 시작 40일 전까지 지
방의회에 제출하여야 한다(지자법 제142조 제1 항).

    (나) 의안에 대한 비용추계 자료 등의 제출   지방자치단체의 장이 예산상 또는
기금상의 조치가 필요한 의안을 제출할 경우에는 그 의안의 시행에 필요할 것으로
예상되는 비용에 대한 추계서와 그에 따른 재원조달방안에 관한 자료를 의안에 첨
부하여야 한다(지자법 제78조 제 1 항). 이러한 제도는 의안 심의에 있어 중요한 참고 자
료인 소요예산 규모 및 재정부담의 정도를 의안 제출 시 첨부함으로써, 과도한 재
정부담을 초래하는 의안 제출이 남발되는 것을 방지하기 위한 것으로 이해된다.
2011년에 신설된 조항이다. 제 1 항에 따른 비용의 추계 및 재원조달방안에 관한
자료의 작성 및 제출절차 등에 관하여 필요한 사항은 해당 지방자치단체의 조례로

정한다(지자법 제78조 제 2 항). 이러한 비용추계 자료 등의 제출 제도는 지방의회 및 지방자치단체 운영상의 효율성을 높이기 위한 것으로 이해된다.

(5) 의안의 예고·공고, 단체장의 의견청취

(가) 조례안 예고 지방의회는 심사대상인 조례안에 대하여 5일 이상의 기간을 정하여 그 취지, 주요 내용, 전문을 공보나 인터넷 홈페이지 등에 게재하는 방법으로 예고할 수 있다(지자법 제77조 제 1 항). 조례안 예고의 방법, 절차, 그 밖에 필요한 사항은 회의규칙으로 정한다(지자법 제77조 제 2 항).

(나) 제출안건의 공고 지방자치단체의 장이 지방의회에 제출할 안건은 지방자치단체의 장이 미리 공고하여야 한다. 다만, 회의 중 긴급한 안건을 제출할 때에는 그러하지 아니하다(지자법 제55조). 부의할 안건이란 조례안을 포함하여 지방자치단체의 장이 지방의회의 토의에 붙일 수 있는 모든 안건을 말한다. 부의할 안건을 미리 공고하게 하는 것은 지방의회의 회의진행의 효율성을 높이는 데 유익할 뿐만 아니라 주민에 의한 여론형성과 주민참여를 유도하는 의미도 갖는다.[1] 공고방법은 공고권자인 지방자치단체의 장의 선택에 놓인다. 공고방법을 대통령령으로 정한다는 규정을 지방자치법에 신설할 필요가 있다는 지적도 있다.[2]

(다) 단체장의 의견청취 지방의회는 새로운 재정부담이 따르는 조례나 안건을 의결하려면 미리 지방자치단체의 장의 의견을 들어야 한다(지자법 제148조).

2. 의사일정

(1) 의 의 의사일정(議事日程)이란 지방의회의 개의일시와 심의안건 및 심의순서를 정한 계획표를 말한다. 의사일정은 지방의회의 효율적인 운영에 기여한다. 지방자치법은 의사일정에 대한 규정을 갖고 있지 않다. 의사일정은 지방의회의 운영에 중요한 사항이므로 의사일정에 관한 기본적인 사항(예: 의사일정의 작성권자, 긴급사항의 의사일정의 변경 등)을 지방자치법에서 규정할 필요가 있다. 회의의 공개여부를 불문하고 의사일정은 필요하다.[3] 의사일정은 분명하고 일의적이어야 한다. 모호한 표현은 아니 된다.

(2) 교섭단체의사의 반영 의사일정의 마련에는 모든 교섭단체의 의사가 반영되어야 한다. 의사일정은 교섭단체의 대표가 협의하여 정하여야 한다. 그러나 교섭

1) 이종영, 지방자치법주해, 241쪽.
2) 이종영, 지방자치법주해, 243쪽.
3) Gern, Kommunalrecht Baden-Württemberg, Rn. 244.

단체간에 협의가 이루어지지 아니하거나 긴급한 경우에는 예외적으로 의장이 정하는 경우도 있어야 할 것이다.

(3) 의사일정의 변경   의사일정의 변경은 불가능한 것이 아니다. 그러나 졸속으로 의사일정을 변경하는 것은 회의의 효율적인 운영에 방해가 된다. 여기에는 적절한 제한이 필요하다. 의사일정의 변경은 교섭단체 간의 합의나 본회의의 의결로 이루어져야 할 것이다. 예외적으로는 의장이 직권으로 변경할 수도 있어야 할 것이다.

(4) 의사일정의 공고   의사일정은 늦어도 회의가 열리기 전까지 미리 공고되어야 한다.[1] 왜냐하면 의원들이 미리 알아야 심의에 효과적으로 참여할 수 있기 때문이다. 한편, 공고 외에 의사일정을 지방의회의원들에게 구두가 아니라 전자문서와 종이문서로 개별 통지하는 것도 필요하다.

3. 위원회에서 폐기된 의안

(1) 의 의   위원회에서 본회의에 부칠 필요가 없다고 결정된 의안은 본회의에 부칠 수 없다(지자법 제81조 제 1 항 본문). 다만, 위원회의 결정이 본회의에 보고된 날부터 폐회나 휴회 중의 기간을 제외한 7일 이내에 지방의회의 의장이나 재적의원 3분의 1 이상이 요구하면 그 의안을 본회의에 부쳐야 한다(지자법 제81조 제 1 항 단서). 이를 위원회의 해임(Discharge of committee)이라 한다. 제 1 항 단서의 요구가 없으면 그 의안은 폐기된다(지자법 제81조 제 2 항). 본회의 보고 후에 요구할 수 있도록 한 것은 해당 의안의 위원회 심사결과에 대하여 모든 의원이 알 수 있도록 하기 위한 것이다. 7일은 본회의 부의요구 여부에 대한 판단을 함에 부족한 기간으로 보기 어렵다.

(2) 기간의 단축   본회의 회부요구의 기한과 관련하여 본회의에 부의하지 않기로 결정된 의안이 상당한 기간이 지난 후에 다시 부의하기로 될 경우 법적 안정성을 해할 우려가 있으므로 7일에서 5일로 단축하는 것이 타당하다는 지적도 있다.[2]

4. 방청인의 발언

판례는 지방의회의 본회의 또는 위원회의 안건 심의중 주민의 방청인으로서 발언권을 허용하는 조례는 허용되지 아니한다는 입장이다.[3] 방청인에 대한 발언의

---

1) Geis, Kommunalrecht(3. Aufl.), §11, Rn. 122.
2) 송동수, 지방자치법주해, 327쪽.
3) 대판 1993. 2. 26, 92추109.

허용이 바로 대표제원리에 반한다고 단언하는 것은 이해하기 어렵다. 조례제정·개
폐청구제도가 도입된 오늘날의 상황하에서는 본회의에 참여하여 조례제정·개폐청
구의 취지를 설명하고 의원들의 질의에 응답할 수 있게 하는 것이 오히려 바람직
하다.1) 민간인이 지방의회의 위원회의 위원으로 참여하는 입법례도 볼 수 있기 때
문이다.2)

5. 의 결

(1) **의결의 의의**　의결은 의사결정절차에서 마지막 절차이다. 의결은 종료기
능을 갖는다. 의결이 이루어진 의사일정사항은 동일한 회기에서 거듭 다루어지지
아니한다. 심의가 종결되면 의결이 이루어져야 한다. 의결정족수가 미달하면, 의결
은 이루어질 수 없다. 심의가 종결된 후 의결이 이루어져야 하는 시간적인 제한을
규정하는 명문의 규정은 보이지 아니한다. 그러나 성질상 다음에 이루어지는 회의
내지 회기에서 당연히 의결절차가 있어야 할 것이다.

(2) **의결의 종류**　의결은 효력과 관련하여 ① 조례의 의결, ② 외부효를 갖게
될 사항에 관한 의결(추후 단체장의 집행을 통해 사인에 대하여 외부효를 갖게 되는 행위), ③ 지
방자치단체의 내부적 사항에 관한 의결(지방의회가 지방자치단체장에 대하여 특정사항을 건의
하는 의결하는 경우)로 구분할 수 있다.3)

(3) **의결의 방법**

(가) **기록표결**(표결의 공개)　본회의에서 표결할 때에는 조례 또는 회의규칙으로
정하는 표결방식에 의한 기록표결로 가부(可否)를 결정한다(지자법 제74조 본문). 제74조
단서의 무기명투표에 비추어 보면, 제74조 본문의 표결방식은 기명투표이다. 기명
투표는 표결의 공개로 연결된다. 표결의 공개란 가부에 대한 다른 의원의 표결 내
용을 알 수 있는 표결을 말한다. 지방의회에서 공개표결은 건전한 민주주의의 본질
적인 부분에 속한다. 이것은 의원의 색깔을 나타내게 한다. 이를 통해 유권자는 의
원을 알게 된다. 이것은 대표를 선출하는 투표제도에서 중요하다. 공개표결 내지

---

1) 최봉석, "주민참여법제의 현황과 개선방안," 지방자치법연구, 통권 제12호, 92쪽.
2) Nordrhein-Westfalen 게마인데법 제58조 ③ 의회의 의원 외에 전문가인 시민으로서 의회에 소속
　될 수 있는 자는 제59조에서 예정된 위원회(기본위원회, 재정위원회, 회계심사위원회)를 제외한 위원
　회의 위원으로 임명될 수 있다. 누구도 전문가인 시민으로서의 활동을 떠맡도록 의무를 부담하지는
　아니한다. 전문가인 시민의 수는 개별 위원회에서 의회 의원의 수에 미달하여야 한다. 위원회는 출
　석 의회 의원의 수가 출석 전문가인 시민의 수를 능가할 때에만 의결능력을 갖는다. 그 의결능력이
　확정되지 아니하는 한, 그 범위에서 그것은 의결능력 있는 것으로 한다. 위원회는 전문가와 주민에
　게 의사일정상 개별사항에 관한 조언을 구할 수 있다.
3) Burgi, Kommunalrecht(5. Aufl.), §12, Rn. 31.

비밀선거는 회의의 공개성 및 미공개성에 관계가 없다.

　(나) 무기명투표　다음 각 호의 어느 하나에 해당하는 경우에는 무기명투표로 표결한다(지자법 제74조 단서).

　　1. 제57조에 따른 의장·부의장 선거

　　2. 제60조에 따른 임시의장 선출

　　3. 제62조에 따른 의장·부의장 불신임 의결

　　4. 제92조에 따른 자격상실 의결

　　5. 제100조에 따른 징계 의결

　　6. 제32조, 제120조 또는 제121조, 제192조에 따른 재의요구에 관한 의결

　　7. 그 밖에 지방의회에서 하는 각종 선거 및 인사에 관한 사항

　(4) 의결의 법적 성질　지방의회의 의결은 조례 또는 기타의 의결의 형태로 나타난다. 일반적으로 지방의회의 의결 그 자체는 외부적으로 직접 법적 효력을 발생하지 아니한다. 그것은 행정행위가 아니다.[1] 그것은 의사형성기관으로서의 지방의원들 사이에서 이루어지는 지방의회 내부의 법적 행위 내지 의사행위이다. 지방의회의 의결은 지방의회의 의장 또는 집행기관의 장의 집행을 통하여 행정행위, 법률행위, 법정립행위 또는 사실행위 등으로 전환된다. 따라서 지방의회의결 그 자체가 시민의 권리를 침해하는 경우는 예상하기 어렵다.[2]

　(5) 의결의 발효　의결은 원칙적으로 관련 의사일정의 종료로 내부적인 존속력을 발생한다. 승인유보하에 놓이는 의결의 경우,[3] 승인유보는 대체로 의결이 아니라 의결의 집행에서 나타나는 처분과 관련한다. 따라서 승인이 의결 그 자체의 효력을 배제하는 것은 아니다.

　(6) 의결의 변경과 폐지　의결은 지방의회의 독자적인 의결, 집행기관의 장의 이의에 따른 지방의회의 의결, 감독청 또는 행정법원에 의해 소급적으로 폐지될 수 있다. 지방의회 자신에 의한 변경이나 폐지는 의사일정이 종료된 후 새로이 소집되는 회의에서 가능하다. 이미 집행된 의결의 경우, 그 집행이 변경될 수 있을 때에는 변경의결이 가능하다. 과거의 판례도[4] 같은 입장이다.

　(7) 하자 있는 의결　단체장의 이의제기가 없는 한, 법적 안정성을 이유로 지방의회의 의결은 적법한 것으로 추정할 것이다. 따라서 위법한 의결일지라도 그 하

---

[1] 박균성, 행정법론(하)(2014), 114쪽.
[2] Hegele/Ewert, Kommunalrecht, S. 130.
[3] 본서, 644쪽 참조.
[4] 대판 1963. 11. 28, 63다362.

자가 중대하고 명백한 것이 아니라면 폐지되기 전까지는 효력을 갖는다. 위법한 경우로는 절차규정을 위반한 경우, 제척사유 있는 의원이 심의의결에 참여한 경우, 의결내용이 위법한 경우 등을 볼 수 있다. 지방의회의결은 그 자체가 행정행위가 아니므로 취소의 대상이 되지 아니한다. 그것은 단체장이나 감독청의 이의제기로 바로잡을 수 있다. 사인은 그러한 의결을 근거로 발령된 행정행위를 다툴 수 있을 뿐이다. 지방의회의원에 대한 징계의결 후 의장이 이를 징계의결대상자에게 통지하는 경우와 같이 의결이 지방의회의 의장을 통해 집행되면 당사자는 행정소송으로 다툴 수 있다.

6. 제척제도

(1) 의 의　　지방의회의 의장이나 지방의회의원은 본인·배우자·직계존비속(直系尊卑屬) 또는 형제자매와 직접 이해관계가 있는 안건에 관하여는 그 의사에 참여할 수 없다. 다만, 의회의 동의가 있으면 의회에 출석하여 발언할 수 있다(지자법 제82조). 이를 지방의회의 의장·의원의 제척제도라 한다.[1] 제척제도는 편견으로 인한 협력금지라 부르기도 한다.[2] 편견금지는 지방의회의원으로 하여금 법률에 따라, 그리고 자신의 자유로운, 다만 공공복지에 대한 고려하에 이루어지는 확신에 따라 직무를 수행하도록 도와준다. 지방의회에서의 편견가능성은 국회에서의 편견가능성보다 가까이 놓이므로, 편견으로 인한 협력금지는 행정법상 정당화된다. 요컨대 제척제도는 지방자치행정의 순수성의 확보에 기여한다.[3]

(2) 취 지　　편견으로 인한 협력금지는 성실의무로부터 나온다. 결정대상에 대한 직접적인 관련성은 결정의 객관성을 상당하게 위협한다. 편견으로 인한 제척제도는 형사소송법·민사소송법·행정소송법 등 여러 법률에서 나타난다. 편견으로 인한 제척제도는 두 가지의 상이한 기능을 갖는다. ① 하나는 자신의 일에 대한 결정을 방지하기 위한 것이다. 말하자면 자신의 일에 대한 결정에서 부당한 이익을 취하는 것을 방지하거나 아니면 당연히 감수하여야 하는 불이익을 회피하는 것을 방지하기 위한 것이다. ② 또 하나는 고권주체(행정주체)의 청렴성에 대한 의문을 제거함으로써 민주주의의 가치를 지키기 위한 것이다.[4] 제척제도는 공공복지를 지향하는 지방자치행정과 지방의회의원의 특별한 이익의 추구라는 그릇된 외관의 회피

---

1) 졸고, 지방의회의원과 제척제도(제20회 공법학회 학술발표회 발표문, 1991. 9. 28) 참조.
2) Burgi, Kommunalrecht(5. Aufl.), §12, Rn. 49.
3) Burgi, Kommunalrecht(5. Aufl.), §12, Rn. 49.
4) Lissack, Bayerisches Kommunalrecht, S. 165f.

를 통해 편견이 없는 지방자치행정에 대한 시민의 신뢰의 강화를 목적으로 한다.[1]
결국 제척제도는 깨끗한 지방의회에 대한 주민의 신뢰를 확보하고, 나쁜 외관을 면
하는 데에 도움을 준다.

  (3) 인적 범위   인적 관점에서 보면, 지방자치법상 제척은 본인·배우자·직계
존비속 또는 형제자매와 직접 이해관계가 있는 안건에 한정되고 있다(지자법 제82조
본문). 배우자의 직계존속과 배우자의 형제자매가 배제된 것은 잘못이다. 약혼자와
전 배우자도 포함시켜야 할 것이다.[2] 이들이 중심적인 역할(예: 이사·감사)을 하는 법
인과 이들이 법률상 대리권을 갖는 자연인 또는 법인이 배제된 것도 잘못이다. 의
원이 감정평가를 한 의안에도 배제되어야 한다. 의원이 사인으로부터 보수를 받는
다면, 그러한 사인과 관련 있는 의안으로부터 배제되어야 한다. 입법적 보완이 필
요하다.

  (4) 사항적 범위

  (가) 이해관계 있는 안건   사항적 관점에서 보면, 지방자치법상 제척은 본인·배
우자·직계존비속 또는 형제자매와 직접 이해관계가 있는 안건에 한정되고 있다(지
자법 제82조 본문). 원칙적으로 말해 직접 이해관계 있는 안건의 의미를 정확하게 파
악하는 것은 용이하지 않다. 그것은 제척제도의 의미와 목적을 고려하면서 판단되
어야 한다. 먼저, 이해관계는 넓게 이해되어야 한다. 이해는 이익과 손해, 현재의
상태로부터 개선 또는 악화를 의미한다. 여기에는 지방의회의원의 지위에 관련된
이해관계뿐만 아니라 그 밖에 지방의회의원 개인과 직계존비속의 재산상의 이해관
계를 포함한다. 그리고 이해관계에는 재산적인 가치 외에 정신적인 가치도 포함한
다.[3] 입법례에 따라서는 법규범의 심의·의결, 무보수의 직에의 임명·해임의 의결,
선거의 경우에는 제척제도가 적용되지 아니한다는 규정을 두기도 한다.[4] 우리의
경우, 이러한 규정을 찾아볼 수 없으나, 판례는 같은 입장을 취한다.[5] 이해관계가
반드시 현실적으로 존재하여야 하는 것은 아니다. 이해관계의 존재의 가능성이 있
는 것으로도 족하다. 문제는 직접성의 의미이다.

  (나) 이해관계의 직접성의 의의   직접성은 직접적인 인과관계의 의미로 이해될

---

1) Meyer, Kommunalrecht, Rn. 163; Waibel, Gemeindeverfassungsrecht Baden-Württemberg,
  Rn. 187.
2) 독일 Sachsen 게마인데법 제20조 제 1 항 참조.
3) Erichsen, Kommunalrecht, S. 103; Schwirzke/Sandfuchs, Allgemeines Niedersächsisches
  Kommunalrecht, S. 54.
4) Niedersachsen 게마인데법 제26조 제 3 항.
5) 대판 1997. 5. 8, 96두47.

수는 없다.1) 지방의회의 의결 그 자체가 중간적인 집행행위의 개입 없이 바로 이
익 또는 손해를 가져온다면 직접적인 인과관계는 있다고 하겠다.2) 그러나 직접성
을 이렇게 새기면, 제척제도의 적용범위를 매우 좁히는 결과를 가져온다. 왜냐하면
대부분의 지방의회의 의결은 집행행위를 필요로 하는 것이기 때문이다. 따라서 지
방의회의 의결이 의원 등에게 행해진 절차의 전제이면 충분하다. 왜냐하면 이러한
절차의 도입으로 이미 의원 등에게 이익과 손해를 가져오기 때문이다.3)

　　　(다) 이해관계의 직접성의 판단　　이해의 직접성의 문제는 가치평가의 문제이다.
독일의 일반적인 견해는 「직접성의 개념은 개인의 이익과 집단의 이익의 구분이
있는 곳에서 문제된다」고 한다. 지방의회의원이 지방의회의결을 통해 다만 직업단
체 또는 주민단체의 구성원으로서 관련한다면, 그 의원에게는 편견으로 인해 제척
이 적용되는 그러한 개인적인 이익은 결여되는 것으로 본다(예: 법령이 정하는 바에 따라
약사 또는 부동산소유자에게 일정한 제약을 가하는 경우).4) 그러나 개인의 특별한 이익과 집단
(단체)의 이익의 구분이 반드시 용이한 것은 아니다. 그것은 제도의 목적(취지)에 따
라 판단되어야 할 것이다. 하여간 직접성은 의결과 그 결과의 직접적인 관련성을
뜻한다. 요컨대 이해관계의 직접성 유무의 판단은 용이하지 않다. 직접성은 불확정
개념이어서, 정확하게 구분할 수 있는 구체적인 기준을 발견하기는 곤란하다. 그러
나 제도의 취지에 비추어 적어도 일반 주민의 입장에서 직접성을 인식할 수 있다
면, 직접성은 인정된다고 볼 것이다. 한편, 제척사유의 유무에 대한 판단에 어려움
이 있는 경우에는 지방의회가 비공개회의에서 관련 지방의원의 청문을 거친 후 그
관련 지방의회의원을 배제한 후 결정하면 될 것이다.5) 물론 이러한 결정을 최종적
으로 볼 수는 없다. 법조항의 최종적인 해석은 법원의 몫이기 때문이다.

---

　　1) Waibel, Gemeindeverfassungsrecht Baden-Württemberg, Rn. 188.
　　2) 입법례에 따라서는 의결이 자연인이나 법인에 직접 관계될 때, 이해의 직접성은 있다고 정의하기
　　　도 한다(Nordrhein-Westfalen 게마인데법 제31조 제 1 항 제 2 문). 이러한 입법례는 집행행위 없이
　　　의회의 의결로 바로 이해관계가 발생하는 경우에만 직접성이 있다고 한정하고, 집행행위를 요하는
　　　경우는 직접성이 없는 것으로 보고 있는 것인데, 후자의 경우에는 제 3 자의 자유로운 결정에 의해
　　　이루어지는 집행행위로 인한 이해관계에는 인과관계를 인정할 수 없다는 취지이다(Erichsen,
　　　Kommunalrecht, S. 104).
　　3) Lissack, Bayerisches Kommunalrecht, S. 169f.
　　4) Burgi, Kommunalrecht(5. Aufl.), §12, Rn. 47; Erichsen, Kommunalrecht, S. 105; Gern, Kommunalrecht
　　　Baden-Württemberg, Rn. 280; H. Meyer, Kommunalrecht, Rn. 347; Schmidt-Aßmann/Röhl,
　　　Kommunalrecht, in: Schmidt-Aßmann(Hrsg.), Besonderes Verwaltungsrecht, Rn. 61; Seewald,
　　　Kommunalrecht, in: Steiner(Hg.), Besonderes Verwaltungsrecht, Rn. 206; Waibel, Gemeinde-
　　　verfassungsrecht Baden-Württemberg, Rn. 194.
　　5) Nordrhein-Westfalen 게마인데법 제31조 제 4 항 제 2 문 참조.

(5) 제척의 효과(의사의 배제)   제척의 효과는 법률상 당연한 것이며, 의회의 의결을 요하는 것이 아니다. 제척사유를 갖는 지방의회의원은 의사에 참여할 수 없다(지자법 제82조 본문). 의사에 참여할 수 없다는 것은 의결뿐만 아니라 심의에도 참여할 수 없음을 의미한다. 따라서 제척사유가 있는 지방의회의원은 의사장을 떠나야 한다. 그러나 공개회의의 경우에는 일반인과 마찬가지로 방청인으로 방청석에 있을 수는 있다.[1] 그러나 비공개회의라면 방청석을 떠나야 한다.[2] 물론 의회의 동의가 있으면 의회에 출석하여 발언할 수 있다(지자법 제82조 단서).

(6) 제척의 위반

(가) 무효와 취소   편견을 가진 자가 의결에 참여하면, 투표결과에 상관없이 위법하다. 즉 추상적 인과관계만으로 의결은 위법하다.[3] 위법의 효과에 관하여 두 가지의 입장이 있다. 즉, 하나는 그러한 의결(특히 조례의 의결)은 참여한 의원의 역할의 내용을 불문하고 위법하여 일반적으로 무효라는 입장과,[4] 그 의원의 참가가 표결의 결과에 결정적인 경우에만 위법하고 문제가 된다는 입장이 있다.[5] 전자는 추상적인 인과관계만으로도 위법·무효이며, 후자는 구체적인 인과관계가 있어야 위법·무효라는 입장이다.[6] 전자가 독일의 많은 란트의 일반적인 경향이다. 그 의원의 참가가 표결의 결과에 결정적인 경우에만 다툴 수 있다는 입장도 후자와 유사하다.[7] 후자의 경우에도 결정적인가의 여부에 대한 판단은 용이하지 않다.[8]

(나) 사 견   제척제도의 취지가 심의·의결의 공정뿐만 아니라 지방의회에 대

---

1) Burgi, Kommunalrecht(5. Aufl.), §12, Rn. 497; Gern, Kommunalrecht Baden-Württemberg, Rn. 282; Meyer, Kommunalrecht, Rn. 163; Schmidt-Aßmann/Röhl, Kommunalrecht, in: Schmidt-Aßmann(Hrsg.), Besonderes Verwaltungsrecht, Rn. 61.

2) Gern, Kommunalrecht Baden-Württemberg, Rn. 282.

3) Gern, Kommunalrecht Baden-Württemberg, Rn. 283; Schmidt-Aßmann/Röhl, Kommunalrecht, in: Schmidt-Aßmann(Hrsg.), Besonderes Verwaltungsrecht, Rn. 61.

4) 예컨대, Mecklenburg-Vorpommern 지방자치법 제24조 제 4 항.

5) Bayern 게마인데법 제49조 제 3 항; Niedersachsen 게마인데법 제26조 제 6 항 제 1 문.

6) 물론 이러한 경우에도 란트(예: Baden-Württemberg)에 따라서는 의결이나 공포(조례의 경우) 후 1년 이내에 지방자치단체의 장이나 감독청에 의해 이의가 제기되지 아니하면, 처음부터 유효한 것으로 간주된다(Dols/Plate, Kommunalrecht, Rn. 159).

7) Nordrhein-Westfalen 게마인데법 제31조 제 6 항.

8) 토론에만 참여하고 의결에 참여하지 아니한 경우에는 의결에 영향이 없다는 견해와 토론에만 참여하고 의결에 참여하지 아니하여도, 관계자의 토론이 의결에 결정적이면 무효라는 입장이 있다. 그리고 토론에도 참여하고 의결에도 참여한 경우는 여러 가지로 구분하여 살펴볼 필요가 있다. 즉 예컨대, 7 대 6으로 의결된 경우에 제척사유가 있는 의원이 반대투표를 하였다고 하여도 그의 참여는 결정적이 아니고, 따라서 의결은 유효하다. 그러나 7 대 6으로 의결된 경우에 제척사유 있는 의원이 찬성투표를 하였다면, 그의 참여는 결정적으로서 그 의결은 무효이다. 한편, 6 대 7로 부결된 경우에 제척사유 있는 자가 반대투표를 하였다면 결정적이 아니다. 왜냐하면 가부동수는 부결된 것으로 보기 때문이다.

한 주민의 신뢰확보에도 있다는 점을 고려할 때, 그 효과는 일반적으로 무효가 된
다고 볼 것이다. 후자의 경우, 유효하다고 하여도 감독청은 이의를 제기할 수 있
다.1) 그러나 만약 편견금지를 위반한 지방의회의 의결이 행정처분에 해당한다면,
행정절차법에 따라 판단하여야 할 것이다. 그리고 배제되어야 할 의원이 참여하였
다면, 그 의원을 배제한 후 절차를 다시 회복함으로써 하자를 치유할 수도 있을 것
이다.

(7) 정당한 의원의 배제   배제되어야 할 이유가 없는 의원이 착오 등으로 의
결에서 배제된 상태에서 이루어진 의결에 관해서는 지방자치법은 언급하는 바가
없다.2) 정당한 의원이 편견을 이유로 배제된 경우에 있어서 의결은 위법하고 무효
로 볼 것이다. 왜냐하면 배제된 의원이 참여하였다면, 완전히 다른 결과가 발생할
수도 있었다는 것을 배제할 수 없기 때문이다. 그러나 만약 그 지방의회의 의결이
행정처분에 해당한다면, 행정절차법에 따라 판단하여야 할 것이나. 한편, 제척제도
를 이유로 하여 정당한 의원을 부당하게 배제하는 것은 기관의 법적 지위와 관련
하는 것이므로, 그로 인한 의결은 기관소송의 대상이 되어야 하나, 현행법은 이를
명시적으로 규정하는 바가 없으므로 기관소송으로 다툴 수는 없다. 그러나 의원 본
인이 착오로 편견임을 이유로 불참한 경우에는 위법성이 없다.3)

(8) 신고의무(제도의 보완)   편견금지에 해당하는 사유를 갖는 의원이 스스로 그
사실을 의무적으로 신고하게 하는 제도의 보완이 있어야 할 것이다.4) 그렇게 되
면, 사전에 지방의회에서 편견금지사유의 유무에 관해 판단할 수 있는 가능성이 생
기고, 아울러 지방의회의 의결을 편견금지위반의 위법상태로부터 보호할 수 있을
것이다.

---

1) 이러한 입법례로 Niedersachsen 게마인데법 제130조 제 1 문.
2) 협력의무위반이 중요하게 취급되면, 지방의회의 법정립의 안정성은 위협을 받는다. 이러한 이유에서
  독일의 많은 게마인데법에서는 일정한 요건하에서 일정한 기간 내에만 다툴 수 있게 하고, 만약 이 기간
  을 경과하면 다툴 수 없게 하였다. 기간을 경과하면 하자가 치유된다는 것이다(예: Baden-Württemberg
  게마인데법 제18조 제 6 항 제 2 문 내지 제 4 문; Mecklenburg-Vorpommern 지방자치법 제24조 제 5 항
  제 1 문). 물론 이러한 경우에 무효로 하는 입법례도 있다(Mecklenburg-Vorpommern 지방자치법
  제24조 제 4 항). 그런데 그 의결내용에 대하여 심의에서 배제된 의원이 동의하면, 지방의회의 의결
  은 처음부터 문제되지 아니한다고 한다.
3) Tettinger/Erbguth/Mann, Besonderes Verwaltungsrecht, Rn. 137.
4) Gern, Kommunalrecht Baden-Württemberg, Rn. 280. 그리고 이러한 사항을 규율하는 입법례로
  Nordrhein-Westfalen 게마인데법 제31조 제 4 항, 그리고 Niedersachsen 게마인데법 제26조 제 4
  항 등을 볼 수 있다.

7. 회 의 록

(1) 의 의　　회의록이란 회의의 진행내용과 결과 등 회의와 관련된 사항과 출석의원의 성명을 적은 공문서이다. 지방의회는 회의록을 작성하고 회의의 진행내용 및 결과와 출석의원의 성명을 적어야 한다(지자법 제84조 제 1 항).

(2) 성 격　　회의록은 입증의 의미를 갖는 공문서이다. 회의에 관한 분쟁이 발생하면 회의록이 그 판단기준이 된다. 따라서 회의록은 보존되어야 한다. 회의록은 지방자치단체의 역사이기 때문에 영구히 보존되어야 한다. 한편, 회의록의 작성으로 인해 회의의 과정 및 개별 의결에 대한 사후적인 심사가 가능하다. 회의록의 작성으로 인해 지방의회의원의 책임을 추궁하는 것을 가능하게 한다.

(3) 작 성　　회의록에는 지방의회의 의장과 지방의회에서 선출한 지방의회의원 2명 이상이 서명하여야 한다(지자법 제84조 제 2 항). 서명은 회의록이 진정한 것임을 입증하는 성질을 가지며 아울러 공문서가 원본임을 표시하는 성질을 갖는다.[1]

(4) 배부·공개

(가) 지방자치단체의 장　　지방의회의 의장은 회의록 사본을 첨부하여 회의 결과를 그 지방자치단체의 장에게 알려야 한다(지자법 제84조 제 3 항). 이로 인해 지방자치단체의 장은 지방의회의 의결의 집행이나 이의제기에 보다 용이하게 대처할 수 있다.

(나) 지방의회의원·주민에 배부

1) 공개원칙　　지방의회의 의장은 회의록을 지방의회의원에게 배부하고, 주민에게 공개한다(지자법 제84조 제 4 항 본문). 회의록의 배부는 회의록의 진실성을 제고하는 의미와 회의록의 진위를 확인하기 위한 의미도 갖는다. 회의록의 배부는 종이문서에 의한 것 외에 전자문서에 의한 것도 동시에 이루어져야 할 것이다. 지방의회의 장은 주민이 회의록을 열람할 수 있도록 적절한 공간에 회의록을 비치하여야 한다.

2) 비공개의 예외　　다만, 비밀로 할 필요가 있다고 지방의회의 의장이 인정하거나 지방의회에서 의결한 사항은 공개하지 아니한다(지자법 제84조 제4 항 단서).

(5) 정 정　　회의록의 작성에 오류가 있을 수 있으므로 정정이 가능하여야 한다. 이 때문에 의회에서 발언한 의원 등에게 작성된 회의록의 내용을 빨리 알 수 있도록 회의록이 배부되어야 한다. 한편, 의사록의 작성을 위하여 녹음매체가 사용

---

1) Waibel, Gemeindeverfassungsrecht Baden-Württemberg, Rn. 30.

되었다면, 회의록에 대한 이의를 제기하는 의원은 청취를 요구할 수 있다고 본다. 지방자치법상 명시적인 규정은 없으나, 본회의 외에 위원회의 회의록도 별도로 작성하여야 할 것이다.1)

(6) 입 법 론　의원이 회의에 적극적으로 참여하는 것을 유도하기 위하여 회의록에 회의에 참석하는 의원의 성명뿐만 아니라 불참하는 의원의 성명과 그 사유를 기록하게 할 필요가 있다는 주장이 있다.2) 이러한 주장은 특별한 사유 없이 회의에 불참하는 의원에 대한 통제수단으로서의 의미를 가질 수도 있을 것이다.

8. 회의규칙

(1) 의 의　지방의회는 회의 운영에 관하여 지방자치법에서 정한 것 외에 필요한 사항을 회의규칙으로 정한다(지자법 제83조). 회의 운영에 필요한 사항이란 의장과 부의장의 선거와 임기 및 직무대리, 회의개최, 질서유지, 의안의 심의순서, 회의록의 작성, 징계에 관한 사항 등을 말한다. 필요한 사항이 법률에서 규정되는 것도 있다(예: 지방자치법 제97조 제4항에 따른 방청인에 대한 단속에 관하여 지방자치법에 규정된 것을 제외하고 필요한 사항, 지방자치법 제101조에 따른 징계에 관하여 지방자치법에 규정된 것을 제외하고 필요한 사항).3)

(2) 자 율 권　회의규칙의 제정권은 지방의회의 자율권에 속한다. 지방의회는 법률의 범위 안에서 회의규칙의 자치 내지 형성의 자유를 갖는다. 이것은 지방자치단체의 조직고권의 표현이다. 회의규칙에서 규정할 사항은 회의의 운영에 관하여 지방자치법에서 정한 것을 제외하고 필요한 사항이다(지자법 제83조).

(3) 의회규칙과 관계　지방자치법은 회의규칙 외에 "지방의회는 내부운영에 관하여 이 법에서 정한 것 외에 필요한 사항을 규칙으로 정할 수 있다(지자법 제52조)"고 하여 의회규칙의 제정에 관해 규정하고 있다. 회의규칙과 의회규칙의 관계가 문제된다. 생각건대 회의규칙도 넓은 의미에서 의회규칙의 일종이지만, 지방자치법상 양자 사이에는 규율대상에 차이가 있다. 회의규칙은 회의의 운영에 관한 것이고 (예: 회의의 개최, 의안의 발의, 발언과 표결), 의회규칙은 (회의의 운영에 관한 사항을 제외한) 내부운영에 관한 사항이다(예: 의회의 사무조직, 직원의 복무). 한편, 입법론적으로 본다면, 제

---

1) 서울특별시의회 회의규칙은 위원회도 회의록을 작성할 것을 규정하고 있다(서울회의칙 제62조 제1항).
2) 송동수, 지방자치법주해, 335쪽.
3) 입법례에 따라서는 질서의 유지, 회의의 소집, 그리고 표결절차에 관한 사항 등이 회의규칙 (Geschäftsordnung)에 규정될 사항임을 예시하기도 한다(Niedersachsen 게마인데법 제50조).

83조(회의규칙)를 폐지하고 제83조의 내용을 제52조(의회규칙)에 통합하는 취지의 규정으로 개정하는 것이 바람직하다.[1] 왜냐하면 회의규칙은 의회규칙의 일종으로 이해되고, 또한 의회규칙에 관한 조항 외에 따로 회의규칙을 두어야 할 특별한 이유는 발견하기 어렵기 때문이다. 지방자치법 제52조(의회규칙)는 제83조(회의규칙)의 의미까지 포괄하는 규정일 수 있기 때문이다.

(4) 효력의 영속성　지방의회는 의회기마다 회의규칙을 제정하여야 하는가, 아니면 회의규칙은 의회기를 불문하고 영속적 효력을 갖는가의 문제가 있다. 후자로 보는 것이 독일의 일반적인 견해이다.[2] 타당하다고 본다. 물론 회의규칙은 당해 의회기에만 적용된다는 주장도 있다. 회의규칙은 다수결로 개정이 가능하다. 회의규칙이 강한 존속력을 가지려면, 조례로 제정되어야 할 것이다.

(5) 법적 성질

(가) 행정규칙 여부　회의규칙위반의 효과와 관련하여 회의규칙의 법적 성질이 문제된다. 회의규칙은 조례로 발령이 가능하지만, 활용되지는 않는다. 조례의 요건과 절차 등은 복잡하기 때문이다. 만약 조례의 형식으로 발령된다면, 법률의 유보의 범위 안에서 사인의 권리침해도 가능하다. 일설은 회의규칙을 행정규칙으로 보기도 한다. 행정규칙으로서 회의규칙으로는 주민의 권리를 침해할 수는 없다. 그러나 회의규칙은 지방의회가 스스로를 위한 것이지, 상급의 지방의회가 하급의 기관에 대한 것은 아니므로, 회의규칙을 행정규칙으로 보는 것도 문제가 있다.[3]

(나) 사 견　생각건대 지방의회의 회의규칙은 행정내부영역에서 법관계를 일반적·추상적으로 규율하는 내부규범의 일종으로 보는 것이 합리적이다. 회의규칙은 다만 지방의회의원만을 구속하는 행정내부적인 법규이다. 따라서 회의규칙은 반드시 외부에 공포되어야 하는 것은 아니다. 그리고 회의규칙으로 다른 기관이나 제 3 자에게 의무를 부과할 수도 없다.

(6) 구 속 효　독일연방행정재판소는 지방의회의 회의규칙이 지방의회와 구성원에 대해서는 법적 구속력을 갖는 내부법임을 근거로[4] 지방의회의 회의규칙에서 원내교섭단체구성최소인원수에 관한 규정을 - 그 법적 성질의 여하를 불문하고 - 행정재판소법 제47조 제 1 항 제 2 호(상급행정재판소는 신청에 기해 관할권의 범위 안에

---

1) 김유환, 지방자치법주해, 231쪽: 이혜영, "지방의회 규칙의 법적 성격과 입법방향," 지방자치법연구, 통권 제23호, 163쪽.
2) Dols/Plate, Kommunalrecht, Rn. 220.
3) 행정규칙으로 보는 견해로 Dols/Plate, Kommunalrecht, Rn. 220을 볼 수 있다.
4) BVerwG, NVwZ 1988, 1119; Meyer, Kommunalrecht, Rn. 309.

서 란트법률에 근거한 하위법규의 유효성 여부를 결정한다)에 따라 다툴 수 있는 것으로 보았
다.1)

(7) 위반의 효과

(가) 위 법   회의규칙위반이 관련 결정을 무효로 하는지는 다툼이 있다. 회의
규칙을 준수하지 아니하는 것은 절차상의 하자를 의미하는데, 그것이 본질적인 것
이라면, 그것은 의회의결을 위법하게 만든다는 것이 다수 견해이다. 그러나 이에
대해서는 본질적이라는 기준이 불확정적인 개념임을 이유로 비판이 가해지기도 한
다. 그리하여 외부효를 기준으로 판단하는 입장도 있다. 말하자면 지방의회의원이
나 주민의 주관적인 권리가 침해되면, 그에 대한 근거가 행정규칙인가 아니면 조례
인가를 불문하고, 그것은 위법하다는 입장이다. 회의규칙의 위반은 언제나 관련된
의결을 무효로 한다는 견해도 있어 보인다.2) 회의규칙의 불준수가 동시에 법령의
불준수인 경우에 회의규칙의 위반은 위법으로서 의결의 효력에 영향을 미칠 것이
나, 회의규칙의 불준수가 동시에 법령의 불준수가 아닌 경우에 회의규칙의 위반은
의결의 효력에 영향이 없을 것이라는 견해도 있다.3)

(나) 징계사유   지방의회의원이 지방자치법 또는 자치법규에 위배되는 행위
를 한 때에는 징계사유가 된다. 지방의회는 의결로써 이를 징계할 수 있다(지자법
제98조).

9. 회의의 질서

(1) 회의의 질서유지

(가) 의 의   ① 지방의회의 의장이나 위원장은 지방의회의원이 본회의나 위원
회의 회의장에서 이 법이나 회의규칙에 위배되는 발언이나 행위를 하여 회의장의
질서를 어지럽히면 경고 또는 제지를 하거나 발언의 취소를 명할 수 있다(지자법 제
94조 제1항). 지방의회의 의장이나 위원장은 제1항의 명에 따르지 아니한 지방의회
의원이 있으면 그 지방의회의원에 대하여 당일의 회의에서 발언하는 것을 금지하
거나 퇴장시킬 수 있다(지자법 제94조 제2항). 지방의회의 의장이나 위원장은 회의장
이 소란하여 질서를 유지하기 어려우면 회의를 중지하거나 산회를 선포할 수 있다
(지자법 제94조 제3항).

---

1) Lissack, Bayerisches Kommunalrecht, S. 154
2) Stober, Kommunalrecht, S. 197.
3) Hegel/Ewert, Kommunalrecht, S. 116; G. Lissack, Bayerisches Kommunalrecht, S. 155;
   Meyer, Kommunalrecht, Rn. 309.

(나) 성 질   의장이나 위원장의 질서유지권은 질서있는 회의진행을 위하여 필요한 전제요건이다. 본조의 질서유지권은 지방의회 내부에 있는 의원에게 향한 것이다. 지방자치법은 의원에 의한 질서문란에 대하여 경고·제지, 발언취소명령·발언금지·퇴장·회의중지·산회선포를 규정하고 있으나, 이것 외에도 의원의 질서문란행위는 지방자치법상 징계사유도 된다(지자법 제98조). 한편, 제척사유 등으로 인해 방청석에 있는 지방의회의원이 질서를 문란하게 하면, 후술하는 방청인에 의한 질서문란에 관한 규정이 적용된다. 질서문란으로 인해 퇴장당한 의원은 의결정족수의 계산에 있어서 현재 출석의원의 수에서 제외된다.

(2) 방청인에 대한 단속

(가) 의 의   방청인은 의안에 대하여 찬성·반대를 표명하거나 소란한 행위를 하여서는 아니 된다(지자법 제97조 제 1 항). 지방의회의 의장은 회의장의 질서를 방해하는 방청인의 퇴장을 명할 수 있으며, 필요하면 경찰관서에 인도할 수 있다(지자법 제97조 제 2 항). 지방의회의 의장은 방청석이 소란하면 모든 방청인을 퇴장시킬 수 있다(지자법 제97조 제 3 항). 한편, 제 1 항부터 제 3 항까지에서 규정한 사항 외에 방청인 단속에 필요한 사항은 회의규칙으로 정한다(지자법 제97조 제 4 항).

(나) 성 질   의장이 방청인에 대하여 갖는 이러한 권리는 가택권이라 부를 수 있다. 의장의 가택권은 질서있는 회의진행을 위하여 필요한 외부적 전제요건이다. 가택권은 지방의회 외부에 있는 자에게 향한 것이다. 가택권은 의장에게 공개회의에서 나올 수 있는 무질서에 대하여, 회의를 방해하는 방청인에 대하여 행사될 수 있다.[1]

의장의 퇴장명령은 공법상 행위로서 행정행위의 성질을 갖는 것으로 본다. 비례원칙에 비추어 방청인의 1회의 방해는 경고로 하는 것이 정당하다. 지방자치법 제97조 제 2 항과 제 3 항은 명령의 근거규정이자 동시에 강제집행규정으로 볼 것이다. 집행이 불가능하면, 행정절차법과 경찰법에 따라 의장은 경찰관서에 직접 행정응원을 요청할 수 있다.

(3) 질서문란행위의 유형   질서문란행위에는 제한이 없다. 허가받지 않은 촬영·녹화·녹음, 야유, 불만토로, 갈채, 책상치기 또는 손바닥치기, 흡연 등이 모두 질서문란행위에 해당한다. 순수히 시각적인 현수막 등도 문제될 수 있다. 왜냐하면 회의에서 중요한 고요함과 객관성(공평성)이 침해될 수 있기 때문이다. 한편, 의원의 경우에는 의미 없는 말의 반복이나 비방, 모욕도 질서문란행위에 해당한다.

1) Gern, Kommunalrecht Baden-Württemberg(9. Aufl.), Rn. 261.

제 5 항 지방의회의 권한

Ⅰ. 입법에 관한 권한

지방자치단체는 법령의 범위에서 그 사무에 관하여 조례를 제정할 수 있고(지자법 제28조 본문), 또한 조례는 지방의회의 의결을 거쳐야 하는바, 지방의회는 조례를 제정할 수 있는 권한을 갖는다. 조례제정권은 지방의회가 갖는 가장 기본적이면서 동시에 가장 중요한 권한 중의 하나이다. 조례제정권에 관해서는 별도로 살피기로 한다.

Ⅱ. 재정·경제에 관한 권한

지방의회는 재정과 관련하여 ① 예산의 심의·확정, ② 결산의 승인, ③ 법령에 규정된 것을 제외한 사용료·수수료·분담금·지방세 또는 가입금의 부과와 징수, ④ 기금의 설치·운용, ⑤ 대통령령으로 정하는 중요 재산의 취득·처분,[1] ⑥ 대통령령으로 정하는 공공시설의 설치·처분, ⑦ 법령과 조례에 규정된 것을 제외한 예산 외의 의무부담이나 권리의 포기 등에 관하여 의결권을 갖는다(지자법 제47조 제 1 항 제 2 호 내지 제 8 호). 재정·경제작용은 지방의회의 권한이라는 면에서뿐만 아니라 기능적인 면에서도 구체적인 검토를 요한다.

Ⅲ. 대집행기관통제에 관한 권한[2]

지방의회가 갖는 각종의 권한은 정도에 차이가 있지만 모두 집행기관에 대한

---

1) 2000. 3. 1. 이전의 구법에서는 대통령령이 정하는 중요재산이 아니라 단순히 중요재산이라 규정된 관계로 중요재산의 의미가 문제되었다(대판 1978. 10. 10, 78다1024: 지방의회의 의결을 요하는 지방자치단체의 기본재산 기타 중요재산의 처분에 관한 사항은 지방의회가 성립할 때까지는 면에 있어서는 도지사의 승인을 얻어 실시하도록 되어 있는바, 중요재산인지 여부는 처분당시 지방자치단체의 재정상태를 위시한 기타 지방자치단체의 모든 사정과 처분재산에 대한 그 종류, 수량, 가격 기타 모든 사정들을 종합해서 결정하여야 한다).

2) 대판 1997. 4. 11, 96추138. 한편, 정도의 차이가 있으나 지방의회가 갖는 각종의 권한 모두가 대집해익관의 통제기능을 갖는다고 본다. 그럼에도 본문에서 다룬 ① 행정사무의 감사와 조사, ② 행정사무 처리상황의 보고와 질문응답, ③ 결산의 승인의 제도는 그 성질이 행정통제 그 자체에 중점을 갖는다고 말할 수 있다. [관련논문] 김봉철, "한국과 독일의 지방자치법상 지방의회의 통제권의 비교법적 고찰 및 시사점," 지방자치법연구, 통권 제41호, 37쪽 이하.

통제기능을 갖는다. 다만 여기서는 성질상 행정통제 그 자체에 중점이 있다고 판단
되는 제도, 즉 서류제출요구, 행정사무감사와 행정사무조사, 행정사무처리의 보고
와 질문응답, 결산의 승인에 관해서만 보기로 한다. 한편, "지방자치법은 지방자치
단체의 의사를 내부적으로 결정하는 최고의결기관으로 지방의회를, 외부에 대하여
지방자치단체의 대표로서 지방자치단체의 의사를 표명하고 그 사무를 통합하는 집
행기관으로 단체장을 독립한 기관으로 두고, 의회와 단체장에게 독자적인 권한을
부여하여 상호 견제와 균형을 이루도록 하고 있으므로, 법률에 특별한 규정이 없는
한 조례로써 견제의 범위를 넘어서 상대방의 고유권한을 침해하는 규정을 제정할
수 없으며,"1) 지방의회의 통제권은 박탈될 수 없다는 것이 판례의 입장이다. 판
례의 태도는 정당하다.

1. 서류제출요구

(1) 의 의   본회의나 위원회는 그 의결로 안건의 심의와 직접 관련된 서류의
제출을 해당 지방자치단체의 장에게 요구할 수 있다(지자법 제48조 제 1 항). 지방의회
의 서류제출요구권은 지방의회의 정보를 위한 것이다(정보권). 서류제출요구제도는
행정사무처리의 보고응답제도와 함께 지방의회의 정보권의 중심을 이룬다. 정보권
은 지방의회의 의사형성과 결정절차에 있어서 중요하다. 정보는 모든 통제의 전제
가 된다는 점에서 볼 때, 지방의회의 서류제출요구권은 집행기관에 대한 통제수단
의 기초를 구성한다. 지방의회의 서류제출요구권은 안건의 효율적인 심의에 기여
한다.

(2) 요구권자와 절차   본조에 의한 서류제출의 요구권자는 지방의회의 본회의
와 위원회이며, 개개 지방의회의원이 아니다. 위원회가 제 1 항의 요구를 할 때에는
지방의회의 의장에게 그 사실을 보고하여야 한다(지자법 제48조 제 2 항). 서류제출요구
는 지방의회의원의 과반수 또는 위원회의 위원의 과반수의 요구가 있으면 충분한
것이고, 반드시 지방의회나 위원회의 의결절차를 거쳐야 하는 것은 아니라고 볼 것
이다.2) 다만, 소수자의 정보권의 보장을 위해 서류제출요구를 위한 의결정족수를
3분의 1 내지 4분의 1로 줄일 필요가 있다.3) 한편, 제 1 항에도 불구하고 폐회 중

---

1) 대판 2012. 11. 29, 2011추87; 대판 1997. 3. 11, 96추60; 대판 2004. 7. 22, 2003추44.
2) Schwirzke/Sandfuchs, Allgemeines Niedersächsisches Kommunalrecht, S. 97.
3) 김병기, 지방자치법주해, 219쪽; 독일 Niedersachsen의 경우, 지방의회의원 4분의 1 이상의 요구
또는 원내교섭단체의 요구에 의해 개별 지방의회의원에게 문서열람이 보장된다(동 게마인데법 제40
조 제 3 항 제 4 문). 그러나 이러한 권리도 비밀유지가 요구되는 사무의 경우에는 배제된다(동 게마
인데법 제40조 제 3 항 제 5 문).

에는 지방의회의 의장이 서류의 제출을 해당 지방자치단체의 장에게 요구할 수 있다(지자법 제48조 제3항).

(3) 상대방과 대상   서류제출요구의 상대방은 지방자치단체의 장이다. 제1항 또는 제3항에 따라 서류제출을 요구할 때에는 서면, 전자문서 또는 컴퓨터의 자기테이프·자기디스크, 그 밖에 이와 유사한 매체에 기록된 상태 등 제출 형식을 지정할 수 있다(지자법 제48조 제4항). 서류제출요구의 대상이 되는 서류는 안건의 심의와 직접 관련된 서류이다. 여기서 직접의 의미는 불분명하다. 생각건대 안건의 심의와 직접 관련된 서류란 ① 심의안건에 관한 사항을 내용으로 하고 있는 서류와 ② 심의안건에 관한 사항을 내용으로 하고 있는 서류가 아니라고 하여도 심의안건의 심의에 직접적으로 유익한 의미를 갖는 서류를 포함한다고 볼 것이다. 서류제출요구의 방식에 관해 명시적인 규정은 없다. 그러나 제출이 요구되는 서류의 범위를 분명히 하기 위하여 서류제출의 요구는 문서로 하여야 할 것이다. 그리고 서류제출요구의 시기에는 제한이 없다.

(4) 거 부   개별적인 법령(예: 공공기관의 정보공개에 관한 법률)의 근거가 없는 한, 지방자치단체의 장은 지방의회의 서류제출요구에 대하여 거부할 수 없다. 즉 지방의회의 서류제출요구는 구속력을 갖는다. 만약 지방의회의 서류제출요구가 구속력을 갖지 아니한다면, 서류제출요구제도는 별다른 의미가 없는 제도일 것이다. 입법론상 지방자치단체의 장은 지방의회의 서류제출요구에 대하여 원칙적으로 거부할 수 없다는 것을 명시적으로 규정할 필요가 있다는 주장도 있다.[1]

2. 행정사무감사와 행정사무조사

(1) 행정사무감사와 행정사무조사의 의의와 발의형식등

(가) 의 의   ① 지방의회는 매년 1회 그 지방자치단체의 사무에 대하여 시·도에서는 14일의 범위에서, 시·군 및 자치구에서는 9일의 범위에서 감사를 실시하는 바(지자법 제49조 제1항 제1문), 이를 행정사무감사라 한다. 그리고 ② 지방의회는 지방자치단체의 사무 중 특정 사안에 관하여 본회의 의결로 본회의나 위원회에서 조사하게 할 수 있는바(지자법 제41조 제1항 제2문), 이를 행정사무조사라 한다.

(나) 발의형식   제1항의 조사를 발의할 때에는 이유를 밝힌 서면으로 하여야 하며, 재적의원 3분의 1 이상의 찬성이 있어야 한다(지자법 제49조 제2항).

---

1) 김병기, 지방자치법주해, 219쪽.

(2) 행정사무감사와 행정사무조사의 주체와 대상

(가) 주 체   행정사무감사권과 행정사무조사권은 지방의회의 권한이지 지방의회의원의 권한이 아니다.[1] 지방자치법 제49조 제 3 항에 비추어 국회나 광역지방자치단체의 의회는 광역지방자치단체나 기초지방자치단체의 자치사무에 관한 한 행정사무감사와 행정사무조사의 주체가 아니다.[2]

(나) 대 상   지방자치법 제49조 제 1 항에서 말하는 행정사무감사와 행정사무조사의 대상이 되는 사항은 지방자치단체의 사무이다. 지방자치단체의 사무란 자치사무를 말한다. 단체위임사무와 기관위임사무는 지방자치법 제49조 제 3 항 제 1 문에 의해 행정사무감사와 행정사무조사의 대상이 된다.

(3) 행정사무감사와 행정사무조사의 차이

행정사무감사와 행정사무조사는 당해 지방자치단체의 사무(자치사무와 단체위임사무)를 대상으로 한다(서울감사조 제 2 조 제 1 항). 다만 행정사무감사는 지방자치단체의 사무의 전반에 대해 이루어지지만, 행정사무조사는 지방자치단체의 사무의 특정사안에만 한정된다. 그리고 행정사무감사는 본회의 의결 없이 당연히 이루어지지만, 행정사무조사는 본회의 의결로 이루어진다는 점에서 다르다. 행정사무감사와 행정사무조사의 방법에는 차이가 없다.

(4) 단체위임사무와 기관위임사무의 행정감사

(가) 의 의   지방자치단체 및 그 장이 위임받아 처리하는 국가사무와 시 · 도의 사무에 대하여 국회와 시 · 도의회가 직접 감사하기로 한 사무 외에는 그 감사를 각각 해당 시 · 도의회와 시 · 군 및 자치구의회가 할 수 있다(지자법 제49조 제 3 항 제 1 문). 논리적으로 본다면, 단체위임사무와 기관위임사무에 대한 행정감사는 국회 또는 시 · 도의회가 행하는 것이 정당하다.

(나) 도입취지   행정의 실제상 시 · 도 또는 시 · 군 및 자치구에는 많은 종류의 행정감사가 이루어지고 있으므로 중복적인 감사를 방지할 필요가 있다는 점, 그리고 단체위임사무나 기관위임사무에 대한 행정감사를 시 · 도 또는 시 · 군 및 자치구로 하는 것이 보다 현실적이라는 점에서 본 조항이 도입되었다.

(다) 자료제출의 요구   본 조항에 따른 행정감사가 이루어진 경우, 국회와 시 · 도의회는 그 감사 결과에 대하여 그 지방의회에 필요한 자료를 요구할 수 있다(지자법 제49조 제 3 항 제 2 문). 행정감사를 행한 시 · 도의회와 시 · 군 및 자치구의회가 당연히 감사결과를 보고하는 것이 아니라 국회와 시 · 도의회의 요구가 있을 때에만 보고한

---

1) 대판 1992. 7. 28, 92추31.
2) 김유환, "지방자치단체의 행정사무에 대한 감사체계," 지방자치법연구, 통권 제 2 호, 62쪽.

다는 것은 다소 문제가 있어 보인다.

(라) 시·도 조례에 의한 시·도의 감사가능성   시·도는 시·군 또는 시장·군수에게 위임한 사무에 대하여 직접 감사할 수 있음을 조례로 규정할 수 있을 것인가, 예컨대 "○○도의회는 「○○도 사무위임 조례」에 따라 지방자치단체 및 그 장이 위임받아 처리하는 도의 시·군 위임사무에 대하여 직접 감사(이하 "시·군 감사"라 한다)를 실시할 수 있다"는 규정을 「○○도의회 행정사무감사 및 조사에 관한 조례」에 규정하는 것이 적법한가의 문제가 있다. 생각건대 감사의 범위가 시·군 또는 시장·군수에게 위임한 사무 전반을 대상으로 한다면, 그것은 지방자치법 제49조 제3항 제1문의 취지에 반하는 것이어서 위법하다고 볼 것이다.

(마) 재위임의 경우   지방자치법 제49조 제3항 제1문의 "지방자치단체 및 그 장이 위임받아 처리하는 국가사무와 시·도의 사무"에 ① 시·도 또는 시·도지사가 위임받아 처리하는 국가사무와 ② 시·군·구 또는 시장·군수·구청장이 위임받아 처리하는 시·도 또는 시·도지사의 사무 외에 ③ 시·도 또는 시·도지사가 위임받아 처리하는 국가사무의 일부를 다시 시·군·구 또는 시장·군수·구청장이 재위임을 받은 경우까지 포함하는가의 여부도 문제된다. 지방자치법 제49조 제3항 제1문의 도입취지를 고려한다면, 부인할 이유는 없을 것이다.

(5) 행정사무감사와 행정사무조사의 방법   제1항의 감사 또는 조사와 제3항의 감사를 위하여 필요하면 현지확인을 하거나 서류제출을 요구할 수 있으며, 지방자치단체의 장 또는 관계 공무원이나 그 사무에 관계되는 사람을 출석하게 하여 증인으로서 선서한 후 증언하게 하거나 참고인으로서 의견을 진술하도록 요구할 수 있다(지자법 제49조 제4항).[1] 출석한 자에게는 여비 등 실비를 지급하여야 할 것이다(서울감사조 제8조 제3항 참조).

(6) 행정사무 감사와 조사 보고에 대한 처리   지방의회는 본회의의 의결로 감사 또는 조사 결과를 처리한다(지자법 제50조 제1항). 지방의회는 감사 또는 조사 결과 해당 지방자치단체나 기관의 시정이 필요한 사유가 있을 때에는 시정을 요구하고, 지방자치단체나 기관에서 처리함이 타당하다고 인정되는 사항은 그 지방자치단체나 기관으로 이송한다(지자법 제50조 제2항). 지방자치단체나 기관은 제2항에 따라 시정 요구를 받거나 이송받은 사항을 지체 없이 처리하고 그 결과를 지방의회에 보고하여야 한다(지자법 제50조 제3항).

---

1) 대판 1997. 9. 26, 97추43.

(7) 거짓증언 등에 대한 제재

(가) 거짓증언   제4항에 따른 증언에서 거짓증언을 한 사람은 고발할 수 있다 (지자법 제49조 제5항 제1문). 고발은 의장의 명의로 이루어질 것이다(서울감사조 제10조 제1항 참조).

(나) 서류미제출·불출석, 선서·증언 거부   제4항에 따라 서류제출을 요구받은 자가 정당한 사유 없이 서류를 정해진 기한까지 제출하지 아니한 경우, 같은 항에 따라 출석요구를 받은 증인이 정당한 사유 없이 출석하지 아니하거나 선서 또는 증언을 거부한 경우에는 500만원 이하의 과태료를 부과할 수 있다(지자법 제49조 제5항 제2문).[1] 서울특별시의 조례는 300만원 이상 500만원 이하를 규정하고 있다(서울감사조 제9조 제1항). 제5항에 따른 과태료 부과절차는 제34조를 따른다(지자법 제49조 제6항).[2] 지방자치법상 명시적인 규정이 없으나, 감정인에게 선서의무를 부과하는 조례는 적법하다.[3] 감사와 조사를 행하는 의원이 그 업무를 부당하게 처리한 경우에는 징계할 수 있다(서울감사조 제5조 참조).

(8) 세부규정   제1항의 감사 또는 조사(자치사무에 대한 행정사무감사 또는 행정사무조사)와 제3항의 감사(단체위임사무와 기관위임사무에 대한 행정사무감사)를 위하여 필요한 사항은 「국정감사 및 조사에 관한 법률」에 준하여 대통령령으로 정하고, 제4항과 제5항의 선서·증언·감정 등에 관한 절차는 「국회에서의 증언·감정 등에 관한 법률」에 준하여 대통령령으로 정한다(지자법 제49조 제7항).

(9) 행정사무감사의 폐지론   논자에 따라서는 지방의회가 집행기관을 통제하고 지방자치단체의 장의 파행을 감시하기 위해서는 행정사무조사만으로 충분하며, 행정사무감사제도는 불필요한 행정력의 낭비만을 초래하는 것으로 판단되어, 이를 폐지하는 법개정을 주장하기도 한다.[4] 「행정사무감사제도를 통하여 지방자치단체의 전반적인 사무가 공개되고 이로 인해 주민이 소속 지방자치단체의 사무를 알 수 있게 된다」는 것도 매우 중요하다는 점에서 본다면, 행정사무감사제도의 폐지론은 동의하기 어렵다.

(10) 감사위원회의 설치 등   감사에 대한 객관적 신뢰도를 높이고, 감사의 전문성을 확보하기 위하여 지방의회 소속으로 독립된 행정위원회의 성격을 갖는 감사위원회의 설치와 지방자치단체 외부의 전문가가 지방자치단체를 감사하는 제도

---

1) 대판 1997. 2. 25, 96추213.
2) 이에 관해 자세한 것은 본서, 311쪽 참조.
3) 대판 1995. 6. 30, 93추76
4) 김민호, 지방자치법주해, 226쪽.

의 도입을 제안하는 견해도 있다.[1]

□ 참고 ∥   지방자치단체와 감사

1. 지방자치단체에 대한 감사의 유형[2]

유 형	근거법률	감사주체	비 고
내부적 감사	지방자치법 제13조 제 2 항 제 1 호 라목 등	집행기관	자체감사
	공공감사에 관한 법률	지방의회	행정사무 감사
	지방자치법 제49조	지방의회	행정사무 감사
	제주특별자치도 설치 및 국제자유도시 조성을 위한 특별법 제131조	감사위원회	도지사 소속
외부적 감사	지방자치법 제21조·정부조직법 제26조 제 3 항	감독청	주민의 감사청구에 따른 감사
	지방자치법 제184조·정부조직법 제26조 제 3 항	감독청	지도감사
	지방자치법 제185조·정부조직법 제26조 제 3 항	감독청	위임사무에 대한 감사
	지방자치법 제190조	감독청	자치사무에 대한 감사
	감사원법 제22조 제 1 항 제 2 호	감사원	회계감사
	감사원법 제24조 제 1 항 제 2 호	감사원	직무감찰
	국정감사 및 조사에 관한 법률	국회(위원회)	국가위임사무 등에 대한 감사
	지방자치단체의 조례	감사위원회 (공무원 + 주민)	주민참여감사제도[3]

2. 국정감사 및 조사에 관한 법률상 감사

(1) 의 의   국정감사 및 조사에 관한 법률은 지방자치단체에 대한 감사와 관련하여 약간의 조문을 두고 있다. 그 내용은 다음과 같다. 즉, ① 지방자치단체 중 특별시·광역시·도는 국정감사의 대상이 기관이고(동법 제 7 조 제 2 호), 그 밖의 지방자치단체는 본회의가 특히 필요하다고 의결한 경우로 한정한다(동법 제 7 조 제 4 호). ② 감사범위는 국가위임사무와 국가가 보조금 등 예산을 지원하는 사업으로 한다(동법 제 7 조 제 2 호). ③ 지방자치단체에 대한 감사는 둘 이상의 위원회가 합

---

1) 백종인, "지방분권강화를 위한 법적 과제," 지방자치법연구, 통권 제 5 호, 47쪽; 허전·송석록, "지방자치단체의 재정 건전화 방안," 지방자치법연구, 통권 제17호, 190쪽.
2) 외국의 감사제도의 개관에 관해, 김남철, "지방자치감사제도와 주민의 역할," 지방자치법연구, 통권 제18호, 149쪽 이하 참조.
3) 최우용, "주민참여감사제의 제도설계진단," 지방자치법연구, 통권 제18호, 172쪽 이하 참조.

동으로 반을 구성하여 이를 행할 수 있다(동법 제 7 조의2).

(2) 성 격   국회의 지방자치단체에 대한 국정감사는 지방자치행정의 적법성과 타당성의 확보에만 몰두하여서는 아니 된다. 일설이 주장하는 바와 같이[1] 그것은 지방자치행정의 존중과 지방자치행정의 신장에 기여하는 것이어야 한다. 이 때문에 국회의 지방자치단체에 대한 국정감사에는 절제가 따라야 한다.

3. 행정사무처리의 보고·질문응답

(1) 임의적 출석·답변   지방자치단체의 장이나 관계 공무원은 지방의회나 그 위원회에 출석하여 행정사무의 처리상황을 보고하거나 의견을 진술하고 질문에 답변할 수 있다(지자법 제51조 제 1 항). 지방자치단체의 장 또는 관계 공무원의 임의적인 출석제도의 활성화는 지방의회와 집행기관의 협력관계에 유익할 것이다.

(2) 강제적 출석·답변   지방자치단체의 장이나 관계 공무원은 지방의회나 그 위원회가 요구하면 출석·답변하여야 한다(지자법 제51조 제 2 항 본문). 이러한 강제적 출석제도는 임의적인 출석제도가 활성화되지 아니한 경우에 의미를 가진다. 그러나 지방자치단체의 장에 대한 강제적 출석제도의 빈번한 활용은 집행기관의 사무수행에 악영향을 미칠 수도 있다. 따라서 다만, 특별한 이유가 있으면 지방자치단체의 장은 관계 공무원에게 출석·답변하게 할 수 있다(지자법 제51조 제 2 항 단서). 여기서 말하는 특별한 사유는 불확정개념이다. 특별한 사유를 조례로 정할 필요가 있다는 주장도 있다.[2]

(3) 관계 공무원의 범위   제 1 항이나 제 2 항에 따라 지방의회나 그 위원회에 출석하여 답변할 수 있는 관계 공무원은 조례로 정한다(지자법 제51조 제 3 항).[3]

---

1) 김유환, "지방자치단체의 행정사무에 대한 감사체계," 지방자치법연구, 통권 제 2 호, 53쪽.
2) 김유환, 지방자치법주해, 231쪽.
3) 서울특별시의회 기본조례 제49조(시장 등의 출석요구) ③ 의회 또는 위원회에 출석·답변할 수 있는 시 및 교육청 관계 공무원 등의 범위는 다음과 같다.
  1. 부시장 및 부교육감
  2. 시장 및 교육감의 보조기관 중 실·국장 및 본부장급과 보좌기관 소속 공무원 중 3급 이상인 자
  3. 법 제113조부터 제116조까지에 따른 소속 행정기관장 또는 소속 공무원 중 3급 이상인 자
  4. 「지방교육자치에 관한 법률」 제32조에 따른 교육기관장 및 제34조에 따른 교육장
  5. 제 4 호에 따른 하부교육행정기관 및 교육기관의 소속공무원 중 3급 이상인 자
  6. 법 제146조에 따른 지방공사 및 공단의 임원
  7. 「지방공기업법」에 따른 출자·출연법인의 임원
  ④ 제 3 항 각 호에도 불구하고, 의회 또는 위원회가 필요하다고 인정한 경우에는 소속 공무원 중 4급 이상인 자를 출석·답변하게 할 수 있다.

4. 결산의 승인

(1) 의 의   지방자치단체의 장은 출납 폐쇄 후 80일 이내에 결산서와 증명 서류를 작성하고 지방의회가 선임한 검사위원의 검사의견서를 첨부하여 다음 해 지방의회의 승인을 받아야 한다(지자법 제150조 제 1 항 본문).

(2) 시정요구 등   결산의 심사 결과 위법하거나 부당한 사항이 있는 경우에 지방의회는 본회의 의결 후 지방자치단체 또는 해당 기관에 변상 및 징계 조치 등 그 시정을 요구하고, 지방자치단체 또는 해당 기관은 시정 요구를 받은 사항 을 지체 없이 처리하여 그 결과를 지방의회에 보고하여야 한다(지자법 제150조 제 1 항 단서).

Ⅳ. 일반사무에 관한 권한

지방의회는 ① 대통령령으로 정하는 공공시설의 설치 · 처분(지자법 제47조 제 1 항 제 7 호),[1] ② 청원의 수리와 처리(지자법 제47조 제 1 항 제 9 호),[2] ③ 외국 지방자치단체 와의 교류협력에 관한 사항(지자법 제47조 제 1 항 제10호), ④ 그 밖에 법령에 따라 그 권한에 속하는 사항(지자법 제47조 제 1 항 제11호), 그리고 ⑤ 제 1 항 각 호의 사항 외에 조례로 정하는 바에 따라 지방의회에서 의결되어야 할 사항(지자법 제47조 제 2 항)에 대하여 의결권을 갖는다. 그리고 지방의회는 결산과 관련하여 검사위원을 선임한 다(지자법 제150조 제 1 항).

Ⅴ. 지방의회내부에 관한 권한

1. 내부운영 등의 자율권

지방의회가 기능을 충분히 발휘할 수 있기 위해서는 지방의회의 조직 · 활동 및 내부사항의 일정 부분을 자율적으로 정할 수 있는 권한, 즉 자율권을 가질 필요 가 있다. 이러한 필요성에 근거하여 지방자치법은 "지방의회는 내부운영에 관하여 이 법에서 정한 것 외에 필요한 사항을 규칙으로 정할 수 있다"(지자법 제52조)는 규 정과 "지방의회는 회의 운영에 관하여 이 법에서 정한 것 외에 필요한 사항을 회의

---

1) 자세한 것은 본서, 153쪽 참조.
2) 자세한 것은 본서, 202쪽 참조.

규칙으로 정한다"(지자법 제83조)는 규정을 두고 있다.[1] 지방의회가 갖는 내부운영의
자율권의 행사는 법령의 범위 내에서만 가능하다는 제한을 받는다.

2. 내부조직권

지방의회는 스스로 내부조직을 행하는 다음의 여러 권한을 갖는다. 먼저 지방
의회는 의장단을 구성하는 권한을 갖는다. 즉 지방의회는 의장과 부의장을 선출하
며(지자법 제57조 제 1 항), 임시의장도 선출한다(지자법 제60조), 그 밖에 지방의회의 의장
이나 부의장이 법령을 위반하거나 정당한 사유 없이 직무를 수행하지 아니하면 불
신임을 의결할 수 있다(지자법 제62조 제 1 항). 지방의회는 조례로 정하는 바에 따라 위
원회를 둘 수 있고(지자법 제64조 제 1 항), 위원회의 위원을 선임한다(지자법 제64조 제 3
항). 그 밖에 지방의회는 조례로써 사무기구를 설치하고 사무직원을 둘 수 있다(지자
법 제102조-제104조).

3. 지방의회의원의 신분에 관한 권한

(1) 자격심사

(가) 의 의   지방의회는 소속 의원의 자격을 심사할 수 있다(지자법 제91조. 여기
서 의원의 자격이란 지방자치법상의 의원으로서의 지위를 보유하는데 필요한 자격
을 말한다. 피선거권이 없거나 신분상실의 사유가 있거나 적법하게 당선된 것이 아
니라면 의원의 자격이 없는 것이 된다. 자격심사의결은 행정행위의 성질을 가지는
바, 행정소송의 대상이 된다.

(나) 심사의 청구와 의견의 진술   ① 지방의회의원은 다른 의원의 자격에 대하여
이의가 있으면 재적의원 4분의 1 이상의 찬성으로 지방의회의 의장에게 자격심사
를 청구할 수 있다(지자법 제91조 제 1 항). ② 심사 대상인 지방의회의원은 자기의 자격
심사에 관한 회의에 출석하여 의견을 진술할 수 있으나, 의결에는 참가할 수 없다
(지자법 제91조 제 2 항).

(다) 정족수와 자격상실 유무   ① 제91조 제 1 항의 심사 대상인 지방의회의원에
대한 자격상실 의결은 재적의원 3분의 2 이상의 찬성이 있어야 한다(지자법 제92조 제
1항). ② 심사 대상인 지방의회의원은 제 1 항에 따라 자격상실이 확정될 때까지는
그 직을 상실하지 아니한다(지자법 제92조 제 2 항).

(2) 징 계   지방의회는 지방의회의원이 이 법이나 자치법규에 위배되는 행위

---

1) 양자의 관계에 관해서는 본서, 277쪽 참조.

를 하면 윤리특별위원회의 심사를 거쳐 의결로써 징계할 수 있다(지자법 제98조).

(가) 의 의   지방의회의원의 징계란 지방의회의원이 지방자치법 등을 위반한 경우에 지방의회의원의 신분에 불이익을 가하는 제재를 말한다. 의원을 징계하는 것은 지방의회의 자율권에 속한다. 징계는 형벌이 아니다. 그것은 일종의 행정작용이다. 징계는 지방의회의 일방적 행위이다.

(나) 징계의 사유   지방자치법이나 자치법규에 위배되는 행위가 징계사유이다(지자법 제98조). 지방자치법에 위배되는 행위로 지방자치법 제44조(의원의 의무), 제95조(모욕 등 발언의 금지), 제96조(발언 방해 등의 금지)의 위반 등을 볼 수 있다.

(다) 징계의 종류   징계의 종류에는 ① 공개회의에서의 경고(의장이 공개된 본회의에서 해당 의원을 출석시켜 징계사유인 법위반사실을 말하고 시정을 촉구하는 것을 말한다), ② 공개회의에서의 사과(해당 의원의 반성을 촉구할 목적으로 해당 의원이 공개회의에서 공식적으로 사과하도록 하는 것을 말한다), ③ 30일 이내의 출석정지(일정 기간 본회의나 위원회에 일정기간 출석하지 못하게 하는 것을 말한다),[1] ④ 제명(의원의 자격을 그 의사에 반하여 박탈하는 것을 말한다)이[2] 있다(지자법 제100조 제 1 항).

(라) 징계의 절차   ① 지방의회의 의장은 제98조에 따른 징계대상 지방의회의원이 있어 징계 요구를 받으면 윤리특별위원회에 회부한다(지자법 제99조 제 1 항). ② 제95조 제 1 항을 위반한 지방의회의원에 대하여 모욕을 당한 지방의회의원이 징계를 요구하려면 징계사유를 적은 요구서를 지방의회의 의장에게 제출하여야 한다(지자법 제99조 제 2 항). ③ 지방의회의 의장은 제 2 항의 징계 요구를 받으면 윤리특별위원회에 회부한다(지자법 제99조 제 3 항).

(마) 징계의결정족수   의결정족수는 지방자치법 제73조가 적용된다. 그러나 제 1 항 제 4 호에 따른 제명 의결에는 재적의원 3분의 2 이상의 찬성이 있어야 한다(지자법 제100조 제 2 항). 재적의원 3분의 2 이상의 특별다수를 요하게 한 것은 의원의 제명의결을 보다 신중하게 하기 위한 것이다. 한편, 제명의결 취소소송 계속중에 임기가 만료되었다고 하여도 월정수당의 지급을 구할 수 있으므로 제명의결의 취소를 구할 법률상 이익이 있다.[3]

(바) 징계의 효과   제명의 경우에는 의원자격이 상실된다. 출석정지를 당한 의원은 출석정지기간 동안 지방의원으로서의 지위가 정지된다. 만약 출석하면, 의장

---

1) 대판 1958. 12. 20, 4291행항6.
2) 대판 1954. 9. 30, 4286행상20.
3) 대판 2009. 1. 30, 2007두13487(소송에서의 소의 이익에 관한 법리를 오해하여 판결결과에 영향을 미친 위법이 있다).

이 질서권에 근거하여 퇴장을 명할 수 있다. 물론 출석정지기간 동안 주민으로서 대우를 받으며, 방청의 권리는 갖는다.

(사) 권리보호   징계는 일종의 행정행위이고, 징계를 의결하는 지방의회는 행정청에 해당하는바, 징계는 행정소송의 대상이 된다.[1] 한편, 논자에 따라서는 출석정지는 오로지 조직상의 의원의 권리만이 관련되고, 따라서 그것은 기관내부적인 것이고, 외부효를 갖는 처분이 아니므로 행정행위가 아니라는 견해가 있다.[2] 그러나 그것은 기관내부적인 것인 동시에 기관구성자인 자연인의 개인적인 의미도 가진다. 따라서 차별금지의 문제와 지위회복의 문제가 따른다고 볼 것이므로 행정행위로 보아야 할 것이다. 한편, 재량권의 한계를 벗어난 징계처분은 위법을 면할 수 없다.[3]

(아) 필요한 사항   징계에 관하여 이 법에서 정한 사항 외에 필요한 사항은 회의규칙으로 정한다(지자법 제101조).[4] 이는 지방의회의 자율성 확보를 위한 규정이다. 회의규칙 사항으로 징계의 절차, 회부시한, 의사공개에 대한 부분과 심문 및 변명 등을 예상할 수 있다.

(3) 의원의 사직허가

(가) 의 의   사직이란 지방의회의원 스스로 지방의회의원의 직을 포기하는 것을 말한다. 지방의회는 그 의결로 소속 지방의회의원의 사직을 허가할 수 있다(지자법 제89조 본문). 다만, 폐회 중에는 지방의회의 의장이 허가할 수 있다(지자법 제89조 단서). 의원의 사직에 의회의 허가를 받도록 한 것은 주민의 직접선거로 선출된 의원이 정당한 이유 없이 사직하는 것을 억제하기 위한 것으로 이해된다.

(나) 성 질   허가 여부는 재량적인 것인지 아니면 기속적인 것인가의 문제가 있다. 생각건대, 의회나 의장의 허가절차는 확인절차로서 요식행위에 불과하다고 보며, 의원이 원하는 한 반드시 허가하여야 할 것이다. 따라서 의장은 사직을 신청한 의원의 진의를 확인하는 절차만은 반드시 거쳐야 할 것이다.

(다) 절 차   지방의회의원은 사직하려면 본인이 서명하거나 도장을 찍은 사직서를 지방의회의 의장에게 제출해야 한다(지자령 제60조 제 1 항). 법 제89조 제 1 항에 따른 사직의 허가 여부는 토론하지 않고 표결한다(지자령 제60조 제 2 항).

---

1) 대판 1993. 11. 26, 93누7341.
2) BayVGH, BayVBl. 1988, 16f.; G. Lissack, Bayerisches Kommunalrecht, S. 182 참조.
3) 대판 2015. 1. 29, 2014두40616.
4) 대판 1960. 1. 29, 4290행상213.

제 6 항 조례(자치입법 1)

제 1 목 조례의 관념

Ⅰ. 자치입법권

1. 헌법의 구체화

(1) 관련 규정   지방자치단체가 자치입법권을 가진다는 것은 헌법 제117조 제 1 항에서 명문으로 규정되어 있다. 조례에 관한 근거규정인 지방자치법 제28조 는 헌법 제117조 제 1 항의 구체화이다.[1]

(2) 의 미   헌법이 지방적인 의미를 갖는 법규범의 정립권한을 지방자치단체 에 부여한 것은 지방문제는 해당 지방민이 가장 잘 판단할 수 있다는 점, 그리고 지방문제를 해당 지방민이 자기책임으로 규율하도록 하고자 하는 점에 근거하며, 그리하여 규범정립자와 규범수범자 사이의 간격을 줄이고자 함에 있다.[2] 달리 말 한다면 그것은 규범의 정립자와 규범의 수범자 사이의 간격을 줄임으로써 사회적 인 힘을 활성화하고, 지역적인 특성을 고려하여 탄력적인 규율을 가능하게 하고, 국가입법기관의 부담을 경감하려는 데 있다.[3]

2. 핵심보호영역

(1) 의 의   자치행정의 자기책임성은 지역적 특성에 관한 일반적 규율을 자 기 스스로 설정할 수 있을 때에 가능하다. 이에 헌법 제117조 제 1 항은 지방자치

---

1) [관련논문] 최승원·양승미, "자치법규 관리체계 필요성 소고," 지방자치법연구, 통권 제38호, 166 쪽 이하; 최승원·양승미, "조례정비 현황과 과제," 지방자치법연구, 통권 제50호, 87쪽 이하; 김희곤, "한국 지방자치제도의 현황과 발전방향—자치입법권을 중심으로—," 지방자치법연구, 통권 제62호, 3쪽 이하; 오명효, "대만 지방자치단체입법권의 현황·문제 및 전망," 지방자치법연구, 통권 제62호, 163쪽 이하; 최승원, "조례와 규율분담," 지방자치법연구, 통권 제15호, 381쪽 이하; 최승원·양승미, "조례와 법률우위원칙에 대한 소고," 지방자치법연구, 통권 제24호, 제265쪽 이하; 홍강훈, "독일에 있어서 소위 일반적 법률유보의 역사적·지방자치헌법상의 토대와 그 현대적 의미—통일독일제국헌 법 제정 이전의 각 지방자치헌법을 특별히 고려하여—," 지방자치법연구, 통권 제31호, 제325쪽 이 하 참조; 송귀종, "조례 입법영향평가제도의 도입과 평가기준의 정립에 관한 소고," 지방자치법연구, 통권 제71호, 207쪽.
2) BVerfGE 33, 125, 157f.
3) Reichert/Röber, Kommunalrecht, S. 75; Seeger/Wunsch, Kommunalrecht, S. 65. 그리고 최승 원, "분권과 자치의 입법방향," 지방자치법연구, 통권 제36호, 195쪽 이하; 문상덕, "국가와 지방자치 단체 간 입법권 배분 —자치입법권의 해석론과 입법론—," 지방자치법연구, 통권 제36호, 493쪽 이하.

단체가 법령의 범위 안에서 자치에 관한 규정을 제정할 수 있다고 규정하고 있다.
이 규정에 의거하여 지방자치단체는 자치입법권을 갖는다. 통상 자치입법권이란
독립적인 그러나 궁극적으로는 국가에 귀속하는 행정주체가 자신의 사무를 위하여
일방적이고도 고권적인 규정(자치법규)을 정립할 수 있는 권한을 말한다.[1] 이러한 자
치입법권이 있음으로 해서 지방자치단체는 스스로 형성임무를 실현시켜 나갈 수
있는 것이다. 이 때문에 자치입법은 지방자치단체의 필수적인 의사표현의 한 형식
이 된다.[2] 자치입법권은 자치사무를 법상 구체적으로 수행하기 위한 전제이다. 그
러므로 자치입법권은 지방자치제보장의 핵심보호영역에 속한다.[3]

  (2) 조례자치의 형성기능   조례자치는 자치행정의 표현이고, 중앙집권이 아니
라 분권의 표현이다. 지방자치단체는 조례자치의 범위 안에서 조례제정에 형성의
자유를 갖는다. 따라서 법률상 조례로 정하여야 할 특정 사항에 대하여 지방자치단
체별로 그 구체적인 내용에 있어서 상이한 조례가 나타날 수 있다.[4]

  (3) 조례고권에서 핵심영역의 범위   한편, 조례고권(자치입법고권)이 어느 범위
만큼 자치행정권의 핵심영역에 속하는가는 현재로서 단언할 수 없다. 그러나 자치
행정사무의 규율을 위하여 조례를 발령하는 것이 지방자치단체에 반드시 가능하여
야 한다는 점은 분명하다.

3. 자치입법의 종류

  헌법 제117조 제 1 항에 의한 지방자치법은 지방자치단체의 자치입법권의 내
용으로 지방의회의 조례제정권(지자법 제28조)과 그 장의 규칙제정권(지자법 제29조)을[5]
규정하고 있고, 지방교육자치에 관한 법률에서 교육감의 교육규칙제정권(지육법 제25
조)을 규정하고 있다.[6] 조례는 규칙에 상위(上位)하는 지위를 갖는 법형식이다.[7]

---

1) Ossenbühl in: Erichsen(Hrsg.), Allgemeines Verwaltungsrech(13. Aufl.), §6, Rn. 21.
2) Schmidt-Aßmann/Röhl, Kommunalrecht, in: Schmidt-Aßmann(Hrsg.), Besonderes Verwaltungs-
   recht, Rn. 93.
3) Geis, Kommunalrecht(3. Aufl.), §7, Rn. 24.
4) 헌재 2016. 5. 26, 2014헌마374.
5) 자세한 것은 본서, 391쪽 참조.
6) 자치입법, 즉 지방자치단체 또는 그 기관이 지방자치단체의 자치권에 따라 정립하는 자주법(형식
   적 의미의 조례 + 규칙 + 교육규칙)을 실질적 의미의 조례라 하고, 지방자치단체가 지방자치법의 사
   무 및 법률에서 위임된 사항에 관하여 지방자치단체의 의회의 의결을 거쳐 정립하는 법을 형식적 의
   미의 조례라 부르는 견해도 있다(김철수, 헌법학(하), 1842쪽).
7) 대판 1995. 7. 11, 94누4615 전원합의체판결.

Ⅱ. 조례의 의의

1. 조례의 개념

(1) 개념의 정의   지방자치법은 제28조 제 1 항 본문에서 "지방자치단체는 법령의 범위에서 그 사무에 관하여 조례를 제정할 수 있다"고 규정하고 있다. 이를 바탕으로 보면, 조례란 지방자치단체가 자신의 사무에 관하여 법령의 범위에서 지방의회의 의결을 거쳐 정하는 법을 말한다. 형식적 관점에서 볼 때, 조례란 지방의회가 법정의 절차를 거쳐 제정하는 자치입법의 한 형식을 말한다.[1]

(2) 규율의 추상성·구속성   조례는 일반적으로 추상적인 규율이지만, 구체적인 사항을 규정할 수도 있다(처분조례).[2] 조례는 일반적으로 외부적 효과를 갖지만, 외부적 효과를 갖지 아니하는 경우도 있다(예: 행정내부직인 조직에 관한 조례).

2. 조례의 수단성

(1) 자치사무 수행의 입법적 도구   조례는 지방자치단체가 자기책임에 따른 자치사무의 처리를 위한 전형적인 입법적 도구이다.[3] 그러나 현행법상 자치사무가 아닌 단체위임사무의 경우에도 조례제정이 가능하고, 기관위임사무의 경우에도 개별 법령의 위임이 있으면, 조례제정이 가능하다는 것이 학설과 판례의 견해인바,[4] 조례를 오로지 자치사무의 처리를 위한 전형적인 입법적 도구라 단언할 수는 없다.

(2) 행정으로서 조례   지방의회는 국회가 아니고 자치행정기관이다.[5] 조례를

---

[1] 본서와 같은 지적으로 김재호, "지방자치의 헌법적 보정과 조례제정," 지방자치법연구, 통권 제12호, 313쪽. 조례의 개념을 '지방자치단체가 지방의회의 의결을 거쳐 제정하는 법규'라고 하여 형식적으로 파악하는 견해로, 김남진·김연태, 행정법 Ⅱ, 120쪽; 박균성, 행정법론(하), 158쪽; 정하중, 행정법개론, 899쪽을 볼 수 있다. 한편, 독일의 지방자치법상 자치법규인 Satzung은 조례로 번역되기도 하지만, 엄밀히 말한다면 그것은 우리의 조례와 차이점을 갖는다. 독일법상 Satzung이란 국가에 귀속하는 공법상 법인이 자치행정사무의 규율을 위해 국가에 의해 부여된 자치의 범위 안에서 그 구성원이나 소속하는 자에게 발하는 구속력있는 법규범으로 정의되고 있다(BVerfGE 10, 20, 49f.; 33, 125, 156f.). Satzung이 공법적 규율로서, 독립의 행정주체가 국가로부터 주어진 자치입법권(Satzungsautonomie)에 의한 것임은 우리의 조례와 동일하지만, Satzung의 제정권자는 지방자치단체(게마인데·게마인데연합) 외에도 사회보험주체·대학·방송·IHK·직업단체(변호사회·의사회·상공회의소) 등이 있다는 점이 우리의 조례와 확실히 다르다.

[2] 대판 1996. 9. 20, 95누8003(소위 두밀분교폐지조례사건).

[3] Schmidt/Jortzig, Kommunalrecht, S. 205 참조.

[4] 대판 2000. 5. 30, 99추85; 대판 2007. 12. 13, 2006추52; 대판 2009. 12. 24, 2007추141.

[5] 조성규, "조례의 제정과정에 대한 법적 검토," 지방자치법연구, 통권 제13호, 77쪽; BVerfGE 65, 283, 289; 78, 344, 348; Burgi, Kommunalrecht, §2, Rn. 13.

제정하는 지방의회는 몽테스키외의 권력분립론에서의 입법부가 아니라 행정권에 속한다. 따라서 조례는 자치사무의 처리를 위한 입법적 도구이지만, 행정권(집행권)에 의한 입법이다.1) 바꾸어 말하면, 조례는 법규범이지만, 국가의 입법영역에 속하지 않고, 행정활동에 속한다. 요컨대 조례제정은 형식적으로는 행정을 위한 수단이다.2) 조례는 행정입법에 해당한다는 견해도3) 본서와 같은 입장으로 보인다.

3. 자 주 법

(1) 의 의　지방자치단체인 스스로의 의사에 기한 그리고 지방자치단체의 고유의 법이라는 의미에서 자주법이다.4) 실제상 정부가 조례의 모델을 제시하고 지방자치단체가 이를 따라 조례를 제정하는 경우에는 조례의 자주성은 많이 약하다고 할 수 있다.

(2) 임 의 성　법령상 지방자치단체가 의무적으로 제정하여야 하는 조례를 제외한다면, 지방자치단체의 조례발령은 재량적이다. 지방자치단체는 일반적으로 조례발령의 의무를 부담하지 아니한다.

(3) 주민의 조례개폐청구　주민은 법률로 정하는 바에 따라 지방자치단체의 조례를 제정하거나 개정하거나 폐지할 것을 청구할 수 있다(지자법 제19조). 이러한 조례제정·개폐청구권은 지방의회가 아니라 지방자치단체의 장을 상대방으로 한다는 점이 특징적이다.5) 주민이 지방의회를 상대로 조례제정개폐의 청구를 할 수는 없지만, 청원권 행사를 통해 지방의회에 조례제정의 청원을 할 수는 있다(지자법 제85조).

Ⅲ. 조례의 법적 성질

1. 실질적 의미의 법률(법규)

조례는 불특정다수인에 대하여 구속력을 갖는 법규이다. 따라서 그것은 형식적 의미의 법률은 아니지만 실질적 의미의 법률에 해당한다.6) 조례의 구속력은 지

---

1) BVerfGE 65, 283, 289; Lissack, Bayerisches Kommunalrecht(2. Aufl.) §3, Rn. 1.
2) 신봉기, "자치입법권의 범위와 실효성확보방안," 지방자치법연구, 통권 제 2 호, 85쪽; Burgi, Kommunalrecht, §2, Rn. 13.
3) 조성규, "조례의 제정과정에 대한 법적 검토," 지방자치법연구, 통권 제13호, 74쪽.
4) 조성규, "조례의 제정과정에 대한 법적 검토," 지방자치법연구, 통권 제13호, 76쪽.
5) 이에 관해 자세한 것은 본서, 164쪽 이하 참조.
6) Pagenkopf, Kommunalrecht, Bd. 1, S. 90; Schwirzke/Sandfuchs, Allgemeine Niedersächsis-

방자치단체의 모든 주민, 지방자치단체의 모든 기관, 감독청 그리고 법원에까지 미친다. 그러나 외부적 구속효를 갖지 않는 조례도 있다.

2. 전래적 입법

조례가 지방자치단체의 고유한 입법인지 아니면 국가로부터 전래된 것인지의 문제가 있다. 이 문제는 자치입법권의 범위, 법률유보와의 관계에서 의미를 갖는다. 학설은 조례자주입법설과 조례위임입법설로 나뉘고 있다. 조례자주입법설은 고유권설에 입각한 조례자주입법설과 전래설에 입각한 소례사주입법실로 구분하여 다루기도 한다.[1]

(1) 조례자주입법설

(가) 고유권설에 입각한 조례자주입법설　　조례제정권은 원시적인 권리로서 국가의 위임을 요하지 않는 권리이고, 헌법 제117조 제 1 항은 이러한 조례제정권을 지방자치제의 제도적 보장의 한 내용으로 규정한 것으로 보아야 한다는 견해이다.[2] 따라서 지방자치단체의 고유사무에 관한 한 조례의 전권사항이라는 입장이다.[3] 이 견해는 지방자치단체의 자치권은 자연권적 고유권이라는 인식을 전제로 한다. 이 견해에 의하면 조례와 법률이 저촉하는 경우에 조례가 우선하게 된다.[4]

(나) 전래설에 입각한 조례자주입법설　　지방자치단체의 자치입법권은 시원적인 것이 아니라 국가로부터 전래된 것으로서 법률이 지방자치의 본질을 침해하지 않는 한 법령이 조례에 우선한다는 견해이다.[5] 달리 말하면 조례제정권은 국가로부터 전래된 것이므로 자치사무(고유사무)에 관한 조례도 법령을 위반할 수 없지만, 법령의 개별적인 위임이 없다고 하여도 조례를 제정할 수 있다는 견해이다.[6] 즉 행정입법에 적용되는 법률의 우위의 원칙은 조례에 그대로 적용되지만, 법률의 유보의 원칙은 그대로 적용되는 것은 아니라는 견해이다.

(2) 조례위임입법설　　이 견해는 지방자치단체의 모든 권능은 국가권력으로부터 전래된 것이므로 조례제정권도 당연히 국가권력으로부터 나오는 것으로 본다.

---

ches Kommunalrecht, S. 149.
1) 유상현, 행정법 II, 129쪽.
2) 류지태, 지방자치법주해, 135쪽.
3) 김재광, "지방분권개혁과 조례제정권의 범위," 지방자치법연구, 통권 제10호, 101쪽 참조.
4) 김동희, 행정법(II)(2014), 85쪽.
5) 신봉기, "자치입법권의 범위와 실효성확보방안," 지방자치법연구, 통권 제 2 호, 85쪽; 김동희, 행정법 II, 84쪽; 박윤흔·정형근, 최신행정법강의(하), 114쪽.
6) 김재광, "지방분권개혁과 조례제정권의 범위," 지방자치법연구, 통권 제10호, 101쪽.

따라서 이 견해는 조례와 행정입법은 본질적으로 차이가 없고, 따라서 조례도 행정
입법에 적용되는 법률의 우위의 원칙과 법률의 유보의 원칙이 그대로 적용된다는
견해이다.1)

　　(3) 사 견　　국가만이 고권을 독점하고,2) 국가만이 국가권력의 연원이며, 특
히 민주헌법국가에서 국가권력도 성문헌법을 통하여 국민으로부터 나온다는 것이
근대국가의 본질적인 특징이라는 점에 대하여 이설이 없다. 이러한 입장에 따르면
지방자치단체와 그 기관의 임무범위는 헌법에서 근거되는 것이고 따라서 자치권·
자치입법권 또한 시원적인 것이 아니라 전래적인 것이 된다.3) 말하자면 법률이 본
래적 법원임에 반하여, 조례는 법령의 범위 내에서 또는 법령의 위임에 의하여 이
루어진다는 의미에서 전래적 법원이다. 다만, 조례는 민주적 정당성을 가진 지방의
회에 의해 제정되는 것이므로 법령의 위임이 반드시 구체적이어야 하는 것은 아니
고 추상적이어도 가능하다는 점을 유념할 필요가 있다(수정 조례위임입법설).

3. 조례와 다른 법령4)

(1) 조례와 국가법의 관계

　　(가) 단계질서　　규범의 단계질서에서 보면, 자치적으로 발령된 지방자치단체의
규범은 국가의 법에 하위한다. 법치국가의 원칙인 법률의 우위의 원칙에 따라서 지
방자치단체는 상위의 법률과 명령에 구속된다. 그래서 헌법은 법령의 범위 안에서
자치입법을 할 수 있도록 규정하고 있다(헌법 제117조 제 1 항).

　　(나) 조례의 상위법령　　조례에 상위하는 법령에 헌법, 법률, 대통령령, 총리령,
부령이 포함된다. 문제는 이러한 법령의 명시적 위임에 근거하여 제정된 훈령, 예
규, 고시 등이 포함되는가의 여부이다. 생각건대 법령에 근거하여 제정된 훈령, 예
규, 고시 등이 외부적 효력을 갖는 것이라면 포함되고, 내부적 효력만을 갖는 것이
라면 포함되지 않는다.5)

　　(다) 상위법령의 규율제한　　법령에서 조례로 정하도록 위임한 사항은 그 법령의
하위 법령에서 그 위임의 내용과 범위를 제한하거나 직접 규정할 수 없다(지자법 제

---

1) 이상규, 신행정법론(하), 160쪽.
2) Zippelius, Allgemeines Staatsrecht, Kapitel Ⅲ, 9 Ⅲ.
3) Keller, Die staatliche Genehmigung von Rechtsakten der Selbstverwaltungsträger, 1976, S. 54;
　　Meyer, Kommunalrecht, S. 16.
4) 김태호, "조례의 규범적 위상—지방자치법 전부 개정 이후 법리 전망을 포함하여—," 지방자치법연
　　구, 통권 제71호, 173쪽.
5) 헌재 2002. 10. 31, 2001헌라1 전원재판부.

28조 제 2 항). 이 조항은 조례의 자율성을 보다 확대하는 의미를 갖는다. 이 조항은 2022. 1. 13. 시행 지방자치법 전부개정법률에 신설되었다.

(2) 조례와 대통령령 등의 비교

(가) 자율적 입법·타율적 입법　조례와 대통령령 등의 법규명령(헌법 제75조에 따른 대통령령과 헌법 제95조에 따른 총리령과 부령)은 모두 행정주체에 의한 입법이나, 형성대상에 대한 권한의 귀속에 차이가 있다. 법규명령은 위임의 방식을 통해 정부가 국회의 입법을 대신하는 것이므로 정부가 입법을 할 때에는 국회의 의사에 따라야 한다는 점에서 타율적 입법이지만, 조례는 지방자치단체가 국가의 입법을 대신하는 것이 아니라 자기의 입법을 자기의 의사에 따라 스스로 하는 것이라는 점에서 자율적 입법이다. 따라서 양자는 규율대상이 아니라, 법정립권능의 성질에 기본적인 차이가 난다.

(나) 법률상 근거의 차이　이 때문에 법규명령은 발령시마다 특별한 법률상의 근거를 요하는 것이나(헌법 제75조, 제95조), 조례는 원칙적으로 일반적인 수권(포괄적인 수권)으로도 이루어진다. 말하자면 법률로 조례에 위임하는 경우에는 구체적으로 범위를 정하여야 하는 것은 아니다.[1] 이것은 조례제정기관인 지방의회가 민주적으로 선출·구성되는 기관인 까닭이다.[2] 지방자치법 제28조 제 1 항이 일반적인 수권규정이다. 그러나 중요사항유보설의 입장에서 기본권침해의 경우에는 개별적인 법률의 근거를 필요로 한다. 다만 이러한 경우에도 반드시 구체적인 위임이 있어야 하는 것은 아니다.

(3) 조례와 행정규칙의 비교　지방자치단체의 내부조직과 공무원에 대하여 발해지는 행정규칙(업무규칙)은, ① 조례의 형식으로 발해지는 것이 아니고, ② 원칙적으로 모든 사람을 구속하는 것이 아니라 내부관계에서만 구속적(내부효)이라는 점에서 조례와 구분된다.[3] 다만, 행정규칙으로 정해질 사항이 조례에서 규정되는 경우에 그 성질이 법규적인가 또는 아닌가의 문제가 있다. 왜냐하면 조례는 반드시 외부적 구속효를 가져야 하는 것은 아니기 때문이다. 이 문제는 법규의 의미와 관련을 맺는다.

(4) 조례와 규칙의 관계

(가) 지방자치단체의 기본적인 의사형식으로서 조례　「행정의 법률적합성의 원칙」의 기본적인 사고는 국가와 지방자치단체간의 관계, 즉 법률과 조례 사이에서뿐만

---

1) 대판 1997. 4. 25, 96추251.
2) 이혜영, "자치조례의 범위와 한계―서울시 생활임금 조례안을 중심으로―," 지방자치법연구, 통권 제52호, 115쪽 이하; Seewald, Kommunalrecht, in: Steiner(Hg.), Besonderes Verwaltungsrecht, Rn. 75.
3) Knemeyer, Bayerisches Kommunalrecht, S. 75.

아니라 지방자치단체 내에서 지방의회와 지방자치단체의 집행기관 사이에서도 적용되어야 하는 원칙이다.[1] 말하자면, 조례는 지방자치단체의 기본적인 의사형식이기 때문에, 법이 지방자치단체의 임무로 정한 사항에 관한 규율은 조례로 정하여야 한다. 뿐만 아니라 지방자치단체의 영역 내에서 기본권과 관련이 있는 사항의 결정은 지방의회의 조례로 발해져야 하며, 집행기관에 의한 규칙으로 발해져서는 아니된다. 다만, 조례가 위임하는 경우에는 규칙으로 정할 수 있으나(지자법 제29조 참조), 이러한 경우에도 중요사항은 지방의회가 조례로 정하여야 한다. 요컨대 지방자치단체의 차원에서도 지방자치단체에 중요한 문제는 지방의회가 스스로 결정하여야 한다는 의미에서 의회유보가 적용되어야 한다.[2] 물론 지방자치단체의 장의 권한사항으로 정해진 사항에 관해서는 당연히 규칙으로 정하여야 한다.

(나) 조례의 우위   조례와 규칙 사이에 충돌이 있으면 조례가 우선한다.[3] 조례와 규칙간에는 제정절차상에만 차이가 있는 것이 아니고, 효력의 우위 여하에도 차이가 있다.

(다) 위임조례와 규칙에 재위임   판례는[4] "법률에서 위임받은 사항을 전혀 규정하지 않고 재위임하는 것은 복위임금지 원칙에 반할 뿐 아니라 위임명령의 제정형식에 관한 수권법의 내용을 변경하는 것이 되므로 허용되지 않으나 위임받은 사항에 관하여 대강을 정하고 그중의 특정사항을 범위를 정하여 하위법령에 다시 위임하는 경우에는 재위임이 허용된다. 이러한 법리는 조례가 지방자치법 제28조 제1항 단서에 따라 주민의 권리제한 또는 의무부과에 관한 사항을 법률로부터 위임받은 후, 이를 다시 지방자치단체장이 정하는 '규칙'이나 '고시' 등에 재위임하는 경우에도 마찬가지이다"라고 한다.

Ⅳ. 조례의 종류

1. 의무조례 · 임의조례

(1) 의무조례   의무조례란 지방자치단체가 반드시 제정하여야 할 의무를 지는 조례를 말한다(예: 지방자치법 제103조(사무직원의 정원과 임면 등) ① 지방의회에 두는 사무직원의 수는 인건비 등 대통령령으로 정하는 기준에 따라 조례로 정한다). 그리고 법상 전제된 가능성이

---

1) Stober, Kommunalrecht, S. 261.
2) Waechter, Kommunalrecht, Rn. 287.
3) 대판 1995. 7. 11, 94누4615.
4) 대판 2015. 1. 15, 2013두14238.

있는 때에 지방자치단체가 반드시 제정하여야 하는 조례, 즉 조건적 의무조례도 의무조례의 한 종류로 볼 수 있다(예: 지방자치법 제159조(재산과 기금의 설치) ① 지방자치단체는 행정목적을 달성하기 위한 경우나 공익상 필요한 경우에는 재산(현금 외의 모든 재산적 가치가 있는 물건과 권리를 말한다)을 보유하거나 특정한 자금을 운용하기 위한 기금을 설치할 수 있다. ② 제 1 항의 재산의 보유, 기금의 설치·운용에 필요한 사항은 조례로 정한다). 의무조례는 필수조례라고도 한다.

(2) 임의조례　임의조례란 제정여부가 지방자치단체의 정책적인 재량에 놓이는 조례를 말한다(예: 지방자치법 제13 조 제 2 항 제 5 호 나목에서 정하는 체육시설을 설치하기 위하여 조례를 제정하는 경우, 단 그 체육시설의 설치가 법령에서 강제되고 있지 아니한 경우).

2. 위임조례·자치조례

(1) 위임조례　① 위임조례란 조례제정의 근거가 법령에서 개별적으로 위임되어 있는 경우를 말한다.[1] 입법의 실세상 자치조례보다 위임조례가 압도적으로 많다.[2] 그 이유는 주민의 권리제한 또는 의무부과에 관한 사항이나 벌칙을 정할 때에는 법률의 위임이 있어야 한다는 지방자치법 제28조 제 1 항 단서의 규정에 따라 자치조례로 정할 사항에 대하여도 개별 법률에서 위임을 하는 것이 일반화되었기 때문이라 한다.[3] 한편, 위임조례는 엄격한 의미에서는 헌법 제117조 제 1 항의 규정에 의한 「법령의 범위 안에서」의 자치에 관한 규정이라고 하기는 어렵다는 견해도 있다.[4] 그러나 조례가 법령에 근거하여 제정된다고 하여도, 그 내용이 자치사무에 관한 것인 한, 그것은 자치법규로 볼 것이다. 한편, ② 위임조례를 「기관위임사무에 관한 규율을 조례로 위임하는 경우」만으로 한정하여 새기는 견해도 있다.[5] 위임의 한계를 벗어난 조례는 위법한 것이 된다.[6]

---

1) [관련논문] 김수진, "지방자치단체의 위임조례에 관한 실증적 연구—광역·기초지방자치단체의 동물보호조례를 중심으로," 지방자치법연구, 통권 제40호, 165쪽 이하; 한승훈, "위임조례의 법체계상 효력,"지방자치법연구, 통권 제66호, 71쪽 이하.

2) 위임조례의 법제실무상 문제상황에 관하여 조정찬, "위임조례 위주의 조례입법 극복방안," 지방자치법연구, 통권 제 8 호, 33쪽 이하 참조.

3) 조정찬, "위임조례 위주의 조례입법 극복방안," 지방자치법연구, 통권 제 8 호, 35쪽.

4) 황해봉, "행정사무 배분의 기준, 문제점 및 개선방향에 대한 토론," 지방자치법연구, 통권 제10호, 191쪽.

5) 대판 2007. 12. 13, 2006추52; 김남진·김연태, 행정법 Ⅱ, 114쪽; 김중권의 행정법(2019), 416쪽; 정종섭, 헌법학원론, 956쪽; 허영, 한국헌법론, 804쪽. 한편, 일본에서는 1999년 지방자치법 개정으로 단체위임사무와 기관위임사무가 폐지되기 전까지 단체위임사무와 기관위임사무에 관해 규율하는 조례를 위임조례로 불렀다고 한다(최철호, "일본지방자치법상 자치입법권의 해석 및 한계," 지방자치법연구, 통권 제15호, 226쪽; 최환용, "기초지방자치단체의 자치입법 실태와 법제 발전방안," 지방자치법연구, 통권 제24호, 6쪽).

6) 대판 2021. 4. 8, 2015두38788(특정 사안과 관련하여 법령에서 조례에 위임을 한 경우 조례가 위

(2) **자치조례**   자치조례란 지방의회가 법령의 범위 안에서 법령의 직접적이고 개별적인 근거 없이 스스로의 판단에 따라 제정하는 조례를 말한다. 자치조례가 조례의 기본적인 형식이다.

3. 내부법적 조례·외부법적 조례

외부법적 조례는 지방자치단체와 주민의 관계를 규율하는 외부효를 갖는 조례를 말하고, 내부법적 조례는 지방자치단체의 자기 기관을 규율하는 조례를 말한다.

4. 기본조례·일반조례

지방자치단체의 중요한 비중을 차지하는 분야에 대해 지방자치단체의 제도·정책·대책에 관한 기본방침·원칙·계획·준칙·대강을 명시하는 조례를 기본조례라 부르고, 기본조례가 모조례(母條例)로서 다른 일반적인 조례에 비해 우월적 지위를 갖도록 하는 것이 필요하다는 주장도 있다.[1] 생각건대 헌법 제117조 제 1 항은 "지방자치단체는 … 법령의 범위 안에서 자치에 관한 규정을 제정할 수 있다"고 규정할 뿐, 효력의 우열에 차등을 두는 자치에 관한 규정의 제정을 금지하는 것은 아니라 할 것이므로, 일반적인 조례에 우월하는 기본조례를 입법적으로 창설하는 것은 가능할 것이다.[2] 그러나 일반적인 조례에 우월적 효력을 인정하는 기본조례가 오히려 일반적인 신법의 재정이나 개정에 장애가 되는 것은 경계하여야 할 것이다.

제 2 목   조례의 적법요건

제1 실질적 요건

실질적 요건으로 ① 조례로 규정하거나 규정할 수 있는 사무, ② 조례에 대한 법치행정(행정의 법률적합성)의 원칙의 적용문제로서 조례의 법적 근거를 살펴볼 필요

임의 한계를 준수하고 있는지 여부를 판단할 때는 해당 법령 규정의 입법 목적과 규정 내용, 규정의 체계, 다른 규정과의 관계 등을 종합적으로 살펴야 하고, 수권 규정에서 사용하고 있는 용어의 의미를 넘어 그 범위를 확장하거나 축소하여 위임 내용을 구체화하는 단계를 벗어나 새로운 입법을 하였는지 여부 등도 아울러 고려하여야 한다).

1) 윤준병, "주민자치의 규범적 실험," 지방자치법연구, 통권 제32호, 247쪽.
2) 독일의 경우, 각 란트의 지방자치법은 기본조례에 관한 규정을 두고 있다. 기본조례는 연방법의 아래에 놓이지만, 해당 지방자치단체의 모든 다른 모든 법적 행위의 위에 놓인다. 따라서 기본조례에 반하는 일반조례는 위법한 것이 된다(T.I. Schmidt, Kommunalrecht(2. Aufl.), §8, Rn. 301).

가 있다. 실질적 요건은 내용요건이라고도 한다.1)

Ⅰ. 조례로 규정하는 사무2)

(1) 자치사무와 단체위임사무   지방자치법 제28조 제 1 항 전단은 "지방자치단체는 법령의 범위에서 그 사무에 관하여 조례를 제정할 수 있다"고 규정하고, 지방자치법 제13조 제 1 항은 "지방자치단체는 관할 구역의 자치사무와 법령에 따라 지방자치단체에 속하는 사무를 처리한다"고 규정하고 있다. 지방자치법 제13조 제 1 항은 지방자치단체의 사무로 전단에서는 자치사무, 후단에서는 단체위임사무를 규정하고 있으므로 조례로 규정할 수 있는 사항은 자치사무와 단체위임사무이다.3) 조례는 기본적으로 공법적 생활영역 내에서 발해질 수 있다. 다만, 명시적인 법률상의 규정이 있는 경우에는 사법적 성질을 갖는 규정도 둘 수 있을 것이다.4)

(2) 기관위임사무   기관위임사무는 조례제정대상이 아니다.5) 기관위임사무도 조례제정대상이라는 견해도 있다.6) 그러나 개별 법률에서 기관위임사무에 관한 사항을 조례로 규율하도록 규정한다면, 그것은 바람직한 것은 아니지만 위헌이라 보기는 어렵다.7) 그것은 예외적인 현상이다. 다만 기관위임사무에 관한 사항을 조례로 정하도록 위임하는 경우, 그 위임은 구체적 위임이어야 하는가의 문제가 있다.

(가) 학 설   학설은 동일설과 광의설로 나뉘고 있다. ① 동일설이란 법규명령의 법리가 기관위임사무에 대한 위임조례의 경우에도 그대로 적용되어야 한다는

---

1) 조례에도 법치국가의 법원인 명확성의 원칙이 적용된다. 즉, 조례의 내용은 충분히 명확하여야 하고 자명하여야 한다. 조례의 수법자가 그 규범내용을 인식할 수 없으면, 그 조례는 명확성을 갖는 것이라고 말할 수 없다(Stober, Kommunalrecht, S. 272, BVerfGE 5, 31f.; 22, 346.). 명확성의 문제는 일반법원칙의 문제이므로 이 책에서 자세한 논의는 약한다.

2) [관련논문] 김은주, "제주특별자치도에서의 인권보장 증진을 위한 모색," 지방자치법연구, 통권 제52호, 381쪽 이하; 손현, "「도로법」상 지방자치단체의 조례제정 및 적용 범위," 지방자치법연구, 통권 제52호, 291쪽 이하.

3) 지방의회의원 선거공약의 실천이 조례로 규정할 수 있는 사항인지의 여부에 관해 이혜영, "조례제정권의 범위와 한계에 대한 법적고찰 ─서울특별시의회 의원 공약실천을 위한 조례안을 중심으로─," 지방자치법연구, 통권 제42호, 188쪽 이하 참조.

4) [관련논문] 조성규, "사회보장법제에 있어 조례의 역할과 한계," 지방자치법연구, 통권 제40호, 131쪽 이하.

5) 대판 2020. 9. 3, 2019두58650; 대판 1992. 6. 23, 92추17.

6) 김중권, "지방분권 개혁과 조례제정권의 범위에 대한 토론," 지방자치법연구, 통권 제20호, 127쪽.

7) 대판 2009. 4. 9, 2007추141; 대판 2000. 5. 30, 99추85; 대판 2000. 11. 24, 2000추29; 대판 1995. 12. 22, 95추32.

견해, 즉 법규명령과 마찬가지로 법령의 위임은 구체적이어야 한다는 견해이다.[1]
② 광의설이란 기관위임사무에 대한 위임조례는 각 지방의 특수성을 고려하도록
하는 것으로 국가행정기관이 제정하는 법규명령과 동일하게 보는 것은 타당하지
아니하며 따라서 위임조례의 경우 수권의 범위는 비교적 넓고, 입법재량의 폭도 법
규명령보다 넓다는 견해이다.[2]

　　　　(나) 판 례　　판례는 "지방자치법 제9조(현행법 제13조) 제1항과 제15조(현행법
제28조 제1항) 등의 관련 규정에 의하면 지방자치단체는 원칙적으로 그 고유사무인
자치사무와 법령에 의하여 위임된 단체위임사무에 관하여 이른바 자치조례를 제정
할 수 있는 외에, 개별 법령에서 특별히 위임하고 있을 경우에는 그러한 사무에 속
하지 아니하는 기관위임사무에 관하여도 그 위임의 범위 내에서 이른바 위임조례
를 제정할 수 있지만, 조례가 규정하고 있는 사항이 그 근거 법령 등에 비추어 볼
때 자치사무나 단체위임사무에 관한 것이라면 이는 자치조례로서 지방자치법 제15
조(현행법 제28조 제1항)가 규정하고 있는 '법령의 범위 안'이라는 사항적 한계가 적
용될 뿐, 위임조례와 같이 국가법에 적용되는 일반적인 위임입법의 한계가 적용될
여지는 없다"고 하여 동일설을 취한다.[3]

　　　　(다) 사 견　　기관위임사무에 관한 사항을 조례로 정하도록 한다고 하여 그 사
무의 성질이 변하는 것은 아니다. 자치사무는 관련 지방자치단체의 사무로 배분된
사무이지만, 기관위임사무는 관련 지방자치단체에 배분된 사무가 아니라 위임하는
자가 속한 행정주체의 사무이다. 따라서 자치사무에 대한 입법은 자신의 고유한 사
무에 대한 규율이므로 자율적 입법이지만, 기관위임사무에 대한 입법은 타인의 사
무에 대한 규율이므로 타율적 입법이다. 자율적 입법은 입법자의 추상적 위임으로
도 족하지만, 타율적 입법에는 위임자의 구체적 위임이 있어야 한다. 따라서 동일
설이 타당하다.

　　　　(3) 자치사무의 규정방식으로서 대통령령과 조례의 경합　　판례는 "구 지방자치
법 제104조 제1항은 지방자치단체의 장은 조례나 규칙으로 정하는 바에 따라 그
권한에 속하는 사무의 일부를 보조기관, 소속 행정기관 또는 하부행정기관에 위임
할 수 있다고 규정하고 있고, 이에 근거하여 서울특별시 강서구 사무위임 조례 제
5조 제1항 [별표] 제10호 (차)목, (타)목은 구청장의 약국개설자에 대한 업무정지

---

　　1) 김남진, "조례제정의 법적 문제," 법제연구, 통권 제9호, 한국법제연구원, 28쪽; 김철용, 행정법
　　　Ⅱ, 111쪽.
　　2) 박윤흔·정형근, 최신행정법강의(하), 114쪽.
　　3) 대판 2000. 11. 24, 2000추29.

및 이를 갈음하는 과징금의 부과 등의 사무를 보건소장에게 위임한다고 규정하고
있다. 한편, 구 약사법 제84조 제 1 항은 시장 등의 구 약사법에 따른 권한의 일부
를 보건소장에게 대통령령으로 정하는 바에 따라 위임할 수 있다고 규정하고 있으
나, 그 조항의 문언과 취지, 구 지방자치법과 구 약사법의 관계 등에 비추어 보면,
구 약사법 규정이 그 법에 따른 시장 등의 권한의 위임에 관하여 구 지방자치법의
적용을 배제하고 반드시 대통령령으로 정하는 바에 따라야 한다는 취지로 볼 수
없다"고 하였다.[1]

Ⅱ. 법치행정의 원칙과 조례

1. 일 반 론

(1) 헌법 제117소 세 1 항(자치입법권의 보장)**과 조례**   헌법 제117조 제 1 항은
"지방자치단체는 … 법령의 범위 안에서 자치에 관한 규정을 제정할 수 있다"고 규
정하고 있다. 따라서 지방자치단체의 자치법규인 조례는 당연히 법령의 범위 안에
서 제정될 수 있다. 그 의미가 문제되어 왔다. 판례는[2] 그 의미를 「법령에 위반되
지 않는 범위 내」로 새긴다.[3] 한편, 자치입법권의 범위를 확대하고자 하는 뜻에서
구 지방자치법 제22조에서의 표현인 "법령의 범위 안에서"를 2022. 1. 13. 시행 지
방자치법 전부개정법률 제28조에서는 "법령의 범위에서"라는 표현으로 바꾸었다.
그러나 헌법우위의 원칙에 비추어 지방자치법상 "법령의 범위에서"의 의미가 헌법
상 "법령의 범위안"의 의미를 넘어설 수는 없다. 따라서 지방자치법에서 "법령의
범위 안에서"를 "법령의 범위에서"로 개정한 것은 법리상 특별한 의미는 있어 보이
지 아니한다.

---

1) 대판 2014. 10. 27, 2012두15920.
2) 대판 2009. 4. 9, 2007추103; 대판 2002. 4. 26, 2002추23.
3) 중앙선거관리위원회의 규칙제정에 관한 헌법 제114조 제 6 항(중앙선거관리위원회는 법령의 범위
   안에서 선거관리·국민투표관리 또는 정당사무에 관한 규칙을 제정할 수 있으며, 법률에 저촉되지 아
   니하는 범위안에서 내부규율에 관한 규칙을 제정할 수 있다)은 「법령의 범위 안」과 「법률에 저촉되
   지 아니하는 범위」의 개념을 구분하고 「법률에 저촉되지 아니하는 범위」에서 규칙을 제정할 수 있음
   을, 그리고 국회규칙제정에 관한 헌법 제64조 제 1 항(국회는 법률에 저촉되지 아니하는 범위 안에서
   의사와 내부규율에 관한 규칙을 제정할 수 있다)과 법원규칙제정에 관한 헌법 제108조(대법원은 법
   률에 저촉되지 아니하는 범위 안에서 소송에 관한 절차, 법원의 내부규율과 사무처리에 관한 규칙을
   제정할 수 있다) 역시 「법률에 저촉되지 아니하는 범위」에서 규칙을 제정할 수 있음에 반해 지방자
   치단체의 자치입법권을 규정하는 헌법 제117조 제 1 항은 「법령의 범위 안」에서 자치에 관한 규정을
   제정할 수 있다고 규정하는바, 규정형식상 자치에 관한 규정(조례)제정의 범위가 좁다는 견해도 있다
   (이승환, "지방자치단체 자치권의 본질과 범위," 지방자치법연구, 통권 제31호, 11쪽).

(2) 행정기본법 제8조(법치행정의 원칙)와 조례   행정기본법 제8조는 법치행정의 원칙이라는 제목 하에 "행정작용은 법률에 위반되어서는 아니 되며, 국민의 권리를 제한하거나 의무를 부과하는 경우와 그 밖에 국민생활에 중요한 영향을 미치는 경우에는 법률에 근거하여야 한다"고 규정하고 있다. 행정기본법 제8조 전단은 법률의 우위의 원칙, 제8조 후단은 법률의 유보의 원칙을 규정하고 있는데, 양자를 합하여 강학상 행정의 법률적합성의 원칙이라 부른다. 행정기본법 제8조는 지방자치단체의 조례제정권과 관련하여 헌법 제117조 제1항의 구체화의 의미도 갖는다. 이하에서 조례와 법률의 우위의 원칙과 법률의 유보의 원칙과의 관계를 보기로 한다.

2. 법률의 우위의 원칙과 조례

(1) 의 의   헌법 제117조 제1항은 "법령의 범위 안에서 자치에 관한 규정을 제정할 수 있다"라고 하며, 지방자치법 제28조 본문은 "지방자치단체는 법령의 범위에서 그 사무에 관하여 조례를 제정할 수 있다"고 하므로 법률의 우위의 원칙은 조례에도 당연히 적용된다.[1] 반대견해는 보이지 아니한다.[2] 법률에서 정함이 없는 사항에 대해서는 조례로 정할 수 있다는 법률선점이론도[3] 법률의 우위의 원칙을 위반할 수는 없다. 법률의 우위의 원칙에 반하는 조례는 무효이다.[4] 한편, 일설은 지역주민들로부터 민주적 정당성을 부여받은 지방의회가 제정한 조례가 총리령, 부령보다도 하위에 위치하게 하는 것은 민주주의원칙에 반하는 것으로 볼 수 있다고 한다.[5] 그러나 조례가 지역법임을 고려한다면, 지방의회가 제정한 조례가

---

1) 대판 1997. 4. 25, 96추244; 대판 2000. 11. 24, 2000추29.

2) 방승주, "지방자치법제의 헌법적 접근," 지방자치법연구, 통권 제12호, 37쪽.

3) 법률선점이론이란 법률로 규율하는 영역에 대하여 조례가 다시 동일한 목적으로 규율하는 것은 법률이 이미 선점한 영역을 침해하는 것이므로 법률에서 특별한 위임이 없는 한 허용되지 않는다는 이론을 말한다(최철호, "일본 지방자치법상의 자치입법권의 해석 및 한계," 지방자치법연구, 통권 제15호, 346쪽). 국법선점이론이라고도 한다. 법률선점이론은 일본에서 폭넓게 논의되어 온 이론이다. 법률선점이론은 주민주권론(杉原 泰雄, 地方自治の憲法的基礎, 지방자치법연구, 한국지방자치법학회, 제2권 제2호(2002. 12), 39쪽 이하 참조)의 근거가 되는 일본국헌법 제95조(하나의 지방공공단체만에 적용되는 특별법은, …그 지방공공단체의 주민투표에 있어서 그 과반수의 동의를 얻지 아니하면 국회는 이것을 제정할 수 없다)를 바탕으로 하는 것으로 보인다. 일본국 헌법 제95조로 인해 일본에서는 조례로 국민의 자유와 권리를 제한할 수 있는 가능성이 열린다. 일본국헌법 제95조와 같은 헌법조문을 갖지 아니하는 우리나라에서 일본식의 법률선점이론이 그대로 적용되기는 어렵다. 우리의 경우에는 헌법 제37조 제2항으로 인해 법률의 근거 없이 조례만으로 주민의 자유와 권리를 제한할 수는 없다. 일설이 "법률선점이론은 법치행정의 원칙(행정의 법률적합성의 원칙)에서 당연히 도출되는 이론"이라 하지만(김홍대, 지방자치입법론, 172쪽) 동의하기 어렵다.

4) 대판 2007. 2. 9, 2006추45.

5) 김영천, "한국에 있어서의 지방자치의 헌법적 기초," 지방자치법연구, 통권 제4호, 19쪽.

총리령, 부령보다도 하위에 위치하게 하는 것이 민주주의원칙에 반하는 것이라 말하기는 어렵다.

(2) **법률의 의의** 법률의 우위의 원칙에서 법률이란 국회가 제정한 법률을 뜻한다. 그런데 헌법 제75조는 법률에 근거한 대통령령, 제95조는 법률이나 대통령령에 근거한 총리령과 부령을 규정하고 있으므로 대통령령, 총리령과 부령도 실질적 의미에서는 법률의 성질을 갖는다. 따라서 대통령령, 총리령과 부령도 법률의 우위의 원칙에서 법률에 포함된다. 이렇게 되면, 법률의 우위의 원칙을 상위법 우위의 원칙으로 볼 필요가 있다. 이러한 시각에서 행정기본법 제 8 조의 법률에는 국회가 제정하는 법률 외에 성문의 법규도 포함된다.

(3) **법률우위의 원칙 위반 여부의 판단기준**

(가) **조례규율 대상에 관해 법령상 규정이 없는 경우** 조례로 규율하려는 사항에 관해 법령에 규정이 없는 경우에는 지방자치법 제28조 제 1 항 단서의 법률유보의 원칙에 반하지 않는 한 조례로서 규정할 수 있다.

(나) **조례규율 대상에 관해 법령상 규정이 있는 경우**

(a) **규율사항이 동일하나 입법목적이 다른 경우** 조례와 법령이 동일한 사항을 규율하는 경우에도 서로 다른 목적으로 규정하는 경우에는 지방자치법 제28조에 반하지 않는 한 조례를 제정할 수 있다. 즉 주민의 권리제한·의무부과사항을 조례로 규정하기 위해서는 상위법령의 위임이 있어야 하고, 상위법령의 내용에 반하지 않아야 한다.

(b) **입법목적은 동일하나 법령이 정하지 아니한 사항을 조례로 정하는 경우** 조례와 법령이 입법목적은 동일하지만 법령이 정하지 아니한 사항을 조례로 정하는 경우에는[1] 수익적 행정의 경우는 재정법(財政法)상 문제가 없으면 조례로 규정할 수 있으나, 침익적 행정행위 경우는 지방자치법 제28조 단서에 따라 법률의 근거가 있어야 한다.

(c) **규율사항과 입법목적이 동일한 경우**

1) **침익적 행정의 경우** 법령이 정한 요건을 강화하는 기준을 정하는 조례는[2] 인정할 수 없다.[3] 다만 법령이 전국적으로 일률적인 규율을 하려는 취지가 아

---

1) 일본에서는 이러한 조례를 추가조례라 부른다(최철호, "일본 지방자치법상의 자치입법권의 해석 및 한계," 지방자치법연구, 통권 제15호, 346쪽).

2) 일본에서는 이러한 조례를 초과조례라 부른다(최철호, "일본 지방자치법상의 자치입법권의 해석 및 한계," 지방자치법연구, 통권 제15호, 346쪽).

3) 대판 1997. 4. 25, 96추251.

니고 법령은 규제의 최소기준만을 정하고 각 지방자치단체가 그 지방의 실정에 맞
게 별도로 규율하려는 것을 용인하려는 취지라고 해석되는 때에는 그 조례는 법령
에 반하지 않는다는 것이 일반적 견해이자 판례이다.1) 학설은 판례가 학설과 동일
한 태도를 취하는 것으로 보고 있으나 판례에서 문제된 사안은 수익적 조례임을
유의하여야 한다.

    2) 수익적 행정의 경우   법령이 정한 급부조건을 강화하는 조례는 침익적이므
로 허용되지 않지만 급부조건을 완화하는 조례는 법령이 최소한의 기준만을 정하
고 있고 지방의 실정에 맞게 규율하려는 것을 허용하는 취지라고 해석되는 경우에
는 인정될 수 있을 것이다.2)

    (4) 판례의 검토

    (가) 단체장과 지방의회 간에 새로운 통제수단의 신설   조례로 지방자치단체의 장
과 의회간에 새로운 통제수단을 신설하는 것은 한계가 있다. 즉, 지방의회는 단체
장에 대하여 법률에 규정이 없는 견제장치를 조례로 만들 수 없고,3) 단체장의 사
무집행권을 본질적으로 침해하거나,4) 지방자치단체의 장의 고유권한사항에 대하여
사전에 적극적으로 개입하는 조례도 만들 수 없다.5) 또한 지방의회의 통제권을 박
탈하는 조례도 허용되지 않는다.6)

    (나) 기타 법률우위원칙에 반한다고 본 경우   조례는 법률우위의 원칙상 지방자치
법과 지방재정법, 지방공무원법을 포함하여 다른 개별법령에도 위반되어서는 아니
된다.7)

    (라) 법률우위의 원칙의 배제   법률에서 「조례로 국가의 법령이 정하는 내용보
다 더 침익적인 규율을 할 수 있다」고 규정하는 것은 가능하다.8) 이러한 조례는

---

1) 대판 2007. 12. 13, 2006추52; 대판 1997. 4. 25, 96추244.
2) 대판 2006. 10. 12, 2006추38.
3) 대판 1997. 3. 28, 96추60.
4) 대판 2001. 11. 27, 2001추57.
5) 대판 2007. 2. 9, 2006추45; 대판 2004. 7. 22, 2003추44; 대판 2001. 2. 23, 2000추67; 대판 2000.
  11. 10, 2000추36.
6) 대판 1997. 4. 11, 96추138.
7) 대판 1997. 4. 11, 96추138; 대판 1996. 10. 25, 96추107; 대판 1996. 12. 10, 96추121.
8) 이러한 법률로 대기환경보전법 제16조 제 3 항을 볼 수 있다. 동법 제16조(배출허용기준) ① 대기
  오염물질 배출시설(이하 "배출시설"이라 한다)에서 나오는 대기오염물질(이하 "오염물질"이라 한다)
  의 배출허용기준은 환경부령으로 정한다.
  ③ 특별시·광역시·특별자치시·도(그 관할구역 중 인구 50만 이상 시는 제외한다. 이하 이 조, 제44
  조, 제45조 및 제77조에서 같다)·특별자치도(이하 "시·도"라 한다) 또는 특별시·광역시 및 특별자
  치시를 제외한 인구 50만 이상 시(이하 "대도시"라 한다)는 「환경정책기본법」제12조 제 3 항에 따른
  지역 환경기준의 유지가 곤란하다고 인정되거나 「대기관리권역의 대기환경개선에 관한 특별법」제

법률의 우위의 원칙에 반하는 것이 아니다.

(마) 위임사항에 대한 제한의 금지 법령에서 조례로 정하도록 위임한 사항은 그 법령의 하위 법령에서 그 위임의 내용과 범위를 제한하거나 직접 규정할 수 없다(지자법 제28조 제 2 항). 위임법령의 하위법령에 의한 조례제정권의 제한을 막기 위한 조항이다. 2022. 1. 13. 지방자치법 전부개정법률에서 신설된 조항이다.

(5) 광역지방자치단체의 조례의 준수

(가) 의 의 지방자치법 제30조는 "시·군 및 자치구의 조례나 규칙은 시·도의 조례나 규칙을 위반해서는 아니 된다"고 규정하고 있다.[1] 이 조문은 행성의 전체적 통일성 확보를 위한 것으로 이해되고 있다.[2]

(나) 성 질

(a) 준칙규정설 이 견해는 기초지방자치단체인 시·군·자치구와 광역지방자치단체인 시·노는 독립의 법인으로서 싱하관계에 있는 것이 아니라는 전제하에 이 조문은 시·도의 조례는 시·군·자치구의 조례에 준칙 내지 가이드라인으로서의 효력을 갖는다는 입장이다.[3] 기초지방자치단체와 광역지방자치단체는 그 규율대상과 사무범위가 구별되는 독립된 지위의 관계이고, 상하관계일 수 없음에 비추어 그 내용의 위헌성이 검토되어야 하며, 따라서 광역지방자치단체의 조례가 기초지방자치단체의 조례의 한계로서 인정될 수 없다는 견해도[4] 일종의 조례준칙설로 볼 수 있을 것이다.

(b) 효력규정설 이 견해는 이 조문은 기초지방자치단체인 시·군·자치구와 광역지방자치단체인 시·도의 사무처리에 있어서 모순·저촉을 방지하고, 그 통일성의 확보를 기본 목적으로 하는바, 시·군·자치구의 조례나 규칙은 광역지방자치단체인 시·도의 조례나 규칙에 반할 수 없는 효력을 갖는다는 입장이다.[5]

(c) 사 견 효력규정설이 타당하다. 본조는 시·도의 조례는 시·군 및 자치구의 조례에 상위하는 입법형식이라는 것을 의미한다. 시·도의 조례에 반하는 시·

---

2 조 제 1 호에 따른 대기관리권역(이하 "대기관리권역"이라 한다)의 대기질에 대한 개선을 위하여 필요하다고 인정되면 그 시·도 또는 대도시의 조례로 제 1 항에 따른 배출허용기준보다 강화된 배출허용기준(기준 항목의 추가 및 기준의 적용 시기를 포함한다)을 정할 수 있다.

1) [관련판례] 선정원, "도와 시·군간 조례제정권의 배분기준에 관한 고찰," 지방자치법연구, 통권 제 58호, 제133쪽.
2) 김남진·김연태, 행정법 Ⅱ, 124쪽.
3) 김재광, "지방분권 개혁과 조례제정권의 범위," 지방자치법연구, 121쪽 참조.
4) 류지태·박종수, 행정법신론, 882쪽.
5) 김동희, 행정법 Ⅱ(2014), 87쪽; 김재광, "지방분권 개혁과 조례제정권의 범위," 지방자치법연구, 121쪽.

군 및 자치구의 조례는 무효가 된다. 그러나 기본적으로 기초지방자치단체인 시·
군·자치구의 사무와 광역지방자치단체인 시·도의 사무는 상이하므로 특정의 사무
에 관한 시·군·자치구의 조례와 시·도의 조례가 충돌하는 경우는 예상하기 어렵
다. 예외적으로 입법의 미흡 등으로 동일한 사무에 관해 시·군·자치구의 조례와
시·도의 조례가 충돌하는 경우가 발생한다면, 시·도의 조례가 우선할 수밖에 없을
것이다. 한편, 시·군·자치구의 조례와 시·도의 조례가 내용이 상이하다고 하여 무
조건 충돌한다고 단언하기 어렵다. 시·도의 조례가 시·군·자치구의 조례의 기준
을 정한 것인지, 아니면 한도를 정한 것인지 등을 고려하여 판단되어야 할 것이다.

3. 법률의 유보의 원칙과 조례

(1) 조례에서 법률유보의 적용 방식

(가) 법률유보론의 변용   지방자치단체의 자치입법은 행정의 한 부분이므로 조
례도 당연히 행정의 법률적합성의 원칙의 적용을 받는다.[1] 따라서 조례가 법률의
우위의 원칙에 반할 수 없음은 명백하지만, 조례에 법률의 유보가 어느 범위까지
미치는가는 명백하지 않다.[2] 자치입법에 법률유보의 원칙이 어느 범위까지 미치는
가의 문제를 해결하기 위해서는 조례가 헌법의 규범구조하에 있다는 점, 지방자치
가 헌법적으로 보장되지만, 이것이 기본권구속으로부터 자유는 아니라는 점, 자치
행정은 간접국가행정이라는 점, 그리고 지방의회는 주민에 의해 직접 선출된 민주
적 정당성을 갖는 기관이라는 점 등을 고려할 때, 조례에는 법규명령에 적용되는
법률유보론을 그대로 적용할 수는 없다고 하겠다.[3] 조례발령 시에 지방자치단체는
스스로 규율의 내용·목적·범위를 정할 수 있다.

(나) 법률의 의의   법률의 유보에서 말하는 '법률'이란 국회에서 제정한 형식적
의미의 법률을 의미하므로 불문법인 관습법은 포함되지 않는다. 그러나 헌법 제75
조와 제95조가 정하는 바에 따라 상위법령의 위임을 받아 정해진 대통령령, 총리
령과 부령은 '법률'에 포함된다.

(다) 조례의 법적 근거의 방식   조례를 제정할 수 있는 법적 근거의 형태는 조례
를 제정할 수 있는 사항을 특정하지 않고 널리 인정하는 일반수권의 형태와 특정

---

1) Schröder, in: Achterberg/Püttner/Würtenberger(Hrsg.), Besonderes Verwaltungsrecht, Bd. II(2.
  Aufl.), Rn. 100.
2) H. Meyer, Kommunalrecht, Rn. 144; Schmidt-Aßmann/Röhl, Kommunalrecht, in: Schmidt-
  Aßmann(Hrsg.), Besonderes Verwalungsrecht, Rn. 95; Stober, Kommunalrecht, in der Bundesrepublik
  Deutschland, S. 260.
3) BVerfGE 33, 125, 157; Dols/Plate, Kommunalrecht, Rn. 54.

한 사항에 대한 조례를 제정할 수 있는 근거를 제공하는 특별수권의 형태로 나누어 볼 수 있다.

4. 일반수권

(1) **지방자치법 제28조 제 1 항 본문** 헌법 제117조 제 1 항에 근거한 지방자치법 제28조 제 1 항 본문은 지역적 사무(자치사무)에 관한 일반수권조항이다.[1] 지방자치단체는 개별 법률상 특별한 수권이 없이도 지방자치법 제28조 제 1 항 본문에 근거하여 자치사무에 관하여 조례를 발령할 수 있다.[2] 단체위임사무는 원래 자치사무가 아닌 것이므로, 해석상 단체위임사무에 관한 조례의 제정에는 특별한 법령상의 근거를 요한다고 볼 수도 있다. 그러나 단체위임사무는 자치사무와 마찬가지로 지방자치단체의 자율적인 처리가 어느 정도 인정되는 사무로 볼 수도 있기 때문에, 자치사무의 경우와 같이 조례의 제정에 특별한 법률상의 근거를 요하지 않는 것으로 볼 수 있다. 이러한 입장에서 지방자치법 제28조 제 1 항은 '지방자치단체는 법령의 범위에서 그 사무에 관하여 조례를 제정할 수 있다'고 규정하고 있다. 말하자면 '자치사무에 관하여'라고 하지 아니하고, '그 사무에 관하여'라고 하여 자치사무 외에 단체위임사무에 대해서도 조례를 제정할 수 있도록 하고 있다.

(2) **단체·기관위임사무** 논리적인 관점에서 보면, 단체위임사무를 조례로 규정하는 것은 다소 문제가 있다.[3] 물론 기관위임사무는 조례규정 대상이 되지 아니한다.[4] 그러나 개별 법령이 기관위임사무에 관한 사항을 조례로 규정토록 한다면, 조례로 정할 수밖에 없다.[5] 한편, 기본권을 침해하는 경우는 사정이 다르다. 기본권을 침해하는 경우에는 특별수권이 문제된다.

(3) **조례와 행정질서벌**(과태료)[6] 지방자치법은 일반수권의 한 종류로 행정질서벌인 과태료에 관한 규정을 두고 있다.

(가) **의 의** 지방자치의 영역에서 행정질서벌의 근거로 지방자치법은 "지방자치단체는 조례를 위반한 행위에 대하여 조례로써 1천만원 이하의 과태료를 정할

---

1) Erichsen, Kommunalrecht, S. 158 참조.
2) 대판 1992. 6. 23, 92추17.
3) 입법례에 따라서는 (단체)위임사무의 경우에 개별 법률상의 수권이 있으면 조례가 발령될 수 있음을 규정하기도 한다(니더작센 게마인데법 제 6 조 제 1 항 제 2 문).
4) 대판 1999. 9. 17, 99추30; 대판 1999. 4. 13, 98추40.
5) 대판 1999. 9. 17, 99추30.
6) [관련논문] 선정원, "침익적 위임조례에 있어 위임의 포괄성과 그 한계—과태료를 중심으로—," 지방자치법연구, 통권 제60호, 제205쪽 이하.

수 있다"고 규정하고 있다(지자법 제34조 제 1 항).[1] 1994년 3월 개정 전의 구 지방자치법의 경우와 달리 본 조항을 위헌으로 보는 견해는 없다.[2] 개별 법률상 특별한 수권이 없는 한, 조례로 행정형벌을 정할 수는 없다. 한편, 1994년 3월 개정 전의 구 지방자치법 제20조는 "시·도는 당해 지방자치단체의 조례로써 3월 이하의 징역 또는 금고, 10만원 이하의 벌금, 구류, 과료 또는 50만원 이하의 과태료의 벌칙을 정할 수 있다"고 규정하였는데, 이를 둘러싸고 위헌논의가 있었다. 본서는 합헌의 입장을 취하였다. 합헌론이 다수 견해이기도 하였다.[3] 지방자치단체의 벌칙제정권은 지방자치단체의 사무처리의 실효성확보에 의미를 갖는다.

(나) **헌법상 근거**   본조항의 벌칙제정권은 헌법 제12조 제 1 항(모든 국민은 신체의 자유를 가진다. 누구든지 법률에 의하지 아니하고는 체포·구속·압수·수색 또는 심문을 받지 아니하며, 법률과 적법한 절차에 의하지 아니하고는 처벌·보안처분 또는 강제노역을 받지 아니한다), 제13조 제 1 항(모든 국민은 행위시의 법률에 의하여 범죄를 구성하지 아니하는 행위로 소추되지 아니하며, 동일한 범죄에 대하여 거듭 처벌받지 아니한다) 등을 근거로 한다.

(다) **지방자치법 제34조의 성질**   지방자치법 제34조 제 1 항은 조례로 과태료를 정할 수 있음을 규정하고 있으나, 이 조항이 과태료 부과조례 제정의 법적 근거조항인지 아닌지의 여부가 문제된다.

(a) **학 설**   논자에 따라서는 지방자치법 제28조 단서는 조례로 벌칙을 정할 때에는 법률의 위임이 있어야 한다고 정하고 있고, 형사벌의 창설은 국가사무로 보아야 하는바, 법률의 위임 없이 형사벌칙을 조례로 정할 수 없지만, 조례로 실효성을 확보하는 수단을 정할 수 있으므로 행정질서벌인 과태료는 법률의 위임이 없이도 조례로 정할 수 있다고 한다.[4] 법률의 위임 없이도 조례로써 벌칙을 정할 수 있다는 입장도[5] 유사한 입장이다. 이러한 견해들이 지방자치법 제34조를 조례로 과태료를 정할 수 있는 법적 근거로 본 것인지, 아니면 지방자치법 제34조와 무관하게 조례로 과태료를 정할 수 있다는 것인지는 불분명해 보인다.

(b) **사견**(일반적 수권규정설)   본서는 지방자치법 제34조를 지방자치법 제28조 제 1 항 단서에 근거한 규정으로서 과태료부과를 정하는 조례제정의 일반적 수권규정으로 본다. 이러한 견해를 취할 때, 지방자치법 제34조가 처벌에 관해서는 (개별)

---

1) 이와 관련하여 김상태, "조례에 의한 벌칙제정권의 허용성," 지방자치법연구, 통권 제38호, 219쪽 이하 참조.
2) 김재광, "지방분권 개혁과 조례제정권의 범위," 지방자치법연구, 통권 제10호, 115쪽.
3) 백종인, "지방분권강화를 위한 법적 과제," 지방자치법연구, 통권 제 5 호, 50쪽.
4) 박윤흔·정형근, 최신행정법강의(하), 120쪽.
5) 정만희, "헌법적 관점에서 본 지방자치법의 발전방향," 지방자치법연구, 제 2 권 제 1 호, 17-18쪽.

법률로 정하라는 헌법규정(제12조 제 1 항, 제13조 제 1 항)의 위반이 아닌가의 문제가 발생하지만, 부정적으로 보아야 할 것이다. 왜냐하면 조례로 벌칙 등을 제정함에는 법률상 추상적인 근거만 가져도 되기 때문이다. 여기서 추상적인 근거만으로도 족하다는 것은 행정입법의 위임의 경우와 달리 조례는 주민에 의하여 직선된 대표기관에 의하여 정해지는 것이기 때문이다. 요컨대 지방자치법 제34조는 국회의 법률에 의한 질서기능과 지방의회의 조례에 의한 자율기능을 조화시키는 규정인 것이다. 지방자치단체는 지방자치법 제34조가 아닌 특별법에 근거하여 조례로 벌칙을 제정할 수도 있을 것이다. 이러한 경우에 수권법상 벌칙의 내용은 지방자치법 제34조와 달리 규정될 수도 있을 것이다.

(라) 부과·징수·권리보호　　제34조 제 1 항에 따른 과태료는 해당 지방자치단체의 장이나 그 관할 구역 안의 지방자치단체의 장이 부과·징수한다(지자법 제34조 제 2 항). 과태료의 부과 및 징수에 관한 절차는 질서위반행위규제법이 정하는 바에 의한다(질서위반행위규제법 제 5 조). 그리고 권리보호절차 역시 질서위반행위규제법이 정하는 바에 의한다(질서위반행위규제법 제20조 등).

(마) 문 제 점　　지방자치법 제34조 제 1 항은 조례위반행위에 대한 벌칙으로 과태료만을 규정하고 있으므로, 개별 법률상 수권이 없는 한, 지방의회는 징역·금고·벌금 등의 행정형벌을 규정할 수 없다. 이것은 조례의 실효성확보수단이 미약함을 의미한다.[1] 한편, 행정질서벌의 일종인 과태료의 최고한도를 천만원까지로 한 것도 지나친 것으로 보인다. 입법적 보완이 필요하다.[2]

5. 특별수권

(1) 지방자치법 제28조 제 1 항 단서의 위헌 여부　　입법자는 개별 법률에서 특정 사항에 관하여 조례로 정할 것을 규정할 수 있다. 지방자치법 제28조 제 1 항 단서는 "주민의 권리 제한 또는 의무 부과에 관한 사항이나 벌칙을 정할 때에는 법률의 위임이 있어야 한다"고 규정하여 침익적 조례를 제정하고 위해서는 특별수권조

---

1) 1994년 3월 개정 이전 구 지방자치법 제20조는 "시·도는 당해 지방자치단체의 조례로써 3월 이하의 징역 또는 금고, 10만원 이하의 벌금, 구류, 과료 또는 50만원 이하의 과태료의 벌칙을 정할 수 있다"고 규정하였다. 구법상으로는 시·도만이 벌칙을 제정할 수 있었고, 동시에 시·도는 징역 또는 금고를 규정할 수도 있었다.

2) 백종인, "지방분권강화를 위한 법적 과제," 지방자치법연구, 통권 제 5 호, 50쪽. 그리고 일본 지방자치법 제14조 제 3 항(보통지방공공단체는 법령에 특별한 규정이 있는 경우를 제외하고, 조례로써, 조례를 위반한 자에 대하여 2년 이하의 징역 또는 금고, 100만엔 이하의 벌금, 구류, 과료 혹은 몰수의 형 또는 5만엔 이하의 과료를 부과하는 규정을 둘 수 있다) 참조.

항이 있어야 함을 명시하고 있는데, 이 조항의 합헌성 여부에 관해 논란이 있다.

(가) 학 설

(a) 합 헌 설   합헌설은 헌법 제37조 제 2 항은 "국민의 모든 자유와 권리는 국가안전보장·질서유지 또는 공공복리를 위하여 필요한 경우에 한하여 법률로써 제한할 수 있으며, 제한하는 경우에도 자유와 권리의 본질적인 내용을 침해할 수 없다"고 규정하여 법률유보의 원칙을 명시적으로 규정하고 있는데, 여기서 법률이라 함은 국회제정의 법률을 의미하고, 지방의회가 제정하는 조례는 포함되지 아니한다는 점 등을 논거로 한다.[1] 합헌설은 지방자치법 제28조 단서는 법률유보원칙의 적용이라는 입장이다.[2] 자치입법권의 구체적 범위는 헌법의 범위 안에서 법률로 구체화된다는 전제하에 지방자치법 제28조 단서는 헌법이 보장한 자치입법권을 본질적으로 제한하는 것은 아니며, 국민의 권리 제한이나 의무 부과에 관한 사항을 법률의 위임에 의해 제정하도록 할 것인지의 여부는 입법정책에 속한다고 하는 견해도[3] 합헌론에 속한다.

(b) 위 헌 설   위헌설은 헌법 제117조 제 1 항은 "지방자치단체는 주민의 복리에 관한 사무를 처리하고 재산을 관리하며, 「법령의 범위 안에서」 자치에 관한 규정을 제정할 수 있다"고 규정하고 있음에도 불구하고, 지방자치법 제28조 단서는 "주민의 권리 제한 또는 의무 부과에 관한 사항이나 벌칙을 정할 때에는 「법률의 위임이 있어야」 한다"고 규정하고 있는데, 「법률의 위임이 있어야」라는 것은 「법령의 범위 안에서」의 의미를 부당하게 제한하고 있다는 것 등을 논거로 한다. 즉 위헌설은 동 조항은 헌법이 부여하는 지방자치단체의 자치입법권(조례제정권)을 지나치게 제약하고 있다고 한다.[4] 일설은 주민의 권리제한이나 의무부과는 주민의 대의기관인 지방의회에서 제정되는 조례에 의해서만 가능하며, 이는 근본적으로 법령의 소관사항이 아니라 조례의 소관사항이며, 지방자치의 본질적 사항까지 법령유보하여 조례제정권을 제한하는 것은 명백한 지방자치권의 침해이어서 위헌이라 한다.[5] "지방자치단체에게 자치입법권을 보장하고 있는 헌법 제117조 제 1 항은 국회입법

---

1) 성낙인, 헌법학, 1095쪽; 정종섭, 헌법학원론(2014), 995쪽.

2) 김동희, 행정법 II(2014), 88쪽; 방승주, "지방자치법제의 헌법적 접근," 지방자치법연구, 통권 제 12호, 37쪽.

3) 박균성, 행정법론(하)(2014), 172쪽.

4) 박윤흔·정형근, 최신행정법강의(하), 120쪽; 유상현, 한국행정법(하), 103쪽; 김영천, "한국에 있어서의 지방자치의 헌법적 기초," 지방자치법연구, 통권 제 4 호, 20쪽.

5) 김성호, 지방의회의 활성화를 위한 법제개선방안, 법제연구원 연구보고, 2002-20, 43-44쪽; 이기우·하승수, 지방자치법, 321-324쪽.

권을 규정한 헌법 제40조나 헌법 제37조 제 2 항의 기본권제한의 법률유보원칙에 대하여 헌법 스스로가 설정한 헌법적 예외로서 자리매김할 수 있을 것"이라는 견해도 있다.1)

(c) 절 충 설 절충설은 지방자치법 제28조 단서는 지방자치단체의 사무가 위임사무이든 자치사무이든 특정영역에 대하여 법률유보의 원칙의 적용에 의해 법령이 직접 규율하고 있는 때에는 조례가 독자적으로 규율하여 법령과 충돌되거나 경합되는 내용을 마련할 수 없다는 의미로 이해되어야 하므로, 지방자치단체는 법령의 위임을 받아서 대상영역에 대해 조례가 규율할 수 있으며, 법령에 의한 규율이 없는 경우에는 법령의 위임이 없이도 직접 규율을 할 수 있다고 해석하면 헌법합치적이므로 위헌의 문제는 제기되지 않는다는 입장이다.2) 절충설은 합헌설의 일종으로 볼 수도 있다.

(나) 판 례 헌법재판소와3) 대법원은4) 합헌설을 취하고 있다.

(다) 사 견

(a) 해 석 론 지방자치단체는 자치행정주체이므로 지방자치단체의 행정을 국가행정과 동일시 할 수는 없다. 지방자치단체는 전 국민이 아니라 해당 구역의 주민에 의해 선출된 자로 구성된 지방의회를 통해 고유한 민주적 정당성을 갖기 때문이다. 그럼에도 헌법 제10조 및 제37조가 정하는 기본권질서 등 국가의 기본질서를 형성하는 국회의 질서기능은 포기될 수 없다. 이러한 시각에서 볼 때, 위헌론은 정당하지 않다.5) 기본권제한과 관련하는 한, 고전적인 침해유보 또는 중요사항유보설은 자치입법에도 타당한 원리이다.6) 따라서 주민의 자유와 재산을 침해하기

---

1) 문상덕, "제주특별자치도의 자치입법기능 제고방안," 지방자치법연구, 통권 제23호, 28쪽; 문상덕, "조례와 법률유보 재론―지방자치법 제22조 단서를 중심으로―," 행정법연구 제19호, (사)행정법이론실무학회, 2007. 12, 13-14쪽.

2) 류지태·박종수, 행정법신론, 925쪽.

3) 헌재 1995. 4. 20, 92헌마264, 279(병합).

4) 대판 1995. 5. 12, 94추28.

5) 위헌론에 대한 자세한 비판으로 후술하는 [참고] 지방자치법 제15조(현행법 제22조) 단서의 위헌논쟁 참조.

6) 김동희, 행정법 Ⅱ(2014), 88쪽; 대판 1997. 4. 25, 96추251(차고지확보제도 조례안이 자동차·건설기계의 보유자에게 차고지확보의무를 부과하는 한편 자동차관리법에 의한 자동차등록(신규·변경·이전) 및 건설기계관리법에 의한 건설기계등록·변경신고를 하려는 자동차·건설기계의 보유자에게 차고지확보 입증서류의 제출의무를 부과하고 그 입증서류의 미제출을 위 등록 및 신고수리의 거부사유로 정함으로써 결국 등록·변경신고를 하여 자동차·건설기계를 운행하려는 보유자로 하여금 차고지를 확보하지 아니하면 자동차·건설기계를 운행할 수 없도록 하는 것을 그 내용으로 하고 있다면, 이는 주민의 권리를 제한하고 주민에게 의무를 부과하는 것임이 분명하므로 지방자치법 제15조 단서의 규정에 따라 그에 관한 법률의 위임이 있어야만 적법하다).

나 침해를 가능하게 하는 자치입법은 법률상 근거를 요한다고 보아야 한다.[1] 요컨대 지방자치법 제28조 제 1 항 단서는 합헌으로 이해되어야 한다. 물론 수익적 사항에 관한 조례제정에는 법률의 개별적 위임이 필요하지 아니하다.[2] 조례의 적용을 회피하기 위한 공법상의 계약은 법률상 또는 조례상 근거가 없이는 불가능하다.

  (b) 입 법 론   지방자치법 제28조 단서가 합헌이라는 것이 지방자치법 제28조에 아무런 문제가 없다는 것을 의미하는 것은 아니다. 민주주의의 본질이 자기결정의 원리라고 볼 때, 지방자치단체는 자기들의 사무에 관해 스스로 규범을 정할 수 있어야 한다. 뿐만 아니라 스스로 정할 수 있는 규범의 폭이 확대되어 가야 한다. 이것이 오늘날의 사고에서 보는 지방자치제의 보장에 부합한다. 따라서 지방자치단체가 법률의 수권이 없어도 상당한 범위에 걸쳐 주민의 권리를 제한하거나 의무를 부과할 수 있는 조례를 제정할 수 있도록 하는 법령의 개정이 있어야 할 것이다.[3] 지방자치단체의 조례제정권의 범위가 확대되면 지방자치단체는 그만큼 활동의 폭을 넓히게 될 것이다.

  (라) 삭 제 론   일부 견해는 지방자치법 제28조 제 1 항 단서를 삭제하게 되면, 주민의 권리제한이나 의무부과에 관한 사항을 정하는 것 및 일정한 한도 안에서의 벌칙제정권은 조례의 입법소관사항에 해당하는 것이 된다는 이유로 제28조 단서를 삭제하는 것이 입법정책적 차원에서 자치입법권의 실효성확보를 위한 방안이 될 것이라 한다.[4] 생각건대 헌법 제37조 제 2 항이 존재하는 가운데 다만 지방자치법 제28조 제 1 항 단서의 삭제만으로 자치입법권의 범위가 넓어진다고 말하기는 어렵지만,[5]

---

1) 동지, 조성규, "조례의 제정과정에 대한 법적 검토," 지방자치법연구, 통권 제13호, 81쪽. 한편, 헌법상 기본권은 국회제정법률에 의해서만 가능하다는 저자의 주장에 대하여 일설은 지방의회 역시 해당 지역에서는 주민대표성을 갖춘 정치적 기관이고 의회주의와 기본권 보장의 헌법적 가치와 모순되는 존재로 볼 수 없다고 하여(조정찬, "특별자치도 자치입법기능의 한계와 극복방안, 지방자치법연구, 통권 제15호, 124쪽), 지방자치법 제28조 단서를 삭제하면 조례로 기본권제한이 가능하다는 입장을 취하는 것으로 보인다. 그러나 제도보장의 한 내용으로서 지방의회의 성격과 국가조직을 구성하는 근본요소의 하나로서 국회의 성격이 상이함을 고려한다면, 일설의 주장을 따르기는 어렵다.
2) 김재광, "지방분권 개혁과 조례제정권의 범위," 지방자치법연구, 통권 제10호, 114쪽; 대판 2006. 10. 12, 2006추38.
3) 개정방안으로는 헌법 제37조 제 2 항에서 말하는 법률에는 조례가 포함된다는 점, 그리고 조례는 기존의 법률에 반할 수 없다는 점 등을 반영하는 헌법개정이 바람직할 것이다. 지방자치법 제28조 단서의 삭제만으로 문제가 해결되기 어렵다. 왜냐하면 지방자치법 제22조 단서를 삭제한다고 하여도 헌법 제37조 제 2 항에서 말하는 법률에 조례가 포함되는지의 여부에 관해서는 여전이 의문이 남기 때문이다. 그리고 김명용, "참여정부의 행정분권법제에 대한 평가," 토론요지, 지방자치법연구, 통권 제 9 호, 76쪽 참조.
4) 신봉기, "자치입법권의 범위와 실효성확보방안" 지방자치법연구, 통권 제 2 호, 97쪽; 김재광, "지방분권 개혁과 조례제정권의 범위," 지방자치법연구, 통권 제10호, 123쪽.
5) 김중권, "지방분권 개혁과 조례제정권의 범위에 대한 토론," 지방자치법연구, 통권 제20호, 127쪽.

새로운 해석을 가져다주는 계기는 될 수 있을 것이다. 물론 조례제정범위를 둘러싼 논란에 대한 근본적인 해결책은 헌법을 개정하여 조례제정권의 범위를 확대하는 방법일 것이다.

(2) 조례에 의한 재산권침해 가능성   조례는 법률의 하위규범이지만 주민의 대표기관에 의해 의결의 형식으로 제정되는 법률에 준하는 법규범이므로 공공필요로 말미암아 부득이한 경우에는 그 사용권만을 일정한 범위 내에서 일시적으로 제한하는 것은 허용된다는 견해도 있고,1) 조례는 법률과 유사하며, 재산권에 관한 규율은 전국에 걸치지 않고 지역의 특질에 맞춘 규율도 있을 수 있으므로 재산권의 제한의 형태에 따라 조례로도 제한할 수 있다는 견해도 있다.2) 그러나 "공공필요에 의한 재산권의 수용·사용 또는 제한 및 그에 대한 보상은 법률로써 하되, 정당한 보상을 지급하여야 한다"는 헌법 제22조 제 3 항에서 말하는 법률은 헌법 제10조 및 제37조 제 2 항에 비추어 국회제정의 법률만을 의미하며, 조례는 포함되지 않는 것으로 보아야 한다.3)

(3) 포괄적 위임, 위임의 제한과 한계

(가) 포괄적 위임

(a) 의 의   특별수권의 경우, 위임의 내용은 반드시 구체적일 필요는 없다.4) 지방의회는 민주적 정당성을 갖는 기관이기 때문이다. 지방의회는 민주적 정당성을 가진 기관이기 때문에 그 위임은 반드시 구체적인 위임만을 뜻하는 것은 아니고, 포괄적인 위임도 가능하다. 지배적인 견해로서, 대법원의 견해이고5) 헌법재판소의 견해이다.6) 말하자면 "헌법 제117조 제 1 항은 지방자치단체에 포괄적인 자치권을 보장하고 있으므로 자치사무와 관련한 조례에 대한 법률의 위임은 법규명령에 대한 법률의 위임과 같이 구체적으로 범위를 정하여서 할 엄격성이 반드시 요구되지는 않는다. 법률이 주민의 권리의무에 관한 사항에 관하여 구체적으로 범위를 정하지 않은 채 조례로 정하도록 포괄적으로 위임한 경우에도 지방자치단체는 법령에 위반되지 않는 범위 내에서 각 지역의 실정에 맞게 주민의 권리의무에

---

1) 권영성, 헌법학원론, 565쪽.

2) 김재광, "지방분권 개혁과 조례제정권의 범위," 지방자치법연구, 통권 제10호, 119쪽.

3) 김상태, "국가와 지방자치단체간 분쟁발생 원인에 관한 법리적 검토," 지방자치법연구, 통권 제33호, 127쪽.

4) BVerfGE 90, 359; Schmidt-Aßmann/Röhl, Kommunalrecht, in: Schmidt-Aßmann(Hrsg.), Besonderes Verwalungsrecht, Rn. 96.

5) 대판 2017. 12. 5, 2016추5162; 대판 1997. 4. 25, 96추251.

6) 헌재 2012. 11. 29, 2012헌바97; 헌재 2006. 9. 8, 2004두947; 헌재 2004. 9. 23, 2002헌바76; 헌재 1995. 4. 20, 92헌마264, 279(병합).

관한 사항을 조례로 제정할 수 있다."1) 구체적·개별적 위임이 필요하다는 견해도
있다.2)

(b) 위임불요론   "복잡하고 끊임없이 급변하고 있는 오늘날의 위험사회에 있어
서 모든 것을 위임입법이 없이는 주민에 가장 가까이에 있는 행정기관이 적절히
대응하지 못한다고 한다면 법과 현실의 괴리현상은 더욱 심각해지고, 그 결과는 오
히려 법의 경시현상으로 파급될 가능성이 크다는 점에서 비록 지역적 부분사회이
기는 하지만 충분한 민주적 정당성을 가지고 있는 지방자치단체의 의회가 법률의
위임이 없더라도 지역 내에서 추구하고자 하는 질서상태를 유지하기 위한 규율을
하거나 적절한 제재수단을 강구할 수 있도록 하여야 한다"는 견해도 있다.3)

(나) 「위임법령의 하위법령」으로 조례에 위임된 사항애 대한 제한의 금지

(a) 의 의   법령에서 조례로 정하도록 위임한 사항은 그 법령의 하위 법령에서
그 위임의 내용과 범위를 제한하거나 직접 규정할 수 없다(지자법 제28조 제 2 항). 예
를 들어 법률에서 조례로 정하도록 위임한 사항을 조례에서 규정하였으나, 대통령
령에서 그 조례의 내용과 상충되는 규정을 둔 경우, 종래 같으면 시행령은 조례의
상위법이므로 그 조례는 효력을 갖지 못한다. 이것은 조례의 자주성·자율성에 비
추어 문제가 된다. 이러한 문제를 해소하기 위하여 2022. 1. 13. 시행 지방자치법
전부개정법률에 지방자치법 제28조 제 2 항이 신설되었다.

(b) 내 용   상위 법령에서 조례에 위임한 사항을 하위 법령에서 제한할 수 없
다. ① 상위 법령이 법률이라면, 하위 법령에는 대통령령·총리령·부령 등이 포함
된다. ② 제한할 수 없다는 것은 조례에서 규정할 내용과 범위를 제한할 수 없을
뿐만 아니라 하위 법령에서 직접 규정할 수도 없다는 것을 의미한다. 제28조 제 2
항은 법률의 우위의 원칙에 대한 제한규정의 성질을 갖는다.

(다) 위임조례의 한계 준수 여부 판단방법   판례는 "특정 사안과 관련하여 법령에
서 조례에 위임을 한 경우 조례가 위임의 한계를 준수하고 있는지 여부를 판단할
때에는 당해 법령 규정의 입법 목적과 규정 내용, 규정의 체계, 다른 규정과의 관
계 등을 종합적으로 살펴야 하고, 수권 규정에서 사용하고 있는 용어의 의미를 넘
어 그 범위를 확장하거나 축소하여 위임 내용을 구체화하는 단계를 벗어나 새로운

1) 대판 2019. 10. 17, 2018두40744.
2) 권영성, 헌법학원론, 247쪽; 이광윤, 의회유보와 조례에 대한 위임의 정도, 법률신문 2003. 9. 18,
   15쪽.
3) 김상태, "국가와 지방자치단체간 분쟁발생 원인에 관한 법리적 검토," 지방자치법연구, 통권 제33
   호, 128쪽; 김해룡, "지방자치권의 내용과 보장을 위한 법적 과제," 공법연구, 제33집 제 1 호(2004.
   11), 74쪽.

입법을 하였는지 여부 등도 아울러 고려하여야 한다"[1]는 견해를 취한다.

(3) 의회유보 국회는 지방자치행정에 관한 자신의 입법권능을 모두 지방자치단체에 위임할 수 있는가의 문제가 있다. 그러나 이것은 부정되어야 한다. 지방자치에 관하여 중요한 사항은 국회가 스스로 결정하여야 한다(중요사항유보설). 여기서 중요한 사항이 무엇인지는 분명하게 말하기는 어려우나 적어도 기본권 관련사항은 이에 해당한다고 하겠다.[2] 한편, 국회는 중요한 사항일지라도 지방자치단체가 조례로 규정하도록 위임할 수 있으나, 그럼에도 핵심적인 사항은 위임할 수 없고, 국회가 스스로 직접 법률로 규정하여야 한다(의회유보).[3]

▫ 참고 ∥ **지방자치법 제15조**(현행법 제28조) **단서의 위헌논쟁**

지방자치법 제15조 단서조항이 위헌인가, 아니면 합헌인가를 둘러싸고 논쟁이 있었다. 박윤흔 교수는 하나의 글에서[4] 합헌의 입장을 취하는 필자의 견해를 타당하지 않다고 지적한 바 있었고, 筆者는 이에 대해 反論을 제기한 바 있었다.[5] 필자의 입장에는 지금도 변함이 없다. 필자가 현행 지방자치법 제28조 단서가 합헌이라는 것이지, 바람직하다는 것은 아니다. 입법적 보완이 필요하다. 하여간 당시의 필자의 주장을 수정 없이 옮기기로 한다.

1. 違憲論의 立場

위헌론의 입장을 취하는 박윤흔 교수가 주장한 바는 다음과 같다. 즉, "우리 헌법은 행정기관이 법률의 위임에 의하여 명령을 제정할 수 있는 이른바, 委任命令의 根據를 정함에 있어서는 대통령은 「법률에서 구체적으로 범위를 정하여 위임받은 사항…에 관하여」 대통령령을 발할 수 있다고 규정하거나(헌법 제75조), 국무총리 또는 행정각부의 장은 소관사무에 관하여 「법률이나 대통령령의 위임…으로」 총리령 또는 부령을 발할 수 있다"고 규정하고 있다(헌법 제95조). 이러한 헌법의 규정형식은 지방자치단체에 대하여 국가의 행정기관에 대한 위임명령제정권과는 구별되는 自主立法 내지는 自治立法을 보장하려고 한 것이 분명하다고 할 것이다. 따라서 지방자치단체는 헌법에 의하여 자치사무에 대하여 자주적으로 조례를 제정할 수 있는 것이다.

그러나 지방자치단체는 국가로부터 완전히 독립된 통치단체가 아니며, 넓은 의미에서는 국가통치구조의 일부를 구성하며, 역시 조례는 國法體系의 일부를 구성한다.

---

1) 대판 2020. 6. 25, 2019두39048: 대판 2012. 10. 25, 2010두25077.

2) BVerfGE 32, 346, 360.

3) Schmidt-Aßmann/Röhl, Kommunalrecht, in: Schmidt-Aßmann(Hrsg.), Besonderes Verwaltungsrecht, Rn. 95.

4) 박윤흔, "법령과 조례와의 관계," 고시계 1992. 11.

5) 졸고, "조례와 침해유보," 고시계 1993. 4.

그것이 바로 헌법이 지방자치단체의 조례제정을 「법령의 범위 안에서」 행할 수 있도록 한 취지이다. 그러나 「법령의 범위 안에서」는 조례는 국가의 현행법령에 위반하여 제정할 수 없다는 法令優位의 原則을 규정한 것이며, 법령의 위임이 있어야 제정할 수 있다는 法令留保의 原則을 정한 것은 아니라고 할 것이다. 따라서 지방자치단체는 그 고유사무에 대하여는 그것의 내용이 어떠한 것이거나 간에 조례를 제정할 수 있다고 할 것이다. (중략)

이러한 점에서 볼 때 지방자치법 제15조 단서 "다만, 주민의 권리제한 또는 의무부과에 관한 사항이나 벌칙을 정할 때에는 법률의 위임이 있어야 한다"는 규정은 問題가 있다고 하겠다. 이는 조례로 주민의 권리제한 또는 의무부과에 관한 사항이나 벌칙을 정하려고 할 때에는 법률의 위임이 있어야 한다는 것으로, 그것은 헌법 제117조 제 1 항의 「법령의 범위 안에서」를 「법령의 위임에 의하여」로 해석하여야 할 것인바, 위에서 본 바와 같이 「법령의 범위 안에서」와 「법령의 위임에 의하여」는 서로 다르다고 할 것이기 때문이다.

法律留保의 이론에 의하여 지방자치법 제15조 단서를 합헌으로 설명하는 견해도 있다.[1] 즉 우리 헌법상으로는 국민의 자유와 권리의 제한은 법률에 근거하여서만 가능하기 때문에(헌법 제37조 제 2 항), 조례에 의하여 주민의 권리를 제한하거나 의무를 부과하기 위하여는 법률의 위임이 있어야 한다는 것이다. 그러나 그렇게 해석하는 경우에는 헌법 제117조 제 1 항에서 법령의 범위 안에서 조례를 제정할 수 있도록 한 것이 무슨 의미가 있는지 의심스럽게 된다. 헌법 제117조 제 1 항에 의한 자치사무에 대한 條例制定權의 인정은 국가사무에 대한 헌법 제40조가 인정한 국회의 입법권에 준하는 것이며, 「法律에 의한 行政」은 지방자치행정영역에서는 「條例에 의한 行政」을 포함한다고 할 것이다. 이러한 해석에 대하여는 주민의 기본권을 조례에 의하여 함부로 침해할 우려가 있기 때문에 인정할 수 없다고 비판할 수 있을 것이다. 그러나 그러한 우려 때문에 헌법 제117조 제 1 항에서 「법령의 범위 안에서」 조례를 제정할 수 있다고 하여 조례제정권의 限界를 설정한 것이라고 볼 것이다.

따라서 주민의 권리제한이나 의무부과에 관한 사항은 법률의 위임없이 조례로 제정할 수 있게 하더라도 법령에서 그 基準이나 制限의 限度를 설정함으로써 조례제정권 행사를 통제할 수 있는 것이므로 헌법이 채택한 법률에 의한 행정의 원칙을 들어 주민의 권리제한 등에 대한 조례제정에 있어서 法令의 個別的 委任을 주장하는 것은 타당성이 없다.

그러한 법령의 위임없는 조례제정을 허용하더라도 조례제정은 지방자치단체의 고유사무에 한정될 것인바, 지방자치단체의 고유사무 중에는 規制的·侵害的 性質의 사무는 많지 않으며, 그러한 사무도 지역적 한정성을 갖기 때문에 크게 우려할 바가 못된다고 할 것이다. (중략)

---

1) 졸저, 지방자치법론, 법영사, 1991, 151쪽.

여하튼 지방자치법 제15조 단서의 규정은 그것이 지방자치단체의 고유사무에 관하여 정한 것이라면 헌법 제117조 제 1 항에 위반된다고 할 것이며, 동 조항을 헌법에 합치되게 해석하려면 국가가 당해 지방자치단체에 위임한 委任事務에 관한 조례제정으로 보아야 할 것이다. 다만 刑事處罰의 위임에 관한 사항에 대하여는 별도로 뒤에서 상론하기로 한다.[1]

2. 合憲論의 立場

저자는 상기의 위헌론이 ① 헌법 제117조 제 1 항이 말하는 「법령의 범위 안에서」는 법령우위의 원칙을 규정한 것이며, 법령유보의 원칙을 정한 것은 아니라 하고, 또한 「법령의 範圍 안에서」와 「법령의 委任에 의하여」는 서로 다르다고 하고, ② 조례로 주민의 권리를 제한하거나 의무를 부과하기 위하여 법률의 위임이 있어야 한다고 새기면, 헌법 제117조 제 1 항에서 법령의 범위 안에서 조례를 제정할 수 있도록 한 것이 의미가 없다고 하고, ③ 주민의 권리제한이나 의무부과에 관한 사항을 법률의 위임없이 조례로 제정할 수 있게 하더라도 법령에서 그 基準이나 制限의 한도를 정함으로써 조례제정권의 행사를 통제할 수 있는 것이라고 하고, ④ 지방자치단체의 고유사무 중에는 規制的·侵害的 성질의 사무는 많지 않으며, 그러한 사무도 지역적 한정성을 갖기 때문에 크게 우려할 바가 못된다라고 하는 데에 의견을 같이 할 수 없다. 요컨대 「지방자치단체는 그 고유사무에 대하여는 그것의 내용이 어떠한 것이건 간에 조례를 제정할 수 있다」고 하는 상기논문의 주장은 문제가 있다고 본다. 이하에서 앞에서 지적한 문제점을 중심으로 筆者의 反論을 논술하기로 한다.

(1) 「法令의 範圍 안에서」의 의미　「법령의 범위 안에서」라는 의미는 「법령의 위임에 의하여」와 전혀 다르다고 하는 것은 다소 문제가 있다고 본다. 대통령령에 관해 규정하는 헌법 제75조는 단순히 「위임」이라는 것만을 분명히 하는 것이 아니라, 위임의 경우에도 「구체적으로 범위를 정한 위임」이라는 것을 분명히 하기 위한 것이다. 말하자면 헌법 제75조는 모든 종류의 위임이 아니라 特別한 경우의 委任을 규정하는 것이라 보겠다. 총리령과 부령을 정하는 헌법 제95조는 명문상 구체적으로 범위를 정한 委任이라는 표현을 사용하고 있지 않으나 해석상 헌법 제75조의 경우와 다를 바 없다.

한편, 「법령의 범위 안」이란 표현은 그 자체로서 명백한 것은 아니다. 그것은 지방자치제도의 본질, 국가와 지방자치단체와의 관계 등 지방자치제도를 둘러싸고 나타나는 문제에 대한 憲法上의 決斷에 대한 전반적인 이해를 전제로 하여 해석될 성질의 문제라 본다. 대체로 말해 「법령의 범위 안」이란 ① 법령에 反할 수 없다는 의미(이 점에 관해서는 위헌론과 입장을 같이한다) 외에, ② 경우에 따라서는 법령의 根據를 필요로 한다는 의미도 갖는다(이에 관해서는 추후 상론한다). 다만 법령의 근거 내지 법령의 위임이 요구된다고 하여도, 이 경우의 위임은 법규명령의 경우와 같은 의미의

---

1) 이상 고시계 1992. 11, 41-44쪽에서 인용.

위임과는 다르다. 말하자면 법규명령의 경우에는 具體的으로 범위를 정한 위임이어야 하나, 조례의 경우에는 구체적으로 범위를 정한 위임이어야 할 이유는 없다. 왜냐하면 조례제정기관인 地方議會는 민주적으로 선출·구성된 기관이기 때문이다.

요컨대, 문면에만 치우쳐서 「법령의 범위 안에서」와 「법령의 위임에 의하여」를 전혀 다르다고 하는 것은 정당한 해석이라고 보기는 어렵다. 「법령의 범위 안에서」라는 의미에는 사안에 따라서는 「법령의 위임에 의하여」라는 의미도 포함될 수 있는 것이다.

(2) 憲法 제117조 제 1 항의 意味

(a) 制度保障의 根據規定　　헌법 제117조 제 1 항의 기본적인 의미는 무엇보다도 지방자치제를 헌법적으로 보장하는 데 있다고 보아야 한다. 말하자면 헌법은 지방자치제도를 基本權으로서가 아니라 客觀的인 制度로서 보장하는데, 그 기본적인 근거조항이 헌법 제117조 제 1 항인 것이다. 한편, 지방자치제도의 제도보장문제는 다시 ① 포괄적인 사무의 보장, ② 고유책임성의 보장, ③ 자치권의 보장으로 구성된다고 보겠는데, 헌법 제117조 제 1 항이 "지방자치단체는 … 법령의 범위 안에서 자치에 관한 규정을 제정할 수 있다"고 규정한 것은 바로 헌법 제117조 제 1 항이 지방자치제도의 내용의 하나로서 자치권의 한 내용(자치입법권)의 보장을 규정하고 있는 것이라 하겠다. 다만 이 경우에 법령의 범위 안이란 의미는 별개의 해석문제가 되는 것이다. 요컨대 「법령의 범위 안」을 어떻게 새길 것인가는 2차적인 문제로 하고, 헌법 제117조 제 1 항이 地方自治制度의 保障規定으로서 그 의미를 갖는다고 하는 점은 결코 도외시될 수는 없는 것이다.

(b) 헌법 제40조와 헌법 제117조 제 1 항　　헌법 제117조 제 1 항이 자치사무에 대하여 조례제정권을 인정하고 있는 것을 국가사무에 대한 헌법 제40조가 인정한 國會의 입법권에 준한다고 하여, 조례로써 주민의 권리제한이 가능하다는 지적도 문제가 있다. 외관상 국회 또는 국회의 立法權과 지방의회 또는 지방의회의 條例制定權이 유사하게 보인다고 하여도 양자를 유사하게만 볼 수는 없다. 국회는 수평적으로 3분한 국가권력(기능)의 한 부분을 관장하는 기관이지만 지방의회는 국가권력(기능)의 3분을 전제로 하고 또한 그 아래에서 지방자치행정의 일부를 관장하는 기관이라 할 것이다. 따라서 외관상 地方議會가 일종의 입법기관이라 하여 국회의 기능을 대신할 수 있다고 하여서는 아니 된다.

(c) 기본권보장과 제도보장　　상기의 위헌론에 따르면 헌법 제117조 제 1 항은 헌법 제40조에 준하는 것이고, 따라서 조례로 기본권을 침해할 수도 있다고 한다. 그러나 이러한 주장에는 상당한 문제점이 내재하고 있다고 보아야 한다.

첫째, 기본권의 「最大限의 保障」은 헌법상의 최상위의 명령일 뿐만 아니라(헌법 제10조), 기본권제한은 국가안전보장·질서유지 또는 공공복리를 위하여 필요한 경우에 한하여 법률로서 제한할 수 있으며, 제한하는 경우에도 자유와 권리의 본질적인 내용을 침해할 수 없다(헌법 제37조 제 2 항)는 기본권제한의 원리 역시 어떠한 경우에도 국법상 포기될 수 없는 헌법상 最上位의 命令이라고 보아야 한다. 이러한 명령은 지방자치단체의 자치권을 포함하여 국가의 어떠한 작용영역에서도 적용되어야 함은 당연하다.

둘째, 헌법 제117조 제 1 항은 制度保障에 관한 규정이지 基本權에 관한 규정은 아니다. 제도보장이 최대한의 보장인가 아니면 최소한의 보장인가에 관해서는 의견이 갈릴 수 있을 것이나, 적어도 제도보장규정이 기본권규정을 代替할 수 없다는 점만은 분명하다고 할 것이다. 논자에 따라서는 헌법상의 모든 조문이 동등한 가치를 갖는다고 주장할지 모를 일이나 필자는 헌법규범에도 段階構造가 있다고 믿는다. 말하자면 필자는 헌법 제10조와 헌법 제37조 제 2 항은 헌법 제117조 제 1 항을 능가하는 규정이라 믿는다.

셋째, 법률의 근기(위임) 없이도 기본권을 제한할 수 있다고 한다면, 법률이 없는 영역에서도 자치사무와 관련하는 한 조례로써 기본권을 제한할 수 있다고 할 것이다. 이러한 주장이 용인된다고 하면, 국가의 입법자인 國會(국회의원)는 地方議會(지방의회의원)를 고려하여 국민(주민)의 基本權侵害에 관한 立法을 게을리할 수도 있을 가능성이 생겨난다. 즉 국회의원들이 유권자들을 의식하여 기본권침해에 관련하는 법률들을 제정하지 않아도 지방의회에서 자치입법으로 그에 관해 규율할 수 있다고 인식하게 되면, 결과적으로 국회는 입법을 게을리할 수도 있는 가능성이 생겨나게 된다. 요컨대, 국회가 국가의 基本的인 法秩序(기본권제한은 기본적인 법질서의 한 내용을 이룬다고 본다)의 形成者로서의 책임을 회피할 수 있게 하는 구실이 생겨나게 된다.

(3) 條例의 統制　　주민의 권리제한이나 의무부과에 관한 사항을 법률의 委任없이 조례로 제정할 수 있게 하더라도 법령에서 그 기준이나 제한의 한도를 설정함으로써 조례제정권의 행사를 통제할 수 있다고 하나, 이것 역시 문제점이 있는 지적이다.

첫째, 법령에서 그 基準이나 限度를 설정한다고 하면, 이것은 이미 法令의 優位의 原則의 적용문제가 되고, 법령우위의 원칙에 의하여 조례가 그러한 법령에 반할 수 없음은 당연하다. 뿐만 아니라 그 기준이나 한도를 정하는 법령은 동시에 그 자체로서 권리제한 등을 위한 條例制定의 根據가 될 것이다. 왜냐하면 법령에서 그 기준이나 한도를 설정한다는 것은 조례로 권리제한 등을 할 수 있음을 그 법령이 스스로 정하고 있음을 의미하기 때문이다. 다만 조례제정의 법령상 근거는 기술한 바대로 반드시 個別·具體的인 것이어야 하는 것은 아님은 물론이다. 요컨대 조례로 권리제한 등을 함에 법령상의 수권이 불필요하다고 하면서 그 기준이나 한도를 법령으로 정하면 된다고 하는 것은 論理上 矛盾인 것으로 보인다.

둘째, 기준이나 제한의 한도를 事前(조례제정이전)에 정한다면 비교적 문제가 적은 것이지만, 事後에 정한다면 그것은 헌법상 基本權保障의 原理에 반하는 것이다. 헌법상 기본권의 보장은 원칙적으로 사전보장을 의미하는 것이지 사후보장을 의미하는 것은 아니라고 보아야 하기 때문이다.

(4) 소위 固有事務의 性質   앞의 위헌론은 지방자치단체의 고유사무 중에서 규제적·침해적 성질의 사무는 많지 않으며, 그러한 사무도 지역적 한정성을 갖기 때문에 크게 우려할 바가 못된다고 하나, 이러한 지적에 대해서도 문제점이 있다.[1]

첫째, 지방자치단체의 사무가 주민의 복리에 관한 사무임은 헌법 제117조 제 1 항의 규정으로 보아도 분명하다. 그렇다고 하여 自治事務 중에 規制的·侵害的 성질의 사무가 적다고 하는 것은 피상적인 관찰에 불과하다고 하겠다. 왜냐하면 헌법이 말하는 「복리사무」라는 것은 전체로서 方向設定的인 槪念이지 특정·개별수단이 언제나 복지적 또는 급부적인 것이어야 함을 의미하는 것은 아니다. 예컨대, 청소년에게 건전한 정신을 함양하고 건강을 보호하고 복지를 도모하는 것이 지방자치법 제 9 조가 말하는 청소년보호의 개념 속에 들어온다고 보겠고, 또한 그것이 복지사무인 것은 물론이다. 그러나 이러한 목적은 청소년수련장의 설치, 불우청소년에 대한 생활보조금의 지원 등 급부적인 수단만으로 가능한 것은 아니다. 이러한 목적은 청소년에게 유해한 문서·물건의 판매·무상교부 등의 금지, 학교부근의 일정구역에서 일정행위의 금지 등과 같은 규제적 수단이 동원되어야만 그 실현이 담보되는 경우도 적지 않다. 말하자면 자치사무가 福祉事務라는 것이 그 사무의 具體的인 手段까지 비규제적·비침해적인 것을 의미하는 것으로 보아서는 아니 된다. 법생활의 실제상으로는 오히려 개별·구체적인 수단이 중요한 문제가 됨을 상기할 필요가 있다. 요컨대, 지방자치단체의 자치사무 중에는 규제적·침해적 성질의 사무는 많지 않다는 지적은 정당하지 않다.

둘째, 앞의 위헌론은 地域的 限界性을 언급하는데, 그것은 합리적인 지적일 수가 없다. 왜냐하면 특정지역의 1인의 주민이라도 헌법에 반하여 기본권을 침해받게 된다면, 그것은 문제가 아닐 수 없다. 1인의 기본권도 모든 국민의 기본권과 마찬가지로 중요한 것이다. 필자는 우리의 헌법이 人格主義에 입각하고 있다고 보기 때문이다. 만약 위헌론자가 말하는 지역적 한계성이 필자가 이해하는 바의 것이라면, 그것은 自治萬能的 思考 또는 소박한 사고라고 할 것이다.

(5) 結 語   지방자치제도의 활성화, 내실 있는 지방자치제도, 지방민에 의한 지방사무의 효율적인 처리라는 점 등을 강조한다면, 위헌론의 입장도 의미가 있어 보인다. 그러나 지방자치제도가 의미 있는 것이라 하여도, 그것은 國法의 基本秩序와 調和되어야 한다. 어떠한 경우에도 국법의 기본질서는 유지되어야 한다. 국회가 갖는 국가의 기본질서를 규율하는 권능은 지방의회에 의해 대체될 수 없다. 단순화해서 말한다면, 어떠한 경우에도 基本權을 最大限으로 保障하는 정신과 기본권을 제한하

---

1) 저자는 고유사무라는 용어는 부적절하다고 보아 자치사무라는 용어를 사용한다.

는 경우에 엄격한 制限原理가 따라야 한다는 것은 포기될 수 없는 헌법상 명령이다.
요컨대 조례로 기본권을 침해하기 위해서는 법률의 근거(위임)가 있어야 한다. 다만
이때, 그 근거 내지 위임이 반드시 개별·구체적인 것일 필요는 없다는 점을 다시
한 번 더 지적해 두기로 한다. 이 점이 法規命令과 다른 점이다. 하여튼 지방자치의
영역에서도 침해유보의 원리는 적용되어야 하며, 자치사무에 관하여는 그 내용이 어
떠한 것이건 간에 조례를 제정할 수 있다는 주장은 기본권보장을 相對化시킬 가능성
을 갖기 때문에 인정되어서는 아니 된다고 본다. 이러한 연유로 자치사무에의 적용
과 관련여서도 지방자치법 제15조 단서는 合憲으로 이해되어야 한다. 우리의 판례
가 합헌론을 취함은 물론이다.[1]

제2 형식적 요건

Ⅰ. 주체요건

1. 지방의회

　지방의회가 조례제정의 주체임은 자치입법의 본질상 당연하다(지자법 제28조, 제
47조 제 1 항 제 1 호). 지방의회는 주민의 대표기관으로서 민주적 정당성을 갖기 때문
이다.[2] 따라서 조례제정권을 다른 기관에 위임·위탁하는 것은 허용되지 아니한다.
지방자치단체의 장은 조례제정주체가 아니고, 다만 규칙의 제정주체일 뿐이다. 지
방의회의 조례제정권한과 관련하여 다음이 문제된다.

2. 본 회 의

　기능적 권한의 문제로서 조례는 민주적으로 정당하게 구성된 지방의회 자체,
즉 전체회의에서 정하여야 한다. 소속 위원회에 그 제정을 위임할 수 없다(대표기관
자체의 의결권 독점).[3] 지방의회의 의장이나 의원은 본인·배우자·직계존비속 또는 형
제자매와 직접 이해관계가 있는 안건에 관하여는 그 의사에 참여할 수 없다. 다만,
의회의 동의가 있으면 의회에 출석하여 발언할 수 있다(지자법 제82조).

1) 대판 1992. 6. 23, 92추17; 대판 1995. 6. 30, 93추113.
2) Seewald, Kommunalrecht, in: Steiner(Hrsg.), Besonderes Verwatlungsrecht, Rn. 79.
3) 독일의 경우, Bayern에서는 조례발령권능이 위원회에 위임되는 경우도 있다(Bayern 게마인데법
　제32조 제 2 항 제 2 문 제 2 호). 그러나 우리나라에서는 그러한 규정을 찾을 수가 없다.

3. 관할 구역의 사무

지역적 권한의 문제로서 조례는 당해 지방자치단체의 관할 구역 내의 사무에 한정되는 것이어야 한다. 지역적 권한은 지역고권과 관련한다. 인적 권한의 문제로서 조례는 당해 지방자치단체의 자치권에 복종하여야 하는 자에게만 향한 것이어야 한다.

II. 절차요건

1. 의안의 제출

(1) 일반의안   지방의회에서 의결할 의안은 지방자치단체의 장이나 조례로 정하는 수 이상의 지방의회의원의 찬성으로 발의한다(지자법 제76조 제 1 항). 위원회는 그 직무에 속하는 사항에 관하여 의안을 제출할 수 있다(지자법 제76조 제 2 항). 제 1 항 및 제 2 항의 의안은 그 안을 갖추어 의장에게 제출하여야 한다(지자법 제76조 제 3 항). 한편, 제 1 항에 따라 지방의회의원이 조례안을 발의하는 경우에는 발의 의원과 찬성 의원을 구분하되, 해당 조례안의 제명의 부제로 발의 의원의 성명을 기재하여야 한다. 다만, 발의 의원이 2명 이상인 경우에는 대표발의 의원 1명을 명시하여야 한다(지자법 제76조 제 4 항).

(2) 재정부담을 수반하는 의안

(가) 지방자치단체의 장의 의견청취   지방의회는 새로운 재정부담이 따르는 조례나 안건을 의결하려면 미리 지방자치단체의 장의 의견을 들어야 한다(지자법 제148조). 이것은 지방의회의 조례제정권에 대한 제한이지만, 지방자치단체의 재정의 건전성·계획성의 확보를 위한 것인 점에서 정당성을 갖는다. 그리고 지방자치단체의 예산편성권이 지방자치단체의 집행기관에 있기 때문이다.

(나) 의견청취 없이 이루어진 의결   지방의회가 미리 지방자치단체의 장의 의견을 듣지 않고 새로운 재정부담을 수반하는 조례나 안건을 의결한 경우, 그 의결의 적법여부가 문제된다. ① 판례는 "지방자치법 제123조(현행법 제148조)는 지방재정의 계획적이고 건전한 운영을 확보하기 위한 것으로서, 그 규정 취지가 지방의회가 지방자치단체의 장의 의견에 반드시 따라야 한다는 것이 아님은 물론이고 지방자치단체의 장 역시 지방자치법 제19조(현행법 제32조) 제 3 항에 따라 지방의회가 의결한 조례에 대하여 재의를 요구할 수 있는 점 등에 비추어 보면, 피고가 지방자치법 제

123조에 위반하여 원고의 의견을 듣지 아니하고 새로운 재정 부담을 수반하는 조
례를 제정하였거나 재의결을 하였다고 하더라도 이를 가지고 곧바로 무효라고 할
수는 없다"고 하였다.[1] ② 생각건대, 본 조항을 훈시규정으로 본다면 그러한 의결
은 적법한 의결이 되지만, 강행규정으로 본다면 그러한 의결은 위법한 의결이 된
다. 생각건대 본 조항의 취지에 비추어 보면 지방자치단체의 장의 의견 청취는 조
례의 적법요건 중 절차요건의 하나로 보아 본 조항을 강행규정으로 이해하는 것이
바람직할 것인바, 본 조항을 위반한 의결은 위법한 의결이 된다고 볼 것이다. 물론
지방자치단체의 장은 지방자치법 제32조 제 3 항, 제120조 제 1 항, 제192조 제 1
항 등에 근거하여 그러한 의결에 대하여 재의를 요구할 수 있다. 만약 동일한 내용
으로 재의결되면, 그러한 재의결은 무효로 보아야 할 것이다. 한편, 정당한 사유
없이 지방자치단체장의 의견청취절차를 이행하지 않는 경우에는 당해 조례의 효력
을 무효화하거나, 당해 재정수반조례가 의무지출인 경우에는 해당 예산편성을 거
부할 수 있도록 할 필요가 있다는 주장도 있다.[2]

　　(3) 의안에 대한 비용추계 자료 등의 제출　　지방자치단체의 장이 예산상 또는
기금상의 조치가 필요한 의안을 발의할 경우에는 그 의안의 시행에 필요할 것으로
예상되는 비용에 대한 추계서와 그에 따른 재원조달방안에 관한 자료를 의안에 첨
부하여야 한다(지자법 제78조 제 1 항). 제 1 항에 따른 비용의 추계 및 재원조달방안에
관한 자료의 작성 및 제출절차 등에 관하여 필요한 사항은 해당 지방자치단체의
조례로 정한다(지자법 제78조 제 2 항).

2. 조례안의 예고

　　지방의회는 심사대상인 조례안에 대하여 5일 이상의 기간을 정하여 그 취지,
주요 내용, 전문을 공보나 인터넷 홈페이지 등에 게재하는 방법으로 예고할 수 있
다(지자법 제77조 제 1 항). 조례안 예고의 방법, 절차, 그 밖에 필요한 사항은 회의규칙
으로 정한다(지자법 제77조 제 2 항).

3. 의 결

　　(1) 정 족 수　　① 지방의회는 재적의원 3분의 1 이상의 출석으로 개의한다(지
자법 제72조 제 1 항). 회의 참석 인원이 제 1 항의 정족수에 미치지 못할 때에는 지방

　1) 대판 2004. 4. 23, 2002추16.
　2) 강주영, "조례입법의 재정법적 문제—재정수반조례를 중심으로—", 지방자치법연구, 통권 제45호, 13쪽.

의회의 의장은 회의를 중지하거나 산회를 선포한다(지자법 제72조 제 2 항). ② 의결사항은 지방자치법에 특별히 규정된 경우 외에는 재적의원 과반수의 출석과 출석의원 과반수의 찬성으로 의결한다(지자법 제73조 제 1 항). 지방의회의 의장은 의결에서 표결권을 가지며, 찬성과 반대가 같으면 부결된 것으로 본다(지자법 제73조 제 2 항). 조례의결권은 지방자치단체의 장 등 어느 기관에도 위임될 수 없다. 그것은 지방의회의 전속적 권한이다.

(2) 표결방법   본회의에서 표결할 때에는 조례 또는 회의규칙으로 정하는 표결방식에 의한 기록표결로 가부를 결정한다(지자법 제74조 본문). 다만, 다음 각 호(1. 제57조에 따른 의장·부의장 선거, 2. 제60조에 따른 임시의장 선출, 3. 제62조에 따른 의장·부의장 불신임 의결, 4. 제92조에 따른 자격상실 의결, 5. 제100조에 따른 징계 의결, 6. 제32조, 제120조 또는 제121조, 제192조에 따른 재의요구에 관한 의결, 7. 그 밖에 지방의회에서 하는 각종 선거 및 인사에 관한 사항)의 어느 하나에 해당하는 경우에는 무기명투표로 표결한다(지자법 제74조 단서).

(3) 표결의 선포   2022. 1. 13. 시행 지방자치법 전부개정법률은 종전의 표결의 선포에 관한 규정을 삭제하였다.[1]

(4) 부제의 표기   지방의회의원이 발의한 제정조례안 또는 전부개정조례안 중 지방의회에서 의결된 조례안을 공표하거나 홍보하는 경우에는 해당 조례안의 부제를 함께 표기할 수 있다(지자법 제76조 제 5 항).

4. 이송, 재의요구와 조례의 확정

(1) 이송, 재의요구   조례안이 지방의회에서 의결되면 지방의회의 의장은 의결된 날부터 5일 이내에 그 지방자치단체의 장에게 이송하여야 한다(지자법 제32조 제 1 항). 지방자치단체의 장은 제 1 항의 조례안을 이송받으면 20일 이내에 공포하여야 한다(지자법 제32조 제 2 항). 지방자치단체의 장은 이송받은 조례안에 대하여 이의가 있으면 제 2 항의 기간에 이유를 붙여 지방의회로 환부(還付)하고, 재의(再議)를 요구할 수 있다. 이 경우 지방자치단체의 장은 조례안의 일부에 대하여 또는 조례안을 수정하여 재의를 요구할 수 없다(지자법 제32조 제 3 항). 즉, 일부환부나 수정환부는 인정되지 아니한다.

---

1) 구법상 규정내용은 다음과 같다. 지방의회에서 표결할 때에는 의장이 표결할 안건의 제목을 의장석에서 선포하여야 하고, 의장이 표결을 선포한 때에는 누구든지 그 안건에 관하여 발언할 수 없다(구 지자법 제64조의2 제 1 항). 표결이 끝났을 때에는 의장은 그 결과를 의장석에서 선포하여야 한다(구 지자법 제64조의2 제 2 항).

(2) **조례의 확정**   지방의회는 제 3 항에 따라 재의요구를 받으면 조례안을 재의에 부치고 재적의원 과반수의 출석과 출석의원 3분의 2 이상의 찬성으로 전(前)과 같은 의결을 하면 그 조례안은 조례로서 확정된다(지자법 제32조 제 4 항). 지방자치단체의 장이 제 2 항의 기간에 공포하지 아니하거나 재의요구를 하지 아니하더라도 그 조례안은 조례로서 확정된다(지자법 제32조 제 5 항).

Ⅲ. 형식요건

성문의 법원으로서 조례는 일정한 문서형식·조문형식을 요한다. 일반적으로 조례는 조례의 명칭(예: 서울특별시 수수료 징수 조례), 시행일 및 조례번호시행[2021. 1. 31.][서울특별시조례 제7806호, 2020. 12. 31., 일부개정], 본칙[제 1 조(목적) ···] 부칙(이 조례는 2021년 1월 1일부터 시행한다)으로 구성된다. 조례의 형식에 조례라는 표현(용어)은 필수적인 것이 아니라 본다. 조례의 성질은 규범내용과 법규가 발해진 외적 형식의 종류·방식의 해석상 나오는 것이기 때문이다. 만약 조례가 특정 법령에 근거하여 발해지는 것이라면, 그 근거되는 법령을 적시하게 하는 제도의 도입이 바람직할 것이다.

Ⅳ. 공 포

1. 공포의 의의

조례는 법률과 마찬가지로 적법요건의 한 구성부분으로서 공포를 요한다. 공포는 모든 주민에게 새로운 자치행정법이 발령된다는 것 그리고 그 내용이 어떠한가를 알게 하는 가능성을 주는데 그 목적이 있다. 이 때문에 공포는 조례의 전체내용이 알려지는 것이어야 한다.

2. 공포방법과 공포문

(1) **공포방법**   조례와 규칙의 공포는 해당 지방자치단체의 공보에 게재하는 방법으로 한다(지자법 제33조 제 1 항 본문). 다만, 제32조 제 6 항 후단에 따라 지방의회의 의장이 조례를 공포하는 경우에는 공보나 일간신문에 게재하거나 게시판에 게시한다(지자법 제33조 제 1 항 단서). 제 1 항에 따른 공보는 종이로 발행되는 공보(이하 이 조에서 "종이공보"라 한다) 또는 전자적인 형태로 발행되는 공보(이하 이 조에서 "전자

공보"라 한다)로 운영한다(지자법 제33조 제2항). 공보의 내용 해석 및 적용 시기 등에 대하여 종이공보와 전자공보는 동일한 효력을 가진다(지자법 제33조 제3항).

(2) 공 포 문

(가) 의 의   조례와 규칙의 공포문에는 전문을 붙여야 한다(지자령 제29조 제1항). 제1항에 따른 조례와 규칙의 공포문 전문에는 제정·개정 및 폐지하는 뜻을 적어 지방자치단체의 장이 서명한 후 직인을 찍고 그 일자를 기록한다. 이 경우 조례 공포문 전문에는 지방의회의 의결을 얻은 사실을 적어야 한다(지자령 제29조 제2항). 법 제32조 제6항 후단에 따라 지방의회의 의장이 공포하는 조례의 공포문 전문에는 지방의회의 의결을 얻은 사실과 같은 후단에 따라 공포한다는 사실을 적고, 지방의 회의 의장이 서명한 후 직인을 찍고 그 일자를 기록한다(지자령 제29조 제3항).

(나) 성 질   지방자치단체의 장의 서명으로 인해 그 조례의 내용은 원본으로서 효력을 갖는다. 즉 거기에 표현된 것이 바로 지방의회의 의사이고, 또한 모든 관련 있는 법적 행위에 그 조례내용이 기준이 된다. 서명은 원본의 내용이 조례제정자의 의사와 일치한다는 것과 적법성의 요건이 준수되었음을 증명하는 것이다. 서명의 결여는 입법절차의 하자를 의미한다. 서명절차의 회복으로 하자는 치유된다. 감독 청의 승인이 요구되는 경우에는 승인이 있을 때까지 서명은 보류되어야 한다. 서명 은 늦어도 공포 전에 이루어져야 한다. 서명은 서명권자가 직접 하여야 한다. 법률 상 달리 정함이 없는 한, 지방자치법상 지방자치단체의 대표인 지방자치단체의 장 이 서명권자이다. 서명은 성명을 모두 적어야 한다. 일자의 명기도 절대적으로 요 구된다.

3. 공포권자와 공포의 통지

(1) 공포권자   지방자치단체의 장은 제1항의 조례안을 이송받으면 20일 이 내에 공포하여야 한다(지자법 제32조 제2항). 지방자치단체의 장은 제4항 또는 제5 항에 따라 확정된 조례를 지체 없이 공포하여야 한다. 이 경우 제5항에 따라 조례 가 확정된 후 또는 제4항에 따라 확정된 조례가 지방자치단체의 장에게 이송된 후 5일 이내에 지방자치단체의 장이 공포하지 아니하면 지방의회의 의장이 공포한 다(지자법 제32조 제6항).

(2) 공포의 통지   제2항 및 제6항 전단에 따라 지방자치단체의 장이 조례 를 공포하였을 때에는 즉시 해당 지방의회의 의장에게 통지하여야 하며, 제6항 후단에 따라 지방의회의 의장이 조례를 공포하였을 때에는 그 사실을 즉시 해당

지방자치단체의 장에게 통지하여야 한다(지자법 제32조 제7항).

4. 공 포 일

지방자치법 제33조에 따른 조례와 규칙의 공포일과 영 제30조에 따른 공고·고시일은 그 조례와 규칙 등을 게재한 공보나 일간신문이 발행된 날이나 게시판에 게시된 날로 한다(지자령 제31조).

V. 보고·승인

1. 보고제도(원칙)

(1) 의 의   현행 지방자치법은 감독청의 승인이 아니라 감독청에 보고하는 제도를 원칙으로 하고 있다.[1] 즉, 조례나 규칙을 제정하거나 개정하거나 폐지할 경우 조례는 지방의회에서 이송된 날부터 5일 이내에, 규칙은 공포 예정일 15일 전에 시·도지사는 행정안전부장관에게, 시장·군수 및 자치구의 구청장은 시·도지사에게 그 전문(全文)을 첨부하여 각각 보고하여야 하며, 보고를 받은 행정안전부장관은 그 내용을 관계 중앙행정기관의 장에게 통보하여야 한다(지자법 제35조).

(2) 성 질   보고제도는 적법성감독(법규감독)을 위한 보조수단으로 이해되어야 한다.[2] 보고제도를 통하여 감독청은 지방자치단체의 조례제정활동을 알고 또한 적법성의 통제를 할 수 있게 된다.[3] 보고를 받은 감독청은 보고된 조례가 적법요건을 구비하였는가의 여부를 즉시 검토하여야 할 것이다. 법령위반이라면 감독청은 이의권을 행사할 수 있게 된다. 보고는 조례제정의 경우뿐만 아니라 개정이나 폐지의 경우에도 적용된다(지자법 제35조 본문). 한편, 보고를 법규감독을 위한 보조수단으로 이해한다면, 보고의무의 위반을 무효사유로 보기 어렵다.[4] 보고가 중대한 적법요건은 아니다. 요컨대, 보고하지 아니하였다고 하여 외부적으로 효력이 발생하지 아니하는 것은 아니다.[5]

---

1) 독일의 각 란트의 지방자치법도 일반적으로 신고주의의 원칙을 채택하고 있다(예: Sachsen 게마인데법 제4조 제3항).
2) 조성규, "조례의 제정과정에 대한 법적 검토," 지방자치법연구, 통권 제13호, 92쪽.
3) Schwirzke/Sandfuchs, Allgemeines Niedersächsisches Kommunalrecht, S. 153; Gern, Kommunalrecht, Rn. 147.
4) 조성규, "조례의 제정과정에 대한 법적 검토," 지방자치법연구, 통권 제13호, 93쪽.
5) Gern, Kommunalrecht Baden-Württemberg, Rn. 147.

2. 승인제도(예외)

(1) 의 의   기본적으로 조례는 감독청의 승인을 요하지 아니한다. 독일의 경우에도 마찬가지이다.[1] 왜냐하면 조례는 자치입법이기 때문이다. 이것은 행정의 간소화에 기여하고, 지방자치단체의 자치의 강화에 기여한다. 승인제도는 자치입법권에 대한 침해이기 때문에, 승인제도의 도입을 위해서는 법률의 근거를 필요로 한다.[2] 승인제도는 예외적으로 법률에 근거하여 개인의 자유를 침해하는 조례 등의 경우에 도입될 수 있을 것이다.[3] 일반적으로 감독청의 승인제도는 합목적성이 아니라 합법성의 통제에 그 목적이 있다.[4] 그리고 이것은 지방자치단체에 대한 국가의 감독의 한 예가 된다.

(2) 효력요건   만약, 예외적으로 법률상 감독청의 승인을 요하게 하는 경우가 있다면, 이러한 예외적 승인은 효력요건이 된다.[5] 승인을 받기 전까지는 효력이 발생하지 아니한다.[6] 이러한 경우에 승인이 주어지기 전에는 조례가 공포되어서는 아니 된다. 이 경우 승인은 두 가지 성질을 갖는다. ① 하나는 지방자치단체에 대한 행위로서의 성질문제이고, ② 또 하나는 주민에 대한 행위로서의 성질문제이다.

(가) 지방자치단체에 대한 행위   이와 관련하여 감독청의 승인의 법적 성질은 자치행정주체에 대한 행정행위라고 함이 독일의 판례와 지배적인 견해의 태도이다.[7] 이러한 입장에 서게 되면 감독청의 승인이 필요한 경우, 승인이 위법하게도 발령되지 아니하면 지방자치단체는 부작위위법확인소송을, 거부되면 취소소송을 제기할 수도 있다고 하게 될 것이다.[8]

(나) 주민에 대한 행위   이와 관련하여 감독청의 승인은 주민에 대해서는 입법절차의 한 부분이 된다.[9] 승인거부의 경우에 사인이 감독청을 상대로 거부를 다툴

---

1) Püttner, Kommunalrecht, Baden-Württemberg, Rn. 103.
2) 조성규, "조례의 제정과정에 대한 법적 검토," 지방자치법연구, 통권 제13호, 93쪽.
3) Gern, Kommunalrecht Baden-Württemberg, Rn. 148.
4) 조성규, "조례의 제정과정에 대한 법적 검토," 지방자치법연구, 통권 제13호, 93쪽; Erichsen, Kommunalrecht, S. 159; Schmidt-Aßmann/Röhl, Kommunalrecht, in: Schmidt-Aßmann(Hrsg.), Besonderes Verwalungsrecht, Rn. 97; Stober, Kommunalrecht, S. 265.
5) Erichsen, Kommuanlrecht, S. 159; Stober, Kommuanlrecht, S. 266; Tettinger/Erbguth/Mann, Besonderes Verwaltungsrecht, Rn. 223.
6) 조성규, "조례의 제정과정에 대한 법적 검토," 지방자치법연구, 통권 제13호, 93쪽.
7) Geis, Kommunalrecht(3. Aufl.), §8, Rn. 35; Meyer, Kommunalrecht, Rn. 168; Stober, Kommunalrecht, S. 266; Tettinger/Erbguth/Mann, Besonderes Verwaltungsrecht, Rn. 212; BverfGE 27, 350.
8) Tettinger/Erbguth/Mann, Besonderes Verwaltungsrecht, Rn. 223.
9) Scholler/Broß, Grundzüge des kommunalrechts in der Bundesrepublik Deutschland, S. 97.

수 있는 권리는 인정되지 아니한다.[1] 승인이 있다고 하여, 조례상의 하자를 치유하는 것은 아니다.

(3) **승인의 취소·철회 가능성**   한편, 승인을 받아 공포된 조례는 다시 승인청(감독청)의 심사에 놓이지 아니한다고 볼 것이다. 말하자면 조례가 효력을 발생한 후에는 폐지나 개정이 있을 뿐이지, 조례성립에 기여하였던 부분행위(감독청의 승인행위)를 다시 활용할 수는 없다. 조례의 발효 후에는 감독청의 승인행위는 취소나 철회의 대상이 되지 아니한다.[2]

(4) **승인의 방법 등**   감독청의 승인방식이 법률상 특별한 형식을 요구하는 것이 아니라면, 그것은 적당한 방법으로 이루어지면 될 것이다. 그러나 입법의 명료성을 위해 승인은 명시적으로 이루어져야 할 것이다. 한편, 승인은 조례의 적법성 여부에 관련하는 것이지, 합목적성 여부에 관련하는 것은 아니다. 따라서 감독청은 승인여부를 판단함에 있어서 재량영역을 갖지 아니한다.[3] 승인을 빋을 의무는 승인을 받아야 하는 사항으로의 조례의 개정시에도 적용된다고 볼 것이다. 그러나 승인을 요하지 아니하는 사항으로의 조례의 개정시에는 적용이 없다고 하겠다. 감독청이 제출된 조례안의 수정을 요구하면, 지방의회는 다시 의결을 하여야 할 것이다. 지방의회가 그러한 수정을 거부한다면, 조례는 효력을 가질 수가 없으며, 지방의회는 새로운 조례안을 제정할 수밖에 없다. 그리고 새로운 승인절차를 거쳐야 할 것이다.

제3목 조례의 효력과 하자

Ⅰ. 효력의 발생

1. 효력발생시점

조례와 규칙은 특별한 규정이 없으면 공포한 날부터 20일이 지나면 효력을 발생한다(지자법 제32조 제8항).[4] 그런데 조례의 공포 및 시행과 관련된 기간의 계산에

---

1) Tettinger/Erbguth/Mann, Besonderes Verwaltungsrecht, Rn. 223.

2) Erichsen, in: derselbe(Hrsg.), Allgemeines Verwaltungsrech(12. Aufl.), §16, Rn. 5.

3) Hegele/Ewert, Kommunalrecht, im Freistaat Sachsen, S. 59.

4) 독일의 경우, 조례(Satzung)는 달리 정함이 없는 한 공포한 날의 다음 날에 발생한다(예: Baden-Württemberg 게마인데법 제4조 제3항 제2문; Mecklenburg-Vorpommern 지방자치법 제5조

는 행정기본법 제 7 조가 적용된다. 즉, 조례를 공포한 날부터 시행하는 경우에는 공포한 날을 시행일로 하고(행정기본법 제 7 조 제 1 호), 조례를 공포한 날부터 일정 기간이 경과한 날부터 시행하는 경우에는 법령등을 공포한 날을 첫날에 산입하지 아니하고(행정기본법 제 7 조 제 2 호), 법령등을 공포한 날부터 일정 기간이 경과한 날부터 시행하는 경우로서 그 기간의 말일이 토요일 또는 공휴일인 경우에도 기간은 그 날로 만료한다(행정기본법 제 7 조 제 3 호).[1]

2. 효력의 소급 여부[2]

(1) 진정소급의 원칙적 금지　행정기본법 제14조 제 1 항은 "새로운 법령등은 … 그 법령등의 효력 발생 전에 완성되거나 종결된 사실관계 또는 법률관계에 대해서는 적용되지 아니한다"고 하여 새로운 법령등의 진정소급 적용을 배제하고 있다.

(2) 진정소급의 예외적 허용　행정기본법 제14조 제 1 항은 "새로운 법령등은 법령등에 특별한 규정이 있는 경우를 제외하고는… 적용되지 아니한다"고 하여 특별한 규정이 있는 경우에는 진정소급 적용을 허용하고 있다. 이것은 「특별법은 일반법(행정기본법)에 우선한다」는 원칙의 표현이기도 하다.

(3) 부진정소급의 허용과 금지　① 행정기본법 제14조 제 1 항은 부진정소급에 관해서는 규정하는 바가 없다. 이 부분에 관해서는 학설과 판례가 보충하여야 한다. 학설과 판례는 부진정소급을 원칙적으로 인정한다. ② 예외적으로 공익과 사익을 형량하여 사익이 우월한 경우에는 부진정소급이 제한된다는 것이 판례의 입장이다.[3]

제 4 항 제 4 문).

1) Scholler/Broß, Grundzüge des Kommunalrecht in der Bundesrepublik Deutschland, Kommunal-recht, S. 100.
2) 자세한 것은 졸저, 행정기본법 해설, 110쪽 이하 참조.
3) 대판 2014. 4. 24, 2013두26552(행정처분은 그 근거 법령이 개정된 경우에도 경과규정에서 달리 정함이 없는 한 처분 당시 시행되는 법령과 그에 정한 기준에 의하는 것이 원칙이다. 개정 법령이 기존의 사실 또는 법률관계를 적용대상으로 하면서 국민의 재산권과 관련하여 종전보다 불리한 법률효과를 규정하고 있는 경우에도 그러한 사실 또는 법률관계가 개정 법령이 시행되기 이전에 이미 완성 또는 종결된 것이 아니라면 개정 법령을 적용하는 것이 헌법상 금지되는 소급입법에 의한 재산권 침해라고 할 수는 없다. 다만 개정 전 법령의 존속에 대한 국민의 신뢰가 개정 법령의 적용에 관한 공익상의 요구보다 더 보호가치가 있다고 인정되는 경우에 그러한 국민의 신뢰를 보호하기 위하여 그 적용이 제한될 수 있는 여지가 있을 따름이다); 헌재 2017. 7. 27, 2015헌바240(소급입법은 신법이 이미 종료된 사실관계에 작용하는지 아니면 현재 진행 중인 사실관계에 작용하는지에 따라 '진정소급입법'과 '부진정소급입법'으로 구분된다. 전자는 헌법적으로 허용되지 않는 것이 원칙이며 특단의 사정이 있는 경우에만 예외적으로 허용될 수 있는 반면, 후자는 원칙적으로 허용되지만 소급효

II. 효력의 범위

1. 지역적 효력범위

(1) 의 의   조례는 해당 지방자치단체의 구역 안에서만 효력이 미친다. 법령상 근거가 있으면, 광역적 사무와 관련하여 당해 지방자치단체의 구역을 넘는 조례도 가능할 것이다. 다만 이러한 경우에는 관련 지방자치단체가 공동으로 협력하는 절차를 두어야 할 것이다.

(2) 지방자치단체의 신설이나 격 변경의 경우   지방자치단체를 나누거나 합하여 새로운 지방자치단체가 설치되거나 지방자치단체의 격이 변경되면 그 지방자치단체의 장은 필요한 사항에 관하여 새로운 조례나 규칙이 제정·시행될 때까지 종래 그 지역에 시행되던 조례나 규칙을 계속 시행할 수 있다(지자법 제31조).

2. 인적 효력범위

조례는 관할 구역 내에 주민등록지를 둔 모든 자연인과 주소를 둔 법인에게 효력이 미친다. 법인에는 사법인과 공법인이 포함된다. 조례는 법규범으로서 관계되는 자연인과 법인 외에도 모든 행정기관·법원 그리고 관련 지방자치단체도 구속한다. 다만 충분한 이유가 있고 평등원칙에 반함이 없는 경우에 법률 또는 조례에서 명시적으로 정하면 특정지역 또는 특정집단에 그 적용이 제한될 수도 있을 것이다.

3. 시간적 효력범위

명시적으로 달리 정함이 없는 한, 조례는 시간적으로 제한 없이 효력을 갖는다. 한시법의 성격을 갖는 조례의 효력은 당연히 시간적으로 제한을 받는다.

4. 효력의 소멸

① 효력의 존속기간에 관한 규정이 있는 경우에는 그 기간의 경과로, ② 조례의 내용에 반하는 상위법의 제정·개정으로, ③ 조례의 사후적인 폐지행위로, ④ 내

를 요구하는 공익상의 사유와 신뢰보호의 요청 사이의 교량과정에서 신뢰보호의 관점이 입법자의 형성권에 제한을 가하게 된다); 헌재 2016. 7. 28, 2014헌바372; 헌재 2008. 5. 29, 2006헌바99; 헌재 2001. 2. 22, 98헌바1.

용이 충돌되는 새로운 조례의 제정으로, ⑤ 지방자치단체의 폐치나 구역변경으로, ⑥ 근거법령의 폐지로, ⑦ 법원에 의한 무효확정으로, ⑧ 규율의 대상이었던 사실관계의 소멸 등으로 인하여 조례는 효력이 소멸된다.

III. 흠(하자)[1]

1. 하자의 효과로서 무효(원칙)

조례의 성립과정에서 형식적인 요건이나 실질적인 요건의 일부나 전부가 준수되지 아니하면(예: 의결정족수 미달의 의결), 그 조례는 흠(하자)이 있는 것이 된다.[2] 형식상이나 내용상 적법성의 요건을 침해한 조례(예: 법률의 위임 없이 조례로 주민의 권리제한 또는 의무부과에 관한 사항을 정하는 경우)는 원칙적으로 무효이다.[3] 행정행위에서는 위법하나 무효가 아닌 경우도 있으나, 법규범에서는 그러하지 아니하다. 위법한 조례는 행정소송을 통해 무효로 확인될 수 있다.

2. 무효주장의 제한(치유)

법적 안정성의 관점에서 독일의 일부 법률과 대부분의 지방자치법은 일정한 절차규정과 형식규정의 위반을 문제로 삼지 아니하거나 또는 공포 후 1년이 지나면 다툴 수 없도록 규정하고 있다.[4] 이러한 입장에서 보면, 형식규정과 절차규정의 위반은 원칙적으로 무효사유가 아니라 하게 된다. 그리고 그러한 사유를 갖는

---

1) [관련논문] 진성만, "기초지방자치단체 조례의 위법성 판단에 관한 고찰," 지방자치법연구, 통권 제66호, 139쪽 이하.
2) 대판 2008. 6. 12, 2007추42.
3) 대판 2018. 11. 29, 2016두35229; T. I. Schmidt, Kommunalrecht(2. Aufl.), §8, Rn. 301.
4) 절차상 하자도 법위반의 하자이고, 그 하자가 단순한 질서규범의 위반이 아니라면, 그러한 하자 있는 조례는 무효이다. 따라서 독일의 경우, 과거에는 절차상 하자로 인해 빈번히 중요한 지방자치단체의 조례가 무효로 되었다. 이 때문에 법적 불안정성이 야기되었다. 그래서 절차상 하자는 내용상의 하자의 효과와 같은 무효를 필수적으로 가져오지 아니하는 특별규정을 두게 되었다. 연방이나 란트의 입법자들은 절차상의 하자의 경우에 부분적으로는 무시하고, 부분적으로는 문제가 되고, 부분적으로는 문제 또는 사후적으로 치유되게 하는 법기술을 도입하였다. 대표적인 개별 법률로 BauGB 제214조-제215a조가 있다. 지방자치법상 일반규정으로 Baden- Württemberg 게마인데법 제4조 제4항; Hessen 게마인데법 제5조 제4항; Mecklenburg- Vorpommern 게마인데법 제5조 제5항; Niedersachsen 게마인데법 제6조 제4항; Nordrhein-Westfalen 게마인데법 제7조 제6항; Rheinland-Pfalz 게마인데법 제24조 제6항 등을 볼 수 있다. 참고로, 기간경과 등으로 무시할 수 있는 조항으로는 ① 제척사유 있는 자의 참여금지조항, ② 회의소집조항, ③ 회의진행절차조항 등이고, 무시되지 아니하는 조항으로 ① 회의의 공개원칙조항, ② 조례승인조항, ③ 조례공포조항 등이 언급된다. 물론 무시할 수 있는 조항도 지방자치단체의 장이나 감독청의 이의가 있으면, 치유되지 아니한다.

조례는 유동적 무효의 상태에 있다고 본다. 그리고 이러한 하자는 동일한 형식과 절차의 반복으로 치유된다.[1] 한편, 중요하지 아니한 단순한 절차규정 위반의 경우에 형식적 하자는 문제되지 아니한다고 보겠다. 그리고 감독청에의 보고나 감독청의 승인은 하자의 치유와 무관하다. 즉 하자를 치유하는 것이 아니다. 내용규정의 위반은 치유의 대상이 아니다.

3. 일부무효

조례의 개별규정의 무효는 원칙적으로 조례의 나머지 규정을 무효로 이끌지는 않는다. 왜냐하면 자치행정주체의 의사는 유효한 자치법의 성립을 가능하게 하자는 데에 있다고 보기 때문이다. 다만 그 무효인 부분이 없이는 다른 부분을 규정하지 아니하였으리라고 판단되는 경우에는 전부무효가 된다고 볼 것이다.[2] 입법의 실제상 일부무효는 주로 실질적 적법요건에 하자가 있는 경우에 문제되며, 전부무효는 주로 형식적 적법요건에 하자가 있는 경우에 문제될 것이다.

4. 조례안의 일부무효

개념상 조례의 일부무효와 조례안의 일부무효는 구별되어야 한다. 조례안은 조례가 아니라 조례의 전 단계에 불과하기 때문이다. 지방자치법 제120조 제 3 항 등에 근거하여 재의결된 조례(안)에 대한 제소가 가능하다. 판례는 동 조문에 따른 소송을 「○○조례안무효확인소송」으로 부르고, 주문에서는 「○○조례안에 대한 재의결은 효력이 없다」는 표현방식을 취하면서, 재의결내용의 일부가 위법하여도 재의결 전부의 효력을 부인하여야 한다는 입장을 취한다.[3] 그러나 조례안의 위법한 부분을 제외한 나머지 부분만으로도 의미를 갖는 경우가 있을 것이므로 언제나 재의결 전부를 무효로 하는 것은 타당하지 않다. 조례제정절차의 무용한 반복은 피하여야 한다는 점, 무효가 아닌 나머지부분으로 지방의회의 당초의 의도를 살릴 수 없는 경우에는 조례개정절차를 통해 바로잡을 수 있다는 점, 가능한 한 지방의회의 의사는 존중되어야 한다는 점 등을 고려할 때, 조례안에 대해서도 재의결의 일부무효를 인정하여야 할 것이다.

---

1) 독일 Sachsen의 경우, 형식규정과 절차규정을 침해한 조례(예: 적법하게 소집되지 아니한 지방의회에서 의결된 조례)는 공포 후 1년이 지나면 처음부터 유효한 것으로 된다(Sachsen 게마인데법 제 4 조 제 4 항)고 규정하는데, 이러한 입법례도 형식규정과 절차규정의 위반을 무효사유로 보지 아니하는 입장이라 하겠다.
2) BVerfGE 8, 274; Hegele/Ewert, Kommunalrecht, S. 64.
3) 대판 2017. 12. 5, 2016추5162; 대판 1994. 5. 10, 93추144.

5. 조례안 무효확인소송의 심리대상

판례는, 교육부장관이 전라북도 교육감에게, 전라북도 의회가 의결한 학생인권조례안에 대하여 재의요구를 하도록 요청하였으나 전라북도 교육감이 이를 거절하고 학생인권조례를 공포하자, 조례안 의결무효확인소송을 제기한 사건에서, "조례안재의결 무효확인소송에서의 심리대상은 지방자치단체의 장이 지방의회에 재의를 요구할 당시 이의사항으로 지적하여 재의결에서 심의의 대상이 된 것에 국한된다. 이러한 법리는 주무부장관이 지방자치법 제192조 제 8 항에 따라 지방의회의 의결에 대하여 직접 제소함에 따른 조례안의결 무효확인소송에도 마찬가지로 적용되므로, 조례안의결 무효확인소송의 심리대상은 주무부장관이 재의요구 요청에서 이의사항으로 지적한 것에 한정된다"고 하였다.[1]

6. 위법한 조례에 근거한 처분의 효력

하자 있는 조례에 근거하여 이루어진 처분은 위법하다. 그 효과는 중대명백설에 따라 판단하여야 할 것이다. 일반적으로는 조례가 무효로 선언되기까지 그 하자가 명백하다고 보기 어려울 것이므로, 하자 있는 조례에 근거하여 이루어진 처분은 취소의 대상이 된다고 볼 것이다. 대법원과[2] 헌법재판소도 같은 입장을 취한다.[3]

제 4 목   조례(안)의 통제[4]

Ⅰ. 지방자치단체의 장에 의한 통제

1. 지방자치법 제32조에 의한 재의의 요구

지방자치단체의 장은 이송받은 조례안에 대하여 이의가 있으면 제 2 항의 기간에 이유를 붙여 지방의회로 환부하고, 재의를 요구할 수 있다. 이 경우 지방자치단체의 장은 조례안의 일부에 대하여 또는 조례안을 수정하여 재의를 요구할 수 없다

---

1) 대판 2015. 5. 14, 2013추98.
2) 대판 1995. 7. 11, 94누4615 전원합의체판결.
3) 헌재 2005. 3. 31, 2003헌바113.
4) 통제의 방식을 사전적 통제와 사후적 통제로 구분할 때 본문의 통제수단은 사후적인 것이다. 사전적 수단으로 조례제정의 보고(지자법 제35조)와 승인의 제도가 있다.

(지자법 제32조 제 3 항). 제32조 제 3 항에 의한 이의제기의 경우에는 사유에 제한이 없다는 점에서 제120조에 따른 이의제기와 다르다. 지방의회는 제 3 항에 따라 재의요구를 받으면 조례안을 재의에 부치고 재적의원 과반수의 출석과 출석의원 3분의 2 이상의 찬성으로 전(前)과 같은 의결을 하면 그 조례안은 조례로서 확정된다(지자법 제32조 제 4 항). 따라서 지방자치단체의 장의 재의요구는 통제수단으로서 강력한 것은 아니다. 지방자치법 제32조 제 3 항에 의한 통제는 조례안에 대한 것이다.

2. 지방자치법 제32조와 제120조의 관계

지방자치법 제32조의 경우에는 소제기에 관한 규정이 없으므로 지방자치단체의 장은 재의결된 조례를 지방자치법 제120조 제 3 항에 근거하여 대법원에 제소할 수 있는가의 문제가 발생한다. 제120조가 재의를 요구할 수 있는 의결에 제한을 가하고 있지 아니한바, 그 의결에 조례가 배제된다고 할 특별한 이유는 없고, 제120조 제 2 항의 재의결요건과 제32조 제 4 항의 재의결요건이 동일한 점을 고려할 때, 지방자치법 제120조 제 3 항에 근거하여 대법원에 소를 제기할 수 있다고 볼 것이다. 판례의 입장도 같다.1)

3. 지방자치법 제120조 제 3 항에 의한 소송의 제기

(1) 제소사유　조례도 지방자치법 제120조 제 1 항에서 말하는 의결에 해당한다. 따라서 지방자치단체의 장은 재의결된 조례가 법령에 위반된다고 인정되면 대법원에 소를 제기할 수 있다(지자법 제120조 제 3 항 전단). 법문의 표현상 재의요구의 사유에 비해 소제기의 사유는 법령위반에 한정되고 있다.

(2) 제소기한과 집행정지신청　제소의 경우에는 제192조 제 4 항을 준용한다(지자법 제120조 제 3 항). 즉, 지방자치단체의 장은 재의결된 날부터 20일 이내에 대법원에 소를 제기할 수 있다. 이 경우 필요하다고 인정되면 그 의결의 집행을 정지하게 하는 집행정지결정을 신청할 수 있다(지자법 제192조 제 4 항). 그런데 1994년 3월 개정 전의 구 지방자치법은 대법원에 소를 제기하면 대법원의 판결이 있을 때까지 의결의 효력이 당연히 정지되도록 규정했었다.

---

1) 대판 1999. 4. 27, 99추23.

Ⅱ. 감독청에 의한 조례안·조례의 통제

이것은 국가 또는 광역지방자치단체에 의한 통제를 말한다. 지방자치단체의 조례의 발령도 국가 등 감독청의 법규감독, 즉 법률적합성의 감독 하에 놓인다. 지방자치법 제192조가 이에 관해 규정하고 있다. 지방자치법 제192조의 통제도 조례안에 대한 통제이며, 조례에 대한 통제는 아니다. 그러나 제192조 제 8 항에 따라 "법령에 위반되는 지방의회의 의결사항이 조례안인 경우로서 재의요구 지시를 받기 전에 그 조례안을 공포한 경우"에 대한 소송은 조례에 대한 통제수단이 된다.

1. 주무부장관, 시·도지사의 재의요구 지시와 감독청의 제소

(1) 주무부장관, 시·도지사의 재의요구 지시   지방의회의 의결이 법령에 위반되거나 공익을 현저히 해친다고 판단되면 시·도에 대해서는 주무부장관이, 시·군 및 자치구에 대해서는 시·도지사가 해당 지방자치단체의 장에게 재의를 요구하게 할 수 있고, 재의요구 지시를 받은 지방자치단체의 장은 의결사항을 이송받은 날부터 20일 이내에 지방의회에 이유를 붙여 재의를 요구하여야 한다(지자법 제192조 제 1 항). 지방자치법 제32조 제 3 항 제 1 문에 따른 재의요구는 당해 지방자치단체의 장의 자율적인 판단에 따른 것이지만, 본조에 의한 재의요구는 타율적인 재의요구이다.

(2) 시·도지사가 재의요구를 하지 않는 경우   시·군 및 자치구의회의 의결이 법령에 위반된다고 판단됨에도 불구하고 시·도지사가 제 1 항에 따라 재의를 요구하게 하지 아니한 경우 주무부장관이 직접 시장·군수 및 자치구의 구청장에게 재의를 요구하게 할 수 있고, 재의요구 지시를 받은 시장·군수 및 자치구의 구청장은 의결사항을 이송받은 날부터 20일 이내에 지방의회에 이유를 붙여 재의를 요구하여야 한다(지자법 제192조 제 2 항).

(3) 해당 지방자치단체장의 불응 시, 주무부장관, 시·도지사의 제소

(1) 의 의   제 1 항 또는 제 2 항에 따라 지방의회의 의결이 법령에 위반된다고 판단되어 주무부장관이나 시·도지사로부터 재의요구 지시를 받은 해당 지방자치단체의 장이 재의를 요구하지 아니하는 경우(법령에 위반되는 지방의회의 의결사항이 조례안인 경우로서 재의요구 지시를 받기 전에 그 조례안을 공포한 경우를 포함한다)에는 주무부장관이나 시·도지사는 제 1 항 또는 제 2 항에 따른 기간이 지난 날부터 7일 이내에

대법원에 직접 제소 및 집행정지 결정을 신청할 수 있다(지자법 제192조 제 8 항). 이러한 소송은 통상의 기관소송이 아니라 특수한 규범소송으로 볼 것이다.[1]

(2) 괄호부분 소송의 성질   괄호 부분, 즉 "법령에 위반되는 지방의회의 의결사항이 조례안인 경우로서 재의요구 지시를 받기 전에 그 조례안을 공포한 경우"에 대한 소송은 일종의 추상적 규범통제의 성격을 띤다.[2]

(3) 당 사 자   지방자치법 제192조 제 8 항에 따른 소송에서 ① 원고는 주무부장관 또는 시·도지사가 될 것이고, ② 피고는 ⓐ 재의요구지시를 받기 전에 해당 조례안을 공포한 경우에는 해당 지방자치단체의 대표자인 해당 지방자치단체의 장(재의요구지시에 불응한 지방자치단체의 장)이다. 판례는 지방의회를 피고로 본다.[3] ⓑ 해당 조례안을 공포하기 전에는 지방자치법 제192조 제 8 항(주무부장관이나 시·도지사는 제 1 항 또는 제 2 항에 따른 기간이 지난 날부터 7일 이내에 직접 제소할 수 있다)과의 균형상 재의요구지시에 불응한 지방사치난체의 장과 내비되는 지방의회이다. 이 규정은 2005. 1. 27. 개정 지방자치법에 도입되었다. 그 이전에는 재의요구불응에 대한 감독청의 직접적인 통제수단은 없었다.[4]

▫ 참고 ‖ 재의결 확정

제 1 항 또는 제 2 항의 요구에 대하여 재의한 결과 재적의원 과반수의 출석과 출석의원 3분의 2 이상의 찬성으로 전과 같은 의결을 하면 그 의결사항은 확정된다(지자법 제192조 제 3 항).

2. 해당 지방자치단체장의 제소

(1) 의 의   지방자치단체의 장은 제 3 항에 따라 재의결된 사항이 법령에 위반된다고 판단되면 재의결된 날부터 20일 이내에 대법원에 소를 제기할 수 있다(지자법 제192조 제 4 항 제 1 문).

---

1) 문상덕, "지방자치쟁송과 민주주의," 지방자치법연구, 통권 제26호, 33쪽.
2) 이일세, "지방자치단체에 대한 국가통제수단의 법적 문제," 지방자치법연구, 통권 제45호, 32쪽.
3) 대판 2013. 5. 23, 2012추176. 이 판결은 서울특별시의회가 서울시 및 산하기관의 퇴직공무원으로 구성된 사단법인 서울시 시우회와 서울시의회 전·현직의원으로 구성된 사단법인 서울시 의정회가 추진하는 사업에 대하여 사업비를 보조할 수 있도록 하는 내용의 '서울특별시 시우회 등 육성 및 지원 조례안'을 의결하고 서울특별시장에게 이송하였고, 원고 행정안전부장관이 주무부장관의 권한으로 서울시장에게 이 사건 조례안의 재의를 요구하였으나, 서울시장은 원고의 재의요구지시를 따르지 않고 이 사건 조례안을 그대로 공포하였다. 이에 원고가 서울특별시의회를 피고로 하여 제기한 조례안의결무효확인의소송에 대한 것이다.
4) 대판 1999. 10. 22, 99추54.

(2) 사 유   재의요구사유는 법령위반 또는 공익을 현저히 해치는 경우로 하면 서, 출소의 사유는 법령위반에 한정하고 있다. 지방자치법이 「공익을 현저히 해친 다」는 것을 출소사유로 하지 아니한 것은 「공익을 현저히 해친다」는 것을 위법에 이르지 아니한 공익침해로 판단한 것으로 보인다. 그러나 공익을 현저히 해친다는 것은 공익을 위한 법률인 지방자치법의 목적에 대한 현저한 침해를 뜻하는바, 그것 은 바로 법령위반과 동일하다고 볼 것이다. 따라서 공익을 현저히 해치는 경우에도 법령위반(행정법의 일반원칙)을 이유로 출소할 수 있다고 볼 것이다.

(3) 제소의 성질   여기의 재의요구가 지방자치법 제32조 제3항 제1문의 경 우와 달리 타율적인 재의요구라고 하여도, 지방자치단체의 장이 제기하는 소송은 당해 지방자치단체의 사무로서 행하는 것이므로, 이 경우에 제기되는 소는 기관소 송의 성질을 갖는다.[1] 판례도 기관소송으로 본다.[2]

(4) 심리대상   판례는 "조례안재의결 무효확인소송에서의 심리대상은 지방의 회에 재의를 요구할 당시 이의사항으로 지적되어 재의결에서 심의의 대상이 된 것 에 국한된다"고 한다.[3]

(5) 집행정지의 신청   소를 제기하는 경우에 필요하다고 인정되면 그 의결의 집행을 정지하게 하는 집행정지결정을 신청할 수 있다(지자법 제192조 제4항 제2문). 1994년 3월 개정 전까지의 구 지방자치법에서는 소의 제기가 있는 경우에 의결의 효력은 대법원의 판결이 있을 때까지 당연히 정지되었다(구 지자법 제159조 제3항). 조 례는 다수의 주민과 관계되므로 다수인의 법률관계의 안정을 고려하면, 구법의 태 도가 바람직하다.

3. 해당 지방자치단체장이 위법한 재의결에 대하여 제소하지 않는 경우

(1) 주무부장관, 시·도지사의 제소 지시

(가) 제소 지시의 의의   주무부장관이나 시·도지사는 재의결된 사항이 법령에 위반된다고 판단됨에도 불구하고 해당 지방자치단체의 장이 소를 제기하지 아니하 면 시·도에 대해서는 주무부장관이, 시·군 및 자치구에 대해서는 시·도지사(제2항 에 따라 주무부장관이 직접 재의요구 지시를 한 경우에는 주무부장관을 말한다. 이하 이 조에서 같

---

1) 이일세, "지방자치단체에 대한 국가통제수단의 법적 문제," 지방자치법연구, 통권 제45호, 32쪽.
2) 대판 1993. 11. 26, 93누7341.
3) 대판 2007. 12. 13, 2006추52.

다)가 그 지방자치단체의 장에게 제소를 지시…할 수 있다(지자법 제192조 제 5 항). "제 2 항에 따라 주무부장관이 직접 재의요구 지시를 한 경우에는 주무부장관을 말한다"는 부분은 2022. 1. 3. 시행 지방자치법 전부개정법률에 신설된 것이다.[1]

(나) 제소 지시와 제소의 기간   제 5 항에 따른 제소의 지시는 제 4 항의 기간이 지난 날부터 7일 이내에 하고, 해당 지방자치단체의 장은 제소 지시를 받은 날부터 7일 이내에 제소하여야 한다(지자법 제192조 제 6 항).

(다) 제소의 성질   감독청의 제소의 지시에 따른 지방자치단체의 장의 제소는 기관소송에 해당한다. 일설은 이 경우의 지방자치단체의 장의 제소는 감독청의 제소를 지방자치단체의 장이 대신하는 것이라 하여 특수한 소송으로 이해하기도 한다. 적법성의 통제가 감독청의 사무라고 새기면 이러한 경우의 지방자치단체의 장의 제소는 특수한 소송이라 할 수 있다. 그러나 감독청의 제소의 지시는 후견적인 것이고, 제소의 대상인 조례는 여전히 당해 지방자치단체의 사무라고 보면, 이 경우의 소송은 역시 기관소송에 해당한다고 볼 것이다.

(2) 주무부장관, 시·도지사의 직접제소

(가) 의 의   주무부장관이나 시·도지사는 재의결된 사항이 법령에 위반된다고 판단됨에도 불구하고 해당 지방자치단체의 장이 소를 제기하지 아니하면 시·도에 대해서는 주무부장관이, 시·군 및 자치구에 대해서는 시·도지사(제 2 항에 따라 주무부장관이 직접 재의요구 지시를 한 경우에는 주무부장관을 말한다. 이하 이 조에서 같다)가 … 직접 제소 및 집행정지결정을 신청할 수 있다(지자법 제192조 제 5 항). "제 2 항에 따라 주무부장관이 직접 재의요구 지시를 한 경우에는 주무부장관을 말한다"는 부분은 2022. 1. 3. 시행 지방자치법 전부개정법률에 신설된 것이다.[2]

(나) 제소 기간   ⑦ 주무부장관이나 시·도지사는 제 6 항의 기간이 지난 날부터 7일 이내에 제 5 항에 따른 직접 제소 및 집행정지결정을 신청할 수 있다(지자법 제192조 제 7 항).

(다) 제소의 성질   감독청의 제소는 기관소송이 아니라 특수한 소송이라 하겠다.[3] 지방자치단체의 장에 자율적인 판단에 따른 제소의 경우에 언급한 제소사유

---

[1] 종전에는 주무부장관이 시장·군수·구청장을 피고로 할 수 있는가의 여부가 법문상 불분명하였고, 판례는 부정적인 입장을 취하였다(대판 2016. 9. 22, 2014추521).

[2] 종전에는 주무부장관이 시장·군수·구청장을 피고로 할 수 있는가의 여부가 법문상 불분명하였고, 판례는 부정적인 입장을 취하였다(대판 2016. 9. 22, 2014추521).

[3] 문상덕, "지방자치쟁송과 민주주의," 지방자치법연구, 통권 제26호, 33쪽; 이일세, "지방자치단체에 대한 국가통제수단의 법적 문제," 지방자치법연구, 통권 제45호, 33쪽. 한편, 상이한 법주체 사이에도 기관소송이 가능하다는 전제하에 기관소송으로 보는 견해도 있다(박균성, 행정법강의(2014),

와 집행정지결정에 대한 사항은 감독청에 의한 제소의 경우에도 같다.

4. 주무부장관이 불분명한 경우 등

제 1 항 또는 제 2 항에 따른 지방의회의 의결이나 제 3 항에 따라 재의결된 사항이 둘 이상의 부처와 관련되거나 주무부장관이 불분명하면 행정안전부장관이 재의요구 또는 제소를 지시하거나 직접 제소 및 집행정지 결정을 신청할 수 있다(지자법 제192조 제 9 항).

▣ 참고 ‖   지방자치법 제120조의 소송과 제192조의 소송의 비교

[1] 소송의 성질

① 제120조 제 3 항의 소송은 기관소송이다(지배적 견해). ② 제192조 제 4 항의 소송은 기관소송이라는 견해와 특수한 소송이라는 견해로 나뉘고 있다. 기관소송설은 소송의 당사자가 제120조 제 3 항의 경우와 같고, 소의 대상이 당해 지방자치단체의 사무이고, 재의요구는 단순히 후견적인 성질의 사무임을 논거로 한다. 특수소송설은 제192조 제 4 항의 원고는 감독청의 연장된 팔로서 감독청의 지위를 대신하는 자이고, 재의요구는 감독청의 고유한 사무임을 논거로 한다. 본서는 기관소송설을 취한다. ③ 제192조 제 5 항 중 감독청의 제소지시에 의한 소송은 제192조 제 4 항의 경우와 같다. ④ 제192조 제 4 항 중 감독청이 제기하는 소송 역시 기관소송이라는 견해와 특수한 소송이라는 견해가 있다. 기관소송을 단일의 법주체 내부의 기관간의 소송이라 보는 입장(본서를 포함하여 다수견해)에서는 제192조 제 5 항 중 감독청이 제기하는 소송을 기관소송으로 보지 아니한다.

[2] 적용법규

지방자치법 제120조와 제192조의 소송중에서 기관소송으로 이해되는 소송은 행정소송법 제45조에 의하여야 한다. 재의결된 사항이 처분등의 성질을 갖는 경우에는 행정소송법 제46조 제 1 항과 제 2 항이 적용되고, 처분등의 성질을 갖지 아니하는 경우에는 행정소송법 제46조 제 3 항이 적용된다.

[3] 소송의 대상

제120조의 소송과 제192조의 소송은 조문상 모두 "재의결된 사항이 법령에 위반된다"고 할 때 인정된다. 이와 관련하여 소송의 대상이 조례안(재의결된 사항)이라는 견해, 재의결이라는 견해로 나뉜다. 판례는 재의결을 심판대상으로 본다. 판례는 판결이유에서 조례안이 법령에 위반된다고 하면서, 판결주문에서는 재의결은 효력이 없다(예: 피고가 2020. 2. 20.에 한 안양시 건축조례 중 개정조례안에 대한 재의결은

928쪽).

효력이 없다)는 방식을 취한다. 생각건대 재의결된 사항을 소송의 대상으로 하는 것이 법문에 충실한 해석일 것이다.

Ⅲ. 중앙행정심판위원회에 의한 통제

1. 시정조치의 요청

중앙행정심판위원회는 심판청구를 심리·재결할 때에 처분 또는 부작위의 근거가 되는 명령 등(대통령령·총리령·부령·훈령·예규·고시·조례·규칙 등을 말한다. 이하 같다)이 법령에 근거가 없거나 상위 법령에 위배되거나 국민에게 과도한 부담을 주는 등 크게 불합리하면 관계 행정기관에 그 명령 등의 개정·폐지 등 적절한 시정조치를 요청할 수 있다. 이 경우 중앙행정심판위원회는 시정조치를 요청한 사실을 법제처장에게 통보하여야 한다(행심법 제59조 제 1 항).

2. 구 속 력

제 1 항에 따른 요청을 받은 관계 행정기관은 정당한 사유가 없으면 이에 따라야 한다(행심법 제59조 제 2 항).

Ⅳ. 법원에 의한 통제[1]

1. 항고소송

(1) 구체적 규범통제 주민은 특정의 조례에 근거하여 발하여진 처분(행정행위)에 대한 행정소송법상 취소소송이나 무효등확인소송을 통해 다투면서 간접적으로 조례의 효력을 다툴 수가 있다. 말하자면 직접 조례를 다투는 것이 아니라, 조례에 근거하여 발령된 행정행위를 다툰다. 법원은 법에 구속되는 까닭에(헌법 제103조), 이러한 소송에서 그 행정행위의 근거되는 조례가 법률에 적합한 것인가를 심사하게 된다. 만약 행정행위의 발령의 근거인 조례가 법률을 침해하는 것이라면, 그 조례는 무효로서 적용할 수 없게 된다. 따라서 법원은 그 행정행위를 취소하거나 무효를 선언하게 된다. 이것이 소위 구체적 규범통제이다. 구체적 규범통제는 구체적인 법률분쟁의 당사자 사이의 문제인바, 다만 무효인 규정의 적용을 배제하는 것이지

---

1) [관련논문] 박정훈, "공공시설에 관한 조례와 항고소송," 지방자치법연구, 통권 제50호, 151쪽 이하; 김훈·정회근, "조례의 사법적 통제에 관한 소고," 지방자치법연구, 통권 제52호, 217쪽.

무효를 일반적으로 선언하는 것은 아니다.1) 그러나 실제상 그 효과는 광범위할 것이다. 한편, 조례가 행정처분에 해당한다면, 그러한 조례는 무효확인소송의 대상이 될 수 있고, 이러한 경우에 피고는 지방자치단체의 장(교육조례의 경우에는 교육감)이 된다.2)

(2) 추상적 규범통제

(가) 원 칙 추상적 규범통제는 위헌·위법을 일반적으로 선언하는 것이다. 그런데 현행 행정소송법은 구체적 규범통제를 취하면서도 아울러 조례의 무효를 공고하도록 규정하고 있다(헌법 제107조 제 2 항; 행소법 제 6 조 제 2 항). 따라서 현행법은 구체적 규범통제를 택하면서도 추상적 규범통제의 요소를 가미하고 있는 셈이다. 하여간 법원은 사법심사에 있어서 ① 지방자치단체는 수권법률상의 불확정법개념과 관련하여 판단여지를 갖는다는 점, 그리고 ② 형성의 자유가 없는 규범정립은 생각할 수 없는바, 조례제정자에게 조례재량을 인정하여야 한다는 점을 고려하여야 한다.3) 입법례에 따라서는 추상적 규범통제를 인정하는 경우도 있다.4)

(나) 예 외 지방자치법 제192조 제 8 항은 "법령에 위반되는 지방의회의 의결사항이 조례안인 경우로서 재의요구 지시를 받기 전에 그 조례안을 공포한 경우"에도 주무부장관이나 시·도지사는 대법원에 직접 제소할 수 있음을 규정하고 있다. 공포된 조례안은 추상적 규범인 조례이므로, 공포된 조례안에 대한 소송은 추상적 규범통제의 일종이라 하겠다.5) 저자는 종전부터 헌법 제107조 제 2 항은 구

---

1) Schmidt-Aßmann/Röhl, Kommunalrecht, in: Schmidt-Aßmann(Hrsg.), Besonderes Verwaltungs-recht, Rn. 100; Seewald, Kommunalrecht, in: Steiner(Hg.), Besonderes Verwaltungsrecht, Rn. 85.
2) 대판 1996. 9. 20, 95누8003.
3) Schmidt-Aßmann/Röhl, Kommunalrecht, in: Schmidt-Aßmann(Hrsg.), Besonderes Verwal-tungsrecht, Rn. 101.
4) 독일연방행정재판소법은 건축법에 따른 일련의 조례를 추상적 규범통제의 대상으로 하면서(동법 제47조 제 1 항 제 1 호), 기타의 조례 등 란트법률에 하위하는 법규에 대한 추상적 규범통제의 가능성은 란트법에서 규정하도록 위임하고 있다(동법 제47조 제 1 항 제 1 호). 이에 따라 예컨대 '연방행정재판소법을 위한 Niedersachsen 시행법률(Niedersachsen 행정재판소법)'은 란트법률에 하위하는 법규에 대한 추상적 규범통제를 규정하고 있다(동법 제 7 조). 한편, 추상적 규범통제의 구체적인 내용은 독일연방행정재판소법에서 규정되고 있다. 동법의 규정내용은 다음과 같다.
  조례나 조례의 적용으로 인해 권리가 침해되거나 머지않아 침해될 자연인이나 법인 그리고 행정청은 조례 등의 공포 후 2년 안에 조례 등의 유효성의 심사를 상급행정재판소에 신청할 수 있다(동법 제47조 제 2 항 제 1 문). 상급행정재판소는 조례 등이 무효라고 확신하면, 그것이 무효임을 선언한다. 이 경우, 판결의 효력은 일반구속적이다(동법 제47조 제 5 항 제 1 문).
  한편, 용례상 규범통제의 경우에는 제소(Klage)가 아니라 신청(Antrag)이라는 용어가 사용된다. 왜냐하면 규범통제절차는 원칙적으로 주관적인 권리보호절차가 아니라 객관적인 이의절차이고, 신청자와 규범정립자가 직접 당사자로 나타나는 것도 아니며, 또한 판결이 절차에 참여한 자에게만 미치는 것이 아니라 법적 공동체의 전체에 미치기 때문이다(BVerwGE 56, 172, 174; Hufen, Verwaltungsprozessrecht, §19, Rn. 6).
5) 문상덕, "지방자치쟁송과 민주주의,"지방자치법연구, 통권 제26호, 31쪽.

체적 규범통제를 규정하고 있을 뿐, 추상적 규범통제의 배제를 규정하고 있는 것은 아니며, 입법자의 결단에 따라서는 추상적 규범통제의 도입도 가능하다는 입장을 취해오고 있다.[1] 이러한 시각에서 보면, 공포된 조례안에 대한 소송은 헌법위반이 아니라 하게 된다.

2. 손해배상청구소송

해석상 위법한 조례로 인하여 손해를 입은 자는 국가배상법이 정하는 바에 따라 손해배상청구소송을 제기할 수 있고, 이 경우에 조례의 위법성이 선결문제로서 심사의 대상이 될 수 있다.

V. 헌법재판소에 의한 통제

1. 사인의 헌법소원

집행행위가 없이 바로 주민의 기본권을 침해하는 조례에 대해 주민은 헌법소원의 제기를 통하여 다툴 수 있다(헌법 제111조 제 1 항 제 5 호; 헌재법 제68조).[2]

물론 헌법소원의 제기를 위해서는 헌법소원의 제기에 요구되는 기타의 요건을 구비하여야 한다.

2. 지방자치단체의 헌법소원

헌법재판소법상 헌법소원은 기본권이 침해된 자에게만 인정되므로(헌재법 제68조) 현재로서 지방자치단체의 집행기관이 헌법소원을 제기할 수 있는 가능성은 없다. 법제에 따라서는 이를 허용하는 경우도 있다.[3]

VI. 주민에 의한 통제

조례에 대하여 주민이 직접 통제를 가하는 방법은 없다. 구 지방자치법에서 인정되었던 소청제도도 인정되지 아니한다.[4] 1988년 5월에 전부 개정되기 전의

---

1) 졸저, 행정법원론(상)(제29판), 옆번호 2462 참조.
2) 헌재 2009. 7. 30, 2006헌마358 전원재판부; 헌재 1994. 12. 29, 92헌마216; 헌재 1998. 10. 15, 96헌바77.
3) 이와 관련하여 본서 제4판, 93쪽 참조.
4) 1988년 5월에 전부 개정되기 전의 지방자치법
    제153조 지방자치단체의 조례 또는 그 장의 명령이나 처분이 헌법이나 법률에 위반된다고 인정될

지방자치법에서 규정되었던 소청과 소송제도를 오늘날에 적합하게 재도입하는 것
도 검토할 필요가 있다.[1] 소청제도는 적법성 통제에 기여할 것이다. 한편, 지방자
치법 제19조에 따른 조례의 제정개폐청구제도는 간접적이지만 주민에 의한 통제수
단의 의미를 갖는다.

제 7 항   지방의회의원

I. 지방의회의원의 지위

1. 지방의회의 구성원

(1) 의 의   지방의회의원은 주민의 대표기관인 지방의회의 구성원으로서의
지위를 가진다. 지방의회의원은 지방의회의 구성원으로서 각종의 권리를 가지고
의무를 부담한다. 지방의회의원의 자격은 선거에 의하여 취득하고 임기만료 등으
로 소멸한다. 지방의회의원은 지방의회의 구성원으로서 집행기관의 구성원 등 일
정한 직의 겸직이 금지된다(지자법 제43조 제 1 항, 제109조 제 1 항 제 1 호 참조).

(2) 공 무 원   지방의회의원 역시 넓은 의미의 공무원으로서, 헌법 제 7 조의
공무원에 해당한다. 따라서 지방의회의원도 주민과 국민전체의 봉사자이다. 지방의
회의원은 지방공무원법상 정무직공무원으로 규정되고 있다(지공법 제 2 조 제 3 항 제 1
호 가목). 따라서 지방의회의원의 지방자치단체에 대한 법관계는 공무원법관계에 놓
인다. 그러나 지방의회의원은 특수경력직 공무원(선거직 공무원)이므로 지방공무원법

때에는 주민 100인 이상의 연서로써 이유를 구하여 도와 서울특별시에서는 국무총리, 시·읍·면에
서는 제 1 차로 도지사 제 2 차로 국무총리에게 소청할 수 있다. 도지사 또는 국무총리가 전항의 소청
을 받은 때에는 그 날부터 60일 이내에 이를 결정하고 그 결정을 공고하는 동시에 관계인에게 서면
으로 통지하여야 한다.
  제154조 전조에 의한 결정에 대하여 이의가 있을 때에는 결정통지서를 받은 날로부터 10일 이내
에 대법원에 출소할 수 있다. 그 기간 내에 출소하지 아니할 때에는 그 결정은 확정된다.
  제155조 제154조에 의한 결정이 확정되거나 대법원의 판결이 있을 때까지는 당해 조례나 명령의
효력에 영향이 없다.
  제156조 소청에 관하여 본장에 규정하는 외에 상세한 규정은 국무원령으로 정한다.
  1) 독일 Bayern의 경우, 조례 등에 대하여 민중소송(die Popularklage)이 인정된다. 인정의 법적 근
거는 바이에른헌법 제98조 제 4 항, 바이에른헌법재판소법 제 2 조 제 7 호, 제55호 등이다. 즉 자치
입법으로 인해 자기의 기본권이나 바이에른헌법상의 기본권유사의 권리가 침해되면, 누구든지(소원
권자) 민중소송의 형식으로 다툴 수 있다. 소원대상은 형식적 의미의 법률과 명령 그리고 자치법규
이다. 심사기준은 란트법(란트헌법)이며, 연방법은 심사기준이 아니다. 왜냐하면 연방법은 란트헌법
에 우위하기 때문이다. 물론 연방법의 침해는 란트법의 침해를 가져올 것이다.

상 일반 경력직 공무원과는 근무관계의 성질이 다르다. 한편, 지방의회의원이 수행
하는 직무도 공무이므로, 지방의회의원은 국가배상법상 공무원에 해당한다. 지방의
회의원은 형법상 공무원에도 해당한다.[1]

2. 주민의 대표자(자유위임)

(1) 자유위임의 의의   지방의회의원은 당해 지역주민의 대표자이다. 여기서
대표자란 지방의회의원이 정치적으로 주민의 의사를 대표하는 기관임을 의미한다.
주민의사의 대표와 관련하여 지방의회의원이 주민의 의사에 구속되는가라는 자유
위임의 문제가 나타난다. 지방의회는 헌법상 의회가 아니라 행정기관이라는 점을
강조한다고 하여도, 지방의회의원의 지위에 관해서는 의회적인 원칙이 적용되어야
한다. 왜냐하면 헌법상 민주적 질서는 지방자치단체에도 적용되어야 하기 때문이다.
이것은 헌법상 국회의 대표제원칙이 지방의회에도 적용됨을 의미한다. 지방의회가
비록 선거에 의하여 구성되었다고 하여도 지방의회의원은 주민의 위임에 구속되는
것은 아니다. 요컨대 지방의회의원도 국회의원과 유사하게 자유위임하에 놓인다.

(2) 자유위임의 법적 근거   국회의원은 면책특권과 불체포특권을 가지지만 지
방의회의원은 이를 갖지 아니하고, 국회의원에게는 제척제도의 적용이 없지만 지
방의회의원에게는 적용이 있다는 점 등에서 국회의원과 지방의회의원은 법적 지위
에 있어서 상이한 점을 갖는다. 그러나 자유위임의 원칙은 국회의원의 경우와 마찬
가지로 지방의회의원에게도 적용되는 것으로 이해된다. 우리의 지방자치법상 자유
위임을 명시적으로 표현하는 규정은 없다.[2] 그러나 지방의회의원은 오로지 공공의
이익을 우선하여 양심에 따라 행동하여야 한다(지자법 제44조 제1항)는 규정 및 헌법

---

[1] 대판 1997. 3. 11, 96도1258(일반적으로 공무원이라 함은 광의로는 국가 또는 공공단체의 공무를
담당하는 일체의 자를 의미하며, 협의로는 국가 또는 공공단체와 공법상 근무관계에 있는 모든 자를
말하는바, 지방자치법 제32조에 의하면 지방의회의원은 명예직으로서 의정활동비와 보조활동비, 회
기중 출석비를 지급받도록 규정하고 있을 뿐 정기적인 급여를 지급받지는 아니하나, 지방공무원법
제2조 제3항에 의하면 특수경력직 공무원 중 정무직 공무원으로 '선거에 의하여 취임하는 자'를
규정하고 있고, 지방자치법 제35조 이하에 의하면 지방의회의원은 여러 가지 공적인 사무를 담당하
도록 규정하고 있으며, 공직자윤리법에 의하면 지방의회의원도 공직자로 보아 재산등록 대상자로 규
정하고 있는 점 등에 비추어 볼 때, 비록 지방의회의원이 일정한 비용을 지급받을 뿐 정기적인 급여
를 지급받지는 아니한다고 하더라도 공무를 담당하고 있는 이상 지방의회의원은 형법상 공무원에
해당한다).

[2] 입법례에 따라서는 자유위임을 명시적으로 규정하기도 한다. 예컨대, Nordrhein-Westfalen 게마
인데법 제43조 제1항은 "의원은 오로지 법률에 따라 그리고 자유롭고도 오로지 공익에 대한 고려
에서 나오는 확신에 따라 행동할 의무를 지며, 의원은 위임에 구속되지 아니한다"고 규정하고 있다.
그리고 Mecklenburg-Vorpommern 게마인데법 제23조 제3항 제1문도 이와 유사한 규정이다.

상 민주주의원리와 지방자치제의 보장에 근거하여 지방의회의원도 자유위임 하에 놓인다고 볼 것이다.

(3) 자유위임의 내용   국회의원이 외부의 압력이 아니라 자신의 발언권과 투표권, 그리고 질문권의 행사를 통하여 국회의 사무의 수행에 협력하는 바와 같이, 지방의회의원도 그러한 방식으로 지방의회의 사무수행에 협력하여야 한다. 자유위임은 대표제원리의 본질적인 요청이다. 지방의회의원은 법률의 범위 안에서 자신의 자유로운 확신, 공공복지를 위해 정해진 확신에 따라서만 결정한다. 이러한 결정의 자유는 소속 정당이나 소속 단체의 정책에 의해 제한될 수 없다. 강제위임이나 정당의 강제는 허용되지 아니한다. 요컨대 자유위임은 유권자의 영향력으로부터, 정당의 영향력으로부터 지방의원을 보호한다. 자유위임은 본회의에서뿐만 아니라 위원회 및 원내교섭단체에서도 보장된다. 자유위임은 의결에서뿐만 아니라 심의에서도 보장된다. 그러나 국회의원에게 주어지는 면책특권이나 불체포특권은 주어지지 아니한다.

(4) 자유위임의 한계   자유위임이 무제한의 것은 아니다. 그것은 지방의회의 사무를 처리하는 범위 안에서, 그리고 법률의 범위 내에서만 인정된다. 또한 자유위임에 따른 행위가 소속정당(원내교섭단체)의 의사에 반하는 경우에는 그 정당(원내교섭단체)의 징계의 대상이 될 수는 있다. 정당은 공동의 정치적 목표를 실현하기 위한 제도이므로, 징계제도의 도입은 불가피하다. 그러나 그 징계는 역시 제명을 최고한도로 하여 비례원칙에 적합하게 이루어져야 한다. 소속정당(원내교섭단체)의 의사가 헌법상 민주적 기본질서에 반한다면, 그러한 의사를 근거로 징계하는 것은 헌법위반이 된다.

3. 명예직과 유급직

(1) 명예직의 폐지   2003년 7월 8일로 개정되기 전까지의 지방자치법은 지방의회의원의 직을 명예직으로 하였다. 그것은 외국(유럽)에서의 전통과 지방자치사무는 관계자인 주민이 주된 직업을 가지면서 수행하는 것이라는 이해를 전제로 한 것으로 이해되었고, 아울러 지방의회의원의 봉사와 명예, 업무의 비전문성 등을 고려한 것이었다. 또한 지방의회의원의 직을 명예직으로 한 것은 지방자치법이 시민적(정치적) 자치행정을 지방자치법의 기본성격의 하나로 하였음을 의미하였고, 이것은 자신의 지방자치단체의 사무에 대한 시민의 공동책임을 강조한 것이기도 하였다. 그러나 오늘날의 행정의 전문성, 의원의 품위유지와 직무에의 전념 등을 고려

하고 아울러 지방의회의원으로서의 근무시간이 너무 많다는 점 등을 고려하여 2003년 7월 8일 개정 지방자치법은 "지방의회의원의 직을 명예직으로 한다"는 조항을 삭제하였다.

(2) 유급직   지방의회의원에게는 지방의회의원의 직무활동에 대하여 지급하는 월정수당을 지급한다(지자법 제40조 제1항 제2호). 월정수당의 지급으로 인해 현행 지방자치법상 지방의회의원의 직은 유급직이 되었다.1) 지방의회의원의 직을 유급제로 하는 것이 바람직한 것인지 아니면 명예직으로 하는 것이 바람직한 것인지의 여부에 관해서는 논란이 있다.2) 유급직을 찬성하는 견해도 있고,3) 유급직은 지방의회의원의 신분과 조화가 어렵고, 지방재정을 어렵게 한다는 등을 이유로 봉사직으로 하는 것이 옳다는 주장도 있다.4)

(3) 정책지원 전문인력   지방의회의원의 의정활동을 지원하기 위하여 지방의회의원 정수의 2분의 1 범위에서 해당 지방자치단체의 조례로 정하는 바에 따라 지방의회에 정책지원 전문인력을 둘 수 있다(지자법 제41조 제1항). 정책지원 전문인력은 지방공무원으로 보하며, 직급·직무 및 임용절차 등 운영에 필요한 사항은 대통령령으로 정한다(지자법 제41조 제2항).

▫ 참고 ‖ 유급보좌관제

정책지원 전문인력과 같이 지방의회에 두는 것이 아니라 지방의회의원에게 유급보좌관을 둘 수 있는가에 관해 논란이 있어 왔다. 지방의회의원의 직을 명예직으로 하던 구 지방자치법 하에서 판례는 지방의회에 유급보좌관을 둘 수 없다고 하였다.5) 명예직을 폐지한 후에도 판례는 "지방의회의원에 대하여 유급 보좌 인력을 두는 것은 지방의회의원의 신분·지위 및 그 처우에 관한 현행 법령상의 제도에 중대한 변경을 초래하는 것으로서 국회의 법률로 규정하여야 할 입법사항이다"라고 하면서, 지방자치법에 유급 보좌 인력을 허용한 근거조항을 찾아볼 수 없다는 견해를 취하

1) 대판 2009. 1. 30, 2007두13487. 한편, 일본도 유급제를 택하고 있다(자세한 것은 김희곤, "지방의회의원의 유급제화의 의의 및 과제,"지방자치법연구, 통권 제11호, 430쪽 이하 참조).
2) 명예직의 장점으로 ① 무보수의 봉사가 지역주민으로서 의무라는 점, ② 업무가 많지 않다는 점, ③ 많은 주민이 의원으로 참여할 수 있다는 점, ④ 재정에 부담을 주지 아니한다는 점 등이, 유급제의 장점으로 ① 많은 업무수행에는 당연히 대가가 지급되어야 한다는 경제관념에 부합한다는 점, ② 보수지급으로 인한 생활보장을 통해 전문가가 지방의회에 참여할 수 있다는 점, ③ 복잡다단한 현대행정에 전문가가 의원으로 참여할 수 있다는 점, ④ 보수지급으로 의원의 사기를 진작시킨다는 점 등이 언급된다(김희곤, "지방의회의원의 유급제화의의 및 과제," 지방자치법연구, 통권 제11호, 417쪽 이하 참조).
3) 이관행, "지방의원의 유급화에 대한 평가와 과제," 지방자치법연구, 통권 제22호, 278쪽 이하.
4) 허영, 한국헌법론(2014), 851쪽.
5) 대판 2013. 1. 16, 2012추84; 대판 1996. 12. 10, 96추121.

였다.[1] 한편, 조례에 의한 유급보좌인력의 도입은 헌법이 보장하는 조례제정권 및
자치조직권의 관점에서 규범적으로 허용된다고 보아야 할 것이라는 지적도 있다.[2]
그리고 지방의원에게 유급보좌관을 두는 것은 지방의회의 입법정책 기능을 효과적
으로 높이기 위한 방안으로서 가장 강력한 수단이라는 지적도 있지만,[3] 유급보좌관
제의 도입 여부에 대한 판단에는 상당한 비용이 소요된다는 점도 고려되어야 할 것
이다.

Ⅱ. 지방의회의원신분의 발생과 소멸

1. 발 생

지방의회의원은 주민이 보통·평등·직접·비밀선거로 선출한다(지자법 제38조).
지방의회의원의 자격은 법률이 정한 임기개시와 동시에 발생한다. 지방의회의원의
임기는 총선거에 의한 전임의원의 임기만료일의 다음 날부터 개시된다. 다만, 의원
의 임기가 개시된 후에 실시하는 선거와 지방의회의원의 증원선거에 의한 의원의
임기는 당선이 결정된 때부터 개시되며 전임자 또는 같은 종류의 의원의 잔임기간
으로 한다(공선법 제14조 제 2 항).

---

1) 대판 2017. 3. 30, 2016추5087.
• 지방자치법 제90조가 근거조항인지 여부
  지방자치법 제90조는 지방의회에 그 사무를 처리하기 위하여 조례로 정하는 바에 따라 사무처(국·
  과) 및 사무직원을 둘 수 있도록 규정하고 있으나, 이는 지방의회가 의결기관으로서 기능을 수행하
  는 데에 필요한 의사운영의 보좌 및 그에 수반되는 여러 가지 행정사무의 처리를 위한 것이지 지
  방의회의원 개개인의 활동에 대한 보좌를 하도록 하는 규정은 아니므로, 위 각 규정이 지방의회의
  원에 대하여 유급 보좌 인력을 둘 수 있는 근거가 될 수 없다.
• 지방자치법 제56조 제 1 항이 근거조항인지 여부
  지방자치법 제56조 제 1 항은 지방의회는 조례로 정하는 바에 따라 위원회를 둘 수 있다고 규정하
  고, 제59조는 위원회에는 위원장과 위원의 자치입법활동을 지원하기 위하여 지방의회의원이 아닌
  전문지식을 가진 위원(이하 '전문위원'이라 한다)을 두되(제 1 항), 위원회에 두는 전문위원의 직급
  과 정수 등에 관하여 필요한 사항은 대통령령으로 정한다고(제 3 항) 규정하며, 이에 따라 「지방자
  치단체의 행정기구와 정원기준 등에 관한 규정」[별표 5]에서 전문위원의 직급과 정수를 규정하고
  있으나, 이는 전문지식을 가진 전문위원의 설치에 관한 규정으로 전문위원이 아닌 유급 보좌 인력
  을 둘 수 있는 근거가 될 수 없다.
• 지방자치법 제112조가 근거조항인지 여부
  지방자치법 제112조는 지방자치단체의 사무를 분장하기 위하여 필요한 행정기구와 지방공무원을
  둘 수 있도록 규정하고, 지방공무원 임용령 제21조의3은 임기제공무원의 임용에 관하여 규정하고
  있으나, 위 규정은 지방자치단체의 사무를 처리하기 위한 임기제지방공무원을 둘 수 있다는 규정
  에 불과할 뿐, 지방의회의원에 대하여 유급 보좌 인력을 둘 수 있는 근거가 될 수는 없다.
2) 조성규, "조례에 의한 지방의원 유급보좌인력 도입의 허용성," 지방자치법연구, 통권 제46호, 388쪽;
  이관행, "지방의회 정책보좌인력에 대한 평가와 개선방안," 지방자치법연구, 통권 제61호, 104쪽.
3) 문재태, "지방의회 기능의 전문성 제고를 위한 공법적 연구," 지방자치법연구, 통권 제46호, 284쪽.

2. 소 멸

(1) **임기만료**   지방의회의원의 직은 여러 가지 사유로 종료한다. 먼저 지방의
회의원의 직은 임기의 만료로 법상 당연히 그 신분을 상실한다. 지방의회의원의 임
기는 4년으로 한다(지자법 제39조).[1] 1949년 지방자치법이 제정된 이래 1956년부터
1958년까지 임기를 3년으로 한 경우를 제외하고는 임기가 4년으로 규정되고 있다.
의원의 임기가 길면 의회기능의 계속성, 의원의 직무숙달, 선거로 인한 경비의 절
감에 유익할 것이고, 짧으면 주민참여의 확대, 주민통제강화, 의원의 태만의 방지
에 유익할 것이다. 임기가 장기인 경우의 장점은 임기가 단기의 경우에는 단점이
되고, 임기가 단기인 경우의 장점은 임기가 장기의 경우에는 단점이 된다.

(2) **사 직**

(가) **의 의**   지방의회의원의 직은 사직으로 종료한다. 사직이란 의원 본인의
희망에 의하여 의원직에서 물러나는 것을 말한다. 지방의회는 그 의결로 소속 지방
의회의원의 사직을 허가할 수 있다. 다만, 폐회 중에는 지방의회의 의장이 허가할
수 있다(지자법 제89조).

(나) **의사표시의 방법**   사직의 의사표시의 방법에 제한이 없으므로 구두로도 가
능할 것이다. 그러나 사직의 의사표시는 의원신분의 상실이라는 중대한 법적 효과
를 가져오는 것이므로, 그 의사표시의 내용을 명백히 하기 위해 문서로 하는 것이
바람직할 것이다.[2] 입법례에 따라서는 사직의 의사표시를 문서로 하도록 규정하기
도 한다.[3] 지방자치법 시행령은 "지방의회 의원은 사직하려면 본인이 서명하거나
도장을 찍은 사직서를 의장에게 제출하여야 한다"고 하여 사직의 의사표시를 서면
으로 하도록 규정하고 있다(지자령 제62조 제 1 항).

(다) **허가의 기속성**   지방의회나 의장의 허가는 재량적인 것인가 아니면 의무

---

1) 독일의 경우, 임기는 란트별로 다음과 같이 상이하다.
   4년: Hessen, Schleswig-Holstein
   5년: Baden-Württemberg, Brandenburg, Mecklenburg-Vorpommern, Nierdersachsen,
       Nordrhein-Westfalen, Rheinland-Pfalz, Saarland, Sachsen, Sachsen-Anhalt, Thürinden
   6년: Bayern
2) 백종인, 지방자치법주해, 348쪽; 대판 1997. 11. 14, 97누14705(지방의회 의원이 사직하고자 하는
   때에는 본인이 서명·날인한 사직서를 의장에게 제출하여야 한다고 규정한 지방자치법시행령 제25
   조의 취지는, 의원의 사직이 의원의 신분에 관한 중대한 문제이므로 그 사직의 의사표시가 본인의
   의사에 기한 깃임을 서면으로 명확하게 하기 위하여 본인 명의의 서명·날인이 되어 있는 사직서를
   제출하도록 한 것일 뿐 반드시 본인이 그 사직서에 직접 서명·날인하여야 한다거나 본인이 직접 의
   장에게 출석하여 그 사직서를 제출하도록 요구하는 것은 아니다).
3) Niedersachsen 게마인데법 제37조 제 1 항 제 1 호.

적 것인가의 문제가 있다. 법문이 '허가할 수 있다'고 규정하고 있는 관계상 재량적인 것으로 보이나, 의원직 수행이 의무적인 것은 아니므로, 허가는 의원본인의 진의를 확인하기 위한 요식적인 절차로 보아야 한다. 따라서 그 허가는 의무적이라 하겠다.

　　(라) 행정쟁송　　사직이 착오, 또는 외부의 기만·강박·강제에 의한 것이라도, 사직의 의사를 철회함으로써 의원직을 회복할 수는 없다. 다만 사직의 의사표시가 외부의 기만·강박·강제에 의한 것임을 이유로 지방의회의 동의나 의장의 허가의 위법을 행정쟁송법상 다툴 수는 있을 것이다.[1]

　　(3) 제 명　　지방의회의원이 징계에 따라 제명될 때에는 지방의회의원의 직에서 퇴직한다(지자법 제90조 제 3 호). 제명이란 의원의 자격을 의원 본인의 의사에 반하여 박탈하는 것을 말한다. 제명은 징계에 의한 의원신분의 박탈이다. 제명 의결에는 재적의원 3분의 2 이상의 찬성이 있어야 한다(지자법 제100조 제 2 항).[2] 제명의결은 취소소송의 대상이 된다.[3]

　　(4) 자격심사

　　(가) 자격심사의 의의　　지방의회의원의 자격은 자격심사에 의해서도 상실될 수 있다(지자법 제91조, 제92조). 여기서 자격이란 지방의회의원으로서 선출될 수 있는 법적 자격(예: 겸직금지 위반여부)을 말한다. 자격의 심사는 자격의 유무의 확인행위이다.

　　(나) 자격심사의 청구　　지방의회의원은 다른 의원의 자격에 대하여 이의가 있으면 재적의원 4분의 1 이상의 찬성으로 지방의회의 의장에게 자격심사를 청구할 수 있다(지자법 제91조 제 1 항). 심사 대상인 지방의회의원은 자기의 자격심사에 관한 회의에 출석하여 의견을 진술할 수 있으나, 의결에는 참가할 수 없다(지자법 제91조 제 2 항).

　　(다) 자격상실의결　　제91조 제 1 항의 심사 대상인 지방의회의원에 대한 자격상실 의결은 재적의원 3분의 2 이상의 찬성이 있어야 한다(지자법 제92조 제 1 항). 심사 대상인 지방의회의원은 제 1 항에 따라 자격상실이 확정될 때까지는 그 직을 상실하지 아니한다(지자법 제92조 제 2 항). 즉 자격상실의 효과는 소급하지 아니하고, 장래에 향해서만 효력을 갖는다.

　　(5) 주민소환　　주민소환이 있으면 지방의회의 의원은 그 직을 상실하게 된다.

---

1) Erichsen, Kommunalrecht, S. 88 참조.
2) 자세한 것은 본서, 290쪽 참조.
3) 대판 2009. 1. 30, 2007두13487.

주민소환은 지방자치법 제25조 및 주민소환에 관한 법률에서 규정하고 있다.

　(6) 지방의회의 해산　　지방의회가 해산되면 지방의회의원의 자격은 소멸된다. 현행 지방자치법상 지방의회의 해산에 관한 규정은 없다. 그럼에도 지방의회가 스스로 해산결의를 할 수 있음을 부인할 이유는 미약하다고 본다. 주민의 대표기관으로서의 역할을 포기한 의원들에게 주민의 대표기관의 직을 계속 수행하도록 하는 것은 주민이나 의원들 모두에게 유익하지 아니하기 때문이다.

　(7) 기 타　　지방의회의원은 일정의 직을 겸할 수 없다(지자법 제43조 제1항). 지방의회의원이 제43조 제1항 각 호의 어느 하나에 해당하는 직에 취임할 때에는 지방의회의원의 직에서 퇴직한다(지자법 제90조 제1호). ② 지방의회의원이 피선거권이 없게 될 때(지방자치단체의 구역변경이나 없어지거나 합한 것 외의 다른 사유로 그 지방자치단체의 구역 밖으로 주민등록을 이전하였을 때를 포함한다)에는 지방의회의원의 직에서 퇴직한다(지자법 제90조 제2호). 지방의회의원의 자격은 의원의 사망, 선거무효판결, 낭선무효판결 등에 의해서도 상실된다.

　(8) 궐원의 통지　　지방의회의 의장은 지방의회의원의 결원이 생겼을 때에는 15일 이내에 그 지방자치단체의 장과 관할 선거관리위원회에 알려야 한다(지자법 제93조). 궐원의 통지는 지역구 지방의원에 궐원이 생긴 때에는 보궐선거의 실시, 비례대표지방의원에 궐원이 생긴 때에는 관할선거관리위원회가 궐원된 의석을 승계할 자를 결정을 위한 것이다.

3. 자격정지

　우리의 지방자치법상에는 규정이 없으나, 입법례에[1] 따라서는 자격정지제도를 규정하기도 한다. 여기서 자격정지제도란 지방의회의원이 위법한 행위(최소한 1년 이상의 자유형이 선고되는 범죄)로 인하여 기소되면, 기판력이 있는 판결이 내리기까지 그 지방의회의원의 직이 정지되는 제도를 말한다. 아울러 당해 지방의회의원은 기소사실을 지체없이 시장에게 알리도록 요구된다. 지방의회에 대한 주민의 신뢰성 제고라는 관점에서 자격정지제도의 도입도 검토할 만하다.

---

1) 독일 Niedersachsen 게마인데법 제38조 등.

Ⅲ. 지방의회의원의 권리

1. 직무상 권리

지방의회의원은 주민의 대표자로서 그 직무를 자유로이 행사할 수 있는 권리를 갖는다. 이것이 가장 주된 권리이다(직무행사권). 이러한 직무행사권을 충실히 수행할 수 있도록 하기 위하여 지방자치법은 다음의 여러 형태의 권리를 인정한다.

(1) 발 의 권   조례로 정하는 수 이상의 지방의회의원의 찬성으로 지방의회에서 의결할 의안을 발의할 수 있다(지자법 제76조 제 1 항).

(2) 질 문 권   지방의회의원은 지방의회나 그 위원회에 출석하여 지방자치단체의 장 또는 관계 공무원에 행정사무 처리상황을 질문할 수 있다(지자법 제51조 제 1 항·제 2 항). 질문권은 지방의회의원의 정보획득을 위한 수단이기도 하고, 통제수단이기도 하다. 질문이 상세하면 할수록 답변도 상세할 것이다.

(3) 질 의 권   지방의회의원은 현재 심의중인 의안에 대해 위원장, 발의자, 지방자치단체의 장, 관계 공무원 등에게 의문점을 질의할 수 있다.

(4) 토 론 권   지방의회의원은 심의중인 의안에 대해 찬·부의 토론을 할 수 있다. 지방의회의 회의능력의 보장을 위해 필요한 경우에는 토론권 내지 발언권을 제한하는 것은 가능하다. 토론권의 행사를 위한 발언시간을 원내교섭단체별로 배분하는 것은 가능하다. 이러한 제한이나 배분은 지방의회의 자율권의 행사에 속한다. 물론 이러한 제한이나 배분은 평등원칙과 비례원칙에 따른 것이어야 한다. 원내교섭단체에 소속하지 아니한 지방의회의원에게도 심의중인 사안에 대한 입장표명을 위한 시간을 주어야 한다. 뿐만 아니라 원내교섭단체에 속한다고 하여도, 소속원내교섭단체와 견해를 달리하는 의원에게도 입장표명을 위한 시간을 주어야 한다.

(5) 표 결 권   지방의회의원은 본회의, 위원회 등에서 표결에 참가할 권리를 갖는다. 다만, 지방의회의 장이나 의원은 본인 또는 직계존비속과 직접 이해관계 있는 안건에 관하여는 그 의사에 참여할 수 없는바(지자법 제82조),[1] 표결권을 갖지 못한다.

(6) 문서열람권   지방의회의원은 본회의나 위원회의 서류제출요구를 통하여 (지자법 제48조) 문서열람권을 갖는다.

---

1) 이와 관련하여 본서, 271쪽 참조.

(7) 기 타   지방의회의원은 관련법령이 정하는 바에 따라 각종의 신청권을 갖는다.

2. 재산상 권리

(1) 의정활동비 등

(가) 의 의   지방의회의원에게는 ① 의정 자료를 수집하고 연구하거나 이를 위한 보조 활동에 사용되는 비용을 보전하기 위하여 매월 지급하는 의정활동비,[1] ② 지방의회의원의 직무활동에 대하여 지급하는 월정수당, ③ 본회의 의결, 위원회 의결 또는 지방의회의 의장의 명에 따라 공무로 여행할 때 지급하는 여비를 지급한다(지자법 제40조 제 1 항).[2] 여비는 비용보상의 성격을 갖는다. 이것은 지방의회의원의 직의 수행을 통하여 재산상의 불이익을 받아서는 아니 된다는 것을 의미한다.

(나) 월정수당의 의미(유급직)   지방의회의원에게 월정수당을 지급한다는 것은 지방의회의원의 직이 유급직임을 의미한다.[3] 지방의회의원의 직을 유급직으로 한

---

[1] 의정활동비지급에 대하여 부정적인 시각도 있다. 허영, 한국헌법론(2014), 851쪽.

[2] 대판 2004. 7. 22, 2003추51(지방의회의원에 대한 회기수당의 지급요건으로서의 '회기'는 정례회 및 임시회의 회기만을 의미하는 것이라고 해석함이 상당하므로, 행정사무조사특별위원회가 지방자치법 제53조의 규정에 의하여 폐회중에도 본회의의 의결이 있거나 의장이 필요하다고 인정할 때, 재적위원 3분의 1 이상의 요구 또는 지방자치단체의 장의 요구가 있는 때에 한하여 개회할 수 있고, 같은 법 제36조의 규정에 의하여 본회의 의결로 활동기간을 부여받는 것이라 하더라도 그러한 사유만으로 '비회기중의 회의 등 활동'을 정례회 및 임시회의 '회기중의 활동'에 준하는 것이라거나 '회기중의 활동'이라고 의제할 수는 없는바, 행정사무조사특별위원회가 비회기중에 회의 등 활동할 경우 그 활동에 참석한 위원에게 참석 일수에 따라 수당을 지급할 수 있도록 한 조례안은 헌법 제117조, 지방자치법 제15조, 제32조 제 1 항 제 3 호의 규정에 위반되어 위법하고 이와 같은 경우에는 이 조례안에 대한 재의결은 전부 효력이 부인되어야 한다).

[3] 대판 2009. 1. 30, 2007두13487(지방자치법(2007. 5. 11. 법률 제8423호로 전부 개정되기 전의 것) 제32조 제 1 항(현행 지방자치법 제33조 제 1 항 참조)은 지방의회 의원에게 지급하는 비용으로 의정활동비(제 1 호)와 여비(제 2 호) 외에 월정수당(제 3 호)을 규정하고 있는바, 이 규정의 입법연혁과 함께 특히 월정수당(제 3 호)은 지방의회 의원의 직무활동에 대하여 매월 지급되는 것으로서, 지방의회 의원이 전문성을 가지고 의정활동에 전념할 수 있도록 하는 기틀을 마련하고자 하는 데에 그 입법취지가 있다는 점을 고려해 보면, 지방의회 의원에게 지급되는 비용 중 적어도 월정수당(제 3 호)은 지방의회 의원의 직무활동에 대한 대가로 지급되는 보수의 일종으로 봄이 상당하다. 따라서 원고가 이 사건 제명의결 취소소송 계속중 임기가 만료되어 제명의결의 취소로 지방의회 의원으로서의 지위를 회복할 수는 없다 할지라도, 그 취소로 인하여 최소한 제명의결시부터 임기만료일까지의 기간에 대해 월정수당의 지급을 구할 수 있는 등 여전히 그 제명의결의 취소를 구할 법률상 이익은 남아 있다고 보아야 한다. 그런데도 이 사건 제 1 심과 원심은 단순히 원고가 임기 만료로 지방의회 의원으로서의 지위를 회복할 수 없게 되었다는 이유만으로 이 사건 제명의결의 취소를 구할 법률상 이익이 없다고 판단하고 말았으니, 이러한 판단에는 취소소송에서의 소의 이익에 관한 법리를 오해하여 판결결과에 영향을 미친 위법이 있다).

것은 지방의회의원들의 직무전념, 이권개입방지, 품위유지 등을 고려한 것이라 볼 것이다. 독일, 프랑스, 영국 등 유럽국가들은 무보수 명예직이 대부분이고, 미국의 일부와 일본이 유급제를 채택하고 있다고 한다.1)

(다) 책정기준   제 1 항 각 호에 규정된 비용은 대통령령으로 정하는 기준을 고려하여 해당 지방자치단체의 의정비심의위원회에서 결정하는 금액 이내에서 지방자치단체의 조례로 정한다(지자법 제40조 제 2 항 본문).2) 다만, 제 1 항 제 3 호에 따른 비용은 의정비심의위원회 결정 대상에서 제외한다(지자법 제40조 제 2 항 단서).

(라) 시 행 령   의정비심의위원회의 구성·운영 등에 관하여 필요한 사항은 대통령령으로 정한다(지자법 제40조 제 3 항).3)

(2) 상해·사망 등의 보상

(가) 내 용   지방의회의원이 직무로 인하여 신체에 상해를 입거나 사망한 경우와 그 상해나 직무로 인한 질병으로 사망한 경우에는 보상금을 지급할 수 있다(지자법 제42조 제 1 항). 2022. 1. 13. 시행 지방자치법 전부개정법률이 시행되기 전 구 지방자치법은 "지방의회의원이 회기중 직무(제61조에 따라 개회된 위원회의 직무와 본회

1) 이시우, 지방자치법주해, 179쪽.
2) 대판 2014. 2. 27, 2011두7489(구 지방자치법(2009. 4. 1. 법률 제9577호로 개정되기 전의 것) 제33조 제 1 항, 제 2 항, 제 3 항, 구 지방자치법 시행령(2008. 10. 8. 대통령령 제21075호로 개정되기 전의 것, 이하 '시행령'이라 한다) 제34조 제 1 항, 제 2 항의 규정 형식과 내용 및 지방의회의원에게 지급할 의정활동비, 여비, 월정수당(이하 '의정활동비 등'이라 한다)의 지급기준을 조례로 정하기에 앞서 결정 범위를 미리 제시하기 위하여 해당 지방자치단체의 의정비심의위원회(이하 '심의회'라 한다)를 독립성을 갖춘 별도의 심의·의결기구로 마련한 취지 등을 고려하면, 시행령 제34조 제 1 항에서 심의회의 위원을 선정할 때 학계 등으로부터 추천을 받도록 규정한 취지는 심의회 구성의 다양성과 객관성을 확보하기 위한 데 있다고 할 것이므로, 심의위원 선정절차가 위 규정에 엄격히 부합하지 아니하더라도 심의회의 구성에 관한 위와 같은 입법 취지를 실질적으로 훼손하였다고 평가할 정도에 이르지 아니하는 한 해당 심의회의 의결이 위법하다거나 이를 기초로 한 의정활동비 등에 관한 조례가 위법하다고 판단할 수는 없다).
3) 대판 2014. 2. 27, 2011두7489(구 지방자치법(2009. 4. 1. 법률 제9577호로 개정되기 전의 것) 제33조 제 1 항, 제 2 항, 구 지방자치법 시행령(2008. 10. 8. 대통령령 제21075호로 개정되기 전의 것) 제33조 제 1 항 제 1 호, 제 2 호, 제 3 호는 지방의회의원에게 지급하는 비용으로서 조례로 정하는 의정활동비, 여비, 월정수당(이하 '의정활동비 등'이라 한다)의 지급기준의 객관성과 적정성을 확보하기 위하여 의정활동비 등을 해당 지방자치단체의 의정비심의위원회(이하 '심의회'라 한다)가 결정한 금액(이하 '의정활동비 등의 상한액'이라 한다) 이내로 제한하는 한편, 심의회가 '의정활동비 등의 상한액'을 결정할 때 따라야 할 기준과 절차를 제시하면서, 월정수당에 관하여는 의정활동비나 여비와 달리 그 금액이나 산정방법에 대한 구체적이고 실질적인 기준을 정하지 아니한 채 지역주민의 소득수준 등 일정한 고려사항을 예시적으로 열거하고 있을 뿐이다. 따라서 심의회가 관계 법령에서 정한 절차에 의하여 구성되고 자율적으로 '의정활동비 등의 상한액'을 결정한 경우에는 결정 과정에서 주민들의 정서나 여론조사 결과에 일부 부합하지 아니한 부분이 있다고 하더라도 법령에서 심의회의 의결을 반영하는 절차를 둔 입법 취지를 달성할 수 없을 정도로 형식적인 절차를 거친 것에 불과하여 실질적으로 절차를 거치지 아니한 것과 다름없다고 볼 정도에 이르지 아니한다면, 심의회가 행한 '의정활동비 등의 상한액' 결정이 위법하다고 볼 수는 없다).

의 또는 위원회의 의결이나 의장의 명에 따른 폐회중의 공무여행을 포함한다)로 인하여 신체에 상해를 입거나 사망한 경우와 그 상해나 직무로 인한 질병으로 사망한 경우에는 보상금을 지급할 수 있다(구 지자법 제34조 제1항)"고 규정하였다. 이 조항은 1994년 3월 16일의 개정 지방자치법에 신설되었다. 현행법은 구법에 비해 지방의회 운영의 자율화를 보다 증대시키기 위해 보상의 경우를 「회기 중 직무」에서 「직무」로 확대하였다. 제1항의 보상금의 지급기준은 대통령령으로 정하는 범위에서 해당 지방자치단체의 조례로 정한다(지자법 제42조 제2항).

(나) 취 지　　공무원의 퇴직 또는 사망과 공무로 인한 부상·질병·폐질에 대하여 적절한 급여를 실시함으로써, 공무원 및 그 유족의 생활안정과 복리향상에 기여함을 목적으로 제정된 공무원연금법은 선거에 의하여 취임하는 공무원을 적용대상에서 제외하고 있다. 그런데 선거에 의해 취임하는 공무원인 국회의원에게는 국회의원수당 등에 관한 법률 제10조(국회의원이 직무로 인하여 신체에 상해를 입은 때에는 그 치료비의 전액을 지급하고, 그 상해로 불구가 된 때에는 수당의 6월분 상당액을, 그 상해 또는 직무로 인한 질병으로 사망한 때에는 수당의 1년분 상당액을 지급한다)에 의해 상해·사망 등의 경우에 보상이 이루어지고 있는바, 지방의회의원에게도 이와 균형을 맞추자는 것이 본 조항의 취지이다.[1]

3. 면책특권과 불체포특권

(1) 특권의 부인　　지방의회의원에게도 국회의원과 같이 직무상 행한 발언에 대한 면책특권과 형사절차상 불체포특권이 인정되는가? 명문의 규정이 없는 한, 이에 대하여는 부정적으로 보아야 한다. 지방의회는 국회가 아니다. 지방의회는 정치적 기관이라기보다 행정적 기관이므로, 지방의회의원에게는 면책특권이나 불체포특권이 인정되지 아니한다.[2] 헌법은 국회의원에게만 그러한 특권을 인정하고 있다.

(2) 체포 및 확정판결의 통지

(가) 내 용　　지방의회의원이 주민의 대표자인 점에 비추어 지방자치법은 의원체포 및 확정판결의 통지제도를 도입하고 있다. 즉, 수사기관의 장은 체포되거나 구금된 지방의회의원이 있으면 지체 없이 해당 지방의회의 의장에게 영장의 사본을 첨

---

1) 이시우, 지방자치법주해, 192쪽.
2) 김명용, 지방자치법주해, 207쪽; Erichsen, Kommunalrecht, S. 97; Wolff/Bachof/Stober, Verwaltungsrecht II(5. Aufl.), §86, Rn. 145; Schmidt-Aßmann/Röhl, Kommunalrecht, in: Schmidt-Aßmann(Hrsg.), Besonderes Verwaltungsrecht, Rn. 59.

부하여 그 사실을 알려야 한다(지자법 제45조 제 1 항). 각급 법원장은 지방의회의원이 형사사건으로 공소가 제기되어 판결이 확정되면 지체 없이 해당 지방의회의 의장에게 그 사실을 알려야 한다(지자법 제45조 제 2 항). 본조는 1991년 12월 31일의 개정 지방자치법에 신설되었다.

(나) 취 지   지방의회의원이 체포나 구금된다고 하여도 체포나 구금의 통지가 없는 한 지방의회는 체포나 구금을 알기 어렵다. 따라서 체포나 구금의 통지가 없는 한, 지방의회의 운영에 지장이 생길 수 있고, 아울러 지방의회의원의 위상실추 및 사기저하를 가져올 수도 있다. 이러한 문제점을 해소하고자 하는 것이 본조의 취지로 이해된다.[1]

Ⅳ. 지방의회의원의 의무

1. 겸직금지의무

(1) 겸직금지의 대상
지방의회의원은 다음 각 호의 어느 하나에 해당하는 직을 겸할 수 없다(지자법 제43조 제 1 항).

① 국회의원, 다른 지방의회의원

② 헌법재판소 재판관, 각급 선거관리위원회 위원

③ 「국가공무원법」 제 2 조에 따른 국가공무원과 「지방공무원법」 제 2 조에 따른 지방공무원(「정당법」 제22조에 따라 정당의 당원이 될 수 있는 교원은 제외한다)

④ 「공공기관의 운영에 관한 법률」 제 4 조에 따른 공공기관(한국방송공사, 한국교육방송공사 및 한국은행을 포함한다)의 임직원

⑤ 「지방공기업법」 제 2 조에 따른 지방공사와 지방공단의 임직원[2]

⑥ 농업협동조합, 수산업협동조합, 산림조합, 엽연초생산협동조합, 신용협동조합, 새마을금고(이들 조합·금고의 중앙회와 연합회를 포함한다)의 임직원과 이들 조합·금고의 중앙회장이나 연합회장

⑦ 「정당법」 제22조에 따라 정당의 당원이 될 수 없는 교원

⑧ 다른 법령에 따라 공무원의 신분을 가지는 직

⑨ 그 밖에 다른 법률에서 겸임할 수 없도록 정하는 직

---

1) 김명용, 지방자치법주해, 207쪽.
2) 헌재 2012. 4. 24, 2010헌마605.

(2) **겸직금지의 취지**   겸직금지는 일정한 직업의 선택 그 자체를 금지한다. 겸직금지는 조직상 권력분립에 기여한다. 말하자면 겸직금지는 집행부의 활동과 의회의 활동이 하나의 활동으로 합쳐지는 것을 방지하여 조직상의 권력분립을 보호하기 위한 것이다.[1] 따라서 겸직금지는 사무의 성질이 상이한 일정한 직의 양립 불가성을 의미한다고 말할 수도 있다. 이 밖에도 겸직금지는 직무수행에 전념하도록 하는 의미와 직무집행의 공정성의 확보를 위한 의미도 갖는다.[2]

(3) **겸직금지의 범위**   겸직금지의 범위를 넓게 설정하면 유능한 인사의 의회 진출을 어렵게 하고 지나치게 축소하면 의회활동의 객관성과 공정성에 문제가 제기될 수 있다. 따라서 겸직금지의 범위설정에는 신중을 기하여야 한다. 독일과 일본은 우리나라보다 겸직금지에 대하여[3] 관대하다고 한다.

(4) **겸직금지의 효과**   지방자치법 제90조 제 1 호는 지방의회의원이 제43조 제 1 항 각 호의 어느 하나에 해당히는 직에 취임할 때에는 지방의회의원의 직에서 퇴직한다고 규정한다. 따라서 지방의회의원이 지방자치법 제43조 제 1 항이 정하는 직을 겸하게 되면 의원의 직에서 당연 퇴직된다. 겸직금지의 효과는 겸직이 이루어지는 시점에 발생한다고 볼 것이다.

(5) **특 례**

(가) **교원의 직 휴직**   「정당법」 제22조에 따라 정당의 당원이 될 수 있는 교원이 지방의회의원으로 당선되면 임기 중 그 교원의 직은 휴직된다(지자법 제43조 제 2 항).

(나) **기타 직의 신고와 공개**

(a) **의장에 신고**   지방의회의원이 당선 전부터 제 1 항 각 호의 직을 제외한 다른 직을 가진 경우에는 임기 개시 후 1개월 이내에, 임기 중 그 다른 직에 취임한 경우에는 취임 후 15일 이내에 지방의회의 의장에게 서면으로 신고하여야 하며, 그 방법과 절차는 해당 지방자치단체의 조례로 정한다(지자법 제43조 제 3 항).

(b) **신고내용의 공개**   지방의회의 의장은 제 3 항에 따라 지방의회의원의 겸직신고를 받으면 그 내용을 연 1회 이상 해당 지방의회의 인터넷 홈페이지에 게시하거나 지방자치단체의 조례로 정하는 방법에 따라 공개하여야 한다(지자법 제43조 제 4 항).

(다) **겸직한 직의 사임**   지방의회의원이 다음 각 호[1. 해당 지방자치단체가 출자·출연(재출자·재출연을 포함한다)한 기관·단체, 2. 해당 지방자치단체의 사무를 위탁받아 수행하고 있

---

1) BVerfGE 12, 73, 77, 57, 42, 62 참조.
2) 김명용, 지방자치법주해, 196쪽.
3) 김명용, 지방자치법주해, 197쪽.

는 기관·단체, 3. 해당 지방자치단체로부터 운영비, 사업비 등을 지원받고 있는 기관·단체, 4. 법령
에 따라 해당 지방자치단체의 장의 인가를 받아 설립된 조합(조합설립을 위한 추진위원회 등 준비단
체를 포함한다)의 임직원]의 기관·단체 및 그 기관·단체가 설립·운영하는 시설의 대
표, 임원, 상근직원 또는 그 소속 위원회(자문위원회는 제외한다)의 위원이 된 경우에는
그 겸한 직을 사임하여야 한다(지자법 제43조 제 5 항).

　　(라) 사직의 권고　　지방의회의 의장은 지방의회의원이 다음 각 호(1. 제 5 항에 해
당하는 데도 불구하고 겸한 직을 사임하지 아니할 때, 2. 다른 직을 겸하는 것이 제44조 제 2 항에
위반된다고 인정될 때)의 어느 하나에 해당하는 경우에는 그 겸한 직을 사임할 것을
권고하여야 한다. 이 경우 지방의회의 의장은 제66조에 따른 윤리심사자문위원회
의 의견을 들어야 하며 그 의견을 존중하여야 한다(지자법 제43조 제 6 항). 권고는 강제
력을 수반하지 아니하는 사실적인 행위이다.

　　(마) 윤리심사자문위원회의 의견 청취　　지방의회의 의장은 지방의회의원의 행위
또는 양수인이나 관리인의 지위가 제 5 항 또는 제 6 항에 따라 제한되는지와 관련하
여 제66조에 따른 윤리심사자문위원회의 의견을 들을 수 있다(지자법 제43조 제 7 항).

2. 성실의무

　　지방의회의원은 공공의 이익을 우선하여 양심에 따라 그 직무를 성실히 수행
하여야 한다(지자법 제44조 제 1 항). 주민 전체의 이익과 소속 정당의 이익이 충돌하면
양심에 따라 판단하되 주민 전체의 이익이 우선하도록 하여야 한다.[1] 이러한 성실
의무는 지방의회의원이 주민에 대한 봉사자라는 점으로부터 나온다. 성실의무의
개념은 명확하지 않다. 만약 지방의회의원의 직이 명예직이라면, 의원의 성실의무
는 일반 공무원의 성실의무만큼 넓지 않다고 볼 것이다.

3. 청렴의무·품위유지의무

　　지방의회의원은 청렴의 의무를 지며, 지방의회의원으로서의 품위를 유지하여
야 한다(지자법 제44조 제 2 항). 품위유지의무는 지방의회의원의 의무 중 기본적인 법
적 의무이자 윤리적 의무이다. 품위유지의무는 경제의 영역에서 영리행위금지의무
등으로 나타난다.

---

1) 김명용, 지방자치법주해, 204쪽.

4. 영리행위금지의무

(1) 지방자치법상 의무　　지방의회의원은 지위를 남용하여 재산상의 권리·이익 또는 직위를 취득하거나 다른 사람을 위하여 그 취득을 알선해서는 아니 된다(지자법 제44조 제 3 항). 지방의회의원은 해당 지방자치단체, 제43조 제 5 항 각 호의 어느 하나에 해당하는 기관·단체 및 그 기관·단체가 설립·운영하는 시설과 영리를 목적으로 하는 거래를 하여서는 아니 된다(지자법 제44조 제 4 항). 지방의회의원은 소관 상임위원회의 직무와 관련된 영리행위를 할 수 없으며, 그 범위는 해당 지방자치단체의 조례로 정한다(지자법 제44조 제 5 항). 영리행위를 금지하는 것은 지방의회의원의 직무의 공정성의 확보와 의원으로서의 직무활동에 따른 공익과 사익 사이의 이해의 충돌을 방지하기 위한 것이다.[1]

(2) 지방자치단체를 당사자로 하는 계약에 관한 법률상 의무　　지방자치단체의 장 또는 지방의회의원은 그 지방자치단체와 영리를 목적으로 하는 계약을 체결할 수 없다(동법 제33조 제 1 항). 다음 각 호(1. 지방자치단체의 장의 배우자, 2. 지방자치단체의 지방의회의원의 배우자, 3. 지방자치단체의 장 또는 그 배우자의 직계 존속·비속, 4. 지방자치단체의 지방의회의원 또는 그 배우자의 직계 존속·비속, 5. 지방자치단체의 장 또는 지방의회의원과 다음 각 목[가. 「독점규제 및 공정거래에 관한 법률」 제 2 조 제 3 호에 따른 계열회사, 나. 「공직자윤리법」 제 4 조 제 1 항에 따른 등록대상으로서 소유 명의와 관계없이 지방자치단체의 장 또는 지방의회의원이 사실상 소유하는 재산이 자본금 총액의 100분의 50 이상인 사업자]의 관계에 있는 사업자(법인을 포함한다. 이하 같다), 6. 지방자치단체의 장과 제 1 호·제 3 호·제 5 호에 해당하는 자가 소유하는 자본금 합산금액이 자본금 총액의 100분의 50 이상인 사업자, 7. 지방자치단체의 지방의회의원과 제 2 호·제 4 호·제 5 호에 해당하는 자가 소유하는 자본금 합산금액이 자본금 총액의 100분의 50 이상인 사업자)의 어느 하나에 해당하는 자가 사업자(법인의 경우 대표자를 말한다)인 경우에는 그 지방자치단체와 영리를 목적으로 하는 수의계약을 체결할 수 없다(동법 제33조 제 2 항).[2]

5. 기타 의무

(1) 윤리강령과 윤리실천규범 준수의무[3]　　지방의회는 지방의회의원이 준수하여야 할 지방의회의원의 윤리강령과 윤리실천규범을 조례로 정하여야 한다(지자법

1) 김희곤, "지방의회의원의 겸업금지," 지방자치법연구, 통권 제15호, 293쪽.
2) 자세한 것은 김희곤, "지방의회의원의 겸업금지," 지방자치법연구, 통권 제15호, 310쪽 이하 참조.
3) [관련논문] 이혜영, "「지방의회의원 행동강령」에 대한 법적 고찰," 지방자치법연구, 통권 제34호, 제201쪽 이하.

제46조 제 1 항).

  (2) 출석의무   지방의회의원은 본회의와 위원회에 출석하여야 하는 의무, 즉 출석의무를 진다(지자법 제72조 참조). 출석의무가 지방자치법상 명문으로 규정되고 있는 것은 아니다.1) 그러나 이러한 의무는 지방의회의 기능을 보장하기 위하여 자유위임과 결합된 대표민주주의체제에 근거하여 발생한다고 볼 것이다.

  (3) 질서유지의무   회의에 있어서는 의사에 관한 법령, 규칙을 준수하여 회의장의 질서를 문란하게 하여서는 아니 되며, 질서의 유지를 위한 의장의 명령에 복종하여야 하는바(지자법 제94조), 법령준수의무와 질서유지의무를 진다. 이러한 의무위반은 징계사유가 된다.

  (4) 모욕발언의 금지   지방의회의 의원은 본회의나 위원회에서 다른 사람을 모욕하거나 다른 사람의 사생활에 대하여 발언하여서는 아니 된다(지자법 제95조 제 1 항). 본회의나 위원회에서 모욕을 당한 의원은 모욕을 한 의원에 대하여 지방의회에 징계를 요구할 수 있다(지자법 제95조 제 2 항).

  (5) 발언방해 등의 금지   지방의회의 의원은 회의 중에 폭력을 행사하거나 소란한 행위를 하여 타인의 발언을 방해할 수 없으며, 의장이나 위원장의 허가 없이 연단이나 단상에 올라가서는 아니 된다(지자법 제96조). 본조는 폭력배제의 원칙을 확보함으로써 발언자유의 원칙을 보장하려는 것을 목적으로 한다.2)

6. 의무위반의 성질과 책임

  상기의무는 단순한 윤리적인 의무가 아니라 법적 의무이다. 상기의 의무에 대한 위반이 있게 되면, 다음과 같은 법적 제재가 가해질 수 있다. 즉 ① 지방의회의 의결로써 징계가 가해질 수 있다(징계책임).3) ② 의무위반이 형사법상의 구성요건에 해당하게 되면, 형사법상의 제재가 가해질 수도 있다(형법 제129조 내지 제133조 참조)(형

---

  1) 입법례에 따라서는 출석의무를 규정하고(Bayern 게마인데법 제48조 제 1 항 제 1 문), 정당한 사유 없는 출석의무 위반시에는 질서금(Ordnungsgeld)의 부과를 규정하기도 한다(Bayern 게마인데법 제48조 제 2 항). 질서금의 부과주체는 지방의회이고, 질서금은 출석의무의 위반시마다 250EURO까지 부과할 수 있는데, 질서금의 부과여부와 부과정도는 의무에 합당한 재량으로 판단하되, 선례를 존중한다고 한다(행정의 자기구속). 한편, 질서금부과의 법적 성질은 분명하지 않다. 질서금부과가 기관이 아니라 기관구성자(자연인)에 대한 것으로 이해한다면, 행정행위로 이해되고, 취소소송의 대상이 될 것이다. 그러나 지방자치단체조직법상 내부적인 것으로서 기관에 대한 것으로 이해하면 행정행위는 아니고 이행소송 내지 확인소송이 문제될 것이다. 전자로 보는 것이 보다 실제적일 것이다.
  2) 김성원, 지방자치법주해, 358쪽.
  3) 자세한 것은 본서, 290쪽 참조.

사책임). ③ 지방의회의원이 직무상 불법행위로 인하여 제 3 자에게 손해를 가하면, 외부관계에서 지방자치단체가 국가배상법에 따른 배상책임을 지게 되나(배상책임), 내부관계에서 지방의회의원은 구상의무를 진다.

제 3 절   집행기관

지방의회의 의결사항과 지방자치단체의 임무로 주어진 행정사무의 수행을 위하여 지방자치단체는 집행기능을 갖는 행정조직체를 필요로 한다(광의의 집행기관). 이러한 의미의 집행기관에는 집행기관의 장, 보조기관 등 각종 행정기관으로 이루어진다. 통상 지방자치단체의 집행기관이라 함은 집행기관의 장을 뜻한다(협의의 집행기관).1) 협의의 집행기관으로는 지방자치단체의 일반적인 사무의 집행기관인 지방자치단체의 장, 교육·과학 및 체육에 관한 사무의 집행기관인 교육감이 있다.2) 지방자치단체의 장의 종류는 헌법이 아니라 지방자치법에서 규정되고 있다. 지방자치단체의 장으로 특별시에 특별시장, 광역시에 광역시장, 특별자치시에 특별자치시장, 도와 특별자치도에 도지사를 두고, 시에 시장, 군에 군수, 자치구에 구청장을 둔다(지자법 제106조).

제 1 항   지방자치단체의 장의 지위3)

I. 지방자치단체의 대표기관

1. 대표기관의 의의

(1) 대표의 의미   지방자치단체의 장은 법적으로 지방자치단체를 대표한다(지자법 제114조).4) 지방자치단체는 공법인이지만, 그 자체로서 행위할 수는 없다. 따라

---

1) 용례상 행정조직내부에서 정해진 의사를 실력으로 실행하는 직무를 담당하는 기관을 의미할 때도 있다(예: 불법건축물 철거시의 철거공무원).
2) 그 밖에 특별한 기관으로 인사위원회·소청심사위원회·선거관리위원회 등이 있다.
3) [관련논문] 양철호, "지방자치단체장과 군 지휘관의 책임 패러다임 전환 연구," 지방자치법연구 통권 제52조, 373쪽 이하.
4) 지방자치법상 내적 의사형성권능과 외부대표권능은 구분된다. 전자는 자치단체 내부에서 분배되는 것이고, 후자는 단일하게 지방자치단체의 장에게 주어진다. 후자는 다만 법률로만 제한이 가능하고 지방의회의 의결에 의한 제한은 곤란하다.

서 지방자치단체는 자신을 외부적으로 대표하는 기관을 통해 법생활에 참여한다. 그 기관과 관련하여 나타나는 개념이 지방자치단체의 장이다. 대표는 자신이 속하는 법인(지방자치단체)의 조직의 한 부분이므로 타인을 위한 대리와 구별된다. 지방자치단체의 장이 법적으로 지방자치단체를 대표한다는 것은 지방자치단체의 장이 공·사법상의 법률관계에서 지방자치단체를 위해 구속적인 의사표시를 할 수 있는 권능을 가짐을 의미한다.[1] 지방자치단체의 장의 공·사법상 각종 법적 행위는 지방자치단체의 대표권을 갖는 단체장의 고유한 행위가 아니라 지방자치단체 자신의 고유한 법적 행위이다.[2]

(2) 대표권의 근거 지방자치단체의 장의 이러한 지위는 법률행위에 의해 부여된 것이 아니라 바로 법률(지자법 제114조)에 의해 직접 주어진 것이다. 따라서 지방의회의 개별적인 의결로 지방자치단체의 장의 대표권한(대표권)은 제한되지 아니한다. 지방자치단체의 장의 이러한 지위는 주민과 지방자치단체 사이의 법률관계의 안정에 기여한다. 시민은 지방자치단체와의 법률관계를 형성함에 있어서 일일이 지방자치단체의 장에게 권한이 있는지의 여부를 판단하여야 할 필요가 없다. 왜냐하면 지방자치단체의 장의 대표권한은 바로 법률에 의해 포괄적으로 주어진 것이기 때문이다. 또한 지방자치단체의 대표기관의 지위에서 지방자치단체의 장은 다른 행정주체(국가 또는 다른 지방자치단체)와 법적 관계를 형성한다(지자법 제164조 이하 참조).

2. 대표권의 제한

지방자치단체의 장의 대표권은 포괄적이다. 대표권은 지방의회의 의결로 제한되지 아니한다. 대표권은 지방자치단체의 권리능력이 법률로 제한됨으로써만 제한될 수 있을 뿐이다. 지방자치단체의 장은 법률상의 제한(예: 지방의회의 사전 동의 등)을 준수하여야 한다. 지방자치단체와 계약을 체결하는 사인을 보호하여야 하는 필요성 때문에 사법영역에서 이러한 제한의 위반은 원칙적으로 외부적으로 아무런 영향을 미치지 아니한다. 사인이 사전에 이를 알았다면 사정은 다르다. 한편, 공법영역에서 이러한 제한의 위반은 중대한 절차상 하자를 구성하게 된다. 따라서 이로 인한 행정행위는 위법한 것이 된다.

---

1) Schmidt-Aßmann/Röhl, Kommunalrecht, in: Schmidt-Aßmann(Hrsg.), Besonderes Verwaltungsrecht, Rn. 78.
2) Geis, Kommunalrecht(3. Aufl.), §11, Rn. 62.

3. 무권한의 행위

지방자치단체의 장이 무권한으로 발령하는 행정행위는 원칙적으로 무효이다. 왜냐하면 그러한 행위는 하자가 중대할 뿐만 아니라 명백하기 때문이다. 사법영역에서 무권한으로 체결하는 계약도 효력을 발생하지 아니한다. 사법영역에서 권한을 초과하여 계약을 체결한 경우에는 원칙적으로 효력을 발생한다. 다만 사인이 이를 사전에 알았다면 사정이 다르다.

Ⅱ. 지방자치단체의 독임제 행정청

1. 행 정 청

지방자치단체의 장은 선거직의 지방공무원으로서 그 지방자치단체의 사무와 법령에 따라 그 지방자치단체의 장에게 위임된 사무를 관리하고 집행한다(지자법 제116조).1) 지방자치단체의 장은 사무를 관리하고 집행함에 있어서 자기의 이름으로 의사를 결정하고 이를 대외적으로 표시하는 권한을 가지는바, 지방자치단체의 장은 행정청(행정관청)에2) 해당한다.

2. 최고행정청

지방자치단체의 장은 지방자치단체의 집행기관의 정상에 위치하는 기관으로서 지방자치단체의 사무를 총괄하는바(지자법 제114조 제 2 문), 지방자치단체의 장은 해당 지방자치단체의 행정의 지도자이다. 이러한 최고행정청의 지위에서 지방자치단체의 장은 소속 직원(지방의회의 사무직원은 제외한다)을 지휘·감독하고 법령과 조례·규칙으로 정하는 바에 따라 그 임면·교육훈련·복무·징계 등에 관한 사항을 처리한다(지자법 제118조). 지방자치단체의 최고행정청으로서 지방자치단체의 장은 행정사무수행의 가능성과 단일성에 대한 책무를 진다. 이 때문에 지방자치단체의 장에게는 정치적 식견과 전문적 식견이 동시에 요구된다.

---

1) 대판 1967. 2. 21, 66다2309(행정기관으로서의 군수나, 자치단체의 장으로서의 군수의 책임이 곧 자치단체인 군의 책임이 되는 것이라고 할 수 없다).

2) 행정청의 개념에 관해 자세한 것은 졸저, 행정법원론(상)(제29판), 옆번호 1733 이하 참조.

3. 독임제 행정청

지방자치단체의 장은 독임제 행정청이다.[1] 지방자치단체의 장이 독임제 행정청이므로 합의제 행정청에 비하여 행정사무의 수행에 있어서 보다 능률적이고 보다 많은 책임을 요구할 수 있다.

Ⅲ. 자치권의 행사기관

1. 의 의

지방자치단체의 장은 주민의 대표자로서 자치권을 행사한다. 자치권행사의 주체 중의 하나로서 지방의회의 의결에 대한 재의요구와 예산상 집행 불가능한 의결에 대한 재의요구를 할 수 있고, 선결처분도 할 수 있디.

2. 재의요구

(1) 지방의회의 의결에 대한 재의요구   지방자치단체의 장은 지방의회의 의결이 월권이거나 법령에 위반되거나 공익을 현저히 해친다고 인정되면 그 의결사항을 이송받은 날부터 20일 이내에 이유를 붙여 재의를 요구할 수 있다(지자법 제120조 제 1 항).

(2) 예산상 집행 불가능한 의결의 재의요구   지방의회의 의결이 예산상 집행할 수 없는 경비를 포함하고 있다고 인정되면 그 의결사항을 이송받은 날부터 20일 이내에 이유를 붙여 재의를 요구할 수 있다(지자법 제121조 제 1 항).[2] 이러한 지방자치단체의 장의 이의권은 공동체 내부적인 적법성의 통제와 권력간의 균형에 기여한다.

3. 선결처분

지방자치단체의 장은 지방의회가 지방의회의원이 구속되는 등의 사유로 제73조에 따른 의결정족수에 미달될 때와 지방의회의 의결사항 중 주민의 생명과 재산

---

[1] 입법례에 따라서는 지방자치단체의 최고행정청을 합의제로 하는 경우도 있다. 예컨대, 독일의 이사회형 지방자치단체(Magistratsverfassung)가 이에 해당한다. 이에 관해 본서 제4판, 243쪽 참조.
[2] 우리의 경우는 위에서 본 것처럼 이의제기가 지방의회의결의 위법을 이유로 하나, 독일의 일부 란트의 경우에는 의회의결이 공동체복지에 위태로울 때에도 인정된다. 그리고 이 경우 지방자치단체의 장에게 이의제기의무가 부과된 것이라고 보지는 않는다. 지방자치법의 규정형식상 우리의 경우도 의무적인 것은 아니다.

보호를 위하여 긴급하게 필요한 사항으로서 지방의회를 소집할 시간적 여유가 없
거나 지방의회에서 의결이 지체되어 의결되지 아니할 때에는 선결처분을 할 수 있
다(지자법 제122조 제1항).

Ⅳ. 국가행정기관

1. 의 의

지방자치단체의 장은 지방자치단체의 기관이지 국가기관은 아니다. 그러나 예
외적으로 법령에 의거하여 자치구역에서 국가사무를 수행하는 경우도 있다. 이러
한 국가위임사무를 수행하는 한에 있어서, 지방자치단체의 장은 국가행정기관의
지위에 놓인다.[1] 기관위임사무를 수행함에 있어서 지방자치단체의 장은 지방의회
의 통제를 받지 아니한다. 개별 법률에서 지방의회의 통제가능성을 명시적으로 규
정하고 있다면 사정이 다르다.

2. 문 제 점

지방자치단체의 장의 수행사무의 중심은 자치사무이어야 한다. 그럼에도 법령
이 지방자치단체의 장에게 과도하게 국가사무를 위임한다면, 그것은 지방자치제도
자체에 대한 침해일 수 있다. 기관위임사무를 축소하는 노력이 필요하다. 특별지방
행정기관의 지방이양도 이러한 노력의 일환이다.[2]

제2항   지방자치단체의 장의 신분

Ⅰ. 장의 신분의 발생(장의 선거)

1. 선거의 의의

지방자치단체의 장은 주민이 보통·평등·직접·비밀선거로 선출한다(지자법 제
107조). 직접선거는 단체장에게 직접적인 민주적 정당성을 부여한다.[3] 지방자치단

---

1) 대판 1984. 7. 10, 82누563; 대판 1982. 11. 24, 80다2303.
2) 김재호·김현중, "특별지방행정기관의 지방이양에 관한 검토," 지방자치법연구, 통권 제36호, 141
쪽 이하 참조.
3) T.I. Schmidt, Kommunalrecht(2. Aufl.), §17, Rn. 567.

체의 장을 국가가 임명하는 것은 지방자치단체의 장의 민주적 정당성과 거리가 멀다. 독립 법인인 지방자치단체의 장에 대한 임명제는 지방자치의 헌법적 보장에 반한다. 행정시에서 시장을 주민의 선거로 선출할 수 있을 것인가도 문제된다.[1] 지방선거에 관하여 지방자치법에서 정한 것 외에 필요한 사항은 따로 법률로 정한다(지자법 제36조). 이에 근거하여 지방선거에 관한 세부적인 사항은 공직선거법에서 규정되고 있다.

2. 선거권과 피선거권

지방자치단체의 장의 선거권(공선법 제15조 제2항)과 피선거권(공선법 제16조 제3항)은[2] 지방의회의원의 그것과 동일하다.[3] 공직선거법상 기탁금(1. 대통령선거는 3억원, 2. 지역구국회의원선거는 1천 500만원, 2의2. 비례대표국회의원선거는 500만원, 3. 시·도의회의원선거는 300만원, 4. 시·도지사선거는 5천만원, 5. 자치구·시·군의 장 선거는 1천만원, 6. 자치구·시·군의원선거는 200만원)의 제도(공선법 제56조 제1항 각호)는 합헌적인 것으로 이해되고 있다.[4]

3. 선거일과 선거운동

지방의회의원 및 지방자치단체의 장의 임기만료에 의한 선거의 선거일은 그 임기만료일 전 30일 이후 첫 번째 수요일로 한다(공선법 제34조 제1항 제3호). 선거운동은 지방의회의원선거의 경우와 유사하다.

---

1) 자세한 것은 졸고, "제주특별자치도 행정시장 직선제, 제주발전 제3의 길 ―헌법위반 논란의 예방과 불식을 위한 법리적 검토―," 지방자치법연구, 통권 제37호, 3쪽 이하 참조.

2) 공직선거법상 피선거권의 연령은 25세이다. 광역지방자치단체의 장의 피선거권 연령을 상향조정할 필요가 있다는 견해도 있다(성낙인, "지방분권과 지역균형발전의 법적 과제," 지방자치법연구, 통권 제5호, 15쪽. 과거에 시·도지사는 35세, 시장·군수·구청장은 30세로 한 경우도 있었다(구 지자법 제23조 제2항, 구 지방자치단체의장선거법 제10조). 독일의 경우를 보면, Sachsen은 21세(Sachsen 게마인데법 제31조 제1항), Nordrhein-Westfalen은 23세(Nordrhein-Westfalen 게마인데법 제65조 제3항)이다. 그리고 Mecklenburg-Vorpommern은 18세 이상 만 58세 전까지이다(Mecklenburg-Vorpommern 지방선거법 제61조 제2항). 58세를 상한으로 한 것은 임기 7년을 마치면 연금수급자인 65세가 되기 때문이라 한다(H. Meyer, Kommunalrecht, Rn. 287). Baden-Württemberg는 선거일 현재 25세 이상 65세 이하이다(Baden-Württemberg 게마인데법 제46조 제1항). 유럽연합회원국의 국민이 피선거권을 갖는가의 여부는 개별회원국에서 정하기로 되어 있다(Richtlinie 94/80/EG 제5조 제3항; Erichsen, Kommunalrecht, S. 110). Baden-Württemberg의 경우에는 연합시민도 피선거권을 갖는다(Baden-Württemberg 게마인데법 제46조 제1항). 그리고 Niedersachsen의 경우에는 선거일 현재 23세 이상 65세 이하이며, 연합시민도 피선거권을 갖지만, 독일국적이나 연합시민의 자격을 1년 이상 보유하여야 한다(Niedersachsen 게마인데법 제61조 제4항).

3) 헌재 2004. 12. 16, 2004헌마376.

4) 헌재 1996. 8. 29, 95헌마108.

4. 당선인 결정

(1) **비교다수대표제**   당선인의 결정방식으로 비교다수대표제가 채택됨은 지방의회의원선거의 경우와 같다.[1] 즉, 지방자치단체의 장 선거에 있어서는 선거구선거관리위원회가 유효투표의 다수를 얻은 자를 당선인으로 결정하고, 이를 당해 지방의회의장에게 통지하여야 한다. 다만, 최고득표자가 2인 이상인 때에는 연장자를 당선인으로 결정한다(공선법 제191조 제 1 항).

(2) **후보자가 1인인 경우**   후보자등록마감시각에 후보자가 1인이거나 후보자등록마감후 선거일 투표개시시각전까지 후보자가 사퇴·사망하거나 등록이 무효로되어 후보자수가 1인이 된 때에는 후보자에 대한 투표를 실시하지 아니하고, 선거일에 그 후보자를 당선인으로 결정한다(공선법 제191조 제 3 항, 제188조 제 2 항).

5. 정당공천제의 문제점

(1) **장점과 단점**   지방자치단체의 장 선거에 정당공천제를 도입하는 경우에 나타나는 장점(예: 주민의사 조직화의 용이, 정당정치발전과 육성의 기초 확보)과 단점(예: 지방의 중앙정치에의 종속, 정당지도자에 대한 맹종)은 지방의회의원 선거에 정당공천제를 도입하는 경우와 특별히 다를 바 없다.[2]

(2) **현행법의 태도**   헌법은 지방자치단체의 장 선거에 정당공천제를 도입할 것인가에 관해 언급하는 바가 없다. 헌법은 지방자치단체의 장 선거와 관련하여 정당공천제에 관해 중립적인 태도를 취하고 있다. 정당공천제를 도입할 것인가의 여부는 입법정책적인 문제가 된다. 공직선거법 제47조(정당의 후보자추천) 제 1 항 본문은 "정당은 선거에 있어 선거구별로 선거할 정수범위 안에서 그 소속당원을 후보자(이하 "정당추천후보자"라 한다)로 추천할 수 있다"고 하여 정당공천제를 도입하고 있다.

(3) **사 견**   정당에 대한 주민들의 신뢰가 큰 나라에서는 정당공천제의 도입이 의미를 가질 것이고, 정당 내부에서 민주주의가 자리 잡지 못하고, 정치지도자들의 의사 여하에 따라 단체장의 의사가 방해받고, 차기 선거를 위한 선심성 행정이 적

---

1) 독일의 경우, Mecklenburg-Vorpommern에서는 유효투표의 반 이상을 득표한 자가 당선된다. 만약 당선자가 없으면, 1위의 득표자와 2위의 득표자 사이에 결선투표가 이루어진다(Mecklenburg-Vorpommern 지방선거법 제64조 제 1 항). 결선투표에 새로운 후보자는 나설 수가 없다. 결선투표는 새로운 선거가 아니기 때문이다. 한편, 후보자가 1인인 경우에는 유효투표의 반을 얻고, 동시에 유권자의 25%를 얻어야 당선된다. 그렇지 아니하면 계속 새로운 선거를 한다(Mecklenburg-Vorpommern 지방선거법 제63조 제 3 항). Niedersachsen의 경우에도 유사하다(Niedessachsen 지방선거법 제45b조).
2) 이에 관해 본서, 227쪽 참조.

지 않게 이루어지는 나라에서는 정당공천제의 도입은 바람직하지 않을 것이다. 확실히 공천제의 배제를 주장하는 견해는[1] 경청할 만하다. 그렇지만 현실적으로 보아 정당공천제를 배제한다고 하여 배제되는 것은 아니라는 점(정당과 후보자 간에 일체의 관련을 금지한다는 것은 불가능할 것이다)을 고려할 때, 공천제의 배제에는 어려움이 따른다.[2]

6. 지방자치단체의 장의 직 인수위원회

(1) 당선인의 권한　　「공직선거법」 제191조에 따른 지방자치단체의 장의 당선인(같은 법 제14조 제 3 항 단서에 따라 당선이 결정된 사람을 포함하며, 이하 이 조에서 "당선인"이라 한다)은 이 법에서 정하는 바에 따라 지방자치단체의 장의 직 인수를 위하여 필요한 권한을 갖는다(지자법 제105조 제 1 항).

(2) 인수위원회

(가) 설 치　　당선인을 보좌하여 지방자치단체의 장의 직 인수와 관련된 업무를 담당하기 위하여 당선이 결정된 때부터 해당 지방자치단체에 지방자치단체의 장의 직 인수위원회(이하 이 조에서 "인수위원회"라 한다)를 설치할 수 있다(지자법 제105조 제 2 항).

(나) 존속기간　　인수위원회는 당선인으로 결정된 때부터 지방자치단체의 장의 임기 시작일 이후 20일의 범위에서 존속한다(지자법 제105조 제 3 항).

(다) 업무　　인수위원회는 다음 각 호(1. 해당 지방자치단체의 조직·기능 및 예산현황의 파악, 2. 해당 지방자치단체의 정책기조를 설정하기 위한 준비, 3. 그 밖에 지방자치단체의 장의 직 인수에 필요한 사항)의 업무를 수행한다(지자법 제105조 제 4 항).

(라) 조직

(a) 위원의 수　　인수위원회는 위원장 1명 및 부위원장 1명을 포함하여 다음 각 호(1. 시·도: 20명 이내, 2. 시·군 및 자치구: 15명 이내)의 구분에 따른 위원으로 구성한다(지자법 제105조 제 5 항).

(b) 위 원 장　　위원장·부위원장 및 위원은 명예직으로 하고, 당선인이 임명하거나 위촉한다(지자법 제105조 제 6 항). 「지방공무원법」 제31조(결격사유) 각 호의 어느 하나에 해당하는 사람은 인수위원회의 위원장·부위원장 및 위원이 될 수 없다(지자

---

1) 류지태, "지방자치단체장의 선임방법—정당공천제 문제를 중심으로—," 지방자치법연구, 통권 제 2호, 48쪽; 정만희, "헌법적 관점에서 본 지방자치법제의 발전방향," 지방자치법연구, 통권 제 3호, 21쪽; 신봉기, "기초단체장 정당공천제와 단체장 후원회제의 법적 검토," 지방자치법연구, 통권 제 9호, 159쪽.

2) 본서, 229쪽 사견 참조.

법 제105조 제 7 항).

(c) **직무상 의무** 인수위원회의 위원장·부위원장 및 위원과 그 직에 있었던 사람은 그 직무와 관련하여 알게 된 비밀을 다른 사람에게 누설하거나 지방자치단체의 장의 직 인수 업무 외의 다른 목적으로 이용할 수 없으며, 직권을 남용해서는 아니 된다(지자법 제105조 제 8 항).

(d) **공무원 의제** 인수위원회의 위원장·부위원장 및 위원과 그 직에 있었던 사람 중 공무원이 아닌 사람은 인수위원회의 업무와 관련하여 「형법」이나 그 밖의 법률에 따른 벌칙을 적용할 때에는 공무원으로 본다(지자법 제105조 제 9 항).

(마) **기타 세부사항** 제 1 항부터 제 9 항까지에서 규정한 사항 외에 인수위원회의 구성·운영 및 인력·예산 지원 등에 필요한 사항은 해당 지방자치단체의 조례로 정한다(지자법 제105조 제10항).

II. 장의 신분의 소멸

1. 임기의 만료

(1) **임기의 개시와 종료** 지방자치단체의 장의 임기는 전임지방자치단체의 장의 임기만료일의 다음 날부터 개시된다. 다만, 전임지방자치단체의 장의 임기가 만료된 후에 실시하는 선거와 제30조(지방자치단체의 폐치·분합시의 선거 등) 제 1 항 제 1 호 내지 제 3 호에 의하여 새로 선거를 실시하는 지방자치단체의 장의 임기는 당선이 결정된 때부터 개시되며 전임자 또는 같은 종류의 지방자치단체의 장의 잔임기간으로 한다(공선법 제14조 제 3 항). 지방자치단체의 장의 직은 임기만료로 종료한다.

(2) **임기와 계속재임의 제한**

(가) **의의** 지방자치단체의 장의 임기는 4년으로 하며, 3기 내에서만 계속 재임할 수 있다(지자법 제108조).

(나) **위헌 여부** 헌법재판소는 지방자치단체의 장의 계속 재임을 3기로 제한하는 것이 위헌이 아니라고 하였다.[1] 논자에 따라서는 입후보할 권리라는 의미에서 피선거권에 대한 차별적 취급에 대한 위헌심사는 헌법재판소가 평등위반 여부를 심사함에 있어 취하는 엄격한 심사척도와 완화된 심사척도 중에서 엄격한 기준으로 하여야 하는데,[2] 다선을 제한 내지 금지함으로써 입후보 그 자체를 인정하지

---

[1] 헌재 2010. 6. 24, 2010헌마167.
[2] 헌법재판소는 헌법에서 특별히 평등을 요구하고 있는 경우와 차별적 취급으로 인하여 관련 기본권에

않는 수단을 필요최소한도라고 할 수 있는가에 관해 의문을 제기하기도 한다.1) 3기를 연임한 자치단체장이 유능하다고 지역주민이 판단하는 경우에도 법률로 그를 선출하지 못하도록 하는 것은 주민의 자기결정권을 봉쇄하는 결과가 되어 헌법적 합성을 인정받기 어렵다는 지적도 있다.2) 생각건대 헌법재판소가 기본적으로 정치적인 직인 대통령직에 대한 중임제한의 취지를 기본적으로 행정적인 직인 지방자치단체의 장(특히 기초지방자치단체의 장)에 적용한 것은 타당하지 않다. 지방자치단체의 장의 계속재임 여부는 주민의 판단에 맡겨야 한다. 계속재임을 3기로 제한하는 현행법은 개정될 필요가 있다.3)

(다) 신설합병의 경우　지방자치단체의 신설합병의 경우, 합병 전의 지방자치단체의 장이 합병으로 신설되는 지방자치단체의 장의 선거에 출마하는 것은 지방자치법 제108조에 위반되지 아니한다.4)

2. 사 임

(1) 사임방식　지방자치단체의 장은 그 직을 사임하려면 지방의회의 의장에게 미리 사임일을 적은 서면(이하 "사임통지서"라 한다)으로 알려야 한다(지자법 제111조 제1항).

(2) 사임일자　지방자치단체의 장은 사임통지서에 적힌 사임일에 사임된다. 다만, 사임통지서에 적힌 사임일까지 지방의회의 의장에게 사임통지가 되지 아니하면 지방의회의 의장에게 사임통지가 된 날에 사임된다(지자법 제111조 제2항).

3. 퇴 직

지방자치단체의 장이 ① 지방자치단체의 장이 겸임할 수 없는 직에 취임할

대한 중대한 제한을 초래하게 되는 경우에는 엄격한 심사척도를 적용하고, 그렇지 아니한 경우에는 완화된 심사척도를 적용한다. 엄격한 심사란 비례원칙에 따른 심사를 말하고, 완화된 심사란 차별을 정당화하는 합리적인 이유가 있는지 여부만을 심사하는 것을 말한다.
1) 박영도, 지방자치법주해, 387쪽.
2) 오준근, "지방자치단체장의 3기연임 제한제도에 관한 공법적 검토," 지방자치법연구, 통권 제9호, 136쪽.
3) 오준근, "지방자치단체장의 3기연임 제한제도에 관한 공법적 검토," 지방자치법연구, 통권 제9호, 136쪽.
4) 그 이유로 신설합병의 경우, 합병 전의 지방자치단체와 합병으로 신설되는 지방자치단체의 법인격은 서로 다르다는 점(법적 관점), 지방자치단체는 주민·구역·자치권으로 구성되는데, 합병으로 주민·구역·자치권에 상당한 변화를 초래한다면, 합병 전의 지방자치단체와 합병으로 신설되는 지방자치단체는 서로 실체를 달리하는 것으로 볼 수밖에 없다는 점(사실적 관점), 헌법재판소가 지방자치법 제95조를 합헌으로 보았지만 위헌으로 본 소수의견도 있었다는 점을 고려할 때, 지방자치법 제95조의 적용범위는 최소한으로 새기는 것이 바람직하다는 점(정책적 관점) 등을 들 수 있다.

때, ② 피선거권이 없게 될 때. 이 경우 지방자치단체의 구역이 변경되거나 없어
지거나 합한 것 외의 다른 사유로 그 지방자치단체의 구역 밖으로 주민등록을 이
전하였을 때를 포함한다. ③ 제110조(지방자치단체의 폐지·설치·분리·합병과 지방자치단체의
장)에 따라 지방자치단체의 장의 직을 상실할 때에는 그 직에서 퇴직한다(지자법 제
112조).

4. 주민소환

주민소환이 있으면 지방자치단체의 장은 그 직을 상실하게 된다(지자법 제25조
제1항, 주소법 제23조 제1항). 주민소환의 투표 청구권자·청구요건·절차 및 효력 등에
관하여는 주민소환법이 규정하고 있다.[1]

5. 징계해임

지방자치단체의 장을 징계에 의해 해임하는 것은 인정되고 있지 않다. 입법례
에 따라서는 주민소환 외에 감독청에 의한 해임을 규정하기도 한다.[2]

---

1) 독일의 경우, 1970년대의 말까지 시장의 소환은 관심사가 아니었다. 왜냐하면 그는 공무원법상 지
위를 가졌기 때문에, 정치적 기준에 따르는 소환이 어느 범위에서 허용될 것인가의 문제가 있었다.
문헌상으로는 헌법적 사고가 이루어졌다. 그것은 직업공무원제도의 침해라고도 했고, 체계정당성의
명령과 결합된 지방자치행정보장의 침해라고도 했다. 판례는 근무관계의 지속성의 면에서 선거공무
원은 (정치적 신뢰관계가 없어지면, 언제라도 물러나게 되는) 정치적 공무원과 다를 바가 없다고 했
다(BVerwGE 81, 318, 325ff.). 이것은 신뢰관계가 상실되면, 선거공무원을 임기 전에 의회나 주민이
소환할 수 있음을 의미한다. 시장소환은 Baden-Württemberg와 Bayern을 제외하고 독일의 모든 란
트에서 인정한다. 헌법상 허용성에 관해서는 논쟁이 있다. Mecklenburg-Vorpommern의 경우에 제
안은 의회만이 하고(정원의 3분의 2의 다수) (Mecklenburg-Vorpommern 지방자치법 제20조 제4
항 제3문), 소환은 시민만이 결정한다. 시민(유권자)의 50% 이상의 찬성이 있어야 한다. 동시에 유
효투표의 3분의 2 이상의 찬성이 있어야 한다(Mecklenburg-Vorpommern 지방자치법 제20조 제7
항 제4문). 그리고 소환은 시민발안의 대상이 아니다. 이것은 정치적 소수가 장에 대한 장기적인
선거투쟁을 막기 위함이다(Mecklenburg-Vorpommern 지방자치법 제20조 제5항 제3문). 한편,
Sachsen의 경우에는 의원 4분의 3의 의결 또는 시민 3분의 1의 시민발안으로 절차를 개시한다
(Sachsen 게마인데법 제51조 제8항 제1문, 제9조). 시민발안의 경우에 주민 100,000명 이상의
경우에는 5분의 1 이상까지로 그 수를 줄일 수 있다(Sachsen 게마인데법 제51조 제8항 제2문).
그리고 유효투표 과반수의 찬성이 있고, 그 찬성의 수가 시민 50%에 해당하면, 시장은 면직된다
(Sachsen 게마인데법 제51조 제7항 제1문·제2문). Niedersachsen의 경우에는 제1단계로 의원
의 4분의 3으로 소환신청의 발의와 의원 4분의 3 이상의 찬성으로 소환신청을 의결하며, 제2단계
로 유권자에 의한 유효투표 과반수의 찬성이 있고, 그 찬성의 수가 유권자의 25% 이상이면 시장은
면직된다(Niedersachsen 게마인데법 제61a조, Niedersachsen 지방선거법 제46j조 제4항).
2) Sueddeutsche.de(Bayern), November 2012 17:16에 의하면, 독일 바이에른주 타우프키르헨 시장
(이름 Jörg Pötke, 당시 66세)이 2012. 11 바이에른 란트검찰에 의해 직위해제되었다고 한다. 이것은
주민에 의해 선출된 자가 국가에 의해 직위해제되었음을 의미한다. 근거법령은 바이에른 공무원 징계
법 제39조라 한다. 징계사유로 Körperverletzung(신체손상, 상해), Untreue(배임), Trunkenheitsfahrt
(음주운전), Meineid(위증), Mobbing(폭력) 등이 언급되며, 징계절차는 형사절차와의 병행이 가능하

Ⅲ. 장의 대행·대리와 체포 등의 통지

1. 폐치·분합과 대행

(1) 새로운 장의 선출이 필요한 경우　지방자치단체를 폐지하거나 설치하거나 나누거나 합쳐 새로 지방자치단체의 장을 선출하여야 하는 경우에는 그 지방자치단체의 장이 선출될 때까지 시·도지사는 행정안전부장관이, 시장·군수 및 자치구의 구청장은 시·도지사가 각각 그 직무를 대행할 사람을 지정하여야 한다(지자법 제110조 본문). 대행이란 광의의 법정대리의 일종으로서 지정대리에 해당한다.

(2) 기존 단체장이 줄어드는 경우　둘 이상의 동격의 지방자치단체를 통폐합하여 새로운 지방자치단체를 설치하는 경우에는 종전의 지방자치단체의 장 중에서 해당 지방자치단체의 장의 직무를 대행할 사람을 지성한다(지자법 제110조 단서).

2. 법정대리

(1) 장의 귀책사유에 따른 대행　지방자치단체의 장이 다음 각 호(1. 궐위된 경우, 2. 공소 제기된 후 구금상태에 있는 경우, 3. 「의료법」에 따른 의료기관에 60일 이상 계속하여 입원한 경우)의 어느 하나에 해당되면 부지사·부시장·부군수·부구청장(이하 이 조에서 "부단체장"이라 한다)이 그 권한을 대행한다(지자법 제124조 제1항). 여기서 대행이란 협의의 법정대리에 해당한다.

(2) 장의 입후보에 따른 대행　지방자치단체의 장이 그 직을 가지고 그 지방자치단체의 장 선거에 입후보하면 예비후보자 또는 후보자로 등록한 날부터 선거일까지 부단체장이 그 지방자치단체의 장의 권한을 대행한다(지자법 제124조 제2항).

(3) 장의 출장 등에 따른 대행　지방자치단체의 장이 출장·휴가 등 일시적 사유로 직무를 수행할 수 없으면 부단체장이 그 직무를 대리한다(지자법 제124조 제3항).

(4) 대행자의 순서　제1항부터 제3항까지의 경우에 부지사나 부시장이 2명 이상인 시·도에서는 대통령령으로 정하는 순서에 따라 그 권한을 대행하거나 직무를 대리한다(지자법 제124조 제4항). 제1항부터 제3항까지의 규정에 따라 권한을 대행하거나 직무를 대리할 부단체장이 부득이한 사유로 직무를 수행할 수 없으면 그 지방자치단체의 규칙에 정하여진 직제 순서에 따른 공무원이 그 권한을 대행하거나 직무를 대리한다(지자법 제124조 제5항).

다고 한다.

3. 임의대리

지방자치단체의 법적 대표는 임의적인 대리권수여에 의해서도 가능하다. 말하자면, 지방자치단체의 장은 소속공무원이나 사인(예: 변호사·의사·건축사)에게 대리권을 수여하여 특정사무를 대리하게 할 수도 있다(예: 지방자치단체가 당사자인 소송에 있어서 사인인 변호사에 의한 소송대리). 이 경우의 대리는 임의대리에 해당한다. 개별적 대리의 경우에는 대리를 둘러싼 법적 분쟁을 미연에 방지하기 위하여 대리권의 범위를 분명히 하여야 한다. 따라서 대리권의 수여행위는 문서로 하여야 할 것이다. 명문의 규정이 없다면, 대리권에 관해서는 민법의 관련규정이 유추적용된다고 볼 것이다.

4. 지방자치단체의 장의 체포 및 확정판결의 통지

(1) 체포 등의 통지   수사기관의 장은 체포되거나 구금된 지방자치단체의 장이 있으면 지체 없이 영장의 사본을 첨부하여 해당 지방자치단체에 알려야 한다. 이 경우 통지를 받은 지방자치단체는 그 사실을 즉시 행정안전부장관에게 보고하여야 하며, 시·군 및 자치구가 행정안전부장관에게 보고할 때에는 시·도지사를 거쳐야 한다(지자법 제113조 제 1 항).

(2) 판결확정의 통지   각급 법원장은 지방자치단체의 장이 형사사건으로 공소가 제기되어 판결이 확정되면 지체 없이 해당 지방자치단체에 알려야 한다. 이 경우 통지를 받은 지방자치단체는 그 사실을 즉시 행정안전부장관에게 보고하여야 하며, 시·군 및 자치구가 행정안전부장관에게 보고할 때에는 시·도지사를 거쳐야 한다(지자법 제113조 제 2 항).

Ⅳ. 사무의 임탁

1. 의 의

(1) 규정내용   지방자치단체의 장은 조례나 규칙으로 정하는 바에 따라 그 권한에 속하는 사무의 일부를 보조기관, 소속 행정기관 또는 하부행정기관, 관할 지방자치단체나 공공단체 또는 그 기관(사업소·출장소를 포함한다), 그 권한에 속하는 사무 중 조사·검사·검정·관리업무 등 주민의 권리·의무와 직접 관련되지 아니하는 사무를 법인·단체 또는 그 기관이나 개인에게 위임이나 위탁할 수 있다(지자법 제117조 제 1 항·제 2 항·제 3 항). 이를 사무의 임탁이라 한다. 상하관계의 기관간의 경우

를 위임이라 하고, 그러하지 않은 관계의 경우를 위탁이라고 한다. 위임과 위탁을 합하여 임탁이라 한다.

(2) 성 질 위임 또는 위탁은 행정청이 법령에 근거하여 자신의 권한의 일부를 다른 기관에 이전하고, 위임받은 자(수임자)가 그것을 자기의 책임으로 수행하는 것을 말하는 것으로,[1] 단순한 사실상의 위임인 내부위임과는 다르다.[2] 위임으로 인해 위임청은 위임한 사무의 처리권한을 잃게 된다.[3]

2. 수임·수탁기관

지방자치법은 위임·위탁의 상대방으로 ① 보조기관, 소속 행정기관 또는 하부 행정기관(지자법 제117조 제1항), ② 관할 지방자치단체나 공공단체 또는 그 기관(사업소·출장소를 포함한다)(지자법 제117조 제2항), ③ 법인·단체 또는 그 기관이나 개인(지자법 제117조 제3항)을 규정하고 있나.

3. 위임·위탁사무

지방자치법 제117조가 정하는 위임이나 위탁의 대상이 되는 사무는 장의 권한에 속하는 사무이다. 장의 권한에 속하는 사무에는 자치사무뿐만 아니라 단체위임사무와 기관위임사무가 포함된다. 한편, 위임·위탁사무와 관련하여 지방자치법은 약간의 제한을 두고 있다. 먼저 지방자치법은 명문으로 사무의 일부만을 위임할 수 있음(일부위임)을 규정하고 있다(지자법 제117조 제1항·제2항). 이러한 규정이 없다고 하여도 전부위임은 인정될 수 없다(통설). 왜냐하면 전부위임은 기관의 폐지를 뜻하는 것이기 때문이다. 또한 법인·단체 또는 그 기관이나 개인에 대한 위임은 조사·검사·검정·관리업무 등 주민의 권리·의무와 직접 관련되지 아니하는 사무에 한정된다(지자법 제117조 제3항).[4] 지방자치법 제117조 제3항에 따라 민간에 대하여 이루어지는 위탁을 민간위탁, 민간에 대하여 위탁되는 사무를 민간위탁사무라 부른다.[5]

---

1) 대판 1997. 2. 14, 96누15428.
2) 대판 1997. 2. 14, 96누15428.
3) 대판 1996. 11. 8, 96다21331.
4) 서울특별시의 경우, 민간위탁사무는 법령이나 조례에 정한 시장의 소관사무 중 조사·검사·검정·관리업무 등 시민의 권리·의무와 직접 관계되지 아니하는 사무로서 ① 단순 사실행위인 행정작용, ② 능률성이 현저히 요청되는 사무, ③ 특수한 전문지식이나 기술을 요하는 사무, ④ 기타 시설관리 등 단순행정 관리사무에 한정된다(서울민간조 제4조 제1항).
5) 민간위탁의 관념에 관해 졸저, 민간위탁의 법리와 행정실무, 박영사, 3쪽 이하 참조.

4. 법적 근거

권한의 위임·위탁은 법령에서 정해진 권한의 이전이므로 법적 근거를 요한다. 지방자치법 제117조는 바로 이러한 권한의 위임에 관한 일반적인 규정이다. 따라서 특별한 개별 법률상의 근거가 없어도 지방자치단체의 장은 본조 및 본조에 따른 조례 또는 규칙에 의하여 위임할 수 있다.[1) 다만, 법인·단체 또는 그 기관이나 개인에게 주민의 권리·의무와 직접 관련되는 사무를 위탁하기 위해서는 개별 법률상 근거를 필요로 한다고 본다.

5. 효과와 지도·감독

수임·수탁기관은 자신의 이름과 책임으로 사무를 처리하며, 그 효과는 위임·위탁기관에 귀속한다. 행정상 쟁송의 경우에는 수임·수탁자가 쟁송상 피고가 된다.[2) 한편, 기간의 경과, 위임의 해제 등으로 위임사무는 위임자·위탁자에게 환원된다. 위임기관은 수탁기관에 대하여 위탁사무의 처리와 관련하여 필요한 사항을 보고하게 하거나 위탁업무 지도·점검 시 필요한 서류, 시설 등을 검사할 수도 있고(서울민간조 제16조 제1항, 제2항 참조), 위탁사무 처리가 위법·또는 부당하다고 인정될 때에는 시정을 위한 필요한 조치를 할 수 있다(서울민간조 제16조 제3항 참조).

6. 재위임·재위탁

지방자치단체의 장이 위임받거나 위탁받은 사무의 일부를 제1항부터 제3항까지의 규정에 따라 다시 위임하거나 위탁하려면 미리 그 사무를 위임하거나 위탁한 기관의 장의 승인을 받아야 한다(지자법 제117조 제4항). 기관위임사무의 재위임은 조례가 아니라 규칙으로 정한다.[3)

---

1) 서울특별시의 경우, 지방자치법 제117조에 근거하여 서울특별시 사무위임 조례·서울특별시행정사무의 민간위탁에 관한 조례(서울민간조)가 제정되어 있고, 행정권한의 위임 및 위탁에 관한 규정 제4조에 근거하여 서울특별시 사무위임 규칙이 제정되어 있다.
2) 대판 1982. 3. 9, 80누334.
3) 대판 1995. 11. 14, 94누13572.

제 3 항   지방자치단체의 장의 권한

I. 지방자치단체의 대표권

1. 의 의

지방자치단체의 장은 정치적으로나 법적으로 당해 지방자치단체를 대표하는 권한을 가진다(지자법 제114조). 그는 이러한 권한을 기초로 하여 대외적으로 지방자치단체를 위하여 각종의 법률관계를 형성한다. 법적으로는 공법관계나 사법관계 모두 대표기관이다.

2. 대표권의 제한

법률에서 달리 정하지 아니하는 한, 대표권의 범위에는 원칙적으로 제한이 없다. 자세한 것은 기술한 지방자치단체의 장의 지위 중 지방자치단체의 대표기관의 지위 부분에서 논급하였다.

II. 행정사무에 관한 권한

1. 사무의 수행에 관한 권한

(1) 총 괄 권   지방자치단체의 장은 당해 지방자치단체의 사무를 총괄한다(지자법 제114조). 총괄이란 해당 지방자치단체의 사무(교육·학예·체육사무 제외)의 기본방향을 정하고 동시에 전체 사무의 통일성과 일체성을 유지하는 것을 말한다. 해당 지방자치단체의 사무란 자치사무와 단체위임사무를 말한다.[1]

(2) 관리 및 집행권   지방자치단체의 장은 그 지방자치단체의 사무와 법령에 따라 그 지방자치단체의 장에게 위임된 사무를 관리하고 집행한다(지자법 제116조). 법령에 의하여 그 지방자치단체의 장에게 위임된 사무란 기관위임사무를 의미한다. 관리란 내부적 처리, 집행이란 외부적 처리를 의미하는 것으로 보이나 반드시 그렇게 새겨야 하는 것은 아니다. 집행한다는 것은 지방의회에서 의결된 사항을 사실상 그리고 법상 현실화하는 것을 말한다.[2] 지방자치단체의 장이 지방의회의 의

---

1) 경건, 지방자치법주해, 424쪽.
2) Waibel, Gemeindeverfassungsrecht Baden-Württemberg, Rn. 226.

결을 요하는 사무를 의결없이 집행하면, 위법한 것이 된다.[1]

　　(3) 국가사무의 수행　　시·도와 시·군 및 자치구에서 시행하는 국가사무는 법령에 다른 규정이 없는 한, 시·도지사와 시장·군수 및 자치구의 구청장에게 위임하여 행한다(기관위임사무)(지자법 제115조). 본 조항은 국가의 기관위임사무의 일반적인 근거규정이 된다.

2. 기초지방자치단체 등에 관한 권한

　　시·도지사는 ① 기초지방자치단체의 사무에 관한 조언·권고 및 지도(지자법 제184조 제1항), ② 기초지방자치단체에 의한 국가의 단체위임사무와 기관위임사무의 처리에 대한 지도·감독(지자법 제185조 제1항), ③ 기초지방자치단체에 의한 시·도의 단체위임사무와 기관위임사무의 처리에 대한 지도·감독(지자법 제185조 제2항), ④ 기초지방자치단체의 사무에 관한 그 장의 위법·부당한 명령·처분의 시정(지자법 제188조 제1항), ⑤ 국가의 기관위임사무와 시·도의 기관위임사무를 해태하는 경우에 있어서 직무이행명령(지자법 제189조), ⑥ 기초지방자치단체의 자치사무에 대한 감사(지자법 제190조), ⑦ 기초지방의회의 위법한 의결에 대한에 재의요구지시(지자법 제192조 제1항) 등의 권한을 갖는다.

3. 소속직원에 대한 권한

(1) 집행기관 소속 직원

　　(가) 의 의　　지방자치단체의 장은 소속 직원(지방의회의 사무직원은 제외한다)을 지휘·감독하고 법령과 조례·규칙으로 정하는 바에 따라 그 임면·교육훈련·복무·징계 등에 관한 사항을 처리한다(지자법 제118조).[2]

　　(나) 제 한　　집행기관의 인사권에 대한 지방의회의 개입이 반드시 배제되어야 하는 것은 아니다. 그러나 집행기관의 인사권을 본질적으로 제한하는 적극적인 개입은 허용되지 아니한다.[3] "상위 법령에서 지방자치단체의 장에게 기관구성원 임명·위촉권한을 부여하면서도 임명·위촉권의 행사에 대한 지방의회의 동의를 받도록 하는 등의 견제나 제약을 규정하고 있거나 그러한 제약을 조례 등에서 할 수 있다고 규정하고 있지 아니하는 한, 당해 법령에 의한 임명·위촉권은 지방자치단체

---

1) 대판 1962. 9. 27, 52다407.
2) 대판 2013. 9. 27, 2012추169.
3) 대판 2000. 11. 10, 2000추36.

의 장에게 전속적으로 부여된 것이라고 보아야 한다. 따라서 하위 법규인 조례로써는 지방자치단체장의 임명·위촉권을 제약할 수 없고, 지방의회의 지방자치단체 사무에 대한 비판, 감시, 통제를 위한 행정사무감사 및 조사권 행사의 일환으로 위와 같은 제약을 규정하는 조례를 제정할 수도 없다"는 것이 판례의 견해이다.[1]

4. 재정에 관한 권한

(1) **예산안편성**　지방자치단체의 장은 회계연도마다 예산안을 편성하여 시·도는 회계연도 시작 50일 전까지, 시·군 및 자치구는 회계연도 시작 40일 전까지 지방의회에 제출하여야 한다(지자법 제142조 제 1 항).

(2) **지방채권·지방채무의 관리**　① 지방자치단체의 장이나 지방자치단체조합은 따로 법률로 정하는 바에 따라 지방채를 발행할 수 있다(지자법 제139조 제 1 항). ② 지방자치단체의 장은 따로 법률로 정하는 비에 띠리 지방자치단체의 채무부담의 원인이 될 계약의 체결이나 그 밖의 행위를 할 수 있다(지자법 제139조 제 2 항). ③ 지방자치단체의 장은 공익을 위하여 필요하다고 인정하면 미리 지방의회의 의결을 받아 보증채무부담행위를 할 수 있다(지자법 제139조 제 3 항). ④ 지방자치단체는 조례나 계약에 의하지 아니하고는 채무의 이행을 지체할 수 없다(지자법 제139조 제 4 항). ⑤ 지방자치단체는 법령이나 조례의 규정에 따르거나 지방의회의 의결을 받지 아니하고는 채권에 관하여 채무를 면제하거나 그 효력을 변경할 수 없다(지자법 제139조 제 5 항).

Ⅲ. 지방의회에 관한 권한[2]

1. 지방의회 출석·진술권

(1) **내 용**　지방자치단체의 장이나 관계 공무원은 지방의회나 그 위원회에 출석하여 행정사무의 처리상황을 보고하거나 의견을 진술하고 질문에 답변할 수 있다(지자법 제51조 제 1 항). 지방자치단체의 장이나 관계 공무원은 지방의회나 그 위원회가 요구하면 출석·답변하여야 한다. 다만, 특별한 이유가 있으면 지방자치단체의 장은 관계 공무원에게 출석·답변하게 할 수 있다(지자법 제51조 제 2 항). 제 1 항이

---

1) 대판 2017. 12. 13, 2014추644.
2) 지방의회의원들의 제척으로 인해 지방의회가 의결능력을 상실한 경우에는, 시장이 제척사유 없는 의원의 청문을 거친 뒤에 지방의회를 대신하여 결정하는 입법례(예: 독일 Sachsen)도 있다. 시장은 이러한 대결정권(代決定權, Ersatzbeschlußrecht)의 행사에 있어서 청문에 구속되지 아니한다(Hegele/Ewert, Kommunalrecht, S. 149).

나 제 2 항에 따라 지방의회나 그 위원회에 출석하여 답변할 수 있는 관계 공무원은 조례로 정한다(지자법 제51조 제 3 항).

(2) 의 미　지방자치단체의 장의 지방의회의 출석 및 답변제도로 인해 지방자치단체의 장은 포괄적인 정보제공의무를 부담한다. 지방자치단체의 장은 모든 중요사무에 대하여 보고하여야 한다. 그리고 사전에 적시에 계속적으로 보고하여야 한다. 특히 계획사무가 그러하다. 그러나 법률상 또는 성질상 비밀이 요구되는 사항은 정보제공의무에서 제외된다.

2. 지방의회의 의결에 대한 재의요구권1)

(1) 조례안의 재의요구와 재의결

(가) 재의요구　지방자치단체의 장은 이송받은 조례안에 대하여 이의가 있으면 제 2 항의 기간에 이유를 붙여 지방의회로 환부하고, 재의를 요구할 수 있다. 이 경우 지방자치단체의 장은 조례안의 일부에 대하여 또는 조례안을 수정하여 재의를 요구할 수 없다(지자법 제32조 제 3 항). 재의요구의 사유에는 제한이 없다.

(나) 재 의 결　지방의회는 제 3 항에 따라 재의요구를 받으면 조례안을 재의에 부치고 재적의원 과반수의 출석과 출석의원 3분의 2 이상의 찬성으로 전과 같은 의결을 하면 그 조례안은 조례로서 확정된다(지자법 제32조 제 4 항). 확정된 조례안에 대하여 기관소송을 제기할 수 있는지의 여부에 관해 명시적으로 규정하는 바는 보이지 않는다. 그러나 조례안의 의결도 지방의회의 의결의 일종이므로, 재의결된 조례안이 후술하는 지방자치법 제120조(지방의회의 의결에 대한 재의요구와 제소) 제 3 항의

---

1) 독일 Nordrhein-Westfalen 게마인데법 제54조(재의요구와 이의제기) ① 시장은 의회의 의결이 게마인데의 복지를 위태롭게 한다고 판단하면, 시장은 의결에 대해 늦어도 의결 후 3일 안에 서면에 의한 이유를 제시하면서 재의를 요구할 수 있다(widersprechen). 재의요구는 집행정지효를 갖는다. 재의요구에 대해서는 재의요구 후 빨라도 3일째 그리고 늦어도 2주 안에 열리는 의회의 새로운 집회일에 새로이 의결되어야 한다. 더 이상의 재의요구는 허용되지 아니한다.
② 의회의 의결이 현행법을 위반하면, 시장은 의결에 이의제기를 하여야 한다(beanstanden). 이의제기는 집행정지효를 갖는다. 그것은 서면으로 이유가 제시된 설명의 형식으로 의회에 통지되어야 한다. 의회가 자기의 의결에서 변화가 없다면, 시장은 지체없이 감독청의 결정을 구하여야 한다. 집행정지효는 여전히 존재한다.
③ 사무를 결정하도록 위임받은 위원회의 의결이 현행법을 위반하면, 제 2 항 제 1 문 내지 제 3 문은 그대로 적용된다. 위원회가 자기의 의결에서 변화가 없다면, 의회는 그 사무에 대하여 의결하여야 한다.
④ 시장이 의결에 대하여 이전에 이의제기를 하였거나(beanstandet) 또는 게마인데에 대한 협력금지(제척제도)의 위반이 비난되었고, 그리고 그때 위반이 있었다는 사실이 표기되었던 것이 아니라면, 제31조와 결합하여 제43조 제 2 항 제 1 문에 따른 협력금지의 위반을 — 의회나 사무를 결정토록 위임받은 위원회의 의결에 대해 — 의결 후 1년 경과 후 또는 공고가 요구될 때에는 공고 1년 후에는 더 이상 다투어질 수 없다.

요건에 해당한다면, 기관소송의 대상이 된다.

(2) 위법한 의결의 재의요구

(가) 재의요구의 의의 지방자치단체의 장은 지방의회의 의결이 월권이거나 법령에 위반되거나 공익을 현저히 해친다고 인정되면 그 의결사항을 이송받은 날부터 20일 이내에 이유를 붙여 재의를 요구할 수 있다(지자법 제120조 제1항). 재의를 요구할 수 있는 의결에는 원칙적으로 제한이 없다. 조례안의 의결도 이에 해당한다고 볼 것이다.

(나) 재의요구의 사유 재의요구의 사유는 월권, 법령위반 그리고 현저한 공익침해이다. 월권이란 무권한 사항에 대한 의결을 의미하고, 법령위반이란 월권 이외의 모든 위법(예: 절차·요건·정족수의 흠결 등)을 의미한다. 월권 역시 위법의 일종이고, 지방자치법이 공익의 법이므로 현저한 공익침해 역시 법령위반에 해당된다고 볼 때,1) 재의요구의 사유를 「월권, 현저한 공익침해 기타 법령위반」으로 규정함이 옳았을 것이다. 그럼에도 규정의 취지를 살리려고 하면, 월권과 현저한 공익침해는 위법이 아니라 합목적성위반(부당)으로 해석하여야 할 것이다. 지방의회의 의결에 재의요구의 사유가 있는가의 여부는 지방자치단체의 장이 판단할 사항이다.

(다) 재의요구의 기한과 방식 재의요구의 기간은 의결사항을 이송받은 날로부터 20일 이내이다. 물론 재의요구의 형식은 문서로 하여야 할 것이다.

(라) 재 의 결 제1항의 요구에 대하여 재의한 결과 재적의원 과반수의 출석과 출석의원 3분의 2 이상의 찬성으로 전과 같은 의결을 하면 그 의결사항은 확정된다(지자법 제120조 제2항). 재의는 지방자치단체의 장의 재의의 요구 직후에 열리는 회의에서 이루어져야 할 것이다. 재의에서 지방의회는 지방자치단체의 장의 재의요구의 적법성을 판단하는 것이 아니라, 이의가 제기된 사항에 대하여 새로운 결정을 하는 것이다.

(마) 소송의 제기 지방자치단체의 장은 제2항에 따라 재의결된 사항이 법령에 위반된다고 인정되면 대법원에 소(訴)를 제기할 수 있다. 이 경우에는 제192조 제4항을 준용한다(지자법 제120조 제3항). 본조(지자법 제120조 제3항)의 소송은 전형적인 기관소송에 해당한다. 본조의 소송은 지방자치단체의 장의 자율적인 판단에 따른 이의제기에 기인하는 기관소송이지만, 지방자치법 제192조 제4항에 의한 소송은 감독청의 이의제기에 기인하는 기관소송이라는 점에서 양자간에 차이가 있다.

(바) 재의요구제도의 문제점 재의요구의 여부는 법문상 지방자치단체의 장의

---

1) 김남철, 지방자치법주해, 436쪽.

재량사항으로 규정되어 있으나, 법령위반을 바로 잡는 것은 의무적인 것으로 규정하였어야 옳다. 그리고 월권과 현저한 공익침해가 합목적성위반을 의미한다면, 법령위반과 합목적성위반의 경우를 구분하여 규정하였어야 할 것이다.[1]

(3) 예산상 집행불가능한 의결의 재의요구

(가) 재의요구의 의의   지방자치단체의 장은 지방의회의 의결이 예산상 집행할 수 없는 경비를 포함하고 있다고 인정되면 그 의결사항을 이송받은 날부터 20일 이내에 이유를 붙여 재의를 요구할 수 있다(지자법 제121조 제 1 항). 지방의회가 다음 각 호(1. 법령에 따라 지방자치단체에서 의무적으로 부담하여야 할 경비, 2. 비상재해로 인한 시설의 응급 복구를 위하여 필요한 경비)의 어느 하나에 해당하는 경비를 줄이는 의결을 할 때에도 제 1 항과 같다(지자법 제121조 제 2 항). 비상재해란 천재지변을, 삭감이란 전부소멸인 삭제와 일부소멸인 감액을 의미한다.[2]

(나) 재의요구의 사유   재의요구의 사유는 의결의 위법이 아니라 의결에 예산상 집행할 수 없는 경비가 포함되어 있다는 점이다. 재의요구의 여부는 법문상 지방자치단체의 장의 재량사항으로 규정되어 있다.

(다) 재의요구의 기한과 방식   재의요구의 기간은 의결사항을 이송받은 날로부터 20일 이내이다. 재의요구는 서면으로 이루어져야 할 것이고, 그 서면에는 이유를 붙여야 한다.

(라) 재 의 결   제 1 항과 제 2 항의 요구에 대하여 재의한 결과 재적의원 과반수의 출석과 출석의원 3분의 2 이상의 찬성으로 전과 같은 의결을 하면 그 의결사항은 확정된다(지자법 제121조 제 3 항, 제120조 제 2 항).

(마) 소송의 제기   지방의회의 위법한 의결에 대한 재의요구의 경우와 달리, 예산상 집행이 불가능한 의결의 재의요구의 경우에는 기관소송이 인정되고 있지 아니한다.

(4) 감독청의 요구에 따른 재의요구   지방의회의 의결이 법령에 위반되거나 공익을 현저히 해친다고 판단되면 시·도에 대해서는 주무부장관이, 시·군 및 자치구에 대해서는 시·도지사가 해당 지방자치단체의 장에게 재의를 요구하게 할 수 있고, 재의요구 지시를 받은 지방자치단체의 장은 의결사항을 이송받은 날부터 20일 이내에 지방의회에 이유를 붙여 재의를 요구하여야 한다(지자법 제192조 제 1 항).

---

1) 김남철, 지방자치법주해, 441쪽.
2) [관련논문] 이진수, "지방의회가 의결한 예산안에 대한 지방자치단체장의 재의요구," 지방자치법연구, 통권 제47호, 75쪽 이하.

3. 선결처분권

(1) 의 의   지방자치단체의 장은 지방의회가 지방의회의원이 구속되는 등의 사유로 제73조에 따른 의결정족수에 미달될 때와 지방의회의 의결사항 중 주민의 생명과 재산 보호를 위하여 긴급하게 필요한 사항으로서 지방의회를 소집할 시간적 여유가 없거나 지방의회에서 의결이 지체되어 의결되지 아니할 때에는 선결처분(先決處分)을 할 수 있다(지자법 제122조 제 1 항).[1] 선결처분제도는 교육감에게도 인정된다(지육법 제29조). 선결처분을 긴급결정이라고도 한다.[2] 선결처분은 연기될 수 없는 결정을 위한 것이고, 긴급상태에서 지방자치단체의 행위능력을 확보하기 위한 것이다.[3]

(2) 요 건   선결처분은 ① 지방의회의원이 구속되는 등의 사유로 제73조에 따른 의결정족수에 미달될 때와 ② 지방의회의 의결사항 중 주민의 생명과 재산 보호를 위하여 긴급하게 필요한 사항으로서 지방의회를 소집할 시간적 여유가 없거나 지방의회에서 의결이 지체되어 의결되지 아니할 때에 가능하다. ①의 경우에는 새로운 질서의 창출을 위해서도 선결처분이 가능하지만, ②의 경우에는 주민의 생명이나 재산보호를 위해 긴급하게 필요한 사항에만 인정된다. 말하자면 이 경우의 선결처분은 기존의 이익의 보호를 위한 것이지 새로운 질서의 창출을 위한 것은 아니다. 한편, 절차상 선결처분을 위해서는 지방자치단체의 장이 지방의회의장

---

1) 선결처분의 사례로 ① '91.8월, 경북도 군위군의 수해복구사업 지방비부담 선결처분(1991년 8월 23일 태풍 글래디스의 피해에 대한 국·도비예산 보조내시에 대해 군비 부담금 31건 251백만원을 부담하기로 선결처분하고 동년 10월 19일 본회의에서 1991년 수해복구사업예산 선결처분승인의 건을 원안가결), ② '94.7월, 충남도 연기군의 준용하천 익사자 손해배상금 지급 선결처분(준용하천내 하상정비를 위한 골재채취 현장내 익사사고와 관련하여 미호천의 관리청인 연기군이 1994년 7월 32백만원의 손해배상금을 지급하기로 하여 선결처분하고 동년 9월 추가 경정예산 승인시 의회의 승인을 받음), ③ '95.7월, 강원도 양양군의 지방공무원 정원조례중 개정조례안 선결처분(지방자치단체의 장의 직급이 1995년 7월 1일부터 지방정무직으로 조정 승인됨에 따라 「양양군지방공무원정원조례」를 개정하여야 했으나, 속초시와 양양군의 통합반대에 따른 양양군의원(6명)의 집단사직으로 의결이 불가능함에 따라 선결처분하고 사후에 지방의회에서 승인을 받음) 등이 있다.

2) Nordrhein-Westfalen 게마인데법 제60조(긴급 결정) ① 의회의 소집이 적기에 가능하지 아니할 때, 기본위원회는 의회의 의결에 놓이는 사무에 대하여 결정을 한다. 기본위원회의 소집이 적기에 가능하지 아니하고 또한 중대한 손해나 위험이 발생할 수 있기 때문에 결정이 연기될 수 없을 때, 시장은 1인의 의원과 함께 결정할 수 있다. 이러한 결정은 의회의 바로 다음 회의에 승인을 받기 위해 제출되어야 한다. 의결의 집행을 통해 타인의 권리가 이미 발생한 것이 아니라면, 의회는 긴급한 결정을 폐지할 수 있다.

② 결정을 위해 사무를 위임받은 위원회의 소집이 적기에 가능하지 아니하면, 시장은 위원회의 위원장이나 위원회에 소속하는 다른 한 의회의원과 함께 결정할 수 있다. 결정은 위원회의 바로 다음 회의에 승인을 위해 제출되어야 한다. 제 1 항 제 4 문을 준용한다.

3) Erichsen, Kommunalrecht, S. 110.

과 사전에 협의하는 절차를 둘 필요가 있다는 견해도 있으나,[1] 선결처분의 취지에 비추어 특별한 의미는 없어 보인다.

(3) 조례와 선결처분

(가) 긍 정 설   조례가 선결처분의 대상이 되는가의 여부에 관해 지방자치법은 아무런 규정을 두고 있지 않다. 이 때문에 조례가 선결처분의 대상이 되는가의 여부는 문제이다. 이와 관련하여 독일에서 학설은 나뉘고 있다. 긍정설에 의하면,[2] 조례는 긴급결정의 대상이 아니라는 제한이 법률상 없다는 이유로 긴급결정의 요건을 구비하는 한 조례도 긴급결정의 대상이 된다고 한다.

(나) 부 정 설   부정설에 의하면, 조례제정과 관련하여 절차상 합의제의 형태로 논의하고, 민주적으로 결정하는 지방의회의 특별한 지위에 비추어 볼 때 조례는 다른 기관에 의한 긴급결정의 대상이 될 수 없다고 한다.[3]

(다) 사 견   생각건대 실제상 이러한 상황의 출현은 기대하기 어렵다. 하여간 조례가 갖는 효과의 장기성과 일반성, 충돌하는 이익의 형량, 그리고 민주적인 참여에 비추어 일반적으로 조례는 긴급결정과 거리가 멀다고 볼 것이다. 그러나 의회가 장기간 의결능력을 상실한 경우에는 긴급결정을 인정할 수밖에 없을 것이다.

(4) 통 제   제 1 항에 따른 선결처분은 지체 없이 지방의회에 보고하여 승인을 받아야 한다(지자법 제122조 제 2 항). 지방의회에서 제 2 항의 승인을 받지 못하면 그 선결처분은 그때부터 효력을 상실한다(지자법 제122조 제 3 항). 불승인의 효과는 장래적이다. 따라서 선결처분이 지방의회의 승인을 얻지 못한 때에도 선결처분 그 자체가 요건상 하자가 있는 것이 아니라면, 선결처분에 근거하여 이미 이루어진 결정은 효력을 지속한다고 볼 것이다. 그리고 지방자치단체의 장은 제 2 항이나 제 3 항에 관한 사항을 지체 없이 공고하여야 한다(지자법 제122조 제 4 항).

(5) 선결처분권의 대리행사   선결처분권은 장의 개성과 결합된 비대체적인 권한은 아니기 때문에 부시장·부지사, 부시장·부군수·부구청장이 장의 직무를 수행하는 지위에 놓일 때에는 선결처분권을 행사할 수 있다.

(6) 예산상 선결처분제도   선결처분의 한 특수한 형태로 예산상 선결처분제도가 있다. 즉, 지방의회에서 새로운 회계연도가 시작될 때까지 예산안이 의결되지 못하면 지방자치단체의 장은 지방의회에서 예산안이 의결될 때까지 ① 법령이나

---

1) 김남철, 지방자치법주해, 453쪽.
2) Erichsen, Kommunalrecht, S. 111; Gern, Sächsisches Kommunalrecht, 1994, Rn. 411.
3) Waechter, Kommunalrecht, 1997, Rn. 489.

조례에 따라 설치된 기관이나 시설의 유지·운영, ② 법령상 또는 조례상 지출의무의 이행, ③. 이미 예산으로 승인된 사업의 계속의 목적을 위한 경비를 전년도 예산에 준하여 집행할 수 있다(지자법 제146조). 예산상 선결처분제도는 처분의 내용이 미리 결정되어 있다는 점이 원래의 선결처분의 경우와 다르다.1)

4. 기 타

지방자치단체의 장은 앞에서 살펴본 권한 외에도 지방의회와 관련하여 지방의회의 임시회소집요구권(지자법 제54조 제3항), 지방자치단체의 장이 지방의회에 제출할 안건의 공고권(지자법 제55조), 지방의회에서 의결할 의안의 발의권(지자법 제76조 제1항)을 갖는다.

Ⅳ. 입법에 관한 권한

1. 조례공포권

지방자치단체의 장은 제1항의 조례안을 이송받으면 20일 이내에 공포하여야 한다(지자법 제32조 제2항). 지방의회는 제3항에 따라 재의요구를 받으면 조례안을 재의에 부치고 재적의원 과반수의 출석과 출석의원 3분의 2 이상의 찬성으로 전(前)과 같은 의결을 하면 그 조례안은 조례로서 확정된다(지자법 제32조 제4항). 지방자치단체의 장이 제2항의 기간에 공포하지 아니하거나 재의요구를 하지 아니하더라도 그 조례안은 조례로서 확정된(지자법 제32조 제5항). 지방자치단체의 장은 제4항 또는 제5항에 따라 확정된 조례를 지체 없이 공포하여야 한다(지자법 제32조 제6항 본문).

---

1) 독일의 긴급결정권(Eilentscheidungsrecht). 지방의회는 회의를 소집하여 의결에 이르기까지는 상당한 시간이 걸린다. 이 때문에 긴급한 사무에 있어서 시장이 지방의회를 대신하여 결정할 수 있도록 하는 제도가 긴급결정제도이다. 그 내용을 항목별로 요약해 보면 다음과 같다. 긴급결정의 대상은 지방의회의 기관에 관한 행위(예: 선출)와 법률상 지방의회의 배타적 권한으로 유보되어 있는 사항을 제외한 모든 사무이다. 조례발령에 관해서는 논란이 있다. 그리고 새로운 결정을 정당화하는 요인이 발생하면, 이전의 지방의회의 의결도 폐지될 수 있다. 긴급결정의 사유로서 긴급성(Dringlichkeit)은 지방의회의 소집시까지 의결을 연기하면 불이익(손해)이 발생하는 경우로 이해되고 있다. 긴급성의 존부여부는 시장이 객관적인 관점에서 결정한다. 긴급결정권은 위임될 수도 없고(Sachsen 게마인데법 제41조), 대리시킬 수도 없다. 긴급결정의 내용과 사유는 지체없이 지방의회에 통지되어야 한다. 긴급결정은 의회의 동의를 요한다(MecklenburgVorpommern 게마인데법 제38조 제4항). 긴급결정은 시장이 의회를 대신하여 한 것이므로, 그 결정의 효과는 의회가 결정한 것과 같다. 의회는 긴급결정을 자신의 결정과 같이 변경하거나 보완할 수 있다.

2. 조례안 거부권

(1) 의 의   지방자치단체의 장은 이송받은 조례안에 대하여 이의가 있으면 제
2 항의 기간에 이유를 붙여 지방의회로 환부하고, 재의를 요구할 수 있다(지자법 제
32조 제 3 항 제 1 문). 이 경우 지방자치단체의 장은 조례안의 일부에 대하여 또는 조
례안을 수정하여 재의를 요구할 수 없다(지자법 제32조 제 3 항 제 2 문). 지방자치단체의
장이 조례안을 지방의회로 환부하는 것은 조례안에 대한 조건부의 정지적 거부행
위이다.

(2) 요 건

(가) 지방의회에 환부   조례안을 거부하기 위해서는 반드시 지방의회에 환부하
여야 한다(환부거부). 지방자치단체의 장이 제 2 항의 기간에 공포하지 아니하거나 재의
요구를 하지 아니하더라도 그 조례안은 조례로서 확정된다(지자법 제32조 제 5 항). 다만,
예외적으로 지방의회의원의 임기가 만료되거나 해산되어 환부할 지방의회가 없는 경
우에 공포하지 않고 공포기간이 경과하면 그 조례안은 폐기된다고 볼 것이다.

(나) 전부거부   조례안의 환부거부는 전부거부이어야 하며, 조례안의 일부에
대하여 또는 조례안을 수정하여 재의를 요구할 수 없다(지자법 제32조 제 3 항 제 2 문).

(다) 거부이유   조례안을 지방의회에 환부하기 위해서는 그 이유를 붙여야
한다(지자법 제32조 제 3 항 제 1 문). 이유에는 제한이 없다. 적법·타당한 조례안이라도
재의요구의 대상이 될 수 있다. 대표적인 거부이유로 집행불능·위법·월권·공익침
해 등을 들 수 있다.

(3) 재 의 결   지방의회는 제 3 항에 따라 재의요구를 받으면 조례안을 재의
에 부치고 재적의원 과반수의 출석과 출석의원 3분의 2 이상의 찬성으로 전(前)과
같은 의결을 하면 그 조례안은 조례로서 확정된다(지자법 제32조 제 4 항).

(4) 행정소송   재의요구가 지방자치단체의 장의 자율적인 판단에 따라 이루어
진 경우에 있어서 재의결된 조례안에 대해서는 지방자치법 제120조 제 3 항에 근
거하여 기관소송을 제기할 수 있고, 재의요구가 감독청의 재의요구의 지시에 따라
이루어진 경우에 있어서 재의결된 조례안에 대해서는 지방자치법 제192조 제 5 항
에 근거하여 기관소송을 제기할 수 있다.

3. 규칙제정권

(1) 의 의   지방자치단체의 장은 법령 또는 조례의 범위에서 그 권한에 속하

는 사무에 관하여 규칙을 제정할 수 있다(지자법 제29조). 바꾸어 말하면, 규칙이란 지방자치단체의 장이 지방자치법 등이 정하는 바에 의하여 정립하는 법형식을 말한다. 여기서 말하는 규칙은 국가행정권에 의한 법규명령에 비교할 수 있는 것으로서 지방자치권에 의한 법형식을 말하는바, 이것은 행정규칙으로서의 규칙과 구별된다.[1]

(2) 법규명령으로서의 고시와 구별　판례는 "법령의 규정이 지방자치단체장(허가관청)에게 그 법령내용의 구체적인 사항을 정할 수 있는 권한을 부여하면서 그 권한행사의 절차나 방법을 정하지 아니하고 있는 경우, 그 법령의 내용이 될 사항을 구체적으로 규정한 지방자치단체장의 고시는, 당해 법률 및 그 시행령의 위임한계를 벗어나지 아니하는 한 그 법령의 규정과 결합하여 대외적인 구속력이 있는 법규명령으로서의 효력을 갖게 되고, 허가관청인 지방자치단체장이 그 범위 내에서 허가기준을 정하였다면 그 허가기준의 내용이 관계 법령의 목적이나 근본취지에 명백히 배치되거나 서로 모순되는 등의 특별한 사정이 없는 한 그 허가기준이 효력이 없는 것이라고 볼 수는 없다"고 한다.[2] 이러한 고시는 위임입법이므로, 자치입법으로서의 규칙과 구별되어야 한다.

(3) 규칙의 종류　규칙은 ① 제정의 근거에 따라 지방자치단체의 장이 법령 또는 조례가 위임한 범위 안에서 그 권한에 속하는 사무에 관하여 발하는 위임규칙과 법령이나 조례의 시행을 위한 직권규칙으로 구분된다. ② 제정의 의무성의 여부에 따라 의무규칙과 임의규칙으로 구분되고, ③ 규칙의 효력에 따라 법규적인 규칙과 행정규칙적인 규칙으로 구분되고, ④ 내용에 따라 지방자치단체의 조직과 사무처리에 관한 규칙, 주민의 권리제한 또는 의무부과에 관한 규칙, 행정사무처리에 관한 규칙 등으로 구분되고, ⑤ 제정의 주체에 따라 지방자치단체의 장이 정하는 일반적인 규칙과 교육·학예의 사무에 관하여 교육감이 정하는 교육규칙으로 구분된다.

(4) 성 질　규칙은 조례와 마찬가지로 법규로서 원칙적으로 외부적 효력을 갖는다. 그렇다고 규칙이 언제나 외부적 효력을 갖는다고 볼 수는 없다. 규칙이 내부적 효력을 갖는 경우에는 행정규칙의 성질을 갖는다고 볼 것이다. 한편, 지방자치

---

1) 지방자치법 제23조가 규정하는 지방자치단체의 장의 규칙제정권을 행정규칙제정권으로 부르는 경우도 있으나(이혜영, "지방의회 규칙의 법적 성격과 입법방향." 지방자치법연구, 통권 제23호, 154쪽), 지방자치법 제23조에 따라 지방자치단체의 장이 정하는 규칙은 행정규칙과 성질을 달리하므로 장의 규칙제정권을 행정규칙제정권으로 부르는 것은 바람직하지 않다.
2) 대판 2002. 9. 27, 2000두7933; 대판 2002. 1. 22, 2001두8414.

단체의 장은 법령 또는 조례의 범위 안에서 그 권한에 속하는 사무에 관하여 규칙을 제정할 수 있는바(지자법 제29조), 규칙은 법령과 조례에 하위(下位)하는 지위를 갖는 법형식이다.[1]

(5) 근 거

(가) 근거의 요부   규칙은 법령 또는 조례의 위임이 있는 사항에 관해서만 규정할 수 있다는 견해도 있고, 반드시 조례의 위임이 있어야 하는 것은 아니라는 견해도 있다. 생각건대 지방자치단체의 장은 명시적인 규정이 없어도 직권규칙을 제정할 수 있다고 볼 때, 규칙의 발령은 반드시 법령이나 조례의 명시적인 위임이 있어야만 하는 것은 아니다.

(나) 위임입법의 법리   위임규칙의 경우에는 위임입법의 법리가 적용된다고 볼 것이다. 따라서 법령이나 조례가 규칙에 위임을 할 때에 그 위임은 개별·구체적이어야 한다.

(6) 규정사항과 한계

(가) 규정사항   규칙을 제정할 수 있는 대상은 교육·학예에 관한 사항을 제외한 사항으로서 지방자치단체의 장의 권한에 속하는 모든 사항이다. 법령의 개별·구체적인 위임이 있으면 주민의 권리제한 또는 의무부과에 관한 사항도 정할 수 있다. 자치사무인가 위임사무인가는 가리지 않는다. 만약, 시·도지사가 기관위임사무를 시장·군수·구청장에게 재위임하면, 시장·군수·구청장은 규칙으로 정한다.[2] 일반론적으로 말한다면, 지방자치법상 지방자치단체의 장의 전속적 사무, 법령이나 조례에서 규칙으로 정하도록 한 사항, 기관위임사무에 관한 사항, 조례시행에 필요한 사항, 그 밖에 장의 권한에 속하는 사항이 규칙제정의 대상이 된다고 볼 것이다.

(나) 법률의 우위의 원칙상 한계

(a) 의 의   위임규칙의 경우, 규칙은 법령 또는 조례의 범위에서 제정할 수 있으므로 상위의 법령이나 조례의 내용에 반할 수 없다. 지방자치단체의 사무에 관한 조례와 규칙 사이에는 조례가 상위규범이다.[3]

(b) 광역·기초 지방자치단체의 규칙의 관계   시·군 및 자치구의 규칙은 시·도의 규칙을 위반해서는 아니 된다(지자법 제30조). 규정의 취지는 시·군 및 자치구의 조례가 시·도의 조례를 위반해서는 아니 된다(지자법 제30조)는 것과 같다.[4]

---

1) 대판 1995. 7. 11, 94누4615 전원합의체판결.
2) 대판 1995. 11. 14, 94누13572.
3) 대판 1995. 8. 22, 94누5694.
4) 이에 관해 본서, 309쪽을 보라.

(다) 법률의 유보의 원칙상 한계   위임규칙의 경우에는 법령이나 조례의 개별·구체적인 위임이 있어야 한다. 포괄적인 위임이 가능한 조례와는 이 점에서 구별된다. 특히 주민의 권리제한 또는 의무부과에 관한 사항 또는 벌칙을 규칙으로 정하기 위해서는 개별법령상 명시적인 위임이 있어야 한다(법률의 유보).1) 또한 조례와 달리 지방자치법은 규칙으로 벌칙을 정할 수 있음을 위임하고 있지 아니하므로 개별적인 법령의 근거가 없는 한 규칙으로 벌칙을 정할 수는 없다(지자법 제34조 참조).

(라) 기관위임사무와 조례   판례는 "지방자치법 제15조(현행법 제28조), 제 9 조(현행법 제13조)에 의하면, 지방자치단체가 자치조례를 제정할 수 있는 사항은 지방자치단체의 고유사무인 자치사무와 개별법령에 의하여 지방자치단체에 위임된 단체위임사무에 한하는 것이고, 국가사무가 지방자치단체의 장에게 위임된 기관위임사무는 원칙적으로 자치조례의 제정범위에 속하지 않는다 할 것이고, 다만 기관위임사무에 있어서도 그에 관한 개별법령에서 일정한 사항을 조례로 정하도록 위임하고 있는 경우에는 위임받은 사항에 관하여 개별법령의 취지에 부합하는 범위 내에서 이른바 위임조례를 정할 수 있다"고 한다.2)

(7) 공 포   규칙은 법규인 까닭에 규칙이 효력을 발생하기 위해서는 공포를 필요로 한다. 규칙의 공포는 해당 지방자치단체의 공보에 게재하는 방법으로 한다(지자법 제33조 제 1 항). 제 1 항에 따른 공보는 종이로 발행되는 공보(이하 이 조에서 "종이공보"라 한다) 또는 전자적인 형태로 발행되는 공보(이하 이 조에서 "전자공보"라 한다)로 운영한다(지자법 제33조 제 2 항). 공보의 내용 해석 및 적용 시기 등에 대하여 종이공보와 전자공보는 동일한 효력을 가진다(지자법 제33조 제 3 항). 규칙의 공포에 관하여 그 밖에 필요한 사항은 대통령령으로 정한다(지자법 제33조 제 4 항). 공포의 절차와 방식 등은 조례의 경우와 같다(지자령 제29조).3)

(8) 효력발생   규칙은 특별한 규정이 없으면 공포한 날부터 20일이 지나면 효력을 발생한다(지자법 제32조 제 8 항).

(8) 통 제(보고·통보)   규칙을 제정하거나 개정하거나 폐지할 경우 공포 예정일 15일 전에 시·도지사는 행정안전부장관에게, 시장·군수 및 자치구의 구청장은 시·도지사에게 그 전문(全文)을 첨부하여 각각 보고하여야 하며, 보고를 받은 행정

---

1) 최정일, 행정법 Ⅱ, 130쪽; 대판 1978. 8. 22, 78누164(서울시의 지방공무원징계의양정에관한규칙의 취지도 감독자에게 지방공무원법상의 징계사유에 해당하는 사유가 있음을 전제로 규정된 것이라 할 것이고, 지방공무원법상에 규정되지 아니한 새로운 징계사유를 서울시의 규칙으로 제정할 수도 없다).

2) 대판 2000. 5. 30, 99추85.

3) 자세한 것은 본서, 330쪽 참조.

안전부장관은 그 내용을 관계 중앙행정기관의 장에게 통보하여야 한다(지자법 제35
조). 이러한 보고제도는 규칙제정의 적법·적정을 확보하기 위한 통제방법 중의 하
나이다.1)

　　(9) 지방자치단체의 신설 등의 경우　　지방자치단체를 나누거나 합하여 새로
운 지방자치단체가 설치되거나 지방자치단체의 격이 변경되면 그 지방자치단체의
장은 필요한 사항에 관하여 새로운 규칙이 제정·시행될 때까지 종래 그 지역에 시
행되던 규칙을 계속 시행할 수 있다(지자법 제31조).

　　(10) 벌칙제정권　　조례의 경우와 달리 규칙으로 벌칙을 규정할 수 있다는 조
문을 지방자치법에서 찾아볼 수 없다. 조례가 규칙을 통하여 구체화되는 경우가 적
지 아니하므로 일본의 지방자치법에서 보는 바와2) 같이 규칙의 실효성확보를 위해
규칙으로 벌칙을 정할 수 있는 근거를 마련하는 것도 의미있을 것이다. 규칙의 제
정권자인 단체장은 의회가 아니므로 벌칙의 내용으로는 과태료가 적합할 것이며
행정형벌은 적합하지 않다.

제 4 항   지방자치단체의 장의 의무

Ⅰ. 겸직금지의무

1. 의 의

지방자치단체의 장은 다음 각 호의 어느 하나에 해당하는 직을 겸임할 수 없다
(지자법 제109조 제 1 항). 겸직금지의 취지는 지방의회의원의 겸직금지의 취지와 같다.3)

　　1. 대통령, 국회의원, 헌법재판소 재판관, 각급 선거관리위원회 위원, 지방의
　　　회의원

　　2. 「국가공무원법」 제 2 조에 따른 국가공무원과 「지방공무원법」 제 2 조에 따
　　　른 지방공무원

　　3. 다른 법령에 따라 공무원의 신분을 가지는 직

---

1) 자세한 것은 본서, 331쪽 참조.
2) 일본지방자치법 제15조 제 2 항: 보통지방공공단체의 장은 법령에 특별한 규정이 있는 경우를 제
　외하고, 보통지방공공단체의 규칙으로서, 규칙을 위반한 자에 대하여 5만엔 이하의 과태료를 부과하
　는 규정을 둘 수 있다.
3) 자세한 것은 본서, 360쪽 참조.

4. 「공공기관의 운영에 관한 법률」 제 4 조에 따른 공공기관(한국방송공사, 한국교
   육방송공사 및 한국은행을 포함한다)의 임직원

5. 농업협동조합, 수산업협동조합, 산림조합, 엽연초생산협동조합, 신용협동조
   합 및 새마을금고(이들 조합·금고의 중앙회와 연합회를 포함한다)의 임직원

6. 교원

7. 「지방공기업법」 제 2 조에 따른 지방공사와 지방공단의 임직원

8. 그 밖에 다른 법률에서 겸임할 수 없도록 정하는 직

2. 겸직금지의 효과

지방자치단체의 장이 겸임할 수 없는 직에 취임할 때에는 그 직에서 퇴직한다
(지자법 제112조 제 1 호). 겸직금지의 효과는 겸직이 이루어지는 시점에 발생한다고 볼
것이다.

Ⅱ. 영리거래금지의무

지방자치단체의 장은 재임 중 그 지방자치단체와 영리를 목적으로 하는 거래
를 하거나 그 지방자치단체와 관계있는 영리사업에 종사할 수 없다(지자법 제109조 제
2 항). 법문상으로는 그 밖의 영리사업은 할 수 있는 것으로 보인다. 그러나 지방공
무원법 제56조(영리 업무 및 겸직 금지)와의 관계상 일체의 영리사업은 불가하다고 보아
야 한다. 이것은 공정한 직무집행을 보장하기 위한 것이다. 영리거래금지의무는 성
실의무로부터 나온다고 볼 수 있다.

Ⅲ. 사무인계의무

지방자치단체의 장이 퇴직할 때에는 그 소관 사무의 일체를 후임자에게 인계
하여야 한다(지자법 제119조). 이러한 의무는 퇴직시에 나타날 수 있는 행정의 공백·
혼란·누수를 방지하기 위하여 명문으로 규정된 것이다.

Ⅳ. 기타 의무[1]

이 밖에도 지방자치단체의 장은 지방공무원법에서 규정하는 법령준수의무(지공법 제48조), 성실의무(지공법 제48조), 비밀엄수의무(지공법 제52조), 청렴의무(지공법 제53조), 품위유지의무(지공법 제55조) 등을 준수하여야 한다.

Ⅴ. 의무의 위반

상기의무는 단순한 윤리적인 의무가 아니라 법적 의무이다. 상기의 의무에 대한 위반이 있게 되면, 지방자치단체의 장에게 형사책임·배상책임 등이 부과될 수 있음은 지방의회의원의 경우와 같다.[2]

제 5 항   집행기관의 행정조직

Ⅰ. 행정조직조례주의

1. 의 의

지방자치단체의 행정사무를 분장하기 위하여 행정조직이 필요하다. 지방자치법은 행정조직을 행정기구로 표현하고 있다(지자법 제125조 제 1 항 제 1 문). 제 1 항에 따른 행정기구의 설치와 지방공무원의 정원은 인건비 등 대통령령으로 정하는 기준에 따라 그 지방자치단체의 조례로 정한다(지자법 제125조 제 2 항). 국가의 중앙행정기관의 설치와 직무범위는 법률로 정하지만(정조법 제 2 조 제 1 항), 지방자치단체의 행정기구는 대통령령으로 정하는 기준에 따라 조례로 정한다.[3] 지방자치법은 법령의 범위 안에서 행정조직조례주의를 택하고 있는 셈이다.

2. 행정기관의 유형

지방자치법은 지방자치단체의 행정기관의 유형으로 지방자치단체의 장 및 부

---

1) [관련논문] 홍정선, "공직자윤리법상 지방자치단체장의 주식 보유가능성," 지방자치법연구, 통권 제52호, 제31쪽 이하.
2) 자세한 것은 본서, 364쪽 참조.
3) 대판 2005. 8. 19, 2005추48.

단체장, 소속 행정기관 그리고 하부행정기관 등을 규정하고 있다. 따라서 그 밖의 지방자치단체의 행정기구의 유형(예: 보좌기관)은 대통령령으로 정하는 기준에 따라 조례로 정해질 사항이다(지자법 제125조 제 2 항).

3. 조직고권

지방자치단체의 조직고권을 최대한 존중한다면, 지방자치단체의 조직은 오로지 조례로 정하도록 하여야 할 것이다. 그러나 지방자치법은 지방자치단체의 행정기구의 설치를 대통령령이 정하는 범위 내지 기준에 따르도록 하고 있다. 이것은 지방자치단체가 행정기구를 과도하게 설치하는 것을 예방하기 위한 것이므로 합리적이라 할 것이다. 따라서 지방자치법의 이러한 제한을 조직고권의[1] 침해라고 보기는 어렵다. 다만 지방자치단체의 행정기구의 범위 내지 기준을 정하는 대통령령이 지방자지단체의 조직고권을 과도하게 침해한다면, 그것은 조직고권의 침해일 수 있다. 행정안전부장관은 지방자치단체의 행정기구와 지방공무원의 정원이 적절하게 운영되고 다른 지방자치단체와의 균형이 유지되도록 하기 위하여 필요한 사항을 권고할 수 있다(지자법 제125조 제 3 항).

II. 부단체장

1. 부단체장의 설치

정부조직법은 행정청인 집행기관의 장의 의사결정을 직접 보조하는 기관을 보조기관이라 부르고 있다(정조법 제 2 조 제 3 항). 정부조직법은 정책의 기획이나 계획의 입안·연구·조사를 통하여 행정청을 직접 보좌하는 기관을 보좌기관이라 하여(정조법 제 2 조 제 5 항) 보조기관과 구별하고 있다. 그러나 지방자치법은 다만 보조기관이라는 제목하에 지방자치단체의 부단체장에 관해서만 규정하고 있다. 특별시·광역시 및 특별자치시에 부시장, 도와 특별자치도에 부지사, 시에 부시장, 군에 부군수, 자치구에 부구청장 둔다(지자법 제123조 제 1 항).[2]

---

1) 자세한 것은 본서, 56쪽 참조.
2) 입법례에 따라서는 시장을 돕기 위하여 행정이사(Die Beigeordneten)를 두기도 한다(예컨대 Nordrhein-Westfalen 게마인데법 제68조). 행정이사는 시장을 보조하고, 시장의 부담을 완화하고, 시장의 유고시에 시장을 대리한다. 행정이사는 지방의회가 선출한다. 행정이사는 주직(hauptamtlich) 또는 부직(nebenamtlich)으로 활동한다. 행정이사의 직은 임기제이고, 소환될 수 있다. 행정이사의 숫자는 게마인데행정의 필요에 따라 게마인데법이나 기본조례에서 정해진다. 란트에 따라서는 단일의 행정을 유지하기 위해 시장이 행정이사와 반드시 심의할 것을 요구하기도 한다. 행정이사와 시장

2. 부단체장의 정수

(1) 시·도   ① 특별시의 부시장의 수: 3명을 넘지 아니하는 범위에서 대통령령으로 정한다(지자법 제123조 제 1 항 제 1 호). ② 광역시와 특별자치시의 부시장 및 도와 특별자치도의 부지사의 수: 2명(인구 800만 이상의 광역시나 도는 3명)을 넘지 아니하는 범위에서 대통령령으로 정한다(지자법 제123조 제 1 항 제 2 호).

(2) 시·군 및 자치구   시의 부시장, 군의 부군수 및 자치구의 부구청장의 수: 1명으로 한다(지자법 제123조 제 1 항 제 3 호).

3. 부단체장의 직급

(1) 시·도   특별시·광역시 및 특별자치시의 부시장, 도와 특별자치도의 부지사는 대통령령으로 정하는 바에 따라 정무직 또는 일반직 국가공무원으로 보한다. 다만, 제 1 항 제 1 호 및 제 2 호에 따라 특별시·광역시 및 특별자치시의 부시장, 도와 특별자치도의 부지사를 2명이나 3명 두는 경우에 1명은 대통령령으로 정하는 바에 따라 정무직·일반직 또는 별정직 지방공무원으로 보하되, 정무직과 별정직 지방공무원으로 보할 때의 자격기준은 해당 지방자치단체의 조례로 정한다(지자법 제123조 제 2 항).

(2) 시·군 및 자치구   시의 부시장, 군의 부군수, 자치구의 부구청장은 일반직 지방공무원으로 보하되, 그 직급은 대통령령으로 정한다(지자법 제123조 제 4 항).

4. 부단체장의 임명

(1) 시·도   제 2 항의 정무직 또는 일반직 국가공무원으로 보하는 부시장·부지사는 시·도지사의 제청으로 행정안전부장관을 거쳐 대통령이 임명한다. 이 경우 제청된 사람에게 법적 결격사유가 없으면 시·도지사가 제청한 날부터 30일 이내에 임명절차를 마쳐야 한다(지자법 제123조 제 3 항).

(2) 시·군 및 자치구   시의 부시장, 군의 부군수, 자치구의 부구청장은 시장·군수·구청장이 임명한다(지자법 제123조 제 4 항).

(3) 지방의회의 관여   부단체장은 단체장의 유고시에 단체장의 직무를 대행하

그리고 회계관이 행정이사회를 구성하기도 한다(NRW GO 제70조). 행정이사는 자기에게 부여된 사무영역을 지도한다. 행정이사는 독립적이다. 행정이사에게 통상 실·국(Amt·Dezernat)의 사무범위가 주어진다. 행정이사는 독립의 지방자치단체의 기관은 아니고, 자기의 영역에서 시장의 전문적인 대리인일 뿐이다. 행정이사는 의회에 출석한다.

므로, 민주성을 고려하여 부단체장을 지방의회에서 선출하도록 하든지 아니면 지
방의회의 동의를 받도록 하는 것이 바람직하다. 단체장과 마찬가지로 부단체장도
선거를 통해 선출할 필요가 있으며, 선출방법으로 단체장과 부단체장을 함께 선출
하는 러닝메이트의 도입을 주장하는 견해도 있다.[1] 부단체장 임명방법을 광역지방
자치단체와 기초지방자치단체간에 다르게 한 것과 시·도의 경우에 대통령이 임명
토록 한 것은 잘못이며, 양자를 일원화하고 지방의회의 동의를 거쳐 임명토록 하는
것이 바람직하다는 견해도 있다.[2]

5. 부단체장의 권한

(1) 장의 보좌   시·도의 부시장과 부지사, 시의 부시장·부군수·부구청장은
해당 지방자치단체의 장을 보좌한다(지자법 제123조 제 5 항).

(2) 소속직원의 지휘·감독   시·도의 부시장과 부지사, 시의 부시장·부군수·
부구청장은 해당 지방자치단체의 소속직원을 지휘·감독한다(지자법 제123조 제 5 항).

(3) 부단체장이 다수인 경우   제 1 항 제 1 호 및 제 2 호에 따라 시·도의 부시
장과 부지사를 2명이나 3명 두는 경우에 그 사무 분장은 대통령령으로 정한다. 이
경우 부시장·부지사를 3명 두는 시·도에서는 그중 1명에게 특정지역의 사무를 담
당하게 할 수 있다(지자법 제123조 제 6 항).

6. 장의 대리

(1) 장의 귀책사유에 따른 대행   지방자치단체의 장이 다음 각 호(1. 궐위된 경
우, 2. 공소 제기된 후 구금상태에 있는 경우, 3. 「의료법」에 따른 의료기관에 60일 이상 계속하여 입원
한 경우)의 어느 하나에 해당되면 부지사·부시장·부군수·부구청장(이하 이 조에서 "부단
체장"이라 한다)이 그 권한을 대행한다(지자법 제124조 제 1 항).

(2) 장의 입후보에 따른 대행   지방자치단체의 장이 그 직을 가지고 그 지방
자치단체의 장 선거에 입후보하면 예비후보자 또는 후보자로 등록한 날부터 선거
일까지 부단체장이 그 지방자치단체의 장의 권한을 대행한다(지자법 제124조 제 2 항).

(3) 장의 출장 등에 따른 대행   지방자치단체의 장이 출장·휴가 등 일시적 사
유로 직무를 수행할 수 없으면 부단체장이 그 직무를 대리한다(지자법 제124조 제 3 항).

(4) 대행자의 순서   제 1 항부터 제 3 항까지의 경우에 부지사나 부시장이 2명

---

1) 권영호, 지방자치법주해, 464쪽.

2) 허영, 한국헌법론, 809쪽.

이상인 시·도에서는 대통령령으로 정하는 순서에 따라 그 권한을 대행하거나 직무를 대리한다(지자법 제124조 제4항). 제1항부터 제3항까지의 규정에 따라 권한을 대행하거나 직무를 대리할 부단체장이 부득이한 사유로 직무를 수행할 수 없으면 그 지방자치단체의 규칙에 정해진 직제 순서에 따른 공무원이 그 권한을 대행하거나 직무를 대리한다(지자법 제124조 제5항).

(5) 대행·대리의 의미   지방자치법이 권한의 대행과 직무의 대리를 구별하고 있는 것은 권한의 대행은 서리의 의미로, 직무대리는 대리의 의미로 이해한 것이 아닌가 여겨지지만, 서리도 법정대리의 일종으로 볼 것이므로 양자간에 특별한 차이는 있어 보이지 아니한다.[1]

Ⅲ. 소속 행정기관

1. 직속기관

지방자치단체는 소관 사무의 범위에서 필요하면 대통령령이나 대통령령으로 정하는 범위에서 그 지방자치단체의 조례로 자치경찰기관(제주특별자치도만 해당한다), 소방기관, 교육훈련기관, 보건진료기관,[2] 시험연구기관 및 중소기업지도기관 등을 직속기관으로 설치할 수 있다(지자법 제126조).

2. 사 업 소

지방자치단체는 특정 업무를 효율적으로 수행하기 위하여 필요하면 대통령령으로 정하는 범위에서 그 지방자치단체의 조례로 사업소를 설치할 수 있다(지자법 제127조).

3. 출 장 소

지방자치단체는 외진 곳의 주민의 편의와 특정지역의 개발 촉진을 위하여 필요하면 대통령령으로 정하는 범위에서 그 지방자치단체의 조례로 출장소를 설치할 수 있다(지자법 제128조). 사업소는 특정업무를 위한 것이지만, 출장소는 일반적인 권한을 가진 종합적인 행정기관의 성질을 갖는 점이 다르다.

---

1) 김남진·김연태, 행정법 Ⅱ, 161쪽.
2) 지방자치단체의 공공보건의료기관으로 ① 「지방의료원의 설립 및 운영에 관한 법률」에 따른 지방의료원과 ② 「지역보건법」에 근거한 지역보건의료기관(보건소, 보건의료원, 보건지소진료소, 건강생활지원센터)가 있다. 지방의료원의 특성에 관해 선정원, "지방의료원에 관한 법적 문제," 지방자치법연구, 통권 제51호, 285쪽 이하 참조.

4. 합의제 행정기관

지방자치단체는 소관 사무의 일부를 독립하여 수행할 필요가 있으면 법령이나 그 지방자치단체의 조례로 정하는 바에 따라 합의제행정기관을 설치할 수 있다(지자법 제129조 제 1 항).[1] 합의제 행정기관은 업무집행의 독립성과 공정성에 기여한다.[2] 제 1 항의 합의제행정기관의 설치·운영에 필요한 사항은 대통령령이나 그 지방자치단체의 조례로 정한다(지자법 제129조 제 2 항).[3]

5. 자문기관

(1) 설치·운영   지방자치단체는 소관 사무의 범위에서 법령이나 그 지방자치단체의 조례로 정하는 바에 따라 자문기관(소관 사무에 대한 자문에 응하거나 협의, 심의 등을 목적으로 하는 심의회, 위원회 등을 말한다. 이하 같다)을 설치·운영할 수 있다(지자법 제130조 제 1 항).

(2) 중복 설치·운영의 금지 등   지방자치단체는 자문기관 운영의 효율성 향상을 위하여 해당 지방자치단체에 설치된 다른 자문기관과 성격·기능이 중복되는 자문기관을 설치·운영해서는 아니 되며, 지방자치단체의 조례로 정하는 바에 따라 성격과 기능이 유사한 다른 자문기관의 기능을 포함하여 운영할 수 있다(지자법 제130조 제 4 항).

(3) 자문·심의사항의 제한   자문기관은 법령이나 조례에 규정된 기능과 권한을 넘어서 주민의 권리를 제한하거나 의무를 부과하는 내용으로 자문 또는 심의 등을 하여서는 아니 된다(지자법 제130조 제 2 항).

(4) 운영현황보고   지방자치단체의 장은 자문기관 운영의 효율성 향상을 위한 자문기관 정비계획 및 조치 결과 등을 종합하여 작성한 자문기관 운영현황을 매년 해당 지방의회에 보고하여야 한다(지자법 제130조 제 5 항).

(5) 세부사항   자문기관의 설치 요건·절차, 구성 및 운영 등에 관한 사항은 대통령령으로 정한다. 다만, 다른 법령에서 지방자치단체에 둘 수 있는 자문기관의 설치 요건·절차, 구성 및 운영 등을 따로 정한 경우에는 그 법령에서 정하는 바에 따른다(지자법 제130조 제 3 항).

---

1) 대판 1997. 4. 11, 96추138.
2) 김대환, 지방자치법주해, 480쪽.
3) 대판 2000. 11. 10, 2000추36.

Ⅳ. 하부행정기관

1. 하부행정기관의 의의

하부행정기관이란 지방자치단체의 장에 소속하면서, 지방자치단체의 장의 지휘·감독을 받으나, 어느 정도 독립성을 갖고서 소속 지방자치단체의 사무를 지역적으로 분담·처리하는 기관을 의미한다. 하부행정기관은 스스로 사무를 처리하는 점에서 내부적으로 보조만 하는 보조기관과 구별되고, 하부행정기관은 그 처리사무가 일반적인 점에서 처리사무가 전문적인 소방기관·교육훈련기관·보건진료기관·시험연구기관 등의 직속기관과 구분된다.

2. 하부행정기관의 종류

(1) 구, 읍·면·동, 리   특별시·광역시 또는 특별자치시가 아닌 인구 50만 이상의 시에는 자치구가 아닌 구를 둘 수 있고, 군에는 읍·면을 두며, 시와 구(자치구를 포함한다)에는 동을, 읍·면에는 리를 둔다(지자법 제 3 조 제 3 항). 제10조 제 2 항에 따라 설치된 시에는 도시의 형태를 갖춘 지역에는 동을, 그 밖의 지역에는 읍·면을 두되, 자치구가 아닌 구를 둘 경우에는 그 구에 읍·면·동을 둘 수 있다(지자법 제 3 조 제 4 항).

(2) 행정면, 행정동·리   인구 감소 등 행정여건 변화로 인하여 필요한 경우 그 지방자치단체의 조례로 정하는 바에 따라 2개 이상의 면을 하나의 면으로 운영하는 등 행정 운영상 면[이하 "행정면"이라 한다]을 따로 둘 수 있다(지자법 제 7 조 제 3 항). 동·리에서는 행정 능률과 주민의 편의를 위하여 그 지방자치단체의 조례로 정하는 바에 따라 하나의 동·리를 2개 이상의 동·리로 운영하거나 2개 이상의 동·리를 하나의 동·리로 운영하는 등 행정 운영상 동·리(이하 "행정동·리"라 한다)를 따로 둘 수 있다(지자법 제 7 조 제 4 항). 행정동·리에 그 지방자치단체의 조례로 정하는 바에 따라 하부 조직을 둘 수 있다(지자법 제 7조 제 5 항, 제 6 항).

3. 하부행정기관의 장

(1) 장의 종류   자치구가 아닌 구에 구청장, 읍에1) 읍장, 면에2) 면장, 동에

---

1) 대판 1976. 5. 11, 76다581.
2) 대판 1974. 6. 25, 74다294.

동장을 둔다. 이 경우 면·동은 행정면·행정동을 말한다(지자법 제131조).

(2) 자치구가 아닌 구의 구청장

(가) 임 명　자치구가 아닌 구의 구청장은 일반직 지방공무원으로 보하되, 시장이 임명한다(지자법 제132조 제 1 항).

(나) 직무권한　자치구가 아닌 구의 구청장은 시장의 지휘·감독을 받아 소관 국가사무와 지방자치단체의 사무를 맡아 처리하고 소속 직원을 지휘·감독한다(지자법 제133조).

(3) 읍장·면장·동장

(가) 임 명　읍장·면장·동장은 일반직 지방공무원으로 보하되, 시장·군수 및 자치구의 구청장이 임명한다(지자법 제132조 제 2 항).

(나) 직무권한　읍장·면장은 시장이나 군수의, 동장은[1] 시장(구가 없는 시의 시장을 말한다)이나 구청장(자치구의 구청장을 포함한다)의 지휘·감독을 받아 소관 국가사무와 지방자치단체의 사무를 맡아 처리하고 소속 직원을 지휘·감독한다(지자법 제133조).

(다) 위임과 재위임　① 위임된 사무는 수임자 자신의 이름과 권한으로 처리한다.[2] 이 경우 위임관청의 위임사무에 대한 감독권한은 수임기관의 위법한 처분뿐만 아니라 부당한 처분에도 미친다.[3] ② 하부행정기관은 자신에게 위임된 사무를 법령의 근거 없이 민간에게 권한을 재위탁할 수는 없다.[4] ③ 동장의 권한을 사인에게 위탁하는 일반적인 근거규정은 없다.[5]

(라) 동장에 대한 구의회의원의 통제가능성　하부행정기관의 사무처리에 대한 감독과 관련하여 동장의 권한행사를 해당 지역구의 구의회의원의 통제하에 두는 것이 허용되는가가 문제되는데, 이는 지방자치법이 정한 의결기관과 집행기관 사이의 권한분리 및 배분의 취지에 반한다는 것이 판례이다.[6]

(4) 이 장　지방자치법 제 7 조 제 6 항에 따른 읍·면의 행정리에는 이장을 둔다(지자령 제81조 제 1 항). 제 1 항에 따른 이장은 주민의 신망이 두터운 자 중에서 해당 지방자치단체의 규칙으로 정하는 바에 따라 읍장·면장·동장이 임명한다(지자령 제81조 제 2 항). 읍장·면장·동장이 제 2 항에 따라 이장을 임명한 경우에는 그 사실

---

1) 대판 1996. 12. 23, 96추114.
2) 대판 1997. 2. 14, 96누15428.
3) 대판 1996. 12. 23, 96추114.
4) 대판 2000. 11. 10, 2000추36.
5) 대판 2000. 11. 10, 2000추36.
6) 대판 1992. 7. 28, 92추31.

을 해당 시장·군수 및 구청장에게 보고하여야 한다(지자령 제81조 제3항). 헌법재판소
는 이장이 공무원이 아니라 한다.[1]　확인 요!!!

4. 제주특별자치도의 특례

(1) 시 장　제주도의 행정시에 시장을 둔다(제국법 제11조 제1항). 행정시의 시장
(이하 "행정시장"이라 한다)은 일반직 지방공무원으로 보하되, 도지사가 임명한다. 다만,
제12조 제1항에 따라 행정시장으로 예고한 사람을 임명할 경우에는 정무직 지방
공무원으로 임명한다(제국법 제11조 제2항). 행정시장은 도지사의 지휘·감독을 받아
소관 국가사무 및 지방자치단체의 사무를 맡아 처리하고 소속직원을 지휘·감독한
다(제국법 제11조 제5항).

(2) 부 시 장　제주도의 행정시에 부시장을 둔다(제국법 제14조 제1항). 행정시의
부시장은 일반직 지방공무원으로 임명하되, 도지사가 임명한다(제국법 제14조 제2항).
행정시의 부시장은 행정시장을 보좌하여 사무를 총괄하고, 소속직원을 지휘·감독
한다(제국법 제14조 제3항).

5. 하부행정기관의 행정기구

지방자치단체는 조례로 정하는 바에 따라 자치구가 아닌 구와 읍·면·동에 소
관 행정사무를 분장하기 위하여 필요한 행정기구를 둘 수 있다. 이 경우 면·동은
행정면·행정동을 말한다(지자법 제134조). 행정동에 그 지방자치단체의 조례로 정하는
바에 따라 통 등 하부 조직을 둘 수 있다(지자법 제7조 제5항). 행정리에 그 지방자치
단체의 조례로 정하는 바에 따라 하부 조직을 둘 수 있다(지자법 제7조 제6항).

Ⅴ. 특별기관

1. 인사위원회

지방자치단체에 임용권자(임용권을 위임받은 자는 제외하되, 그중 시의 구청장과 지방자치단
체의 장이 필요하다고 인정하는 소속 기관의 장을 포함한다)별로 인사위원회를 두되, 특별시·광
역시·도 또는 특별자치도(이하 "시·도"라 한다)에는 필요하면 제1인사위원회와 제2
인사위원회를 둘 수 있다(지공법 제7조 제1항). 인사위원회는 합의제 행정청의 성격
을 갖는다. 인사위원회는 다음 각 호(1. 공무원 충원계획의 사전심의 및 각종 임용시험의 실시,

---

1) 헌재 2009. 10. 29. 2009헌마127.

2. 임용권자의 요구에 따른 보직관리 기준 및 승진·전보임용 기준의 사전의결, 3. 승진임용의 사전심의, 4. 임용권자의 요구에 따른 공무원의 징계 의결 또는 제69조의2에 따른 징계부가금(이하 "징계부가금"이라 한다) 부과 의결(이하 "징계의결등"이라 한다), 5. 지방자치단체의 장이 지방의회에 제출하는 공무원의 임용·교육훈련·보수 등 인사와 관련된 조례안 및 규칙안의 사전심의, 6. 임용권자의 인사운영에 대한 개선 권고, 7. 그 밖에 법령 또는 조례에 따라 인사위원회 관장에 속하는 사항)의 사무를 관장한다(지공법 제8조 제1항).

2. 지방소청심사위원회·교육소청심사위원회

지방자치단체의 장 소속 공무원의 징계, 그 밖에 그 의사에 반하는 불리한 처분이나 부작위에 대한 소청을 심사·결정하기 위하여 시·도에 임용권자(시·도의회의 의장 및 임용권을 위임받은 자는 제외한다)별로 지방소청심사위원회 및 교육소청심사위원회(이하 "심사위원회"라 한다)를 둔다(시공법 제13조). 지방소청심사위원회 역시 합의제 행정청의 성격을 갖는다.

3. 행정심판위원회

다음 각 호[1. 시·도 소속 행정청, 2. 시·도의 관할구역에 있는 시·군·자치구의 장, 소속 행정청 또는 시·군·자치구의 의회(의장, 위원회의 위원장, 사무국장, 사무과장 등 의회 소속 모든 행정청을 포함한다), 3. 시·도의 관할구역에 있는 둘 이상의 지방자치단체(시·군·자치구를 말한다)·공공법인 등이 공동으로 설립한 행정청]의 행정청의 처분 또는 부작위에 대한 심판청구에 대하여는 시·도지사 소속으로 두는 행정심판위원회에서 심리·재결한다(행심법 제6조 제3항).

제 6 항   지방자치단체의 공무원

Ⅰ. 지방자치단체와 공무원

1. 지방공무원

(1) **지방공무원의 배치**   지방자치단체는 자신의 임무수행을 위하여 필요하고도 적합한 만큼의 인력을 필요로 한다. 그 인력의 중심적인 것이 지방공무원이다. 지방자치단체는 그 사무를 분장하기 위하여 필요한 행정기구와 지방공무원을 둔다

(지자법 제125조 제 1 항).1)

(2) 정원의 기준　제 1 항에 따른 지방공무원의 정원은 인건비 등 대통령령으로 정하는 기준에 따라 그 지방자치단체의 조례로 정한다(지자법 제125조 제 2 항).2) 판례는 지방의회에 두는 사무직원에게도 본조가 적용된다는 입장을 취한다.3) 하여간 대통령령이 정하는 기준에 따르게 하는 것은 전국적으로 통일성을 확보하기 위한 것으로 지방자치제의 침해가 아니다.4) 그러나 대통령령이 정하는 기준이 과도하다면, 그것은 지방자치단체의 조직고권을 침해하는 것일 수도 있다.

(3) 지방자치단체간 균형의 유지　행정안전부장관은 지방자치단체의 행정기구와 지방공무원의 정원이 적절하게 운영되고 다른 지방자치단체와의 균형이 유지되도록 하기 위하여 필요한 사항을 권고할 수 있다(지자법 제125조 제 3 항).

2. 국가공무원

(1) 국가공무원의 배치　지방자치단체에는 제 1 항에도 불구하고 법률로 정하는 바에 따라 국가공무원을 둘 수 있다(지자법 제125조 제 5 항). 지방자치법」 제125조제 5 항에 따라 지방자치단체에 두는 국가공무원의 정원에 관한 사항을 규정함을 목적으로 「지방자치단체에 두는 국가공무원의 정원에 관한 법률」이 제정되어 있다.

(2) 임용절차의 특례　제 5 항에 규정된 국가공무원의 경우 「국가공무원법」제32조 제 1 항부터 제 3 항까지의 규정에도 불구하고 5급 이상의 국가공무원이나 고위공무원단에 속하는 공무원은 해당 지방자치단체의 장의 제청으로 소속 장관을 거쳐 대통령이 임명하고, 6급 이하의 국가공무원은 그 지방자치단체의 장의 제청으로 소속 장관이 임명한다(지자법 제125조 제 6 항). 그러나 이 경우 그 수는 최소한에 그쳐야 한다. 왜냐하면 그것은 지방공무원의 사기와 승진 등에 부정적인 효과를 미칠 수도 있기 때문이다.

---

1) 판례는 동 주민자치센터 시설관리 운영을 위한 자원봉사자로 위촉되어 시설물 관리, 프로그램 운영에 관한 보조원 등의 업무를 수행하는 자를 근로기준법상 근로자로 본다(대판 2019. 5. 30, 2017두62235).
2) 대판 1996. 12. 10, 96추121.
3) 대판 1997. 9. 9, 96추169.
4) 대판 1997. 9. 9, 96추169.

Ⅱ. 지방공무원법

1. 법정주의

지방공무원의 임용과 시험·자격·보수·복무·신분보장·징계·교육·훈련 등에 관하여는 따로 법률로 정한다(지자법 제125조 제 4 항). 이에 의거하여 지방공무원법이 제정되어 있다.

2. 경력직공무원과 특수경력직공무원

지방자치단체의 공무원(지방자치단체가 경비를 부담하는 지방공무원을 말하며, 이하 "공무원"이라 한다)은 경력직공무원과 특수경력직공무원으로 구분한다(지공법 제 2 조 제 1 항).

(1) 경력직공무원　"경력직공무원"이란 실적과 자격에 따라 임용되고 그 신분이 보장되며 평생 동안(근무기간을 정하여 임용하는 공무원의 경우에는 그 기간 동안을 말한다) 공무원으로 근무할 것이 예정되는 공무원을 말하며, 그 종류는 다음 각 호와 같다(지공법 제 2 조 제 2 항).

1. 일반직공무원: 기술·연구 또는 행정 일반에 대한 업무를 담당하는 공무원
2. 특정직공무원: 공립 대학 및 전문대학에 근무하는 교육공무원, 교육감 소속의 교육전문직원 및 자치경찰공무원과 그 밖에 특수 분야의 업무를 담당하는 공무원으로서 다른 법률에서 특정직공무원으로 지정하는 공무원

(2) 특수경력직공무원　"특수경력직공무원"이라 함은 경력직공무원 외의 공무원을 말하며, 그 종류는 다음 각 호와 같다(지공법 제 2 조 제 3 항).

1. 정무직공무원
가. 선거로 취임하거나 임명할 때 지방의회의 동의가 필요한 공무원
나. 고도의 정책결정업무를 담당하거나 이러한 업무를 보조하는 공무원으로서 법령 또는 조례에서 정무직으로 지정하는 공무원
2. 별정직공무원: 비서관·비서 등 보좌업무 등을 수행하거나 특정한 업무 수행을 위하여 법령에서 별정직으로 지정하는 공무원

3. 계 급

① 일반직공무원은 1급부터 9급까지의 계급으로 구분하며, 직군(職群)과 직렬(職列)별로 분류한다(지공법 제 4 조 제 1 항). ② 다음 각 호(1. 특수 업무 분야에 종사하는 공무원,

2. 연구·지도 또는 특수기술 직렬 공무원)의 공무원에 대하여는 대통령령으로 정하는 바에 따라 제 1 항에 따른 계급 구분이나 직군 및 직렬의 분류를 적용하지 아니할 수 있다(지공법 제 4 조 제 2 항).

4. 임용권자

지방자치단체의 장[특별시·광역시·특별자치시·도 또는 특별자치도(이하 "시·도"라 한다)의 교육감을 포함한다. 이하 같다] 및 지방의회의 의장[시·도의회의 의장 및 시·군·구(자치구를 말한다. 이하 같다)의회의 의장을 말한다. 이하 같다]은 이 법에서 정하는 바에 따라 그 소속공무원의 임명·휴직·면직과 징계를 하는 권한(이하 "임용권"이라 한다)을 가진다(지공법 제 6 조 제 1 항).[1] 제 1 항에 따라 임용권을 가지는 자는 그 권한의 일부를 그 지방자치단체의 조례로 정하는 바에 따라 보조기관, 그 소속기관의 장이나 지방의회의 사무처장·사무국장·사무과장에게 위임할 수 있다(지공법 제 6 조 제 2 항).

5. 임용의 기준

공무원의 임용은 시험성적, 근무성적, 경력평정, 그 밖의 능력의 실증에 따라 한다. 다만, 지방자치단체의 장은 대통령령으로 정하는 바에 따라 장애인, 이공계 전공자, 저소득층 등에 대한 임용·승진·전보 등 인사관리상의 우대와 실질적 양성평등을 실현하기 위한 적극적인 정책을 실시할 수 있다(지공법 제25조).

6. 보 수

(1) **보수법정주의**   지방공무원법 그 밖의 법령에서 정한 보수에 관한 규정에 따르지 아니하고는 어떠한 금전이나 유가물도 공무원의 보수로 지급될 수 없다(지공법 제44조 제 4 항). 이것은 공무원 후생 등의 명목으로 예산을 부당하게 지출하는 것을 방지하기 위한 것이다.[2] 공무원의 보수에 관한 다음 각 호(1. 봉급·호봉 및 승급에 관한 사항, 2. 수당에 관한 사항, 3. 보수 지급 방법, 보수 계산, 그 밖에 보수 지급에 관한 사항)의 사항은 대통령령으로 정한다(지공법 제45조 제 1 항).[3]

(2) **계급별·직위별, 직무등급별 책정**   공무원의 보수는 직무의 곤란성과 책임

---

1) 대판 2008. 9. 25, 2008두5759.
2) 대판 2013. 3. 28, 2012다102629.
3) 대판 2016. 1. 28, 2015두53121.

의 정도에 맞도록 계급별·직위별 또는 직무등급별로 정한다. 다만, 다음 각 호(1. 직무의 곤란성과 책임도가 매우 특수하거나 결원을 보충하기 어려운 직무에 종사하는 공무원, 2. 제 4 조 제 2 항에 따라 같은 조 제 1 항의 계급 구분이나 직군 및 직렬의 분류를 적용하지 아니하는 공무원, 3. 임기제공무원)의 어느 하나에 해당하는 공무원의 보수는 따로 정할 수 있다(지공법 제44조 제 1 항).

(3) 균형의 유지 ① 공무원의 보수는 일반의 표준생계비·물가수준 그 밖의 사정을 고려하여 정하되, 민간부문의 임금수준과 적절한 균형을 유지하도록 노력하여야 한다(지공법 제44조 제 2 항). ② 경력직공무원 간, 경력직공무원과 특수경력직공무원 간에 보수의 균형을 도모하여야 한다(지공법 제44조 제 3 항).

7. 의 무

지방공무원은 복무 선서의무(지공법 제47조), 성실의무(지공법 제48조),[1] 복종의무(지공법 제49조), 직장이탈금지의무(지공법 제50조),[2] 친절·공정의무(지공법 제51조), 종교중립의무(지공법 제51조의2), 비밀엄수의무(지공법 제52조), 청렴의무(지공법 제53조),[3] 외국정부의 영예 등을 받을 경우, 허가를 받을 의무(지공법 제54조), 품위유지의무(지공법 제55조),[4] 영리 업무 및 겸직 금지 의무(지공법 제56조),[5] 정치운동금지의무(지공법 제57조), 집단행위금지의무(지공법 제58조) 등의 의무를 진다.

8. 신분보장

공무원은 형의 선고·징계 또는 지방공무원법에서 정하는 사유가 아니면 본인의 의사에 반하여[6] 휴직·강임 또는 면직을 당하지 아니한다(지공법 제60조 본문).[7] 다만, 1급 공무원은 그러하지 아니하다(지공법 제60조 단서). 그러나 공무원이 의무를 위반하면 징계책임을 진다(지공법 제69조 제 1 항).[8] 징계의 종류로는 파면·해임·강등·정직·감봉 및 견책이 있다(지공법 제70조).[9] 공무원의 비위 등과 관련하여 감사원이나 행정기관에서 조사를 하면 징계절차를 진행하지 못하지만, 수사기관에서의 수

---

1) 대판 1986. 2. 11, 85누849.
2) 대판 1987. 12. 8, 87누657, 658.
3) 대판 1984. 2. 14, 83누622.
4) 대판 1982. 9. 14, 82누46.
5) 대판 1982. 9. 14, 82누46.
6) 대판 1968. 3. 19, 67누164.
7) 대판 2013. 3. 28, 2012다102629.
8) 대판 2015. 9. 10, 2013추517; 대판 2015. 9. 10, 2013추524.
9) 대판 1982. 9. 14, 82누46.

사의 경우에는 징계절차를 진행하지 아니할 수 있다.[1] 교육부장관 또는 행정안전부장관은 시·도의 인사행정이 이 법에 따라 운영되도록 지도·감독하고, 시·도지사는 해낭 시·도의 관할 구역 시·군·구의 인사행정이 이 법에 따라 운영되도록 지도·감독한다(지공법 제81조).

---

1) 헌재 2017. 6. 29, 2015헌바29.

제4절 교육·학예에 관한 기관

제1항 일 반 론[1]

1. 법정주의

(1) 의 의   지방자치단체의 교육·과학 및 체육에 관한 사무를 분장하기 위하여 별도의 기관을 둔다(지자법 제135조 제1항). 제1항에 따른 기관의 조직과 운영에 필요한 사항은 따로 법률로 정한다(지자법 제135조 제2항). 이에 따라 지방교육자치에 관한 법률이 제정되었다.

(2) 지방자치법의 준용   지방자치단체의 교육·학예에 관한 사무를 관장하는 기관의 설치와 그 조직 및 운영 등에 관하여 이 법에서 규정한 사항을 제외하고는 그 성질에 반하지 아니하는 범위에서 「지방자치법」의 관련 규정을 준용한다. 이 경우 "지방자치단체의 장" 또는 "시·도지사"는 "교육감"으로, "지방자치단체의 사무"는 "지방자치단체의 교육·학예에 관한 사무"로, "자치사무"는 "교육·학예에 관한 자치사무"로, "행정안전부장관"·"주무부장관" 및 "중앙행정기관의 장"은 "교육부장관"으로 본다(지육법 제3조).

2. 교육자치와 지방자치의 관계

(1) 문 제 점   교육의 자치가 지방자치와는 별개의 자치영역인가 아니면 교육의 자치는 지방자치의 한 부분영역인가가 문제된다.

(2) 기능적 분립   지방자치는 중앙정부와의 수직적 권력분립의 문제이고, 교육자치는 수직적으로 구분된 지방자치의 영역 내에서 사항의 특수성에 따른 기능적 분립의 한 경우라 볼 것이다.[2] 여기서 사항의 특수성이란 교육의 자주성(헌법 제

---

1) [참고논문] 조성규, "지방교육자치의 본질과 지방교육행정기관의 구성," 지방자치법연구, 통권 제32호, 제303쪽; 서보국, "지방교육자치에 관한 법제의 변화와 한계 및 발전방향," 지방자치법연구, 통권 제71호, 117쪽.

2) "지방자치는 국가와 독립된 법인격체인 별도의 행정주체에 의한 자치의 보장인 점에서 자치 내지

31조 제 4 항), 교육의 내용상의 특수성으로서의 인간형성, 교육의 지역적 다양성, 교육의 민주성, 교육의 전문성으로서 전문가에 의한 교육 등을 들 수 있다.

3. 시·군·자치구와 교육자치

(1) 현 황 지방자치단체의 교육·과학·기술·체육 그 밖의 학예(이하 "교육·학예"라 한다)에 관한 사무는 특별시·광역시 및 도(이하 "시·도"라 한다)의 사무로 한다(지육법 제 2 조). 시·군·자치구에는 교육·학예에 관하여 자치가 인정되지 아니한다.

(2) 개선방향 주민에 보다 근접한 위치에서 서비스를 제공하는 것이 지방자치의 이상이고 보면, 일정한 교육·학예사무는 기초지방자치단체로 하여금 관장하게 하는 방안을 마련할 필요가 있을 것이다.1) 말하자면 교육자치도 광역지방자치단체와 기초지방자치단체로 이원화하는 것이 필요하다.

4. 교육자치의 기관

(1) 의결기관 교육자치와 영역에서 의결기관에 설치에 관해 변화가 있어왔다. 즉, 2007년 6월 30일까지는 시·도의 교육·학예에 관한 중요사항을 심의·의결하기 위하여 시·도에 지방의회와 별개의 기구로서 교육위원회를 두었다(2007년 7월 1일에 개정되기 전의 지방교육자치에 관한 법률 제 3 조). 2007년 7월 1일 개정 법률에서는 시·도의회에 교육·학예에 관한 의안과 청원 등을 심사·의결하기 위하여 상임위원회(이하 "교육위원회"라 한다)를 두었다(동법 제 4 조). 그 후 2010년 2월 26일 개정법률(법률 제10046호) 부칙 제 2 조 제 1 항은 교육위원회의 설치는 2014년 6월 30일까지만 유효한 것으로 규정하였다. 따라서 2014년 7월 1일부터는 교육위원회는 폐지되고

분권의 대상인 영역에 대하여 국가 및 다른 고권주체와의 분리, 독립의 필요성은 본질적인 요청이라 할 것인데 반해, 지방교육자치는 '교육'자치라는 헌법적 근거를 두고 있을 뿐, '지방'교육자치에 대해서는 직접 헌법이 보장하고 있지 않다. 따라서 교육자치는 '누구'로부터의 자치인지를 본질로 하는 지방자치와 달리 '무엇'에 대한 자치인지를 본질로 하는 영역의 문제이다. 그러므로 '교육'에 대한 자율성을 본질로 하는 것이지 기관의 분리·독립 여부가 규범상의 문제는 아니다"라는 지적(조성규, "지방자치와 지방교육자치의 규범적 관계," 지방자치법연구, 통권 제30호, 63쪽; "지방교육자치와 지방교육행정기관의 구성," 지방자치법연구, 통권 제32호, 310쪽 이하)도 유사한 입장으로 보인다. 그리고 김원중, "지방자치와 교육감 선거제도와의 관계 검토," 지방자치법연구, 통권 제46호, 200쪽 이하; 권세훈, "지방분권과 교육자치의 실현을 위한 법적 과제," 지방자치법연구, 통권 제46호, 45쪽 이하; 김봉철, "독일에서의 국가교육행정과 지방자치행정의 법적 거버넌스—학교교육에서의 국가의 교육고권과 지방자치단체의 자치행정권을 중심으로," 지방자치법연구, 통권 제46호, 77쪽 이하; 김재선, "진정한 지방교육자치 보장을 위한 입법갈등 해소방안에 관한 연구,—미국 핵심교육과정에 관한 중앙과 지방의 입법갈등 논의를 중심으로—," 지방자치법연구, 통권 제52호, 191쪽 이하 등 참조.
1) [관련논문] 최봉석, "지방자치단체의 사법적용 가능성 진단—지방자치단체의 학교법인 및 특목고 설립·운영에 대한 적법성 평가—," 지방자치법연구, 통권 제55호, 211쪽 이하.

교육·학예에 관한 사무의 의결기관은 지방의회가 되었다.

(2) 집행기관　지방교육자치에 관한 법률이 시행된 이래 변함없이 집행기관으로 교육감을 두고 있다. 한편, 교육·학예에 관한 사무를 포함하여 모든 사무에 대한 의결기구는 지방의회로 단일화된 것과 같이 교육·학예에 관한 사무를 포함하여 모든 사무에 대한 집행기관도 시·도지사로 단일화하는 것도 모색해 볼 일이다.

제2항 교육감

Ⅰ. 교육감의 직무상 지위

1. 교육·학예사무에 관한 지방자치단체의 대표기관

시·도의 교육·학예에 관한 사무의 집행기관으로 시·도에 교육감을 둔다(지육법 제18조 제1항).[1] 교육감은 교육·학예에 관하여 지방자치단체를 대표한다. 이러한 지위에서 교육감은 교육·학예에 관한 공·사법상의 대외적인 법률관계에서 당해 지방자치단체를 위하여 구속적인 의사표시를 할 수 있는 권능을 가진다. 따라서 교육감은 교육·학예에 관한 소관 사무로 인한 소송이나 재산의 등기 등에 대하여 해당 시·도를 대표한다(지육법 제18조 제2항). 시·도지사와 교육감은 동일한 지방자치단체의 기관이므로 상호간에 소송을 제기할 수도 없고,[2] 권한쟁의심판도 제기할 수 없다.[3]

2. 교육·학예사무에 관한 지방자치단체의 행정청

교육감은 당해 지방자치단체의 교육·학예에 관한 사무를 관리하고 집행함에 있어서 자기의 이름으로 의사를 결정하고 이를 대외적으로 표시하는 권한(예: 각종 인·허가권, 재산의 취득 및 처분권)을 가지는바, 교육감은 행정청에 해당한다.

3. 교육·학예사무에 관한 자치권의 행사기관

교육감은 교육·학예사무에 관하여 주민의 대표자로서 자치권을 행사한다. 자

1) 대판 1994. 4. 26, 93추175.
2) 대판 2001. 5. 8, 99다69341.
3) 헌재 2016. 6. 30, 2014헌라1.

치권행사의 주체의 하나로서 교육감은 예컨대 소관 사무 중 시·도의회의 의결을 요하는 사항에 대하여 다음 각 호(1. 시·도의회가 성립되지 아니한 때(시·도의회의원의 구속 등의 사유로 「지방자치법」 제73조의 규정에 따른 의결정족수에 미달하게 된 때를 말한다). 2. 학생의 안전과 교육기관 등의 재산보호를 위하여 긴급하게 필요한 사항으로서 시·도의회가 소집될 시간적 여유가 없거나 시·도의회에서 의결이 지체되어 의결되지 아니한 때)의 어느 하나에 해당하는 경우에는 선결처분을 할 수 있다(지육법 제29조 제1항).

4. 교육·학예사무에 관한 국가행정기관

국가행정사무 중 시·도에 위임하여 시행하는 사무로서 교육·학예에 관한 사무는 교육감에게 위임하여 행한다. 다만, 법령에 다른 규정이 있는 경우에는 그러하지 아니하다(지육법 제19조). 교육감이 국가위임사무를 수행하는 경우, 교육감은 국가행정기관의 지위에 놓인다.[1]

II. 교육감의 신분상 지위

1. 교육감의 선출

(1) 선 거   교육감은 주민의 보통·평등·직접·비밀선거에 따라 선출한다(지육법 제43조). 교육감은 시·도를 단위로 하여 선출한다(지육법 제45조). 정당은 교육감선거에 후보자를 추천할 수 없다(지육법 제46조 제1항). 후보자는 특정 정당을 지지·반대하거나 특정 정당으로부터 지지·추천받고 있음을 표방(당원경력의 표시를 포함한다)하여서는 아니 된다(지육법 제46조 제3항).[2]

(2) 교육감후보자의 자격   교육감후보자가 되려는 사람은 해당 시·도지사의 피선거권이 있는 사람으로서 후보자등록신청개시일부터 과거 1년 동안 정당의 당원이 아닌 사람이어야 한다(지육법 제24조 제1항). 교육감후보자가 되려는 사람은 후보자등록신청개시일을 기준으로 다음 각 호의 어느 하나에 해당하는 경력이 3년 이상 있거나 다음 각 호(1. 교육경력: 「유아교육법」 제2조 제2호에 따른 유치원, 「초·중등교육법」 제2조 및 「고등교육법」 제2조에 따른 학교(이와 동등한 학력이 인정되는 교육기관 또는 평생교육시설로서 다른 법률에 따라 설치된 교육기관 또는 평생교육시설을 포함한다)에서 교원으로 근무한 경력, 2. 교육행정경력: 국가 또는 지방자치단체의 교육기관에서 국가공무원 또는 지방공무원으로 교육·학예에 관

---

1) 대판 2015. 9. 10, 2013추517; 대판 2015. 9. 10, 2013추524.
2) [관련논문] 김원중, "지방자치와 교육감 선거제와의 관계검토," 지방자치법연구, 통권 제46호, 197쪽 이하.

한 사무에 종사한 경력과 「교육공무원법」 제2조 제1항 제2호 또는 제3호에 따른 교육공무원으로 근무한 경력)의 어느 하나에 해당하는 경력을 합한 경력이 3년 이상 있는 사람이어야 한다(지육법 제24조 제2항).[1]

(3) 교육감직인수위원회　지방교육자치에 관한 법률에 따라 교육감으로 당선된 사람을 보좌하여 교육감직의 인수와 관련된 업무를 담당하기 위하여 해당 시·도 교육청에 교육감직인수위원회를 둘 수 있다(지육법 제50조의2 제1항). 인수위원회는 교육감의 임기개시일 이후 30일의 범위까지 존속할 수 있다(지육법 제50조의2 제2항). 인수위원회는 다음 각 호(1. 해당 시·도의 교육·학예에 관한 사무의 현황 파악, 2. 해당 시·도의 교육기조를 설정하기 위한 준비, 3. 그 밖에 교육감직의 인수에 필요한 사항)의 업무를 수행한다(지육법 제50조의2 제3항).

2. 교육감의 임기

교육감의 임기는 4년으로 하며, 교육감의 계속 재임은 3기에 한정한다(지육법 제21조). 교육감의 계속 재임을 3기로 제한하는 것은 바람직하지 않다.

3. 교육감의 겸직금지의무

교육감은 다음 각 호(1. 국회의원·지방의회의원, 2. 「국가공무원법」 제2조에 규정된 국가공무원과 「지방공무원법」 제2조에 규정된 지방공무원 및 「사립학교법」 제2조의 규정에 따른 사립학교의 교원, 3. 사립학교경영자 또는 사립학교를 설치·경영하는 법인의 임·직원)의 어느 하나에 해당하는 직을 겸할 수 없다(지육법 제23조 제1항). 교육감이 당선 전부터 제1항의 겸직이 금지된 직을 가진 경우에는 임기개시일 전일에 그 직에서 당연 퇴직된다(지육법 제23조 제2항).

4. 교육감의 권한대행·직무대리

교육감의 권한대행·직무대리에 관하여는 「지방자치법」 제124조의 규정을 준용한다. 이 경우 "부지사·부시장·부군수·부구청장"은 "부교육감"으로, "지방자치단체의 규칙"은 "교육규칙"으로 본다(지육법 제31조).

5. 교육감의 소환과 퇴직

(1) 소　환　주민은 교육감을 소환할 권리를 가진다(지육법 제24조의2 제1항). 교

---

[1] 헌재 2009. 9. 24. 2007헌마117, 2008헌마483·563(병합) 전원재판부.

육감의 주민소환에 관하여는 이 법에서 규정한 사항을 제외하고는 그 성질에 반하지 아니하는 범위에서 「주민소환에 관한 법률」의 시·도지사에 관한 규정을 준용한다. 다만, 이 법에서 「공직선거법」을 준용할 때 「주민소환에 관한 법률」에서 준용하는 「공직선거법」의 해당 규정과 다르게 정하고 있는 경우에는 이 법에서 준용하는 「공직선거법」의 해당 규정을 인용한 것으로 본다(지육법 제24조의2 제 3 항).

   (2) 퇴 직   교육감이 다음 각 호[1. 교육감이 제23조 제 1 항의 겸임할 수 없는 직에 취임한 때, 2. 피선거권이 없게 된 때(지방자치단체의 구역이 변경되거나, 지방자치단체가 없어지거나 합쳐진 경우 외의 다른 사유로 교육감이 그 지방자치단체의 구역 밖으로 주민등록을 이전함으로써 피선거권이 없게 된 때를 포함한다), 3. 정당의 당원이 된 때, 4. 제 3 조에서 준용하는 「지방자치법」 제110조에 따라 교육감의 직을 상실할 때]의 어느 하나에 해당된 때에는 그 직에서 **퇴직된다**(지육법 제24조의3).

III. 교육감의 권한

1. 대 표 권

   지방교육자치에 관한 법률 제18조의 해석상 교육감은 교육·학예에 관하여 당해 지방자치단체를 대표할 권한을 갖는다. 여기서 대표의 의미는 지방자치단체의 장의 경우와 같다.

2. 사무총괄권

   교육감은 법령에 다른 규정이 없는 한 당해 지방자치단체의 교육·학예에 관한 사무를 총괄한다. 이러한 총괄권은 교육감이 당해 지방자치단체의 교육, 학예에 관한 사무의 최고행정청인 까닭에(지육법 제18조), 교육행정의 단일성·동일성을 위하여 갖는 권한이라 할 수 있다.

3. 일반행정사무집행권

   교육감은 교육·학예에 관한 다음 각 호의 사항에 관한 사무를 관장한다(지육법 제20조).
   1. 조례안의 작성 및 제출에 관한 사항
   2. 예산안의 편성 및 제출에 관한 사항
   3. 결산서의 작성 및 제출에 관한 사항

   4. 교육규칙의 제정에 관한 사항

   5. 학교, 그 밖의 교육기관의 설치·이전 및 폐지에 관한 사항

   6. 교육과정의 운영에 관한 사항

   7. 과학·기술교육의 진흥에 관한 사항

   8. 평생교육, 그 밖의 교육·학예진흥에 관한 사항

   9. 학교체육·보건 및 학교환경정화에 관한 사항

   10. 학생통학구역에 관한 사항

   11. 교육·학예의 시설·설비 및 교구(教具)에 관한 사항

   12. 재산의 취득·처분에 관한 사항

   13. 특별부과금·사용료·수수료·분담금 및 가입금에 관한 사항

   14. 기채(起債)·차입금 또는 예산 외의 의무부담에 관한 사항

   15. 기금의 설지·운용에 관한 사항

   16. 소속 국가공무원 및 지방공무원의 인사관리에 관한 사항

   17. 그 밖에 해당 시·도의 교육·학예에 관한 사항과 위임된 사항

4. 교육규칙제정권

교육감은 법령 또는 조례의 범위 안에서 그 권한에 속하는 사무에 관하여 교육규칙을 제정할 수 있다(지육법 제25조 제 1 항). 교육감은 대통령령으로 정하는 절차와 방식에 따라 교육규칙을 공포하여야 하며, 교육규칙은 특별한 규정이 없으면 공포한 날부터 20일이 지남으로써 효력이 발생한다(지육법 제25조 제 2 항).

5. 소속공무원에 대한 권한

교육감은 소속 공무원을 지휘·감독하고 법령과 조례·교육규칙으로 정하는 바에 따라 그 임용·교육훈련·복무·징계 등에 관한 사항을 처리한(지육법 제27조).

6. 선결처분권

(1) 의 의　교육감은 소관 사무 중 시·도의회의 의결을 요하는 사항에 대하여 다음 각 호의 어느 하나에 해당하는 경우에는 선결처분을 할 수 있다(지육법 제29조 제 1 항).

   1. 시·도의회가 성립되지 아니한 때(시·도의회의원의 구속 등의 사유로 「지방자치법」 제73조의 규정에 따른 의결정족수에 미달하게 된 때를 말한다)

　2. 학생의 안전과 교육기관 등의 재산보호를 위하여 긴급하게 필요한 사항으로서 시·도의회가 소집될 시간적 여유가 없거나 또는 시·도의회에서 의결이 지체되어 의결되지 아니한 때

　(2) **통 제**　제1항의 규정에 따른 선결처분은 지체 없이 시·도의회에 보고하여 승인을 얻어야 한다(지육법 제29조 제2항). 시·도의회에서 제2항의 승인을 얻지 못한 때에는 그 선결처분은 그 때부터 효력을 상실한다(지육법 제29조 제3항). 교육감은 제2항 및 제3항에 관한 사항을 지체 없이 공고하여야 한다(지육법 제29조 제4항).

7. 시·도의회 등의 의결에 대한 재의와 제소

　(1) **의 의**　교육감은 교육·학예에 관한 시·도의회의 의결이 법령에 위반되거나 공익을 현저히 저해한다고 판단될 때에는 그 의결사항을 이송받은 날부터 20일 이내에 이유를 붙여 재의를 요구할 수 있다. 교육감이 교육부장관으로부터 재의요구를 하도록 요청받은 경우에는 시·도의회에 재의를 요구하여야 한다(지육법 제28조 제1항).

　(2) **재 의 결**　제1항의 규정에 따른 재의요구가 있을 때에는 재의요구를 받은 시·도의회는 재의에 붙이고 시·도의회 재적의원 과반수의 출석과 시·도의회 출석의원 3분의 2 이상의 찬성으로 전과 같은 의결을 하면 그 의결사항은 확정된다(지육법 제28조 제2항).

　(3) **교육감의 제소**　제2항의 규정에 따라 재의결된 사항이 법령에 위반된다고 판단될 때에는 교육감은 재의결된 날부터 20일 이내에 대법원에 제소할 수 있다(지육법 제28조 제3항).

　(4) **감독청의 통제**　교육부장관은 재의결된 사항이 법령에 위반된다고 판단됨에도 해당교육감이 소를 제기하지 않은 때에는 해당교육감에게 제소를 지시하거나 직접 제소할 수 있다(지육법 제28조 제4항). 제4항의 규정에 따른 제소의 지시는 제3항의 기간이 경과한 날부터 7일 이내에 하고, 해당교육감은 제소 지시를 받은 날부터 7일 이내에 제소하여야 한다(지육법 제28조 제5항). 교육부장관은 제5항의 기간이 경과한 날부터 7일 이내에 직접 제소할 수 있다(지육법 제28조 제6항). 제3항 및 제4항의 규정에 따라 재의결된 사항을 대법원에 제소한 경우 제소를 한 교육부장관 또는 교육감은 그 의결의 집행을 정지하게 하는 집행정지결정을 신청할 수 있다(지육법 제28조 제7항).

8. 사무권한의 위임·위탁 등

(1) 보조기관 등에 위임   교육감은 조례 또는 교육규칙으로 정하는 바에 따라 그 권한에 속하는 사무의 일부를 보조기관, 소속교육기관 또는 하급교육행정기관에 위임할 수 있다(지육법 제26조 제 1 항).

(2) 일반행정기관에 위임   교육감은 교육규칙으로 정하는 바에 따라 그 권한에 속하는 사무의 일부를 해당 지방자치단체의 장과 협의하여 구·출장소 또는 읍·면·동(특별시·광역시 및 시의 동을 말한다. 이하 이 조에서 같다)의 장에게 위임할 수 있다. 이 경우 교육감은 해당사무의 집행에 관하여 구·출장소 또는 읍·면·동의 장을 지휘·감독할 수 있다(지육법 제26조 제 2 항).

(3) 사인에 위임   교육감은 조례 또는 교육규칙으로 정하는 바에 따라 그 권한에 속하는 사무 중 조사·검사·검정·관리 등 주민의 권리·의무와 직접 관계되지 아니하는 사무를 법인·단체 또는 그 기관이나 개인에게 위탁할 수 있다(지육법 제26조 제 3 항).

(4) 재 위 임   교육감이 위임 또는 위탁받은 사무의 일부를 제 1 항부터 제 3 항까지의 규정에 따라 다시 위임 또는 위탁하고자 하는 경우에는 미리 해당사무를 위임 또는 위탁한 기관의 장의 승인을 얻어야 한다(지육법 제26조 제 4 항).

Ⅳ. 행정조직

1. 보조기관

(1) 부교육감

(가) 임 용   교육감 소속하에 국가공무원으로 보하는 부교육감 1인(인구 800만 명 이상이고 학생 150만 명 이상인 시·도는 2인)을 두되, 대통령령으로 정하는 바에 따라 「국가공무원법」 제 2 조의2의 규정에 따른 고위공무원단에 속하는 일반직공무원 또는 장학관으로 보한다(지육법 제30조 제 1 항). 부교육감은 해당 시·도의 교육감이 추천한 사람을 교육부장관의 제청으로 국무총리를 거쳐 대통령이 임명한다(지육법 제30조 제 2 항). 부교육감은 교육감을 보좌하여 사무를 처리한다(지육법 제30조 제 3 항). 제 1 항의 규정에 따라 부교육감 2인을 두는 경우에 그 사무 분장에 관한 사항은 대통령령으로 정한다. 이 경우 그중 1인으로 하여금 특정 지역의 사무를 담당하게 할 수 있다(지육법 제30조 제 4 항).

(나) **권한대행·직무대리**   교육감의 권한대행·직무대리에 관하여는 「지방자치법」 제124조의 규정을 준용한다. 이 경우 "부지사·부시장·부군수·부구청장"은 "부교육감"으로, "지방자치단체의 규칙"은 "교육규칙"으로 본다(지육법 제31조).

(2) **기타 보조기관**   교육감 소속하에 보조기관을 두되, 그 설치·운영 등에 관하여 필요한 사항은 대통령령으로 정한 범위 안에서 조례로 정한다(지육법 제30조 제5항). 교육감은 제5항의 규정에 따른 보조기관의 설치·운영에 있어서 합리화를 도모하고 다른 시·도와의 균형을 유지하여야 한다(지육법 제30조 제6항).

2. 교육기관

교육감은 그 소관 사무의 범위 안에서 필요한 때에는 대통령령 또는 조례로 정하는 바에 따라 교육기관을 설치할 수 있다(지육법 제32조).

3. 하급교육행정기관

(1) **교육지원청**   시·도의 교육·학예에 관한 사무를 분장하기 위하여 1개 또는 2개 이상의 시·군 및 자치구를 관할구역으로 하는 하급교육행정기관으로서 교육지원청을 둔다(지육법 제34조 제1항). 교육지원청의 관할 구역과 명칭은 대통령령으로 정한다(지육법 제34조 제2항). 교육지원청의 조직과 운영 등에 관하여 필요한 사항은 대통령령으로 정한다(지육법 제34조 제4항).

(2) **교 육 장**   교육지원청에 교육장을 두되 장학관으로 보하고, 그 임용에 관하여 필요한 사항은 대통령령으로 정한다(지육법 제34조 제3항). 교육장은 시·도의 교육·학예에 관한 사무 중 다음 각 호(1. 공·사립의 유치원·초등학교·중학교·고등공민학교 및 이에 준하는 각종학교의 운영·관리에 관한 지도·감독, 2. 그 밖에 조례로 정하는 사무)의 사무를 위임받아 분장한다(지육법 제35조).

4. 공 무 원

제30조 제5항의 보조기관과 제32조의 교육기관 및 제34조의 하급교육행정기관에는 제38조의 규정에 따른 해당 시·도의 교육비특별회계가 부담하는 경비로써 지방공무원을 두되, 그 정원은 법령에서 정한 기준에 따라 조례로 정한다(지육법 제33조 제1항). 제30조 제5항의 보조기관과 제32조의 교육기관 및 제34조의 하급교육행정기관에는 제1항 및 「지방자치단체에 두는 국가공무원의 정원에 관한 법률」에도 불구하고 대통령령으로 정하는 바에 따라 국가공무원을 둘 수 있다(지육법

제33조 제 2 항).

제 3 항   교육재정의 확보[1]

1. 교육재정의 재원

(1) 재원의 종류   교육·학예에 관한 경비는 다음 각 호(1. 교육에 관한 특별부과금·수수료 및 사용료, 2. 지방교육재정교부금, 3. 해당 지방자치단체의 일반회계로부터의 전입금, 4. 유아교육지원특별회계에 따른 전입금, 5. 제 1 호 내지 제 4 호까지 외의 수입으로서 교육·학예에 속하는 수입)의 재원(財源)으로 충당한다(지육법 제36조).

(2) 특별부과금의 제한   제36소의 규정에 따른 특별부과금은 특별한 재정수요가 있는 때에 조례로 정하는 바에 따라 부과·징수한다(지육법 제40조 제 1 항). 제 1 항의 규정에 따른 특별부과금은 특별부과가 필요한 경비의 총액을 초과하여 부과할 수 없다(지육법 제40조 제 2 항).

(3) 국가의 보조   국가는 예산의 범위 안에서 시·도의 교육비를 보조한다(지육법 제39조 제 1 항). 국가의 교육비보조에 관한 사무는 교육부장관이 관장한다(지육법 제39조 제 2 항).

2. 경비부담의 주체

① 의무교육에 종사하는 교원의 보수와 그 밖의 의무교육에 관련되는 경비는 「지방교육재정교부금법」에서 정하는 바에 따라 국가 및 지방자치단체가 부담한다(지육법 제37조 제 1 항). ② 제 1 항의 규정에 따른 의무교육 외의 교육에 관련되는 경비는 「지방교육재정교부금법」에서 정하는 바에 따라 국가·지방자치단체 및 학부모 등이 부담한다(지육법 제37조 제 2 항).

3. 교육비특별회계

시·도의 교육·학예에 관한 경비를 따로 경리하기 위하여 해당 지방자치단체에 교육비특별회계를 둔다(지육법 제38조).

---

[1] [관련논문] 허전·박정희, "지방교육재정 법제의 구조와 과제," 지방자치법연구, 통권 제43호, 693쪽 이하.

제 4 장

지방자치단체의 사무

제 1 절 일 반 론

제 1 항 사무일원론과 사무이원론

I. 의 의

지방자치단체사무의 유형에 관해 확립된 것이 없다. 유럽의 경우, 19세기 이래 전통적으로 공적 사무를 자치행정사무와 국가사무의 이원적인 사무모델로 구분하여 살펴왔다.[1] 이론상 지방자치단체가 담당하는 사무의 구성방식은 일원론적 구성(모델)과 이원론적 구성(모델)이[2] 가능하다.

---

[1] 독일의 경우 19세기 초에 지방자치단체는 원래부터 지역공동체에 뿌리박고 있는 모든 사무를 수행하였고, 국가는 그에 반해 전체에 이해관계 있는 임무를 담당하였으며, 아울러 19세기 시작과 더불어 비교적 큰 지역공동체에 놓이는 사무도 지방자치단체에 놓였고, 이는 다시 합목적성의 견지에서 소규모의 정치적 공동체에 위임되었다. 이를 통해 많은 국가관청을 지방자치구역에서 설치하지 않을 수가 있었다. 아울러 국가전체임무를 지방자치단체에 위임하여 수행함으로써 개선된 행정, 즉, 당해 지방자치단체의 특수성의 준수하에 그 지역문제에 적합한 행정이 가능할 수 있었다고 한다(Knemeyer, Bayerisches Kommunalrecht, S. 100).

[2] Scholler/Broß, S. 48; Pagenkopf, Bd. 1, S. 168. 한편, 지방자치단체의 사무와 관련하여 현시의 독일 각 란트의 입법은 이원주의와 일원주의로 양분되고 있다. 지방자치단체의 사무를 자치사무(Selbstverwaltungsangelegenheiten)와 국가의 위임사무(Auftragsangelegenheiten)로 구분하는 이원주의는 Bayern, Niedersachsen, Rheinland-Pfalz, Sachsen-Anhalt, Thüringen에서 볼 수 있다. 이에 반하여 일원주의는 자치사무를 지방자치단체의 사무로 하면서 「지시에 따라 수행하는 의무사무」(Pflichtaufgaben zur Erfüllung nach Weisung)라는 새로운 개념의 사무를 추가하고 있다. 일원주의의 입법례는 Baden-Württemberg, Brandenburg, Hessen, Mecklenburg-Vorpommern, Nord-rhein-Westfalen, Sachsen, 그리고 Schleswig-Holstein에서 볼 수 있다. 일원주의는 1948년 란트 내무부장관들과 지방자치단체조합(kommunale Spitzenverbände)이 독일연방공화국의 란트를 위해 마련한 지방자치법(게마인데법) 초안에 뿌리를 두고 있다. 동 초안은 Weinheimer 초안이라 불리고 있다. 동 초안은 국가사무와 지방자치단체의 사무의 이원주의를 배격하고, 공적 사무라는 단일의 개념을 사용하고, 지역에서의 모든 공적 사무의 수행에 대해서는 원칙적으로 지방자치단체가 책임을 지는 것으로 하였다. 동 초안에 따르면 지역에서는 지방자치단체만이 유일한 공행정주체가 된다. 그런데 이와 관련하여 일원주의에서 말하는 「지시에 따라 수행하는 의무사무」의 성질이 문제되고 있다. 이와 관련하여 위임사무라는 견해, 위임사무와 자치사무의 중간형태라는 견해, 위임사무와 자치사무의 혼합형태라는 견해, 이러한 사무는 지방자치단체가 수행하는 사무의 내용이 아니라 사무의 형식에 근거한 것이므로 자치사무라는 견해 등으로 나뉘고 있다(Erichsen, Kommunalrecht, S. 69 참조). 이러한 사무의 구분은 감독의 범위와 관련하여 특별한 의미를 갖는데, 전통적인 위임사무의 경

1. 이 원 론

(1) 의 의   국가와 지방자치단체 사이의 변화된 관계에 근거하는 이원적 모델은 국가는 전체와 관련되는 모든 사무를 수행하고, 지방자치단체는 지역공동체에 뿌리를 둔 사무를 수행하는 것을 말한다. 이원적 모델에 따르면, 지방자치단체의 사무는 자치행정사무와 국가사무로 구분된다. 자치행정사무는 지방자치단체의 고유한 사무이고, 국가사무는 위임된 사무로서 법률의 위임을 통해 지방자치단체가 수행한다. 후자의 사무를 (단체)위임사무라 불렀다.[1] 지방자치단체에 의한 위임사무의 수행이 성질상 국가행정사무의 대행인가 아니면 하급 국가행정관청으로서 행위인가는 불분명하다. 그리고 위임사무는 지역적 성격을 가져야 하는가와 무관하다.

(2) 특 징   이원론은 지방자치단체를 자연발생적인 가족공동체 내지 사회공동체의 연장으로 보고, 국가에 대비시키는 사고를 바탕으로 하였다.[2] 이원론은 국가와 지방자치단체(사회)의 관계를 대립적인 것으로 보는 사고를 바탕으로 한다.

2. 일 원 론

(1) 의 의   일원적 모델이란 특정 법률상 달리 정함이 없는 한, 지방자치단체는 자기의 구역에서의 모든 공적 사무를 자기의 책임으로 수행하는 것을 말한다. 이에 따르면 지방자치단체는 「특별한 지방자치단체의 사무」의 주체일 뿐만 아니라 「모든 국가적인 사무」도 지방기관으로서 처리한다.

(2) 특 징   일원적 모델은 자치행정사무에는 하나의 영역만 있다는 논리에서 출발한다. 일원적 모델에서는 자치행정사무와 위임사무의 사항적 구분이 없다. 다만 이원적 모델과 같이 임의적 자치사무와 의무적 자치사무의 구분은 있다. 일원론은 이원론이 국가의 민주적 정당성으로 인해 그 의미를 잃었다는 것에서 나온

우에는 감독청의 감독은 재량축소의 경우를 제외하고는 원칙적으로 무제한이지만, 「지시에 따라 수행하는 의무사무」의 경우에는 개별 법률에서 정한 지시권의 범위 내에 한정된다고 한다. 그 밖에 「지시에 따라 수행하는 의무사무」는 ① 법률에 의해 부과된다는 점, ② 국가기관의 명령에 지방자치단체가 따른다는 점, ③ 국가의 특별한 감독이 있다는 점, ④ 행정심판절차에서 국가기관이 행정심판기관이 된다는 점 등이 특징적이라 한다(Tettinger/Erbguth/Mann, Besonderes Verwaltungsrecht, Rn. 208). 감독권의 근거도 다르다. 2원론에서 위임사무에 대한 국가의 감독권은 위임사무가 국가사무라는 성격에서 나오지만, 1원론에서 「지시에 따라 수행하는 의무사무」에 대한 국가의 감독권은 개별 법률에 근거하여 나온다고 한다(Burgi, Kommunalrecht, 5. Aufl., §8, Rn. 21).

1) Stober, Kommunalrecht, S. 33.

2) Gern, Kommunalrecht Baden-Württemberg, 9. Aufl., Rn. 106.

다.[1] 일원론을 택하는 입법례에서도 자치사무는 지시로부터 자유로운 사무와 지시사무(지시에 따른 의무사무)의 구분이 이루어지기도 한다.[2] 지시사무(지시에 따른 의무사무)의 성질에 대해서는 자치사무라는 견해, 위임사무라는 견해, 자치사무와 위임사무의 중간사무라는 견해, 약화된 자치사무라는 견해 등으로 나뉜다.[3] 이론상 지시와 자치는 양립하기 어렵다. 연방국가인 독일의 경우, 일원론하에서도 연방법에 따른 위임사무는 역시 존재한다. 일원론은 지방자치단체를 국가의 한 부분으로 보는 사고를 바탕으로 한다.

3. 구분론에 대한 평가

독일의 경우, 감독(법규감독, 전문감독)을 통한 국가의 감독이 유사하기 때문에 실제상 이원론과 일원론 사이에는 큰 차이가 없다고 한다.

Ⅱ. 헌법의 태도

1. 명시적 규정의 결여

지방자치제는 헌법 제117조와 제118조에 의해 보장되고 있다. 헌법상 제도보장은 고유책임성의 보장, 자치고권의 보장 외에 포괄적인 임무의 보장을 내용으로 한다. 그러나 헌법은 일원적 모델과 이원적 모델 중 어느 모델을 선택하였는지를 규정하고 있지는 않다.

2. 해 석 론

헌법 제117조 제1항은 지방자치단체에 대하여 주민의 복리사무를 보장하고 있을 뿐, 지역의 모든 행정사무를 규정하고 있지 아니하며, 헌법 제117조 제1항은 자치사무에 관한 입법권을 부여하고 있을 뿐, 지역의 모든 행정사무에 대한 입법권을 규정하고 있지 아니 하기 때문에 해석상 헌법은 이원론을 모델로 한 것으

---

1) Gern, Kommunalrecht Baden-Württemberg, 9. Aufl., Rn. 106.
2) 일본은 2000년 개정 지방자치법에서 지방자치단체의 사무는 자치사무와 법정수탁사무로 구성하고, 법정수탁사무는 제1호 법정수탁사무와 제2호 법정 수탁사무로 구성하였으며, 법정수탁사무는 종전의 기관위임사무에 해당하는 것이라 하고, 자치사무의 개념을 적극적으로 정의하지 않고 단지 "지방공공단체가 처리하는 사무 중에서 법정수탁사무를 제외한 것"이라고만 정의하고 있다고 한다 (문상덕, "일본의 지방자치사무 일 유형으로서의 「법정수탁사무제도」에 관한 고찰," 지방자치법연구, 통권 제6호, 208쪽 이하); 정재길, 지방자치법주해, 814쪽 이하.
3) Gern, Kommunalrecht Baden-Württemberg, 9. Aufl., Rn. 110.

로 볼 수도 있다.[1] 그렇다고 헌법은 입법자가 반드시 이원론을 따를 것을 명하는
것으로 새길 수도 없다. 복리사무에 대한 이해와 자치사무에 대한 이해의 광협에
따라서는 일원론의 도입도 가능하기 때문이다. 요컨대 이원론을 택할 것인가, 일원
론을 택할 것인가의 여부는 입법자의 결단에 달린 문제이다.

Ⅲ. 지방자치법과 이원론

1. 지방자치법 제13조

(1) 자치사무와 법령에 따른 사무   지방자치법 제13조는 "지방자치단체는 관
할 구역의 자치사무와 법령에 따라 지방자치단체에 속하는 사무를 처리한다(지자법
제13조 제1항)"고 규정하는바, 지방자치법상 지방자치단체의 사무는 「자치사무」와
「법령에 따라 지방자치단체에 속하는 사무」로 구성하고 있다. 따라서 지방자치법
은 이원적 모델에 속한다고 할 것이다. 따라서 현행법상 자치행정사무는 지방자치
단체의 고유임무영역이 되고, 국가사무는 단지 법령의 위임에 의거하여 (단체)위임
사무로서 지방자치단체에게 부과된다.

(2) 2원론상 자치사무의 본질   이원론의 구분방식이 말하는 자치사무(고유사무)
가 국가로부터 별개의 존재로서의 지방자치단체의 고유한 사무의 의미라면, 여기
에는 문제가 있다. 왜냐하면 지방자치행정은 국가행정의 통합적인 한 구성부분인
까닭에,[2] 지방자치단체의 사무는 모두 국가사무일 수밖에 없고, 따라서 지방자치
단체의 사무를 고유사무와 위임사무(국가사무)로 구분하는 것은 헌법의 관점에서 유
지될 수 없기 때문이다.[3] 따라서 이원적 모델에서 말하는 자치사무는 국가로부터
별개의 존재가 아니라 국가의 한 구성부분으로서 지방자치단체에 고유한 사무로 이
해되어야 한다.

2. 국가와 지방자치단체 간 사무배분

(1) 사무배분의 기본원칙   이원적 모델을 따르게 되면, 국가사무와 자치행정
사무의 배분기준이 문제된다. 이와 관련하여 지방자치법 제11조는 기본원칙을 규
정하고 있다. 지방자치법 제11조는 2022. 1. 13. 시행 지방자치법 전부개정법률에

---

1) Geis, Kommunalrecht, 3. Aufl., §4, Rn. 6. 참조.
2) Seeger/Wunsch, Kommunalrecht, S. 54.
3) Dols/Plate, Kommunalrecht, Rn. 45.

신설된 조항이다.

(가) **중복배분의 배제** 국가는 지방자치단체가 사무를 종합적·자율적으로 수행할 수 있도록 국가와 지방자치단체 간 또는 지방자치단체 상호 간의 사무를 주민의 편익증진, 집행의 효과 등을 고려하여 서로 중복되지 아니하도록 배분하여야 한다(지자법 제11조 제 1 항).

(나) **배분기준으로서 지역주민생활과의 밀접성** 국가는 제 1 항에 따라 사무를 배분하는 경우 지역주민생활과 밀접한 관련이 있는 사무는 원칙적으로 시·군 및 자치구의 사무로, 시·군 및 자치구가 처리하기 어려운 사무는 시·도의 사무로, 시·도가 처리하기 어려운 사무는 국가의 사무로 각각 배분하여야 한다(지자법 제11조 제 2 항).

(다) **포괄적 배분** 국가가 지방자치단체에 사무를 배분하거나 지방자치단체가 사무를 다른 지방자지단체에 재배분할 때에는 사무를 배분받거나 재배분받는 지방자치단체가 그 사무를 자기의 책임하에 종합적으로 처리할 수 있도록 관련 사무를 포괄적으로 배분하여야 한다(지자법 제11조 제 3 항).

(2) **자치분권 사전협의**

(가) **의 의** 중앙행정기관의 장은 다음 각 호(내용 생략)의 어느 하나에 해당하는 사항과 관련하여 소관 법령을 제정하거나 개정하려는 경우에는 사전에 행정안전부장관과 협의해야 한다(지자령 제11조 제 1 항). 이를 자치분권 사전협의라 한다.

(나) **협의사항** 지방자치법 시행령 제11조 제 1 항은 ① 지방자치단체의 행정·재정 등에 영향을 미치는 사무의 신설·변경·폐지에 관한 사항, ② 지방자치단체나 그 장에 대한 사무의 위임에 관한 사항, ③ 지방자치단체가 수행하는 사무에 대한 지도·감독에 관한 사항을 협의해야 하는 사항으로 규정하고 있다.

(다) **협의의 요청** 중앙행정기관의 장은 제 1 항에 따른 협의가 필요한 경우 해당 법령안에 대한 협의요청서를 작성하여 행정안전부장관에게 제출해야 한다(지자령 제11조 제 2 항).

(라) **검토의견 통보** 제 2 항에 따른 협의요청서를 받은 행정안전부장관은 해당 법령안이 다음 각 호(1. 「지방자치분권 및 지방행정체제개편에 관한 특별법」 제 7 조에 따른 지방자치분권의 기본이념, 2. 법에 따른 사무배분의 기본원칙 및 기준과 사무처리의 기본원칙)의 사항에 적합한지를 검토하고, 그 검토의견을 해당 중앙행정기관의 장에게 통보해야 한다(지자령 제11조 제 3 항). 행정안전부장관은 제 3 항에 따른 검토를 위하여 필요한 경우에는 지방자치단체의 장이나 법 제182조 제 1 항에 따른 지방자치단체의 장 등의 협의체의 의견을 들을 수

있으며, 전문가에게 자문하거나 조사·연구를 의뢰할 수 있다(지자령 제11조 제 7 항).

　　(마) 검토의견의 반영　　제 3 항에 따른 검토의견을 통보받은 중앙행정기관의 장은 해당 법령안에 검토의견을 반영하도록 노력해야 하며, 반영하기 곤란한 경우에는 그 사유를 행정안전부장관에게 통보해야 한다(지자령 제11조 제 4 항).

　　(바) 검토 기준과 방법 등　　행정안전부장관은 제 1 항에 따른 협의를 위하여 필요한 세부 검토 기준 및 방법 등을 정하여 중앙행정기관의 장에게 통보할 수 있다(지자령 제11조 제 5 항). 행정안전부장관은 제 5 항의 세부 검토 기준 및 방법 등을 정하거나 변경하는 경우에는 관계 중앙행정기관 장의 의견을 들어야 한다(지자령 제11조 제 6 항).

Ⅳ. 입법정책론[1]

1. 일원론의 지향

　　지방자치단체의 자율성의 제고, 지방자치제의 발전, 주민들의 의식수준의 향상, 기관위임사무가 갖는 폐단의[2] 제거 등을 고려한다면, 현재의 사무구분 이원론에서 일원론으로 나아가는 것이 바람직하다고 본다.[3] 이러한 시각에서 볼 때, 단체위임사무와 기관위임사무의 개념은 폐지하고 자치사무의 개념만 존치시키고, 자치사무도 지방자치단체에 보장되는 자율성의 강도와 관련하여 제 1 종 자치사무와 제 2 종 자치사무로 구분하는 방식을 도입하는 것도 검토할 만하다.

2. 일원론의 한계

　　사무체계구분에 있어서 일원론이 바람직하다고 하여도 일원론을 철저하게 실현하는 것은 어렵다. 왜냐하면 ① 전시(戰時)와 같은 비상시에는 일정 행정사무를 지방자치단체나 그 장에게 위임하여 처리하게 할 필요가 있고, ② 위임사무는 시행령·시행규칙에 근거하여 나타나지만, 지방자치법 제168조에서 규정하는 사무의

---

1) [관련논문] 최철호, "지방이양일괄법의 제정의 의의와 과제," 지방자치법연구, 통권 제68호, 3쪽 이하; 김수연, "지방일괄이양법의 의미와 한계 및 향후 과제," 지방자치법연구, 통권 제68호, 27쪽 이하; 문병효, "중앙행정권한의 지방이양 지원기구에 관한 공법적 검토," 지방자치법연구, 통권 제68호, 53쪽 이하; 전훈, "프랑스의 행정권한의 지방이양 내용과 원칙의 검토―1982년 지방분권법에서 2019년 헌법개정안까지의 변화―," 지방자치법연구, 통권 제68호, 79쪽 이하.
2) 본서, 484쪽 참조.
3) 조성규, "행정구역개편을 통한 통합형 지방자치단체의 사무개편을 위한 법적 과제," 지방자치법연구, 통권 제25호, 15쪽.

위탁은 협의에 근거한 협약에 근거하여 나타난다는 점에서 차이가 있다고 하여도, 지방자치법 제168조에 따른 위탁사무의 처리도 역시 위임사무의 처리와 마찬가지로 다른 지방자치단체의 사무를 처리한다는 점에서는 양자 사이에 본질적인 차이는 없기 때문이다. 여기에 일원론의 한계가 있다.

3. 사무의 전면적 재배분

사무구분의 체계를 개선하는 것도 중요한 과제이지만, 현재의 국가사무와 자치사무가 과연 합리적으로 배분되었는가의 여부도 전반적으로 재검토되어야 할 것이다. 국가사무 중에도 자치사무로 전환하여야 할 것은 자치사무로 전환하여야 하고, 자치사무 중에도 국가사무로 전환할 필요가 있는 사무는 국가사무로 전환하여야 할 것이다. 자치사무도 경우 따라서는 국가에 위탁할 수 있어야 할 것이다. 이상의 논의는 다음의 도표로 요약될 수 있다.

새로운 사무체계(안)			현행 사무체계
자치사무	제 1 종 자치사무	(현행대로)	← 현행 자치사무(대부분)
		(지방자치단체에 이양)	← 현행 국가의 직접 수행사무(일부분)
		(지방자치단체에 이양)	← 현행 국가의 기관위임사무(대부분)
	제 2 종 자치사무 (법정수탁사무)	(지방자치단체에 이양)	← 현행 국가의 직접 수행사무(일부분)
		(지방자치단체에 이양)	← 현행 국가의 기관위임사무(대부분)
국가사무	국가사무	(현행대로)	← 현행 국가의 직접 수행사무(대부분)
		(지방자치단체에 대한 위임의 철회)	← 현행 국가의 기관위임사무(일부분)
		(국가에로 이전)	← 현행 자치사무(일부분)
	위탁사무	(국가에 위탁)	←새로운 사무체계에 따른 자치사무의 일부분

제 2 항 사무의 종류

Ⅰ. 일 반 론

1. 존재사무와 목적사무

지방자치단체가 수행하는 사무는 존재사무와 목적사무로 구분할 수 있다. 존재사무란 지방자치행정의 존재를 위해 제도상·조직상 전제가 되는 필수적인 사무를 말하며(예: 지방자치단체의 기관의 구성, 시청사의 건립), 목적사무란 지방자치행정의 기능의 전개에 기여하는 사무를 말한다(예: 지방도로의 건설, 초등학교의 설립과 유지). 또한 시간적인 계속성 여부에 따라 계속적인 사무와 일시적인 사무의 구분이 가능하고, 지방자치단체의 종류에 따라 광역지방자치단체의 사무와 기초지방자치단체의 사무의 구분이 가능하다.

2. 의무적 사무와 임의적 사무

지방자치단체가 수행하는 사무는 국가의 지시(감독)로부터 자유로운 사무와 지시에 구속되는 사무,[1] 사무수행의 의무성 여하에 따라 의무적인 사무와 임의적인 사무로 구분할 수 있고, 이를 결합하면 지방자치단체의 사무는 ① 임의적 사무(수행여부와 수행방법선택이 모두 자유인 사무), ② 지시로부터 자유로운 의무적 사무(수행여부는 의무적이나 수행방법선택은 자유인 사무), ③ 지시에 구속되는 의무적 사무(수행여부와 수행방법선택이 모두 의무적인 사무)로 구분할 수 있다.[2]

II. 자치사무와 위임사무

1. 의 의

지방자치단체의 사무를 전통적인 구분방식이 사용하는 용어사용방식에 따라 자치사무와 (단체)위임사무로 구분하여 살피기로 한다. 그런데 자치사무와 위임사무

---

1) Burmeister, Verfassungstheoretische Neukonzeption der kommunalen Selbstverwaltungsgarantie, S. 124. 이러한 구분은 1948년의 독일게마인데법의 "바인하이머 초안(Weinheimer Entwurf)에 기인하는 것으로 보인다. 동 초안은 이원론을 폐기하고 일원론을 채택하였는데, 그것은 게마인데차원에서 행정의 단일성의 사고를 기초로 하였다. 말하자면 게마인데는 자기의 구역에서 배타적인, 그리고 자기책임을 지는 공행정주체라는 점을 기초로 하였다. 그래서 국가적인 사무와 지방자치단체의 사무의 구분을 폐기하고, 그 대신 지시로부터 자유로운 게마인데의 사무와 지시에 구속되는 게마인데의 사무로 구분하였다고 한다(Hegele/Ewert, Kommunalrecht im Freistaat Sachsen, S. 51). 이러한 일원론에 따르면, 관할 구역 안에서 지방자치단체는 모든 공적 사무(예외, 법률의 규정이 있는 경우)의 주체이고, 게마인데는 국가기관으로서 행위하는 바는 없고, 언제나 지방자치단체로서 행위한다고 말하게 된다. 일원론을 채택한 입법례로 구 동독지역인 Sachsen의 게마인데법을 볼 수 있다.
2) Sachsen의 경우, 임의적 사무의 예로, 스포츠시설·휴양시설·교통시설·복지시설 등이 있고, 지시로부터 자유로운 의무적 사무의 예로, 문화시설(박물관·극장 등)·소방제도·학교제도 등이 있고, 지시에 구속되는 의무적 사무의 예로, 자연보호·건축감독·지역경찰·신고제도 등이 있고, 예외적이지만 연방의 위임사무(예: 방위사무)도 있다(Hegele/Ewert, Kommunalrecht im Freistaat Sachsen S. 53ff.). Baden-Württemberg의 경우, 임의사무로 문화시설, 지시로부터 자유로운 사무로 학교, 소방, 지시사무로 지역경찰사무가 있다(Waibel, Gemeindeverfassungsrecht Baden-Württemberg, Rn. 67ff.).

의 구분은 개별적인 사무 그 자체로부터 자명하게 이루어지는 것이 아니다. 특정의 사무가 자치사무인가 아니면 위임사무인가의 판단은 관련법령의 해석을 통해서만 이루어질 수 있을 뿐이다.[1] 따라서 자치사무란 주민의 복리에 관한 사무로서 헌법과 법률이 지방자치단체의 기본적인 사무로 정한 사무로 이해하고, 위임사무란 헌법과 법률이 국가나 광역지방자치단체의 사무로 한 것을 법령이 이의 수행을 광역 또는 기초지방자치단체에 위임한 사무로 이해하기로 한다.[2]

	자치사무	단체위임사무	기관위임사부
사무의 성격	자신의 사무	국가·광역단체의 사무	국가·광역단체의 사무
사무의 범위	포괄적	개별적	비교적 포괄적 + 개별적
자치법규형식	조례·규칙	조례·규칙	규칙
사무의 비용	지방자치단체 부담	위임자부담의 원칙	위임자부담의 원칙
손해배상	지방자치단체 부담	위임자부담(국배법 제 2 조) 지방자치단체부담(국배법 제 6 조)	위임자부담(국배법 제 2 조) 지방자치단체부담(국배법 제 6 조)
사무처리기준	법령에만 구속	법령과 위임자지시에 구속	법령과 위임자지시에 구속
지방의회관여	가능	가능	불가능(예외: 지자법 제49조 제 3 항)
사무감독	적법성감독	적법성감독 + 합목적성감독	적법성감독 + 합목적성감독
감독처분제소	제소가능	제소불가능	불가능(예외: 지자법 제189조 제 6 항)

2. 구분의 의미

지방자치단체의 사무를 유형적으로 구분하는 것은, 사무수행에 관하여 지방자치단체가 갖는 자유로운 판단영역, 감독청과 감독범위, 비용부담 그리고 지방의회의 관여가능성 등이 각종의 사무 사이에 차이가 있기 때문이다.

3. 구분기준

(1) 실 정 법 지방자치법 제13조(지방자치단체의 사무 범위) 제 2 항이 지방자치단

---

[1] Schwirzke/Sandfuchs, Allgemeines Niedersächsisches Kommunalrecht, S. 19.
[2] 용례상 지방자치단체의 사무로서 위임사무란 단체위임사무를 말한다. 현실적으로는 소속 공무원에 의해 처리되고 있다고 할지라도 기관위임사무는 지방자치단체의 기관에 위임된 것이지, 지방자치단체 자체에 위임된 것은 아니므로 지방자치단체의 사무라고 말하기 어렵다. 그러나 경우에 따라서는 단체위임사무와 기관위임사무를 합하여 위임사무라 부르는 경우도 있다.

체의 사무를 예시하고 있지만, 그것은 예시일 뿐이고, 개별구체적인 경우에 어떠한 사무가 자치사무인지의 여부를 판단할 수 있는 일반적 기준을 규정하는 조항은 찾아볼 수 없다.[1] 법률만 보면 어떠한 사무가 자치사무인지 아니면 기관위임사무인지의 여부를 손쉽게 판단할 수 있도록 법률이 정비되어야 한다.

(2) 학 설

(가) 내 용   일설은[2] 개별법에서 대통령, 국무총리, 각 중앙부처의 장 등 중앙행정기관의 장의 권한으로 규정하고 있는 사무는 국가사무라 하고, 아울러 개별법령에서 「지방자치단체장이 행한다」는 권한규정의 경우에는 "① 개별법령에서 「지방자치단체장이 행한다」고 규정한 경우, 규정상 지방자치단체장의 권한대상으로서의 사무가 자치사무인지 기관위임사무인지 여부가 문제된다. 기관위임사무인 경우가 많겠지만 본래적 자치사무에 대하여 단지 자치단체의 대표자로서 '장'이 행한다는 의미로 쓰일 때도 있기 때문이다. ② 개별법령의 취지와 내용을 구체적으로 판단하여 해당사무가 주무부장관의 통제하에 적극적 기준에 의하여 처리되어야 할 사무는 국가의 기관위임사무로, 해당사무가 지방자치법 제13조 제 2 항 소정의 지방자치단체의 사무로 예시되어 있는 사무 중에 포함되어 있거나 그렇지 아니하더라도 특히 지역적 특성에 따라 자율적으로 처리되는 것이 바람직한 사무는 자치사무로 보아야 할 것이다"라 하고 있다.

(나) 비 판   입법자는 국가의 권한과 지방자치단체의 권한을 배분하는 기관이지, 국가에 배분한 권한을 다시 지방자치단체에 위임하는 기관은 아니다. 그리고 지방자치단체의 장의 존재의미는 기본적으로 당해 지방자치단체의 대표라는데 있지, 국가의 지방행정기관이라는 데 있는 것이 아니다. 따라서 법률에서 개별법령에서 「지방자치단체장이 행한다」는 권한규정의 경우, 그 사무는 지방자치단체장이 대표하는 해당 지방자치단체의 사무로 보아야 한다. 상기 학설의 주장은 동의하기 어렵다.

(3) 판 례

(가) 일반적 기준   대법원은 "법령상 지방자치단체의 장이 처리하도록 규정하고 있는 사무가 자치사무인지 기관위임사무인지를 판단할 때 그에 관한 법령의 규정 형식과 취지를 우선 고려하여야 하지만, 그 밖에도 사무의 성질이 전국적으로 통일적인 처리가 요구되는 사무인지 여부나 그에 관한 경비부담과 최종적인 책임

---

[1] 문상덕, "지방자치단체의 사무구분체계," 지방자치법연구, 통권 제 8 호, 384쪽.
[2] 김남진·김연태, 행정법 II, 117쪽.

귀속의주체 등도 아울러 고려하여야 한다"는[1] 것을 기본적인 입장으로 하고 있다.[2]

(나) **판례의 문제점**[3]   ① 대법원은 골재채취법이 골재채취업의 등록관청으로 시장·군수 또는 구청장으로 규정하였고(당시 골재채취법 제14조 제1항), 골재채취허가사무의 관장기관으로 시장·군수 또는 구청장으로 규정하였음에도(당시 골재채취법 제22조 제1항) 불구하고, 골재채취업등록 및 골재채취허가사무는 전국적으로 통일적 처리가 요구되는 중앙행정기관인 건설교통부장관(현재의 국토교통부장관)의 고유업무인 국가사무로서 지방자치단체의 장에게 위임된 기관위임사무에 해당한다고 하였다.[4] ② 헌법재판소도 북제주군과 완도군 등 간의 권한쟁의심판사건에서[5] 지적법이 지적공부의 등록·비치·보관·보존 등 집행행위를 소관청인 시장·군수가 담당하도록 하고 있음에도(제2조 제2호, 제3조 제2항, 제8조 제1항 등 참조) 불구하고 지적공부의 등록시무가 법률 그 자체에 의해서 시장·군수에게 위임되고 있다고 하였다. ③ 대법원과 헌법재판소의 입장에 대해서는 상기 학설에 가한 비판과 동일한 비판이 가해져야 한다.

(4) **사견**(권한의 배분과 위임)

(가) **문제상황**   입법자인 국회는 ① 법률로써 국가가 처리할 사무와 지방자치단체가 처리할 사무를 각각 국가와 지방자치단체에 배분하는 권능을 가진 기관인가, 아니면 ② 국가가 처리할 사무와 지방자치단체가 처리할 사무를 각각 국가와 지방자치단체에 배분하면서 동시에 국가에 배분한 권한을 다시 지방자치단체에 직접 법률로써 위임할 수 있는 기관인가의 문제가 있다.

(나) **법률상 직접 위임가능 여부**   헌법 제75조와 제95조에 비추어 국회는 정부에 대하여 법률로써 권한부여와 동시에 그 권한의 위임가능성을 설정해주고, 실제상 위임 여부의 결정은 정부로 하여금 시행령(대통령령)이나 시행규칙(총리령·부령)으로 하는 것이 헌법상 명령이다. 권한의 위임이나 국가와 지방자치단체 사이의 사무의 배분은 형태상 유사하므로 권한의 위임의 법리의 논리구조는 사무의 배분에도 적용되어야 한다. 따라서 국회가 법률로써 일정한 사무를 국가사무로 배분하면서 다

---

1) 대판 2020. 9. 3, 2019두58650; 대판 1999. 9. 17, 99추30.
2) 대판 2017. 12. 5, 2016추5162.
3) 사무의 구분에 관한 판례의 태도를 법률실무가의 입장에서 분석한 논문으로 박해식, "행정사무 배분의 기준, 문제점 및 개선방향," 지방자치법연구, 통권 제10호, 174쪽 이하 참조.
4) 대판 2004. 6. 11, 2004추34; 박해식, "행정사무 배분의 기준, 문제점 및 개선방향," 지방자치법연구, 통권 제10호, 177쪽.
5) 헌재 2008. 12. 26, 2005헌라11 전원재판부.

시 동일 법률에서 바로 지방자치단체에 위임한다는 것은 위임의 논리에 반한다. 국회가 법률로써 일정한 사무를 국가사무로 배분하였다면, 국회는 정부로 하여금 그 사무를 위임할 수 있는 권능을 부여하는데 그쳐야 한다. 말하자면 국회가 법률에서 일정 사무를 국가사무로 규정하면서 동시에 지방자치단체의 사무로 위임하는 규정을 두는 것은 특별한 사정이 있는 예외적인 경우가 아닌 한, 헌법에 반한다. 이러한 시각에서 보면 상기의 골재채취허가사건에서 대법원이 취한 해석이나 북제주군과 완도군 등간의 권한쟁의심판사건에서 헌법재판소가 취한 해석은 상기의 문제상황 중 ②를 택한 것인데, 이것은 잘못된 해석이라 하겠다.

   (다) 소 결   입법적 보완이 있기까지 자치사무와 위임사무의 구분은 다음의 기준에 의할 수밖에 없다. 즉, ① 국가와 지방자치단체 사이 또는 광역지방자치단체와 기초지방자치단체 사이의 권한 배분은 헌법 제117조 등에 비추어 입법자의 몫이기 때문에 자치사무와 위임사무의 구분은 입법자가 법률에서 정한 바에 따라야 한다. ② 입법자는 국가의 권한과 지방자치단체의 권한을 배분하는 기관이며, 국가에 배분한 권한을 다시 지방자치단체에 위임하는 기관은 아니다. 그리고 지방자치단체의 장의 존재의미는 기본적으로 지방자치단체의 대표라는 데 있으며, 국가의 지방행정기관이라는데 있는 것이 아니다. 따라서 개별 법률에서 「지방자치단체장이 행한다」는 권한규정의 경우, 그 사무는 지방자치단체장이 대표하는 해당 지방자치단체의 사무로 보아야 한다. 개별 법률에서 권한의 귀속주체를 행정입법으로 정하도록 하고, 행정입법에서 권한의 귀속주체로 지방자치단체의 장을 규정한 경우도 마찬가지이다. ③ 법률상 권한의 주체가 불분명한 경우에는 지방자치법 제13조(지방자치단체의 사무범위) 내지 제15조(국가사무처리의 제한) 외에 사무의 성질이 전국적으로 통일적인 처리가 요구되는 사무인지 여부, 경비부담의 주체와 최종적인 책임귀속의 주체 등을 고려하면서 판단하여야 할 것이다.

4. 입법상 개혁

   (1) 개혁의 필요성   국가사무와 자치사무의 구분이 판례를 통해 확정되기 전까지 누구도 양자의 구분을 명쾌하게 할 수 없다는 것은 지방자치제의 기본의 일부가 제대로 마련되어 있지 아니함을 뜻한다. 예컨대, 지방자치법이나 지방재정법은 국가나 지방자치단체가 사무를 위임한 경우, 위임한 국가나 지방자치단체가 그 경비를 부담하도록 하고 있으나(지자법 제158조, 지정법 제21조 제2항), 행정의 실제상 위임사무별로 경비를 부담하는 것은 아니다. 국가사무와 자치사무의 구분이 불명확

한 상황에서 지방자치법 제158조와 지방재정법 제21조 제 2 항의 준수는 애초에 불가한 것으로 볼 수 있는바, 지방자치법 제158조와 지방재정법 제21조 제 2 항을 폐지하지 않는 한, 국가사무와 자치사무의 구분을 보다 명확히 하여야 하는 것은 불가피하다. 개혁의 방식은 규정방식상 개혁과 입법절차상 개혁을 나누어 살펴볼 수 있다.

(2) 규정방식상 고려사항

(가) 사무의 유형   법령상 규정되는 사무에는 국가만이 하는 국가의 전속적 사무(예: 군대의 유지), 지방자치단체만이 하는 지방자치단체의 선속적 사무(예: 소속 공무원 임용), 국가와 지방자치단체 모두 할 수 있는 경합적 사무(예: 학교의 설립)로 구분이 가능하다.

(나) 사무의 규정방식   ① 전속적 사무의 경우에는 그 사무가 국가사무인지 자치사무인지를 법률에 명시적으로 규정하여야 한다. ② 경합적 사무의 경우에도 그 사무가 국가사무인지 지방자치단체사무인지를 가능한 법률에서 밝히고, 법률에서 규정함이 어려운 경우에는 행정입법에서 정하도록 하되, 행정입법에서는 이를 정할 때에 지방자치단체, 전문가 등의 의견을 필수적으로 거치도록 하여야 할 것이다.

(다) 보완적 구분기준의 마련   입법의 실제상 위에서 지적한 사무의 규정방식이 적용되지 아니하고 제정(개정)된 법령상 규정된 사무의 경우, 국가사무인지 자치사무인지 여부를 판단하는 보충적인 기준을 둘 필요가 있다.1) 위에서 지적한 사무의 규정방식이 적용되었다고 하여도 제정(개정)된 법령상 규정된 사무가 국가사무인지 자치사무인지 여부가 불분명한 경우도 마찬가지이다.

(3) 입법절차상 개혁

헌법 제117조 등에 비추어 지방자치제의 형성은 입법자(국회)의 임무이고, 국가 내의 사무 중 국가사무(기관위임사무 포함)와 자치사무의 배분은 국회의 몫이다. 따라서 국회는 법률을 제정(개정)할 때에, 규율대상인 사무를 국가사무(기관위임사무)로 할 것인지, 자치사무로 할 것인지를 심의하는 절차를 가져야 한다. 이것은 국회의 입법절차상 의무에 해당한다. 이와 관련하여 지방자치법 시행령 제11조가 규정하는 자치분권 사전협의제의 내용을 보다 강화하는 방향으로 손질을 가한 후, 그 내용을 지방자치법에 규정하는 것이 필요하다고 본다. 강화의 내용으로 예를 들어 규율대상인 사무가 국가사무(기관위임사무)로 할 것인지, 자치사무로 할 것인지를 명시하는 것과 적용대상을 정부 제출 법률(안)뿐만 아니라 국회의

---

1) 이에 관한 참고자료로 졸고, "자치사무의 규정방식에 관한 입법상 개선에 관하여," 지방자치법연구, 통권 제32호, 183쪽 이하 참조.

원 제출 법률(안)까지 확대하는 것을 생각할 수 있다.[1]

제 3 항 사무처리의 기본원칙

1. 주민의 편의와 복리증진

지방자치단체는 사무를 처리할 때 주민의 편의와 복리증진을 위하여 노력하여야 한다(지자법 제12조 제 1 항). 지방자치단체의 이러한 의무는 "지방자치단체는 주민의 복리에 관한 사무를 처리 ⋯ 한다"는 헌법 제117조 제 1 항으로부터 나온다.

2. 조직과 운영의 합리화

지방자치단체는 조직과 운영을 합리적으로 하고 규모를 적절하게 유지하여야 한다(지자법 제12조 제 2 항). 조직의 합리화란 관할구역과 경제·인구의 크기·사무에 따라 주민의 복리증진에 가장 적절한 규모와 체계를 갖춘 조직을 확보하는 것이며, 조직운영의 합리화는 능률적이고 경제적인 의사결정과 업무수행 등을 말하는 것이라 정의하기도 한다.[2] 과도한 조직은 고효율 저비용의 요청에 반하는 것이 된다. 과도한 규모도 마찬가지이다. 재정자립도가 원만하지 아니한 현실에서 조직과 운영의 합리화, 규모의 적정화는 중요한 과제가 된다.

3. 상급지방자치단체의 조례의 준수

지방자치단체는 법령을 위반하여 사무를 처리할 수 없으며, 시·군 및 자치구는 해당 구역을 관할하는 시·도의 조례를 위반하여 사무를 처리할 수 없다(지자법 제12조 제 3 항). 지방자치단체는 국가의 부분이고, 국가는 모든 지방자치단체의 총합이므로 국가와 지방자치단체는 통일적인 법질서를 가져야 한다. 말하자면 국가의 법질서는 단일하여야 한다. 이것은 법적 단일체인 국가의 본질에 해당한다.

---

1) 정부가 2019. 3. 12. 지방자치법 시행령을 개정하여 제10조의2(자치분권 사전협의)를 신설하였던 것은 이러한 노력의 일환으로 볼 수 있다.
2) 송기춘, 지방자치법주해, 48쪽.

제 2 절   자치사무

제 1 항   자치사무의 관념

Ⅰ. 자치사무개념의 전제

1. 복리사무와 생활배려

(1) **중심개념으로서 복리사무**   "지방자치단체는 주민의 복리에 관한 사무를 처리하고…"라는 헌법 제117조 제 1 항에 따라 지방자치단체가 처리하는 사무는 주민의 복리사무이다. 지방자치단체는 복리사무의 주체로서 주민의 복리를 배려할 의무를 진다. 복리사무의 의미가 문제된다. 일반적으로 복리사무는 생활배려의 사무에서 발전된 개념으로 이해되는 것으로 보인다.

(2) **복리사무의 출발개념으로서 생활배려**

(가) **개념의 발전**   생활배려(Daseinsvorsorge)라는 개념은 전통적으로 급부행정의 핵심적인 내용을 지칭하는 용어로 사용되고 있다. 생활배려란 말은 포르슈토프 (Forsthoff) 교수가 고권적인 침해행정으로부터 대비되는 급부행정을 그 구조적인 특성과 의미 속에서 서술코자 발전시킨 개념이다.[1] 포르슈토프 교수는 생활배려의 개념을 생활상 필요한 급부를 가져오는 것에 한정하려 하였으나, 이 개념의 광범위한 발전으로 그는 이러한 제한을 포기했다고 한다.[2]

(나) **현대적 의의와 한계**   인간에 대한 배려의 필요는 일반적인 생활환경과 분리되어 생각될 수는 없다. 생활배려의 개념에 분량적으로나 질적인 관점에서 제한을 가한다는 것은 가능하지 않다.[3] 따라서 생활배려란 국민에 대한 행정의 모든 급부 내지 일반공중이나 객관적인 특징에 따라 특정의 인적단체로 하여금 유용하게 향유케 하기 위하여 행정에 의해 이루어지는 모든 급부를 의미한다고 본

---

1) Forsthoff, Die Verwaltung als Leistungsträger, S. 15ff.
2) Stober, Kommunalrecht in der Bundesrepublik Deutschland, S. l66.
3) Forsthoff, Rechtsfragen der leistenden Verwaltung, S. 12.

다.[1] 생활배려의 영역에서 지방자치단체가 부담하는 급부임무는 주민의 부담을 전제로 하는 것임은 물론이다. 여기에서 지방자치단체의 급부력은 한계를 갖는다.

2. 자치사무개념의 변화[2]

(1) 전통적 개념론

(가) 의 의　전통적으로는 자치구역에 뿌리를 둔, 또는 자치구역과 특별한 관련을 갖는, 그러면서 지방자치단체가 자기책임으로 독자적으로 수행할 수 있는 사무를 지방자치사무로 이해한다. 전통적인 견해는 지방자치단체의 사무의 관념을 공간적 요소와 결합하여 이해한다.

(나) 개념의 한계　근래에 이르러 전통적 견해에 대하여 다음의 지적이 가해진다. 즉, ① 이러한 기준으로는 국가나 광역지방자치단체의 사무로부터 기초지방자치단체의 사무의 구분이 곤란하고, ② 오늘날 사회구조는 다양한 수평적·수직적 결합을 요구하며, 산업화·기술화·동적인 경제과정 등으로 인하여 과거와 같은(주거지, 근로장소, 학교 등의) 공간상의 동일성의 문제는 퇴색되어가고 있기 때문에 전통적인 견해는 한계를 갖는다는 것이다.

(2) 기능적 개념론

(가) 의 의　이 견해는 오늘날에 있어서는 전체국가적인 임무수행에는 기능에 적합한 협력을 요구한다는 전제하에, 지방자치행정을 포괄적인 상위의 결정과정에 지방자치단체가 기능적으로 참여하는 것으로 이해한다. 이 견해는 분권적 조직을 가진 국가에서 중앙의 단일국가에 봉사하는 행정학적 관점에 입각한 이론이다.

(나) 개념의 한계　지방자치단체는 법적으로는 독립이며, 조직상으로는 분권에 입각하여 특별한 임무를 수행하는 자로서, 지방자치행정은 지방자치단체의 자기책임에 따른 결정절차인데 이 견해는 자치행정의 보장을 단순협력권으로 이해하는 데에 문제가 있다. 이 견해는 지나친 기능론적 견해로서 헌법이 보장하는 지방자치단체의 자기책임성을 부정하는 입장이라 하겠다.

(3) 동적 개념론　이 견해는 지방자치단체의 사무를 그 지역의 모든 사무로 이해한다. 그리고 이에는 상급단체와 관련을 맺는 그 지역의 사무도 포함되는 것으로 본다. 동시에 상급단체의 범지역적 임무의 계획과정에 협력하는 작용까지 포함하는 것으로 이해한다. 따라서 이 견해는 지방자치행정을 상위의 결정절차에 지방

---

1) Stober, Kommunalrecht in der Bundesrepublik Deutschland, S. 166.
2) B. Widera, Zur verfassungsrechtlichen Gewährleistung gemeindlicher Planungshoheit, S. 30ff.

자치단체의 개입의 보장으로 이해하면서 동시에 지방자치단체의 고유책임성은 보장되어야 한다는 입장이다.

(4) 사 견　전통적인 지방자치단체의 독립성은 보장하면서 동시에 새로운 사회에서 기능에 적합한 임무수행을 보장할 수 있는 지방자치의 이해가 정당한 해석방식일 것이다. 따라서 자치행정을 동적으로 이해하는 것이 타당하다고 본다. 한편, 지방자치단체의 사무는 완결된 목록으로 작성될 수 없다. 지방자치단체의 사무는 법령의 범위 안에서 자치행정권에 근거하여 새로이 발굴되어야 할 뿐만 아니라 낡은 사무는 폐기되어야 한다.

II. 자치사무의 의의와 종류

1. 자치사무의 개념

자치사무는 헌법과 법률이 주민의 복리를 위해 지방자치단체의 사무로 정한 사무를 말한다. 자치사무는 법령에 의거 지방자치단체의 임무영역으로부터 나오는 사무이다. 자치사무는 지방자치단체에 존재의미를 부여한다. 자치사무(고유사무)가 없는 지방자치단체는 존재의 의미가 없다. 이원적 모델에 따르면, 법률에서 달리 규정하는 것이 없는 한, 지방자치단체의 전권한성으로부터 나오는 주민의 복리를 위한 지역공동체의 모든 사무가 고유한 작용영역에 속하는 사무이다.[1]

2. 자치사무의 목록

자치사무의 목록은 어느 시대에도 정확하게 구속적으로 확정될 수는 없다. 이 사무의 목록은 망라적으로 열거될 수 없다. 그것은 해당 지방자치단체의 지역상의 필요와 급부력에 따라 정해진다. 명문의 규정이 없으면, 전권한성의 원칙이 적용된다. 따라서 지역주민에 특별한 이해관계를 가진, 주민의 복리사무는 법률에서 달리 정함이 없는 한, 모두 자치사무이다.

3. 자치사무의 종류

(1) 의무사무와 임의사무　자치사무는 다시 의무적 자치사무와 임의적 자치사무로 구분된다.[2] 전자는 필요사무, 후자는 수의사무라고도 한다.

---

1) T.I. Schmidt, Kommunalrecht, 2. Aufl., §7, Rn. 231.
2) Geis, Kommunalrecht, 3. Aufl., §7, Rn. 6f.; Klüber, Das Gemeinderecht, S. 37ff.; Seewald,

(가) 의무적 자치사무   의무적 자치사무는 법령으로 정해진다(예: 초등학교의 설립과 유지, 청소년 보호, 소방, 묘지와 화장장의 설치, 상·하수도 설치와 유지 등). 그것은 지방자치단체 본연의 사무의 최소한이라 할 수 있다.

(나) 임의적 자치사무   임의적 자치사무는 예술주간·체육주간 설정, 주택개량·지역경제촉진·교부지원, 박물관·도서관·영화관 설립, 스포츠시설 설치 등을 들 수가 있을 것이다. 임의적 자치사무는 법령상 정함이 없어도 지방자치단체가 자기 책임으로 시행 여부를 결정할 수 있는 대상이다. 임의적인 자치사무는 해당 지방자치단체의 급부력을 초과하여 수행될 수 없음은 자명하고, 여기에 임의적인 자치사무에 한계가 놓인다.[1] 임의적인 자치사무에 대한 국가의 영향은 예산의 승인이나 재정지원을 통해 이루어질 수 있다. 지방자치단체가 임의적인 자치사무를 갖는다는 것은 지방자치단체가 사무발굴권을 갖는다는 것을 의미한다. 임의적 자치사무의 수행에서 지방자치단체는 결정재량과 선택재량을 모두 갖는다.

(다) 구분의 유동성   의무사무와 임의사무의 구분은 고정적인 것이 아니다. 그것은 정치와 경제와 사회와 문화의 발전 여하에 따라 가변적인 것이다. 자치사무영역의 변경은 공동체의 중요사항이므로 법률유보에 놓인다. 의무적인 자치사무로 할 것인가의 여부는 입법자의 의무에 합당한 입법재량에 놓인다. 지방자치단체는 합목적적으로 사무를 수행할 수 있어야 하는바, 입법자의 입법재량의 행사에는 국가와 지방자치단체 사이의 보충성의 원칙이 기본적인 기준의 하나가 될 것이다.[2]

(2) 고권사무와 국고사무   국가행정의 경우와 마찬가지로 지방자치단체의 자치사무도 그 수행수단의 법적 성질과 관련하여 고권행정사무와 국고사무(비고권행정사무)의 구분이 가능하다.

(가) 고권사무   고권사무란 공법적으로 이루어지는 사무를 말한다. 고권행정은 다시 권력행정사무와 단순고권행정사무로 구분된다. 용례상 권력행정은 좁은 의미의 고권행정이라고도 한다. 권력행정사무란 지방자치단체가 주민에 대하여 자신의 의사관철을 위해 명령과 강제를 수단으로 하는 행정을 말한다. 권력행정사무는 정당화를 위하여 공법상의 법적 근거를 요한다. 지방세, 이용수수료, 행정수수료, 분담금 등 공과금의 부과는 권력행정사무의 예에 속한다. 단순고권행정사무란 명령·강제가 아닌 공법상의 수단이 도입되는 사무를 말한다. 단순고권행정사무는 생활

Kommunalrecht, in: Steiner(Hg.), Besonderes Verwaltungsrecht, Rn. 96.

1) Seewald, Kommunalrecht, in: Steiner(Hrsg.), Besonderes Verwaltungsrecht, Rn. 97.

2) Stober, Kommunalrecht, S. 36.

보호의 영역(예: 청소년체력단련장, 박물관, 극장 등의 운영)과 사회보장의 영역(예: 양로원, 병원의 운영) 등에서 그 예를 볼 수 있다.

(나) 국고사무　　국고사무란 지방자치단체가 사법상의 주체로서, 사법에 근거하여 활동하는 경우의 행정사무를 말한다(예: 일반재산의 매각). 이러한 경우 지방자치단체는 사인에 대한 관계에서 아무런 특권적 지위도 갖지 못한다. 법적 분쟁이 있는 경우 민사법원의 관할 대상이 된다. 국고행정도 다시 세분되어 논의되고 있으며, 그중에서도 특히, 행정사법이 새로운 문제로 부각되고 있다.1)

Ⅲ. 자치사무의 특징

1. 사무처리의 자율성

(1) 임의적 자치사무　　임의적인 자치사무의 경우에 지방자치단체는 법률상 특별한 제한이 없는 한, 임무수행의 여부(ob), 방법(wie) 등을 스스로, 독자적으로 결정하게 된다(재량결정).2) 독자적이란 자의를 뜻하는 것은 아니다. 이러한 사무에 관하여 구체적인 것은 지방자치단체가 자치법규로 규정한다. 즉 조례로서 그 사무의 근거는 충분하다.

(2) 의무적 자치사무　　임무수행이 법상으로 지방자치단체에 의무지워진 의무적인 자치사무는 사무수행의 여부에 대한 결정의 자유(ob)가 지방자치단체에 없다. 즉 결정재량이 부인된다. 다만 그 수행방법(wie)만이 지방자치단체의 자유이다.3) 선택재량만이 인정된다. 결국 의무사무의 경우에는 자치행정권의 일부에 제한이 가해지는 셈이다. 의무사무도 지방자치단체의 자치사무인 이상 의무사무에 대한 국가적인 지시는 허용되지 아니한다. 이러한 사무는 법률이나 법규명령에 의하여 부과됨이 일반적이다. 그리고 그 구체적인 수행은 자치법규에 의하여 정해진다. 이러한 행위에 대한 국가의 영향력 발휘의 가능성은 임의적인 자치행정사무의 경우와 같다.

(3) 국가의 개입　　임의적인 자치사무도 국가에 의해 상당히 영향을 받을 수 있다. 자치사무를 위해 국가가 용도를 지정하여 지방자치단체에 많은 재원을 제공

---

1) 졸저, 행정법원론(상)(제29판), 옆번호 1219 이하 참조.
2) Schloller/Broß, Kommunalrecht, S. 50; Seewald, Kommunalrecht, in: Steiner(Hrsg.), Besonderes Verwaltungsrecht, Rn. 7.
3) Schmidt/Jortzig, Kommunalrecht, S. 180; Seewald, Kommunalrecht, in: Steiner(Hrsg.), Besonderes Verwaltungsrecht, Rn. 101.

하는 경우, 지방자치단체는 국가가 부가하는 많은 제약(부담)으로부터 자유로울 수 없다. 국가가 지원하는 재원이 많으면 많을수록 국가의 영향력은 강해진다. 이러한 국가의 영향력행사의 가능성은 지방자치단체의 자기책임성과 모순관계에 놓인다.[1] 의무사무의 경우에도 국가의 사실상의 개입가능성은 임의사무의 경우와 동일하다.

2. 법적 근거

임의적인 자치사무의 법적 근거로는 당해 지방자치단체의 자치법규(조례·규칙)로 충분하다. 그러나 의무적인 자치사무는 법률이나 법규명령(대통령령·총리령·부령)에 의하여 부과됨이 일반적이다. 자치법규로 의무적인 자치사무를 규정할 수도 있다.

3. 비용부담

사무의 귀속주체와 비용의 부담주체는 결부되어야 한다는 원칙(견련성의 원칙)에 따라 지방자치단체는 자치사무의 수행에 필요한 경비를 지출할 의무를 진다(지자법 제158조 본문). 말하자면 지방자치단체의 관할 구역의 자치사무에 관하여 필요한 경비는 당해 지방자치단체가 그 전액을 부담한다(지정법 제20조).[2] 이 때문에 지방자치단체의 비용부담의 한계가 지방자치단체가 수행할 수 있는 자치사무의 한계가 된다. 따라서 지방자치단체의 충분한 재정력의 확보는 바로 주민을 위한 지방자치단체의 충분한 복지사무수행의 전제요건이 된다. 자치사무의 수행으로 인하여 발생한 불법행위에 대해서는 국가배상법이 정하는 바에 따라 당해 지방자치단체가 손해배상책임을 부담하여야 한다.

4. 지방의회의 관여

자치사무는 지방자치단체 자신의 사무이므로, 지방의회는 매년 1회 그 지방자치단체의 사무에 대하여 시·도에서는 14일의 범위에서, 시·군 및 자치구에서는 9일의 범위에서 감사를 실시하고, 지방자치단체의 사무 중 특정 사안에 관하여 본회의 의결로 본회의나 위원회에서 조사하게 할 수 있다(지자법 제49조 제1항). 지방자치단체의 장이나 관계 공무원은 지방의회나 그 위원회가 요구하면 출석·답변하여야 한다(지자법 제51조 제2항). 지방의회는 조례로 자치사무를 규율할 수 있다. 자치사무는 조례규정의 대상이다. 조례발령의 근거로 지방자치법에 일반적인 수권조항이 있다.

---

[1] Seewald, Kommunalrecht, in: Steiner(Hrsg.), Besonderes Verwaltungsrecht, Rn. 98.

[2] 헌재 2008. 6. 26, 2005헌라7.

5. 자치사무의 감독

자치사무는 국가의 적법성통제하에 놓이며, 합목적성의 통제의 대상은 아니다.

(1) 위법·부당한 명령이나 처분의 시정 지방자치단체의 사무에 관한 지방자치단체의 장(제103조 제 2 항에 따른 사무의 경우에는 지방의회의 의장을 말한다. 이하 이 조에서 같다)의 명령이나 처분이 법령에 위반되거나 현저히 부당하여 공익을 해친다고 인정되면 시·도에 대해서는 주무부장관이, 시·군 및 자치구에 대해서는 시·도지사가 기간을 정하여 서면으로 시정할 것을 명하고, 그 기간에 이행하지 아니하면 이를 취소하거나 정지할 수 있다(지자법 제188조 제 1 항).[1] 물론 자치사무에 관한 명령이나 처분에 대한 주무부장관 또는 시·도지사의 시정명령, 취소 또는 정지는 법령을 위반한 것에 한정한다(지자법 제188조 제 5 항).

(2) 지방자치단체의 자치사무에 대한 감사 행성안선부장관이나 시·도지사는 지방자치단체의 자치사무에 관하여 보고를 받거나 서류·장부 또는 회계를 감사할 수 있다. 이 경우 감사는 법령 위반사항에 대해서만 한다(지자법 제190조 제 1 항).

Ⅳ. 자치사무의 민간영역화(민영화)[2]

1. 민영화의 의의

국가나 지방자치단체에 의한 공공사무(국가사무+지방자치단체사무)의 수행에 많은 변화가 일어나고 있다. 예컨대, 공공사무가 민간사무로 전환되기도 하고, 공공사무를 민간으로 하여금 수행하게 하기도 하고, 공공사무를 사법의 형식으로 수행하기도 한다. 이와 같이 공공사무가 민간의 협력을 통해 수행되는 경우가 증대하는 경향을 이 책에서는 민간영역화(民間領域化, Privatiesierung)[3] 또는 민영화(民領化)라 부르기로 한다.[4] 행정실무상으로는 민간위탁(民間委託)·민영화(民營化) 등의 용어로 사용되

---

1) 개별 법률로 자치사무에 대한 합목적성의 통제를 규정할 수도 있다. 그러나 그것은 예외적인 현상으로 보아야 할 것이다.

2) [관련논문] 선정원, "민간위탁사업에 대한 지방자치단체의 재공영화정책에 관한 법적고찰—영국과 독일의 재공영화정책을 중심으로—," 지방자치법연구, 통권 제66호, 163쪽 이하.

3) Seewald, Kommunalrecht, in: Steiner(Hrsg.), Besonderes Verwaltungsrecht, Rn. 307; Stober, Kommunalrecht, S. 112; 346. 독일의 경우, 1970년 국법학자대회 주제로서 "사인에 의한 행정 임무수행"이 다루어진 후 공적 임무의 민영화의 가능성과 한계에 관한 연구가 법학상의 문헌에서 증대하고 있다. 이에 관해서 Grabbe, Verfassungsrechtliche Grenze der Privatisierung kommunaler Aufgaben, S. 50ff. 참조.

4) 저자는 종래 민영화를 사임무화라 불렀다. 그러나 저자가 쓴 행정법원론(상)(박영사 간) 제17판

고 있다. 민간위탁은 경영의 민영화 내지 기능적 민영화를 중심으로 한 개념으로 보이고, 민영화(民營化)는 사무의 민영화를 중심으로 하는 개념으로 보인다. 본서의 용어사용의 방식상 민간위탁이나 민영화(民營化)는 모두 민간영역화의 한 부분에 해당한다. 민영화의 개념에 관해 통일된 견해는 없다.[1] 민영화에 선행하는 개념인 공공사무의 개념에 대한 일반적 정의도 없다. 그것은 시대에 따라 변한다. 국가가 그때그때 권한을 갖고서 정할 사항이다. 복지국가에서는 생활배려가 기본개념이다.[2]

2. 민영화의 배경

공공사무의 수행방식은 행정활동의 기능성과 최적성에 맞추어 계속 변화한다. 그러한 변화의 하나로서 민영화는 예산상 부담경감, 작은 정부의 요구, 탈관료화, 시민의 자기책임의 강화[3] 등에 부응하기 위한 것이다.[4] 즉, 민영화는 행정비용의 절감, 행정서비스의 향상, 행정의 민주화, 사업의 전문화에 기여한다. 민영화를 통해 지방자치단체는 보다 많은 형성의 자유를 가지며, 재정적·정치적 부담으로부터 완화된다. 법리적 관점에서도 지방자치단체의 민영화를 부인할 이유는 없다. 왜냐하면 자치행정의 보장이 지방자치단체 스스로에 의한 행정사무수행의 의무를 뜻하는 것은 아니기 때문이다. 민영화는 국가 또는 지방자치단체와 민간의 협력과 분업을 내용으로 한다. 국가 또는 지방자치단체가 민간과 협력하는 것은 우리나라에 한정된 현상이 아니라 세계적인 현상이다.[5] 민영화는 현대국가의 특징이다.

3. 민영화의 법적 근거

(1) 헌법의 태도　　헌법은 「공공사무의 수행은 반드시 공법상 조직에 의할 것」을 명령하고 있지 않다. 헌법상 민영화를 명령하는 규정도 보이지 않고 금지하는 규정도 보이지 아니한다. 헌법이 민영화에 관해 명시적 규정을 두지 아니한 것은 헌법이 입법자로 하여금 공공사무의 효율적인 수행을 위해 다양한 협력모델, 다양

(2009년판)부터는 민간의 협력을 통한 공공사무의 수행의 형태가 다양해지는 현상을 반영하여 사임무화를 민간영역화(民間領域化) 내지 민영화(民營化)로 부르기로 하였다.
1) 독일에서도 민영화(Privatisierung)는 입법, 문헌, 판례, 행정현실에서 사용되고 있으나 단일의 개념은 없다고 한다(Wolff/Bachof/Stober, Verwaltungsrecht, Bd. 3(5. Aufl.), Rn. 10).
2) [관련논문] 성봉근, "보장국가로 인한 행정법의 구조변화," 지방자치법연구, 통권 제47호, 179쪽 이하.
3) Ipsen Allgemeines Verwaltungsrecht, 9. Aufl., § 29, Rn. 17.
4) Ipsen Allgemeines Verwaltungsrecht, 9. Aufl., § 29, Rn. 17.
5) Wolff/Bachof/Stober, Verwaltungsrecht, Bd. 3(5. Aufl.), Rn. 5.

한 민영화의 형태 중에서 최선을 선택할 수 있도록 하기 위한 것으로 볼 것이다. 국가의 민간과의 협력 및 행정사무의 민영화는 헌법과 충돌되는 것이 아니다. 지방자치행정의 보장으로부터도 민영화의 명령이 나오지 아니한다. 민영화는 기본적으로 정치적 결단이다. 국가는 민간과의 협력여부, 조직형식에 있어서 선택의 자유를 갖는다.[1]

(2) 법률의 유보[2]   ① 공적 사무를 사인에게 위탁함에는 법적 근거를 요한다. 왜냐하면 임무수행 주체의 법인격이 변동되기 때문이다. 일반법적 근거로 지방자치법 제117조 제 3 항이 있다. 동 조항은 "지방자치단체의 장은 조례나 규칙으로 정하는 바에 따라 그 권한에 속하는 사무 중 조사·검사·검정·관리업무 등 주민의 권리·의무와 직접 관련되지 아니하는 사무를 법인·단체 또는 그 기관이나 개인에게 위탁할 수 있다"고 규정하고 있다. 국가행정의 경우에는 일반적인 근거로 정부조직법 제 6 조 세 3 항, 행징권한의 위임 및 위탁에 관한 규정 제 5 장을 볼 수 있다. 그 밖에 개별 법령상 근거도 있다. 개별 법률상의 근거가 있다면, 주민의 권리·의무와 직접 관련되는 사무도 경우에 따라서는 위탁할 수 있다고 볼 것이다. ② 물론 지방자치단체의 어떠한 사무도 사인에게 위탁할 수 있는 것은 아니다. 그것은 법치국가원리 등에 의한 헌법상 한계를 갖는다고 보아야 한다.[3]

4. 민영화의 한계와 책임

(1) 한 계   헌법상 민간영역의 한계에 관한 규정은 볼 수 없는바, 그 한계는 헌법 전 조문의 유기적인 해석 하에서 도출되어야 한다. 민영화의 구체적인 한계는 행정환경의 변화에 따라 가변적이지만, 현재로서 국가의 독점 하에 놓이는 권력 부분(경찰, 군, 사법)은 원칙적으로 민영화의 대상으로 보기 어렵다. 물론 이러한 영역에서도 개별적인 사무에 따라 사인이 수행하거나 사인의 도움을 받는 것은 가능하다(예: 경찰이 사기업에 도로장애물 제거 요청, 군가영역 내 구내식당에서 민간 영양사의 도움요청, 사법기관에서 민간의 전산기술 도움 요청의 경우).[4]

(2) 입 법 화   입법자는 민영화로 처리하기 어려운 사무의 목록을 입법화하여 민영화의 한계를 설정할 수도 있을 것이다. 그러나 그러한 입법 역시 크게 보아 한시적인 성질을 가질 것이다.

---

1) Wolff/Bachof/Stober, Verwaltungsrecht, Bd. 3(5. Aufl.), Rn. 1.
2) [참고논문] 김중권, "민간화와 국가유보," 지방자치법연구, 통권 제19호, 295쪽.
3) Grabbe, Verfassungsrechtliche Grenze der Privatisierung Kommunaler Aufgaben, S. 50ff.
4) Detterbeck, Allgemeines Verwaltungsrecht mit Verwaltungsprozessrecht(2017), Rn. 900.

(3) 책 임   조직의 민영화와 기능의 민영화에서 국가는 공적 사무를 수행하는
사인의 작용의 적법성에 대한 책임을 진다. 그렇지만, 사무의 민영화에서 국가는
더 이상 공적사무를 수행하지 않는다. 그 대신 국가는 보장책임을 져야할 것이다.
말하자면 국가는 사인에 놓인 사무(과거에는 공적 사무)가 위험 없이 공공복지의 필요
에 충족시킬 수 있도록 하는데 관심을 가져야 하는 의무를 진다고 볼 것이다.

   ⊡ 참고 ‖   보장행정과 보장책임

   (1) 보장행정은 독일에서 민영화(Privatisierung)를 바탕으로 발전된 개념이다. 국가
   는 여태까지 자신이 맡았던 생활배려활동을 시장 또는 경쟁을 통해 특정되는 사경
   제주체(영역)에 넘겼는데, 국가는 그것이 사인의 이익에 필요한 경우, 사기업에 의해
   충분히 그리고 상당한 방법으로 실현되는 것을 적당한 조치를 통해 보장하여야만
   하는데, 이러한 보장과 관련된 행정을 보장행정이라 부르고 있다.[1]
   (2) 보장행정은 독일기본법상 규정되기도 하고(제87e조, 제87f조), 개별 법률상 규정
   되기도 한다. 보장행정의 대표적인 것으로 전기통신, 에너지, 우편, 철도 공항 등을
   사인에게 넘겨서 수행하는 경우에 볼 수 있다.

   독일기본법 기본법 제87e조   ④ 연방은 연방철도의 지역 노선의 확장과 유지 및 이
   지역 노선에 철도교통을 제공함에 있어서, 이 노선이 근거리 승객운송에 관련되지
   않는 한, 공공복리, 특히 교통수요가 고려되도록 보장한다. 자세한 사항은 연방 법
   률로 정한다.
   독일기본법 기본법 제87f조   ① 연방참사원의 동의를 요하는 연방 법률의 조건에 따라
   연방은 우편제도 및 원거리 통신 영역에 광범위하게 적당하고 충분한 서비스 제공
   을 보장한다.

   (3) 보장행정은 공법상 탈규제, 탈독점, 행정사무의 민영화, 공행정의 축소에 대응하
   기 위한 것으로 이해된다.[2] 종래 국가가 부담하는 수행책임은 민영화로 인해 국가
   의 보장책임으로 변하게 된다.[3] 국가가 자신에 놓인 행정사무를 민간에게 넘기면,
   국가는 적절한 수단을 활용하여 사인의 질서에 적합한 사무수행을 보장하여야 한다
   는 것이 보장책임의 의미이다.[4]

---

1) Maurer/Waldhoff, Allgemeines Verwaltungsrecht(2017), §1, Rn.18.
2) Wolff/Bachof/Stober/Kluth, Verwaltungsrecht Ⅰ(2017), §4, Rn.26.
3) Wolff/Bachof/Stober/Kluth, Verwaltungsrecht Ⅰ(2017), §4, Rn.26.
4) Detterbeck, Allgemeines Verwaltungsrecht mit Verwaltungsprozessrecht(2017), Rn. 10.

5. 민영화의 형태

독일의 학설은 민영화의 형태를 다양하게 언급하고 있으나,[1) 완결적인 유형화는 보이지 아니한다. 현재로서 완결적인 유형화와 행정법적 체계화는 어렵다. 조직의 민영화(형식적 민영화), 기능의 민영화, 사무의 민영화(실질적 민영화), 재산의 민영화가 중심에 놓이는 것으로 보인다. 그러나 이러한 구분이 반드시 명확한 것은 아니다(예: 국립수영장의 매각은 재산의 민영화지만, 동시에 사무의 민영화이기도 하다).

　(1) 조직의 민영화　　이것은 공행정이 사법의 조직형식을 활용하는 경우를 말한다. 국가가 사법형식의 조직(사법상 법인)의 지분 전부나 다수지분을 갖지 않아도 영향력을 가지는 경우에도 조직의 민영화로 보며, 고유책임으로 사무를 처리하고 국가로부터 지배받지 않는다고 하여도 공무수탁사인을 조직의 민영화의 영역에 속하는 것으로 보는 견해도 있다.[2) 조직의 민영화는 업무수행의 단력성을 제고하기 위한 것이다. 사법으로 조직된 공기업이 그 예가 된다. 형식적 민영화라고도 한다. 조직의 민영화에서 국가나 공행정주체가 사법의 주체로서 공적 사무를 수행하지만, 그 사무의 성질은 공적 사무이다.[3) 조직의 민영화에서도 행위의 주체는 기본권에 구속된다.

　(2) 사무의 민영화　　이것은 일정한 사무를 사인에게 이양하는 경우를 말한다.[4) 행정주체에 의해서 생산, 공급, 분배되어온 재화나 용역이 개인의 손으로 넘어가는 경우를 말한다.[5) 사무의 민영화에는 사무에 대한 책임도 넘어간다. 국가는 더 이상 그 사무영역에 대하여 책임을 부담하지 않는다. 사무의 민영화는 탈국가화·탈지방화를 뜻하는 것으로서 진정 민영화 또는 좁은 의미의 민영화라고도 한다. 탈국가화는 국가가 경쟁구조의 시장에서 받는 부담에서 벗어나는 것을 의미한다. 주식의 민영화의 관점에서 국민주식으로 나아가는 것이 그 예가 된다. 사무의 민영화는 수행에 국가가 의무를 부담하지 않는 사무의 경우에 가능하다. 업무의 민

---

1) Wolff/Bachof/Stober, Verwaltungsrecht, Band 3(5. Aufl.), Rn. 11; Erbguth, Allgemeines Verwaltungsrecht, § 25, Rn. 13ff.; Schmidt, Kommunalrecht, § 7, Rn. 264.

2) Detterbeck, Allgemeines Verwaltungsrecht mit Verwaltungsprozessrecht(2017), Rn. 896.

3) 독일의 경우, 비교적 오래 전부터 지방자치단체가 설립한 주식회사를 통해 전기, 가스, 물 등의 공급이 이루어지고 있는데, 이것이 형식적 민영화의 전형적인 예로 언급되고 있다(Ipsen, Allgemeines Verwaltungsrecht(2017), Rn. 269).

4) 헌재 2007. 6. 28, 2004헌마262.

5) 조인성, "독일 지방자치행정에 있어서 지방임무의 민영화에 대한 법적 한계," 지방자치법연구, 통권 제 9 호, 306쪽.

영화1) 또는 실질적 민영화라고도 한다.2) 한편, 헌법은 지방자치단체가 주민의 복리에 관한 사무를 처리하도록 지방자치를 제도적으로 보장하는바, 주민의 복리에 관한 사무 전반에 대하여 실질적 민영화를 할 수는 없다.

(3) 기능적 민영화   이것은 공적 사무의 수행에 필요한 실제행위를 사인에게 이전하는 경우를 말한다. 공적 사무를 수행하는 사인[어린이교통 도우미(행정의 보조자), 사법상 위탁 계약을 통한 견인사업자]은 개별 경우에 국가로부터 지시를 받거나 감독 하에 놓인다. 그러나 영속적으로 국가의 지배를 받는 것은 아니다. 사인은 다만 공법적 사무를 기능적으로 행사하며, 책임은 행정주체가 부담하는 경우이다. 일반적으로 행정주체가 감독권을 갖는다. 아웃소싱 또는 서비스민영화 등이 이에 해당한다. 기능적 민영화는 실질적인 부분민영화의 한 경우로 보기도 한다. 행정의 보조자는 기능적 민영화에 속한다. 수탁사인도 기능적 민영화의 한 경우로 볼 수 있다.

(4) 재산의 민영화   이것은 행정주체의 공법상 재산적 가치가 있는 것을 사인에게 매각하는 것(예: 토지의 매각)과 관련한다. 국가 등이 공기업이나 사기업 등에 투자한 주식과 출자지분을 개인에게 양도하는 것을 포함한다.3) 이를 실질적 민영화라고 하는 견해도 있다. 재산의 민영화는 사인을 통한 국가작용을 위한 재정조달의 형식이다. 즉, 사인에 의한 재정조달을 말한다.4)

(5) 행위형식의 민영화   이것은 공행정이 행정사무를 수행하기 위하여 사인을 사용하는 경우를 말한다. 사법적인 행정작용의 또 하나의 형태이다. 후술하는 기능적 민영화에 접근한다.

(6) 재정조달의 민영화   이것은 공공사업의 실현을 위해 민간의 자금을 조달하는 것을 말한다.

(7) 절차의 민영화   이것은 행정절차의 한 단계나 전 단계를 민간에게 넘기는 것을 말한다. 공행정주체가 민간의 전문가 등의 도움을 받아서 행정을 하는 것이다.5) 시민의 행정절차의 참여와 구별된다. 예컨대 경찰법상 승인절차를 민간에 맡기는 경우가 있다.

(8) 사회적 민영화   이것은 공적인 사무를 이윤추구가 아니라 공동체의 복지

---

1) 김성수, "민간협력과 지방공기업," 지방자치법연구, 통권 제 3 호, 63쪽; 조인성, "독일 지방자치행정에 있어서 지방임무의 민영화에 대한 법적 한계," 지방자치법연구, 통권 제 9 호, 306쪽.
2) Klaus Weisel, Das Verhältnis von Privatisierung und Beleihung, S. 47.
3) 조인성, "독일 지방자치행정에 있어서 지방임무의 민영화에 대한 법적 한계," 지방자치법연구, 통권 제 9 호, 306쪽.
4) Klaus Weisel, Das Verhältnis von Privatisierung und Beleihung, S. 48.
5) Klaus Weisel, Das Verhältnis von Privatisierung und Beleihung, S. 49.

를 추구하는 조직에 넘기는 것을 말한다.

(9) **인적 민영화**　이것은 공법상 근무관계에 공법적 신분을 가진 자(공무원)의 투입을 줄이는 경우를 말한다.

(10) **민영화와 민관협력제도의 구분**　일설은 민영화와 공사협력을 구분한다. 즉 민영화는 공공부문과 민간부문의 업무의 구분을, 공사협력은 공공부문과 민간부문의 협조와 상호주의를 통한 양자의 공통이익의 극대화를 관심의 대상으로 한다고 한다.[1] 그러나 민영화의 개념을 넓게 보면, 민관협력도 일종의 민영화의 성질(분량적 관점에서 부분민영화)을 갖는다고 하겠다.

V. 민간위탁[2]

1. 민간위탁의 의의

행정실무상 빈번히 이루어지는 것으로 민간위탁이 있다. 민간위탁이란 국가나 지방자치단체(민간위탁의 주체)가 자신의 사무(민간위탁의 대상)를 민간(민간위탁의 상대방)에 위탁하고(민간위탁의 형식) 그 민간이 위탁받은 사무를 자기의 이름과 책임으로 수행하는 것을 말한다.[3] 민간위탁은 기능적 민영화의 성질을 갖는다.

2. 민간위탁의 법적 근거

(1) **법 률**　지방자치법 제117조 제 3 항은 "지방자치단체의 장은 조례나 규칙으로 정하는 바에 따라 그 권한에 속하는 사무 중 조사·검사·검정·관리업무 등 주민의 권리·의무와 직접 관련되지 아니하는 사무를 법인·단체 또는 그 기관이나 개인에게 위탁할 수 있다"고 민간위탁에 관해 규정하고 있다.[4]

(2) **조 례**　① 지방자치단체는 지방자치법 제117조에 근거하여 일반법으로서 「○○시 행정사무의 민간위탁에 관한 조례」라는 일반조례를 두고 있다(예: 서울특별시 행정사무의 민간위탁에 관한 조례). 이러한 일반조례는 지방자치행정의 영역에서 자치법으로서 일반법의 성격을 갖는다. ② 민간위탁에 관한규정을 두고 있는 개별 조례(예:

---

1) 김성수, "민간협력과 지방공기업," 지방자치법연구, 통권 제 3 호, 64-65쪽.

2) [관련논문] 권경선, "지방자치단체 민간위탁의 위험부담 법제에 관한 연구—프랑스 행정계약법제와의 비교적 관점에서—," 지방자치법연구, 통권 제71호, 355쪽.

3) 용역 등 유사개념과의 비교에 관해 졸저, 민간위탁의 법리와 행정실무, 박영사, 2015, 13쪽 이하 참조.

4) 초기의 지방자치법(1949. 8. 15. 제정)에는 민간위탁에 관한 규정이 없었다. 1988. 5. 1.에 시행된 개정 지방자치법 제95조 제 3 항에서 처음으로 민간위탁에 관한 규정이 나타났다.

서울특별시 사회복지시설 설치 및 운영에 관한 조례 제6조)도 적지 않다. 이러한 개별조례는
지방자치행정의 영역에서 자치법으로서 특별법의 성격을 갖는다.[1]

3. 민간위탁의 대상

민간위탁의 대상은 민간위탁을 규정하는 법령에서 정하는 바에 의한다. 지방
자치법 제117조 제3항은 "조사·검사·검정·관리업무 등 주민의 권리·의무와 직
접 관련되지 아니하는 사무"를 민간위탁의 대상으로 규정하고 있다.[2] 실무상 이루
어지고 있는 민간위탁 대상사무는 ① 사무위탁형·「시설·사무위탁형」·단순용역위
탁형, ② 위탁금 지원형·위탁금비지원형 등으로의 분류가 가능하다.[3]

4. 민간위탁의 주체와 상대방

(1) 민간위탁의 주체   지방자치법 제117조 제3항은 "지방자치단체의 장"을
민간위탁의 주체(위탁기관)로 규정하고 있다. 지방자치단체의 장에는 보통지방자치단
체의 장(시장·군수·구청장, 시·도지사) 외에 특별지방자치단체의 장(지방자치법 제177조의 지
방자치단체조합장 등)도 있다. 지방자치법 제117조 제1항에 따른 수임·수탁기관도 포
함된다고 볼 것이다.[4]

(2) 민간위탁의 상대방   지방자치법 제117조 제3항은 민간위탁의 상대방으
로 "법인·단체 또는 그 기관이나 개인"을 규정하고 있다. 사법인이 여기서 말하는
법인에 해당한다. 단체란 법인격을 갖지 아니한 사적 조직체를 의미하고, 기관이란
사법인의 기관과 단체의 기관을 의미한다. 그리고 개인이란 사법인·단체 또는 그
기관이 아닌 모든 사인(민간)을 의미하는 것으로 이해된다.[5]

5. 민간위탁의 형식

실정법은 민간위탁을 위탁계약(위탁협약)의 방식으로 하도록 규정하고 있다(예:
공유재산 및 물품 관리법 제27조; 사회복지사업법 제34조). 이러한 규정에 따라 위탁계약의 방
식을 취한다고 하여도 행정재산의 사용·수익허가를 수반하는 민간위탁의 경우, 행

---

1) 일반조례와 개별조례의 관계에 관해 최윤영, "지방자치단체 사무 민간위탁의 법적 근거," 지방자
  치법연구, 통권 제44호, 391쪽 이하; 졸저, 민간위탁의 법리와 행정실무, 49쪽 이하 참조.
2) 조사·검사·검정·관리업무 등의 의미에 관해 졸저, 민간위탁의 법리와 행정실무, 97쪽 이하 참조.
3) 자세한 내용은 졸저, 민간위탁의 법리와 행정실무, 105쪽 이하 참조.
4) 이에 관한 분석으로 졸저, 민간위탁의 법리와 행정실무, 69쪽 이하 참조.
5) 이에 관한 분석으로 졸저, 민간위탁의 법리와 행정실무, 78쪽 이하 참조.

정재산의 사용·수익허가의 성질이 바뀌는 것은 아니다.[1]

6. 민간위탁의 내부적 통제[2]

서울특별시의 경우, 집행기관 내부에서 이루어지는 민간위탁의 절차상 통제로서 ① 「대상사무의 민간위탁 적합 여부」의 문제와 관련하여 위원 과반수가 민간으로 구성되는 「민간위탁운영평가위원회」의 심의절차(예: 서울특별시 행정사무의 민간위탁에 관한 조례 제5조), ② 「민간위탁계약의 적정 여부 등과 여부」의 문제와 관련하여 위원 과반수가 민간으로 구성되는 「적격자 심의위원회」의 의결절차(예: 서울특별시 행정사무의 민간위탁에 관한 조례 제9조) 등이 있다.[3]

한편, 지방의회에 의한 통제수단으로 시장이 민간위탁을 하는 경우, 시의회의 사전동의를 받거나(예: 신규사업의 경우) 시의회에 보고하는 절차(예: 재위탁의 경우)가 있다.[4]

▯ 참고 ‖   공공사무와 사인

공공사무에 사인이 참여하는 경우는 다음과 같이 유형화할 수 있다. 아래의 ①-④는 사인에 의한 행정의 보충을 의미하고, ⑤-⑥은 사인과 공행정이 제도적으로 결합된 경우를 의미한다.[5]

① 사무수행의 내용에 대하여 특별한 통제가 없는 사적자치(예: 언론)

② 공법상으로 조직되고 자기통제를 갖는 사적자치(예: 상공회의소)

③ 국가의 감독이 따르는 사적자치(예: 운수사업)

④ 특별한 공법상 의무가 따르는 사적자치(예: 사립학교에 의한 교육)

⑤ 행정의 보조자

⑥ 공무수탁사인[6]

---

1) 상세는 졸저, 민간위탁의 법리와 행정실무, 122쪽 이하 참조.

2) 민간위탁의 통제 전반에 관해서는 졸저, 민간위탁의 법리와 행정실무, 163쪽 이하 참조.

3) 자세한 것은 졸저, 민간위탁의 법리와 행정실무, 166쪽 이하 참조.

4) 자세한 것은 졸저, 민간위탁의 법리와 행정실무, 179쪽 이하 참조.

5) S. v. Heimburg, Verwaltungsaufgaben und Private, 1982, S. 31ff.

6) 공무수탁사인은 일반적으로 일정한 고권적 행정권한을 위탁받은 사인으로 이해되고 있다. 공무수탁사인은 간접국가행정의 한 종류이다. 공무수탁사인은 기능적 민영화의 하위형태의 하나로 이해되기도 한다(Klaus Weisel, Das Verhältnis von Privatisierung und Beleihung, S. 49).

제 2 항　자치사무의 내용

I. 일 반 론

1. 사무의 예시

(1) 규정내용　　지방자치법은 "지방자치단체는 관할 구역의 자치사무와 법령에 따라 지방자치단체에 속하는 사무를 처리한다(지자법 제13조 제 1 항)"고 규정하고, 아울러 "제 1 항에 따른 지방자치단체의 사무를 예시하면 다음 각 호와 같다. … (지자법 제13조 제 2 항)"고 규정하고 있다. 지방자치법 제13조 제 2 항은 자치사무인지 아니면 (단체)위임사무인지 구분함이 없이 지방자치단체가 수행할 사무를 나열하고 있다.

(2) 예시의 합목적성　　지방자치법이 지방자치단체의 사무의 목록을 제한적으로 규정하지 아니하고, 예시적으로 규정한 것은 합목적적이다. 왜냐하면 기술의 발전, 자연환경의 변화, 인간사고의 변화 등으로 인간공동생활에서의 문제는 항상 가변적인 것이기 때문에, 지방자치단체가 처리하여야 할 복지사무, 생활배려 등 개별적인 임무영역을 빠짐없이 기술한다는 것은 불가능하기 때문이다. 뿐만 아니라 지방자치단체의 사무를 예시적으로 규정함으로 인하여 지방자치단체는 산업사회·서비스사회·정보사회에서의 발전과 변화된 수요를 고려할 수 있다.

2. 사무의 경합

지방자치법 제13조 제 2 항에 규정되어 있는 사무라고 하여 반드시 그러한 사무가 지방자치단체에 의해서만 수행되어야 하는 사무로 이해될 수는 없다. 사무에 따라서는 국가에 의해 수행될 수도 있고, 또한 수행되어야 할 경우도 있다(예: 중소기업의 육성). 지방자치법 제13조 제 2 항에서 규정되고 있는 사무라도 개별 법령에서 국가의 사무로 규정하고 있다면, 그것은 지방자치단체의 사무가 아니라 국가의 사무가 된다.[1] 지방자치법 제13조 제 2 항은 지방자치단체의 사무의 윤곽을 정하는 규정이다.

3. 현대적 사무

(1) 새로운 사무의 확대　　새로운 시대는 새로운 사무를 요구한다.[2] 지방자치

---

1) 정태용, "지방자치와 도시계획법제," 지방자치법연구, 창간호, 29쪽.
2) [관련논문] 강기홍, "해양환경의지방에 대한 원자력 안전고권," 지방자치법연구, 통권 제56호, 167

단체의 행정작용에 대한 현대적인 요구는 특히 사회국가적·문화적·생태적·경제적 사항과 관련한다. 말하자면 지방자치단체는 주민의 사회적·문화적·생태적·경제적 복지를 위해 필요한 각종의 시설·기구·제도 등을 마련하도록 요구받고 있다. 또한 국제적 관련도 요구된다(예: 외국도시와 자매결연). 이러한 것은 특히 주민의 재정부담능력과 관련하여 지방자치단체의 급부력에 의해 한계를 갖게 된다.

(2) **기반시설**   명문의 규정의 유무를 불문하고, 지방자치단체의 복지사무의 효율적인 수행을 위해서는 지방자치단체의 기반시설(기초시설)의 확보가 무엇보다 중요하다. 일반적으로 확립된 기반시설의 개념은 없어 보인다. 하여간 지방자치단체의 기반시설확보와 관련하여서는 특히 에너지·물·도로의 확보가 문제된다. 여기서는 사회적·문화적·생태적·경제적·환경적 요소가 세심하게 고려되어야 한다.

(3) **사인의 협력**   특히 기간시설의 확보는 반드시 지방자치단체가 독자적으로 해결하여야 할 사항은 아니다. 그것은 사경제주체에 의해 수행하게 할 수도 있고, 국가와 사경제주체와 협력하여 수행할 수도 있다. 사경제주체에 의한 기반시설의 확보는 공적 예산의 부담완화에 도움을 주고, 신속한 사무처리에 유익하다. 기반시설의 민영화가 사회국가원리에 반하는 것은 아니다. 주민에 대한 복지의 제공 그 자체가 중요한 것이지, 그 방법이 결정적인 것은 아니기 때문이다. 사회복지국가원리는 복지가 오로지 국가나 지방자치단체에 의해 이루어질 것을 요구하는 것은 아니다.[1]

4. 권한의 추정

지방자치법 제13조 제 2 항에 예시되어 있지 아니하고 또한 다른 법률에도 특별한 규정이 없는 사무의 귀속주체는 누구인가의 문제가 있다. 구체적인 경우에 특정사무가 지방자치단체의 사무인지 또는 국가사무인지의 구분이 명확하지 아니한 경우에는, 헌법과 지방자치법의 합목적적인 해석을 전제로 하여, 지방자치단체의 사무의 포괄성의 원칙이 적용되어 지방자치단체의 사무로 추정되어야 한다.

쪽 이하; 김상태·박영현, "지능정보사회와 지방자치단체의 사무—지능정보화 기본법상 국가와 지방자치단체 간의 관계를 중심으로—," 지방자치법연구, 통권 제68호, 105쪽 이하.

1) 진성만·권경선, "지방자치권 강화를 위한 지방자치단체의 공익활동지원의 과제," 지방자치법연구, 통권 제56호, 129쪽 이하.

Ⅱ. 지방자치단체의 구역·조직 및 행정관리 등

지방자치단체는 지방자치단체의 구역·조직 및 행정관리에 관한 다음의 사무를 처리한다(지자법 제13조 제 2 항 제 1 호).

　가. 관할 구역 행정구역의 명칭·위치 및 구역의 조정

　나. 조례·규칙의 제정·개정·폐지 및 그 운영·관리

　다. 산하 행정기관의 조직관리

　라. 산하 행정기관 및 단체의 지도·감독

　마. 소속 공무원의 인사·후생복지 및 교육

　바. 지방세 및 지방세 외 수입의 부과 및 징수

　사. 예산의 편성·집행 및 회계감사와 재산관리

　아. 행정장비관리, 행정전산화 및 행정관리개선

　자. 공유재산 관리

　차. 주민등록 관리

　카. 지방자치단체에 필요한 각종 조사 및 통계의 작성

Ⅲ. 주민의 복지증진[1]

1. 내 용

지방자치단체는 주민의 복지증진에 관한 다음의 사무를 처리한다(지자법 제13조 제 2 항 제 2 호).

　가. 주민복지에 관한 사업[2]

　나. 사회복지시설의 설치·운영 및 관리

---

1) [관련논문] 조성규, "복지사무와 지방자치단체의 역할," 지방자치법연구, 통권 제39호, 3쪽 이하; 홍종현, "지방자치단체의 복지사무에 대한 국가의 관여," 지방자치법연구, 통권 제39호, 59쪽 이하; 김상태, "복지사무에 대한 국가와 지방자치단체의 재정분담," 지방자치법연구, 통권 제39호, 81쪽 이하; 안영진, "사회복지법인에 대한 지방자치단체의 감독강화 방안," 지방자치법연구, 통권 제41호, 179쪽 이하; 최승원·최윤영, "자치입법을 통한 아동의 인권 보장—서울특별시 어린이·청소년인권조례를 중심으로—," 지방자치법연구, 통권 제42호, 213쪽 이하; 이미영, "한국사회 내에서의 사회권 발전에 있어서의 다문화주의—한국의 여성결혼이민자를 대상으로 한 다문화 관련 법안 중심으로—," 지방자치법연구, 통권 제56호, 395쪽 이하; 강기홍, "사회복지사업법상 지방자치단체의 복지사무와 과제," 지방자치법연구, 통권 제45호, 제45쪽.
2) 대판 2015. 6. 24, 2014추545; 대판 2014. 10. 27, 2012두15920.

다. 생활이 어려운 사람의 보호 및 지원

라. 노인·아동·장애인·청소년 및 여성의 보호와 복지증진[1][2]

마. 공공보건의료기관의 설립·운영

바. 감염병과 그 밖의 질병의 예방과 방역

사. 묘지·화장장 및 봉안당의 운영·관리

아. 공중접객업소의 위생을 개선하기 위한 지도

자. 청소, 생활폐기물의 수거 및 처리

차. 지방공기업의 설치 및 운영

2. 의 미

(1) 사회복지국가와 지방자치단체   사회복지국가를 지향하는 헌법하에서 지방자치단체가 사회적 정의와 사회적 안전의 확보의 실현에 기여하여야 하는 것은 당연하다. 지방자치단체는 지방의 영역에서 주민의 인간다운 삶을 보장하고, 동시에 주민 개개인의 인격발현의 조건을 마련하고 건강한 가정을 육성하고, 생계유지를 위한 자유로운 소득활동을 지원하고, 주민의 삶에 대한 각종 부담을 배제해 나아가야 한다. 이를 위해 지방자치단체는 필요한 시설과 각종 사회적 급부를 제공하여야 하고, 아울러 각종 교육과 조언 등도 제공하여야 한다.[3]

(2) 사회부조

(가) 의 의   사회부조의 임무는 그 도움을 받는 자에게 인간다운 삶을 영위하는 것을 가능하게 하는 데 있다. 말하자면 도움을 받는 자가 단순히 생명만을 부지하는 데 그치는 것이 아니라, 더 나아가서 그 자에게 문화적·사회적 최소한을 보장해 주고자 하는 데 있다.[4] 사회부조의 목적은 자력갱생을 지원하는 것이다. 이러한 점에서 지원을 받는 자는 사회부조로부터 독립적이 되도록 하는 데 의무를

---

1) 대판 2013. 4. 11, 2012추22.
2) [관련논문] 최윤영, "노인복지사무 민간위탁가능성에 관한 법적 문제—지방자치단체의 노인복지관 관리·운영사무를 중심으로—," 지방자치법연구, 통권 제49호, 352쪽; 최윤영, "국가와 지방자치단체의 빈곤아동 지원법제에 관한 연구—영국 및 미국 법제와의 비교를 중심으로—," 지방자치법연구, 통권 제55호, 319쪽 이하; [관련논문] 조진우, "지역 청년 활력을 위한 청년기본조례의 법적 과제," 지방자치법연구, 통권 제69호, 207쪽 이하.
3) [관련논문] 이호용, "사회복지수급권의 쟁점 연구," 지방자치법연구, 통권 제39호, 158쪽 이하; 이호용, "국가작용으로서 사회보장의 시장화에 관한 연구—국가와 지방자치단체의 사회적 책임을 중심으로—," 지방자치법연구, 통권 제42호, 250쪽 이하 참조; 문상덕, "지방자치단체의 노인복지행정과 자치행정법 연구," 지방자치법연구, 통권 제18호, 제215쪽 이하.
4) BVerfGE 35, 178 참조.

진다. 이 때문에 자력구제는 보충성의 원칙의 구체화라고 말할 수도 있다. 도움을
받는 자가 도움으로부터 독립적이 되도록 의무지워진 것이라면 그러한 사회부조는
자력갱생의 보조수단이 된다.

(나) 민간과 협력   지방자치단체는 민간의 복지단체와 공동으로 사회부조의 사
무를 수행할 수도 있다. 이러한 경우에 지방자치단체가 민간복지단체에 재정적인
지원을 하여도, 사무수행에 있어서 민간복지단체의 자주성은 최대한 존중하여야
한다. 사회부조의 현실적인 의미와 문제는 지방자치단체의 예산에 한계가 있다는
점이다. 사회적 기업에 대한 지원 등도 민간과 협력의 한 방법일 수 있다.[1]

(3) 청소년보호

(가) 의 의   청소년보호는 청소년이 육체적으로나 정신적으로 건강하게 성장
하고, 스스로 책임을 질 줄 알고 또한 공동체의 구성원으로서 적합한 능력과 품성
을 함양하는 것을 보장하고자 하는 데 그 목적을 갖는다. 청소년보호의 목적실현을
위해 청소년을 각종의 위험 앞에서 보호하고, 청소년에게 적극적인 삶의 조건을 마
련해주어야 한다.

(나) 보호영역   국가나 지방자치단체에 의한 청소년의 보호는 부모의 친권의
우선, 친권의 존중을 전제로 이루어져야 한다. 그리고 국가와 지방자치단체는 기본
적인 교육여건을 형성해주어야 한다. 청소년보호는 어린이보호, 가정보호, 교육제
도, 청소년상담, 청소년사회봉사, 양자제도, 후견제도 등 여러 요소를 포함한다. 일
반적으로 청소년보호란 어린이보호, 양육, 청소년노동, 양자제도, 후견제도, 소년법
원, 청소년교육 등 청소년과 관련된 일체의 제도와 관련하는 개념이다.

(다) 각종 시설의 마련   지방자치행정법상 청소년보호의 중심문제는 지방자치
단체에 의한 각종 시설이나 서비스 또는 각종 모임의 마련 문제일 것이다. 예컨대
운동장, 유아원, 유치원, 탁아소, 놀이시설, 휴식시설, 청소년회관 등은 물론 이 밖
에 청소년범죄 예방, 약물이나 알콜중독의 방지 등도 청소년복지와 관련된 중요 문
제이다.

(4) 노인보호   경로효친의 사상이 우리의 전통적인 가치관이지만, 오늘날에는
이러한 가치관이 변화하고 있다. 이러한 상황에서 전통사상의 계승은 새로운 과제
로 부각되고 있다. 행정의 실제상 노인복지를 위하여 경로주간 및 어버이날 설정,

---

1) [관련논문] 이관행, "지속적인 사회적 기업 활성화를 위한 지방자치단체의 역할," 지방자치법연구,
   통권 제39호, 283쪽 이하; 이주석·이규환·박형서, "커뮤니티비지니스에 대한 공공지원 영향분석 연
   구―경상북도 사례를 중심으로―," 지방자치법연구, 통권 제36호, 103쪽 이하.

노인정 설치, 여가선용과 소득증대를 위한 노인공동작업장 설치, 노인상담소 운영, 노인학교 운영 등이 이루어지고 있다.

(5) 부녀자보호 부녀자보호는 여성의 자질향상과 능력의 개발, 보호를 필요로 하는 여성(예: 가출부녀자, 윤락여성, 미혼모, 저소득 모자세대 등)의 발생 방지와 보호가 문제의 중심에 놓인다.

(6) 장애인보호 장애인보호는 장애인의 자립과 재활의 지원을 위한 일자리, 주택, 복지시설의 제공, 직업교육의 실시, 장애아의 보육 등을 중요한 과제로 한다.

(7) 다문화가정의 지원 국제결혼, 외국인노동자의 유입 등으로 인해 다문화가정의 수가 증대하고 있다. 다문화가정의 증대는 자녀와 귀화자의 교육, 주거의 보장, 생활의 지원 등 여러 과제를 가져온다. 이러한 과제들을 해결하는 것은 국가의 사무이기도 하지만 동시에 지방자치단체의 사무이기도 하다.[1]

Ⅳ. 농림·수산·상공업 등 산업 진흥

1. 내 용

지방자치단체는 농림·수산·상공업 등 산업 진흥에 관한 다음의 사무를 처리한다(지자법 제13조 제2항 제3호).

가. 못·늪지·보(洑) 등 농업용수시설의 설치 및 관리

나. 농산물·임산물·축산물·수산물의 생산 및 유통 지원

다. 농업자재의 관리

라. 복합영농의 운영·지도

마. 농업 외 소득사업의 육성·지도

바. 농가 부업의 장려

사. 공유림 관리

아. 소규모 축산 개발사업 및 낙농 진흥사업

자. 가축전염병 예방

차. 지역산업의 육성·지원[2]

---

1) [관련논문] 김성배, "다문화가정 지원에 관한 국가와 지방자치단체의 역할," 지방자치법연구, 통권 제39호, 109쪽 이하.

2) [관련논문] 정하명, "유통규제와 지방자치단체—한국과 미국의 지방자치단체에 의한 대형마트·SSM규제 비교·분석—," 지방자치법연구, 통권 제43호, 469쪽 이하; 최우용, "울산광역시 산업단지 개발정책에 관한 지방자치법적 검토," 지방자치법연구, 통권 제50호, 31쪽; 김대인, "산업단지 관련 법제에 대한 규제법적 고찰—울산광역시 산업단지 사례를 중심으로—," 지방자치법연구, 통권 제50

카. 소비자 보호 및 저축 장려

타. 중소기업의 육성

파. 지역특화산업의 개발과 육성·지원

하. 우수지역토산품 개발과 관광민예품 개발

2. 경제의 촉진과 지방자치단체[1]

(1) 법적 근거   헌법상 지방자치단체에 대하여 지역경제의 촉진을 위한 사무를 명시적으로 규정하는 조항은 찾아 볼 수 없다. 그러나 오늘날 지역경제촉진을 위한 사무가 지방자치단체의 중심적인 사무의 하나라고 하는 데에는 반대견해가 없어 보인다. 헌법은 경제촉진을 국가의 전속적인 사무로 규정하는 바도 없고, 또한 국가와 병행하여 지방자치단체가 경제촉진에 나서면, 주민의 복지실현은 그만큼 더 가까이 놓인다는 점을 고려할 때, 지방자치단체가 지역경제촉진의 사무를 수행한다는 것은 정당하다. 지방자치단체의 차원에서 주민의 삶과 노동을 가능하게 하고 또한 개선시키는 지방자치단체의 경제촉진적인 처분은 당연히 지방자치단체의 사무에 속한다고 보아야 한다. 지방자치법이 위의 조항에서 경제에 관한 사항을 지방자치단체의 사무로 규정한 것도 이러한 취지로 이해된다. 요컨대 지방자치단체는 스스로 경제활동을 하거나 지방자치단체 내의 산업(경제)의 촉진을 위한 여러 활동을 행한다.[2] 산업의 진흥, 경제촉진을 위한 사무는 중앙정부의 전유물이 아니다. 산업의 촉진, 경제촉진을 위한 지방자치단체의 권리는 지방자치법상 당연히 인정된다.

(2) 경제촉진수단   지방자치단체의 경제촉진은 지역경제구조의 개선, 고용의 강화, 지방자치단체의 수입의 유지와 증대 등을 위한 작용으로 이해할 수 있다. 경제의 촉진을 위하여 지방자치단체는 직·간접의 여러 수단을 활용한다. 직접적인 수단으로 보증, 보조금의 지원 등이 있고, 간접적인 수단으로 도로교통망의 확충, 도시계획 등이 있다. 또한 경제촉진을 위한 수단에는 지방자치단체의 경제상의 복지를 위하여 가능한 모든 처분, 특히 주민을 위한 적절한 근로장소, 교육장소의 마련 등을 포함한다. 물론 이러한 수단의 도입은 헌법·지방자치법, 기타 경제 관련 특별법상의 제한을 준수하면서 이루어져야 한다.

호, 59쪽 이하.

1) [관련논문] 조성제, "지역경제 활성화를 위한 도시재생법제의 현황과 전망," 지방자치법연구, 통권 제64호, 27쪽 이하.

2) 지방자치단체 자신의 경제활동에 관해서는 본서, '제 5 장 제 5 절'을 참조할 것.

(3) 지역산업·중소기업의 지원·육성   지역산업의 육성·지원을 위해 창업지원을 확대하고, 일정한 산업(예: 애니메이션산업·패션산업)을 육성하고, 중소기업을 지원하는 것(예: 중소기업에 대한 자금지원, 중소기업제품의 전시판매장 운영, 중소기업의 해외시장개척의 지원, 중소기업단지의 조성·제공), 외국인투자의 유치를 지원하는 것(예: 외국인투자상담실의 운영, 외국인투자자문위원회의 설치, 외국인전용주거단지의 조성)도 중요한 문제이다.

(4) 유통구조개선·소비자보호   농수산물의 유통구조의 개선도 중요하다. 이를 위해 농수산물도매시장의 건설, 농수산물물류센터의 확충, 농수산물의 직거래의 활성화가 요구되고 있다. 그리고 소비자의 보호를 위해 철저한 물가관리를 위한 시책(예: 공공요금·개인서비스요금의 안정적 관리, 가격표시제의 강화), 유통질서의 확립을 위한 시책(예: 위조상품근절을 통한 상거래질서의 확립)이 이루어지고 있다.

V. 지역개발과 자연환경보전 및 생활환경시설의 설치·관리

1. 내 용[1]

지방자치단체는 지역개발 및 생활환경시설의 설치관리에 관한 다음의 사무를 처리한다(지자법 제13조 제2항 제4호).

　가. 지역개발사업[2]

　나. 지방 토목·건설사업의 시행[3]

　다. 도시·군계획사업의 시행

　라. 지방도, 시도·군도·구도의 신설·개선·보수 및 유지

　마. 주거생활환경 개선의 장려 및 지원

　바. 농어촌주택 개량 및 취락구조 개선

　사. 자연보호활동

　아. 지방하천 및 소하천의 관리[4]

---

1) [관련논문] 문병효, "강원경제의 발전과 환경보전에 관한 지방의회의 과제," 지방자치법연구, 통권 제38호, 45쪽 이하; 이은기, "지방자치단체의 환경관리제도," 지방자치법연구, 통권 제43호, 87쪽 이하; 최승필, "환경행정에서 지방자치단체의 역할과 권한에 대한 법적 검토," 지방자치법연구, 통권 제50호, 229쪽 이하.

2) [관련논문] 박창석, "폐광지역 개발지원에 관한 특별법의 쟁점과 법적 과제," 지방자치법연구, 통권 제38호, 112쪽 이하; 김현호, "접경지역 발전지원에 관한 특별법의 쟁점과 과제," 지방자치법연구, 통권 제38호, 135쪽 이하.

3) [관련논문] 진성만, "지방자치단체의 공공건설공사 시공평가에 대한 법적 고찰," 지방자치법연구, 통권 제69호, 179쪽 이하.

4) [관련논문] 한상운, "물이용 관련 지방자치단체의 분쟁과 법적 과제," 지방자치법연구, 통권 제38

자. 상수도·하수도의 설치 및 관리

차. 소규모급수시설의 설치 및 관리

카. 도립공원, 광역시립공원, 군립공원, 시립공원 및 구립공원 등의 지정 및 관리[1]

타. 도시공원 및 공원시설, 녹지, 유원지 등과 그 휴양시설의 설치 및 관리

파. 관광지, 관광단지 및 관광시설의 설치 및 관리

하. 지방 궤도사업의 경영

거. 주차장·교통표지 등 교통편의시설의 설치 및 관리

너. 재해대책의 수립 및 집행

더. 지역경제의 육성 및 지원

2. 의 미

(1) 계획고권   지방자치단체는 주거, 상업, 교통을 위하여 지방자치단체의 토지를 어떠한 방식으로 사용할 것인가를 계획적으로 정할 수 있다. 계획고권은 지방자치단체의 자치행정권의 구성부분의 하나이다. 지방자치단체는 도시의 질서있는 발전계획과 주민의 복지실현에 적합하고 사회적 정의실현에 부합하는 도시계획을 보장하여야 한다. 이것은 지방자치단체의 현대적인 사무 중의 하나이다. 도시계획은 주민의 기본권과도 관련되므로, 계획관련법률은 도시계획의 수립·책정에 주민의 참여를 규정하고 있다. 판례는 지방자치단체가 자신의 관할 구역에 대하여 공간구조와 발전방향을 수립하는 것을 내용으로 하는 도시·군계획에 관한 사무를 자치사무로 본다.[2]

(2) 도로교통   급부능력의 범위 내에서 일상적인 교통의 필요에 따른 도로를 건설·확장·개선·유지하는 것은 지방자치단체의 사무이다. 도로건설과 관련하여 특별히 이익을 누리게 되는 자에게는 그 소요비용의 일부를 부과할 수 있다. 그리고 교통안전을 위해 교통교육이 이루어져야 한다. 한편, 교통량의 폭발적인 증대에 따라 지방자치단체의 교통정책의 수립에는 소음이나 환경오염 등도 반드시 고려되

호, 81쪽 이하; (단양군수가 국토교통부장관과 수중보 건설 사업시행 위치를 변경하면서 수중보 건설 비용 일부와 운영·유지비용 전부를 단양군이 부담하도록 하는 협약을 체결하였는데, 이후 단양군이 협약의 무효 확인과 위치 변경에 따라 지출한 실시설계비 및 이에 대한 지연손해금을 부당이득으로서 반환할 것을 대한민국에 청구한 사건에서) 헌법 제117조 제 1 항, 지방자치법 제 9 조(현행법 제13조) 제 1 항, 제 2 항, 하천법 제 8 조 제 1 항, 제27조 제 5 항의 규정에 따르면, 국가하천에 관한 사무는 다른 법령에 특별한 정함이 없는 한 국가사무로 보아야 한다. 지방자치단체가 비용 일부를 부담한다고 해서 국가사무의 성격이 자치사무로 바뀌는 것은 아니다(대판 2020. 12. 24, 2020두37406).

1) [관련논문] 문상덕, "도시공원에 관한 법제적 고찰," 지방자치법연구, 통권 제44호, 159쪽 이하.

2) 대판 2019. 10. 17, 2018두40744.

어야 한다.

(3) **지하철·주차장**   심각해지는 교통난의 해소와 관련하여 대도시에서 지하철과 주차장의 신설·증설은 역시 지방자치단체의 중요한 사무 중의 하나이다. 교통분산정책 또한 주차장 문제의 해결을 위해 적극적으로 이루어져야 할 것이다.

(4) **환경보호**

(가) **의 의**   지방자치단체의 구역 내에서 생태계의 기초를 안전하게 한다는 것은 중요한 의미를 갖는다. 자연적인 삶의 조건에 대한 지방자치단체의 배려의 중요성은 오늘날 계속하여 증대하고 있다.[1] 특히 자연환경은 삶의 기초이기 때문에, 환경에 대한 배려는 미래에 대한 배려이자, 미래세대를 위한 지방자치단체의 책임이라 할 수 있다. 환경보호임무는 헌법상 명령되는 것이기도 하다(헌법 제35조).[2]

(나) **목 표**   지방자치단체의 환경보호의 주요 목표로 다음이 언급되기도 한다.[3]

- 환경존중하에서의 조화로운 지방자치단체발전의 형성
- 자연적인 생활근거에 대하여 절약하고 보호하는 관계
- 폐기물·폐수의 광범위한 예방 내지 감소와 재활용
- 최종수단으로서 환경에 조화로운 폐기물매립
- 자동차에 의해 발생하는 오염의 감소
- 물가와 공과금규제에 대한 외부적 효과의 생태적 내면화
- 환경문제의 해결에 대한 지방자치단체 상호간 그리고 국제적인 협력

(5) **주택제공**   주택제공에 관하여 지방자치법에 명시적인 규정은 없으나, 주민이 최소의 비용으로 최소한의 적정한 주거공간을 확보할 수 있도록 주거공간을 제공하는 것도 지방자치단체의 사무라 할 것이다(독일 Nordrhein-Westfalen 헌법 제29조 참조). 그리고 지방자치단체는 긴급한 경우에 무주택자를 위한 수용시설도 마련하여야 한다.[4]

---

1) [관련논문] 정훈, "개발 및 환경규제와 지방자치단체," 지방자치법연구, 통권 제43호, 491쪽 이하; 박우경, "생활폐기물처리업무 수행주체 간의 역할 분담—프랑스 사례와의 비교를 중심으로," 지방자치법연구, 통권 제59호, 제63쪽.

2) 지방자치단체의 환경보호임무는 국내법뿐만 아니라 국제법에서도 규정되기도 한다(예: 유럽공동체 설립을 위한 조약 제174조(구 제130r조)). 한편, 1992. 6. 14.의 Rio de Janeiro의 유엔환경선언(UN-Umwelterklärung) 원칙 제22조에서도 환경과의 관계에서 지방자치단체가 중요한 역할을 수행하여야 함을 규정하고 있다.

3) Stober, Kommunalrecht, S. 176.

4) [관련논문] 최봉석, "지방개발공사의 주거복지서비스 역량강화를 위한 법적 쟁점과 과제," 지방자치법연구, 통권 제54호, 188쪽 이하.

VI. 교육·체육·문화·예술의 진흥

1. 내 용

지방자치단체는 교육·체육·문화·예술의 진흥에 관한 다음의 사무를 처리한다(지자법 제13조 제 2 항 제 5 호).

　가. 어린이집·유치원·초등학교·중학교·고등학교 및 이에 준하는 각종 학교의 설치·운영·지도[1]

　나. 도서관·운동장·광장·체육관·박물관·공연장·미술관·음악당 등 공공교육·체육·문화시설의 설치 및 관리[2]

　다. 지방문화재의 지정·등록·보존 및 관리[3]

　라. 지방문화·예술의 진흥

　마. 지방문화·예술단체의 육성

2. 의 미

(1) 교 육　교육영역에서 지방자치단체의 임무 역시 중요하다.[4] 지방자치단체는 초등학교·중학교·고등학교 및 이에 준하는 각종 학교의 설치·운영·지도의 사무를 담당한다.[5] 지방자치단체의 이러한 사무에 관하여 자세한 사항은 지방교육자치에 관한 법률에서 규정되고 있다. 대학의 진흥은 국가의 사무이다.

(2) 체 육　주민의 건강증진을 위한 체육사무는 지방자치단체가 주민의 생활배려 차원에서 수행하여야 할 중요한 사무 중의 하나이다. 스포츠는 주민의 건강에 관련되는 것이어서 사회적 공동체의 본질적 요소가 된다. 스포츠의 중요성에 비추어 지방자치단체의 스포츠의 지원·후원·육성이 헌법에서 규정되는 경우도 있다.[6] 건강단련 내지 스포츠는 일반적으로 일정한 시설에서 이루어지는바, 이에 상응하는 시설을 마련하는 것은 지방자치단체의 사무이다.

---

1) 대판 2015. 9. 10, 2013추517.
2) [관련논문] 전훈, 「2018 평창동계올림픽대회 및 장애인 동계올림픽 지원 등에 관한 특별법」에 대한 특징과 평가," 지방자치법연구, 통권 제38호, 3쪽 이하.
3) [관련논문] 김기태, "지방자치단체의 문화재보호 방안에 관한 연구," 지방자치법연구, 통권 제46호, 295쪽 이하.
4) 대판 1996. 11. 29, 96추84.
5) 대판 1996. 10. 25, 96추107.
6) 독일 Nordrhein-Westfalen 헌법 제18조 제 3 항: 란트와 게마인데는 스포츠를 보호하고 육성한다.

(3) 문 화   문화작용도 전통적으로 지방자치사무의 영역에 속한다. 지방자치
단체의 문화활동은 모든 주민의 사회적·정보적·미적 가능성과 필요에 부응하여야
한다. 문화와 관련하여 2가지가 지적되어야 한다. 즉, 지방자치단체는 주민의 문화
적 활동을 위하여 지역적으로 적합한 시설 등을 제공하여야 한다는 점과 주민에게
문화적 활동에 관심을 갖도록 함과 아울러 주민에게 다양한 문화적 활동을 제공하
여야 한다는 점이다. 이를 위하여 지방자치단체는 지방자치법이 정하는 사항 외에
도 극장·연주회·전시회·평생교육기관·시민연극단체·시민합창단·시민연주단 등
을 마련하여야 할 것이다. 보다 중요한 것은 이러한 각종 시설이나, 기회 또는 조
직을 제공하는 것이 아니라 그것을 계속적으로 그리고 질적으로 충분히 지원하는
것이다. 문화재의 보존도 지방자치단체의 사무에 속한다.

VII. 지역민방위 및 지방소방

1. 내 용

지방자치단체는 지역민방위 및 소방에 관한 다음의 사무를 처리한다(지자법 제
13 조 제 2 항 제 6 호).[1]
　　가. 지역 및 직장 민방위조직(의용소방대를 포함한다)의 편성과 운영 및 지도·감독
　　나. 지역의 화재예방·경계·진압·조사 및 구조·구급

2. 의 미

(1) 민방위와 민방위대   "민방위"란 다음 각 목(가. 전시·사변 또는 이에 준하는 비
상사태, 나.「통합방위법」제 2 조 제 3 호에 따른 통합방위사태, 다.「재난 및 안전관리 기본법」제
36조 제 1 항에 따른 재난사태 선포 또는 같은 법 제60조 제 1 항에 따른 특별재난지역 선포 등의 국
가적 재난, 그 밖에 행정안전부장관이 정하는 재난사태)의 어느 하나에 해당하는 상황(이하
"민방위사태"라 한다)으로부터 주민의 생명과 재산을 보호하기 위하여 정부의 지도하
에 주민이 수행하여야 할 방공(防空), 응급적인 방재(防災)·구조·복구 및 군사 작전상

---

1) [관련논문] 윤준병, "교통기본법에 관한 연구," 지방자치법연구, 통권 제44호, 99쪽 이하; 김봉철,
"재난관리행정주체로서의 지방자치단체의 법적 지위—재난 및 안전관리기본법상 지방자치단체의 역
할과 그 강화방안을 중심으로—," 지방자치법연구, 통권 제44호, 129쪽 이하; 홍의표·원소연, "지방
자치단체의 생활안전관리강화를 위한 법적 개선방안," 지방자치법연구, 통권 제45호, 143쪽 이하;
이기춘, "독일 재난관리법의 기초—재난개념, 재난관리개념, 재난관리법제의 특성, 협의 및 광의의
재난법개념에 관한 고찰을 중심으로—," 지방자치법연구, 통권 제50호, 256쪽 이하; 강기홍, "지방행
정에서 주민복리와 재난예방," 지방자치법연구, 통권 제60호, 제37쪽 이하.

필요한 노력 지원 등의 모든 자위적 활동을 말한다(민방위기본법 제 2 조 제 1 호). 민방위를 수행하게 하기 위하여 지역 및 직장 단위로 민방위대를 둔다(민방위기본법 제17조). 민방위대는 20세가 되는 해의 1월 1일부터 40세가 되는 해의 12월 31일까지의 대한민국 국민인 남성으로 조직한다. 다만, 다음 각 호(생략)의 자는 제외한다(민방위기본법 제18조 제 1 항).

(2) 소방서와 임무확대   전통적으로 소방을 위하여 설치되는 소방서는 화재예방과 진화를 그 임무로 하였다. 그러나 오늘날에 와서는 그 외에 방화와 관련된 기술상의 지도·지원을 하며, 아울러 화재 이외의 사유로부터 발생하는 재난·긴급사태로부터 구조사무를 수행하기도 한다(예: 긴급구조대). 소방사무의 수행에 관한 법적 근거는 소방기본법이다.

(3) 복지행정과 안전   공적 평온·안전·질서는 복리행정을 통해서도 이루어진다. 예컨대 가로등을 설치함으로써 야간의 질서유지를 도모하는 것과 같다. 질서행정과 복지행정은 언제나 대립적인 개념도 아니고, 또한 반드시 명백하게 구분되는 개념도 아니다.

3. 경찰사무

(1) 헌법의 태도   헌법은 지방자치단체의 사무로 주민의 복리에 관한 사무를 규정하고 있으나, 경찰사무(공적 안전과 공적 질서에 관한 사무)에 대하여는 언급하는 바가 없다. 생각건대 공적 평온·안전·질서를 유지하며 위해로부터 개인과 단체를 보호하는 것은 반드시 국가에 의해서만 달성될 수 있는 것은 아니다. 지방자치단체가 지역적 범위에서 경찰사무를 수행하는 것은 헌법위반이 아니라 인권실현을 지향하는 헌법실현이다.

(2) 국가경찰과 자치경찰의 조직 및 운영에 관한 법률[1]   2021. 1. 1. 시행에 들어간 국가경찰과 자치경찰의 조직 및 운영에 관한 법률(종래의 경찰법을 전부개정한 법률이다)은 국가경찰사무와 자치경찰사무를 구분하고 있다(동법 제 4 조 제 1 항 각호). 자치경찰사무를 관장하게 하기 위하여 특별시장·광역시장·특별자치시장·도지사·특별자치도지사(이하 "시·도지사"라 한다) 소속으로 시·도자치경찰위원회를 둔다(동법 제18조 제1 항). 시·도자치경찰위원회는 합의제 행정기관으로서 그 권한에 속하는 업무를 독립적으로 수행한다(동법 제18조 제 2 항). 시·도경찰청장은 자치경찰사무에 대

1) [관련논문] 김원중, "주민참여가 제한된 자치경찰제의 문제점과 개선방안," 지방자치법연구, 통권 제71호, 325쪽.

해서는 시·도자치경찰위원회의 지휘·감독을 받아 관할구역의 소관 사무를 관장하고 소속 공무원 및 소속 경찰기관의 장을 지휘·감독한다(동법 제28조 제3항).

VIII. 국제교류 및 협력

1. 내 용

지방자치단체는 국제교류 및 협력에 관한 다음의 사무를 처리한다(지자법 제13조 제2항 제7호).

가. 국제기구·행사·대회의 유치·지원

나. 외국 지방자치단체와의 교류·협력

2. 의 미

경제, 문화, 체육 등의 사무영역에서 주민의 복지증진을 위해 지방자치단체가 국제기구나 외국의 지방자치단체와 협력관계를 맺는 것은 국제화·세계화의 경향과 더불어 증대하고 있다.[1]

제3항 자치사무의 배분

I. 자치사무배분의 원리론

1. 배분의 필요

기술한 지방자치단체의 모든 사무가 동일한 구역 내에서 동시에 광역지방자치단체와 기초지방자치단체에 의하여 시행되어서는 아니 된다. 성질상 불가피한 사무(예: 존재사무) 등을 제외한 사무를 광역지방자치단체와 기초지방자치단체가 동시에 수행한다면, 그것은 예산의 낭비를 초래할 뿐더러 행정의 혼란과 혼선을 가져올 수 있다. 말하자면, 그러한 사무는 광역지방자치단체와 기초지방자치단체 사이에 경합적이어서는 아니 된다(불경합의 원칙). 따라서 광역지방자치단체와 기초지방자치단체 사이에 사무의 분담이 필요하게 된다.

---

1) 이와 관련하여 협력고권 부분 중 외국과의 협력 부분(64쪽)을 보라.

2. 존재사무

시·도와 시·군·구의 조직 등 자신의 존재에 관한 사무, 즉 존재사무는 광역지
방자치단체와 기초지방자치단체의 양자에 공통하는 사무일 수밖에 없다. "다만, 제
13조 제 2 항 제 1 호의 사무(지방자치단체의 구역, 조직, 행정관리 등에 관한 사무)는 각 지방
자치단체에 공통된 사무로 한다"는 지방자치법 제14조 제 1 항 단서도 이러한 취지
의 규정이라 하겠다.

3. 배분의 원리

헌법상 광역지방자치단체와 기초지방자치단체 사이의 사무의 구분에 관한 아
무런 기준도 없다. 따라서 광역지방자치단체와 기초지방자치단체의 사무를 정하는
것은 입법자의 임무이다. 그 배분의 기준으로 다음의 원리들을 생각할 수 있다.

(1) 광역성의 원리   광역지방자치단체가 처리하는 사무의 유형에 관하여 확립
된 견해는 없다. 입법의 기술상 우리의 지방자치법(예: 지자법 제14조 제 1 항 제 1 호 가
목)이나 독일의 란트의 지방자치법은 광역지방자치단체의 사무를 광역적 또는 범지
역적 사무로 규정하는 일반조항을 두고 있다. 즉 광역지방자치단체는 광역적인 사
무 등을 수행한다고 표현된다. 사무의 광역성은 일반적으로 공간관련성, 재정력,
급부력 및 재정적·행정기술적 지원 등과 관련하여 판단되어야 한다.

(2) 보충성의 원칙   보충성의 원칙이란 자치행정에 놓이는 사무를 기초지방자
치단체가 사항에 적합하게 수행할 수 있는 상태에 있지 아니한 경우에, 광역지방자
치단체가 그 사무를 수행하여야 한다는 원칙이다.[1] 이것은 기초지방자치단체가 사

---

1) 보충성의 원칙(Subsidiaritätsprinzip)이란 행동의 우선권은 언제나 소단위에게 있는 것이고 소단위
의 힘만으로 처리될 수 없는 사항에 한하여 차상단위가 보충적으로 개입할 수 있다는 원칙을 말하는
것으로 원래 가톨릭 사회학에서 연원하고 신스콜라주의의 철학의 자연법 사상을 배경으로 하는 개
념으로서 점차 국가적 법원리로 발전되고 채택된 것이라 한다(김유환, "지방자치단체의 행정사무에
대한 감사체계," 지방자치법연구, 통권 제 2 호, 58쪽). 공동체나 그 구성원에게 중대한 손해발생의
우려가 있는 경우에는 사적 영역에 의한 이익추구는 박탈될 수 있다는 의미로 표현되기도 한다
(Wolff/Bachof/Stober/Kluth, Verwaltungsrecht I (12. Aufl.), §5, Rn. 7). 지방자치와 관련하여 보
충성의 원칙은 "지역에 고유한 문제는 우선 지방자치단체에 의해 해결하도록 하여야 하고 국가는 지
방자치단체가 지방자치단체에 고유한 문제를 스스로 적절하게 해결하지 못할 경우에만 보충적으로
개입하여야 한다는 원칙"으로 정의하기도 한다(박균성, 행정법론(하), 64쪽). 그리고 이기우, 지방자
치이론, 224쪽 이하 참조. 일설은, 가톨릭 사회학에서 나오는 보충성의 원칙(Subsidiaritätsprinzip)
에 의하면, 작은(좁은, 하위의) 단일체는 사무수행에 있어서 큰(넓은, 상위의) 단일체에 우선한다. 이
것은 인간의 공동생활의 조직에 의미를 갖는다. 보충성의 원칙은 작은 단일체가 사무수행이 어려울
때에 큰 단일체가 이를 맡아 수행함을 정당화하며, 지방자치단체와 국가의 관계에서도 그렇다고 한
다(Reinhard Hendler, Grundbegriffe der Selbstverwaltung, in: Mann/Püttner(Hrsg.), Handbuch

항에 적합하게 수행할 수 있는 상태에 있지 아니한 모든 사무를 의미하는 것이 아니라, 수행하지 못함으로 인하여 기초지방자치단체를 공허하게 만드는 사무만이 이 원칙에 의하여 광역지방자치단체가 수행하여야 한다는 의미이다. 보충성의 원칙이 헌법에서 명시적으로 규정되고 있는 것은 아니지만[1] 보충성의 원칙은 지방자치제의 기본원리의 하나로 볼 것이다. 이것이 지배적인 견해로 보인다.[2]

(3) 비례의 원칙   비례원칙에 의거하여 기초지방자치단체에 의한 사무수행이 광역지방자치단체에 의한 사무수행의 경우보다 부담이 경미하다고 하면, 광역지방자치단체에 의한 수행은 비례원칙에 어긋나는 것이 된다.

(4) 한 계   광역지방자치단체사무와 기초지방자치단체사무의 엄격한 구분은 가능하지 않다. 그것은 사무수행의 시간적·사항적 우선 순위, 활동성의 조정, 재정적·경제적·사회적·문화적·생태적 자원에 대한 충분한 고려하에 정해져야 할 사항이다. 보다 중요한 것은 광역지방자치단체의 기초지방자치단체에 대한 친화적 자세, 기초지방자치단체의 광역지방자치단체에 대한 신뢰가 중요하다. 다만 지방자치단체의 사무의 전권한성은 기초지방자치단체에 관한 것이지 광역지방자치단체에 관한 것이 아님은 분명하다.

(5) 예 외   사무가 지역성과 직접적인 관련성을 갖지 아니한 경우, 이를 어느 지방자치단체의 사무로 할 것인가에 대한 판단은 입법자의 형성재량에 속하는 사항이다. 한편, 어떠한 사무가 지역관련성을 갖는다고 하여도, 중대한 공익상의 이유가 있는 경우에는 광역지방자치단체의 사무로도 할 수 있다. 물론 이러한 경우에는 이익형량이 따라야 한다. 다만 이러한 경우에도 지방자치단체조합의 설립을 통해 수행할 것인지, 광역지방자치단체에의 사무의 이전을 통해 수행할 것인지의 문제가 있다. 후자의 선택이 기초지방자치단체 우선의 원칙에 합당할 것이다.

4. 광역지방자치단체의 사무의 유형

독일의 경우, 광역지방자치단체가 처리하는 사무의 유형을 범지역적 사무·보완적 사무·균형화 사무로 구분하여 살핀다.[3] 차례로 보기로 한다.

---

der Kommunalen Wissenschaft und Praxis, §1, Rn. 28).

1) 프랑스에서는 "지방자치단체는 그 종류에 따라 가장 잘 실시될 수 있는 일체의 권한에 관한 결정을 한다"는 프랑스 헌법 제72조 제2항이 보충성의 원칙을 분명히 나타낸 것으로 본다(변해철, "지방자치단체장 인사자치권의 비교헌법적 고찰," 지방자치법연구, 통권 제7호, 12쪽.

2) 박균성, 행정법론(하)(2014), 64쪽.

3) Erichsen, Kommunalrecht, S. 58ff. 한편, 본문에서 본 바와 같이 독일의 경우에 광역지방자치단체인 크라이스의 사무에는 광역적 사무(예: 공기오염방지와 같은 사무의 성질상 크라이스의 고유사무),

(1) 범지역적 사무(광역적 사무)   본래적으로 범지역적 사무 또는 광역적 사무
란 기초지방자치단체의 구역을 능가하는 사무를 말한다(예: 전국적인 계획이 아닌 것으로
서 범지역적 계획으로서의 도로계획). 달리 말한다면 범지역적 사무란 기초지방자치단체가
처리할 수 있는 범위를 벗어나는 사무를 말한다. 그것은 또한 지역에 뿌리를 둔 것
이 아닌, 광역지방자치단체의 영역에서 필요하고, 광역지방자치단체의 주민에 필요
한 사무를 의미한다. 지방자치법 제14조 제 1 항 제 1 호의 사무는 이러한 사무의 성
질을 갖는다.

(2) 보완적 사무   보완적 사무란 개별 기초지방자치단체의 행정력과 재정력을
능가하는 사무를 말한다. 이러한 사무는 특히 소규모의 기초지방자치단체의 행정
력을 광역지방자치단체를 통해 보완하기 위한 것이다. 한편, 독일 연방헌법재판소
는 광역지방자치단체의 사무의 대상과 관련하여 기초지방자치단체의 행정력과 재
정력을 문제로 삼지 않았다. 이러한 헌법재판소의 태도로 인하여 보완사무의 존재
의 정당성은 포기된 것으로 보인다. 입법자가 지방자치단체의 재정력확보에 책임
이 있다면, 재정력은 구분의 결정적인 기준은 아닐 것이다.[1] 그러나 자기의 구역
에 한정된 행정력으로 인해 기초지방자치단체가 수행이 곤란한 것은 광역지방자치
단체의 사무라는 점에서 보충적 사무의 의미는 있다. 지방자치법 제14조 제 1 항
제 1 호 마목의 사무는 이러한 사무의 성질을 갖는다.

(3) 균형화 사무   균형화 사무란 개별 기초지방자치단체 사이의 재정력과 행
정력의 차이 내지 불균형의 시정을 위한 사무를 말한다. 균형화사무는 주로 재정문
제에 관련한다(재정균형). 이러한 사무에서는 구체적으로 수행하는 사무와 관련하여
수행권능의 문제뿐만 아니라 재정(지원권능)의 문제도 중요하다.

Ⅱ. 지방자치법상 배분의 기준

1. 규정 내용

① 제13조에 따른 지방자치단체의 사무를 지방자치단체의 종류별로 배분하는

보완적 사무(예: 기초자치단체가 재정상 수행하기 곤란한 사무) 그리고 균형화 사무(예: 특정 기초지방
자치단체의 지원) 외에 권한-권한(Kompetenz-Kompetenz) 사무가 있다. 여기서 권한-권한사무란 다
음의 사무를 말한다. 즉, 광역지방자치단체인 크라이스에 관한 법률(크라이스법)은 특히 보완적 사무에
서 기초지방자치단체인 게마인데의 사무를 크라이스 의회의 의결로 구속적으로 크라이스 사무로 선언
하는 권리를 크라이스에 부여하는바, 이에 따라 크라이스가 갖는 사무가 권한-권한사무이다. 권한-권
한사무는 기초지방자치단체의 보호를 위해 특별의결정족수가 요구된다. 관계 기초지방자치단체의 의
사에 반하여 권한-권한을 행사하기 위해서는 비용증가가 비례관계를 완전히 벗어나는 경우에 가능하다.
1) BVerfGE 79, 127, 152(Rastede)(본서, 49쪽 각주 4) 참조).

기준은 다음 각 호와 같다(지자법 제14조 제 1 항 본문). 다만, 제13조 제 2 항 제 1 호의
사무는 각 지방자치단체에 공통된 사무로 한다(지자법 제14조 제 1 항 단서).

1. 시·도

가. 행정처리 결과가 2개 이상의 시·군 및 자치구에 미치는 광역적 사무

나. 시·도 단위로 동일한 기준에 따라 처리되어야 할 성질의 사무

다. 지역적 특성을 살리면서 시·도 단위로 통일성을 유지할 필요가 있는 사무

라. 국가와 시·군 및 자치구 사이의 연락·조정 등의 사무

마. 시·군 및 자치구가 독자적으로 처리하기 어려운 사무

바. 2개 이상의 시·군 및 자치구가 공동으로 설치하는 것이 적당하다고 인정
되는 규모의 시설을 설치하고 관리하는 사무

2. 시·군 및 자치구

제 1 호에서 시·도가 처리하는 것으로 되어 있는 사무를 제외한 사무. 다만,
인구 50만 이상의 시에 대해서는 도가 처리하는 사무의 일부를 직접 처리하게 할
수 있다.

② 제 1 항의 배분기준에 따른 지방자치단체의 종류별 사무는 대통령령으로 정
한다.

③ 시·도와 시·군 및 자치구는 사무를 처리할 때 서로 겹치지 아니하도록 하
여야 하며, 사무가 서로 겹치면 시·군 및 자치구에서 먼저 처리한다.

2. 규정 분석

(1) 배분의 원리   시·도의 사무 중 가목, 나목, 다목, 바목은 광역성의 원리에
따른 범지역적 사무(광역적 사무)에 해당하는 것으로 볼 수 있고, 마목의 사무는 보충
성의 원칙에 따른 보완적 사무로 볼 수 있을 것이다.

(2) 공통사무   지방자치법 제13조 제 2 항 제 1 호의 「지방자치단체의 구역·
조직 및 행정관리 등에 관한 사무」는 각 지방자치단체에 공통된 사무로 한다(지자법
제14조 제 1 항 단서)고 규정하고 있는바, 자치사무에는 고유사무로서 자치사무와 공통
사무로서 자치사무가 있다고 하겠다.

(3) 기초지방자치단체 우선의 원칙   시·도와 시·군 및 자치구는 사무를 처리
할 때 서로 겹치지 아니하도록 하여야 하며, 사무가 서로 겹치면 시·군 및 자치구
에서 먼저 처리한다(지자법 제14조 제 3 항). 이와 같이 사무의 경합이 있는 경우 기초지
방자치단체를 우선하는 것을 기초지방자치단체우선의 원칙 또는 현지성의 원칙이라

고도 한다. 이것은 기초지방자치단체의 기초를 튼튼히 하기 위한 것이다. 또한 새로이 나타나는 사무도 기초지방자치단체의 기초를 튼튼히 하기 위하여 기초지방자치단체의 사무로 추정되어야 한다. 이러한 원칙을 추정의 원칙이라 부른다. 기초지방자치단체우선의 원칙은 보충성의 원칙의 적용의 결과이다.[1]

Ⅲ. 지방자치법상 배분의 내용

1. 지방자치단체별 사무

지방자치법 제14조 제 1 항의 배분기준에 따른 지방자치단체의 종류별 사무는 대통령령으로 정한다(지자법 제14조 제 2 항). 구체적인 내용은 지방자치법 시행령에서 규정되고 있다.

2. 자치구의 사무에서 제외되는 사무

자치구의 자치권의 범위는 법령으로 정하는 바에 따라 시·군과 다르게 할 수 있다(지방자치법 제 2 조 제 2 항). 구체적인 내용은 지방자치법 시행령에서 규정되고 있다.

3. 인구 50만 이상 시에 의한 도의 사무처리

인구 50만 이상의 시에 대하여는 도가 처리하는 사무의 일부를 직접 처리하게 할 수 있다(지자법 제14조 제 1 항 제 2 호 단서). 구체적인 내용은 지방자치법 시행령에서 규정되고 있다.

Ⅳ. 사무의 이전

1. 입법에 의한 이전

(1) 의 의   입법자는 범지역적 사무·보완적 사무·균형화 사무가 아닌 사무인 기초지방자치단체의 사무를 광역지방자치단체의 사무로 이전할 수 있을 것인가의 여부가 문제된다. 기초지방자치단체에 의한 사무의 수행이 질서에 적합한 것으로 보장되지 아니하는 경우에는 이전을 허용하는 것도 가능할 것이다. 말하자면 입법자는 기초지방자치단체의 특정한 자치사무를 특별법으로 광역지방자치단체의 사무

---

1) 김영천, "한국에 있어서의 지방자치의 헌법적 기초," 지방자치법연구, 통권 제 4 호, 17쪽; 김기진, "제주특별자치도의 위헌성," 지방자치법연구, 통권 제19호, 166쪽.

로 규정할 수도 있다고 본다.

(2) 비례원칙 독일연방헌법재판소는 Rastede 판결에서[1] 사무의 이전과 관련하여 입법자에게 광범위한 형성의 자유를 인정하였다. 법원은 개별 지방자치단체의 이익상태에 주목하지 않았다. 법원은 행정력 및 균형화기능과 관련하여 광역지방자치단체인 크라이스가 전체로서 사무를 가장 최선으로 수행할 수 있는가의 문제에 대한 판결에서 비례원칙에 구속받았을 뿐이다. 생각건대 입법자는 기초지방자치단체의 특정한 자치사무를 특별법으로 광역지방자치단체의 사무로 규정할 수도 있을 것이다. 이 경우 입법자는 평가의 특권을 갖지만 비례원칙은 준수하여야 한다.

2. 신청에 의한 이전

입법례에 따라서는 기초지방자치단체가 광역지방자치단체에 사무를 위임하는 것도 가능하다.[2] 동법에 의하면, 그것은 기초지방자치단체의 신청과 광역지방자치단체의회(크라이스의회)의 3분의 2 이상의 찬성으로 결정한다. 동법상 기초지방자치단체의 회복(반환청구)가능성에 관해서는 명문적인 규정이 보이지 아니한다.

3. 권한 – 권한에 의한 이전

독일의 경우, 많은 란트에서는 광역지방자치단체(크라이스)의 지방의회가 해당 광역지방자치단체의 자치사무의 범위를 확정할 수 있는 권한을 갖는다.[3] 말하자면 광역지방자치단체의 의회가 기초지방자치단체의 어떠한 사무를 그 광역지방자치단체의 사무로 의결하면, 기초지방자치단체는 그 사무에 관한 권한을 잃게 된다. 이를 권한 – 권한에 의한 사무라 부른다.

---

1) BVerfGE 79, 127ff. 그리고 본서, 49쪽 각주 4) 참조.
2) 예: Mecklenburg-Vorpommern 지방자치법 제89조 제 3 항.
3) Meyer, Kommunalrecht, Landesrecht Mecklenburg-Vorpommern, Rn. 113. 광역지방자치단체의 의회에 의한 광역지방자치단체의 소위 권한-권한(Kompetenz-Kompetenz)의 사무를 모르는 란트도 있다(예: Mecklenburg-Vorpommern).

제 3 절   단체위임사무·기관위임사무 등

제 1 항   단체위임사무

I. 단체위임사무의 관념

1. 단체위임사무의 의의

(1) **개 념**   법률은 일정한 사무를 국가사무 또는 광역지방자치단체의 사무로 정한 후, 대통령령이나 부령 등이 정하는 바에 따라 그 사무를 광역지방자치단체나 기초지방자치단체에 위임하여 수행할 수 있음을 규정하기도 한다. 이러한 법령에 따라 광역지방자치단체나 기초지방자치단체가 처리하는 사무를 위임사무라고 한다. 위임사무는 후술하는 기관위임사무와 구분하여 단체위임사무라 불리기도 한다. 일반적으로 위임사무란 단체위임사무를 뜻한다. 단체위임사무는 실체적인 내용상 국가 또는 광역지방자치단체의 사무이다.

(2) **규정형식**   현행 지방자치법에서 위임사무는 「법령에 따라 지방자치단체에 속하는 사무(지자법 제13조 제1항 제2문)」, 「지방자치단체…가 위임받아 처리하는 국가사무(지자법 제185조 제1항)」 또는 「시·군 및 자치구 … 가 위임받아 처리하는 시·도사무(지자법 제185조 제2항)」로 표현되고 있다. 실제상 자치사무와 단체위임사무의 구분은 용이하지 않다. 단체위임사무의 예를 현재로서 찾아보기는 어렵다.[1]

(3) **문 제 점**   국가사무의 위임은 거의 모두가 후술하는 바의 기관위임이다.[2] 입법자가 단체위임이 아니라 기관위임을 선호하고 있는 것은 민주주의원칙에 비추어 다소 문제가 있다. 기관위임보다 단체위임이 민주주의의 원리에 보다 적합하

---

[1] 대판 2000. 9. 8, 99두2765.
[2] 독일에서는 위임사무가 계속 증가하는데, 오늘날 그것은 게마인데의 전체사무의 70% 내지 90%에 이른다고 한다. 이러한 위임사무의 괴도한 현상은 임의적인 자치사무의 수행을 어렵게 만든다는 비판이 가해지고 있다(G. Lissack, Bayerisches Kommunalrecht, S. 45). 이러한 비판은 우리의 기관위임사무에도 타당할 것이다.

다. 지방자치단체가 국가의 단체위임사무를 수행하는 한, 지방자치단체는 국가의 연장된 팔로서 활동하는 것이 된다.

2. 단체위임사무의 배경

단체위임사무는 국가나 광역지방자치단체의 경제(경비의 절약)를 위한 것이다.[1] 뿐만 아니라 단체위임사무는 효율성(지역사정에 정통한 자에 의한 지방행정)과 합목적성(시민근접행정) 등을 근거로 한다. 국가사무를 지방자치단체에 위임할 것인가의 여부는 지방자치단체의 규모와 경제를 고려하여 판단되어야 한다.

Ⅱ. 단체위임사무의 특징

1. 법적 근거

단체위임사무에서 수임지방자치단체는 수행의무만을 부담할 뿐이고 해당 사무에 대한 권한은 법률상 여전히 위임자인 국가나 광역지방자치단체에 있다.[2] 이 때문에 단체위임사무의 위임에는 개별 법령상의 법적 근거를 요한다.[3] 광역지방자치단체 사무의 단체위임의 가능성은 지방자치법 제117조 제 2 항에서 규정되고 있다.

2. 사무처리의 자율성

단체위임사무에 있어서 국가는 지방자치단체에 대하여 일정 사무를 부여함과 아울러 그 사무의 수행을 개별적이고도 전문적인 지시에 따라 행하도록 하는 권한을 유보해 둘 수도 있다(지시의 유보).

3. 사무처리의 명의인

단체위임사무는 수임지방자치단체가 국가나 광역지방자치단체의 감독하에 자신의 이름과 책임으로 수행하게 된다. 단체위임사무는 위임자인 국가의 이름으로 하는 것도 아니고, 국가의 대리인으로서 하는 것도 아니다. 수임지방자치단체 자신의 이름으로 한다. 소송상 피고적격도 수임지방자치단체의 장이 갖는다. 그러나 단체위임사무에 있어서 지방자치단체는 어느 범위만큼 국가관청 또는 광역지방자치

---

1) Seewald, Kommunalrecht, in: Steiner(Hrsg.), Besonderes Verwaltungsrecht, Rn. 108.
2) Seewald, Kommunalrecht, in: Steiner(Hrsg.), Besonderes Verwaltungsrecht, Rn. 108.
3) 서원우, 현대행정법론(상), 1980, 233쪽.

단체의 기능을 수행하는 것임을 부인할 수는 없다. 단체위임사무는 성질상 국가 또는 상급지방자치단체의 사무이다.[1]

4. 비용부담과 손해배상

(1) 비용부담　위임되는 사무의 수행에 비용이 소요된다면, 사무의 위임에는 반드시 비용부담이 따라야 한다. 아니면 사후에 반드시 비용이 보상되어야 한다. 말하자면 국가사무나 지방자치단체사무를 위임할 때에는 이를 위임한 국가나 지방자치단체에서 그 경비를 부담하여야 한다(지자법 제158조 단서).[2]

(2) 손해배상책임　단체위임사무의 수행과 관련하여 불법행위가 발생한 경우, 지방자치단체는 국가배상법 제 6 조가 정하는 바에 따라 비용부담자로서 배상책임을 부담한다. 국가 또는 광역지방자치단체는 사무의 귀속주체로서 국가배상법 제 2 조가 정하는 바에 따라 배상책임을 부담한다. 왜냐하면 단체위임사무도 기관위임사무와 마찬가지로 사무의 귀속주체는 위임자인 국가 또는 광역지방자치단체이기 때문이다.

(3) 사무위임에 따른 과태료 등 수입의 귀속　지방자치단체가 국가나 다른 지방자치단체의 위임사무에 대하여 법령에서 정하는 바에 따라 과태료 또는 과징금을 부과·징수한 경우 그 수입은 사무위임을 받은 지방자치단체의 수입으로 한다. 다만, 다른 법령에 특별한 규정이 있거나 「비송사건절차법」에서 정하는 바에 따라 부과·징수한 과태료의 경우에는 그러하지 아니하다(지정법 제32조).

5. 지방의회의 관여와 조례

(1) 지방의회의 관여　지방의회는 단체위임사무에 관여한다. 말하자면 자치사무와 마찬가지로 단체위임사무와 관련하여서도 행정사무감사 및 조사(지자법 제49조

---

1) Pagenkopf, Kommunalrecht, Bd. 1, S. 172.
2) 단체위임사무나 기관위임사무의 수행에 소요되는 경비는 ① 용도지정이 없는 국고지원, ② 용도가 정해진 국고지원, ③ 위임사무의 수행에 따른 수수료수입, ④ 지방자치단체 자체의 재원으로 충당될 수 있으나, ④는 건전한 지방재정의 요청에 비추어 정당하지 않다. 한편, 국고지원이 실제소요비용과 관계없이 오로지 주민의 수에 따라 배분된다면, 지방자치단체는 지원을 받은 비용으로 감당할 수 있는 범위의 사무만을 수행하게 될 것이다. 이것은 단체위임사무 또는 기관위임사무의 수행이 형식적인 것이 되든지, 아니면 지방자치단체 자체의 재원부담으로 인하여 지방자치단체의 재정에 악영향을 미치는 것을 의미한다. 여기서 단체위임사무 및 기관위임사무에 대한 지방자치단체의 비용부담의 여부 및 한계가 문제된다. 원칙적으로 말한다면 사무의 주체와 비용부담의 주체는 동일하여야 한다. 지방자치단체가 단체위임사무와 기관위임사무에 대한 경비를 전부 또는 일부 부담하기 위해서는 합리적인 사유가 있어야 한다. 지방자치단체의 과도한 부담은 지방자치제의 보장에 대한 침해가 될 것이다.

제 1 항), 지방자치단체의 장 또는 관계 공무원의 출석요구(지자법 제51조 제 2 항) 등이
적용된다. 왜냐하면 단체위임사무는 자치사무가 아니지만 역시 해당 지방자치단체
의 사무이기 때문이다.

(2) **단체위임사무와 조례**   단체위임사무는 위임자의 사무이지 수임지방자치단
체의 사무는 아니므로 단체위임사무는 성질상 수임지방자치단체의 자치사무에 대한
입법형식인 조례의 규정사항이 아니라고 볼 것이다. 그러나 적합한 실정법형식이 현
재로서 없다.1) 뿐만 아니라 현행 지방자치법 제28조는 자치사무인가 또는 위임사무
인가를 구분함이 없이 지방자치단체의 사무에 관하여 조례를 제정할 수 있다고 규정
하기 때문에, 단체위임사무에 대해서도 조례가 활용될 수밖에 없다고 본다.

6. 감 독

(1) **의 의**   단체위임사무에 대해서는 국가나 광역지방자치단체가 광범위한
감독권을 갖는다(지자법 제185조, 제188조). 단체위임사무는 실체적인 내용상 국가(또는
광역지방자치단체)의 사무이므로 국가(또는 광역지방자치단체)는 광역지방자치단체(또는 기초
지방자치단체)에 지시권을 갖는다. 물론 입법자는 이러한 지시권을 사무영역에 따라
축소 또는 배제할 수도 있다. 지시권으로 인해 단체위임사무에 있어서 국가는 광역
지방자치단체에, 광역지방자치단체는 기초지방자치단체에 대하여 합목적성의 통제
까지 행할 수 있다(지자법 제185조 제 1 항·제 2 항, 제188조 제 1 항).2) 이때 국가나 광역지
방자치단체의 합목적성의 통제에 대해 수임지방자치단체는 다툴 수 없다. 왜냐하
면 내용상의 지도는 원래 국가 또는 위임지방자치단체의 사무영역에 속하는 것이
지, 지방자치단체의 이해와 직결된 것이 아니기 때문이다.3)

(2) **감 독 청**   지방자치단체나 그 장이 위임받아 처리하는 국가사무에 관하여
시·도에서는 주무부장관의, 시·군 및 자치구에서는 1차로 시·도지사의, 2차로 주
무부장관의 지도·감독을 받는다(지자법 제185조 제 1 항). 시·군 및 자치구나 그 장이
위임받아 처리하는 시·도의 사무에 관하여는 시·도지사의 지도·감독을 받는다(지

---

1) 독일에서는 지방자치단체가 법령에 근거하여 위임사무의 영역에서 법규명령(Rechtsverordnung)
을 발령하는 경우가 있는데, 이것은 주로 안전과 질서영역에서 이루어진다. 물론 이러한 경우, 지방
자치단체는 국가의 지시에 구속된다. 한편, 위임사무를 규율하기 위해 자치입법(Satzung)이 발령된
경우도 있는데, 그것은 모두 오래 전에 제정된 것이라 한다(Lissack, Bayerisches Kommunalrecht,
S. 76). 하여간 조례는 원칙적으로 자치사무를 내용으로 하지만, 법률의 수권이 있으면 위임사무도 조
례의 규율대상이 될 수 있다고 한다(Hegele/Ewert, Kommunalrecht, S. 33; Schmidt-Aßmann/Röhl,
Kommunalrecht, in: Schmidt-Aßmann(Hrsg.), Besonderes Verwaltungsrecht, Rn. 95).

2) Seewald, Kommunalrecht, in: Steiner(Hrsg.), Besonderes Verwaltungsrecht, Rn. 108.

3) Schmidt-Jortzig, Kommunalrecht, S. 188.

자법 제185조 제 2 항).

(3) 감독처분   감독처분의 법적 성질에 관하여서는 견해가 나뉜다. 1설은 단체위임사무의 영역에서 감독처분은 여전히 행정행위로 본다. 왜냐하면 지방자치단체는 독립된 사단으로서 외부법에 속하는 권리의무의 고유한 주체이기 때문이라는 것이다.[1] 독일의 지배적 견해는 행정행위가 아닌 것으로 본다. 즉 수임지방자치단체는 국가사무를 수행하는 것이며, 국가관청의 지위에서 행위하는 것이므로 감독청과의 관계에서 수임지방자치단체는 상하관계에 놓이는바, 감독청의 지시는 내부효적인 것으로서 직접적인 외부효가 없고, 따라서 수임지방자치단체는 고유한 권리의 침해가 없기 때문이라는 것이다. 이 견해가 타당하다고 본다. 그러나 개별경우에 예외적으로 법률에 근거하여 외부효를 갖고, 지방자치단체의 사무와 관련하여 법적으로 보호되는 지방자치단체의 영역이 침해된다면, 소송도 가능할 것이다.[2]

III. 위임에서 배제되는 국가사무[3]

1. 국가사무의 범위

헌법은 주민의 복리에 관한 사무를 지방자치단체의 사무로 규정하고 있는데 이것은 「주민의 복리사무 이외의 사무」가 국가사무임을 전제로 한 것으로 볼 수 있다. 전체로서 국가의 모든 구성원의 요청을 보장하고 국가의 문화의 발전과 경제를 보장하는 것은 국가의 임무의 본질에 해당한다. 따라서 국토를 방위하고, 국가를 대표하고, 대외무역(관세제도 포함)을 보장하는 것, 문화의 영역에서 한 지역을 능가하는 의미를 갖는 대학이나 전 국가 내에 보편적이어야 하는 학교제도의 일반원리는 당연히 국가의 임무일 수밖에 없다.

2. 지방자치단체에 의한 처리가 제한되는 국가사무

국가의 사무라고 해서 반드시 국가기관에 의해 수행되어야 하는 것은 아니다. 그것은 다른 기관(주로 지방자치단체)에 위임하여 수행될 수도 있다. 그러나 국가사무 중 보다 기본적인 것, 전국적인 것, 광역적인 것 등은 반드시 국가가 수행하는 것이 국가의 존재목적에 부합한다. 이러한 논거에 따라 지방자치법은 다른 법률에 특

---

1) Schröder, JuS 1986, 371, 375.

2) BVerwG, NVwZ 1995, 910.

3) [관련논문] 김성호, "중앙-지방자치단체간 헌법상 사무배분 비교 연구," 지방자치법연구, 통권 제
   26호, 제93쪽 이하.

별한 규정이 없는 한, 지방자치단체가 다음의 국가사무를 처리할 수 없도록 규정하
고 있다(지자법 제15조).

1. 외교, 국방, 사법, 국세 등 국가의 존립에 필요한 사무
2. 물가정책, 금융정책, 수출입정책 등 전국적으로 통일적 처리를 할 필요가 있는 사무
3. 농산물·임산물·축산물·수산물 및 양곡의 수급조절과 수출입 등 전국적 규
   모의 사무
4. 국가종합경제개발계획, 국가하천, 국유림, 국토종합개발계획, 지정항만, 고
   속국도·일반국도, 국립공원 등 전국적 규모나 이와 비슷한 규모의 사무
5. 근로기준, 측량단위 등 전국적으로 기준을 통일하고 조정하여야 할 필요가
   있는 사무
6. 우편, 철도 등 전국적 규모나 이와 비슷한 규모의 사무
7. 고도의 기술을 요하는 검사·시험·연구, 항공관리, 기상행정, 원자력개발
   등 지방자치단체의 기술과 재정능력으로 감당하기 어려운 사무

제 2 항   기관위임사무

Ⅰ. 기관위임사무의 관념

1. 기관위임사무의 의의

(1) 개 념   자치사무와 (단체)위임사무 외에 공적 임무수행의 한 형태로 기관
위임사무가 있다. 법률은 일정한 사무를 국가사무 또는 광역지방자치단체의 사무
로 정한 후, 대통령령이나 부령 등이 정하는 바에 따라 그 사무를 광역지방자치단
체의 장이나 기초지방자치단체의 장에 위임하여 수행할 수 있음을 규정하기도 한
다. 이러한 법령에 따라 광역지방자치단체의 장이나 기초지방자치단체의 장이 처
리하는 사무를 위임사무라 한다. 용례상 기관위임이란 국가 또는 광역지방자치단
체의 사무가 광역지방자치단체 또는 기초지방자치단체가 아니라 광역지방자치단체
또는 기초지방자치단체의 기관에 위임되는 것을 말한다. 기관위임은 사무가 지방
자치단체로 위임되는 것이 아니다.[1] 기관위임사무의 수행에 있어서 수임기관은 그
가 소속하는 지방자치단체와는 관련이 없이, 국가행정조직 또는 위임지방자치단체

---

[1] Tettinger/Erbguth/Mann, Besonderes Verwaltungsrecht, Rn. 211.

의 조직의 한 부분으로 간주되며,[1] 따라서 국가관청 또는 위임지방자치단체의 감
독하에 놓일 뿐이다.[2] 요컨대, 기관위임사무는 수임기관이 속한 지방자치단체의
사무가 아니라 위임자의 사무이다.[3] 기관위임에서 수임기관은 확장된 국가의 팔로
이해된다.

(2) 규정형식		지방자치법에서 기관위임사무는 「지방자치단체…장이 위임받
아 처리하는 국가사무(지자법 제185조 제 1 항)」 또는 「시·군 및 자치구…장이 위임받아
처리하는 사무(지자법 제185조 제 2 항)」로 표현되고 있다. 단체위임사무와 달리 기관위
임사무는 많이 볼 수 있다(예: 공직선거법에 따른 국회의원선거준비사무).

2. 기관위임사무의 성격과 문제점

(1) 성 격		기관위임사무는 사무구분의 이원론을 바탕으로 하며 일원론과는
거리가 멀다.[4] 현재 우리나라에서 이루어지고 있는 지방차원에로의 국가사무의 위
임은 거의 모두가 기관위임이다.

(2) 문 제 점		기관위임사무는 지방자치의 본래의 취지와는 거리가 먼 것인
바, 여러 가지의 문제점이 지적되고 있다.[5] 기관위임사무가 많다는 것은 자치사무
의 효율적인 시행에 부정적인 영향을 미칠 수 있다. 따라서 기관위임사무는 가능한
한 지방자치단체의 사무로 이양하든지 아니면 위임주체가 위임을 철회하는 것이
필요하다.[6] 이를 위해 국가는 계속적으로 위임사무의 위임의 적격 여부에 관해 판
단하는 제도를 확보하여야 할 것이다.

---

1) Seewald, Kommunalrecht, in: Steiner(Hrsg.), Besonderes Verwaltungsrecht, Rn. 117.
2) T.I. Schmidt, Kommunalrecht, 2. Aufl., §7, Rn. 239; Seewald, Kommunalrecht, in: Steiner(Hrsg.),
   Besonderes Verwaltungsrecht, Rn. 117; Wolff/Bachof/Stober, Verwaltungsrecht II(5. Aufl.), §
   86, Rn. 197.
3) 대판 1966. 1. 25, 65다2257.
4) 사무구분의 이원론과 일원론에 관해 본서, 425쪽 이하 참조.
5) 행정학의 관점에서 ① 지방자치단체를 국가의 하급기관으로 전락시킨다. ② 지방자치단체의 광범
   하고도 강력한 통제의 중요한 통로가 된다. ③ 국가와 지방자치단체 사이의 행정적 책임의 소재를
   불분명하게 한다. ④ 민중통제의 배제를 가져온다. ⑤ 지방적 특수성과 배분적 형평이 희생된다는
   등의 문제점이 지적되기도 하고(최창호, 지방자치학, 260쪽), 행정법학의 관점에서 위임행정이 ① 행
   정조직법정주의를 허물고 있다. ② 권한과 책임의 분리를 가져온다. ③ 수임자는 고유사무만큼 책임
   을 느끼지 않는다. ④ 법상의 권한자와 실제상의 권한행사자의 분리에서 행정적 혼란이 온다는 등의
   지적이 가해지기도 한다(김도창, 일반행정법론(하), 84쪽).
6) 김영천, "한국에 있어서의 지방자치의 헌법적 기초," 지방자치법연구, 통권 제 4 호, 20쪽.

II. 기관위임사무의 특징

1. 법적 근거

(1) **필 요 성**   기관위임사무에서 수임청은 수행의무만을 질 뿐이고, 당해 사무에 대한 권한은 법률상 여전히 위임자인 국가나 광역지방자치단체에 있다. 이 때문에 기관위임사무의 위임에는 법적 근거를 요한다.

(2) **지방자치법 제115조의 의의**   기관위임사무의 일반법적 근거로 지방자치법 제115조(시·도와 시·군 및 자치구에서 시행하는 국가사무는 시·도지사와 시장·군수 및 자치구의 구청장에게 위임하여 수행하는 것을 원칙으로 한다. 다만, 법령에 다른 규정이 있는 경우에는 그러하지 아니하다)를 두고 있다. 지방자치법 제115조는 일반적인 규정이라 할 것이므로,1) 개별 법률의 근거가 없어도 시·도와 시·군 및 자치구에서 시행하는 국가사무는 법령에 다른 규정이 없는 한, 시·도지사와 시장·군수 및 자치구의 구청장에게 위임하여 행한다고 볼 것이다. 물론 개별 법률상의 근거규정이 있으면, 그에 따라야 한다. 광역지방자치단체 사무의 기관위임의 가능성은 지방자치법 제117조 제 1 항에서 규정되고 있다.

(3) **정부조직법 제 6 조 제 1 항**   정부조직법 제 6 조 제 1 항도 "행정기관은 법령으로 정하는 바에 따라 그 소관사무의 일부를 …지방자치단체 또는 그 기관에 위탁 또는 위임할 수 있다. 이 경우 위임 또는 위탁을 받은 기관은 특히 필요한 경우에는 법령으로 정하는 바에 따라 위임 또는 위탁을 받은 사무의 일부를 보조기관 또는 하급행정기관에 재위임할 수 있다"고 하여 국가사무의 기관위임의 일반적 근거를 마련하고 있다.

2. 사무처리의 자율성

기관위임사무에 있어서 위임자는 수임청에 대하여 일정 사무를 부여함과 아울러 그 사무의 수행을 개별적이고도 전문적인 지시에 따라 행하도록 하는 권한을 유보해 둘 수도 있다(지시의 유보).

---

1) 김남진, 행정법 II, 100쪽. 한편, 지방자치법 제103조를 근거조항으로 보는 견해도 있다(류지태·박종수, 행정법신론, 901쪽).

3. 사무수행의 명의인

기관위임사무는 위임자인 국가나 광역지방자치단체의 감독하에 수임자 자신의 이름과 책임으로 수행하게 된다. 말하자면 기관위임사무는 위임자인 국가의 이름으로 하는 것도 아니고, 국가의 대리인으로서 하는 것도 아니다. 그것은 수임청 자신의 이름으로 한다. 소송상 피고적격도 수임자가 갖는다.[1]

4. 비용부담과 손해배상

(1) 비용부담　　위임되는 사무의 수행에 비용이 소요된다면, 사무의 위임에는 반드시 비용부담이 따라야 한다. 아니면 사후에 반드시 비용이 보상되어야 한다. 국가사무 또는 지방자치단체사무를 위임하는 때에는 사무를 위임한 국가나 지방자치단체에서 그 경비를 부담하여야 한다(지자법 제158조 단서).

(2) 손해배상책임　　기관위임사무의 수행과 관련하여 직무상 불법행위가 발생한 경우, 위임자가 국가배상법상 책임을 져야 한다.[2] 수임자가 속한 지방자치단체는 비용부담자로서 배상책임자가 될 수 있다.[3]

5. 지방의회의 관여와 조례

(1) 지방의회의 관여의 배제　　기관위임사무에 대하여 지방의회의 관여는[4] 배제된다. 왜냐하면 기관위임사무는 지방자치단체의 사무가 아니기 때문이다.[5] 그렇다고 기관위임사무에 대한 지방의회의 관여가 완전히 배제되어야 한다고 보기는 어렵다. 생각건대 지방자치단체의 장은 기관위임사무의 수행과 관련하여 지방의회에 적어도 보고하는 제도의 도입이 필요하다. 왜냐하면 기관위임사무의 수행에 있어서도 지방자치단체의 인적·물적 수단이 활용되는데, 이러한 수단은 상당한 부분이 예산의 형식으로 지방의회의 관여하에 확정되기 때문이다.[6] 물론 지방의회가 기관위임사무

---

1) 대판 2007. 8. 23, 2005두3776.
2) Schmidt-Jortzig, Kommunalrecht, S. 187; 대판 1996. 11. 8, 96다21331(지방자치단체장 간의 기관위임의 경우에 위임받은 하위 지방자치단체장은 상위 지방자치단체 산하 행정기관의 지위에서 그 사무를 처리하는 것이므로 사무귀속의 주체가 달라진다고 할 수 없고, 따라서 하위 지방자치단체장을 보조하는 하위 지방자치단체 소속 공무원이 위임사무처리에 있어 고의 또는 과실로 타인에게 손해를 가하였더라도 상위 지방자치단체는 여전히 그 사무귀속 주체로서 손해배상책임을 진다).
3) 대판 1994. 12. 9, 94다3887.
4) Seewald, Kommunalrecht, in: Steiner(Hrsg.), Besonderes Verwaltungsrecht, Rn. 117.
5) 대판 1999. 9. 17, 99추30,
6) H. Meyer, Kommunalrecht, Rn. 105.

에 대하여 입장표명을 하였다면 그것은 정치적인 성격을 갖는데 불과하다고 볼 것이다. 한편, 기관위임사무 중에서 지방자치단체의 장의 재량에 놓이는 사무에 관해서 지방자치단체의 장이 지방의회에 조언을 구하는 것은 문제되지 아니한다. 그리고 기속적인 사무의 경우에도 그 처리상황을 보고하는 것은 필요하다고 본다.

(2) **기관위임사무의 감사**　지방자치법 제49조 제3항은 "지방자치단체 및 그 장이 위임받아 처리하는 국가사무와 시 · 도의 사무에 대하여 국회와 시 · 도의회가 직접 감사하기로 한 사무 외에는 그 감사를 각각 해당 시 · 도의회와 시 · 군 및 자치구의회가 할 수 있다. 이 경우 국회와 시 · 도의회는 그 감사결과에 대하여 그 지방의회에 필요한 자료를 요구할 수 있다"고 하여 기관위임사무에 대한 감사가능성을 규정하고 있다. 이러한 범위 안에서 지방의회는 기관위임사무에 관여한다.

(3) **기관위임사무와 조례**　기관위임사무는 본래 위임자의 사무이지 수임청이 속한 지방자치단체의 사무는 아니다. 따라서 수임청이 속하는 지방자치단체의 자치사무에 대하여 수임청이 발하는 입법형식인 규칙으로 기관위임사무를 규정하는 것은 성질상 적절하지 않다. 그러나 적합한 실정법형식이 현재로서는 없다. 뿐만 아니라 현행 지방자치법 제29조는 자치사무 · 단체위임사무 · 기관위임사무의 구별 없이 지방자치단체의 장은 법령 또는 조례가 위임한 범위 안에서 그 권한에 속하는 사무에 대하여 규칙을 제정할 수 있다고 규정하고 있기 때문에, 기관위임사무에 대하여 규칙이 활용될 수밖에 없다.[1] 만약 법령이 기관위임사무를 조례로 정하도록 규정한다면, 바람직한 것은 아니지만 조례로 규정할 수밖에 없을 것이다.[2]

6. 감 독

(1) **의 의**　기관위임사무에 대하여 국가나 광역지방자치단체가 광범위한 감독권을 갖는다(지자법 제185조, 제188조). 기관위임사무는 실체적인 내용상 국가 또는 광역지방자치단체의 사무이다. 따라서 사무수행과 관련하여 국가나 광역지방자치단체 수임청에 대하여 지시권을 갖는다. 입법자는 이러한 지시권을 사무영역에 따라 축소 또는 배제할 수도 있다. 지시권으로 인해 기관위임사무에 있어서 국가나 광역지방자치단체는 수임청에 대하여 합목적성의 통제까지 할 수 있다(지자법 제185조 제1항 · 제2항, 제188조 제1항).[3] 국가나 광역지방자치단체의 합목적성의 통제에 대해 수임청

1) 대판 2000. 5. 30, 99추85; 대판 1992. 9. 17, 99추30.
2) 대판 1999. 9. 17, 99추30; 대판 2000. 11. 24, 2000추29.
3) Seewald, Kommunalrecht, in: Steiner(Hrsg.), Besonderes Verwaltungsrecht, Rn. 108.

은 다툴 수 없다. 왜냐하면 내용상의 지도는 원래 국가 또는 광역지방자치단체의 사무영역에 속하는 것이지, 수임청의 이해와 직결된 것이 아니기 때문이다.

(2) 감 독 청   지방자치단체나 그 장이 위임받아 처리하는 국가사무에 관하여 시·도에서는 주무부장관의, 시·군 및 자치구에서는 1차로 시·도지사의, 2차로 주무부장관의 지도·감독을 받는다(지자법 제185조 제 1 항). 시·군 및 자치구나 그 장이 위임받아 처리하는 시·도의 사무에 관하여는 시·도지사의 지도·감독을 받는다(지자법 제185조 제 2 항).

(3) 감독처분   기관위임사무에 대한 감독처분은 행정행위가 아니다. 수임청은 감독처분에 대해 소송을 제기할 수 없다(지자법 제188조 제 5 항 참조). 왜냐하면 수임청은 위임자의 지위에서 위임자(국가사무 또는 광역지방자치단체)의 사무를 수행하는 것으로서, 감독청인 위임자와의 관계에서 상하관계에 놓이고, 감독청의 지시는 내부효만을 가질 뿐 직접적인 외부효를 갖지 않고, 따라서 수임자의 고유한 권리는 침해되는 바가 없기 때문이다. 그러나 개별 경우에 예외적으로 법률에 근거하여 외부효를 갖고, 지방자치단체의 사무와 관련하여 법적으로 보호되는 지방자치단체의 장의 권리가 침해된다면, 소송도 가능할 것이다.

7. 기관위임사무에 대한 비판론과 유용론

(1) 폐 지 론   기관위임사무는 표에서[1] 보는 바와 같이 여러 가지의 문제점을 가지므로 폐지되어야 한다는 주장이 있어 왔다.[2] 폐지론은 기관위임 제도 자체의 근본적인 결함의 문제보다는 제도가 의도하는 중앙집권적 발상이나 중앙정부에 의하여 기관위임의 법리가 편의적으로 남용되어 옴으로써, 결과적으로 우리나라의 지방자치의 발전을 저해하고 중앙집권적 구조를 심화시켜 온 점에 대한 문제의식에서 비롯된 것이라는 지적도 있다.[3] 일본에서 기관위임사무를 폐지하고 법정수탁사무의 개념을 도입한 것도 기관위임사무에 대한 비판적 시각을 수용한 것으로 보인다.[4]

(2) 존치론(유용론)   기관위임사무는 행정의 경제성과 효율성의 제고에 기여하

---

1) 최봉석, "기관위임사무의 정체성과 그 폐지론에 관한 소고," 지방자치법연구, 통권 제 6 호, 195쪽.
2) 문상덕, "지방자치단체의 사무구분체계," 지방자치법연구, 통권 제 8 호, 390쪽; 조성규, "지방분권특별법안의 검토," 지방자치법연구, 통권 제 6 호, 252쪽; 조성규, "행정구역개편을 통한 통합형 지방자치단체의 사무개편을 위한 법적 과제," 지방자치법연구, 통권 제25호, 13쪽.
3) 문상덕, "지방자치단체의 사무구분체계," 지방자치법연구, 통권 제 8 호, 389쪽.
4) 일본의 법정수탁사무에 관해 문상덕, "일본의 지방자치사무의 일유형으로서의 「법정수탁사무제도」에 관한 고찰," 지방자치법연구, 통권 제 6 호, 205쪽 이하 참조.

고, 행정의 탄력성과 지역친화성을 활용할 수 있게 하고, 국가행정과 지방행정을 연계시켜 주며, 지역적 협력을 담보하는 유용성 내지는 순기능도 갖는바, 기관위임사무의 폐기만이 능사가 아니라는 주장도[1] 있다.

기관위임사무의 유해성 – 역기능	
유해성의 범주	유해성의 내용
법치국가적 범주	• 행정조직법정주의의 파기 • 권한과 책임의 분리로 인한 책임소재의 불분명성 • 법적 권한자와 실제 권한행사자의 분리로 인한 행정적 혼란 • 지방자치단체에 대한 국가의 과도적 관여 • 중앙행정부처와 자치단체장의 대립
민주주의적 범주 (자치권)	• 지방의 중앙에 대한 예속화 초래 • 지방자치단체의 재정건전성 취약화 • 지방행정의 자립성 저해 • 지방의회의 관여와 주민참여의 제한
행정실무영역	• 기관위임사무의 이상비대화 • 수임자의 책임감 취약 • 지방자치행정의 과도한 업무부담 • 지방자치행정의 자기개발과 발전의 저해 • 지방적 특수성 배제와 사무배분의 형평성 취약

(3) 권한이양 지방자치분권 및 지방행정체제 개편에 관한 특별법은 "국가는 제 9조에 따른 사무배분의 원칙에 따라 그 권한 및 사무를 적극적으로 지방자치단체에 이양하여야 하며, 그 과정에서 국가사무 또는 시·도의 사무로서 시·도 또는 시·군·구의 장에게 위임된 사무는 원칙적으로 폐지하고 자치사무와 국가사무로 이분화하여야 한다(동법 제11조 제 1 항)"고 하여 위임사무의 폐지를 지향하고 있다.

(4) 사 견 폐지론이 보다 설득력이 있다고 본다. 문제는 지방자치단체가 수행하고 있는 모든 기관위임사무를 자치사무로 전환하는 것은 현실적으로 용이한 일이 아니라는 것이다. 상당한 기간이 소요된다. 기관위임사무를 자치사무로 전환한다고 하여도 일부 사무에 대해서는 전통적인 개념의 자치사무에 비하여 다소 강한 국가의 통제가 필요한 경우도 있을 것이다. 그러나 그러한 국가의 통제도 기관위임사무에 대하여 가해질 수 있는 통제보다는 약한 것이어야 한다.

---

1) 최봉석, "기관위임사무의 정체성과 그 폐지론에 관한 소고," 지방자치법연구, 통권 제 6 호, 195쪽 이하.

제 3 항 공동사무

Ⅰ. 의 의

1. 개 념

(1) 의 의   행정실제상 국가와 지방자치단체는 여러 사무를 공동으로 수행하기도 하는데, 이러한 사무를 공동사무라 부른다.[1] 이러한 공동사무를 국가와 지방자치단체의 콘도미니엄이라 부르기도 한다.[2]

(2) 특 징   국가와 지방자치단체간의 공동사무는 국가의 협력이 필요한 경우 내지 양자가 공동으로 이해를 가지는 경우에 나타난다. 이러한 사무는 주로 공간계획과 지방자치단체에 대한 국가의 재정지원 분야에서 나타난다. 공동사무는 경제기반이나 전체 경제의 이해에 기여한다(예: 국토계획, 지역경제구조의 개선, 농업구조의 개선, 병원제도, 도시미화 등). 공동사무는 지역성을 갖기 때문에 자치사무와 국가사무의 중간에 위치한다고 말할 수도 있다. 논자에 따라서는 공동사무가 자치사무의 성격과 국가사무의 성격을 모두 갖는 사무라고도 한다.[3]

(3) 공통사무와 개념상 구분   개념상 공동사무(共同事務)와 공통사무(共通事務)는 구별할 필요가 있다. 공동사무란 국가와 지방자치단체 또는 광역지방자치단체와 기초지방자치단체가 공동으로 의견을 모아 처리하는 사무를 말하지만, 공통사무는 국가나 지방자치단체가 각각 독자적으로 수행하지만 그 사무의 내용이 같은 사무를 말하는데(예: 국가의 국립경기장, 지방자치단체의 도립·군립경기장).[4] 지방자치법 제14조 제1항 단서도 이러한 사무에 대하여 공통된 사무라는 개념을 사용하고 있다.

2. 문 제 점

공동사무의 수행에 있어서 지방자치단체의 재정상 국가에의 의존과 공동사무에 대한 헌법상 근거의 유무와 관련하여 공동사무의 개념에 대하여 의문이 제기되기도 한다.

---

1) 김남진·김연태, 행정법 Ⅱ, 118쪽; Seewald, Kommunalrecht, in: Steiner(Hrsg.), Besonderes Verwaltungsrecht, Rn. 115; Stober, Kommunalrecht, S. 38.

2) Tettinger/Erbguth/Mann, Besonderes Verwaltungsrecht, Rn. 214.

3) Schmidt, Kommunalrecht, §7, Rn. 243.

4) 같은 시각으로 김남철, "국가와 지방자치단체 간의 공동사무," 지방자치법연구, 통권 제54호, 100쪽.

Ⅱ. 인정가능성[1]

1. 부정적 견해

공동사무는 자치행정에 대한 국가의 침해이거나, 아니면 국가행정에 대한 지방자치단체의 협력일 뿐이라는 이유에서 자치행정 외부에서 고유한 영역으로서 콘도미니엄을 인정하는 것은 지지하기 어렵다는 견해도 있다.

2. 사 견

사실 지방자치단체에 대한 어떠한 침해나 협력도 헌법 제117조 제 1 항의 범위 내에 들어와야 한다는 점, 공동사무의 적용분야를 분명히 구획하는 것도 어렵다는 점, 공동사무의 개념에는 법적 · 정치적 책임이 혼재하게 된다는 점, 뿐만 아니라 공동사무에서 공동이 아니라 일방이 사무주체이고 타방은 협조자가 아닌가의 문제가 있다는 점 등을 고려할 때, 공동사무의 개념을 인정하기에는 어려움이 따른다. 이러한 사유로 인해 국가와 지방자치단체의 관계에서 이러한 공동사무를 지방자치단체의 새로운 유형의 사무영역으로 볼 것인가는 앞으로 검토를 요한다.

3. 새로운 유형

공동사무 외에 새로운 사무목록으로 국가와 지방자치단체의 프로젝트관련 협력사업(projektbezogenes Zusammenwirken)을 생각할 수 있다(예: 교황방문, 축구월드컵, 올림픽).[2] 이러한 사무는 권한의 문제와 직접 관련이 없는 것으로서 지방자치단체의 새로운 유형의 사무영역으로 볼 것인가의 여부도 검토를 요한다.

---

1) [관련논문] 김원중, "지방자치상 공동사무의 인정여부에 관한 검토," 지방자치법연구, 통권 제43호, 389쪽 이하.

2) Seewald, Kommunalrecht, in: Steiner(Hrsg.), Besonderes Verwaltungsrecht, Rn. 116.

제 5 장

지방자치단체의
재정 · 경제

제 1 절   재정의 기본원칙[1]

제 1 항   재정고권과 재정보장

I. 재정고권

1. 재정고권의 의의

지방자치단체의 자치행정의 제도보장의 구성부분인 재정고권이란 법이 정한 일정한 예산제도에 따라 지방자치단체가 자기책임으로 세입과 세출을 유지해 나아가는 권능을 말한다.[2] 재정고권은 수입고권·지출고권·재정행정고권·예산고권 등을 포함한다. 수입고권은 공과고권·수익고권 등을 포함한다.[3] 재정고권은 지역고권·인적고권·자치입법권 등과 함께 포기될 수 없는 지방자치단체의 자치권의 핵심영역이다.[4]

2. 재정고권의 헌법적 근거

헌법 제117조 제1항은 "지방자치단체는 주민의 복리에 관한 사무를 처리하고 재산을 관리하며, 법령의 범위 안에서 자치에 관한 규정을 제정할 수 있다"고 하여 지방자치단체가 재산을 관리할 수 있음을 명시적으로 규정하고 있다. 지방자치단체가 재산을 관리할 수 있다는 것은 지방자치단체가 수입과 지출을 자기책임으로 운영할 수 있음을 의미한다. 여기에서 재정고권의 헌법적 근거가 나온다.

---

1) 조진우, "인구감소시대 도래에 따른 지방재정의 법적 과제," 지방자치법연구, 통권 제67호, 3쪽 이하.
2) BVerfGE 26, 228, 244.
3) Erichsen, Kommunalrecht, S. 164.
4) Zimmermann, Das System der kommunalen Einnahmen und die Finanzierung der kommunalen Aufgaben in der Bundesrepublik Deutschland, S. 37.

Ⅱ. 재정보장

1. 최소한의 재정보장

헌법은 지방자치단체의 재정의 보장에 관해 명시적인 규정을 두고 있지 않다. 원칙적으로 인정되는 입법자의 넓은 형성영역을 고려하더라도, 불충분한 재정확보로 인하여 임의적인 자치행정사무의 수행이 불가능하다면, 그것은 재정확보수단의 부족을 의미한다. 특히 의무적인 사무와 재정확보 사이에 명백한 불균형이 있다면, 그것은 지방자치행정의 핵심영역의 침해를 뜻한다. 자신의 가능한 노력에도 불구하고 재정상황이 참담하다면, 절대적으로 보호를 받아야 하는 핵심영역에 대한 침해가 진행중임을 의미한다. 헌법에서 재정보장에 관해 규정하는 입법례도 있다.[1)]

2. 최소한의 판단기준

최소한의 재정확보의 보장은 지방자치단체에게 특정한 상태의 재정수단을 보장하는 것을 의미하는 것은 아니다. 국가사무와 지방자치단체의 사무가 동등하게 중요하므로, 지방자치단체의 재정확보의 상당성은 국가와 지방자치단체의 모든 사무 및 처분이 가능한 모든 재정수단을 종합적으로 고려하여 판단되어야 한다. 상당한 재정확보가 보장되고 있는가의 문제는 임의적 자치행정사무 수행가능성에 대한 검토를 통해 답해질 수 있다. 이와 관련하여 (전체로서 절약하는 예산임을 전제로 하고) 처

---

1) 독일은 1994년 기본법 제28조 제 2 항 제 3 문[독일 기본법 제28조 제 2 항 제 3 문(자치행정의 보장은 재정상 고유행정의 기초를 포함한다. 게마인데가 세율을 결정할 수 있는 권한을 갖는 경제력 관련의 세원(稅源)까지 이러한 기초에 속한다)]의 도입을 통해 지방자치행정의 보장은 재정적 자기책임의 기초를 포함한다는 것을 명시적으로 규정하고 있다. 이 조항과 관련하여 지방자치의 보장이 최소한의 재정확보에 대한 보장을 포함하는가의 여부가 문제되고 있다. 여기서 최소한이란 기본적인 지방자치사무를 수행하는 데 있어서 요구되는 범위를 의미한다. ① 독일연방헌법재판소도 이 문제에 대하여 명시적으로 입장을 밝히지 않고 있다(BVerfGE 26, 172, 181; 71, 25, 36f.; 83, 363, 386). 이에 반하여 독일의 란트헌법재판소는 최근에 대체적으로 명백히 그러한 청구권을 원칙적으로 긍정하고 있다(VerfGH, DÖV 1978, 763f. und NVwZ 1993, 159, 169; VerfGH NW, DVBl. 1989, 151, 152 und DÖV 1993, 1003f.; NdsStGGH, DÖV 1995, 994, 995 und NdsVBl, 1998, 43; SaarlVerfGH, NVwZ-RR, 1995, 153, 154; BayVerfGH, NVwZ-RR 1997, 301, 302; H. Meyer, Rn 478). ② 독일의 지배적 견해는 란트헌법재판소의 견해에 동의한다(Geis, Kommunalrecht(3. Aufl.), §6, Rn. 28; T.I.Schmidt, Kommunalrecht(2. Aufl.), §3, Rn. 89c). 이러한 견해는 지방자치단체의 사무수행 및 재정책임과 그에 필요한 수입에 관한 필요적인 상관성에서 나온다. 지방자치단체의 재정수단의 확보를 위해, 민주적으로 정당화된 지방자치단체의 합의제기관이, 재정적인 관점에서 정치적 결정의 표현으로서 실체를 직접 의결할 수 있는 것이 확보되어야 한다는 것이다. 즉, 국가적으로 결정된 결정을 단순히 집행만 하는 것은 정치적으로 민주화된 지방자치단체의 권한에 적합하지 않다는 것이다(H. Meyer, Kommunalrecht, Rn. 478).

분이 가능한 전체 재정수단 중에서 적어도 5-10%가 임의적인 자치행정사무에 사용되지 아니한다면, 지방자치단체의 재정확보는 헌법적 요구에 더 이상 응하지 못하는 것이라는 견해가 있다.[1]

3. 재정보장의 주체

기초지방자치단체가 최소한의 재정확보를 보장하는데 제 1 차적으로 책임을 부담하여야 하는 것은 광역지방자치단체가 아니라 국가이다. 왜냐하면 국가가 국가의 모든 재원의 활용에 대한 제 1 차적인 판단의 주체이기 때문이다. 광역지방자치단체 또한 기초지방자치단체에 대한 재정확보의 책임을 면할 수 없다. 왜냐하면 광역지방자치단체의 존재목적이 관할 기초지방자치단체의 균형 있는 발전에 책임을 부담한다고 볼 것이기 때문이다. 물론 광역지방자치단체의 최소한의 재정확보에 관해서는 당연히 국가가 부담하여야 한다.[2]

4. 재정상 최소지원청구권

(1) 의 의   완전한 재정자치는 어느 나라에서도 볼 수 없다. 지방자치단체 재정의 외부의존은 외부조종의 위험을 갖지만, 지방자치단체의 최소한의 재정보장과 관련하여 재정상 최소지원청구권이 문제된다. 독일의 경우, 기본법상 자치행정권의 한 부분으로서 일반적인 재정고권은 인정되고 있다. 그러나 재정고권이 급부청구권을 포함하는가의 여부에 관해서는 논쟁중에 있다.

(2) 근 거   독일의 다수 견해는 재정상 최소지원청구권을 기본법 제28조 제 2 항에서 도출하고 있다.[3] 그리고 동 청구권의 수범자는 연방이 아니라 기초지방자치단체가 속하는 란트로 이해한다. 동 청구권의 내용과 범위는 불분명해 보인다. 지방자치단체의 재정수요가 지방자치단체 자신의 최소한의 고유한 수단으로 이루어져야 하는지 아니면 국가로부터 교부에 의해 만족되어야 하는지는 불분명하다. 말하자면 자치사무는 지방자치단체의 자신의 재정수단으로, 위임사무는 교부금으로 수행되어야 한다는 등식의 성립도 단언하기 어렵다.

(3) 범 위   동 청구권의 범위도 학설과 판례상 해명되고 있지 않다. 그 범위

---

1) Schoch/Wieland, Finanzierungsverantwortung für gesetzgeberisch veranlaßte kommunale Aufgaben, 1995, S. 189f.; H. Meyer, Kommunalrecht, Rn. 482.

2) [관련논문] 임현종·임현, "국가와 지방자치단체간 기초연금 재원분담체계의 적정성에 관한 검토," 지방자치법연구, 통권 제52호, 163쪽 이하.

3) Waechter, Kommunalrecht, Rn. 232. 한편, Nordrhein-Westfalen 헌법 제79조와 유럽지방자치행정헌장 제 9 조 제 2 항은 명시적으로 이를 규정하고 있다.

에 관한 기준으로 내적관련성의 원칙, 자치행정의 핵심영역, 지방자치제의 존재의 최소한, 게마인데의 생활능력 등이 제시되고 있으나, 그 어느 것도 만족할만한 것으로 받아들여지고 있지는 않다. 동 청구권의 범위가 지방자치단체의 관할 사무를 고려하면서 정해져야 한다는 점, 그리고 재정자치의 보장에 비추어 볼 때, 순수한 수단으로서 금전은 가치중립적인 것이지만, 목적구속적인 교부금보다 목적비구속적인 교부금이 보다 바람직하다는 점만은 분명해 보인다.

제 2 항   재정운영의 기본원칙

Ⅰ. 건전재정의 운영[1]

1. 건전재정의 원칙

(1) 수지균형의 원칙   지방자치단체는 그 재정을 수지균형의 원칙에 따라 건전하게 운영하여야 한다(지자법 제137조 제 1 항). 지방자치단체는 주민의 복리증진을 위하여 그 재정을 건전하고 효율적으로 운용하여야 하며, 국가의 정책에 반하거나 국가 또는 다른 지방자치단체의 재정에 부당한 영향을 미치게 하여서는 아니 된다(지정법 제 3 조 제 1 항). 지방자치단체의 재정운영이 건전재정이어야 한다는 것은 지방자치단체의 재정의 대원칙이다. 건전재정은 수지균형의 원칙만을 의미하는 것은 아니다.[2] 건전재정은 수지균형의 원칙 외에 효율성의 원칙, 주민복지의 원칙 등을 포함하는 개념으로 볼 것이다.

(2) 국가부담 이전의 금지 등   국가는 지방재정의 자주성과 건전한 운영을 장려하여야 하며, 국가의 부담을 지방자치단체에 넘겨서는 아니 된다(지자법 제137조 제 2 항). 국가가 지방자치단체의 재정의 자주성과 건전한 운영을 장려하여야 한다는

---

1) [관련논문] 김재호·이원상, "재정건전화를 위한 지방자치단체 결산제도의 개선방안," 지방자치법연구, 통권 제39호, 183쪽 이하; 김도승·임규진, "지방재정 건전성 강화를 위한 지방세 비과세·감면제도 개선방안," 지방자치법연구, 통권 제39호, 257쪽 이하; 임현·정다운, "지방자치단체의 복지사무 수행과 지방재정," 지방자치법연구, 통권 제37호, 185쪽 이하; 이동식, "지방재정의 자율성 강화방안," 지방자치법연구, 통권 제36호, 75쪽 이하; 김재호, "지방자치단체의 재정분권 실현을 위한 개혁방안," 지방자치법연구, 통권 제43호, 137쪽 이하; 김남욱, "지방자치단체의 재정건전성 확보 방안," 지방자치법연구, 통권 제50호, 195쪽 이하; 윤현석, "기업의 투자유치·이전과 지방재정," 지방자치법연구, 통권 제51호, 259쪽 이하; 옥무석, "재정건전성제고를 위한 지방재정위험관리의 법제적 시사점," 지방자치법연구, 통권 제64호, 3쪽 이하.
2) 대판 2013. 5. 23, 2012추176.

것은 국가와 지방자치단체가 상호 적대적이 아니라 상호 통합적인 관계임을 의미한다.[1] 국가는 다음 각 호[1.「정부조직법」과 다른 법률에 따라 설치된 국가행정기관 및 그 소속기관, 2.「공공기관의 운영에 관한 법률」제 4 조에 따른 공공기관, 3. 국가가 출자·출연한 기관(재단법인, 사단법인 등을 포함한다), 4. 국가가 설립·조성·관리하는 시설 또는 단지 등을 지원하기 위하여 설치된 기관(재단법인, 사단법인 등을 포함한다)]의 어느 하나에 해당하는 기관의 신설·확장·이전·운영과 관련된 비용을 지방자치단체에 부담시켜서는 아니 된다(지자법 제137조 제 3 항). 국가는 제 3 항의 기관을 신설하거나 확장하거나 이전하는 위치를 선정할 경우 지방자치단체의 재정적 부담을 입지 선정의 조건으로 하거나 입지 적합성의 선정 항목으로 이용해서는 아니 된다(지자법 제137조 제 4 항).

(3) 통합재정안정화기금　지방자치단체는 회계연도 간의 재정수입 불균형 등의 조정 및 재정의 안정적 운용 또는 각종 회계·기금 운용 상 여유재원 또는 예치금의 통합적 관리를 위하여 통합재정안정화기금(이하 "통합기금"이라 한다)을 설치할 수 있다(지방자치단체 기금관리기본법 제16조 제 1 항 본문).

(4) 건전재정을 위한 관련 제도　한국지방재정공제회법은 지방자치단체 등에 대한 효율적인 공제제도를 확립·운영함으로써 지방자치단체의 건전한 재정 운영과 지방재정 발전에 이바지함을 목적으로 한국지방재정공제회를 설립하고 있다.[2] 지방자치단체의 건전재정을 위해 사인의 협력이 요구되기도 하는데,[3] 주민참여예산 제도는[4] 그러한 경우의 하나로 이해될 수도 있다.

2. 지방채무 및 채권의 관리

지방자치단체의 장은 법률로 정하는 바에 따라 지방채를 발행할 수 있고(지자법 제139조 제 1 항), 지방자치단체의 장은 법률로 정하는 바에 따라 지방자치단체의 채무부담의 원인이 될 계약의 체결이나 그 밖의 행위를 할 수 있다(지자법 제139조 제 2 항). 지방자치단체의 장은 공익을 위하여 필요하다고 인정하면 미리 지방의회의 의결을 받아 보증채무부담행위를 할 수 있다(지자법 제139조 제 3 항). 그러나 지방자치단체는 조례나 계약에 의하지 아니하고는 그 채무의 이행을 지체할 수 없으며(지자법 제139조 제 4 항), 지방자치단체는 법령이나 조례의 규정에 따르거나 지방의회의 의결

---

1) 김재호, 지방자치법주해, 597쪽.
2) 이에 관해 신유호, "지방재정건전화를 위한 지방재정공제제도 발전방향," 지방자치법연구, 통권 제 29호, 59쪽 참조.
3) 옥무석, "지방재정건전화를 위한 재정통제와 납세자주민의 권리," 지방자치법연구, 통권 제19호, 197쪽.
4) 본서, 210쪽 참조.

을 받지 아니하고는 채권에 관하여 채무를 면제하거나 그 효력을 변경할 수 없다(지자법 제139조 제 5 항).

3. 재정의 공개

지방자치단체의 장은 예산 또는 결산의 확정 또는 승인 후 2개월 이내에 예산서와 결산서를 기준으로 다음 각 호[1. 세입·세출예산의 운용상황(성과계획서와 성과보고서를 포함한다), 2. 재무제표, 3. 채권관리 현황, 4. 기금운용 현황, 5. 공유재산의 증감 및 현재액, 6. 지역통합 재정통계, 7. 지방공기업 및 지방자치단체 출자·출연기관의 경영정보, 8. 중기지방재정계획, 9. 제36조의 2 및 「지방회계법」 제18조에 따른 성인지 예산서 및 성인지 결산서, 10. 제38조에 따른 예산편성기준별 운영 상황, 10의2. 제39조에 따른 주민참여예산제도의 운영현황 및 주민의견서, 11. 제44조의2 제 1 항 제 1 호에 따른 재정운용상황개요서, 12. 제55조의3 제 1 항에 따라 수립한 재정건전화계획 및 이행현황, 13. 제87조의3에 따른 재정건전성관리계획 및 이행현황, 14. 투자심사사업, 지방채 발행사업, 민간자본 유치사업, 보증채무사업의 현황, 15. 지방보조금 관련 다음 각 목(가. 교부현황, 나. 성과평가 결과, 다. 지방보조금으로 취득한 중요재산의 변동사항, 라. 교부결정의 취소 등 중요 처분내용)의 현황, 16. 그 밖에 대통령령으로 정하는 재정 운용에 관한 중요 사항]의 사항을 주민에게 공시하여야 한다(지정법 제60조 제 1 항). 재정의 공개는 건전재정의 확보에 기여한다. 재정의 공개는 주민이 재정에 관한 정보에 용이한 접근을 가능하게 한다. 납세자인 주민이 재정정보에 용이하게 접근할 수 있다는 가능성은 지방자치단체가 재정을 투명하게 운영하게 하는 힘을 갖는다. 그것은 궁극적으로 재정건전화의 확보에 기여한다.[1]

II. 국가시책의 구현

1. 의 의

지방자치단체는 국가시책을 달성하기 위하여 노력하여야 한다(지자법 제138조 제 1 항). 지방자치단체는 국가의 정책에 반하거나 국가 또는 다른 지방자치단체의 재정에 부당한 영향을 미치게 하여서는 아니 된다(지정법 제 3 조 제 1 항 제 2 문). 왜냐하면, 지방자치행정 역시 넓은 의미에서 국가행정과 일체성을 갖는 것이므로, 국가행정과 상반되게 수행되어서는 아니 되기 때문이다. 부당한 영향이란 국가나 다른 지방자치단체의 수입을 감소하게 하거나 지출비용의 증대를 가져오게 하는 경우 등

---

1) 곽관훈, "지방재정의투명성과 재정공시제도," 지방자치법연구, 통권 제12호, 193쪽; 유진식, "지방자치단체의 파산방지를 위한 법제정비방안," 지방자치법연구, 통권 제29호, 16쪽.

을 말한다.

2. 국고보조

지방자치법 제138조 제 1 항에 따라 국가시책을 달성하기 위하여 필요한 경비의 국고보조율과 지방비부담률은 법령으로 정한다(지자법 제138조 제 2 항). 국가는 정책상 필요하다고 인정할 때 또는 지방자치단체의 재정 사정상 특히 필요하다고 인정할 때에는 예산의 범위에서 지방자치단체에 보조금을 교부할 수 있다(지정법 제23조 제 1 항).

Ⅲ. 지방재정계획[1]

1. 중기지방재정계획의 수립

지방자치단체의 장은 지방재정을 계획성 있게 운용하기 위하여 매년 다음 회계연도부터 5회계연도 이상의 기간에 대한 중기지방재정계획을 수립하여 예산안과 함께 지방의회에 제출하고, 회계연도 개시 30일 전까지 행정안전부장관에게 제출하여야 한다(지정법 제33조 제 1 항).

2. 국가계획과 연계

지방자치단체의 장은 제 1 항에 따른 중기지방재정계획(이하 "중기지방재정계획"이라 한다)을 수립할 때에는 행정안전부장관이 정하는 계획수립 절차 등에 따라 그 중기지방재정계획이 관계 법령에 따른 국가계획 및 지역계획과 연계되도록 하여야 한다(지정법 제33조 제 2 항).

Ⅳ. 지방재정에 대한 국가의 관여

국가는 여러 방법으로 지방자치단체의 재정활동에 관여한다. 국가의 관여는 세입과 세출의 양면에 걸친다.

---

1) [관련논문] 임상수·최항석, "인구구조가 지방재정에 미치는 영향에 관한 연구," 지방자치법연구, 통권 제65호, 73쪽 이하.

1. 세입에 대한 관여

세입과 관련하여 국가는 지방재정의 건전한 운용과 지방자치단체 간 재정운용의 균형을 확보하기 위하여 필요한 회계연도별 지방자치단체 예산편성기준을 마련해 주고(지정법 제38조 제 2 항), 외채를 발행하는 경우에 승인하고(지정법 제11조 제 2 항), 지방세법의 제정·개정을 통하여 지방세의 징수근거를 마련해 준다(지자법 제152조).

2. 세출에 대한 관여

세출과 관련하여 국가는 지방재정의 건전한 운용과 지방자치단체간 재정운용의 균형을 확보하기 위하여 필요한 회계연도별 지방자치단체예산편성기준을 마련해 주고(지정법 제38조 제 2 항), 결산의 보고를 받으며(지자법 제150조 제 2 항), 국가적인 사업에 지방자치단체로 하여금 비용을 부담하게도 한다.

3. 법률에 의한 관여

지방자치단체의 재정에 관하여 지방자치법에 정한 것 외에 필요한 사항은 따로 법률로 정한다(지자법 제162조). 그 대표적인 법률이 바로 지방재정법이다.

V. 재정위기 지방자치단체[1]

1. 재정위기 지방자치단체의 지정

행정안전부장관은 제55조 제 1 항에 따른 재정분석 결과와 같은 조 제 3 항에 따른 재정진단 결과 등을 토대로 지방재정위기관리위원회의 심의를 거쳐 다음 각 호(1. 재정위기단체: 재정위험 수준이 심각하다고 판단되는 지방자치단체, 2. 재정주의단체: 재정위험 수준이 심각한 수준에 해당되지 아니하나 지방자치단체 재정의 건전성 또는 효율성 등이 현저하게 떨어졌다고 판단되는 지방자치단체)의 구분에 따라 해당 지방자치단체를 재정위기단체 또는 재정주의단체(財政注意團體)로 지정할 수 있다(지정법 제55조의2 제 1 항).

---

1) [관련논문] 김원중, "지방자치단체 재정위기 관리를 위한 국가개입에 관한 법적 검토," 지방자치법연구, 통권 제41호, 111쪽 이하; 김성배, "지방재정위기와 긴급재정제도의 도입에 따른 쟁점검토," 지방자치법연구, 통권 제47호, 3쪽 이하 등 참조.

2. 재정위기 지방자치단체의 의무

(1) 재정건전화계획의 수립   제55조의2 제 1 항 제 1 호에 따른 재정위기단체로 지정된 지방자치단체의 장(이하 "재정위기단체의 장"이라 한다)은 대통령령으로 정하는 바에 따라 재정건전화계획을 수립하여 행정안전부장관의 승인을 받아야 한다. 이 경우 시장·군수 및 자치구의 구청장은 시·도지사를 경유하여야 한다(지정법 제55조의3 제 1 항). 재정위기단체의 장은 제 1 항에 따른 재정건전화계획에 대하여 지방의회의 의결을 얻어야 한다(지정법 제55조의3 제 2 항).

(2) 예산편성과 재정건전화계획   재정위기단체의 장이 예산을 편성할 때에는 제 2 항에 따른 재정건전화계획을 기초로 하여야 한다(지정법 제55조의3 제 3 항).

(3) 재정건전화계획의 이행상황보고   재정위기단체의 장은 재정건전화계획의 이행상황을 지방의회 및 행정안전부상관에게 보고하여야 한다. 이 경우 시장·군수 및 자치구의 구청장은 시·도지사를 경유하여야 한다(지정법 제55조의3 제 4 항).

(4) 지도와 권고   행정안전부장관은 재정위기단체의 재정건전화계획 수립 및 이행상황에 대하여 필요한 사항을 권고하거나 지도할 수 있다(지정법 제55조의3 제 5 항). 재정위기단체의 장은 특별한 사유가 없는 한 제 5 항의 권고 또는 지도에 따라야 한다(지정법 제55조의3 제 6 항).

(5) 주민에 공개   재정위기단체의 장은 재정건전화계획 및 이행상황을 매년 2회 이상 주민에게 공개하여야 한다(지정법 제55조의3 제 7 항).

3. 재정위기 지방자치단체의 재정상 제한

(1) 지방채 발행 제한 등   재정위기단체의 장은 지방재정법 제11조부터 제13조까지, 제44조 및 「지방회계법」 제24조에도 불구하고 행정안전부장관의 승인과 지방의회의 의결을 얻은 재정건전화계획에 의하지 아니하고는 지방채의 발행, 채무의 보증, 일시차입, 채무부담행위를 할 수 없다(지정법 제55조의4 제 1 항).

(2) 재정투·융자사업에 관한 예산 제한   재정위기단체의 장은 지방재정법 제37조의 규정에도 불구하고 행정안전부장관의 승인과 지방의회의 의결을 얻은 재정건전화계획에 의하지 아니하고는 대통령령으로 정하는 규모 이상의 재정투자사업에 관한 예산을 편성할 수 없다(지정법 제55조의4 제 2 항).

4. 재정건전화 이행 부진 지방자치단체에 대한 불이익 부여

행정안전부장관은 재정위기단체의 재정건전화계획 수립 및 이행 결과가 현저히 부진하다고 판단되는 경우에는 교부세를 감액하거나 그 밖의 재정상의 불이익을 부여할 수 있다(지정법 제55조의5 제1항). 행정안전부장관은 제1항의 목적을 달성하기 위하여 필요한 경우에는 관계 중앙관서의 장 및 시·도지사에게 필요한 조치 등을 취하도록 협조를 요청할 수 있다(지정법 제55조의5 제2항). 제2항에 따라 협조를 요청받은 관계 중앙관서의 장 및 시·도지사는 특별한 사유가 없는 한 협조하여야 한다(지정법 제55조의5 제3항).

> ▭ 참고 ‖ 　재정위기·재정파탄의 지방자치단체에 대한 통제방식 입법례
>
> 재정위기·재정파탄에 처한 지방자치단체에 대한 통제방식은 나라마다 상이하다. 이하에서 몇몇 입법례를 보기로 한다.[1]
>
> ### 1. 독일과 파산제도
>
> 독일 연방 파산법률(Insolvenzordnung, InsO)은 사인뿐만 아니라 공법인도 파산의 대상이라 하면서(동법 제11조 제1항), 동시에 Land 법률로 지방자치단체가 파산의 대상이 아님을 정할 수 있다고 규정하고 있다(동법 제12조 제1항). 현재 독일의 모든 Land에서는 기초자치단체의 파산능력을 부인하는 규정을 두고 있으므로 (Nordrhein-Westfalen Gemeindeordnung §128, Abs.2; BayGO Art.77 Abs. 3 등), 지방자치단체는 파산의 대상이 되지 아니한다. 지방자치단체의 채권자는 지방자치단체의 재정보장제도의 탄력적 운영에 근거하여 주정부에 직접 그 채무의 이행을 요구할 수 있음을 규정하고 있다(동법 제12조 제2항). 동법상 파산절차는 채무자가 지불불능상태에 빠졌을 때 채무자의 총재산을 나누어 모든 채권자에게 공평히 갚도록 하기 위한 목적으로 진행되는 재판절차를 의미한다(동법 제1조).
>
> ### 2. 미국
>
> (1) 연방 파산법상 지방자치단체의 채무조정제도　　미국 연방 파산법 제9장은 지방자치단체의 채무조정(Adjustment of the debts of Municipality)에 관해 규정하고 있다. 채무조정절차를 거칠 수 있는 대상은 지방자치단체(municipality)에 한하고, 주정부, 각 부, 기관, 특별구 등의 국가기관은 원칙적으로 연방파산법의 적용을 받지 않는다. 이 제도는 일반적인 파산절차와는 차이가 있고, 오히려 회사의 회생절차와 매우 유사하다. 이 제도는 매우 엄격한 조건하에서 파산법원에 채무조정신청을 함으

---

[1] 아래의 내용은 이지은 박사가 자신의 박사학위청구논문인 "지방재정파탄에 대한 공법적 연구(2015)"의 내용 중 일부를 정리해 준 것이다.

로써 채무자인 지방자치단체가 자치권의 행사에 대한 외부적 제한 없이 행정서비스를 계속 유지하면서, 재정적 위기를 타파하기 위하여 다수의 채권자와 그 채무의 조정을 협의할 수 있는 장을 마련하는 것이다. 파산법원은 지방자치단체의 동의가 있거나 채무조정안을 통하여 사전에 결정된 사항 이외에는 지방자치단체의 정치적·행정적 권한, 지방자치단체의 재산 및 재정수입, 수익재산에 대한 사용 또는 수익에 관여할 수 없고, 부인권을 행사하는 경우를 제외하는 관리인도 선임할 수 없다. 왜냐하면 파산절차를 담당하는 파산법원에서 행정부의 권한에 대하여 제한을 가하는 것이 권력분립에 위배되기 때문이다. 실제상 이러한 채무조정절차는 많이 이용되지는 않는다. 우리나라에는 없는 득별목적 자치단체인 hospital district, utility district의 재정파탄에 적용된 경우가 훨씬 많고, 우리나라의 지방자치단체와 같은 일반자치단체가 채무조정을 신청한 경우는 그 비중이 매우 적다.

(2) 주법상의 재정재건제도와 파산관재인제도

(가) 재정재건제도 지방자치단체의 재정파탄상황의 해결을 위하여 주정부의 감시와 통제 하에 재정재건을 도모하는 방식으로서, 지방자치단체에 대한 가장 일반적인 재정건전화조치이다. 이 제도는 주정부가 지방자치단체의 재정파탄을 감당할 수 있을 만한 충분한 재원을 가지고 있을 때 행해진다. 주정부가 재원을 투여함과 동시에 지방정부 예산안에 대한 승인, 지방채 발행의 금지, 채무부담행위에 제한 등과 같은 다양한 재정 감독이 병행된다.

(나) 파산관재인제도 주정부가 재정파탄에 처한 지방자치단체에게 충분한 재정적 지원을 제공할 수 없는 경우에 취할 수 있는 방법으로서 주 의회의 의결을 거쳐 해당 자치단체에게만 적용 가능한 특별법을 제정하여 지방자치단체의 자치행정을 일시적으로 중지하고 파산관재인을 파견하여 그 해결을 도모하는 것이다. 다만, 지나친 자치권의 침해를 말기 위하여 파견기간을 명시하고, 그 연장을 위하여는 별도의 청문절차를 거치는 등의 제한을 두고 있다.

3. 일본의 지방재정재건제도-재정건전화제도

일본의 현행 재정재건제도는 지방자치단체의 재정파탄에 대한 대응을 그 예방에 접목시켜 재정건전화제도로 기능한다. 그 이유는 일본의 관련법에 관한 독특한 연혁에서 찾아볼 수 있다. 이미 지방재정이 파탄상황에 직면하여 부채상환이 불가능한 지방자치단체에 대한 지방채(재건특례채) 발행을 허가함으로써 단기적으로는 지급불능을 해소하고 장기적으로는 재정구조의 안정화를 도모했던 지방재정재건특별조치법(1955)이 지방재정파탄에 대한 사후적 대응으로는 적절할지 모르나 재정파탄을 사전에 예방하는 사전적 대응으로는 불충분하다는 한계를 드러냄에 따라, 지방재정의 상태를 상시적으로 공표하여 사전에 재정파탄의 위험성을 제거하는 방향으로 전환하는 정책적 변화를 담고 있는 지방공공단체 재정건전화에 관한 법률(2007)이 제정되어 시행중이다. 이 법은 지방자치단체의 재정상황을 알 수 있는 다섯 가지 재정지표를

설정하여 그 재정지표의 값이 법이 정한 일정 한계를 넘어설 경우, 재건계획을 수
립·이행하여야 한다. 그 과정에서 국가의 개입과 감독이 이루어지게 되는 것이다.

제 3 항　지방자치단체간 재정의 균형

I. 재정균형화의 원리

1. 필 요 성

지방자치단체 사이에 경제적·문화적 격차가 있는 한 지방자치단체마다 세원
에 격차가 생길 수밖에 없다. 지방자치단체마다 수입이 다르기 때문에 지방자치단
체의 존재목적인 주민의 복리사무를 수행함에 있어서 복리의 수준이 지방자치단체
사이에 상당한 격차가 생겨날 수 있다. 지방자치단체 사이에 주민의 복리사무에 대
한 수준에 차이가 생겨난다고 하여도 그 차이가 상당하다면 지방자치제의 취지는
상실 내지 훼손될 것이다. 이 때문에 지방자치단체들 사이, 특히 재정력이 충분한
지방자치단체와 재정력이 열악한 지방자치단체 사이에 재정상 균형이 요청된다.
말하자면 지방자치단체의 균형 있고 건전한 발전을 위해서는 지방자치단체 간의
재정상의 균형이 중요한 문제가 된다.

2. 균형화의 의의

재정의 균형이란 공적인 수입으로 나오는 수익의 균등한 분배를 의미한다. 이
것은 개별 지방자치단체의 사무에 대한 분석을 전제로 한다. 재정균형은 사무질서
의 필요에 따른 수입의 분배를 위한 System으로서 기여한다. 분권화된 행정조직의
차원에서 사무수행에 따르는 부담에 대한 재정상의 급부력의 조정을 통해 재정수요
와 재정력을 광범위하게 일치시키는 것이 재정균형화체계의 중심적인 사무이다.[1]

3. 국가의 균형화의무

일정한 조세수입의 보장을 규정하는 입법례도 있으나,[2] 우리의 헌법은 이러한
규정을 두고 있지 않다. 입법례에 따라서는 지방자치단체 사이의 재정균형이 헌법

---

1) H. Meyer, Kommunalrecht, Rn. 517.
2) 독일 기본법 제106조 제 6 항.

상 규정되기도 하지만,[1] 우리의 경우에는 법률에서 규정되고 있다. 헌법에 명시적인 규정이 없다고 하여도 지방자치단체가 자기책임으로 사무를 수행하는 것이 보장되도록 재정균형을 형성하는 것은 지방자치단체의 자치행정권에 근거한 국가의 의무이다.[2] 광역지방자치단체는 기초지방자치단체에 대하여 역시 균형화의 의무를 진다고 볼 것이다(지자법 제136조). 재정의 균형에 관해 규정하는 법률로 지방자치법 외에 지방교부세법·지방교육재정교부금법 등이 있다.

4. 재정균형화의 목적

(1) 수직적 균형화 지방자치단체의 재정균형화의 가장 중요한 목적인 국고목적은 지방자치단체의 재정규모의 확대를 통한 국가와 지방자치단체 사이의 수직적인 균형화에 있다. 지방자치단체 자신에 의한 재정확보는 구조적으로 불충분하고, 지방자치단체의 행위능력의 보장을 위하여 국가적인 수입에 대해 헌법적으로 보장되는 참여를 통한 확대를 필요로 한다. 이것은 조세력이 약한 지방자치단체의 급부능력을 안전하게 하는 것이다.[3] 요컨대 재정균형화의 목표는 재정력의 적당한 균형화이다.

(2) 수평적 균형화 지방자치단체의 재정규모의 확충은 광역지방자치단체들 사이, 기초지방자치단체들 사이의 수평적인 관계에서도 균형화에 기여한다.[4]

5. 재정균형화의 대상

균형화의 대상은 사회적·지리적·경제적 상이성을 통해 지방자치단체에 나타나는 차이점이다. 특정 지방자치단체의 활동방식이나 결정을 통해 나타나는 차이는 균형화의 대상이 아니다. 예컨대 예산을 철저히 절약한 지방자치단체와 그러하지 아니한 지방자치단체를 동등하게 고려하여서는 아니 된다.

6. 재정균형화의 기준

재정의 균형화에는 국토정책적인 기능과 전체 국민경제적인 기능이 고려되어

---

1) Nordrhein-Westfalen 헌법 제79조(지방자치단체의 재정헌법) 지방자치단체는 자신의 사무의 수행을 위하여 고유한 稅源개발의 권리를 가진다. 란트는 입법시에 이러한 청구권을 고려하여야 하고 그리고 자신의 재정적인 급부능력의 범위 안에서 범 게마인데적인(기초지방자치단체의) 재정균형을 보장할 의무를 진다.
2) Seewald, Kommunalrecht, in: Steiner(Hrsg.), Besonderes Verwaltungsrecht, Rn. 13.
3) Geis, Kommunalrecht(3. Aufl.), § 12, Rn. 51; H. Meyer, Kommunalrecht, Rn. 518.
4) Geis, Kommunalrecht(3. Aufl.), § 12, Rn. 51; H. Meyer, Kommunalrecht, Rn. 519.

야 한다. 또한 과잉금지, 법치국가원리에 뿌리를 두고 있는 평등원칙의 내용인 일반적인 자의의 금지가 적용되어야 한다.[1] 한편, 목적에 구속적인 지원은 일반적 기준(예: 주민수·담세력)에 따르며, 목적에 구속적인 지원은 비용보상이나 투자지원 등이 중심이다. 일반적이고 목적구속적인 교부금은 지방자치단체의 자기책임성에 대한 법상 중대한 제한을 가져올 수 있다.

Ⅱ. 재정균형화의 수단[2]

1. 광역지방자치단체의 재원조정

광역지방자치단체의 기초지방자치단체에 대한 재원조정수단과 관련하여 서울특별시의 경우를 중심으로 살펴보기로 한다.[3] 서울특별시의 자치구 재원조정수단으로 조정교부금, 징수교부금, 재정보전금 그리고 시비보조금이 있다.

(1) 자치구 재정교부금

(가) 의 의   특별시장이나 광역시장은 「지방재정법」에서 정하는 바에 따라 해당 지방자치단체의 관할 구역 안의 자치구 상호간의 재원을 조정하여야 한다(지자법 제196조). 광역지방자치단체가 기초지방자치단체에 재원을 재분배하는 것은 수직적 조정형태에 해당한다. 입법론상 광역지방자치단체 상호간 또는 기초지방자치단체 상호간에 재원을 재분배하는 수평적 조정형태의 도입도 검토할 만하다.

(나) 내용(보통교부금과 특별교부금)   지방자치법 제196조 및 「서울특별시 자치구의 재원조정에 관한 조례」 등에 따른 교부금에는 일반조정교부금과 특별조정교부금이 있다(동 조례 제 3 조). 일반조정교부금은 매년도의 기준재정수입액이 기준재정수요액에 미달되는 자치구에 대하여 그 미달액(이하 "재정부족액"이라 한다)을 기초로 하여 교부한다(동 조례 제 6 조 제 1 항). 특별조정교부금은 다음 각 호(1. 재해로 인한 특별한 재정수요가 있어 예비비를 포함한 해당 자치구의 재원으로 충당할 수 없는 경우, 2. 자치구의 청사 그 밖에 공공시설의 신설·복구·보수 등의 사유로 인한 특별한 재정수요가 있어 시장이 필요하다고 인정하는 경우, 3. 그 밖에 특별한 재정수입의 감소가 있거나 특별한 재정수요가 있어 시장이 필요하다고 인정하는 경우)의

---

1) H. Meyer, Kommunalrecht, Rn. 523.
2) [관련논문] 김민훈, "최근 일본 지방재정조정제도의 개혁에 관한 소고," 지방자치법연구, 통권 제 12호, 405쪽; 김남욱, "지방자치단체간 재정배분의 법적과제—강남구 공공기여금을 중심으로—," 지방자치법연구, 통권 제51호, 3쪽 이하; 문병효, "국가와 지방자치단체간 재정배분 및 재정조정제도의 현황과 대안모색," 지방자치법연구, 통권 제51호, 39쪽 이하; 김동균, "독일 연방재정조정제도에 관한 소고, 지방자치법연구, 통권 제67호, 29쪽 이하.
3) 서울특별시 인재개발원, 2013년 제 4 기 일반직공무원 전환과정, 220쪽 이하 요약 인용.

어느 하나에 해당하는 경우에 이를 교부한다(동 조례 제11조 제 1 항).

(2) 징수교부금   징수교부금이란 지방세징수법 제17조(도세 등에 대한 징수의 위임) 및 「서울특별시 시세 징수 조례」 제 5 조(징수교부금)에 따른 것이다. 서울특별시장은 법 제17조 제 1 항에 따라 해당 과세대상의 납세지를 관할하는 구청장이 시세를 징수하여 서울특별시에 납입한 경우에는 영 제24조 제 2 항에 따른 징수교부금을 다음 달 말일까지 해당 구에 교부하여야 한다. 다만, 지방교육세와 특별시분 재산세의 경우에는 징수교부금을 교부하지 아니한다(동 조례 제 5 조 제 1 항). 제 1 항에 따른 징수교부금은 징수금액과 징수건수를 각각 50%씩 반영한 교부기준을 적용하여 산출한 금액으로 한다(동 조례 제 5 조 제 2 항).

(3) 재정보전금   재정보전금에는 공동재산세 전출금과 기타 보전금이 있다. ① 특별시 관할구역에 있는 구의 경우에 재산세(「지방세법」 제 9 장에 따른 선박 및 항공기에 대한 재산세와 같은 법 제112조 제 1 항 제 2 호 및 같은 조 세 2 항에 따라 산출한 재산세는 제외한다)는 제 8 조에도 불구하고 특별시세 및 구세인 재산세로 한다(지기법 제 9 조 제 1 항). 특별시장은 제 9 조 제 1 항 및 제 2 항에 따른 특별시분 재산세 전액을 관할구역의 구에 교부하여야 한다(지기법 제10조 제 1 항). 제 1 항에 따른 특별시분 재산세의 교부기준 및 교부방법 등 필요한 사항은 구의 지방세수(地方稅收) 등을 고려하여 특별시의 조례로 정한다. 다만, 교부기준을 정하지 아니한 경우에는 구에 균등 배분하여야 한다(지기법 제10조 제 2 항). ② 기타 보전금의 예로 자동차등록 면허세 보전금(2001년 폐지된 자동차등록 면허세에 대한 자치구 세수감소분 보전을 위해 서울특별시가 자동차세(주행분)를 재원으로 2002년부터 자치구에 교부하는 재정보전금)을 볼 수 있다.

2. 지방교부세

지방교부세란 국가가 재정적 결함이 있는 지방자치단체에 교부하는 금액을 말한다(지부법 제 2 조 제 1 호). 지방교부세의 종류는 보통교부세·특별교부세·부동산교부세 및 소방안전교부세로 한다(지부법 제 3 조). 국가는 매년도 이 법의 규정에 의한 교부세를 국가예산에 계상하여야 한다. 다만, 추가경정예산에 의하여 교부세의 재원인 국세에 증감이 있을 경우에는 지방교부세도 이를 증감시켜야 한다(지부법 제 5 조 제 2 항).

3. 지방교육재정교부금

지방교육재정교부금이란 교육의 균형있는 발전을 도모하기 위하여 국가가 지방자치단체의 교육기관 및 교육행정기관(그 소속기관을 포함한다)의 설치·경영에 필요한 재원에 충당하기 위하여 지방자치단체에 교부하는 금액을 말한다(지교법 제 1 조). 국가가 제 1 조의 목적을 위하여 지방자치단체에 교부하는 교부금(이히 "교부금"이라 한다)은 보통교부금과 특별교부금으로 나눈다(지교법 제 3 조 제 1 항). 추가경정예산에 따라 내국세나 교육세의 증감이 있는 경우에는 교부금도 함께 증감하여야 한다. 다만, 내국세나 교육세가 줄어드는 경우에는 지방교육재정 여건 등을 고려하여 다음 다음 회계연도까지 교부금을 조절할 수 있다(지교법 제 9 조 제 2 항).

제 2 절 예 산

제 1 항 예산의 관념

I. 예산의 의의

1. 재정고권과 예산권

지방자치단체의 재정상의 안전과 재정행위의 정당성의 확보를 위하여[1] 예산법·예산계획이 필요한 것임은 상론을 요하지 아니한다. 예산계획은 해당 지방자치단체 전체의 재정·경제의 기초인 까닭에 포기될 수 없는 지방자치행정의 한 부분을 이룬다. 자기책임으로 지방자치단체의 예산을 영위하는 것은 지방자치제의 본질적 내용의 하나이다. 재정고권은 예산권(예산고권)을 포함하는 까닭에, 지방자치단체의 예산권은 재정고권에 근거한다. 여기서 예산권이란 예산을 설정하고 집행하는 데 필요한 일체의 권리와 권한을 말한다.

2. 예산의 법원

예산에 관한 법원으로 헌법아래 일반법으로 지방자치법과 지방재정법이 있다. 예산 중 세입에 관한 법원으로 지방세법이 있고, 국세를 지방에 배분하는 것을 내용으로 하는 지방교부세법이 있다. 이 밖에 국가균형발전특별법도 있다. 지방자치단체가 출자한 지방공기업의 예산에 관한 법률로 지방공기업법이 있다.

3. 예산의 개념

예산이란 일정 회계연도에 있어서 사항적으로 표기되고 예정된 지방자치단체의 세입·세출의 예정준칙으로서 지방의회의결로써 성립하는 하나의 법형식을 말한다. 실질적으로 말한다면 예산은 일정회계연도의 재정행위의 준칙이고, 형식적으로

---

[1] Depiereux, Grundriß des Gemeindehaushaltsrechts, S. 1ff.

말한다면 그것은 법형식의 하나로서 예산을 말한다. 지방자치단체의 예산을 조례와 상이한 별개의 형식으로 할 것인가 아니면 조례의 형식으로 할 것인가는 입법정책의 문제이다. 지방자치법은 지방자치단체의 예산을 조례와 병행하는 별개의 형식으로 규정하고 있다.[1] 그리고 예산은 제 3 자의 권리와 의무의 근거가 되지 아니한다. 또한 공과금의 징수는 관련 법률에 근거하는 것이지 예산에 근거하는 것은 아니다.

II. 예산의 기능

1. 의 의

예산의 원칙적 기능은 공적 사무수행을 위해 필요한 수단의 준비에 있다. 예산은 민주주의적인 기능을 가진 지방의회를 통해 지방자치단체의 행정에 대한 조종과 통제의 기능을 갖는다. 말하자면 예산은 민주적 기능과 지도기능을 위해 사전성·균형성·단일성의 원칙이 요구되고, 업무수행시 절약과 경제가 요구된다.

2. 민주적 기능

예산의 민주적 기능은 예산이 민선으로 구성된 지방의회에서 매년 정기적으로 정해진다는 점(지자법 제140조), 예산은 지출 이전에 지방의회에 의해 정해져야 한다는 점(지자법 제142조 제 2 항), 지출은 예산 범위 내에서만 가능하다는 점(지정법 제34조 제 2 항), 예산이 지출을 감당하지 못할 때 또는 예상한 것이 모자라거나 전혀 예상하지 아니한 항목이 나타날 때에 경미한 부분은 집행기관 자체가 수정할 수 있으나 중대한 변경은 추가경정예산으로 하여야 한다는 점(지자법 제145조 제 1 항; 지정법 제45조 제 1 항), 결산은 지방의회의 승인을 얻어야 한다는 점(지자법 제150조 제 1 항) 등에서 확보되고 있다.

---

1) 독일의 지방자치법상 예산은 조례의 일종인 예산조례(Haushaltssatzung)로 정해진다. 예산계획(Haushaltsplan)은 예산조례에 편입되어 있다. 예산조례는 의무적으로 제정되어야 한다는 점에서 의무조례의 일종이다. 예산법은 상당부분이 내부법으로서 주민에 대해 외부효를 갖지 아니한다. 예산조례는 「예산계획, 예정 신용차입, 예정 채무부담의 총액, 금고(은행)차입금의 최고 한도, 매년 확정되어야 하는 조세원칙이나 세율, 기타(수입·지출, 예산연도의 인사계획 또는 예산안전과 관련된 규정)」로 구성된다. 그리고 예산계획(Der Haushaltsplan)은 수입·지출·채무부담수권·인사계획으로 구성된다.

3. 지도기능

예산의 지도기능은 지방자치단체는 행정권의 한 부분이므로 지방자치단체의 예산도 국가예산의 목적에 기여하여야 한다는 점에서 나온다. 말하자면 지방자치단체의 예산도 국민전체경제의 균형의 보장에 기여하여야 하는 것이므로 지방자치단체의 예산도 당연히 지도기능을 갖는다.

4. 절약과 경제

절약과 경제는 증여금지, 임의적인 채무면제 등을 통해 구체화된다. 절약과 경제에 관해 지방자치단체는 평가특권을 갖는다. 따라서 사법적 통제와 감사원통제는 대체성통제에 한정된다.

III. 예산의 내용

예산은 예산총칙, 세입·세출예산, 계속비, 채무부담행위 및 명시이월비를 총칭한다(지정법 제40조 제1항).

1. 예산총칙

예산총칙에는 세입·세출예산, 계속비, 채무부담행위 및 명시이월비에 관한 총괄적 규정과 지방채 및 일시차입금의 한도액 그 밖에 예산 집행에 필요한 사항을 정하여야 한다(지정법 제40조 제2항). 예산총칙은 지방의회가 예산의 편성과 집행에 관해 법령에서 규정된 내용을 구체적으로 적시하여 의결한 예산의 한 부분이다. 지방자치단체는 편성된 예산을 집행함에 있어 예산총칙에 구속된다.

2. 세입세출예산

한 회계연도의 모든 수입을 세입으로 하고 모든 지출을 세출로 한다(지정법 제34조 제1항). 세입과 세출은 모두 예산에 편입하여야 한다(지정법 제34조 제2항). 지방자치단체의 세출은 지방채 외의 세입을 그 재원으로 하여야 한다. 다만, 부득이한 경우에는 제11조에 따른 지방채로 충당할 수 있다(지정법 제35조).[1]

---

1) 세입과 세출 외 현금으로 ① 공공시설 손실부담금, ② 계약보증금, 입찰보증금, 차액보증금 및 하자 보수보증금, ③ 다른 법률에 따른 예치금, ④ 기타 필요에 의해 일시적으로 보관하는 경비 등이 있다.

세입예산은 자체재원(지방세, 세외수입, 지방채)과 의존재원(국고보조금, 지방교부세)으로 구성된다. 세외수입은 경상적 세외수입(예: 재산임대수입, 사용료수입, 수수료수입, 사업수입, 위임사무에 대해 교부받는 징수교부금, 수입금을 금고에 예치함으로써 받는 이자수입)과 임시적 세외수입(예: 재산매각수입, 국고보조금 사용잔액인 이월금, 타 회계 또는 기금의 자금이용으로 인한 회계조작상의 수입인 전입금, 회계가나 또는 특별회계 계정간 임시적 차입으로 발생하는 수입인 예탁금 및 예수금, 융자금 및 원금수입, 부담금 수입, 불용품 매각대금 등인 잡수입, 지난 연도 수입)으로 구성된다.

3. 계 속 비

(1) 지방자치법   지방자치단체의 장은 한 회계연도를 넘어 계속하여 경비를 지출할 필요가 있으면 그 총액과 연도별 금액을 정하여 계속비로서 지방의회의 의결을 받아야 한다(지자법 제143조). 계속비제도는 회계연도독립의 원칙의 예외가 된다. 계속비를 인정하는 것은 지방자치단체가 수행하는 사업이 수년에 걸치는 경우, 이를 매년의 예산심의에 의존하게 하면 사업의 일시 중단으로 효율이 저하될 우려가 많기 때문이다.[1]

(2) 지방재정법   지방자치단체의 장은 공사나 제조 그 밖의 사업으로서 그 완성에 수년을 요하는 것은 필요한 경비의 총액과 연도별 금액에 대하여 지방의회의 의결을 얻어 계속비로서 여러 해에 걸쳐 지출할 수 있다(지정법 제42조 제 1 항). 제 1 항에 따라 계속비로 지출할 수 있는 연한은 그 회계연도부터 5년 이내로 한다. 다만, 필요하다고 인정될 때에는 지방의회의 의결을 거쳐 다시 그 연한을 연장할 수 있다(지정법 제42조 제 2 항).

4. 채무부담행위

(1) 사전 의결 원칙   채무부담행위란 예산확보 없이 미리 채무를 부담하는 행위를 말한다. 지방자치단체의 장은 다음 각 호(1. 법령이나 조례에 따른 것, 2. 세출예산·명시이월비 또는 계속비 총액 범위의 것)의 어느 하나에 해당하는 것을 제외하고는 지방자치단체에 채무부담의 원인이 될 계약의 체결이나 그 밖의 행위를 할 때에는 미리 예산으로 지방의회의 의결을 얻어야 한다. 이 경우 제11조 제 2 항에 따른 지방채 발행 한도액 산정 시에는 채무부담행위에 의한 채무가 포함되어야 한다(지정법 제44조 제 1 항).

(2) 사전 의결 원칙의 예외   지방자치단체의 장은 제 1 항에도 불구하고 지방

---

1) 선정원, 지방자치법주해, 520쪽.

의회를 소집할 시간적 여유가 없을 때에는 재난 복구를 위해 시급히 추진할 필요가 있는 사업으로서 지방자치단체의 채무부담의 원인이 될 계약 중 총사업비가 10억원 이하의 범위에서 조례로 정하는 금액 이하인 계약을 지방의회의 의결을 거치지 않고 체결할 수 있다(지정법 제44조 제2항). 지방자치단체의 장은 제2항에 따라 지방의회의 의결을 거치지 않고 계약을 체결하였을 때에는 즉시 지방의회에 보고하여야 한다(지정법 제44조 제3항).

(3) 세출예산에 반영   제1항부터 제3항까지의 규정에 따라 채무부담이 되는 행위를 하였을 때에는 늦어도 다음다음 회계연도 세출예산에 반드시 계상하여야 하며, 그 밖의 회계연도 세출예산에는 계상할 수 없다(지정법 제44조 제4항). 제1항부터 제3항까지의 규정에 따른 채무부담행위의 경우에는 해당 회계연도와 다음 회계연도에 걸쳐 지출하여야 할 지출원인행위를 할 수 있다(지정법 제44조 제5항).

5. 명시이월비

세출예산 중 경비의 성질상 그 회계연도에 그 지출을 마치지 못할 것으로 예상되어 명시이월비로서 세입·세출예산에 그 취지를 분명하게 밝혀 미리 지방의회의 의결을 얻은 금액은 다음 회계연도에 이월하여 사용할 수 있다(지정법 제50조 제1항).1)

---

1) 이월제도는 당해 연도에 사용하지 않은 세출예산을 다음 연도에 넘겨서 사용하는 제도를 말하며, 회계연도독립의 원칙의 예외가 된다. 이월제도에는 명시이월제도와 사고이월제도가 있다. 양자를 비교해보기로 한다(서울특별시 인재개발원, 2013년 제4기 일반직공무원 전환과정, 200쪽 이하에서 인용).

구 분	명시이월	사고이월
내 용	예산성립시 당해 연도에 지출완료의 불가가 예상되는 경비 세출예산에 명시(예산성립시)	당해 연도 내에 지출하지 못한 경비*(회계연도말)
지방의회의결	사전 의결 필요	사전 의결 불요
지출원인행위	이월연도 가능	당해 회계연도에 완료
재이월	이월연도 지출원인행위에 대하여 사고이월 가능	재사고이월 불가

* 사고이월이 가능한 경우로 다음을 볼 수 있다.
1. 지출원인행위를 위해 입찰공고를 한 경비 중 입찰공고 후 지출원인행위까지 장기간이 소요되는 다음의 경비
   ① 입찰참가자격 사전심사방법으로 집행되는 공사에 소요되는 비용
   ② 협상에 의한 계약체결의 방법으로 집행되는 경비
   ③ 대안입찰, 일괄입찰을 이해 공고된 공사에 소요되는 경비
   ④ 재해복구사업에 소요되는 경비
2. 공익·공공사업의 시행에 필요한 손실보상비로서 다음의 경비
   ① 보상대상이 되는 토지·건물 등의 조사 및 감정평가가 완료되어 보상절차에 착수하였거나 보상절차가 진행 중인 경비

Ⅳ. 예산의 일반원칙

1. 의 의

예산은 지방자치단체의 사무가 영속적으로 수행될 수 있도록 편성되어야 한다. 지방자치단체는 결코 일시적인 단체가 아니기 때문이다. 그리고 지방자치단체의 예산은 국가의 경제와 무관하지 않다. 지방자치단체의 예산편성에 전체경제의 균형을 고려하여야 한다. 말하자면 지방자치단체의 예산은 균형 있는 국민경제의 실현에 기여하는 것이어야 한다. 한편, 예산은 법상 당해 회계연도에 수행되어야 하는 임무가 숫자로 확정되어진 예정표인데, 그 편성과 관련하여 다음의 여러 원칙이 적용된다.

2. 예산총계주의의 원칙

예산계획은 예산경제를 포괄적으로 정하기 위하여 회계연도의 모든 세입·세출을 포함하여야 한다. 말하자면 세입과 세출은 모두 예산에 편입하여야 한다(지정법 제34조 제2항). 이를 예산총계주의의 원칙이라 한다. 예산총괄의 원칙, 또는 예산완전성의 원칙이라고도 한다.[1] 현행법상 예산총괄의 원칙에 대한 예외가 있다. 즉 지방자치단체가 현물로 출자하는 경우와 「지방자치단체 기금관리기본법」 제2조에 따른 기금을 운용하는 경우 또는 그 밖에 대통령령으로 정하는 사유로 보관할 의무가 있는 현금이나 유가증권이 있는 경우에는 제2항에도 불구하고 이를 세입·세출예산 외로 처리할 수 있다(지정법 제34조 제3항).

3. 예산단일의 원칙

전체예산을 개관할 수 있고, 또한 예산상의 모순방지를 위하여 회계연도마다 하나의 예산계획이 요구된다(지자법 제142조 제1항). 이것을 예산단일의 원칙이라 한다. 물론 예산계획은 자료와 예측을 전제로 성립된 것인바, 예산집행과정에서 다소의 문제가 야기될 수 있다. 이 때문에 기존 예산을 변경·보완·정정하는 추가경정예산제도가 필요하게 된다(지자법 제145조; 지정법 제45조). 추가경정예산제도는 예산단

---

② 공사완료 후 존속하는 피해에 대한 보상비 등 간접보상비로서 보상에 필요한 감정평가를 위한 용역계약이 체결되었거나 감정평가가 진행 중인 경비

③ 재해복구사업을 위한 보상에 소요되는 경비

1) 이덕연, 지방자치법주해, 513쪽.

일의 원칙에 반하는 것이 아니라 그것을 보완하는 것이 된다.

4. 예산명확 및 예산진실의 원칙

예산계획은 지방자치단체의 경제상의 신뢰를 위해 명확하고 진실한 것이어야 한다. 이를 예산명확 및 예산진실의 원칙이라 한다. 명확하지 아니하고 진실하지 아니한 예산은 지방자치단체의 운영에 혼선을 가져온다.

(1) 목적 외 사용금지 지방자치단체의 장은 세출예산에서 정한 목적 외의 용도로 경비를 사용할 수 없다(지정법 제47조).

(2) 예산의 이용·이체 지방자치단체의 장은 지방자치단체의 기구·직제 또는 정원에 관한 법령이나 조례의 제정·개정 또는 폐지로 인하여 관계 기관 사이에 직무권한이나 그 밖의 사항이 변동되었을 때에는 그 예산을 상호 이체(移替)할 수 있다. 이 경우 지방사치난체의 장은 분기별로 분기만료일이 속하는 달의 디음 달 말일까지 그 내역을 지방의회에 제출하여야 한다(지정법 제47조의2 제 2 항).

5. 예산합리성의 원칙

지방자치단체는 법령 및 조례로 정하는 범위에서 합리적인 기준에 따라 그 경비를 산정하여 예산에 계상하여야 한다(지정법 제36조 제 1 항). 이를 예산합리성의 원칙이라 한다. 따라서 지방자치단체는 모든 자료에 의하여 엄정하게 그 재원을 포착하고 경제 현실에 맞도록 그 수입을 산정하여 예산에 계상하여야 한다(지정법 제36조 제 2 항).

6. 예산의 경제성과 절약의 원칙

예산은 경제성과 절약의 원칙에 따라야 한다. 예산의 편성에는 균형 있는 지방자치단체의 경제를 고려하여야 한다. 경제성은 사무의 수행에 있어서 질을 훼손함이 없이 최대한 절약하는 행정을 요구한다. 경제성과 절약은 무조건 저비용으로 사무를 수행할 것을 뜻하는 것이 아니라, 재정수단을 최대한으로 활용하여 행정목표를 사항에 적합하게 실현하는 것을 의미한다. 경제성과 절약은 법령상 요구되는 지방자치단체의 행위에 대한 감독청의 승인행위에 있어서 심사기준을 구성한다고 볼 것이다. 경제성은 부수적인 효과의 고려 등을 포함하여 최적의 효과와 관련된 것이고, 절약은 최소 비용과 관련된 개념이다.[1] 지방자치단체의 장은 예산의 집행

---

1) Depiereux, Grundriß des Gemeindehaushaltsrechts, S. 14; Erichsen, Kommunalrecht, S. 209.

방법이나 제도의 개선 등으로 예산이 절약되거나 수입이 늘어난 경우에는 절약한 예산 또는 늘어난 수입의 일부를 이에 기여한 자에게 성과금으로 지급하거나 다른 사업에 사용할 수 있다(지정법 제48조 제1항).

7. 기타의 원칙

그 밖에도 ① 예산에는 총액주의가 적용된다. 즉 예산에서 사전청산은 배제되어야 하므로, 예산계획은 총액예산이어야 한다. 또한 ② 예산은 공개되어야 한다(지자법 제149조 제2항 본문)는 예산공개의 원칙, ③ 예산의 세입과 세출간에는 균형이 이루어져야 한다는 예산균형의 원칙, ④ 예산은 1년 단위로 이루어져야 한다(지자법 제140조 제1항)는 일년예산의 원칙, ⑤ 예산사전의 원칙 등이 적용된다.

V. 회 계

1. 회계의 의의

회계란 세입과 세출을 계산하고 관리하는 것을 말한다. 지방자치단체의 회계는 일반회계와 특별회계로 구분한다(지자법 제141조 제1항; 지정법 제9조 제1항). 특별회계는 「지방공기업법」에 따른 지방직영기업이나 그 밖의 특정사업을 운영할 때 또는 특정자금이나 특정세입·세출로서 일반세입·세출과 구분하여 회계처리할 필요가 있을 때에만 법률이나 조례로 설치할 수 있다. 다만, 목적세에 따른 세입·세출은 다른 법률에 특별한 규정이 있는 경우를 제외하고는 특별회계를 설치·운용하여야 한다(지정법 제9조 제2항; 지자법 제141조 제2항).

2. 회계연도

(1) 회계연도의 의의   회계연도란 세입세출의 예산내용을 기간별로 명확하게 구분하여 정리하기 위해 설정된 기간을 의미한다. 지방자치단체의 회계연도는 매년 1월 1일에 시작하여 그 해 12월 31일에 끝난다(지자법 제140조; 지정법 제6조 제1항). 회계연도를 1년 단위로 하는 것은 1년이란 기간을 단위로 하면 적정한 예산의 편성이 어느 정도 예측가능하다고 보기 때문이다. 물론 수년을 1회계 연도로 하는 것도 가능할 것이다.[1]

---

1) 이덕연, 지방자치법주해, 512쪽.

(2) 회계연도독립의 원칙　　회계연도독립의 원칙이란 세입세출을 다른 회계연도에 걸쳐 이루어지는 것을 금지하는 제도를 말한다. 지방재정법은 "각 회계연도의 경비는 해당 연도의 세입으로 충당하여야 한다"고 하여 회계연도독립의 원칙을 채택하고 있다(지정법 제 7 조 제 1 항).

3. 일반회계와 특별회계

지방자치단체의 회계는 일반회계와 특별회계로 구분한다(지자법 제141조 제 1 항). 일반회계는 지방자치단체의 기본적인 사무(예: 사회복지, 경제개발, 교육·문화)를 위해 운영된다. 특별회계는 특정한 사업을 운영하거나 특정세입으로 특정세출에 충당하기 위하여 설치되거나 공공사업을 위해 설립된 공기업 운영을 위해 설치된다. 지방자치단체의 모든 수입과 지출이 하나의 예산(일반회계)에서 나타날 때 주민들은 모든 행정비용과 자신들의 부담을 쉽게 인식할 수 있으므로, 일반회계 외에 특별회계를 둔다는 것은 그만큼 주민에 의한 예산통제가 어렵게 됨을 뜻한다. 따라서 특별한 사정이 없는 한 특별회계는 인정되지 말아야 한다. 이 때문에 특별회계는 법률이나 지방자치단체의 조례로 설치할 수 있다(지자법 제141조 제 2 항).

제 2 항 예산의 성립과 변경

Ⅰ. 예산의 성립

1. 예산안의 편성·제출

(1) 예산안의 편성·제출권자

(가) 의 의　　지방자치단체의 장은 회계연도마다 예산안을 편성하여 지방의회에 제출하여야 한다(지자법 제142조 제 1 항). 지방의회와 지방의회의원은 예산안의 편성권을 갖지 아니한다.

(나) 지방자치단체 폐치분합의 경우　　지방자치단체를 폐지하거나 설치하거나 나누거나 합쳐 새로운 지방자치단체가 설치된 경우에는 지체 없이 그 지방자치단체의 예산을 편성하여야 한다(지자법 제147조 제 1 항). 제 1 항의 경우에 해당 지방자치단체의 장은 예산이 성립될 때까지 필요한 경상적 수입과 지출을 할 수 있다. 이 경우 수입과 지출은 새로 성립될 예산에 포함시켜야 한다(지자법 제147조 제 2 항).

(2) 예산안의 편성의 기준   지방자치단체는 법령 및 조례가 정하는 범위에서 합리적인 기준에 따라 그 경비를 산정하여 예산에 계상하여야 한다(지정법 제36조 제 1 항). 지방자치단체는 모든 자료에 의하여 엄정하게 그 재원을 포착하고 경제 현실에 맞도록 그 수입을 산정하여 예산에 계상하여야 한다(지정법 제36조 제 2 항). 지방자치단체는 세입·세출의 항목이 구체적으로 명시되도록 예산을 계상하여야 한다(지정법 제36조 제 3 항). 지방자치단체의 장이 예산을 편성할 때에는 제33조에 따른 중기지방재정계획과 지방재정법 제37조에 따른 투자심사 결과를 기초로 하여야 한다(지정법 제36조 제 4 항).

(3) 예산안의 제출의 시한   지방자치단체의 장은 회계연도마다 예산안을 편성하여 시·도는 회계연도 시작 50일 전까지, 시·군 및 자치구는 회계연도 시작 40일 전까지 지방의회에 제출하여야 한다(지자법 제142조 제 1 항). 시·도의 예산안의 제출시기가 시·군 및 자치구의 예산안의 제출시기보다 앞서도록 한 것은 시·도의 예산안의 규모가 보다 크기 때문이다.

(4) 주민의 참여[1]

(가) 의 의   지방재정법은 "지방자치단체의 장은 대통령령으로 정하는 바에 따라 지방예산 편성 등 예산과정(『지방자치법』 제47조에 따른 지방의회의 의결사항은 제외한다. 이하 이 조에서 같다)에 주민이 참여할 수 있는 제도(이하 이 조에서 "주민참여예산제도"라 한다)를 마련하여 시행하여야 한다(지정법 제39조 제 1 항)"고 규정하여 지방예산편성과정에 주민참여를 규정하고 있다. 이것을 주민참여예산제라 부른다. 예산안에 대한 주민참여의 기회를 확대하고 내실 있는 예산심의를 위해 예산안을 일정기간 공고하고, 일정 수의 주민이 그 예산안에 대하여 이의를 제기할 수 있고, 이의사항에 대하여는 공개회의에서 수용여부를 결정하고, 그 결과를 이의제기인의 대표와 지방자치단체의 장에게 통지하고 또한 공표하는 제도를 지방자치법에 반영할 것을 제안하는 견해도 있다.[2] 입법례에 따라서는 이를 인정하기도 한다.[3] 주민의 이의제도는 주민으로 하여금 개별 예산원칙에 대한 논의에 비판적으로 참여할 수 있도록 한다.

---

1) [관련논문] 김명용, "주민참여예산제도의 도입현황과 법적 문제—경상남도를 중심으로—," 지방자치법연구, 통권 제30호, 제249쪽 이하; 황진영, "미국 주민참여예산제의 입법적 시사점," 지방자치법연구, 통권 제64호, 197쪽 이하.

2) 이덕연, 지방자치법주해, 517쪽.

3) Nordrhein-Westfalen 게마인데법 제79조(예산조례의 발령) ③ 예산조례의 초안은 그 첨부물과 함께 사전의 공적인 공고 후 7일간 공개적으로 게시되어야 한다. 초안에 대하여 주민이나 또는 공과금 납부의무자는 게시가 시작된 후 14일의 기간 내에 이의를 제기할 수 있다. 공적인 게시의 공고에는 기간에 관해서 적시되어야 하며, 그 밖에 이의가 제기되는 장소도 지정되어야 한다. 이의에 관해 의회는 공개된 회의에서 결정한다. 그리고 Baden-Württemberg 게마인데법 제81조 제 1 항 제 2 문 참조.

그것은 지방자치단체의 민주화에 기여한다.

(나) 주민 의견 반영   지방자치단체의 장은 주민참여예산제도를 통하여 수렴한 주민의 의견서를 지방의회에 제출하는 예산안에 첨부하여야 한다(지정법 제39조 제 3 항).

(다) 주민참여예산기구   ① 지방예산 편성 등 예산과정의 주민 참여와 관련되는 다음 각 호(1. 주민참여예산제도의 운영에 관한 사항, 2. 제 3 항에 따라 지방의회에 제출하는 예산안에 첨부하여야 하는 의견서의 내용에 관한 사항, 3. 그 밖에 지방자치단체의 장이 주민참여예산제도의 운영에 필요하다고 인정하는 사항)의 사항을 심의하기 위하여 지방자치단체의 장 소속으로 주민참여예산위원회 등 주민참여예산기구(이하 "주민참여예산기구"라 한다)를 둘 수 있다(지정법 제39조 제 2 항). ② 행정안전부장관은 지방자치단체의 재정적·지역적 여건 등을 고려하여 대통령령으로 정하는 바에 따라 지방자치단체별 주민참여예산제도의 운영에 대하여 평가를 실시할 수 있다(지정법 제39조 제 4 항). ③ 주민참여예산기구의 구성·운영과 그 밖에 필요한 사항은 해당 지방자치단체의 조례로 정한다(지정법 제39조 제 5 항).

2. 예산안의 심의·의결

(1) 의결시한   제 1 항의 예산안을 시·도의회에서는 회계연도 시작 15일 전까지, 시·군 및 자치구의회에서는 회계연도 시작 10일 전까지 의결하여야 한다(지자법 제142조 제 2 항). 시·도의 예산안의 의결시한을 시·군 및 자치구의 예산안의 의결시한보다 앞서게 한 것은 시·군 및 자치구에 비하여 시·도의 경우에 예산집행을 위한 준비기간이 보다 많이 소요되기 때문이다.

(2) 금액증가의 금지 등   지방의회는 지방자치단체의 장의 동의 없이 지출예산 각 항의 금액을 증가하거나 새로운 비용항목을 설치할 수 없다(지자법 제142조 제 3 항). 증액은 세입과 직결되기 때문이다. 여기서 증액이란 예산총액의 증액은 물론이고, 예산총액의 증액은 없다고 하여도 각 관·항의 금액을 증가시키는 경우도 포함된다고 볼 것이다. 그러나 금액의 삭감·비목의 폐지 등 소극적 수정은 가능 하다.

(3) 예산안의 수정   지방자치단체의 장은 제 1 항의 예산안을 제출한 후 부득이한 사유로 그 내용의 일부를 수정하려면 수정예산안을 작성하여 지방의회에 다시 제출할 수 있다(지자법 제142조 제 4 항). 예산안 수정의 사유인 부득이한 사유에는 특별한 제한이 없다. 그것은 지방자치단체의 건전한 재정운용에 장애가 되는 사유를 총칭한다. 수정예산안의 절차(편성·심의·의결·이송 등)는 본 예산안의 경우와 같다

고 볼 것이다. 지방자치단체의 장에 의한 예산안의 수정제도는 예산편성의 효율성
과 지방의회의 활동의 탄력성의 확보에 기여한다.

3. 예산안의 이송·보고

(1) 이 송   지방의회의 의장은 예산안이 의결되면 그날부터 3일 이내에 지방
자치단체의 장에게 이송하여야 한다(지자법 제149조 제 1 항).

(2) 보 고   지방자치단체의 장은 제 1 항에 따라 예산을 이송받으면 지체 없
이 시·도에서는 행정안전부장관에게, 시·군 및 자치구에서는 시·도지사에게 각각
보고하고, 그 내용을 고시하여야 한다. 다만, 제121조에 따른 재의요구를 할 때에
는 그러하지 아니하다(지자법 제149조 제 2 항).

4. 재의의 요구

(1) 예산상 집행 불가능한 경우   지방자치단체의 장은 지방의회의 의결이 예산
상 집행할 수 없는 경비를 포함하고 있다고 인정되면 그 의결사항을 이송받은 날부
터 20일 이내에 이유를 붙여 재의를 요구할 수 있다(지자법 제121조 제 1 항). 지방의회
가 다음 각 호(1. 법령에 따라 지방자치단체에서 의무적으로 부담하여야 할 경비, 2. 비상재해로
인한 시설의 응급 복구를 위하여 필요한 경비)의 어느 하나에 해당하는 경비를 줄이는 의결
을 할 때에도 제 1 항과 같다(지자법 제121조 제 2 항). 제 1 항과 제 2 항의 경우에는 제
120조 제 2 항(제 1 항의 요구에 대하여 재의한 결과 재적의원 과반수의 출석과 출석의원 3분의 2 이상
의 찬성으로 전과 같은 의결을 하면 그 의결사항은 확정된다)을 준용한다(지자법 제121조 제 3 항).

(2) 예산안에 대한 의결이 위법한 경우   지방자치법 제121조에 해당하지 아니
하지만, 예산안에 대한 의결이 위법하다면, 지방자치단체의 장은 지방자치법 제
120조에 근거하여 재의를 요구할 수도 있다.[1]

II. 임시예산·예비비

1. 임시예산(준예산)

(1) 임시예산의 의의   법정기한 내에 예산안이 의결되지 아니함으로써 야기되
는 행정의 혼란을 방지하기 위하여 전년도의 예산에 준하여 집행하는 예산을 임시
예산이라 한다. 지방자치법은 "지방의회에서 새로운 회계연도가 시작될 때까지 예

---

1) 최우용, 지방자치법주해, 536쪽.

산안이 의결되지 못하면 지방자치단체의 장은 지방의회에서 예산안이 의결될 때까지 다음의 목적(1. 법령이나 조례에 따라 설치된 기관이나 시설의 유지·운영, 2. 법령상 또는 조례상 지출의무의 이행, 3. 이미 예산으로 승인된 사업의 계속)을 위한 경비를 전년도 예산에 준하여 집행할 수 있다(지자법 제146조)"고 임시예산제도를 규정하고 있다. 임시예산은 준예산이라고도 한다.[1]

(2) 임시예산의 취지   회계연도가 개시될 때까지 예산안이 의결되지 아니하면 원활한 행정이 어려워지고 행정의 혼란이 발생할 수도 있으므로 이를 방지하기 위한 것이 바로 임시예산제도의 취지이다. 장에 의한 일종의 선결저분에 해낭한나.[2]

(3) 임시예산의 집행   지방의회에서 부득이한 사유로 회계연도가 개시될 때까지 예산안이 의결되지 못하였을 때에는 지방자치단체의 장은 지방자치법 제146조에 따라 예산을 집행하여야 한다(지정법 제46조 제1항). 제1항에 따라 집행된 예산은 해당 회계연도의 예산이 성립되면 그 싱립된 예산에 의하여 집행된 것으로 본다(지정법 제46조 제2항).

2. 예 비 비

(1) 예비비의 의의   예측할 수 없는 예산 외의 지출이나 예산초과지출에 충당하기 위하여 세입·세출예산에 계상되는 금액을 말한다. 지방자치단체는 예측할 수 없는 예산 외의 지출이나 예산초과지출에 충당하기 위하여 세입·세출예산에 예비비를 계상하여야 한다(지자법 제144조 제1항). 예측할 수 없는 예산에 충당한다는 것은 예측할 수 있는 예산에는 충당할 수 없음을 의미한다. 따라서 예산심의중 충분히 예측할 수 있었던 용도나 예산심의중 폐기되었거나 삭감된 용도를 위한 지출은 할 수 없다고 볼 것이다. 또한 예산초과지출에 충당한다는 것은 과도한 금액을 지출할 수 있다는 것이 아니라 예측이 어려워 예산이 과소로 편성되었기 때문에 추가로 지출이 필요하게 된 경우를 말한다.[3]

(2) 예비비의 취지   예비비는 빈번한 추가경정예산, 빈번한 지방의회소집 등을 피하고 긴급에 대비하기 위한 것이다.[4] 따라서 예비비의 계상은 의무적이다. 지방자치단체는 예측할 수 없는 예산 외의 지출 또는 예산 초과 지출에 충당하기 위하여 일반회계와 교육비특별회계의 경우에는 각 예산 총액의 100분의 1 이내의

---

1) 최우용, 지방자치법주해, 527쪽.
2) 최우용, 지방자치법주해, 527쪽.
3) 선정원, 지방자치법주해, 522쪽.
4) 선정원, 지방자치법주해, 522쪽.

금액을 예비비로 예산에 계상하여야 하고, 그 밖의 특별회계의 경우에는 각 예산 총액의 100분의 1 이내의 금액을 예비비로 예산에 계상할 수 있다(지정법 제43조 제 1 항). 제 1 항에도 불구하고 재해·재난 관련 목적 예비비는 별도로 예산에 계상할 수 있다(지정법 제43조 제 2 항).

(3) 지방의회의 승인   예비비의 지출은 다음 해 지방의회의 승인을 받아야 한 다(지자법 제144조 제 2 항). 다음 연도의 지방의회란 반드시 다음연도의 정기회를 뜻하 는 것이 아니라, 다음 연도에 최초로 소집되는 지방의회로 볼 것이다. 지방자치단 체의 장은 예비비로 사용한 금액의 명세서를「지방자치법」제150조 제 1 항에 따라 지방의회의 승인을 받아야 한다(지정법 제43조 제 4 항). 예비비의 지출에 대하여 지방 의회의 승인을 요하게 한 것은 예산집행에 있어 집행기관의 부정지출과 낭비를 통 제하고 아울러 집행기관의 책임을 해제하려는 데 있다.

(4) 승인·불승인의 의미   다음 연도의 지방의회에서 예비비지출에 대하여 승 인을 받지 못하였다고 하여도 이미 이루어진 예산집행의 효력에는 영향이 없다고 볼 것이다. 그러나 의결 후에 더 이상 예비비의 집행은 허용되지 않는다고 볼 것이 다. 지방의회의 승인은 집행기관에 대한 책임해제를 뜻한다. 지방의회의 불승인은 집행기관의 공무원법·형사법상 책임문제를 가져올 수 있다.

Ⅲ. 추가경정예산(예산의 변경)

1. 추가경정예산의 의의

추가경정예산이란 집행중인 예산을 변경하는 예산을 말한다. 추가경정예산에 대비하여 원래의 예산을 본예산 또는 당초예산이라 부른다. 용례상 추가와 경정은 상이한 의미를 갖지만, 일반적으로 양자는 동시에 발생하는바, 추가경정이라는 용 어는 함께 사용되고 있다. 지방자치단체의 장은 예산을 변경할 필요가 있으면 추가 경정예산안을 편성하여 지방의회의 의결을 받아야 한다(지자법 제145조 제 1 항). 추가 경정예산을 편성할 수 있는 횟수에는 제한이 없다.

2. 금액증가의 금지 등

지방의회는 지방자치단체의 장의 동의 없이 지출예산 각 항의 금액을 증가하 거나 새로운 비용항목을 설치할 수 없다(지자법 제142조 제 3 항). 증액은 세입과 직결 되기 때문이다. 여기서 증액이란 예산총액의 증액은 물론이고, 예산총액의 증액은 없다고 하여도 각 관·항의 금액을 증가시키는 경우도 포함된다고 볼 것이다. 그러나 금액의 삭감·비목의 폐지 등 소극적 수정은 가능하다.

3. 추가경정예산안의 수정

지방자치단체의 장은 제 1 항의 추가경정예산안을 제출한 후 부득이한 사유로 그 내용의 일부를 수정하려면 수정예산안을 작성하여 지방의회에 다시 제출할 수 있다(지자법 제142조 제 4 항). 추가경정예산안 수정의 사유인 부득이한 사유에는 특별한 제한이 없다. 그것은 지방자치단체의 건전한 재정운용에 장애가 되는 사유를 총칭한다. 수정예산안의 절차(편성·심의·의결·이송 등)는 본 예산안의 경우와 같다고 볼 것이다. 지방자치단체의 장에 의한 추가경정예산안의 수정제도는 예산편성의 효율성과 지방의회의 활동의 탄력성의 확보에 기여한다.

4. 추가경정예산의 성립절차

추가경정예산안의 의결·이송·고시 등의 절차도 본예산의 경우와 같다. 추가경정예산이 성립되면, 추가경정예산은 본예산과 통산하여 집행된다.

5. 추가경정예산의 예외

지방자치단체의 장은 … 다만, 다음 각 호(1. 시·도의 경우 국가로부터, 시·군 및 자치구의 경우 국가 또는 시·도로부터 그 용도가 지정되고 소요 전액이 교부된 경비, 2. 시·도의 경우 국가로부터, 시·군 및 자치구의 경우 국가 또는 시·도로부터 재난구호 및 복구와 관련하여 복구계획이 확정·통보된 경우 그 소요 경비)의 경비는 추가경정예산의 성립 전에 사용할 수 있으며, 이는 같은 회계연도의 차기 추가경정예산에 계상하여야 한다(지정법 제45조 단서).

제 3 항 예산의 효력

Ⅰ. 예산일년주의

지방자치단체의 예산은 회계연도마다 지방자치단체의 장이 편성하고(지자법 제142조 제 1 항), 지방의회가 의결한다(지자법 제142조 제 2 항). 따라서 예산은 한 회계연도에만 효력이 있다. 이를 예산일년주의라 한다. 국가예산의 경우(국정법 제 2 조)와 마찬가지로 지방자치단체의 회계연도는 매년 1월 1일에 시작하여 그 해 12월 31일에 끝난다(지정법 제 6 조).

II. 내부법으로서 예산

1. 의 의

예산계획은 제 3 자에 대하여 적용되는 외부적 효과를 가진 법(외부법)이 아니다. 그것은 다만 지방자치단체가 당해 지방자치단체의 임무로서 수행할 임무의 총괄적인 범위를 규율하는 것일 뿐이다(내부법). 특히 세출예산과 관련하여 지방자치단체는 책정된 예산을 반드시 지출해야 하는 것은 아니다. 예산계획은 지방자치단체로 하여금 자신의 권한으로 일정한 임무를 수행하도록 하고, 금전을 지급할 수 있게 하는 기능을 부여한다는 의미에서 법적 가치를 갖는다.1) 이러한 의미에서 예산은 지방의회가 집행기관에 대해 공법적인 권한을 부여하는 또 하나의 형식이 된다.

2. 내부적 구속효

세입예산은 세입예정표로서의 의미만을 갖고, 그 구속력은 세출예산에 비할 바 못된다. 한편 지방재정법은 세출예산과 관련하여 지출목적·지출금액·지출시기의 3가지 면에서 집행기관에 제약을 가한다. 즉, ① 지방자치단체의 장은 세출예산에서 정한 목적 외의 용도로 경비를 사용할 수 없다(지정법 제47조). 지방자치단체의 장은 세출예산에서 정한 각 정책사업 간에 서로 이용할 수 없다. 다만, 예산 집행에 필요하여 미리 예산으로서 지방의회의 의결을 거쳤을 때에는 이용할 수 있다(지정법 제47조의2 제 1 항). 지방자치단체의 장은 지방자치단체의 기구·직제 또는 정원에 관한 법령이나 조례의 제정·개정 또는 폐지로 인하여 관계 기관 사이에 직무권한이나 그 밖의 사항이 변동되었을 때에는 그 예산을 상호 이체(移替)할 수 있다. 이 경우 지방자치단체의 장은 분기별로 분기만료일이 속하는 달의 다음 달 말일까지 그 내역을 지방의회에 제출하여야 한다(지정법 제47조의2 제 2 항). 또한 ② 예산의 지출은 원칙적으로 예산액의 범위 내에서만 가능하다(지자법 제144조; 지정법 제43조 참조). 그리고 ③ 예산사용의 시기와 관련하여 지방의회의 동의없는 세출예산의 이월사용은 원칙적으로 금지된다(지정법 제50조 제 1 항).

---

1) Klüber, Das Gemeinderecht, S. 220f.

3. 사인의 청구권의 근거로서 예산

예산은 사인의 청구권의 근거가 되지 못한다. 말하자면 예산을 근거로 지방자
치단체에 대한 사인의 청구권은 발생하지 아니한다. 왜냐하면 예산이 교부지원의
근거가 되기는 하지만, 예산은 내부법이고, 내부법으로부터 사인의 권리는 발생하
지 아니하기 때문이다.

제 4 항 결   산[1]

Ⅰ. 결산의 관념

1. 결산의 의의

책임 있고 민주적이면서 공개적인 재정·경제의 보장을 위한 광범위한 예방수
단으로서 효과적인 재정통제수단이 요구된다. 예산계획에 근거하여 사실상 이루어
진 재정활동은 소급적으로 결함 없이 정당화되어야 한다. 여기에 재정의 통제책이
요구되고, 그 통제책이 결산이다. 결산은 예산사용의 적법성통제에 기여한다.

2. 결산의 기능

결산은 행정작용의 경제성과 합목적성의 심사에 기여한다. 지방의회가 결산을
승인하게 되면 지방자치단체의 장과 그 밖의 소속 집행기관은 책임을 면한다(책임의
해제). 여기서 책임을 면한다는 것은 지방의회가 정치적·법적 책임을 부담함을 의
미한다.

Ⅱ. 결산의 절차

1. 지방의회의 승인과 시정요구

(1) 승   인   지방자치단체의 장은 출납 폐쇄 후 80일 이내에 결산서와 증빙
서류를 작성하고 지방의회가 선임한 검사위원의 검사의견서를 첨부하여 다음 해

---

1) [관련논문] 김재호·이원상, "재정건전화를 위한 지방자치단체 결산제도의 개선방안," 지방자치법
연구, 통권 제39호, 183쪽 이하 참조.

지방의회의 승인을 받아야 한다(지자법 제150조 제 1 항 제 1 문). 지방의회의 승인을 받으면 집행기관과 관계 공무원의 책임은 면제된다. 만약 지방의회가 승인을 거부하면, 집행기관과 관계 공무원은 책임을 면할 수 없다. 책임의 내용은 거부사유에 따라 법적 또는 정치적 책임이 될 것이다. 한편, 검사위원은 검사의견서를 낼 뿐, 장의 결산행위를 취소하거나 무효를 선언할 수는 없다.[1]

(2) 시정요구   결산의 심사결과 위법하거나 부당한 사항이 있는 경우에 지방의회는 본회의 의결 후 지방자치단체 또는 해당 기관에 변상 및 징계 조치 등 그 시정을 요구하고, 지방자치단체 또는 해당 기관은 시정요구를 받은 사항을 지체 없이 처리하여 그 결과를 지방의회에 보고하여야 한다(지자법 제150조 제 1 항 제 2 문).

2. 감독청에 보고

지방자치단체의 장은 제 1 항에 따른 승인을 받으면 5일 이내에 시·도에서는 행정안전부장관에게, 시·군 및 자치구에서는 시·도지사에게 각각 보고하고 그 내용을 고시하여야 한다(지자법 제150조 제 2 항).

3. 지방자치단체가 없어진 경우

지방자치단체를 폐지하거나 설치하거나 나누거나 합쳐 없어진 지방자치단체의 수입과 지출은 없어진 날로 마감하되, 그 지방자치단체의 장이었던 사람이 결산하여야 한다(지자법 제151조 제 1 항). 제 1 항의 결산은 제150조 제 1 항에 따라 사무를 인수한 지방자치단체의 의회의 승인을 받아야 한다(지자법 제151조 제 2 항).

III. 결산의 공개

1. 관련규정

지방자치단체의 장은 제 1 항에 따른 결산의 승인을 받으면 5일 이내에 시·도에서는 행정안전부장관에게, 시·군 및 자치구에서는 시·도지사에게 각각 보고하고 그 내용을 고시하여야 한다(지자법 제150조 제 2 항).

2. 공개의 의미

회계검사의 공개는 민주사회에서 주민의 여론형성에의 참여를 위해, 대표기관

---

1) 최우용, 지방자치법주해, 539쪽.

의 통제와 민주적인 선거권행사를 위해,[1] 그리고 법치국가의 국가작용의 원리로서 요구된다.[2] 회계의 실질적인 공개가 이루어지기 위해서는 의원 개개인에게 회계결과가 보고되는 것 이외에 언론에도 회계결과가 주어지고 또한 주민 개개인이 자유로이 그것을 열람할 수 있는 상태가 마련되어야 한다.[3]

Ⅳ. 결산심사기관

1. 상설 결산심사기관의 설치문제

현행법상 지방자치단체의 장이 작성한 결산서 및 증빙서류에 대한 심사기관으로 지방의회의 승인에 앞서서 검사위원이 활동하게 되어 있다. 그러나 검사위원의 활동은 한정적이라 판단된다. 따라서 검사위원의 제도보다는 오히려 지방의회에 소속하고, 지방의회에 직접 책임을 지고, 책임자와 심사관이 지방의회에 의해 임명되는 지방독립의 상설 결산심사기관(예: 지방결산심사처)을 설치하는 것이 필요하다고 본다.[4]

2. 감사원의 감사의 문제점

모든 지방자치단체에 상설의 결산심사기관을 설치한다는 것은 예산의 낭비일 수도 있으므로 광역지방의회의 소속으로 설치하는 것도 검토할 만하다. 감사원법에 따라 감사원이 지방자치단체의 회계를 필요적으로 검사하게 되어 있으나(감사원법 제22조 제1항 제2호), 지방자치단체의 회계심사는 지방자치단체의 자치사무(고유사무)에 속한다는 점을 고려한다면, 감사원의 회계검사는 후견적인 것으로 보아야 하고, 실질적인 감사권은 지방자치단체가 갖는 것이 지방자치제의 헌법적 보장에 비추어 타당하다.

---

1) 주민들은 자기들의 대표기관, 대표자가 어떠한 활동을 하였는가를 알 때에만 비로소 선거권을 의미있게 행사할 수 있다는 뜻이다. 이런 의미에서 회계검사는 주민들의 판단에 필요한 필수적인 기초자료가 된다.
2) Armin, Die Öffentlichkeit kommunaler Finanzkontrollberichte als Verfassungsgebot, S. 3lff.
3) Armin, Die Öffentlichkeit kommunaler Finanzkontrollberichte als Verfassungsgebot, S. 21f.
4) 이러한 내용을 입법으로 갖는 경우도 있다. 그러한 예로 독일 Mecklenburg-Vorpommern의 지방회계심사법(Kommunalprüfungsgesetz)을 볼 수 있다. 동법에 의하면 주민 20,000명 이상의 게마인데(기초지방자치단체)는 회계심사국(Rechnungsprüfungsamt)을 의무적으로 설치하여야 한다. 그리고 회계심사국의 활동의 독립성보장을 위하여, 회계심사국은 시장의 소속이 아니라 지방의회소속으로 설치되고 지방의회에 직접 책임을 지며, 회계심사국의 장과 심사관은 지방의회가 지명한다.

V. 주민감시

1. 시정요구

　　지방자치단체의 예산 또는 기금을 집행하는 자, 재정지원을 받는 자, 지방자치 단체의 장 또는 기금관리주체(법령 또는 조례에 따라 기금을 관리·운영하는 자로 한다. 다만, 「국 가재정법」 제 8 조에 따른 기금관리주체는 제외한다. 이하 같다)와 계약 그 밖의 거래를 하는 자 가 법령을 위반함으로써 지방자치단체에 손해를 가하였음이 명백한 때에는 누구든 지 집행에 책임이 있는 지방자치단체의 장 또는 기금관리주체에게 불법 지출에 대 한 증거를 제출하고 시정을 요구할 수 있다(지정법 제48조의2 제 1 항).

2. 의견제안

　　지방자치단체의 예산절약 또는 수입증대와 관련한 의견이 있는 자는 해당 지 방자치단체의 장 또는 기금관리주체에게 그 의견을 제안할 수 있다(지정법 제48조의2 제 2 항).

3. 처리결과의 통지

　　제 1 항 및 제 2 항의 규정에 따라 시정요구 또는 제안을 받은 지방자치단체의 장 또는 기금관리주체는 대통령령이 정하는 바에 따라 그 처리결과를 행정안전부장 관에게 제출하고 시정요구 또는 제안을 한 자에게 통지하여야 한다(지정법 제48조의2 제 3 항).

4. 예산성과금의 지급

　　지방자치단체의 장 또는 기금관리주체는 제 1 항의 시정요구에 대한 처리결과 에 따라 수입이 증대되거나 지출이 절약된 때에는 시정요구를 한 자에게 제48조의 규정에 따른 예산성과금을 지급할 수 있다(지정법 제48조의2 제 4 항).

제 3 절   수입과 지출

제 1 항   수   입

수입은 관점에 따라 여러 가지로 나누어 볼 수 있다.[1] 즉 ① 공법에 근거하여 들어오는 공법상 수입(예: 지방세)과 사법에 근거하여 들어오는 사법상 수입(예: 사업소득), ② 세금으로서 들어오는 세수입(예: 지방세)과 세금이 아닌 수입으로 들어오는 세외수입(예: 사용료·수수료·분담금), ③ 매년 계속적으로 들어오는 정상적 수입(예: 지방세)과 일시적으로 들어오는 임시적 수입(예: 지방채), ④ 지방자치단체가 스스로의 권능에 근거하여 받아들이는 자주재원(예: 지방세)과 국가나 광역지방자치단체로부터 들어오는 의존재원(예: 지방교부세·보조금·지방채)으로 구분할 수 있다. 한편, 이러한 수입들은 용도와 관련하여 용도가 특정되어 있지 아니한 재원인 일반재원(예: 지방세·지방교부세)과 용도가 특정되어 있는 특정재원(예: 보조금·지방채)으로 구분할 수 있다. 이하에서 공법에 근거한 수입부터 살피기로 한다.

I. 지방공과금

1. 의 의

지방자치단체의 수입은 지방세, 국가나 광역지방자치단체의 부담금·보조금(교부금)·지방교부세, 사용료·수수료·분담금, 사법상의 수익(지방자치단체의 재산소득, 영업이익, 주민의 증여 등), 사법상 채무부담 등으로 이루어진다.[2] 이 중에서 지방자치단체의 수입에는 지방공과금이 중심을 이룬다. 지방공과금(Kommunalabgaben)이란 지방자치단체가 법률의 규정에 근거하여 수입목적으로 고권의 행사를 통해 사인에게

---

1) [관련논문] 최승필, "지방자치단체의 재원형성과 관리상의 쟁점에 대한 검토," 지방자치법연구, 통권 제48호, 3쪽 이하; 신승근·조경희, "일본의 고향사랑 조세제도 도입방안에 관한 연구," 지방자치법연구, 통권 제53호, 265쪽 이하.

2) 지방교육재정에 관해서는 본서, 421쪽 참조.

부과하는 금전급부(예: 지방세·분담금·수수료)를 말한다. 사법상 금전채권이나 공법상 계약에 의한 금전채권은 공과금이 아니다. 조세·수수료·분담금 등이 공과금에 속한다.

2. 법률의 유보

"국민의 모든 자유와 권리는 국가안전보장·질서유지 또는 공공복리를 위하여 필요한 경우에 한하여 법률로써 제한할 수 있으며, 제한하는 경우에도 자유와 권리의 본질적인 내용을 침해할 수 없다"는 헌법 제37조 제 2 항, "모든 국민은 법률이 정하는 바에 의하여 납세의 의무를 진다"는 헌법 제38조, "조세의 종목과 세율은 법률로 정한다"는 헌법 제59조에 비추어 공과금은 법률로 정하여야 한다(법률의 유보). 공과금의 징수를 위한 수권은 입법자 스스로에 의해 법률의 형식으로 발령되어야 한다.[1]

3. 부과징수의 우선순위

지방공과금을 통한 재정수단확보가 기채에 의한 것보다 우선한다. 그리고 특별한 대가를 받는 것이 조세에 우선한다. 그리고 주민이 부담하는 반대급부가 공법상 수수료 또는 분담금인지, 아니면 사법상의 보수인지에 관해 불분명하다면, 공법적인 성격으로 추정할 것이다. 왜냐하면 행정을 위해 사법형식을 선택하는 것은 예외적인 것이기 때문이다.

II. 지 방 세

1. 조세고권

조세고권이란 지방자치단체가 지방세를 부과·징수할 수 있는 권한을 말한다. 조세고권은 지방자치제의 헌법적 보장의 보호영역에 속한다.[2] 지방자치단체는 자치사무의 수행에 소요되는 부담을 주민이 감당하도록 규율하는 권능을 가져야 한다. 조세고권은 지방자치단체에 대하여 고유한 세원의 발굴을 위한 권능을 보장하

---

1) Erichsen, Kommunalrecht, S. 166.
2) 독일기본법은 소득세수입 중에서 일정한 몫을 지방자치단체에 분배하는 것을 규정하고 있다(동법 제106조 제 3 항 및 제 5 항). 이러한 소득세수의 일정 부분은 지방자치단체의 재정확보의 고유한 축을 이룬다(BVerfGE 71, 25, 38)고 한다(H. Meyer, Rn. 488). 한편, 우리 헌법상으로는 이러한 규정이나 유사한 규정을 찾아볼 수 없다.

는 것은 아니다. 조세의 종목과 세율은 국회가 정하는 것이므로(헌법 제59조), 새로운 세원을 발굴하고 이를 입법화하는 권능은 국가에 속한다.[1] 지방자치단체는 법률(지방세법)로 정하는 바에 따라 지방세를 부과·징수할 수 있다(지자법 제152조). 지방세는 지방재정의 중심을 이루는 것이므로 지방세의 세원은 각 지역에 고루 분포하고(보편성), 경기변동에도 불구하고 세수가 안정적으로 확보되고(안정성), 지역간의 분쟁을 방지할 수 있도록 당해 지역에 고정적일 것(정착성)이 요구된다.

2. 지방세의 의의

(1) 개 념　　지방자치단체에 의하여 부과되는 조세가 지방세이다. 헌법상 조세의 개념은 정의되고 있지 않다. 오히려 조세개념이 주어져 있음을 전제로 한다(헌법 제38조 참조). 일반적으로 조세 공행정주체가 특정급부에 대한 반대급부가 아니라, 수입의 목적으로 법률이 급부의무를 징한 구성요건에 해당하는 모든 사람에게 부과하는 금전급부로 이해되고 있다. 조세개념의 특징에 따른 지방세의 특징은 아래와 같다.[2]

(2) 지방세의 성격　　조세로서 지방세는 특정급부에 대한 반대급부가 아니고 또한 원칙적으로 특정 목적에 이바지하는 것이 아니다. 그것은 공동체 일반의 이익을 위한 것이다. 이 때문에 조세는 공동체 구성원의 공동의 부담이다. 수수료나 분담금은 반대급부의 성질을 갖는다.

(3) 지방세의 부과·징수의 주체　　세금의 부과·징수의 주체는 공행정주체이다. 어떠한 경우에도 사인은 과세의 주체가 될 수 없다. 왜냐하면 사인간에는 공법상의 강제력을 행사할 수 없기 때문이다.

(4) 지방세의 목적　　수입의 유지라는 국고상의 목적은 조세개념상 또한 필수적인 부분이다. 따라서 환경공과금과 같은 특별공과금은 수입목적을 갖는 것이 아

---

1) [관련논문] 옥무석, "지방세제의 현황과 개선방안," 지방자치법연구, 통권 제 3 호, 29쪽 이하; 옥무석, "종합부동산세의 입법방향과 지방자치의 이념," 지방자치법연구, 통권 제 7 호, 95쪽 이하; 박훈, "지방세 세목이전과 기초재원 확충방안," 지방자치법연구, 통권 제10호, 199쪽; 정지선·박준영, "지방세법상 소유권취득조건부 선체용선계약의 취득세 납세의무 성립에 관한 연구―대법원 2011. 1. 14. 선고, 2008두10592 판결에 대한 평석―," 지방자치법연구, 통권 제53호, 201쪽 이하; 김남욱, "저출산·고령사회에 따른 지방세제의 합리적 개선방안," 지방자치법연구, 통권 제53호, 231쪽 이하; 윤현석, "지방재정 확충 및 투기방지를 위한 분양권의 취득세 과세방안," 지방자치법연구, 통권 제54호, 159쪽 이하; 임현여, "(대만) 지방과세의 현황과 법률제정의 어려움―일본법이 대만법에 대한 시사점," 지방자치법연구, 통권 제62호, 213쪽 이하;

2) Zimmermann, Das System der kommunalen Einnahmen und die Finanzierung der kommunalen Aufgaben in der Bundesrepublik Deutschland, S. 54ff.

니므로 조세가 아니다. 한편, 수입목적은 부수적인 목적일 수도 있다(예: 담배세는 수입목적이 아니라 금연목적을 위해 건강에 해로운 담배를 비싸게 하기 위한 것이다. 지도목적인 금연목적이 잘 실현되면 될수록 수입목적은 줄어들 것이다).

(5) **지방세의 부과기준**   조세는 관련 세법의 구성요건에 해당하는 모든 사람에게(구성요건해당성, 일반성) 법률이 정한 바에 따라 평등하게(법률적합성, 평등성) 부과·징수된다. 일반성이 결여된 금전급부의무의 부과는 일반적으로 공용수용에 해당하게 된다. 평등성은 같은 재정상태에 있는 자에게는 같게, 다른 재정상태에 있는 자에게는 다른 세금의 부과를 의미한다. 이것은 급부력에 따른 과세를 의미한다. 법률적합성은 행정법의 일반원칙의 하나로서 과세의 경우에도 적용됨은 물론이다. 일반성·평등성·법률적합성은 과세의 구체적인 요건이 성문의 규정으로 표현되는 것을 요구한다. 그 구성요건에는 과세의 근거·대상·세율 등이 규정되어야 한다.

3. 지방세의 법적 근거[1]

(1) **법률의 유보**   헌법은 지방자치단체가 지방세를 징수할 수 있음을 명문으로 규정하고 있지는 않다. 헌법은 다만 조세법률주의의 원칙만을 규정하고 있을 뿐이다(헌법 제38조). 그러나 지방세의 부과·징수는 지방자치단체의 존립의 전제가 되는 것이므로, 지방자치단체가 지방세를 징수할 수 있음은 지방자치제도의 본질에 속한다. 따라서 조세법률주의 원칙, 기본권 제한의 법률유보의 원칙(헌법 제37조 제2항)과 관련하여 국회는 지방세에 관한 구체적인 것을 법률로 정할 수 있다(조세법률주의). 이와 관련하여 지방자치법은 "지방자치단체는 법률로 정하는 바에 따라 지방세를 부과·징수할 수 있다"고 규정하고 있으며(지자법 제152조), 그 법률이 지방세법이다.

(2) **조례에 의한 부과·징수**   지방자치단체는 법률에 근거 없이도 조례로서 세원을 마련할 수 있는가? 기술한 바와 같이 이에 대해서는 부정적으로 보아야 한다. 왜냐하면 조세의 부과·징수는 침해행정의 하나이고 침해행정은 국회제정법률상 특별한 근거를 요하는 것이기 때문이다(헌법 제37조 제2항). 또한, 법률로서 '조례제정을 통하여 징세할 수 있다'는 형식의 지나치게 일반적인 수권은 또한 인정되기 어렵다. 왜냐하면 국회의 수권은 그 내용을 예측할 수 있어야 하고, 중요사항은 법률에서 규정되어야 하기 때문이다(의회유보).[2]

---

1) [관련논문] 김태호, "지방정부의 과세자주권 수준의 판단기준 정립에 관한 연구," 지방자치법연구, 통권 제54호, 133쪽 이하.
2) Schmidt-Aßmann/Röhl, Kommunalrecht, in: Schmidt-Aßmann(Hrsg.), Besonderes Verwaltungsrecht, Rn. 130.

(3) **지방세조례주의**   지방자치단체는 법률의 수권 없이도 지방세의 세목, 과세객체, 과세표준, 세율 등을 조례로 정할 수 있다는 견해도 있다.[1] 이러한 지방세조례주의는 헌법 제117조 제 1 항이 보장하는 지방자치권에는 과세자주권이 포함되며, 헌법 제59조의 조세법률주의는 국세에 관한 원칙임을 논거로 한다. 생각건대 일본에서는 일본국헌법 제95조(하나의 지방공공단체만에 적용되는 특별법은, … 그 지방공공단체의 주민투표에 있어서 그 과반수의 동의를 얻지 아니하면 국회는 이것을 제정할 수 없다)를 근거로 주민주권론이 주장되는바 지방세조례주의가 자연스럽게 주장될 수 있지만, 우리 헌법에는 일본국헌법 제95조와 같은 조문이 없는바 지방세조례주의를 주장하기에는 무리가 따른다.[2]

4. 종 류[3]

종류		특별시세 광역시세 (시 지역)	도세 광역시세 (군 지역)	구세	시·군세 (광역시· 군세 포함)	특별자치시세 특별자치도세
보통세	취득세	○	○			○
	등록면허세		○	○		○
	레저세[4]	○	○			○
	담배소비세	○			○	○
	지방소비세	○			○	○
	주민세	○			○	○
	지방소득세	○			○	○
	재산세	특별시의 구(○)(1/2)		○(1/2)	○	○
	자동차세	○			○	○
목적세	지역자원시설세	○	○			○
	지방교육세	○	○			○

1) 김성호, "헌법상 국가— 지방자치단체간 재정권 비교," 지방자치법연구, 통권 제30호, 183쪽; 차상봉, "지방자치단체의 자주과세권 확대를 위한 법리적 고찰," 지방자치법연구, 창간호, 155쪽; 정만희, "헌법적 관점에서 본 지방자치법제의 발전방향," 지방자치법연구, 통권 제 3 호, 16쪽; 이기우·하승수, 지방자치법, 344쪽.

2) [관련논문] 최철호, "자치재정권의 확보방안의 법적 고찰—조세법률주의와 지방세조례주의를 중심으로—," 지방자치법연구, 통권 제52호, 39쪽 이하.

3) [관련논문] 하능식, "지방세체계 개편을 통한 지방재정 확충 방안," 지방자치법연구, 통권 제44호, 3쪽 이하; 이은미, "새로운 지방세 세원으로서 숙박세에 관한 고찰—일본 숙박세에 관한 비교법적 검토-," 지방자치법연구, 통권 제56호, 97쪽 이하; 김태호, "지방세 이자상당액 가산제도 도입방안,"

5. 부과·징수

(1) 납세의 고지	지방자치단체의 장은 지방세를 징수하려면 납세자에게 그 지방세의 과세연도·세목·세액 및 그 산출근거·납부기한과 납부장소를 구체적으로 밝힌 문서(전자문서를 포함한다. 이하 같다)로 고지하여야 한다(지징법 제12조 제 1 항).[1)]

(2) 부과의 제척기간

(가) 원 칙	지방세는 대통령령으로 정하는 바에 따라 부과할 수 있는 날부터 다음 각 호[1. 납세자가 사기나 그 밖의 부정한 행위로 지방세를 포탈하거나 환급·공제 또는 감면받은 경우: 10년. 2. 납세자가 법정신고기한까지 과세표준 신고서를 제출하지 아니한 경우: 7년. 다만, 다음 각 목(가. 상속 또는 증여를 원인으로 취득하는 경우, 나. 「부동산 실권리자명의 등기에 관한 법률」 제 2 조 제 1 호에 따른 명의신탁약정으로 실권리자가 사실상 취득하는 경우, 다. 타인의 명의로 법인의 주식 또는 지분을 취득하였지만 해당 주식 또는 지분의 실권리자인 자가 제46조 제 2 호에 따른 과점주주가 되어 「지방세법」 제 7 조 제 5 항에 따라 해당 법인의 부동산등을 취득한 것으로 보는 경우) 에 따른 취득으로서 법정신고기한까지 과세표준 신고서를 제출하지 아니한 경우에는 10년으로 한다. 3. 그 밖의 경우: 5 년]에서 정하는 기간이 만료되는 날까지 부과하지 아니한 경우에는 부과할 수 없다. 다만, 조세의 이중과세를 방지하기 위하여 체결한 조약(이하 "조세조약"이라 한다)에 따라 상호합의절차가 진행 중인 경우에는 「국제조세조정에 관한 법률」 제51조에서 정하는 바에 따른다(지기법 제38조 제 1 항).

(나) 부가기간	제 1 항에도 불구하고 다음 각 호[1. 제 7 장에 따른 이의신청·심판청구, 「감사원법」에 따른 심사청구 또는 「행정소송법」에 따른 소송(이하 "행정소송"이라 한다)에 대한 결정 또는 판결이 있는 경우, 2. 조세조약에 부합하지 아니하는 과세의 원인이 되는 조치가 있는 경우 그 조치가 있음을 안 날부터 3년 이내(조세조약에서 따로 규정하는 경우에는 그에 따른다)에 그 조세조약에 따른 상호합의가 신청된 것으로서 그에 대하여 상호합의가 이루어진 경우, 3. 제50조 제 1 항·제 2 항 및 제 4 항에 따른 경정청구가 있는 경우, 4. 「지방세법」 제103조의59 제 1 항 제 1 호· 제 2 호·제 5 호 및 같은 조 제 2 항 제 1 호·제 2 호·제 5 호에 따라 세무서장 또는 지방국세청장이 지방소득세 관련 소득세 또는 법인세 과세표준과 세액의 결정·경정 등에 관한 자료를 통보한 경우]

지방자치법연구, 통권 제64호, 99쪽 이하; 감재호·윤현석, "기업유치 관련 지방세제지원의 개선방안," 지방자치법연구, 통권 제64호, 135쪽 이하.

4) [관련논문] 정지선·김완용, "장외발매소 관련 레저세 배분방안에 관한 연구," 지방자치법연구, 통권 제55호, 243쪽 이하.

1) 대판 1982. 3. 23, 81누280(납세의무자의 주소를 주민등록표나 등기부에 의하여 충분히 확인할 수 있음에도 불구하고 납세의무자의 등기부상의 당초의 주소로만 납세고지서를 발송하였다가 반환되었다하여 행한 위 고지서의 공시송달은 적법한 송달로서의 효력을 발생할 수 없다).

제 1 호에 따른 결정 또는 판결이 확정되거나 제 2 호에 따른 상호합의가 종결된 날부터 1년, 제 3 호에 따른 경정청구일 또는 제 4 호에 따른 지방소득세 관련 자료의 통보일부터 2개월이 지나기 전까지는 해당 결정·판결, 상호합의, 경정청구 또는 지방소득세 관련 자료의 통보에 따라 경정결정이나 그 밖에 필요한 처분을 할 수 있다(지기법 제38조 제 2 항).

　　(3) 지방세징세권의 소멸시효　　지방자치단체의 징수금의 징수를 목적으로 하는 지방자치단체의 권리(이하 "지방세징수권"이라 한다)는 이를 행사할 수 있는 때부터 다음 각 호(1. 가산세를 제외한 지방세의 금액이 5천만원 이상인 경우: 10년, 2. 가산세를 제외한 지방세의 금액이 5천만원 미만인 경우: 5년)의 구분에 따른 기간 동안 행사하지 아니하면 소멸시효가 완성된다(지기법 제39조 제 1 항). 제 1 항의 소멸시효에 관하여는 이 법 또는 지방세관계법에 규정되어 있는 것을 제외하고는 「민법」에 따른다(지기법 제39조 제 2 항).

　　(4) 권리보호

　　(가) 쟁송가능성　　지방세기본법 또는 지방세관계법에 따른 처분으로서 위법·부당한 처분을 받았거나 필요한 처분을 받지 못하여 권리 또는 이익을 침해당한 자는 이 장에 따른 이의신청 또는 심판청구를 할 수 있다(지기법 제89조 제 1 항). 다음 각 호[1. 이 장에 따른 이의신청 또는 심판청구에 대한 처분. 다만, 이의신청에 대한 처분에 대하여 심판청구를 하는 경우는 제외한다. 2. 제121조 제 1 항에 따른 통고처분, 3. 「감사원법」에 따라 심사청구를 한 처분이나 그 심사청구에 대한 처분, 4. 과세전적부심사의 청구에 대한 처분, 5. 이 법에 따른 과태료의 부과]의 처분은 제 1 항의 처분에 포함되지 아니한다(지기법 제89조 제 2 항).

　　(나) 이의신청　　이의신청을 하려면 그 처분이 있은 것을 안 날(처분의 통지를 받았을 때에는 그 통지를 받은 날)부터 90일 이내에 대통령령으로 정하는 바에 따라 불복의 사유를 적어 특별시세·광역시세·도세[도세 중 소방분 지역자원시설세 및 시·군세에 부가하여 징수하는 지방교육세와 특별시세·광역시세 중 특별시분 재산세, 소방분 지역자원시설세 및 구세(군세 및 특별시분 재산세를 포함한다)에 부가하여 징수하는 지방교육세는 제외한다]의 경우에는 시·도지사에게, 특별자치시세·특별자치도세의 경우에는 특별자치시장·특별자치도지사에게, 시·군·구세[도세 중 소방분 지역자원시설세 및 시·군세에 부가하여 징수하는 지방교육세와 특별시세·광역시세 중 특별시분 재산세, 소방분 지역자원시설세 및 구세(군세 및 특별시분 재산세를 포함한다)에 부가하여 징수하는 지방교육세를 포함한다]의 경우에는 시장·군수·구청장에게 이의신청을 하여야 한다(지기법 제90조).

(다) 심사청구 및 심판청구

(a) 이의신청을 거친 경우   이의신청을 거친 후에 심판청구를 할 때에는 이의신청에 대한 결정 통지를 받은 날부터 90일 이내에 조세심판원장에게 심판청구를 하여야 한다(지기법 제91조 제 1 항).

(b) 결정기간이 경과한 경우   제96조에 따른 결정기간에 이의신청에 대한 결정통지를 받지 못한 경우에는 제 1 항에도 불구하고 결정 통지를 받기 전이라도 그 결정기간이 지난 날부터 심판청구를 할 수 있다(지기법 제91조 제 2 항).

(c) 이의신청을 거치지 아니한 경우   이의신청을 거치지 아니하고 바로 심판청구를 할 때에는 그 처분이 있은 것을 안 날(처분의 통지를 받았을 때에는 통지받은 날)부터 90일 이내에 조세심판원장에게 심판청구를 하여야 한다(지기법 제91조 제 3 항).

(라) 관계서류의 열람 및 의견진술권   이의신청인, 심판청구인 또는 처분청(처분청의 경우 심판청구로 한정한다)은 그 신청 또는 청구에 관계되는 서류를 열람할 수 있으며, 대통령령으로 정하는 바에 따라 지방자치단체의 장 또는 조세심판원장에게 의견을 진술할 수 있다(지기법 제92조).

(마) 행정소송   처분에 불복하는 자는 법원에 행정소송을 제기할 수 있다. 반드시 이의신청 등의 절차를 거쳐야 하는 것은 아니다. 필요적 심판전치를 규정한 구 지방세법 제78조 제 2 항(제72조 제 1 항에 규정된 위법한 처분등에 대한 행정소송은 행정소송법 제18조 제 1 항 본문·제 2 항 및 제 3 항의 규정에 불구하고 이 법에 의한 심사청구와 그에 대한 결정을 거치지 아니하면 이를 제기할 수 없다)은 오래전에 헌법재판소에 의해 위헌으로 선언된 바 있다.[1]

Ⅲ. 부담금·보조금·지방교부세[2]

1. 부담금(교부금)

(1) 법령에 따른 위임사무   지방자치단체나 그 기관이 법령에 따라 처리하여야 할 사무로서 국가와 지방자치단체 간에 이해관계가 있는 경우에는 원활한 사무처리를 위하여 국가에서 부담하지 아니하면 아니 되는 경비는 국가가 그 전부 또는 일부를 부담한다(지정법 제21조 제 1 항).

(2) 임의적 위임사무   국가가 스스로 하여야 할 사무를 지방자치단체나 그 기

---

1) 헌재 2001. 6. 28, 2000헌바30.
2) 조정교부금 역시 지방자치단체의 수입의 한 부분이다. 이에 관해서는 본서, 673쪽을 보라.

관에 위임하여 수행하는 경우 그 경비는 국가가 전부를 그 지방자치단체에 교부하여야 한다(지정법 제21조 제2항). 시·도나 시·도지사가 시·군 및 자치구 또는 시장·군수·자치구의 구청장에게 그 사무를 집행하게 할 때에는 시·도는 그 사무 집행에 드는 경비를 부담하여야 한다(지정법 제28조).

2. 보 조 금1)

(1) 의 의 조세수입만으로 지방자치단체의 재정의 유지가 곤란한 경우 등에 주어지는 재정지원금이 보조금이다. 이것은 지방자치제도의 보장에 필수적이다. 국가는 정책상 필요하다고 인정할 때 또는 지방자치단체의 재정 사정상 특히 필요하다고 인정할 때에는 예산의 범위에서 지방자치단체에 보조금을 교부할 수 있다(지정법 제23조 제1항). 특별시·광역시·특별자치시·도·특별자치도(이하 "시·도"라 한다)는 정책상 필요하다고 인정할 때 또는 시·군 및 자치구의 재정 사정싱 특히 필요하다고 인정할 때에는 예산의 범위에서 시·군 및 자치구에 보조금을 교부할 수 있다(지정법 제23조 제2항).2)

(2) 종 류 보조금은 일반보조금과 특별보조금으로 구분할 수 있다. 일반보조금이란 사용목적이 지정되지 않은 보조금을 말하고, 특별보조금이란 학교, 도로, 병원건설 등 사용목적이 제한된 보조금을 말한다. 특별보조금을 국고보조금이라 부르기도 한다. 한편, 특별보조금(국고보조금)은 용도가 지정되고 있다는 점, 특별보조금은 관련 프로젝트에 소요되는 모든 비용을 반드시 충족시키는 것은 아니어서 국가에 의해 주도되는 프로젝트의 수행을 위해 당해 지방자치단체 자체에 의한 재원마련도 필요하다는 점, 그리고 특별보조금의 사용에 많은 제한(부담)이 가해진다는 점 때문에 특별보조금제도는 지방자치단체의 자기책임성에 다소 손상을 가져오는 면도 갖는다.

3. 지방교부세

(1) 의 의 지방교부세란 국가가 재정적 결함이 있는 지방자치단체에 교부하는 금액을 말한다(지부법 제2조 제1호). 지방교부세는 지방자치단체 간의 재정의 불균형을 시정하기 위하여 내국세액의 일정한 비율을 일정한 기준에 따라 각 지방자치단체에 배분하여 교부하는 일반재원을 말한다.3) 지방교부세는 단순히 국고로부

---

1) [관련논문] 이상범, "광역-기초간 시도비 보조금 제도의 개선방안," 지방자치법연구, 통권 제64호, 165쪽 이하.
2) 대판 2011. 6. 9, 2011다2951.

터의 교부금이 아니라, 내국세액에 대하여 지방자치단체가 갖는 고유한 몫이라는 의미와 그 용도가 특정되어 있지 않다는 점을 특징으로 한다. 지방교부세법상 지방교부세의 종류는 보통교부세·특별교부세·부동산교부세·소방안전교부세로 구분되고 있다(지부법 제3조). 말하자면, "지역주민으로부터 징수되는 지방세만으로는 표준적인 행정서비스를 제공하는 데 필요한 재원을 확보할 수 없는 재정부족 단체에 대하여 부족한 정도에 따라 그 재원을 보전해 주는 재정지원 제도가 필요하게 된다. 이와 같이 지역 간 세원 편재와 재정 불균형을 해소하고 모든 지방자치단체가 일정한 행정수준을 확보할 수 있도록 재원을 보장하는 것이 재정조정제도이며, 그 중추적 기능을 지방교부세가 담당하고 있다."[1]

    (2) 보조금과의 차이점   지방교부세와 보조금은 그 목적에 있어 상이하다. 보조금이 지방자치단체의 재정의 보충을 주된 목적으로 하는 것인 반면, 지방교부세는 재정균형화를 직접적인 목적으로 하는 점이 그러하다(지부법 제1조 참조).

Ⅳ. 사용료·수수료·분담금

1. 사 용 료

    (1) 의 의   사용료란 지방자치단체 등 공행정주체가 제공하는 공공시설의 이용 또는 재산의 사용에 대하여 사용자가 부담하는 반대급부로서의 금전(예: 공립병원의 병원비, 공립극장·공립공원·공립박물관의 입장료, 도로통행료)을 말한다(지자법 제153조). 이것은 성질상 이용수수료이다. 사용료(이용수수료)는 공공시설에 대한 것이므로, 개념상 공공시설의 공용지정과 현실의 제공이 있음을 전제로 한다. 지방자치법상 사용료의 징수는 재량적이다. 즉 지방자치단체는 공공시설의 이용 또는 재산의 사용에 대하여 사용료를 징수할 수 있다(지자법 제153조). 본조는 사용료부과징수의 근거조항이 된다.

    (2) 국가 공공시설 관리의 경우   지방자치단체나 그 지방자치단체의 장이 관리하는 국가의 공공시설 중 지방자치단체가 그 관리에 드는 경비를 부담하는 공공시설에 대하여는 법령에 특별한 규정이 있는 경우를 제외하고는 그 지방자치단체나 지방자치단체의 장은 조례나 규칙으로 정하는 바에 따라 그 공공시설의 사용료

---

3) [관련논문] 김필헌, "보통교부세 산정방식의 문제점과 개선방향," 지방자치법연구, 통권 제48호, 97쪽 이하.

1) 재정고 홈페이지에서 '지방교부세' 검색, 「2014년도 지방교부세 산정해설」, 3쪽.

를 징수할 수 있다(지정법 제31조 제 1 항). 제 1 항에 따라 징수한 사용료는 그 지방자치단체의 수입으로 한다(지정법 제31조 제 2 항).

2. 수 수 료

(1) 의 의   수수료란 특정인에 대한 직무행위 기타 공행정주체의 행위(행정급부)에 대한 반대급부로서 그 특정인이 부담하는 금전급부(예: 여권발급시 인지대, 인감증명 수수료)를 말한다. 이것은 성질상 행정수수료이다. 지방자치단체는 그 지방자치단체의 사무가 특정인을 위한 것이면 그 사무에 대하여 수수료를 징수할 수 있다(지자법 제154조 제 1 항).[1] 수수료의 징수는 재량적이다. 본조는 수수료부과징수의 근거조항이다.[2]

(2) 위임사무처리의 경우   지방자치단체는 국가나 다른 지방자치단체의 위임사무가 특정인을 위한 것이면 그 사무에 대하여 수수료를 징수할 수 있나(지자법 제154조 제 2 항). 수수료의 징수는 재량적이다. 제 2 항에 따른 수수료는 그 지방자치단체의 수입으로 한다. 다만, 법령에 달리 정해진 경우에는 그러하지 아니하다(지자법 제154조 제 3 항).

3. 분 담 금

(1) 의 의   분담금이란 공적 재산 또는 공공시설의 설치, 확충, 개선(예: 토지개량사업·도로사업·하천사업·수도공급)에 소요되는 비용 중에서 그 재산이나 시설을 수익하는 주민이 수익의 범위 안에서 그 비용의 일부를 부담하는 금액을 말한다. 지방자치단체는 그 재산 또는 공공시설의 설치로 주민의 일부가 특히 이익을 받으면 이익을 받는 자로부터 그 이익의 범위에서 분담금을 징수할 수 있다(지자법 제155조).[3] 분담금은 지방자치단체의 시설의 설치, 확충, 개선을 위한 투자비용을 보충한다. 지방자치법상 분담금의 징수는 재량적이다. 분담금의 부과징수에는 개별 법률의 근거가 필요하다. 일반적으로 부담금은 수익자부담금·원인자부담금·손괴자부담금·특별부담금으로 구분되나,[4] 본조의 분담금은 수익자분담금에 해당한다.[5] 법인도 분담금 납부의무자가 될 수 있다.[6]

---

1) 대판 1998. 9. 8, 98추26; 대판 1997. 10. 14, 97다21253.
2) 옥무석, 지방자치법주해, 554쪽; 대판 1997. 10. 14, 97다21253.
3) 헌재 2011. 4. 28, 2009헌바167.
4) 졸저, 행정법원론(하), 옆번호 1664 이하 참조.
5) 박정우, 지방자치법주해, 559쪽.
6) 대판 2021. 4. 29, 2016두45240(지방자치법 제138조에 따른 분담금 제도의 취지와 균등분 주민세

(2) **사용료·수수료와 비교**   사용료·수수료는 사실상 받은 이익을 전제로 하는 것이나, 분담금은 장래 받을 가능성이 있는 추상적 이익을 전제로 한다. 수수료와 사용료는 추상적인 이익가능성만으로는 부과할 수 없다. 수수료·시용료는 사실로서 제공된 급부에 대한 반대급부이나, 분담금은 특별한 공적 급부에 대한 반대급부라는 점이 양자의 본질적인 차이점이다.[1]

(3) **부과의 요건**   단순한 수선의 경우는 분담금부과의 대상이 아닐 것이다. 분담금은 목적세(예: 도시계획세)와 같은 내용을 가지므로 양자가 동시에 부과될 수 없다.[2] 분담금도 공용지정된 공공시설의 개념을 전제로 한다. 동시에 납부의무자의 특별한 이익의 향수를 전제로 한다. 여기서의 특별한 이익은 추상적인 이익으로 족하다.[3] 분담금의 부담여부는 분담금납부자의 의사에 의존하는 것이 아니라, 객관적인 상황에 의존한다.[4]

(4) **책정방식**   분담금의 책정방식은 수수료·사용료의 경우와 유사하다. 그러나 비용상환주의가 더 적합하다. 구체적인 이용가능성이 정확하게 정해지기는 거의 어렵다.

4. 부과기준

(1) 비용상환주의

(가) **의 의**   비용상환주의란 사용료 등은 사용료를 요하는 행정에 소요된 행정비용을 초과할 수 없다는 원칙이다.[5] 비용상환주의의 경우 그 계산방식은 실제를 척도로 하거나(예: 폐기물의 무게에 따른 수수료 징수) 또는 외관상의 개연성을 척도로 한다(예: 공급된 수도물의 양에 따른 폐수처리비 징수). 비용상환주의는 사용료 등의 전체금액이 상응하는 행정비용을 능가하도록 높게 책정하는 것을 금한다. 행정비용의 범위와 평가에 대한 결정에는 불명확한 점이 많다.

제도와의 관계 등을 고려하면, 지방자치법 제138조에 따른 분담금 납부의무자인 '주민'은 균등분 주민세의 납부의무자인 '주민'과 기본적으로 동일하되, 다만 '지방자치단체의 재산 또는 공공시설의 설치로 주민의 일부가 특히 이익을 받은 경우'로 한정된다는 차이점이 있을 뿐이라고 보아야 한다. 따라서 법인의 경우 해당 지방자치단체의 구역 안에 주된 사무소 또는 본점을 두고 있지 않더라도 '사업소'를 두고 있다면 지방자치법 제138조에 따른 분담금 납부의무자인 '주민'에 해당한다).

1) H. Meyer, Kommunalrecht, Rn. 501.
2) 김이열, 지방행정법(서울대학교 법학연구소편, 법학전서 15), 1981, 275쪽; 박윤흔·정형근, 최신행정법강의(하), 132쪽.
3) Seewald, Kommunalrecht, in: Steiner(Hrsg.), Besonderes Verwaltungsrecht, Rn. 168.
4) H. Meyer, Kommunalrecht, Rn. 501.
5) Scholler/Broß, Grundzüge des kommunalrechts in der Bundesrepublik Deutschland, S. 60.

(나) 척 도   실제상 현실척도(예: 폐기물 톤수에 따른 부과)와 개연성척도(예: 상수도소
비량을 폐수량으로 산정)가 활용될 수 있지만, 평등원칙으로 인해 개연성의 척도는 상당
성이 있어야 한다. 비용상환주의의 원칙은 사전계산원칙으로 간주된다. 이에 의하
면, 일정기간 동안 예측하는 전체수수료수입은 그 기간 동안 예상하는 비용을 능가
할 수 없다. 수수료는 이익도 없고, 손실도 없도록 계산되어야 한다. 그러나 결과적
으로는 약간의 이익이나 손실이 있어도 문제되지 아니한다. 왜냐하면 이러한 약간의
이익이나 손실은 장래의 기간에 대한 계산에 있어서 계속 반영될 것이기 때문이다.

(2) 등가주의

(가) 의 의   등가주의란 사용료 등은 사용료 등을 요하는 급부의 사실상의 가
치에 상응하는 것이어야 한다는 원칙을 말한다. 등가주의의 원칙은 평등원칙의 표
현이고, 비례원칙의 표현이다. 등가주의의 원칙은 지방자치단체의 행정급부와 이용
자의 반대급부인 그 대가는 비례관계를 벗어날 수 없다는 것을 요구한다. 등가주의
의 원칙은 납부의무자가 공공시설을 이용한 정도에 따라 수수료를 산정한다. 그러
나 구체적인 한계를 확정하기는 어렵다.

(나) 척 도   행정급부의 평가를 위해서는 주민의 이용이 평가척도로 적합하지
만, 실제상 개별 경우에 행정급부의 가치를 판단한다는 것은 기술적·경제적 이유
로 어렵다. 그것은 현실척도나 개연성척도의 적용을 통해 이루어질 수 있지만, 전
자의 경우에는 사실상 제공된 급부가 측정되어야 하나 용이하지 아니하며, 후자의
경우에는 간접증거에 의해 추론된다. 후자의 경우에 신뢰성은 급부의 종류마다 평
가되어야 한다. 여러 가지 믿을 수 있는 척도 중에서 조례제정자는 판단여지를 갖
는다.

(3) 행정의 실제   통상 이용수수료(사용료)에는 비용상환주의가 적합하고, 행정
수수료에는 등가주의가 적합하고, 분담금의 경우에는 등가주의가 적합하다고 보지
만 제한이 따른다고 보아야 한다.[1] 왜냐하면 분담금이 요구되는 시설들은 동시에
공익에 이바지하는 것이기 때문이다. 어느 원칙을 따를 것인가는 입법자(조례제정자)
가 결정하여야 하지만, 구체적인 결정시에는 의무에 합당한 재량에 따라야 한다.
물론 지도목적 또는 사회적인 이유에서 이러한 원칙의 적용이 완화될 수도 있을
것이다. 차등으로 부족액이 생기면, 일반 세수에서 충당하여야 할 것이다. 하여간
어느 원칙을 따르든 헌법상 평등원칙이 준수되어야 한다.

(4) 사회적 조정목적의 고려가능성   일설은 공공시설이 급부행정의 영역에서

1) Schmidt-Jortzig, Kommunalrecht, S. 267.

사회국가원칙에 근거한 국가의 사회적 생활배려의무의 한 수행행태임을 전제로 공공시설의 사용료·수수료·분담금의 책정에는 사회적 조정목적(예: 소득 등을 고려한 유치원교육비의 차등 결정)이 고려될 수 있다고 한다.[1] 이 견해가 지적하는 바와 같이 사회적 목적을 고려한 공과금의 산정은 사회국가의 실현에 기여할 뿐만 아니라 지방자치단체의 자치행정권의 확립에도 의미를 가진다고 하겠다.[2]

5. 부과·징수·불복

(1) 징 수

(가) 징수조례   사용료·수수료 또는 분담금의 징수에 관한 사항은 조례로 정한다. 다만, 국가가 지방자치단체나 그 기관에 위임한 사무와 자치사무의 수수료 중 전국적으로 통일할 필요가 있는 수수료는 다른 법령의 규정에도 불구하고 대통령령으로 정하는 표준금액으로 징수하되, 지방자치단체가 다른 금액으로 징수하려는 경우에는 표준금액의 50퍼센트 범위에서 조례로 가감 조정하여 징수할 수 있다(지자법 제156조 제 1 항).[3]

(나) 징수면탈   사기나 그 밖의 부정한 방법으로 사용료·수수료 또는 분담금의 징수를 면한 자에게는 그 징수를 면한 금액의 5배 이내의 과태료를, 공공시설을 부정사용한 자에게는 50만원 이하의 과태료를 부과하는 규정을 조례로 정할 수 있다(지자법 제156조 제 2 항). 제 2 항에 따른 과태료의 부과·징수, 재판 및 집행 등의 절차에 관한 사항은 「질서위반행위규제법」에 따른다(지자법 제156조 제 3 항).

(2) 부과·징수   사용료·수수료 또는 분담금은 공평한 방법으로 부과하거나 징수하여야 한다(지자법 제157조 제 1 항). 지방자치단체의 장은 사용료·수수료 또는 분담금을 내야 할 자가 납부기한까지 그 사용료·수수료 또는 분담금을 내지 아니하면 지방세 체납처분의 예에 따라 징수할 수 있다(지자법 제157조 제 7 항).

(3) 불 복

(가) 이의신청   사용료·수수료 또는 분담금의 부과나 징수에 대하여 이의가 있는 자는 그 처분을 통지받은 날부터 90일 이내에 그 지방자치단체의 장에게 이의신청할 수 있다(지자법 제157조 제 2 항). 지방자치단체의 장은 제 2 항의 이의신청을

---

1) 임현, "지방자치단체의 공공시설 이용의 제공과 주민의 사용료 납부의무," 지방자치법연구, 통권 제 3 호, 151쪽 이하.
2) 임현, "지방자치단체의 공공시설 이용의 제공과 주민의 사용료 납부의무," 지방자치법연구, 통권 제 3 호, 163쪽.
3) 대결 1997. 7. 9, 97마1110.

받은 날부터 60일 이내에 결정을 하여 알려야 한다(지자법 제157조 제 3 항).

(나) 행정소송   사용료·수수료 또는 분담금의 부과나 징수에 대하여 행정소송을 제기하려면 제 3 항에 따른 결정을 통지받은 날부터 90일 이내에 처분청을 당사자로 하여 소를 제기하여야 한다(지자법 제157조 제 4 항). 제 3 항에 따른 결정기간 내에 결정의 통지를 받지 못하면 제 5 항에도 불구하고 그 결정기간이 지난 날부터 90일 이내에 소를 제기할 수 있다(지자법 제157조 제 5 항). 제 2 항과 제 3 항에 따른 이의신청의 방법과 절차 등에 관하여는 「지방세기본법」 제90조와 제94조부터 제100조까지의 규정을 준용한다(지자법 제157조 제 6 항).

V. 지 방 채

1. 지방채의 의의

금전을 차입하는 기채행위도 사법상 채무부담행위로서 지방자치단체의 수입원의 하나이다. 기채란 상환의무하에 제 3 자로부터 자본을 차용하는 것을 말한다. 지방자치단체에 의해 이루어지는 기채가 지방채이다. 환언하면 지방채란 재정 수단 확보의 한 방법으로 지방자치단체가 채무자가 되어 제 3 자로부터 자본을 차용하는 것을 말한다. 용례상 지방채는 공공기관에 의한 채권으로서 국채와 함께 공채를 구성한다.

2. 지방채의 종류

(1) 내부적 기채와 외부적 기채   지방채를 통한 수입의 확보방식으로 타 행정주체에 대한 기채(내부적 기채)와 사인에 대한 기채(외부적 기채)가 있다. 전자는 궁극적으로 당해 지방자치단체에 귀속하는 공법상의 사단·재단 및 지방자치단체간의 금전대차를 말하고, 후자는 지방자치단체와 사인간의 채무부담을 말한다.

(2) 채무증서방식과 증권방식   지방채의 방식으로는 채무증서에 따른 금전차입방식과 자본시장에서의 증권발행(지방채증권발행)을 통한 방식이 있다. 채무증서에 의한 방식의 경우에는 만기일에 원리금 전액을 완전히 상환하는 방법과 분할하여 상환하는 방법이 있다. 채무증서에 의한 방식은 내부적·외부적 채무부담의 경우에 공히 활용될 수 있을 것이고, 증권발행에 의한 방식은 주로 외부적 채무부담의 경우에 활용될 수 있을 것이다.

3. 지방채발행의 요건

(1) 의 의   지방자치단체의 장은 다음 각 호[1. 공유재산의 조성 등 수관 재정투자 사업과 그에 직접적으로 수반되는 경비의 충당, 2. 재해예방 및 복구사업, 3. 천재지변으로 발생한 예측할 수 없었던 세입결함의 보전, 4. 지방채의 차환, 5. 「지방교육재정교부금법」 제 9 조 제 3 항에 따른 교부금 차액의 보전, 6. 명예퇴직(「교육공무원법」 제36조 및 「사립학교법」 제60조의3에 따른 명예퇴직을 말한다. 이하 같다) 신청자가 직전 3개 연도 평균 명예퇴직자의 100분의 120을 초과하는 경우 추가로 발생하는 명예퇴직 비용의 충당]를 위한 자금 조달에 필요할 때에는 지방채를 발행할 수 있다(지정법 제11조 제 1 항 본문).[1] 다만, 제 5 호 및 제 6 호는 교육감이 발행하는 경우에 한한다(지정법 제11조 제 1 항 단서).

(2) 제한의 취지   지방채발행에 제한을 둔 것은 지방자치단체의 과도한 부담을 예방하고 지방자치단체의 건전한 재정을 확보하기 위한 것이다. 지방채발행에 있어서는 부담비용의 최소화가 중요하다. 이와 관련하여 차용기간의 단계화, 저리의 이자, 원리금의 조기상환 등에 관한 고려가 있어야 한다.[2]

4. 지방채발행의 절차

(1) 지방의회의 의결   지방자치단체의 장은 제 1 항에 따라 지방채를 발행하려면 재정 상황 및 채무 규모 등을 고려하여 대통령령으로 정하는 지방채 발행 한도액의 범위에서 지방의회의 의결을 얻어야 한다(지정법 제11조 제 2 항 본문).

(2) 행정안전부장관의 승인   지방채 발행 한도액의 범위더라도 외채를 발행하는 경우에는 지방의회의 의결을 거치기 전에 행정안전부장관의 승인을 받아야 한다(지정법 제11조 제 2 항 단서).[3] 외채발행에 행정안전부장관의 승인을 요하게 한 것은 외채발행을 국가의 통제하에 두어 지방자치단체의 재정을 건전하게 운영하게 하려는데 그 뜻이 있다. 행정안전부장관의 승인행위는 행정절차법이 정하는 행정처분에 해당한다고 볼 것이므로, 행정안전부장관의 승인거부행위는 취소소송의 대상이 된다.

(3) 한도액 초과   지방자치단체의 장은 제 2 항에도 불구하고 대통령령으로

---

1) 독일의 경우에도 기채는 다른 재정수단이 불가능하거나 비합목적적인 경우에만 제한적으로 인정된다. 즉, 기채는 투자·투자촉진, 또는 채무조건을 유리하게 변경하기 위한 경우에 활용된다(예: Mecklenburg-Vorpommern 지방자치법 제54조 제 1 항; Nordrhein-Westfalen 게마인데법 제86조).

2) Jünge/Waiter, Finanzierungsformen bei kommunalen Investitionen, S. 5Sff.

3) 독일의 경우에도 기채에는 감독청의 승인을 요한다(예: Mecklenburg-Vorpommern Kommunalverfassung 제49조 제 1 항, Baden-Württemberg Gemeindeordnung 제87조 제 2 항).

정하는 바에 따라 행정안전부장관과 협의한 경우에는 그 협의한 범위에서 지방의회의 의결을 얻어 제 2 항에 따른 지방채 발행 한도액의 범위를 초과하여 지방채를 발행할 수 있다. 다만, 재정책임성 강화를 위하여 재정위험수준, 재정 상황 및 채무 규모 등을 고려하여 대통령령으로 정하는 범위를 초과하는 지방채를 발행하는 경우에는 행정안전부장관의 승인을 받은 후 지방의회의 의결을 받아야 한다(지정법 제11조 제 3 항).

(4) 문 제 점   현행 지방재정법은 행정안전부장관의 승인을 거친 후 지방의회 의결을 거치도록 하고 있는데, 이것은 지방자치단체가 마치 어느 정도의 자율성만 인정받은 국가의 하급행정기관의 지위에 있는 것과 같은 인상을 줄 수 있으므로, 지방의회의 의결을 먼저 거치게 한 후 행정안전부장관의 승인을 얻도록 하는 것이 감독기관에 의한 법적 통제의 취지에 부합한다는 지적이 있다.[1] 그러나 행정안전부장관의 승인을 거친 후 지방의회의결을 거치도록 하는 현행 제도가 최종결정권을 지방자치단체에 유보시키고 있다는 점에서 오히려 지방자치단체의 지위강화에 유익하다고 볼 것이다.

5. 지방자치단체조합에 의한 지방채

(1) 발행요건   「지방자치법」 제176조에 따른 지방자치단체조합(이하 "조합"이라 한다)의 장은 그 조합의 투자사업과 긴급한 재난복구 등을 위한 경비를 조달할 필요가 있을 때 또는 투자사업이나 재난복구사업을 지원할 목적으로 지방자치단체에 대부할 필요가 있을 때에는 지방채를 발행할 수 있다(지정법 제11조 제 4 항 제 1 문).

(2) 승인과 의결   이 경우 행정안전부장관의 승인을 받은 범위에서 조합의 구성원인 각 지방자치단체 지방의회의 의결을 얻어야 한다(지정법 제11조 제 4 항 제 2 문).

(3) 연대책임   제 4 항에 따라 발행한 지방채에 대하여는 조합과 그 구성원인 지방자치단체가 그 상환과 이자의 지급에 관하여 연대책임을 진다(지정법 제11조 제 5 항).

VI. 기 타

1. 특별공과금

조세, 수수료, 분담금 외에 제 4 의 공과금으로 특별공과금이 있다(예: 환경개선부담금 등 환경공과금). 특별공과금은 예외적으로만 허용된다. 왜냐하면 그것은 국민의

---

1) 김남철, 지방자치법주해, 509쪽.

부담의 균형화의 원칙에 대한 위험을 의미하기 때문이다. 특별공과금은 조세개념에 들어오지 아니한다. 특별공과금의 허용은 재정헌법상의 균형의 원칙을 위협하는 효과를 갖기 때문에 제한적으로 평가되어야 한다. 특별공과금의 도입을 위한 규범정립권한은 공과금영역의 권한규율이 아니라 실체적인 사항영역의 권한규율로부터 나온다. 따라서 세법이 아니라 지방자치법 등에 따라야 한다. 특별공과금은 침해적인 조례에 근거하므로, 일반적인 조례수권으로는 부족하고, 개별 법률상 수권이 필요하다. 특별공과금은 세법상의 공과금이 아니고, 특별한 반대급부가 없다. 특별공과금은 목적구속적으로 사용되어야 한다. 특별공과금은 국가의 일반적인 재정수요를 위한 수입목적으로 징수될 수 없다.[1] 특별공과금의 요건으로는 특별한 목적의 사무가 있어야 하고, 특별한 이익 또는 공동의 상황을 통해 제한할 수 있는 집단이 납부자이어야 하며, 목적수행을 위해 특정 그룹의 책임이 있어야 하고, 특별공과금의 수입은 일반적으로 그 그룹의 이용에 사용되어야 할 것이다.[2]

2. 사법상 수입

지방자치단체는 공법상 수입원 외에 사법상 수입원도 갖는다. 사법상 수입에는 부동산 임대수입이나 일반재산의 매각 등으로 인한 재산수입(공재법 제36조), 기업운영에 따른 사업소득(지자법 제163조)이 있고, 주민의 기부(공재법 제 7 조)도 또한 사법상의 수입이 된다.

Ⅶ. 세입의 징수·수납

1. 원 칙

지방세와 그 밖의 세입은 법령, 조례 및 규칙에서 정하는 바에 따라 징수하거나 수납하여야 한다(지회법 제20조). 이것은 지방세 등의 징수·수납에 법률의 유보의 원칙이 적용됨을 의미한다.

2. 징 수

(1) 징수기관   지방세와 그 밖의 세입의 징수는 지방자치단체의 장이 하되, 소속 공무원에게 위임하여 징수하게 할 수 있다(지회법 제21조 제 1 항).

---

1) BVerfGE 55, 274, 298; 67, 256, 275.
2) H. Meyer, Kommunalrecht, Rn. 503.

(2) **징수방법**   지방자치단체의 장이나 그 위임을 받은 공무원(이하 "징수관"이라 한다)이 지방세와 그 밖의 세입을 징수할 때에는 징수 원인과 징수 금액을 조사·결정한 후 납부의무자에게 납입 고지를 하여야 한다(지회법 제21조 제 2 항).

3. 수 납

(1) **수납기관**   지방세와 그 밖의 세입은 그 수납을 담당하는 출납공무원(이하 "수입금출납원"이라 한다)이 아니면 수납할 수 없다. 다만, 지방자치단체에서 설치한 금고(교육비특별회계금고를 포함한다. 이하 같다) 또는 체신관서에 수납사무를 위탁하는 경우에는 그러하지 아니하다(지회법 제22조 제 1 항).

(2) **수납방법**   수입금출납원이 지방세와 그 밖의 세입을 직접 수납할 때에는 지체 없이 그 수납금을 해당 지방자치단체의 금고에 납입하여야 한다(지회법 제22조 제 2 항).

4. 징수기관과 수납기관의 분리

징수관은 현금출납의 직무를 겸할 수 없다. 다만, 대통령령으로 정하는 사유가 있는 경우에는 그러하지 아니하다(지회법 제23조).

제 2 항   지   출

Ⅰ. 지출해야 할 경비

1. 사무의 유형

(1) **자치사무의 수행경비**   지방자치단체는 그 자치사무의 수행에 필요한 경비와 위임된 사무에 필요한 경비를 지출할 의무를 진다(지자법 제158조 본문). 지방자치단체의 관할구역 자치사무에 필요한 경비는 그 지방자치단체가 전액을 부담한다(지정법 제20조).

(2) **법령에 따른 사무**   지방자치단체나 그 기관이 법령에 따라 처리하여야 할 사무로서 국가와 지방자치단체 간에 이해관계가 있는 경우에는, 원활한 사무처리를 위하여 국가에서 부담하지 아니하면 아니 되는 경비는 국가가 그 전부 또는 일부를 부담한다(지정법 제21조 제 1 항).

2. 경비지출의 대상

지방자치단체 소속의 공무원에게 지급하여야 하는 인건비와 공무수행에 필요한 물자구매, 시설확보·유지비용은 가장 기본적인 지출비용이다. 그런데 문제의 심각성은 지방자치단체의 임무증대, 완전한 임무수행, 지방행정조직의 관료화 경향과 더불어 비용이 계속적이고 지나치게 증대한다는 데에 있다. 이러한 인적·물적 비용을 일반행정비라 부른다. 사회부조·사회보험 등을 위하여 지불하는 사회급부 또한 주요 지출항목으로서 점차 증대하고 있다. 산업진흥, 지역경제지원, 교육·체육·문화·예술지원을 위한 교부지원금 역시 중요한 지출항목을 이룬다. 채무가 있는 경우에는 이에 대한 이자부담도 지출항목의 하나를 이룬다.

3. 경비지출의 제한

(1) 기부 또는 보조의 제한   지방자치단체는 그 소관에 속하는 사무와 관련하여 다음 각 호(1. 법률에 규정이 있는 경우, 2. 국고 보조 재원(財源)에 의한 것으로서 국가가 지정한 경우, 3. 용도가 지정된 기부금의 경우, 4. 보조금을 지출하지 아니하면 사업을 수행할 수 없는 경우로서 지방자치단체가 권장하는 사업을 위하여 필요하다고 인정되는 경우)의 어느 하나에 해당하는 경우와 공공기관에 지출하는 경우에만 개인 또는 법인·단체에 기부·보조, 그 밖의 공금 지출을 할 수 있다. 다만, 제 4 호에 따른 지출은 해당 사업에의 지출근거가 조례에 직접 규정되어 있는 경우로 한정한다(지정법 제17조 제 1 항).

(2) 출자의 제한   지방자치단체는 법령에 근거가 있는 경우에만 출자를 할 수 있다(지정법 제18조 제 1 항). 지방자치단체는 법령에 근거가 있는 경우와 제17조 제 2 항의 공공기관에 대하여 조례에 근거가 있는 경우에만 출연을 할 수 있다(지정법 제18조 제 2 항). 지방자치단체가 출자 또는 출연을 하려면 미리 해당 지방의회의 의결을 얻어야 한다(지정법 제18조 제 3 항).

II. 지출원인행위

1. 지출원인행위의 의의

지방자치단체의 지출원인이 되는 계약이나 그 밖의 행위를 지출원인행위라 한다(지회법 제29조 제 1 항). 지출원인행위의 대표적인 방식의 하나로 계약이 있다. 지방자치단체가 당사자가 되는 계약에 관한 기본적인 사항은 「지방자치단체를 당사

자로 하는 계약에 관한 법률(지당법)」에서 정하고 있다. 이 법률에서 규정하는 계약
은 공법상 계약과 사법상 계약을 포함하는 개념으로 이해된다. 지방자치단체의 장
또는 계약담당자는 계약을 체결하려는 경우에는 이를 공고하여 일반입찰에 부쳐
야 한다. 다만, 계약의 목적·성질·규모 및 지역특수성 등을 고려하여 필요하다고
인정되면 참가자를 지명(指名)하여 입찰에 부치거나 수의계약을 할 수 있다(지당법 제
9 조 제 1 항).

2. 지출원인행위를 할 수 있는 자

지방자치단체의 지출 원인이 되는 계약이나 그 밖의 행위(이하 "지출원인행위"라 한
다)는 지방자치단체의 장이 하되, 소속 공무원에게 위임하여 지출원인행위를 하게
할 수 있다(지회법 제29조 제 1 항). 여기서 지방자치단체의 장이나 그 위임을 받은 공무
원을 "재무관"이라 한다(지회법 제29조 제 2 항).

3. 지출원인행위에 관한 원칙

지방자치단체의 장이나 그 위임을 받은 공무원(이하 "재무관"이라 한다)이 지출원인
행위를 할 때에는 법령·조례 및 규칙으로 정하는 바에 따라 배정된 예산의 범위에
서 하여야 한다. 다만, 다른 법률에 별도의 규정이 있는 경우에는 그러하지 아니하
다(지회법 제29조 제 2 항). 재무관은 명시이월비에 대하여 예산 집행상 부득이한 사유
가 있을 때에는 해당 회계연도와 다음 회계연도에 걸쳐 지출하여야 할 지출원인행
위를 할 수 있다(지회법 제30조).

Ⅲ. 지출의 절차

1. 지출원인행위 관계 서류의 송부

재무관이 자기 소관에 속하는 세출예산에 의하여 지출원인행위를 하였을 때에
는 지방자치단체의 장이 임명한 공무원(이하 "지출원"이라 한다)에게 지출원인행위 관계
서류를 보내야 한다(지회법 제31조).

2. 지급명령과 제한

지출원이 지출원인행위에 의하여 지출을 할 때에는 현금의 지급을 갈음하여
그 지방자치단체의 금고에 대하여 지급명령을 하여야 한다(지회법 제32조). 그러나 지

출원은 법령·조례·규칙 또는 계약이나 그 밖의 정당한 사유로 그 지방자치단체에 대하여 채권을 가진 자에게 지급하기 위한 목적 외에는 지급명령을 할 수 없다. 다만, 제44조에 따른 출납원이나 그 지방자치단체의 금고에 대하여 자금을 교부하는 경우에는 그러하지 아니하다(지회법 제33조).

제 4 절   지방자치단체의 재산과 공공시설

제 1 항   지방자치단체의 재산

지방자치단체는 행정목적을 달성하기 위한 경우나 공익상 필요한 경우에는 재산(현금 외의 모든 재산적 가치가 있는 물건과 권리를 말한다)을 보유하거나 특정한 자금을 운용하기 위한 기금을 설치할 수 있다(지자법 제159조 제1항). 지방자치단체의 재산은 법령이나 조례에 따르지 아니하고는 교환·양여(讓與)·대여하거나 출자 수단 또는 지급 수단으로 사용할 수 없다(지자법 제160조). 지방자치단체의 재산에 관해 자세한 사항은 공유재산 및 물품관리법에서 규정되고 있다. 동법의 구체적인 내용을 보기로 한다.

I. 공유재산의 관념

1. 공유재산의 의의

공유재산 및 물품 관리법에서 "공유재산"이란 지방자치단체의 부담, 기부채납이나 법령에 따라 지방자치단체 소유로 된 제4조 제1항(1. 부동산과 그 종물(從物), 2. 선박, 부잔교(浮棧橋), 부선거(浮船渠) 및 항공기와 그 종물, 3. 공영사업 또는 공영시설에 사용하는 중요한 기계와 기구, 4. 지상권·지역권·전세권·광업권과 그 밖에 이에 준하는 권리, 5. 다음 각 목(가. 「특허법」·「실용신안법」·「디자인보호법」 및 「상표법」에 따라 등록된 특허권, 실용신안권, 디자인권 및 상표권, 나. 「저작권법」에 따른 저작권, 저작인접권 및 데이터베이스제작자의 권리 및 그 밖에 같은 법에서 보호되는 권리로서 같은 법 제53조 및 제112조 제1항에 따라 한국저작권위원회에 등록된 권리(이하 "저작권등"이라 한다), 다. 「식물신품종 보호법」 제2조 제4호에 따른 품종보호권, 라. 가목부터 다목까지의 규정에 따른 지식재산 외에 「지식재산 기본법」 제3조 제3호에 따른 지식재산권. 다만, 「저작권법」에 따라 등록되지 아니한 권리는 제외한다)의 어느 하나에 해당하는 권리(이하 "지식재산"이라 한다), 6. 주식, 출자로 인한 권리, 사채권·지방채증권·국채증권과 그 밖에 이에 준하는 유가증권, 7. 부동산신탁의 수익권, 8. 제 1 호 및 제 2 호의 재산으로 건설 중인 재산, 9. 「온실가스 배출권의 할당 및 거래에 관한 법률」 제 2 조 제 3 호에 따른 배출권) 각 호의 재산을 말한다(공재법 제 2 조 제 1 호).

2. 공유재산의 종류

공유재산은 그 용도에 따라 행정재산과 일반재산으로 구분한다(공재법 제 5 조 제 1 항).

(1) 행정재산　"행정재산"이란 다음 각 호[1. 공용재산(해당 지방자치단체가 사무용, 사업용 및 공무원의 거주용으로 사용하거나 사용하기로 결정한 재산과 사용을 목적으로 건설 중인 재산), 2. 공공용재산(해당 지방자치단체가 공공용으로 사용하거나 사용하기로 결정한 재산과 사용을 목적으로 건설 중인 재산), 3. 기업용재산(해당 지방자치단체가 경영하는 기업용 또는 그 기업에 종사하는 직원의 거주용으로 사용하거나 사용하기로 결정한 재산과 사용을 목적으로 건설 중인 재산), 4. 보존용재산(법령·조례·규칙이나 그 밖에 필요에 따라 지방자치단체가 보존하고 있거나 보존하기로 결정한 재산)]의 재산을 말한다(공재법 제 5 조 제 2 항).

(2) 일반재산　"일반재산"이란 행정재산 외의 모든 공유재산을 말한다(공재법 제 5 조 제 2 항).

(3) 용도의 변경 또는 폐지　지방자치단체의 장은 공유재산이 다음 각 호(1. 행정재산이 사실상 행정목적으로 사용되지 아니하게 된 경우, 2. 행정재산인 국제경기장 등 체육시설, 국제회의장 등 회의시설, 국제전시장 등 전시장, 그 밖의 공공시설로서 그 일부를 원래 용도로 사용하지 아니하기로 한 경우, 3. 제43조의3에 따른 위탁개발을 위하여 필요한 경우, 4. 일반재산을 행정재산으로 용도 변경하려는 경우)의 어느 하나에 해당하는 경우에는 그 용도를 변경하거나 폐지할 수 있다(공재법 제11조).

3. 기부채납

지방자치단체의 장은 제 4 조 제 1 항 각 호의 재산을 지방자치단체에 기부하려는 자가 있으면 대통령령으로 정하는 바에 따라 받을 수 있다(공재법 제 7 조 제 1 항). 제 1 항에 따라 기부하려는 재산이 지방자치단체가 관리하기 곤란하거나 필요하지 아니한 경우 또는 기부에 조건이 붙은 경우에는 대통령령으로 정하는 바에 따라 받아서는 아니 된다. 다만, 다음 각 호(1. 행정재산으로 기부하는 재산을 기부자, 그 상속인, 그 밖의 포괄승계인에게 무상으로 사용허가하여 줄 것을 조건으로 하는 경우, 2. 행정재산의 용도를 폐지하는 경우 그 용도에 사용될 대체시설을 제공한 자, 그 상속인, 그 밖의 포괄승계인이 그 부담한 비용의 범위에서 제40조 제 1 항 제 3 호에 따라 용도폐지된 재산을 양여할 것을 조건으로 그 대체시설을 기부하는 경우)의 어느 하나에 해당하는 경우에는 기부에 조건이 붙은 것으로 보지 아니한다(공재법 제7조 제2항).

Ⅱ. 행정재산

1. 처분등의 제한

행정재산은 대부·매각·교환·양여·신탁 또는 대물변제나 출자의 대상이 되지 아니하며, 이에 사권을 설정하지 못한다. 다만, 다음 각 호(1. 행정재산의 용도와 성질을 유지하는 조건으로 대통령령으로 정하는 바에 따라 국가 또는 다른 지방자치단체에 양여하는 경우, 2. 해당 지방자치단체 외의 자가 소유한 재산을 행정재산으로 관리하기 위하여 교환하는 경우, 3. 「공익사업을 위한 토지 등의 취득 및 보상에 관한 법률」 제4조에 따른 공익사업의 시행을 위하여 해당 행정재산의 목적과 용도에 장애가 되지 아니하는 범위에서 공작물의 설치를 위한 지상권 또는 구분지상권을 설정하는 경우)의 어느 하나에 해당하는 경우에는 예외로 한다(공재법 제19조 제1항). 제1항 제1호에 따라 행정재산을 양여하는 경우에는 양여받은 재산이 10년 이내에 그 양여 목적 외의 용도로 사용되면 양여계약을 해제한다는 내용의 특약등기를 하여야 한다(공재법 제19조 제2항).

2. 사용·수익허가

지방자치단체의 장은 행정재산에 대하여 그 목적 또는 용도에 장애가 되지 아니하는 범위에서 사용허가를 할 수 있다(공재법 제20조 제1항). 판례는 행정재산의 사용허가를 학문상 특허로 보는 듯하다. 그러나 행정재산의 사용허가는 특허의 성질을 갖는 경우(예: 영업용 가판대설치를 위한 도로점용허가)도 있고, 허가의 성질을 갖는 경우(예: 주택건축에 소요되는 건자재를 일시적으로 도로에 쌓아두기 위한 도로점용허가)도 있음을 유의하여야 한다. 판례는 행정재산의 사용허가 또는 그 취소나[1] 사용·수익신청의 거부는[2] 모두 행정소송법상 처분에 해당하는 것으로 본다. 행정재산의 사용허가기간은 사용허가를 받은 날부터 5년 이내로 한다. 다만, 제7조 제2항 제1호의 경우에는 무상사용을 허가받은 날부터 사용료의 총액이 기부를 받은 재산의 가액에 이르는 기간 이내로 하되, 그 기간은 20년(이하 이 조에서 "총 사용가능기간"이라 한다)을 넘을 수 없다(공재법 제21조 제1항).

---

1) 대판 1997. 4. 11, 96누17325; 대판 2001. 6. 15, 99두509.
2) 대판 1998. 2. 27, 97누1105.

3. 사 용 료

지방자치단체의 장은 행정재산을 사용허가한 때에는 대통령령으로 정하는 요율(料率)과 계산방법에 따라 매년 사용료를 징수한다. 다만, 연간 사용료가 대통령령으로 정하는 금액 이하인 경우에는 사용허가기간의 사용료를 일시에 통합 징수할 수 있다(공재법 제22조 제1항).1) 지방자치단체의 장은 행정재산의 사용허가를 할 때 다음 각 호(1. 국가나 다른 지방자치단체가 직접 해당 행정재산을 공용·공공용 또는 비영리 공익사업용으로 사용하려는 경우, 2. 제7조 제2항 제1호에 따라 행정재산으로 할 목적으로 기부를 받아들인 재산에 대하여 기부자, 그 상속인, 그 밖의 포괄승계인에게 사용허가하는 경우, 3. 건물 등을 신축하여 기부채납을 하려는 자가 신축기간에 그 부지를 사용하는 경우, 4. 천재지변이나 그 밖의 재난을 입은 지역주민에게 일정 기간 사용허가하는 경우 등 대통령령으로 정하는 경우로서 지방의회가 동의한 경우)의 어느 하나에 해당하면 제22조에도 불구하고 그 사용료를 면제할 수 있다(공재법 제24조 제1항). 판례는 사용료 부과행위는 행정행위(행정처분)로 본다.2)

4. 사용허가의 취소

지방자치단체의 장은 제20조 제1항에 따라 행정재산의 사용허가를 받은 자가 다음 각 호(1. 사용허가를 받은 행정재산을 제20조 제3항을 위반하여 다른 사람에게 사용·수익하게 한 경우, 2. 해당 행정재산의 관리를 게을리하였거나 그 사용 목적에 위배되게 사용한 경우, 3. 사용허가를 받은 행정재산의 원상을 지방자치단체의 장의 승인 없이 변경한 경우, 4. 거짓 진술, 거짓 증명서류의 제출, 그 밖의 부정한 방법으로 사용허가를 받은 사실이 발견된 경우, 5. 제22조 제2항에 따른 납부기한까지 사용료를 내지 아니한 경우)의 어느 하나에 해당하면 그 허가를 취소할 수 있다(공재법 제25조 제1항). 지방자치단체의 장은 사용허가한 행정재산을 국가나 지방자치단체가 직접 공용 또는 공공용으로 사용하기 위하여 필요로 하게 된 경우에는 그 허가를 취소할 수 있다(공재법 제25조 제2항).

---

1) [관련논문] 이진수, "지방자치단체의 공유재산 사용료 부과처분에 대한 불복절차," 지방자치법연구, 통권 제37호, 157쪽 이하.
2) 대판 2017. 4. 3, 2013다207941.

III. 일반재산

1. 관리와 처분

일반재산은 대부·매각·교환·양여·신탁하거나 다음 각 호(1. 「공익사업을 위한 토지 등의 취득 및 보상에 관한 법률」 제 4 조에 따른 공익사업을 시행하기 위하여 공중 또는 지하에 구분지상권을 설정하는 경우, 2. 지방자치단체의 조례로 정하는 「외국인투자 촉진법」 제 2 조 제 1 항 제 6 호에 따른 외국인투자기업이 사회간접자본시설을 설치하고 이를 그 지방자치단체가 매입하는 조건으로 투자협약을 체결한 후 그 이행을 담보하기 위하여 저당권을 설정하는 경우)에 따라 사권을 설정할 수 있으며, 법령이나 조례로 정하는 경우에는 현물출자 또는 대물변제를 할 수 있다(공재법 제28조 제 1 항).

2. 대 부

(1) 대부의 성질　　일반재산의 대부행위 등은 사법상 계약의 성질을 갖는다.[1] 한편, 판례는 대부료의 미납 시에는 민사소송절차가 아니라 강제징수절차가 적용되어야 한다는 입장이다.[2]

(2) 대부기간　　일반재산의 대부는 다음 각 호(1. 토지와 그 정착물: 5년, 2. 제 1 호 외의 재산: 1년)의 구분에 따른 기간을 초과할 수 없다. 다만, 지역경제의 활성화를 위하여 대통령령으로 정하는 경우에는 예외로 한다(공재법 제31조 제 1 항).

(3) 대부기간의 갱신　　지방자치단체의 장은 제29조 제 1 항 단서에 따라 수의계약의 방법으로 대부한 경우에는 대부기간이 끝나기 전에 제 1 항에 따른 대부기간의 범위에서 대부계약을 갱신할 수 있다. 다만, 수의계약으로 대부할 수 있는 경우가 아니면 한 차례만 갱신할 수 있다(공재법 제31조 제 2 항).

3. 매 각

일반재산은 다음 각 호(1. 지방자치단체의 장이 행정목적으로 사용하기 위하여 제11조 제 4 호에 따라 일반재산을 행정재산으로 용도 변경하려는 경우, 2. 「국토의 계획 및 이용에 관한 법률」 등 다른 법률에 따라 그 처분이 제한되는 경우, 3. 장래 행정목적의 필요성 등을 고려하여 제94조의2 제 1 항의 운영기준에서 정한 처분제한 대상에 해당하는 경우, 4. 그 밖에 대통령령으로 정하는 재산

---

1) 대판 2017.4. 3, 2013다207941.
2) 대판 2017.4. 3, 2013다207941.

으로서 지방자치단체가 관리할 필요가 있다고 지방자치단체의 장이 지정하는 재산인 경우)의 어느 하나에 해당하는 경우를 제외하고는 매각할 수 있다(공재법 제36조 제 1 항).

4. 교 환

지방자치단체의 장은 다음 각 호(1. 해당 지방자치단체가 직접 공용·공공용재산으로 사용하거나 소규모 일반재산을 한 곳에 모아 관리함으로써 재산의 효율성을 높이는 데 필요한 경우, 2. 해당 지방자치단체에서 일반재산의 가치와 효용도를 높이는 데 필요한 경우로서 매각 등 다른 방법으로 해당 재산의 처분이 곤란한 경우, 3. 국가 또는 다른 지방자치단체가 직접 공용·공공용재산으로 사용하거나 소규모 일반재산을 한 곳에 모아 관리함으로써 재산의 효율성을 높이는 데 필요하여 교환을 요청한 경우, 4. 지역경제 활성화 또는 지역 주민의 복리 증진을 위하여 필요하다고 인정되는 경우로서 지방의회가 동의한 경우)의 어느 하나에 해당하는 경우에는 일반재산인 토지, 건물, 그 밖의 토지의 정착물을 국유재산, 다른 지방자치단체의 공유재산 또는 사유재산과 교환할 수 있다. 다만, 「공익사업을 위한 토지 등의 취득 및 보상에 관한 법률」이 적용되는 경우는 제외한다(공재법 제39조 제 1 항).

5. 양 여

일반재산은 다음 각 호(1. 해당 특별시·광역시 또는 도의 구역에 있는 시·군 또는 자치구에서 공용 또는 공공용으로 사용하기 위하여 필요한 경우, 2. 용도가 지정된 국고보조금·지방교부세 또는 기부금으로 조성된 일반재산으로서 그 용도에 따라 양여하는 경우, 3. 행정재산의 용도를 폐지한 경우에 그 용도에 대신하여 다른 시설을 마련하여 제공한 자와 그 상속인 또는 그 밖의 포괄승계인에게 양여하는 경우, 4. 도시계획사업 집행을 부담한 지방자치단체에 그 도시계획사업시행지구에 있는 토지를 양여하는 경우, 5. 그 밖에 자산가치가 하락하거나 보유할 필요가 없는 경우로서 대통령령으로 정하는 경우)의 어느 하나에 해당하면 양여할 수 있다(공재법 제40조 제 1 항).

6. 신 탁

일반재산(토지와 그 정착물로 한정한다. 이하 이 절에서 같다)은 부동산신탁을 취급하는 신탁업자에게 신탁하여 개발할 수 있다(공재법 제42조 제 1 항). 제 1 항에 따른 신탁을 할 때에는 이 법에 위반되는 무상대부·교환 또는 양여의 효과를 달성하기 위한 목적으로 신탁하거나 해당 지방자치단체 외의 자를 신탁의 수익자로 하여서는 아니 된다(공재법 제42조 제 2 항).

Ⅳ. 실효성확보

1. 무단사용의 금지

① 누구든지 이 법 또는 다른 법률에서 정하는 절차와 방법에 따르지 아니하고는 공유재산을 사용하거나 수익하지 못한다(공재법 제6조 제1항). ② 제6조 제1항을 위반하여 행정재산을 사용하거나 수익한 자는 2년 이하의 징역 또는 2천만원 이하의 벌금에 처한다(공재법 제99조).

2. 변상금의 징수

(1) 의 의   지방자치단체의 장과 제43조의2에 따라 일반재산의 관리·처분에 관한 사무를 위탁받은 자는 무단점유자에 대하여 대통령령으로 정하는 바에 따라 공유재산 또는 물품에 대한 사용료 또는 대부료의 100분의 120에 해당하는 금액(이하 "변상금"이라 한다)을 징수한다(공재법 제81조 제1항 본문).

(2) 입법취지   변상금 부과처분은 무단점유를 예방·근절하여 공공의 목적에 제공되는 공유재산의 적정한 보호와 관리를 꾀하고, 지방자치단체가 공유재산을 통해 추구하는 행정목적을 달성하는 한편, 사용료 또는 대부료에 해당하는 부당이득을 환수하고 그에 덧붙여 징벌적으로 추가 금액을 징수하여 지방재정을 확충하고자 함에 그 입법취지가 있다.[1]

(3) 징수의 예외   다음 각 호(1. 등기부나 그 밖의 공부상의 명의인을 정당한 소유자로 믿고 상당한 대가를 지급하고 권리를 취득한 자(취득자의 상속인과 그 포괄승계인을 포함한다)의 재산이 취득 후에 공유재산 또는 물품으로 판명되어 지방자치단체에 귀속된 경우, 2. 국가나 지방자치단체가 재해대책 등 불가피한 사유로 일정 기간 공유재산 또는 물품을 점유하게 하거나 사용·수익하게 한 경우)의 어느 하나에 해당하는 경우에는 변상금을 징수하지 아니한다(공재법 제81조 제1항 단서).[2]

(4) 징수행위의 성질   변상금부과처분은 행정소송법상 처분에 해당한다.[3] 변상금부과처분은 공유재산 및 물품 관리법 제81조 제1항 제1문의 표현상 기속행위로 이해된다.[4] 공유재산 및 물품 관리법 제81조 제1항(구 지방재정법 제87조 제1항)

1) 대판 2019. 9. 9, 2018두48298.
2) 대판 1999. 12. 21, 97누8021.
3) 대판 2013. 1. 24, 2012다79828.
4) 대판 2000. 1. 28, 97누4098.

에 의한 변상금부과처분에 대한 소송의 제 1 심 관할 법원의 근거법은 지방자치법 제153조(구 지방자치법 제127조)의 징수처분에 적용되는 지방자치법 제157조(구 지방자치법 제131조) 제 5 항 등이 아니라 행정소송법 제38조 등이라는 것이 판례의 입장이다.1) 死者에 대한 변상금부과처분에 대하여 상속인은 취소를 구할 법률상 이익을 갖는다.2) 판례는 수인이 공유한 경우에는 1인에 대하여도 변상금전액을 부과할 수 있다는 입장이다.3) 대부료산정의 기준이 되는 재산의 가액은 원칙적으로 점유자가 점유를 개시할 당시의 상태를 기준으로 한다는 것이 판례의 입장이다.4)

3. 불법시설물의 철거 등 원상복구

지방자치단체의 장은 정당한 사유 없이 공유재산을 점유하거나 공유재산에 시설물을 설치한 경우에는 원상복구 또는 시설물의 철거 등을 명하거나 이에 필요한 조치를 할 수 있다(공재법 제83조 제 1 항). 제 1 항에 따른 명령을 받은 자가 그 명령을 이행하지 아니할 때에는「행정대집행법」에 따라 원상복구 또는 시설물의 철거 등을 하고 그 비용을 징수할 수 있다(공재법 제83조 제 2 항).5)

4. 시효취득의 금지

행정재산은「민법」제245조에도 불구하고 시효취득의 대상이 되지 아니한다(공재법 제 6 조 제 2 항).

---

1) 대판 2000. 1. 14, 99두9735.
2) 대판 1998. 11. 27, 97누2337.
3) 대판 1992. 9. 22, 92누2202.
4) 대판 2000. 1. 28, 97누4098.
5) [관련판례]
• 민사소송의 방법으로 불법시설물의 철거를 구할 수 있는지 여부
대판 2017. 4. 3, 2013다207941(공유재산 및 물품 관리법 제83조 제 1 항은, '지방자치단체장은 정당한 사유 없이 공유재산을 점유하거나 공유재산에 시설물을 설치한 경우에는 원상복구 또는 시설물의 철거 등을 명하거나 이에 필요한 조치를 할 수 있다.'고 규정하고, 제 2 항은, '제 1 항에 따른 명령을 받은 자가 그 명령을 이행하지 아니할 때에는「행정대집행법」에 따라 원상복구 또는 시설물의 철거 등을 하고 그 비용을 징수할 수 있다.'고 규정하고 있다. 위 규정에 따라 지방자치단체장은 행정대집행의 방법으로 공유재산에 설치한 시설물을 철거할 수 있고, 이러한 행정대집행의 절차가 인정되는 경우에는 민사소송의 방법으로 시설물의 철거를 구하는 것은 허용되지 아니한다).
• 공유재산상의 비대체적 작위의무의 불이행에도 적용되는지 여부
[1] 대판 2011. 4. 28, 2007도7514.
[2] 대판 1998. 10. 23, 97누157.

제 2 항 지방자치단체의 공공시설

Ⅰ. 공공시설의 관념

1. 공공시설의 의의

(1) 공공시설의 필요 지방자치단체는 주민의 복리를 위한 사무를 수행하여야한다(헌법 제117조 제1항). 지방자치단체는 주민의 복지를 증진하기 위하여 공공시설을 설치할 수 있다(지자법 제161조 제1항). 복리사무는 경제적인 복지에만 한정되지 아니한다. 복리사무는 사회적·문화적·생태적 복지 등도 포함한다. 이러한 복지사무의 수행을 위하여 지방자치단체는 공공시설을 설치할 필요성을 갖는다. 말하자면 지방자치단체가 주민에 사회적·경제적·문화직인 배려급부를 지속적으로 수행하기 위하여 지방자치단체는 조직상 고유한 준비수단도 필요로 한다. 그 수단의 하나가 공공시설이다(예: 공설의 상수도·운동장·극장·박물관·폐기물처리장·시장). 그 목적이 경제적인 것인가는 가리지 않는다.[1] 생활배려에 봉사하는 것이 공공시설의 형태로만 이루어지는 것은 아니지만, 공공시설은 생활배려에 봉사한다. 공공시설은 사회복지 국가원리를 통해 나타나는 급부행정의 한 부분을 구성한다.[2] 요컨대 공공시설은 생활배려, 급부행정의 중요한 수단이다.

(2) 공공시설과 지방공기업 지방자치법은 주민의 공공시설이용권(지자법 제17조 제2항)과 공공시설의 설치(지자법 제161조) 외에 지방공기업의 설치(제163조)를 별도로 규정하고 있는바, 지방자치법은 공공시설을 지방공기업과 구분하고 있다. 지방공기업의 존재의미도 그 사업이나 시설의 이용을 통하여 주민의 복지를 증진하는 데 있으므로, 주민의 이용이라는 점과 관련하여 볼 때, 지방자치법 제17조 제2항의 공공시설은 지방자치법 제161조의 공공시설 외에 지방자치법 제163조의 지방공기업을 포함하는 개념으로 볼 수 있다.

(3) 기능적 의미의 공공시설 법률상 공공시설의 개념이 정의되고 있지는 않다. 일반적으로 공공시설이란 그 조직에 관한 법형식 및 소유권의 귀속 여하를 불문하고 경제적·사회적·문화적 영역에서 직접 생활배려라는 공적 목적에 봉사하

---

1) 조인성, "지방자치단체의 공적시설의 이용청구권에 대한 기초로서 공용지정," 지방자치법연구, 통권 제19호, 251쪽.
2) Erichsen, Kommunalrecht, S. 235.

는, 그리고 당해 지방자치단체의 주민에 이용권이 부여되어 있는 조직상 계속성이 있는 지방자치단체의 모든 시설을 의미하는 것으로 이해된다.[1] 공공시설의 목적은 바로 주민의 생활배려이다. 공공이란 공행정주체인 지방자치단체에 의해 공적 사무의 수행을 위해 처분될 수 있도록 주민에게 제공되는 것을 말한다.[2] 시설이란 이용이 가능한 모든 대상, 서비스 또는 조직을 말한다. 이용이란 내부적으로 행정청에 의해서뿐만 아니라 외부적으로 주민에 의해 임의적 또는 비임의적으로 사용되어질 수 있는 것을 말한다. 요컨대 공공시설이란 기능적으로 파악된 개념이다.

2. 구별을 요하는 개념

(1) 일반재산   지방자치단체의 일반재산은 여기서 말하는 공공시설이 아니다. 왜냐하면 일반재산에는 경제적·사회적·문화적 복지라는 공용목적의 설정이 결여되어 있기 때문이다. 공물도 공공시설일 수가 있다. 그러나 보통사용공물(예: 지방도)은 여기서 말하는 공공시설이 아니다. 왜냐하면 보통사용공물에 대해서는 누구든지 소속 지방자치단체와 관계없이 이용권이 부여되지만, 지방자치법상 공공시설에 대해서는 다만 제한적으로 당해 지방자치단체의 소속 주민에게만 이용권이 부여되기 때문이다. 말하자면 공공시설에 대한 지방자치법의 규정은 본질적으로 주민의 이용청구권과 관련하여 규정된 것이므로, 허가 없이 직접 자유롭게 이용될 수 있는 시설(예: 도로·도로조명·녹지시설)은 지방자치법의 공공시설의 개념에서 제외되어야 한다.[3]

(2) 공 용 물   공용물(예: 시·군의 청사)도 여기서 말하는 공공시설이 아니다. 공용물은 개념상 직접 주민을 위한 것이 아니기 때문이다. 그리고 독립성 없는 영조물(예: 초등학교)은 공공시설에 해당한다. 그러나 독립성 있는 영조물은 개념상 그 자체가 공공시설의 주체이지 공공시설은 아니다. 독립성 있는 영조물의 물적 요소가 공공시설일 수는 있다.

(3) 경제적 기업   공공시설은 언제나 특별이용관계에 놓이므로 이용에는 허가 등을 필요로 하게 된다. 또한 특별이용은 대가를 징수할 수도 있는 것이므로, 공공시설과 경제적 기업은 겹치는 부분이 있게 된다. 따라서 공공시설과 기업의 관계는 기업의 성격이 없는 공공시설(구조적으로 수익적이 아닌 경우), 공공시설의 성격이 없는

---

1) Knemeyer, Die öffentlichen Einrichtungen der Gemeinden S. 12; Schmidt-Jortzig, Kommunalrecht, S. 217; Seewald, Kommunalrecht, in: Steiner(Hrsg.), Besonderes Verwaltungsrecht, Rn. 140.

2) Hegele/Ewert, Kommunalrecht, S. 67.

3) K. Waechter, Kommunalrecht, Rn. 532.

기업(수익적인 경우, 주민의 이용에 적합하지 아니한 경우), 그리고 공공시설과 기업의 양면성이 있는 경우(수익성과 이용성)로 구분될 수 있다.

II. 공용지정

1. 공용지정의 의의

어떠한 대상이 지방자치단체의 공공시설로서의 성격을 갖게 되는 것은 공용지정에 의해 이루어진다. 공용지정이란 어떤 시설의 이용이 지방자치단체의 공공용에 놓인다는 것을 정하는 법적 행위이다. 공용지정은 물건을 공적 이용하에 둔다는 법적 행위이다.[1] 공용지정은 공법상의 의사표시이다. 실제상으로 다수인이 모일 수 있는 건물도 그 목적이 체육관으로 정해진 것이라면, 그 건물은 모든 집회를 위해서가 아니라 그 목적의 범위 내에서 공공시설이 된다(부분공용지정).[2]

2. 공용지정의 형식

공용지정은 행정행위나 조례 그 밖의 지방의회의 의결이나 집행기관의 의사표시로 이루어진다. 묵시적인 공용지정도 가능하다. 사실상 공중에 의하여 이용되고 있는 경우에는 공용지정이 추정되기도 한다.[3]

3. 공용지정의 내용

공용지정은 공공시설의 이용목적과 이용한계를 정한다.[4] 말하자면 공용지정은 공공시설의 공적 목적의 구체화이지만, 동시에 그것은 이용의 한계를 확정한다. 공용지정은 영조물규칙 등을 통하여 보다 자세히 형성되기도 한다. 공용지정은 통상 공공시설의 목적·이용범위 그리고 이용조건 등을 내용으로 한다. 공용변경(이용조건변경)도 가능하다. 그리고 공적 목적을 결하게 되면 공용폐지가 이루어질 것이다. 한편, 공공시설에 대한 공용지정의 범위는 공용지정목적을 확장할 수 있는 행정실제에 의존한다고 본다. 말하자면 주민에 대한 공용지정의 목적이 달성되기에 충분하다면, 비주민에게도 공공시설의 이용이 허용되어야 할 것이다. 물론 이러한

---

1) 졸저, 행정법원론(하)(제29판), 옆번호 1027 이하 참조.
2) Erichsen, Kommunalrecht, S. 241.
3) Erichsen, Kommunalrecht, S. 241; Seewald, Kommunalrecht, in: Steiner(Hrsg.), Besonderes Verwaltungsrecht, Rn. 142; Stober, Kommunalrecht, S. 233.
4) Schmidt-Aßmann/Röhl, Kommunalrecht, in: Schmidt-Aßmann(Hrsg.), Besonderes Verwaltungsrecht, Rn. 107.

경우에 비주민에게도 일정한 경제적 부담 등이 가해질 수 있다.

4. 공용지정의 권원

공공시설에 대해 지방자치단체는 계속적으로 지배권 또는 처분권을 가져야 한다. 그래야 공공시설의 공적 목적의 실현이 보장되기 때문이다. 지배권이나 처분은 반드시 공공시설에 대한 소유권을 요구하는 것은 아니다. 그것은 계약이나 다른 방식으로도 확보할 수 있다. 지방자치단체가 타권리주체의 시설을 공용지정하려면, 그 소유자의 동의를 요한다.

III. 공공시설의 설치·유지

1. 설치의 임의성

공공시설의 설치·유지는 법률에서 강제되기도 한다(예: 초등학교의 설립). 그러나 법률에서 강제되는 경우가 아닌 한, 공공시설의 설치·유지는 헌법과 지방자치법의 지방자치제의 보장의 범위 안에서 지방자치단체의 자주적인 판단에 따른다. 즉 지방자치단체는 주민의 복지를 증진하기 위하여 공공시설을 설치할 수 있다(지자법 제161조 제1항). 또한 지방자치단체는 주민의 복리증진과 사업의 효율적 수행을 위하여 지방공기업을 설치·운영할 수 있다(지자법 제163조 제1항). 임의적 자치사무와 관련하는 한, 공공시설의 확충이나 폐지는 지방자치단체의 정책적인 재량에 속한다. 물론 공공시설의 폐지에는 공용폐지의 절차가1) 따른다. 한편, 공공시설은 관계 지방자치단체의 동의를 받아 그 지방자치단체의 구역 밖에 설치할 수 있다(지자법 제161조 제3항).

2. 사인의 설치·폐지청구권

사인이 지방자치단체에 대하여 공공시설을 설치할 것을 요구할 수 있는 개인적 공권은 인정되지 아니한다. 또한 지방자치단체가 공공시설을 설치하였다는 사실로부터 지방자치단체가 그 공공시설을 계속적으로 유지 또는 확장하여야 한다는 것을 사인이 주장할 수는 없다. 말하자면 사인은 지방자치단체의 공공시설의 폐지에 대하여 다툴 수 있는 권리를 갖지 아니한다.2) 공공시설은 특정한

---

1) 졸저, 행정법원론(하)(제29판), 옆번호 1460 이하 참조.
2) Tettinger/Erbguth/Mann, Besonderes Verwaltungsrecht, Rn. 242.

사인의 이익을 위한 것이 아니라 공공의 이익을 위한 것이기 때문이다.1)

3. 설치·관리의 법적 근거

(1) **법정주의** 공공시설의 설치와 관리에 관하여 다른 법령에 규정이 없으면 조례로 정한다(지자법 제161조 제2항). 지방공기업의 설치·운영에 관하여 필요한 사항은 따로 법률로 정한다(지자법 제163조 제2항).

(2) **법형식선택의 자유** 공공시설의 설치행위의 법적 성질은 설치를 위해 선택하는 법형식에 의존한다. 법형식의 선택과 관련하여 지방자치단체는 원칙적으로 선택의 자유를 갖는다. 목적이 공익실현이면 족한 것이지, 법형식이 공법적인가 아니면 사법적인가는 문제되지 아니한다.2) 그러나 지방자치단체가 공공시설과 관련하여 선택의 자유를 갖는다고 하여도 실제상 그 시설의 효과적인 이용과 관련하여서는 사실상의 제한이 따를 것이다. 이러한 자유를 갖는 이유는 생활배려사무가 특별한 고권적인 구조를 가져야 하는 것은 아니기 때문이다. 독일의 지배적인 견해에 따르면 공공시설의 조직형식뿐만 아니라 이용형식(이용관계)도 지방자치단체가 공·사법 그 어느 것으로도 자유로이 형성할 수 있다고 한다.3) 그리고 이러한 자유로부터 조직형식과 이용형식의 여러 결합형식도 가능하다는 것이다. 즉 공법상으로 조직된 시설은 이용관계를 공법적으로나 사법적으로 형성할 수 있고, 사법상으로 조직된 시설도 이용관계를 사법적으로나 공법적으로(다만, 이 경우에는 고유한 자치권에 의해서가 아니라 법적 근거가 있어야 한다고 한다) 형성할 수 있다는 것이다.4) 독일의 지배적 견해처럼 법형식선택의 자유를 인정하는 경우, 공법상 이용관계를 선택하게되면 행정행위나 행정계약의 형식이 활용될 것이고. 사법상 이용관계를 선택한다면 임대차계약이 활용될 수 있을 것이라 하게 된다.5)

(3) **사법형식의 공공시설** 개별 법률에서 공공시설의 법형식을 명시하는 경우

---

1) 개인적 공권의 성립요건에 관해 졸저, 행정법원론(상)(제29판), 옆번호, 491 이하 참조.

2) Schmidt-Aßmann/Röhl, Kommunalrecht, in: Schmidt-Aßmann(Hrsg.), Besonderes Verwaltungsrecht, Rn. 106; Seewald, Kommunalrecht, in: Steiner(Hrsg.), Besonderes Verwaltungsrecht, Rn. 141.

3) Erichsen, Kommunalrecht, S. 238ff., 248ff.; Schmidt-Jortzig, Kommunalrecht, S. 220; Stober, Kommunalrecht, S. 234; Seewald, Kommunalrecht, in: Steiner(Hrsg.), Besonderes Verwaltungsrecht, Rn. 141. 한편, 지방자치단체의 공공시설의 조직형식의 선택에 관해서는 W. Hauser, Die Wahl der Organisationsform kommunaler Einrichtung을, 이용형식의 선택에 관해서는 H.-J. Fischedick, Die Wahl der Benutzungsform kommunaler Einrichtungen을 참조할 것.

4) Schmidt-Jortzig, Kommunalrecht, S. 221; Tettinger/Erbguth/Mann, Besonderes Verwaltungsrecht, Rn. 250.

5) Burgi, Kommunalrecht, §14, Rn. 53.

는 흔하지 않다. 생각건대 사법형식이 선택될 수 있는 경우로 ① 공공목적이 공법의 조직형식으로는 사법형식만큼 달성될 수 없는 경우, ② 독립의 시설에 대해 계약이나 조례로 업무수행이 보장되는 경우, ③ 지방자치단체가 스스로 상당한 영향력을 갖고 있는 경우, ④ 지방자치단체의 책임이 계약으로 한정되는 경우, ⑤ 중대한 공익상의 이유로 제3자(사인)가 사무수행에 참여하여야 하는 경우를 들 수 있다. 다만 사법으로 조직된 공공시설은 일반적으로 형식남용의 예방을 위하여 일정한 요건(예: 중대한 공익상의 요청 등)에 구속된다고 보아야 한다. 한편, 사법적으로 조직된 공공시설을 통한 공적 목적의 추구에 회사법의 적용으로부터 어떠한 제한이 있는지는 현재로서 불분명하다.

4. 관리·운영

(1) 법정주의 공공시설의 설치와 관리에 관하여 다른 법령에 규정이 없으면 조례로 정한다(지자법 제161조 제2항). 지방공기업의 설치·운영에 관하여 필요한 사항은 따로 법률로 정한다(지자법 제163조 제2항).

(2) 경제성의 원칙 지방자치단체의 공공시설의 설치·관리와 지방공기업의 설치·운영에는 경제성의 원칙이 준수되어야 한다. 경제성의 원칙은 공행정주체가 준수하여야 할 행정법의 일반원칙의 하나이기 때문이다. 말하자면 넓은 의미에서 경제성의 원칙은 지방자치단체의 임무실현에 있어서 합리성의 원칙인 까닭에 그것은 행정법의 일반원칙의 하나이다. 그러므로 공공시설의 설치·관리와 지방공기업의 설치·운영은 또한 국가의 적법성의 감독하에 놓인다고 할 것이다. 경제성의 원칙은 넓은 의미에서 2가지의 내용을 갖는다. 하나는 최소원칙 또는 절약원칙이고 다른 하나는 최대원칙이다. 전자는 급부실현이 가능한 한 최소의 수단(비용)으로 이루어져야 함을 뜻하고, 후자는 주어진 수단(비용)은 최대한의 급부력을 목적으로 하여야 함을 뜻한다.

Ⅳ. 공공시설의 종류

1. 공법상 독립성 없는 공공시설

(1) 조직상 독립성 없는 공공시설 공공시설의 대부분은 조직법상 지방자치단체의 구성부분으로서 법적 독립성을 가지고 있지 않다. 이러한 공공시설도 조직상 독립성 없는 시설과 독립성 있는 시설의 구분이 가능하다. 조직상 독립성 없는 공

공시설이란 고유한 조직을 갖지 않는 공공시설로 주민의 이용을 위하여 공용으로 지정된 일정한 공물(예: 시립운동장·시립공원·마을회관) 또는 단순히 내부구조로 운영이 가능한 업무(예: 수영장·도서관)에 대해 설립이 가능한 영조물 내지 기업을 말하며, 그 것은 지방자치법 제161조 제 1 항의 공공시설에 해당한다. 이러한 공공시설은 지방 자치단체의 행정의 한 부분이고 그 재산은 지방자치단체의 예산의 한 부분을 구성 한다.

(2) 조직상 독립성 있는 공공시설   공공시설의 한 유형으로 법적으로는 독립 성이 없으나 조직상으로는 어느 정도 독립성을 갖는 시설이 있다. 그것은 권리능력 없는 영조물로 표현되기도 한다.1) 권리능력 없는 영조물과 주민 사이의 외부관계 에서는 법인으로서의 지방자치단체가 의사결정주체이지만, 권리능력 없는 영조물 의 내부관계에서는 영조물 자체가 경제적인 자율영역을 갖는다. 왜냐하면 상당한 범위에서 재정상·인사상 자율권을 갖기 때문이다. 조직상 독립성 있는 공공시설의 예로 지방공기업법상 지방직영기업을 들 수 있다.

2. 공법상 독립성 있는 공공시설

(1) 지방공사·지방공단   공법상 독립성이 있는 공공시설로 지방공기업법에 따른 지방공사·지방공단과 그 밖의 공법에 따른 사단법인·재단법인, 그리고 법인 격 있는 영조물 등이 있다. 이러한 조직의 물적 시설 또한 공공시설에 해당한다. 지방공사와 지방공단은 법인으로 한다(지방공기업법 제51조, 제76조 제 2 항).

(2) 권리능력있는 영조물   권리능력있는 영조물2)이란 용어는 실정법상의 용 어가 아니다. 그것은 학문상 인적·물적 종합 시설체로서 법인격을 갖는 조직체를 뜻하는 것으로 사용되고 있다. 권리능력이 있는 영조물은 법인인 까닭에 이용자에 대한 관계에서는 자신의 고유한 이름하에 권리·의무·책임의 단일체로 나타난다. 이러한 영조물의 독립성은 설립지방자치단체가 그 영조물에 대해서 정하는 목적에 서 한계를 갖는다. 권리능력 있는 영조물은 다만 법률이나 법률의 수권에 의해서만 설립될 수 있다. 한편, 법상 독립성 있는 조직형태와 관련하여 권리능력 있는 영조 물이 지방자치단체의 시설에 보다 적합한 조직형태라 말해진다.

---

1) Stober, Kommunalrecht, S. 235.
2) 개념상 권리능력있는 영조물이란 바로 공공시설의 주체이지 그것이 바로 시설 자체를 뜻하는 것 은 아니다. 따라서 공공시설을 표현하는 용어로는 '권리능력있는 영조물의 물적시설'이라 하는 것이 보다 적합할 것이다. 다만 본문에서는 표현을 단순화하기 위하여 간략하게 사용한 것이다. Erichsen, Kommunalrecht, S. 243 참조.

3. 사법상 공공시설

(1) 물적회사   사법상 독립성 있는 공공시설로 상법에 따른 물적회사의 형태가 있을 수 있다. 말하자면, 주식회사나 유한회사의 법형식에 따른 공공시설이 지방자치의 영역에서 있을 수 있다. 이러한 것도 특정 지방자치단체가 독자적으로 설립하는 회사, 다른 지방자치단체와 공동으로 설립하는 회사(공공혼합회사), 사인과 공동으로 설립하는 회사(공사혼합회사)로 구분할 수 있다. 공사혼합회사는 민간자본의 유치와 민간기술의 활용을 장점으로 갖는다. 혼합회사의 경우, 주식이나 지분의 50% 이상을 지방자치단체가 보유하고 있을 때 공공시설이라 할 수 있을 것이다. 사법에 따른 물적회사는 공법상 조직형식에 비하여 기업운영과 인사관리에 있어서 보다 넓은 자유영역을 갖는다. 말하자면 사법상 물적회사는 보다 많은 탄력성을 갖는다.

(2) 행정의 보조자   사법상의 주체가 공공시설의 주체가 아니라 오로지 지방자치단체의 보조자로서 공공임무를 수행하는 경우는 행정의 보조자(예: 지방자치단체의 폐기물을 수집·처리하는 사기업)로서, 이는 공공시설과 구분된다. 지방자치단체의 공공사무가 반드시 지방자치단체에 의해서만 이루어져야 하는 것은 아니기 때문에, 행정의 보조자의 개념이 나타난다. 여기서 지방자치단체는 이용관계의 성질에는 변함이 없이 공공시설의 이용관계에서 나오는 의무를 사인으로 하여금 이행하게 한다. 이러한 목적을 위해 위탁계약이 체결된다. 지방자치단체는 여전히 사무의 주체이고, 필요한 공과금을 징수하기도 한다. 지방자치단체는 행정의 보조자인 사인에 대한 영향력행사 가능성을 확보해둔다.

4. 지방자치단체의 개입의무

지방자치단체는 공공시설을 통해 공공목적을 추구하고, 이러한 사무가 공공시설에서 잘 수행되도록 보장하여야 할 의무를 부담한다고 본다 이러한 의무를 소위 지방자치단체의 개입의무라 부른다. 지방자치단체의 개입의무는 조직형태에 따라 상이하다. 공법적으로 조직된 공공시설에 대한 지방자치단체의 개입이 사법적으로 조직된 경우보다 간단하다. 특히 법상·조직상 독립성이 없는 공공시설의 경우에 지방자치단체의 개입이 가장 용이하다. 엄밀히 말한다면, 이러한 경우의 개입은 오히려 자신의 사무수행이라 할 것이다. 법상 독립성은 없으나 조직상 독립성이 있는 공공시설의 경우에는 다소 제한되고, 사법상 자본회사로서의 공공시설의 경우에는 계약이나 정관을 통하여 또는 주주권행사를 통하여 개입할 수 있을 뿐이다.

V. 공공시설의 이용

1. 조직형식과 이용형식

(1) 선택의 자유 공공시설과 주민 사이의 이용관계는 상이하게 형성된다. 지방자치단체는 법령에 정함이 없는 한 일반적으로 선택의 자유를 갖는다고 본다. 공법상 조직형태의 공공시설의 이용관계는 공법적 또는 사법적으로 형성이 가능하며, 이용형식의 구체적인 것은 이용조건 등을 보고 판단하여야 한다. 이용조건은 조례 또는 행정규칙 등에서 규정된다. 이용관계의 성질이 불분명하다면 공법적으로 보아야 한다. 한편, 사법상 조직형태의 공공시설의 이용관계는 사법적일 뿐이다.[1]

(2) 이단계론 독일의 지배적인 견해인 이단계론(Zwei-Stufen-Theorie)에 따르면 지방자치단체의 공공시설의 이용문제는 2단계로 나누어 검토한다.[2] 제1단계는 허가청구(이용청구)의 문제이고, 제2단계는 개별적인 이용관계의 구체적인 형성(예: 이용대가·이용규칙·손해배상)의 문제이다. 제2단계가 좁은 의미의 이용의 단계이다.[3] 2단계론에 따르면, 제1단계의 허가청구권은 공법적이므로(사법조직형식의 경우에는 문제가 있다), 그에 관한 분쟁은 행정법원의 관할 사항이 되고, 2단계의 이용방법의 문제는 한 마디로 단언할 수 없다. 이용관계가 사법관계라면 그에 관한 분쟁은 민사법원의 관할 사항이 되고, 이용관계가 공법관계라면 그에 관한 분쟁은 행정법원의 관할 사항이 된다. 이와 같은 2단계 모델이 사용되고 있는 것은 공공시설의 조직상 근거되는 법형식의 선택의 자유, 즉 공·사법 중 선택의 자유가 지방자치단체에 있다는 데 연유한다.[4]

2. 이용허가청구권

(1) 의 의 주민은 법령으로 정하는 바에 따라 소속 지방자치단체의 재산과

---

1) Tettinger/Erbguth/Mann, Besonderes Verwaltungsrecht, Rn. 250.

2) Erichsen, Kommunalrecht, S. 250; Lissack, Bayerisches Kommunalrecht, S. 58; Seewald, Kommunalrecht, in: Steiner(Hrsg.), Besonderes Verwaltungsrecht, Rn. 143.

3) Seewald, Kommunalrecht, in: Steiner(Hrsg.), Besonderes Verwaltungsrecht, Rn. 143.

4) Seewald, Kommunalrecht, in: Steiner(Hrsg.), Besonderes Verwaltungsrecht, Rn. 143. 한편, 이단계론에 의하면, 교부지원(예: 대부·보증)의 경우에 있어서 제1단계(사인이 급부청구권을 갖는가의 문제)는 기본관계로서 공법관계에 따라 판단되어야 하고, 제2단계(구체적인 지원)는 공법이나 사법에 의해 이루어질 수 있다고 하게 된다.

공공시설을 이용할 권리를 가진다(지자법 제17조 제 2 항). 법령에는 관습법도 포함된다. 주민에게는 자치법규상 해당 지방자치단체의 공물 등을 임의로 이용할 수 있는 권리가 당연히 주어지기도 하나(자유사용·관습법상 사용), 경우에 따라서는 해당 지방자치단체의 행정행위에 의한 특별한 처분이 전제되기도 한다(허가사용·특허사용). 사인의 공공시설의 이용과 관련하여서는 후자의 경우가 특히 문제된다. 이러한 경우에 지방자치법이 정한 범위 내에서 주민이 갖는 권리는 이용에 대한 것이 아니라 이용을 위한 허가에 관한 것이다. 그것은 주관적 공권으로서 이용허가청구권인 것이다.[1] 여기서 허가란 학문상 허가 외에 특허의 의미도 포함된다.

(2) 주 체

(가) 주 민　이용허가청구권의 주체는 해당 지방자치단체에 소속하는 주민이다. 법인도 자연인과 같은 청구권을 갖는다. 문제는 그 법인이 당해 지역 안에 주소를 갖고 있지 아니한 경우이다. 이러한 경우에는 지방자치법상 이용허가청구권을 인정하기는 어렵다. 개별 법률에서 이용허가청구권이 규정될 수도 있다.

(나) 비 주 민　비주민은 이용허가청구권을 갖지 아니한다. 공공시설의 이용권은 공공시설의 유지에 따르는 부담을 전제로 하는 것이고, 비주민에게는 그러한 부담이 따르지 아니하기 때문이다. 물론 개별 법률에 특별한 규정이 있다면, 비주민도 권리를 가질 수 있을 것이다.[2] 비주민에게는 주민의 권리가 보장되는 전제하에 경우에 따라 이용이 허가될 수도 있을 것이다. 개별 법률에 근거 없이 비주민에게 임의적으로 허가한다면, 허가청은 비주민에게는 주민에 비해 고액의 수수료를 요구할 수 있다. 특히 이웃 지방자치단체와의 합의에 의해 이웃하는 지방자치단체의 주민에게도 이용권을 부여할 수 있을 것이다.[3] 그 밖에 관할 구역의 부동산소유자도 그 부동산과 관련하는 범위 안에서 이용청구권이 있다. 공용지정에서 이용권을 갖는 자의 범위를 확대할 수 있다.

(다) 주민의 정보권　이용허가청구권의 주체로서 주민이 공공시설을 잘 이용할 수 있기 위해서는 주민이 공공시설에 대한 충분한 정보를 가져야만 한다. 따라서 지방자치단체가 주민에게 공공시설에 대한 정보를 보장하는 것은 중요하다.

(3) 사법상 공공시설　이용허가청구권은 이용관계가 사법적으로 규율되거나 또는 공공시설이 사법상 법인에 의해 운영되는 경우에도 마찬가지로 존재한다. 후

---

1) Knemeyer, Die öffentlichen Einrichtungen der Gemeinden, S. 17.
2) Hegele/Ewert, Kommunalrecht, S. 70.
3) 이헌환, 지방자치법주해, 593쪽.

자의 경우, 주민은 지방자치단체에 대하여는 그 법인에 개입하여 허가를 발하도록 요구할 수 있는 권리를 가지며, 운영자에 대하여는 공용지정에 따른 이용계약의 체결을 요구할 수 있는 권리를 갖는다(계약강제)고 볼 것이다.[1] 이 경우의 청구권이 공법적인지 아니면 사법적인지는 분명하지 않다. 지방자치단체는 사법상 법인에 대하여 적절한 개입(조건, 부관)을 통해 적절한 수단을 확보하여야 할 것이다.

3. 이용의 허가

(1) 허가의 범위   공공시설의 이용허가는 원칙적으로 공공시설의 공용지정의 목적범위 내에서만 그리고 급부능력 내에서만 한정되는 것이 원칙이다.[2] 그러나 관련 법규가 허용하는 예외적인 경우에는 지방자치단체는 공용지정 목적을 능가하는 공공시설의 특별한 이용신청도 허가(특허)할 수 있다. 이용권의 구체적인 내용은 통상 조례에서 정해질 것이다. 행정규칙으로 정하면, 행정의 자기구속의 법리가 적용될 수 있다. 조례로 정하는 것이 보다 안정적이다.

(2) 허가의 제한

(가) 공공시설의 능력·용량   무엇보다도 중요한 허가의 제한요소는 각각의 공공시설이 갖는 능력·용량이다. 각 시설이 갖는 능력을 초과하여 허가할 수는 없는 것이다. 공공시설의 능력에 한계가 있는 경우에는 연령·성별·교육 등이 중요 선택기준이 된다. 이러한 기준에 따르는 경우에도 평등원칙에 구속된다. 능력을 초과하면 허가청구권은 없다고 볼 것이다.

(나) 법령의 범위 내   허가청구권은 공물법 및 경찰법 등 법령의 범위 내에서만 인정된다. 공공시설에 손해를 가져오거나, 경찰법상의 관점에서 보아 공공시설을 위태롭게 할 수 있는 경우(예: 인기가수의 발표회, 정치연설회)에 주최자가 예상되는 공공시설에 대한 침해에 대하여 적합한 안전을 확보할 수도 없고, 지방자치단체도 그것을 방지하는 것이 불가능한 경우에는 허가(특허)를 거부할 수도 있다.[3] 만약 허가를 받았다면, 주최자는 제 3 자에 의한 손해까지 부담하여야 한다.

(다) 과거의 비행   법령상 근거 없이 이전의 잘못된 행위를 이유로 허가를 거부할 수는 없다. 허가청구권을 사실상 무력화시킬 정도의 부관을 가한 허가는 허용되지 아니한다. 물론 헌법재판소에 의해 해산된 정당에게도 허가할 수 없다.

---

1) Hegele/Ewert, Kommunalrecht, S. 69.
2) Seewald, Kommunalrecht, in: Steiner(Hrsg.), Besonderes Verwaltungsrecht, Rn. 155.
3) Seewald, Kommunalrecht, in: Steiner(Hrsg.), Besonderes Verwaltungsrecht, Rn. 155; BVerwGE 32, 33f., 337.

(3) 수수료징수   허가에 상응하여 수수료를 징수할 수 있다. 이에 관해서는 조례로 정하게 될 것이다. 문제는 수수료의 징수에 있어서 각 지방자치단체 간의 균형이 요구된다는 점이다. 수수료의 액수의 책정에 있어서 지방자치단체는 주민과 비주민 사이에 합리적인 차등을 둘 수 있다.[1]

(4) 사인의 청구권

(가) 확장요구권·신설요구권   특정의 공공시설이 한계에 달한 경우에 그 시설의 확장은 지방자치단체가 정치적으로 판단할 사항이고, 법상 의무적인 것은 아니다. 이와 관련하여 기존의 공공시설의 이용문제 외에 기존 시설의 확장 또는 새로운 시설의 설치를 청구할 수 있는 권리가 주민에게 있는가의 문제가 있다. 주민은 기존의 규정의 범위 내에서만 지방자치단체의 공공시설을 이용할 수 있고, 이를 능가하여 기존 시설의 확장이나 새로운 시설의 설치를 주장할 수 있는 주관적인 권리가 주민에게 인정되지 않는다는 것이 독일의 이론의 태도이다.[2]

(나) 존속청구권   공공시설을 공용폐지하려는 경우에 사인은 지방자치단체에 대하여 계속 공공시설로 유지할 것을 청구할 수 있는 권리를 가지는가의 문제가 있으나, 이러한 경우에도 사인에게는 그러한 권리가 없다고 보아야 한다. 지방자치단체는 사회국가원리로부터 주민의 생활배려에 필요한 급부를 제공하도록 의무를 지고 있으나, 그것은 객관법적인 것이지 주관법적인 것은 아니기 때문이다. 다만 예외적으로 기본권으로 보호되는 자유영역의 보호에 없어서는 아니 되는 불가피한 공공시설이라면 기존시설의 유지 내지 새로운 시설의 설치의 요구권이 인정될 수 있을 것이다.[3] 이러한 상황은 임의적인 자치사무영역이 아니라 의무적인 자치사무영역에서 문제될 수 있을 것이다. 그 시설의 설치여부가 지방자치단체의 의무에 속한 것인가 아니면 그 단체의 자유의사에 속한 것인가는 가리지 않는다.

4. 이 용

(1) 이용관계의 성질   이용관계의 구체적인 형성 역시 지방자치단체의 선택의 자유에 놓인다고 함은 이미 본 바 있다. 법관계의 성질의 판단에 의문이 있다면 다음에 따라 판단되어야 할 것이다. 의무불이행이나 의무위반에 행정강제수단이나 행정벌의 도입이 예정되어 있다면, 그 이용관계는 공법적이다. 이용관계의 법적 성

---

1) BVerwGE 104, 60ff.; Seewald, Kommunalrecht, Rn. 156.
2) H. Meyer, Kommunalrecht, Rn. 209; Erichsen, Kommunalrecht, S. 247; Stober, Kommunal-recht, S. 246.
3) Seewald, Kommunalrecht, in: Steiner(Hrsg.), Besonderes Verwaltungsrecht, Rn. 156.

질의 판단이 곤란한 경우에는 공법관계인 것으로 추정하는 것이 바람직하다.[1] 왜냐하면 공적 임무의 수행은 공법형식에 의함이 원칙적이기 때문이다.[2] 특별권력관계는 인정될 수 없다. 기본권 침해는 법률의 근거가 있어야 하기 때문이다(헌법 제37조 제2항).

(2) 이용권의 범위

(가) 공용지정   사인의 공공시설이용권은 법령(예: 도로법·수도법·공원법·하천법)이나 공용지정 또는 관습법적으로 정해지기도 하며, 시설의 용량에 의하여 한계가 주어지고, 위험방지라는 경찰상의 요구에 의해서도 제한된다. 공용지정의 범위 내에서 정당의 이용을 배제하는 것은 문제가 없다. 원래의 의미의 공공시설의 이용청구권은 공용지정의 범위 내에서만 나온다.

(나) 정당의 특권   자유민주적 기본질서에서 갖는 정당의 특별한 의미로부터 원래 의미의 이용청구권이 나오지는 아니한다. 정당의 평등취급청구권, 이로부터 나오는 정당의 기회균등원칙은 이용청구권과 관계없다. 공용지정에서 정당이용에 관해 언급하는 바가 없다면, 여태까지의 관행에 따를 수밖에 없다. 관행을 깨뜨리려면, 공용변경을 하여야 할 것이다. 한편, 정당에 대한 이용허가가 가능하여도 시설파괴가 분명하면, 거부할 수 있다. 보증금을 받는다면 별 문제일 것이다. 물론 위헌정당에 대하여는 사용을 금하여야 한다. 다만 헌법재판소가 위헌을 선언하기까지는 정당의 특권은 인정되어야 할 것이다.

(3) 공법적 이용규율

공공시설이 공익에 보다 강하게 관련되면 될수록, 공법적 이용이 중심에 놓인다. 여기에는 강제이용이 도입될 수도 있다. 이용권의 형성은 법령·이용규정·영조물규칙·조례 등으로 정해진다. 공법상 이용은 원칙적으로 협력을 요하는 행정행위의 형식으로 규율된다. 공법상 이용은 조직상 그리고 법상으로 볼 때, 상대적으로 기동성이 약하다는 단점을 갖는다. 한편, 행정상 강제와 행정소송이 적용된다는 점에서 장점도 갖는다. 공법적 이용에서도 지방자치단체는 공법상 수수료 또는 사법상 대가를 징수할 수 있다. 수수료는 원칙적으로 행정상 강제징수의 대상이 된다. 대가의 강제징수에는 민사법이 적용된다.수수료와 대가 중 어느 것이 바람직한 것인가는 단언하기 어렵다. 수수료는 강제징수가 용이하지만, 대가는 적용에 있어서 보다 넓은 자유영역을 갖기 때문이다.

---

1) Burgi, Kommunalrecht, §14. Rn. 53; Seewald, Kommunalrecht, in: Steiner(Hrsg.), Besonderes Verwaltungsrecht, Rn. 154.

2) Tettinger/Erbguth/Mann, Besonderes Verwaltungsrecht, Rn. 250.

(4) 행정사법   사법적 이용에서 계약이 체결되면, 민사법이 적용된다. 이용관계가 사법관계라 하여도 지방자치단체에 사인과 마찬가지의 완전한 사적자치가 주어지는 것이 아니다. 여기에는 공법상 제약이 부가적으로 따르는 소위 행정사법의 원리가 타당하게 된다.[1]

(5) 장해로부터 보호   지방자치단체는 공공시설을 목적에 상응하게 사용할 수 있도록 안전을 확보하여야 하며, 그러한 안전에 대한 침해로부터 공공시설을 보호하여야 한다. 따라서 공공시설의 목적의 보장을 위하여 불가피하다면, 장해를 야기한 자를 이용으로부터 배제하는 것은 허용된다. 이러한 방어청구권은 장해가 비합목적적이고, 비례원칙에 어긋날 때에 주어진다. 장해가 공공시설의 유지에 피할 수 없는 것이라면, 지방자치단체에 수인의무가 놓인다. 공공시설의 이용관계의 법적 형성에 있어서 법형식의 선택의 자유와 관련하여 장해의 방지를 위한 법적 근거가 공법적인가 아니면 사법적인가의 문제가 있다. 왜냐하면 출입금지처분은 공법적인 권력(공물권·영조물권력)으로도 가능하고 사법적인 권리(소유권·재산권에 근거한 가택권)로도 가능하기 때문이다. 한편, 독일의 판례는 관공서의 방문자와 관련하여 방문의 목적에 따라 구분하는 입장이지만,[2] 다수학설은 이에 반대한다. 학설은 출입금지의 목적, 즉 공적 사무수행의 안전에 중점을 두고서, 그것을 공법적인 사무로 본다.[3]

5. 권리보호

(1) 손해배상책임   지방자치단체가 위법하게 이용을 거부하였거나, 공공시설의 흠있는 급부로 인하여 이용자에게 손해를 발생시켰다면, 지방자치단체는 국가배상법 혹은 민법에 따른 배상책임을 져야 한다. 이때 이용관계가 공법관계라면 국가배상법이 적용될 것이고 사법관계라면 민법이 적용될 것이다. 물론 개별 법률에 특별한 규정이 있다면, 그러한 규정이 우선 적용된다.

(2) 행정소송과 민사소송   행정기관이 행하는 허가의 여부는 공권력의 행사이므로, 그것은 공법적 성질을 갖는다. 따라서 허가신청에 관한 소송은 공공시설의 설치·설립의 근거법 여하에 불구하고 행정소송법에 의하게 될 것이다.[4] 사법적으로 조직된 경우에는 선택적으로 민사법에 의할 수도 있을 것이다. 이용관계는 그

---

1) Seewald, Kommunalrecht, in: Steiner(Hrsg.), Besonderes Verwaltungsrecht, Rn. 154; 졸저, 행정법원론(상)(제29판), 옆번호 1219.
2) BGH 33, 230ff.; BVerwGE 35.
3) Seewald, Kommunalrecht, in: Steiner(Hrsg.), Besonderes Verwaltungsrecht, Rn. 161.
4) Seewald, Kommunalrecht, in: Steiner(Hrsg.), Besonderes Verwaltungsrecht, Rn. 162.

법적 성질 여하에 따라 행정소송이나 민사소송에 의하게 된다. 그 법적 성질은 관련 규정의 해석문제이다. 예컨대 이용관계가 조례에서 규정되고, 사용료의 강제징수가 규정되고 있다면, 원칙적으로 행정소송의 대상이 될 것이다. 그 밖에 청원 또한 권리구제수단의 하나가 된다.

제 5 절   지방자치단체의 경제활동

제 1 항   경제활동의 관념

I. 지방자치단체와 경제활동

1. 경제활동의 필요성

지방자치단체는 경제생활에 소비자(구매자)로서뿐만이 아니라, 기업자로서 참여하기도 한다. 그 밖에 고용증대, 세수증대 등의 목적으로 지방자치단체는 경제행정상 여러 수단(예: 교부지원·정보제공 등)을 활용하여 사인의 경제활동영역에 개입하기도 한다. 이러한 지방자치단체의 작용 중에서 지방자치단체가 기업자로서 경제과정에 참여하는 것이 학문상 지방자치단체의 경제활동의 문제로 다루어진다.[1] 지방자치단체의 경제활동을 독립된 절로 다루는 것은 오늘날에 있어서 주민에 대한 지방자치단체의 생활보호임무와 관련하여 경제활동의 의미와 중요성이 계속적으로 증대하고 있다고 보기 때문이다. 더욱이 지방자치단체의 위기(재정의 취약)로 인해 지방자치단체의 경제활동은 더욱 증대할 것이다.

2. 입법적 규율

지방자치단체의 경제활동에 대한 원칙적인 규율은 국회의 몫이다. 한편, 지방자치단체의 경제활동은 입법·행정·사법의 기능분립의 도식에 비추어 본다면 행정활동이다. 그런데 사법형식의 지방자치단체의 경제적 기업에는 지방자치단체에 대한 감독청의 일반감독이 미치지 아니하는 한계를 갖는다.

---

1) Erichsen, Gemeinde und Private im wirtschaftlichen Wettbewerb, S. 7 참조.

II. 경제활동의 의의

1. 개 념

지방자치단체의 경제활동이란 영리취득을 목적으로 사인에 의해 경영될 수 있는 활동으로서 지방자치단체에 의해 이루어지는 모든 활동을 뜻한다(예: 전기·가스·물의 공급, 시장·박물관·도서관의 운영). 경쟁상황이 사실상 존재하는가의 여부는 결정적이 아니다. 급부의 대가와 영리취득이 중심적인 특징이지만, 이익획득의 의도도 결정적인 기준이 아니다.[1] 그렇다고 그것이 지방자치단체 경제활동의 본질적인 특징은 아니다.[2] 지방자치단체의 경제활동은 자치행정보장의 핵심영역에 속한다.[3] 지방자치단체의 비경제적인 행정부분에 대한 사실상의 독자성과 상업적인 사무수행이 오히려 득징적이다.[4]

2. 급부행정과 비교

지방자치단체의 경제활동(경제적 기업)은 급부행정(비경제적 기업)과 교차하기도 하나 구분을 요한다. 그런데 생활배려(급부행정)는 빈번히 경제적인 기업경영의 도움을 받아 이루어지기도 하는바, 양자의 구분이 반드시 용이한 것은 아니다. 사회를 보는 시각의 변화에 따라 순수경제활동인가 급부행정활동인가의 구분이 곤란하기도 할 것이다(예: 오늘날 에너지 공급은 경제활동이 아니라 지방자치단체의 급부행정으로 보이는 반면, 전통적인 행정임무인 도로청소는 경제활동 영역에서 사법적 활동으로 변화하고 있다). 지방자치단체의 급부법과 지방자치단체의 경제법은 지방자치단체의 활동을 상이한 방향에서 고찰한다고 보겠다. 전자는 공적인 이용의 보장이 중요한 것이나, 후자는 지방자치단체의 방해받지 않는 경제활동 그 자체가 중요한 문제이다. 따라서 후자의 경우에는 경제활동의 가능성과 한계가 주로 문제로 된다. 물론 고전적인 급부행정과 경제활동은 교차하며, 생활배려는 가끔 지방자치단체의 경제적 활동에 의해 수행되기도 한다. 요컨대 양자 사이의 구분은 분명하게 이루어지지 아니하며, 영속적인 변화의 과정 속에 있다. 급부행정과 경제작용의 개념은 방향을 달리 하고 있다.[5]

---

1) Schmidt-Aßmann/Röhl, Kommunalrecht, in: Schmidt-Aßmann(Hrsg.), Besonderes Verwaltungsrecht, Rn. 118.

2) Schmidt-Jortzig, Kommunalrecht, S. 223.

3) Seewald, Kommunalrecht, in: Steiner(Hrsg.), Besonderes Verwaltungsrecht, Rn. 267.

4) H. Meyer, Kommunalrecht, Rn. 602.

5) Schmidt-Aßmann/Röhl, Kommunalrecht, in: Schmidt-Aßmann(Hrsg.), Besonderes Verwal-

제 2 항   경제활동의 가능성과 제한

Ⅰ. 경제활동의 가능성

1. 경제활동의 헌법적 보장

(1) 헌법규정   지방자치단체는 주민의 복리에 관한 사무를 처리하고 재산을 관리한다(헌법 제117조 제1항). 따라서 주민의 복리에 관한 사무에 해당하는 한 지방자치단체가 경제활동을 할 수 있음은 헌법상으로 근거를 갖는 것이 된다.[1] 사실 오늘날의 서비스사회에서 지방자치단체는 광범위하게 경제활동을 행한다. 지방자치단체는 이러한 점에서 지역적인 사무를 수행한다.

(2) 생활배려   지방자치단체는 경제활동을 통해 서비스나 재화를 공급하여 시민의 수요를 충족시킴으로써 시민에 대한 복지지향의 배려사무를 수행한다. 생활배려에 기여하는 경제활동은 바로 헌법이 보장하는 지방자치단체의 복지사무에 해당한다고 볼 것이다. 주민의 복지를 위하여 지방자치단체에 경제활동이 명령된다고 볼 수 있다.

(3) 종류와 범위   헌법상 보장되는 지방자치단체의 경제활동의 종류와 범위는 한마디로 단언하기 어렵다. 경제활동은 사인에 대한 침해를 말하는 것도 아니고, 사인의 기본권의 보장을 의미하는 것도 아니다. 그리고 지방자치단체는 자주조직권을 갖기 때문에 경제활동을 위한 조직형식의 선택은 법률의 범위 내에서 기본적으로 지방자치단체의 수중에 놓인다. 지방자치단체는 사법형식으로 경제활동을 할 수도 있다.[2]

(4) 외국에서의 경제활동   지방자치단체의 외국에서의 경제활동은 지방자치단체의 핵심적인 보호영역은 아니다. 그렇다고 헌법상 부인되는 것도 아니다. 지방자치단체는 외국에서 공공목적을 위한 경제활동을 할 수도 있을 것이다.[3] 국가 전체 경제의 발전을 고려하여 감독청의 승인(적법성의 감독)을 받게 하는 제도의 도입도 필

---

tungsrecht, Rn. 118.

1) 허전, "지방자치단체의 경제활동," 지방자치법연구, 통권 제42호, 64쪽 이하.

2) [참고논문] 김대인, "지방자치단체 민간투자사업의 공공성 확보수단에 관한 연구—공법상 계약과 행정처분의 관계를 중심으로—," 지방자치법연구, 통권 제63호, 227쪽 이하; 강기홍, "지방 SOC 사업의 예비타당성조사에 관한 법리," 통권 제63호, 255쪽 이하

3) Northoff, Rheinhard, Zulässigkeit kommunaler unternehmerischer Tätigkeit im Ausland, Dissertation, 2008. S. 90ff.

요할 것이다.[1]

2. 경제활동의 요건[2]

지방자치단체의 무분별한 경제활동의 참여로 인하여 경영적자가 발생하면, 그 적자는 주민의 부담으로 돌아간다는 점, 이른바 주인 없는 경영의 가능성이 있어서 부실운영의 위험이 있다는 점 등으로 인해 지방자치단체의 경제활동은 자유로울 수만은 없다. 거기에는 일정한 제한이 있어야 한다. 여기에 지방자치단체의 경제활동에 요건의 설정이 필요하다.

(1) 의 의　　헌법은 사인이나 국가의 특정의 경제모델을 강제하는 것은 아니다. 입법자는 형성의 자유를 갖는다. 경제활동의 허용성은 국가나 지방자치단체나 유사하다고 볼 것이다. 독일의 경우에는 전통적으로 지방자치단체가 경제적인 기업경영을[3] 위해서는 ① 공익복적, ② 급부력, ③ 보충성의 3가지의 요건이 필요한 것으로 이해되고 있다.[4] 이 3가지 요건은 지방자치단체를 과도한 경제적인 위험과 가능한 재정상의 손실로부터 보호하고(재정정책상의 목적), 지방자치단체의 힘을 지방자치단체가 공행정담당자로서 갖는 고유한 임무의 수행에 집중시키고(지방자치행정상의 목적), 지방자치단체의 경제상의 활동을 보충적인 역할에 한정하고 사경제에 압박

---

1) Nordrhein-Westfalen GO 제107조 제 2 항 제 3 문, 제 4 항 제 2 문 참조.

2) 기초지방자치단체(게마인데)와 경제상 기업의 관련성에 관한 독일 게마인데법의 관련규정을 보면, ① 명시적으로 금지되는 경제상 기업(예: 은행의 설립과 운영의 금지), ② 허용되는 기업, ③ 제한적으로 허용되는 기업의 구분이 있다. ②에는 법률상 설립과 운영이 의무적인 기업, 교육시설·건강시설 등(공적 목적이 추정된다. 영업상 제한 없음)의 기업, 지방자치단체 자체수요를 위한 보조영업으로서의 시설(예: 인쇄소)이 있고, ③은 본문에서 보는 바와 같은 공익목적·급부력·보충성의 요건이 요구된다.

3) 경제적 기업과 비경제적 기업의 구분이 문제된다. 기본적인 구별기준은 이윤추구의 여부이다. 경제적 기업은 이윤획득의 의도로 사기업에 의해서도 경영될 수 있는 기업을 말하고, 비경제적 기업이란 사기업에 의해 경영될 수 없는 기업, 즉 이윤과 거리가 먼 기업이라 하겠다. 비경제적 기업은 경제적 기업과 달리 지방자치단체의 급부력 안에서 경영이 가능하며, 사인과 경쟁도 가능하다(예: 사립학교와의 경쟁).

4) Erichsen, Kommuanlrecht, S. 379ff.; Schmidt-Aßmann/Röhl, Kommunalrecht, in: Schmidt-Aßmann(Hrsg.), Besonderes Verwaltungsrecht, Rn. 120; Wolff/Bachof/Stober, Verwaltungsrecht II(5. Aufl.), §86, Rn. 63ff. 이러한 전통적 견해는 1934년의 독일게마인데법에서 유래한다. 오늘날에는 란트 사이에 다소 차이가 있다. Nordrhein-Wesfalen에서는 급박한 공적 목적의 요구가 있고, 활동의 종류나 범위에 있어서 지방자치단체(게마인데)의 급부력에 상당한 비례관계에 놓일 때에 지방자치단체는 지역공동체의 사무의 수행을 위해 경제적으로 활동할 수 있고(게마인데법 제107조 제 1 항), Mecklenburg-Vorpommern에서는 공적 목적이 기업을 정당화하고, 기업이 종류와 범위에 따라 지방자치단체(게마인데)의 급부력 및 예상수요와 상당한 비례관계에 있고, 게마인데가 사무를 제 3 자와 마찬가지로 잘 그리고 경제적으로 수행할 수 있을 때에 지방자치단체는 지역공동체의 사무의 수행을 위해 경제적으로 활동할 수 있다(게마인데법 제68조).

을 가하는 경쟁을 방지함(경제정책상의 목적)에 있다.[1] 이러한 요건은 현행 지방자치법 제163조 및 지방공기업법 제 2 조 제 2 항에 비추어 우리의 경우에도 적용될 수 있을 것이다.

(2) 공익목적

(가) 의 의   지방자치단체에 의한 경제기업의 설립·인수·확장은 공익 목적에 의하여 정당화되어야 한다. 실정법은 공익목적을 "주민의 복리증진(지자법 제163조 제 1 항)," "주민복리의 증진(지업법 제 1 조)"이란 용어로 표현하고 있다. 현재로서 공익목적에는 개념의 추상성에 불구하고 전통적인 의미의 생활배려(Daseinsorge)를 능가하는 경제촉진적인, 그리고 일자리확보까지 포함되고 있다. 주민의 생활배려에 향해진 활동으로서 기업이 직접 급부를 행하는 경우에 공익목적은 있는 것이며, 그 수익을 통해 간접적으로 주민의 복지에 기여하는 것은 여기서 말하는 공익목적과 거리가 멀다. 공익목적은 불확정개념이다. 공익목적의 존재여부는 제 1 차적으로 지방자치단체(집행기관의 장) 또는 지방의회가 정할 사항이다. 여기에 지방자치단체의 평가의 특권이 존재한다.[2]

(나) 구 역   한편, 지방자치단체의 경제활동은 자기의 구역에 한정되어야 한다. 그러나 경제활동의 성질상 당해 지방자치단체의 주민만을 고려할 수 없거나 또는 경제적인 사유에서 급부가 여러 지방자치단체에 필요한 경우에는, 지방자치단체의 구역을 능가하는 활동이 가능하다고 볼 것이다. 물론 후자의 경우에 대해서는 의문이 없지 않다.

(다) 국고목적   단순한 수입확보의 의도는 공공목표를 의미하지 아니한다.[3] 말하자면 지방자치단체는 오로지 재정수요충족을 목적으로 하는 순수영리활동을 사경제주체와의 경쟁관계에서 수행할 수는 없다고 본다. 그러한 영업활동은 공공목적을 결한 것으로서 그 정당성이 부인되어야 한다. 그것은 주민의 경제상의 자유를 침해하는 것이고, 동시에 지방자치단체가 재정고권을 갖는 취지에도 반하는 것이 되기 때문이다. 말하자면 헌법상 조세국가의 우위가 인정된다. 국가는 그 수입을 일차적으로 조세에서 얻어야 한다. 따라서 국가나 지방자치단체는 수입목적으로만 경제활동을 할 수는 없다. 즉 국고목적은 허용되는 목적이 아니다. 다만, 사인과의 경쟁관계에 놓인다고 볼 수 없는 경우에는 가능할 것이다. 그러나 정책적인 관점에

---

1) Reichert/Röber, Kommunalrecht, S. 126.
2) BVerwGE 39, 329, 333.
3) BVerfGE 61, 82, 107; BVerwGE 39, 329, 333.

서 대기업은 여기서 말하는 사인에 포함되지 않는 것으로 새겨야 할 필요도 있다.

(라) **타법상 제한**　　지방자치단체의 순수 영리행위가 가능하다고 하여도 다른 법에서 가하여지고 있는 제한이 또한 준수되어야 당연하다.[1]

(3) **보 충 성**

(가) **의 의**　　지방자치단체에 의한 경제기업의 설립·인수·확장은 기업적인 경영의 방식에 의하는 것이 다른 방식에 의하는 것보다 목적달성이 경제적이고 효과적인 것이어야 한다. 지방자치법은 이를 "사업의 효율적 수행"이라고 표현하고 있다(지자법 제163조 제 1 항). 이러한 보충성의 원칙은 사경쟁자를 원칙적으로 보호하려는 데 그 취지가 있다.

(나) **성 질**　　그러나 여기서 보충성의 조항이 제 3 자를 보호하는 효과를 갖는지의 여부 및 사인인 제 3 자가 자신의 경쟁상의 지위의 침해를 이유로 행정법원에 소를 제기할 수 있는지의 여부는 불분명하다. 보충성의 요건은 지방자치단체가 본연의 사무에 집중하는 것을 확보하는데 기여한다. 경제적이고 효과적인 것인가의 판단에 있어서 지방자치단체는 역시 평가특권을 갖는다.

(4) **급 부 력**　　지방자치단체가 설립·인수·확장하는 경제기업은 그 종류나 범위에 있어서 그 지방자치단체의 급부력에 대하여 적합한 비례관계에 놓여야 한다. 이것은 자신의 행정력과 재정력을 능가하는 활동으로부터 지방자치단체를 보호하기 위한 것이다. 이것은 당해 지방자치단체의 본연의 임무수행을 보장하고자 하는 데 있다. 명시적인 규정이 없다고 하여도, 이 요건은 헌법상 지방자치행정의 보장에서 나온다. 지방자치단체의 급부력은 지방자치단체 간의 협력을 통해 증대시킬 수 있다.

Ⅱ. 경제활동의 제한

1. 경제주체 사이의 제한

(1) **국가와 지방자치단체 사이**　　경제주체간의 제한문제는 3가지로 나누어 볼 수 있다. 먼저 국가와 지방자치단체 사이의 제한을 보면, 지방자치단체사무의 보편성(전권한성)으로 인하여 헌법상 국가사무로 보기 곤란한 경제활동은 지방자치단체의

---

1) 예컨대, 군이 골프장을 운영한다면 그 자체는 위법으로 볼 수 없겠으나, 그 운영에 수반되는 다른 법적 제한(예컨대, 환경관계법상의 제한 등)에는 역시 구속된다. 그러나 법외적 문제로 주민의 대다수가 원하지 아니하는 사업은, 군수가 민선의 직이기 때문에, 자제할 수밖에 없을 것이다.

사무로 보아야 한다. 역으로 말한다면, 국가의 경제활동영역에 놓이는 것은 원칙적
으로 지방자치단체의 경제활동외부에 놓인다.

(2) **광역지방자치단체와 기초지방자치단체 사이**   광역지방자치단체와 기초지
방자치단체 사이의 제한을 보면, 광역지방자치단체는 기초지방자치단체의 사무영
역을 능가하는 경제활동을 수행하여야 한다. 이와 관련하여 하급지방자치단체는
자신의 사무영역에 들어오는 범위 내에서 경제활동을 할 수 있다고 보겠다.

(3) **지방자치단체와 사인 사이**   지방자치단체와 사인간의 제한의 문제가 있으
나 이것은 후술하는 사경쟁자의 기본권에 의한 제한의 문제이다. 지방자치단체는
지방공기업을 설치·설립 또는 경영함에 있어서 민간경제를 위축시키거나 공정하고
자유로운 경제질서를 저해하거나 환경을 훼손시키지 아니하도록 노력하여야 한다
(지업법 제 3 조 제 2 항).

2. 사경쟁자의 기본권에 의한 제한

(1) **의 의**   특정의 기업적인 활동이 공공목적을 수행하는 것이어서 법상 허용
되는 것이라도, 그것이 사인과의 경쟁과 관련하여 기본권(특히, 직업선택의 자유)에 의한
제한을 받을 것인가의 문제가 있다. 이에 관해서는 ⓐ 기본권이 공행정기관의 경쟁
참여로부터 사인의 보호를 내용으로 하는 것이 아니라는 견해, ⓑ 구체적인 논급을
하지 않는 입장, ⓒ 공행정기관의 경쟁참여로부터 사인의 보호를 내용으로 한다는
견해로 나뉜다. 독일연방헌법재판소의 판례에 의하면,[1] 헌법상 직업선택의 자유는
행정기관에 의한 경쟁으로부터 사인을 보호하는 것을 포함하지 아니한다고 한다.
그런데 지방자치단체가 사경쟁자가 수인할 수 없을 정도로 사경쟁자를 억압하거나
또는 독점을 확보하면, 기본권침해가 고려된다는 판례도 또한 있다.[2] 독일의 지배
적 견해이기도 하다.[3] 하여간 지방자치단체 또는 지방자치단체의 기업의 경제활동
으로 인해 사인의 시장점유율이 상당히 제한을 받게 되면, 기본권이 문제된다.

(2) **지방자치단체와 기본권구속**   지방자치단체 자신이 경제주체라면, 공행정
사무를 직접 수행할 때에 적용되는 행정사법의 원리에 따라 지방자치단체의 경제
활동에 기본권에의 직접적인 구속이 가해진다.[4] 말하자면 사법형식에 따라 수행되

---

1) BVerfGE 39, 329, 336f.
2) BVerwGE 17, 306, 313f.
3) H. Meyer, Kommunalrecht, Rn. 621; Tettinger/Erbguth/Mann, Besonderes Verwaltungsrecht,
   Rn. 321.
4) Erichsen, Verwaltungsrecht, S. 275.

어도 그것이 직접 공적 목적(즉, 생활배려)을 위한 것이라면 행정사법이 적용된다. 모든 권력은 국민으로부터 나오는 것이기 때문에 내용여하를 불문하고 사법작용도 기본권에 구속된다.

(3) 공법인과 기본권구속

(가) 의 의   지방자치단체가 설립한 독립의 법인체가 공법인이라면, 역시 공법인의 사법작용도 기본권에 구속된다. 왜냐하면 그 공법인에게는 기본권구속을 가져오는 국가권력이 완전히 단절된 것이 아니기 때문이다. 사법인인 경우에도 기본권구속이 적용된다고 볼 것이다. 왜냐하면 생활배려의 사무를 지방자치단체가 수행하는가 아니면 지방자치단체가 설립한 독립의 법인체가 수행하는가의 여부는 중요하지 않고,[1] 복지관련성 또는 생활배려 그 자체가 중요하기 때문이다.

(나) 행위형식과 기본권제한   헌법상 평등원칙은 지방자치단체가 공법형식에 의하는 경우와 사법형식에 의하는 경우에 적용이 달라져야 하는 것은 아닌 것이다. 사법형식으로 작용하여도 국가는 국가이다. 그리고 형성력은 오로지 국가로부터 나오는 것이다. 사법형식이 국가권력으로부터의 해방을 의미해서는 안 된다. 따라서 국가의 사법인도 활동에 있어서 기본권에 구속되는 것은 당연하다.

(4) 공사혼합기업과 기본권구속   지방자치단체가 자본금의 전액을 출자한 것이 아니라 사인과 공동으로 출자한 공사혼합기업으로서 독립법인체의 경우에도 기본권에 구속되는가의 여부는 사기업에 적용되는 다수결의 원리와 관련하여 문제가 있다. 이에 대해서는 지방자치단체의 몫(주식수에 따른 몫)이 갖는 결정권은 기본권에 구속되어야 한다는 것이다.[2] 말하자면 지방자치단체는 자신이 출자한 몫의 행사는 기본권구속에 따라야 한다는 것이다. 왜냐하면 그 몫은 국가권력으로부터 나오기 때문이라는 것이다.

3. 실정법상 제한

지방자치단체의 경제활동과 지방자치단체가 설립한 독립법인체의 경제활동은 헌법상 보장되는 지방자치제의 내용의 한 부분이고, 또한 사인의 경제상의 자유도 기본권으로 보장되기 때문에 양자의 조화가 문제된다. 이에 대한 구체적인 형성은 입법자의 몫이다. 기술한 경제활동의 요건이 바로 지방자치법에서 나타난 형성내용이 된다. 또한 지방자치단체의 경제활동은 지방자치법·지방공기업법 등 지방자

---

1) BVerfGE 45, 63, 79f.; 68, 193, 212f.
2) Erichsen, Verwaltungsrecht, S. 277.

치에 관련된 법률상의 제한 외에도 경제행정법의 적용을 받는다. 그리고 그것이 경제성의 원칙에도 따라야 함은 물론이다.

Ⅲ. 사인의 권리보호(경쟁자소송)

1. 개인적 공권의 침해가능성

(1) 기업설립과 개인적 공권   경제적 활동에 관한 지방자치단체의 기업설립의 결정에 대하여 사경쟁자가 주관적 공권을 갖는가의 문제가 있다. 지방자치법상 경제기업의 설립요건은 원칙적으로 제 3 자 보호규범이 아니므로, 부정적으로 보아야 한다. 말하자면 관련법규상 지방자치단체의 경제활동에 대한 제한이 제 3 자의 주관적 지위의 보장을 목적으로 하는 것이 아닌 한, 지방자치단체의 경제활동에 대한 경쟁자인 사기업자의 권리보호는 제한된다.

(2) 기업행위와 개인적 공권   지방자치단체의 경제활동이 지방자치법(요건)을 위반하면, 특히 보충성의 요건을 위반하면 행정법원에 출소가 가능할 수도 있을 것이다. 왜냐하면 지방자치단체의 경제활동에 관한 요건규정은 객관적인 법적 의미를 갖는 것이지만, 사기업의 이익을 위한 면도 부정할 수는 없기 때문이다. 이것은 기업관련의 기본권의 침해를 가져온다. 하여튼 사인의 권리보호방식에는 두 가지가 있다. 한 가지는 지방자치단체의 경제활동 그 자체를 다루는 방식이고, 또 하나는 시장에서 특정 경제행위를 다루는 방식이다.

2. 관할 법원

관할 법원의 결정, 즉 특정의 분쟁이 민사소송사항인가 아니면 행정소송사항인가의 결정은 법적 분쟁의 해결에 기준이 되는 법규범에 따라 이루어진다. 여기서는 보호규범이론[1])의 도입이 필요하게 된다. 만약 지방자치단체가 경쟁법의 특정 조항에 위반하면, 그것은 민사소송사항이 된다.

---

1) 보호규범론에 관해 졸저, 행정법원론(상)(제29판), 옆번호 496 이하 참조.

제 3 항 조   직

Ⅰ. 공법상 조직형식

지방자치단체는 주민의 복리증진과 사업의 효율적 수행을 위하여 지방공기업을 설치·운영할 수 있다(지자법 제163조 제1항).[1] 지방공기업의 설치·운영에 필요한 사항은 따로 법률로 정한다(지지법 제163조 제2항). 그 법률이 바로 지방공기업법이다.[2] 이하에서 동법의 주요내용을 보기로 한다.

1. 비법인의 형식

(1) 의 의   공법상 비법인의 조직형식으로는 지방자치단체 자신의 기구에 의한 영업이 있다. 이러한 영업은 지방자치행정의 한 구성부분이다. 이러한 경우에 있어서 권리의 주체는 지방자치단체 자신이다. 이러한 경우에도 조직상 독립기관에 의한 영업(예: 지방자치단체의 조직의 한 부분으로서 수도사업소에 의한 수도사업)과 비독립기관에 의한 영업(예: 시립화장장에서 장의용품판매)의 구분이 가능하다. 조직상 독립기관에 의한 영업의 경우에는 인사와 예산에 있어서 어느 정도 독립성이 부여된다. 조직상 비독립기관에 의한 영업은 소규모영업에 적합하다. 조직상 어느 정도 독립성 있는 조직체에 의한 기업을 지방공기업법은 지방직영기업이라 부른다(지업법 제2조 제1항).

(2) 지방직영기업   지방공기업법상 지방직영기업은 1. 수도사업(마을상수도사업은 제외한다), 2. 공업용수도사업, 3. 궤도사업(도시철도사업을 포함한다), 4. 자동차운송사업, 5. 지방도로사업(유료도로사업만 해당한다), 6. 하수도사업, 7. 주택사업, 8. 토지개발사업, 9. 주택(대통령령으로 정하는 공공복리시설을 포함한다)·토지 또는 공용·공공용건축물의 관리 등의 수탁을 대상으로 한다(지업법 제2조 제1항). 지방직영기업에 대하여는 지방공기업법에서 규정한 사항을 제외하고는 지방자치법, 지방재정법 그 밖의 관계 법령을 적용한다(지업법 제6조). 지방직영기업은 지방자치단체의 조직의 한 부분이므로 지방자치단체의 장의 통제를 받는다. 행정의 실제상 직방직영기업

---

1) [관련논문] 강재규, "지방공기업의 효율적 운영을 위한 법제개선방안," 지방자치법연구, 통권 제3호, 111쪽 이하; 서보국, "독일 공법상 규제된 자율규제제도—우리의 지방공기업법과 지방자치법의 관련성에 대하여—", 지방자치법연구, 통권 제61호, 167쪽 이하.

2) 지방공기업법상 지방공기업의 개념이 불명확하므로 지방공기업 개념을 법률적으로 명확하게 정의하는 규정을 둘 필요가 있다는 지적이 있다(김재호, "지방자치단체의 공기업 설치 및 운영에 관한 입법론 소고," 지방자치법연구 제1권 제1호(창간호), 78쪽 이하).

에는 상수도사업과 하수도사업이 대표적인 예에 해당한다.

2. 법인의 형식

(1) 지방공사

(가) 설 립   지방자치단체는 제 2 조에 따른 사업을 효율적으로 수행하기 위하여 필요한 경우에는 지방공사(이하 "공사"라 한다)를 설립할 수 있다. 이 경우 공사를 설립하기 전에 특별시장, 광역시장, 특별자치시장, 도지사 및 특별자치도지사(이하 "시·도지사"라 한다)는 행정안전부장관과, 시장·군수·구청장(자치구의 구청장을 말한다)은 관할 특별시장·광역시장 및 도지사와 협의하여야 한다(지업법 제49조 제 1 항).1) 지방자치단체는 공사를 설립하는 경우 그 설립, 업무 및 운영에 관한 기본적인 사항을 조례로 정하여야 한다(지업법 제49조 제 2 항). 지방자치단체는 공사를 설립하는 경우 대통령령으로 정하는 바에 따라 주민복리 및 지역경제에 미치는 효과, 사업성 등 지방공기업으로서의 타당성을 미리 검토하고 그 결과를 공개하여야 한다(지업법 제49조 제 3 항).

(나) 임원의 임면 등   공사의 임원은 사장을 포함한 이사(상임이사와 비상임이사로 구분한다) 및 감사로 하며, 그 수는 정관으로 정한다(지업법 제58조 제 1 항). 사장과 감사는 대통령령으로 정하는 바에 따라 지방공기업의 경영에 관한 전문적인 식견과 능력이 있는 사람 중에서 지방자치단체의 장이 임면한다. 다만, 제50조 제 1 항에 따라 설립된 공사의 경우에는 지방자치단체 간의 규약으로 정하는 바에 따른다(지업법 제58조 제 2 항). 지방자치단체의 장은 제 2 항에 따라 사장과 감사(조례 또는 정관으로 정하는 바에 따라 당연히 감사로 선임되는 사람은 제외한다)를 임명할 경우 대통령령으로 정하는 임원추천위원회(이하 이 조에서 "임원추천위원회"라 한다)가 추천한 사람 중에서 임명하여야 한다. 다만, 제 4 항에 따라 사장을 연임시키려는 경우에는 임원추천위원회의 심의

---

1) 헌재 2012. 4. 24, 2010헌마605(지방공기업은 지방자치의 발전과 주민복리증진을 위하여 지방자치단체가 직접 설치·운영하거나, 법인을 설립하여 경영하는 기업으로(지방공기업법 제 1 조), 지방자치단체가 직·간접적으로 경영한다는 점에서 국가공기업과 구분되고, 특정 공공수요를 특정 개개인에게 충족시키고 수익자 부담원리에 의해 비용을 부담시키며 비권력적인 서비스행정을 목적으로 한다는 점에서 일반 행정과 구분된다. 일반적으로 지방공기업은 공공복리의 증진이라는 '공공성'과 이윤추구라는 '기업성', 그리고 활동범위가 지역에 한정되어 있다는 '지역성'의 세 가지 요소를 그 특성으로 하고 있다. 지방공사는 지방공기업의 한 종류로서(동법 제 3 조 제 1 항), 공공성 확보 차원에서 지방자치단체가 자본금의 50%~100%를 출자하고, 도시개발, 지하철, 농산물, 의료원 등 민과 관의 중간에 속하는 사업을 간접 경영하는 회사형태로 운영된다. 지방공기업법의 관련 규정들의 내용들에 비추어 볼 때, 지방공사는 지방자치단체 또는 지방의회의 직접적인 통제를 받는 것은 아니나, 지방자치단체장의 감독권 등에 의하여 지방자치단체의 사실상의 영향력하에서 운영된다).

를 거쳐야 한다(지업법 제58조 제 3 항).

(다) **민관합동법인** 공사의 자본금은 지방자치단체가 그 전액을 현금 또는 현물로 출자한다(지업법 제53조 제 1 항). 공사의 운영을 위하여 필요한 경우에는 자본금의 2분의 1을 넘지 아니하는 범위에서 지방자치단체 외의 자(외국인 및 외국법인을 포함한다)로 하여금 공사에 출자하게 할 수 있다. 증자의 경우에도 또한 같다(지업법 제53조 제 2 항). 이 조항에 근거하여 지방자치단체 외의 자가 출자하는 경우의 지방공기업은 민간합동법인으로서의 지방공기업이 된다.[1] 지방자치단체가 전액을 출자하는 경우를 전액출자 지방공사, 지방자치단체 외의 사가 출자하는 경우를 혼합출자 지방공사로 부르기도 한다.[2]

(2) **지방공단** 지방자치단체는 제 2 조의 사업을 효율적으로 수행하기 위하여 필요한 경우에는 지방공단(이하 "공단"이라 한다)을 설립할 수 있다(지업법 제76조 제 1 항). 공사는 법인으로 한다(지업법 세51조, 제76조 제 2 항). 공단은 그 주된 사무소의 소재지에서 설립등기를 함으로써 성립한다(지업법 제57조 제 1 항, 제76조 제 2 항). 공단의 임원은 사장을 포함한 이사 및 감사로 하며, 그 수는 정관으로 정한다(지업법 제58조 제 1 항, 제76조 제 2 항). 이사장 등의 선임방식은 공사의 경우와 같다(지업법 제58조, 제76조 제 2 항).

(3) **지방공사와 지방공단의 구분** 지방공기업법은 지방공사와 지방공단을 구분하여 규정하고 있다. 지방공기업법상 양자의 규율내용은 거의 같다. 실제상으로는 주차장이나 체육시설 등 시설의 관리와 관련하여서는 지방공단의 형식이 활용되고 있고(주차관리공단·시설관리공단·환경관리공단), 병원·지하철·도시개발 등과 관련하여 지방공사의 형식이 활용되고 있다. 현재로서 지방공기업법이 지방공기업을 지방공사와 지방공단으로 구분하여 규정하는 것은 별 실익이 없어 보인다.[3] 이 때문에 지방공사와 지방공단을 하나로 묶어 규율하는 것이 타당하다는 지적도 있다.[4] 지방공기업법이 지방공사와 지방공단을 구분한 것은 지방공사를 사단법인으로, 지방공단을 재단법인으로 하려고 한 것이 아닌가 짐작되기도 한다.

---

1) 예: 지방공사인천터미널, 김제개발공사, 광주지방공사, 장흥표고유통공사, 안성축산진흥공사, 경강종합관광개발공사, 철원농특산물유통공사, 청도지역개발공사, 구미경북원예수출공사 등을 볼 수 있다.
2) 김성수, "민간협력과 지방공기업," 지방자치법연구, 통권 제 3 호, 55쪽.
3) 김성수, "민간협력과 지방공기업," 지방자치법연구, 통권 제 3 호, 55쪽.
4) 김재호, 지방자치법주해, 445쪽.

Ⅱ. 사법상 조직형식

1. 유 형

사법상 조직형식은 사법의 모든 법형식으로 가능하다. 일반적인 근거법으로 지방자치단체 출자·출연 기관의 운영에 관한 법률(약칭: 지방출자출연법)이 있다.[1] 그러나 무엇보다 상법상의 각종 회사형태(특히, 주식회사)가 중심적이다(예: 구 서울특별시 서울관광마케팅주식회사).[2] 이 경우 하나의 지방자치단체가 유일한 출자자일 수도 있고 (고유회사), 여러 지방자치단체가 공동의 출자자일 수도 있으며(공적혼합회사), 경우에 따라서는 지방자치단체가 사인과 공동의 출자자일 수도 있다(공사혼합회사).[3] 사법에 따른 공기업은 조직의 민영화에 해당한다.[4]

2. 조 직

고유회사의 경우에는 지방자치단체의 대표를 두어야 할 것이고, 지방자치단체의 영향력(지시권)을 확보하여야 할 것이다. 한편, 사법의 조직형식은 지방자치단체의 조종가능성과 영향력의 행사가능성을 축소시키므로, 많은 제한이 따른다. 따라서 공적 임무를 분명히 하고, 통제가능성을 확보하고, 책임을 한정하여야 한다. 한편, 사법형식선택이 기본권구속으로부터 해방을 뜻하는 것은 아니다.

---

1) 지방자치단체 출자·출연 기관의 운영에 관한 법률 제 4 조(지방자치단체의 출자·출연과 대상 사업 등)
① 지방자치단체는 다음 각 호의 어느 하나에 해당하는 사업을 효율적으로 수행하기 위하여 자본금 또는 재산의 전액을 출자 또는 출연하거나 지방자치단체 외의 자(외국인 및 외국법인을 포함한다)와 공동으로 출자하거나 출연하여 「상법」에 따른 주식회사나 「민법」 또는 「공익법인의 설립·운영에 관한 법률」에 따른 재단법인을 설립할 수 있다.
  1. 문화, 예술, 장학, 체육, 의료 등의 분야에서 주민의 복리 증진에 이바지할 수 있는 사업
  2. 지역주민의 소득을 증대시키고 지역경제를 발전시키며 지역개발을 활성화하고 촉진하는 데에 이바지할 수 있다고 인정되는 사업
2) 서울특별시 서울관광마케팅주식회사 설립 및 운영에 관한 조례 제 1 조(목적) 이 조례는 「지방자치단체 출자·출연 기관의 운영에 관한 법률」 제 4 조에 따라 「상법」에 따른 서울관광마케팅주식회사를 설립하여 관광산업의 발전과 지역경제 활성화에 기여함으로써 서울의 도시경쟁력 확보를 목적으로 한다.
제 5 조(자본금) ② 서울특별시(이하 "시"라 한다)의 출자(증자를 포함한다)는 회사가 발행한 주식 총수의 100분의 10 이상으로 한다.
[참고] 서울관광재단의 출범으로 서울관광마케팅주식회사는 2018.1.4.자로 해체되었다.
3) 예: (주)부천무역개발, (주)경남무역, (주)전남무역, (주)무학산청샘물, (주)제주교역, (주)안산도시개발, (주)대구종합무역센터, (주)목포농수산, (주)경북통상, (주)도봉.
4) 이에 관해 본서, 445쪽 참조.

제4항   사법작용과 기본권구속

Ⅰ. 행정사법작용과 기본권구속

1. 행정사법의 의의

지방자치단체가 기업자로 나타나는 때, 지방자치단체와 주민과의 관계에서 나타나는 법관계는 사법관계인 경우에도 공법적 제한이 가해져야 한다는 것이 이론의 경향이다. 이것이 행정사법의 문제이다. 말하자면, 지방자치단체도 국가와 마찬가지로 공적 임무 수행에 있어서 기본권(특히, 평등권)에 구속되며, 사법형식에 의한 경우에도 마찬가지이다(행정사법). 만약 그러하지 아니 한다면, 지방자치단체는 사법형식으로만 공적 임무를 수행하려 할지도 모르기 때문이다(私法으로의 도피).[1]

2. 기본권에 구속

지방자치단체의 생활배려사무를 사법상으로 조직된 공기업에 의해 수행하면, 이러한 활동에서 공기업은 기본권에 구속된다. 소위 행정사법이 적용된다. 법형식 선택의 자유는 기본권구속을 해소하지 못한다. 이러한 활동에서 지방자치단체는 공공사무를 수행하고, 자치가 아닌 권한에 근거하므로, 공적인 지방자치단체의 고유회사는 기본권주체가 아니다.

Ⅱ. 구매작용과 기본권구속

1. 구매작용의 의미

지방자치단체는 자신의 사무의 수행을 위하여 많은 물자와 서비스를 필요로 한다(예: 청사의 건설, 문방구류의 매입 등).[2] 넓은 의미에서 지방자치단체의 경제활동에는 기업자로서의 활동 외에 구매자로서의 경제활동이 포함된다. 이것은 국고상의 조성활동을 뜻한다. 행정에 필요한 물자 조달과 관련하여 지방자치단체가 사인과 법률관계를 맺을 때, 지방자치단체가 어느 범위까지 기본권에 구속되는가의 문제가

---

1) Fleiner, Institutionen des Verwaltungsrechts, S. 326.
2) [관련논문] 김대인, "지방자치단체 사회책임조달법제의 발전방안," 지방자치법연구, 통권 제70호, 141쪽 이하.

구매자로서의 지방자치단체와 관련된 주요 문제이다. 이에 대하여 제 1 설은 지방
자치단체는 물자를 확보하는 사인과 다를 바 없다고 하여 기본권의 적용의 배제를
주장한다. 한편, 제 2 설은 조달작용이 직접적인 공적 임무수행은 아닐지라도, 조달
제도와 관련하여 지방자치단체는 경제촉진 등 조종기능을 갖기 때문에 조달작용은
간접적으로는 공적 임무의 성질을 가진다는 점, 아울러 당파적이거나 또 다른 불합
리한 사유로 인하여 조달계약체결이 이루어질 수도 있다는 점을 이유로 조달작용
에는 적어도 평등원칙이 적용되어야 한다고 주장한다.[1]

2. 기본권에 구속

(1) **자유경쟁과 평등**　공공기관의 행정의 조성활동에는 독점의 문제가 있다.
지방자치단체의 구매력은 매우 강하기 때문에 조달제도는 경제조종수단 또는 경제
촉진수단의 기능도 갖는다. 한편으로는 조달제도는 부적절한 구매에 대한 유혹도
갖는다. 여기서 지방자치단체의 구매는 자의로부터 보호되어야 한다. 이 때문에 구
매와 조달에는 평등원칙의 법적 구속과 경제성이 보장되어야 한다. 말하자면 사인
의 자유경쟁과 사인의 평등취급이 중요하다. 그러나 중소기업의 육성이 고려되어
야 한다.

(2) **일자리확보와 부당결부금지**　지역의 일자리확보와 지방세확보도 경시할
수 없는 요소이다. 지방자치단체의 예산의 절약과 경제도 고려되어야 한다. 그리고
구매에 따른 대가지급은 구매와 일치하지 아니하는 다른 급부를 가져오는 것에 결
부되어서는 아니 된다. 여기에는 부당결부금지의 원칙의 기본사고가 적용된다.

3. 구매계약의 성질

구매에 따른 대가지급은 교부지원법상 2단계론의 모델에 따라 행정행위가 아
니라 오히려 사법상의 행위인 것으로 이해된다. 체결된 계약은 사법적인 것이다.
위탁의 교부에 관한 규정의 위반은 체결된 계약을 무효로 하지 아니한다. 일반적으
로 예산법상 해당조항은 제 3 자를 보호하기 위한 규정으로 보이지 아니한다. 한편,
실제상 당사자에 의한 감독이 어려우므로 공적 감독이 중요하다. 공적 감독에 있어
서는 당해 지방자치단체의 결정영역이 존중되어야 할 것이다. 절차의 적법성 보장
을 위해 계약서제출의무·소원제도를 두는 것이 바람직하다.

---

1) 졸저, 행정법원론(상)(제29판), 옆번호 1227 및 행정법원론(하)(제29판), 옆번호 1762 참조.

Ⅲ. 기 타

1. 혼합회사와 기본권 주체성

혼합회사의 기본권 주체성의 문제가 있다. 독일연방헌법재판소는 다수의 공기업에 대해 기본권 주체성을 부인하는 입장이다.[1] 여기에는 이러한 기업이 생활배려사무를 수행하는가의 여부, 그리고 이로써 국가적인 영역에 귀속하는가의 여부가 결정적이다. 이러한 범위 안에서 사인의 투사 몫은 기본권성을 상실한다고 볼 것이다. 학설로는, 사무가 아니라 기업 이면에 있는 이익, 그리고 무엇보다 법형식에 초점을 두고, 주식소유를 통해 사인이 자유를 전개할 수 있으므로, 혼합회사는 기본권 능력이 있다고 한다.

2. 공용수용·민간영역화

공기업은 공익목적을 추구한다. 따라서 공기업의 수용은 원칙적으로 자치행정 보장에 대한 침해가 된다. 공기업을 수용하기 위해서는 공용폐지 등 일련의 절차를 거쳐야 할 것이다. 한편, 주민을 위한 필요한 사무의 수행이 침해되지 아니하는 경우에는 공기업의 양도도 가능할 것이다.[2] 공기업의 양도는 민간영역화(민영화)의 문제이기도 하다.[3]

---

1) BVerfG NJW 1990, 1783.
2) 독일 Nordrhein-Westfalen 게마인데법 제111조 제 1 항 제 1 문 참조.
3) 이에 관해 본서, 445쪽 참조.

제 6 장

———

지방자치단체의
통제

제 1 절 협력을 통한 통제

　지방자치단체의 사무의 처리는 적법하고 타당한 것이어야 한다. 지방자치단체의 사무처리가 적법하고 타당한 것이 되도록 하기 위해 경우에 따라서는 다른 지방자치단체나 국가와의 협력이 필요하기도 하고, 경우에 따라서는 국가나 광역지방자치단체의 감독이 필요하기도 하다. 이러한 협력과 감독을 합하여 통제라 부르기로 한다.[1]

제 1 항 협력의 관념

Ⅰ. 협력의 필요성과 의미

1. 필 요 성

　교통의 발전, 인구의 증가 등은 필히 지방자치단체의 임무의 증대를 가져온다. 지방자치단체의 사무 중에는 그 지방자치단체가 갖는 재정력이나 행정력의 한계를 능가하는 것도 있다. 지방자치단체의 급부능력의 강화를 위한 행정개혁이나 구역개혁이 지방자치단체의 모든 사무를 처리할 수 있는 조직력과 재정상 급부력을 보장하는 것은 아니다. 이러한 사무의 수행과 관련하여 다른 행정주체의 도움이 요구되거나(능력의 보완) 또는 능률적인 사무처리를 위해 여러 행정주체가 공동으로 사무를 수행할 것이 요구되기도 한다(능률의 제고). 여기에 지방자치단체와 다른 행정주체 간의 협력문제가 나타나게 된다.[2]

---

1) 용어상의 문제로서, 통제라는 용어를 국가작용의 적법성 및 타당성의 확보를 위한 국가작용으로 이해하는 한, 통제의 개념은 협력과 감독을 포함하는 개념이다. 왜냐하면 국가작용의 적법성과 타당성은 감독뿐만 아니라 협력에 의해서도 이루어지기 때문이다. 따라서 통제에는 협력을 통한 통제와 감독을 통한 통제가 있다고 하겠다.

2) 김명연, "지방자치단체 상호간 협력체제의 강화를 위한 법제정비방안," 지방자치법연구, 통권 제 9 호,

2. 의 미

지방자치단체의 협력은 행정력의 보완, 행정의 효율성의 제고, 행정의 투명성의 확보, 시민근접의 행정, 민주국가원리 및 법치국가원리에서 나오는 시민의 참여를 배경으로 한다.

II. 협력고권·협력의무

1. 협력고권

법이론적으로 볼 때, 지방자치단체와 다른 행정주체와의 협력은 지방자치단체의 협력고권의 표현이기도 하다.[1] 지방자치단체의 협력고권은 헌법상 핵심적인 영역으로 보호되는 조직고권의 특별한 형식이다. 협력고권은 특정사무의 수행과 관련하여 나오는 단순한 부속적인 것이 아니다. 그것은 구체적인 자치행정사무와 분리된 독자적인 가치를 갖는다.[2]

2. 상호존중

일정한 공공사무의 수행과 관련하여 이웃하는 지방자치단체 사이에 많은 구속이 생겨난다. 일정한 사무는 특히 개별 지방자치단체의 재정력과 행정력을 능가하는 경우와 관련한다. 공동작업은 합리화와 경제적인 사무수행을 위해서도 나타난다. 이웃하는 지방자치단체는 서로 침해할 수 없다. 특히 다른 지방자치단체에 상당히 부정적으로 효과를 미치는 처분을 하여서는 아니 된다. 그러한 처분권은 법률에서 특별히 정함이 없는 한 불가능하다.

3. 협력의무

협력의 필요성에 근거하여 지방자치법은 지방자치단체에 협력의무를 부과하고 있다. 즉 지방자치단체는 다른 지방자치단체로부터 사무의 공동처리에 관한 요청이나 사무처리에 관한 협의·조정·승인 또는 지원의 요청을 받으면 법령의 범위에서 협력하여야 한다(지자법 제164조 제 1 항).

221쪽.
1) Stober, Kommunalrecht, S. 251.
2) H. Meyer, Kommunalrecht, S. 663.

III. 협력의 주체

1. 협력의 당사자

(1) 의 의   지방자치단체와 다른 행정주체 사이의 협력문제와 관련하여 지방자치법은 지방자치단체 사이의 협력문제에 관해서만 규정하고 있다. 그러나 지방자치단체의 협력문제에는 지방자치단체와 국가 간의 협력문제도 있다. 지방자치단체와 다른 행정주체 사이의 협력문제는 각 지방자치단체는 결코 고립된 존재가 아님을 뜻하는 것이기도 하다.

(2) 국가의 지원   관계 중앙행정기관의 장은 지방자치단체 간의 협력 활성화를 위하여 필요한 지원을 할 수 있다(지자법 제164조 제 2 항).

2. 구역상의 제한

지방자치단체 사이의 협력에 구역상의 제한은 둘 필요가 없다. 기초지방자치단체 사이의 협력은 반드시 동일한 광역지방자치단체 소속의 기초지방자치단체 사이에서만 가능하다는 규정은 없다. 협력의 필요성에 비추어 이러한 협력을 금지하여야 할 합리적인 사유는 없다. 법령이 허용하는 범위 안에서는 외국의 도시와 협력할 수도 있다.1)

제 2 항   협력의 유형

I. 지방자치단체 사이의 협력2)

1. 협력의 방식

지방자치단체 사이의 협력방식은 공법상 형식과 사법상 형식으로 구분할 수 있다. 공법상 협력방식은 다시 ① 상호 합의에 따른 공동체조직의 구성을 통한 협

---

1) 독일의 Mecklenburg-Vorpommern의 경우, Mecklenburg-Vorpommern의 도시와 폴란드 도시 간의 조직으로 Die Euroregion Pommerania가 있다.

2) [관련논문] 김수연, "지방자치단체 간 협력체제 구축을 위한 법적 과제," 지방자치법연구, 통권 제65호, 3쪽 이하; 김대인, "지방자치단체간 협약제도에 대한 연구," 지방자치법연구, 통권 제66호, 189쪽 이하; 최봉석, "지방자치단체 상호간의 관계와 자치법제 이력의 변화와 발전(상)," 지방자치법연구, 통권 제67호, 241쪽 이하.

력방식과 ② 그러한 조직체의 구성없는 협력방식이 있다. ①의 경우에는 그 조직체
가 법인격을 갖는 경우와 갖지 않는 경우로 구분된다. 지방자치법은 법인격을 갖는
경우의 조직체로 지방자치단체조합을 규정하고 있고, 법인격을 갖지 않는 경우의
조직체로 행정협의회를 규정하고 있다. 한편, ②의 경우로는 사무위탁에 따른 협력
방식이 예정되고 있다. 직원의 파견 또한 ②의 경우에 해당한다. 이해의 편의상 이
상을 도해하면 다음과 같다.

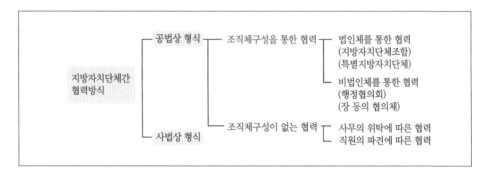

    한편, 지방자치단체 사이의 협력은 오로지 지방자치법 내지 개별 법률에서 정
한 구체적인 방식, 즉 앞에서 기술한 방식에만 따라야 하는 것은 아니다. 지방자치
단체는 독립적인 법인격을 갖는 단체이므로, 헌법과 지방자치법에서 보장되고 있
는 지방자치의 범위 안에서 공법상 계약 등을 통하여 다른 주체와 협력할 수 있
다.1) 물론 그것이 지방자치법 등이 예정하고 있는 협력방식을 모면하기 위한 것이
어서는 아니 된다. 왜냐하면 실정법의 적용을 회피하는 것은 헌법과 지방자치법이
보장하는 지방자치의 내용이 아니기 때문이다.

2. 사무의 위탁

    (1) 의 의   지방자치단체나 그 장은 소관 사무의 일부를 다른 지방자치단체나
그 장에게 위탁하여 처리하게 할 수 있다(지자법 제168조 제1항). 사무의 위탁은 소관
사무의 일부에 대해서만 가능하다. 왜냐하면 소관사무의 전부의 위탁은 당해 지방
자치단체의 존재의미를 부정하는 것이 되기 때문이다.2)

---

    1) 협력사업의 예로 ① 서울특별시 종로구와 서대문구가 견인차량보관소를 공동으로 이용하기 위하
      여 공동부담으로 2013년에 설치한「홍제 견인차량보관소」, ② 서울특별시 구로구와 경기도 광명시
      가 자원회수를 위하여 공동부담으로 1999년에 설치한「광명시자원회수시설」등을 볼 수 있다(2014
      년도 지방자치단체 광역행정 업무편람, 행정자치부, 2014. 11, 16쪽 이하에서 발췌).
    2) 타 지역 지방자치단체에 대한 사무위탁은 1995년~2016년까지 총 58건이 이루어졌으며, 분야별로

　　(2) 성 질　　본조에 따른 사무의 위탁은 일종의 공법상 계약의 성질을 갖는 다.[1] 공법상 계약의 체결을 위해서는 법적 주체성(법인격)을 가져야 하는데 지방자 치단체의 장은 단체장의 지위에서 그러한 법주체성을 인정할 수 없으므로 공법상 계약으로 보는데는 이론상 무리가 있다는 견해도 있다.[2] 그러나 지방자치단체의 장은 지방자치단체의 대표자이므로 법적 주체로서 계약당사자인 지방자치단체의 대표자라고 새길 수 있으므로 본조에 따른 사무의 위탁을 일종의 공법상 계약으로 보아도 큰 무리는 없을 것이다.

　　(3) 당 사 자

　　(가) 문 제 점　　지방자치법 제168조 제 1 항은 "지방자치단체나 그 장은 소관 사무의 일부를 다른 지방자치단체나 그 장에게 위탁하여 처리하게 할 수 있다"고 규정하고 있을 뿐, 구체적으로 위탁과 수탁의 당사자를 적시하고 있지 않다.

　　(나) 위탁의 유형　　위탁의 유형으로 다음을 생각할 수 있다.

　1 광역지방자치단체나 그 장의 다른 광역지방자치단체나 그 장에 대한 위탁

　2 기초지방자치단체나 그 장의 다른 기초지방자치단체나 그 장에 대한 위탁

　3 광역지방자치단체나 그 장의 기초지방자치단체나 그 장에 대한 위탁

　　　① 기초지방자치단체가 광역지방자치단체의 관할 구역 밖에 있는 경우

　　　② 기초지방자치단체가 광역지방자치단체의 관할 구역 안에 있는 경우

　4 기초지방자치단체나 그 장의 광역지방자치단체나 그 장에 대한 위탁

　　　① 광역지방자치단체가 그 기초지방자치단체를 관할하고 있는 경우

　　　② 광역지방자치단체가 그 기초지방자치단체를 관할하고 있지 아니한 경우

　　(다) 평 가　　1 과 2 는 지방자치법 제168조 제 1 항이 예정하는 경우로 보인다. 3 ①은 지방자치법 제168조 제 1 항이 예정한 경우라 단정하기 어려우나 정책적 관점에서 동 조항의 규정내용으로 볼 필요가 있다. 3 ②는 다만 지방자치법 제117조 제 2 항(지방자치단체의 장은 조례나 규칙으로 정하는 바에 따라 그 권한에 속하는 사무의 일부를 관할 지방자치단체…에 위임하거나 위탁할 수 있다)에 비추어 지방자치법 제168조 제 1 항의 적용 대상으로 보기 어렵다. 한편, 4 도 지방자치법 제168조 제 1 항이 예정한 경우라 단 정하기 어렵지만, 정책적 관점에서 동 조항의 규정내용으로 볼 필요가 있다. 왜냐

　는 상·하수처리 26건, 쓰레기처리 17건, 도로건설 2건, 기타 13건 등이다. 2013년부터는 홍성군과 당진시가 가연성 생활폐기물을 아산시에 위탁하여 처리하고 있으며, 강릉시와 양양군은 생활폐기물 을 태백시에 위탁하여 처리하고 있다고 한다(행정자치부, 2016 행정자치백서, 2017.6.7, 248쪽).

[1] 김명연, "지방자치단체 상호간 협력체제의 강화를 위한 법제정비방향," 지방자치법연구, 통권 제 9 호, 232쪽: 이기우, 지방자치이론, 학현사, 1996, 384쪽.

[2] 김철용, 주석지방자치법, 한국행정학회편, 1997, 483쪽.

하면 기초지방자치단체에 의한 사무의 수행에 어려움이 있는 경우에는 일시적·제
한적으로 광역지방자치단체로 하여금 사무를 수행하도록 하는 것이 바람직하기 때
문이다.1)

　　(4) 규 약　　지방자치단체나 그 장은 제 1 항에 따라 사무를 위탁하려면 관계
지방자치단체와의 협의에 따라 규약을 정하여 고시하여야 한다(지자법 제168조 제 2
항). 제 2 항의 사무위탁에 관한 규약에는 다음 각 호(1. 사무를 위탁하는 지방자치단체와
사무를 위탁받는 지방자치단체, 2. 위탁사무의 내용과 범위, 3. 위탁사무의 관리와 처리방법, 4. 위
탁사무의 관리와 처리에 드는 경비의 부담과 지출방법, 5. 그 밖에 사무위탁에 필요한 사항)의 사
항이 포함되어야 한다(지자법 제168조 제 3 항). 위탁사무에는 자치사무와 단체위임사무
및 기관위임사무도 포함되는 것으로 본다.

　　(5) 변경·해지의 고시　　지방자치단체나 그 장은 사무위탁을 변경하거나 해지
하려면 관계 지방자치단체나 그 장과 협의하여 그 사실을 고시하여야 한다(지자법 제
168조 제 4 항). 2022. 1. 13. 시행 지방자치법 전부개정법률 이전의 구 지방자치법에
서는 보고제도, 즉 "지방자치단체나 그 장은 사무위탁을 변경하거나 해지하려면 관
계 지방자치단체나 그 장과 협의하여 그 사실을 고시하고, 지방자치단체의 장은 사
무 위탁의 당사자가 시·도나 그 장이면 행정안전부장관과 관계 중앙행정기관의 장
에게, 시·군 및 자치구나 그 장이면 시·도지사에게에게 보고하여야 한다(구 지자법
제151조 제 4 항)"고 규정하였다.

　　(6) 적용법규　　사무가 위탁된 경우 위탁된 사무의 관리와 처리에 관한 조례나
규칙은 규약에 다르게 정하여진 경우 외에는 사무를 위탁받은 지방자치단체에 대
하여도 적용한다(지자법 제168조 제 5 항). 사무위탁의 경우, 그 사무를 처리하는 주체는
어디까지나 위탁받은 지방자치단체이고, 수탁사무를 처리하는 과정에서 필요한 경
우 새로운 조례와 규칙을 제정하여 이에 대해서도 적용할 필요가 있음을 이유로
수탁 지방자치단체의` 자치입법을 적용하는 것이 위임의 법리에 합치할 뿐만 아니
라 업무처리의 효율성을 제고할 수 있다는 견해도 있다.2) 생각건대 수탁사무에 수
탁 지방자치단체의 자치입법을 적용하게 되면, 위탁 지방자치단체의 사무에 적용
되는 법이 위탁의 전후로 달라지게 되는데, 이것은 하나의 지방자치단체는 하나의
법질서이어야 한다는 원리에 반하는 것이 된다.

---

1) 김명연, "지방자치단체 상호간 협력체제의 강화를 위한 법제정비방향," 지방자치법연구, 통권 제 9 호,
　232쪽.
2) 김명연, "지방자치단체 상호간 협력체제의 강화를 위한 법제정비방향," 지방자치법연구, 통권 제 9 호,
　233쪽.

(8) 지방자치법 제117조 제 2 항에 따른 위탁과의 관계   지방자치단체의 장은 지방자치법 제117조 제 2 항(지방자치단체의 장은 조례나 규칙으로 정하는 바에 따라 그 권한에 속하는 사무의 일부를 관할 지방자치단체나…그 기관…에…위탁할 수 있다)에 따라 소관 사무의 일부를 다른 지방자치단체나 그 장에게 위탁할 수도 있지만, 지방자치법 제117조 제 2항에 따른 위탁의 상대방은 관할 지방자치단체에 제한되고 있다. 따라서 지방자치법 제168조에 따른 위탁의 상대방은 관할 지방자치단체가 아닌 지방자치단체로 볼 것이다. 물론 지방자치단체의 장이 아니라 지방자치단체의 소관사무의 위탁은 지방자치법 제168조에 따라 가능하고, 지방자치법 제117조 제 2 항은 이와 무관하다.

3. 직원의 파견

임용권자는 그 업무수행과 관련된 행정 지원이나 연수, 그 밖에 능력개발 등을 위하여 필요하면 소속 공무원을 지방자치단체의 다른 기관, 다른 지방자치단체, 국가기관, 공공단체, 「공공기관의 운영에 관한 법률」 제 4 조 제 1 항 각 호에 해당하는 기관(「지방공기업법」에 따른 지방직영기업, 지방공사 및 지방공단을 포함한다), 국내외의 교육기관·연구기관, 그 밖의 기관에 일정 기간 파견근무하게 할 수 있으며, 전문성이 특히 요구되는 특수업무의 효율적 수행 등을 위하여 필요하면 인사위원회의 의결을 거쳐 지방자치단체 외의 기관·단체의 임직원을 파견받아 근무하게 할 수 있다(지공법 제30조의4 제 1 항). 파견권자는 파견 사유가 소멸되거나 파견 목적이 달성될 가망이 없으면 그 공무원을 지체 없이 원래의 소속 기관에 복귀시켜야 한다(지공법 제30조의4 제 2 항).

4. 행정협의회

(1) 관 념

(가) 의 의   지방자치단체는 2개 이상의 지방자치단체에 관련된 사무의 일부를 공동으로 처리하기 위하여 관계 지방자치단체 간의 행정협의회(이하 "협의회"라 한다)를 구성할 수 있다(지자법 제169조 제 1 항 제 1 문). 행정협의회의 목적은 관련된 사무의 일부를 공동으로 처리하기 위한 것이다. 행정협의회는 소관사무의 일부에 대해서만 가능하다. 왜냐하면 소관사무의 전부의 처리는 지방자치단체의 합병의 의미를 갖기 때문이다. 행정협의회는 제한된 사무만을 처리하는 행정공동체이며, 법인은 아니다. 협의회의 구성원인 지방자치단체는 여전히 법인격을 갖는다. 행정협의

회는 지방자치단체의 행정력의 강화에 기여한다.[1]

(나) 구 성 원　행정협의회의 구성원은 지방자치단체이며, 지방자치단체의 장은 아니다. 행정협의회는 반드시 지역적으로 접속되어 있는 지방자치단체 사이에서만 이루어지는 것은 아니다. 지방자치법은 행정협의회를 구성하는 경우, 지방자치단체의 장은 시·도가 구성원이면 행정안전부장관과 관계 중앙행정기관의 장에게, 시·군 또는 자치구가 구성원이면 시·도지사에게 이를 보고하여야 한다(지자법 제169조 제1항 제2문)고 규정하고 있으므로 지방자치법은 행정협의회의 유형으로 광역지방자치단체 사이의 행정협의회와 기초지방자치단체 사이의 행정협의회를 예정하고 있는 것으로 보인다. 문제는 기초지방자치단체가 행정협의회를 구성하려는 경우, 광역지방자치단체를 달리하여도 가능한가의 여부는 불분명하다. 가능하다고 볼 것이고, 입법적으로 명백히 할 필요가 있다.

(다) 처리사무　행정협의회는 관련된 사무의 일부를 공동으로 처리하기 위한 것이다. 행정협의회가 처리할 사무에는 자치사무 외에 단체위임사무와 기관위임사무도 포함된다. 왜냐하면 지방자치법은 행정협의회가 처리할 사무를 「지방자치단체에 관련된 사무」로 규정하고 있지, 지방자치단체의 사무라고 제한하고 있지는 않기 때문이다. 한편, 지방자치단체에 관련된 사무에 조례는 포함되지 아니한다. 왜냐하면 행정협의회는 지방의회가 아니기 때문이다.

(2) 구성과 폐지

(가) 절차의 개시　행정협의회는 ① 관련 지방자치단체의 독자적인 판단에 따라 구성될 수도 있고, ② 행정안전부장관이나 시·도지사의 권고에 따라 구성될 수도 있다. 행정안전부장관이나 시·도지사는 공익상 필요하면 관계 지방자치단체에 대하여 협의회를 구성하도록 권고할 수 있다(지자법 제169조 제3항).

(나) 규약의 작성·고시　지방자치단체는 협의회를 구성하려면 관계 지방자치단체 간의 협의에 따라 규약을 정하여 관계 지방의회에 각각 보고한 다음 고시하여야 한다(지자법 제169조 제2항). 협의회의 규약에는 다음 각 호(1. 협의회의 명칭, 2. 협의회를 구성하는 지방자치단체, 3. 협의회가 처리하는 사무, 4. 협의회의 조직과 회장 및 위원의 선임방법, 5.

---

[1] 2013. 12. 31. 기준 83개의 행정협의회[권역별 협의회 46개(광역권 10개, 기초권 36개), 기능별 협의회 37개]가 있다. ① 권역별 협의회의 예로 수도권 행정협의회(서울, 인천, 경기, 강원, 충북), 호남권 정책협의회(광주, 전남, 전북), 기초권 협의회의 예로 경기중부권 행정협의회(안양, 안산, 광명, 시흥, 군포, 과천, 의왕), 서부권 행정협의회(진주, 사천, 고성, 하동, 산청), ② 기능별 행정협의회의 예로 잠실권역 물관리협의회(서울, 구리, 남양주, 하남, 포천), 백제문화권 관광벨트협의회(금산, 공주, 부여, 유성, 무주), 전국 다문화도시협의회(구성 지방자치단체 이름 생략) 등을 볼 수 있다(2014년도 지방자치단체 광역행정 업무편람, 행정자치부, 2014. 11, 56쪽 이하에서 발췌).

협의회의 운영과 사무처리에 필요한 경비의 부담이나 지출방법, 6. 그 밖에 협의회의 구성과 운영에 관하여 필요한 사항)의 사항이 포함되어야 한다(지자법 제171조). 의결과 고시는 규약의 적법요건의 일부를 구성한다.

(다) 규약의 변경·폐지　지방자치단체가 협의회의 규약을 변경하거나 협의회를 없애려는 경우에는 제169조 제 1 항 및 제 2 항을 준용한다(지자법 제175조).

(라) 협의회의 조직　협의회는 회장과 위원으로 구성한다(지자법 제170조 제 1 항). 회장과 위원은 규약으로 정하는 바에 따라 관계 지방자치단체의 직원 중에서 선임한다(지자법 제170조 제 2 항). 회장은 협의회를 대표하며 회의를 소집하고 협의회의 사무를 총괄한다(지자법 제170조 제 3 항).

(3) 운 영

(가) 협의회의 자료제출요구 등　협의회는 사무를 처리하기 위하여 필요하다고 인정하면 관계 지방자치단체의 장에게 자료 제출, 의견 제시, 그 밖에 필요한 협조를 요구할 수 있다(지자법 제172조). 명문의 규정은 없으나, 해석상 관계 지방자치단체의 장은 정당한 이유없이 거부할 수 없다고 볼 것이다.[1]

(나) 협의사항의 조정　협의회에서 합의가 이루어지지 아니한 사항에 대하여 관계 지방자치단체의 장이 조정을 요청하면 시·도 간의 협의사항에 대해서는 행정안전부장관이, 시·군 및 자치구 간의 협의사항에 대해서는 시·도지사가 조정할 수 있다. 다만, 관계되는 시·군 및 자치구가 2개 이상의 시·도에 걸쳐 있는 경우에는 행정안전부장관이 조정할 수 있다(지자법 제173조 제 1 항). 행정안전부장관이나 시·도지사가 제 1 항에 따라 조정을 하려면 관계 중앙행정기관의 장과의 협의를 거쳐 분쟁조정위원회의 의결에 따라 조정하여야 한다(지자법 제173조 제 2 항). 분쟁조정위원회의 심의·의결대상은 행정협의회에서 협의가 이루어지지 아니한 사항에 한정된다.

(다) 협의회의 협의 및 사무처리의 효력　협의회를 구성한 관계 지방자치단체는 협의회가 결정한 사항이 있으면 그 결정에 따라 사무를 처리하여야 한다(지자법 제174조 제 1 항). 본 조항에 따라 협의회가 결정한 사항은 구속력을 갖는다. 따라서 관계 지방자치단체는 이 결정을 따라야 하고 이 결정에 반하는 결정을 할 수 없다.[2] 제173조 제 1 항에 따라 행정안전부장관이나 시·도지사가 조정한 사항에 관하여는

---

1) 김명연, "지방자치단체 상호간 협력체제의 강화를 위한 법제정비방향," 지방자치법연구, 통권 제 9 호, 235쪽.

2) 김명연, "지방자치단체 상호간 협력체제의 강화를 위한 법제정비방향," 지방자치법연구, 통권 제 9 호, 236쪽.

제165조 제 3 항부터 제 6 항까지의 규정을 준용한다(지자법 제174조 제 2 항). 협의회가 관계 지방자치단체나 그 장의 명의로 한 사무의 처리는 관계 지방자치단체나 그 장이 한 것으로 본다(지자법 제174조 제 3 항). 관계 지방자치단체나 그 장의 명의로 한 협의회의 행위는 일종의 대행행위(대리행위)의 성질을 갖는다.[1]

(4) 입법적 보완론

(가) 구성원의 확대   오늘날 지방자치단체 상호간의 공동문제들은 동시에 지방자치단체 이외의 공사나 공단 등 다른 공법상 법인이나 사법상 법인 등의 형태로 존재하는 기업 그 밖에 사인들과 공동으로 해결하여야만 현실적으로 집행이 가능한 경우가 적지 아니하므로 행정협의회에 당해 사무처리를 위해 필요한 경우에는 외국의 입법례에서 보는 바와 같이[2] 지방자치단체 이외의 자도 그 법적 형태와 관계없이 참여할 수 있게 하는 것이 바람직하다는 견해가 있다.[3]

(나) 구속력의 인정여부   지방자치법 제174조 제 1 항에 따라 협의회의 결정이 법적 구속력을 갖는 것은 실효성확보라는 점에서 장점이기도 하지만 법적 구속력으로 인해 지방자치단체들이 협의회제도의 이용에 소극적일 수 있으므로 외국의 입법례에서 보는 바와 같이[4] 협의회를 구속력이 인정되는 특별협의회와 구속력이 인정되지 않는 보통협의회로 이원화하자는 견해도 있다.[5] 한편, 당사자 간에 충분히 협의하고 최종적으로 합의한 결정사항이라면 그 결정 자체에 법적 구속력을 인정하는 것 자체가 문제될 것은 없다고 보며, 오히려 행정협의회제도의 건실한 발전과 활성화 및 책임행정의 구현에 기여하는 측면이 보다 클 것으로 보는 견해도 있다.[6]

---

1) 김명연, "지방자치단체 상호간 협력체제의 강화를 위한 법제정비방향," 지방자치법연구, 통권 제 9 호, 238쪽.
2) 독일 바이에른 주 지방자치단체협력에 관한 법률(Gesetz über die kommunale Zusammenarbeit) 제 4 조(보통협의회) ① 지방자치단체 등(Gemeinde, Landkreis und Bezirke)은 공법상 계약으로 업무협의회를 구성할 수 있다. 이 협의회에는 공법상 사단과 영조물 및 재단, 그 밖에 사법상 사인이나 법인도 참여할 수 있다.
3) 이원우, 지방자치법주해, 644쪽.
4) 독일 바이에른 주 지방자치단체협력에 관한 법률 제 4 조(보통협의회, 보통사무공동체), 제 5 조(특별협의회, 특별사무공동체).
5) 이원우, 지방자치법주해, 644쪽.
6) 문상덕, 지방자치법주해, 665쪽.

5. 지방자치단체조합

(1) 관 념

(가) 의 의 2개 이상의 지방자치단체가 하나 또는 둘 이상의 사무를 공동으로 처리할 필요가 있을 때에는 규약을 정하여 지방의회의 의결을 거쳐 시·도는 행정안전부장관의 승인, 시·군 및 자치구는 시·도지사의 승인을 받아 지방자치단체조합을 설립할 수 있다. 다만, 지방자치단체조합의 구성원인 시·군 및 자치구가 2개 이상의 시·도에 걸쳐 있는 지방자치단체조합은 행정안전부장관의 승인을 받아야 한다(지자법 제176조 제1항).[1] 지방자치단체조합은 지방자치단체사무의 일부의 공동처리를 위한 것이지(일부사무조합), 모든 사무의 공동처리를 위한 것은 아니다. 모든 사무의 공동처리를 위한 지방자치단체조합(전부사무조합)은 지방자치단체의 합병을 뜻하는 것이기 때문에 인정할 수 없다.[2] 지방자치단체조합은 사무의 공동처리를 통해 지방행정운영의 능률화와 경비의 절감 등에 기여한다.[3] 지방자치단체조합의 구성은 결사의 자유의 실현이 아니라 협력고권의 행사로 이해되어야 한다.

(나) 성 질 ① 지방자치단체조합은 법인으로 한다(지자법 제176조 제2항). 지방자치단체조합은 지방자치법에 근거를 둔 공법인으로서 독자적으로 권리능력과 행위능력 등을 갖는다. ② 지방자치단체조합은 성질상 특별지방자치단체의 일종에 해당한다.[4] ③ 지방자치단체조합은 지역고권과 거리가 멀기 때문에 지역사단으로 보기는 어렵다는 견해도 있다.[5]

(다) 구 성 원 ① 지방자치단체조합의 구성원은 지방자치단체이며, 지방자치단체의 주민이나 장은 구성원이 아니다.[6] ② 지방자치단체조합의 구성원은 반드시

1) 지방자치법 제159조의 지방자치단체조합의 예로 지방자치단체 기금관리기본법 제17조 제1항에 따른 지역상생발전기금을 볼 수 있다(동법 제17조 ② 제1항에 따라 발전기금을 설치하는 시·도는 발전기금의 관리·운용을 위하여 「지방자치법」 제159조에 따른 지방자치단체조합을 설립하여야 한다).
2) 김해룡, "특별지방자치단체에 관한 지방자치법 개정안에 대한 고찰," 지방자치법연구, 통권 제14호, 8쪽.
3) 김춘환, 지방자치법주해, 670쪽.
4) 최우용, "지방자치법상 지방자치단체조합에 관한 한·일 비교," 지방자치법연구, 통권 제61호, 32쪽.
5) 김명연, "지방자치단체 상호간 협력체제의 강화를 위한 법제정비방향," 지방자치법연구, 통권 제9호, 240쪽.
6) 독일의 목적연합(Zweckverbände)은 우리의 지방자치단체조합과 달리 지방자치단체만을 구성원으로 갖는 것은 아니다. 독일의 목적연합에는 연합의 사무의 수행에 유익하고 공익에 배치되지 아니하는 한, 지방자치단체 외에 공법상 사단·재단 및 공법상 영조물, 그리고 사법상 자연인이나 법인도 구성원이 될 수 있다(독일 바이에른 주 지방자치단체협력에 관한 법률 제1조, 제18조 제2항 등).

지역적으로 접속되어 있는 지방자치단체이어야 하는 것은 아니다. ③ 지방자치단체
조합의 구성원인 시·군 및 자치구는 반드시 동일한 광역지방자치단체에 속하여야
하는 것도 아니다. ④ 현행법상 광역지방자치단체와 기초지방자치단체를 동시에 구
성원으로 하는 지방자치단체조합은 인정되지 아니한다. 일설은 광역지방자치단체
와 기초지방자치단체간에도 특정한 사무의 공동처리를 위하여 지방자치단체조합의
결성을 허용하지 않을 이유가 없다고 하나,[1] 지방자치단체조합은 법인격을 갖는
단체이고, 상대방이나 제 3 자와의 법률관계의 안정성과 명확성 등을 고려할 때 법
인격의 부여는 법률의 명시적 규정에 의해서만 가능하다고 볼 것이므로, 광역지방
자치단체와 기초지방자치단체 간에도 특정한 사무의 공동처리를 위하여 지방자치
단체조합의 결성을 허용하는 견해에 대해서는 동의하기 어렵다.

(라) 처리사무　　지방자치단체조합의 처리사무에 자치사무는 당연히 포함된다.
단체위임사무도 포함되는가의 문제가 있다. 지방자치법은 단순히 지방자치단체의
사무라고 규정하고 있을 뿐, 특별한 제한은 가하고 있지 아니하므로 단체위임사무
도 포함된다고 볼 것이다. 기관위임사무는 포함된다고 보기 어렵다. 기관위임사무
는 지방자치단체의 장의 사무이지 지방자치단체의 사무는 아니기 때문이다. 한편,
지방자치단체조합을 구성하는 지방자치단체의 장이 기관위임받은 사무를 지방자치
단체조합의 장에게 위임하는 것은 가능할 것이지만,[2] 이러한 사무는 지방자치단체
조합의 고유한 사무는 아니다.

(2) 설 립

(가) 임의설립　　지방자치단체는 자유로운 판단에 따라 지방자치단체조합을 설
립할 수 있다. 지방자치단체의 사무수행을 위해 국가가 조합의 설립을 강제하는 것
은 지방자치단체의 조직고권에 대한 침해를 가져온다. 따라서 국가가 설립을 강제
하는 강제조합은 공익상 중대한 사유가 있는 경우에 예외적으로 허용될 수는 있을
것이다.[3] 현행 지방자치법상으로는 국가가 설립을 강제할 수 있는 규정을 두고 있
지 않다.

(나) 규약의 작성　　지방자치단체조합을 설립하고자 하면 지방자치단체조합의
규약을 작성하여야 한다(지자법 제176조 제 1 항). 지방자치단체조합의 규약에는 다음

---

1) 김명연, "지방자치단체 상호간 협력체제의 강화를 위한 법제정비방향," 지방자치법연구, 통권 제 9 호,
241쪽.
2) 최우용, "지방자치법상 지방자치단체조합에 관한 한·일 비교," 지방자치법연구, 통권 제61호, 33
쪽.
3) 김중권, 지방자치법주해, 682쪽.

각 호(1. 지방자치단체조합의 명칭,1) 2. 지방자치단체조합을 구성하는 지방자치단체, 3. 사무소의 위치, 4. 지방자치단체조합의 사무, 5. 지방자치단체조합회의의 조직과 위원의 선임방법, 6. 집행기관의 조직과 선임방법, 7. 지방자치단체조합의 운영 및 사무처리에 필요한 경비의 부담과 지출방법, 8. 그 밖에 지방자치단체조합의 구성과 운영에 관한 사항)의 사항이 포함되어야 한다(지자법 제179조). 규약은 지방자치단체조합을 구성하는 지방자치단체의 장의 협의에 의해 작성된다. 규약의 작성을 위한 협의는 공법상 합동행위의 일종이다. 조합의 규약은 조례는 아니지만, 조례에 준하는 일종의 자치법규의 성질을 갖는다.

(다) 의결과 승인　　지방자치단체조합을 설립하고자 하년, 시방사치난체조합의 규약을 정하여 지방의회의 의결을 거쳐 시·도는 행정안전부장관의 승인, 시·군 및 자치구는 시·도지사의 승인을 받아야 하며, 지방자치단체조합의 구성원인 시·군 및 자치구가 2개 이상의 시·도에 걸쳐 있는 지방자치단체조합은 행정안전부장관의 승인을 받아야 한다(지자법 제176조 제 1 항). 조합의 설립에 감독청의 승인을 요하게 한 것은 지방자치단체의 조직고권에 대한 침해를 뜻하지만, 조합이 법인으로서 권리주체의 지위를 갖게 된다는 점을 고려하면, 본질적 내용에 대한 침해로 보기 어렵다. 감독기관의 승인행위의 성질은 일반행정법상 인가에 해당한다. 승인요건의 구비여부의 심사는 적법성 심사에 한정되어야 한다.2)

(라) 효 과　　지방자치단체조합이 설립되면 규약에 따른 사무의 처리권은 지방자치단체조합에 이전되고, 이로써 조합을 구성하는 지방자치단체는 그 사무의 처리권을 잃게 된다. 지방자치단체조합의 설립은 사무처리권의 범위에 변화를 가져오므로 사무처리권의 범위로 인한 분쟁을 방지하기 위하여 지방자치단체조합의 사무의 범위를 분명하게 해 둘 필요가 있다.

(3) 조 직

(가) 기 구　　지방자치단체조합에는 지방자치단체조합회의와 지방자치단체조합장 및 사무직원을 둔다(지자법 제177조 제 1 항). 지방자치단체조합회의의 위원과 지방자치단체조합장 및 사무직원은 지방자치단체조합규약으로 정하는 바에 따라 선임한다(지자법 제177조 제 2 항). 관계 지방의회의원과 관계 지방자치단체의 장은 제43

---

1) 지방자치단체의 명칭과 관련하여 "우리는 지방자치단체조합이라는 이름보다는 사무의 성격을 나타내는 명칭을 사용하고 있다. 그러나 지방자치단체조합이 특별지방자치단체의 한 형태로 입법화가 된다면, 모든 명칭의 끝에는 "~지방자치단체조합' 혹은 ~조합'이라는 형태로 명명되어야 할 것이다"라는 견해가 있다(최우용, "지방자치법상 지방자치단체조합에 관한 한·일 비교," 지방자치법연구, 통권 제61호, 47쪽). 입법자들이 경청하여야 할 지적이다.

2) 김해룡, "특별지방자치단체에 관한 지방자치법 개정안에 대한 고찰," 지방자치법연구, 통권 제14호, 7쪽.

조 제 1 항과 제109조 제 1 항에도 불구하고 지방자치단체조합회의의 위원이나 지방자치단체조합장을 겸할 수 있다(지자법 제177조 제 3 항). 사무의 공동처리로 인한 사무의 중복을 피하고 집행기관이 소멸한 경우 사무의 연속성을 유지하기 위하여 집행기관의 직원도 조합의 직원을 겸할 수 있도록 하는 것이 바람직하다는 견해도 있다.[1]

(나) 권 한   지방자치단체조합회의는 지방자치단체조합의 규약으로 정하는 바에 따라 지방자치단체조합의 중요 사무를 심의·의결한다(지자법 제178조 제 1 항). 지방자치단체조합회의는 지방자치단체조합이 제공하는 서비스에 대한 사용료·수수료 또는 분담금을 제156조 제 1 항에 따른 조례로 정한 범위에서 정할 수 있다(지자법 제178조 제 2 항). 지방자치단체조합장은 지방자치단체조합을 대표하며 지방자치단체조합의 사무를 총괄한다(지자법 제178조 제 3 항).

(4) 지도·감독   시·도가 구성원인 지방자치단체조합은 행정안전부장관, 시·군 및 자치구가 구성원인 지방자치단체조합은 1차로 시·도지사, 2차로 행정안전부장관의 지도·감독을 받는다. 다만, 지방자치단체조합의 구성원인 시·군 및 자치구가 2개 이상의 시·도에 걸쳐 있는 지방자치단체조합은 행정안전부장관의 지도·감독을 받는다(지자법 제180조 제 1 항). 행정안전부장관은 공익상 필요하면 지방자치단체조합의 설립이나 해산 또는 규약의 변경을 명할 수 있다(지자법 제180조 제 2 항).

(5) 규약변경·조합해산   지방자치단체조합의 규약을 변경하거나 지방자치단체조합을 해산하려는 경우에는 제176조 제 1 항을 준용한다(지자법 제181조 제 1 항). 지방자치단체조합을 해산한 경우에 그 재산의 처분은 관계 지방자치단체의 협의에 따른다(지자법 제181조 제 2 항). 협의가 이루어지지 아니하면 공법상 당사자소송으로 해결될 수밖에 없을 것이다.[2] 그리고 재산의 처분에 관한 관계 지방자치단체의 협의는 해산 후의 협의를 말하는 것이지만, 해석상 조합설립시 미리 조합규약으로 정할 수도 있다는 견해도 있다.[3]

6. 장 등의 협의체

(1) 의 의   지방자치단체의 장이나 지방의회의 의장은 상호 간의 교류와 협력

---

1) 김춘환, 지방자치법주해, 675쪽.
2) 김명연, "지방자치단체 상호간 협력체제의 강화를 위한 법제정비방향," 지방자치법연구, 통권 제 9 호, 244쪽.
3) 김명연, "지방자치단체 상호간 협력체제의 강화를 위한 법제정비방향," 지방자치법연구, 통권 제 9 호, 244쪽.

을 증진하고, 공동의 문제를 협의하기 위하여 다음 각 호(1. 시·도지사, 2. 시·도의회의 의장, 3. 시장·군수·자치구의 구청장, 4. 시·군·자치구의회의 의장)의 구분에 따라 각각 전국적 협의체를 설립할 수 있다(지자법 제182조 제 1 항). 지방자치법상 장 등의 협의회에는 ① 시·도지사 협의회, ② 시·도의회의 의장 협의회, ③ 시장·군수·자치구의 구청장 협의회, ④ 시·군·자치구의회의 의장 협의회가 있다. 제 1 항 각 호의 전국적 협의 체는 그들 모두가 참가하는 지방자치단체 연합체를 설립할 수 있다(지자법 제182조 제 2 항).

(2) **취 지** 장 등의 협의체는 내부적으로는 구성원 간의 행정경험을 교환하 고, 이로써 유사한 자치행정사항에 대하여는 가능한 한 자치행정의 단일화를 도모 하고, 외부적으로는 국가에 대한 구성원들의 공동의 이익을 대변할 수 있다. 이러 한 협력은 부분적인 공익을 국가적으로 통합한다는 의미와 국가적인 의사결정과정 상 효율·효과의 증대수난이 된다는 데에 의미가 있다.[1]

(3) **설 립** 제 1 항에 따른 협의체나 제 2 항에 따른 연합체를 설립하였을 때 에는 그 협의체·연합체의 대표자는 지체 없이 행정안전부장관에게 신고하여야 한 다(지자법 제182조 제 3 항).

(4) **의견제출**

(가) **정부에 의견제출**

(a) **의 의** 제 1 항에 따른 협의체나 제 2 항에 따른 연합체는 지방자치에 직접 적인 영향을 미치는 법령 등에 관한 의견을 행정안전부장관에게 제출할 수 있으며, 행정안전부장관은 제출된 의견을 관계 중앙행정기관의 장에게 통보하여야 한(지자법 제182조 제 4 항). 논자에 따라서는 각 협의체가 정부에 의견을 제출할 수 있도록 한 것은 종래 중앙에서 모든 사안을 결정하고 지방은 그에 따라야 하는 수직적 관계 를 벗어나, 지방자치단체의 장이나 지방의회의 의장들의 전국적 연합체가 지방의 이해를 표현하는 수평적 관계로의 변화를 의미하는 것으로 이해하기도 한다.[2]

(b) **답변의무** 관계 중앙행정기관의 장은 제 4 항에 따라 통보된 내용에 대하 여 통보를 받은 날부터 2개월 이내에 타당성을 검토하여 행정안전부장관에게 결과 를 통보하여야 하고, 행정안전부장관은 통보받은 검토 결과를 해당 협의체나 연합 체에 지체 없이 통보하여야 한다. 이 경우 관계 중앙행정기관의 장은 검토 결과 타 당성이 없다고 인정하면 구체적인 사유 및 내용을 밝혀 통보하여야 하며, 타당하다

---

1) Voigt, Kommunale Partizipation am staatlichen Entscheidungsprozeß, S. 12.
2) 김수진, 지방자치법주해, 690쪽.

고 인정하면 관계 법령에 그 내용이 반영될 수 있도록 적극 협력하여야 한다(지자법 제182조 제 5 항).

(나) 국회에 의견제출   제 1 항에 따른 협의체나 제 2 항에 따른 연합체는 지방 자치와 관련된 법률의 제정·개정 또는 폐지가 필요하다고 인정하는 경우에는 국회 에 서면으로 의견을 제출할 수 있다(지자법 제182조 제 6 항).

(다) 성실한 답변의무   장 등의 협의체가 지방자치관련법령과 관련하여 정부나 국회에 수많은 건의를 하였으나 정부는 검토 내지는 적극검토, 그리고 적절한 시기 가 오면 당정에 반영하겠다는 형식적인 답변으로만 일관하고 있다고 불만을 토로 하고 있는바, 이러한 문제점을 해결하기 위하여 의견제출이 가능한 사안과 의견제 출대상기관을 확대하고, 협의회의 의견개진에 대해 상대기관이 성실히 답변하여야 할 의무를 규정하는 지방자치법의 개정이 필요하다는 지적도 있다.[1]

(5) 협력의 확대   장 등의 협의체에 절차상 권리 내지 협력권으로서 앞에서 본 것 외에 다음을 보장하는 것도 의미가 있을 것이다.

① 국회에서의 청문권(입법안 사전 열람 및 의견제시)
② 정부계획수립과정에의 참여
③ 국무회의 출석·발언
④ 행정입법공포 전의 사전열람 및 의견제시 등

(6) 시행령   제 1 항에 따른 협의체나 제 2 항에 따른 연합체의 설립신고와 운 영, 그 밖에 필요한 사항은 대통령령으로 정한다(지자법 제182조 제 7 항).

7. 기 타

이 밖에도 사법상 형식에 따른 협력(예: 여러 지방자치단체가 원활한 교통을 위해 공동의 출자자가 되어 주식회사인 운수회사를 설립하는 경우), 공·사법형식의 결합에 따른 협력(예: 설 립은 공법적으로 하되, 그 경영은 사법적으로 하는 경우)도 예상할 수 있다. 사법형식에 따른 협력은 임무수행상의 기동력과 상황변화에 따른 신속한 적응성에 있다.[2] 사법형식 에 따른 협력에는 국가의 감독이 직접적·계속적으로 미치는 것이 아니라는 데에 한계가 있다.

---

1) 김수진, 지방자치법주해, 690쪽.
2) Seewald, Kommunalrecht, in: Steiner(Hrsg.), Besonderes Verwaltungsrecht, Rn. 418.

II. 지방자치단체와 국가의 협력[1]

국가와 지방자치단체는 주민에 대한 균형적인 공공서비스 제공과 지역 간 균형발전을 위하여 협력하여야 한다(지자법 제183조).

1. 중앙행정기관의 장과 시·도지사에 의한 협력

(1) 조언·권고   중앙행정기관의 장이나 시·도지사는 지방자치단체의 사무에 관하여 조언 또는 권고하거나 지도할 수 있으며, 이를 위하여 필요하면 지방자치단체에 자료 제출을 요구할 수 있다(지자법 제184조 제 1 항). 지방자치단체의 장은 제 1 항의 조언·권고 또는 지도와 관련하여 중앙행정기관의 장이나 시·도지사에게 의견을 제출할 수 있다(지자법 제184조 제 3 항).

(2) 재정지원·기술지원   국가나 시·도는 지방자치단체가 그 지방자치단체의 사무를 처리하는 데 필요하다고 인정하면 재정지원이나 기술지원을 할 수 있다(지자법 제184조 제 2 항). 국가나 시·도의 지방자치단체에 대한 재정지원, 그리고 국가가 정보나 자료, 전문지식이나 기술을 지방자치단체에 공급하는 것은 지방자치제도의 실질적 보장 내지 내실화를 위한 중요한 제도가 된다

(3) 기타 협력   대통령의 전국 시장·군수·구청장 초청 국정설명회, 전국 읍·면·동장 초청 국정설명회, 장관주재 시·도 행정부시장·부지사회의 등도[2] 협력방법의 하나로 볼 수 있다.

---

1) [관련 논문] 김남철, "중앙정부와의 사전협의제도의 개산방안," 지방자치법연구, 통권 제15호, 197 쪽 이하; 김남철, "지방자치단체 국정참여의 공법적 과제—상원 또는 지방원 도입에 관한 논의를 중심으로—," 지방자치법연구, 통권 제27호, 제113쪽 이하; 윤석진, "사회적 규제에 있어서 국가와 지방자치단체의 역할과 협력," 지방자치법연구, 통권 제40호, 3쪽 이하; 최승필, "경제적 규제에 있어 중앙정부와 지방자치단체 간 협력과 역할," 지방자치법연구, 통권 제40호, 33쪽 이하; 채우석, "지방자치단체의 교육자치권에 대한 중앙정부의 규제와 협력," 지방자치법연구, 통권 제40호, 63쪽 이하; 임현, "국가 입법과정에 대한 지방자치단체의 참여—독일의 연방, 주 및 지방자치단체의 관계를 중심으로—," 지방자치법연구, 통권 제41호, 137쪽 이하; 양승미, "환경규제에 있어서 중앙정부와 지방자치단체의 관계에 대한 소고," 지방자치법연구, 통권 제41호, 155쪽 이하 참조; 김남철·노기현, "지방자치단체의 정부입법참여에 관한 법제 개선방안," 지방자치법연구, 통권 제48호, 제135쪽 이하; 김수연, "중앙·지방 협력체계 구축을 위한 법적 과제," 지방자치법연구, 통권 제52호, 3쪽 이하; 최철호, "국가와 지방자치단체의 관계정립 및 협력을 위한 지방자치법의 개정과 공법적 평가," 지방자치법연구, 통권 제66호, 3쪽 이하; 임현, "중앙정부와 지방자치단체 간 협력제도의 법적 과제," 지방자치법연구, 통권 제68호, 295쪽 이하; 임현종·김남철, "국가와 지방자치단체 간 협력수단으로서의 사전협의제도—사회보장제도 신설·변경 협의제도를 중심으로—," 지방자치법연구, 통권 제71호, 389쪽.
2) 행정안전부, 2008 행정안전백서, 274쪽.

2. 지방자치단체에 의한 협력(국정참여)

(1) 의 의   지방자치단체에 의한 협력이란 지방자치단체가 국가의 행정에 참여함을 통하여 이루어지는 협력을 말한다. 말하자면 지방자치단체의 장과 지방의회가 협력하여 국가의사결정과정에 참여하는 것을 말한다. 널리 사용되고 있는 국정참여라는 용어는 지방자치단체의 국가에 대한 협력을 의미하는 것으로 이해된다.

(2) 유 용 성   국정참여는 「아래로부터 위로의 의사결정」이라는 의미를 갖는바, 이러한 의사결정방식은 민주적 의사결정의 원칙에 부합하고, 국가통합에 기여하고, 국가에 의한 자치권의 침해에 예방적으로 작용할 수 있다는 점에서 의미를 갖는다. 말하자면 국정참여를 통해 국가의 의사결정에 지방자치단체의 의사가 반영될 수 있고, 이로 인해 국가와 지방자치단체가 협력관계에 놓일 수 있다.[1]

(3) 협력주체(참여주체)   지방자치단체에 의한 협력은 실제상 지방자치단체의 장에 의한 협력이다. 지방자치단체의 장에 의한 협력에는 개별 지방자치단체의 장에 의한 협력, 장 등의 협의체에 의한 협력이 있다.

(4) 참여방법   한 연구자가 제시하는 국정참여의 종류를[2] 표로 만들어서 보기로 한다.[3] 한편, 국가와 지방자치단체 간의 계약을 통한 사무의 수행도 참여방법의 하나일 수 있다.[4]

---

[1] 박수헌, "지방자치단체의 국정참여를 통한 중앙과 지방간의 협력체계 강화를 위한 법제 정비방안," 지방자치법연구, 통권 제 9 호, 180쪽.

[2] 박수헌, "지방자치단체의 국정참여를 통한 중앙과 지방간의 협력체계 강화를 위한 법제 정비방안," 지방자치법연구, 통권 제 9 호, 181쪽 이하.

[3] 법령의 개폐에 따라 박수헌 교수의 상기 논문내용에 내용에 약간의 수정을 가하였다.

[4] 프랑스의 경우, 지방분권과 지역개발과정에서 행정계약의 일종인 계획계약이 등장하였고, 동계약은 국가와 지방자치단체 사이의 대화라는 점과 지역공동체간의 협력이라는 점에서 분권화된 협력으로 이해되고 있다고 한다(전훈, "지방자치단체의 지역개발과 국제협력," 지방자치법연구, 통권 제11호, 482쪽 이하).

[5] [관련논문] 김성호, "지방자치단체의 국회입법과정 참여방안," 지방자치법연구, 통권 제36호, 21쪽 이하; 김남철, "지방자치단체의 정부입법참여에 관한 법제개선방안," 지방자치법연구, 통권 제48호, 135쪽 이하; 노기현, "지방자치단체의 기능적 권력통제에 대한 공법적 검토─지방자치단체의 국회입법참여 확대방안을 중심으로─," 지방자치법연구, 통권 제56호, 167쪽 이하.

□ 입법과정에 참여[5]
     ▪ 국회입법과정 참여
    1) 국회청원(헌법 제26조, 국회법 제123조 제 1 항)
    2) 국회의 공청회와 청문회 참여(국회법 제64조 제 1 항, 제65조 제 1 항)
    3) 법률안에 대한 입법예고(국회법 제82조의2)
     ▪ 정부입법과정 참여
    1) 법령안 입법계획에의 의견개진(법제업무운영규정 제 6 조 제 2 항)
    2) 정부입법안에 대한 의견제출(행정절차법 제44조)
    3) 입법청원(헌법 제26조, 제89조 제15호, 청원법)
□ 정부의 정책결정과정에 대한 참여
    1) 행정부시장·부지사회의
    2) 관계지방자치단체의 의견청취(국토의 계획 및 이용에 관한 법률 제15조 제 2 항 등)
    3) 지방자치단체의 이의신청(지방교부세법 제13조 제 1 항 등)
    4) 국무총리소속의 협의조정기구(지방자치법 제187조)
    5) 행정예고제(행정절차법 제46조 제 1 항)
    6) 행정지원(공무원파견, 위임사무수행)

3. 국가와 지방자치단체의 상호협력[1]

(1) 중앙지방협력회의   국가와 지방자치단체 간의 협력을 도모하고 지방자치 발전과 지역 간 균형발전에 관련되는 중요 정책을 심의하기 위하여 중앙지방협력 회의를 둔다(지자법 제186조 제 1 항). 제 1 항에 따른 중앙지방협력회의의 구성과 운영 에 관한 사항은 따로 법률로 정한다(지자법 제186조 제 2 항). 이 조항은 2022. 1. 13. 시행 지방자치법 전부개정법률에 신설되었다.

(가) 중앙지방협력회의의 기능   중앙지방협력회의(이하 "협력회의"라 한다)는 다음 각 호(1. 국가와 지방자치단체 간 협력에 관한 사항, 2. 국가와 지방자치단체의 권한, 사무 및 재원 의 배분에 관한 사항, 3. 지역 간 균형발전에 관한 사항, 4. 지방자치단체의 재정 및 세제에 영향을 미치는 국가 정책에 관한 사항, 5. 그 밖에 지방자치 발전에 관한 사항)의 사항을 심의한다(중앙 지방협력회의의 구성 및 운영에 관한 법률 제 2 조).

(나) 중앙지방협력회의의 구성 및 운영   협력회의는 대통령, 국무총리, 기획재 정부장관, 교육부장관, 행정안전부장관, 국무조정실장, 법제처장, 특별시장·광역시 장·특별자치시장·도지사·특별자치도지사(이하 "시·도지사"라 한다), 「지방자치법」 제

---

1) [관련논문] 선정원, "위기에 처한 지방대학의 인재양성—어떻게 지방자치단체와 협력을 확대할 것 인가?" 지방자치법연구, 통권 제71호, 289쪽.

182조 제 1 항 제 2 호부터 제 4 호까지의 규정에 따른 전국적 협의체의 대표자 및 그 밖에 대통령령으로 정하는 사람으로 구성한다(동법 제 3 조 제 1 항). 협력회의의 의장(이하 "의장"이라 한다)은 대통령이 된다(동법 제 3 조 제 2 항). 협력회의의 부의장(이하 "부의장"이라 한다)은 국무총리와 「지방자치법」 제182조 제 1 항 제 1 호에 따라 설립된 시·도지사 협의체의 대표자(이하 "시·도지사협의회장"이라 한다)가 공동으로 된다(동법 제 3 조 제 3 항).

(다) 심의 결과의 활용 국가 및 지방자치단체는 협력회의의 심의 결과를 존중하고 성실히 이행하여야 한다(동법 제 4 조 제 1 항). 국가 및 지방자치단체는 심의 결과에 따른 조치 계획 및 이행 결과를 협력회의에 보고하여야 한다(동법 제 4 조 제 1 항). 국가 또는 지방자치단체는 제 1 항에도 불구하고 심의 결과를 이행하기 어려운 특별한 사유가 있는 경우에는 그 사유와 향후 조치 계획을 협력회의에 보고하여야 한다(동법 제 4 조 제 3 항).

(2) 국가와 지방자치단체간 협의조정기구[1]

(가) 의 의 중앙행정기관의 장과 지방자치단체의 장이 사무를 처리할 때 의견을 달리하는 경우 이를 협의·조정하기 위하여 국무총리 소속으로 행정협의조정위원회를 둔다(지자법 제187조 제 1 항). 2000년 5월 설치한 행정협의조정위원회는 다음의 표에서 보는 바와 같이 그간 총 10건을 처리하였다고 한다.[2]

(나) 구 성 행정협의조정위원회는 위원장 1명을 포함하여 13명 이내의 위원으로 구성한다(지자법 제187조 제 2 항). 행정협의조정위원회의 위원은 다음 각 호(1. 기획재정부장관, 행정안전부장관, 국무조정실장 및 법제처장. 2. 안건과 관련된 중앙행정기관의 장과 시·도지사 중 위원장이 지명하는 사람. 3. 그 밖에 지방자치에 관한 학식과 경험이 풍부한 사람 중에서 국무총리가 위촉하는 사람 4명)의 사람이 되고, 위원장은 제 3 호에 따른 위촉위원 중에서 국무총리가 위촉한다(지자법 제187조 제 3 항).

(다) 협의조정기구의 분리 중앙행정기관의 장과 지방자치단체의 장이 사무를 처리함에 있어서 의견을 달리하는 경우를 나누어서 그 지방자치단체의 장이 광역지방자치단체의 장인 시·도지사의 경우에는 현행대로 국무총리 소속하에 두되 기초지방자치단체의 장인 시·군·구의 장인 경우에는 행정안전부 소속하에 협의조정기구를 두는 것이 효율적이라는 견해도 있다.[3]

---

1) [관련논문] 김상태, "행정협의조정위원회에 관한 법리적 고찰," 지방자치법연구, 통권 제13호, 157쪽 이하.
2) 행정안전부, 2010 행정안전백서, 342쪽.
3) 김남철, 지방자치법주해, 708쪽.

행정협의조정위원회 운영실적[1]

사 건 명	당 사 자	결 정 내 용
군산 개야도 어업권 손실보상	군산시 → 건교부	조정('01. 11. 7)
난지도 폐가전처리시설 보상	환경부 → 서울시	실무조정수용, 취하('01. 11. 7)
포항 정치어업망 손실보상금(1)	포항시 → 해수부	실무조정수용, 취하('03. 6. 4)
포항 정치어업망 손실보상금(2)	포항시 → 해수부	실무조정수용, 취하('03. 6. 4)
지하철 분당선 개포 1·2역 사업비 분담	철도청 → 서울시, 토지공사	조정('03. 6. 4)
경부고속철도 제4-1공구 역명칭 선정	아산시 → 건교부	각하('03. 8. 26)
경인 2 복선 전철사업비 분담	철도청 → 부천시	실무조정수용, 취하('04. 10. 19)
녹산국가산업단지 해안변 방재대책	부산시 → 건교부, 산자부	조정('05. 9. 14)
신항만 명칭	해수부 → 부산시, 경남도	각하('05. 9. 14)
제 2 롯데월드 신축 (1)	국방부 → 서울시	조정('07. 7. 26)
제 2 롯데월드 신축 (2)	서울시 → 국방부	조정('09. 3. 31)
포스코 新제강공장 고도제한 완화	포항시 → 국방부	조정('11. 1. 18)
국유재산(舊 기무부대부지) 도시계획 결정	국방부 → 청주시	취하('11. 1. 27)
안양교도소 재건축협의 불가처분 취소	법무부 → 안양시	조정('12. 1. 30)
공군 김제포대 행정처분 관련 행정협의 조정	국방부 → 김제시	각하('16. 11. 3)

(라) 시 행 령   제 1 항부터 제 3 항까지에서 규정한 사항 외에 행정협의조
정위원회의 구성과 운영 등에 필요한 사항은 대통령령으로 정한다(지자법 제187조
제 4 항).

---

1) 행정자치부, 2016 행정자치백서, 250쪽.

제 3 항   분쟁의 조정

Ⅰ. 분쟁조정의 관념

1. 의 의

(1) **분쟁조정제도의 도입**   지방자치단체 사이 또는 지방자치단체의 장 사이의 권한·의무의 존부·범위 등을 둘러싸고 분쟁이 발생할 수 있고, 이러한 분쟁의 해결을 위한 절차로서 행정절차의 하나인 분쟁조정제도가 있다.[1] 지방자치법 제165조 제 1 항은 "지방자치단체 상호 간 또는 지방자치단체의 장 상호 간에 사무를 처리할 때 의견이 달라 다툼(이하 "분쟁"이라 한다)이 생기면 다른 법률에 특별한 규정이 없으면 행정안전부장관이나 시·도지사가 당사자의 신청을 받아 조정할 수 있다. 다만, 그 분쟁이 공익을 현저히 해쳐 조속한 조정이 필요하다고 인정되면 당사자의 신청이 없어도 직권으로 조정할 수 있다"고 하여 분쟁조정제도를 규정하고 있다.[2]

(2) **분쟁의 의의**   논자에 따라서는 여기서 말하는 분쟁조정은 단지 조정(調停)만을 뜻한다고 보지 않고, 알선·조정·중재 등을 포함하는 포괄적인 대체적 분쟁해결방식 일반을 의미하는 것으로 이해되고 있다. 그렇게 보는 이유는 최소한 당사자의 동의를 효력발생요건으로 해야 할 조정과 달리 분쟁조정위원회의 조정의 경우에는 지방자치단체의 동의 없이 바로 법적 구속력을 발생하고, 또한 조정기능의 활성화를 위해 본 조항을 다양한 수단의 이용가능성의 근거로 보는 것이 적절하기 때문이라는 것이다.[3]

(3) **분쟁조정제도의 필요성**   지방자치단체 사이 또는 지방자치단체의 장 사이의 분쟁에 대한 해결수단으로 사법절차(재판절차) 외에 행정절차인 분쟁조정제도를

---

1) [관련논문] 최우용, "지방교육자치에 관한 중앙정부와 지방정부의 권한 분쟁과 갈등해소 방안에 관한 연구," 지방자치법연구, 통권 제49호, 148쪽 이하; 김은주, "제주특별자치도에서의 환경갈등 해소를 위한 대안적 법제연구," 지방자치법연구, 통권 제49호, 303쪽 이하; 신봉기, "지방자치와 갈등해결 입법―지방자치제 발전을 위한 갈등해소 입법의 필요성―," 지방자치법연구, 통권 제50호, 116쪽 이하; 김상태, "하천관리 및 물 이용 관련 분쟁해결을 위한 법정책적 과제―지방자치단체 상호간 분쟁해결제도를 중심으로―," 지방자치법연구, 통권 제70호, 3쪽 이하

2) 지방자치단체의 분쟁 개념에 관해 이희정, "지방자치단체 상호간의 분쟁조정기능 강화를 위한 법제정비방안," 지방자치법연구, 통권 제 9 호, 252쪽 이하.

3) 이희정, "지방자치단체 상호간의 분쟁조정기능 강화를 위한 법제정비방안," 지방자치법연구, 통권 제 9 호, 267쪽. 그리고 분쟁조정제도와 유사제도(행정심판·화해·조정·중재)와의 구별에 관해, 홍정선·최윤영, "한국의 지방자치단체 분쟁조정위원회," 지방자치법연구, 통권 제43호, 44쪽 이하 참조.

두는 것은 사법절차에 의한 분쟁해결보다 행정절차에 의한 분쟁해결이 신속하고 경제적이라는 점에 있다. 요컨대 분쟁조정제도는 신속하고도 효과적인 분쟁해결을 목적으로 한다. 한편, 문제는 분쟁조정제도가 사법절차에 준하는 공정성을 확보하는 일이다.[1]

2. 분쟁조정의 대상

헌법재판소의 권한쟁의심판은 「지방자치단체 상호간의 권한의 유무 또는 범위에 관하여 다툼」을 대상으로 하고(헌재법 제61조 제1항), 행정소송 중 항고소송은 「행정청의 처분등이나 부작위」를 대상으로 하며(행소법 제3조 제1호), 당사자소송은 「행정청의 처분등을 원인으로 하는 법률관계」와 「그 밖에 공법상의 법률관계」를 대상으로 하고(행소법 제3조 제2호), 행정심판법상 행정심판의 경우도 행정청의 처분 또는 부작위를 대상으로 한다(행심법 제3조 제1항). 따라서 권한쟁의심판과 행정소송, 그리고 행정심판의 대상은 법률에서 그 내용을 제한적으로 규정하고 있다. 이에 비하여 지방자치법은 지방자치단체 등이 사무를 처리할 때 의견이 달라 생기는 다툼을 "분쟁"이라 하고, 이를 분쟁조정위원회의 심의·의결의 대상으로 규정하고 있을 뿐, 분쟁의 정의나 구체적인 내용을 언급하는 바가 없다. 요컨대 지방자치단체 간 등에서 다툼만 있으면, 분쟁조정위원회의 심의·의결의 대상이 되는바, 그 관할범위가 매우 광범위하다고 볼 것이다.[2] 판례도 같은 입장으로 본다.[3]

II. 분쟁조정위원회

1. 의 의

(1) 종 류　　지방자치법 제165조 제1항에 따른 분쟁의 조정과 제173조 제1항에 따른 협의사항의 조정에 필요한 사항을 심의·의결하기 위하여 행정안전부에 지방자치단체중앙분쟁조정위원회(이하 "중앙분쟁조정위원회"라 한다)를, 시·도에 지방자치단체지방분쟁조정위원회(이하 "지방분쟁조정위원회"라 한다)를 둔다(지자법 제166조 제1항).

---

1) 김명길, 지방자치법주해, 606쪽.
2) 홍정선·최윤영, "한국의 지방자치단체 분쟁조정위원회," 지방자치법연구, 통권 제43호, 53쪽; 이진수, "중앙분쟁조정위원회 분쟁조정제도의 개선방안에 관한 연구," 지방행정연구, 제26권 제1호(통권 제90호), 2012, 167쪽.
3) 대판 2016. 7. 22, 2012추121.

(2) 성 격   분쟁조정위원회의 심의·의결은 관계자에 구속적이므로 단순한 자문기관이 아니라 일종의 의결기관의 성질을 갖는다.1) 분쟁조정위원회의 기능을 의결기구로 한 것은 분쟁조정에 준사법적 기능을 부여함으로써 분쟁을 종국적으로 해결하기 위한 것으로 이해되고 있다.2) 권고적 의결도 가능하다.3) 또한 분쟁조정위원회는 분쟁해결을 유권적으로 행하므로 준사법적 기관의 성질도 갖는다.4)

(3) 시 행 령   지방자치법에서 정한 사항 외에 분쟁조정위원회의 구성과 운영 등에 필요한 사항은 대통령령으로 정한다(지자법 제167조 제 3 항).

2. 중앙분쟁조정위원회

(1) 관장사무   중앙분쟁조정위원회는 다음 각 호(1. 시·도 간 또는 그 장 간의 분쟁, 2. 시·도를 달리하는 시·군 및 자치구 간 또는 그 장 간의 분쟁, 3. 시·도와 시·군 및 자치구 간 또는 그 장 간의 분쟁, 4. 시·도와 지방자치단체조합 간 또는 그 장 간의 분쟁, 5. 시·도를 달리하는 시·군 및 자치구와 지방자치단체조합 간 또는 그 장 간의 분쟁, 6. 시·도를 달리하는 지방자치단체조합 간 또는 그 장 간의 분쟁)의 분쟁을 심의·의결한다(지자법 제166조 제 2 항).

□ 참고 ‖

분쟁조정위원회는 ① 지방자치법 제165조 제 1 항에 따른 분쟁의 조정과 ② 제173 조 제 1 항에 따른 협의사항의 조정에 필요한 사항을 심의·의결하기 위하여 설치된 기관이지만(지자법 제166조 제 1 항), ③ 지방자치법 제 5 조 제 7 항에 따라 지방자치단체중앙분쟁조정위원회는 「공유수면 관리 및 매립에 관한 법률」에 따른 매립지와 「공간정보의 구축 및 관리 등에 관한 법률」 제 2 조 제19호의 지적공부(이하 "지적공부"라 한다)에 등록이 누락되어 있는 토지가 속할 지방자치단체를 심의·의결하는 기능까지 갖는다. 여기서는 분쟁의 조정에 관해서만 보기로 한다.

(2) 구 성   중앙분쟁조정위원회는 위원장 1명을 포함하여 11명 이내의 위원으로 구성한다(지자법 제166조 제 4 항). 중앙분쟁조정위원회의 위원장과 위원 중 5명은 다음 각 호(1. 대학에서 부교수 이상으로 3년 이상 재직 중이거나 재직한 사람, 2. 판사·검사 또는 변호사의 직에 6년 이상 재직 중이거나 재직한 사람, 3. 그 밖에 지방자치사무에 관한 학식과 경험이 풍부

---

1) 홍정선·최윤영, "한국의 지방자치단체 분쟁조정위원회," 지방자치법연구, 통권 제43호, 47쪽.
2) 김명길, "지방자치법 제140조-제140조의3," 지방자치법주해, 한국지방자치법학회 편, 박영사, 2004 년, 607쪽.
3) 홍정선·최윤영, "한국의 지방자치단체 분쟁조정위원회," 지방자치법연구, 통권 제43호, 48쪽.
4) 김명길, 지방자치법주해, 607쪽.

한 사람)의 사람 중에서 행정안전부장관의 제청으로 대통령이 임명하거나 위촉하고, 대통령령으로 정하는 중앙행정기관 소속 공무원은 당연직위원이 된다(지자법 제166조 제5항). 공무원이 아닌 위원장 및 위원의 임기는 3년으로 하며, 연임할 수 있다. 다만, 보궐위원의 임기는 전임자 임기의 남은 기간으로 한다(지자법 제166조 제7항).

3. 지방분쟁조정위원회

(1) 관장사무　지방분쟁조정위원회는 제2항 각 호에 해당하지 아니하는 지방자치단체·지방자치단체조합 간 또는 그 장 간의 분쟁을 심의·의결한다(지자법 제166조 제3항).

(2) 구 성　지방분쟁조정위원회 위원장 1명을 포함하여 11명 이내의 위원으로 구성한다(지자법 제166조 제4항). 지방분쟁조정위원회의 위원장과 위원 중 5명은 제5항 각 호(1. 대학에서 부교수 이상으로 3년 이상 재직 중이거나 재직한 사람, 2. 판사·검사 또는 변호사의 직에 6년 이상 재직 중이거나 재직한 사람, 3. 그 밖에 지방자치사무에 관한 학식과 경험이 풍부한 사람)의 사람 중에서 시·도지사가 임명하거나 위촉하고, 조례로 정하는 해당 지방자치단체 소속 공무원은 당연직위원이 된다(지자법 제166조 제6항). 공무원이 아닌 위원장 및 위원의 임기는 3년으로 하며, 연임할 수 있다. 다만, 보궐위원의 임기는 전임자 임기의 남은 임기로 한다(지자법 제166조 제7항).

중앙분쟁조정위원회 운영실적[1]		
사 건 명	당 사 자	결정내용
아산만국가공단항만 매립지 경계	평택시 → 당진군	각하('01. 1. 31)
경전철 노선변경에 따른 환승역사 건립부담금	의정부시 → 서울시	조정('01. 1. 31)
행정구역 개편에 따른 잡종재산 인계	김포시 → 인천 계양·서구	각하('01. 1. 31)
아산만 방조제 및 담수호 경계	평택시 → 아산시	조정('01. 7. 6)
자동차액화가스충전소 설치	인천 계양구·부천시 → 김포시	실무조정, 취하('01. 7. 6)
자동차액화가스충전소 설치	서울 강동·송파구 → 하남시	실무조정, 취하('01. 11. 23)

---

1) 2000년 4월 25일 위원회 구성 이후 2016년까지 총 17건(조정 10건, 각하 2건, 취하 4건, 기각 1건)의 지방자치단체 간 분쟁을 처리하였다. 2009년 4월 1일 '지방자치법' 제4조에 매립지 및 등록이 누락된 토지 등 신규 토지 관할을 중앙분쟁조정위원회의 심의·의결에 근거하여 행정자치부장관이 결정하도록 개정됨에 따라, 2016년까지 총 215건의 신규토지에 대해 귀속 지방자치단체를 결정하였다고 한다(행정자치부, 2016 행정자치백서, 2017. 6. 7, 251쪽).

사설납골시설 공설화	화성시 → 종로구 등 7개구	조정종결('08. 6. 17)
신항만1-1단계 시설관할권(1차분)	경남도 → 부산시	조정종결('08. 6. 17)
신항만1-1단계 시설관할권(2차분)	부산시 → 경남도	조정종결('08. 6. 17)
칠곡 재래시장 소유권	대구 북구 → 대구시	실무조정, 취하('08. 12. 10)
강남순환도시고속도로 도시계획 시설 결정	서울시 → 과천시	조정('11. 12. 20)
소백산의 행정구역명칭 사용금지	단양군 → 영주시	조정('12. 6. 14)
읍내어린이공원 소유권 분쟁	대구 북부 → 대구시	기각('13. 1. 31)
지역상생발전기금 법정출연금 납입 분쟁	13개 비수도권 시도 → 서울시	조정('14. 6. 16)
자동차등록사무소 분소운영 분쟁	서울 강남구 → 경남 함안군	취하('14. 12. 15)
창원부산 도로건설 손실보전금 분담	경상남도 → 부산광역시	조정('16. 4. 25)
전남교육청사 도시관리계획 변경 분쟁	전남교육청 → 광주광역시	조정('16. 12. 12)

※ 매립지 등 신규 토지 관할 결정(137건)은 제외.

Ⅲ. 분쟁조정의 절차

분쟁조정절차는 7단계(1. 조정의 개시, 2. 관계 중앙행정기관의 장과의 협의, 3. 분쟁조정위원회의 심의·의결, 4. 조정결정의 통보, 5. 조정사항의 이행, 6. 강제이행, 7. 불복)로 구성된다. 이 중에서 분쟁조정위원회가 관련하는 절차는 3번째 단계인 의결절차이다. 아래에서는 7단계를 개관한다.

1. 조정의 개시

(1) 신청주의   지방자치단체 상호 간 또는 지방자치단체의 장 상호 간에 사무를 처리할 때 의견이 달라 다툼(이하 "분쟁"이라 한다)이 생기면 다른 법률에 특별한 규정이 없으면 행정안전부장관이나 시·도지사가 당사자의 신청을 받아 조정할 수 있다(지자법 제165조 제1항 본문). 분쟁조정은 신청주의를 원칙으로 한다. 분쟁이 당사자의 이해관계에 관련된 것이기 때문에 분쟁조정을 당사자 신청에 의하게 하는 것은 당연한 것이다.[1]

(2) 직권조정   그 분쟁이 공익을 현저히 해쳐 조속한 조정이 필요하다고 인정되면 당사자의 신청이 없어도 직권으로 조정할 수 있다(지자법 제165조 제1항 단서). 이

---

[1] 김명길, "지방자치법 제140조-제140조의3," 지방자치법주해, 한국지방자치법학회 편, 박영사, 2004, 606쪽.

경우, 행정안전부장관이나 시·도지사가 분쟁을 조정하는 경우에는 그 취지를 미리 당사자에게 알려야 한다(지자법 제165조 제2항). 직권조정은 1999년 개정 지방자치법에서 분쟁조정위원회제도의 도입과 동시에 도입되었다. 직권조정은 당사자의 신청이 없다고 하여도 행정안전부장관이나 시·도지사가 바로 조정안을 결정하는 것이 아니라 행정안전부장관이나 시·도지사가 분쟁조정위원회의 심의·의결을 거쳐야 하는바, 직권조정이 바로 행정안전부장관이나 시·도지사의 독주를 의미하는 것은 아니다.[1]

2. 관계 중앙행정기관의 장과의 협의

행정안전부장관이나 시·도지사가 제1항의 분쟁을 조정하려는 경우에는 관계 중앙행정기관의 장과의 협의를 거쳐야 한다(지자법 제165조 제3항). 행정안전부장관이나 시·도지사가 분쟁을 조정하고자 할 때에 관계 중앙행정기관의 장과의 협의를 거치게 한 것은 분쟁사항이 오로지 행정안전부의 소관사무와 관련되는 것만은 아니기 때문이다. 관계 중앙행정기관의 장과의 협의를 거쳐야 한다는 것이 관계 중앙행정기관의 장의 의견을 청취하여야 한다는 것이지 관계 중앙행정기관의 장의 의견에 구속된다는 것은 아니다.[2]

3. 분쟁조정위원회의 심의·의결

행정안전부장관이나 시·도지사가 제1항의 분쟁을 조정하려는 경우에는 관계 중앙행정기관의 장과의 협의를 거쳐 제166조에 따른 지방자치단체중앙분쟁조정위원회나 지방자치단체지방분쟁조정위원회의 의결에 따라 조정을 결정하여야 한다(지자법 제165조 제3항).

(1) 정 족 수 분쟁조정위원회는 위원장을 포함한 위원 7명 이상의 출석으로 개의하고, 출석위원 3분의 2 이상의 찬성으로 의결한다(지자법 제167조 제1항). 일반적인 정족수는 전체 위원 과반수의 출석으로 개의하고, 출석 위원 과반수의 찬성으로 의결하는 것인 데 반해, 분쟁조정위원회의 정족수는 그 요건이 강화된 것이다.

(2) 심 의 분쟁조정위원회의 위원장이 안건을 상정하면, 모든 위원의 자유로운 의견개진이 이루어진다. 저자의 경험상 중앙분쟁조정위원회의 실무상 위원들의

---

1) 저자가 지방자치단체중앙분쟁조정위원회 위원장의 직을 수행하는 기간 동안(2013.5.16.-2016.5.15, 2016.6.1.-2019.5.31.) 당사자의 신청이 없이 행정자치부장관이 직권으로 조정하기 위해 지방자치단체중앙분쟁조정위원회에 심의·의결을 요청한 경우는 없었다.

2) 홍정선·최윤영, "한국의 지방자치단체 분쟁조정위원회," 지방자치법연구, 통권 제43호, 60쪽.

자유로운 의견개진이 제한된 경우는 전혀 없었다.

(3) **의견청취**   분쟁조정위원회의 위원장은 분쟁의 조정과 관련하여 필요하다고 인정하면 관계 공무원, 지방자치단체조합의 직원 또는 관계 전문가를 출석시켜 의견을 듣거나 관계 기관이나 단체에 대하여 자료 및 의견 제출 등을 요구할 수 있다. 이 경우 분쟁의 당사자에게는 의견을 진술할 기회를 주어야 한다(지자법 제167조 제2항). 분쟁당사자에게 의견진술의 기회를 주는 것은 의무적이다. 분쟁당사자에게 의견진술의 기회를 주지 아니한 채 이루어진 분쟁조정위원회의 의결은 위법한 것이 된다.

(4) **의결·서면의결**   ① 분쟁에 대하여 충분한 심의가 이루어지면, 분쟁조정위원회는 의결을 하게 된다. 의결 그 자체는 행정처분이 아니다. ② 중앙분쟁조정위원회는 상정된 안건에 대해 당사자 간 이견이 없는 경우 등 위원장이 필요하다고 인정하는 경우에는 안건을 서면으로 의결할 수 있다(중앙분쟁조정위원회 운영세칙 제5조의1). 실무상으로는 당사자 간에 이견이 없고, 신속을 요하는 경우에 서면의결이 이루어진 경우도 있다.[1)

(5) **의결의 유형**   중앙분쟁조정위원회의 실무상, 분쟁조정의 의결에는 중앙분쟁조정위원회가 양 당사자의 합의를 이끌어낸 후 이를 바탕으로 의결을 하는 경우와 양 당사자의 합의가 이루어지지 않아 위원회가 일방적으로 의결을 하는 경우가 있다. 저자는 전자의 의결을 합의의결, 후자의 의결을 강제의결이라 부르고 있다. 저자가 그동안 참여한 실무를 볼 때, 강제의결은 단 1건에 불과하고, 나머지는 모두 합의의결이었다.

4. 조정결정·통보 등

(1) **조정결정**   행정안전부장관이나 시·도지사가 제1항의 분쟁을 조정하려는 경우에는 관계 중앙행정기관의 장과의 협의를 거쳐 제166조에 따른 지방자치단체중앙분쟁조정위원회나 지방자치단체지방분쟁조정위원회의 의결에 따라 조정을 결정하여야 한다(지자법 제165조 제3항). 분쟁조정결정의 효력은 일종의 중재판정의 성질을 갖는 것으로 이해되기도 한다.[2)

(2) **통 보**   행정안전부장관이나 시·도지사는 제3항에 따라 조정을 결정하면

---

1) 저자가 중앙분쟁조정위원회의 위원장의 직을 맡은 이후 위원회를 정기적으로 소집하여 심의·의결하고, 서면심사는 하지 않고 있다.
2) 이희정, "지방자치단체 상호간의 분쟁조정기능 강화를 위한 법제정비방안," 지방자치법연구, 통권 제9호, 267쪽.

서면으로 지체 없이 관계 지방자치단체의 장에게 통보하여야 한다(지자법 제165조 제 4
항 제 1 문). 분쟁당사자에게 통지(通知)된 결정(決定)은 행정처분의 성질(性質)을 갖는다.

(3) 수익자·원인제공자의 부담 행정안전부장관이나 시·도지사는 제 3 항의
조정 결정에 따른 시설의 설치 또는 서비스의 제공으로 이익을 얻거나 그 원인을
일으켰다고 인정되는 지방자치단체에 대해서는 그 시설비나 운영비 등의 전부나
일부를 행정안전부장관이 정하는 기준에 따라 부담하게 할 수 있다(지자법 제165조 제
6 항). 이것은 당사자 사이에서 공평을 확보하기 위한 것이다.

5. 조정사항의 이행

조정결정의 통보를 받은 지방자치단체의 장은 그 조정 결정 사항을 이행하여
야 한다(지자법 제165조 제 4 항 제 2 문). 통보를 받은 지방자치단체의 장에게 조정결정사
항을 이행하여아 할 의무를 부과하는 것은 1994년 3월 개정 지방자치법에서 도입
되었다. 한편, 제 3 항에 따른 조정 결정 사항 중 예산이 필요한 사항에 대해서는
관계 지방자치단체는 필요한 예산을 우선적으로 편성하여야 한다. 이 경우 연차적
으로 추진하여야 할 사항은 연도별 추진계획을 행정안전부장관이나 시·도지사에게
보고하여야 한다(지자법 제165조 제 5 항).

6. 강제이행

(1) 의 의 행정안전부장관이나 시·도지사는 제 4 항부터 제 6 항까지의 규정
에 따른 조정 결정 사항이 성실히 이행되지 아니하면 그 지방자치단체에 대하여
제189조를 준용하여 이행하게 할 수 있다(지자법 제165조 제 7 항).[1] 지방자치법 제189
조는 직무이행명령을 규정하고 있다.

(2) 비 판 론 일설은 "직무이행명령은 본질적으로 위임사무에 대한 통제수단
이라는 점에서, 자치사무에 대한 조정결정에 불복하는 경우에도 행정안전부장관이
직무이행명령을 내릴 수 있는지에 대한 문제가 남게 된다"고 지적한다.[2] 그러나 ①
분쟁조정의 경우, 절차의 개시와 관련하여 법문상 직권주의가 보충적인 것으로 규정
되고 있지만, 중앙분쟁조정위원회 운영의 실제상 직권주의에 따라 절차가 개시된 경
우가 없었다는 점, ② 중앙분쟁조정위원회 운영의 실제상 강제의결은 극히 예외적이

---

1) 대판 2016. 7. 22, 2012추121.
2) 이진수, "중앙분쟁조정위원회 분쟁조정제도의 개선방안에 관한 연구," 지방행정연구, 제26권 제 3
   호(통권 90호), 한국지방행정연구원, 2012, 164쪽.

고, 합의의결이 일반적이라는 점, ③ 직무이행명령은 행정안전부장관이나 시·도지사가 특정한 지방자치단체의 사무 처리에 대하여 적극적으로 간섭·통제하기 위한 것이 아니라 지방자치단체 사이에서 자치사무 등을 둘러싸고 이미 발생한 분쟁을 해결하기 위한 분쟁조정절차이며, 직무이행명령은 분쟁의 양 당사자가 주장하는 의견의 범위 안에서 이루어진다는 점 등을 고려할 때, 비판론의 주장은 동의하기 어렵다.

7. 불 복

(1) 행정소송

(가) 조정결정사항에 대한 불복가능성   지방자치법은 "행정안전부장관이나 시·도지사는 제 3 항에 따라 조정을 결정하면 서면으로 지체 없이 관계 지방자치단체의 장에게 통보하여야 하며, 통보를 받은 지방자치단체의 장은 그 조정 결정 사항을 이행하여야 한다"고 규정하고 있을 뿐(지자법 제165조 제 4 항), 그 조정결정사항에 불복하여 법원에 제소할 수 있는지의 여부에 관해 언급하는 바가 없다.[1] 입법의 취지는 조정결정을 최종적인 것으로 한 것으로 보인다. 그러나 당사자인 지방자치단체나 지방자치단체의 장은 고유한 법적 이익을 갖는 자이므로 법률에서 명시적으로 배제하고 있지 아니하는 한 당사자인 지방자치단체나 지방자치단체의 장에게 재판청구권을 인정하여야 한다. 따라서 통보받은 조정결정이 행정소송법이 정하는 처분에 해당하는 한, 행정소송으로 다툴 수 있다고 볼 것이다. 그러나 판례의 태도는 소극적이다.[2] 물론 헌법재판소의 관장사항은 행정소송의 대상이 아니다.

(나) 직무이행명령에 대한 불복   행정안전부장관이나 시·도지사는 제 4 항부터 제 6 항까지의 규정에 따른 조정 결정 사항이 성실히 이행되지 아니하면 그 지방자치단체에 대하여 제189조를 준용하여 이행하게 할 수 있다(지자법 제165조 제 7 항). 그런데 지방자치법 제189조 제 6 항 제 1 문은 "지방자치단체의 장은 제 1 항 또는 제 4 항에 따른 이행명령에 이의가 있으면 이행명령서를 접수한 날부터 15일 이내에 대법원에 소를 제기할 수 있다"고 규정하고 있으므로, 행정안전부장관이나 시·도지사로부터 조정결정사항의 이행명령을 받은 지방자치단체는 대법원에 제소할 수 있다.

(2) 권한쟁의심판   헌법재판소법은 헌법재판소의 관장사항의 하나로 지방자

---

[1] 강재규, "지방자치법 제140조의2-제140조의3," 지방자치법주해, 한국지방자치법학회 편, 박영사, 2004, 631쪽.
[2] 대판 2015. 9. 24, 2014추613.

치단체 상호간의 권한쟁의심판(가. 특별시·광역시·특별자치시·도 또는 특별자치도 상호간의 권한쟁의심판, 나. 시·군 또는 자치구 상호간의 권한쟁의심판, 다. 특별시·광역시·특별자치시·도 또는 특별자치도와 시·군 또는 자치구 간의 권한쟁의심판)을 규정하고 있다(헌재법 제62조 제 1 항 제 3 호). 따라서 지방자치단체 상호간이나 지방자치단체의 장 상호간 사무를 처리할 때 의견이 달라 다툼이 있는 경우, 그 다툼이 권한의 존부 또는 범위에 관한 것이라면 분쟁조정제도를 통하지 않고 바로 헌법재판소에 권한쟁의심판을 청구할 수도 있을 것이다.[1] 해석상 분쟁조정제도를 거친 후 헌법재판소에 권한쟁의심판을 청구할 수도 있을 것이다.

---

1) 김명길, "지방자치법 제140조-제140조의3," 지방자치법주해, 한국지방자치법학회 편, 박영사, 2004, 608쪽.

제 2 절   감독을 통한 통제

제 1 항   감독의 관념

Ⅰ. 감독의 의의

1. 감독의 필요성

국가가 자신을 여러 지방자치단체로 나누고, 지방자치단체에게 행정을 배분하였다면, 국가는 행정의 배분자로서 당연히 지방자치단체가 자신의 행정을 적법하고 질서 있게 처리하는지를 감시·감독하여야 한다. 말하자면 모든 행정은 법에 구속되기 때문에 상위의 법질서의 유지자로서 국가는 지방자치단체의 행정이 법에 따라 이루어지는지를 감시·감독하여야 한다.[1]

2. 감독과 사법작용

지방자치단체에 대한 국가의 감독은 지방자치단체가 공법을 위반한 경우이며, 사법을 위반한 경우에는 개입하기 어렵다. 지방자치단체가 사법을 위반한 경우에 계약당사자가 지방자치단체라는 이유만으로 사법권이 아닌 국가감독권의 개입을 허용하는 것은 국가의 감독제도의 내용으로 보기 어렵다.[2]

Ⅱ. 감독의 성격과 한계

1. 감독의 성격

지방자치단체에 대한 국가의 감독은 지방자치단체가 국가의 한 부분인 까닭에

---

1) 김봉철, "독일에서의 지방자치단체에 대한 국가의 행정적 감독과 사법적 통제," 지방자치법연구, 통권 제67호, 285 이하.
2) H. Meyer, Kommunalrecht, Rn. 719.

당연한 것이며, 이것은 법치국가의 원리에 속한다. 지방자치단체에 대한 국가의 감독은 헌법적으로 보장되는 지방자치제의 구성요소는 아니지만, 그것은 헌법적으로 보장되는 지방자치제와 상관개념이다.[1]

2. 감독의 한계

지방자치단체에 대한 국가의 감독과 관련하여 국가와 지방자치단체는 상호 긴장관계에 놓인다. 국가의 감독은 헌법상 보장되는 지방자치제를 공허하게 할 수 없으며, 국가 내부에서 지방자치단체가 자기책임으로 사무를 수행하도록 하는 헌법의 요구를 무시하여서는 아니 된다. 요컨대 지방자치단체에 대한 국가의 감독은 헌법에 적합한 것이어야 하고, 또한 절제가 따라야 한다. 이와 관련하여 감독에 있어서 비례원칙의 준수가 특히 중요하다.

Ⅲ. 감독의 기능

1. 지방자치단체에 대한 기능

지방자치제가 헌법상 보장된다는 것은 지방자치제에 대한 국가의 위협으로부터 지방자치제를 방어하는 의미 외에 국가에 의한 지방자치제의 보호·육성의 의미도 포함한다. 따라서 지방자치단체에 대한 국가의 감독은 국가의 단일성의 보장 외에 행정력이 미약한 지방자치단체에 대해서는 조언하고, 지방자치단체의 권리를 보호하고, 지방자치단체의 의무의 이행을 보장하는 기능을 가져야 한다.[2] 말하자면 국가의 감독은 지방자치단체에 대하여 조언하고, 지원하고, 지방자치단체의 결정능력과 책임성을 강화하는데 기여하여야 하며,[3] 그것을 침해하여서는 아니 된다. 이것은 결국 지방자치단체에 대한 감독청의 감독활동이 지방자치단체에 대한 적대적인 태도가 아니라 지방자치단체에 대한 친화적 자세에서 이루어질 것을 요구한다.[4] 침해적인 감독은 다만 공익상 중대한 사유가 있는 경우에만 이루어져야 한다. 지방자치단체의 법위반의 경우에도 감독청의 감독은 가능한 범위 안에서 자

---

1) BVerfGE 78, 331, 341.

2) 김남철, 지방자치법주해, 697쪽.

3) 이러한 사항을 명문으로 규정한 입법례로 독일의 Mecklenburg-Vorpommern 란트지방자치법 제78조, Sachen-Anhalt 지방자치법 제111조, Baden-Württemberg 지방자치법 제118조 제 3 항, 바이에른 지방자치법 제108조 등을 볼 수 있다.

4) 김남철, "지방자치단체에 대한 감사의 법적 문제," 지방자치법연구, 통권 제10호, 29쪽.

치행정에 합치되게 행사되어야 한다.[1]

2. 사인에 대한 기능

감독제도는 사인과의 관계에서도 부수적인 의미를 갖는다. 말하자면 감독제도
가 있음으로 인해 사인은 감독청에 대하여 비용부담 없이 지방자치단체의 행위의
위법성에 대하여 심사해 줄 것을 요청할 수 있다. 물론 사인이 지방자치단체에 대
한 감독청의 행위를 요구할 수 있는 개인적 공권으로서의 개입청구권을 갖는 것은
아니다. 이것은 독일의 지배적 견해이기도 한데,[2] 왜냐하면 감독에 관한 규정은
일반적으로 사인의 이익보호를 의도하는 규정은 아니기 때문이다. 그렇지만 사인
의 요청이 있는 경우에 감독청은 의무에 합당한 재량에 따라 판단하여야 한다. 만
약 감독청이 지방자치단체의 위법을 무조건 용인한다면, 그러한 감독청은 법치국
가의 감독청이 아니다. 따라서 사인의 요청이 전혀 무의미한 것은 아니다. 물론 사
인은 행정쟁송법이 정하는 바에 따라 위법한 행위를 한 지방자치단체를 상대로 직
접 다툴 수 있다.

Ⅳ. 감독의 유형

1. 유형의 개관

지방자치단체에 대한 감독의 방식에 단일의 모형이 있는 것은 아니다. 지방자
치단체의 감독은 관점에 따라 여러 가지로 나눌 수 있다. ① 감독의 수단을 기준으
로 하면, 권력적 감독(예: 승인, 명령, 임면)과 비권력적 감독(예: 지도, 지원), ② 감독의 대
상을 기준으로 하면, 자치입법에 대한 감독, 일반 행정에 대한 감독, 재정에 대한
감독, 조직과 인사에 대한 감독, ③ 피감독자를 기준으로 하면, 지방의회에 대한 감
독과 지방자치단체의 장에 대한 감독, ④ 감독의 시기를 기준으로 하면, 사전적 감
독과 사후적 감독, ⑤ 행위의 위법여부를 기준으로 하면 적법성 감독과 합목적성
감독, ⑥ 감독의 근거를 기준으로 하면 법령상 감독과 사실상 감독 등으로 구분할
수 있다.

---

1) Waechter, Kommunalrecht(1977), Rn. 197.
2) H. Meyer, Kommunalrecht, Rn. 719; Schmidt-Aßmann/Röhl, Kommunalrecht, in: der-
   selbe(Hrsg.), Kommunalrecht, Rn. 43; Seewald, Kommunalrecht, in: Steiner(Hrsg.), Besonderes
   Verwaltungsrecht, Rn. 371; Tettinger/Erbguth/Mann, Besonderes Verwaltungsrecht, Rn. 371.

2. 주체에 따른 분류

감독의 주체를 기준으로 할 때, 지방자치단체의 행위의 적법성과 타당성의 보장을 위한 지방자치단체의 감독에는 지방자치단체의 외부로부터의 감독과 지방자치단체의 내부에 의한 감독으로 구분할 수 있다. 전자를 외부적 감독, 후자를 내부적 감독이라 한다. 세부적인 유형을 도해하면 다음과 같다.

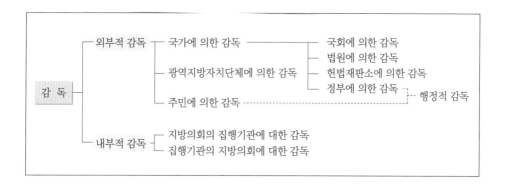

제 2 항   내부적 감독[1]

I. 감독수단

1. 지방의회의 감독수단

집행기관에 대한 지방의회의 감독수단을 넓게 말한다면, 조례제정권을 포함하여 지방의회가 갖는 모든 권한이 집행기관에 대하여 감독의 성질을 갖는다고 할 수 있다. 그러나 통제 그 자체에 중심을 둔 것으로는 지방자치단체의 집행기관의 사무처리에 대한 지방의회의 행정사무감사와 조사(지자법 제49조), 지방자치단체의 장 또는 관계공무원의 출석·답변요구(지자법 제51조 제 2 항), 지방의회의 회계검사, 즉 결산의 승인제도(지자법 제150조) 등을 들 수 있다.

---

1) [관련논문] 최철호, "한국지방자치법제에 있어서 지방자치단체의 자기통제에 관한 연구," 지방자치법연구, 통권 제55호, 2017. 9, 85쪽 이하; 최봉석, "지방자치단체 상호간의 관계와 자치법제 이력의 변화와 발전(하)," 지방자치법연구, 통권 제69호, 67쪽 이하.

2. 집행기관의 감독수단

지방의회에 대한 집행기관의 감독수단으로는 조례에 대한 재의요구(지자법 제32
조 제 3 항), 법령에 위반된 의결 등에 대한 재의요구(지자법 제120조 제 1 항), 예산상 집
행불가능한 의결에 대한 재의요구(지자법 제121조 제 1 항), 감독청의 요구에 따른 법령
위반의 지방의회의결 등에 대한 재의요구(지자법 제192조 제 1 항), 선결처분권(지자법 제
122조 제 1 항) 등이 있다. 지방의회임시회소집요구제도(지자법 제54조 제 3 항) 및 의안의
발의제도(지자법 제76조 제 1 항) 등도 지방의회에 대한 통제수단으로서의 성격을 갖는다.

Ⅱ. 의 의

지방자치단체의 자신에 의한 내부적 감독은 이중의 목표를 갖는다. 즉, 하나는
지방자치단체의 이익을 최적상태로 실현하는 것이고, 또 하나는 지방자치단체에
의한 법률에 의한 행정의 원리를 확보하는 것이다. 전자는 정치적 합목적성의 문제
이고, 후자는 법치국가원리의 실현의 문제이다.

제 3 항   외부적 감독

Ⅰ. 국회에 의한 감독

1. 의 의

국회에 의한 감독 중에서 가장 기본적인 것은 입법적 감독이다. 즉 법률의 제
정이나 개정을 통하여 지방자치단체의 권한행사에 국가의사를 반영시키는 것이다.
국회에 의한 입법적 감독은 지방자치단체의 의사형성의 전제를 제공하는 의미에서
사전적 통제수단으로서의 의미를 갖는다. 입법적 감독은 통제수단인 동시에 법률
에 의한 지방자치단체의 권한의 보장의 성질도 갖는다. 법률의 제정이나 개정 외에
예산안의 의결, 국정감사와 조사도 국회의 감독수단으로서의 성질을 갖는다.

2. 한 계

지방자치단체에 대한 국회의 감독권은 무제한적이 아니다. 국회의 감독권한은
지방자치제에 대한 헌법적 보장의 원리를 침해하지 아니하는 범위 안에서 행사되
어야 한다. 국회에 의한 감독이 헌법적으로 보호되는 지방자치단체의 권한을 침해
하는 경우에는 지방자치단체의 권리보호의 문제를 가져온다.

Ⅱ. 법원에 의한 감독

1. 행정소송

법원에 의한 감독은 행정소송을 통하여 지방자치단체의 권한행사의 적법성 여
부를 가리는 것을 말한다. 행정소송에 관한 일반법인 행정소송법은 행정소송으로
항고소송·당사자소송·기관소송·민중소송을 규정하고 있다. 법원의 지방자치단체
에 대한 감독수단으로서는 국가나 지방자치단체의 공권력 행사를 다투는 항고소송
이 특히 중요한 의미를 갖는다. 지방자치법의 영역에서 특별히 문제되는 것은 기관
소송의 경우이다.

2. 기관소송

(1) 기관소송의 필요성   지방자치법상 기관의 권한·권리·의무의 존부·범위·
행사 등에 관하여 관련기관 사이에 견해의 차이가 발생할 수 있고, 이로 인해 관련
기관 사이에서 분쟁이 발생할 수 있다. 공동의 상급기관이 있어서 이를 조정할 수
있다면, 문제가 해결된다. 그러나 상급기관이 없거나 상급기관이 있어도 조정이 불
가능하다면, 최종적으로 법원에 의해 사법적으로 해결될 수밖에 없다. 여기에서 기
관소송(機關訴訟)의 필요성이 나타난다.

(2) 기관소송의 개념

(가) 논리적 개념   기관소송은 하나의 지방자치단체의 기관 사이 또는 그 기관
의 내부에서 다투어지는 의결의 적법성에 대한 소송을 말한다.[1] 달리 말하면 하나
의 지방자치단체의 내부 영역에서 권한행사에 관해 발생하고, 내부법의 기준에 따
라 결정되어야 하는 분쟁해결절차가 바로 기관소송이다. 단일의 법주체 내부에서

---

1) 김남진·김연태, 행정법 Ⅱ, 197쪽; Schwirzke/Sandfuchs, Allgemeines Niedersächsisches Kom-
   munalrecht, S. 187.

문제되는 기관소송에도 두 기관 사이(예: 지방자치단체의 장과 지방의회 사이)의 기관소송과 하나의 기관과 그 기관의 구성자 사이(예: 지방의회와 지방의회의원 사이)의 기관소송으로 나눌 수 있다. 전자를 기관 상호간 기관소송(Intcrorganstreitverfahren), 후자를 기관내부적 기관소송(Intraorganstreitverfahren)이라 부른다.[1] 두 경우 모두 기관 상호간에 우열이 없는 경우와 관련된 개념이다.

　　(나) 행정소송법상 개념　　행정소송법은 기관소송과 관련하여 "국가 또는 공공단체의 기관 상호간에 있어서의 권한의 존부 또는 그 행사에 관한 다툼이 있을 때에 이에 대하여 제기하는 소송. 다만, 헌법재판소법 제 2 조의 규정에 의하여 헌법재판소의 관장사항으로 되는 소송은 제외한다(행소법 제 3 조 제 4 호)"고 규정하고 있다.[2] 헌법재판소의 관할 사항인 국가기관 상호간의 소송이 행정소송법 제 3 조 제 4 호 단서에 의해 행정소송에서 제외되므로, 행정소송법상 기관소송은 다만 공공단체의 기관 상호간의 소송에 한정된다. 그런데 여기서 말하는 공공단체에는 지방자치단체 외에 공법인도 포함된다고 볼 것이지만, 현재로서 지방자치단체를 제외한 공법인의 기관간에 기관소송을 규정하는 예는 찾아보기 어렵다.

　　(다) 항고소송과 구분　　기관소송과 감독청의 처분을 다투는 소송은 구분되어야 한다. 후자는 기관내부의 법적 문제를 다투는 것이 아니라, 국가와 지방자치단체 사이의 법적 문제를 다툰다. 현행 행정소송법의 문면을 볼 때, 행정소송법상 기관소송은 동일한 법주체 내부의 기관간의 분쟁을 의미하지,[3] 법주체 사이의 분쟁을 의미하는 것은 아니다. 이것은 기관소송이 인정되는 논거를 보아서도 그러하다. 따라서 지방자치단체 사이의 분쟁은 기관소송에 속하지 아니한다.[4]

　　(3) 기관소송의 법리적 근거　　법적 문제는 권리주체 상호간의 문제라고 보는 고전적인 시각에서는 법인 내부의 법적 관계는 논의의 대상이 되지 아니하였다. 말하자면 연혁적인 관점에서 볼 때, 행정소송은 국가와 사회는 분리되어 있다는 점과 자연이나 법인은 법상 국가로부터 독립적이라는 이해를 바탕으로 하여 시민과 국

---

1) Detterbeck, Allgemeines Verwaltungsrecht, 2008, § 31, Rn. 1456; Burgi, Kommunalrecht, § 14, Rn. 2; Geis Kommunalrecht(3. Aufl.), § 25, Rn. 4.

2) 독일의 경우, 기관소송은 실정법상 규정되고 있는 것이 아니다. 그것은 학설과 판례에 의해 발전된 개념이다(Stober, Kommunalrecht, S. 220).

3) 박정훈, "지방자치단체의 자치권보장을 위한 행정소송," 지방자치법연구, 통권 제 2 호, 16쪽.

4) 상이한 법주체 기관 사이의 소송도 기관소송으로 보는 견해도 있으나, 이러한 태도는 바람직하지 않다. 왜냐하면 법주체를 달리하는 기관 사이에는 항고소송(예: 서울특별시 강남구청장의 정보공개신청을 서울특별시장이 거부할 때, 강남구청장이 제기하는 정보공개거부처분취소소송)이 가능한 점을 고려할 때, 법주체를 달리하는 기관 사이의 소송을 제한 없이 기관소송으로 보는 비한정설을 따르게 되면, 기관소송의 개념은 혼란스러워지기 때문이다.

가 사이의 법적 분쟁에 대한 해결절차로 이해되었다. 그러나 국가나 지방자치단체
는 법적으로 나눌 수 없는 법주체이고,[1] 이러한 법주체 내부에서는 사무와 권한만
있을 뿐, 주관적 지위는 없다고 본 종래의 전통적 이론은 오늘날 유지되기 어렵
다.[2] 사실 공법상 법인 내부에서 그 기관 상호간의 관계는 법에 따라 구성되는 것
이고, 이 때 권한법상 근거된 기관의 법적 지위는 그 지위가 전체조직의 이익뿐만
아니라 대립되는 기관들의 구성상, 행정조직 내부상, 그리고 권력균형의 목적에 이
바지하는 경우에는, 고권적이고 주관적인 권리에 비견될 수 있는 것으로 보아 사법
적으로 보호받을 수 있다는 대립기관이론(Kontrastorgantheorie)이 일반적으로 인정되
고 있다.[3] 따라서 기관소송은 주관적 소송에 유사한 성질도 갖는다.[4] 요컨대 기관
소송은 행정조직 내부에서 권한배분에 있어서 권력분립 내지 권력균형의 의미를
갖는 서로 대립되는 기관들 사이의 소송이다.[5] 계층적인 조직은 기관소송과 거리
가 멀다.

   (4) 실정법상 인정범위   ① 기관소송의 대표적인 예로 지방자치법 제120조(지
방의회의 의결에 대한 재의요구와 제소) 제 3 항 및 지방자치법 제192조(지방의회 의결의 재의와
제소) 제 4 항에 따른 지방의회와 지방자치단체의 장 사이의 기관소송을 볼 수 있다.
② 하나의 지방자치단체 내부의 하나의 합의제기관과 그 구성원 사이의 기관소송
(예: 지방의회와 지방의회의원 사이의 기관소송)에 관해서는 행정소송법에서 규정하는 바가
없다. 생각건대 지방의회의원의 각종 신청권·회의출석권·발언권·의결참여권·질
문권·정보권 등이 침해되면, 기관소송을 제기할 수 있도록 행정소송법상 기관소송

---

1) 독일의 경우, 오랜 기간 국가나 공법상 조직 내부에서 내부법관계는 행정소송의 대상이 아니었다. 이
  러한 시각은 불가침투론(Impermeabilitätstheorie)에 의해 지지되었다(Burgi, Kommunalrecht(5. Aufl.),
  § 14, Rn. 14; Geis, Kommunalrecht(3. Aufl.), § 25, Rn. 2).
2) 1970년대 특별권력관계론이 쇠퇴한 이래 불가침투론도 법학적 논의에서 그 지위를 완전히 상실하
  였다. 그 대신 지방자치단체의 기관소송이 점증적으로 수용되고 있다(Geis, Kommunalrecht(3.
  Aufl.), § 25, Rn. 2).
3) Burgi, Kommunalrecht, § 14, Rn. 6; Stober, Kommunalrecht, S. 220; Schmidt-Aßmann/Röhl,
  in: derselbe(Hrsg.), Kommunalrecht, Rn. 83; Glaeser, Verwaltungsprozeßrecht, Rn. 94.
4) 독일의 경우, 기본법 제19조 제 4 항 해석상 처음에는 오로지 주관적 권리 침해의 경우에만 제소
  가 가능하므로 기관소송은 불가한 것으로 이해되었다. 그 후 점차 기관이나 부분기관도 기본법 제19
  조 제 4 항의 권리에 포함되는 것으로 이해하게 되었다. 현재는 포괄적인 권리보호규정으로 이해되
  고 있다(Geis, Kommunalrecht(3. Aufl.), § 25, Rn. 3).
5) 기관소송을 비교적 폭넓게 인정하는 독일에서는, 기관(Organen) 또는 부분기관(Orbanteilen)이 기
  관소송에서 소권을 갖는 근거를 보호규범론(Schutznormtheorie)에서 찾고 있다. 즉, 민주적인 조직
  원리와 권력분립원리의 실현이라는 점을 고려하여 기관의 권한을 설정 또는 제한하는 규정은 방어
  적인 지위까지 부여하는 것이라고 새기면서 그 지위(권한)를 진정한 권리로 볼 수 있다는 것이다
  (Burgi, Kommunalrecht(5. Aufl.), § 14, Rn. 14; Geis, Kommunalrecht(3. Aufl.), § 25, Rn. 16).

의 의미를 넓게 해석할 필요가 있다.[1] 입법적으로 보완하는 것도 필요하다.[2] ③ 한편, 상이한 법주체 사이에도 기관소송이 인정된다는 견해는 지방자치법 제192조 제8항에 따른 소송과 지방자치법 제189조(지방자치단체의 장에 대한 직무이행명령) 제6항에 따른 소송을 기관소송의 한 유형으로 든다.

> ▢ **참고** ‖   **독일법상 기관소송의 유형**[3]
> 기관소송의 당사자인 기관으로 시장, 의회, 교섭단체, 소수자, 위원회, 위원회 구성원이 있고, 기관소송의 유형으로 일반적 급부소송과 확인소송이 논급되고 있다.
> (1) 일반적 급부소송의 예
> • 일정 수 의원이 회기에 의사일정에 포함시킬 것을 요구하는 소송
> • 교섭단체가 지방자치단체에 업무수행에 필요한 재정지원을 구하는 소송
> (2) 확인소송의 예
> • 지방의회의원이 질서에 적합한 회기소집을 구할 수 있는 권리의 확인을 구하는 소송
> • 지방의회의원이 회기에 출석하고, 발언하고, 신청할 수 있는 권리의 확인을 구하는 소송
> • 회기에 필요한 서류의 송부를 구할 수 있는 권리의 확인을 구하는 소송
> • 선거상 원칙의 준수를 요구할 수 있는 권리의 확인을 구하는 소송
> • 질문권, 통지받을 권리, 정보권의 확인을 구하는 소송

(5) 기관소송의 성질   기관소송은 헌법소송이 아니다. 행정소송법상 기관소송은 행정소송의 일종으로서 객관적 소송으로 규정되고 있다. 기관소송을 제기할 수 있는 권능은 기본권이 아니다.[4] 그것은 단지 넓은 의미에서 주관적인 성질을 띠는 객관적인 권리이다. 그것은 객관적 소송의 한 종류이다. 기관소송은 평등관계에 있는 자 사이의 소송이지, 불평등관계에 있는 자 사이의 소송은 아니다. 행정소송법상 취소소송은 후자의 예에 해당한다.

---

1) 독일의 경우, 해석상 지방의회와 제척사유 있는 의원 사이 및 의장과 의원 사이(예: 의장의 질서권 발동의 경우)의 기관소송 등이 인정되고 있다.
2) 말하자면 현행법상 인정되고 있는 지방의회와 시장 사이의 분쟁 외에 지방의회와 의원 사이의 분쟁에 대하여도 기관소송을 인정하는 것이 바람직하다.
3) Otto Madejczyk, Kommunalrecht und Kommunalabgabenrecht, in: Fricke/Ott(Hrsg.), Verwaltungsrecht, §32, Rn. 116f.
4) Schmidt-Aßmann/Röhl, in: Besonderes Verwaltungsrecht, Rn. 83.

(6) 소송요건

(가) 당 사 자 원고와 피고는 공법, 특히 지방자치법상 부여받은 권한의 유무나 한계를 둘러싸고 다투는 지방자치단체의 기관이다. 권리주체인 지방자치단체는 원고도 피고도 아니다. 행정소송법상 법률에 정한 자만이 원고가 될 수 있다(행소법 제45조).

(나) 소의 대상 본안판단의 전제요건의 하나로서 소의 대상은 조직법상 원고에 부여된 ─주관적 권리에 비견할 수 있는─ 권한에 대한 피고의 위법한 침해이다. 여기서 원고는 조직법상·기능상 기관의 지위를 말하는 것이고, 기관을 구성하는 자연인의 지위를 말하는 것은 아니다.

(다) 제소기간 개별 법률에서 명시되고 있다(예: 지자법 제120조 제3항, 제192조 제4항). 기관소송을 널리 인정하는 방향으로 행정소송법을 개정하게 되면, 제소기간을 일반적으로 단기간으로 제한하기 어려울 것이다. 왜냐하면 기관소송은 확인소송에 유사한 성격을 가지기 때문이다. 물론 소권의 상실제도는 적용될 수 있을 것이다.

(라) 심사기준 기관소송에서 법원의 심사기준은 당연히 지방자치단체에 권한을 부여하는 지방자치법과 기타 개별 법률의 규정이다. 법원은 이러한 규정을 해석함에 있어서 헌법상 지방자치제의 보장의 의미를 간과하여서는 아니 된다. 행정소송법 중에서 기관소송에 적용되는 조항은 행정소송법 제45조, 제46조가 규정하고 있다. 그런데 기관소송은 동일 법주체 내부의 기관 사이의 소송이고, 또한 기관소송의 대상은 그 자체로서 외부적 효과를 갖는 것이 아니므로 행정행위가 기관소송의 대상이 되는 경우는 예상하기 어렵다. 따라서 기관소송이 행정행위의 취소를 구하는 취소소송의 성격을 갖는 경우는 예상하기 어렵고, 오히려 무효등확인소송 내지 이행소송의 성격을 갖는 경우가 일반적이라 하겠다.[1]

(7) 소송비용 소송비용은 민사소송법의 일반원칙에 따라 패소자가 부담하여야 한다. 지방자치법상 기관소송의 경우, 소송당사자가 모두 지방자치단체의 기관이므로 소송비용은 결국 지방자치단체의 부담이 된다. 원고나 피고 모두 지방자치단체의 사무를 위하여 소송에 참여하였으므로 지방자치단체가 소송비용을 부담한다는 것은 타당하다. 그러나 원고가 명백히 사항과 거리가 먼 이유로 제소하여 패소한 경우에는 지방자치단체가 아니라 원고 개인에게 소송비용을 부담하게 하는 방안을 마련할 필요가 있다.

---

[1] Schwirzke/Sandfuchs, Allgemeines Niedersächsisches Kommunalrecht, S. 187; Würtenberger, Verwaltungsprozessrecht, Rn. 674.

Ⅲ. 헌법재판소에 의한 감독

1. 권한쟁의심판

(1) 의 의   헌법재판소는 권한쟁의심판을 통해 지방자치단체에 대한 감독기능을 수행한다. 국가기관과 지방자치단체간 및 지방자치단체 상호간에 권한의 유무 또는 범위에 관하여 다툼이 있는 때에는 해당 국가기관 또는 지방자치단체는 헌법재판소에 권한쟁의심판을 청구할 수 있다(헌재법 제61조 제 1 항).[1] 국가로부터 위임받은 사무를 처리하는 지방자치단체는 국가로부터 위임받은 사무를 처리하는 다른 지방자치단체를 상대로 권한쟁의심판을 청구할 수 없다.[2] 한편, 기관소송에서는 지방자치단체의 기관이 당사자이지만, 권한쟁의심판에서는 지방자치단체 자체가 당사자가 된다. 헌법재판소의 권한쟁의심판의 결정은 모든 국가기관과 지방자치단체를 기속한다(헌재법 제67조 제 1 항).

(2) 종 류   지방자치단체와 관련된 권한쟁의심판의 종류로 ① 국가기관과 지방자치단체 간의 권한쟁의심판에는 ⓐ 정부(국회·법원·중앙선거관리위원회 포함)와 특별시·광역시·특별자치시·도 또는 특별자치도 간의 권한쟁의심판과 ⓑ 정부(국회·법원·중앙선거관리위원회 포함)와 시·군 또는 지방자치단체인 구(이하 "자치구"라 한다)간의 권한쟁의심판, ② 지방자치단체 상호간의 권한쟁의심판에는 ⓐ 특별시·광역시·특별자치시·도 또는 특별자치도 상호간의 권한쟁의심판, ⓑ 시·군 또는 자치구 상호간의 권한쟁의심판, ⓒ 특별시·광역시·특별자치시·도 또는 특별자치도와 시·군 또는 자치구 간의 권한쟁의심판이 있다(헌재법 제62조 제 1 항 제 2 호·제 3 호). 권한쟁의가 지방교육자치에 관한 법률 제 2 조의 규정에 의한 교육·학예에 관한 지방자치단체의 사무에 관한 것인 때에는 교육감이 제 1 항 제 2 호 및 제 3 호의 당사자가 된다(헌재법 제62조 제 2 항).[3]

---

1) [관련논문] 김해룡, "권한쟁의와 기관소송에 관한 고찰," 지방자치법연구, 통권 제43호, 217쪽 이하.

2) 헌재 2008. 12. 26, 2005헌라11 전원재판부.

3) 헌법재판소는 「헌법 제111조 제 1 항 제 4 호 소정의 "국가기관"에 해당하는지 여부는 그 국가기관이 헌법에 의하여 설치되고 헌법과 법률에 의하여 독자적인 권한을 부여받고 있는지, 헌법에 의하여 설치된 국가기관 상호간의 권한쟁의를 해결할 수 있는 적당한 기관이나 방법이 있는지 등을 종합적으로 고려하여야 할 것인바, 이러한 의미에서 국회의원과 국회의장은 위 헌법조항 소정의 "국가기관"에 해당하므로 권한쟁의심판의 당사자가 될 수 있다(헌재 1997. 7. 16, 96헌라2 전원재판부)」고 하면서 「헌법 제111조 제 1 항 제 4 호는 지방자치단체 상호간의 권한쟁의에 관한 심판을 헌법재판소가 관장하도록 규정하고 있고, 헌법재판소법 제62조 제 1 항 제 3 호는 이를 구체화하여 헌법재판소가 관장

(3) 지방의회와 단체장 사이의 권한쟁의　헌법 제111조 제 1 항 제 4 호와 헌법재판소법 제62조 제 1 항 제 3 호에 헌법재판소가 담당하는 지방자치단체 상호간의 권한쟁의심판의 종류는 헌법 및 법률에 의하여 명확하게 규정되어 있고, 지방자치단체 '상호간'의 권한쟁의심판에서 말하는 '상호간'이란 '서로 상이한 권리주체 간'을 의미하는바, 지방자치단체의 의결기관인 지방의회와 지방자치단체의 집행기관인 지방자치단체장 간의 내부적 분쟁은 헌법재판소법에 의하여 헌법재판소가 관장하는 지방자치단체 상호간의 권한쟁의심판의 범위에 속하지 아니하고, 달리 헌법재판소법 제62조 제 1 항 제 1 호의 국가기관 상호간의 권한쟁의심판이나 같은 법 제62조 제 1 항 제 2 호의 국가기관과 지방자치단체 상호간의 권한쟁의심판에 해당한다고 볼 수도 없다는 것이 헌법재판소의 견해이다.[1]

2. 헌법소원

① 헌법재판소는 또한 헌법소원심판을 통해 지방자치단체의 감독에 관여한다. 지방자치단체의 공권력의 행사 또는 불행사로 인하여 헌법상 보장된 기본권을 침해받은 자는 법원의 재판을 제외하고는 헌법재판소에 헌법소원심판을 청구할 수 있다(헌재법 제68조 제 1 항 본문). ② 한편, 현행법상 지방자치단체가 헌법소원을 제기하는 것은 인정되지 아니한다. 지방자치단체가 헌법소원을 제기할 수 있다면, 그것 역시 지방자치단체에 대한 헌법재판소의 감독의 성질을 가질 것이다.

Ⅳ. 행정기관에 의한 감독

1. 의 의

행정권에 의한 감독이란 국가행정권에 의한 지방자치단체의 감독과 광역지방

하는 지방자치단체 상호간의 권한쟁의심판의 종류를 ① 특별시·광역시 또는 도 상호간의 권한쟁의심판, ② 시·군 또는 자치구 상호간의 권한쟁의심판, ③ 특별시·광역시 또는 도와 시·군 또는 자치구 간의 권한쟁의심판 등으로 규정하고 있는바, 지방자치단체의 의결기관인 지방의회를 구성하는 지방의회 의원과 그 지방의회의 대표자인 지방의회 의장 간의 권한쟁의심판은 헌법 및 헌법재판소법에 의하여 헌법재판소가 관장하는 지방자치단체 상호간의 권한쟁의심판의 범위에 속한다고 볼 수 없으므로 부적법하다(헌재 2010. 4. 29, 2009헌라11)」고 한다. 양자에서 논리를 달리한 것은 문제가 있다고 볼 것이다. 이와 관련하여 "입법으로 보완되어야 한다면, 행정소송법이나 기타 다른 입법수단이 아닌 헌법재판소의 권한쟁의에 관한 규정의 개정을 통해서 이루어지는 것이 바람직하다"는 견해도 있으나(노희범, "지방자치관련 권한쟁의심판사건의 주요 쟁점," 지방자치법연구, 통권 제31호, 80쪽), 지방의회 의원과 지방의회 의장 간의 분쟁은 헌법적 분쟁이 아니라 행정법적 분쟁으로 볼 것이므로 입법(행정소송법 등)을 보완하여 기관소송으로 해결할 수 있도록 하는 것이 필요할 것이다.

1) 헌재 2018. 7. 26, 2015헌라4.

자치단체의 기초지방자치단체에 대한 감독을 말한다. 정부의 감독은 기본적으로 광역지방자치단체에 향한 것인데 반하여 광역지방자치단체의 감독은 기초지방자치단체에 향한 것으로서, 그 통제의 대상에 있어서는 양자에 차이가 있으나, 통제의 내용에 있어서는 차이가 없다. 양자는 모두 성질상 행정적 통제가 된다. 행정적 감독에는 적법성의 감독과 합목적성의 감독이 있다. 자치사무에 대해서는 적법성 감독, 위임사무에 대해서는 적법성 감독과 타당성(합목적성) 감독을 내용으로 한다. 자세한 내용은 제 4 항에서 살피기로 한다.

2. 취 지

국가나 상급지방자치단체의 감독은 지방자치단체의 임무수행에 관해 권고하고, 또한 그 임무를 위법으로부터 보호하고 아울러 지방자치기관의 결정능력과 자기책임성을 강화시켜 주는 데 그 의의를 갖는다.[1] 달리 말한다면 지방자치단체에 대한 감독은 기본적으로 ① 지방자치단체가 헌법과 법률에 적합한 행정을 행할 것을 보장하고, ② 지방자치단체 자신의 권리를 보호하고, ③ 지방자치단체의 의무의 이행을 확실하게 하기 위함에 그 의미가 있다.[2]

V. 주민에 의한 통제

1. 일 반 론

주민에 의한 통제는 지방자치행정에 주민의 참여를 통한 통제를 의미한다. 이러한 것은 지방자치와 주민의 참여의 문제로서 논의된다.[3]

2. 주민참여감사제 ─ 주민참여의 새로운 형태 예시 ─

대전광역시 대덕구는 우리나라에서 최초로 2007년 주민참여감사제를 도입하였다. 종전에 시행되었던 「대전광역시 대덕구 주민참여감사제 운영규칙(이하 '운영규칙'이라 부르기로 한다)」을 보면, 주민으로 구성되는 주민참여 감사단이 감사대상을 예비적으로 선정하고(운영규칙 제 8 조 제 1 항), 위원의 다수가 주민으로 구성되는 주민참여 감사위원회가 감사대상을 심의·의결한다는 점에서 대덕구의 주민참여감사제는 주민

---

1) Seewald, Kommunalrecht, in: Steiner(Hrsg.), Besondeses Verwaltungsrecht, Rn. 351; Wolff/Bachof/ Stober, Verwaltungsrecht, Bd. Ⅱ(5. Aufl.), S. 86.
2) Seeger/Wunsch, Kommunalrecht in Baden-Württemberg, S. 237ff.
3) 본서, 206쪽 참조.

참여의 한 형태에 해당한다. 비록 감사를 실시하는 감사반이 공무원으로 구성된다고 하여도 감사위원회의 요구가 있으면 감사반은 반드시 감사를 실시하여야 하는 것인데(운영규칙 제7조 제1항), 이것은 주민참여감사제에서 주민참여 감사단과 주민참여 감사위원회를 통한 주민의 의사가 구청장으로 하여금 행정권(감사권)을 발동하도록 강제한다는 점에서 주민참여감사제는 넓은 의미에서 주민참여의 한 형태에 해당한다고 볼 것이다.[1]

제 4 항   행정적 감독

제 1 목   자치사무에 대한 감독[2]

I. 일 반 론

1. 관 념

(1) 의 의   지방자치단체 자신의 고유한 책임으로 수행되는 자치행정에 대한 국가나 광역지방자치단체의 감독은 적법성의 감독에 한정된다. 적법성의 감독은 지방자치단체가 법률을 준수하고 법률에 합당하게 행정을 하고 있는가의 여부를 감독하는 것이다. 적법성의 감독은 법규감독이라고도 한다.[3]

(2) 필요성과 방향성   지방자치행정에 국가나 광역지방자치단체의 적법성의 통제가 요구되는 것은 다음에 그 이유가 있다. 즉 국가행정과 지방자치행정 또는 광역지방자치단체의 자치행정과 기초지방자치단체의 자치행정은 조직상 분리되어 있으나 기능상으로는 단일체를 구성하고 있는바, 국가나 광역지방자치단체는 지방자치행정 내부에서 행정임무가 적법하게 수행되고 행정의 법률적합성의 원칙이 유

---

1) 졸고, "대덕구 주민참여감사제의 의의, 그리고 새로운 변화를 위하여," 대전광역시 대덕구 주최, 투명하고 깨끗한 자치행정 구현을 위한 「주민참여감사제」 발전방안 토론회 발제문, 2013. 10. 14.에서 인용. 그리고 관련 논문으로 김동건, "주민참여감사제의 연구," 지방자치법연구, 통권 제44호, 315쪽 이하 참조. 한편, 대전광역시 대덕구 주민참여감사제 운영규칙은 "가. 행정업무 전반에 대하여 행정관점이 아닌 주민관점 감사실시로 행정에 대한 이해 제고 및 참여자치 실현을 위해 「대전광역시 대덕구 주민참여감사제 운영 규칙」을 제정(2009. 6. 19)·운영하여 왔으나, 나. 법적 근거 부족 및 행정의 효율성 확보를 위해 본 규칙을 폐지하려는 것임"을 사유로 2015. 3. 20.자로 폐지되었다.
2) [관련논문] 김희곤, "지방자치행정에 대한 국가감독이 원칙과 과제—지방자치 시행 30년 평가를 기초로," 지방자치법연구, 통권 제69호, 93쪽 이하.
3) Schmidt-Aßmann/Röhl, in: derselbe(Hrsg.), Besonderes Verwaltungsrecht, Rn. 41.

지되어야 하는 점에 대하여 책임을 부담해야 하기 때문이다. 요컨대 모든 지방자치
단체의 사무는 국가의 목표·목적에 부합하여야만 하기 때문이다. 한편, 감독청의
감독은 지방자치단체의 자치권이 보호되고, 지방자치단체의 사무의 수행이 보장되
는 방향으로 이루어져야 한다. 감독청의 감독은 지방자치단체의 결정능력과 책임
성을 강화·촉진하는 방향으로 이루어져야 한다. 감독청의 감독은 대립이 아니라
가능한 한 협력에 바탕을 두고 이루어져야 한다.1) 요컨대 감독에 있어서 무엇보다
도 충돌없는 감독과정이 중요하고, 또한 감독은 해당 지방자치단체의 결정권, 자기
책임성을 최대한 존중하면서 이루어져야 한다.

    (3) 법적 근거·성격   적법성의 감독에 대한 일반적인 법적 근거로 지방자치
법 제188조, 제190조, 제192조 등이 있다. 그리고 적법성의 감독은 지방자치단체
의 행위의 적법성의 심사이며, 타당성의 심사는 아니다. 지방자치단체의 자치사무
에 대한 감독이 적법성의 감독에 한정되는 것은 지방자치단체가 고유의 의사에 따
라 자신의 임무를 수행하는 고권주체이기 때문이다.

  ## 2. 감독청과 감독범위

    (1) 감 독 청   광역지방자치단체에 대한 감독의 주체는 국가이고, 기초지방자
치단체에 대한 감독의 주체는 광역지방자치단체이다(지자법 제188조 제 1 항, 제190조). 국
가가 감독기관인 경우를 보다 구체적으로 보면, 지방자치단체에 대한 일반적 감독청
은 행정안전부장관이고(정조법 제34조 제 1 항), 교육감에 대한 감독청은 교육부장관이며
(지육법 제 3 조), 행정각부의 장관은 소관사무에 관하여 감독청이 되고(정조법 제26조 제 3
항), 감사원은 모든 회계감사와 직무감찰을 행한다(감사원법 제22조, 제24조).

    (2) 감독범위

    (가) 공법작용과 사법작용   감독청이 공법에 근거한 작용에 대하여 감독을 할
수 있다는 점은 분명하다. 왜냐하면 공법상 사무 수행의 보장이 지방자치단체의 적
법성 감독에 내재적인 것이므로, 적법성 감독의 대상은 최소한 공법적 성격을 가져
야 한다고 볼 것이기 때문이다. 문제는 감독청이 사법에 근거하여 행한 작용까지
감독을 행할 수 있는가의 여부이다. 생각건대 사법규정(私法規定)을 준수할 것을 권고
하는 것은 적법성 보장이라는 면과 관련하여 별문제가 없다. 그러나 감독청이 사법
상의 의무를 강제할 수 있는가에 대해서는 의문이 있다. 독일의 일반적 견해는 지
방자치단체의 의무의 이행이 공익, 즉 주민공동의 이익과 무관한 것이라면 강제수

---

1) Stober, Kommunalrecht, S. 152.

단에 의한 법규감독은 배제된다고 본다.[1]

(나) **감독의 내용**   적법성 여부의 감독, 즉 공법규정(公法規定)의 준수 여부를 감독한다고 할 때, ① 법상 의무의 이행 여부, ② 법상 권한의 남용 여부, ③ 법상 절차규정 준수 여부, ④ 재량남용 여부, ⑤ 불확정개념의 해석과 적용의 적정 여부 등이 감독의 주된 내용이 된다.

3. 감독권행사의 요건

(1) **비례원칙**   모든 감독수단은 공공의 복지를 위하여 비례원칙에 따라 선택·사용되어야 한다(행기법 제10조).[2] 따라서 지방자치행정에 대하여 가장 경미한 침해를 가져오는 감독수단이 도입되어야 한다. 만약 지방자치단체의 내부적인 통제수단이 먼저 활용되어야 한다는 규정이 없다고 하여도 가능한 한 해당 지방자치단체의 내부적 통제수단이 먼저 활용되도록 하는 것이 지방자치의 의미에 부합한다.

(2) **감독청의 재량**   여러 종류의 감독수단 중에서 선택은 감독청의 재량에 속한다.[3] 재량은 자의가 아니라 의무에 합당한 재량이어야 한다. 만약 법령이 특정 수단을 기속적인 것으로 규정하고 있다면, 감독청은 당연히 그 특정 수단을 선택하여야 한다. 한편, 재량위반의 경우에도 재량권이 영으로 수축된 경우라면, 기속위반의 경우와 마찬가지로 감독청에 개입의무가 존재하게 된다. 이에 대한 반대견해도 있다. 즉 반대론은, 국가의 감독은 지방자치단체의 모든 위법행위에 대하여 빠짐없이 그리고 자동적으로 요구되는 것이 아니라, 오히려 사안별로 위법행위의 제거로 인한 공익이 어느 범위만큼 존재하는지에 대한 세심한 배려하에 그 발동여부가 판단되어야 한다고 주장한다.[4] 이러한 견해는 국가의 감독권의 발동은 일반적으로 판단되는 것이 아니라 관계된 이익의 세심한 형량을 통하여 판단되어야 한다고 하지만, 그 형량이 반드시 용이한 것은 아닐 것이다.[5]

---

1) Schmidt-Aßmann/Röhl, Kommunalrecht, in: derselbe(Hrsg.), Besonderes Verwaltungsrecht, Rn. 43; Stober, Kommunalrecht, S. 154.
2) Schmidt-Aßmann/Röhl, in: derselbe(Hrsg.), Besonderes Verwaltungsrecht, Rn. 43.
3) Schmidt-Aßmann/Röhl, in: derselbe(Hrsg.), Besonderes Verwaltungsrecht, Rn. 43.
4) BVerfGE 6, 104, 118 참조.
5) 독일의 경우, 법위반이 존재할 때, 감독청은 반드시 개입하여야 하는가의 여부에 대해서는 다툼이 있다. 일설은 법치국가원리에서 나오는 법률의 구속에 따라 감독권의 행사가 이루어져야 한다고 주장한다. 말하자면 법정주의원칙(Legalitätsprinzip)에 입각하여 법위반시에는 반드시 감독청이 개입하여야 한다는 것이다(Wäechter, Kommunalrecht, 1977, Rn. 198). 그러나 독일의 지배적 견해는 이와 달리 편의주의원칙(Opportunitätsprinzip)을 취한다. 즉, 법위반시에 감독청이 개입할 것인가의 여부는 원칙적으로 감독청의 재량에 놓인다는 것이다(BVerfGE 8, 122, 137; Schmidt-Aßmann/Röhl, in: derselbe(Hrsg.), Besonderes Verwaltungsrecht, Rn. 43). Bayern을 제외하고 독일의 모든 란트

　(3) 개인적 공권과 감독권의 행사의 충돌　　사인이 자기의 권리를 법적으로 주장할 수 있고, 이로써 통제의 기능을 행사할 수 있는 경우에 감독청은 감독을 할 수 없다는 견해도 있을 수 있다. 말하자면 개인적 공권이 존재하는 경우에는 법의 수호자로서 국가의 감독은 필요하지 않다는 것이다. 이것은 사인의 제소가능성의 우위와 국가감독의 유보를 뜻하게 된다.[1] 이러한 견해에 대해서는 국가감독제도의 상대화의 우려가 있다는 비판이 제기된다. 뿐만 아니라 이러한 주장을 정당화할만 한 어떠한 규정도 헌법이나 지방자치법에서 발견할 수 없다.

4. 감독처분과 권리보호

　(1) 감독처분의 성질　　지방자치단체가 공법상 법인으로서 국가와 상하의 권력관계로 관련되는 한, 감독청의 의사표시로서의 감독처분은 행정행위의 성질을 갖는 것으로 이해된다.[2] 그것은 입법행위도 사법행위도 아니다.[3] 지방자치단체는 독립의 법인격을 갖는바, 국가의 지방자치단체에 대한 일방적인 감독처분은 외부효와 규율의 성격을 가지므로 행정행위의 성질을 갖는다. 독일의 일반적 견해이기도 하다.[4] 감독처분을 행정행위로 보게 되면, 그 감독처분에 관하여 지방자치법에서 특별히 정하고 있지 아니한 사항에 관해서는 행정절차법이 보충적으로 적용되어야 한다. 이것은 특별한 규정이 없는 한 감독처분도 통상의 행정처분과 마찬가지로 행정절차법의 요건을 구비하여야 함을 의미한다.

　(2) 지방자치단체의 권리보호　　자치사무에 대한 국가의 감독처분에 대하여 지방자치단체는 자신의 자치행정권이 침해됨을 이유로 소송을 제기할 수 있다.[5] 지방자치법은 제188조 제 6 항 등에서 출소가능성을 규정하고 있다. 감독처분을 행정행위로 보는 이상 감독처분에 대한 소송은 항고소송으로 이해된다.[6]

　(3) 사인의 감독청구권　　① 지방자치단체의 감독은 기본적으로 감독청과 지방

의 자방자치법은 편의주의원칙을 따르고 있다. 편의주의원칙을 따른다고 하여도 개별 경우에 재량이 영으로 수축되면, 감독권의 의무적인 행사는 불가피하게 된다(H. Meyer, Kommunalrlecht, Rn. 718; Schmidt-Aßmann/Röhl, in: derselbe(Hrsg.), Besonderes Verwaltungsrecht, Rn. 43).

1) Stober, Kommunalrecht, S. 155 참조.
2) Dols/Plate, Kommunalrecht, Rn. 388.
3) Klüber, Das Gemeinderecht, S. 349.
4) Burgi, Kommunalrecht, § 9, Rn. 1; G. Lissack, Bayerisches Kommunalrecht, S. 234; Schmidt-Aßmann/Röhl, in: derselbe(Hrsg.), Besonderes Verwaltungsrecht, Rn. 43; Seewald, Kommunalrecht, in: Steiner(Hrsg.), Besonderes Verwaltungsrecht, Rn. 366; Wolff/Bachof/Stober, Verwaltungsrecht, Bd. II(5. Aufl.), S. 86, Rn. 167.
5) Pagenkopf, Kommunalrecht, Bd. I , S. 330.
6) Seewald, Kommunalrecht, in: Steiner(Hrsg.), Besonderes Verwaltungsrecht, Rn. 367.

자치단체 사이의 문제이다. 그러나 이와 달리 감독청과 주민의 관계에서, 감독청이 감독을 게을리하는 경우에 사인이 감독청에 대하여 법규감독권의 발동을 요구할 수 있는 권리가 인정되는가의 문제가 있다. 이러한 문제에 관하여 일반적으로 규율하고 있는 법률은 찾아보기 어렵다. 따라서 이 문제는 개별 법률에 따라 판단할 수밖에 없다. 이러한 경우에 결정적인 것은 감독에 관한 규정이 주민 개개인의 이익을 위한 규정인가의 여부이다. 일반적으로 감독규정은 국가 등 감독기관과 지방자치단체 사이의 관계를 규정한다. 그러한 규정은 일반적으로 수권의 근거 내지 조직규범일 뿐이다. 따라서 그것은 지방자치단체의 이익을 위한 것이지, 개개 주민의 이익을 위한 것으로 보기는 어렵다. 말하자면 적법성 감독에 관한 규정은 사인의 보호를 목적으로 하는 것이 아니므로 사인의 감독청구권은 인정되기 어렵다.[1] 요컨대 감독청의 감독권은 원칙적으로 공익을 위한 것이지 사익을 위한 것은 아니다. 따라서 사인은 원칙적으로 감독청이 개입할 것을 구하는 청구권을 갖지 아니한다. 예외적으로 재량권이 영으로 수축된 경우이면서 동시에 사익보호성이 있는 경우에 사인은 감독청구권을 가질 수도 있을 것이다.[2] ② 한편, 지방자치법 제21조(주민의 감사청구)가 정하는 바에 따라 일정 수 이상의 주민이 공동으로 감사청구를 할 수 있는 것은 주민의 권리에 속한다.

5. 감독수단의 유형

감독수단은 법적 근거와 관련하여 사실상 감독수단과 법령상 감독수단으로 구분할 수 있다. 감독과정은 실제상 법령상 근거와 무관하게 지방자치단체와 감독청 간의 비공식적인 접촉을 통해서 빈번히 이루어진다. 상당한 경우에 비공식적인 접촉이 활용될 것이지만, 비공식적인 접촉이 사실상 감독의 의미를 갖지 못한다면, 법령상 통제가 가해질 수밖에 없을 것이다. 법령상 감독수단은 사전적·예방적인 것과 사후적·교정적인 것으로 구분할 수 있다. 사전적이든 사후적이든 불문하고 지방자치단체를 구속하는 감독수단은 반드시 법률의 근거가 있어야 한다.[3] 법률의 근거가 없다면, 감독을 할 수 없다.

---

1) Tettinger/Erbguth/Mann, Besonderes Verwaltungsrecht, Rn. 371.
2) Püttner, Kommunalrecht Baden-Württemberg, Rn. 128; Tettinger/Erbguth/Mann, Besonderes Verwaltungsrecht, Rn. 372.
3) Schmidt-Aßmann/Röhl, in: derselbe(Hrsg.), Besonderes Verwaltungsrecht, Rn. 46.

Ⅱ. 사전적 감독수단

1. 지도·지원

(1) 의 의   중앙행정기관의 장이나 시·도지사는 지방자치단체의 사무에 관하여 조언 또는 권고하거나 지도할 수 있으며, 이를 위하여 필요하면 지방자치단체에 자료 제출을 요구할 수 있다(지자법 제184조 제1항). 지방자치단체의 장은 제1항의 조언·권고 또는 지도와 관련하여 중앙행정기관의 장이나 시·도지사에게 의견을 제출할 수 있다(지자법 제184조 제3항). 또한 국가나 시·도는 지방자치단체가 그 지방자치단체의 사무를 처리하는 데 필요하다고 인정하면 재정지원이나 기술지원을 할 수 있다(지자법 제184조 제2항).

(2) 성 질   ① 조언·권고·지도의 성질은 일반행정법(행정법총론)의 행정지도에 해당한다.1) 조언·권고·지도는 비구속적인 감독수단이다. 감독청의 조언·권고·지도를 받아들일 것인지의 여부는 피감독청의 판단에 맡겨진다. 구속적인 수단에 비해 비구속적인 수단의 경우에 침해적인 성질이 미약하므로 비례원칙상 가능한 한 비구속적인 수단이 활용되어야 한다.2) 조언·권고·지도 등이 비록 비구속적인 감독수단일지라도, 조언·권고·지도 등을 행하는 자가 우월한 지위에 있으므로 조언·권고·지도 등은 사실상 강제력을 가질 수도 있다.3) 이 때문에 조언·권고·지도 등에도 절제가 따라야 한다.4) ② 재정지원이나 기술지원은 재정적으로나 기술적으로 돕는 것을 말한다. 재정지원이나 기술지원도 사실상 강제력을 가질 수 있으므로 지방자치단체에 대한 친화적 자세에서 이루어져야 한다.

2. 보고제도(정보권)

(1) 의 의   행정안전부장관이나 시·도지사는 지방자치단체의 자치사무에 관하여 보고를 받을 수 있다(지자법 제190조). 이를 보고징수라 한다. 보고징수에 관한 일반조항인 지방자치법 제190조 외에 보고징수의 특별규정으로 지방자치법 제35

---

1) 졸저, 행정법원론(상)(제29판), 옆번호, 1420 이하 참조.
2) 이경운, "현행 지방자치 관련 법제의 문제점과 개선 방향―지방분권 관련 법제를 중심으로―," 저스티스, 제69호, 8쪽 이하; 이기우, 지방자치행정법론, 1991, 149쪽.
3) 이일세, "지방자치단체에 대한 국가통제수단의 법적 문제," 지방자치법연구, 통권 제45호, 10쪽.
4) 채우석, "지방자치단체에 대한 중앙행정기관의 통제와 감독관련 법제의 개선방향," 지방자치법연구, 200쪽.

조(조례·규칙의 제정·개정의 보고), 제149조(의결된 예산안의 보고) 제 2 항, 제150조(결산승인
의 보고) 제 2 항 등이 있다. 감독청의 이러한 권리는 정보권의 성질을 갖는다.

(2) 성 질　보고제도는 사전적 감독수단이자 사후적 감독수단의 의미도 갖는
다.[1] 보고징수제도는 침해가 경미한 감독수단에 속한다. 제출제도는 감독청의 통
제를 완화하는 법적 기술이다.

(3) 한 계　감독청은 일반조항에 근거하여 모든 사무에 관하여 보고토록 할
수 있는 일반적인 보고징수권(정보권)은 갖지 못한다.[2] 그러한 정보권은 예방적인
것이 아니라 억압적인 것으로서 지방자치단체의 자율성을 부인하는 것이기 때문이
다. 특별 규정이 없는 한, 감독청은 일반조항에 근거하여 다만 개별사무에 관하여
보고를 받을 수 있을 뿐이다.

3. 감 사[3]

(1) 지방자치법상 감독청의 감사

(가) 의 의　행정안전부장관이나 시·도지사는 지방자치단체의 자치사무에 관
하여 보고를 받거나 서류·장부 또는 회계를 감사할 수 있다. 이 경우 감사는 법령
위반사항에 대해서만 한다(지자법 제190조 제 1 항). 감독청의 감사권은 감독청의 정보
권의 성질을 갖는다. 감사제도 역시 사전적 감독수단이자 사후적 감독수단의 의미
도 갖는다. 감사는 단순히 보고를 수령하는 것을 의미하는 것만은 아니다. 그것 외
에 강제조사까지도 포함하는 개념으로 이해된다. 물론 임의조사는 해당 지방자치
단체의 임의적인 협력을 전제로 지방자치법 제164조에 의해서도 이루어질 수 있
다.[4]

(나) 한정적 감사　헌법재판소는 지방자치법 제171조(현행법 제190조)에 근거한
감독청의 감사권은 사전적·일반적인 포괄감사권이 아니라 그 대상과 범위가 한정
적인 제한된 감사권으로 본다.[5] 기술한 바와 같이 감독에 있어서는 충돌 없는 감
독과정이 중요하고, 또한 감독은 해당 지방자치단체의 결정권과 자기책임성을 최

---

1) 김남진·김연태, 174쪽.
2) 이기우, 지방자치행정법, 126쪽; 이일세, "지방자치단체에 대한 국가통제수단의 법적 문제," 지방
   자치법연구, 통권 제45호, 10쪽.
3) 외국(영국, 미국, 프랑스, 일본)의 감사제도의 개관으로 김남철, "지방자치단체에 대한 감사의 법적
   문제," 지방자치법연구, 통권 제10호, 22쪽 이하 참조. [관련논문] 이진수, "지방재정감사의 효율화를
   위한 시론," 지방자치법연구, 통권 제44호, 31쪽 이하.
4) 홍준형, 지방자치법주해, 748쪽.
5) 헌재 2009. 5. 28, 2006헌라6 전원재판부.

대한 존중하면서 이루어져야 한다는 관점에서 볼 때 판례의 태도는 정당하다.

　　(다) 감사절차의 제한　　행정안전부장관 또는 시·도지사는 제 1 항에 따라 감사를 하기 전에 해당 사무의 처리가 법령에 위반되는지 등을 확인하여야 한다(지자법 제190조 제 2 항). 이 조항은 "중앙행정기관이 구 지방자치법 제158조(현행법 제190조) 단서 규정상의 감사에 착수하기 위해서는 자치사무에 관하여 특정한 법령위반행위가 확인되었거나 위법행위가 있었으리라는 합리적 의심이 가능한 경우이어야 하고, 또한 그 감사대상을 특정해야 한다. 따라서 전반기 또는 후반기 감사와 같은 포괄적·사전적 일반감사나 위법사항을 특정하지 않고 개시하는 감사 또는 법령위반사항을 적발하기 위한 감사는 모두 허용될 수 없다"고 한 2009년 5월 28일자 헌법재판소의 결정을[1] 반영하기 위하여 2010년 6월 8일 개정 지방자치법에서 신설되었다. 한편, 행정안전부장관이 지방자치법 제190조의 규정에 의하여 서울특별시의 자치사무에 관한 감사를 하고자 할 때에는 국무총리의 조정을 거쳐야 한다(서특법 제 4 조 제 2 항).

　　(라) 감사대상의 제한　　주무부장관, 행정안전부장관 또는 시·도지사는 이미 감사원 감사 등이 실시된 사안에 대해서는 새로운 사실이 발견되거나 중요한 사항이 누락된 경우 등 대통령령으로 정하는 경우를 제외하고는 감사 대상에서 제외하고 종전의 감사 결과를 활용하여야 한다(지자법 제191조 제 1 항). 이 조항은 2010년 6월 8일 개정 지방자치법에서 신설되었다.

　　(마) 동시감사의 특례　　주무부장관과 행정안전부장관은 다음 각 호(1. 제185조에 따른 주무부장관의 위임사무 감사, 2. 제190조에 따른 행정안전부장관의 자치사무 감사)의 어느 하나에 해당하는 감사를 하려고 할 때에는 지방자치단체의 수감부담을 줄이고 감사의 효율성을 높이기 위하여 같은 기간 동안 함께 감사를 할 수 있다(지자법 제191조 제 2 항). 이 조항 역시 2010년 6월 8일 개정 지방자치법에서 신설되었다.

　　(바) 세부사항　　제185조, 제190조 및 이 조 제 2 항에 따른 감사의 절차·방법 등에 관하여 필요한 사항은 대통령령으로 정한다(지자법 제191조 제 3 항).

---

　　1) 헌재 2009. 5. 28, 2006헌라6 전원재판부.

(2) 감사원의 감사[1]

(가) 의 의   헌법 제97조는 "국가의 세입·세출의 결산, 국가 및 법률이 정한 단체의 회계검사와 행정기관 및 공무원의 직무에 관한 감찰을 하기 위하여 대통령 소속하에 감사원을 둔다"고 규정하고, 제100조는 "감사원의 조직·직무범위·감사위원의 자격·감사대상공무원의 범위 기타 필요한 사항은 법률로 정한다"고 규정하고 있다. 이에 근거하여 제정된 감사원법은 지방자치단체의 회계를 필요적 검사사항으로 규정하고(동법 제22조 제1항 제2호), 동시에 지방자치단체의 사무와 그에 소속한 지방공무원의 직무를 감찰사항으로 규정하고 있다(동법 제24조 제1항 제2호).

(나) 특 징   ① 감사원법 제22조 제1항 제2호와 같은 법 제24조 제1항 제2호에 비추어 감사원의 감사대상에는 자치사무 외에 단체위임사무와 기관위임사무까지 포함된다. 뿐만 아니라 ② 감사원의 지방자치단체에 대한 감사는 지방자치행정의 적법성뿐만 아니라 타당성에까지 미친다. 감사원의 삼사세도는 사전적 감독수단이자 사후적 감독수단의 의미도 갖는다.[2]

(다) 중복감사의 배제   감사원에 의한 감사는 사전적·포괄적 감사의 성격을 강하게 가지므로 정부에 의한 감사가 중복적으로 이루어지는 것은 방지되어야 할 것이다. 따라서 정부에 의한 감사는 감사원의 감사를 보완하는 의미로 행사되도록 하는 것이 필요할 것이다.[3]

   ▣ 참고 ‖   **지방자치단체에 대한 감사의 유형**

□ 지방자치단체 내부적 감사
- 지방의회의 행정사무감사와 조사(지방자치법 제49조)
- 집행기관의 자체감사(자체감사규칙)

□ 지방자치단체 외부적 감사
- 주민의 감사청구(지방자치법 제21조)
- 국회의 국정감사(헌법 제61조, 국정감사 및 조사에 관한 법률 제7조 등)
- 감사원의 감사(감사원법 제22조 제1항, 제23조 제1항, 제24조)
- 행정안전부의 감사(행정감사규정)

---

1) [관련논문] 조성규, "지방자치단체에 대한 국가감독의 법적 쟁점," 지방자치법연구, 통권 제51호, 360쪽 이하; 방동희, "지방자치권실현과 감사원 감사의 관계에 관한 연구," 지방자치법연구, 통권 제25호, 제79쪽 이하; 윤준병, "지방자치단체의 자치사무에 대한 감사의 한계," 지방자치법연구, 통권 제26호, 제137쪽; 이기우, "지방자치단체에 대한 감사원감사의 한계—지방자치단체들이 감사원을 상대로 제기한 2005헌라3 사건 검토—," 지방자치법연구, 통권 제17호, 제107쪽; 최봉석, "감사의 법리와 자치감사체계," 지방자치법연구, 통권 제15호, 256쪽 이하

2) 헌재 2008. 5. 29, 2005헌라3.

3) 김용훈, "지방자치단체의 자치권과 감사원 감사," 지방자치법연구, 통권 제33호, 164쪽.

(3) 감사의 적정화   앞의 참고에서 보는 바와 같이 지방자치단체에 대한 감사의 종류는 다양하다. 많은 종류의 감사는 지방자치단체로 하여금 감사에 피로를 느끼게 한다. 지방자치시대에 맞추어 지방자치단체에 대한 감사는 자체감사와 주민에 의한 감사제도를 중심으로 이루어지는 것이 바람직하다. 특별한 사정이 없는한, 국정감사나 감사원 감사 등 외부적 감사는 극히 제한적으로만 이루지게 할 필요가 있다. 어떠한 경우에도 중복감사나 과도한 감사는 억제되어야 할 것이다.

4. 승인유보제도

(1) 의 의   승인유보제도란 지방자치단체의 어떠한 행위에 감독청의 승인·동의·확인 등을 요구하는 것을 말한다(예: 지방자치법 제176조 제 1 항에 따른 지방자치단체조합의 설립시 국가나 광역지방자치단체의 승인, 지방재정법 제11조 제 2 항 단서에 의한 지방채발행의 승인). 승인유보제도는 협력을 통한 통제의 의미도 갖는다.[1] 이것은 감독청의 협력이 통제의 기능을 갖는 경우를 말한다. 승인의 시기는 승인을 요하는 사항의 성질에 따라 당해 행위에 선행할 수도 있고(사전적 협력), 후행할 수도 있을 것이다(사후적 협력). 승인유보는 원칙적으로 예방적 통제수단이다.

(2) 법적 근거와 절차법   승인의 법적 근거는 일반적 형식으로 규정되는 것이 아니고, 개별규정으로 주어진다. 현행 지방자치법상 감독청의 승인을 요하는 사항으로는 지방자치단체조합 설립의 승인(지자법 제176조 제 1 항) 등이 있다. 한편, 지방자치단체의 자치사무와 관련하여 발령되는 감독청의 승인행위는 형성적인 행정행위이므로, 그 절차에는 개별 법률상 특별규정이 없는 한, 행정절차법이 적용된다.

(3) 승인심사의 범위   승인유보의 경우에 감독청의 심사범위는 승인을 요하는 행위의 적법성에 한정되는가 아니면 적법성뿐만 아니라 합목적성에까지 미치는가에 대하여 통일된 견해는 독일의 경우에도 없어 보인다.[2] 독일의 일반적인 견해는 적법성의 심사에 한정되는 경우도 있고, 합목적성까지 심사할 수 있는 경우도 있다고 하여 승인유보의 심사범위를 유형적으로 검토한다.[3] 국가와 지방자치단체가 공공결정의 의미를 갖는 경우에는 후자에 해당한다고 본다.

(4) 승인행위와 재량성

(가) 의무에 합당한 재량   감독청의 승인행위는 의무에 합당한 재량에 따라 이

---

1) Scholler/Broß, Grundzüge des Kommunalrecht in der Bundesrepublik Deutschland, S. 230.
2) Schmidt-Aßmann/Röhl, in: derselbe(Hrsg.), Besonderes Verwaltungsrecht, Rn. 47.
3) Wolff/Bachof/Stober, Verwaltungsrecht, Bd. II(5. Aufl.), S. 86, Rn. 180.

루어져야 한다. 그것은 법으로부터 자유로운 행위가 아니기 때문이다. 승인을 요하
는 행위에 대하여 감독청이 승인을 거부하거나 승인을 방치하면, 그 승인을 요하는
행위는 원래의 효과를 발할 수 없다.

(나) 승인발령청구권   지방자치단체는 승인의 거부에 대하여 승인발령청구권을
갖는가의 문제가 있다. 독일의 지배적인 견해는 승인발령청구권을 부인하고, 승인
청에 대하여 승인발령과 관련하여 재량여지·판단여지를 보장한다. 일설은 승인유
보가 국가적인 협력의 필요를 보장하기 위한 경우에는 국가의 재량영역이 인정되
는바, 이러한 경우에는 승인청의 재량행사에 하자가 있는 경우에만 행정소송(의무화
소송)의 제기가 가능하지만, 승인유보가 예방적인 적법성의 통제를 보장하기 위한
경우에는 승인행위가 적법한 것이라면 지방자치단체는 승인발령청구권을 갖는다는
견해도 있다.1) 후자의 견해가 보다 합리적이다.

(다) 수정승인   감독청은 신청대로 승인을 할 수도 있고, 승인을 거부할 수도
있다. 문제는 감독청이 신청내용을 수정하여 승인할 수 있는가의 여부이다. 승인제
도의 취지에 비추어 긍정적으로 볼 것이다. 그러나 이러한 경우에 수정승인의 성질
이 문제된다. 말하자면 승인을 받은 행위가 수정된 내용대로 즉시 확정적으로 그
효과를 발생하는 것인지, 아니면 지방자치단체가 수정된 내용으로 다시 의사결정
절차(예: 지방의회의 의결절차)를 거쳐야만 되는가의 문제가 있다. 후자로 본다면, 수정
승인은 일종의 정지조건의 성질을 갖는다. 생각건대 지방자치단체는 자치권의 주
체이므로, 일반적으로는 후자로 보아야 할 것이다.2)

(5) 승인행위의 존속력   감독청의 승인행위가 일단 효력을 발생하면, 그 승인
행위는 형성적 행위로서 법적 안정성과 신뢰보호의 원칙에 따라 원칙적으로 철회
나 취소의 대상이 될 수 없다고 본다. 즉 수익적 행정행위의 취소·철회에 대한 일
반원리가 여기에도 타당한 것이 된다.3)

(6) 승인 없는 행위의 효과   사전적 승인을 요하는 행위에 있어서 지방자치단
체가 감독청의 승인을 받음이 없이 그 행위를 한 경우에 법적 효과는 그 행위의 성
질에 따라 상이하다. 예컨대, 지방채발행과 같은 사법상의 법률행위에 있어서는 반
드시 무효가 된다고 볼 수는 없다. 왜냐하면 승인의 요구가 절대적인 금지를 뜻하
는 것은 아니기 때문이다.4) 그러나 지방자치단체조합의 설립과 같은 공법상의 행

---

1) Lissack, Bayerisches Kommunalrecht, S. 237 참조.
2) Schwirzke/Sandfuchs, Allgemeine Niedersächsisches Kommunalrecht, S. 180.
3) Keller, Die staatliche Genehmigung von Rechtsakten der Selbstverwaltungsträger, S. 64.
4) Keller, Die staatliche Genehmigung von Rechtsakten der Selbstverwaltungsträger, S. 59.

위는 무효가 된다고 본다. 이 경우 승인은 필수적인 절차이기 때문이다.

　　(7) 승인의 의제와 최소화　　① 입법례에 따라서는 지방자치단체의 승인신청 후 감독기관이 일정한 기간(예: Niedersachsen의 경우, 3개월) 내에 결정하지 아니하고, 지방자치단체가 결정기간의 연장에 동의하지 아니하면, 승인한 것으로 간주하기도 한다(예: Niedersachsen 게마인데법 제133조 제 1 항 제 2 문). ② 한편, 규제완화의 요구 및 지방자치단체의 자치행정의 강화를 위하여 승인유보는 불가피한 최소한의 경우에만 인정되어야 한다. 그러하지 아니한 경우에는 승인유보를 폐지하든가 아니면 신고제로 전환하여야 할 것이다.

Ⅲ. 사후적 감독수단

1. 이의제도(지방의회에 대한 감독)

　　(1) 이의제도의 의의　　이의제도란 지방의회의 의결에 대하여 감독청이 이의를 제기하고, 그 시정을 요구하는 제도를 말한다. 이의를 제기할 수 있는 감독청의 권한이 이의권이다. 이의제도는 법치국가에서 법의 단일성·동일성의 확보를 위한 것이다. 감독청의 이의는 지방의회의 의결에 대한 것이지, 지방자치단체의 장에 대한 것이 아니다. 지방자치법상 이의제도는 다음에서 보는 바와 같이 다단계의 구조로 규정되고 있다.

　　(2) 재의요구의 지시

　　(가) 의 의

　　(a) 주무부장관, 시·도지사의 재의요구 지시(제 1 항 재의요구 지시)　　지방의회의 의결이 법령에 위반되거나 공익을 현저히 해친다고 판단되면 시·도에 대해서는 주무부장관이, 시·군 및 자치구에 대해서는 시·도지사가 해당 지방자치단체의 장에게 재의를 요구하게 할 수 있다(지자법 제192조 제 1 항 제 1 문). 감독청의 재의요구명령은 감독청에 대하여 지나치게 강한 감독권을 부여하는 것이므로 지방자치제의 취지에 반한다는 시각이 있을 수 있으나, 재의결권이 지방의회에 있다는 점과 국가의 의사와 지방자치단체의 의사는 조화를 이루어야 한다는 점 등에 비추어 감독청의 재의요구명령제도는 적어도 지방자치제의 핵심영역에 대한 침해는 아니다. 지방자치법 제32조 제 3 항의 지방자치단체의 장의 재의요구권과 지방자치법 제192조 제 1 항의 감독청의 재의요구 요청권은 별개의 권리이다.[1]

---

1) 헌재 2013. 9. 26, 2012헌라1.

(b) 시·도지사의 재의요구 지시권 불행사 시, 주무부장관의 재의요구 지시(제 2 항 재의요구 지시)　　시·군 및 자치구의회의 의결이 법령에 위반된다고 판단됨에도 불구하고 시·도지사가 제 1 항에 따라 재의를 요구하게 하지 아니한 경우 주무부장관이 직접 시장·군수 및 자치구의 구청장에게 재의를 요구하게 할 수 있다(지자법 제192조 제 2 항 제 1 문).

(c) 교육감의 재의요구 권한과 교육부장관의 재의요구 권한의 관계　　판례는 교육·학예에 관한 시·도의회의 의결사항에 대한 교육감의 재의요구 권한과 감독청의 재의요구 요청 권한은 중복하여 행사될 수 있는 별개의 독립된 권한으로 이해한다.[1]

(나) 당 사 자　　① 제 1 항 재의요구 지시의 경우, 재의요구명령의 주체는 시·도에 대하여는 주무부장관, 시·군 및 자치구에 대하여는 시·도지사이다. 재의요구명령의 상대방은 지방의회의 장이 아니라 지방자치단체의 장이다. ② 제 2 항 재의요구 지시의 경우, 재의요구명령의 주체는 주무부장관이다. 재의요구명령의 상대방은 지방의회의 장이 아니라 시장·군수 및 자치구의 구청장이다.

(다) 대 상　　재의요구 지시의 대상은 지방의회의 의결이다. 자치사무뿐만 아니라 단체위임사무에 대한 의결에도 적용된다. 왜냐하면 단체위임사무도 지방의회의 의결의 대상이기 때문이다. 의결의 종류에는 특별한 제한이 없다. 조례안의 의결도 당연히 포함된다. 다만 대내·대외적으로 구속력이 없는 의결은 성질상 재의요구의 대상과 거리가 멀다.

(라) 사 유　　① 제 1 항 재의요구 지시의 경우, 재의요구명령의 사유는 법령위반과 공익을 현저히 해하는 것이다. ② 제 2 항에 따른 재의요구명령의 경우, 재의요구명령의 사유는 법령위반이다.

(a) 「법령위반」과 「공익을 현저히 해치는 것」의 동일 여부　　① 「공익을 현저히 해치는 것」과 「법령위반」을 동일한 개념으로 보게 되면, 재의요구사유로 「법령위반」 외에 「공익을 현저히 해치는 것」을 추가한 것은 입법상 과오가 된다. ② 만약 상이한 개념으로 보게 되면, 「공익을 현저히 해치는 것」을 「법령위반」에 이르지 아니한 부당을 뜻하는 것으로 새길 수밖에 없다. ③ 생각건대 지방자치법 제192조 제 5 항이 법령위반만을 제소사유로 하고 있을 뿐, 「공익을 현저히 해치는 것」을 제소사유로 하고 있지 않다는 점, 그리고 행정소송법상 취소소송은 위법한 처분등을 취소 또는 변경하는 소송이라는 점(행소법 제 4 조 제 1 호) 등을 고려할 때, ②로 새기는 것이 타당하다. ②로 새기면, 재의요구명령의 사유로서 「공익을 현저히 해치는 것」

---

[1] 대판 2013. 11. 28, 2012추15.

은 단체위임사무에만 적용된다고 볼 것이다. 왜냐하면 「공익을 현저히 해치는 것」을 이유로 자치사무에 관한 지방의회의 의결을 일방적으로 통제할 수 있다고 하면, 그것은 감독청이 적법성 외에 타당성에 대한 통제까지 수행하는 것이 되는데, 이것은 지방자치제의 취지에 반하는 것이 되기 때문이다.

(b) 재량권의 일탈·남용과의 관계   울산광역시장(피고)이 울산 북구청장(원고)의 승진처분을 취소하자 원고가 승진임용직권취소처분에 대하여 취소를 구한 「울산 북구청 승진처분취소 사건」에서 대법원의 다수견해는 재량권의 일탈·남용이 「법령위반」에 해당하는 것으로 보았으나,[1] 소수견해는 동조의 '법령위반'에 '재량권의 일탈·남용'이 포함되지 않는다고 하였다.[2] 「공익을 현저히 해치는 것」을 「법령위반」에 이르지 아니한 부당으로 새기면, 재량권의 일탈·남용은 「법령위반」에 해당하는 것으로 보아야 한다. 행정법학상 재량권의 일탈·남용은 재량권행사에 과도한 흠이 있는 경우로서 위법이 된다고 보기 때문이다.[3] 이러한 시각에서 보면, 판례의 소수 의견에는 문제가 있다.

(마) 기 속 성   재의요구 지시가 기속적인가 아니면 재량적인가의 문제가 있다. 법문상으로는 "재의를 요구하게 할 수 있고"라고 하는바 재량적인 것으로 보인다. 그러나 재의요구사유가 법령위반인 경우에는 재의요구제도의 취지에 비추어 재량권이 영으로 수축된다고 볼 것인바, 기속적인 것으로 볼 것이다.

(바) 형식·기간   ① 재의요구 지시의 형식에는 지방자치법상 특별한 제한이 없다. 그러나 재의요구 지시의 내용은 명백하여야 하고, 재의요구 지시 역시 행정절차법상 행정처분의 일종으로 볼 것이므로, 재의요구 지시는 문서로 하여야 할 것이다(절차법 제24조 제1항). ② 재의요구 지시가 가능한 기간에 대해서는 지방자치법에 명시적으로 규정하는 바가 없다. 재의요구 지시는 지방의회에서 재의결이 가능할 때까지 가능하다고 본다.

(사) 재의요구 지시의 철회   감독청은 재의요구 지시를 철회할 수도 있다.[4]

(3) 재의의 요구, 재의결, 제소

(가) 의무적 요구   재의요구 지시를 받은 지방자치단체의 장은 의결사항을 이송받은 날부터 20일 이내에 지방의회에 이유를 붙여 재의를 요구하여야 한다(지자법 제192조 제1항 제2문, 제2항 제2문). 재의요구는 재량적이 아니라, 의무적이다. 재의

---

1) 대판 2007. 3. 22, 2005추62 전원합의체 판결 다수 의견.
2) 대판 2007. 3. 22, 2005추62 전원합의체 판결 소수 의견.
3) 졸저, 행정법원론(상)(제29판), 옆번호 911 이하 참조.
4) 헌재 2013. 9. 26, 2012헌라1.

요구의 주체는 지방자치단체의 장이고, 재의요구의 상대방은 지방의회이다. 재의요구에는 이유를 붙여야 한다.

(나) 재 의 결　제1항 또는 제2항의 요구에 대하여 재의한 결과 재적의원 과반수의 출석과 출석의원 3분의 2 이상의 찬성으로 전과 같은 의결을 하면 그 의결사항은 확정된다(지자법 제192조 제3항). 재의의 의결에는 일반정족수가 아니라 재적의원 과반수의 출석과 출석의원 3분의 2 이상의 찬성이 요구되는 특별정족수가 적용된다. 재의요구에 대한 재의결에 대하여 시간적인 제한을 설정하기는 어렵다.

(다) 단체장의 제소와 집행정지신청

(a) 의 의　지방자치단체의 장은 제3항에 따라 재의결된 사항이 법령에 위반된다고 판단되면 재의결된 날부터 20일 이내에 대법원에 소를 제기할 수 있다. 이 경우 필요하다고 인정되면 그 의결의 집행을 정지하게 하는 집행정지결정을 신청할 수 있다(지자법 제192조 제4항). 제소사유는 법령위반에 한한다. 공익을 현저히 해하는 것은 제소사유가 아니다.

(b) 성 질　본조 제1항과 제2항의 재의요구가 감독청의 재의요구명령에 따른 것이라고 하여도 본조 제4항에 따른 소송제기는 자치사무를 위한 것이므로, 본조 제3항에 따른 소송은 기관소송의 성질을 갖는다.

(c) 제소요건　① 원고는 지방자치단체의 장이다. ② 피고는 지방의회이다. ③ 소송의 대상은 재의결된 사항이다.[1] 판례는 재의결을 소송의 대상으로 본다. ④ 제소기간은 재의결된 날부터 20일 이내이다.[2] ⑤ 관할법원은 대법원이다.

(d) 집행정지결정의 신청　1994년 3월 16일에 개정된 지방자치법 이전의 지방자치법에서는 지방자치단체의 장이 대법원에 소를 제기하면 그 의결의 효력은 대법원의 판결이 있을 때까지 당연히 정지되었으나, 현행 지방자치법을 포함하여 1994년 3월 16일에 개정된 지방자치법 이후에는 지방자치단체의 장이 집행정지결정을 신청할 수 있도록 하였다.

(4) 재의요구 지시에 따르지 않는 경우　제1항 또는 제2항에 따라 지방의회의 의결이 법령에 위반된다고 판단되어 주무부장관이나 시·도지사로부터 재의요구 지시를 받은 해당 지방자치단체의 장이 재의를 요구하지 아니하는 경우(법령에 위반되는 지방의회의 의결사항이 조례안인 경우로서 재의요구 지시를 받기 전에 그 조례안을 공포한 경우를 포함한다)에는 주무부장관이나 시·도지사는 제1항 또는 제2항에 따른 기간이

---

1) 신봉기, "기관소송의 주문의 형식," 행정판례연구, 제4집, 377-378쪽.
2) 1994년 3월에 개정되기 이전의 지방자치법상 제소기간은 재의결된 날부터 15일 이내이었다.

지난 날부터 7일 이내에 대법원에 직접 제소 및 집행정지 결정을 신청할 수 있(지자법 제192조 제8항). 공포된 조례의 의결무효를 다투는 소송에서 판례는 지방의회를 피고로 본다.[1] 그러나 공포는 지방자치단체의 장이 하며, 공포된 조례는 해당 지방자치단체의 입법이고 보면, 지방자치단체의 장을 피고로 하는 것이 논리적이라 판단된다.

(5) 재의결된 사항의 법령 위반에도 제소하는 않는 경우

(가) 의 의　　주무부장관이나 시·도지사는 재의결된 사항이 법령에 위반된다고 판단됨에도 불구하고 해당 지방자치단체의 장이 소를 제기하지 아니하면 시·도에 대해서는 주무부장관이, 시·군 및 자치구에 대해서는 시·도지사(제2항에 따라 주무부장관이 직접 재의요구 지시를 한 경우에는 주무부장관을 말한다. 이하 이 조에서 같다)가 그 지방자치단체의 장에게 제소를 지시하거나 직접 제소 및 집행정지결정을 신청할 수 있다(지자법 제192조 제5항).

(나) 감독청의 제소지시　　① 제소지시의 사유는 법령위반에 한한다. ② 감독청의 제소지시에 따라 해당 지방자치단체의 장이 제소하는 경우, 그 소송의 성질이 문제된다. 비록 감독청의 제소지시에 의한 것이라 할지라도 지방자치단체의 장이 지방의회의 위법한 의결을 시정하기 위한 작용은 자치사무의 일종이라 할 것이므로 그러한 소송은 기관소송의 성질을 갖는다. 동시에 이러한 소송은 법질서의 유지라는 국가사무를 지방자치단체의 장이 감독청을 대신하여 수행하는 면도 가지므로 일종의 특수한 소송의 성질도 갖는다. ③ 제5항에 따른 제소의 지시는 제4항의 기간이 지난 날부터 7일 이내에 하고, 해당 지방자치단체의 장은 제소지시를 받은 날부터 7일 이내에 제소하여야 한다(지자법 제192조 제6항). 판례는 단체장이 제소지시를 받고 제소를 하였다가 감독청의 동의 없이 이를 취하한 경우에는 소취하의 효력 발생을 안 날로부터 7일 이내에 제소하여야 한다는 입장이다.[2]

(다) 감독청의 직접제소　　주무부장관이나 시·도지사는 제6항의 기간(감독청의 제소지시에 따라 단체장이 제소하여야 하는 기간)이 지난 날부터 7일 이내에 제5항에 따른 직접 제소 및 집행정지결정을 신청할 수 있다(지자법 제192조 제7항). 감독청이 직접 제소하는 경우, 그 소송은 일종의 특수한 규범소송의 성질을 갖는다.[3]

(6) 감독청이 복수인 경우 등의 특례　　지방자치법 제192조 제1항 또는 제2항에 따른 지방의회의 의결이나 제3항에 따라 재의결된 사항이 둘 이상의 부처와

1) 대판 2013. 5. 23, 2012추176.
2) 대판 2002. 5. 31, 2001추88.
3) 문상덕, "지방자치쟁송과 민주주의," 지방자치법연구, 통권 제26호, 33쪽.

관련되거나 주무부장관이 불분명하면 행정안전부장관이 재의요구 또는 제소를 지시하거나 직접 제소 및 집행정지 결정을 신청할 수 있다(지자법 제192조 제9항). "이는 주무부처가 중복되거나 주무부장관이 불분명한 경우에 행정안전부장관이 소송상의 필요에 따라 재량으로 주무부장관의 권한을 대신 행사할 수 있다는 것일 뿐이고, 언제나 주무부장관의 권한행사를 배제하고 오로지 행정안전부장관만이 그러한 권한을 전속적으로 행사하도록 하려는 취지가 아니다"는 것이 판례의 견해이다.[1]

(8) 이의제도의 한계   현행 지방자치법상 이의제도는 지방의회의 적극적인 의사결정작용인 의결만을 대상으로 할 뿐, 의사결정의 부작위(예: 의무조례의 미제정)를 대상으로 하지 아니한다. 여기에 현행 이의제도의 한계가 놓인다. 지방의회의 의사결정의 부작위도 경우에 따라서는 위법하게 주민권리를 침해할 수도 있으므로, 이에 대한 보완책의 마련이 필요하다.[2]

2. 시정제도(지방자치단체장에 대한 감독)

(1) 시정제도의 관념

(가) 의 의   시정제도란 지방자치단체의 장의 위법·부당한 명령이나 처분에 대하여 감독청이 그 시정을 요구하고, 해당 지방자치단체가 시정요구에 응하지 아니하면 감독청이 직접 시정하는 제도를 말한다. 감독청이 시정을 요구하는 것을 시정명령이라 하고, 시정하는 방식은 지방자치단체의장의 명령 또는 처분을 취소하거나 정지하는 것이다. 감독청의 시정명령은 사후적 수단이다. 사후적 수단은 위법 또는 부당한 지방자치단체의 행위가 있어야만 사용될 수 있다. 시정명령은 지방자치단체의 장에 대한 것이지, 지방의회의 의결에 대한 것이 아니다.

(나) 성질(기속성)   지방자치법은 "시정할 것을 명하고, … 이행하지 아니하면 이를 취소하거나 정지할 수 있다"고 규정하는바, 시정명령과 취소·정지는 재량적이다. 그러나 시정명령의 사유가 법령위반의 경우에는 재량권이 영으로 수축된다고 볼 것이므로 시정명령은 기속적인 것으로 변한다.

---

1) 대판 2017. 12. 5, 2016추5162.
2) 독일의 경우, 조례의 발령이 법령상 명령됨에도 불구하고 지방의회가 부작위하는 경우에 감독청은 감독의 일반적인 규율에 따라 개입할 수 있다. 즉, 법규감독청이 일반추상적인 내용을 가진 규율을 발령하였다면, 지방의회에 의한 조례발령의 경우와 마찬가지로 법규범성이 문제된다. 그 명령은 관련시민에 의해 규범통제의 대상이 된다(VwGO 제47조). 그 명령(조례제정의 대집행)은 관련 지방자치단체에 대해서는 취소할 수 있는 행정행위이다. 지방자치단체는 자치권의 침해를 이유로 다툴 수 있다(H. Meyer, Kommunalrecht. S. 158).

(2) 시정명령과 취소·정지

(가) 의 의   지방자치단체의 사무에 관한 지방자치단체의 장(제103조 제 2 항에 따른 사무의 경우에는 지방의회의 의장을 말한다. 이하 이 조에서 같다)의 명령이나 처분이 법령에 위반되거나 현저히 부당하여 공익을 해친다고 인정되면 시·도에 대해서는 주무부장관이, 시·군 및 자치구에 대해서는 시·도지사가 기간을 정하여 서면으로 시정할 것을 명하고, 그 기간에 이행하지 아니하면 이를 취소하거나 정지할 수 있다(지자법 제188조 제 1 항). 본 조항은 시정명령과 취소·정지에 관한 일반적 근거조항이다. 개별 법률에서 취소나 정지가 구체적으로 규정되고 있는 경우에만 시정명령이 발령될 수 있다는 주장은[1] 동의하기 어렵다.

(나) 대 상   ① 시정명령과 취소·정지는 지방자치단체의 사무를 대상으로 한다. 지방자치단체의 사무에는 자치사무와 단체위임사무가 있으므로 시정명령은 자치사무와 단체위임사무를 대상으로 한다. 기관위임사무는 시정명령과 취소·정지의 대상이 아니다.[2] 기관위임사무는 지방자치단체의 사무가 아니지만, 성질상 지방자치단체의 사무에 포함될 수 있다는 이유로 시정명령과 취소·정지의 대상으로 보는 반대견해도 있다.[3] ② 시정명령과 취소·정지는 지방자치단체의 사무에 관한 그 장의 명령이나 처분을 대상으로 한다. 명령이란 일반추상적인 법규정립행위(예: 규칙발령)를 뜻하고, 처분이란 개별구체적인 행위(예: 행정행위)를 뜻한다. ③ 적극적인 명령·처분이 아니라 소극적인 부작위는 원칙적으로 시정명령의 대상이 된다고 보기 어렵다.[4] 그러나 부작위가 작위에 해당할 만하다면(예: 주민의 신청에 대하여 지방자치단체의 장이 거부의 의사로 부작위를 상당기간 지속하는 경우), 시정명령의 대상이 된다고 볼 것이다.

(다) 사 유   시정명령과 취소·정지의 사유는 법령에 위반되거나 현저히 부당하여 공익을 해치는 경우이다. 그 의미는 재의요구의 경우와 같다. 다만 자치사무에 관한 명령이나 처분에 대한 주무부장관 또는 시·도지사의 시정명령과 취소·정지는 법령을 위반한 것에 한정한다(지자법 제188조 제 5 항). 따라서 현저히 부당하여 공익을 해치는 경우는 단체위임사무의 경우에 의미를 갖는다.

(라) 형 식   시정명령과 취소·정지는 서면으로 하여야 한다. 서면에는 기간을 정하여야 한다. 시정명령의 기간은 시정명령을 수행하는데 필요한 상당한 기간이어야 한다. 시정명령은 행정절차법상 행정처분에 해당하므로 그 서면에는 이유를

---

1) 김기진, 지방자치법주해, 714쪽.
2) 이일세, "지방자치단체에 대한 국가통제수단의 법적 문제," 지방자치법연구, 통권 제45호, 15쪽.
3) 정하중, 행정법개론, 법문사, 2014, 954쪽.
4) 이일세, "지방자치단체에 대한 국가통제수단의 법적 문제," 지방자치법연구, 통권 제45호, 14쪽.

붙여야 한다(절차법 제23조 제1항 본문). 이유는 시정명령의 내용과 범위를 이해하고 확인하는 데 필요한 정도로 명확히 기재하여야 한다.

(마) 내 용   시정명령의 내용은 어떠한 행정작용이 법령에 위반되거나 현저히 부당하여 공익을 해하기 때문에 시정하라는 것이지, 내용을 특정하여 시정을 하라는 것은 아니다.[1] 대안을 제시하는 등 내용을 특정하여 시정을 명하는 것은 지방자치단체의 자치권의 존중의 사고에 반하는 것이 된다.

(바) 효 과

1) 시정의무의 발생   시정명령으로 인해 시정명령을 받은 지방자치단체는 위법행위 등을 시정할 의무를 진다.[2] 제3자의 보호를 위해 이미 집행된 처분이나 명령에는 영향을 미치지 아니한다.[3] 다만 이미 집행된 처분이나 명령이 침익적인 것이라면 시정명령에 따라 시정할 수도 있을 것이다.

2) 취소·정지   시정명령에 정해진 기간에 시정명령을 이행하지 아니하면 감독청은 이를 취소하거나 정지할 수 있다(지자법 제188조 제1항).

(사) 단체장의 제소

1) 의 의   지방자치단체의 장은 제1항, 제3항 또는 제4항에 따른 자치사무에 관한 명령이나 처분의 취소 또는 정지에 대하여 이의가 있으면 그 취소처분 또는 정지처분을 통보받은 날부터 15일 이내에 대법원에 소를 제기할 수 있다(지자법 제188조 제6항).

2) 요 건   ① 원고는 지방자치단체의 대표기관인 지방자치단체의 장이고, 피고는 감독청이다. ② 소의 대상은 자치사무에 관한 장의 명령이나 처분의 취소처분 또는 정지처분이다.[4] 시정명령은 법적 효과, 즉 시정명령을 받은 지방자치단체에 위법행위 등을 시정할 의무를 발생시키므로 처분성을 갖는다. 따라서 시정명령이 위법한 경우, 행정소송법이 정하는 바에 따라 이를 취소소송으로 다툴 수 있다고 볼 것이다.[5] 그러나 시정명령의 불이행을 이유로 하는 취소·정지처분에 대하여 대법원에 제소할 수 있다는 지방자치법 제188조 제6항의 특별규정이 있는바, 시정명령에 대하여 제소할 수 없다는 견해가 있다.[6] 판례도 부정적인 견해를 취한

---

1) 김기진, 지방자치법주해, 711쪽; 이기우, 지방자치행정법, 1991, 128쪽.
2) 김기진, 지방자치법주해, 711쪽.
3) 이기우, 지방자치행정법, 1991, 129쪽.
4) 대판 2013. 5. 23, 2011추56.
5) 조성규, "지방자치단체에 대한 국가감독의 법적 쟁점," 지방자치법연구, 통권 제51호, 372쪽.
6) 김남진·김연태, 행정법 Ⅱ(2012), 74쪽; 이일세, "지방자치단체에 대한 국가통제수단의 법적 문제," 지방자치법연구, 통권 제45호, 16쪽.

다.[1] ③ 제소기간은 취소처분 또는 정지처분을 통보받은 날부터 15일 이내이다. ④ 관할 법원은 대법원이다. 대법원을 관할 법원으로 한 것은 심급의 이익을 박탈한 것이라는 지적이 있으나,[2] 대법원을 관할 법원으로 한 것은 오히려 법적 분쟁을 조기에 매듭짓는 데 유익하다고 볼 것이다. 제소여부는 원고인 지방자치단체의 장의 재량에 속한다. ⑤ 지방자치법에 집행정지결정의 신청에 관한 규정은 보이지 아니하지만, 원고는 행정소송법이 정하는 바에 따라 집행정지신청을 할 수 있다.

3) 성 질 감독청의 취소처분과 정지처분은 행정소송법상 처분개념에 해당한다. 지방자치법 제188조 제 6 항이 취소처분과 정지처분에 대하여 출소할 수 있음을 규정한 것도 자치사무에 대한 취소처분과 정지처분이 행정소송법상 처분개념으로 해당한다는 것을 전제로 한 것이다. 본 조항에 따른 소송은 항고소송의 한 특수한 경우이다.[3] 한편, 단체위임사무에 대한 취소처분과 정지처분은 내부적 행위에 해당한다.

4) 비 판 론 소송은 위법을 주장하는 자가 제기하는 것이므로 위법을 주장하는 자가 일방적으로 취소·정지할 수 있게 하여 놓고, 지방자치단체의 장이 이에 불복하면 법원에 제소할 수 있도록 한 것은 법의 상식에 어긋난다고 하면서 본 조항을 부정적으로 보는 견해도 있다.[4] 그러나 ① 지방자치단체는 다수의 주민과 법률관계를 형성하므로 지방자치단체의 그릇된 법률관계를 가능한 한 조속히 바로잡는 것은 바로 다수 주민의 법률생활의 안정에 기여한다는 점, ② 지방자치가 지역민의 자율을 기본으로 하지만 특정 지방자치단체는 고립된 단체가 아니며, 국가는 모든 지방자치단체 간의 형평과 통합을 유도하여야 한다는 점 등을 고려할 때, 지

---

1) 대판 2017. 10. 12. 선고 2016추5148(지방자치법 제169조(현행법 제188조) 제 2 항은 '시·군 및 자치구의 자치사무에 관한 지방자치단체의 장의 명령이나 처분에 대하여 시·도지사가 행한 취소 또는 정지'에 대하여 해당 지방자치단체의 장이 대법원에 소를 제기할 수 있다고 규정하고 있을 뿐 '시·도지사가 지방자치법 제169조(현행법 제188조) 제 1 항에 따라 시·군 및 자치구에 대하여 행한 시정명령'에 대하여도 대법원에 소를 제기할 수 있다고 규정하고 있지 않으므로, 이러한 시정명령의 취소를 구하는 소송은 허용되지 않는다고 보아야 한다).

2) 이기우, 지방자치행정법, 1991, 164쪽.

3) 김남철, 지방자치법주해, 715쪽; 문상덕, "지방자치쟁송과 민주주의," 지방자치법연구, 통권 제26호, 33쪽; 이일세, "지방자치단체에 대한 국가통제수단의 법적 문제," 지방자치법연구, 통권 제45호, 17쪽. 한편, 이러한 소송을 기관소송으로 보는 견해도 있으나(김도창, 일반행정법론(상), 132쪽) 동의하기 어렵다. 왜냐하면 ① 이러한 소송은 상이한 법주체 사이의 문제이므로 행정소송법의 기관소송의 문제는 아니고, ② 헌법재판소법상 권한쟁의는 권한의 전부 또는 범위에 관한 다툼에 대한 것이지 권한의 행사에 관한 것은 아니고, ③ 장으로 대표되는 지방자치단체는 고유한 법주체로서 당해 지방민의 이익, 즉 자치사무와 관련하여 주관적인 지위를 갖는 것이고, ④ 감독청의 시정명령이나 취소·정지는 일반행정법상 행정행위의 성질도 갖는 것이기 때문이다. 따라서 관할 법원을 대법원으로 하는 지방자치법의 동 조항은 행정소송법에 대한 특칙으로 볼 것이다.

4) 김철용, "지방자치단체에 대한 국가의 감독," 공법연구, 1990, 88쪽.

방자치단체의 행위에 대하여 사법부의 판단에 앞서서 주무부장관 등의 감독청의 판단을 선행시키는 것이 오히려 입법정책상 바람직하다고 볼 것이다.

(아) 시·도지사가 시정명령을 하지 않는 경우

1) 의 의   주무부장관은 지방자치단체의 사무에 관한 시장·군수 및 자치구의 구청장의 명령이나 처분이 법령에 위반되거나 현저히 부당하여 공익을 해침에도 불구하고 시·도지사가 제1항에 따른 시정명령을 하지 아니하면 시·도지사에게 기간을 정하여 시정명령을 하도록 명할 수 있다(지자법 제188조 제2항). 이 조항은 2022. 1. 13. 시행 지방자치법 전부개정법률에 신설된 것이다.

2) 시정명령, 취소·정지   주무부장관은 시·도지사가 제2항에 따른 기간에 시정명령을 하지 아니하면 제2항에 따른 기간이 지난 날부터 7일 이내에 직접 시장·군수 및 자치구의 구청장에게 기간을 정하여 서면으로 시정할 것을 명하고, 그 기간에 이행하지 아니하면 주무부장관이 시장·군수 및 자치구의 구청장의 명령이나 처분을 취소하거나 정지할 수 있다(지자법 제188조 제3항). 이 조항은 2022. 1. 13. 시행 지방자치법 전부개정법률에 신설된 것이다.

3) 사 유   자치사무에 관한 명령이나 처분에 대한 주무부장관의 시정명령, 취소 또는 정지는 법령을 위반한 것에 한정된다(지자법 제188조 제5항).

4) 제 소   ① 지방자치법은 주무부장관이 시·도지사에 발하는 「시정명령을 하는 명령」에 대한 제소가능여부에 관해 규정하는 바가 없다. 이와 관련하여 「(2) 시정명령과 취소·정지 (사) 지방자치단체의 장의 제소, 2) 요건」을 보라. ② 지방자치단체의 장은 자치사무에 관한 명령이나 처분의 취소 또는 정지에 대하여 이의가 있으면 그 취소처분 또는 정지처분을 통보받은 날부터 15일 이내에 대법원에 소를 제기할 수 있다(지자법 제188조 제6항). 그 내용은 「(2) 시정명령과 취소·정지 (사) 제소」에서 논급한 바와 같다.

(자) 시·도지사의 시정명령을 시장·군수 및 자치구 구청장이 불이행함에도 시·도지사
     가 취소·정지를 하지 않는 경우

1) 의 의   주무부장관은 시·도지사가 시장·군수 및 자치구의 구청장에게 제1항에 따라 시정명령을 하였으나 이를 이행하지 아니한 데 따른 취소·정지를 하지 아니하는 경우에는 시·도지사에게 기간을 정하여 시장·군수 및 자치구의 구청장의 명령이나 처분을 취소하거나 정지할 것을 명하고, 그 기간에 이행하지 아니하면 주무부장관이 이를 직접 취소하거나 정지할 수 있다(지자법 제188조 제4항).[1]

---

1) 대판 1998. 7. 10, 97추67.

2) 사 유 자치사무에 관한 명령이나 처분에 대한 주무부장관 또는 시·도지사의 취소 또는 정지는 법령을 위반한 것에 한정한다(지자법 제188조 제 5 항). 단체위임사무의 경우에는 법령위반 외에 현저히 부당하여 공익을 해하는 명령이나 처분도 감독청의 취소·정지의 사유가 된다.

3) 시 기 명시적인 규정은 없지만, 주무부장관의 취소·정지는 주무부장관의 명령에서 정해진 이행기간이 경과한 후 상당한 기간 내에 이루어져야 할 것이다. 또한 시정이 법률상이나 사실상 불가능한 경우라면, 취소·정지권의 행사는 무의미할 것이다.[1]

4) 효 과 주무부장관에 의한 취소·정지가 이루어지면, 그것만으로 명령이나 처분은 취소되거나 정지된다. 지방자치단체가 별도로 취소처분이나 정지처분을 하여야 취소나 정지의 효력이 발생하는 것은 아니다. 말하자면, 주무부장관의 취소·정지는 형성적 행정행위에 해당한다.[2]

5) 기 속 성 주무부장관의 취소·정지가 기속적인가 아니면 재량적인가의 문제가 있다. 법문상으로는 "취소하거나 정지할 수 있다"라고 하는바, 재량적인 것으로 보인다. 그러나 시정명령사유가 법령위반인 경우에는 시정명령제도의 취지에 비추어 재량권이 영으로 수축된다고 할 것이므로 기속적인 것으로 볼 것이다.

6) 제 소 ① 지방자치법은 주무부장관이 시·도지사에게 발하는 「취소·정지하라는 명령」에 대한 제소가능 여부에 관해 규정하는 바가 없다. 이와 관련하여 「(2) 시정명령과 취소·정지 (사) 제소, 2) 요건」을 보라. ② 지방자치단체의 장은 자치사무에 관한 명령이나 처분의 취소 또는 정지에 대하여 이의가 있으면 그 취소처분 또는 정지처분을 통보받은 날부터 15일 이내에 대법원에 소를 제기할 수 있다(지자법 제188조 제6항). 그 내용은 「2) 시정명령과 취소·정지 (사) 지방자치단체의 장의 제소」에서 논급한 바와 같다.

(3) 사인의 권리보호 감독청이 피감독청(지방자치단체의 장)의 명령이나 처분을 취소 또는 정지함으로 인하여 사인의 법률상 이익이 위법하게 침해당하면, 그 사인은 감독청과 피감독청 중에서 누구를 피고로 하여 다툴 수 있는가의 문제가 있다. 독일의 지배적인 견해는 피감독청을 피고로 본다. 왜냐하면 대집행의 방식으로 감독청에 의해 수행된 처분은 외부관계에서 지방자치단체에 귀속되기 때문이라는 것

---

1) 김기진, 지방자치법주해, 714쪽.
2) 김기진, 지방자치법주해, 714쪽; 이일세, "지방자치단체에 대한 국가통제수단의 법적 문제," 지방자치법연구, 통권 제45호, 17쪽.

이다. 그러나 피감독청은 감독청의 처분을 원한 것도 아니고, 감독청의 처분에 대해
자신의 처분을 보호하는 입장이므로 지배적인 견해는 문제가 있다는 지적도 있다.1)

　(4) 시정제도의 한계　현행 지방자치법상 시정명령제도는 지방자치단체의 장
의 적극적인 의사결정작용인 명령이나 처분만을 대상으로 할 뿐, 의사결정의 부작
위(예: 의무규칙의 미제정)는 대상으로 하지 아니한다.2) 여기에 현행 시정명령제도는 한
계를 갖는다. 지방자치단체의 장의 의사결정의 부작위도 경우에 따라서는 위법하
게 주민권리를 침해할 수도 있으므로, 이에 대한 보완책의 마련이 필요하다. 한편,
현행 지방자치법상 시정명령제도는 지방자치단체의 상의 의사결정의 부작위도 대
상으로 한다는 견해도 있다.3)

　(5) 권한쟁의심판과 관할의 중복문제　감독청의 감독처분이 지방자치단체의 자
치권을 침해하는 경우, 대법원에 소를 제기하는 것과 아울러 헌법재판소에 권한쟁
의심판도 청구할 수 있는가의 문제가 있다. 이에 대하여 ① 법률이 명백히 법원의
관할권을 인정하고 있는 사항까지 헌법재판소의 관할권을 인정하는 것은 헌법상의
사법체계에 혼란을 가져올 수 있으므로 권한쟁의심판을 청구할 수 없다는 견해,4)
② 자치권침해 여부에 관한 분쟁은 권한쟁의의 전형에 해당하고, 권한쟁의에 대하
여는 보충성의 원칙을 규정하는 명문규정도 찾아볼 수 없으므로 권한쟁의심판을
청구할 수 있다는 견해,5) ③ 권한쟁의심판은 행정소송에 대하여 보충적인 관계에
있다고 볼 것이므로 행정소송으로 권리구제가 불가능한 경우에만 권한쟁의심판을
청구할 수 있다는 견해가 있다.6) 생각건대 개별 법률이 특정 사항에 대하여 명시
적으로 법원의 관할권을 규정하고 있다면, 그 규정을 특별규정으로 보아 그 특정
사항에 대하여는 헌법재판소의 관할권을 인정하지 않는 것이 타당하다. 물론 특별
규정에 규정되지 아니한 사항이라면 당연히 헌법재판소법이 정하는 바에 따라 권
한쟁의심판을 청구할 수 있다.

　(6) 감독청의 취소·정지제도에 대한 비판론　① 감독청의 취소·정지제도는
부당한 것이라는 견해가 있다.7) 그 이유는 법령위반 여부의 판단은 법률상 쟁송이

1) G. Lissack, Bayerisches Kommunalrecht, S. 230.
2) 김남철, 지방자치법주해, 710쪽.
3) 선정원, "국가와 지방자치단체·지방자치단체상호간·지방의회와 단체장 간의 분쟁발생 방지장치
　연구," 법제, 1990, 9-10, 17쪽.
4) 홍기태, "권한쟁의심판," 헌법재판제도의 이해, 법원도서관, 2001, 649쪽.
5) 헌법재판소, 헌법재판실무제요, 제 1 개정 증보판, 2008, 334쪽 이하.
6) 이기우, 지방자치행정법, 1991, 211쪽.
7) 김철용, "지방자치단체에 대한 국가의 감독," 공법연구, 1990, 87쪽: 김기진, 지방자치법주해, 716쪽.

며, 위법여부의 판단은 사법작용이지 행정작용은 아니어서 권력분립주의의 이념에 어긋나며, 헌법 제101조 제 1 항에 반한다는 것이다. 그러나 이러한 지적에 동의하기 어렵다. 왜냐하면 입법자는 최종적인 사법적 판단권을 법원에 유보하면서도 1차적인 판단권을 법원 이외의 기관에 부여할 수도 있으므로(예: 행정심판작용은 사법작용이지만 행정기관이 행한다) 감독청의 취소·정지제도가 권력분립원리에 어긋나는 것이라고 말하기 어렵다.1) 한편, ② 감독청의 취소·정지제도는 지방자치단체가 국가의 한 부분이라는 것으로부터 나오는 것이고, 감독청의 취소·정지에 대해서는 후술하는 바와 같이 소송의 제기가 가능하므로 또한 헌법에 반한다고 말하기 어렵다. ③ 그러나 입법론적 관점에서 볼 때, 지방자치제의 발전과 더불어 지방자치단체의 자치권을 최대한 존중하는 의미에서 감독청이 법원에 취소·정지를 구하는 방식으로 전환하는 것은 검토할 만하다고 본다.

제 2 목   단체위임사무에 대한 감독

I. 일 반 론

1. 관 념

(1) 의 의   단체위임사무에 대한 감독에는 적법성의 감독 외에 타당성의 감독이 있다. 말하자면 자치사무에는 적법성의 감독이 가해지지만, 단체위임사무에는 적법성의 감독(예: 판단여지의 하자, 불확정개념, 비례원칙위반의 통제)뿐만 아니라 타당성의 감독(예: 다수의 동등하게 적법한 선택 중에서 여론·비용 등을 고려하여 감독청의 최상의 합목적적인 지시에 따르도록 하는 명령)도 가해진다(법률로 적법성의 감독만을 규정할 수도 있다). 지방자치단체의 단체위임사무에 대한 감독에 타당성의 감독이 포함되는 것은 그 사무가 원래 위임자의 사무이기 때문이다. 적법성의 감독의 의미는 자치사무에서 언급한 바와 같다. 타당성의 감독은 수임자의 결정이 위임자인 감독청의 합목적성의 지도에 부합하는가에 관한 감독이다. 타당성의 감독은 행정기능의 확대·변화, 교통·통신의 발달, 전국에 공통하는 사무의 존재, 행정사무의 능률적 수행을 배경으로 한다. 요컨대 타당성의 감독의 본질은 합목적성의 확보에 있다.2) 한편, 타당성의 감독은

---

1) 조성규, "지방자치단체에 대한 국가감독의 법적 쟁점," 지방자치법연구, 통권 제51호, 359쪽.
2) Scholler/Bross, Grundzüge des Kommunalrechts in der Bunderrepublik Deutschland, S. 233.

직무상의 감독과 다르다. 직무상의 감독은 자연인인 공무원의 근무상의 감독이다.

(2) 법적 근거   단체위임사무의 감독에 관한 일반적인 법적 근거로 지방자치법 제185조, 제188조, 제192조 등이 있다. 이러한 조항들은 '법령위반'이라는 용어로서 적법성 감독을, '현저히 부당하여 공익을 해한다'는 표현으로서 타당성 감독을 나타내고 있다.

2. 감독청과 감독범위

(1) 감 독 청   지방자치단체나 그 장이 위임받아 처리하는 국가사무에 관하여 시·도에서는 주무부장관, 시·군 및 자치구에서는 1차로 시·도지사, 2차로 주무부장관의 지도·감독을 받는다(지자법 제185조 제1항). 제2차 감독의 원인은 제1차 감독기관이 의무에 반하여 활동하지 아니하거나, 위법하게 활동하는 경우이다. 한편, 시·군 및 자치구나 그 장이 위임받아 처리하는 시·도의 사무에 관하여는 시·도지사의 지도·감독을 받는다(지자법 제185조 제2항). 그리고 감사원은 모든 회계감사와 직무감찰을 행한다(감사원법 제22조, 제24조).

(2) 감독범위   감독청은 당연히 공법에 근거한 작용에 대하여 감독할 수 있다. 그리고 자치사무의 경우와 달리 단체위임사무의 경우에는 감독청이 사법에 근거하여 행한 작용까지 감독을 행할 수 있다고 볼 것이다. 왜냐하면 단체위임사무는 기본적으로 위임자의 사무이기 때문이다.

3. 감독수단도입의 요건

① 정보권과 승인유보제도는 예방적 수단이나 기타의 수단은 기본적으로 사후적 수단이다. 사후적 수단은 위법 또는 부당한 지방자치단체의 행위가 있어야만 사용될 수 있다고 볼 것이다. ② 자치사무의 경우와 마찬가지로 모든 감독수단은 단지 공공의 복지를 위하여 비례원칙에 따라 선택·사용되어야 한다. 그것은 법치국가의 기본원칙의 하나이다. ③ 자치사무의 경우와 마찬가지로 감독수단의 선택은 일반적으로 감독청의 재량에 놓인다. 그 재량은 의무에 합당한 재량을 말한다.

4. 감독처분과 권리보호

(1) 감독처분의 성질   단체위임사무에 대한 감독청의 지시(감독처분)의 법적 성질에 관해 비행정행위설과 행정행위설로 나뉜다. ① 행정행위설은 감독청의 지시는

일반적으로 작위 또는 부작위를 요구하는 것을 내용으로 한다는 점, 감독청은 국가
의 기관으로서 국가의 기관이 아닌 다른 법인체인 지방자치단체에 작위 또는 부작
위를 명하는 것이므로 지시는 외부효를 갖는다는 점, 위임사무를 수행하는 경우에
도 지방자치단체는 국가관청이 아니라 여전히 공법상 독립의 법인이라는 점, 자치
사무인가 위임사무인가를 불문하고 사인이 지방자치단체에 의해 이루어진 처분을
다투는 경우에는 당해 지방자치단체가 피고가 된다는 점 등을 논거로 한다. 한편
② 비행정행위설은 위임사무를 처리하는 경우에 있어서 지방자치단체는 국가행정
의 하부기관으로서 행위하는 것으로 간주되고, 따라서 이러한 경우에 있어서 국가
의 지방자치단체와의 관계는 내부관계로 이해되므로 감독처분은 원칙적으로 외부
효를 갖지 아니하고 내부효만을 갖는다고 한다. 비행정행위설이 타당하다. 비행정
행위설은 독일의 판례와 지배적 견해의 입장이기도 하다.1)

(2) 권리보호

(가) 원칙적 불가   지방자치단체는 감독청의 단체위임사무에 관한 처분에 대하
여 출소할 수 없다는 점에 별 다툼이 없어 보인다. 감독청의 지시를 비행정행위로
보는 독일의 판례와 지배적 견해도 출소가능성을 부인한다.2) 이 견해가 정당하다.
이러한 입장에 서면, 지방자치단체는 비법규상 권리구제수단의 도입을 통해 처분
의 시정을 구할 수 있을 뿐이다. 한편, 단체위임사무에 대한 감독청의 처분이 지방
자치단체의 권리를 침해하는 것은 아니라는 시각에서 감독청의 처분을 행정행위로
보면서도 소권에 의문을 제기하는 견해도 있다.3)

(나) 예외적 허용   지방자치단체는 감독청의 단체위임사무에 관한 처분에 대하
여 전혀 출소할 수 없다고 말할 수는 없다. 그러한 처분이 재판으로부터 자유로운
행위라고 단언할 수 없다. 그러한 처분이 지방자치단체의 고유한 권한인 자치권을
침해하는 처분, 즉 감독권을 벗어나는 처분에 대하여는 권리구제가 가능하여야 한
다. 말하자면 그러한 감독처분으로 인해 법적으로 보호되는 지방자치단체의 고유
한 이익이 침해되면, 그러한 감독처분은 행정행위인바, 지방자치단체는 출소할 수

1) Dols/Plate, Kommunalrecht, Rn. 390; H. Meyer, Kommunalrecht, Rn. 739; Seewald, Kommunalrecht, in: Steiner(Hrsg.), Besonderes Verwaltungsrecht, Rn. 367; BVerwG NVwZ 1983, 610, 611; NVwZ 1995, 165, 166; Schwirzke/Sansfuchs, Allgemeines Niedersächsisches Kommunalrecht, S. 186.
2) Dols/Plate, Kommunalrecht, Rn. 390; H. Meyer, Kommunalrecht, Rn. 739; Seewald, Kommunalrecht, in: Steiner(Hrsg.), Besonderes Verwaltungsrecht, Rn. 367; BVerwG NVwZ 1983, 610, 611; NVwZ 1995, 165, 166; Schwirzke/Sansfuchs, Allgemeines Niedersächsisches Kommunalrecht, S. 186.
3) Knemeyer, Bayerisches Kommunalrecht, Rn. 327.

있다고 본다.[1] 이러한 상황은 감독청의 감독이 입법자가 정한 감독권의 범위를 벗어나고, 이로 인하여 자치권을 침해한 경우에 발생할 수 있다(예: 자치사무의 수행을 위태롭게 할 정도로 많은 수의 지방자치단체 소속 공무원을 단체위임사무에 종사토록 하는 경우). 한편, 독일의 연방행정재판소는 위법한 행정집행의 명령으로 지방자치단체의 주관적인 권리가 침해되지는 아니한다는 입장이다. 그러나 이에 대해서는 지방자치단체의 법에의 구속과 관련하여 의문이 제기되기도 한다.[2]

(3) 사인의 감독청구권 ① 단체위임사무에 대한 감독은 기본적으로 감독청과 지방자치단체 사이의 문제이다. 그러나 이와 별도로 감독청과 주민과의 관계에서 감독청이 감독을 게을리하는 경우에 사인이 감독청에 대하여 감독권을 발동할 것을 청구할 수 있는 권리를 갖는가의 문제가 있다. 생각건대 사인은 원칙적으로 감독청에 대하여 지방자치단체의 행위의 적법성과 합목적성에 대하여 감독할 것을 청구할 수 있는 개인적 공권은 갖지 아니한다. 왜냐하면 감독은 오로지 공익을 위한 것으로 볼 것이기 때문이다.[3] ② 한편, 지방자치법 제21조(주민의 감사청구)가 정하는 바에 따라 일정 수 이상의 주민이 공동으로 감사청구를 할 수 있는 것은 주민의 권리에 속한다.

5. 감독수단의 유형

단체위임사무에 대한 감독수단은 자치사무의 경우와 마찬가지로 법적 근거와 관련하여 사실상 감독수단과 법령상 감독수단으로 구분할 수 있다. 감독과정은 실제로는 법령상 근거와 무관하게 지방자치단체와 감독청간의 비공식적인 접촉을 통해서 빈번히 이루어진다. 상당한 경우에 비공식적인 접촉이 활용될 것이지만, 비공식적인 접촉이 사실상 감독의 의미를 갖지 못한다면, 법령상 통제가 가해질 수밖에 없을 것이다. 법령상 감독수단은 사전적·예방적인 것과 사후적·교정적인 것으로 구분할 수 있다.

---

1) Dols/Plate, Kommunalrecht, Rn. 390; Schwirzke/Sansfuchs, Allgemeines Niedersächsisches Kommunalrecht, S. 186; BVerwG NVwZ 1995, 910.

2) H. Meyer, Kommunalrecht, Rn. 740.

3) Schmidt-Aßmann/Röhl, Kommunalrecht, in: Schmidt-Aßmann(Hrsg.), Besonderes Verwaltungsrecht, Rn. 43.

II. 사전적 수단

1. 조언·권고·지도

자치사무의 경우와 마찬가지로 단체위임사무의 경우에도 중앙행정기관의 장이나 시·도지사는 지방자치단체의 사무에 관하여 조언 또는 권고하거나 지도할 수 있으며(지자법 제184조 제1항 제1문), 이를 위하여 필요하면 지방자치단체에 자료의 제출을 요구할 수 있다(지자법 제184조 제1항 제2문). 지방자치단체의 장은 제1항의 조언·권고 또는 지도와 관련하여 중앙행정기관의 장이나 시·도지사에게 의견을 제출할 수 있다(지자법 제184조 제3항). 한편, 국가나 시·도는 지방자치단체가 그 지방자치단체의 사무를 처리하는 데에 필요하다고 인정하면 재정지원이나 기술지원을 할 수 있다(지자법 제184조 제2항).

2. 보고제도

지방자치법은 단체위임사무와 관련하여 보고에 관한 규정을 두고 있지 않다. 그러나 단체위임사무의 경우에는 후술하는 기관위임사무에 대한 감독원리를 유추하여 감독청은 지휘·감독의 수단으로서 관련 지방자치단체로부터 개개의 사무에 관하여 보고를 받을 수 있다고 본다(임탁정 제6조 참조).

3. 감 사

지방자치법은 단체위임사무와 관련하여 감사에 관한 규정을 두고 있지 않다. 그러나 단체위임사무의 경우에는 위임에 관한 일반규정 및 감독에 관한 일반규정인 지방자치법 제185조에 근거하여 사무수행에 필요한 범위 안에서 감독청(행정안전부장관 또는 시·도지사)은 관련 지방자치단체의 사무에 관하여 서류·장부 또는 회계를 감사할 수 있다고 본다.

III. 사후적 수단

1. 이의제도(지방의회에 대한 감독)

(1) 의 의   단체위임사무에 관한 지방의회의 의결이 법령에 위반되거나 공익을 현저히 해친다고 판단되는 경우에도 자치사무에 관한 지방의회의 의결이 법령

에 위반되거나 공익을 현저히 해친다고 판단되는 경우와 마찬가지로 지방자치법상 감독청의 재의요구의 명령, 해당 지방자치단체의 장의 재의요구, 재의결, 당해 지방자치단체의 장의 제소, 감독청의 제소지시와 직접제소의 내용이 그대로 적용된다(지자법 제192조).

(2) 문 제 점   지방자치법상 이의제도는 지방의회의 적극적인 의사결정작용인 의결만을 대상으로 할 뿐, 의사결정의 부작위(예: 의무조례의 미제정)는 대상으로 하지 아니하므로, 자치사무의 경우와 같이 단체위임사무의 경우에도 이의제도는 한계를 갖는다. 지방의회의 의사결정의 부작위도 경우에 따라서는 위법하게 주민권리를 침해할 수도 있으므로, 이에 대한 보완책의 마련이 역시 필요하다.

2. 시정제도(지방자치단체장에 대한 감독)

(1) 의 의   시정제도란 지방자치단체의 상의 위법·부당한 명령이나 치분에 대하여 감독청이 그 시정을 요구하는 제도를 말한다(지자법 제188조). 그 의미와 내용은 자치사무에 대한 감독에서 논급한 바와 같다. 이러한 시정명령제도는 자치사무 외에 단체위임사무에도 적용된다. 왜냐하면 단체위임사무도 지방자치단체의 사무에 속하기 때문이다. 그러나 단체위임사무에 대한 시정명령의 사유에 법령위반 외에 부당이 포함된다는 점, 시정명령은 감독청의 자신의 권한에 속하는 사항에 관한 것이므로 내부적 행위의 성격을 가지는바, 행정절차법상 행정처분의 일종으로 보기 어렵다는 점, 시정명령의 불이행시에 가해지는 취소·정지처분에 대하여 대법원에 출소가 허용되지 아니한다는 점에서 자치사무에 대한 시정명령과 차이점을 갖는다.

(2) 문 제 점   지방자치법상 시정명령제도는 지방자치단체의 장의 적극적인 의사작용인 명령이나 처분만을 대상으로 할 뿐, 의사결정의 부작위(예: 의무규칙의 미제정)는 대상으로 하지 아니한다. 그러나 감독청은 위임에 관한 일반규정에 근거하여 부작위된 행위의 이행을 명할 수 있다고 볼 것이다.

제 3 목   기관위임사무에 대한 감독

Ⅰ. 일 반 론

1. 관 념

기관위임사무(機關委任事務)에 대한 감독에도 단체위임사무와 마찬가지로 적법성의 감독 외에 타당성의 감독이 있다. 적법성의 감독과 타당성의 감독을 합하여 전문감독이라 불리기도 한다. 적법성의 감독과 타당성의 감독의 의미내용은 단체위임사무의 경우와 같다. 한편, 기관위임사무의 감독에 관한 법적 근거로 지방자치법 제185조, 제189조 등이 있다.

2. 감독청과 감독범위

① 지방자치단체나 그 장이 위임받아 처리하는 국가사무에 관하여 시·도에서는 주무부장관, 시·군 및 자치구에서는 1차로 시·도지사, 2차로 주무부장관의 지도·감독을 받는(지자법 제185조 제 1 항). 제 2 차 감독의 원인과 제 2 차 감독의 방법의 내용은 단체위임사무의 경우와 같다. 한편, 시·군 및 자치구나 그 장이 위임받아 처리하는 시·도의 사무에 관하여는 시·도지사의 지도·감독을 받는다(지자법 제185조 제 2 항). 그리고 감사원은 모든 회계감사와 직무감찰을 행한다(감사원법 제22조, 제24조). ② 감독의 범위는 단체위임사무의 경우와 동일하다.

Ⅱ. 사전적 수단

1. 조언·권고·지도

단체위임사무의 경우와 달리 지방자치법상 명문의 규정이 없지만, 위임에 관한 일반규정에 의하여 기관위임사무의 경우에도 중앙행정기관의 장 또는 시·도지사는 지방자치단체의 사무에 관하여 조언 또는 권고하거나 지도할 수 있다고 볼 것이다(임탁정 제 6 조 참조).

2. 보고제도

지방자치법은 기관위임사무와 관련하여 보고에 관한 규정을 두고 있지 않다.

그러나 기관위임사무의 경우에도 위임에 관한 일반규정에 의해 임무수행에 필요한 것인 한, 감독청은 관련 지방자치단체로부터 개개의 사무에 관하여 보고를 받을 수 있다고 볼 것이다(임탁정 제6조 참조).

3. 감 사

지방자치법은 기관위임사무와 관련하여 감사에 관한 규정을 두고 있지 않다. 그러나 기관위임사무에도 위임에 관한 일반규정 및 감사에 관한 일반규정에 근거하여 사무수행에 필요한 범위 안에서 감독청은 관련 지방자치단체의 사무에 관하여 수임사무처리상황, 서류·장부 또는 회계를 감사할 수 있다고 볼 것이다(임탁정 제9조 참조).

III. 사후적 수단

1. 시정제도

지방자치법이 규정하는 지방의회에 대한 감독수단인 이의제도와 지방자치단체의 장에 대한 감독수단인 시정제도는 자치사무와 단체위임사무에 적용될 뿐, 기관위임사무에는 적용되지 아니한다. 그러나 기관위임사무의 경우에는 사정이 다르다. 지방자치단체 의장에 대한 국가의 기관위임사무는 국가사무의 위임에 관한 일반규정이라 할 정부조직법 제6조 및 행정사무의 위임 및 위탁에 관한 규정이 정하는 바에 따라 감독청의 시정명령이나 취소·정지의 대상이 된다. 광역지방자치단체의 장의 기초지방자치단체의 장에 대한 기관위임사무는 지방자치법 제117조 제2항 등이 정하는 바에 따라 시정명령이나 취소·정지의 대상이 된다. 기관위임을 한 기관은 비교적 광범위한 지휘·감독권을 갖는다.[1]

2. 직무이행명령제도[2]

(1) 제도의 의의와 취지

(가) 의 의　　지방자치법은 기관위임사무에 대한 감독수단으로 직무이행명령제도를 규정하고 있다.[3] 직무이행명령이란 지방자치단체의 장이 기관위임사무의 집

---

1) 대판 2017. 9. 21, 2016두55629.
2) [관련논문] 김희진, "지방자치단체의 자치고권 보장을 위한 직무이행명령의 개선에 관한 연구," 지방자치법연구, 통권 제56호, 219쪽 이하.
3) 직무이행명령제도는 독일의 입법례에서 유래된 제도이나 일본의 입법례로부터 영향을 받아 다소 절충적인 형태로 되어 있다는 견해가 있다(정남철, "지방자치단체에 대한 국가감독 및 사법적 통제," 지방자치법연구, 통권 제51호, 326쪽).

행 등을 게을리하는 경우에 감독청이 그 이행을 명하여 부작위를 시정하는 제도를 말한다. 이행을 명령할 수 있는 감독청의 권한을 직무이행명령권이라 한다.[1] 감독청의 직무이행명령권은 지방자치단체의 장에 대한 것이지, 지방의회에 대한 것이 아니다. 직무이행명령은 기관위임사무에만 적용될 뿐이고, 자치사무나 단체위임사무에는 적용되지 아니한다. 위임사무는 일반적으로 단체위임사무를 말한다는 이유로 직무이행명령의 대상을 단체위임사무로 보는 견해도 있으나,[2] 지방자치법 제189조의 문면상 동의하기 어렵다.

　　(나) 취 지　　판례는 "직무이행명령 제도의 취지는 국가위임사무나 시·도위임사무의 관리·집행에서 위임기관과 수임기관 사이의 지위와 권한, 상호 관계 등을 고려하여, 수임기관인 지방자치단체의 장이 해당 사무에 관한 사실관계의 인식이나 법령의 해석·적용에서 위임기관과 견해를 달리하여 해당 사무의 관리·집행을 하지 아니할 때, 위임기관에는 그 사무집행의 실효성을 확보하기 위하여 수임기관인 지방자치단체의 장에 대한 직무이행명령과 그 불이행에 따른 후속 조치를 할 권한을 부여하는 제도"로 이해한다.[3]

　　(2) 요 건

　　(가) 규정내용　　지방자치단체의 장이 법령에 따라 그 의무에 속하는 국가위임사무나 시·도위임사무의 관리와 집행을 명백히 게을리하고 있다고 인정되면 시·도에 대해서는 주무부장관이, 시·군 및 자치구에 대해서는 시·도지사가 기간을 정하여 서면으로 이행할 사항을 명령할 수 있다(지자법 제189조 제1항).

　　(나) 주체　　직무이행명령의 주체는 시·도에 대하여는 주무부장관, 시·군 및 자치구에 대하여는 시·도지사이다.

　　(다) 대 상

　　(a) 대상 사무　　직무이행명령의 대상은 법령의 규정에 따라 장의 의무에 속하는 국가위임사무나 시·도위임사무, 즉 장의 기관위임사무이다. 판례의 입장도 같다.[4] 그 사무의 내용에는 일반추상적인 법규정립행위(예: 규칙발령)뿐만 아니라 개별구체적인 행위(예: 행정행위)도 포함되며, 사실행위도 포함된다.

　　(b) 법령상 의무의 준부의 판단　　판례는 "직무이행명령의 요건 중 '법령의 규정에 따라 지방자치단체의 장에게 특정 국가위임사무나 시·도위임사무를 관리·집

---

　1) 대판 2013. 6. 27, 2009추206.
　2) 홍준형, "지방자치법상 직무이행명령제도," 고시계, 1990. 5, 77쪽.
　3) 대판 2020. 3. 27, 2017추5060.
　4) 대판 2015. 9. 10, 2013추517.

행할 의무가 있는지' 여부의 판단대상은 문언대로 그 법령상 의무의 존부이지, 지
방자치단체의 장이 그 사무의 관리·집행을 하지 아니한 데 합리적 이유가 있는지
여부가 아니다. 그 법령상 의무의 존부는 원칙적으로 직무이행명령 당시의 사실관
계에 관련 법령을 해석·적용하여 판단하되, 직무이행명령 이후의 정황도 고려할
수 있다"는 견해를 취한다.[1]

(라) 사유와 형식   ① 직무이행명령의 사유는 장이 「기관위임사무의 관리 및
집행을 명백히 게을리하고 있는 것」이다. 장이 기관위임사무의 관리 및 집행을 단
순히 하고 있지 않다는 것이 아니라 명백히 게을리하고 있는 경우이어야 한다. 명
백한지의 여부는 통상인을 기준으로 객관적으로 판단되어야 한다.[2] 게을리하고 있
는 데에 정당한 사유가 있다면(예: 상당한 예산의 부족이나 인력의 부족), 여기서 말하는 게
을리하고 있는 경우에 해당하지 아니한다. ② 시정명령의 형식은 서면으로 하여야
한다. ③ 그리고 그 서면에는 기간을 정하여야 한다. 그 기간은 직무이행명령을 수
행하는 데 필요한 상당한 기간이어야 한다.

(마) 재 량 성   시정명령이 재량적인가 아니면 기속적인가의 문제가 있다. "명
령할 수 있다"는 법문의 표현상 재량적인 것으로 보인다. 그 재량은 의무에 합당한
재량을 말한다. 그러나 재량이 영으로 수축되는 경우에는 기속적인 것이 된다.

(3) 효 과

(가) 의무의 부과   주무부장관이나 시·도지사의 이행명령으로 인해 해당 지방
자치단체의 장은 게을리하고 있는 위임사무를 처리하여야 할 의무가 발생한다. 이
행명령의 발령 전에 지방자치단체의 장이 부담하는 의무는 지방자치법 제189조 제
1 항의 표현상 법령의 규정에 따라 발생하는 것이지만, 이행명령으로 인해 발생하
는 지방자치단체의 장이 부담하는 의무는 이행명령 그 자체에 따라 발생하는 것인
점에서 양자간에 차이가 난다.

(나) 의무이행의 강제   주무부장관이나 시·도지사는 해당 지방자치단체의 장이
제 1 항의 기간에 이행명령을 이행하지 아니하면 그 지방자치단체의 비용부담으로
대집행 또는 행정상·재정상 필요한 조치(이하 이 조에서 "대집행등"이라 한다)를 할 수
있다(지자법 제189조 제 2 항 본문). 이 경우 행정대집행에 관하여는 「행정대집행법」을
준용한다(지자법 제189조 제 2 항 단서). 불이행의 사유는 원칙적으로 문제되지 아니한다.
법문의 표현상 대집행과 행정·재정상 필요한 조치는 선택관계에 있는 것으로 보이
지만, 대집행과 행정·재정상 필요한 조치는 병합적으로 동시에 이루어질 수도 있

---

1) 대판 2020. 3. 27, 2017추5060.
2) 대판 2013. 6. 27, 2009추206; 홍준형, 지방자치법주해, 726쪽.

다. 대집행의 경우에는 행정대집행법이 적용된다. 한편, 행정상·재정상 필요한 조치가 무엇을 의미하는지는 명백하지 않다. 직무이행명령제도의 취지에 비추어 직무이행명령의 주체가 지방자치법 등 관련법령상 갖는 각종 권한의 행사를 의미하는 것으로 볼 것이다.[1]

(4) 단체장의 제소

(가) 의 의   지방자치단체의 장은 제 1 항에 따른 이행명령에 이의가 있으면 이행명령서를 접수한 날부터 15일 이내에 대법원에 소를 제기할 수 있다(지자법 제189조 제 6 항 본문). 이 경우 지방자치단체의 장은 이행명령의 집행을 정지하게 하는 집행정지결정을 신청할 수 있다(지자법 제189조 제 6 항 단서). 법문상 소송제기의 여부는 당해 지방자치단체의 장의 재량으로 규정되고 있다. 단체장에 제소를 허용하는 취지는 "위임사무의 관리·집행에 관한 양 기관 사이의 분쟁을 대법원의 재판을 통하여 합리적으로 해결하고 그 사무집행의 적법성과 실효성을 보장하려는 데 있다"는 것이 판례의 견해이다.

(나) 요 건   ① 원고는 지방자치단체의 장이다. ② 피고는 주무부장관이나 시·도지사이다. ③ 소의 대상은 기관위임사무에 관한 직무이행명령이다. 한편, 지방자치법에는 「주무부장관의 직접 대집행을 대상으로 하는 소」에 관해서는 규정하는 바가 없다. 제소의 가능 여부는 행정소송법에 따라 판단할 문제이다. 사안에 따라서는 행정소송의 제기가 가능한 경우도 있을 수 있다. ④ 제소기간은 이행명령서를 접수한 날부터 15일 이내이다. ⑤ 관할법원은 대법원이다.

(다) 문 제 점   이행명령은 기관위임사무에 대한 것이어서 이행명령을 수행하여야 하는 지방자치단체의 장은 위임자의 하급기관의 지위를 갖는 것이므로, 이행명령에 대하여 지방자치단체가 소송을 제기할 수 있다는 것은 하급기관이 상급기관을 상대로 상급기관의 사무에 대하여 다투는 것이 되는데, 이것은 행정조직의 원리상으로는 이해하기 어렵다.[2] 생각건대 기관위임사무는 적기에 수행되어야 한다는 점, 기관위임사무도 실제상으로는 지방자치단체의 공무원에 의해 수행된다는 점, 그리고 기관위임사무는 당해 지방자치단체의 이해에도 관련을 맺을 수 있다는 점 등을 고려하여 입법자가 정책적으로 인정한 것이라 볼 수는 있을 것이다.

(5) 시·도지사가 이행명령을 하지 않는 경우

(가) 「시·도지사는 이행명령을 하라」라는 주무부장관의 명령   주무부장관은 시

---

1) 홍준형, 지방자치법주해, 727쪽.
2) 박균성, 행정법론(하)(2014), 202쪽.

장·군수 및 자치구의 구청장이 법령에 따라 그 의무에 속하는 국가위임사무의 관리와 집행을 명백히 게을리하고 있다고 인정됨에도 불구하고 시·도지사가 제 1 항에 따른 이행명령을 하지 아니하는 경우 시·도지사에게 기간을 정하여 이행명령을 하도록 명할 수 있다(지자법 제189조 제3항). 이 조항은 2022. 1. 13. 시행 지방자치법 전부개정법률에 신설된 것이다.

    (나) 시·도지사의 불응 시, 주무부장관의 취소·정지   주무부장관은 시·도지사가 제 3 항에 따른 기간에 이행명령을 하지 아니하면 제 3 항에 따른 기간이 지난 날부터 7일 이내에 직접 시장·군수 및 자치구의 구청장에게 기간을 정하여 이행명령을 하고, 그 기간에 이행하지 아니하면 주무부장관이 직접 대집행등을 할 수 있다(지자법 제189조 제4항). 이 조항은 2022. 1. 13. 시행 지방자치법 전부개정법률에 신설된 것이다.

    (다) 제 소   앞의 (4)(나)의 경우와 같다.

    (6) 시·도지사의 시정명령을 시장·군수 및 자치구 구청장이 불이행함에도 시
        도지사가 대집행 등을 하지 않는 경우

    (가) 「시·도지사는 대집행등을 하라」라는 명령, 직접 대집행   주무부장관은 시·도지사가 시장·군수 및 자치구의 구청장에게 제 1 항에 따라 이행명령을 하였으나 이를 이행하지 아니한 데 따른 대집행등을 하지 아니하는 경우에는 시·도지사에게 기간을 정하여 대집행등을 하도록 명하고, 그 기간에 대집행등을 하지 아니하면 주무부장관이 직접 대집행등을 할 수 있다(지자법 제189조 제5항). 이 조항은 2022. 1. 13. 시행 지방자치법 전부개정법률에 신설된 것이다.

    (나) 제 소   지방자치법에는 주무부장관의 직접 대집행에 대한 소에 관하여 규정하는 바가 없다. 제소의 가능 여부는 행정소송법에 따라 판단할 문제이다. 사안에 따라서는 행정소송의 제기가 가능한 경우도 있을 수 있다.

    (7) 대집행소송제도 도입론   직무이행명령의 불이행에 따른 국가기관에 의한 직접적인 대집행권의 행사는 이에 대한 불복절차조차 규정하고 있지 않은 법현실을 고려할 때 자치권 침해의 직접적인 원인을 제공하고 있다는 전제 하에 지방자치법 제189조를 개정하여 직무이행명령에 따른 국가기관에 의한 대집행권 행사를 폐지하고 ―물론, 동조 제 3 항에서 규정하고 있는 직무이행명령도 폐지하고― 국가기관에 의한 대집행소송제도의 도입을 주장하는 견해도 있다.[1]

---

[1] 김상태, "기관위임사무에 대한 감독 수단으로서의 대집행소송제도 도입방안―지방자치법 제170조의 논의를 중심으로―", 지방자치법연구, 통권 제45호, 110쪽.

제 7 장

서울특별시 및
대도시 등과
세종특별자치시 및
제주특별자치도의
행정특례

Ⅰ. 자치구의 재원 조정

1. 의 의

특별시장이나 광역시장은 「지방재정법」에서 정하는 바에 따라 해당 지방자치단체의 관할 구역의 자치구 상호 간의 재원을 조정하여야 한다(지자법 제196조). 특별시장 및 광역시장은 대통령령으로 정하는 보통세 수입의 일정액을 조정교부금으로 확보하여 조례로 정하는 바에 따라 해당 지방자치단체 관할구역의 자치구 간 재정력 격차를 조정하여야 한다(지정법 제29조의2 제1항). 재원조정은 특별시·광역시 자치구 간에 나타나는 재정격차의 해소를 통해 자치구 간에 균형 있는 행정서비스의 제공이 이루어지도록 하기 위한 것이다.

2. 종 류

지방재정법 제29조의2에 따른 조정교부금은 일반적 재정수요에 충당하기 위한 일반조정교부금과 특정한 재정수요에 충당하기 위한 특별조정교부금으로 구분하여 운영하되, 특별조정교부금은 민간에 지원하는 보조사업의 재원으로 사용할 수 없다(지정법 제29조의3).

3. 내 용

(1) **지방자치법에 따른 조정교부금** 지방자치법 제196조에 따른 자치구 상호 간의 조정 재원은 해당 시세 중 「지방세기본법」 제8조 제1항 제1호 각 목의 보통세(광역시의 경우에는 「지방세법」 제7장 제3절의 주민세 사업소분과 같은 장 제4절의 주민세 종업원분은 제외한다)로 한다(지자령 제117조 제1항).

(2) **지방재정법에 따른 조정교부금** 특별시장 및 광역시장은 「지방세법」 제43조 제2호의 장외발매소(같은 법 같은 조 제1호의 경륜등의 사업장과 함께 있는 장외발매소는 제외한다)에서 발매한 승자투표권등에 대하여 자치구에서 징수한 레저세의 100분의 20에 해당하는 금액을 그 장외발매소가 있는 자치구에 각각 배분하여야 한다(지정법 제29조의2 제2항).[1]

---

1) 지방재정법은 자치구의 재원 조정 수단으로서 조정교부금 외에 시·도(특별시 제외)의 시·군 간의 재정력 격차를 조정하기 위한 조정교부금도 규정하고 있다(지정법 제29조).

II. 서울특별시의 특례

서울특별시의 지위·조직 및 운영에 대해서는 수도로서의 특수성을 고려하여 법률로 정하는 바에 따라 특례를 둘 수 있다.(지자법 제197조 제 1 항). 이에 의거하여 서울특별시 행정특례에 관한 법률이 제정되었다. 동 법률의 주요내용은 다음과 같다.

1. 서울특별시의 지위

서울특별시는 정부의 직할로 두되, 이 법에서 정하는 범위에서 수도로서의 특수한 지위를 가진다(서특법 제 2 조). 동법이 정하는 특례에는 일반행정운영상의 특례·수도권광역행정운영상의 특례의 두 유형이 있다.

2. 일반행정운영상 특례

(1) **지방채발행**   행정안전부장관이 「지방재정법」 제11조에 따라 서울특별시의 지방채 발행의 승인 여부를 결정하려는 경우에는 국무총리에게 보고하여야 한다(서특법 제 4 조 제 1 항).

(2) **자치사무감사**   행정안전부장관은 「지방자치법」 제190조에 따라 서울특별시의 자치사무에 관한 감사를 하려는 경우에는 국무총리의 조정을 거쳐야 한다(서특법 제 4 조 제 2 항).

(3) **공무원임용**   서울특별시 소속 국가공무원의 임용 등에 관한 「국가공무원법」 제32조 제 1 항부터 제 3 항까지, 제78조 제 1 항·제 4 항 및 제82조에 따른 소속 장관 또는 중앙행정기관의 장의 권한 중 대통령령으로 정하는 사항은 서울특별시장이 행사하며, 이와 관련된 행정소송의 피고는 같은법 제16조에도 불구하고 서울특별시장이 된다(서특법 제 4 조 제 5 항).

(4) **공무원서훈**   서울특별시 소속 공무원등에 대한 서훈의 추천은 상훈법 제 5 조 제 1 항에도 불구하고 서울특별시장이 한다(서특법 제 4 조 제 7 항).

3. 수도권광역행정상 특례

수도권 지역에서 서울특별시와 관련된 도로·교통·환경등에 관한 계획을 수립하고 그 집행을 할 때 관계 중앙행정기관의 장과 서울특별시장의 의견이 다른 경우에는 다른 법률에 특별한 규정이 없으면 국무총리가 이를 조정한다(서특법 제5조 제1항). 제 1 항의 조정에 필요한 사항은 대통령령으로 정한다(서특법 제 5 조

제2항).

Ⅲ. 세종특별자치시 특례

세종특별자치시의 지위·조직 및 행정·재정 등의 운영에 대해서는 행정체제의 특수성을 고려하여 법률로 정하는 바에 따라 특례를 둘 수 있다(지자법 제197조 제2항). 행정중심복합도시인 세종특별자치시를 설치함으로써 수도권의 과도한 집중에 따른 부작용을 시정하고 지역개발 및 국가 균형발전과 국가경쟁력 강화에 이바지함을 목적으로 세종특별자치시 설치 등에 관한 특별법(이하 세종법으로 부르기로 한다)이 제정되어 있다.1)

1. 국가의 책무

국가는 세종특별자치시의 지방자치 정착과 지역발전 실현에 필요한 관계 법령의 지속적인 정비 등 입법상·행정상 조치를 하여야 한다. 이 경우 제6조 제2항에 따른 세종특별자치시 행정체제의 특수성을 반영하여야 한다(세종법 제3조 제1항). 국가는 세종특별자치시와 인접 지역이 상생발전을 이룰 수 있는 시책과 지원방안을 마련하여야 한다(세종법 제3조 제2항). 국가는 세종특별자치시의 운영목표 및 그 목표달성도에 대한 평가 등을 통하여 세종특별자치시가 행정·재정 자주권을 제고하고 국가균형발전을 선도하는 구심점 역할을 수행할 수 있는 시책과 방안을 마련하여야 한다(세종법 제3조 제3항).

2. 세종특별자치시의 책무

세종특별자치시는 세종특별자치시에 대한 국가정책의 수립 및 시행에 적극 협력하여야 한다(세종법 제4조 제1항). 세종특별자치시는 국무총리와 세종특별자치시의 성과목표 및 평가에 관한 협약(교육 자치에 관한 사항을 포함한다)을 체결하여야 한다. 이 경우 국무총리는 각종 특례 및 규제완화 등의 결과가 세종특별자치시의 발전과 성장에 기여하고 있는지에 대한 평가와 그 평가결과에 따른 제도보완 등에 관하여 미리 관계 중앙행정기관의 장과 협의하여야 한다(세종법 제4조 제2항). 세종특별자치

---

1) [관련논문] 윤수정, "행정수도로서 세종시 건설에 관한 헌법적 정당성 검토," 지방자치법연구, 통권 제56호, 293쪽 이하; 윤수정, "국회 세종의사당 설치에 대한 헌법적 검토," 지방자치법연구, 통권 제65호, 49쪽 이하.

시는 이 법에 따라 조례로 정하도록 하거나 정할 수 있도록 한 사항에 대하여는 이 법의 취지에 맞게 세종특별자치시조례(이하 "시조례"라 한다)를 제정·개정하거나 폐지하는 조치를 하여야 한다(세종법 제4조 제3항).

Ⅳ. 제주특별자치도의 특례

제주특별자치도의 지위·조직 및 행정·재정 등의 운영에 대해서는 행정체제의 특수성을 고려하여 법률로 정하는 바에 따라 특례를 둘 수 있다(지자법 제197조 제2항). 이에 의거하여 제주특별자치도 설치 및 국제자유도시 조성을 위한 특별법이 제정되어 있다.

1. 제주도의 지위

정부의 직할로 제주특별자치도를 설치한다(제국법 제7조 제1항). 제주특별자치도의 관할 구역은 종전의 제주도의 관할 구역으로 한다(제국법 제7조 제2항). 제주특별자치도는 제주특별자치도 설치 및 국제자유도시 조성을 위한 특별법이 정하는 범위 안에서 특수한 지위를 가진다(제국법 제7조 제3항). 제주자치도는「지방자치법」제2조 제1항 및 제3조 제2항에도 불구하고 그 관할구역에 지방자치단체인 시와 군을 두지 아니한다(제국법 제10조 제1항).

2. 행정시의 특례

(1) 설 치   제주자치도의 관할구역에 지방자치단체가 아닌 시(이하 "행정시"라 한다)를 둔다(제국법 10조 제2항). 행정시의 폐지·설치·분리·합병, 명칭 및 구역은 도조례로 정한다. 이 경우 도지사는 그 결과를 행정안전부장관에게 보고하여야 한다(제국법 제10조 제4항). 행정시의 사무소 소재지는 도조례로 정하되, 제주특별자치도의회(도의회) 재적의원 과반수의 찬성을 받아야 한다(제국법 제10조 제5항).

(2) 시 장   행정시에 시장을 둔다(제국법 제11조 제1항). 행정시의 시장(이하 "행정시장"이라 한다)은 일반직 지방공무원으로 보하되, 도지사가 임명한다. 다만, 제12조 제1항에 따라 행정시장으로 예고한 사람을 임명할 경우에는 정무직 지방공무원으로 임명한다(제국법 제11조 제2항). 1)

---

1) [관련논문] 졸고, "제주특별자치도 행정시장 직선제, 제주발전 제3의 길—헌법위반 논란의 예방과 불식을 위한 법리적 검토—," 지방자치법연구, 통권 제37호, 3쪽 이하; 조성규, "제주행정체제개

(3) **부 시 장**   행정시에 부시장을 둔다(제국법 제14조 제 1 항). 행정시의 부시장은 일반직 지방공무원으로 임명하되, 도지사가 임명한다(제국법 제14조 제 2 항). 행정시의 부시장은 행정시장을 보좌하여 사무를 총괄하고, 소속직원을 지휘·감독한다(제국법 제14조 제 3 항).

(4) **행정기구**   행정시에 소관 행정사무를 분장하기 위하여 필요한 행정기구를 도조례로 정하는 바에 따라 두되, 직급은 대통령령으로 정하는 기준에 따라 도조례로 정한다(제국법 제15조).

3. 자치조직의 자율성

(1) **지방의회 및 집행기관의 구성**   「지방자치법」의 지방의회와 집행기관에 관한 규정에도 불구하고 따로 법률로 정하는 바에 따라 제주자치도의 지방의회와 집행기관의 구성을 달리할 수 있다(제국법 제 8 조 제 1 항).

(2) **인사청문회**   도지사는 「지방자치법」 제123조 제 2 항 단서에 따라 별정직 지방공무원으로 보하는 부지사에 대해서는 관계 법령의 규정에도 불구하고 그 임용 전에 도의회에 인사청문의 실시를 요청하여야 한다(제국법 제43조 제 1 항).

(3) **도의회 정책연구위원**   「지방자치법」 제41조에도 불구하고 도의회의 조례의 제정·개정·폐지, 예산·결산 심사, 행정사무 감사와 조사 등의 활동을 지원하고, 도의회의원 또는 「지방자치법」 제64조에 따른 위원회(제63조에 따른 교육위원회를 포함한다)의 의정활동을 지원하기 위하여 도의회에 최대 21명의 정책연구위원을 둘 수 있다(제국법 제39조 제 1 항).

(4) **감사위원회**   「지방자치법」 제190조(「지방교육자치에 관한 법률」 제 3 조에 따라 준용되는 경우를 포함한다) 및 「지방공무원법」 제81조에도 불구하고 제주특별자치도와 그 소속기관 등 도조례로 정하는 기관(이하 "감사대상기관"이라 한다) 및 그 기관에 속한 사람의 모든 업무와 활동 등을 조사·점검·확인·분석·검증하고 이 법 제135조에 따라 그 결과를 처리하는 사무(이하 "자치감사"라 한다)를 수행하기 위하여 도지사 소속으로 감사위원회(이하 "감사위원회"라 한다)를 둔다(제국법 제131조 제 1 항).

편에 있어 자치권의 확대에 관한 법적 쟁점과 과제—행정시장 직선제와 관련하여," 지방자치법연구, 통권 제37호, 33쪽 이하.

4. 주민참여의 특례[1]

(1) 주민투표   도지사는 「주민투표법」 제 7 조 제 2 항 제 3 호에도 불구하고 도조례로 정하는 예산 이상이 필요한 대규모 투자사업은 주민투표에 부칠 수 있다(제국법 제28조 제 1 항). 「주민투표법」 제 9 조 제 2 항에도 불구하고 주민투표청구권자 총수의 50분의 1 이상 5분의 1 이하의 범위에서 도조례로 정하는 수 이상의 서명으로 주민투표의 실시를 청구할 수 있다(제국법 제28조 제 2 항).

(2) 조례의 제정·개폐 청구   18세 이상의 주민(「공직선거법」 제18조에 따른 선거권이 없는 사람은 제외한다)으로서 다음 각 호(1. 제주자치도 관할구역에 주민등록이 되어 있는 사람, 2. 「재외동포의 출입국과 법적 지위에 관한 법률」 제 6 조 제 1 항에 따라 제주자치도의 국내거소신고인명부에 올라 있는 국민, 3. 출입국관리 관계 법령에 따라 대한민국에 계속 거주할 수 있는 자격(체류자격변경허가 또는 체류기간연장허가를 통하여 계속 거주할 수 있는 경우를 포함한다)을 갖추고 「출입국관리법」 제34조에 따라 제주자치도의 외국인등록대장에 올라 있는 사람으로서 도조례로 정하는 사람)의 어느 하나에 해당하는 사람은 「주민조례발안에 관한 법률」 제 5 조 제 1 항에도 불구하고 18세 이상 주민 총수의 110분의 1 범위에서 도조례로 정하는 주민 수 이상의 연서(連署)로 도지사에게 조례의 제정이나 개정·폐지를 청구할 수 있다(제국법 제29조 제 1 항).

(3) 주민소환   주민소환이란 주민들의 투표를 통해 선출직 공직자의 공직을 상실하게 하는 것을 말한다. 주민소환에 관하여 「제주특별자치도 설치 및 국제자유도시 조성을 위한 특별법」 등 다른 법률에 특별한 규정이 있는 경우를 제외하고는 이 법이 정하는 바에 따른다(주소법 제 6 조). 제주특별자치도 설치 및 국제자유도시 조성을 위한 특별법은 도교육감의 주민소환투표사무 관리(제국법 제30조), 주민소환투표의 대상 및 청구에 관한 특례(제국법 제31조), 도교육감의 권한행사의 정지 및 권한대행(제국법 제32조) 등에 관해 특례를 규정하고 있다.

---

1) [관련논문] 최우용, "제주특별자치도의 주민자치강화에 관한 법적 쟁점과 과제," 지방자치법연구, 통권 제37호, 65쪽 이하; 양승미, "제주특별자치도의 자치입법 강화를 위한 법적 쟁점 검토," 지방자치법연구, 통권 제33호, 제21쪽 이하.

5. 재정상 특례[1]

(1) 국가의 재정지원　국가는 제주자치도에 대한 재정지원이 제주자치도 설치 이전에 지원한 수준 이상이 되도록 보장한다(제국법 제125조 제 1 항). 국가는 제주자치 도의 발전을 위한 안정적인 재정확보를 위하여 중앙행정기관의 권한 이양과 각종 국가보조사업의 수행 등에 드는 비용에 대하여 「국가균형발전 특별법」의 국가균형 발전특별회계에 별도 계정을 설치하여 지원할 수 있다(제국법 제125조 제 2 항).

(2) 지방채 등의 발행　도지사는 제주자치도의 발전과 관계가 있는 사업을 위 하여 필요하면 「지방재정법」 제11조에도 불구하고 도의회의 의결을 마친 후 외채 발행과 지방채 발행 한도액의 범위를 초과한 지방채 발행을 할 수 있다. 이 경우 「지방재정법」 제11조 제 2 항에서 대통령령으로 정하는 지방채 발행 한도액을 초과 하여 지방체를 발행히려면 도의회 재적의원 과반수가 출석하고 출석의원 3분의 2 이상의 찬성을 받아야 한다(제국법 제126조).

(3) 예산편성 과정의 주민참여　도지사는 예산편성 과정에 주민이 공모방식 등으로 참여할 수 있도록 하여야 한다(제국법 제127조 제 1 항). 주민참여 예산의 범위, 참여 주민의 선정방법 및 절차, 주민참여과정 등에 관하여 필요한 사항은 도조례로 정한다(제국법 제127조 제 2 항).

6. 교육자치의 특례

(1) 교육위원회　제주자치도는 「지방자치법」 제64조에도 불구하고 도의회에 교육·과학·기술·체육과 그 밖의 학예(이하 "교육·학예"라 한다)에 관한 소관사항을 심 의·의결하기 위하여 상임위원회(이하 "교육위원회"라 한다)를 둔(제국법 제63조). 교육위원 회는 9명으로 구성하되, 도의회의원 4명과 「지방자치법」 제38조 및 「공직선거법」 의 지역선거구시·도의회의원선거에 관한 규정에 따라 별도로 선출한 도의회의원 (이하 "교육의원"이라 한다) 5명으로 구성한다(제국법 제64조 제 1 항).[2]

(2) 교육위원회의 심의·의결사항　교육위원회는 제주자치도의 교육·학예에 관한 다음 각 호(1. 조례안, 2. 예산안과 결산, 3. 특별부과금·사용료·수수료·분담금 및 가입금

---

1) [관련논문] 윤현석, "제주특별자치도의 체계적 개발을 위한 재원확충방안," 지방자치법연구, 통권 제15호, 137쪽 이하; 최성근, "제주특별자치도의 경제활성화를 위한 세제개편방안," 지방자치법연구, 통권 제15호, 5쪽 이하; 박훈, "제주행정체제개편과 재정 중립성의 법적 쟁점과 과제," 지방자치법연 구, 통권 제37호, 11쪽 이하.

2) [관련논문] 강인태·현승아, "제주특별자치도 교육의원 제도 운영의 문제점가 개선 과제에 대한 고 찰," 지방자치법연구, 통권 제67호, 209쪽 이하.

의 부과와 징수에 관한 사항, 4. 공채(公債) 모집안, 5. 기금의 설치·운용에 관한 사항, 6. 도조례로 정하는 중요재산의 취득·처분에 관한 사항, 7. 도조례로 정하는 공공시설의 설치·관리 및 처분에 관한 사항, 8. 법령과 조례에서 정한 사항을 제외한 예산 외 의무부담이나 권리의 포기에 관한 사항, 9. 청원의 수리와 처리, 10. 외국 지방자치단체와의 교류협력에 관한 사항, 11. 그 밖에 법령과 도조례에 따라 그 권한에 속하는 사항)의 사항을 심의·의결한다(제국법 제68조 제 1 항). 제1 항 제 5 호부터 제11호까지의 사항에 대한 교육위원회의 의결은 도의회 본회의의 의결로 본다(제국법 제68조 제 2 항).

(3) 도교육감   도교육감은 주민의 보통·평등·직접·비밀선거로 선출한다(제국법 제74조 제 1 항). 도교육감선거에 관하여 이 법에서 규정한 사항을 제외하고는「지방교육자치에 관한 법률」제 6 장 및 제 8 장을 준용한다(제국법 제74조 제 2 항).

7. 자치경찰의 특례[1]

지방자치단체 구역 내에서도 위험방지작용(경찰작용)은 지방자치단체의 핵심적인 사무 중의 하나이다. 지방자치를 주민에 의한 자치로 이해하면, 지방자치단체 구역 내의 경찰작용은 주민에 의해 이루어지는 자치경찰이 담당하는 방향으로 가야 할 것이다.[2]

---

1) [관련논문] 최우용, "자치경찰제 도입을 위한 법적 과제," 지방자치법연구, 통권 제 5 호, 71쪽 이하; 최우용, "자치경찰법의 이념적 한계와 법적 과제," 지방자치법연구, 통권 제10호, 이하; 김원중, "제주특별자치도 자치경찰제도의 특성 검토," 지방자치법연구, 통권 제12호, 225쪽 이하; 김원중, "제주특별자치도 자치경찰의 역할 검토," 지방자치법연구, 통권 제14호, 153쪽 이하; 이기춘, "자치경찰제도 도입논의의 보완을 위한 지역사회경찰활동론 고찰을 중심으로," 지방자치법연구, 통권 제14호, 115쪽 이하; 김원중, "제주자치경찰과 국가경찰간의 협약사무 개선방안," 지방자치법연구, 통권 제29호, 제299쪽 이하; 강기홍, "제주특별자치도의 자치경찰제 발전을 위한 법적 과제—자치경찰과 국가경찰 간 협약의 하자를 중심으로—," 지방자치법연구, 통권 제33호, 제47쪽 이하; 김재호·김원종, "자치경찰의 사무 역할에 관한 검토," 지방자치법연구, 통권 제40호, 110쪽 이하; 최철호, "한국의 자치경찰제도의 현황과 과제," 지방자치법연구, 통권 제47호, 110쪽 이하; 김원중, "제주자치경찰에 관한 지방자치 및 경찰사무 부합성 검토," 지방자치법연구, 통권 제51호, 405쪽 이하; 김원중, "자치경찰제도 입법적 방향 검토," 지방자치법연구, 통권 제52호, 89쪽 이하; 최은하, "행정경찰의 개념과 지역특성에 맞는 치안서비스," 지방자치법연구, 통권 제52호, 137쪽 이하; 김원중, "자치경찰제도 도입 논의에 관한 비판적 검토와 입법적 제안," 지방자치법연구, 통권 제54호, 111쪽 이하; 이영우·윤현석·견승엽, "실질적 지방분권을 위한 경찰권의 제주특별자치도 이양방안," 지방자치법연구, 통권 제56호, 245쪽 이하; 김원중, "자치경찰제도 도입 정부(안)에 관한 지방자치 부합성 검토," 지방자치법연구, 통권 제57호, 제343쪽; 김남욱, "지방자치 발전을 위한 자치경찰의 법적 과제," 이기춘, "한국 자치경찰제도의 이상적 모델," 지방자치법연구, 통권 제57호, 제29쪽 이하; 지방자치법연구, 통권 제59호, 제3쪽; 김원중, "지방분권개헌에 따른 자치경찰제도 재설정 검토," 지방자치법연구, 통권 제61호, 111쪽 이하; 김기갑, "문재인 정부의 자치경찰제에 관한 발전적 고찰," 지방자치법연구, 통권 제61호, 133쪽 이하; 김원중, "일원제 자치경찰제도 도입 모델에 대한 자치성 검토," 지방자치법연구, 통권 제67호, 311쪽 이하.
2) 자치경찰제도는 제도상 선택의 문제가 아니라 필수적으로 도입되어야 할 제도라는 주장도 있다(김

(1) **자치경찰조직** 제90조에 따른 자치경찰사무를 처리하기 위하여 「국가경찰과 자치경찰의 조직 및 운영에 관한 법률」제18조에 따라 설치되는 제주특별자치도자치경찰위원회(이하 "자치경찰위원회"라 한다) 소속으로 자치경찰단을 둔다(제국법 제88조 제 1 항).

(가) **자치경찰행정청**(자치경찰단장) 제주자치도의 자치경찰단의 자치경찰단장이 자치경찰행정청이 된다. 자치경찰단장은 도지사가 임명하며, 자치경찰위원회의 지휘·감독을 받는다(제국법 제89조 제 1 항). 자치경찰단장은 자치경무관으로 임명한다. 다만, 도지사는 필요하다고 인정하면 개방형직위로 지정하여 운영할 수 있다(제국법 제89조 제 2 항).

(나) **자치경찰집행기관**(자치경찰공무원) 자치경찰집행기관이란 자치경찰행정청이 명한 사항을 현장에서 현실적으로 수행하는 경찰기관을 말한다. 현장에 나서는 자치경찰공무원 전체를 의미한다. 도지사는 소속 자치경찰공무원의 임명·휴직·면직과 징계를 할 권한을 가진다(제국법 제107조). 자치경찰공무원의 계급은 자치경무관, 자치총경, 자치경정, 자치경감, 자치경위, 자치경사, 자치경장, 자치순경으로 구분한다(제국법 제106조).

(2) **자치경찰사무** 자치경찰은 다음 각 호의 사무(이하 "자치경찰사무"라 한다)를 처리한다(제국법 제90조).

1. 주민의 생활안전활동에 관한 사무

가. 생활안전을 위한 순찰 및 시설 운영

나. 주민참여 방범활동의 지원 및 지도

다. 안전사고와 재해·재난 등으로부터의 주민보호

라. 아동·청소년·노인·여성 등 사회적 보호가 필요한 사람의 보호와 가정·학교 폭력 등의 예방

마. 주민의 일상생활과 관련된 사회질서의 유지와 그 위반행위의 지도·단속

2. 지역교통활동에 관한 사무

가. 교통안전과 교통소통에 관한 사무

나. 교통법규위반 지도·단속

다. 주민참여 지역교통활동의 지원·지도

3. 공공시설과 지역행사장 등의 지역경비에 관한 사무

원중, "자치경찰제도 도입 논의에 관한 비판적 검토와 입법적 제안," 지방자치법연구, 통권 제54호, 112쪽).

　4. 「사법경찰관리의 직무를 수행할 자와 그 직무범위에 관한 법률」에서 자치
　　경찰공무원의 직무로 규정하고 있는 사법경찰관리의 직무

　5. 「즉결심판에 관한 절차법」 등에 따라 「도로교통법」 또는 「경범죄 처벌법」
　　위반에 따른 통고처분 불이행자 등에 대한 즉결심판 청구 사무

(3) 자치경찰에 대한 지원과 감독

　(가) 재정지원　　국가는 제주자치도가 자치경찰을 설치·운영하는 데 필요한
경비를 지원할 수 있다(제국법 제103조).

　(나) 시정명령과 재의요구　　① 행정안전부장관은 자치경찰사무와 관련하여 「지
방자치법」 제188조에 따른 시정명령을 하려면 미리 국가경찰위원회의 의견을 들어
야 한다(제국법 제104조 제1항). ② 행정안전부장관은 자치경찰사무와 관련한 도의회의
의결에 대하여 「지방자치법」 제192조에 따른 재의를 요구하려면 미리 국가경찰위원
회의 의견을 들어야 한다(제국법 제104조 제2항).

　(다) 감 사　　도지사는 제131조에 따라 감사위원회가 자치경찰사무에 대한 감
사를 할 때에는 제주자치도경찰청장 또는 경찰서장에게 참여를 요청할 수 있다(제
국법 제105조).

V. 대도시 등에 대한 특례

　대도시 등에 대한 특례 지방자치법, 지방자치분권 및 지방행정체제개편에 관
한 특별법 그리고 개별 법률에서[1] 볼 수 있다.[2]

---

1) 개별 법률로 ① 온천법, 산업집적법, 대기환경보전법, 물환경보전법, 악취방지법, 환경영향평가법,
국토계획법, 도시개발법, 도시정비법, 도시재정비법, 산업입지법, 주택법, 지적재조사에 관한 특별법,
공간정보법 등에서 인구 50만 이상의 대도시에 대한 특례를 규정하고 있고, ② 지방공기업법, 건축
법, 지방연구원법, 택지개발촉진법, 도시재정비법, 농지법, 박물관미술관법, 농지법, 개발제한구역법
등 8개 법률에서 인구 100만 이상의 대도시에 대한 특례를 규정하고 있다고 한다(김남욱, "실질적
지방자치의 실현을 위한 법제도로서 특례시 제도의 법적 쟁점," 지방자치법연구, 통권 제62호, 89쪽
이하).

2) [관련논문] 김남욱, "실질적 지방자치의 실현을 위한 법제로서 특례시 제도의 법적 쟁점," 지방자
치법연구, 통권 제62호, 81쪽 이하; 김수진, "한국·독일 비교를 통한 인구규모에 따른 자치권배분논
의와 지방의회운영·지원방안 개선에 관한 연구," 지방자치법연구, 통권 제63호, 199쪽 이하; 최철
호, "자치경찰제 도입의 법적 쟁점과 과제," 지방자치법연구, 통권 제70호, 101쪽 이하; 김남욱, "대
도시 및 특례시의 발전을 위한 공법적 과제—창원특례시를 중심으로—," 지방자치법연구, 통권 제71
호, 39쪽.

1. 지방자치법상 대도시 등의 특례

(1) 지방자치법상 대도시 등의 특례의 유형   지방자치법은 대도시 등의 특례를 3가지 유형으로 나누고 규정하고 있다(지자법 제198조 제 1 항, 제 2 항).

(가) 인구 50만 이상 대도시   서울특별시·광역시 및 특별자치시를 제외한 인구 50만 이상 대도시의 행정, 재정 운영 및 국가의 지도·감독에 대해서는 그 특성을 고려하여 관계 법률로 정하는 바에 따라 특례를 둘 수 있다(지자법 제198조 제 1 항).

(나) 인구 100만 이상 대도시   제 1 항에도 불구하고 서울특별시·광역시 및 특별자치시를 제외한「인구 100만 이상 대도시(이하 "특례시"라 한다)」의 행정, 재정 운영 및 국가의 지도·감독에 대해서는 그 특성을 고려하여 관계 법률로 정하는 바에 따라 추가로 특례를 둘 수 있다(지자법 제198조 제 2 항). 지방자치법은 이러한 대도시를 특례시라 부르고 있다.

(다) 특례 시·군·구   제 1 항에도 불구하고「실질적인 행정수요, 국가균형발전 및 지방소멸위기 등을 고려하여 대통령령으로 정하는 기준과 절차에 따라 행정안전부장관이 지정하는 시·군·구」의 행정, 재정 운영 및 국가의 지도·감독에 대해서는 그 특성을 고려하여 관계 법률로 정하는 바에 따라 추가로 특례를 둘 수 있다(지자법 제198조 제 2 항). 본 항에 따른 대통령령은「특례를 적용받을 수 있는 지방자치단체를 규정하는 것만」을 내용으로 하여야 한다.

(2) 특례 인정의 의미[1]

(가) 필 요 성   "인구에 따른 행정수요 대응한 인구에 따른 실질적 지방자치의 구현, 국가균형발전과 지역경쟁력 강화, 사무이양에 따른 사무배분과 재정분권의 실현, 대도시의 자치권한 행사. 지역특성과 다양성 기반의 실질적 지방자치 실현" 등이 특례·특례시가 필요한 이유로 제시되고 있다.

(나) 지정방법   특례는 법률로 정한다(지자법 제198조 제 1 항, 제 2 항). 제 1 항에 따른 인구 50만 이상 대도시와 제 2 항 제 1 호에 따른 특례시의 인구 인정기준은 대통령령으로 정한다.

(다) 지 위   특례는 모두 기초지방자치단체를 대상으로 한다. 특례로 대도시 등이 인정되면, 일반적인 기초지방자치단체에 비하여 보다 많은 사무권한을 부여받는다.

---

1) [관련논문] 김남욱, "실질적 지방자치의 실현을 위한 법제도로서 특례시 제도의 법적 쟁점," 지방자치법연구, 통권 제62호, 85쪽 이하.

(3) 특례의 내용   인구 50만 이상의 시에 대해서는 도가 처리하는 사무의 일부를 직접 처리하게 할 수 있다(지자법 제14조 제1항 제2호). 제1항의 배분기준에 따른 지방자치단체의 종류별 사무는 대통령령으로 정한다(지자법 제14조 제2항).

2. 지방자치분권 및 지방행정체제개편에 관한 특별법상 특례

(1) 대도시에 대한 사무특례   특별시와 광역시가 아닌 인구 50만 이상 대도시 및 100만 이상 대도시의 행정·재정 운영 및 지도·감독에 대하여는 그 특성을 고려하여 관계 법률에서 정하는 바에 따라 특례를 둘 수 있다. 다만, 인구 30만 이상인 지방자치단체로서 면적이 1천제곱킬로미터 이상인 경우 이를 인구 50만 이상 대도시로 본다(동법 제40조 제1항).

(2) 인구 100만 이상 대도시의 사무특례   특별시와 광역시가 아닌 인구 100만 이상 대도시의 장은 관계 법률의 규정에도 불구하고 다음 각 호의 사무를 처리할 수 있다(동법 제41조).

1. 「지방공기업법」 제19조 제2항에 따른 지역개발채권의 발행. 이 경우 미리 지방의회의 승인을 받아야 한다.
2. 「건축법」 제11조 제2항 제1호에 따른 건축물에 대한 허가. 다만, 다음 각 목의 어느 하나에 해당하는 건축물의 경우에는 미리 도지사의 승인을 받아야 한다.
   가. 51층 이상인 건축물(연면적의 100분의 30 이상을 증축하여 층수가 51층 이상이 되는 경우를 포함한다)
   나. 연면적 합계가 20만제곱미터 이상인 건축물(연면적의 100분의 30 이상을 증축하여 연면적 합계가 20만제곱미터 이상이 되는 경우를 포함한다)
3. 「택지개발촉진법」 제3조 제1항에 따른 택지개발지구의 지정(도지사가 지정하는 경우에 한한다). 이 경우 미리 관할 도지사와 협의하여야 한다.
4. 「도시재정비 촉진을 위한 특별법」 제4조 및 제12조에 따른 재정비촉진지구의 지정 및 재정비촉진계획의 결정
5. 「박물관 및 미술관 진흥법」 제18조에 따른 사립 박물관 및 사립 미술관 설립 계획의 승인
6. 「소방기본법」 제3조 및 제6조에 따른 화재 예방·경계·진압 및 조사와 화재, 재난·재해, 그 밖의 위급한 상황에서의 구조·구급 등의 업무
7. 도지사를 경유하지 아니하고 「농지법」 제34조에 따른 농지전용허가 신청서의 제출
8. 「지방자치법」 제112조에 따라 지방자치단체별 정원의 범위에서 정하는 5급 이하 직급별·기관별 정원의 책정
9. 도지사를 경유하지 아니하고 「개발제한구역의 지정 및 관리에 관한 특별조치법」

제 4 조에 따른 개발제한구역의 지정 및 해제에 관한 도시·군관리계획 변경 결정 요청. 이 경우 미리 관할 도지사와 협의하여야 한다.

(3) 인구 100만 이상 대도시의 보조기관 등

(가) 부 시 장 「지방자치법」제123조 제 1 항에도 불구하고 인구 100만 이상 대도시의 부시장은 2명으로 한다. 이 경우 부시장 1명은「지방자치법」제123조 제 4 항에도 불구하고 일반직, 별정직 또는 임기제 지방공무원으로 보(補)할 수 있다(동법 제42조 제 1 항). 제 1 항에 따라 부시장 2명을 두는 경우에 명칭은 각각 제 1 부시장 및 제 2 부시장으로 하고, 그 사무 분장은 해당 지방자치단체의 조례로 정한다(동법 제42조 제 2 항).

(나) 행정기구 「지방자치법」제59조, 제90조 및 제112조에도 불구하고 인구 100만 이상 대도시의 행정기구 및 정원은 인구, 도시 특성, 면적 등을 고려하여 대통령령으로 정할 수 있다(동법 제42조 제 3 항).

(4) 대도시에 대한 재정특례

(가) 도세의 추가 교부 도지사는「지방재정법」제29조에 따라 배분되는 조정교부금과 별도로 제40조 제 1 항에 따른 대도시의 경우에는 해당 시에서 징수하는 도세(원자력발전에 대한 지역자원시설세, 소방분 지역자원시설세 및 지방교육세는 제외한다) 중 100분의 10 이하의 범위에서 일정 비율을 추가로 확보하여 해당 시에 직접 교부하여야 한다(동법 제43조 제 1 항). 제 1 항에 따라 대도시에 추가로 교부하는 도세의 비율은 사무이양 규모 및 내용 등을 고려하여 대통령령으로 정한다(동법 제43조 제 2 항).

(나) 소방분 지역자원시설세 인구 100만 이상 대도시의 경우「지방세법」제142조 제 1 항에 따른 소방분 지역자원시설세는「지방세기본법」제 8 조 제 2 항 제 2 호 가목에도 불구하고 시세로 한다(동법 제43조 제 3 항).

제 8 장

특별지방자치
단체

I. 관 념[1]

1. 의 의

(1) **관련규정**　2개 이상의 지방자치단체가 공동으로 특정한 목적을 위하여 광역적으로 사무를 처리할 필요가 있을 때에는 특별지방자치단체를 설치할 수 있다. 이 경우 특별지방자치단체를 구성하는 지방자치단체(이하 "구성 지방자치단체"라 한다)는 상호 협의에 따른 규약을 정하여 구성 지방자치단체의 지방의회 의결을 거쳐 행정안전부장관의 승인을 받아야 한다(지자법 제199조 제 1 항). 이 조항은 2022. 1. 13. 시행 지방자치법전부개정법률에 신설되었다. 입법의 취지는 지역균형 발전의 흐름에 맞추어 초광역권 협력체계(메가시티)를[2] 용이하게 구축할 수 있도록 하는 법적 근거를 마련하기 위한 것으로 보인다.

(2) **지방자치단체조합과 비교**　특별지방자치단체는 "2개 이상의 지방자치단체가 공동으로 특정한 목적을 위하여 광역적으로 사무를 처리할 필요가 있을 때(지자법 제199조 제 1 항)" 설치할 수 있는데, 이러한 요건은 제176조 제 1 항이 정하는 지방자치단체조합의 설립요건인 "2개 이상의 지방자치단체가 하나 또는 둘 이상의 사무를 공동으로 처리할 필요가 있을 때('전부개정법률' 제176조 제 1 항)"의 한 형태에 해당한다. 왜냐하면 「공동으로 특정한 목적을 위하여 광역적으로 사무를 처리한다」는 것은 「하나 또는 둘 이상의 사무를 공동으로 처리하는 것」의 한 형태에 불과하기 때문이다. 그리고 양자 모드 법인이라는 점 등을 고려할 때, 제176조 이하가 규정하는 지방자치단체조합과 제199조 이하가 규정하는 특별지방자치단체가 본질적으로 달라 보이지 않는다.

2. 성 질

① 특별지방자치단체는 법인으로 한다(지자법 제199조 제 3 항). 지방자치법 제12장이 규정하는 특별지방자치단체는 지방자치법에 근거를 둔 공법인으로서 독자적으로 권리능력과 행위능력 등을 갖는다. ② 특별지방자치단체는 광의의 특별지방자치단체의[3] 일종이다. ③ 특별지방자치단체는 주민을 구성원으로 하고 있는 것이 아

---

1) [관련논문] 최우용, "특별지방자치단체의 의미와 과제." 지방자치법연구, 통권 제71호, 79쪽.
2) 연합뉴스(인터넷판), 2012. 7. 29. "'메가시티에 한 걸음 더' 부울경 특별지자체 합동추진단 개소" 참조.
3) 제 2 절 제 1 항 Ⅱ. 특별지방자치단체를 보라.

니므로 지역사단으로 보기는 어려운 면도 있다.

3. 구 성 원

① 특별지방자치단체의 구성원은 지방자치단체이며, 지방자치단체의 주민이나 장은 구성원이 아니다. ② 특별지방자치단체의 구성원은 반드시 지역적으로 접속되어 있는 지방자치단체이어야 하는 것은 아니다. ③ 특별지방자치단체의 구성원인 시·군 및 자치구는 반드시 동일한 광역지방자치단체에 속하여야 하는 것도 아니다. ④ 광역지방자치단체와 기초지방자치단체를 동시에 구성원으로 하는 특별지방자치단체는 인정되기 어려워 보인다. 즉, 특별지방자치단체는 법인격을 갖는 단체이고, 상대방이나 제 3 자와의 법률관계의 안정성과 명확성 등을 고려할 때 법인격의 부여는 법률의 명시적 규정에 의해서만 가능하다고 볼 것이므로, 광역지방자치단체와 기초지방자치단체 간에 광역적으로 사무를 처리를 위하여 특별지방자치단체조합의 결성을 허용하는 것은 어렵다.

4. 구 역

특별지방자치단체의 구역은 구성 지방자치단체의 구역을 합한 것으로 한다. 다만, 특별지방자치단체의 사무가 구성 지방자치단체 구역의 일부에만 관계되는 등 특별한 사정이 있을 때에는 해당 지방자치단체 구역의 일부만을 구역으로 할 수 있다(지자법 제201조).

5. 처리사무

특별지방자치단체의 처리사무에 자치사무는 당연히 포함된다. 지방자치법은 단순히 지방자치단체의 사무라고 규정하고 있을 뿐, 특별한 제한은 가하고 있지 아니하므로 단체위임사무도 포함된다. 다만, 특별지방자치단체를 설치하기 위하여 국가 또는 시·도 사무의 위임이 필요할 때에는 구성 지방자치단체의 장이 관계 중앙행정기관의 장 또는 시·도지사에게 그 사무의 위임을 요청할 수 있다(지자법 제199조 제 4 항). 그러나 기관위임사무는 포함된다고 보기 어렵다. 기관위임사무는 지방자치단체의 장의 사무이지 지방자치단체의 사무는 아니기 때문이다.

Ⅱ. 설 립

1. 임의설립과 설립의 권고

(1) 임의설립   ① 2개 이상의 지방자치단체는 자유로운 판단에 따라 특별지방자치단체를 설립할 수 있다(지자법 제199조 제 1 항). ② 특별지방자치단체를 설치하기 위하여 국가 또는 시·도 사무의 위임이 필요할 때에는 구성 지방자치단체의 장이 관계 중앙행정기관의 장 또는 시·도지사에게 그 사무의 위임을 요청할 수 있다(지자법 제199조 제 4 항).

(2) 설립의 권고   지방자치단체의 사무수행을 위해 국가가 조합의 설립을 강제하는 것은 지방자치단체의 조직고권에 대한 침해를 가져온다. 다만, 행정안전부장관은 공익상 필요하다고 인정할 때에는 관계 지방자치단체에 대하여 특별지방자치단체의 설치, 해산 또는 규약 변경을 권고할 수 있다. 이 경우 행정안전부장관의 권고가 국가 또는 시·도 사무의 위임을 포함하고 있을 때에는 사전에 관계 중앙행정기관의 장 또는 시·도지사와 협의하여야 한다(지자법 제200조).

2. 규 약

규약의 작성을 위한 협의는 공법상 합동행위의 일종이다. 특별지방자치단체의 규약은 조례는 아니지만, 조례에 준하는 일종의 자치법규의 성질을 갖는다.

(1) 규약에 포함될 사항   특별지방자치단체의 규약에는 법령의 범위에서 다음 각 호(1. 특별지방자치단체의 목적, 2. 특별지방자치단체의 명칭, 3. 구성 지방자치단체, 4. 특별지방자치단체의 관할 구역, 5. 특별지방자치단체의 사무소의 위치, 6. 특별지방자치단체의 사무, 7. 특별지방자치단체의 사무처리를 위한 기본계획에 포함되어야 할 사항, 8. 특별지방자치단체의 지방의회의 조직, 운영 및 의원의 선임방법, 9. 특별지방자치단체의 집행기관의 조직, 운영 및 장의 선임방법, 10. 특별지방자치단체의 운영 및 사무처리에 필요한 경비의 부담 및 지출방법, 11. 특별지방자치단체의 사무처리 개시일, 12. 그 밖에 특별지방자치단체의 구성 및 운영에 필요한 사항)의 사항이 포함되어야 한다(지자법 제202조 제 1 항).

(2) 지방의회의 의결 등   ① 특별지방자치단체를 구성하는 지방자치단체(이하 "구성 지방자치단체"라 한다)는 상호 협의에 따른 규약을 정하여 구성 지방자치단체의 지방의회 의결을 거쳐 행정안전부장관의 승인을 받아야 한다(지자법 제199조 제 1 항). ② 구성 지방자치단체의 장이 제 1 항 후단에 따라 행정안전부장관의 승인을 받았

을 때에는 규약의 내용을 지체 없이 고시하여야 한다. 이 경우 구성 지방자치단체
의 장이 시장·군수 및 자치구의 구청장일 때에는 그 승인사항을 시·도지사에게
알려야 한다(지자법 제199조 제 6 항).

(3) 행정안전부장관 승인

(가) 승인의 법적 성질   특별지방자치단체의 설립에 감독청의 승인을 요하게 한
것은 지방자치단체의 조직고권에 대한 침해를 뜻하지만, 조합이 법인으로서 권리
주체의 지위를 갖게 된다는 점을 고려하면, 본질적 내용에 대한 침해로 보기 어렵
다. 감독기관의 승인행위의 성질은 일반행정법상 인가에 해당한다. 승인요건의 구
비여부의 심사는 적법성 심사에 한정되어야 한다.

(나) 관계 중앙행정기관의 장, 시·도지사에 통지   ① 행정안전부장관은 제 1 항 후
단에 따라 규약에 대하여 승인하는 경우 관계 중앙행정기관의 장 또는 시·도지사
에게 그 사실을 알려야 한다(지자법 제199조 제 2 항). ② 행정안전부장관이 국가 또는
시·도 사무의 위임이 포함된 규약에 대하여 승인할 때에는 사전에 관계 중앙행정
기관의 장 또는 시·도지사와 협의하여야 한다(지자법 제199조 제 5 항).

(4) 규약의 변경

(가) 지방의회의 의결과 행정안전부장관의 승인   구성 지방자치단체의 장은 제 1
항의 규약을 변경하려는 경우에는 구성 지방자치단체의 지방의회 의결을 거쳐 행
정안전부장관의 승인을 받아야 한다. 이 경우 국가 또는 시·도 사무의 위임에 관
하여는 제199조 제 4 항 및 제 5 항을 준용한다(지자법 제202조 제 2 항).

(나) 고시·통지   구성 지방자치단체의 장은 제 2 항에 따라 행정안전부장관의
승인을 받았을 때에는 지체 없이 그 사실을 고시하여야 한다. 이 경우 구성 지방자
치단체의 장이 시장·군수 및 자치구의 구청장일 때에는 그 승인사항을 시·도지사
에게 알려야 한다(지자법 제202조 제 3 항).

(5) 설립의 효과   특별지방자치단체가 설립되면 규약에 따른 사무의 처리권
은 특별지방자치단체에 이전되고, 이로써 특별지방자치단체를 구성하는 지방자치
단체는 그 사무의 처리권을 잃게 된다. 특별지방자치단체의 설립은 사무처리권의
범위에 변화를 가져오므로 사무처리권의 범위로 인한 분쟁을 방지하기 위하여 특
별지방자치단체의 사무의 범위를 분명하게 해 둘 필요가 있다.

Ⅲ. 조 직[1]

1. 의 회

(1) **구 성**   특별지방자치단체의 의회는 규약으로 정하는 바에 따라 구성 지방자치단체의 의회 의원으로 구성한다(지자법 제204조 제 1 항).

(2) **의 원**   제 1 항의 지방의회의원은 제43조 제 1 항에도 불구하고 특별지방자치단체의 의회 의원을 겸할 수 있다(지자법 제204조 제 2 항).

(3) **중요안건의 통지**   특별지방자치단체의 의회가 의결하여야 할 안건 중 대통령령으로 정하는 중요한 사항에 대해서는 특별지방자치단체의 장에게 미리 통지하고, 특별지방자치단체의 장은 그 내용을 구성 지방자치단체의 장에게 통지하여야 한다. 그 의결의 결과에 대해서도 또한 같다(지자법 제204조 제 3 항).

2. 지방자치단체의 장

특별지방자치단체의 장은 규약으로 정하는 바에 따라 특별지방자치단체의 의회에서 선출한다(지자법 제205조 제 1 항). 구성 지방자치단체의 장은 제109조에도 불구하고 특별지방자치단체의 장을 겸할 수 있다(지자법 제205조 제 2 항).

3. 직 원

특별지방자치단체의 의회 및 집행기관의 직원은 규약으로 정하는 바에 따라 특별지방자치단체 소속인 지방공무원과 구성 지방자치단체의 지방공무원 중에서 파견된 사람으로 구성한다(지자법 제205조 제 3 항).

Ⅳ. 운 영

1. 기본계획

(1) **의 의**   특별지방자치단체의 장은 소관 사무를 처리하기 위한 기본계획(이하 "기본계획"이라 한다)을 수립하여 특별지방자치단체 의회의 의결을 받아야 한다. 기

---

1) [관련논문] 홍종현, "초광역 지방정부의 기관 간 견제와 균형에 관한 공법적 과제―지방자치법 전부개정을 통한 특별지방자치단체의 구체화를 중심으로―," 지방자치법연구, 통권 제71호, 3쪽.

본계획을 변경하는 경우에도 또한 같다(지자법 제203조 제 1 항). 특별지방자치단체는 기본계획에 따라 사무를 처리하여야 한다(지자법 제203조 제 2 항).

(2) 구성 지방자치단체에 필요조치 요구   특별지방자치단체의 장은 구성 지방자치단체의 사무처리가 기본계획의 시행에 지장을 주거나 지장을 줄 우려가 있을 때에는 특별지방자치단체의 의회 의결을 거쳐 구성 지방자치단체의 장에게 필요한 조치를 요청할 수 있다(지자법 제203조 제 3 항).

2. 사무처리상황 등의 통지

특별지방자치단체의 장은 대통령령으로 정하는 바에 따라 사무처리 상황 등을 구성 지방자치단체의 장 및 행정안전부장관(시·군 및 자치구만으로 구성하는 경우에는 시·도지사를 포함한다)에게 통지하여야 한다(지자법 제207조).

3. 재 정

(1) 경비부담   특별지방자치단체의 운영 및 사무처리에 필요한 경비는 구성 지방자치단체의 인구, 사무처리의 수혜범위 등을 고려하여 규약으로 정하는 바에 따라 구성 지방자치단체가 분담한다(지자법 제206조 제 1 항).

(2) 특별회계   구성 지방자치단체는 제 1 항의 경비에 대하여 특별회계를 설치하여 운영하여야 한다(지자법 제206조 제 2 항).

(3) 재정지원   국가 또는 시·도가 사무를 위임하는 경우에는 그 사무를 수행하는 데 필요한 재정적 지원을 할 수 있다(지자법 제206조 제 3 항).

V. 가입·탈퇴, 해산

1. 가입·탈퇴

(1) 신 청   특별지방자치단체에 가입하거나 특별지방자치단체에서 탈퇴하려는 지방자치단체의 장은 해당 지방의회의 의결을 거쳐 특별지방자치단체의 장에게 가입 또는 탈퇴를 신청하여야 한다(지자법 제208조 제 1 항).

(2) 신청 지방자치단체장의 존중   제 1 항에 따른 가입 또는 탈퇴의 신청을 받은 특별지방자치단체의 장은 특별지방자치단체 의회의 동의를 받아 신청의 수용 여부를 결정하되, 특별한 사유가 없으면 가입하거나 탈퇴하려는 지방자치단체의 의견을 존중하여야 한다(지자법 제208조 제 2 항).

(3) **절 차**　제 2 항에 따른 가입 및 탈퇴에 관하여는 제199조를 준용한다(지자법 제208조 제 3 항).

2. 해 산

(1) **의 의**　구성 지방자치단체는 특별지방자치단체가 그 설치 목적을 달성하는 등 해산의 사유가 있을 때에는 해당 지방의회의 의결을 거쳐 행정안전부장관의 승인을 받아 특별지방자치단체를 해산하여야 한다(지자법 제209조 제 1 항).

(2) **재산의 처분 등**　구성 지방자치단체는 제 1 항에 따라 특별지방자치단체를 해산할 경우에는 상호 협의에 따라 그 재산을 처분하고 사무와 직원의 재배치를 하여야 하며, 국가 또는 시·도 사무를 위임받았을 때에는 관계 중앙행정기관의 장 또는 시·도지사와 협의하여야 한다. 다만, 협의가 성립하지 아니할 때에는 당사자의 신청을 받아 행정안전부장관이 조정할 수 있나(지자법 제209소 제 2 항). 특별지방자치단체 설립시 미리 규약으로 정할 수도 있을 것이다.

Ⅵ. 관련 규정의 적용

1. 지방자치단체에 관한 규정의 준용

시·도, 시·도와 시·군 및 자치구 또는 2개 이상의 시·도에 걸쳐 있는 시·군 및 자치구로 구성되는 특별지방자치단체는 시·도에 관한 규정을, 시·군 및 자치구로 구성하는 특별지방자치단체는 시·군 및 자치구에 관한 규정을 준용한다. 다만, 제 3 조, 제 1 장 제 2 절, 제11조부터 제14조까지, 제17조 제 3 항, 제25조, 제 4 장, 제38조, 제39조, 제40조 제 1 항 제 1 호 및 제 2 호, 같은 조 제 3 항, 제41조, 제 6 장 제 1 절 제 1 관, 제106조부터 제108조까지, 제110조, 제112조 제 2 호 후단, 같은 조 제 3 호, 제123조, 제124조, 제 6 장 제 3 절(제130조는 제외한다)부터 제 5 절까지, 제152조, 제166조, 제167조 및 제 8 장 제 2 절부터 제 4 절까지, 제11장에 관하여는 그러하지 아니하다(지자법 제210조).

2. 다른 법률과의 관계

(1) **지방자치단체, 지방자치단체의 장**　다른 법률에서 지방자치단체 또는 지방자치단체의 장을 인용하고 있는 경우에는 제202조 제 1 항에 따른 규약으로 정하는 사무를 처리하기 위한 범위에서는 특별지방자치단체 또는 특별지방자치단체

의 장을 인용한 것으로 본다(지자법 제211조 제 1 항).

(2) 시·도, 시·도지사　법률에서 시·도 또는 시·도지사를 인용하고 있는 경우에는 제202조 제 1 항에 따른 규약으로 정하는 사무를 처리하기 위한 범위에서는 시·도, 시·도와 시·군 및 자치구 또는 2개 이상의 시·도에 걸쳐 있는 시·군 및 자치구로 구성하는 특별지방자치단체 또는 특별지방자치단체의 장을 인용한 것으로 본다(지자법 제211조 제 2 항).

(3) 시·군 및 자치구, 시장·군수 및 자치구의 구청장　다른 법률에서 시·군 및 자치구 또는 시장·군수 및 자치구의 구청장을 인용하고 있는 경우에는 제202조 제 1 항에 따른 규약으로 정하는 사무를 처리하기 위한 범위에서는 동일한 시·도 관할 구역의 시·군 및 자치구로 구성하는 특별지방자치단체 또는 특별지방자치단체의 장을 인용한 것으로 본다(지자법 제211조 제 3 항).

판례색인

사항색인

저자약력

서울대학교 법과대학 졸업
서울대학교 대학원 졸업(법학박사)
독일 Universität Tübingen, Universität Wuppertal, Freie Universität Berlin, 미국 University of
    California at Berkeley 등에서 행정법연구
한국공법학회 회장(현 고문)
한국지방자치법학회 회장(현 명예회장)
국가행정법제위원회 위원장(현)·행정법제혁신자문위원회 위원장·지방자치단체 중앙분쟁조정위원회 위원장·
    서울특별시민간위탁운영평가위원회 위원장·주식백지신탁심사위원회 위원장·행정자치부정책자문위원회
    위원장·지방분권촉진위원회위원·민주화운동관련자명예회복및보상심의위원회위원·헌법재판소공직자윤
    리위원회위원·행정소송법개정위원회위원·국무총리행정심판위원회위원·중앙분쟁조정위원회위원·중앙
    토지평가위원회위원·경찰혁신위원회위원·전국시장군수구청장협의회자문교수·서울특별시강남구법률자
    문교수 등
사법시험·행정고시·입법고시·외무고시·지방고등고시 등 시험위원
이화여자대학교 법과대학 교수
연세대학교 법학전문대학원·법과대학 교수

저   서
헌법과 정치(법문사, 1986)
행정법원리(박영사, 1990)
판례행정법(길안사, 1994)
사례행정법(신조사, 1996)
행정법연습(신조사, 초판 1999, 제 8 판 2008)
신행정법연습(신조사, 초판 2009, 제 2 판 2011)
행정법원론(상)(박영사, 초판 1992, 제30판 2022)
행정법원론(하)(박영사, 초판 1993, 제30판 2022)
경찰행정법(박영사, 초판 2007, 제 3 판 2013)
신지방자치법(박영사, 초판 2009, 제 5 판 2022)
신행정법특강(박영사, 초판 2002, 제21판 2022)
행정기본법 해설(박영사, 초판 2021, 제2판 2022)
신행정법입문(박영사, 초판 2008, 제15판 2022)
신판례행정법입문(박영사, 2018)
신경찰행정법입문(박영사, 초판 2019, 제 2 판 2021)
기본 행정법(박영사, 초판 2013, 제10판 2022)
기본 경찰행정법(박영사, 2013)
기본 CASE 행정법(박영사(공저), 2016)
최신행정법판례특강(박영사, 초판 2011, 제 2 판 2012)
로스쿨 객관식 행정법특강(박영사(공저), 2012)
민간위탁의 법리와 행정실무(박영사, 2015)
공직자 주식백지신탁법(박영사, 2018)

제 5 판
신지방자치법

초판발행	2009년 9월 15일
제 5 판발행	2022년 2월 10일
지은이	홍정선
펴낸이	안종만·안상준
편 집	김선민
기획/마케팅	조성호
표지디자인	이수빈
제 작	우인도·고철민
펴낸곳	(주) **박영사**
	서울특별시 금천구 가산디지털2로 53, 210호(가산동, 한라시그마밸리)
	등록 1959. 3. 11. 제300-1959-1호(倫)
전 화	02)733-6771
f a x	02)736-4818
e-mail	pys@pybook.co.kr
homepage	www.pybook.co.kr
ISBN	979-11-303-4052-4 93360

정 가   43,000원